D1701984

COBOL

Einführung in COBOL-85
und Anleitung zur strukturierten Programmierung

Neue Ausgabe

von
Daniel D. McCracken
und
Donald G. Golden

R. Oldenbourg Verlag München Wien 1990

Originaltitel: A Simplified Guide to Structured COBOL Programming
Second Edition
Copyright © 1988 by John Wiley & Sons, Inc.
All rights reserved

Genehmigte Übersetzung der von John Wiley & Sons, Inc. veröffentlichten englischsprachigen Originalausgabe. Alle Rechte vorbehalten.

Deutsche Übersetzung: Rüdiger Gritsch

Für den Konteradmiral der US Navy a.D.
GRACE MURRAY HOPPER,
die Großmutter von COBOL und alle, die
mit ihr zusammengearbeitet haben

CIP-Titelaufnahme der Deutschen Bibliothek

McCracken, Daniel D.:
COBOL : Einführung in COBOL-85 und Anleitung zur strukturierten Programmierung / von Daniel D. McCracken u. Donald G. Golden. [Dt. Übers.: Rüdiger Gritsch]. – Neue Ausg. – München ; Wien : Oldenbourg, 1990
  Einheitssacht.: A simplified guide to structured COBOL programming ⟨dt.⟩
  ISBN 3-486-21510-8

NE: Golden, Donald G.:

© 1990 R. Oldenbourg Verlag GmbH, München

Das Werk einschließlich aller Abbildungen ist urheberrechtlich geschützt. Jede Verwertung außerhalb der Grenzen des Urheberrechtsgesetzes ist ohne Zustimmung des Verlages unzulässig und strafbar. Das gilt insbesondere für Vervielfältigungen, Übersetzungen, Mikroverfilmungen und die Einspeicherung und Bearbeitung in elektronischen Systemen.

Gesamtherstellung: R. Oldenbourg Graphische Betriebe GmbH, München

ISBN 3-486-21510-8

Inhaltsverzeichnis

Vorwort zur zweiten amerikanischen Ausgabe 19
Vorwort zur deutschen Ausgabe 25
Vorbemerkungen 29

1. Grundlagen der COBOL-Programmierung 31

1.1	Einführung	31
1.2	Die Lernfolge	31
1.3	Ein einfaches Programm	33
1.4	Die vier Teile (DIVISIONS) eines COBOL-Programmes	34
1.5	Ablauf eines Programmes	40
1.6	Das Codierformat von COBOL	41
1.7	Regeln für die Bildung von Namen	44
	Kontrollfragen	45
	Antworten auf die Kontrollfragen	46
	Übungsaufgaben	46

2. Die grundlegende Programmstruktur 49

2.1	Einführung	49
2.2	Das Programm	50
2.3	Der Datenteil (DATA DIVISION)	51
2.4	Das Arbeitsspeicherkapitel (WORKING-STORAGE SECTION)	51
2.5	Der Prozeduranteil (PROCEDURE DIVISION)	51
2.6	Das Verb READ	52
2.7	Das Verb PERFORM	54
2.8	Der COBOL-Paragraph	54
2.9	Das Kennzeichen für das Dateiende (Datenendschalter)	56
2.10	Bedingte Ausführung	56

2.11	Ein anderer Blick auf die grundlegende Programmstruktur	57
2.12	Beispiele von Ausgaben verschiedener Programmabläufe	59
2.13	Erneute Betrachtung der Grundstruktur	60
2.14	Ein Hinweis	61
	Kontrollfragen	62
	Antworten auf die Kontrollfragen	62
	Übungsaufgaben	64

3. Elemente des Datenteil (DATA DIVISION) und die arithmetischen Verben im Prozedurteil (PROCEDURE DIVISION) ... 65

3.1	Einführung	65
3.2	Die Idee des Stufenaufbaus	68
3.3	Neue Beschreibungselemente bei PICTURE-Klauseln	71
3.4	Die Stellung des angenommenen Dezimalpunktes (Dezimalpunkt bei Rechenoperationen)	72
3.5	Die Stellung des tatsächlichen Dezimalpunktes (Dezimalpunkt bei EA-Operationen)	73
3.6	Daten mit führenden Leerzeichen	74
3.7	Das Datenelement FILLER	74
3.8	Die Hauptsteuerungsroutine	76
3.9	Der Verarbeitungsparagraph	76
3.10	Die Verarbeitung	77
3.11	Die Anweisung ADD	77
3.12	Die Anweisung MULTIPLY	78
3.13	Die Ausgabe	79
3.14	Allgemeine Formate von COBOL-Anweisungen	80
3.15	Fortsetzung der Besprechung der ADD-Anweisung	83
3.16	Die Angabe (Option) ROUNDED	84
3.17	Die Angabe (Option) ON SIZE ERROR	84
3.18	Die ADD-Anweisung des Formates 1	85
3.19	Die ADD-Anweisung des Formates 2 bei COBOL-85	86
3.20	Die allgemeinen Formate der SUBSTRACT-Anweisung	87
3.21	Die allgemeinen Formate der MULTIPLY-Anweisung	89

3.22	Die allgemeinen Formate der DIVIDE-Anweisung	90
3.23	Die Behandlung von Vorzeichen	93
3.24	Übertragung numerischer Werte	93
3.25	Die Handhabung von Dezimalzahlen bei arithmetischen Operationen	94
3.26	Dezimalstellen bei Addition und Subtraktion	96
3.27	Dezimalstellen bei Multiplikation	96
3.28	Dezimalstellen bei der Division	97
	Kontrollfragen	98
	Antworten auf die Kontrollfragen	102
	Übungsaufgaben	104

4. Entwurf von Programmen ... 115

4.1	Einführung	115
4.2	Die Funktion von Programmen	115
4.3	Über die hierarchische Struktur von Programmen	116
4.4	Hierarchische Darstellung eines einfachen Programmes	119
4.5	Steuerung der Ausführung von Programmen	122
4.6	Steuerungsstrukturen im Pseudocode	124
4.7	Entwurf des Programmes zur Erstellung einer Inventurliste	127
4.8	Standards bei der Programmierung	129
4.9	Zusammenfassung	131
	Kontrollfragen	132
	Antworten auf die Kontrollfragen	134
	Übungsaufgaben	135

5. Anweisungen für die Ablaufstruktur von COBOL-Programmen ... 139

5.1	Einführung	139
5.2	Die IF-Anweisung	139
5.3	Die IF-Anweisung ohne ELSE	142
5.4	Vollständiges allgemeines Format der IF-Anweisung	143

5.5 Die Bedeutung des Punktes in einer IF-Anweisung 144
5.6 Vergleichsbedingungen 146
5.7 Vergleichsoperationen 147
5.8 Die Sortierfolge 148
5.9 Klassenbedingungen 151
5.10 Zusammengesetzte Bedingungen 153
5.11 Der logische Operator OR 153
5.12 Der logische Operator AND 154
5.13 Die Anweisung PERFORM mit der Angabe UNTIL 154
5.14 Die Steuerungsstruktur für die Unterscheidung von Fällen
 (Case-Struktur) 156
5.15 END-Anweisungen in COBOL-85 158
5.16 Die READ-Anweisung mit der Angabe END-READ 159
5.17 Die arithmetischen Verben mit END-Angaben 160
5.18 Die IF-Anweisung mit der Angabe END-IF 161
5.19 Die PERFORM-Anweisung mit der Angabe END-PERFORM 162
5.20 Die Anweisung EVALUATE 163

Kontrollfragen 166

Antworten auf die Kontrollfragen 168

Übungsaufgaben 172

6. Ein einfaches Programm für die Lohnabrechnung 179

6.1 Einführung 179
6.2 Anforderungen an das Programm 179
6.3 Programmentwurf 180
6.4 Das Programm für die Lohnabrechnung im COBOL-Code 183
6.5 Die VALUE-Klausel im Arbeitsspeicherkapitel (WORKING-
 STORAGE SECTION) 183
6.6 Der Prozedurteil 187
6.7 Ausgabe der ersten Programmversion 189
6.8 Zweite Version des Programmes für die Lohnabrechnung (mit
 Überstunden) 191
6.9 Überarbeitung der Programmspezifikationen 192
6.10 Die WRITE-Anweisung mit der Option FROM beim überarbeiteten Programm 194

6.11	Zum Datenteil dieser Programmversion	198
6.12	Zum Prozedurteil dieser Programmversion.	198
6.13	Die Ausgabe der zweiten Programmversion	199
	Kontrollfragen	201
	Antworten auf die Kontrollfragen	201
	Übungsaufgaben	202

7. Die PICTURE-Klausel und verwandte Themenkreise ... 205

7.1	Einführung.	205
7.2	Die PICTURE-Klausel	205
7.3	Das Symbol S in einer PICTURE-Zeichenfolge	206
7.4	Die zulässige Länge von PICTURE-ZEICHENFOLGEN	207
7.5	Die PICTURE-Zeichenfolge für das Aufbereiten von Daten	208
7.6	Das Symbol Z in PICTURE-Zeichenfolgen	209
7.7	Das Symbol $ in PICTURE-Zeichenfolgen	210
7.8	Kommas in PICTURE-Zeichenfolgen	211
7.9	Der Dezimalpunkt in PICTURE-Zeichenfolgen	212
7.10	Das Symbol – (Minuszeichen) in PICTURE-Zeichenfolgen	213
7.11	Das Symbol + (Pluszeichen) in PICTURE-Zeichenfolgen	215
7.12	Die Symbolfolgen CR und DB in PICTURE-Zeichenfolgen	216
7.13	Das Symbol * (Sternzeichen) in PICTURE-Zeichenfolgen	217
7.14	Das Symbol 0 (Null) in PICTURE-Zeichenfolgen	218
7.15	Das Symbol B in PICTURE-Zeichenfolgen	219
7.16	Das Symbol / (Schrägstrich) in PICTURE-Zeichenfolgen	220
7.17	Das Symbol P in PICTURE-Zeichenfolgen	220
7.18	Zusammenfassung der Regeln für PICTURE-Klauseln	222
7.19	Kombination von Aufbereitungsoperationen	225
7.20	Dritte Version des Programmes für die Lohnabrechnung (mit Überstunden)	225
7.21	Der Aufbau des Programmes für die Lohnabrechnung (dritte Version)	228
7.22	Eintragungen mit der Stufennummer 88 im Datenteil	232
7.23	Die Programmausgabe	235
7.24	Lesen von Daten mit Vorzeichen	238

Kontrollfragen 240

Antworten auf die Kontrollfragen 244

Übungsaufgaben 248

8. Fehlersuche in COBOL-Programmen 259

8.1 Einführung 259
8.2 Die Auswirkung des Programmentwurfs auf die Fehlersuche 260
8.3 Einige Hinweise zum Programmierstil 261
8.4 Ineinandergeschachtelte IF-Anweisungen 264
8.5 Andere alltägliche Codierungsprobleme 274
8.6 Fehler während des Kompilierens (Kompilierzeit-Fehler) 279
8.7 Ein Beispiel mit Kompilierzeit-Fehlern 280
8.8 Fehler zur Ausführungszeit (Ausführungszeit-Fehler) 290
8.9 Testen von Programmen 290
8.10 Testhilfen 293
8.11 Die Angabe ON SIZE ERROR 294
8.12 Überarbeitete Version des Programmes für die Lohnabrechnung 296
8.13 Die Anweisung DISPLAY 301
8.14 Die Anweisung EXHIBIT 305
8.15 Die Anweisung TRACE mit READY und RESET 306

Kontrollfragen 309

Antworten auf die Kontrollfragen 313

Übungsaufgaben 316

9. Gruppenwechsel 319

9.1 Einführung 319
9.2 Vorstellung der Anwendung „Verkaufsstatistik" 319
9.3 Sequentielle Verarbeitung von Dateien 321
9.4 Ein Entwurf des Programmes fr den einstufigen Gruppenwechsel 323
9.5 Der Erkennungsteil (IDENTIFICATION DIVISION) 329
9.6 Kommentare 331
9.7 Die Steuerung des Zeilentransportes (Erzeugung von leeren Zeilen) .. 331
9.8 Die komplette WRITE-Anweisung 332

9.9	Das Konfigurationskapitel im Maschinenteil (ENVIRONMENT DIVISION)	334
9.10	Das Zeichen für die Vorschubsteuerung (Carriage Control)	334
9.11	Das Drucken von Überschriften	336
9.12	Entwurf des Programmes für den dreistufigen Gruppenwechsel	336
9.13	Durchführung von Programmänderungen gemäß Vorgaben	343
9.14	Antworten auf die aufgeworfenen Fragen hinsichtlich der Programmänderungen	345
9.15	Ausführung des überarbeiteten Programmes	346
	Kontrollfragen	353
	Antworten auf die Kontrollfragen	355
	Übungsaufgaben	356

10. Die Datendarstellung und verwandte Themenkreise ... 361

10.1	Einführung	361
10.2	Die Datendarstellung	361
10.3	Bytes	363
10.4	Formen der Datendarstellung bei IBM-Großcomputern	365
10.5	Der Gebrauch von DISPLAY	365
10.6	Der Gebrauch von COMPUTATIONAL-3	369
10.7	Der Gebrauch von COMPUTATIONAL	371
10.8	Der Gebrauch von COMPUTATIONAL-1 und COMPUTATIONAL-2	372
10.9	Formen der Datendarstellung in COBOL-85 und ihre Beschreibung	373
10.10	Die Klausel SYNCHRONIZED	373
10.11	DIE KLAUSEL JUSTIFIED	375
10.12	Die Klausel REDEFINES	376
10.13	Regeln für den Gebrauch der Klausel REDEFINES	377
10.14	Beispiele für die Nützlichkeit der Klausel REDEFINES	379
10.15	Kennzeichner bei Datennamen	382
10.16	Die Anweisung MOVE mit CORRESPONDING	385
	Kontrollfragen	387
	Antworten auf die Kontrollfragen	391
	Übungsaufgaben	394

11. Verbundbedingungen und das Programm für den Gartenkatalog 397

11.1 Einführung 397
11.2 Ergänzende Betrachtungen über die Verbundbedingungen 399
11.3 Abgekürzte verbundene Vergleichsbedingungen 404
11.4 Implizite Subjekte 404
11.5 Implizite Subjekte und Vergleichsoperatoren 405
11.6 Entwurf des Programmes für den Gartenkatalog 406
11.7 Das Programm zur Prüfung von Bestellungen aus dem Gartenkatalog 407
11.8 Die Resultate eines Programmablaufes 417

Kontrollfragen 420

Antworten auf die Kontrollfragen 421

Übungsaufgaben 422

12. Aufdatierung sequentiell organisierter Dateien 425

12.1 Einführung 425
12.2 Ein einfaches Mischprogramm 428
12.3 Ein Mischprogramm mit Reihenfolgeprüfungen 432
12.4 Die einfachste Aufdatierungslogik (Fortschreibungslogik) 435
12.5 Programmentwicklung nach der Top-Down-Methode und Programmstummel 436
12.6 Die Programmausgabe 439
12.7 Verarbeitung von Hinzufügungen (Neuzugängen) und Löschungen von Stammsätzen 439
12.8 Vorkehrungen zur Behandlung von Fehlern 445
12.9 Aufdatierung (Fortschreibung) von Stammsätzen bei Schlüsselgleichheit 454
12.10 Das komplette Aufdatierungsprogramm 461

Kontrollfragen 474

Antworten auf die Kontrollfragen 475

Übungsaufgaben 478

13. Handhabung von Tabellen 485

13.1 Einführung 485
13.2 Die Grundlagen der Normalindizierung 485
13.3 Ein einfaches Programm mit Normalindizierung 488
13.4 Das Füllen einer Tabelle mit Werten unter Benutzung von
 REDEFINES 491
13.5 Einlesen von Tabellenwerten aus einer Datei 493
13.6 Initialisierung einer Tabelle mittels der Klausel VALUE 496
13.7 Indizierte Variablen mit zwei oder mehr Normalindexen 497
13.8 Die Option VARYING bei der Anweisung PERFORM 502
13.9 Spezialindizierung 508
13.10 Die Anweisung SET im Zusammenhang mit Bedingungsnamen 511
13.11 Das Verb SEARCH 512
13.12 Das Verb SEARCH mit der Option ALL 521
13.13 Die Initialisierung von Tabellen und die SEARCH-Anweisungen 524
13.14 Ein Programm zur Verarbeitung einer zweidimensionalen Tabelle
 unter Benutzung von Spezialindizes 526
13.15 Ausgerichtete (SYNCHRONIZED) Daten in Tabellen 535
13.16 Zusammenfassung 537

 Kontrollfragen 537

 Antworten auf die Kontrollfragen 542

 Übungsaufgaben 544

14. Speichergeräte für Dateien und ihre
 Programmierung 549

14.1 Einführung 549
14.2 Magnetbandspeicher 550
14.3 Die Festlegung der Blockujng von Datensätzen in COBOL 554
14.4 Verarbeitung von Dateien auf Magnetbändern 557
14.5 Magnetplattenspeicher 558
14.6 Programme mit sequentieller Verarbeitung unter Benutzung von
 Plattenspeichern 561
14.7 Indizierte Dateien 566
14.8 Ein Programm zur Erstellung einer indiziert organisierten
 Datei.. 567

14.9	Ein Programm zum Drucken einer indizierten Datei	573
14.10	Ein Programm zur Überprüfung von Bestellungen	574
14.11	Definition mehrer Satzarten	579
14.12	Der Prozedurteil des Programmes zur Überprüfung von Bestellungen	580
14.13	Programm zur Aufdatierung (Aktualisierung) einer indizierten Datei	585
14.14	Dateien mit relativen Satznummern (Relativdateien)	591
14.15	Programm zur Erstellung einer Datei mit relativen Satznummern	592
14.16	Programm zur Aufdatierung einer Relativdatei	595
14.17	Methoden zur Bestimmung relativer Satznummern	599
14.18	Benutzung eines Hash-Codes bei der Erstellung einer Relativdatei	600
14.19	Aufdatierung einer Relativdatei unter Benutzung eines Hash-Codes	605
	Kontrollfragen	609
	Antworten auf die Kontrollfragen	611
	Übungsaufgaben	614

15. Handhabung von Zeichen ... 619

15.1	Einführung	619
15.2	Die Anweisung INSPECT	619
15.3	Die Anweisung STRING	624
15.4	Die Anweisung UNSTRING	627
	Kontrollfragen	632
	Antworten auf die Kontrollfragen	633
	Übungsaufgaben	634

16. Der Listenschreiber (Report Writer) ... 637

16.1	Einführung	637
16.2	Zusätzliche Möglichkeiten bei Druckdateien	637
16.3	Konzepte des Listenschreibers	645

16.4	Programm für die dreistufige Gruppenkontrolle.................	646
16.5	Das Listenkapitel (REPORT SECTION)	652
16.6	Erstellung einer Liste ohne Einzelzeilen	659
16.7	Zusätzliche Einrichtungen beim Listenschreiber (Report Writer)	661
16.8	Ein umfassendes Beispielprogramm für den Listenschreiber.........	662
16.9	Zusammenfassung	669
	Kontrollfragen	669
	Antworten auf die Kontrollfragen	671
	Übungsaufgaben	676

17. Sortieren mit COBOL-Programmen.................... 679

17.1	Einführung	679
17.2	Ein fundamentales Sortierbeispiel	679
17.3	Die Ausgabeprozedur beim Sortierprozeß	684
17.4	Die Eingabeprozedur	689
17.5	Das Spezialregister SORT-MESSAGE	695
	Kontrollfragen	698
	Antworten auf die Kontrollfragen............................	699
	Übungsaufgaben	701

18. Unterprogramme 703

18.1	Einführung	703
18.2	Verwendung von Unterprogrammen	705
18.3	Programm für die sequentielle Aufdatierung mit Unterprogrammen...	707
18.4	Unterprogramm zur Durchführung der Aufdatierung	713
18.5	Ergebnisse der Programmausführung	717
18.6	Unterprogramme mit den Sprachelementen von COBOL-85	718
18.7	Schlußfolgerung	720
	Kontrollfragen	720
	Antworten auf die Kontrollfragen	722
	Übungsaufgaben	723

19. Zusätzliche COBOL-Themen ... 727

19.1 Einführung ... 727
19.2 Die Anweisung GO TO ... 727
19.3 Die Anweisung COPY ... 733
19.4 Die Anweisung COMPUTE ... 739
19.5 Arithmetische Ausdrücke ... 740
19.6 Beispiele für den Gebrauch der COMPUTE-Anweisung ... 743
19.7 Dem Gebrauch der COMPUTE-Anweisung auferlegte Beschränkungen ... 744
19.8 Arithmetische Ausdrücke bei Vergleichsbedingungen ... 745
19.9 Die Klausel RENAMES ... 746
19.10 Die Anweisung ALTER und die mit ihr zusammenhängenden Probleme ... 749

20. COBOL für die interaktive Betriebsweise ... 753

20.1 Einführung ... 753
20.2 Version des Gartenkatalogprogrammes für den Dialogbetrieb ... 754
20.3 Ergebnisse des Programmablaufes ... 763
20.4 Vervollkommnung des Programmes für den Dialogbetrieb ... 764
20.5 Programme mit Menüs ... 775
20.6 Zusammenfassung ... 785

Anhang A

Reservierte Wörter der Programmiersprache COBOL ... 787

Anhang B

Übersicht über den Sprachrahmen von COBOL ... 790

1. Vorbemerkungen ... 790
2.1 Allgemeines Format des Erkennungsteils (IDENTIFICATION DIVISION) ... 792
2.2 Allgemeines Format des Maschinenteils (ENVIRONMENT DIVISION) ... 792

2.3	Allgemeines Format des Datenteils (DATA DIVISION)	796
2.4	Allgemeines Format des Prozedurteils (PROCEDURE DIVISION)	802
3.	COBOL-85	815
3.1	Allgemeines Format des Erkennungsteils (IDENTIFICATION DIVISION)	815
3.2	Allgemeines Format des Maschinenteils (ENVIRIONMENT DIVISION)	815
3.3	Allgemeines Format des Datenteils (DATA DIVISION)	820
3.4	Allgemeines Format des Prozedurteils (PROCEDURE DIVISION)	829
3.5	Allgemeines Format für geschachtelte Quellenprogramme	848
3.6	Allgemeines Format für ein inneres (innenliegendes) Quellenprogramm	849
3.7	Allgemeines Format für eine Folge von Quellenprogrammen	849

Anhang C

Standards bei der Programmierung 850

1.	IDENTIFICATION DIVISION	850
2.	ENVIRONMENT DIVISION	850
3.	DATA DIVISION	850
4.	PROCEDURE DIVISION	851
5.	Allgemeine Hinweise	853

Anhang D

Lösungen ausgewählter Übungsaufgaben 858

1.	Kapitel 3: Die grundlegende Programmstruktur	858
2.	Kapitel 4: Entwurf von Programmen	861
3.	Kapitel 5: Anweisungen für die Ablaufstruktur von COBOL-Programmen	864
4.	Kapitel 6: Ein einfaches Programm für die Lohnabrechnung	869
5.	Kapitel 7: Die PICTURE-Klausel und verwandte Themenkreise	873
6.	Kapitel 8: Fehlersuche in COBOL-Programmen	883
7.	Kapitel 9: Gruppenwechsel	886

8. Kapitel 10: Die Datendarstellung und verwandte Themenkreise 888
9. Kapitel 11: Verbundbedingungen und das Programm für den Gartenkatalog 889
10. Kapitel 12: Aufdatierung sequentiell organisierter Dateien 890
11. Kapitel 13: Handhabung von Tabellen 898
12. Kapitel 15: Handhabung von Zeichen 901
13. Kapitel 16: Der Listenschreiber (Report Writer) 903

Anhang E

Hinweise auf deutsche Literatur 906

Sachregister 907

Vorwort zur zweiten amerikanischen Ausgabe

Dieses Buch wendet sich an diejenigen, die lernen möchten, was COBOL ist, was Programmieren ist und wie man mit COBOL in den typischen kommerziellen Datenverarbeitungsanwendungen arbeitet. Programmiervorkenntnisse werden nicht vorausgesetzt.

Jedes Kapitel baut auf einem oder mehreren Programmbeispielen auf, mit denen die Programmierbegriffe anhand sinnvoller Anwendungen vorgestellt werden. Diese Beispiele stammen aus einer Reihe von kommerziellen Anwendungsgebieten: einfache Bestands- und Lohnabrechnungen, Bestätigungen eines Auftrages aus einem Gartenkatalog, Erstellung von Verkaufsberichten sowie Änderungen von sequentiellen, indizierten und relativen Dateien. Mehr als die Hälfte des Buches besteht aus Programmierbeispielen und ihren Erläuterungen. Bei allen Programmen sind die gezeigten Ausgabedaten durch echte Computerläufe erzeugt worden.

Mit Ausnahme der beiden letzten Kapitel „Zusätzliche COBOL-Themen" und „COBOL für den interaktiven Betrieb" schließen alle übrigen mit einer Reihe von Kontrollfragen. Sie sollen einerseits die jeweils behandelten Themen vertiefen und andererseits dem Leser deutlich machen, was er wiederholen sollte. Die Antworten befinden sich im Anschluß an die Fragen. Zahlreiche Übungsaufgaben sind vorhanden, die Lösungen zu etwa der Hälfte von ihnen befinden sich in Anhang D am Schluß dieses Buches. Die meisten Übungen erfordern das Abfassen von Teilprogrammen oder von kompletten Programmen und sind für Computerläufe geeignet. Mehrere Kapitel weisen darüberhinaus so umfangreiche Übungsaufgaben auf, daß diese zur Stellung von Hausaufgaben bzw. zur Durchführung von Projekten herangezogen werden können; für diese Übungsaufgaben existieren keine Lösungen.

Programmieren lernt man dadurch, daß man Programme schreibt. Jeder erfahrene Dozent weiß, daß ein Student um so schneller versteht, was Programmieren ist, je früher er vollständige Programme schreiben und laufen lassen muß, und seien sie noch so einfach. Dieses Buch unterstützt dieses Bestreben durch zahlreiche Übungen, durch Kapitel, in denen die Entwicklung eines Programmes mittels allmählicher Verfeinerung gezeigt wird, sowie durch ein Kapitel, in dem die typischen Schritte beim Programmtesten vorgeführt werden. Das erste vollständige Programm erscheint bereits im Kap. 1 (Abb. 1.1). Die einleitenden Kapitel enthalten Übungen, die vom Leser auf einem Computer zum Laufen gebracht werden können (und sollten).

Der gesamten Darstellung liegt das Konzept der strukturierten Programmierung zugrunde: es werden nur wenige einfache logische Steuerstrukturen benutzt, die eingerückte Schreibweise wird angewandt, und es wird großer Wert darauf gelegt, die Programme so abzufassen, daß sie leicht verständlich sind. Es wird durchweg betont, wie wichtig die leichte Lesbarkeit für das Testen und Ändern von Programmen ist. Die Verwendung von sprechenden Daten- und Paragraphennamen wird empfohlen und erläutert. Die allmähliche Verfeinerung eines Programmes wird illustriert. In einem Kapitel werden die Methoden zum Entwurf strukturierter Programme herausgearbeitet, die dann in den anschließenden Kapiteln demonstriert werden. Niemand braucht jedoch zu befürchten, daß dieses Vorgehen für ihn deshalb zu schwierig wäre, weil es die Entwurfsmethoden von vornherein betont. Zweckmäßige Entwurfstechniken sollten keineswegs als fortgeschrittenes Thema behandelt werden, sondern einfach nur als der richtige Weg zur Erstellung von Programmen angesehen werden, so wie es auch in diesem Buch gehandhabt wird. Studenten, die von Anfang an diese Methode erlernen, erwerben sich einen guten Programmierstil, den sie später in der Praxis sofort anwenden können. Es besteht keine Notwendigkeit, sich zunächst unzureichende Programmiergewohnheiten anzueignen; später wäre man dann doch gezwungen, sie in weiterführenden Lehrgängen oder während der Berufstätigkeit zu vergessen. Solche Statements wie GO TO, das in heutigen COBOL-Programmen relativ wenig benutzt wird, und ALTER, von dessen Verwendung heutzutage beinahe allgemein abgeraten wird, dem man jedoch bei der Wartung älterer Programme begegnen kann, werden deshalb erst im Kap. 19 behandelt. Damit sollen diejenigen Programmierer zufriedengestellt werden, die über diese Statements Bescheid wissen müssen.

Der Stoff ist so gegliedert, daß die meisten Themen nach Kap. 10 in jeder durch die Bedürfnisse eines Lehrgangs bedingten Reihenfolge besprochen werden können, wenngleich einige wenige unverkennbare Abhängigkeiten vorhanden sind. So sollte z.B. das Kapitel 12 („Aufdatierung sequentiell organisierter Dateien") vor dem Kapitel 14 („Speichergeräte für Dateien und ihre Programmierung") behandelt werden. Andererseits hat ein Instruktor, der beispielsweise die Listenausgabe schon frühzeitig in einem Lehrgang durchnehmen will, damit keine Mühe. Es ist aber durchaus auch möglich und denkbar, auf die Besprechung der Listenausgabe gänzlich zu verzichten.

Leser, die die Erstausgabe dieses Buches kennen, werden feststellen, daß in diese zweite Ausgabe sowohl eine große Anzahl bekannter

Abschnitte als auch eine Fülle neuer aufgenommen sind. Wir haben uns darum bemüht, diejenigen Abschnitte beizubehalten, die sich in der Vergangenheit im allgemeinen bewährt haben, aber COBOL ist seit dem Erscheinen der Erstausgabe dieses Buches erheblich geändert worden, in gleicher Weise unterlagen die COBOL-Programmiermethoden bedeutsamen Veränderungen. Als wahrscheinlich gravierendste Änderung ist von uns die um ungefähr 50 Prozent vorgenommene Erweiterung des Buchumfanges zu nennen. Die Behandlung der indizierten Dateien wurde beträchtlich erweitert; eine neue Diskussion der relativen Dateien wurde hinzugefügt. Der Listenausgabe widmeten wir ein eigenes Kapitel, und sie wird so eingehend in Einzelheiten besprochen, daß sie während eines gesamten Lehrganges ständig benutzt werden kann. Wir haben auch die Behandlung des Verbes SORT umfangreicher gestaltet und in Ergänzung dazu Beispiele aufgenommen, die die Eingabe- und Ausgabeprozeduren einschließen. Um mit den gegenwärtigen Trends Schritt halten zu können, haben wir dieses Buch um ein Kapitel ergänzt, das sich mit dem Gebrauch von COBOL für die interaktive Betriebsweise beschäftigt, ein Konzept, das seit 12 Jahren besteht.

Zur Zeit der Veröffentlichung der Erstausgabe dieses Buches war COBOL-68 die am weitesten verbreitete Version der Programmiersprache COBOL; die Version COBOL-74 kam gerade erst zum Einsatz. In der heutigen Zeit ist COBOL-68 im Grunde genommen verschwunden, COBOL-74 ist allgemein als Standard zu betrachten. Viele Hersteller bieten jedoch bereits Kompilierer für die Version COBOL-85 an. Die Neuausgabe unseres Buches berücksichtigt diese Entwicklung. Die meisten Programme sind in COBOL-74 geschrieben, einige gebrauchen COBOL-85. Es gibt in diesem Buch viele Beispiele, die die Syntax und den Code von COBOL-85 verwenden. Natürlich sind alle Bezugnahmen auf Lochkarten eliminiert werden.

Wegen der zahlreichen heutzutage zur Verfügung stehenden Kompilierer für COBOL (Slogan: „Alle COBOL-Kompilierer sind gleich, aber manche COBOL-Kompilierer sind gleicher als die anderen") haben wir uns bemüht, einen COBOL-Kompilierer zu benutzen, der möglichst vielen Lesern vertraut ist. Dieses Vorhaben führte uns natürlich zum Kompilierer „IBM OS/VS COBOL". Leider steht die IBM nicht in vorderster Front bei der Schaffung von Kompilierern für die Sprachversion COBOL-85, so daß wir uns zu einigen Ausnahmen entschließen mußten. Dort, wo es irgendwie machbar war, haben wir versucht, Programme zu präsentieren, die mit den beiden letzten ANSI-Standards verträglich sind, also sowohl mit COBOL-74 als auch mit COBOL-85. In einigen wenigen speziellen Fällen, in denen die IBM Variationen dieser Standards eingeführt hat, die inzwischen in einen ziemlich alltäglichen Gebrauch gekommen sind, zeigen wir diese Abänderungen bzw. Erweiterungen auf und kennzeichnen sie dabei ausdrücklich als Sprachelemente, die von IBM definiert worden sind. Um die Programme, die in COBOL-85 geschrieben sind, testen zu können, haben wir den von *Taneco Systems* herausgegebenen „TSCOB-Compiler" benutzt. Einige wenige andere Programme, zumeist die COBOL-Beispiele für den interaktiven Betrieb in Kap. 20 betreffend, wurden unter Einsatz des Kompilierers „REALIA COBOL 2.00", der von *Realia. Inc.* entwickelt wurde, ausgeführt. Dieser besondere Kompilierer weist den Vorteil auf, daß er beinahe vollständig mit dem Kompilierer „IBM OS/VS COBOL" verträglich ist. Es ist zu hoffen, daß der Gebrauch dieser Kompilierer und der Usus, auf diejenigen COBOL-Einrichtungen gesondert hinzuweisen, die spezifisch für einen Kompilierer bzw. Computer sind, zu einem vernünftigen Kompromiß zwischen einem starren Festhalten an den ANSI-Standards als dem einen Extrem und einem enzyklopädischen Auflisten der Standards zusammen mit ihren zahlreichen Verwirklichungen als dem anderen Extrem geführt haben.

Als eine der wichtigsten Veränderungen im vergangenen Jahrzehnt erwies sich die Tatsache, daß die strukturierte Programmierung nicht mehr Gegenstand von Debatten ist; sie ist eine akzeptierte Methode zum Schreiben von Programmen. Um diese Technik zu unterstützen, sind alle Programmbeispiele von Grund auf neu gestaltet worden; sie beruhen auf einem strukturierten Entwurf mit funktionell orientierten Moduln. Die Vorgehensweise beim Entwerfen strukturierter Programme erscheint im Kap. 4, d.h. unmittelbar nach den COBOL-Grundlagen. Alle Entwürfe werden in Form von hierarchischen Graphiken und im Pseudocode präsentiert, wobei die Betonung auf Funktion und Wartbarkeit liegt. Eine Reihe von Programmbeispielen wird vom ersten Umriß an entwickelt. Dabei wird nicht nur aufgezeigt, wie der COBOL-Code aussieht, sondern auch, wie der Entwurf erzeugt wird. Kurz gesagt, wir stellen nicht nur die fertigen COBOL-Programme vor, sondern demonstrieren auch, wie Programme tatsächlich entwickelt werden. Hinsichtlich der Auswahl haben wir dafür gesorgt, daß sie insgesamt einen Überblick darüber vermitteln, wofür COBOL im Wirtschaftsleben eingesetzt wird.

Wir sind denjenigen zu Dank verpflichtet, die das Manuskript in den verschiedenen Stadien seiner Entstehung begutachteten und die uns wertvolle Anregungen für Verbesserungen gaben. Insbesondere haben wir zu nennen: *Norman D. Brammer*, Colorado State University; *Joseph J. Cebula*, Community College of Philadelphia; *Willard G. Chrichton*, University of Delaware; *Charles E. Jackson* und *Karl J. Klee*, Jamestown Community College; *Steven Stepanek*, California State University in Northridge.

Diese hervorragenden Kritiker ausfindig gemacht zu haben, war nur einer der vielen Beiträge von *Gene A. Davenport*, meinem Verleger bei *Wiley*, dem wir beide verpflichtet sind und dem wir daher unseren besonderen Dank aussprechen.

Der letzte und zugleich wichtigste Dank gilt *Helen* und *Susan*. Beide steuerten, jeweils auf ihre eigene Art und Weise, in beträchtlichem Maße zum Gelingen dieses Buches bei.

Dezember 1987

Daniel D. McCracken
New York, NY

Donald G. Golden
Cleveland, OH

Vorwort zur deutschen Ausgabe

COBOL ist und bleibt vorerst auch noch für eine längere Zeit die am weitesten verbreitete und am häufigsten benutzte problemorientierte Programmiersprache für den kaufmännischen, für den kommerziellen Anwendungsbereich. In den über 30 Jahren ihres Bestehens sind ihr äußeres Erscheinungsbild und ihre Syntax unverändert geblieben, die Semantik erfuhr nur unwesentliche Korrekturen. Ihre, vom heutigen Blickwinkel aus gesehen, anfänglichen Schwächen waren zeitbedingt: Der technische Stand der Hardware sowie die Auffassungen über die Programmiertechniken befanden sich am Ende der 50er Jahre ja ebenfalls erst in den Anfängen. Aber mit der unvergleichlichen, in der Technik fast beispiellosen, stürmischen Entwicklung der elektronischen Datenverarbeitung (EDV) in den letzten drei Jahrzehnten konnte COBOL dank seines gut fundierten prinzipiellen Aufbaus und dank der durchgeführten, gewissenhaft durchdachten und sinnvollen Erweiterungen stets Schritt halten. Durch die jüngst erfolgten Anpassungen an die modernen Programmiertechniken, an die Anforderungen strukturierter und modular aufgebauter Programme bleibt COBOL eine Programmiersprache, der man ihr Alter nicht ansieht und die den heutigen Bedürfnissen der Datenverarbeitung vollauf gerecht wird. – Eine Reihe von Kritikern ist freilich der Ansicht, daß COBOL einen zu hohen sprachlichen Aufwand erfordert und daß die in COBOL abgefaßten Programme in ein zu starres Korsett zu pressen sind, das den Programmierern zu wenig individuelle Freiheiten läßt: COBOL sei eben eine zu „geschwätzige" Sprache. Dieser Meinung muß man entgegenhalten, daß eine straffe Syntax und eine ausgefeilte ausgedehnte Semantik sowie eine strenge Gliederung auch äußerst beachtenswerte Vorteile nach sich ziehen. Für die mit der Entwicklung und der Wartung von Programmen Beschäftigten bedeuten sie Klarheit, Übersichtlichkeit, eine den kommerziellen Problemen gerecht werdende umfassende, doch einfache Ausdrucksweise sowie eine leichte Erfassung der damit verbundenen datentechnischen Aspekte und der Belange der Datenverarbeitung in gerätetechnischer Beziehung. Für die mit der Prüfung und mit der Revision der Geschäftsvorgänge Betrauten sowie für die Sachbearbeiter, d. h. für die Mitarbeiter außerhalb der EDV-Abteilungen, bedeuten die dadurch gewonnene verbesserte Lesbarkeit und Überschaubarkeit der Programme eine begrüßenswerte Erleichterung ihrer so notwendigen Arbeit im kommerziellen Bereich. Moderne Hilfsmittel für den Programmierer, wie z. B. die Editoren, lassen darüber hinaus den Mehraufwand für die Sprachformulierungen vergessen machen. – Daß COBOL seit Beginn an international genormt ist und daß die Normung ständig in gewissen Zeitabständen den neuesten Entwicklungen der EDV angepaßt wird, ist nach Lage der Dinge eigentlich selbstverständlich.

Dieses umfassende Lehrbuch, gleich gut für den Unterricht und das Studium in der Aus- und Weiterbildung, aber auch für das Selbststudium geeignet, will zunächst einmal eine gründliche und tiefschürfende Vermittlung des Grundwissens von COBOL erreichen. Die dafür vorgesehenen Themenkreise sind deshalb erschöpfend behandelt. Durch zahlreiche Kontrollfragen kann der Wissensstand hierzu und natürlich auch zu den anderen Themen fortlaufend überprüft werden. Die ausgewogenen Antworten können danach die noch vorhandenen bzw. die aufgekommenen Unklarheiten klären sowie eventuell gebliebene Wissenslücken schließen.

Die mit ausreichender Tiefe gegebene Einführung in die modernen Programmentwurfstechniken unter Benutzung einer zweckentsprechenden Entwurfssprache ermöglicht es, sich in das Gedankengut bei der Schaffung und der Pflege von Programmen einzuarbeiten, um sich den Erfordernissen der Praxis stellen zu können. Die Symbiose zwischen Entwurf und Realisierung findet ihren Niederschlag in einer Vielzahl vorgelegter (und natürlich gründlich besprochener!) Programme, die zum Teil auch während der weiteren Besprechung modifiziert und weiterentwickelt werden und damit die Bedürfnisse der Praxis selbst im bescheidenen Rahmen eines Lehrbuches grundlegend widerspiegeln. Dieses Anliegen verfolgen ebenfalls oft die vielen Übungsaufgaben, für die zum großen Teil überdies Lösungen vorliegen.

Ein Programm modular aufzubauen, erfordert die Zerlegung der Aufgabenstellung in sinnvolle Teilaufgaben. Naturgemäß wird man hierzu eine Entwicklung von oben nach unten (top-down) vornehmen, d. h. man wird sich zunächst den Steuerungs- und Entscheidungsmoduln und erst danach den Arbeitsmoduln zuwenden. In begründeten Ausnahmefällen wird man die Entwicklung eines umfassenden Programmes jedoch auch von unten nach oben (bottom-up) vorantreiben wollen. Ganz gleich, für welche Vorgehensweise man plädieren und sachdienlich entscheiden muß, muß stets dafür Sorge getragen werden, daß fertiggestellte Programmbausteine sofort nach ihrer Fertigstellung auf ihre Richtigkeit überprüft, d. h. einem Modultest unterzogen werden können. Das erfordert natürlich bei der Top-down-Entwicklung die zeitweise Ersetzung eines fehlenden untergeordneten Moduls durch einen Stummel (stub), bei der Bottom-up-Entwicklung die vorübergehende Bereitstellung eines sogenannten Treibers (driver), der provisorisch die relevanten Teilfunktionen des fehlenden übergeordneten Moduls, d. h. die den zu testenden Modul lenkenden Funktionen (aber auch nur diese!), zeitweise übernehmen muß. – Selbst diese für die Programmentwicklung so gravierenden Überlegungen und Arbeitsgänge sind in diesem Lehrbuch gebührend beachtet worden. Der Programmierer wird somit von Anfang an mit ihnen vertraut gemacht.

Wie die ordnungsgemäße, d. h. die der Aufgabenstellung gerecht werdende Funktion eines Moduls überprüft werden kann, wird an Hand des üblichen bewährten Testvorgehens in ausreichendem Umfang dargestellt (logischer Test!). Bei einer praktischen Einführung kann das freilich nur dann geschehen, wenn man sich auf einen bestimmten COBOL-Kompilierer stützt. Diesem Buch wurde deshalb der COBOL-Compiler zugrundegelegt, den die IBM für ihr Betriebssystem OS-MVS zur Verfügung stellt. – Neben den logischen Tests wird ein Hauptaugenmerk auch den Datentests gewidmet, d. h. der Überprüfung der den Programmen zuzuführenden Daten auf Fehlerfreiheit. Die verschiedenen Fehlerarten und die möglichen Methoden zu ihrer Erkennung werden deshalb genauso behandelt wie die Methoden zur Fehlerbehandlung und -beseitigung. Formaltests und Plausibilitätsprüfungen werden entsprechend ihrer Bedeutung gewichtet.

Ein großer Teil der Programmieranstrengungen entfällt in der Praxis heutzutage auf die Wartungs- und Pflegearbeiten bestehender Programme, nach jüngsten Erhebungen über 50% des Gesamtarbeitsaufwandes (mit ständig steigendem Anteil!). Dieser Tatsache trägt dieses Lehrbuch ebenfalls Rechnung, indem es die beiden letzten COBOL-Versionen (COBOL-74 und COBOL-85) konsequenterweise ständig gegenüberstellt, d. h. vergleichsweise betrachtet. Damit kommt es weitgehend den Bedürfnissen derjenigen Programmierer bzw. Programmiererinnen entgegen, die mit der Wartung und Pflege bestehender, oftmals nicht selbst geschriebener Programme betraut sind.

Bei der Schaffung der deutschen Ausgabe konnte ich mich wie immer auf die Hilfe und die Unterstützung von Fachkollegen und Freunden verlassen. Besonderen Dank schulde ich Dr. A. Häder, Dr. W. Grupe und meinem Würzburger Freundeskreis für die gutgemeinten Ratschläge und Hinweise sowie den ungenannt bleiben wollenden ehemaligen Schweinfurter Studenten, die die meisten datentechnischen Arbeiten gewissenhaft und sorgfältig erledigt haben. Dem R. Oldenbourg Verlag, insbesondere I. Winkler und Dr. G. Demarest, gebührt das Verdienst, das Buch in einer Form und Ausstattung herausgegeben zu haben, die uneingeschränkt anzuerkennen ist.

Abschließend wünsche ich diesem Buch die Verbreitung, die es m. E. verdient. Da nicht alle Themen in einem Grundlagenbuch bis ins einzelne behandelt werden können, muß es aufstrebenden Programmierern und Programmiererinnen eigentlich klar sein, daß sie zur Vervollkommnung ihrer COBOL-Kenntnisse noch weitere Literatur studieren müssen, in erster Linie natürlich die COBOL-Handbücher der Hersteller von COBOL-Kompilierern.

Gilching und Würzburg, Februar 1990 *R. Gritsch*

Vorbemerkungen

Die nachfolgend aufgeführte Versicherung wurde einer Veröffentlichung des **AMERICAN NATIONAL STANDARDS INSTITUTE, INC.** mit dem Titel **„AMERICAN NATIONAL STANDARD PROGRAMMING LANGUAGE – COBOL, ANSI X3.23-1985"** entnommen.

COBOL ist eine Sprache der Industrie und nicht Eigentum einer Gesellschaft oder einer Firmengruppe, auch nicht irgendeiner Organisation oder einer Organisationsgruppe.

Keine Garantie, weder ausdrücklich noch eingeschlossen, wird von irgendeinem Mitarbeiter oder vom *„CODASYL Programming Language Committee"* bezüglich der Richtigkeit und der Funktionsfähigkeit des Programmsystems und der Sprache übernommen. Darüberhinaus wird auch keine Verantwortung von irgendeinem Mitarbeiter oder dem genannten Komitee übernommen, die in Verbindung mit den oben aufgeführten Punkten steht.

Die Autoren und die Inhaber der Urheberrechte des hier verwendeten Materials
- FLOW-MATIC (Handelsmarke der Sperry Rand Corporation) Programming for the UNIVAC I and II, Data Automation Systems, urheberrechtlich geschützt 1958, 1959 durch die Sperry Rand Corporation,
- IBM Commerical Translator, Form No. F28-8013, urheberrechtlich geschützt 1959 durch die IBM,
- FACT, DSI 27A5260-2760, urheberrechtlich geschützt 1960 durch Mineapolis-Honeywell,

haben die Benutzung dieser Unterlagen, ganz oder teilweise, in den COBOL-Spezifikationen ausdrücklich erlaubt. Diese Erlaubnis bezieht sich auf die Wiedergabe und Benutzung von COBOL-Spezifikationen in Programmierhandbüchern oder ähnlichen Veröffentlichungen.

Daniel D. McCracken
Donald G. Golden

Autor und Herausgeber der amerikanischen Ausgabe bzw. der Übersetzer und der Herausgeber der deutschen Ausgabe haben sich nach besten Kräften bemüht, dieses Buch und die in ihm beschriebenen Programme gewissenhaft vorzubereiten und abzufassen. Die oben genannten Personen geben keine Garantien jedweder Art, weder ausdrücklich noch stillschweigend inbegriffen, auf die in dieses Buch aufgenommenen

Programme und ihre Dokumentation. Die oben genannten Personen können auch nicht verantwortlich gemacht werden, wenn in Verbindung mit diesen Programmen oder aus diesen Programmen heraus entstehend zufällige oder beständig bestehen bleibende Fehler auftreten sollten.

Rüdiger Gritsch

1. Grundlagen der COBOL-Programmierung

1.1 Einführung

Computer-Programmierung ist eine menschliche Tätigkeit. Wenn jemand einen Computer für die Lösung eines Problems benutzen will, muß er ein Verfahren ausarbeiten, das sich aus den elementaren Operationen zusammensetzt, die ein Computer ausführen kann. Das Verfahren muß in einer Sprache formuliert sein, die der Computer „verstehen" kann. **COBOL** ist eine solche Sprache, wenn man voraussetzt, daß für den fraglichen Computer ein *Kompilierer* zur Verfügung steht, der den in der *Programmiersprache* **COBOL** verfaßten Programmtext in einen Text in der *Maschinensprache* des jeweiligen Computers übersetzen kann. Kompilierer für **COBOL** gibt es mittlerweile für die meisten Computer, von den Mikrocomputern angefangen bis hin zu den Großcomputern.

Es lohnt sich, einen Augenblick darüber nachzudenken, daß der *Mensch Probleme* hat, während der *Computer Verfahren* folgt. Trotz der fast menschlich wirkenden Computer, die wir so häufig im Fernsehen und in Filmen zu sehen bekommen, kann ein Computer in der Tat nicht denken und auch nicht ein Problem lösen. Wenn wir ein Problem haben, zu dessen Lösung wir den Computer benutzen wollen, müssen wir zuerst eine genaue Methode zu seiner Lösung finden. Die ausgewählte Methode muß im Prinzip eine Tätigkeit sein, die ein Mensch ausführen könnte, sofern er genügend Zeit dafür hätte. Mit anderen Worten, es muß in jedem Augenblick völlig klar sein, was exakt getan werden muß, und die exakte Reihenfolge, in der die Operationen ausgeführt werden müssen, muß bekannt sein. Die gewünschte Reihenfolge von Tätigkeiten kann auf vielerlei Weise ausgedrückt werden: in Deutsch, in einer Fremdsprache, in irgendeiner Form einer *Programmentwurfssprache* oder als ein Computerprogramm. Wenn das Verfahren nicht von vornherein als Computerprogramm vorliegt, gewöhnlich ist das nicht der Fall, so muß als nächstes ein solches geschrieben werden, das die Verarbeitungstätigkeiten des fraglichen Verfahrens, der fraglichen *Prozedur* ausführt.

1.2 Die Lernfolge

Unsere Zusammenarbeit – Autor und Leser – hat zum Ziel, daß Sie nach der Durcharbeitung dieses Buches in der Lage sein sollten, **COBOL**-Programme zu schreiben, mit denen Sie Probleme aus Ihrem

Interessengebiet lösen können. Dazu werden Sie Kenntnisse aus drei umfassenden Gebieten erwerben müssen:

a) *Programmiersprache COBOL*
   - Was ist sie?
   - Woraus besteht ein gültiges **COBOL**-Programm?
   - Worin unterscheidet sich ein gutes von einem weniger guten?

b) *Codieren*
   Wie schreibt man ein **COBOL**-Programm, wenn eine „Wegekarte" vorliegt, die aufzeigt, *wie* der Computer den von ihm erwarteten Job erledigen soll?

c) *Programmentwurf*
   Wie ist die „Wegekarte" zu entwerfen, d.h. wie gelangt man von der Formulierung, *was* ein Programm tun soll, zu einer Formulierung, *wie* es das tun soll?

Hier folgt nun unser allgemeiner Plan, nach dem wir uns diese Dinge erarbeiten werden. In den ersten drei Kapiteln lernen Sie einige Grundbegriffe von **COBOL** kennen und erfahren, was ein Programm darstellt. In den Aufgaben zu diesen Kapiteln werden Sie kleine Änderungen in den in diesen Kapiteln vorgelegten Programmen anbringen und die modifizierten Programme anschließend ablaufen lassen. Wenn Sie in den nachfolgenden Kapiteln mehr über **COBOL** und über einige Methoden zum Entwerfen von **COBOL**-Programmen gelernt haben, werden Sie in den zu diesen Kapiteln gehördenen Übungsaufgaben Ihre eigenen Programme schreiben. Sie fangen mit ganz einfachen Programmen an und arbeiten sich zu solchen vor, die (in bezug auf die Methoden, wenn auch nicht in bezug auf den Umfang) mit denen vergleichbar sind, die aus der praktischen Tätigkeit von Programmierern hervorgehen. Ab Kap. 4 werden Sie in die Programmentwurfsmethoden eingeführt. In den anschließenden Kapiteln und in den Fallstudien werden Sie immer mehr über die Verfahren lernen, die beim Entwerfen und beim Verwirklichen von **COBOL**-Programmen angewendet werden.

Ein Hinweis ist zu beachten: Es ist ein Unterschied, ob man weiß, wie ein korrektes Programm aussieht, oder ob man in der Lage ist, ein solches zu schreiben. Sie werden sich öfters sagen hören: „Ich verstehe die Programme in diesem Buch und die aus dem Lehrgang, aber wenn ich allein dasitze und die Programme meiner Hausaufgaben programmieren will, weiß ich einfach nicht, wo und wie ich anfangen soll!" Wir verstehen Sie! Die meisten Programmierer empfinden so, mehr oder weniger, vor allem dann, wenn sie eine neue Programmiersprache erlernen wollen. Die Antwort darauf lautet: Man muß lernen, wie man am besten beim Programmentwurf vorgeht. Wir werden daher diesem Thema die gebührende Aufmerksamkeit widmen, sobald wir genug wissen, um über diesen Gegenstand sinnvoll sprechen zu können.

Das ist in groben Zügen unser Plan! Nun wollen wir loslegen!

1.3 Ein einfaches Programm

Wir wollen die Beschäftigung mit **COBOL** und mit der Programmierung mit einem leichten Programmbeispiel beginnen, das so kurz und einfach ist, daß das „Verfahren" in wenigen Sätzen ausgedrückt werden kann. Das Programm soll lediglich vier Zeilen erzeugen, die den Namen und die Adresse eines der Autoren in der folgenden Form enthalten:

```
DONALD G. GOLDEN
CIS DEPARTMENT
CLEVELAND STATE UNIVERSITY
CLEVELAND, OHIO 44115
```

Wir werden diese Zeilen in das Programm selbst einführen, so daß es im Programm nicht erforderlich ist, irgendwelche Daten von Eingabedateien in den Computer einzulesen. Für **COBOL**-Programme ist ein solches Vorgehen zwar ganz und gar nicht üblich (Sie werden voraussichtlich niemals ein Programm schreiben, das keine Daten einliest), aber wir können auf diese Weise in die Programmierung einsteigen, ohne uns mit zu vielen verwirrenden Details auseinandersetzen zu müssen, die Anfänger allzu oft ablenken. Sie haben z.B. wahrscheinlich schon bemerkt, daß die ausgedruckten Zeilen nur Großbuchstaben aufweisen. Wir werden uns dieser Übereinkunft stillschweigend bei allen Beispielen bedienen, da manche Kompilierer von **COBOL** nur Großbuchstaben verstehen. Benutzen Sie hingegen einen Kompilierer, der sowohl Groß- als auch Kleinbuchstaben versteht, so können Sie sich zukünftig auch für Ausgaben entscheiden, die Kleinbuchstaben enthalten, wann immer Sie eine solche Ausgabe wünschen.

Ein komplettes Programm, das die vorgesehenen Zeilen druckt, ist in der Abb. 1.1 dargestellt.

```
IDENTIFICATION DIVISION.
PROGRAM-ID.
    BEISP13.
AUTHOR.
    D. GOLDEN.
DATE-WRITTEN.
    SEPTEMBER 29, 1986.
```

```
ENVIRONMENT DIVISION.
INPUT-OUTPUT SECTION.
FILE-CONTROL.
    SELECT ZEILENAUSGABE-DATEI ASSIGN TO S-OUTPUT.

DATA DIVISION.
FILE SECTION.
FD  ZEILENAUSGABE-DATEI
    LABEL RECORDS ARE OMITTED.
01  ZEILEN-SATZ                    PICTURE X(26).

PROCEDURE DIVISION.
A000-AUSGABE-NAME-UND-ADRESSE.
    OPEN OUTPUT ZEILENAUSGABE-DATEI.
    MOVE 'DONALD G. GOLDEN'  TO ZEILEN-SATZ.
    WRITE ZEILEN-SATZ.
    MOVE 'CIS DEPARTMENT'    TO ZEILEN-SATZ.
    WRITE ZEILEN-SATZ.
    MOVE 'CLEVELAND STATE UNIVERSITY' TO ZEILEN-SATZ.
    WRITE ZEILEN-SATZ.
    MOVE 'CLEVELAND, OHIO 44115' TO ZEILEN-SATZ.
    WRITE ZEILEN-SATZ.
    CLOSE ZEILENAUSGABE-DATEI.
    STOP RUN.
```

Abb. 1.1 Komplettes COBOL-Programm zum Drucken von Name und Adresse auf vier Zeilen

1.4 Die vier Teile (DIVISIONS) eines COBOL-Programmes

Ein COBOL-Programm besteht aus vier *Hauptteilen*:

• **IDENTIFICATION DIVISION**	*Erkennungsteil*
• **ENVIRONMENT DIVISION**	*Maschinenteil*
• **DATA DIVISION**	*Datenteil*
• **PROCEDURE DIVISION**	*Prozedurteil*

Diese vier Teile müssen in jedem Programm in der Reihenfolge erscheinen, in der sie oben aufgeführt sind. Wir erkennen aus der Abb. 1.1, daß zwischen den einzelnen Teilen eine *Leerzeile* gelassen worden ist. In der Praxis wird ein solches Vorgehen empfohlen, es ist freilich nicht notwendig. Leerzeilen können überall dort in ein **COBOL**-Programm eingefügt werden, wo immer sie zur Verbesserung der Lesbarkeit beitragen können. Randbegrenzungen und Einrückungen werden wir im Abschnitt

1.6 besprechen. **IDENTIFICATION DIVISION** und **ENVIRONMENT DIVISION** sind an dieser Stelle für uns noch ohne großes Interesse; außerdem variieren sie beträchtlich bei den verschiedenen Computerinstallationen. Deshalb werden wir ihre Betrachtung auf ein späteres Kapitel verschieben. Ihr Instruktor bzw. Ihr Chef wird Ihnen bei Ihren ersten Programmen genau sagen, wie Sie diese Teile aufzubauen haben.

Der Datenteil eines **COBOL**-Programms wird benutzt, um die Informationen zu beschreiben, die das Programm verarbeitet und erzeugt. In unserem Fall gibt es nur ein Ausgabeelement, nämlich eine Druckzeile, aber im allgemeinen wird es Daten geben, die in den Computer eingelesen werden, Zwischenergebnisse und verschiedene Arten von Ausgabedaten. Wir wollen die fünf Zeilen des Datenteils eine nach der anderen betrachten.

Die erste Zeile enthält nur die Wörter **DATA DIVISION**, gefolgt von einem Punkt. Diese Zeile muß immer genauso geschrieben werden: in zwei Wörtern und mit einem Punkt dahinter, mit sonst nichts in der Zeile. Die Zeile mit den Wörtern **FILE SECTION**, gefolgt von einem Punkt, muß ebenfalls wie dargestellt geschrieben werden. Ein *Kapitel (Section) ist einfach ein Abschnitt eines Teils*; wir werden später lernen, daß es noch andere Kapitel im Datenteil geben kann, auch im Prozedurteil kann es Kapitel geben.

Die Buchstaben **FD** stehen für „File Description", also für *Dateibeschreibung*, aber es ist nicht erlaubt, sie auszuschreiben. (Wie andere Programmiersprachen hat **COBOL** sehr strenge Regeln für die Schreibweise und für die Reihenfolge der Wörter.) Der Name **ZEILENAUSGABE-DATEI** wurde vom Autor für die zu erzeugende Druckausgabe festgelegt. In der Datenverarbeitungsterminologie wird jede Ansammlung zusammengehöriger Daten, die zu *Sätzen* (engl.: *Records*) zusammengefaßt sind, als *Datei* (engl.: *File*) bezeichnet. In unserem Falle stellt jede Druckzeile einen Satz dar. Somit besteht die (*Ausgabe-*)*Datei* aus insgesamt vier Sätzen. Bei einem anderen Beispiel könnten wir uns eine Datei vorstellen, die aus Textzeilen besteht, die das Computerprogramm einzulesen hat. Eine solche Datei stellt eine *Eingabedatei* dar, bei der jede Textzeile einen (Eingabe-)Satz bildet. Wir werden später auch über Dateien zu sprechen haben, die aus Sätzen auf Magnetbändern oder anderen Speichermedien bestehen.

Der Name **ZEILENAUSGABE-DATEI**, so wie er im Programm notiert ist, ist vom Autor des Programmes ausgedacht worden. Ein solches Wort unterscheidet sich gänzlich von anderen im Programm vorkommenden Wörtern wie **DATA, DIVISION, FILE** und **SECTION**. Diese Wörter besitzen in der Programmiersprache eine spezielle Bedeutung und können daher auf keine andere Weise verwendet werden. Wörter dieser Art heißen deshalb *reservierte Wörter*. Eine Zusammenstellung der reservierten **COBOL**-Wörter ist im Anhang A aufgeführt. Die Liste der reservierten Wörter ist relativ konstant, es gibt jedoch geringfügige Unterschiede zwischen den einzelnen Kompilierern. Zwecks umfassender Information sollte man sich deshalb die Liste besorgen, die die reservierten Wörter für den jeweils benutzten Kompilierer enthält. Man muß sehr sorgfältig darauf achten, daß man reservierte Wörter nur für den in den **COBOL**-Regeln vorgesehenen Zweck verwendet.

Obgleich **FILE** ein reserviertes Wort darstellt, hat dieses nichts mit einem freigewählten Namen **ZEILENAUSGABE-FILE** zu tun, angenommen, wir hätten die Ausgabedatei so genannt und nicht **ZEILENAUSGABE-DATEI.** Würden wir hingegen die Ausgabedatei nur mit dem Namen **FILE** versehen, so hätten wir gegen die Sprachregeln von **COBOL** verstoßen. (Im obigen Falle ist ja **FILE** nur als Teil eines selbst gewählten Wortes gebraucht worden.) Die Regeln für die Benennung von Objekten wie Dateien, Sätzen und Datenelementen sind im Abschnitt 1.7 zusammengestellt.

Die vierte Zeile des Datenteils bildet den Hauptinhalt der Dateibeschreibung (**FD**), ihr Text wird nun einmal von den **COBOL**-Regeln gefordert. Was ein *Kennsatz* (engl.: *Label Record*) ist, wird im Kap. 14 beschrieben. Es können einige weitere Klauseln in einer Dateibeschreibung vorhanden sein; die Mindestanforderungen für Dateibeschreibungen schwanken zwischen den einzelnen Kompilierern ein bißchen. Man beachte außerdem, daß nur ein einziger Punkt in der Dateibeschreibung erscheint, und zwar am Ende der gesamten **FD**-Eintragung. Würde ein Punkt am Ende der ersten Zeile erscheinen, geriete der **COBOL**-Kompilierer vollständig durcheinander und wird nicht in der Lage sein, Ihr Programm zu übersetzen.

Die letzte Zeile im Datenteil beschreibt den Satzaufbau. Die Zahl 01 wird als *Stufennummer* (engl.: *Level Number*) bezeichnet. Wir werden ihr Konzept in Kap. 3 erklären. Die einzige Art von Sätzen, aus denen die Datei **ZEILENAUSGABE-DATEI** besteht, hat von uns den Namen **ZEILEN-SATZ** erhalten. Wir hätten sie auch **LINE-RECORD** benennen können. Zwar handelt es sich bei **LINE** und **RECORD** um reservierte **COBOL**-Wörter, aber **LINE-RECORD** ist ein zulässiger frei wählbarer Name, da alle **COBOL**-Kompilierer diese Bezeichnung als einen einzigen, aus 11 Zeichen (10 Buchstaben und ein Sonderzeichen) bestehenden Namen ansehen. Die Klausel **PICTURE X(26)** teilt dem **COBOL**-Kompilierer mit, wie der Satz aufgebaut ist. Er besteht aus 26 Zeichen, von denen jedes ein beliebiger Buchstabe, eine Ziffer oder ein beliebiges anderes, im betreffenden Computer darstellbares Zeichen sein darf. Wenn wir wollen, daß der Satz nur Buchstaben enthalten darf, so müssen wir **PICTURE A(26)** schreiben. Würden wir nur Ziffern spezifizieren wollen, so müßten wir **PICTURE** 9(26) notieren. Im letzteren Falle hätten wir jedoch nicht die Einschränkung beachtet, daß in **COBOL** ein (numerisches) Datenelement höchstens 18 Stellen besitzen kann. Ein Datenelement, das mit dem Kennbuchstaben X in der **PICTURE**-Klausel beschrieben ist, wird als *alphanumerisches* oder kurz als *alphamerisches* Datenelement bezeichnet. Ein solches kann, wie bereits gesagt, *Buchstaben*, *Ziffern* und *Sonderzeichen* enthalten.

Der Prozedurteil soll dem Computer mitteilen, was getan werden soll und in welcher Reihenfolge. Wie die Wörter **DATA DIVISION** müssen auch die Wörter **PROCEDURE DIVISION** als einzige in einer Zeile erscheinen, also genau so, wie es in der Abb. 1.1 gezeigt ist.

Der Prozedurteil unseres Beispielprogrammes besteht aus elf *Anweisungen*, je eine auf jeder Zeile. Ein *COBOL-Satz* (engl.: *Sentence*) setzt sich aus einer oder aus mehreren Anweisungen zusammen. Er wird durch einen Punkt abgeschlossen. In unserem Falle weist ein Satz immer nur eine einzige Anweisung auf, aber dies wird nicht immer der Fall sein. Schließlich werden über vorbereitende Definitionen **COBOL**-Sätze zu *Paragraphen* zusammengefaßt. Ein **COBOL**-Paragraph wird durch einen *Paragraphennamen* eingeleitet, dem ein Punkt folgt. Im Paragraphen sind ein oder mehrere **COBOL**-Sätze enthalten. Unser erstes Beispielprogramm besitzt nur einen einzigen Paragraphen. Sie werden nie wieder einem solchen Programm begegnen, zumindest nicht in diesem Buch. Aber auch dieser eine Paragraph muß durch einen Namen eingeleitet werden. Bei **COBOL** ist es zwar gleichgültig, wie die Paragraphen benannt werden, aber wir werden ihnen Namen geben, aus denen wir erkennen können, was in ihnen getan wird und – wenn viele Paragraphen im Programm vorhanden sind – wie sie zusammengehören. Hier werden tatsächlich die ersten vier Zeichen des Paragraphennamens, also **A000**, dazu benutzt, um den Paragraphen innerhalb des Programmes lokalisieren zu können. Über den Nutzen solcher *Präfixe* wird in Kap. 4 gesprochen, aber es ist augenscheinlich, daß ein solcher Präfix nur nützlich bei umfangreichen großen Programmen ist.

Anmerkung des Übersetzers: In der englischen Sprache unterscheidet man strikt zwischen dem „record" und dem „sentence", wobei unter dem „record" der Teil einer Datei, unter dem „sentence" der (Grund-)Teil eines COBOL-Programmes verstanden wird. Im Deutschen hat es sich eingebürgert, nur einen einzigen Begriff, nämlich „Satz" zu benutzen. Welche Art von „Satz" in einem bestimmten Fall gemeint ist, ergibt sich im allgemeinen aus dem Zusammenhang; ist das nicht möglich, spricht man betonend von „Datensatz" und „**COBOL**-Satz" bzw. „Programmsatz".

Jede **COBOL**-Anweisung beginnt mit einem *Verb*, das die Art der auszuführenden Tätigkeit angibt. Die Verben dieses Programms sind **OPEN, MOVE, WRITE, CLOSE** und **STOP**.

Das Verb **OPEN** wird auf Dateien angewandt und spezifiziert gewisse vorbereitende Operationen, die uns hier noch nicht interessieren. Im Augenblick genügt es zu sagen, daß jede Datei mit einer Anweisung *eröffnet* werden muß, die gleichzeitig angibt, ob sie eine Eingabe- oder eine Ausgabedatei ist.

Das **MOVE**-Verb werden wir häufig benutzen, mehr als jedes andere. Seine Aufgabe ist es, Informationen von einer Stelle im Computer zu einer anderen zu übertragen. Häufig werden wir es in der allgemeinen Form

MOVE datenname-1 **TO** datenname-2

benutzen. Hierbei steht „datenname-1" für einen beliebigen, von uns festgelegten Datennamen im Programm; das gleiche gilt für „datennamen-2". In einem Programm könnte also beispielsweise

MOVE LAGERBESTAND TO AUSGABE-ZEILE-7

oder

MOVE BRUTTOLOHN TO BRUTTOLOHN-AUFBEREITET

niedergeschrieben sein.

Das Wort **MOVE**, d.h. Fortbewegen, verwirrt viele Anfänger; es scheint anzudeuten, daß die übertragene Information an der sendenden Stelle gelöscht wird, was jedoch *nicht* geschieht. Von daher gesehen wäre ein Wort wie COPY, d.h. Kopieren, vorzuziehen, da nach einem **MOVE** *die Information an beiden Stellen vorhanden ist*. Aber das Wort **MOVE** wird schon lange verwendet, und es ist unwahrscheinlich, daß es geändert wird.

In unserem Falle werden stets Informationen übertragen, die keinen Namen aufweisen, sondern direkt in der Anweisung aufgeführt sind. Eine solche Information heißt *Literal*. Hier haben wir es mit *nichtnumerischen Literalen* zu tun; diese müssen, wie gezeigt, in *Begrenzungszeichen* eingeschlossen sein. **COBOL** erlaubt die Benutzung von zwei verschiedenen Begrenzungszeichen. Entweder ist das *Auslassungszeichen*, d.h. das Zeichen ', oder das *Anführungszeichen*, d.h. das Zeichen ", zu verwenden. Zu Beginn und am Ende eines Literals müssen stets die gleichen Begrenzungszeichen benutzt werden. So könnten wir z.B. im gleichen Programm

MOVE 'DONALD G. GOLDEN' TO ZEILEN-SATZ.

.
.
.

MOVE "CIS DEPARTMENT" TO ZEILEN-SATZ.

schreiben, aber wir könnten nicht

**MOVE 'CLEVELAND STATE UNIVERSITY" TO
      ZEILEN-SATZ.**

schreiben, da im letzteren Falle die beiden das Literal begrenzenden Zeichen nicht vom gleichen Typ sind. Ein *numerisches Literal* wird nicht in Begrenzungszeichen eingeschlossen. Numerische und nichtnumerische Literale unterscheiden sich völlig voneinander; wir werden es in Kap. 3 sehen. Der ersten **MOVE**-Anweisung in unserem Programm kommt folgende Bedeutung zu: Es sind alle Zeichen der Zeichenfolge

DONALD G. GOLDEN

(einschließlich des *Punktes* und der *Leerzeichen*, auch *Zwischenraumzeichen* genannt), jedoch nicht die begrenzenden Auslassungszeichen, in den **ZEILEN-SATZ** genannten Satz zu übertragen.

Die dritte Anweisung besagt, daß der Satz, in den wir gerade den Namen des Autors gebracht haben, geschrieben werden soll. Es soll also eine Druckzeile mit derjenigen Information erzeugt werden, die sich jetzt an der Stelle mit dem Namen **ZEILEN-SATZ** befindet.

Als nächstes geben wir an, daß der erste Teil der Adresse nach **ZEILEN-SATZ** übertragen werden soll. **ZEILEN-SATZ** ist natürlich derselbe Name – und bezieht sich auf denselben Platz im Speicher des Computers –, den wir soeben für den Namen des Autors benutzt haben. Dieser Schritt zerstört daher den früheren Inhalt von **ZEILEN-SATZ** und ersetzt ihn durch die neue Information. Dies ist übliche Programmierpraxis. Mit anderen Worten: **ZEILEN-SATZ** ist nicht der Name einer *bestimmten* Information, sondern der Name eines *Platzes*, an dem während eines Programmablaufes vielfältige Informationen erscheinen können.

Wir stellen fest, daß dieses Literal einschließlich des Leerzeichens nur 14 Zeilen enthält, während wir in der **PICTURE**-Klausel bei **ZEILEN-SATZ** Platz für 26 Zeichen verlangt haben. Bei einer **MOVE**-Anweisung, in der das Sendeelement weniger Zeichen enthält als Stellen im Empfangsfeld vorgesehen sind, wird der Inhalt des Sendefeldes an das linke Ende des Empfangsfeldes gebracht, und die überzähligen Stellen rechts werden mit Leerzeichen aufgefüllt. Man sagt, daß die Übertragung in das Empfangsfeld *linksbündig* erfolgt.

Nunmehr schreiben wir eine Zeile mit der gegenwärtigen in **ZEILEN-SATZ** befindlichen Information (5. Anweisung im Prozedurteil). Anschließend stellen wir den zweiten Adreßteil (6. Anweisung) nach **ZEILEN-SATZ** und schreiben ihn ebenfalls heraus. In der 8. und 9. Anweisung wiederholen wir die beiden Operationen (**MOVE** und **WRITE**), um auch den dritten und letzten Adreßteil ausdrucken zu können. Damit sind die Tätigkeiten beendet, die von diesem Programm gefordert wurden. Wir sind damit bereit, die Programmausführung abzuschließen. Bevor wir dies tun können, müssen wir für alle im Programm durch **OPEN**-Anweisungen eröffneten Dateien eine **CLOSE**-Anweisung niederschreiben, wodurch die Dateien *abgeschlossen* werden. In unserem Falle gibt es bekanntlich nur eine einzige Datei. Man beachte, daß es bei der **CLOSE**-Anweisung nicht erforderlich ist anzugeben, ob eine Datei zur Eingabe oder zur Ausgabe herangezogen wurde. Nunmehr kann die *Programmausführung* beendet werden. Zu diesem Zweck schreiben wir *STOP RUN*. Damit sagen wir dem Computer, daß er seine Tätigkeiten einstellen und zu einer anderen Arbeit übergehen kann.

1.5 Ablauf eines Programmes

Uns liegt jetzt das vollständige Programm vor. Wenn es auf einem Computer ablaufen soll, müssen Sie es zunächst über eine *Konsole* oder über ein *Datenendgerät* (*Terminal*) in den Computer eingeben; Ihr Instruktor oder Ihr Chef kann Ihnen zeigen, auf welche Weise Sie das bei dem Computer handhaben müssen, der Ihnen zur Verfügung steht. Das Programm wird danach von einem **COBOL**-Kompilierer (auch *Übersetzer* genannt) in die Maschinensprache des Computers übersetzt. Zuletzt wird das kompilierte Programm *ausgeführt*. Man sagt dazu auch, daß das Programm *abläuft*. Beim Ablauf unseres Beispielprogrammes wurde die folgende Druckausgabe erzeugt:

```
DONALD G. GOLDEN
CIS DEPARTMENT
CLEVELAND STATE UNIVERSITY
CLEVELAND, OHIO 44115
```

Mit anderen Worten gesagt, das Programm führte die vorgesehenen Operationen aus.

Wenn Sie einen Programmierlehrgang besuchen, in dem Sie Programme zum Laufen bringen sollen, werden Sie es wahrscheinlich zunächst mit den Übungsaufgaben zu tun haben, die am Ende dieses oder des nächsten Kapitels aufgeführt sind. Da Sie noch nicht genug über **COBOL** wissen, um etwas wirklich Substantielles entwickeln zu können, beschränken sich diese Übungsaufgaben darauf, dieses erste Beispielprogramm geringfügig zu modifizieren, um es danach ablaufen zu lassen. Wir wollen daher an dieser Stelle verweilen, um die Informationen zusammenzustellen, die Sie zur Lösung der Übungsaufgaben benötigen. Sie betreffen das *Programmformat* und die *Regeln für die Namensvergabe*.

1.6 Das Codierformat von COBOL

COBOL-Programme werden im allgemeinen über ein Terminal oder über die Konsole des Computers in den Computer eingegeben, häufig durch den Verfasser des Programmes selbst; in Programmierlehrgängen ist das eine Selbstverständlichkeit. Jedoch erfordert **COBOL** noch immer, daß die Programme in einem besonderen Format niedergeschrieben werden müssen. Es ist sicher sehr nützlich, wenn man deshalb zunächst das Programm auf Papier formuliert, bevor man es in den Computer eingibt. Es erweist sich als viel leichter, wenn Sie Ihr auf Papier niedergeschriebenes Programm überprüfen und Schreibfehler korrigieren, als wenn Sie das an einem Terminal erledigen. – In den meisten Ausbildungsstätten wird eine Legende über einen Schüler bzw. eine Schülerin erzählt, der bzw. die niemals sein bzw. ihr Programm planen mußte; er (sie) brauchte sich nur an den Computer zu setzen und die letzte Programmversion einzugeben, die natürlich auf Anhieb perfekt lief. Merkwürdigerweise scheint es dabei immer so zu sein, daß der (die) betreffende Schüler(in) gerade zwei Jahre zuvor seine Ausbildung abgeschlossen hatte.

Das Format von **COBOL** wurde in den 50er Jahren festgelegt, zu einer Zeit also, in der die Dateneingabe in den Computer fast gänzlich mit Hilfe von Lochkarten erfolgte. Die gängigsten Lochkarten wiesen damals 80 Spalten auf. Jede Spalte konnte die Lochkombination eines Zeichens aufnehmen. Der Begriff „Spalte" rührt von dieser Quelle her; wir werden ihn im Verlauf der weiteren Diskussionen in diesem Sinne gebrauchen. Der Grenzwert von 80 Zeichen pro Zeile stammt ebenfalls aus der damaligen Zeit.

Dem Programmierer stehen *Codierblätter* zur Verfügung, die ein kleines Kästchen für jede Zeichenstelle in den einzelnen Zeilen aufweisen. Ihr Instruktor kann von Ihnen verlangen, daß Sie Ihre Programme zuerst auf solche Formblätter schreiben. Nachdem das Programm in den Computer eingegeben worden ist, ist es eine einfache Angelegenheit, eine Programmliste drucken zu lassen. Die Vorgehensweise hierzu unterscheidet sich wesentlich bei den verschiedenen Computertypen. Einzelheiten hierzu werden Sie deshalb von Ihrem Instruktor oder Ihrem Chef erfahren.

Jede Zeile der Formblätter ist in bestimmte Bereiche eingeteilt, deren Bedeutung wir unbedingt jetzt erklären müssen:

- *Folge* | *Sequence*
- *Fortsetzung* | *Continuation*
- *A-Bereich* | *Area A*
- *B-Bereich* | *Area B*
- *Kennung* | *Identification*

(In der obigen Zusammenstellung steht links die deutsche Bezeichnung, rechts die englische.)

Die Spalten (Stellen) 1 bis 6 werden für die Folgenumerierung der Zeilen verwendet, sofern man dies wünscht. Diese Möglichkeit war besonders nützlich zu den Zeiten, in denen die Programme noch auf Lochkarten abgelocht wurden. Fiel nämlich ein Lochkartenpaket zu Boden, so konnte man mittels des Folgefeldes die Lochkarten wieder in die richtige Reihenfolge bringen. Heutzutage wird das Folgefeld gewöhnlich leer gelassen, obwohl es nach wie vor in **COBOL** zur Verfügung steht. Wenn Sie das Folgefeld benutzen wollen, so sollten Sie dafür Sorge tragen, daß die Zeilen anfangs in Vielfachen von 10 oder 100 numeriert werden. Damit wird Raum gelassen, um neue Zeilen zwischen die alten Zeilen einschieben zu können; die Zeilennummern der neuen Zeilen können dann so vergeben werden, daß die Gesamtheit der Programmzeilen in Reihenfolge bleibt. Die meisten **COBOL**-Kompilierer können zur Prüfung der richtigen Reihenfolge der Folgenummern herangezogen werden. Ist die Reihenfolge nicht in Ordnung, so geben die betreffenden Kompilierer eine Warnung aus.

Die Spalte (Stelle) 7 wird für zwei Zwecke benutzt. Zuerst einmal, doch zugleich am wenigsten für diesen Zweck benutzt, wird sie in den seltenen Fällen gebraucht, in denen ein Wort oder ein Literal von einer vorhergehenden Zeile so fortgesetzt werden muß, daß der Kompilierer nicht in Verwirrung gerät. So ziemlich der einzige Fall, in dem dies sinnvoll ist, ist die Fortsetzung eines Literals, das zu lang ist, um in eine Zeile zu passen. Wenn diese Sachlage eintritt, wird das Literal bis zum Ende der ersten Zeile, d.h. bis zur Spalte 72, geschrieben, ein Bindestrich auf die Spalte 7 der Folgezeile plaziert und das Literal irgendwo ab Spalte 12 der Folgezeile fortgesetzt, beginnend mit einem Auslassungszeichen. Im Grunde genommen ist das hinlänglich so verwirrend und kaum wirklich notwendig, so daß die meisten Programmierer Fortsetzungen von Literals überhaupt vermeiden. Wir werden uns ebenfalls daran halten.

Weitaus wichtiger ist die Benutzung der Spalte 7 als *Anzeiger für Kommentare.* Jedes Programm, ob gut oder weniger gut geschrieben, kann für den Leser Vorteile bringen, wenn in ihm durch Kommentare vermerkt ist, welche Tätigkeiten es ausführt, und mitunter auch etwas darüber, wie diese ausgeführt werden. Diese Kommentare werden von den **COBOL**-Kompilierern ignoriert. Sie dienen ausschließlich dazu, den Personen zu helfen, die versuchen, ein Programm zu verstehen. Um anzuzeigen, daß eine Zeile einen Kommentar und nicht ein **COBOL**-Statement enthält, muß ein Sternzeichen, d.h. das Zeichen *****, auf die Spalte 7 plaziert werden. Die **COBOL**-Kompilierer übergehen dann den Inhalt der betreffenden Zeile. Anstelle des Sternzeichens kann aber auch ein Schrägstrich, d.h. das Zeichen */*, zur Kenntlichmachung einer Kommentarzeile herangezogen werden. In diesem Fall geht jedoch der Kompilierer vor dem Drucken der Kommentarzeile zusätzlich auf den Anfang einer neuen Seite über, wenn vom Kompilierer das Drucken der Programmliste verlangt wird.

Bei Spalte 8 beginnt der *A-Bereich* (Area A), er endet mit dem Beginn des B-Bereiches. Im A-Bereich müssen die Namen von Teilen (Divisions), Kapiteln (Sections) und Paragraphen beginnen, außerdem die FD-Eintragungen und die Stufennummern 01 und 77 im Datenteil. Doch darüber folgt später erst Näheres. *Anweisungen dürfen in diesem Bereich nicht beginnen.* Die Spalte 8 wird auch als *Rand A* bezeichnet.

Bei Spalte 12 beginnt der *B-Bereich* (Area B); diese Spalte wird deshalb oft als *Rand B* bezeichnet. Die Anweisungen des Prozedurteiles dürfen irgendwo in diesen Bereich notiert werden. Normalerweise fangen wir mit dem Schreiben einer Anweisung in Spalte 12 an, es sei denn, wir wollen Anweisungen zwecks Verbesserung der Lesbarkeit einrücken. Wir werden später erklären, unter welchen Umständen sich eine solche Maßnahme als sinnvoll erweist. Einrückungen heben die Programmstruktur deutlicher hervor. Die einzelnen Wörter einer Anweisung sind durch mindestens ein Leerzeichen voneinander zu trennen.

Der B-Bereich endet in Spalte 72. Wenn eine Anweisung zu lang ist, um in diesen Bereich hinein zu passen, teilen wir die betreffende Anweisung nach einem vollen Wort auf und fahren dann mit ihr einfach auf der nächsten Zeile fort. Unter der Voraussetzung, daß keine Teilung einer Anweisung mitten in einem Wort erfolgt ist – und wir wollen das niemals tun –, braucht dann kein Bindestrich in die Spalte 7 aufgenommen zu werden; der Fortsetzungsvermerk in Spalte 7 würde im Gegenteil einen Fehler bedeuten. Wir werden nie mehr als eine Anweisung in eine Zeile schreiben, aber eine Anweisung kann und wird oft mehrere Zeilen belegen.

Der *Kennungsbereich* (Identification), für den die Spalten 73 bis 80 vorgesehen sind, steht dem Programmierer für beliebige Zwecke zur Verfügung. Dahinter steht die allgemeine Idee, daß eine solche Information mitunter nützlich sein kann, wenn wir eine Programmliste betrachten, die keine andere Identifizierung aufweist und wir andererseits Informationen benötigen, aus denen wir erkennen können, um welches Programm es sich handelt. Einige **COBOL**-Systeme (Kompilierer oder Editoren für den Quellencode) fügen automatisch den Programmnamen oder einen Teil desselben in die der Kennung entsprechenden Stellen der Programmliste ein, wenn diese Stellen leer sind. Der Programmname wird dabei entweder aus dem Erkennungsteil (**IDENTIFICATION DIVISION**) oder aus der Datei entnommen, die den Programmcode enthält.

1.7 Regeln für die Bildung von Namen

Es gibt viele Anlässe, bei denen es erforderlich ist, sich Namen für Dateien, Sätze, Datenelemente innerhalb von Sätzen und für viele anderen Gegenstände in einem Programm auszudenken. Bei der Gestaltung der vom Programmierer zu vergebenden Namen, auch *Bezeichner* (engl.: *Identifier*) genannt, müssen die nachstehenden Regeln beachtet werden:

1. Ein Datenname kann 1 bis 30 Zeichen umfassen.
2. Die Zeichen, aus denen ein Datenname zusammenzusetzen ist, müssen aus folgendem Zeichenvorrat genommen werden: 26 Buchstaben, 10 Dezimalziffern, Bindestrich.
3. Ein Datenname muß mindestens einen Buchstaben enthalten.
4. Ein Datenname darf nicht mit einem Bindestrich beginnen oder enden.
5. Ein Datenname darf nicht mit einem reservierten Wort übereinstimmen.
6. Jeder Datenname muß eindeutig sein, er darf also im Datenteil nicht mehr als einmal vorkommen. Diese Regel gilt nicht, wenn Datennamenkennzeichnungen (engl.: Qualifications) verwendet werden; Näheres hierzu ist in Kap. 10 zu finden.

Es ist üblich und wird auch nachdrücklich empfohlen, sich sprechende Datennamen auszudenken, d.h. also, den Leser darauf aufmerksam zu machen, welche Bedeutung ein Datenname hat. Daher sollten wir solche Namen schreiben, wie sie nachstehend aufgeführt sind:

BRUTTO-LOHN
MENGE-VORHABEN
BERICHT-ZEILE-12
G-KOSTEN-1-GROB
45-GENEHMIGUNG

Die folgenden Datennamen verstoßen gegen die oben aufgeführten Regeln:

12-56	Kein Buchstabe im Datennamen
-ABC-12	Beginn mit einem Bindestrich
EMPFANGENER/BETRAG	Ein anderes Zeichen als Buchstabe, Dezimalziffer oder Bindestrich vorhanden
FILE	Reserviertes Wort
GENEHMIGUNG-DURCH-ABTEILUNGSLEITER-ODER-VERTRETER	Mehr als 30 Zeichen vorhanden

Scherzhaft gemeinte Datennamen eignen sich gerade noch für Übungsprogramme, aber sie sind ein Hindernis für die leichte Verständlichkeit der Programme. Bei der Verwendung der Namen von Freunden, Rockstars, Sportkanonen oder von Märchenfiguren mag man sich selbst amüsieren, aber solche Namen übermitteln anderen in keiner Weise irgendwelche Hinweise über ihre Funktion innerhalb des Programmes. Benutzt man Scherznamen ein paar Mal, wird man wahrscheinlich bald entdecken, daß sie nicht mehr so lustig auf einen selbst wirken wie beim ersten Mal, sie verhindern einfach eine verständliche Kommunikation mit anderen.

KONTROLLFRAGEN

1. Nennen Sie die vier Teile (DIVISIONS) eines **COBOL**-Programmes!
2. Müssen die vier Teile stets in der gleichen Reihenfolge erscheinen?
3. Ist es erforderlich, oder wird es nur empfohlen, eine Zeile zwischen den Teilen frei zu lassen?
4. Welcher Zweck wird mit dem Plazieren eines Sternzeichens in Spalte 7 verfolgt? Welcher Unterschied tritt gegenüber dem Stellen eines Schrägstriches in der gleichen Spalte auf?
5. In unserem ersten Beispielprogramm (siehe Abb. 1.1) finden wir die folgenden Zeilen:
   INPUT-OUTPUT SECTION.
   FILE-CONTROL.
   FILE SECTION.
   Dürfen diese Zeilen wie folgt umgeformt werden?
   INPUT OUTPUT SECTION.
   FILE CONTROL.
   FILE-SECTION.
6. Was würde passieren, wenn Sie am Ende der nachstehenden Zeile einen Punkt setzen?
   FD ZEILENAUSGABE-DATEI
7. Ein (Programm-)Satz muß mit einem Punkt enden. Wenn Punkte an unzulässigen Stellen gesetzt werden, führt das zu erheblichem Ärger. Warum ist dann der Punkt in der Mitte der folgenden Zeile gestattet?
   MOVE 'DONALD G. GOLDEN' TO ZEILEN-SATZ.
8. Muß man beim **OPEN**- oder beim **CLOSE**-Verb angeben, ob es sich um eine Eingabe- oder um eine Ausgabedatei handelt?
9. Nennen Sie zwei Beispiele für Dateien und für die Sätze, aus denen sie sich zusammensetzen!

ANTWORTEN AUF DIE KONTROLLFRAGEN

1. Erkennungsteil (**IDENTIFICATION DIVISION**), Maschinenteil (**ENVIRONMENT DIVISION**), Datenteil (**DATA DIVISION**), Prozedurteil (**PROCEDURE DIVISION**)
2. Ja
3. Nur empfohlen, aber es wird dringend dazu angeraten.
4. Sowohl das Sternzeichen als auch der Schrägstrich in Spalte 7 veranlassen den Kompilierer, den Inhalt der betreffenden Zeile als Kommentar anzusehen. Ein Schrägstrich verursacht außerdem, daß der Kompilierer (bzw. ein Editor für den Quellencode) zu einer neuen Seite übergeht, bevor er den Kommentar in eine Programmliste druckt.
5. Jede dieser Änderungen hätte alle möglichen, zum Teil irreführenden Fehlermeldungen zur Folge. Solche Angaben müssen deshalb genauso geschrieben werden, wie sie hier gezeigt sind.
6. Der Kompilierer würde vermutlich zunächst beanstanden, daß Sie die Klausel **LABEL RECORDS** vergessen haben, da er eine solche nicht vor dem Schlußpunkt der **FD**-Eintragung findet. Danach würde er Fehlermeldungen ausgeben, weil er mit der Angabe **LABEL RECORDS** nichts anfangen kann, da sie an einer unvorhergesehenen Stelle erscheint. In diesem Falle hängen jedoch die Einzelheiten vom jeweiligen Kompilierer ab: Die Diagnostikmeldungen variieren bei den einzelnen Kompilierern.
7. Ein Punkt innerhalb eines Literals ist Teil des Literals; er wird nicht als Schlußpunkt eines Programmsatzes interpretiert.
8. **OPEN**
9. Eine Textdatei auf einem Computer ist eine Datei, bei der jede Textzeile einen Satz bildet. Ein gedruckter Bericht kann ebenfalls als Datei angesehen werden; jede gedruckte Zeile kann dabei als Datensatz betrachtet werden.

ÜBUNGSAUFGABEN

Nehmen Sie bitte einige Änderungen in unserem Beispielprogramm (siehe Abb. 1.1) vor, geben Sie das Programm in den Computer ein, und lassen Sie es ablaufen! Nachfolgend sind die Änderungen genannt:
1. Um längere Namen und Adreßteile zu ermöglichen, soll die Klausel **PICTURE** so geändert werden, daß die Zeilen bis zu 40 statt 26 Zeichen aufnehmen können.
2. Die Literale in den **MOVE**-Anweisungen sind so abzuändern, daß sie auf den eigenen Namen und die eigene Adresse Bezug nehmen.

3. Denken Sie sich neue Namen aus, die die beiden im Programm verwendeten Namen **ZEILENAUSGABE-DATEI** und **ZEILEN-SATZ** ersetzen. Überall, wo diese beiden Namen auftreten, sind sie im Programm durch die neuen Namen zu ersetzen.

Anschließend folgen einige zusätzliche Hinweise, an die Sie jederzeit denken sollten.

1. Ihr Instruktor bzw. Ihr Chef wird Ihnen einige wenige *Jobsteuerstatements* (engl.: *Job Control Statements*) angeben, die Sie vor Ihr **COBOL**-Programm plazieren müssen, und vermutlich auch einige, die Sie hinter dem Programm anordnen müssen. Diese übermitteln dem Computersystem verschiedene erforderliche Informationen, u.a. auf welches Konto die von Ihnen verbrauchte Computerzeit gebucht werden soll, die Tatsache, daß es sich um einen Job handelt, in den ein **COBOL**-Programm eingeht, und andere mehr. Die Steuerstatements müssen exakt so eingegeben werden, wie sie spezifiziert werden.

2. Erkennungsteil (**IDENTIFICATION DIVISION**), Maschinenteil (**ENVIRONMENT DIVISION**) und die **FD**-Eintragungen können möglicherweise von den in der Abb. 1.1 gezeigten Formen in zwar geringfügigen, doch wesentlichen Details abweichen.

3. Es kann sein, daß auf Ihrem Computer der gleichzeitige Gebrauch von Auslassungszeichen und Anführungszeichen bei alphamerischen Literalen nicht erlaubt ist. Ist das der Fall, müssen Sie das vorgeschriebene Begrenzungszeichen benutzen.

4. Wenn Ihr eigener Name oder ein Teil Ihrer Adresse selbst einen Apostroph enthält und der Kompilierer sowohl die Benutzung von Auslassungszeichen als auch die Benutzung von Anführungszeichen erlaubt, sollte das Anführungszeichen zum Begrenzen des Literals und das Auslassungszeichen als Apostroph benutzt werden. Das würde beispielsweise zu der Schreibweise

MOVE "ROGER O'MARA" TO ZEILEN-SATZ.

führen.

Wenn hingegen auf Ihrem Computer nicht die gleichzeitige Benutzung von Anführungszeichen und Auslassungszeichen gestattet ist, sondern nur die Benutzung von Auslassungszeichen als Begrenzungszeichen, stoßen Sie auf ein gravierendes Problem, denn der Computer kann dann nicht zwischen dem Apostroph im Literal und dem Begrenzungszeichen unterscheiden. Würden Sie also in einem solchen Falle

MOVE 'ROGER O'MARA' TO ZEILEN-SATZ.

schreiben, würde der Kompilierer das zweite Auslassungszeichen bereits als Literalende interpretieren. Die restliche Buchstabenfolge **MARA** würde dann an dieser Stelle einer **MOVE**-Anweisung keinen Sinn mehr ergeben. Vom Kompilierer würden dann Fehlermeldungen ausgegeben, möglicherweise auch einige unsinnige.

2. Die grundlegende Programmstruktur

2.1 Einführung

Wie wir schon im vorigen Kapitel festgestellt haben, ist es höchst ungewöhnlich, wenn ein Programm keine Daten einliest. Alle übrigen Programme dieses Buches lesen Daten. Da die Dateneingabe ein wichtiger Bestandteil der **COBOL**-Programmierung ist, wenden wir uns gleich einem Programm zu, bei dem die zu verarbeitenden Daten aus einer Textdatei stammen, statt aus dem Programm selbst.

Die zu bewältigende Aufgabe selbst ist einfach: Es ist eine Textdatei zu lesen und für jede Zeile in dieser Datei ist eine Ausgabezeile zu drukken, die die gelesenen Informationen enthält. Obgleich wir unsere Textdatei als eine Datei betrachten werden, die gesondert von der Datei existiert, die das Programm enthält, sollten Sie wissen, daß bei vielen Computern, u.a. bei den Großrechnern der IBM, sowohl der Programmcode als auch die Textzeilen in die gleiche Datei aufgenommen werden können; dabei muß der Text sich unmittelbar an das Programm anschließen. Zwischen dem Programm im vorigen Kapitel und dem jetzt zu schreibenden besteht auf jeden Fall ein erheblicher Unterschied. Es spielt dabei keine Rolle, ob der Text in der gleichen oder in einer separaten Datei steht. Im Programm von Kap. 1 waren die Daten innerhalb des Programms selbst angegeben und brauchten deshalb nicht erst gelesen zu werden. Beim jetzigen Programm sind die Daten vom Programm getrennt worden und werden durch das Programm eingelesen.

Dieses Kapitel wird sich hauptsächlich mit der *grundlegenden Programmstruktur* beschäftigen. Auf diese werden wir bei allen Programmen dieses Buches zurückgreifen. Es ist dabei gleichgültig, ob es in den Programmen eine oder mehrere Eingabe- und Ausgabedateien gibt. Diese Grundstruktur, wir können sie auch als *Programmgerippe* bezeichnen, macht es erforderlich, daß wir die Funktion zweier neuer **COBOL**-Verben, nämlich **READ** (Lesen bzw. Einlesen) und **PERFORM** (Durchführen) verstehen lernen müssen. Außerdem benötigen wir Kenntnisse über den Zweck des *Arbeitsspeicherkapitels* (**WORKING-STORAGE SECTION**) im Datenteil (**DATA DIVISION**).

2.2 Das Programm

Das vollständige Programm ist in der Abb. 2.1 dargestellt. Erkennungs- und Maschinenteil sind ähnlich wie vorher, neu ist die **SELECT**-Klausel im letzteren. Auch hierfür werden Sie die spezielle Schreibweise für Ihre **COBOL**-Version genannt bekommen; wir weisen hier nur darauf hin (Einzelheiten über den Maschinenteil in späteren Kapiteln), daß für jede im Programm zu verarbeitende Datei eine **SELECT**-Klausel vorhanden sein muß. In diesem Falle haben wir es mit einer Eingabedatei, der Textdatei, und mit einer Ausgabedatei, der Druckdatei, zu tun.

```
IDENTIFICATION DIVISION.
PROGRAM-ID.
    KOPIER.

ENVIRONMENT DIVISION.
INPUT-OUTPUT SECTION.
FILE-CONTROL.
    SELECT TEXTEINGABE-DATEI        ASSIGN TO S-TEXTEIN.
    SELECT ZEILENAUSGABE-DATEI      ASSIGN TO S-AUSGABE.

DATA DIVISION.
FILE SECTION.
FD  TEXTEINGABE-DATEI
    LABEL RECORDS ARE OMITTED.
01  TEXTEINGABE-SATZ                PICTURE X(80).
FD  ZEILENAUSGABE-DATEI
    LABEL RECORDS ARE OMITTED.
01  ZEILENAUSGABE-SATZ              PICTURE X(80).
WORKING-STORAGE SECTION.
01  DATEIENDE-KENNZEICHEN           PICTURE XXXX.

PROCEDURE DIVISION.
A000-HAUPTSTEUERUNGS-ROUTINE.
    OPEN INPUT TEXTEINGABE-DATEI
         OUTPUT ZEILENAUSGABE-DATEI.
    MOVE 'NEIN' TO DATEIENDE-KENNZEICHEN.
    READ TEXTEINGABE-DATEI
        AT END    MOVE 'JA' TO DATEIENDE-KENNZEICHEN.
    PERFORM B010-VERARB-SCHREIB-LES
            UNTIL DATEIENDE-KENNZEICHEN = 'JA'.
    CLOSE TEXTEINGABE-DATEI
          ZEILENAUSGABE-DATEI.
    STOP RUN.

B010-VERARB-SCHREIB-LES.
    MOVE TEXTEINGABE-SATZ TO ZEILENAUSGABE-SATZ.
    WRITE ZEILENAUSGABE-SATZ.
    READ TEXTEINGABE-DATEI
        AT END    MOVE 'JA' TO DATEIENDE-KENNZEICHEN.
```

Abb. 2.1 Beispielprogramm zum Lesen und Drucken einer Textdatei (Kopieren von einem Medium auf ein anderes)

2.3 Der Datenteil (DATA DIVISION)

Im Dateienkapitel (**FILE SECTION**) des Datenteils (der **DATA DIVISION**) muß für jede Datei, die in der **SELECT**-Klausel des Maschinenteils (**ENVIRONMENT DIVISION**) erwähnt ist, eine **FD**-Eintragung vorhanden sein. Diese Eintragungen sind hier genauso einfach niederzuschreiben wie im ersten Programm (Abb. 1.1), wenn sie auch infolge der Aufgabenstellung hier geringfügig abweichen müssen. In der **PICTURE**-Klausel wird dieses Mal eine Satzlänge von 80 Zeichen festgelegt, entsprechend der 80 Zeichen, die in einer Textdatei normalerweise eine Zeile bilden. Die **PICTURE**-Klausel von **ZEILENAUSGABE-SATZ** ist die gleiche wie die für **TEXTEINGABE-SATZ**.

2.4 Das Arbeitsspeicherkapitel (WORKING-STORAGE SECTION)

Das erste wirklich Neue an diesem Programm ist das *Arbeitsspeicherkapitel*, die *WORKING-STORAGE SECTION*. Dieses Kapitel muß auf das Dateienkapitel folgen. Es enthält die Beschreibung derjenigen Informationen, die vom Programm benutzt werden, aber weder Eingabe- noch Ausgabedaten sind, d.h. sie sind nicht in den **FD**-Eintragungen des Dateienkapitels aufgeführt. In diesem Programm benötigen wir ein Datenelement, das von uns als *Kennzeichen* benutzt werden soll. Es soll uns nämlich anzeigen, ob wir schon zum letzten Satz der Texteingabedatei gekommen sind oder nicht. Das Wort **NEIN** bedeutet, daß die Verarbeitung noch nicht das Dateiende erreicht hat; bei Vorliegen von **JA** ist die Verarbeitung beim *Dateiende* angelangt. In der **PICTURE**-Klausel ist deshalb Platz für vier Zeichen vorgesehen. Man beachte, daß wir **PICTURE XXXX** geschrieben haben; dadurch sind vier Zeichenstellen festgelegt. Wir hätten natürlich stattdessen auch **PICTURE X (4)** schreiben können. Bei Spezifizierung von fünf oder mehr gleichen Zeichenstellen in einer **PICTURE**-Klausel ist die Schreibweise mit Klammern sicher der Schreibweise ohne Klammern vorzuziehen, da sie dann die kürzere und zugleich übersichtlichere ist. Der Bindestrich zwischen **WORKING** und **STORAGE** darf nicht weggelassen werden; sein Fehlen würde zu Programmfehlern führen.

2.5 Der Prozedurteil (PROCEDURE DIVISION)

Wie zuvor beginnt der Prozedurteil mit einer **OPEN**-Anweisung für die beiden angesprochenen Dateien. So, wie im Maschinenteil eine **SELECT**-Klausel und im Datenteil eine **FD**-Eintragung für jede Datei erforderlich ist, so muß im Prozedurteil auch jede Datei eröffnet (**OPEN**) und später wieder abgeschlossen (**CLOSE**) werden. Dabei können wir wählen, ob wir mit einer **OPEN**-Anweisung beide Dateien eröffnen wollen, oder ob wir für jede Datei eine eigene **OPEN**-Anweisung schreiben wollen. Entscheiden Sie sich für die Alternative, die Ihnen verständlicher erscheint. Die nächste vorkommende Anweisung, die **MOVE**-Anweisung also, gehört zu unserem Vorhaben, fortlaufend die Sätze der Texteingabedatei solange zu lesen, bis das Ende der Eingabedatei erreicht ist. Wir werden gleich sehen, wie dieser Vorgang abläuft. Bevor wir weitergehen, wollen wir uns merken, daß vorerst das im Arbeitsspeicherkapitel erklärte Datenelement

DATEIENDE-KENNZEICHEN

nun die Buchstabenfolge **NEIN** enthält, die durch die **MOVE**-Anweisung hineingebracht wurde.

2.6 Das Verb READ

Wir kommen nun zur Besprechung unseres ersten neuen Verbes, des Verbes **READ**. Der Grundgedanke, der in diesem Verb steckt, ist einfach genug. **READ** heißt, daß ein Satz von der nach dem Verb genannten Datei gelesen werden soll. Ein bißchen mehr als das ist freilich erforderlich, denn sollte versucht werden, auch dann noch einen Satz zu lesen, wenn keiner mehr in der Datei vorhanden ist, sind wir bereits am sogenannten *Dateiende* (engl.: *End of File*, kurz *EOF*) angelangt. Wenn z.B. eine Eingabedatei vier Sätze enthält, soll das Programm vier aufeinanderfolgende **READ**-Anweisungen ausführen. Durch eine anschließende fünfte **READ**-Anweisung würde dann entdeckt, daß alle in der Datei enthaltenen Sätze bereits gelesen sind. Wenn tausend Sätze in der Datei vorhanden wären, sollte das Programm 1000-mal die **READ**-Anweisung ausführen können und danach beim Versuch, den 1001. Satz zu lesen, feststellen, daß alle Sätze schon gelesen sind. Wenn dann durch irgendwelche Umstände vom Programm erkannt werden kann, daß es in der Datei keine weiteren Sätze mehr gibt, sollten wir beim ersten darauffolgenden **READ** im Programm von der Tatsache unterrichtet werden, daß es überhaupt keine Sätze mehr zu lesen gibt.

In **COBOL** kann diese alltägliche Situation bei der Datenverarbeitung dadurch gehandhabt werden, daß der Zusatz **AT END** in der**READ**-Anweisung verwendet wird. Er funktioniert auf folgende Weise. Wenn bei der Ausführung des **COBOL**-Verbs **READ** der Computer einen Satz in der angesprochenen Datei findet, wird dieser Satz in den (Haupt-)

Speicher des Computers übernommen und auf den Speicherplatz gestellt, der unter dem in der **FD**-Eintragung des Datenteils festgelegten *Satznamen* bekannt ist; die nach **AT END** niedergeschriebene Anweisung bzw. die niedergeschriebenen Anweisungen werden nicht ausgeführt. Wenn andererseits bei der Ausführung der **READ**-Anweisung kein Satz mehr in der Datei angetroffen wird, kann auch nichts mehr in das zur Datei gehörende Gebiet des (Haupt-)Speichers übertragen werden; es werden dann alle Anweisungen ausgeführt, die hinter dem Zusatz **AT END** notiert sind. Hier haben wir einfach veranlaßt, daß die Buchstabenfolge **JA** in das Datenelement gestellt wird, das unter dem Namen

DATEIENDE-KENNZEICHEN

im Arbeitsspeicherkapitel festgelegt wurde. Bald werden wir erkennen, was durch diese **MOVE**-Anweisung erreicht wird.

Nach dem Zusatz **AT END** muß mindestens eine Anweisung geschrieben werden, aber es können auch mehrere notiert werden. Der Zusatz **AT END** dominiert nämlich alle Anweisungen zwischen den beiden Wörtern **AT END** und dem durch einen Punkt markierten Ende des (Programm-)Satzes. Als ein nützliches Beispiel für einen sinnvollen Einsatz von mehr als einer Anwendung im Zusatz **AT END** erweist sich die erste in einem Programm vorkommende **READ**-Anweisung, wenn im Zusatz **AT END** nicht nur das Kennzeichen für das Dateiende mit einem zweckentsprechenden Wort versorgt werden soll, sondern darüber hinaus auch noch eine Mitteilung ausgegeben werden soll, daß keine Eingabedaten mehr vorhanden sind.

Möglicherweise ist es überflüssig zu sagen, daß der Punkt genau an die richtige Stelle gesetzt werden muß. Wenn beispielsweise der Punkt hinter der **READ**-Anweisung fehlt, werden alle hinter dem **AT END** stehenden Anweisungen bis zum nächsten Punkt als zum **AT END** gehörig angesehen und daher nicht ausgeführt, solange noch Eingabedaten vorhanden sind. Ein solcher Fehler ist oft sehr schwierig ausfindig zu machen.

Möglicherweise ist es offenbar nur sehr unklar zu verstehen, zu welchem Zeitpunkt im Programmablauf der Zusatz **AT END** ins Spiel kommt. Er wird *nicht wirksam* während des *Lesens* des *letzten Satzes* einer Datei, sondern vielmehr beim Versuch, *nach dem letzten Satz* weiter in der betreffenden Datei zu lesen. Studierende fragen sich oft, ob es nicht sinnvoller gewesen wäre, die Programmiersprache **COBOL** so zu entwerfen, daß der Zusatz **AT END** schon beim Lesen des letzten Satzes wirksam wird. In der Tat könnte eine solche Festlegung gelegentlich nützlich sein, aber nicht so oft, wie es zunächst scheint. Wenn nämlich

COBOL auf diese Weise entworfen worden wäre, dann würde uns der Zusatz **AT END** nicht helfen können, wenn wir beim ersten Leseversuch auf eine leere Datei stoßen; das sei hier ausdrücklich vermerkt.

2.7 Das Verb PERFORM

Das Verb **PERFORM** erweist sich als eines der leistungsfähigsten im gesamten Repertoire von **COBOL**. Bei Verwendung dieser Anweisung sagen wir aus, daß wir eine oder mehrere Anweisungen ausführen lassen wollen, die in einem anderen Programmteil niedergeschrieben sind. Diese können ein einziges Mal oder mit einer vorgegebenen Häufigkeit ausgeführt werden, oder, wie in diesem Fall, solange wiederholt werden, bis eine bestimmte *Bedingung* erfüllt ist. Wir stoßen hier zum ersten Mal auf zwei sehr wichtige Konzepte von **COBOL**, die wir von nun an in jedem Programm einsetzen werden. Es handelt sich einmal um die Idee der Bildung von *Paragraphen* und andererseits um die Idee der *bedingten Ausführung* von Anweisungen.

2.8 Der COBOL-Paragraph

Der erste genau zu definierende Begriff ist der des *Paragraphen*. Ein **COBOL**-Paragraph ist lediglich eine *Gruppe von Programmsätzen*, eingeleitet durch einen *Paragraphennamen*. Ein solcher wird nach den gleichen Regeln gebildet wie die Namen von Dateien, Datensätzen und Datenelementen, jedoch mit der zusätzlichen Freiheit, daß Paragraphennamen keinen Buchstaben zu enthalten brauchen und somit aus Ziffern allein oder aus Ziffern und Bindestrichen bestehen können. Diese Möglichkeit wird in der Praxis selten ausgenutzt, in unserem Buch nie. Der Paragraphenname muß grundsätzlich im A-Bereich beginnen, also in Spalte 8, 9, 10 oder 11. Wir werden ihn stets in Spalte 8 beginnen lassen.

Sie werden wahrscheinlich bereits bemerkt haben, daß in allen bisherigen Beispielen die von uns benutzten Paragraphennamen mit einem Buchstaben beginnen, dem sich drei Ziffern anschließen. **COBOL** erfordert eine solche Regelung nicht, aber wir werden diese von uns eingeführte stillschweigende Übereinkunft durch das ganze Buch hindurch beibehalten. Hinter diesem Präfixcode steckt nämlich letztlich ein Sinn: Mit seiner Hilfe lassen sich die Paragraphen in den Programmlisten leichter lokalisieren. Über diese Präfixkonvention werden wir uns näher in Kap. 4 unterhalten, wenn wir über die Methoden des Programmentwurfs diskutieren werden. Vorläufig reicht es aus, wenn wir festlegen, daß bei Benutzung eines solchen Präfixes die Paragraphen stets in der Reihenfolge vorhanden sein müssen, die durch die Folge der Präfixe bestimmt ist.

Aus diesem Grund sollte der numerische Anteil der Präfixe stets mindestens in Vielfachen von 10 erhöht werden. Somit können bei Änderungen bzw. Erweiterungen eines Programmes jederzeit neue Paragraphen eingefügt werden. Wir sollten also beim erstmaligen Abfassen eines Programmes stets **B010, B020,** ⋯ schreiben und nicht **B001, B002,** ⋯.

Ein Paragraph besteht aus allen Sätzen vom ersten hinter dem Paragraphennamen bis zum letzten vor dem nächsten Paragraphennamen (oder bis zum Programmende).

In diesem Buch werden wir Anweisungen hauptsächlich zu dem Zweck zu Paragraphen zusammenfassen, um auf sie mit einem **PERFORM**-Verb Bezug nehmen zu können. Im Kapitel 19 werden wir die Anweisung **GO TO** kennenlernen, durch die ebenfalls auf Paragraphennamen Bezug genommen werden kann. In diesem Buch ergibt sich jedoch wenig Gelegenheit, die Anweisung **GO TO** zu verwenden. In unserem Programm (siehe Abb. 2.1) verlangen wir, daß der mit

B010-VERARB-SCHREIB-LES

benannte Paragraph so oft ausgeführt, d.h. durchlaufen werden soll, *bis eine bestimmte Bedingung erfüllt ist.*

Wie es sein Name schon andeuten soll, ist dieser Paragraph im Grunde genommen derjenige im Programm, der die Hauptarbeit verrichtet. Immer, wenn dieser Paragraph ausgeführt wird, wird stets ein Satz aus der Eingabedatei gelesen, der noch nicht geschrieben worden ist. Bei der *ersten Ausführung* dieses Paragraphen befindet sich bereits der Satz im Computer, der durch die erste **READ**-Anweisung in den Computer geholt wurde. Zuerst muß nun dieser wartende Satz vom Eingabegebiet (**TEXTEINGABE-SATZ**) in das Ausgabegebiet (**ZEILENAUSGABE-SATZ**) übertragen werden. Anschließend veranlassen wir, daß dieser Satz durch **WRITE** in die Ausgabedatei geschrieben wird, die selbst wiederum an den Drucker überstellt wird. Zuletzt wird von der Eingabedatei der nächste Satz gelesen bzw. zu lesen versucht. Wenn es noch einen solchen Satz gibt, erweist sich der Zusatz **AT END** bei **READ**, wie zuvor geschildert, als wirkungslos. Und wie zuvor kommt die Anweisung zum Tragen, die hinter dem Zusatz **AT END** codiert ist, wenn die **READ**-Anweisung auf keine weiteren Sätze in der Eingabedatei stößt.

Es sollte noch einmal betont werden, daß bei Ausführung einer **READ**-Anweisung stets die von der Eingabedatei herkommenden Informationen diejenigen ersetzen, die zuvor in dem zur betreffenden Datei gehörenden, in der **DATA DIVISION** festgelegten Satzgebiet gestanden haben. Die vorhergehende Information dieses Satzgebietes steht also nicht mehr länger zur Verfügung, es sei denn, sie wäre zuvor mittels einer anderen Anweisung woanders hin gespeichert worden.

2.9 Das Kennzeichen für das Dateiende (Datenendeschalter)

An dieser Stelle wollen wir einmal zusammenfassen, was mit dem Inhalt des mit dem Namen **DATEIENDE-KENNZEICHEN** versehenen Datenelementes im Verlauf der Programmausführung geschieht. In diesen wird vor dem ersten **READ** die Buchstabenfolge **NEIN** hineingestellt. Solange nun Sätze gelesen werden, kommt weder der Zusatz **AT END** der ersten **READ**-Anweisung noch der gleiche Zusatz bei dem **READ**, das wiederholt in dem durch das Verb **PERFORM** angesprochenen Paragraphen ausgeführt wird, zum Zuge. Mit anderen Worten gesagt, enthält also das Datenelement

DATEIENDE-KENNZEICHEN

solange als Inhalt das Wort **NEIN**, solange es noch Sätze in der Eingabedatei gibt. Erst wenn bei Ausführung irgendeiner Leseoperation (**READ**) dem Dateiende begegnet wird, sei es nun beim ersten oder beim zehntausendsten Male, wird die Buchstabenfolge **JA** nach dem Datenelement

DATEIENDE-KENNZEICHEN

übertragen. Da ein solches Kennzeichen nur zwei Werte annimmt, bezeichnet man es auch als *Schalter*.

2.10 Bedingte Ausführung

Mit einer zusätzlichen Erläuterung können wir jetzt verstehen, wie das gesamte Programm arbeitet. Als Kernpunkt des Verständnisses ist folgender anzusehen: Immer wenn der Programmablauf auf die **PERFORM**-Anweisung stößt, wird zuerst die nach dem Wort **UNTIL** aufgeführte Bedingung geprüft, bevor der genannte Paragraph ausgeführt wird. Wenn es daher überhaupt keine Sätze in der Eingabedatei gibt, überträgt der Zusatz **AT END** der ersten **READ**-Anweisung das Wort **JA** nach **DATEIENDE-KENNZEICHEN** und der durch **PERFORM** angesprochene Paragraph wird folglich niemals ausgeführt. Stattdessen wird die Anweisung ausgeführt, die auf die **PERFORM**-Anweisung unmittelbar folgt.

Beim Verb **CLOSE** sind die beiden Dateien angegeben, und **STOP RUN** besagt nach wie vor, daß der Programmablauf beendet werden soll.

Die Anweisung **STOP RUN** braucht nicht die letzte Anweisung eines Programmes zu sein. Sie wird jedoch immer die letzte Anweisung sein, die, im zeitlichen Sinne gesehen, als letzte *ausgeführt* wird. Sie muß aber nicht – und wird es auch selten sein – die *physisch* letzte auf der letzten Zeile eines Programmes sein.

2.11 Ein anderer Blick auf die grundlegende Programmstruktur

Schon dieses Programm, so einfach es auch ist, weist das technische Gefüge auf, das maßgebend für fast alle in diesem Buch behandelten Programme sein wird. Deshalb erscheint es uns wichtig, daß dieses vollständig verstanden wird. Wir wollen deshalb versuchen, seine Grundgedanken zusammenzufassen.

Jedes Programm beginnt stets mit einer Reihe von Anweisungen, die zu Beginn des Prozedurteiles aufgeführt sind, und die wir die *Hauptsteuerungsroutine* nennen wollen. Die Zeichenfolge

A000-HAUPTSTEUERUNGS-ROUTINE

oder eine ähnliche sollte als geeigneter Name für den Paragraphen herangezogen werden, der diese Anweisungen aufnimmt. Die Hauptsteuerungsroutine wird im Prinzip aus den folgenden Operationen bestehen:
- Vorbereitende Operationen (Vorlauf)
- **PERFORM**
- Abschließende Operationen (Nachlauf)
- **STOP RUN**

Zum Vorlauf gehören solche Operationen wie das Eröffnen von Dateien und die Ausführung einleitender Leseoperationen (**READ**) für alle Eingabedateien. Diesen ersten Leseoperationen obliegt die Funktion, die Möglichkeit zu überprüfen, ob fehlende oder leere Dateien vorliegen, und den grundlegenden Verarbeitungsprozeß in Gang zu bringen. Entsprechend werden diese **READ**-Operationen auch *einleitendes Lesen* genannt. Die Hauptarbeit des Programmes wird in dem durch das Verb **PERFORM** angesprochenen Paragraphen erledigt. Innerhalb dieses Paragraphen gibt es ein **READ** mit dem Zusatz **AT END**, durch den das Kennzeichen für das Dateiende dann gesetzt wird, wenn die Datei vollständig verarbeitet ist. Das Setzen dieses Kennzeichens bewirkt die Einstellung der wiederholten Ausführung des angesprochenen Paragraphen durch die beim **PERFORM**-Verb durchgeführte Prüfung.

Es ist nützlich, die Reihenfolge zu betrachten, in der die im Programm vorkommenden Verben bei Vorliegen einiger kleinerer Eingabedateien ausgeführt werden. Zunächst ist die vollständige Liste aller Verben aufgeführt, die im Fall einer *fehlenden* oder einer *leeren Datei* mit Eingabedaten durchlaufen werden.

OPEN	
MOVE	
READ	Einleitendes Lesen (Setzen des Kennzeichens für Dateiende)
PERFORM	Prüfen der Bedingung, jedoch *keine* Übergabe der Ablaufsteuerung an den genannten Paragraphen
CLOSE	
STOP RUN	Beendigung des Programmablaufes

Dem Studierenden sollte es klar sein, daß wir das **PERFORM**-Verb auch dann als *ausgeführt* betrachten werden, wenn es, wie in diesem Fall, verursacht, daß die Anweisungen im angesprochenen Paragraphen *nicht* zum Zuge kommen. Der Programmablauf stieß nun einmal auf das **PERFORM**-Verb, und es wurde auch die Prüfung durchgeführt. Erst das Prüfungsergebnis selbst verhinderte, daß der angesprochene Paragraph durchlaufen wird. Hier liegt also eine mögliche Form der Ausführung von **PERFORM** vor.

Wenn eine Eingabedatei vorliegt, die nur *einen einzigen* Satz enthält, werden die Verben unseres Programmes in folgender Reihenfolge ausgeführt:

OPEN	
MOVE	
READ	Einleitendes Lesen, jedoch *kein* Setzen des Kennzeichens für Dateiende
PERFORM	Prüfen der Bedingung: Infolge des Prüfungsergebnisses Übergabe der Steuerung an den genannten Paragraphen
MOVE	
WRITE	
READ	(im angesprochenen Paragraphen): Setzen des Kennzeichens für Dateiende
PERFORM	Prüfen der Bedingung, jedoch *keine* Übergabe der Steuerung an den genannten Paragraphen
CLOSE	
STOP RUN	Beendigung des Programmablaufes

Für eine Eingabedatei mit *zwei* Sätzen ergibt sich die folgende Reihenfolge von ausgeführten Anweisungen:

OPEN	
MOVE	
READ	Einleitendes Lesen: *kein* Setzen des Kennzeichens
PERFORM	Prüfen der Bedingung: Übergabe der Steuerung an den genannten Paragraphen
MOVE	
WRITE	
READ	Lesen im angesprochenen Paragraphen: Setzen des Kennzeichens
PERFORM	Prüfen der Bedingung: *keine* Übergabe der Steuerung an den Paragraphen
CLOSE	
STOP RUN	Beendigung des Programmablaufes

Der fundamentale Unterschied zwischen diesem (Abb. 2.1) und dem aus Kap. 1 (Abb. 1.1) bekannten Programm ergibt sich aus der bedingten und wiederholten Ausführung des in der **PERFORM**-Anweisung genannten Paragraphen. Im ersten Programm mußten vier **WRITE**-Anweisungen niedergeschrieben werden, um die vorgegebenen vier Ausgabezeilen drucken zu können. Nunmehr brauchen wir in dem mit

B010-VERARB-SCHREIB-LES

benannten Paragraphen nur noch *ein* **MOVE**, *ein* **WRITE** und *ein* **READ** aufzuführen; alle Anweisungen werden so oft ausgeführt, wie es notwendig ist, um alle Zeilen der Datei mit Daten zu verarbeiten. Zu der Zeit, in der wir dieses Programm erarbeiteten, konnten wir nicht wissen – wir können es tatsächlich auch gar nicht wissen –, wieviele Sätze in die Datei mit Daten aufgenommen sind, aber darauf kommt es überhaupt nicht mehr an: Das Programm ist so aufgebaut, daß es jederzeit eine solche Variabilität handhaben kann.

2.12 Beispiele von Ausgaben verschiedener Programmabläufe

Das vorliegende Programm (Abb. 2.1) wurde kompiliert und anschließend dreimal mit drei unterschiedlichen Eingabedateien ausgeführt. Die erste Eingabedatei bestand aus nur einer Zeile. Durch den Programmablauf ergab sich die in der Abb. 2.2 dargestellte Ausgabe.

```
DIESE DATEI BESITZT EINE ZEILE, WAS UNUEBLICH, JEDOCH NICHT UNMOEGLICH IST.
```

Abb. 2.2 Ausgabe bei Vorliegen einer einzeiligen Eingabedatei mit Daten

Der zweite Programmablauf erfolgte mit einer Eingabedatei, die sechs Datenzeilen enthielt, wobei die fünfte Zeile gänzlich leer war. Es ergab sich die in der Abb. 2.3 dargestellte Druckausgabe.

```
DONALD G. GOLDEN
CIS DEPARTMENT
CLEVELAND STATE UNIVERSITY
CLEVELAND, OHIO 44115

---FIRST CLASS MAIL---
```

Abb. 2.3 Ausgabe bei Vorliegen einer sechszeiligen Eingabedatei mit Daten

(Sollte es bei Ihnen Zweifel geben, so sei ausdrücklich betont, daß eine Leerzeile nicht mit dem Dateiende gleichgesetzt werden kann!)

Beim dritten Mal ist schließlich das Programm mit einer aus 14 Zeilen bestehenden Datendatei abgelaufen. Dadurch wurde die in der Abb. 2.4 dargestellte Druckausgabe produziert.

```
ALS LETZTE DER CHARAKTEREIGENSCHAFTEN, DIE FUER DIE PROGRAMMIERUNG
WESENTLICH SIND, KOENNTEN WIR DEN SINN FUER HUMOR NENNEN. DER COMPUTER
MACHT UNS ALLE ZU NARREN, SO DASS JEDER NARR, DER NICHT UEBER SICH
SELBST LACHEN KANN, DIE PROGRAMMIERUNG NICHT LANGE ERTRAGEN WIRD. VON
GROSSEM SCHARFSINN IST DIE FESTSTELLUNG, DES PROGRAMMIERERS NATIONAL-
HYMNE LAUTE "AAAAAHHHHH". WENN WIR ENDLICH LICHT SEHEN, STELLEN WIR
FEST, DASS WIR ERNEUT EINER TOERICHTEN ANNAHME, EINEM EINFAELTIGEN
VERFAHREN ODER EINEM GEISTLOSEN SCHNITZER AUFGESESSEN SIND. NUR WENN
WIR DIE ZWEITE STROPHE "HA HA HA HA HA" SINGEN, KOENNEN WIR DIE ROLLE
DES CLOWNS LANGE AUSHALTEN.

GERALD M. WEINBERG, THE PSYCHOLOGY OF COMPUTER PROGRAMMING
(UEBERSETZUNG VON DIETER DIPPEL)
```

Abb. 2.4 Ausgabe bei Vorliegen einer aus 14 Zeilen bestehenden Datei mit Eingabedaten

2.13 Erneute Betrachtung der Grundstruktur

Der in Abb. 2.1 gezeigte Programmaufbau wird die passende Grundlage sein für alle in diesem Buch zu besprechenden Themen. Natürlich werden die künftigen Programme komplizierter als das soeben besprochene sein, aber Sie werden immer wieder dieselbe grundlegende Programmorganisation erkennen: Es liegen *eine Hauptsteuerungsroutine und ein Paragraph, gewöhnlich sind es jedoch mehrere Paragraphen*, vor; der Paragraph bzw. die Paragraphen werden durch **PERFORM**-Anweisungen in der Hauptsteuerungsroutine ins Spiel gebracht. Sehr häufig wird es dabei eine Anzahl von *Ebenen* bei den durch **PERFORM** angesprochenen Paragraphen geben, d.h. ein Paragraph, der von einem **PERFORM**-Verb einer *höheren* Ebene aktiviert wurde, enthält seinerseits ein **PERFORM**-Verb, das einen Paragraphen auf einer *niedrigeren* Ebene aktiviert. Bisweilen sind mehr als eine Eingabedatei und bzw. oder mehr als eine Ausgabedatei zu berücksichtigen. In solchen Fällen ist es ungleich schwieriger zu entscheiden, unter welcher Bedingung die Arbeit zu beenden ist. Wir werden jedoch lernen, wie man solche Programme zu schreiben hat, ohne daß sie viel schwerer zu verstehen sind als das augenblicklich vorgelegte. Darin ist letzten Endes der Hauptgrund zu suchen, daß wir an einer solchen Basisstruktur festhalten: Es sollten Programme geschrieben werden, die so leicht wie möglich zu verstehen sind, wodurch sie wahrscheinlich schneller fehlerfrei gemacht und einfacher abgeändert werden können.

2.14 Ein Hinweis

Beachten Sie, daß wir in der **READ**-Anweisung einen *Dateinamen* angeben, während wir in der **WRITE**-Anweisung einen *Satznamen* angeben. **COBOL** ist so konzipiert, weil man auch Dateien mit mehreren verschiedenen Satzformaten lesen kann. Solche Sätze enthalten dann eine Information, aus der das Programm erkennen kann, um welches Format es sich handelt. In einem solchen Fall folgen mehrere Satzbeschreibungen auf die **FD**-Eintragung. Da man erst dann wissen kann, um welches Satzformat es sich handelt, wenn der Satz zur Verfügung steht, d.h. gelesen ist, sieht **COBOL** die Angabe des *Dateinamens* in der **READ**-Anweisung vor. Man kann auch Ausgabedateien mit mehreren Satzformaten erzeugen, aber da wissen wir im Augenblick des Schreibens genau, um welches Format es sich handelt. Das ist der Grund für den Unterschied zwischen **READ** und **WRITE**. Aber unabhängig davon, ob Sie sich darauf einen Reim machen können oder nicht, Sie müssen es beachten! Vielleicht hilft es, sich als Gedächtnisstütze den Satz „*Datei lesen, Satz schreiben*" zu merken.

KONTROLLFRAGEN

1. Welcher Unterschied besteht zwischen dem Dateienkapitel und dem Arbeitsspeicherkapitel?
2. Wenn wir in den beiden bisherigen Programmen (Abb. 1.1 und 2.1) Dateinamen, die das Wort **FILE** und Satznamen, die das Wort **RECORD** enthalten, benutzt hätten, könnte dann **COBOL** mit diesen beiden Informationen etwas anfangen?
3. Der Datenteil des in diesem Kapitel besprochenen Programmes weist zwei **FD**-Eintragungen auf. Müssen diese in der angegebenen Reihenfolge niedergeschrieben werden?
4. Muß das Arbeitsspeicherkapitel hinter dem Dateienkapitel stehen?
5. Nehmen wir einmal an, daß im Programm die **MOVE**-Anweisung fehlt, die das Wort **NEIN** in das Datenelement **DATEIENDE-KENNZEICHEN** überträgt. Was würde in einem solchen Falle geschehen?
6. Bei der in den USA üblichen Schreibweise würde ein Punkt am Ende eines von Anführungszeichen eingeschlossenen Satzes gesetzt, d.h. vor dem abschließenden Anführungszeichen. Was würde passieren, wenn wir dies auch in der **PERFORM**-Anweisung dieses Programmes täten?
7. Ist die Leerzeile zwischen der Hauptsteuerungsroutine und dem zu durchlaufenden Paragraphen obligatorisch oder nicht?
8. Wie unterscheiden sich die Regeln für die Namensgebung bei Paragraphen von denen für Datennamen?
9. Darf ein Paragraph aus nur einem einzigen Programmsatz bestehen?
10. Angenommen, in einer Eingabedatei würden nur Sätze eines einzigen Satzformats enthalten sein. Könnte dann in einer **READ**-Anweisung der Satzname anstelle des Dateinamens angegeben werden?
11. Wären zwei **CLOSE**-Anweisungen mit je einem Dateinamen anstelle einer **CLOSE**-Anweisung mit zwei Dateinamen zulässig?

ANTWORTEN AUF DIE KONTROLLFRAGEN

1. Das Dateienkapitel beschreibt die Informationen, die in denjenigen Datensätzen enthalten sind, die über ein Eingabegerät, beispielsweise ein Datensichtgerät, direkt (mittels einer **READ**-Anweisung) in den Computer gelangen, bzw. die von ihm direkt an ein Ausgabegerät, beispielsweise einen Drucker, gehen. Das Arbeitsspeicherkapitel beschreibt hingegen die Informationen, die nicht direkt von einem Eingabegerät stammen bzw. an ein Ausgabegerät gehen.

2. **COBOL** könnte mit diesen Informationen überhaupt nichts anfangen. Wenn wir nämlich **TEXTEINGABE-RECORD** als *Dateinamen* und **ZEILENAUSGABE-FILE** als *Satznamen* gebraucht hätten, würde ein **COBOL**-Kompilierer den Unterschied niemals feststellen können. Es wäre jedoch ziemlich töricht, solche Namen zu vergeben. Es ist grundsätzlich äußerst wichtig, stets zu versuchen, Programme so abzufassen, daß ein Mensch sie leicht lesen und verstehen kann.
3. Nein; Sie sollten jedoch immer daran denken, daß die Eintragung mit der Stufennummer **01**, durch die der Name und das Format des Satzes festgelegt wird, unmittelbar auf die **FD**-Eintragung für die Datei folgen muß, zu der der fragliche Satz gehört. Mit anderen Worten, eine vollständige Dateibeschreibung besteht also aus der **FD**-Zeile, diversen Klauseln, wie z.B. **LABEL RECORDS ARE OMITTED** und anderen, die wir später kennenlernen werden, sowie den Beschreibungen aller Satzarten, die zu dieser Datei gehören. Bei künftigen Programmen werden wir sehen, daß eine Dateibeschreibung leicht mehrere Dutzend Zeilen umfassen kann.
4. Ja, unbedingt.
5. Solange nichts in ein Datenelement übertragen wurde, kann keine zuverlässige Annahme über seinen Inhalt gemacht werden. Ohne die **MOVE**-Anweisung würde das Datenelement mit dem Namen **DATEIENDE-KENNZEICHEN** das enthalten, was in dem betreffenden Teil des Computerspeichers vorhanden war, bevor unser Programm in die Maschine kam. Da es höchst unwahrscheinlich ist, daß das vorhergehende Programm dort gerade das Wort **JA** hinterlassen hat, würde unser Programm voraussichtlich korrekt ablaufen, aber es wäre sicher sehr unklug, solche Gepflogenheiten zur Gewohnheit werden zu lassen. (Später werden wir lernen, daß es einen einfacheren Weg gibt, einem Datenelement einen Anfangswert zuzuweisen, indem nämlich die Klausel **VALUE** verwendet wird.)
6. Ein Kompilierer würde das Literal als dreistellig ansehen, bestehend aus den beiden Buchstaben J und A sowie dem Punkt. Der Programmsatz wäre also nicht durch den vorgeschriebenen Punkt beendet. *Zufällig* würde *in diesem Fall* der am Ende des Programmsatzes fehlende Punkt die für **COBOL** geltenden Interpunktationsregeln *nicht* verletzen: Das Programm würde ohne Ausgabe einer Fehlermeldung kompiliert. Bei der Programmausführung würde jedoch das dreistellige Literal (mit dem Punkt) nie mit dem zweistelligen Literal (ohne Punkt) übereinstimmen, und das Programm würde folglich niemals einwandfrei ablaufen. Wie es speziell ausgeführt würde, hängt vom jeweils benutzten Kompilierer ab. Bei den für dieses Buch benutzten Systemen zum Schreiben und Testen eines Programmes

würde das betreffende Programm mit einer Fehlermeldung beendet werden, wenn es versuchen würde, nach Feststellung des physischen Endes einer Eingabedatei weitere Sätze zu lesen. Andere Systeme hingegen könnten die letzte Zeile immer und immer wieder drucken oder irgendeinen bedeutungslosen „Müll" produzieren.
7. Nicht obligatorisch, wie immer bei Leerzeilen; wegen der Lesbarkeit werden sie dringend empfohlen.
8. Alle Datennamen müssen mindestens einen Buchstaben enthalten; Paragraphennamen nicht.
9. Sicher.
10. Auf keinen Fall. In allen Fällen sind die angegebenen Formate zu beachten, und **READ**-Anweisungen müssen immer Dateinamen enthalten.
11. Gewiß.

ÜBUNGSAUFGABEN

Am Programm von Abb. 2.1 sind die nachfolgenden Änderungen vorzunehmen; anschließend ist das Programm in den Computer einzugeben und zum Schluß auszuführen.

1. Die **PICTURE**-Klausel des Datenelementes **DATEIENDE-KENNZEICHEN** ist so zu ändern, daß nur noch ein Buchstabe anstelle von vier Buchstaben verwendet wird. Danach ist der Prozedurteil an den in Frage kommenden Stellen so zu modifizieren, daß **N** und **J** anstelle von **NEIN** und **JA** benutzt werden.
2. Das Programm ist so abzuändern, daß für jede Datei eine eigene **OPEN**- und eine eigene **CLOSE**-Anweisung vorliegt.
3. Anstelle der bisher vorliegenden Namen

    TEXTEINGABE-DATEI
    TEXTEINGABE-SATZ
    ZEILENAUSGABE-DATEI
    ZEILENAUSGABE-SATZ

    sind neue Namen festzulegen und an den entsprechenden Programmstellen einzuführen.
4. Erstellen Sie eine neue Eingabedatei mit Daten, die so gewählt werden, daß die Druckausgabe Ihren persönlichen Wünschen entspricht.

Blättern Sie zurück zur Übungsaufgabe von Kap. 1 und studieren Sie noch einmal die am Schluß aufgeführten Hinweise. Der letzte Hinweis kommt hier nicht in Betracht, weil Daten, die in Anführungszeichen eingeschlossen sind, kein Problem verursachen.

3. Elemente des Datenteils (DATA DIVISION) und die arithmetischen Verben im Prozedurteil (PROCEDURE DIVISION)

3.1 Einführung

In Kapitel 1 haben wir gelernt, wie ein **COBOL**-Programm aussieht, und in Kapitel 2, wie die grundlegende Programmstruktur für das Lesen und Verarbeiten von Daten und das Schreiben von Ergebnissen aussieht. Wenn wir auf diesen Grundlagen aufbauen, sind wir in der Lage, etwas Fleisch um das Programmgerippe zu packen und eine etwas schwierigere Aufgabe als die aus den vorigen Kapiteln in Angriff zu nehmen.

Die Datenverarbeitungsaufgabe, mit der wir uns in diesem Kapitel beschäftigen wollen, beinhaltet das Lesen von Daten aus einer Datei, ihre (bescheidene) Verarbeitung und das Schreiben einer Zeile für jeden Eingabesatz. Die in einem Eingabesatz (Inventursatz) enthaltenen Angaben beschreiben jeweils einen Artikel in einem einfachen Bestandskontrollsystem. Jeder Eingabesatz besteht aus der Teilenummer, der Bestandsmenge, der gelieferten Menge (Eingangsmenge) und dem Stückpreis des betreffenden Teiles. Zu jedem Eingabesatz wollen wir eine Zeile drucken, auf der alle Eingabedaten stehen, zusätzlich außerdem die neue Bestandsmenge und deren Gesamtwert.

Wir werden in diesem Kapitel hauptsächlich einige Grundelemente des Datenteils (**DATA DIVISION**) behandeln, sowie die **COBOL**-Verben für arithmetische Operationen besprechen. Es gibt nichts Neues über die grundlegende Programmstruktur zu sagen. Das vollständige Programm ist in der Abb. 3.1 zu sehen. Bevor wir es im einzelnen studieren, wollen wir es zunächst einmal flüchtig überblicken, um erkennen zu können, welche Elemente uns vertraut und welche für uns neu sind.

```
IDENTIFICATION DIVISION.
PROGRAM-ID.
   BESTAND.
DATE-WRITTEN.
   OKTOBER 24, 1986.
```

```
       ENVIRONMENT DIVISION.
       INPUT-OUTPUT SECTION.
       FILE-CONTROL.
           SELECT BESTAND-DATEI-EIN        ASSIGN TO S-BESTEIN.
           SELECT BESTAND-DATEI-AUS        ASSIGN TO S-BESTAUS.

       DATA DIVISION.
       FILE SECTION.
       FD  BESTAND-DATEI-EIN
           LABEL RECORDS ARE OMITTED.
       01  BESTAND-SATZ-EIN.
           05   E-TEILE-NR                 PIC X(6).
           05   E-BESTAND-MENGE            PIC 9(5).
           05   E-EINGANG-MENGE            PIC 9(4).
           05   E-STUECK-PREIS             PIC 999V99.

       FD  BESTAND-DATEI-AUS
           LABEL RECORDS ARE OMITTED.
       01  BESTAND-SATZ-AUS.
           05   A-TEILE-NR                 PIC X(6).
           05   FILLER                     PIC X(4).
           05   A-BESTAND-MENGE            PIC 9(5).
           05   FILLER                     PIC X(3).
           05   A-EINGANG-MENGE            PIC 9(4).
           05   FILLER                     PIC X(3).
           05   A-STUECK-PREIS             PIC 999.99.
           05   FILLER                     PIC X(3).
           05   A-BESTAND-MENGE-NEU        PIC 9(5).
           05   FILLER                     PIC X(3).
           05   A-KOSTEN                   PIC 9(6).99.

       WORKING-STORAGE SECTION.
       01  BESTAND-DATEI-EIN-ENDE          PIX X.

       PROCEDURE DIVISION.
       A000-HAUPT-STEUERUNGS-ROUTINE.
           OPEN INPUT    BESTAND-DATEI-EIN
                OUTPUT   BESTAND-DATEI-AUS.
           MOVE   'N' TO BESTAND-DATEI-EIN-ENDE.
           READ BESTAND-DATEI-EIN
                AT END   MOVE 'J' TO BESTAND-DATEI-EIN-ENDE.
           PERFORM B010-LISTEN-BESTANDSDATEN
                UNTIL BESTAND-DATEI-EIN-ENDE = 'J'.
           CLOSE BESTAND-DATEI-EIN
                 BESTAND-DATEI-AUS.
           STOP RUN.

       B010-LISTEN-BESTANDSDATEN.
           MOVE   SPACES TO BESTAND-SATZ-AUS.
           MOVE   E-TEILE-NR TO A-TEILE-NR.
           MOVE   E-BESTAND-MENGE TO A-BESTAND-MENGE.
           MOVE   E-EINGANG-MENGE TO A-EINGANG-MENGE.
           MOVE   E-STUECK-PREIS TO A-STUECK-PREIS.
           ADD    E-BESTAND-MENGE, E-EINGANG-MENGE
                  GIVING A-BESTAND-MENGE-NEU.
           MULTIPLY A-BESTAND-MENGE-NEU  BY  E-STUECK-PREIS
                    GIVING A-KOSTEN.
           READ BESTAND-DATEI-EIN
                AT END   MOVE 'J' TO BESTAND-DATEI-EIN.
```

Abb. 3.1 Programm für ein simples Bestandskontrollsystem (Erstellung einer Inventurliste)

Wie immer sind vier Teile in diesem Programm vorhanden, in den ersten beiden Teilen gibt es keine Überraschungen für uns. Der Datenteil enthält wie zuvor ein Dateienkapitel und ein Arbeitsspeicherkapitel. Das Auftreten von zwei Stufennummern (**01** und **05**) in den Satzbeschreibungen ist neu, wir werden dieses Thema in Kürze detailliert besprechen. Die Datenelemente sind nach einer neuen Konvention benannt worden: Alle Datennamen im Eingabesatz beginnen mit **E**, alle im Ausgabesatz mit **A**. Unter vielen anderen ist dieses Übereinkommen eine der Möglichkeiten, ein Programm lesbarer und damit benutzerfreundlicher zu gestalten.

Man beachte, daß wir anstelle von **PICTURE** die zulässige Abkürzung **PIC** geschrieben haben. Das Wort **PICTURE** muß in allen Programmen so oft notiert werden (in manchen Programmen viele hundert Male), daß **COBOL** diese Abkürzung erlaubt. Es gibt einige weitere Abkürzungen für reservierte Wörter. *Nur diese wenigen Abkürzungen sind gestattet.* Andere als die zulässigen Abkürzungen, wie z.B. **PICT** für **PICTURE**, dürfen nicht benutzt werden; **PERFORM** darf, wie so viele andere reservierte Wörter, überhaupt nicht abgekürzt werden. Die neu in der **PICTURE**-Klausel erscheinenden Angaben werden wir später im Detail behandeln.

Das Datenelement namens **BESTAND-DATEI-EIN-ENDE** ist dieses Mal nur ein einstelliges Datenelement; im Programm von Abb. 2.1 war es ja vier Stellen lang. Um ein bißchen Platz zu sparen, verwenden wir die Buchstaben **N** bzw. **J** anstelle der Wörter **NEIN** und **JA**.

Innerhalb des Prozedurteiles (**PROCEDURE DIVISION**) gibt es drei neue Charakteristika. Zuerst einmal wird bei der **MOVE**-Anweisung ein neues reserviertes Wort, nämlich **SPACES**, benutzt. Es dient dazu, den gesamten Inhalt des Ausgabesatzes namens

BESTAND-SATZ-AUS

mit Leerzeichen (auch Zwischenraumzeichen genannt) zu füllen; über den Grund werden wir später diskutieren. Die beiden anderen neuen Sprachelemente **ADD** und **MULTIPLY** werden wir im Detail später behandeln. Schließlich haben wir noch den Namen des zweiten Paragraphen im Prozedurteil in

B010-LISTEN-BESTANDSDATEN

geändert. Hierbei handelt es sich freilich nicht um ein neues Sprachelement. Wir haben es vielmehr nur deshalb getan, um die *Funktion* dieses Paragraphen stärker zu betonen und nicht, wie vorher, die Reihenfolge der in ihn aufgenommenen Operationen. Bei allen weiteren Programmbeispielen wollen wir diesem Brauch folgen. Ein Paragraphenname soll die Funktion kenntlich machen, die der betreffende Paragraph im Programm ausübt und nicht anzeigen, welche Prozesse im jeweiligen Paragraphen enthalten sind.

3.2 Die Idee des Stufenaufbaus

Die Grundidee des Stufenaufbaus bei **COBOL** ist nicht kompliziert. Es ist nur zu natürlich, daß wir häufig Datenelemente als Teile größerer Datengruppierungen beschreiben wollen. Im vorliegenden Fall besitzen wir eine Datei, die wir **BESTAND-DATEI-EIN** genannt haben; in diese sind 20-stellige Sätze aufgenommen, die wir **BESTAND-SATZ-EIN** getauft haben. Manchmal wollen wir uns unter diesem Namen auf alle 20 Stellen des Satzes beziehen, aber gelegentlich müssen wir uns auch um die Einzeldaten, also die Datenelemente, kümmern.

Bei **COBOL** muß die erste, die umfassendste Gruppierung also, die Stufennummer **01** erhalten; Datenfelder innerhalb dieser Gruppierung sind mit höheren Stufennummern zu versehen. Als höhere Stufennummer haben wir hier **05** gewählt, wir hätten aber auch **02** oder **10** oder jede andere Zahl bis maximal **49** nehmen können.

Um in einem Programm den Stufenaufbau der Daten so klar wie möglich aufzuzeigen, rücken wir die Zeilenanfänge so ein, daß alle Eintragungen mit gleicher Stufennummer untereinander zu stehen kommen. Gewöhnlich werden wir von Stufe zu Stufe eine Einrückung um vier Stellen vornehmen.

Ein Datenfeld, das weiter unterteilt ist, wird *Datengruppe* genannt. Ein nicht weiter unterteiltes Datenfeld heißt *Datenelement* oder *Elementarelement*. Das Datenfeld **BESTAND-SATZ-EIN** mit der Stufennummer **01** ist somit eine Datengruppe, die aus vier Datenelementen mit der Stufennummer **05** besteht.

Oft gibt es Stufen innerhalb von Stufen. Als Beispiel möge man den in der Abb. 3.2 gezeigten hypothetischen Teil einer Datenbeschreibung betrachten.

3.2 Die Idee des Stufenaufbaus 69

```
01  LOHN-SATZ.
    05  NAME.
        10  VORNAME-1              PIC X.
        10  FAMILIENNAME           PIC X(20).
    05  EINSTELL-DATUM.
        10  EINSTELL-TAG           PIC 99.
        10  EINSTELL-MONAT         PIC 99.
        10  EINSTELL-JAHR          PIC 99.
    05  PERSONAL-NR                PIC 9(6).
```

Abb. 3.2 Teil einer Satzbeschreibung

LOHN-SATZ ist eine Datengruppe, die aus drei Feldern auf der Stufe **05** besteht, zwei davon sind ihrerseits selbst wieder Datengruppen. **NAME** z.B. setzt sich aus den beiden Datenelementen **VORNAME-1** und **FAMILIENNAME** zusammen. **EINSTELL-DATUM**, die zweite Datengruppe, besteht sogar aus drei Datenelementen, eins ist für den Tag, das nächste für den Monat und das dritte für das Jahr bestimmt. Das Feld **PERSONAL-NR** ist ein Datenelement, da es nicht weiter unterteilt ist, auch wenn es die gleiche Stufennummer aufweist wie die Datengruppe dieses Satzes.

Die in Abb. 3.2 aufgelistete Satzbeschreibung kann graphisch so dargestellt werden, wie es in der Abb. 3.3 gezeigt ist.

Stufen-nummer									
01	LOHN-SATZ								
05	NAME					EINSTELL-DATUM		PERSONAL-NR	
10			FAMILIENNAME						
	1 2 3 4 5 6 7 8 9 10 11 12 13 14 15 16 17 18 19 20 21 22 23 24 25 26 27 28 29 30 31 32 33								
	VORNAME-1						EINSTELL-TAG EINSTELL-MONAT	EINSTELL-JAHR	

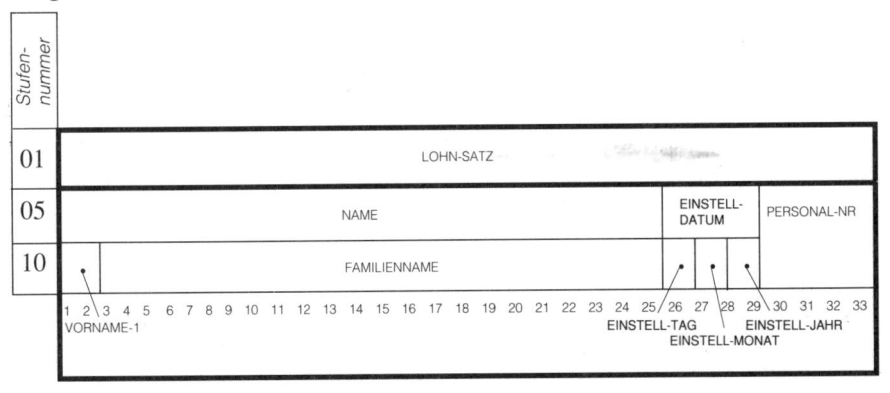

Abb. 3.3 Veranschaulichung der Satzbeschreibung von Abb. 3.2

Das erste Datenelement im Satz ist **VORNAME-1**, es ist einstellig und belegt die erste Stelle des Satzes. **FAMILIENNAME**, das nächstfolgende Datenelement, ist 20 Stellen lang und belegt die Stellen 2 bis 21. Die aus diesen beiden Elementarelementen bestehende Datengruppe heißt **NAME** und nimmt mit ihren 21 Zeichen die Stellen 1 bis 21 des Satzes ein. Das nächste Datenelement nach **FAMILIENNAME** ist **EINSTELL-TAG**, seine zwei Zeichen belegen die Stellen 22 und

23. Analog nimmt **EINSTELL-MONAT** die Stellen 24 und 25 sowie **EINSTELL-JAHR** die Stellen 26 und 27 ein. Die Datengruppe **EINSTELL-DATUM** besetzt somit die Stellen 22 bis 27 des Satzes und ist sechs Zeichen lang. Das Datenelement **PERSONAL-NR** schließlich steht in den Zeilen 28 bis 33 des Satzes, umfaßt also ebenfalls sechs Zeichen.

Mit einer solchen Betrachtung kann man immer ermitteln, an welcher Stelle jede Datengruppe und jedes Datenelement beginnt bzw. endet. Das erste Datenelement beginnt in Position 1 und die nächsten Datenelemente belegen die anschließenden Stellen. Wenn man weiß, wo die Datenelemente stehen, kennt man auch die Stellen, die die Datengruppen belegen.

Es ist lehrreich, darauf hinzuweisen, daß der **COBOL**-Kompilierer diese Analyse genauso durchführen muß, wie wir sie soeben skizziert haben, denn er muß allen Datennamen Zeichenpositionen im internen Speicher des Computers zuordnen.

Eine fundamentale, für den Datenteil geltende Regel verlangt, daß Datenelemente **PICTURE**-Klauseln besitzen müssen, Datengruppen dürfen jedoch keine aufweisen. Man hätte **COBOL** auch so konzipieren können, daß für Datengruppen **PICTURE**-Klauseln erlaubt oder sogar erforderlich wären. Eine solche Festlegung hätte jedoch keinen Vorteil gebracht, da ein Kompilierer den Umfang einer Datengruppe selbst bestimmen kann, indem er die Anzahl der Zeichen in den zur betreffenden Datengruppe gehörenden Datenelementen addiert.

Eine weitere wichtige Regel besagt, daß jeder Kompilierer *Datengruppen* immer als *alphanumerisch* ansieht. Datengruppen haben aber, wie bereits gesagt, keine **PICTURE**-Klauseln, also ist dies einfach eine Festlegung für die Sprache **COBOL**. Dies gilt auch dann, wenn alle Datenelemente der Gruppe numerisch sind. Die Regel erweist sich als sinnvoll, wenn es um die Übertragung von Datengruppen geht, aber wir brauchen uns hier noch nicht auf die Einzelheiten einzulassen.

Bei der Vergabe der Stufennummer **01** für die umfassendste Datengruppe, nämlich den ganzen Satz, hat der Programmierer keine Alternative. Ob man jedoch den folgenden Unterteilungen die Stufennummern **05, 10, 15, 20** usw. gibt wie in diesem Buch, oder ob man **02, 03, 04** usw. nimmt, bleibt jedem selbst überlassen. Unsere Art der Numerierung ist weit verbreitet, wahrscheinlich, weil man früher gedacht hat, man müßte bei Änderungen neue Datengruppen zwischen bestehende einfügen. Obwohl dies sehr selten vorkommt, hat man daran in der Praxis festgehalten.

3.3 Neue Beschreibungselemente bei PICTURE-Klauseln

In den **PICTURE**-Klauseln des Programmes von Abb. 3.1 sind drei neue Beschreibungselemente aufgeführt. Zwei von ihnen dienen der Beschreibung der internen Darstellung und Anordnung von Daten im Computer, das dritte zur Beschreibung, wie Informationen für Ausgabezwecke zurechtgemacht werden müssen. Das Zurechtmachen von Daten für die Ausgabe heißt *Aufbereiten* oder *Edieren*.

In den Programmen der Kapitel 1 und 2 gab es keine andere Verarbeitung von Informationen, als diese ungeändert von einem Computerplatz nach einen anderen zu übertragen. Bei einem solchen Vorhaben wird jedes Zeichen der Informationen durch den Buchstaben **X** in der **PICTURE**-Klausel beschrieben. Erinnern wir uns daran, daß eine mit dem Buchstaben **X** beschriebene Information als *alphanumerisch* bezeichnet wird. Sie kann folgende Zeichen enthalten:

Buchstaben, Ziffern, Leerzeichen und *Sonderzeichen*

Unter *Sonderzeichen* versteht man alle über Buchstaben, Ziffern und Leerzeichen hinausgehenden Zeichen, beispielsweise den Punkt oder das Sternzeichen, die im jeweiligen Computer dargestellt werden können. Ohne weiteres kann es also vorkommen, daß ein alphanumerisches Datenelement, kenntlich an einer Folge von **X** in seiner **PICTURE**-Klausel, nur aus Ziffern besteht. Das könnte z.B. für die Versicherungsnummer der USA zutreffen, solange sie ohne die gebräuchlichen Bindestriche im Computer dargestellt ist. *Wenn jedoch irgendwelche arithmetischen Operationen mit einem Datenelement durchgeführt werden müssen, muß das betreffende Datenelement als numerisches Datenelement beschrieben sein.* Das geschieht durch Benutzung von **9** in der **PICTURE**-Klausel anstelle von **X**. Jede **9** steht dabei für eine Dezimalziffer, gleichgültig wieviel Mal die **9** auftritt. Beispielsweise ist aus der **PICTURE**-Klausel für das Datenelement **E-BESTAND-MENGE** ersichtlich, daß es fünf Stellen zur Aufnahme von Dezimalziffern besitzt: durch die **9** werden numerische Ziffernstellen angezeigt und die **5** besagt, daß es fünf davon gibt. Die Beschreibung hätte ebensogut zu **99999** geschrieben werden können. Das Datenelement **E-EINGANG-MENGE** hingegen besitzt vier Ziffernstellen. Man beachte ferner, daß für das Datenelement **E-TEILE-NR** sechs Stellen für die Aufnahme alphanumerischer Zeichen angegeben sind. Auch wenn die Teilenummer tatsächlich vollständig numerisch sein kann, wie es der für sie vergebene Name anzudeuten scheint, so werden jedoch mit ihr keine Rechenoperationen durchgeführt; somit kann sie als alphanumerisch festgelegt werden. Damit wird gleichzeitig aufgezeigt, daß es keineswegs notwendig ist, daß alle Datenelemente innerhalb eines Satzes einheitlich entweder numerisch oder alphanumerisch sein müssen.

3.4 Die Stellung des angenommenen Dezimalpunktes (Dezimalpunkt bei Rechenoperationen)

Bei dieser Anwendung sind wir von der Voraussetzung ausgegangen, daß die fraglichen Mengen stets *ganze Zahlen* darstellen. Wir können also mit 12 Hämmern oder mit 143 m Draht hantieren, aber nicht mit 63,4 kg Blei. Natürlich handelt es sich hier um eine unrealistische Voraussetzung, die deshalb zunächst einmal unterstellt wird, um augenblicklich den Themenkreis so einfach wie möglich zu gestalten. Aber was muß getan werden, wenn wir ein Datenelement wie den Preis vor uns haben, von dem wir im allgemeinen nicht erwarten können, daß er stets ganze DM-Beträge annimmt?

Die Antwort lautet, daß uns ein Weg zur Verfügung steht, durch den wir in einem **COBOL**-Programm sagen können, daß ein Datenelement so betrachtet werden soll, als ob es einen Dezimalpunkt an einer bestimmten Stelle besäße. Man beachte, daß es sich hierbei nicht um einen *tatsächlichen* (*echten*) Dezimalpunkt handelt, sondern vielmehr um einen *impliziten* oder *angenommenen Dezimalpunkt* (*Rechendezimalpunkt*). Stellen wir uns dazu eine typische Situation vor: In einem Eingabesatz könnte ein vierstelliges Feld die Ziffernfolge 6397 enthalten. Dem **COBOL**-Kompilierer soll nun mitgeteilt werden, daß diese Ziffernfolge so betrachtet werden soll, als ob im Feld 63.97 stehen würde, also etwa ein in DM und Dpf ausgedrückter Preis. Noch einmal: *Das soll nicht bedeuten, daß im entsprechenden Feld des Eingabesatzes ein Dezimalpunkt erscheint.*

Es ist allgemein üblich, daß beim Niederschreiben von Zahlen, die einen angenommenen Dezimalpunkt enthalten, an der gewünschten Dezimalstelle ein *Einschaltungszeichen* in Form eines *tiefer gesetzten umgekehrten Großbuchstabens V* aufgeführt wird; nachfolgend ein entsprechendes Beispiel:

63∧97

In **COBOL** wird der *angenommene* oder *gedachte Dezimalpunkt* in der **PICTURE**-Klausel durch ein **V** repräsentiert (vermutlich ist dieses Zeichen deshalb gewählt worden, weil es wie ein umgekehrtes Einschaltungszeichen aussieht). Es ist sehr wichtig zu verstehen, daß zwar der Buchstabe **V** in der **PICTURE**-Klausel eine gesonderte Stelle beansprucht, der gedachte Dezimalpunkt im Datenelement ist jedoch nur *angenommen: Im Eingabesatz nimmt er keinen Platz in Anspruch*. In unserem Falle ist das Datenelement namens **E-STUECK-PREIS** als fünfstelliges Elementarelement beschrieben, wobei der gedachte Dezimalpunkt zwischen der dritten und vierten Ziffernstelle vorhanden sein soll; damit wird der Betrag in DM und Dpf ausgewiesen. Im Satz selbst erscheint kein Dezimalpunkt (Daten zu lesen, die keinen tatsächlichen oder aktuellen Dezimalpunkt enthalten, ist bei **COBOL** reichlich schwierig). Jeder **COBOL**-Kompilierer sorgt dafür, daß das in die Maschinensprache des betreffenden Computers übersetzte **COBOL**-Programm alle mit dem fraglichen Datenelement auszuführenden arithmetischen Operationen dezimalstellengerecht bewerkstelligt.

Anmerkung des Übersetzers: Im Englischen wird im Gegensatz zum Deutschen ein Punkt verwendet, um den Dezimalteil einer Zahl kenntlich zu machen. Diese Darstellungsweise wurde für **COBOL** und für andere Programmiersprachen übernommen. Durch die Vereinbarung

DECIMAL-POINT IS COMMA

im Maschinenteil (**ENVIRONMENT DIVISION**) kann die deutsche Darstellungsart beibehalten werden.

3.5 Die Stellung des tatsächlichen Dezimalpunktes (Dezimalpunkt bei EA-Operationen)

Wenn der Wert eines Datenelementes, beispielsweise ein in DM und Dpf auszuweisender Betrag, gedruckt werden soll, wollen wir natürlich, daß das Programm einen *aktuellen (echten)* Punkt bei der Druckausgabe erzeugt. Wir erreichen das, indem wir in die **PICTURE**-Klausel an der gewünschten Position einen tatsächlichen Dezimalpunkt plazieren. Wir sehen das in unserem Programm (Abb. 3.1) bei den beiden Datenelementen

A-STUECK-PREIS und **A-KOSTEN**.

Wenn der Stückpreis von **E-STUECK-PREIS** nach **A-STUECK-PREIS** übertragen wird, berücksichtigt das **COBOL**-Programm die Stellungen des gedachten und des tatsächlichen Dezimalpunktes und stellt die Ziffern des Betrages an die richtigen Stellen von **A-STUECK-PREIS**.

Noch eine Bemerkung, die hoffentlich nicht allzu verwirrt, sei angebracht, und wir können die Diskussion über den Dezimalpunkt für eine Weile vergessen. Es muß ein für allemal klar sein, daß arithmetische Operationen nur mit *Zahlen (numerischen Werten)* erfolgen können, d.h. mit Werten, die nur aus *Ziffern* bestehen. Die **PICTURE**-Klausel für ein numerisches Datenelement darf deshalb nur das Zeichen **9** enthalten, also kein Zeichen **X** und auch keinen tatsächlichen Dezimalpunkt. Ein Datenelement, dessen **PICTURE**-Klausel einen *tatsächlichen (aktuellen) Dezimalpunkt* aufweist, gilt als *nichtnumerisch: Es darf deshalb nicht in arithmetische Operationen eingehen*. Somit ist es z.B. nicht mehr erlaubt, nach Übertragung des Wertes von **E-STUECK-PREIS** nach

A-STUECK-PREIS weitere Rechenoperationen mit dem letzteren Datenelement auszuführen. Natürlich existiert nach wie vor der numerische Wert von **E-STUECK-PREIS** und kann weiterhin zur Durchführung arithmetischer Operationen herangezogen werden.

3.6 Daten mit führenden Leerzeichen

Man muß sich bewußt sein, daß ein Datenelement, das *Leerzeichen* enthält, *nichtnumerisch* ist und daher auch nicht in arithmetische Operationen eingehen kann. Das bedeutet allgemein, daß *führende Nullen* bei Werten in Eingabesätzen nicht durch Leerzeichen ersetzt werden dürfen, es sei denn, daß geeignete Maßnahmen im Prozedurteil getroffen werden; über diese sprechen wir in Kap. 15. Obgleich einige **COBOL**-Versionen führende Leerzeichen akzeptieren, wird bei anderen Versionen die Außerachtlassung dieses Ratschlages zu Fehlern beim Programmablauf führen, die zu wenig hilfreichen Meldungen führen, wie beispielsweise zu „*data exception at* ..." (Ausnahmebedingung bei Daten auf Speicherplatz ...). Deshalb sollten grundsätzlich alle führenden Nullen eingetastet werden.

3.7 Das Datenelement FILLER

Gelegentlich kommt es vor, daß wir Zeichenstellen in einem Satz beschreiben müssen, auf die wir uns niemals über einen Namen beziehen müssen. Manchmal handelt es sich um Stellen, die leer bleiben sollen, wie in unserem Fall. Mitunter handelt es sich auch um Datenelemente, die Informationen aufnehmen, wenn irgendetwas zu der Datengruppe übertragen wird, zu der sie gehören. In jedem Fall beschreiben sie Zeichenpositionen innerhalb eines Satzes und werden bei der Bestimmung der Satzlänge mitgezählt. Sie besitzen aber keinen Namen. Infolgedessen kann man sie nicht ansprechen, ausgenommen davon ist jedoch die Bezugnahme auf den Gruppenteil, in dem sie eingefügt sind.

In unserem Falle wollen wir beim Drucken der Zeilen für die einzelnen am Lager vorhandenen Teile lediglich erreichen, daß die einzelnen Werte nicht lückenlos aufeinander folgen, sondern daß sie vielmehr durch eine Reihe von Leerstellen voneinander getrennt sind. Die Größe des zwischen den einzelnen Wörtern vorzusehenden Zwischenraumes obliegt dem Ermessen derjenigen Person, die das Format des Ausgabeberichtes zu entwerfen hat. Bisweilen muß die Druckausgabe einem vorgegebenen Formular angepaßt werden, bisweilen geht es nur um ein gefälliges Aussehen des Berichtes, bisweilen um andere Fragestellungen.

Wir erkennen an unserem vorgelegten Programm (Abb. 3.1), daß zwischen den ersten beiden Werten vier, sonst drei Stellen Zwischenraum vorgesehen sind.

Die Einfügung von mit **FILLER** erklärten Zeichenstellen sagt nichts über den Inhalt der betreffenden Stellen aus. In unserem Fall *können* wir also nicht davon ausgehen, daß sie automatisch Leerzeichen enthalten. Wir werden uns mit dieser Frage später, d.h. bei der Besprechung des Prozedurteiles zu beschäftigen haben. Im Kapitel 6 werden wir außerdem sehen, daß wir dies auch mit Hilfe der **VALUE**-Klausel im Arbeitsspeicherkapitel des Datenteils erreichen können.

FILLER ist ein reserviertes **COBOL**-Wort, nicht ein vom Programmierer vergebener Datenname. Demzufolge kann das Wort **FILLER** durchaus mehrfach in einem Programm auftreten, denn es unterliegt naturgemäß nicht der Eindeutigkeitsvorschrift, die für Datennamen gilt. Nebenbei bemerkt, wird es in Programmen meist auch mehrfach erscheinen.

In der Sprachversion **COBOL-85** kann das Wort **FILLER** weggelassen werden. Somit kann also bei dieser **COBOL**-Version beispielsweise die Definition von **BESTAND-SATZ-AUS** so niedergeschrieben werden, wie es in der Abb. 3.4 gezeigt ist.

```
01   BESTAND-SATZ-AUS.
     05   A-TEILE-NR                PIC X(6).
     05                             PIC X(4).
     05   A-BESTAND-MENGE           PIC 9(5).
     05                             PIC X(3).
     05   A-EINGANG-MENGE           PIC 9(4).
     05                             PIC X(3).
     05   A-STUECK-PREIS            PIC 999.99.
     05                             PIC X(3).
     05   A-BESTAND-MENGE-NEU       PIC 9(5).
     05                             PIC X(3).
     05   A-KOSTEN                  PIC 9(6).99.
```

Abb. 3.4 Möglichkeit der Festlegung des Ausgabesatzes im Beispiel von Abb. 3.1 bei Benutzung der Version COBOL-85

Die in Abb. 3.4 vorgelegte Definition entspricht vollkommen der in Abb. 3.1 enthaltenen Definition des Ausgabesatzes.

3.8 Die Hauptsteuerungsroutine

Die Hauptsteuerungsroutine ist die gleiche, abgesehen von den benutzten Datennamen, wie die des Programmes von Kap. 2 (siehe Abb. 2.1). Es werden lediglich die Abkürzungen **J** und **N** anstelle der Wörter **JA** und **NEIN** verwendet.

3.9 Der Verarbeitungsparagraph

Der mit **B010-LISTEN-BESTANDSDATEN** benannte Verarbeitungsparagraph weist eine ganze Reihe neuer Gesichtszüge auf, von denen die wichtigsten die Verben **ADD** und **MULTIPLY** sind, durch die im Programm arithmetische Operationen festgelegt sind. Vor diesen gibt es jedoch noch einige vorbereitende Operationen.

Als erstes dieser Statements ist die **MOVE**-Anweisung zu erwähnen; durch diese werden Leerzeichen (Zwischenraumzeichen) auf alle Zeichenstellen des Ausgabesatzes gestellt. Bei **SPACES** handelt es sich um einen neuen Typ von *reservierten Wörtern*, der *figurative Konstanten* genannt wird. Wenn ein **COBOL**-Kompilierer auf dieses Wort stößt, stellt er soviele Leerzeichen bereit, wie Zeichenstellen im Empfangselement vorhanden sind. Wir hatten bekanntlich bestimmt, daß der gesamte Satz Platz für 51 Zeichen haben muß; dieser ist aber in diesem Fall selber das Empfangsfeld. Bei dieser Gelegenheit wollen wir ausdrücklich hervorheben, daß es sich hier um eine *Gruppenübertragung* handelt, durch die Leerzeichen in alle 11 Elementarelemente der Zielgruppe übertragen werden. (Die **FILLER**-Elemente werden ebenfalls als Elementarelemente angesehen, da sie **PICTURE**-Klauseln besitzen, auch wenn auf sie niemals mittels eines Namens Bezug genommen werden kann.)

Der Zweck, Leerzeichen in das vom Satz belegte (Speicher-)Feld zu übertragen, besteht darin, daß jedes **FILLER**-Element mit Leerzeichen aufgefüllt wird. Wie wir weiter oben (siehe Abschnitt 3.8) bemerkt haben, ergibt sich diese Notwendigkeit, weil Vereinbarungen mit dem Wort **FILLER** keine Auswirkungen auf den Inhalt der bereitgestellten Speicherstellen zeitigen. Würden wir keine Leerzeichen in den Satz übertragen lassen, würden die betreffenden Stellen irgendwelche Zeichen enthalten, die vom zuvor vom Computer benutzten Programm hinterlassen worden wären. Rein zufällig könnten das natürlich auch Leerzeichen sein, aber es wäre töricht, dies anzunehmen. Ohne diese **MOVE**-Anweisung würde daher unsere Druckausgabe höchstwahrscheinlich Unsinn an den zwischen den Datenelementen gelegenen Stellen enthalten.

3.10 Die Verarbeitung

Die Verarbeitung der zu einem Eingabesatz gehörenden Daten beginnt mit der Übertragung der vier Elementarelemente des Eingabesatzes an die gewünschten Stellen des Ausgabesatzes; dieser wird später geschrieben. Hierzu gibt es, von einer Ausnahme abgesehen, nichts Neues zu berichten. Bei der Übertragung des Stückpreises vom Eingabesatz zum Ausgabesatz (letzte **MOVE**-Anweisung) wird außer der Übertragung noch eine Aufbereitung vorgenommen: Es wird nämlich der Dezimalpunkt tatsächlich in den in DM/Dpf ausgewiesenen Betrag eingefügt.

3.11 Die Anweisung ADD

Nunmehr kommen wir zu etwas ganz Neuem, zu einer Anweisung nämlich, durch die zwei Zahlen aufeinander addiert werden. Wir nennen diese Anweisung hier noch einmal explizit:

ADD   E-BESTAND-MENGE, E-EINGANG-MENGE
GIVING   A-BESTAND-MENGE-NEU.

Diese Anweisung hat die folgende Bedeutung: Es ist die Summe aus **E-BESTAND-MENGE** und **E-EINGANG-MENGE** zu bilden und das Rechenergebnis nach **A-BESTAND-MENGE-NEU** zu stellen. Keiner der beiden Summanden (**E-BESTAND-MENGE** bzw. **E-EINGANG-MENGE**) wird dabei durch diese Aktion verändert. Die Verwendung des Kommas in der Anweisung ist freigestellt, ohne Komma würde die Operation genau so ausgeführt werden wie mit Komma. Es kann benutzt werden, falls jemand der Meinung sein sollte, daß das Komma die Lesbarkeit dieser Anweisung verbessert. Viele Programmierer verzichten von sich aus auf die Benutzung solcher fakultativen Kommas, da sie möglicherweise eine zusätzliche Fehlerquelle darstellen und da sie manchmal auch schwer von Punkten in den gedruckten Programmlisten zu unterscheiden sind.

Über die **ADD**-Anweisung gibt es noch viel zu sagen. Wir werden später längere Zeit den verschiedenen Formen dieser Anweisung widmen, aber auch den anderen arithmetischen Verben. Vorerst wollen wir das in Abb. 3.1 vorgelegte Programm zu Ende besprechen.

3.12 Die Anweisung MULTIPLY

Die nächste im Programm auftauchende Anweisung, die Anweisung **MULTIPLY** also, berechnet den Gesamtwert des neuen Lagerbestandes für die jeweiligen Artikel. Wie bei der **ADD**-Anweisung wird auch hier keiner der in die Multiplikation eingehenden Werte verändert, d.h. das Resultat überschreibt keinen der beiden Faktoren. In Kürze werden wir sehen, daß diese Aussage für alle arithmetischen Verben gilt, sofern sie mit der Option **GIVING** verwendet werden.

Es sollte grundsätzlich klar sein, daß man von einer Abschätzung der Wertebereiche der in die Multiplikation eingehenden Datenelemente ausgehen muß, um eine Aussage über den Wertebereich des Produktes treffen zu können. Entsprechend der Angaben bei den **PICTURE**-Klauseln des Eingabesatzes beträgt die größmögliche Bestandsmenge 99999 Stück und der größtmögliche Stückpreis 999,99 DM. Wenn für irgendeinen Artikel diese Maximalwerte auftreten, so würde der Lagerbestandswert dieses Artikels 99 998 000,01 DM betragen. Da wir im Datenteil für das Datenelement **A-KOSTEN** nur sechs und nicht die an und für sich erforderlichen acht Stellen vor dem Dezimalpunkt vorgesehen haben, kann es zu einem Problem bei der Unterbringung des Multiplikationsergebnisses kommen. Alle **COBOL**-Kompilierer verweisen deshalb durch Ausgabe einer Warnungsmeldung auf eine solche Sachlage, daß es bei Ausführung der Multiplikation vorkommen kann, daß die Ziffern auf den höchsten Stellen des Produktes verloren gehen können. Es darf jedoch verständlicherweise angenommen werden, daß die beiden in die Multiplikation eingehenden Faktoren nicht gleichzeitig ihren Maximalwert bei irgendeinem Artikel aufweisen. Von einer Gesellschaft in sehr großen Mengen (Stückzahlen) vorrätig gehaltene Artikel neigen gewöhnlich dazu, sich durch niedrige Stückpreise auszuzeichnen. Umgekehrt tendiert ein Artikel mit hohem Stückpreis dazu, daß er nur in niedrigen Mengen am Lager gehalten wird. Von einer solchen Voraussetzung ließen wir uns beim Zusammenstellen des in der Abb. 3.1 dargestellten Programmes leiten. Wir haben also angenommen, daß der Gesamtwert des Lagerbestandes eines beliebigen Artikels niemals den Betrag von 999 999,99 DM überschreiten wird. Solange dies zutrifft, braucht uns die Warnung des Kompilierers nicht weiter zu interessieren, daß die Möglichkeit besteht, daß die führenden Ziffern des Produktes verloren gehen können. Natürlich dürfen solche Annahmen nicht leichtfertig unterstellt werden. Wenn wir uns z.B. mit dem Lagervorrat an Mikrocomputern bei der IBM beschäftigen würden, könnte dies vermutlich eine schlechte Annahme für die möglichen Werte des Multiplikationsergebnisses sein.

Mit der Multiplikation sind die im Programm notwendigen Verarbeitungsoperationen abgeschlossen. Wir können nunmehr zum Schreiben, d.h. zur Druckausgabe desjenigen Satzes übergehen, den wir soeben zusammengestellt haben. Danach wird ein neuer Eingabesatz durch die **READ**-Anweisung geholt und der durch **PERFORM** gesteuerte Verarbeitungsprozeß bis zur Feststellung des Endes der Eingabedatei wiederholt.

3.13 Die Ausgabe

Wir ließen unser Programm mit einer kleinen Datei ablaufen, die eine Stichprobe von Daten enthielt. Dabei wurde vom Programm die in Abb. 3.5 dargestellte Druckausgabe erzeugt.

```
123456    00012    0003    010.00    00015    000150.00
123459    11111    0022    001.00    11133    011133.00
234567    00005    0006    340.44    00011    003744.84
23AAX4    00400    0148    001.54    00548    000843.92
23AAX5    00023    0012    433.00    00035    015155.00
```

Abb. 3.5 Druckausgabe des Programmes von Abb. 3.1

Wir erkennen, daß in jeder Zeile der Wert in Spalte 5 der Summe der Werte in den Spalten 2 und 3 entspricht; dies ergibt sich als Folge der Ausführung der Anweisung:

    ADD E-BESTAND-MENGE, E-EINGANG-MENGE
        GIVING A-BESTAND-MENGE-NEU.

Ebenso erweisen sich die Werte in der Spalte 6 als Produkte der Werte in den Spalten 4 und 5, eine Folge der Ausführung der Anweisung:

    MULTIPLY A-BESTAND-MENGE-NEU BY
        E-STUECK-PREIS GIVING A-KOSTEN.

Somit sehen wir, daß die arithmetischen Berechnungen korrekt ausgeführt werden.

Man muß immer wenigstens einige typische Resultate mit manuell ermittelten vergleichen, um sicherzustellen, daß das Programm frei von augenfälligen Fehlern ist.

Sobald wir in Kap. 7 die erforderlichen Methoden kennengelernt haben, werden wir sehen, wie wir einige Dinge etwas anders als bisher gestalten können. In der Praxis würde man gewöhnlich mindestens folgendes einschließen: Spaltenüberschriften, Entfernung führender Nullen, Einfügung der Währungseinheit (z.B. DM) und Einfügung von Trennzeichen bei großen Zahlen nach jeweils drei Stellen vom Dezimalpunkt aus, um sie leichter lesbar zu machen. Außerdem ist es nicht üblich, zu arithmetischen Operationen Datenelemente heranzuziehen, die bereits in einen Ausgabesatz übertragen worden sind. In diesem Fall war es nur deshalb gerechtfertigt, weil wir entgegen der üblichen Praxis nicht die führenden Nullen durch Leerzeichen ersetzt hatten.

3.14 Allgemeine Formate von COBOL-Anweisungen

Viele **COBOL**-Anweisungen erlauben eine *flexible* Schreibweise, aber es gibt Regeln, die man bei der Niederschrift der Anweisungen mit größter Sorgfalt beachten muß. Der Programmierer muß daher jederzeit schnell in der Lage sein, festzustellen, wie eine gegebene Anweisung exakt geschrieben werden muß. Dazu steht dem Programmierer eine bestimmte Darstellungsweise zur Verfügung, die für alle Anweisungen gilt und deshalb als *allgemeines Format* bezeichnet wird; dieses geht auf alle verfügbaren Angaben einer Anweisung ein. Beispielsweise sieht das allgemeine Format der in unserem Programm gerade benutzten **ADD**-Anweisung wie folgt aus:

```
ADD    {bezeichner-1}  {bezeichner-2}  [bezeichner-3]  ...
       {literal-1   }  {literal-2   }  [literal-3   ]

       GIVING bezeichner -m [ROUNDED] [bezeichner-n [ROUNDED] ] ...

       [ON SIZE ERROR unbedingte-anweisung]
```

Nach Diskussionen der zahlreichen Übereinkommen bezüglich der Schreibweise derartiger allgemeiner Formate werden wir anschließend das soeben vorgelegte Format für die **ADD**-Anweisung genau betrachten.

1. Alle in Großbuchstaben aufgeführten Wörter sind *reservierte Wörter*. Sie haben in **COBOL** eine fest vorgegebene Bedeutung und dürfen daher, wie schon früher gesagt, für keinen anderen Zweck verwendet werden. Die in einem allgemeinen Format mit Großbuchstaben ge-

schriebenen Wörter repräsentieren ein tatsächliches Auftreten dieser Wörter, d.h. sie dürfen durch nichts anderes ersetzt werden. Reservierte Wörter müssen genau so geschrieben werden, wie sie im allgemeinen Format erscheinen. Sie dürfen nicht abgekürzt werden, es sei denn, daß eine Abkürzung ausdrücklich erlaubt ist. Der Plural von Wörtern darf ebenfalls nicht benutzt werden, es sei denn, er ist ausdrücklich erlaubt.

2. Alle unterstrichenen reservierten Wörter dürfen nicht weggelassen werden, es sei denn, sie sind selbst in einem fakultativen Teil des allgemeinen Formats enthalten. Solche Wörter heißen *Schlüsselwörter*. Wenn ein solches fehlt oder falsch geschrieben ist, bedeutet das einen Fehler und das betreffende Programm kann vom Kompilierer nicht korrekt kompiliert werden. Nicht unterstrichene reservierte Wörter können nach Wahl des Programmierers in die Anweisung eingeschlossen werden oder wegfallen. Solche Wörter werden nur zur Verbesserung der Lesbarkeit benutzt und heißen deshalb *optionale Wörter* oder *Wahlwörter*. Werden sie jedoch benutzt, müssen sie unbedingt korrekt niedergeschrieben werden.

3. Wenn die Zeichen +, −, ‹, › und = in allgemeinen Formaten aufgeführt sind, sind sie obligatorisch, obwohl sie nicht unterstrichen sind.

4. Alle Punkte, Satzzeichen und alle anderen in allgemeinen Formaten aufgeführten Sonderzeichen bedeuten ein tatsächliches Auftreten dieser Zeichen in den Anweisungen; eine Ausnahme bilden allerdings einige weiter unten diskutierte Symbole. Zusätzliche Satzzeichen können mitunter entsprechend gesondert aufgeführter Regeln eingefügt werden. Das Komma in der **ADD**-Anweisung des Programmes von Abb. 3.1 ist ein Beispiel für die Verwendung eines solchen zusätzlichen Satzzeichens.

5. In Kleinbuchstaben geschriebene Wörter stehen für Informationen, die vom Programmierer bereitzustellen sind. Im Falle des weiter oben aufgeführten allgemeinen Formats der **ADD**-Anweisung können wir anstelle von „bezeichner-1" den Namen eines Datenelementes, beispielsweise also **E-BESTAND-MENGE**, schreiben und anstelle von „literal-1" **12.6** oder **2** oder irgendeine andere Zahl.

6. Damit man sich beim Beschreiben von Formaten leichter auf sie beziehen kann, enden einige in Kleinbuchstaben aufgeführte Wörter mit einer aus einem Bindestrich und einer Ziffer bzw. einem Buchstaben bestehenden Endung. An der Bedeutung eines solchen Wortes ändert sich dadurch nichts. Im weiter oben aufgeführten Format der **ADD**-Anweisung sind also „bezeichner-1", „bezeichner-2", „bezeichner-3" usw., aber auch „bezeichner-m" und „bezeichner-n" allesamt nichts weiter als Namen oder Bezeichner, die vom Programmierer selbst zu vergeben sind. Nach Übereinkunft darf aus dieser Schreibweise auch

nicht hergeleitet werden, daß die Bezeichner verschieden sein müssen; sie können durchaus auch gleich sein. Es wäre also durchaus zulässig, eine **ADD**-Anweisung zu formulieren, wie sie nachfolgend aufgeführt ist:

    ADD BEHANDLUNGS-DAUER,
           BEHANDLUNGS-DAUER
           GIVING BEHANDLUNGS-LIMIT.

Als Folge der Ausführung dieser Anweisung ergibt sich, daß der zweifache Wert von **BEHANDLUNGS-DAUER** nach **BEHANDLUNGSLIMIT** gebracht wird.

7. Eckige Klammern [ ] zeigen an, daß das in ihnen eingeschlossene Sprachelement benutzt oder weggelassen werden kann, je nachdem, wie es das jeweilige Programm erfordert. Wenn zwei oder mehr Elemente untereinander in solchen Klammern stehen, darf nur eines dieser Elemente oder keines verwendet werden. Im augenblicklich vorgestellten Format für die **ADD**-Anweisung darf also entweder „bezeichner-3" oder „literal-3" benutzt oder auf beide verzichtet werden. In der **ADD**-Anweisung des Programmes von Abb. 3.1 haben wir beide Elemente nicht benutzt.

8. Geschweifte Klammern { }, die vertikal untereinander stehende Sprachelemente einschließen, bedeuten, daß genau eines der eingeschlossenen Elemente ausgewählt werden muß. So muß man beispielsweise unmittelbar hinter dem Verb **ADD** entweder einen Bezeichner oder ein Literal und dahinter wieder einen Bezeichner oder ein Literal schreiben. Hinter dieser offensichtlich sinnvollen Forderung verbirgt sich die Tatsache, daß bei einer Additionsaufgabe mindestens zwei Werte addiert werden müssen. Es ist demnach nicht zulässig, etwa eine Anweisung wie die nachfolgende zu schreiben

    ADD BRUTTO-ZAHLUNG GIVING ANFANGSWERT.

Man könnte ja der irrigen Meinung sein, auf diese Weise eine Übertragung des Wertes von **BRUTTO-ZAHLUNG** nach **ANFANGSWERT** versuchen zu wollen, also eine Operation ähnlich der bei einer **MOVE**-Anweisung bewirken zu wollen.

9. Drei aufeinanderfolgende Punkte zeigen an, daß die ihnen unmittelbar vorangehende Einheit einmal oder beliebig hintereinander vorkommen darf. Dabei versteht man unter einer *Einheit* entweder ein einzelnes in Kleinbuchstaben geschriebenes Wort oder eine Gruppe von in Kleinbuchstaben geschriebenen Wörtern und einem oder mehreren reservierten Wörtern; eine Einheit ist außerdem von *eckigen* oder *geschweiften Klammern* umgeben. Beim momentan zur Diskussion stehenden Format der **ADD**-Anweisung bedeuten die drei Punkte, daß wir in die Anweisung außerdem „bezeichner-4" oder „literal-4", „bezeichner-5" oder „literal-5" usw. aufnehmen könnten.

3.15 Fortsetzung der Besprechung der ADD-Anweisung

Nachdem wir nun über den Formalismus gesprochen haben, mit dem die einzelnen Angaben der **COBOL**-Anweisungen beschrieben werden, wollen wir zum vorliegenden Fall, zum Verb **ADD** zurückkehren. Wir zeigen hier noch einmal das bekannte allgemeine Format, diesmal als *Format 2* gekennzeichnet. Tatsächlich ist es eine der zwei möglichen Schreibweisen von **ADD**-Anweisungen, und zwar diejenige, die üblicherweise in **COBOL**-Handbüchern als zweite aufgeführt ist.

Format 2

ADD {bezeichner-1 / literal-1} {bezeichner-2 / literal-2} [bezeichner-3 / literal-3] ...

GIVING bezeichner-m [**ROUNDED**] [bezeichner-n [**ROUNDED**]] ...

[**ON** **SIZE** **ERROR** unbedingte-anweisung]

Wir sehen, daß das Wort **ADD** unterstrichen ist, es muß also stets vorhanden sein. Das ist nur zu verständlich, denn alle **COBOL**-Anweisungen müssen mit einem Verb beginnen, durch das die durchzuführende Aktion festgelegt ist. Danach folgen geschweifte Klammern, die „bezeichner-1" und „literal-1" einschließen; das bedeutet, daß wir eine von diesen beiden Möglichkeiten auswählen müssen. In gleicher Weise besagt uns das nachfolgende Paar geschweifter Klammern, daß wir als nächstes entweder einen Bezeichner oder ein Literal niederschreiben müssen. Wir betonen noch einmal, daß geschweifte Klammern uns zwingen, eine der von ihnen eingeschlossenen Angaben heranzuziehen; die Möglichkeit, keine zu nehmen, besteht nicht. Die eckigen Klammern um „bezeichner-3" und „literal-3" verschaffen uns hingegen genau diese fragliche Wahlmöglichkeit: *falls wir zusätzliche Operanden für die Addition benötigen*, haben wir wiederum die Wahl zwischen einem Bezeichner und einem Literal. Die nachfolgenden drei Punkte bedeuten, daß die vorangehende Einheit, in diesem Fall die durch eckige Klammern angezeigte Auswahlmöglichkeit, beliebig oft wiederholt werden darf. Das heißt folglich, daß wir soviele Bezeichner und/oder Literale in die Addition einbeziehen können, wie wir wollen, indem wir einfach ihre Namen bzw. ihre Werte vor dem Wort **GIVING** hinschreiben. Da das Wort **GIVING** unterstrichen ist, ist es ebenfalls erforderlich bei diesem Format der **ADD**-Anweisung.

3.16 Die Angabe (Option) ROUNDED

Wir stellen fest, daß das Schlüsselwort **ROUNDED** (d.h. gerundet), im *Format 2* der **ADD**-Anweisung in eckige Klammern eingeschlossen ist, also eine Option darstellt. Es wird in dem Fall benutzt, in dem die zu bildende Summe mehr Dezimalstellen besitzt als in dem Datenelement vorgesehen sind, das die Summe aufnehmen soll. Eine solche Situation sollte natürlich nicht durch ein Versehen (hoffentlich!) entstehen, sondern sollte vielmehr das Ergebnis einer wohlbedachten Entscheidung beim Programmentwurf sein. Bei dem Programm von Abb. 3.1 könnte beispielsweise das Management verlangen, daß der gesamte Lagerbestandswert jedes Artikels in ganzen DM-Beträgen anzugeben ist. Um dies zustande zu bringen, würden wir zunächst die **PICTURE**-Klausel von **A-KOSTEN** so abändern, daß rechts vom tatsächlichen Dezimalpunkt keine Ziffernstellen mehr vorgesehen werden. Ferner gebrauchen wir die **ROUNDED**-Angabe beim Verb **MULTIPLY**. Wenn sich dann beim Produkt 49 oder weniger Pfennige ergeben, werden die Pfennige fallengelassen und der DM-Betrag bleibt ungeändert. Bei 50 oder mehr Pfennigen werden die Pfennige ebenfalls abgeschnitten, der DM-Betrag wird jedoch um 1 erhöht. Das ist alles, was sich hinter der *Rundung* verbirgt.

3.17 Die Angabe (Option) ON SIZE ERROR

Diese Option erlaubt es uns, Vorkehrungen für den Fall zu treffen, daß das Ergebnis einer Addition zu groß ist, um in das vorgesehene Summenfeld hineinzupassen. Wenn wir diese Option zur Behandlung von *Überläufen* niederschreiben, können wir irgendwelche Anweisungen (oder auch nur eine einzige) an die Stelle von „unbedingte-anweisung" stellen. Solche Anweisungen könnten beispielsweise das Stoppen des Programmablaufes veranlassen oder die Verarbeitung des betreffenden Satzes nach Ausgabe einer entsprechenden Fehlernachricht beenden oder irgendwelche anderen Maßnahmen vorsehen.

Die optionale Angabe **ON SIZE ERROR** wird selten benutzt, weil es in der Regel bessere Methoden gibt, Überläufe zu behandeln. Wie wir später lernen werden, ist es eine äußerst empfehlenswerte Praxis, die Eingabedaten sorgfältig auf ihre Gültigkeit hin zu überprüfen. Wenn ein

Programmierer dies tut, wird er kaum darüber nachzudenken haben, ob ein Resultat in den vorgesehenen Speicherplatz hineinpaßt oder nicht.

3.18 Die ADD-Anweisung des Formates 1

Das soeben besprochene allgemeine Format der **ADD**-Anweisung erscheint in den **COBOL**-Handbüchern gewöhnlich an zweiter Stelle. (Es gibt übrigens noch ein *drittes Format*, nämlich **ADD** mit **CORRESPONDING**, doch wird dieses kaum verwendet.) Das andere erlaubte Format der **ADD**-Anweisung ist nachstehend aufgeführt; es wird als Format 1 bezeichnet.

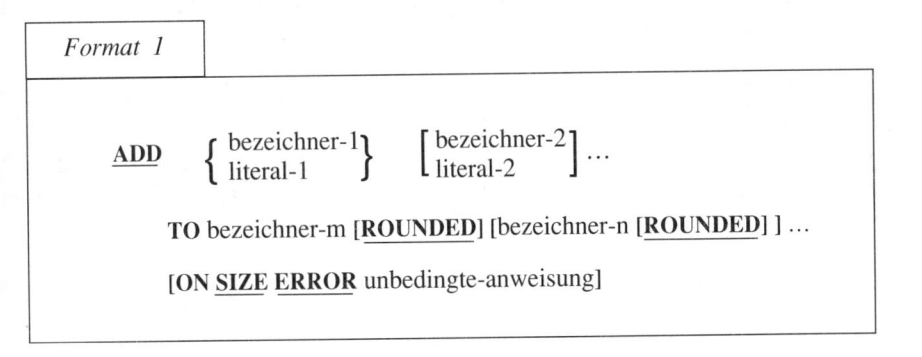

Format 1

ADD $\left\{ \begin{array}{l} \text{bezeichner-1} \\ \text{literal-1} \end{array} \right\}$ $\left[\begin{array}{l} \text{bezeichner-2} \\ \text{literal-2} \end{array} \right]$ ...

TO bezeichner-m [**ROUNDED**] [bezeichner-n [**ROUNDED**]] ...

[ON **SIZE ERROR** unbedingte-anweisung]

Eine **ADD**-Anweisung dieses Formats bewirkt folgendes: Es wird die Summe aller aufgeführten Werte (Bezeichner oder Literale) einschließlich des Ausgangswertes von „bezeichner-m" gebildet, diese Summe ersetzt dann den ursprünglichen Wert von „bezeichner-m". Der Unterschied zwischen **ADD** · · · **TO** und **ADD** · · · **GIVING** besteht also darin, daß im ersten Fall der Ausgangswert von „bezeichner-m" in die Summation einbezogen wird, beim zweiten Format jedoch nicht. Wenn hinter dem Schlüsselwort **TO** mehr als ein Bezeichner aufgeführt wird, wird die Summe aller vor **TO** stehenden Werte (Bezeichner oder Literale) auf jeden der nach **TO** erscheinenden Bezeichner getrennt aufaddiert.

Bezeichner, die in arithmetischen Anweisungen auftreten, müssen stets Elementarelemente sein. (Diese Aussage gilt freilich nicht für die, wie schon weiter oben bemerkt, selten benutzten Anweisungen **ADD CORRESPONDING** bzw. **SUBTRACT CORRESPONDING**.)

Zum Schluß dieses Abschnittes führen wir einige Beispiele von **ADD**-Anweisungen auf (Abb. 3.6), um noch einmal die Unterschiede zwischen dem Format 1 und dem Format 2 hervorheben zu können.

	vorher	nachher
	A B C D	A B C D
ADD A TO B	3 6	3 9
ADD A, B TO C	1 4 7	1 4 12
ADD A, B TO C, D	1 4 7 22	1 4 12 27
ADD A, B GIVING C	1 4 7	1 4 5

Abb. 3.6 Beispiele für ADD-Anweisungen

3.19 Die ADD-Anweisung des Formates 2 bei COBOL-85

Bei **COBOL-85** wurde das allgemeine Format 2 der **ADD**-Anweisung erweitert, um einen Fehler auszuschließen, der gewöhnlich bei früheren **COBOL**-Versionen auftrat. Diese Erweiterung erlaubt das Hinzufügen von „**TO** bezeichner-1" bzw. „**TO** literal-1" vor dem Schlüsselwort **GIVING**; das entsprechende allgemeine Format ist nachstehend aufgeführt.

Format 2 in COBOL-85

$$\underline{\text{ADD}} \quad \begin{Bmatrix} \text{bezeichner-1} \\ \text{literal-1} \end{Bmatrix} \quad \begin{Bmatrix} \text{bezeichner-2} \\ \text{literal-2} \end{Bmatrix} \dots \left[\underline{\text{TO}} \begin{Bmatrix} \text{bezeichner-3} \\ \text{literal-3} \end{Bmatrix} \right]$$

$$\underline{\text{GIVING}} \text{ bezeichner-m [}\underline{\text{ROUNDED}}\text{] [bezeichner-n [}\underline{\text{ROUNDED}}\text{]] } \dots$$

[ON SIZE ERROR unbedingte-anweisung]

Bei diesem Format 2 werden zunächst alle vor dem Wort **TO** stehenden Bezeichner bzw. Literale addiert. Die entstandene Summe wird dann zu dem Bezeichner bzw. dem Literal aufaddiert, der bzw. das zwischen den Wörtern **TO** und **GIVING** aufgeführt ist. Das so entstandene Endresultat wird abschließend als neuer Wert den Bezeichnern „bezeichner-m", „bezeichner-n" usw. zugewiesen. Wir werden auch diesen Abschnitt durch einige Beispiele für dieses **ADD**-Format beenden (Abb. 3.7).

	vorher	nachher
	A B C D	A B C D
ADD A TO B GIVING C	1 4 7	1 4 5
ADD A, B TO C GIVING D	1 4 7 22	1 4 7 12

Abb. 3.7 Beispiele für ADD-Anweisungen in COBOL-85

3.20 Die allgemeinen Formate der SUBTRACT-Anweisung

Nachstehend werden zunächst einmal die beiden Formate der **SUBTRACT**-Anweisung vorgestellt.

Format 1

$\underline{\text{SUBTRACT}}$ $\begin{Bmatrix} \text{bezeichner-1} \\ \text{literal-1} \end{Bmatrix}$ $\begin{bmatrix} \text{bezeichner-2} \\ \text{literal-2} \end{bmatrix}$ ...

$\underline{\text{FROM}}$ bezeichner-m [$\underline{\text{ROUNDED}}$] [bezeichner-n [$\underline{\text{ROUNDED}}$]] ...

[ON $\underline{\text{SIZE}}$ $\underline{\text{ERROR}}$ unbedingte-anweisung]

Format 2

$\underline{\text{SUBTRACT}}$ $\begin{Bmatrix} \text{bezeichner-1} \\ \text{literal-1} \end{Bmatrix}$ $\begin{bmatrix} \text{bezeichner-2} \\ \text{literal-2} \end{bmatrix}$ ...

$\underline{\text{FROM}}$ $\begin{Bmatrix} \text{bezeichner-m} \\ \text{literal-m} \end{Bmatrix}$

$\underline{\text{GIVING}}$ bezeichner-n [$\underline{\text{ROUNDED}}$] [bezeichner-o [$\underline{\text{ROUNDED}}$]] ...

[ON $\underline{\text{SIZE}}$ $\underline{\text{ERROR}}$ unbedingte-anweisung]

Beim *Format 1* werden die Werte aller vor dem Wort **FROM** stehenden Literale bzw. Bezeichner addiert. Danach wird diese Summe vom Wert subtrahiert, den „bezeichner-m" aufweist, sowie vom „bezeichner-n" usw. Das Ergebnis dieser Subtraktion wird anschließend als neuer Wert „bezeichner-m", „bezeichner-n" usw. zugewiesen.

Auch beim *Format 2* werden zunächst die Werte aller Literale bzw. Bezeichner, die vor dem Wort **FROM** stehen addiert. Die entstandene Summe wird danach von „bezeichner-m" bzw. „literal-m" subtrahiert. Das Ergebnis dieser Subtraktion wird schließlich als neuer Wert „bezeichner-n", „bezeichner-o" usw. zugewiesen.

In Abb. 3.8 sind Beispiele für die Formate der **SUBTRACT**-Anweisung aufgeführt.

	vorher				nachher			
	A	B	C	D	A	B	C	D
SUBTRACT A FROM B	5	9			5	4		
SUBTRACT A, B FROM C	1	4	15		1	4	10	
SUBTRACT A FROM B GIVING C	1	4	15		1	4	3	
SUBTRACT A, B FROM C GIVING D	1	4	15	22	1	4	15	10
SUBTRACT A, B FROM C, D	1	4	15	22	1	4	10	17
SUBTRACT 3 FROM A	12				9			
SUBTRACT A, B FROM 22 GIVING C	2	3	47		2	3	17	

Abb. 3.8 Beispiele für SUBTRACT-Anweisungen

3.21 Die allgemeinen Formate der MULTIPLY-Anweisung

Auch die **MULTIPLY**-Anweisung kommt in zwei Formaten vor, mit bzw. ohne das Schlüsselwort **GIVING**.

Format 1

<u>MULTIPLY</u> $\left\{ \begin{array}{l} \text{bezeichner-1} \\ \text{literal-1} \end{array} \right\}$

<u>BY</u> bezeichner-2 [<u>ROUNDED</u>] [bezeichner-3 [<u>ROUNDED</u>]] ...

[ON <u>SIZE</u> <u>ERROR</u> unbedingte-anweisung]

Format 2

<u>MULTIPLY</u> $\left\{ \begin{array}{l} \text{bezeichner-1} \\ \text{literal-1} \end{array} \right\}$ <u>BY</u> $\left\{ \begin{array}{l} \text{bezeichner-2} \\ \text{literal-2} \end{array} \right\}$

<u>GIVING</u> bezeichner-3 [<u>ROUNDED</u>] [bezeichner-4 [<u>ROUNDED</u>]] ...

[ON <u>SIZE</u> <u>ERROR</u> unbedingte-anweisung]

Bei Benutzung des *Formates 1* wird der Wert von „bezeichner-1" (oder von „literal-1") mit dem Wert „bezeichner-2" multipliziert. Das Produkt tritt als neuer Wert an die Stelle des alten Wertes von „bezeichner-2". Wenn „bezeichner-3" vorkommt, wird außerdem noch der Wert von „bezeichner-1" mit dem Wert von „bezeichner-3" multipliziert und das Produkt als neuer Wert „bezeichner-3" zugewiesen. Dieser Vorgang erstreckt sich in gleicher Weise über alle weiteren Bezeichner nach „bezeichner-3". (Für manche Leser dürfte es wahrscheinlicher klingen, wenn gemäß des üblichen Gebrauchs der englischen Sprache das Produkt den Wert von „bezeichner-1" ersetzt; dies trifft aber nicht zu.)

Beim *Format 2*, bei Verwendung von **GIVING** also, wird der Wert von „bezeichner-1" (oder von „literal-1") multipliziert mit dem Wert von „bezeichner-2" (oder von „literal-2") und das Produkt wird an die Stelle der alten Werte von „bezeichner-3", „bezeichner-4" usw. gestellt. Der Wert von „bezeichner-2" bleibt unverändert.

In Abb. 3.9 sind Beispiele für die Formate der **MULTIPLY**-Anweisung aufgeführt.

	vorher				nachher			
	A	B	C	D	A	B	C	D
MULTIPLY A BY B	2	4			2	8		
MULTIPLY A BY B, C	2	4	6		2	8	12	
MULTIPLY A BY B GIVING C	2	4	17		2	4	8	
MULTIPLY A BY B GIVING C, D	2	4	17	20	2	4	8	8
MULTIPLY A BY A	3				12			
MULTIPLY A BY 6 GIVING B	3	4			3	18		

Abb. 3.9 Beispiele für MULTIPLY-Anweisungen

Beim 6. Beispiel in der Abb. 3.9 ist zu beachten, daß hinter dem Wort **BY** ein Literal auftaucht. Eine solche Formulierung ist deshalb möglich, weil durch die Angabe **GIVING** das Resultat der Multiplikation nach B gestellt wird. Im 5. Beispiel könnten wir jedoch nicht
    MULTIPLY A BY 4
schreiben, denn dann würden wir ja versuchen, das Resultat nach dem Literal (nach dem numerischen Wert) 4 zu stellen!

3.22 Die allgemeinen Formate der DIVIDE-Anweisung

Bei diesem Verb sind drei allgemeine Formate vorhanden, die wir nacheinander zeigen und besprechen werden.

Format 1

DIVIDE $\begin{Bmatrix} \text{bezeichner-1} \\ \text{literal-1} \end{Bmatrix}$

   INTO bezeichner-2 [**ROUNDED**] [bezeichner-3 [**ROUNDED**]] ...

   [**ON SIZE ERROR** unbedingte-anweisung]

3.22 Die allgemeinen Formate der DIVIDE-Anweisung

Beim Format 1 wird untersucht, wieviel Mal der Wert von „bezeichner-1" (oder von „literal-1") im Wert von „bezeichner-2" enthalten ist; das Ergebnis ersetzt den Wert von „bezeichner-2". Bei Vorhandensein von „bezeichner-3" wird untersucht, wieviel Mal der Wert von „bezeichner-1" (oder von „literal-1") im Wert von „bezeichner-3" enthalten ist; das Ergebnis ersetzt den bisherigen Wert von „bezeichner-3". Folgen weitere Bezeichner auf „bezeichner-3", so wird die beschriebene Vorgehensweise analog fortgesetzt.

Format 2

$$\underline{\text{DIVIDE}} \left\{ \begin{array}{l} \text{bezeichner-1} \\ \text{literal-1} \end{array} \right\} \left\{ \begin{array}{l} \underline{\text{INTO}} \\ \underline{\text{BY}} \end{array} \right\} \left\{ \begin{array}{l} \text{bezeichner-2} \\ \text{literal-2} \end{array} \right\}$$

$\underline{\text{GIVING}}$ bezeichner-3 [$\underline{\text{ROUNDED}}$] [bezeichner-4 [$\underline{\text{ROUNDED}}$]] ...

[$\underline{\text{ON}}$ $\underline{\text{SIZE}}$ $\underline{\text{ERROR}}$ unbedingte-anweisung]

Beim Format 2 gibt es zwei Möglichkeiten: *Entweder* wird untersucht, wieviel Mal der Wert von „bezeichner-1" (oder von „literal-1") im Wert von „bezeichner-2" (oder von „literal-2") enthalten ist, ausgedrückt durch das Schlüsselwort **INTO**, *oder* es wird der Wert von „bezeichner-1" (oder von „literal-1") durch den Wert von „bezeichner-2" (oder von „literal-2") geteilt, ausgedrückt durch das Schlüsselwort **BY**. Das Resultat der Rechenoperation wird nach „bezeichner-3", „bezeichner-4" usw. gespeichert.

Format 3

$$\underline{\text{DIVIDE}} \left\{ \begin{array}{l} \text{bezeichner-1} \\ \text{literal-1} \end{array} \right\} \left\{ \begin{array}{l} \underline{\text{INTO}} \\ \underline{\text{BY}} \end{array} \right\} ... \left\{ \begin{array}{l} \text{bezeichner-2} \\ \text{literal-2} \end{array} \right\}$$

$\underline{\text{GIVING}}$ bezeichner-3 [$\underline{\text{ROUNDED}}$]

[$\underline{\text{REMAINDER}}$ bezeichner-4]

[$\underline{\text{ON}}$ $\underline{\text{SIZE}}$ $\underline{\text{ERROR}}$ unbedingte-anweisung]

Beim Format 3 gibt es die gleichen zwei Möglichkeiten wie beim Fall 2: *Entweder* wird untersucht, wieviel Mal der Wert von „bezeichner-1" (oder von „literal-1") im Wert von „bezeichner-2" (oder von „literal-2") enthalten ist, ausgedrückt durch das Schlüsselwort **INTO**, *oder* es wird der Wert von „bezeichner-1" (oder von „literal-1") durch den Wert von „bezeichner-2" (oder von „literal-2") dividiert, ausgedrückt durch das Schlüsselwort **BY**. Das Ergebnis wird „bezeichner-3" zugewiesen, der Rest wird optional nach „bezeichner-4" gestellt.

Der Rest ist definiert als Ergebnis einer Subtraktion, indem der Dividend vom Produkt aus Quotient und Divisor abgezogen wird. Wenn die Angabe **ROUNDED** aufgeführt ist, wird der Quotient nach Bestimmung des Restes gerundet. Die Angabe **REMAINDER** wird in der Praxis nur selten eingesetzt.

In Abb. 3.10 sind einige Beispiele von Divisionen aufgeführt.

	vorher				nachher			
	A	B	C	D	A	B	C	D
DIVIDE A INTO B	3	15			3	5		
DIVIDE A INTO B, C	3	15	21		3	5	7	
DIVIDE A INTO B GIVING C	3	15	4		3	15	5	
DIVIDE A INTO B GIVING C, D	3	15	4		3	15	5	5
DIVIDE A BY B GIVING C	24	12	19		24	12	2	
DIVIDE 2 INTO A	18				9			
DIVIDE A BY 3 GIVING B	24	2			24	8		
DIVIDE A BY B GIVING C REMAINDER D	19	7	0	0	19	7	2	5
DIVIDE A BY B GIVING C REMAINDER D	7	19	0	0	7	19	0	7

Abb. 3.10 Beispiele von DIVIDE-Anweisungen

Anmerkung des Übersetzers: Das Enthaltensein, ausgedrückt durch **INTO**, stellt ebenfalls eine Form der Division dar. Es wird jedoch „bezeichner-2" (oder „literal-2") durch „bezeichner-1" (oder „literal-1") dividiert.

3.23 Die Behandlung von Vorzeichen

In **COBOL** werden vorzeichenbehaftete Zahlen korrekt behandelt. Wenn also zwei negative Zahlen multipliziert werden, ergibt sich ein positives Produkt. Wenn zwei Zahlen mit unterschiedlichem Vorzeichen addiert werden, wirkt sich das wie eine Subtraktion aus. Weitere Hinweise erübrigen sich.

3.24 Übertragung numerischer Werte

Immer, wenn ein numerischer Wert in ein Elementarelement gestellt wird, entweder als Folge einer arithmetischen Operation oder einfach durch eine simple **MOVE**-Anweisung, gelten bestimmte Regeln für den Fall, daß das *Sendefeld* nicht den gleichen Umfang besitzt wie das *Empfangsfeld*.

1) Besitzt das Empfangsfeld (aufnehmendes Datenelement) weniger Stellen rechts vom Dezimalpunkt als das Sendefeld (abgebendes Datenelement), so werden die überzähligen Ziffernstellen einfach ohne Warnung abgeschnitten. Somit wird beim Senden der Zahl 1234.567 nach einem mit
   PICTURE 9999.99
   beschriebenen Feld dort die Zahl 1234.56 gespeichert. Es erfolgt dabei keine automatische Rundung, die 7 wird einfach weggelassen.

2) Wenn das Empfangsfeld mehr Stellen rechts vom Dezimalpunkt aufweist als der zu sendende Wert, kommt es bei den restlichen Dezimalstellen zu einer Auffüllung mit Nullen. Somit ergibt sich beim Senden der Zahl 1234.567 zu einem mit
   PICTURE 9999.9999
   beschriebenen Empfangsfeld als Resultat der Wert 1234.5670.

3) Wenn das Empfangsfeld links vom Dezimalpunkt mehr Stellen aufweist als der zu sendende Wert, werden nach links Nullen aufgefüllt. Wenn also der Wert 1234.567 zu einem mit
   PICTURE 9(6).999
   beschriebenen Empfangsfeld geschickt wird, so ergibt sich als Resultat 001234.567, d.h. es kommt zu einer linksbündigen Auffüllung mit zwei Nullen.

4) Wenn hingegen das Empfangsfeld links vom Dezimalpunkt weniger Stellen aufweist als der zu sendende Wert, muß zwischen dem Fall einer **MOVE**-Operation und dem Fall irgendeiner arithmetischen Operation unterschieden werden.

a) Bei einer durch **MOVE** ausgelösten Operation werden die überzähligen Stellen einfach abgeschnitten. Wenn also z.B. die Zahl 1234.567 in ein mit
   PICTURE 99.999
   beschriebenes Empfangsfeld übertragen werden soll, ergibt sich als Resultat, daß im Empfangsfeld nach Abschluß der Operation die Zahl 34.567 gespeichert ist. In diesem Fall schicken einige Kompilierer eine Warnung heraus, die besagt, daß möglicherweise führende Ziffern bei der Übertragung verloren gehen können; das Programm wird jedoch übersetzt. Wenn wir dann das Programm trotz der erfolgten Warnung des Kompilierers ablaufen lassen, erfolgt beim Ablauf keine zusätzliche Meldung, auch wenn tatsächlich führende Ziffern verloren gehen. Von ganz wenigen unüblichen Ausnahmen abgesehen, wäre ein solcher Fall ein ziemlich schwerwiegender Fehler. Es ist also absolut wichtig sicherzustellen, daß irgendwelche Annahmen über die Höchstwerte von Ergebnissen auch zutreffen.
b) Bei einer arithmetischen Operation ist nicht vorhersagbar, wie das genaue Ergebnis aussieht; damit ist gesagt, daß es mit Sicherheit falsch ist. Es gibt aber keinen Weg, um den ins Empfangsfeld hineingestellten Wert exakt voraussagen zu können. Auch hier geben die Kompilierer eine Warnungsmeldung aus. Bleibt diese unbeachtet, erhält man bei der Programmausführung keine Mitteilung über auftretende Problemfälle. Sollte es wohlbegründete Zweifel hinsichtlich der Annahmen über die Wertebereiche der Resultate geben, sollte man die Überlaufangabe bei den arithmetischen Anweisungen nutzbringend einsetzen, d.h. die Angabe **ON SIZE ERROR** verwenden.

3.25 Die Handhabung von Dezimalzahlen bei arithmetischen Operationen

Die **COBOL**-Kompilierer kümmern sich automatisch um die Probleme, die bei Dezimalstellen auftreten. Wenn z.B. zwei Dezimalzahlen addiert werden sollen, die nicht die gleiche Anzahl von Dezimalstellen (Nachkommastellen) aufweisen, werden die Zahlen vor dem Addieren korrekt ausgerichtet (Dezimalpunkt unter Dezimalpunkt!). Auch die Ergebnisse von arithmetischen Operationen werden unter strikter Beachtung der im Datenfeld vorgesehenen Stellung des Dezimalpunktes ins Ergebnisfeld gespeichert, auch wenn die Stellung des Dezimalpunktes beim Rechenergebnis davon abweicht. Bei fast allen zur Diskussion stehenden Fällen, die den hier zutreffenden gleichen, sind die *angenommenen Dezi-*

3.25 Die Handhabung von Dezimalzahlen bei arithmetischen Operationen 95

malpunkte oder *Rechendezimalpunkte* gemeint. In arithmetische Operationen eingehende Werte *dürfen bekanntlich keine tatsächlichen Dezimalpunkte* besitzen. Das Ergebnis einer arithmetischen Operation kann jedoch in ein Elementarelement hineingestellt werden, für das ein tatsächlicher Dezimalpunkt festgelegt ist; Voraussetzung dafür ist jedoch, daß die Angabe **GIVING** bei den arithmetischen Anweisungen verwendet wird. Ein solches Datenelement darf jedoch nicht in weitere arithmetische Operationen eingehen.

Die Sprachversion **COBOL-85** gestattet zusätzlich folgendes Vorgehen: Ein aufbereitetes Resultat kann zurück in ein numerisches Feld übertragen werden; dabei werden die Daten ins numerische Format zurückverwandelt. Angenommen, es seien die folgenden drei Datenelemente im Datenteil eines **COBOL**-Programmes definiert:

```
01    A               PICTURE 99V9.
01    B               PICTURE 99.9.
01    C               PICTURE 99V9.
```

Zunächst soll der Wert von **A** nach **B**, dann der Wert von **B** nach **C** übertragen werden. Die sich dabei ergebenden Resultate sind in der Abb. 3.11 dargestellt.

	vorher			nachher		
	A	B	C	A	B	C
MOVE A TO B	12ˬ3	00.0	00ˬ0	12ˬ3	12.3	00ˬ0
MOVE B TO C	12ˬ3	12.3	00ˬ0	12ˬ3	12.3	12ˬ3

Abb. 3.11 Übertragung von Werten (COBOL-85)

Wir wollen noch einmal ausdrücklich betonen, daß solche Übertragungen nur bei **COBOL-85** funktionieren! Bei früheren **COBOL**-Versionen würde die Übertragung des Wertes von **B** nach **C** einen Fehler verursachen. Diese Versionen lassen nicht zu, daß aufbereitete numerische Werte nach Datenelementen übertragen werden, deren Definition sie als „unaufbereitet" ausweist.

Es genügt jedoch nicht, einfach zu sagen, „**COBOL** kümmert sich um die Dezimalstellen" und danach diesen Sachverhalt zu vergessen.

Man muß vielmehr bei der Ausarbeitung des Datenteils schon haargenau wissen, wie die einzelnen Werte aussehen werden. Besonders ist dabei zu berücksichtigen, daß genügend Platz für die Ergebnisse arithmetischer Operationen gelassen wird. Wir wollen uns daher mit diesem Thema näher befassen.

3.26 Dezimalstellen bei Addition und Subtraktion

Addition und Subtraktion stellen uns vor keine allzugroßen Probleme. Jeder **COBOL**-Kompilierer sorgt automatisch für die Ausrichtung der Dezimalstellen, d.h. Dezimalpunkt unter Dezimalpunkt, auch wenn die in die Operation eingehenden Zahlen eine unterschiedliche Anzahl von Ziffernstellen nach dem Dezimalpunkt aufweisen. Dadurch kann natürlich für den Computer eine gewisse Mehrarbeit entstehen, was letzten Endes eine längere Laufzeit bedeutet, aber die Laufzeitverlängerungen sind gewöhnlich zu klein, um sie messen zu können. In jedem Fall wollen wir uns aber zunächst jeglichen Effizienzbetrachtungen entziehen.

Man kann ausführliche Regeln herleiten, mit deren Hilfe die Höchstwerte von Additions- und Subtraktionsergebnissen bestimmt werden können. Wir empfehlen jedoch das folgende einfache Verfahren: Alle Operanden sind mit lauter Neunen und korrekt ausgerichteten Dezimalpunkten niederzuschreiben und anschließend unter Benutzung von Bleistift und Papier bzw. eines Taschenrechners zu addieren. Ergebnis ist die größtmögliche Zahl, die je herauskommen kann. Wenn natürlich einige der zu addierenden Zahlen negativ sind, oder wenn wir uns mit der Subtraktion von Zahlen gleichen Vorzeichens zu befassen haben, werden wir logischerweise auf kleinere Ergebnisse stoßen. Und wie wir bereits bei der Besprechung des Programmes von Abb. 3.1 gesehen haben, sollten wir zusätzlich einige Kenntnisse über die betreffende Anwendung besitzen, die uns beispielsweise sagen könnten, daß das Resultat niemals so groß wie der ermittelte Maximalwert werden kann.

3.27 Dezimalstellen bei der Multiplikation

Die Situation, der wir bei der Multiplikation begegnen, ist etwas komplizierter als die bei der Addition und Subtraktion. Die grundlegende Regel lautet: Das Produkt, das aus der Multiplikation zweier Faktoren entsteht, hat so viele Stellen rechts vom Dezimalpunkt wie die Summe der Dezimalstellen bei den Faktoren; in gleicher Weise können beim Produkt so viele Stellen links vom Dezimalpunkt auftreten, wie sich aus der Summe der Stellen links vom Dezimalpunkt bei den beiden Faktoren ergeben. Das hört sich zwar recht kompliziert an, aber es ist wirklich nicht schwierig zu verstehen. Man betrachte z.B. die Multiplikation der beiden Faktoren 12.345 und 9.87, der erste Faktor besitzt drei Stellen nach dem Dezimalpunkt, der zweite zwei; das Resultat wird also fünf aufweisen. Vor dem Dezimalpunkt erkennt man beim ersten Faktor zwei Stellen, beim zweiten eine. Das Produkt könnte also drei Stellen vor dem Dezimalpunkt aufweisen, tatsächlich ergibt sich bei der Multiplikation das Produkt 121.84515.

Man muß natürlich einsehen, daß wir bei der Regel nur über den *maximal möglichen Umfang* bei den Resultaten sprechen. Wenn z.B. im Datenteil ein Bezeichner mit vier Stellen vor dem Dezimalpunkt definiert ist, sein aktueller Wert jedoch drei führende Nullen besitzt, dann erscheinen selbstverständlich auch führende Nullen beim Produkt. Ein wenig ähnlich stellt sich das folgende Beispiel dar. Wenn wir 1.23 mit 2.3 multiplizieren, könnte laut Regel das Produkt zwei Stellen links vom Dezimalpunkt aufweisen, *tatsächlich* ergibt sich aber als Resultat 2.829. Das bedeutet nicht, daß die Regel falsch ist. Sie spricht nur über die *maximal mögliche Stellenzahl*. Diese wird z.B. erreicht, wenn wir 7.89 mit 6.7 multiplizieren. Als Produkt ergibt sich hierbei 52.863. Dieses Produkt weist in der Tat zwei Stellen links vom Dezimalpunkt auf.

3.28 Dezimalstellen bei der Division

Aus zwei fundamentalen Gründen, die mehr mit der Mathematik als mit **COBOL** zu tun haben, verhält es sich mit der Dezimalstellenzahl bei der Division ganz anders. Als erster Grund ist zu nennen, daß der Quotient zweier Zahlen sich keineswegs immer als *endlicher Dezimalbruch* darstellen läßt. Das einfachste Beispiel hierfür ist die Division von 1 durch 3. Das Ergebnis kann durch keine endliche Anzahl von Dezimalstellen exakt dargestellt werden, sondern nur als Folge von beliebig vielen Ziffern 3 nach dem Dezimalpunkt (so viele letzten Endes, wie wir wollen!). Als zweiter Grund ist festzuhalten, daß es unmöglich ist, den maximalen Stellenumfang eines Quotienten anzugeben, ohne den größten Wert des Dividenden und den kleinsten Wert des Divisors genau zu kennen. Nehmen wir z.B. an, ein Dividend sei mit
   PICTURE 9999V99
beschrieben, ein Divisor mit
   PICTURE 99V99
und ein Quotient mit
   PICTURE 99999.99
Wenn nun die Division 0412.58:55.11 auszuführen ist, wird in den Quotienten als Resultat 00007.486 gespeichert; es kommt also zu keinem Pro-

blem. Nehmen wir nunmehr an, daß die Division 7359.10:00.34 auszuführen ist. Das sich ergebende Resultat, nämlich 27648.260, würde gerade noch in den für den Quotienten vorgesehenen Platz hineinpassen. Aber wenn wir zur Division 6359.10:00.05 kommen, würde das Ergebnis 127182.000 zu viele Stellen vor dem Dezimalpunkt aufweisen; der Platz für den Quotienten reicht nicht aus.

Der mathematische Extremfall ist der Versuch, eine von Null verschiedene Zahl durch Null zu dividieren. Wenn wir wirklich nichts über die möglichen Stellenzahlen des Quotienten wissen, müssen wir eine Division mit dem größtmöglichen Dividenden und dem kleinstmöglichen Divisor ausführen und genügend Platz für den sich daraus ergebenden Quotienten vorsehen. In vielen Fällen erweist sich ein solches Vorgehen als zu vorsichtig; resultieren würde daraus eine beträchtliche Speicherplatzverschwendung. Eine vernünftige Antwort zu diesem Problem ergibt sich auch hier, wenn man sich ein möglichst großes Wissen über die vorkommenden Daten verschafft. Danach sollte man die Daten überprüfen, um sicherzustellen, daß sie den getätigten Annahmen entsprechen; Methoden hierzu werden in den folgenden Kapiteln gezeigt. Alternativ könnte man die Angabe **ON SIZE ERROR** verwenden.

KONTROLLFRAGEN

1. In dem in Abb. 3.1 gezeigten Programm haben wir Präfixe (**E** bzw. **A**) benutzt, um die Natur der Datenelemente (Eingabe bzw. Ausgabe) zu kennzeichnen. Hinzu könnte noch **W** (bei Ursprung in der **WORKING-STORAGE SECTION**) kommen. Haben diese Präfixe in **COBOL** irgendwelche Bedeutungen?
2. Die aus jeweils zwei Ziffernstellen bestehenden drei Teile eines Datums seien gegeben, ferner die Normalstunden und die Überstunden. Die Stundenangaben sollen insgesamt jeweils drei Stellen, davon eine Dezimalstelle, aufweisen. Ist die nachfolgende, im Datenteil erscheinende Struktur richtig für die Lösung dieser Aufgabenstellung?

```
01  ZAHLUNGSDATEN-SATZ.
    05  ZAHLTAG.
        10  TAG      PIC 99.
        10  MONAT    PIC 99.
        10  JAHR     PIC 99.
    05  STUNDEN.
        10  NORMAL   PIC 99V99.
        10  UEBER    PIC 99V99.
```

3. Wieviele Zeichenstellen sind in dem Datensatz vorhanden, der durch die nachfolgende, im Datenteil stehende Beschreibung erklärt ist?

```
01  DATEN-SATZ.
    05  EINS          PIC X(10).
    05  ZWEI.
        10  DREI      PIC XXX.
        10  VIER      PIC XXXX.
    05  SECHS.
        10  SIEBEN.
            15  ACHT  PIC XXX.
            15  NEUN  PIC X.
        10  ZEHN      PIC XX.
```

4. Der folgende Ausschnitt aus dem Datenteil ist zu betrachten:

```
01  ERSTENS.
    05  ZWEITENS              PIC XX.
    05  DRITTENS.
        10  VIERTENS          PIC X(10).
        10  FUENFTENS         PIC X(12).
    05  SECHSTENS             PIC X.
```

Nennen Sie die für die Gruppen vergebenen Namen und die Namen der Elementarelemente! Kann eine Datengruppe Teil einer umfassenderen Datengruppe sein?

5. Ein Elementarelement kann numerisch, alphabetisch oder alphanumerisch sein. Was können Sie in dieser Hinsicht über die Datengruppe sagen?

6. Kann ein Datenelement mit der Stufennummer **01** ein Elementarelement sein?

7. Der Buchstabe **V** belegt in **PICTURE**-Klauseln eine Stelle für den angenommenen Dezimalpunkt (Rechendezimalpunkt); ein tatsächlicher Dezimalpunkt wird ebenfalls durch ein Zeichen repräsentiert. Erfordern beide auch Platz in den Datenelementen, auf die sie sich beziehen?

8. Könnte **FILLER** jemals als Name eines Datenelementes im Prozedurteil (**PROCEDURE DIVISION**) verwendet werden? Uns ist zwar klar, daß **FILLER** ein reserviertes Wort in **COBOL** ist, aber wenn es nur einmal im Datenteil vorkommt, könnten wir uns dann vielleicht doch auf das **FILLER** genannte Datenelement mit diesem Namen beziehen?

Bei der Sprachversion **COBOL-85** braucht das Wort **FILLER** überhaupt nicht verwendet werden. Könnte man in **COBOL-85** deshalb nicht doch **FILLER** als Datennamen gebrauchen?

9. Lokalisieren Sie die Fehler in den nachfolgenden Eintragungen eines Datenteils!

```
a)   01   JOHANN               PIC X(20).
     05   JOSEF                PIC X(12).
     05   JUPP                 PIC X(8).

b)   01   SEBASTIAN.
     05   WALTER               PIC X(20)
     10   EINMAL               PIC X(10).
     10   ZWEIMAL              PIC X(10).
     05   DAGMAR               PIC X(30).

c)   01   ANNA
     05   MARIA                PIC X(10)
     05   WILMA                PIC X(23)
```

10. Wieviele Zeichenstellen gibt es in dem Satz, der im Datenteil durch die folgenden Eintragungen beschrieben ist?

```
01   GEORG.
     05   HANNELORE            PICTURE X(3).
     05   RUTHHILD             PICTURE XX.
     05   LISA.
          10   EDUARD          PICTURE X(12).
          10   LEOPOLD         PICTURE X(8).
     05   INA.
          10   MARTIN          PICTURE X.
          10   HORST           PICTURE XX.
```

11. Angenommen, ein Programm würde die folgende Anweisung enthalten:

    ADD NORMAL-STD UEBERSTD GIVING GESAMTSTD

    Wenn den beiden, mit **NORMAL-STD** bzw. **UEBERSTD** bezeichneten Datenelementen vor Ausführung der **ADD**-Anweisung Werte zugewiesen wurden, dem Datenelement **GESAMTSTD** jedoch nicht, würden Sie uns dann sagen können, was diese Anweisung bei ihrer Ausführung bewirkt?

12. Angenommen, Sie finden in einem Programm die Anweisung
    SUBTRACT A, B, C FROM D GIVING E.
    Schreiben Sie eine Formel nieder, durch die ausgedrückt wird, wie sich der Wert von E aus den restlichen vier Werten von **A**, **B**, **C** und **D** ergibt!
13. Aus dem Prozedurteil des Programmes von Abb. 3.1 wurde eine Anweisung entfernt. Das so entstandene modifizierte Programm wurde mit denselben Daten wie zuvor ausgeführt. Nachfolgend ist die Aussage des modifizierten Programmes gezeigt.

```
12345630    00012 AD0003 B 010.00    00015    000150.00
12345930    11111 AD0022 B 001.00    11133    011133.00
23456730    00005 AD0006 B 340.44    00011    003744.84
23AAX430    00400 AD0148 B 001.54    00548    000843.92
23AAX530    00023 AD0012 B 433.00    00035    015155.00
```

   Welche Anweisung wurde also entfernt?
14. Was ist falsch an der nachfolgenden Anweisung?
    ADD A TO B GIVING C.
15. Für jede der in der nachstehenden Tabelle enthaltenen Anweisungen sind die „Nachher-Spalten" für diejenigen Datenelemente auszufüllen, für die Werte in den „Vorher-Spalten" aufgeführt sind!

Anweisung	vorher				nachher			
	A	B	C	D	A	B	C	D
ADD A TO B.	12	14						
ADD A, B TO C.	1	2	14					
ADD A B TO C D.	2	4	6	10				
ADD A, B, C TO D.	1	2	3	4				
ADD A B C GIVING D.	1	2	3	4				
ADD 12 TO A.	13							
SUBTRACT A FROM B.	2	8						
SUBTRACT A FROM B GIVING C.	1	2	12					
SUBTRACT A, B FROM C.	1	2	12					
SUBTRACT A, B FROM C GIVING D.	1	2	12	39				
SUBTRACT 5 FROM A.	8							
SUBTRACT A FROM 35 GIVING B.	25	99						
MULTIPLY A BY B.	6	3						
MULTIPLY A BY B GIVING C.	6	3	29					
MULTIPLY 4 BY A GIVING B.	5	21						
DIVIDE A INTO B.	2	12						
DIVIDE A INTO B GIVING C.	2	12	23					
DIVIDE A BY B GIVING C.	12	4	98					
DIVIDE A BY 12 GIVING B.	36	7						
DIVIDE A BY B GIVING C REMAINDER D.	23	7	8	6				

ANTWORTEN AUF DIE KONTROLLFRAGEN

1. Die Präfixe haben überhaupt keine Bedeutung. Erfahrene Programmierer empfehlen jedoch solche Konventionen, aber Nutznießer davon sind nur die (menschlichen) Leser (einschließlich des Verfassers) des betreffenden Programmes, nicht die **COBOL**-Kompilierer.
2. Ja
3. 23
4. **ERSTENS** und **DRITTENS** sind Bezeichner von Gruppen; **ZWEITENS, VIERTENS, FUENFTENS** und **SECHSTENS** Bezeichner von Elementarelementen. Eine Datengruppe kann ohne weiteres in einer umfassenderen Datengruppe enthalten sein; hier trifft dies für die Datengruppe **DRITTENS** zu.
5. Datengruppen werden stets als alphanumerisch (alphamerisch) betrachtet. Diese Aussage ist jedoch mit Vorsicht zu betrachten, denn Elementarelemente innerhalb einer Gruppe können durchaus numerischer Natur sein.
6. Das kann durchaus der Fall sein, sofern es nicht weiter unterteilt ist. Im in Abb. 2.1 dargestellten Programm wird z.B. ein ganzer Satz gelesen und sein gesamter Inhalt gedruckt. Der gesamte Satz wurde durch
    PICTURE X(80)
    beschrieben, wodurch der Inhalt als ein einziges Elementarelement angesehen wurde.
7. Die Antwort lautet: Auf keinen Fall! Ein angenommener Dezimalpunkt ist nun einmal nur ein angenommener, er wird nicht explizit gespeichert. Dies ist von entscheidender Bedeutung beim Ausrichten von Operanden bei arithmetischen Operationen, aber ein angenommener Dezimalpunkt (Rechendezimalpunkt) existiert nicht als gesondertes Zeichen im Feld des Datenelementes.
8. Auf keinen Fall darf das geschehen! In der Praxis kommt gewöhnlich das Wort **FILLER** so häufig in einem Programm vor, daß der **COBOL**-Kompilierer gar nicht wissen könnte, welches **FILLER**-Element gemeint ist. Aber auch sonst ist es keinesfalls erlaubt.
    Für **COBOL-85** gilt grundsätzlich die gleiche Aussage wie für die älteren **COBOL**-Versionen, auch wenn das Wort **FILLER** nicht mehr als einmal im Datenteil gebraucht wird. **FILLER** gilt eben grundsätzlich als reserviertes **COBOL**-Wort und darf daher nicht als Datenname verwendet werden.
9. a) **JOHANN** darf als Bezeichner einer Datengruppe keine **PICTURE**-Klausel aufweisen.
    b) Für **WALTER** gilt das gleiche wie für **JOHANN** bei a).
    c) Die Eintragungen sind nicht durch Punkte abgeschlossen!

10. 28, d.h. die Summe aller in den **PICTURE**-Klauseln definierten Zeichenstellen.
11. Bei Benutzung der **GIVING**-Angabe wird der vorherige Wert des nach dem Wort **GIVING** genannten Datenelementes einfach durch das Resultat der vor **GIVING** aufgeführten Summation ersetzt.
12. **E = D − (A + B + C)**
    Der Kernpunkt ist, daß bei jeder **SUBTRACT**-Anweisung zuerst die Summe der Werte aller vor dem Wort **FROM** aufgeführten Datenelemente gebildet wird; das entstandene Ergebnis wird dann vom Wert des hinter dem Wort **FROM** stehenden Datenelementes subtrahiert. Das gilt immer, gleichgültig, ob die Option **GIVING** vorliegt oder nicht.
13. **MOVE SPACES TO BESTAND-SATZ-AUS.**
    Dadurch hat das geänderte Programm bei seiner Ausführung nicht die Positionen auf Leerzeichen gesetzt, die mit dem reservierten Wort **FILLER** im Ausgabesatz verbunden sind. Nach Durchführung einiger anderer Arbeiten auf dem Computer wurde das modifizierte Programm erneut zur Ausführung gebracht, wobei wiederum dieselbe Eingabedatei benutzt wurde. Jetzt ergab sich die folgende Ausgabe:

```
1234563XOU00012  P10003CER010.00  IK000152MO000150.00
1234593XOU11111  P10022CER001.00  IK111332MO011133.00
2345673XOU00005  P10006CER340.44  IK000112MO003744.84
23AAX43XOU00400  P10148CER001.54  IK005482MO000843.92
23AAX53XOU00023  P10012CER433.00  IK000352MO015155.00
```

Damit ist gezeigt, daß, wenn nichts an eine bestimmte Stelle gebracht wird, wir einfach nicht wissen können, was an der entsprechenden Stelle steht.

14. Hier handelt es sich in Wirklichkeit um eine Scherzfrage, da die Antwort von der benutzten **COBOL**-Version abhängt. Bei **COBOL-85** ist die Anweisung vollauf in Ordnung. Bei allen älteren Versionen von **COBOL** ist jedoch die **GIVING**-Angabe nicht bei Verwendung von **TO** erlaubt. (Einige ältere Kompilierer geben freilich eine Warnungsmeldung aus, dann übersetzen sie die Anweisung in die Maschinensprache des Computers so, als ob die Angabe **TO** nicht vorhanden wäre.)
15. Es ergibt sich die nachfolgende Ergebnistabelle:

Anweisung	vorher				nachher			
	A	B	C	D	A	B	C	D
ADD A TO B.	12	14			12	26		
ADD A, B TO C.	1	2	14		1	2	17	
ADD A B TO C D.	2	4	6	10	2	4	12	16
ADD A, B, C TO D.	1	2	3	4	1	2	3	10
ADD A B C GIVING D.	1	2	3	4	1	2	3	6
ADD 12 TO A.	13				25			
SUBTRACT A FROM B.	2	8			2	6		
SUBTRACT A FROM B GIVING C.	1	2	12		1	2	1	
SUBTRACT A, B FROM C.	1	2	12		1	2	9	
SUBTRACT A, B FROM C GIVING D.	1	2	12	39	1	2	12	9
SUBTRACT 5 FROM A.	8				3			
SUBTRACT A FROM 35 GIVING B.	25	99			25	10		
MULTIPLY A BY B.	6	3			6	18		
MULTIPLY A BY B GIVING C.	6	3	29		6	3	18	
MULTIPLY 4 BY A GIVING B.	5	21			5	20		
DIVIDE A INTO B.	2	12	.		2	6		
DIVIDE A INTO B GIVING C.	2	12	23		2	12	6	
DIVIDE A BY B GIVING C.	12	4	98		12	4	3	
DIVIDE A BY 12 GIVING B.	36	7			36	3		
DIVIDE A BY B GIVING C REMAINDER D.	23	7	8	6	23	7	3	2

ÜBUNGSAUFGABEN

Für dieses und alle folgenden Kapitel dieses Buches gilt: Für alle mit einem Sternzeichen gekennzeichneten Aufgaben befinden sich Lösungen im Anhang D.

*1. Ein **RECHNUNGEN** genannter Satz besteht aus drei Elementarelementen, die jeweils fünf Ziffernstellen vor und zwei Ziffernstellen nach dem (angenommenen) Dezimalpunkt aufweisen. Jedes Feld ist zur Aufnahme eines DM-Betrages bestimmt. Die Elementarelemente sollen wie folgt heißen: **RECHNUNGS-BETRAG, GEZAHLTER-BETRAG** und **REST-SCHULD**.
Es sind die Eintragungen für den Datenteil niederzuschreiben, durch die dieser Satz erklärt wird!

2. Ein Satz mit dem Namen **LAGER-SATZ** besteht aus den Datenelementen **BESTAND** und **BESTELLUNG**; jedes dieser Elementarelemente weist fünf Stellen vor und drei Stellen nach dem (angenommenen) Dezimalpunkt auf. Außerdem enthält dieser Satz ein 25-stelliges alphamerisches Feld mit dem Namen **BESCHREIBUNG**. Es sind die entsprechenden Eintragungen für den Datenteil niederzuschreiben!

*3. Ein Eingabesatz namens **ALPHA-EINGABE** ist wie folgt beschrieben: Als erstes erscheint im Satz die Datengruppe **A**, die aus dem vierstelligen alphanumerischen Element **B** und dem fünfstelligen alphanumerischen Element **C** besteht. Hinter der Datengruppe **A** folgt ein sechs Stellen umfassendes Datenelement mit der Bezeichnung **D**. Der Satz wird durch ein sieben Zeichenstellen langes Datenelement namens **E** abgeschlossen; auch **D** und **E** sind alphamerische Felder. Es sind die entsprechenden Eintragungen für den Datenteil niederzuschreiben!

4. Ein Eingabesatz mit Namen **EINGABE-SATZ** ist wie folgt beschrieben: Seine ersten zehn Stellen gehören zum alphamerischen Datenelement namens **A**. Die nächsten acht Stellen bilden das numerische Datenelement **B**. Darauf folgt die neunstellige (alphamerische) Datengruppe **C**, die aus den numerischen Elementen **D** (dreistellig), **E** (zweistellig) und **F** (vierstellig) besteht. Die letzten 53 Stellen des Satzes gehören zum alphamerischen Datenelement **G**. Für diesen Satz sind zweckentsprechende Eintragungen für den Datenteil niederzuschreiben! **B, D, E** und **F** weisen keine Dezimalstellen auf.

*5. Ein Ausgabesatz mit dem Namen **NORMAL-AUSGABE** setzt sich aus den folgenden Feldern zusammen:
   a) Dreistelliges alphamerisches Datenelement **KENNZEICHNUNG** gefolgt von einem dreistelligen Leerfeld,
   b) Datengruppe **KOSTEN** mit den beiden numerischen Datenelementen **AUSGABEN** und **EINNAHMEN**, für die Aufnahme von Maximalbeträgen bis zu einer Höhe von 9999.99 DM bestimmt, jeweils gefolgt von zweistelligen Leerfeldern,
   c) Elementarelement **WEGSTRECKE** mit fünf Ziffernstellen ohne Dezimalpunkt.
   Durch die Anweisung im Prozedurteil

   MOVE SPACE TO NORMAL-ZEILE-AUSGABE.

werden Leerzeichen in die Leerfelder gebracht.
Für diesen Satz sind geeignete Eintragungen für den Datenteil zu formulieren!

6. Ein Ausgabesatz namens **FEHLER-ZEILE-AUSGABE** enthält die folgenden Angaben:
   a) Datengruppe **NAME** mit den Elementarelementen **VORNAME-1** und **VORNAME-2**, je eine Stelle lang mit einer Leerstelle dahinter,
   b) Elementarelement **NACHNAME**, 20 Stellen lang und vier Leerstellen dahinter,

c) 43 alphamerische Stellen umfassender Rest des Satzes, **SATZ-REST** genannt.

Es sind geeignete Eintragungen für den Datenteil niederzuschreiben.

*7. Für diese Aufgabenstellung ist die nachfolgende graphische Satzdarstellung zugrunde zu legen:

Stufen-nummer								
01	BESTAND							
05	TEIL	AUFGELAUFENER-VERBRAUCH	BESCHREIBUNG					BESTI
10	PRAEFIX	NUMMER	MENGE	DM-BETRAG		HERSTELLUNGSORT	EINKAUF	VERBRAUCH-ART	

Die wesentlichen Eigenschaften der im Satz enthaltenen Elementarelemente sind in der nachstehenden Übersicht zusammengefaßt:

PRAEFIX	2 alphamerische Zeichen
NUMMER	4 Ziffern
MENGE	6 Ziffern
DM-BETRAG	7 Ziffern, davon 2 nach dem angenommenen Dezimalpunkt
BESCHREIBUNG	15 alphamerische Stellen
HERSTELLUNGSORT	1 Buchstabe
EINKAUF	1 Ziffer
VERBRAUCH-ART	1 Ziffer
BESTI	5 Ziffern

Es ist eine komplette Satzbeschreibung für den Datenteil anzufertigen.

*8. Für diese Aufgabenstellung ist die nachfolgende graphische Satzdarstellung zugrunde zu legen:

Stufen-nummer									
01	LOHN-SATZ								
05	ANGESTELLTER	STD-SATZ	GESCHLECHT	EINTR-DATUM			AUFL-BETRÄGE-JAHR		
10	ABT	PERSON			TAG	MONAT	JAHR	BRUTTO	FAKTOR	RUECKSTELL	PENSION

Die wesentlichen Eigenschaften der im Satz enthaltenen Elementarelemente sind in der nachstehenden Übersicht zusammengefaßt:

ABT	2 Buchstaben
PERSON	5 Ziffern
STD-SATZ	5 Ziffern, davon 3 nach dem angenommenen Dezimalpunkt
GESCHLECHT	1 Buchstabe
TAG	2 Ziffern
MONAT	2 Ziffern
JAHR	2 Ziffern
BRUTTO	6 Ziffern, davon 2 nach dem angenommenen Dezimalpunkt
FAKTOR	3 Ziffern, davon 2 nach dem angenommenen Dezimalpunkt
RUECKSTELL	6 Ziffern, davon 2 nach dem angenommenen Dezimalpunkt
PENSION	5 Ziffern, davon 2 nach dem angenommenen Dezimalpunkt

Es ist eine komplette Satzbeschreibung für den Datenteil anzufertigen.

*9. Die in der nachfolgenden Struktur des Datenteils dargestellte Satzerklärung ist komplett mit Worten zu beschreiben! Wieviele Stellen besitzt dieser Satz?

```
01   PRAEMIEN-ZEILE-1.
     05   POLICEN-NR               PIC X(7).
     05   FILLER                   PIC X(3).
     05   BETRAEGE.
          10   PRAEMIE             PIC 9(4).99.
          10   FILLER              PIC XX.
          10   RUECKVERGUETUNG     PIC 9(4).99.
          10   FILLER              PIC XX.
          10   ZINSEN              PIC 9(4).99.
          10   FILLER              PIC XX.
          10   BETRAG-FAELLIG      PIC 9(4).99.
          10   FILLER              PIC XX.
```

10. Die in der nachfolgenden Struktur des Datenteils dargestellte Satzerklärung ist komplett mit Worten zu beschreiben! Wieviele Stellen besitzt dieser Satz?

```
01  PRAEMIEN-ZEILE-1.
    05  ANZAHL-MONATE              PIC XX.
    05  FILLER                     PIC XX.
    05  FAELLIGKEITSDATUM.
        10  TAG-FAELLIG            PIC XX.
        10  FILLER                 PIC X.
        10  MONAT-FAELLIG          PIC XX.
        10  FILLER                 PIC X.
        10  JAHR-FAELLIG           PIC XX.
    05  FILLER                     PIC X(38).
    05  DARLEHEN-SALDO             PIC 9(5).99.
```

*11. Es ist mit Worten zu beschreiben, welche Operationen von den nachfolgenden Anweisungen ausgeführt werden!

a)	ADD R, S TO T.
b)	ADD R, S GIVING T.
c)	SUBTRACT A, B, C FROM D.
d)	SUBTRACT A, B, C FROM D GIVING E.
e)	MULTIPLY 12.3 BY FAKTOR-9.
f)	DIVIDE M INTO N.
g)	DIVIDE M INTO N GIVING Q ROUNDED.

12. Es ist mit Worten zu beschreiben, welche Operationen von den nachfolgenden Anweisungen ausgeführt werden!

a)	ADD X TO Y.
b)	ADD X, Y GIVING Z.
c)	SUBTRACT G, H FROM P.
d)	SUBTRACT G, H FROM P GIVING Q.
e)	MULTIPLY FAKTOR-1 BY FAKTOR-2 ROUNDED.
f)	MULTIPLY MONATS-VERBRAUCH BY 12 GIVING JAHRES-VERBRAUCH.
g)	DIVIDE 12 INTO JAHRES-VERBRAUCH GIVING MONATS-VERBRAUCH.
h)	DIVIDE 24 INTO GESAMT-STUNDEN GIVING TAGE REMAINDER STUNDEN.

*13. Es sind einfache arithmetische Anweisungen niederzuschreiben, die folgende Operationen ausführen:
  a) Die Werte von **JAN, FEB** und **MAERZ** sind zu addieren und nach **QUARTAL-1** zu bringen.
  b) Die Werte von **JAHR-1** und **JAHR-2** sind zu addieren; die Summe soll den Wert von **JAHR-2** ersetzen.
  c) Die Zahl 13.45 sowie die Werte von **ABC** und **DEF** sind zu addieren; die Summe soll den alten Wert von **DEF** ersetzen.
  d) Die Zahl 13.45 sowie die Werte von **ABC** und **DEF** sind zu addieren, die Summe soll den Wert von **GHI** ersetzen.
  e) Der Wert von **Q-1** ist um 12 zu vermindern.
  f) Die Summe der Werte von **J-88** und **J-89** soll vom Wert von **JAHRE** subtrahiert werden.
  g) Der Wert von **ENDSUMME** soll mit dem Wert von **KORR-FAKTOR** multipliziert werden; das gerundete Produkt soll zurück nach **ENDSUMME** gebracht werden.
  h) Der Wert von **MONATS-VERBRAUCH** ist mit 12 zu multiplizieren; das Ergebnis ist **JAHRESSUMME** zuzuweisen.
  i) Der Wert von **KM-POR-STD** ist mit dem Wert von **STUNDENZAHL** zu multiplizieren und das Ergebnis nach **ENTFERNUNG** zu stellen.
  j) Der Wert von **SUMME-JAHR** ist durch 12 zu dividieren und das Ergebnis nach **MONATS-DURCHSCHNITT** zu stellen.
  k) Der Wert von **MASCHINEN-BELEGUNG** ist durch den Wert von **KORR-FAKTOR** zu dividieren; der gerundete Quotient soll den bisherigen Wert von **MASCHINEN-BELEGUNG** ersetzen.
  l) Der Wert von **GESAMTZEIT** ist durch 60 zu dividieren. Der entstandene Quotient ergibt den Wert von **STUNDEN**, der Rest den Wert von **MINUTEN**.

14. Es sind arithmetische Anweisungen zu formulieren, die die Ausführung der nachfolgenden Operationen bewirken:
  a) Die Summe der Werte von **NORMAL-STUNDEN** und von **UEBER-STUNDEN** ist nach **GESAMT-STUNDEN** zu bringen.
  b) Der Wert von **Q-1** ist um 12 zu erhöhen.
  c) Es sind die Werte von **MONTAG, DIENSTAG, MITTWOCH, DONNERSTAG** und **FREITAG** zu addieren und die Summe ist **WOCHE** zuzuweisen.
  d) Die Werte von **MON-1, MON-2** und **MON-3** sind zu addieren, die entstandene Summe ist nach **MON-3** zu stellen.
  e) Es ist 69.3 vom Wert von **FAKTOR-3** zu subtrahieren.
  f) Zunächst sind die Werte von **QUARTAL-1** und **QUARTAL-2** zu

addieren. Danach ist die entstandene Summe von **QUARTAL-3** zu subtrahieren. Anschließend ist das Endergebnis nach **ENDWERT** zu stellen.

g) Die Zahl **39** ist auf die Summe der Werte von **F-6** und **F-8** zu addieren, die entstandene Summe ist anschließend vom Wert von **F-10** zu addieren. Zum Schluß ist das Endergebnis nach **F-10** zu stellen.

h) Der Wert von **UEBER-STUNDEN** ist mit **1.5** zu multiplizieren; das entstandene Produkt ist anschließend nach **TEMP-SPEICHER** zu stellen.

i) Die Werte von **S** und **Y** sind zu multiplizieren, das Produkt ist zurück nach **S** zu bringen.

j) Der Wert von **SUMME** ist durch den Wert von **N** zu dividieren, der gerundete Quotient ist nach **DURCHSCHNITT** zu bringen.

k) Der Wert von **STROMVERBRAUCH** ist durch **12** zu dividieren, der entstandene Quotient ist zurück nach **STROMVERBRAUCH** zu bringen.

l) Der Wert von **BETRAG** ist durch **5** zu dividieren. Der Quotient ist nach **DM**, der Rest nach **DPF** zu bringen.

*15. Jeder Teil der vorliegenden Aufgabenstellung enthält eine arithmetische Anweisung und eine **PICTURE**-Klausel für die in die arithmetische Operation eingehenden Operanden. Es ist diejenige **PICTURE**-Klausel für **RESULTAT** zu bestimmen, die erlaubt, das größtmögliche Resultat der betreffenden arithmetischen Operation in **RESULTAT** zu speichern, ohne daß dabei unnötiger Speicherplatz verschwendet wird.

```
ADD A B GIVING RESULTAT.
-----------------------------------------
    05   A          PICTURE 99V9.
    05   B          PICTURE 9(3)V99.
```

```
MULTIPLY A BY B GIVING RESULTAT.
-----------------------------------------
    05   A          PICTURE 9(3).
    05   B          PICTURE 99V9.
```

```
MULTIPLY A BY 12.34 GIVING RESULTAT.
-----------------------------------------
    05   A          PICTURE 9(3)V9(4).
```

16. Es ist die gleiche Aufgabenstellung wie bei Übungsaufgabe 15 gegeben.

```
ADD   A  B  GIVING  RESULTAT.
----------------------------------------
      05  A          PICTURE  9(3)V99.
      05  B          PICTURE  9V9.

MULTIPLY  A  BY  B  GIVING  RESULTAT.
----------------------------------------
      05  A          PICTURE  9V9(3).
      05  B          PICTURE  9(3)V9(3).
```

*17. Es liegt eine Datei mit Daten vor. Jeder Satz dieser Datei enthält die Lohndaten eines Mitarbeiters in folgendem Format:
   Stellen 1 bis 5 --- Personalnummer
   Stellen 6 bis 8 --- Arbeitszeit (mit Zehntelstunden)
   Stellen 9 bis 12 --- Stundenlohn in DM (mit DPf)
Es ist ein Programm zu schreiben, das diese Datensätze liest, den Lohn des betreffenden Mitarbeiters errechnet (Arbeitszeit mal Stundenlohn) und pro Mitarbeiter eine Zeile mit den nachstehenden Informationen ausgibt (druckt):
   Stellen 1 bis 5 --- Personalnummer
   Stellen 9 bis 12 --- Arbeitszeit in Stunden
                          (mit Dezimalpunkt)
   Stellen 16 bis 20 --- Stundenlohn in DM
                          (mit Dezimalpunkt)
   Stellen 24 bis 30 --- Lohn in DM
                          (mit Dezimalpunkt)
Es ist dafür Sorge zu tragen, daß die Positionen zwischen den auszugebenden Informationen (**FILLER**-Felder) mit Leerzeichen ausgefüllt werden.
Das Programm soll alle vier Teile aufweisen. Es soll kompiliert werden und anschließend mit einigen Beispieldatensätzen ausgeführt werden. Die ausgegebenen Resultate sind mit den manuell ausgerechneten zu vergleichen.

18. Es liegt eine Datei mit Daten vor. Ihre Sätze enthalten die folgenden Informationen:
   Stellen 1 bis 7 --- Personalnummer
   Stellen 8 bis 10 --- Arbeitsstunden am Montag

Stellen 11 bis 13 — — — Arbeitsstunden am Dienstag
Stellen 14 bis 16 — — — Arbeitsstunden am Mittwoch
Stellen 17 bis 19 — — — Arbeitsstunden am Donnerstag
Stellen 20 bis 22 — — — Arbeitsstunden am Freitag
Stellen 23 bis 25 — — — Arbeitsstunden am Sonnabend

Die Arbeitsstundenangaben sind jeweils in Zehntelstunden erfolgt, d.h. mit einer Dezimalstelle.

Es ist ein Programm zu schreiben, das diese Sätze liest, für jeden Satz die gesamten Wochenarbeitsstunden und die durchschnittlichen Arbeitsstunden pro Tag (Summe dividiert durch 6) errechnet. Zum Schluß ist für jeden Satz eine Zeile folgenden Inhalts auszugeben (zu drucken):

Stellen 1 bis 7 — — — Personalnummer
Stellen 12 bis 15 — — — gesamte Wochenarbeitszeit
                          (mit Dezimalpunkt)
Stellen 17 bis 21 — — — durchschnittliche Arbeitsstunden pro
                          Tag in Hundertstelstunden
                          (mit Dezimalpunkt)

Es ist dafür Sorge zu tragen, daß die Positionen zwischen den auszugebenden Informationen mit Leerzeichen gefüllt werden.

Die zu errechnenden durchschnittlichen Arbeitsstunden pro Tag sind als gerundetes Ergebnis aufzuführen.

Das Programm ist zu kompilieren und anschließend mit anschaulichen Daten auszuführen.

19. *(Diese Übungsaufgabe eignet sich für die Durchführung eines kleinen Projektes.)*
Angenommen, es ist ein Verkaufs- und Inventurbericht für die „Bayerische Warenhausgesellschaft" auszuarbeiten. Zur Erstellung dieses Berichtes stehen Eingabesätze zur Verfügung, die wie folgt aufgebaut sind:

Stellen 1 bis 5 — — — alphanumerische Artikelnummer
Stellen 6 bis 30 — — — alphanumerische Artikelbezeichnung
Stellen 31 bis 35 — — — Verkaufsmenge der drittletzten Woche
Stellen 36 bis 40 — — — Verkaufsmenge der zweitletzten Woche
Stellen 41 bis 45 — — — Verkaufsmenge der letzten Woche
Stellen 46 bis 50 — — — Bestandsmenge in Stück bzw. Einheit
Stellen 51 bis 57 — — — Artikelpreis in DM

Für jeden eingelesenen Satz ist im Verkaufs- und Inventurbericht eine Zeile zu erzeugen, in der alle Eingabedaten aufgeführt sind. Zusätzlich zu diesen Informationen sind einige weitere Daten zu errechnen und auszugeben.

a) Zunächst wünscht die Gesellschaft eine Vorhersage über die Verkaufserwartungen der Folgewoche. (Alle Verkaufsmengen sind in Stückzahlen bzw. Einheiten angegeben.) Grundsätzlich können die Vorhersagen als Durchschnitt der Verkaufsmenge der letzten drei Wochen ermittelt werden. Da jedoch angenommen wird, daß die jüngsten Verkaufsmengen besser die gegenwärtigen Geschäftsbedingungen widerspiegeln als die älteren, verwendet die Gesellschaft für ihre Vorhersagen einen *gewichteten Durchschnitt*, der sich aus folgender Formel ergibt:
$v = (w_1 + 2w_2 + 3w_3) / 6$
Hierbei bedeuten:

v	Vorhersage für die Verkaufsmenge der nächsten Woche
w_1	Verkaufsmenge der drittletzten Woche
w_2	Verkaufsmenge der vorletzten Woche
w_3	Verkaufsmenge der letzten Woche

Die Vorhersagen sind auf volle Stückzahlen bzw. Einheiten zu runden.

b) In Ergänzung zur Errechnung der zu erwartenden Verkaufsmengen für die nächste Woche ist der augenblickliche Lagerbestandswert für jeden Artikel zu errechnen. Dieser ergibt sich als Produkt aus der Bestandsmenge und dem Artikelpreis.

c) Schließlich wünscht die Gesellschaft noch den durchschnittlichen Bestandswert pro Artikel zu wissen. Dieser ist definiert als Quotient des gesamten Bestandswertes aller im Warenhaus geführten Artikel durch die Anzahl der Artikel. Der durchschnittliche Bestandswert der Artikel ist am Schluß des Berichtes in einer gesonderten Zeile auszugeben.

Nachfolgend ist ein Beispielsbericht gezeigt. Die Überschriften sind nur als Hilfe und Erklärung gedacht, sie sind nicht im Programm zu erzeugen und auszugeben. Es ist jedoch jede Spalte des Berichtes von der Folgespalte durch eine Leerstelle zu trennen.

Artikel-nummer	Artikelbezeichnung	Verkaufsmenge der drittletzten Woche	Verkaufsmenge der vorletzten Woche	Verkaufsmenge der letzten Woche	Best.-menge	Artikel-preis	Zu erwartende Verkaufsmenge der nächsten Woche	Lagerbestandswert eines jeden Artikels
AA123	SCHNEE-GEBLAESE	00002	00000	00005	00022	00524.75	00003	0011544.50
BB345	GARTENSTUHL	01050	02577	00933	09515	00030.50	01501	0290207.50
	DURCHSCHNITTLICHER LAGERBESTANDSWERT							0150876.00

4. Entwurf von Programmen

4.1 Einführung

Die Entwicklung eines Computerprogrammes erfordert zwei Schritte: Zuerst muß geplant werden, welche Aufgabe das Programm zu lösen hat und wie sie zu lösen ist, und zweitens muß dieser Plan in das tatsächliche Programm umgesetzt werden. Obwohl es mancher bis jetzt nicht glauben mag, es ist aber so: *Das Schreiben des Programmes ist der leichtere der beiden Schritte.* Leider ist die Planungsphase nicht zu umgehen. Irgendwann muß entschieden werden, wie das Programm zu arbeiten hat. Wenn man diese Überlegungen vor Beginn des Schreibens des Programmes in der **COBOL**-Sprache unterläßt, wird man selber erkennen müssen, daß man diese Phase nachzuholen hat, während man versucht, das Programm niederzuschreiben. Als Resultat wird sich ein Programm ergeben, das schwerer zu schreiben, schwerer zu berichtigen ist und viel komplizierter ausschaut als ein Programm, das sorgfältig im voraus entworfen wurde.

Es würde den Rahmen dieses Buches sprengen, alle Methoden zum Entwerfen größerer Programme zu vermitteln. Das Ziel dieses Kapitels soll die Vorstellung der Grundwerkzeuge für die Programmentwicklung sein. Wir werden Sie hier in die *hierarchischen Aufbaupläne von Programmen* einführen, die als Grundlage für die Erarbeitung der Gesamtstruktur eines Programmes dienen, sowie Sie mit dem sogenannten *Pseudocode* vertraut machen, der es Ihnen ermöglicht, im einzelnen festzulegen, welche Teilaufgaben jeder Programmteil zu erfüllen hat. Wir werden die Grundmethoden zum Entwerfen von Programmen diskutieren und an einem Beispiel aufzeigen, wie ein einfaches Programm entworfen werden kann. Es sollte jedoch von Ihnen ständig daran gedacht werden, daß wir noch nicht genügend über **COBOL** wissen, um alle Programme verwirklichen zu können, die wir jetzt entwerfen wollen. Das macht aber weiter nichts aus! Schließlich werden Sie die erforderlichen **COBOL**-Sprachelemente später noch kennenlernen. Jedenfalls sind die Entwurfstechniken, über die wir jetzt sprechen werden, unabhängig von der Programmiersprache, mit der Sie die Programme schreiben werden.

4.2 Die Funktion von Programmen

Wir beginnen die Diskussion über das Entwerfen von Programmen mit der Erkenntnis, daß jedes Programm eine *Funktion* oder *Aufgabe* auszuführen hat. Deshalb müssen wir versuchen, über ein Programm stets *bezugnehmend auf diese Funktion* nachzudenken, aber nicht in bezug auf die einzelnen Schritte, die zur Erfüllung dieser Funktion herangezogen werden müssen. Sicher handelt es sich hierbei nicht um den natürlichen Weg, mit dem Anfänger über ein Programm nachzudenken. In diesem Augenblick sind Sie sicher überwältigt von der Kompliziertheit dessen, was Sie bisher über **COBOL** gelernt haben, ganz zu schweigen von dem, was Sie noch in diesem Buch zu studieren haben. Wenn Sie beginnen, darüber nachzudenken, wie ein Programm wie das in Kap. 3 (siehe Abb. 3.1) gezeigte zu schreiben ist, würden Sie wahrscheinlich mit solchen Gedanken anfangen, die etwa folgendermaßen ausgedrückt werden könnten: „Gut, zuerst habe ich einen Satz zu lesen. Nun, was habe ich dann wohl mit diesem zu tun? Ach ja, ich müßte doch erst etwas anderes tun, nämlich ich muß zuvor erst die Datei eröffnen, die ich benötige...". Diese Vorgehensweise ist nur allzu natürlich und allgemein gebräuchlich. Sie hat nur einen ernsthaften Fehler – – – sie würde fast nichts zuwege bringen! Selbst wenn jemand fähig wäre, ein paar seiner ersten Programme auf diese Weise zu entwickeln (und möge er sich dabei bereits Ärger zugezogen haben!), würde er sich mit dieser Arbeitsweise schwerer und schwerer tun, je mehr seine Programme an Umfang zunehmen und komplizierter werden. Obwohl man möglicherweise schließlich doch sein Programm zum Laufen bringen würde, würde es sicher länger dauern, bis man sein Ziel erreicht hat. Und wahrscheinlich würde man auch ein verwickelteres Programm erstellen als eines, das auf einem zweckmäßigen Weg geschaffen wurde. Es sei daran erinnert, daß wir stets in bezug auf die Funktionen, die ein Programm auszuüben hat, denken wollen. Wir wollen uns nun erarbeiten, wie wir diese Funktionen aufs Papier bringen können.

4.3 Über die hierarchische Struktur von Programmen

Wenn sich Programmierer die Tätigkeiten eines Gesamtprogrammes sofort ausmalen könnten, wäre die Aufgabe, ein Programm zu schreiben, recht einfach. Leider kann sich der menschliche Geist nur mit einer begrenzten Anzahl von Gedanken gleichzeitig befassen. Wissenschaftliche Untersuchungen haben gezeigt, daß diese Grenze zwischen fünf und neun Gedanken liegt, abhängig von der Person und der Schwierigkeit der jeweiligen Problematik. Wenn man versucht, sich mit einem Problem auseinanderzusetzen, das von mehr Faktoren als der genannten Obergrenze beeinflußt wird, beginnt man einzelne Teile des Problems zu vergessen, was wiederum zu Fehlern bei der Erarbeitung der Lösung führen wird. Je größer die Anzahl der Faktoren wird, mit denen man sich gleichzeitig befaßt, desto mehr Fehler wird man machen. Unglücklicherweise sind in die meisten Computerprogramme mehr als neun Faktoren verwickelt, was uns in eine ernsthafte Konfliktsituation führt. Einerseits können wir uns nicht mit allen für die Entwicklung der meisten Programme notwendigen Einflußfaktoren befassen, andererseits müssen wir aber in der Lage sein, daß wir uns mit umfangreichen Problemen auseinandersetzen können, falls die Programmierung eine nutzbringende Tätigkeit sein soll.

Als Lösung für diese gravierende Konfliktsituation bietet sich die Aufteilung des ursprünglichen Problems in mehrere kleinere Probleme an, die, falls sie korrekt ausgeführt werden, das Originalproblem lösen. Wir haben noch nicht zu entscheiden, wie die kleineren Probleme gelöst werden, das können wir auf später verschieben. Alles, was wir in diesem Moment tun können, ist, davon überzeugt zu sein, daß wir, falls die kleineren Probleme gelöst werden können, auch das Originalproblem gelöst haben werden. Später können wir uns dann damit beschäftigen, wie jedes der kleineren Probleme anzugehen und zu lösen ist. Wenn ich beispielsweise versuchen wollte, meinen Tagesablauf minutengetreu vom morgendlichen Aufwachen bis zum abendlichen Zubettgehen zu planen, würde ich damit wahrscheinlich keinen großen Erfolg haben. Ich würde sicherlich Einzelheiten vergessen, dann mich an Dinge erinnern, die eigentlich schon früher getan sein sollten, verbessere infolgedessen meinen „Minutenplan" usw. Stattdessen würde ich viel besser fahren, wenn ich zunächst mit der Auflistung der Haupttätigkeiten beginnen würde. Ein solcher Aktivitätsplan könnte etwa wie folgt aussehen:

```
1.   Duschen

2.   Anziehen

3.   Frühstücken

4.   Fahren zur Arbeitsstätte

5.   Durchsehen der eingegangenen Post

6.   Überprüfen der Computerausgaben der
     Programmabläufe während der letzten Nacht

7.   Fortsetzen des Entwerfens des Programmes
     zur Erstellung der Verkaufsliste
     ⋮
```

Wenn ich es nun wollte, könnte ich mit der Unterteilung dieser Tätigkeiten in weitere kleinere fortfahren. Beispielsweise könnte ich „Frühstücken" aufteilen in „Einschenken des Saftes", „Zubereiten der Haferflocken", „Kochen des Kaffees" usw. Jeden dieser Schritte, z.B. den

Schritt „Kochen des Kaffees" könnte ich noch weiter in detailliertere Aktivitäten untergliedern. Anstelle des Versuches, alle Einzelheiten zu verstehen, die die typischen Tätigkeiten eines Programmes ausmachen, unterteilen wir ein Programm in die Hauptaufgaben, die zur Erfüllung der Grundfunktion des betreffenden Programmes erforderlich sind, dann, sofern nötig, diese weiter in untergeordnete kleinere Aufgaben usf. Bei jedem Unterteilungsstadium haben wir nicht genau festzulegen, wie die aufgelisteten Aufgaben auszuführen sind. Wir brauchen nur sicher zu sein, daß, wenn wir uns um die entsprechenden Aufgaben kümmern, das Programm das Ausgangsproblem lösen wird. Zuguterletzt haben wir das Programm in eine Anzahl von, in hierarchischer Beziehung zueinander stehenden Aufgaben zerlegt, von denen jede klein genug ist, um uns mit ihr befassen zu können.

Damit wir uns über die Aufgaben auf dem Laufenden halten können und damit ihre Beziehungen zueinander verfolgen können, benutzen wir dazu *hierarchische Darstellungen*. (Hierarchische Darstellungen sind in der Fachwelt auch unter anderen Namen bekannt, beispielsweise nennt man sie auch Strukturpläne. Die Darstellungsweise mag geringfügig variieren, doch sie beruht stets auf dem gleichen Konzept.) In der Abb. 4.1 ist beispielsweise die hierarchische Darstellung des Tagesplanes gezeigt, die die zuvor zusammengestellten täglichen Aktivitäten dokumentiert.

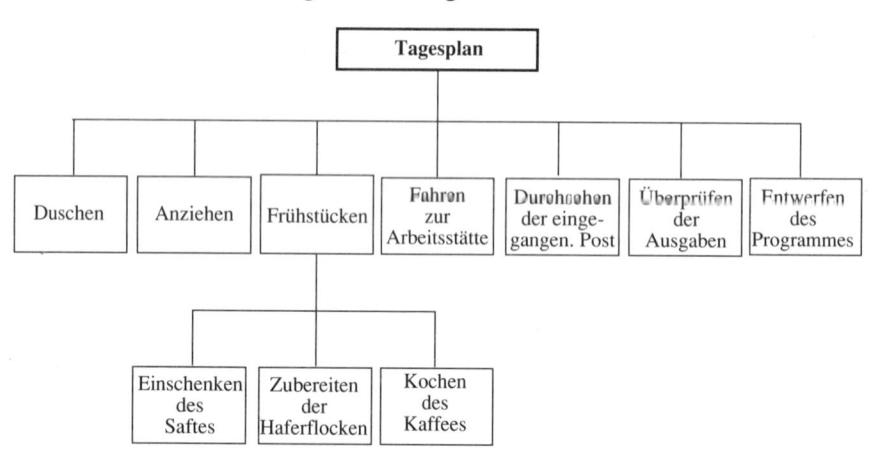

Abb. 4.1 Hierarchische Darstellung des Tagesplanes (Programm-Strukturplan)

Die hierarchische Darstellung sagt uns, daß der Tagesplan aus den Aktivitäten „Duschen", „Anziehen" usf. besteht. Sie besagt weiter, daß sich die Aktivität „Frühstücken" aus drei Einzelaktivitäten zusammensetzt. Man beachte, daß wir für eine Aktivität weitere niedrigere Stufen mit Einzelaktivitäten darstellen können, ohne daß wir eine solche Untergliederung bei allen Aktivitäten vornehmen müssen. Falls wir es wollten, könnten wir natürlich auch noch niedrigere Stufen für „Zubereiten der Haferflocken" und für „Kochen des Kaffees" darstellen, um die weiteren Details dieser Tätigkeiten zu zeigen.

4.4 Hierarchische Darstellung eines einfachen Programmes

Nunmehr können wir uns der Entwicklung des Strukturplanes für ein einfaches Programm widmen. Hierzu greifen wir das bereits in der Abb. 3.1 gezeigte Programm wieder auf. Wir beginnen den Entwurf mit der Überlegung, welche Aufgabe eigentlich dieses Programm zu bewerkstelligen versuchen soll. Im Grunde genommen besteht die Funktion dieses Programmes darin, eine Inventurliste zu erzeugen. Diese Funktion tragen wir deshalb in das oberste Kästchen der hierarchischen Darstellung ein, dieser *Baustein* oder *Modul* ist in der Abb. 4.2 gezeigt.

```
┌─────────────┐
│  Erstellen  │
│     der     │
│ Inventurliste│
└─────────────┘
```

Abb. 4.2 Erster Baustein der hierarchischen Darstellung eines Programmes

Danach stellt sich uns die Frage, welche Aufgaben der Reihe nach verrichtet werden müssen, um den Inventurbericht zu erstellen. Bei der Beantwortung sollten wir immer daran denken, daß wir uns jetzt noch nicht mit den Einzelheiten des **COBOL**-Codes beschäftigen werden, der zur Ausführung dieser Aufgaben niedergeschrieben werden muß. Nehmen wir deshalb einmal an, daß alle Inventursätze auf Karteikarten im Format von 105 mm × 148 mm vorliegen und der Bericht per Hand zu errechnen und handschriftlich auf ein Formular einzutragen ist. Im Formular steht für jeden Artikel gerade eine Zeile zur Verfügung. Wie könnte man nun die Tätigkeiten beschreiben, die bei der Erstellung des Inventurberichtes anfallen?

Eine solche Beschreibung würde wohl etwa so oder ähnlich aussehen: „Zuerst würde ich mir eine Karteikarte mit einem Inventursatz nehmen. Danach würde ich die Teilenummer, die Bestandsmenge, die Eingangsmenge und den Stückpreis in die entsprechende Zeile des Berichtes kopieren. Darauffolgend würde ich die neue Bestandsmenge errechnen und in die fragliche Zeile des Berichtsbogens übertragen. Zum Schluß würde ich den Bestandswert (Kosten) ermitteln und ebenfalls in die Zeile hineinschreiben. Wenn dies alles getan ist, wiederhole ich die gesamten Tätigkeiten mit der nächsten Artikel-Karteikarte."

Wenn man diese Beschreibung überschaut, wird man rasch erkennen, daß die Erstellung des Inventurberichtes die Durchführung von vier Teilaufgaben erfordert:

```
1.  Holen des nächsten Inventursatzes
2.  Kopieren der Artikeldaten in die Liste
3.  Berechnen des neuen Lagerbestandes
4.  Berechnen des Lagerbestandswertes für
    den Artikel
```

Man beachte, daß wir bisher noch keine Einzelheiten vermerkt haben, wie diese Aufgaben auszuführen sind. So haben wir z.B. nicht gesagt, daß das Resultat der dritten Tätigkeit sich aus einer Addition ergibt. Alles, was wir bis zu diesem Moment zu tun versucht haben, ist die Funktion der Aufgabe zu beschreiben.

Basierend auf dieser Tätigkeitenliste können wir nunmehr die hierarchische Darstellung des Programms erweitern und erhalten dabei die in der Abb. 4.3 gezeigte Form.

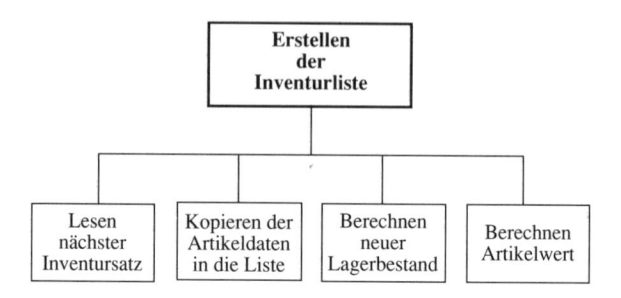

Abb. 4.3 Erweiterung der hierarchischen Darstellung der Aufgaben des Programmes

Wir sollten jetzt die hierarchische Darstellung noch einmal überblikken, um zu sehen, ob es irgendwelche Details gibt, die wir vergessen haben. In diesem Falle sollten wir eine weitere Teilaufgabe hinzufügen, die bei der manuellen Anfertigung des Berichtes nicht ausdrücklich hervorgehoben wurde. Bei dieser Tätigkeit handelt es sich um das Schreiben des Berichtssatzes. Als wir nämlich die manuellen Aktivitäten beschrieben, gingen wir davon aus, daß wir jeden Wert auf seinen zugehörigen Platz im Formular per Hand schreiben würden. In **COBOL** benötigen wir natürlich eine gesonderte Schreibanweisung (**WRITE**!). Die endgültige Version der hierarchischen Darstellung ist in der Abb. 4.4 gezeigt. Jeder Baustein enthält eine *kurz gefaßte* (in wenigen Worten!) *Aussage* über die vom Baustein zu verrichtende Funktion. Diese Aussage sollte unbedingt auch das *bestimmende Verb* mit einschließen, durch das die Haupttätigkeit des betreffenden Bausteins umrissen wird, wie z.B. Holen, Kopieren, Berechnen, Schreiben usw.

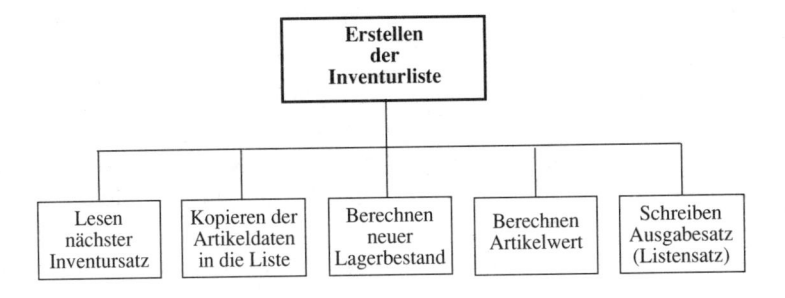

```
                    ┌─────────────┐
                    │  Erstellen  │
                    │     der     │
                    │Inventurliste│
                    └──────┬──────┘
      ┌──────────┬─────────┼─────────┬──────────┐
┌─────┴────┐┌────┴─────┐┌──┴────┐┌───┴────┐┌────┴─────┐
│  Lesen   ││ Kopieren ││Berech-││Berech- ││ Schreiben│
│ nächster ││    der   ││  nen  ││  nen   ││Ausgabesatz│
│Inventur- ││Artikel-  ││neuer  ││Artikel-││(Listensatz)│
│   satz   ││daten in  ││Lager- ││ wert   ││          │
│          ││die Liste ││bestand││        ││          │
└──────────┘└──────────┘└───────┘└────────┘└──────────┘
```

Abb. 4.4 Endgültige Form der hierarchischen Darstellung des Programmes zur Erstellung eines Inventurberichtes

Wir haben eine Frage bei der Erarbeitung der Zerlegung von hierarchischen Darstellungen von Programmen offen gelassen. Wann hören wir mit der Hinzufügung weiterer Unterteilungsstufen auf? Bei diesem Beispiel entstand aus dieser Fragestellung kein Problem, weil die durchzuführenden Tätigkeiten sehr einfach waren. Bei komplizierteren Programmen kann jedoch dieses Problem nicht so leicht behoben werden. Ist es z.B. notwendig, mit der Zerlegung solange fortzufahren, bis jeder Baustein aus nur einer einzigen **COBOL**-Anweisung besteht? Die Antwort lautet: Keinesfalls! Wir können mit dem Hinzufügen weiterer Einzelheiten dann aufhören, wenn die niedrigste Stufe wirkliche Grundaufgaben beschreibt. In wenigen Fällen kann jede dieser Aufgaben aus nur einer **COBOL**-Anweisung bestehen. Als wahrscheinlicher wird sich jedoch herauskristallisieren, daß eine Aufgabe durch einen ganzen Paragraphen repräsentiert wird, er selbst aus einer Anzahl von Anweisungen besteht. Als Haupterfordernis für eine vernünftige Zerlegung ist festzuhalten, daß man mit der Zerlegung solange fortfährt, bis man sich ein klares Bild darüber machen kann, welche Tätigkeiten die einzelnen Bausteine auszuführen haben.

4.5 Steuerung der Ausführung von Programmen

Obgleich eine hierarchische Darstellung zeigt, welche Funktionen ein Programm zu erfüllen hat, um seine Grundaufgabe zustande zu bringen, legt sie nicht offen, in welcher Reihenfolge diese Funktionen erledigt werden müssen, ob diese Funktionen wiederholt ausgeführt werden müssen oder welche Details tatsächlich herangezogen werden müssen, um jede Funktion zu vollenden. Das Werkzeug, das wir gebrauchen werden, um im einzelnen festzulegen, was jeder Baustein eines Programmes wirklich zu erledigen hat, heißt *Pseudocode*.

Anmerkung des Übersetzers: Vielfach wird der Pseudocode auch als *Entwurfssprache* bezeichnet.

Dieser Begriff deutet an, daß die Niederschrift des Pseudocodes der Niederschrift eines Programmcodes (in einer Programmiersprache wie **COBOL**) ähnelt. Die zwei Silben „Pseudo" dieses Begriffes weisen allerdings darauf hin, daß trotz vorhandener Ähnlichkeiten beide nicht identisch sind. Insbesondere sind wir nicht an die Schreibregeln der **COBOL**-Anweisungen gebunden. Wir sind in der Tat frei bei der Formulierung von Anweisungen und können Abkürzungen und die englische Umgangssprache nach Belieben verwenden.

Anmerkung des Übersetzers: Selbstverständlich sollte beim Entwerfen von Programmen der Entwerfer dann seine Muttersprache benutzen, wenn er nicht gewisse, allgemein übliche Steuerungsausdrücke verwendet.

Die Anweisungen in einem **COBOL**-Programm (und die Pseudospezifikationen für ein **COBOL**-Programm) können in zwei *Grundtypen* eingeteilt werden. Zuerst sind Anweisungen, wie **READ, WRITE, ADD, MOVE** usw. zu nennen, die die Einzelarbeiten eines Programmes ausführen. Auf der anderen Seite stehen solche Anweisungen, wie **PERFORM** und andere, in Kürze zu behandelnde, die die Programmausführung steuern. In Abb. 3.1 steuert beispielsweise die **PERFORM**-Anweisung im

A000-HAUPT-STEUERUNGS-ROUTINE

genannten Paragraphen, ob der Paragraph mit dem Namen

B010-LISTEN-BESTANDSDATEN

mit seinen in ihm enthaltenen Anweisungen zur Ausführung gelangt. In den meisten Programmen sind die *Steuerungsanweisungen* bei weitem die wichtigsten dieser zwei Typen. Sind die Steuerungsanweisungen korrekt entworfen worden, kann das restliche Programm in einer ziemlich geradlinigen Weise niedergeschrieben werden. Ist die Steuerungsstruktur eines Programmes hingegen dürftig entworfen worden, wird keine noch so intensive Anstrengung mehr zu einem guten Programm führen.

Jedes Computerprogramm benötigt bei seiner Formulierung nur die folgenden drei Arten von Steuerungsanweisungen, wobei es gleichgültig ist, ob das Programm in **COBOL** oder in einer anderen Programmiersprache geschrieben werden soll:

1. *Sequenz (Folge)*
   Hier handelt es sich um die Grundart, in der ein Programm arbeitet. Wenn nicht anders festgelegt, werden bei dieser Art die einzelnen Operationen von oben nach unten in der angegebenen Reihenfolge ausgeführt.

2. *Auswahl (Selektion)*
   Eine Selektion bedeutet, zwischen zwei alternativen Tätigkeitswegen auszuwählen, abhängig davon, ob eine bestimmte Bedingung wahr oder unwahr (falsch) ist. Beispielsweise könnte ich bei der Planung meines Tagesablaufes mir die Frage stellen: „Wenn ich heute einen Kunden in seinem Büro aufsuchen muß, fahre ich mit meinem Auto ins Geschäft. Wenn das nicht der Fall ist, benutze ich den Omnibus."

3. *Wiederholung (Iteration)*
   Eine Iteration bedeutet, daß eine Tätigkeit solange wiederholt ausgeführt wird, bis aufgrund einer festgesetzten Bedingung die Wiederholung beendet wird. Z.B. wird im Programm der Abb. 3.1 der Paragraph **B010-LISTEN-BESTANDSDATEN** solange wiederholt, bis keine weiteren Eingabesätze mehr verfügbar sind.

Außer diesen drei Grundstrukturen der Steuerung gibt es noch eine weitere Art, die häufig eingesetzt wird; sie dient zur Fallunterscheidung und heißt deshalb entsprechend (englisch: Case). Die Struktur zur *Fallunterscheidung*, auch *Verteilungsstruktur* genannt, ist tatsächlich nur ein besonderer Typ der Auswahlstruktur. Deshalb wird sie mitunter bei den Spezifikationen für den Pseudocode weggelassen. Da jedoch **COBOL-85** diese Struktur unterstützt, werden wir diese Struktur ebenfalls besprechen.

4. *Fallunterscheidung oder Verteilung (Case)*
   Diese Steuerungsstruktur besagt, daß eine von mehreren alternativen Tätigkeiten auszuführen ist, abhängig vom Wert einer Variablen oder eines Ausdrucks. Zum Beispiel könnte ein Dienstleistungsunternehmen eine Auslieferung mit 7,50 DM veranschlagen, wenn die Entfernung von der Stadtmitte bis zur Auslieferungsadresse nicht mehr als 5 km beträgt, für eine Auslieferung, die über eine Entfernung von über

5 km, aber nicht von mehr als über 10 km führt, könnte es 10,00 DM verlangen, und bei allen Entfernungen, die 10 km übersteigen, könnte es 1 DM für jeden angefangenen km verlangen.

4.6 Steuerungsstrukturen im Pseudocode

Wie in **COBOL** selbst benötigt die Sequenzstruktur keine besondere Schreibweise. Sie stellt einfach eine Reihe von Anweisungen dar, die eine nach der anderen niedergeschrieben sind.

Die Auswahlstruktur wird durch Niederschrift der IFTHENELSE-Anweisung des Pseudocodes kenntlich gemacht. Z.B. lautet die Auswahlanweisung für das unter Pkt. 2. des Abschnittes 4.5 angegebene Vorhaben:

```
IF   kundenbesuch vornehmen   THEN
     fahren mit eigenem wagen zur arbeit
ELSE
     fahren mit dem bus zur arbeit
ENDIF
```

Diese Anweisung ist ziemlich einfach zu interpretieren. Wenn die zwischen IF und THEN stehende Bedingung zutrifft, d.h. wahr ist, wird die Anweisung (bzw. werden die Anweisungen) ausgeführt, die zwischen THEN und ELSE erscheint(en). Wenn die Bedingung nicht zutrifft, d.h. unwahr (falsch) ist, wird die Anweisung (bzw. werden die Anweisungen) ausgeführt, die zwischen ELSE und ENDIF notiert ist (sind). Es ist anheimgestellt, das Wort ELSE und die ihm folgenden Anweisungen wegzulassen. In diesem Fall wird, falls die auf IF folgende Bedingung falsch ist, nichts ausgeführt, und es wird zu der Anweisung übergegangen, die als nächste hinter ENDIF, also außerhalb der Auswahlstruktur, aufgeführt ist.

Der ENDIF-Teil der IFTHENELSE-Anweisung ist außerordentlich wichtig, besonders dann, wenn mehrere Anweisungen dem Wort ELSE folgen; das Wort ENDIF definiert nämlich ganz klar, wo die gesamte Struktur endet. Das ist besonders bedeutsam für den Fall, daß eine der auszuführenden Anweisungen selbst wiederum eine IFTHENELSE-Anweisung ist. Man betrachte hierzu das folgende Beispiel:

4.6 Steuerungsstrukturen im Pseudocode

```
IF    gehaltsempfänger THEN
         setzen bruttoeinkommen auf wochenverdienst
ELSE
         setzen grundlohn auf  arbeitszeit x stundenlohn
         IF   arbeitszeit größer als 37.5 THEN
                 setzen überstundenbezahlung auf 1.5 x stundenlohn
                                                 x (arbeitszeit - 37.5)
         ELSE
                 setzen überstundenbezahlung auf null
         ENDIF
         setzen bruttoeinkommen auf grundlohn + überstundenbezahlung
ENDIF
```

Wir sehen also, daß der Gebrauch von ENDIF deutlich macht, wo eine IFTHENELSE-Struktur endet.

Wir wollen auch die Aufmerksamkeit auf das Format dieser Struktur lenken. Die Wörter ELSE und ENDIF lassen wir unmittelbar unter dem Wort IF beginnen und die Arbeitsanweisungen werden eingerückt. Folgt man diesen Vorschlägen, wird der Pseudocode sehr viel leichter lesbar. Der Unterschied ist deutlich erkennbar, wenn wir stattdessen etwa eine bereits bekannte Anweisung wie folgt niederschreiben würden:

```
IF kundenbesuch vornehmen THEN fahren mit eigenem wagen zur arbeit
ELSE fahren mit dem bus zur arbeit ENDIF
```

Die Bedeutung dieser Anweisung hat sich dadurch nicht im geringsten geändert, aber das Verständnis derselben ist sicher erschwert!

Bei der Wiederholungsstruktur sollten wir die Tatsache in Betracht ziehen, daß in **COBOL** eine Wiederholung durch die Anweisung **PERFORM** mit **UNTIL** ausgedrückt wird. In unserem Pseudocode werden wir deshalb ein ziemlich ähnliches Format verwenden, nämlich PERFORM-UNTIL. Ebenso, wie wir ENDIF benutzen, um explizit die Beendigung des Einflußbereiches einer IF-Struktur anzuzeigen, werden wir hier ENDPERFORM für den gleichen Zweck bei der Iteration einsetzen. Die durch PERFORM-UNTIL gesteuerten Anweisungen werden zweckmäßigerweise ebenfalls nach rechts eingerückt, die Bedingung werden wir rechts von PERFORM-UNTIL auf die gleiche Zeile setzen. Obgleich es sich hier also nicht um eine Anweisung handelt, die der **COBOL**-Anweisung **PERFORM** mit **UNTIL** ziemlich gleicht, paßt sie sich vortrefflich dem üblichen Vorgehen beim Entwerfen von Programmen an. Das nachfolgende Beispiel zeigt, wie eine Struktur des Typs PERFORM-UNTIL verwendet wird:

```
übertragen von 'N' nach kennzeichen
holen satz; bei datenende übertragen von 'J' nach kennzeichen
PERFORM-UNTIL kennzeichen = 'J'
     verarbeiten satz
     holen satz; bei datenende übertragen von 'J' nach kennzeichen
ENDPERFORM
```

4. Entwurf von Programmen

Die Struktur zur Darstellung von Fallunterscheidungen zeigt sich bei allgemeinen Programmentwürfen in zahlreichen Erscheinungsbildern. Wir werden deshalb wieder eine Anleihe bei **COBOL** aufnehmen und ein Format verwenden, das auf der äquivalenten Anweisung beruht, die für **COBOL-85** definiert wurde. Wir könnten z.B. die Ermittlung des Betrages für die Freihauslieferungen eines Dienstleistungsunternehmens (siehe Pkt. 4., Abschnitt 4.5) wie folgt im Pseudocode niederschreiben:

```
EVALUATE   entfernung bis zur stadtmitte
    WHEN kleiner als oder gleich 5 km
         gebühr beträgt 7.50 mark
    WHEN größer als 5 km aber kleiner als oder gleich 10 km
         gebühr beträgt 10.00 mark
    WHEN größer als 10 km
         gebühr beträgt 1.00 mark pro km
ENDEVALUATE
```

Die EVALUATE-Struktur beginnt mit einer hinter dem Wort EVALUATE niedergeschriebenen Variablen bzw. einem Ausdruck und enthält danach eine Reihe von WHEN-Angaben, jede anfangend mit einem möglichen Wert des hinter EVALUATE aufgeführten Ausdrucks. Der Ausdruck wird berechnet und der errechnete Wert wird mit jedem Wert verglichen, der in den WHEN-Angaben aufgeführt ist. Wird dabei ein Wert gefunden, der mit dem gegenwärtigen, d.h. mit dem soeben errechneten Wert des Ausdrucks übereinstimmt, so werden die Anweisungen ausgeführt, die auf den bei WHEN stehenden Wert folgen; anschließend wird zur nächsten Anweisung hinter der EVALUATE-Struktur übergegangen. Allenfalls wird eine einzige WHEN-Klausel in der Struktur angesprochen. Wenn keiner der in den WHEN-Klauseln stehenden Werte dem gegenwärtigen Wert des Ausdrucks gleichkommt, wird auch keine Tätigkeit ausgeführt, die EVALUATE-Anweisung wird also ignoriert.

Die EVALUATE-Struktur weist zwei Einrichtungen auf, die bei diesem Beispiel nicht herangezogen wurden. Ihre Benutzung ist dem Programmierer freigestellt. Zuerst ist zu erwähnen, daß in die WHEN-Angaben mehr als ein Wert hineingeschrieben werden kann. Zweitens kann der letzten WHEN-Klausel das Wort OTHERWISE folgen. Wenn in diesem Fall der Wert des errechneten Ausdrucks mit keinem Wert in einer der WHEN-Klauseln übereinstimmt, wird die Anweisung (bzw. werden die Anweisungen) ausgeführt, die dem Wort OTHERWISE folgt (bzw. folgen). Wir wollen deshalb z.B. verfolgen, wie ein Mitspieler einer Spielergruppe nach der Durchführung eines Quiz bewertet werden kann:

```
EVALUATE   quizpunkte
    WHEN 10
        leistung ist exzellent
    WHEN 8 oder 9
        leistung ist überdurchschnittlich
    WHEN 5 oder 6 oder 7
        leistung ist durchschnittlich
    WHEN 3 oder 4
        leistung ist unterdurchschnittlich
    OTHERWISE
        leistung ist mangelhaft
ENDEVALUATE
```

Auch bei der EVALUATE-Struktur existiert wie bei den Strukturen IFTHENELSE und PERFORM-UNTIL ein Wort, das die Beendigung einer solchen Struktur markiert. Dieses Wort heißt ENDEVALUATE.

Anmerkung: Im Pseudocode wird die Multiplikation entweder durch das Zeichen x oder durch das Zeichen * ausgedrückt.

4.7 Entwurf des Programmes zur Erstellung einer Inventurliste

Wir sind nunmehr in der Lage, den Entwurf des Programmes zur Erstellung einer Inventurliste zu vervollständigen, indem wir die Spezifikationen des Pseudocodes für jeden der Bausteine der hierarchischen Darstellung (siehe Abb. 4.4) erschaffen. In vielen Fällen wird jeder Baustein (Modul) so behandelt, als ob er ein gesonderter Paragraph im zukünftigen **COBOL**-Programm wäre. In diesem Fall besteht jedoch jeder, auf der zweiten Stufe der Hierarchie stehender Modul nur aus wenigen Anweisungen, so daß wir die gesamte zweite Hierarchiestufe zunächst als einen einzigen „Paragraphen" ansehen können.

Wir beginnen mit der grundlegenden Spezifikation für den Modul auf der obersten Stufe, beschriftet mit „Erstellen der Inventurliste". Dieser Modul liest einen Inventursatz. Er muß ferner jeden Inventursatz in der Eingabedatei verarbeiten und danach einen weiteren Satz lesen. Somit lautet die Spezifikation zur Erfüllung der vorgelegten Aufgabe etwa so, wie es in der nachfolgenden Auflistung gezeigt ist:

```
lesen eines inventursatzes; bei datenende
                    übertragen von 'J' nach kennzeichen
PERFORM-UNTIL   kennzeichen = 'J'
    verarbeiten des inventursatzes
    lesen eines inventursatzes; bei datenende
                    übertragen von 'J' nach kennzeichen
ENDPERFORM
stopp
```

Im nächsten Schritt erweitern wir den Entwurf, indem wir die Aussage „verarbeiten des inventursatzes" ersetzen. Diese Aussage sagt nämlich nicht genügend darüber aus, was das Programm an Arbeitsgängen zu bewerkstelligen hat. Beim Ersetzen beziehen wir uns auf die für die hierarchische Darstellung (siehe Abb. 4.4) erarbeiteten Bausteine.

```
lesen inventursatz; bei datenende
                übertragen von 'J' nach kennzeichen
PERFORM-UNTIL   kennzeichen = 'J'
    kopieren daten
    berechnen neue lagerbestandsmenge des jeweiligen artikels
    berechnen lagerbestandswert des jeweiligen Artikels
    schreiben ausgabesatz
    lesen inventursatz; bei datenende
                übertragen von 'J' nach kennzeichen
ENDPERFORM
stopp
```

Schließlich können wir die Programmspezifikation vervollständigen, indem wir die in den Kästchen der Verarbeitungsmoduln notierten Tätigkeiten durch den Pseudocode ersetzen, der uns sagt, was jeder Modul an Einzeltätigkeiten zu verrichten hat.

```
lesen inventursatz; bei datenende
                übertragen von 'J' nach kennzeichen
PERFORM-UNTIL   kennzeichen = 'J'
    übertragen von leerzeichen nach ausgabesatz
    übertragen von teilenummer nach ausgabesatz
    übertragen von bestandsmenge nach ausgabesatz
    übertragen von eingangsmenge nach ausgabesatz
    übertragen von stückpreis nach ausgabesatz
    berechnen der bestandsmenge-neu als Summe von bestandsmenge
                                       und eingangsmenge
    berechnen des artikel-lagerbestandswertes als produkt
                von bestandsmenge-neu und stückpreis
    schreiben ausgabesatz
    lesen inventursatz; bei datenende
                übertragen von 'J' nach kennzeichen
ENDPERFORM
```

Für alle praktischen Zwecke kann nunmehr die Spezifikation des Programmes zur Erstellung der Inventurliste als abgeschlossen gelten. Wenn man will, kann man noch Anweisungen hinzufügen, die das Eröffnen und Abschließen der Eingabe/Ausgabe-Dateien (kurz: EA-Dateien) sowie die Zuweisung des Anfangswertes 'N' zum Kennzeichen für das Datenende bei der Eingabedatei beinhalten. Diese Änderungen können dem Leser als Übung überlassen werden.

Wir selbst wollen uns jedoch noch einer Erweiterung des Programmes zuwenden. Dadurch soll gezeigt werden, wie die verschiedenen Typen von Steuerungsstrukturen bei einer Programmspezifikation kombiniert werden können. Wir wollen einmal annehmen, daß die Eingangsmenge für einen Artikel gleich Null sein kann. In diesem Fall sollen die Felder für die alte und neue Bestandsmenge im Ausgabesatz (Listensatz) leer bleiben und der Lagerbestandswert des betreffenden Artikels soll als Produkt aus der alten Bestandsmenge und dem Stückpreis errechnet werden. Wenn die Eingangsmenge hingegen größer als Null ist, soll das verbesserte Programm die gleichen Resultate wie das ursprüngliche Programm erzeugen. Unter diesen Voraussetzungen ergibt sich der nachfolgende Pseudocode für das verbesserte Programm:

```
lesen inventursatz;   bei datenende
                          übertragen von 'J' nach kennzeichen
PERFORM-UNTIL   kennzeichen = 'J'
    übertragen von leerzeichen nach ausgabesatz
    übertragen von teilenummer nach ausgabesatz
    übertragen von bestandsmenge nach ausgabesatz
    übertragen von stückpreis nach ausgabesatz
    IF  eingangsmenge > 0  THEN
        übertragen von eingangsmenge nach ausgabesatz
        berechnen der bestandsmenge-neu als summe
                 von bestandsmenge und eingangsmenge
        berechnen des artikel-lagerbestandswertes als produkt
                 von bestandsmenge-neu und stückpreis
    ELSE
        berechnen des artikel-lagerbestandswertes als produkt
                 von bestandsmenge und stückpreis
    ENDIF
    schreiben ausgabesatz
    lesen inventursatz;   bei datenende
                          übertragen von 'J' nach kennzeichen
ENDPERFORM
stopp
```

Wir haben die **COBOL**-Anweisungen noch nicht kennengelernt, die für die Verwirklichung des verbesserten Programmes notwendig sind; die Bedeutung des Pseudocodes sollte jedoch klar sein. Wenn es erforderlich sein sollte, sollte das Beispiel solange studiert werden, bis man verstanden hat, was das verbesserte Programm tut. Das sollte unbedingt vor dem Schreiben des Programmes geschehen. Mit dem entsprechenden **COBOL**-Code werden wir uns im nächsten Kapitel beschäftigen.

4.8 Standards bei der Programmierung

Bis zu diesem Zeitpunkt war bei allen bisher geschriebenen **COBOL**-Programmen das Hauptanliegen, sie einfach nur zum Laufen zu bringen. Das ist sicher beim augenblicklichen Stand unserer Kenntnisse keine unvernünftige Zielsetzung gewesen. Nunmehr müssen wir allmählich an die Zukunft denken, an die Zeit, in der **COBOL**-Programme für einen Auftraggeber geschrieben werden müssen. Was akzeptabel für die **COBOL**-Ausbildung ist, ist nicht akzeptabel an einer Arbeitsstätte!

4. Entwurf von Programmen

Das Umfeld einer Ausbildungsstätte ist nicht gerade sehr realistisch so weit es die Programmierung betrifft. Die meisten Aufgabenstellungen für die Programmierung bringen es mit sich, daß relativ kleine Programme geschrieben werden (sogar wenn diese nicht den Anschein haben, eine knapp bemessene Zeit zu beanspruchen). Weiterhin wird man allein arbeiten, und man braucht nur dafür zu sorgen, daß die Programme einmal ausgeführt werden. Nach Begutachtung der Programme durch den für die Ausbildung Verantwortlichen wird weder der Verfasser noch irgendein anderer erneut auf die betreffenden Programme schauen. Im Umfeld einer typischen Arbeitsstätte hingegen können Programme mehrere tausend Zeilen umfassen, und man wird wahrscheinlich in einer Gruppe mit mehreren anderen Programmierern zusammenzuarbeiten haben. Überdies werden sich die Programme mehrere Jahre hinweg im Einsatz befinden, und sie können daher durchaus von anderen Programmierern modifiziert werden, lange nach dem Zeitpunkt, an dem die Autoren des Programmes zu einer anderen Tätigkeit übergewechselt sind. In einem solchen Umfeld ist es überaus wichtig, daß die zu schreibenden Programme so klar und lesbar wie möglich abgefaßt werden müssen. Man versetze sich in die Zwangslage eines geplagten Programmierers, der nachts um 2.00 Uhr geweckt und ins Geschäft zitiert wird, um ein Programm zu richten, das abgestürzt ist, dessen Ausgabe aber um 9.00 Uhr vormittags bei einer Sitzung der Manager zur Verfügung stehen muß! (Was würden Sie sagen, wenn Sie der betreffende Programmierer wären?)

Wir vollzogen einen vortrefflichen Start hinsichtlich der Entwicklung guter Programme, indem wir Methoden zum Entwerfen von Programmen studierten anstatt das Ganze einfach dem Selbstlauf zu überlassen. Ein anderer wichtiger Schritt in Richtung der Schaffung guter Software besteht darin, den **COBOL**-Code in Übereinstimmung mit gewissen Standards zu schreiben. Das Ziel der Standards für die Programmierung besteht keinesfalls darin, daß ein Programm haargenau so aussehen soll wie irgendein anderes. Es gibt genügend Raum für Individualität bei der technischen Ausführung, und es ist höchst unwahrscheinlich, daß beliebige zwei Personen genau das gleiche Programm für eine gegebene Aufgabenstellung verfassen. Wenn man jedoch eine standardisierte Schreibweise bei den eigenen Programmen einhält, wird es für andere viel einfacher sein, den betreffenden Code zu lesen und Folgerungen zu ziehen, was man zu tun beabsichtigte.

Im Anhang C findet man Standards für die Schreibweise, die hier in diesem Lehrbuch für die **COBOL**-Programmierung empfohlen werden. Das grundlegende Ziel dieser Standards ist es, eine Schreibweise bei der Codierung zu fördern, die das Lesen von Programmen so leicht wie möglich macht. Diese Standards sind keinesfalls allein seligmachend. Instruktoren und Praktikumsleiter können sie durchaus nach eigenem Ermessen abändern oder gänzlich andere gebrauchen. Sei es, wie es sei: Standards für die Programmierung dienen dem Zweck, die programmierten Codes lesbarer zu gestalten; zu gewährleisten, daß der Code etwas Bestimmtes bedeutet, ist eine völlig andere Sache.

Wir raten, sich die folgende Ansicht fest zu eigen zu machen: Wenn ein Programm von einem anderen Menschen nicht verstanden werden kann, ist es so, als wenn es überhaupt nicht geschrieben worden wäre.

Einer der empfohlenen Programmierstandards bedarf einer ergänzenden Erläuterung, nämlich die Verwendung von Präfixen wie **A000** oder **B010** bei Paragraphennamen. Diese Präfixe dienen zwei Zwecken. Erstens zeigen sie die relative Position eines Paragraphen in der hierarchischen Darstellung eines Programmes an. Ein Paragraph, dessen Name mit A beginnt, gehört zur Stufe 1 (der hierarchischen Darstellung), einer, dessen Name mit B beginnt, zur Stufe 2 usw. Zweitens, da die Paragraphen auf den einzelnen Entwurfsstufen *immer* in der Reihenfolge der nachfolgenden dreistelligen Präfixnummern geschrieben werden sollten, erleichtern sie das Auffinden eines bestimmten Paragraphen, wenn es darum geht, ein Programm zu lesen. Für uns hat das vorläufig noch keine Bedeutung gehabt, da die Programme, mit denen wir uns bisher beschäftigt haben, nur höchstens zwei Paragraphen aufwiesen. Aber fassen wir einmal das Problem ins Auge, schnell einen bestimmten Paragraphen in einer Programmliste aufsuchen zu müssen, wenn ein Programm zwanzig oder gar dreißig Paragraphen enthält. (Dies geschieht in der Absicht, hier einen groben Eindruck zu erwecken; aber im „wirklichen Leben" gehören Programme mit einigen hundert Paragraphen zur Routine, selbst Programme mit Tausenden von Paragraphen tauchen nicht allzu selten auf.) – Es ist selbstverständlich auch möglich, die numerischen Anteile innerhalb der hierarchischen Stufen zu zählen, so daß sich folgende Präfixe ergeben: **A000**, **B010**, **B020**, **B030**, ..., **C010**, **C020**, ···, **D010**, **D020**, ··· usw.

4.9 Zusammenfassung

In diesem Kapitel wurden wir mit fünf neuen Konzepten vertraut gemacht:
1. Programme müssen entworfen werden, sie können nicht einfach „zusammengeschustert" werden.
2. Jedes Programm führt eine bestimmte Aufgabe aus, jeder Paragraph eines Programmes eine zur Aufgabe gehörende Teilaufgabe. Der Entwurf eines Programmes sollte auf solchen Teilaufgaben basieren.

3. Die hierarchische Darstellung ist ein Werkzeug, mit dessen Hilfe die Teilaufgaben dokumentiert werden, die ein Programm zu erfüllen hat; außerdem hält sie die Beziehungen zwischen den Teilaufgaben fest.
4. Der Pseudocode dient dazu, die Art und Weise festzulegen, mit der jede in der hierarchischen Darstellung verzeichnete Teilaufgabe ihre Funktion erfüllt.
5. Programme sollten so geschrieben werden, daß sie so leicht wie möglich von anderen Personen gelesen werden können. Um dieses Ziel erreichen zu helfen, sollte ihre Niederschrift gewissen Standards folgen.

Bei der Entwicklung der Programme, die in den ersten drei Kapiteln dieses Buches enthalten sind, haben wir diese Konzepte befolgt. Wir werden auch weiterhin fortfahren, Methoden zum Entwerfen und Schreiben guter **COBOL**-Programme zu demonstrieren, und zwar bis zum Ende dieses Buches.

KONTROLLFRAGEN

1. Welche zwei grundlegenden Hilfsmittel zum Entwerfen von Programmen wurden in diesem Kapitel behandelt? Die Funktion dieser Hilfsmittel ist zu beschreiben!
2. Die vier in diesem Kapitel besprochenen Steuerungsstrukturen von Programmen sind zu nennen und ihre Funktion zu erklären!
3. Warum werden Entwurfshilfen für Programme benötigt? Warum können wir uns nicht einfach hinsetzen und mit der direkten Niederschrift des **COBOL**-Codes beginnen?
4. Was ist an der folgenden hierarchischen Darstellung zu bemängeln?

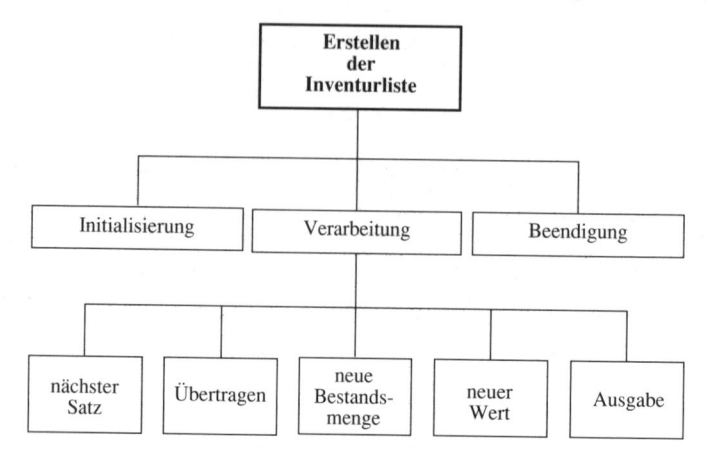

Abb. 4.5 Hierarchische Darstellung (zu Kontrollfrage 4)

5. Was ist an dem nachfolgenden Pseudocode womöglich falsch?

```
EVALUATE kennzeichen
    WHEN 'J'
        schreiben von "Das Kennzeichen ist auf 'J' gesetzt"
    OTHERWISE
        schreiben von "Das Kennzeichen ist nicht auf 'J' gesetzt"
ENDEVALUATE
```

6. Sind die beiden nachfolgenden Pseudocodes gleichwertig?

```
Fassung a)

    EVALUATE betrag
        WHEN größer als null
            addieren von betrag auf positive-gesamtsumme
        WHEN kleiner als null
            addieren von betrag auf negative-gesamtsumme
        WHEN gleich null
            schreiben von "Der Betrag ist gleich Null"
    ENDEVALUATE
```

```
Fassung b)

    IF  betrag > null   THEN
        addieren von betrag auf positive-gesamtsumme
    ELSE
        IF  betrag < null   THEN
            addieren von betrag auf negative-gesamtsumme
        ELSE
            schreiben von "Der Betrag ist gleich Null"
        ENDIF
    ENDIF
```

7. Was ist an dem nachfolgenden Pseudocode womöglich falsch?

```
übertragen von 'N' nach kennzeichen
lesen eingabesatz;  bei datenende
                    übertragen von 'J' nach kennzeichen
PERFORM-UNTIL   kennzeichen = 'J'
    IF  eingabesatz ist verkaufssatz THEN
        übertragen von verkäufername nach ausgabesatz
        übertragen von verkaufserlös nach ausgabesatz
        schreiben ausgabesatz
    lesen eingabesatz;  bei datenende
                        übertragen von 'J' nach kennzeichen
ENDPERFORM
```

8. Welchen Grund gibt es, Standards für die Programmierung zu benutzen?

ANTWORTEN AUF DIE KONTROLLFRAGEN

1. Es wurden besprochen: Hierarchische Darstellungen und der Pseudocode, d.h. eine Entwurfssprache. Die hierarchische Darstellung definiert die Struktur, d.h. den Aufbau eines Programmes, und zwar in Form von Grundfunktionen (Teilaufgaben), die das Programm auszuführen hat. Außerdem hält sie die Beziehungen fest, die zwischen den Grundfunktionen bestehen. Der Pseudocode definiert die einzelnen Tätigkeiten, die zur Ausführung jeder Grundfunktion erforderlich sind.
2. a) *Sequenz*
   Bei der Sequenz handelt es sich um die grundlegende, von oben nach unten gehende Arbeitsweise eines jeden Programmes bzw. einer jeden Programmspezifikation.
   b) *Auswahl* oder *Selektion*
   Hier ist zwischen zwei alternativen Tätigkeiten zu wählen, und zwar in Abhängigkeit davon, ob eine bestimmte Bedingung sich als wahr oder als falsch (unwahr) erweist.
   c) *Wiederholung* oder *Iteration*
   Eine Tätigkeit bzw. eine Folge von Tätigkeiten ist solange zu wiederholen, bis eine bestimmte Bedingung wahr ist.
   d) *Fallunterscheidung* oder *Case*
   Es ist eine von mehreren alternativen Tätigkeiten auszuwählen, abhängig vom Wert einer Variablen oder eines Ausdruckes.
3. Entwurfshilfen werden benötigt, weil der menschliche Geist sich nicht mit allen Faktoren gleichzeitig beschäftigen kann, die beim Schreiben eines charakteristischen Programmes eine Rolle spielen. Wenn man versucht, gleichzeitig neun oder zehn Konzepte im Gedächtnis zu behalten, wird man Einzelheiten vergessen und Fehler machen. Die Entwurfshilfen ermöglichen es dem Programmierer, ein Programm in handliche Teile zu zerlegen.
4. Die Beschriftungen der Bausteine (Moduln) sagen nichts über die Funktionen der Moduln aus, meist verweisen sie nicht einmal auf irgendwelche Tätigkeiten. Die Beschriftung eines Moduls sollte immer aus einer kurzgefaßten Aussage bestehen, die die Aktion charakterisiert, die der Modul auszuführen hat. Wenige Worte genügen vollauf.
5. Die vorgelegte Anweisung ist völlig korrekt. Freilich ist es üblicher, hier eine IFTHENELSE-Struktur zu verwenden, da nur die Wahl zwischen zwei Alternativen besteht.
6. Ja
7. Es fehlt das Wort ENDIF, das auf die Schreibanweisung folgen sollte. Aus der Einrückung schlußfolgern wir, daß die durch PERFORM-UNTIL eingeleitete Schleife, d.h. die Iteration, folgende Einzeltätig-

keiten ausführen soll: Verarbeiten des laufenden Satzes und Lesen eines neuen Satzes. Die Wiederholung soll solange durchgeführt werden, bis das Kennzeichen den Wert 'J' aufweist. Laut Spezifikation befindet sich jedoch die innerhalb von PERFORM-UNTIL stehende Leseanweisung auch im Gültigkeitsbereich der durch IF eingeleiteten Steuerungsstruktur und wird deshalb nur dann ausgeführt, wenn der angesprochene Satz ein Verkaufssatz ist. Würde ein Programm gemäß dieser Spezifikation geschrieben, würde immer dann, wenn ein Satz entdeckt wird, der kein Verkaufssatz ist, die Leseanweisung nicht ausgeführt; damit würde ein solches Programm für immer in der Schleife bleiben (oder zumindest solange in der Schleife verweilen, bis irgendeine Person oder irgendein Teil des Betriebssystems die weitere Ausführung unterbindet).
8. Standards für die Programmierung dienen dazu, die Lesbarkeit der Programme zu verbessern. Standards verhindern oft Schreibweisen bei der Codierung, die in einen übermäßig komplizierten Code münden. Sie erleichtern es überdies den Programmierern, Programme zu lesen, die von anderen in seiner Organisation verfaßt wurden.

ÜBUNGSAUFGABEN

Die Lösungen der mit einem Sternzeichen versehenen Übungsaufgaben befinden sich im Anhang D dieses Buches.

*1. Es sind Pseudocode-Anweisungen zu formulieren, die die nachfolgenden Operationen ausführen.
   a) Zum Wert eines „erwachsener" genannten Datenelementes ist 1 zu addieren, wenn das Alter größer als oder gleich 18 ist.
   b) Es ist der Wert von „lagerartikel" zu drucken, wenn „teil-1-a" den Buchstaben S enthält.
   c) Es ist auf den Wert von „gross" die Zahl 1 zu addieren, wenn der Wert von „umfang" größer als 800 ist, sonst ist der Wert von „klein" um 1 zu erhöhen, d.h. wenn der Wert von „umfang" kleiner als oder gleich 800 ist.
   d) Wenn der Wert von „name-a" größer als der Wert von „name-b" ist, ist der Inhalt von „name-a" nach „zeitweilig" zu übertragen. Ist dagegen der Wert von „name-a" kleiner als der Wert von „name-b", so ist der Inhalt von „name-b" nach „zeitweilig" zu übertragen. Sind beide Werte gleich, so ist irgendeiner der beiden nach „zeitweilig" zu übertragen.
   e) Wenn das Datenelement „arbeitsstunden" irgendeinen anderen Wert als 37.5 besitzt, so ist die Nachricht KEINE NORMALE ARBEITSSTUNDENZAHL auszugeben.

2. Es sind Anweisungen im Pseudocode niederzuschreiben, die die nachfolgenden Operationen ausführen.

   a) Zum Wert des Datenelementes „hauptrechnung" ist 1 zu addieren, wenn „gesamtbetrag" einen größeren Inhalt als 1000.00 aufweist.

   b) Es ist zu bestimmen, ob der Wert des Datenelementes namens „letztrechnung" größer als 999.99 ist; falls dem so ist, soll die Nachricht GESONDERTE ZUSTIMMUNG EINHOLEN ausgegeben werden.

   c) Wenn das Datenelement „code-a" die Zeichen AB47Z enthält, so ist das Wort ZUGESTIMMT zum Datenelement namens „zustimmung" zu übertragen.

   d) Zum Datenelement „signal" ist Null zu übertragen, wenn „meßergebnis" den Wert Null enthält; bei anderen Werten von „meßergebnis" ist 1 nach „signal" zu übertragen.

   e) Es ist der Text CODE-A IST UNGÜLTIG zu drucken, wenn das Datenelement „code-a" andere Zeichen als Buchstaben und Leerzeichen enthält.

3. Für jeden Schüler einer Schulklasse ist ein Zensurensatz angelegt. In einem Datenelement namens SCHUELERNAME ist der Name des Schülers enthalten. Drei weitere Datenelemente mit den Namen NOTE-1, NOTE-2 und NOTE-3 enthalten drei Zensuren, ausgedrückt durch Punkte. Für jeden Schüler sind diese drei Zensuren zu addieren und anschließend durch 3 zu dividieren, wodurch sich die Durchschnittszensur ergibt. Wenn als Durchschnittszensur 65 oder mehr Punkte ermitteln werden, ist das Wort BESTANDEN nach dem Datenelement BEWERTUNG zu bringen, anderenfalls die beiden Wörter NICHT BESTANDEN. Danach ist ein Satz auszugeben, der aus dem Namen des Schülers, seinen drei erreichten Zensuren und dem Inhalt des Datenelementes BEWERTUNG besteht. Nachdem der letzte Bewertungssatz ausgegeben wurde, sind zwei Zähler auszugeben; der eine enthält die Anzahl der Schüler, die bestanden haben, der andere die Zahl der Schüler, die das Examen nicht bestanden haben.

   Es ist ein Programm zu entwerfen, das einen solchen Bericht über den Leistungsstand einer Klasse erzeugt. Sowohl die hierarchische Darstellung als auch der Pseudocode sind zu erarbeiten.

*4. Angenommen, die Kommissionsgeschäfte von Reisevertretern basieren wie folgt auf einem sogenannten Artikelcode:

Artikelcode	Berechnung des Verdienstes in DM nach der Formel
1	0,15 × verkaufspreis
2	0,40 × (verkaufspreis – grundpreis)
3	0,10 × grundpreis + 0,50 × (verkaufspreis – grundpreis)
4	25,00 + 0,05 × grundpreis
5	75,00

Für jeden getätigten Verkauf gibt es einen Verkaufssatz, der die folgenden Angaben enthält:
– – – Name des Reisenden
– – – Artikelcode
– – – Verkaufspreis in DM
– – – Grundpreis in DM

Es ist ein Programm zu entwerfen, das alle Verkaufssätze liest und für jeden gelesenen Satz einen Ausgabesatz mit folgendem Inhalt schreibt:
– – – Name des Reisenden
– – – Artikelcode
– – – Verkaufspreis in DM
– – – Grundpreis in DM
– – – Verdienst in DM

Wenn ein Artikelcode entdeckt wird, der von 1, 2, 3, 4 oder 5 abweicht, ist der Verdienst auf Null zu setzen und die Nachricht "FALSCHER ARTIKELCODE" am Ende des betreffenden Satzes hinzuzufügen, d.h. nach den normalen Ausgabefeldern.

5. Jeder Satz in einer Datei mit Daten weist das nachfolgende Format auf:
    Stellen 1 bis 5 – – Ausgabenschlüssel
    Stellen 6 bis 11 – – Voranschlag der Ausgaben in DM
    Stellen 12 bis 17 – – bis zum heutigen Tage aufgelaufene
                                 tatsächliche Ausgaben in DM

Es ist ein Programm zu entwerfen, das die Sätze einer solchen Datei liest und für jeden Satz eine Zeile druckt, die die nachstehenden Informationen enthält:
– – – Alle gelesenen Daten
– – – Kommentar "UEBERSCHREITUNG DES VORANSCHLAGS" für den Fall, daß die tatsächlichen Ausgaben die Ausgaben des Voranschlages überschritten haben.

*6. Jeder Satz in einer Datei enthält eine alphanumerische Kennung auf den Stellen 45 bis 50 und den Bruttoverdienst in DM und Dpf auf den Stellen 70 bis 76. Für jeden Satz ist eine ortsübliche Abgabe zu errechnen; sie beträgt 4% des über 3600,00 DM hinausgehenden Bruttoverdienstes. Für jeden Satz ist eine Zeile zu drucken, die die Eingabedaten und die errechnete Abgabe enthält.
Zur Lösung dieser Aufgabenstellung ist ein eigenes Programm zu entwerfen!

7. Jeder Satz in einer Datei enthält eine alphanumerische Kennung auf den Stellen 40 bis 47 sowie einen in DM und Dpf angegebenen Gesamtpreis auf den Stellen 31 bis 36. Für jeden Satz ist ein Rabattbetrag in DM und Dpf zu errechnen und zusammen mit den Eingabedaten auf eine Zeile zu drucken. Der Rabattbetrag errechnet sich zu 2% bei einem 1750,00 DM übersteigenden Gesamtpreis; sonst beträgt er 0,00 DM.
Ein entsprechendes Programm ist zu entwerfen!

*8. In einer Datei sind Sätze mit folgendem Format aufgezeichnet:
   Stellen 1 bis 8   --- Kennung   – alphanumerisch
   Stellen 9 bis 15   --- Betrag in DM   – numerisch 9(5)V99
   Stellen 16 bis 80 --- sonstige   – alphanumerisch
                          Informationen

Von jedem Satz ist der Inhalt aufzulisten. Die Beträge aller Sätze sollen auf eine Gesamtsumme addiert werden, der anfangs der Wert Null zugewiesen werden soll. Nach Erreichen des Dateiendes der Eingabedatei soll die Gesamtsumme gedruckt werden. Es ist ein geeignetes Programm zur Lösung dieses Problems zu entwerfen!

9. Das Programm zur Lösung der Aufgabe 8. ist in zweierlei Hinsicht zu erweitern.
   a) Jeder Satz mit einem Betrag von 0,00 DM ist nicht zu drucken.
   b) Es sollen zwei Zähler eingerichtet werden; mit dem einen soll die Zahl der Sätze erfaßt werden, in denen ein Betrag von 0,00 DM enthalten ist, mit dem anderen die Zahl der Sätze, die einen von Null verschiedenen Betrag aufweisen. Beide Zähler sollen auf die letzte Zeile, die Gesamtsummenzeile, zusätzlich gedruckt werden, zusammen mit ihrer Summe, d.h. der Gesamtzahl der in der Datei vorhandenen Sätze, und dem Durchschnitt der Beträge in den Sätzen, die einen von Null verschiedenen Betrag aufweisen (Gesamtsumme dividiert durch die Anzahl der Sätze mit einem von Null verschiedenen Betrag).

   Der Entwurf von Aufgabe 8. ist zweckentsprechend zu ergänzen!

5. Anweisungen für die Ablaufstruktur von COBOL-Programmen

5.1 Einführung

In Kap. 4 brachten wir einige Methoden zur Sprache, die beim Entwurf von Programmen eine Rolle spielen. Insbesondere betrachteten wir die Grundstrukturen zur Steuerung des Programmablaufes: *Sequenz*, *Auswahl*, *Wiederholung* und *Fallunterscheidung*. Die Sequenzstruktur erfordert selbstverständlich keine spezielle Steuerungsanweisung, da durch sie schlechthin die reguläre Reihenfolge, in der die **COBOL**-Anweisungen ausgeführt werden, vergegenwärtigt wird. Für jede der drei übrigen Steuerungsstrukturen gibt es eine spezielle **COBOL**-Anweisung, durch die die entsprechende Struktur verwirklicht wird. Wir werden jede dieser Anweisungen kennenlernen und untersuchen, beginnend mit der IF-Anweisung.

5.2 Die IF-Anweisung

Die **IF**-Anweisung, die der IF-Struktur des Pseudocodes sehr ähnelt, wird verwendet, um eine Bedingung auszuwerten und aufgrund des ermittelten Ergebnisses festzulegen, was anschließend getan werden soll. Die am häufigsten benutzte Form dieser Anweisung lautet wie folgt:

```
IF    bedingung
         anweisung-1
ELSE
         anweisung-2.
```

Bei diesem Format wird die Bedingung gewöhnlich in Form einer Untersuchung der Beziehung zwischen zwei Datenelementen niedergeschrieben. Beispielsweise können wir Anweisungen vor uns haben, deren Bedingungen so lauten, wie es die nachfolgenden Anweisungsbruchstücke zeigen:

```
IF  ARBEITSSTUNDEN IS GREATER THAN 37.5 ...
IF  CODE-1 = '2' ...
IF  BESTANDSMENGE IS LESS THAN BESTANDSMENGE-MINDEST ...
```

Wir werden uns mit den verschiedenen Möglichkeiten von Vergleichsbedingungen beschäftigen, sobald wir uns einen Einblick in die generelle Natur der **IF**-Anweisung verschafft haben.

Im Anschluß an die Bedingung folgt eine Anweisung, die bei Erfüllung der Bedingung ausgeführt werden soll, d.h. wenn die Bedingung *wahr* (englisch: true) ist. Diese Anweisung kann jede **COBOL**-Anweisung sein oder auch eine Gruppe von **COBOL**-Anweisungen. Wenn wir die drei obigen Beispiele fortsetzen würden, könnten sie wie folgt lauten:

```
IF   ARBEITSSTUNDEN IS GREATER THAN 37.5
        PERFORM UEBERSTUNDEN-ROUTINE
        MOVE 'X' TO UEBERSTUNDEN-KENNZEICHEN

IF   CODE-1 = '2'
        MOVE NAME-UND-ADRESSE TO SEITE-TEIL-1

IF   BESTANDSMENGE IS LESS THAN BESTANDSMENGE-MINDEST
        PERFORM BESTELL-ROUTINE
        MOVE BESTELLMENGE TO BESTELLMENGE-AUFTRAG
        ADD 1 TO BESTELLSATZ-ZAEHLER
```

Als nächstes folgt das Wort **ELSE**, dem wiederum eine Anweisung oder eine Gruppe von Anweisungen folgt. Zu deren Ausführung kommt es, wenn die Bedingung sich als *nicht wahr* erweist. Die obigen noch unvollständigen Anweisungen könnten also wie folgt ergänzt werden:

```
IF   ARBEITSSTUNDEN IS GREATER THAN 37.5
        PERFORM UEBERSTUNDEN-ROUTINE
        MOVE 'X' TO UEBERSTUNDEN-KENNZEICHEN
ELSE
        PERFORM NORMALSTUNDEN-ROUTINE
        MOVE SPACES TO UEBERSTUNDEN-KENNZEICHEN.

IF   CODE-1 = '2'
        MOVE NAME-UND-ADRESSE TO SEITE-TEIL-1
ELSE
        MOVE NAME-UND-ADRESSE TO SEITE-TEIL-2.

IF   BESTANDSMENGE IS LESS THAN BESTANDSMENGE-MINDEST
        PERFORM BESTELL-ROUTINE
        MOVE BESTELLMENGE TO BESTELLMENGE-AUFTRAG
        ADD 1 TO BESTELLSATZ-ZAEHLER
ELSE
        SUBTRACT AUSLIEFERUNGS-MENGE FROM BESTANDSMENGE.
```

Am Schluß der **IF**-Anweisung hat ein Punkt zu stehen. Die Position des Punktes ist entscheidend! Da dieses Format der **IF**-Anweisung nichts aufweist, was dem ENDIF der IF-Struktur des Pseudocodes entspricht, muß unbedingt ein Punkt diese Form der **IF**-Anweisung beenden, und es darf kein Punkt an irgendeiner anderen Stelle auftreten.

5.2 Die IF-Anweisung

Dieses allgemeine Format der **IF**-Anweisung ist auf mehrere Zeilen gestellt worden; jede einzelne Komponente nimmt eine gesonderte Zeile ein. Natürlich gestattet jeder **COBOL**-Kompilierer auch, daß die einzelnen Teile der **IF**-Anweisung auch auf eine Zeile geschrieben werden können, sofern sie in diese Zeile hineinpassen. Wir werden jedoch immer alle Teile einer **IF**-Anweisung auf gesonderte Zeilen niederschreiben und dabei die Anweisungen nach rechts einrücken, deren Ausführung durch die aufgrund der Bedingungsauswertung erfolgte Entscheidung veranlaßt wird. Damit ist gewährleistet, daß der Sinn eines Programmes leichter zu verstehen ist. Die **IF**-Anweisungen sind in den meisten Programmen von zentraler Wichtigkeit. Daher lohnt es sich, alles zu tun, um ihren Sinn und die durch sie hervorgerufenen Operationen so klar wie möglich herauszustellen.

Nachfolgend führen wir noch ein anderes Beispiel für ein vollständiges **IF**-Statement auf (unter einem Statement ist ebenfalls eine Anweisung gemeint):

```
IF  W-BRUTTOLOHN IS GREATER THAN W-FREIBETRAG
        SUBTRACT W-FREIBETRAG FROM W-BRUTTOLOHN
                GIVING W-BETRAG-VERSTEUERT
            MULTIPLY W-BETRAG-VERSTEUERT BY C-STEUERSATZ
                GIVING W-STEUERN ROUNDED
ELSE
        MOVE ZERO TO W-STEUERN.
```

Eine dieser Anweisung gleichende stammt aus einem Programm, das wir im nächsten Kapitel besprechen werden. Zunächst wird ermittelt, ob der Bruttolohn eines Arbeiters bzw. einer Arbeiterin größer als sein bzw. ihr Freibetrag ist. Wenn sich diese Bedingung als *wahr* erweist, dann hat der Arbeiter bzw. die Arbeiterin Steuern zu zahlen; es erfolgt daher der Übergang zu den gezeigten, die Steuerberechnung bewirkenden arithmetischen Anweisungen und die hinter **ELSE** stehende Anweisung bleibt unbeachtet. Wenn aber andererseits der Bruttolohn des Arbeiters bzw. der Arbeiterin nicht größer als der zugestandene Freibetrag ist, dann braucht er bzw. sie keine Steuern abzuführen; wir setzen daher die Steuern auf Null (man beachte die bisher unbekannte *figurative Konstante* **ZERO**). In diesem Fall werden die Anweisungen, die vor **ELSE** stehen, nicht ausgeführt.

Das Format der **IF**-Anweisung ist, wie man wahrscheinlich bemerkt haben wird, nahezu identisch der IF-Struktur des Pseudocodes. Der Hauptunterschied zwischen den beiden besteht darin, daß die Struktur des Pseudocodes mit ENDIF abgeschlossen wird, die **COBOL**-Anweisung hingegen einfach durch einen Punkt. Wenn die Operationen, die durch eine **IF**-Anweisung ausgeführt werden sollen, sehr unüberschaulich sind, dann kann der zu ihrer Ausführung erforderliche **COBOL**-Code ebenfalls extrem kompliziert werden. In einem solchen Fall können wir die **IF**-Anweisung wie folgt schreiben:

```
IF   ARBEITSSTUNDEN IS GREATER THAN 37.5
     PERFORM UEBERSTUNDEN-ROUTINE
ELSE
     PERFORM NORMALSTUNDEN-ROUTINE.
```

Es gibt nunmehr sowohl im Zweig „wahr" als auch im Zweig „unwahr" oder „falsch" nur noch jeweils eine einzige Anweisung. Dies ist durch die **PERFORM**-Anweisung erreicht worden, die komplette Paragraphen ins Spiel gebracht haben.

Man nehme hier wahr, daß die **PERFORM**-Anweisung in einer neuen Form gebraucht wird, nämlich ohne die Angabe **UNTIL**. Dadurch wird der erwähnte Paragraph nur einmal ausgeführt. Die beiden in der Anweisung genannten Paragraphen **UEBERSTUNDEN-ROUTINE** bzw. **NORMALSTUNDEN-ROUTINE** könnten den komplexen Code enthalten. Durch die Plazierung des Codes abseits von der **IF**-Anweisung haben wir zwei Resultate erreicht. Erstens können wir uns darauf konzentrieren, jeden Paragraphen getrennt zu entwerfen, ohne uns darum kümmern zu müssen, in welcher Beziehung ein Paragraph zum anderen steht oder wie die beiden Paragraphen ins **IF**-Statement einzubetten sind. Zweitens können wir *jede* Anweisung in den beiden Paragraphen mit Punkten abschließen. Das könnten wir nicht tun, wenn der Code der beiden Paragraphen Teil der **IF**-Anweisung wäre, da dann nur ein einziger Punkt in der **IF**-Anweisung gesetzt werden könnte, und zwar am Ende der Anweisung. Wie wir in späteren Kapiteln sehen werden, kann durch diese Maßnahme der **COBOL**-Code beträchtlich vereinfacht werden.

5.3 Die IF-Anweisung ohne ELSE

Mitunter kommt es vor, daß bei Erfüllung einer Bedingung Operationen auszuführen sind, dagegen keine Aktion erforderlich ist, wenn sich bei Auswertung der Bedingung das Ergebnis „falsch" ergibt. In einem solchen Fall haben wir die Wahl zwischen zwei Möglichkeiten. Die erste einfache besteht darin, das Wort **ELSE** zusammen mit den darauffolgenden Anweisungen wegzulassen. Wenn die Bedingung sich als wahr erweist, werden dann die Anweisungen ausgeführt, erweist sich die Bedingung als falsch, geschieht nichts.

Die zweite Wahlmöglichkeit besteht darin, die Wortfolge **ELSE NEXT SENTENCE** niederzuschreiben, die genau den gleichen Effekt bewirkt. Einige Leute empfehlen diese Form, weil sie die Übersichtlichkeit bei umfangreichen Programmen begünstigen soll. Wir werden jedoch in solchen Situationen einfach die **ELSE**-Angabe weglassen.

5.4 Vollständiges allgemeines Format der IF-Anweisung

Das allgemeine Format der **IF**-Anweisung, das wir zu Beginn von Abschnitt 5.2 zeigten, ist in Wirklichkeit eine Kurzfassung, die wir aus Gründen der Einfachheit für die erste Inaugenscheinnahme ins Spiel brachten. Das vollständige allgemeine Format dieser Anweisung ist nachfolgend dargestellt:

$$\underline{\text{IF}} \text{ bedingung} \left\{ \begin{array}{l} \text{anweisung-1} \\ \underline{\text{NEXT SENTENCE}} \end{array} \right\} \left\{ \begin{array}{l} \underline{\text{ELSE}} \text{ anweisung-2} \\ \underline{\text{ELSE NEXT SENTENCE}} \end{array} \right\}$$

Wir erkennen, daß die Wörter **NEXT SENTENCE** sowohl für den Wahr-Zweig als auch für den Falsch-Zweig niedergeschrieben werden können. Für die Art von **IF**-Anweisungen, die wir in den nachfolgenden Kapiteln betrachten werden, ist das keine Kernfrage, aber gelegentlich ist diese Möglichkeit recht nützlich. In diesem Format ist die Wahlmöglichkeit zwischen

    ELSE anweisung-2

und

    ELSE NEXT SENTENCE

in geschweifte und nicht in eckige Klammern gestellt; das ist hier zu beachten. Unter den in Kap. 3 für allgemeine Formate gegebenen Regeln würde diese Schreibweise bedeuten, daß wir eine der beiden genannten Wahlmöglichkeiten aufgreifen müssen, aber wir dürfen nicht beide gleichzeitig verwenden. Das auf diese Weise vorgestellte Format kann auch auf die komplizierteren Anweisungsformate angewendet werden, die wir später zu behandeln haben. In **COBOL**-Handbüchern wird dieses allgemeine Format von der Aussage begleitet, daß die Wörter **ELSE NEXT SENTENCE** weggelassen werden können, wenn sie dem Punkt am Ende des Satzes unmittelbar vorausgehen. Nachfolgend stellen wir eine **IF**-Anweisung ohne **ELSE**-Angabe vor:

```
IF GESCHAEFTS-CODE = '1'
    PERFORM ADDITIONS-ROUTINE.
```

Wir lassen noch ein zweites Beispiel für eine **IF**-Anweisung ohne **ELSE**-Angabe folgen. Dieses Beispiel basiert auf dem Programm, das wir im nächsten Kapitel besprechen werden; die daraus extrahierten **IF**-Anweisungen sind hier nur geringfügig verändert.

```
IF  E-ARBEITSSTUNDEN IS GREATER THAN 37.5
    SUBTRACT 37.5 FROM E-ARBEITSSTUNDEN
            GIVING W-UEBERSTUNDEN
    MULTIPLY 0.5 BY W-UEBERSTUNDEN
    MULTIPLY W-UEBERSTUNDEN BY I-TARIF
            GIVING W-UEBERSTUNDEN-LOHN ROUNDED
    ADD W-UEBERSTUNDEN-LOHN TO W-BRUTTO-LOHN.
```

Diese Anweisung besagt, daß überprüft werden soll, ob der Wert des Datenelementes **E-ARBEITSSTUNDEN** größer als 37.5 ist. Sollte das der Fall sein, so sind die vier aufgeführten Anweisungen auszuführen. Im anderen Fall unterbleiben diese Berechnungen.

5.5 Die Bedeutung des Punktes in einer IF-Anweisung

Es ist von entscheidender Bedeutung, daß bei der **IF**-Anweisung der Punkt *genau dort* erscheint, *wo* er *beabsichtigt* ist, weil eben die **IF**-Anweisung von **COBOL** im Gegensatz zur IF-Struktur des Pseudocodes kein Element aufweist, das dem ENDIF entspricht. Angenommen z.B., wir hätten beim letzten Musterbeispiel geistesabwesend einen Punkt ans Ende der **SUBTRACT**-Anweisung gesetzt. Für den **COBOL**-Kompilierer würde das besagen, er hätte das Ende der **IF**-Anweisung erreicht. Als Effekt würde sich daraus ergeben, daß die Ausführung der **SUBTRACT**-Anweisung bedingt erfolgt, aber die beiden **MULTIPLY**-Verben und das **ADD**-Verb würden nicht mehr durch das **IF** gesteuert; sie würden daher *stets* ausgeführt werden. Der Pseudocode für diese beiden IF-Anweisungen (Ende Abschnitt 5.4 bzw. Anfang Abschnitt 5.5) ist in den beiden Abb. 5.1 und 5.2 gezeigt.

```
IF  arbeitsstunden größer als 37.5 THEN
        setzen von überstunden auf arbeitsstunden - 37.5
        multiplizieren überstunden mit 0.5
        setzen überstundenlohn auf überstunden * tarif
        addieren von überstundenlohn auf bruttolohn
ENDIF
```

Abb. 5.1 Pseudocode für die korrekte IF-Anweisung

5.5 Die Bedeutung des Punktes in einer IF-Anweiungsung

```
IF   arbeitsstunden größer als 37.5  THEN
     setzen von überstunden auf arbeitsstunden - 37.5
ENDIF
multiplizieren überstunden mit 0.5
setzen überstundenlohn auf überstunden * tarif
addieren von überstundenlohn auf bruttolohn
```

Abb. 5.2 Pseudocode für die fehlerhafte IF-Anweisung

Der an die falsche Stelle gesetzte Punkt zerstört augenscheinlich den beabsichtigten Zweck des Programmes. Einen solchen Fehler zu lokalisieren, kann mitunter ziemlich schwierig sein. Für den Kompilierer ist es jedenfalls nicht möglich, Fehler dieser Art zu signalisieren, denn sie betreffen die Regeln von **COBOL** in keiner Weise. Das fehlerhafte Programm würde ja von der Sprache her gänzlich in Ordnung sein – aber es würde nicht so ablaufen, wie wir es gewollt hatten.

Das Weglassen des Punktes am Ende einer **IF**-Anweisung wirkt sich ebenfalls verheerend aus. Es hat nämlich zur Folge, daß alles bis zum nächsten Punkt, von dem wir glaubten, es würde der **IF**-Anweisung *folgen*, als zugehörig zur **IF**-Anweisung angesehen wird. Gelegentlich wird ein solcher Fehler ein ungültiges Programm erzeugen, das dann auch vom Kompilierer erkannt werden kann, aber leider in den meisten Fällen nicht. Die Folgen dieser Fehler zu diagnostizieren, kann ebenfalls ein schwieriges Unterfangen sein.

Ähnliche Bemerkungen gelten dem Punkt am Ende einer **READ**-Anweisung. Wenn in die Angabe **AT END** mehrere Anweisungen aufzunehmen sind, und ein Punkt hinter irgendeine, jedoch nicht hinter die letzte Anweisung gestellt wird, so werden alle Anweisungen, die noch auf den Punkt folgen, der Steuerung der Angabe **AT END** entzogen. Das Weglassen des Punktes zum Schluß der Angabe **AT END** würde bedeuten, daß alle Anweisungen bis zum nächsten Punkt als zugehörig zur Angabe **AT END** betrachtet werden; sie werden daher nur ausgeführt, wenn das Ende der Datei entdeckt wird.

Es ist jedenfalls wichtig, sorgfältig mit einer **READ**-Anweisung innerhalb einer **IF**-Anweisung umzugehen. Das Problem hierbei ist, daß es keinen Weg gibt, darauf hinzuweisen, wann das Ende der Anweisungen erreicht ist, die zur Angabe **AT END** gehören sollen, es sei denn, man schreibt den Punkt ans Ende des Satzes, der die **READ**-Anweisung beinhaltet. Was das, kurz gesagt, bedeutet, ist folgendes: Falls eine **READ**-Anweisung innerhalb einer **IF**-Anweisung erscheint, wird alles, was bis zum Ende des Satzes erscheint, als Teil der Angabe **AT END** der **READ**-Anweisung betrachtet (es darf ja kein weiterer Punkt innerhalb der **IF**-Anweisung auftreten!). Falls dies nicht beabsichtigt ist, muß die **READ**-Anweisung in einen separaten Paragraphen aufgenommen werden und dieser über eine **PERFORM**-Anweisung angesprochen werden.

5.6 Vergleichsbedingungen

Vergleichsbedingungen haben wir bereits ab Kap. 2 benutzt; dort begegneten wir der Anweisung (siehe Abb. 2.1)

```
PERFORM B010-VERARB-SCHREIB-LES
        UNTIL DATEIENDE-KENNZEICHEN = 'JA'.
```

Der auf das Wort **UNTIL** folgende Anweisungsteil stellt ein einfaches Beispiel für eine Vergleichsbedingung dar. (Beiläufig sehen wir also bei dieser **PERFORM**-Anweisung, daß Bedingungen auch in anderen Anweisungen und nicht nur bei der **IF**-Anweisung auftreten können.) Nunmehr benötigen wir präzisere Einzelheiten über das Konzept von *Vergleichsbedingungen*, die wir bisher rein intuitiv verwendet haben.

Das allgemeine Format von Vergleichsbedingungen sieht wie folgt aus:

$$\left\{\begin{array}{l}\text{bezeichner-1}\\\text{literal-1}\\\text{arithmetischer-ausdruck-1}\end{array}\right\} \text{vergleichsoperator} \left\{\begin{array}{l}\text{bezeichner-2}\\\text{literal-2}\\\text{arithmetischer-ausdruck-2}\end{array}\right\}$$

Wir erkennen, daß eine Vergleichsbedingung untersucht, wie zwei Datenelemente zueinander in Beziehung stehen. Das erste wird *Subjekt*, das zweite *Objekt* genannt. Beispielsweise ist bei der Vergleichsbedingung

```
IF  WEITERE-DATEN-KENNZEICHEN = 'NEIN'
    ⋮
```

das Datenelement mit Namen **WEITERE-DATEN-KENNZEICHEN** das Subjekt, das Gleichheitszeichen der *Vergleichsoperator* und das alphanumerische Literal **'NEIN'** das Objekt. Sowohl Subjekt als auch Objekt können entweder *Bezeichner* oder *Literale* oder *arithmetische Ausdrücke* sein (siehe hierzu Kap. 19). Eine Kombination zwischen Subjekt und Objekt ist nicht erlaubt, nämlich der Vergleich zweier Literale. Da

Literale niemals ihren Wert verändern, würde eine solche Vergleichsbedingung entweder immer zum Ergebnis wahr oder zum Ergebnis falsch führen. Das aber bedeutet, es würde sich in Wahrheit nie um eine echte Bedingung handeln. Beispielsweise würde eine Vergleichsbedingung der Art

```
IF  12 IS GREATER THAN 10  ...
```

immer wahr sein, die Untersuchung wäre also sinnlos. Deshalb ist diese Art von Vergleichen nicht erlaubt.

5.7 Vergleichsoperatoren

Für die Bildung von Vergleichsbedingungen stehen in allen **COBOL**-Versionen drei *Vergleichsoperatoren* zur Verfügung. Sie dienen zur Bestimmung, ob ein Subjekt *größer als, kleiner als* oder *gleich* einem Objekt ist. Die zulässigen Schreibweisen für die Vergleichsoperatoren sind in der Abb. 5.3 aufgeführt.

Vergleichsoperator	Bedeutung
IS [NOT] GREATER THAN IS [NOT] >	größer als oder nicht größer als
IS [NOT] LESS THAN IS [NOT] <	kleiner als oder nicht kleiner als
IS [NOT] EQUAL TO IS [NOT] =	gleich oder nicht gleich

Abb. 5.3 Zulässige Schreibweisen für die Vergleichsoperatoren

Die Version **COBOL-85** unterstützt zwei weitere Vergleichsoperatoren; diese sind in der Abb. 5.4 aufgeführt.

Vergleichsoperator (COBOL-85)	Bedeutung
IS GREATER THAN OR EQUAL TO IS > =	größer als oder gleich
IS LESS THAN OR EQUAL TO IS < =	kleiner als oder gleich

Abb. 5.4 Zusätzliche Vergleichsoperatoren bei COBOL-85

Wie man aus der Beschreibung dieser beiden zusätzlichen Vergleichsoperatoren ohne weiteres erkennen kann, stellen sie keine Erweiterung der bisher bekannten Vergleichsmöglichkeiten dar; mittels der in Abb. 5.3 gezeigten Operatoren lassen sich die gleichen Vergleichsbedingungen formulieren. Sie sehen einfach nur einen natürlicheren (und gelegentlich auch kürzeren) Weg vor, bestimmte Vergleiche darzustellen.

Wir erkennen aus den Abb. 5.3 und 5.4, daß die Wörter **IS**, **THAN** und **TO** immer optionale Wörter sind. Das Wort **NOT** kann dazu benutzt werden, die Wirkung eines Vergleiches umzukehren, falls man so etwas will. Die beiden Formen jedes Vergleichsoperators sind äquivalent, so daß wir zum Beispiel die völlige Freiheit haben, entweder **GREATER THAN** oder nur das Symbol **>** zu schreiben. Beide Schreibweisen bedeuten das gleiche. Die mathematischen Zeichen könnten ja manchen Programmierern nicht vertraut oder für sie unbequem sein. Man könnte es aber auch für wünschenswert halten, ein Programm so zu schreiben, daß es der englischen Umgangssprache so weit wie möglich angenähert ist. Wir selbst werden beide Formen verwenden.

Jedem Vergleichsoperator muß mindestens ein Leerzeichen vorausgehen und mindestens ein Leerzeichen folgen.

5.8 Die Sortierfolge

Durch den Vergleich zweier numerischer Datenelemente bestimmt man, welche der beiden in den Vergleich einbezogenen Zahlen die größere ist; dazu bedarf es keiner neuen Auffassung. Jedoch erfordert der Vergleich zweier nichtnumerischer Datenelemente, daß wir wissen, wie ein Computer solche Datenelemente behandelt. Ist die Ziffer 7 von „größerem" oder von „kleinerem" Wert als der Buchstabe K? Mathematisch hat diese Frage keinen Sinn, doch werden solche Untersuchungen nahezu alltäglich bei der Verarbeitung von Daten gefordert. Daher müssen wir Bescheid wissen, wie ein Computer in dieser Hinsicht arbeitet. Die Frage wird beantwortet, wenn man die *Sortierfolge* der Maschine kennt. Darunter versteht man die Reihenfolge, in die ein Computer die Zeichen aufgrund von Vergleichen einordnet, vom „kleinsten" Zeichen bis hin zum „größten".

Mit Rücksicht auf gewisse Arten nichtnumerischer Vergleiche arbeiten alle Computer auf die gleiche Weise. Buchstaben des Alphabets werden bei Vergleichen entsprechend ihrer alphabetischen Reihenfolge angeordnet; das Leerzeichen, auch Zwischenraumzeichen oder Blank genannt, weist einen geringeren Wert als jeder Buchstabe auf. Leider gleichen sich die Computer nicht, wenn es um die anderen nichtnumerischen Vergleiche geht. Beispielsweise werden bei manchen Computern die Ziffern als „kleiner" betrachtet als die Buchstaben, bei anderen ist es gerade umgekehrt. Es ist deshalb unbedingt notwendig zu wissen, wie der einzelne Computer, auf dem man sein Programm laufen läßt, arbeitet. Beinahe alle Computer benutzen eine der beiden heutzutage üblichen Sortierfolgen: *EBCDIC* (Extended Binary Coded-Decimal Interchange Code, auf deutsch: Erweiterter Austauschcode für binär verschlüsselte Dezimalziffern, auch als „erweiterter 8-Bit-IBM-BCD-Code" bekannt) oder *ASCII* (American Standard Code for Information Interchange, auf deutsch: Amerikanischer Standardcode für Informationsaustausch). Diese beiden Sortierfolgen werden in der Tabelle von Abb. 5.5 gezeigt, zugleich mit den gebräuchlichsten Benennungen der einzelnen Zeichen.

Die in der Abb. 5.5 dargestellten beiden Sortierfolgen sind in aufsteigender Folge der Zeichen gegeben, d.h. beispielsweise, daß in beiden Sortierfolgen ein Leerzeichen „kleiner" ist als jedes andere Zeichen der Folgen. Im EBCDIC ist die Ziffer 9 das „höchste" Zeichen, im ASCII hingegen die Tilde. Sollte der installierte Computer mit keiner dieser beiden Sortierfolgen arbeiten, muß man sich Informationen über die geltende Sortierfolge beschaffen; in der Regel ist sie im Handbuch des betreffenden Computers verzeichnet. Bei vielen Anwendungen der Datenverarbeitung braucht man Einzelheiten über die Sortierfolge solange nicht zu wissen, solange man davon überzeugt ist (wie wir es sind!), daß jeder installierte Computer Vergleiche immer auf die gleiche Art und Weise durchführt. Tatsächlich kann aber bei den meisten gegenwärtigen **COBOL**-Kompilierern die Sortierfolge so festgelegt werden, wie man sich diese wünscht.

Oft ist es notwendig, nichtnumerische Daten unterschiedlicher Länge zu vergleichen. Wenn ein solcher Fall vorliegt, geschieht folgendes: Das kürzere Element wird nach rechts solange mit Leerzeichen aufgefüllt, bis es die gleiche Länge wie das längere Element besitzt. Danach wird der Vergleich vollzogen. Dieses Vorgehen bedeutet einfach, daß die für das Alphabet geltenden Regeln zur Anwendung kommen. Der Begriff „hucke" wird somit beispielsweise als „kleiner" angesehen als der Begriff „huckepack".

Lfd. Nr.	EBCDIC		ASCII	
	Zeichen	Benennung des Zeichens	Zeichen	Benennung des Zeichens
1		Leerzeichen; Blank		Leerzeichen; Blank
2	¢	Währungszeichen (Centzeichen)	!	Ausrufungszeichen
3	.	Punkt	"	Anführungszeichen
4	<	kleiner-als-Zeichen	#	Nummernzeichen
5	(	Klammer auf; linke Klammer	$	Währungszeichen (Dollarzeichen)
6	+	Pluszeichen	%	Prozentzeichen
7	|	senkr. Strich; (logisches) Oderzeichen	&	(logisches) Undzeichen
8	&	(logisches) Undzeichen	'	Auslassungszeichen (Apostroph); halbes Anführungszeichen
9	!	Ausrufungszeichen	(	Klammer auf; linke Klammer
10	$	Währungszeichen (Dollarzeichen)	)	Klammer zu; rechte Klammer
11	*	Sternzeichen	*	Sternzeichen
12	)	Klammer zu; rechte Klammer	+	Pluszeichen
13	;	Semikolon	,	Komma
14	¬	(logisches) Nichtzeichen	-	Bindestrich; Minuszeichen
15	-	Bindestrich; Minuszeichen	.	Punkt
16	/	Schrägstrich	/	Schrägstrich
17	,	Komma	0 bis 9	Ziffern 0 bis 9
18	%	Prozentzeichen	:	Doppelpunkt; Kolon
19	_	Unterstreichungszeichen	;	Semikolon
20	>	Größer-als-Zeichen	<	kleiner-als-Zeichen
21	?	Fragezeichen	=	Gleichheitszeichen; Ergibtzeichen
22	:	Doppelpunkt; Kolon	>	Größer-als-Zeichen
23	#	Nummernzeichen	?	Fragezeichen
24	@	Beizeichen (englisch: at sign)	@	Beizeichen (englisch: at sign)
25	'	Auslassungszeichen (Apostroph); (halbes) Anführungszeichen	A bis Z	Großbuchstaben A bis Z
26	=	Gleichheitszeichen; Ergibtzeichen	[	eckige Klammer auf; linke eckige Klammer
27	"	Anführungszeichen	\	umgekehrter Schrägstrich
28	a bis z	Kleinbuchstaben a bis z	]	eckige Klammer zu; rechte eckige Klammer
29	A bis Z	Großbuchstaben A bis Z	^	Einschaltungszeichen; Dachzeichen
30	0 bis 9	Ziffern 0 bis 9	_	Unterstreichungszeichen
31			`	Graveakzent
32			a bis z	Kleinbuchstaben a bis z
33			{	geschweifte Klammer auf; linke geschweifte Klammer
34			|	senkrechter Strich; (logisches) Oderzeichen
35			}	geschweifte Klammer zu; rechte geschweifte Klammer
36			~	Tilde; Wiederholungszeichen

Abb. 5.5 Sortierfolgen EBCDIC und ASCII

5.9 Klassenbedingungen

Die Vergleichsbedingung, über die wir soeben gesprochen haben, ist nur eine der vier Arten von Bedingungen. Alle werden wir als sehr nützlich empfinden. Wir wollen nunmehr die *Klassenbedingung* behandeln. Durch diese kann bestimmt werden, ob der Inhalt (bzw. der Wert) eines Datenelementes *alphabetisch* oder *numerisch* ist. Das allgemeine Format der Klassenbedingung sieht wie folgt aus:

```
bezeichner  IS  [NOT]   { NUMERIC    }
                        { ALPHABETIC }
```

Klassenbedingungen werden in erste Linie dazu benutzt, um Eingabedaten zu überprüfen. Ihre vollständige Besprechung würde uns mit der Frage konfrontieren, wie die Informationen im Innern des Computers repräsentiert werden; wir werden uns diesem Thema ausführlicher in Kap. 10 zuwenden. Vorerst begnügen wir uns damit, einfach festzuhalten, daß ein Test auf Zugehörigkeit zur numerischen Klasse nicht für ein alphabetisches Element erfolgen kann, d.h. für ein Datenelement, das in seiner **PICTURE**-Klausel nur die Zeichen **A** aufweist; der Test auf Zugehörigkeit zur alphabetischen Klasse kann wiederum nur dann erfolgen, wenn kein Element vorliegt, dessen **PICTURE**-Klausel nur die Zeichen **9** enthält. Jede Art von Überprüfung kann hingegen mit einem Datenelement erfolgen, dessen **PICTURE**-Klausel nur die Zeichen **X** aufweist, d.h. mit einem alphanumerischen Datenelement.

Der Zweck eines Klassentests besteht darin sicherzustellen, daß ein Datenelement, von dem man erwartet, daß es einen numerischen Wert besitzt, tatsächlich nur Ziffern enthält, und daß ein Datenelement nur Buchstaben enthält, das als alphabetisch erklärt ist. Bei einem Klassentest wird ein Datenelement als numerisch angesehen, wenn es keine anderen Zeichen als Ziffern enthält. Es gilt daher als nichtnumerisch, wenn auf irgendwelchen Stellen Leerzeichen vorkommen. Hierin liegt eine der häufigsten Anwendungen des Klassentests: Es soll festgestellt werden, ob ein Eingabewert auf solchen Stellen Leerzeichen aufweist, auf denen ein Anwender Nullen voraussetzt. Wenn geeignete Instrumentarien zur Korrektur fehlen, diese werden wir erst in späteren Kapiteln erörtern, kann die Klassenbedingung das Mißlingen eines Programmablaufes, d.h. einen unerwarteten Stopp veranlassen. Ursache hierfür könnte sein, daß arithmetische Operationen nicht mit Datenelementen durchgeführt werden können, deren Werte Leerzeichen enthalten. – Einige Kompilierer „verzeihen" teilweise diesen Lapsus, wenn ein solcher Fall vorliegt. Einige IBM-Kompilierer z.B. betrachten Leerzeichen in einem numerischen Datenelement solange als Nullen für arithmetische Operationen, solange kein Leerzeichen in der rechtsbündigen Position auftritt. Es ist freilich unratsam, sich auf Spitzfindigkeiten von Kompilierern zu verlassen. Die gleichen Eigenschaften, die IBM-Kompilierern erlauben, die meisten Leerzeichen als Nullen anzusehen, führen aber auch dazu, daß Buchstaben als Ziffern betrachtet werden. Bei arithmetischen Operationen würde das zu unbrauchbaren Ergebnissen führen.

Ein Datenelement wird als alphabetisch erachtet, wenn es nur Buchstaben und Leerzeichen enthält. Hier wird also das Leerzeichen als Teil des Alphabets angesehen. Wir werden wenig Gelegenheit haben, den Test auf Zugehörigkeit zur alphabetischen Klasse vorzunehmen.

Da **COBOL-85** den Unterschied zwischen Kleinbuchstaben und Großbuchstaben erkennen kann, unterstützt es zwei zusätzliche Klassentests, nämlich **ALPHABETIC-LOWER** und **ALPHABETIC-UPPER**. Das allgemeine Format für Klassenbedingungen lautet deshalb unter Einschluß dieser Zusätze wie folgt:

$$\text{bezeichner IS [\underline{NOT}]} \left\{ \begin{array}{l} \text{NUMERIC} \\ \text{ALPHABETIC} \\ \text{ALPHABETIC-LOWER} \\ \text{ALPHABETIC-UPPER} \end{array} \right\}$$

Die Überprüfungen auf **ALPHABETIC-LOWER** und **ALPHABETIC-UPPER** werden in der gleichen Art und Weise verwendet wie der Test auf **ALPHABETIC**. Jedoch ergibt die Überprüfung auf **ALPHABETIC-LOWER** nur dann das Ergebnis „wahr", wenn das fragliche Datenelement nur die Buchstaben a bis z und das Leerzeichen enthält. Der Test auf **ALPHABETIC-UPPER** ergibt nur dann „wahr", wenn das untersuchte Datenelement nur die Zeichen A bis Z sowie das Leerzeichen aufweist. Beim Test auf **ALPHABETIC** werden sowohl Kleinbuchstaben als auch Großbuchstaben akzeptiert.

Wie das allgemeine Format zeigt, kann jede Klassenbedingung durch Voranstellung des Wortes **NOT** umgekehrt werden.

5.10 Zusammengesetzte Bedingungen

Es passiert öfters, daß wir zu einer Überprüfung mehrere Bedingungen miteinander kombinieren müssen. Arbeitete ein Mitarbeiter mehr als 37,5 Stunden in der Woche, und ist er auf der wöchentlichen Lohnliste eingetragen? Ist das erste Datenelement oder das zweite nichtnumerisch? Diese beiden Fragen stehen als Beispiele für viele andere für die Kombination von Bedingungen, auch *Verbundbedingungen* genannt.

Überaus komplizierte Verbundbedingungen können auf der Basis von Regeln zusammengebaut werden, die wir später untersuchen werden. Wir werden dann auch sehen, wie es möglich ist, die Schreibweise von Verbundbedingungen zu vereinfachen. Zum jetzigen Zeitpunkt beschränken wir uns selbst auf zwei Arten von zusammengesetzten Bedingungen, nämlich auf solche, bei denen zwei einfache Bedingungen entweder durch **OR** (*oder*) oder durch **AND** (*und*) miteinander verknüpft werden.

5.11 Der logische Operator OR

Eine aus zwei oder aus mehr als zwei einfachen Bedingungen, die mittels des logischen Operators **OR** miteinander verknüpft sind, bestehende zusammengesetzte Bedingung (Verbundbedingung) ergibt als Resultat „wahr", wenn irgendeine oder mehrere einfache Bedingungen bei ihrer Auswertung zum Ergebnis „wahr" führten. Man betrachte z.B. die **IF**-Anweisung:

```
IF   RECHNUNGS-FRIST IS GREATER THAN 90
     OR KREDIT-CODE = '6'
     PERFORM KREDIT-ROUTINE.
```

Der Jazweig („wahr") der **IF**-Anweisung, nämlich die Anweisung **PERFORM KREDIT-ROUTINE**, wird dann beschritten, wenn eine der beiden Einfachbedingungen oder wenn beide Einfachbedingungen zum Wert „wahr" geführt haben.

Wie hier gezeigt, haben wir üblicherweise bestimmte Textteile eingerückt, um zueinander passende Sprachelemente untereinander zu stellen, aber das ist allein Sache der Schreibweise, **COBOL** erfordert das nicht. Selbstverständlich ist es gestattet, eine zusammengesetzte Bedingung gänzlich auf eine Zeile zu schreiben, aber das geht nur auf Kosten der leichteren Verständlichkeit.

5.12 Der logische Operator AND

Eine Bedingung, die aus mehreren mittels des Operators **AND** verknüpften einfachen Bedingungen zusammengesetzt ist, ergibt bei ihrer Auswertung „wahr", wenn alle Einfachbedingungen zum Ergebnis „wahr" führten. Wir könnten z.B. die folgende Anweisung vor uns haben:

```
IF      ARBEITSSTUNDEN IS NUMERIC
   AND  ARBEITSSTUNDEN IS LESS THAN 80
   AND  ARBEITSSTUNDEN IS GREATER THAN ZERO
   PERFORM NORMAL-ARBEIT
ELSE
   PERFORM FEHLER-VERARBEITUNG.
```

Für diese Verbundbedingung ergibt sich das Resultat „wahr" nur dann, wenn alle drei einfachen Bedingungen (eine Klassenbedingung und zwei Vergleichsbedingungen) „wahr" sind.

5.13 Die Anweisung PERFORM mit der Angabe UNTIL

Die Steuerungsstruktur PERFORM-UNTIL des Pseudocodes ist in **COBOL** natürlich durch die Anweisung **PERFORM** mit **UNTIL** verwirklicht. In vorangegangenen Kapiteln haben wir diese Anweisung bei mehreren Beispielen verwendet und in Zusammenhang mit diesen Beispielen auch diskutiert. Hier ist deshalb eine ausgedehnte Erklärung nicht mehr erforderlich. Jedoch wollen wir jetzt die Tatsache hervorheben, daß die auf **UNTIL** folgende Bedingung untersucht wird, bevor der angesprochene Paragraph ausgeführt wird. Für die Feststellung, wieviele Male eine Schleife ausgeführt wird, ist das von enormer Bedeutung. Man betrachte beispielsweise den nachfolgenden **COBOL**-Code:

```
        MOVE 1 TO ZAEHLER.
        PERFORM B010-VERARBEITUNG
            UNTIL ZAEHLER = 10.
        :
B010-VERARBEITUNG.
        READ EINGABE-DATEI  AT END MOVE 'J' TO KENNZEICHEN.
        MOVE EINGABE-SATZ TO AUSGABE-SATZ.
        WRITE AUSGABE-SATZ.
        ADD 1 TO ZAEHLER.
```

Bei diesem Beispiel zeigen die untereinander stehenden drei Punkte an, daß dort Anweisungen vorhanden sind, die für die nachfolgende Diskussion keine Rolle spielen.

Der Paragraph mit dem Namen **B010-VERARBEITUNG** wird neun Mal, nicht zehn Mal, ausgeführt. Wenn **ZAEHLER** nach Ausführung der **ADD**-Anweisung den Wert 10 angenommen und damit die **PERFORM**-Anweisung die Ausführung des Paragraphen **B010-VERARBEITUNG** beendet hat, wird nun die **UNTIL** nachfolgende Bedingung untersucht, um festzustellen, ob der genannte Paragraph erneut zu durchlaufen ist. Da die Überprüfung vor dem 10. Durchlauf von **B010-VERARBEITUNG** geschieht, werden die Schleifendurchläufe vor der 10. Ausführung des Paragraphen abgeschlossen.

Wenn man irgendwelche Zweifel hegt, warum das so geschieht, sollte man Papier und Bleistift zur Hand nehmen und das Ganze einmal von Beginn an durchspielen. Dabei sollte man in der ersten Spalte den laufenden Wert von **ZAEHLER** eintragen und in der zweiten Spalte die Zahl der Durchläufe durch den Paragraphen **B010-VERARBEITUNG**. Man schreibe zuerst den Anfangswert von **ZAEHLER** (1 durch die **MOVE**-Anweisung) in die erste Spalte und verfolge dann den Code, dabei die Schritte nachvollziehend, die der Computer auszuführen hat. Beim Betreten des Paragraphen **B010-VERARBEITUNG** mache man einen Strich in die zweite Spalte und bei der Begegnung mit der **ADD**-Anweisung erhöhe man den Wert von **ZAEHLER** um 1; danach ist der neue Wert von **ZAEHLER** in die erste Spalte einzutragen. Dieses Vorgehen wiederhole man solange, bis durch Erfüllung der bei **UNTIL** notierten Bedingung ein weiteres Hineingehen in den Paragraphen **B010-VERARBEITUNG** verhindert wird. Diese Technik des „Computerspielens" kann ein nützliches Werkzeug beim Bemühen darstellen, exakt zu verstehen, was ein Programm bei der Ausführung von Schleifen zu erledigen hat. Ein wertvoller taktischer Rat sei noch gegeben: Man prüfe, ob eine Schleife korrekt arbeitet auch für den Fall von einem einzigen Durchlauf und für den Fall, daß die Schleife überhaupt nicht durchlaufen wird. Wenn solche Untersuchungen vorgenommen werden, dann wächst sicherlich auch das Vertrauen darüber beträchtlich an, daß eine Schleife auch bei jeder anderen Anzahl von Durchläufen richtig arbeitet.

Jedenfalls ist es absolut unentbehrlich, exakt zu wissen, wieviele Male eine Schleife ausgeführt wird. Es ist sicherlich eine gute Grundlage für das eigene Wissensgebäude, wenn man ganz klar verstanden hat, wie die **PERFORM**-Anweisung arbeitet.

5.14 Die Steuerungsstruktur für die Unterscheidung von Fällen (Case-Struktur)

Die meisten **COBOL**-Versionen besitzen keine Anweisung, die der Steuerungsstruktur für die Unterscheidung von Fällen, d.h. der Case-Struktur, unmittelbar entspricht. Wir können jedoch die gleichen Resultate zustandebringen, wenn wir andere **COBOL**-Anweisungen benutzen. Obgleich es mehrere Wege gibt, auf denen das erreicht werden kann, erweist sich als einfachster Weg derjenige, der von *ineinandergeschachtelten* **IF**-Anweisungen Gebrauch macht. Damit sind **IF**-Anweisungen gemeint, bei denen die auf **ELSE** folgende Anweisung selbst wieder eine **IF**-Anweisung ist. Das dieser Aufgabenstellung gerecht werdende Format kann am besten anhand eines Beispieles demonstriert werden.

Angenommen, wir beschäftigen uns gerade mit dem Entwurf des Teiles eines Lohnlistensystems für eine Firma, die sich mit dem Fakt auseinandersetzen muß, daß die Mitarbeiter in vier Abteilungen ihrer Arbeit nachgehen. Auf der Lohnliste soll nur vermerkt werden, welcher Anteil der gesamten Lohnsumme auf die einzelnen Abteilungen fällt. Deshalb ist nach Ermittlung des Bruttoeinkommens für einen Mitarbeiter dieser Betrag auf die Einkommensgesamtsumme derjenigen Abteilung zu addieren, in der der betreffende Mitarbeiter beschäftigt ist. In der Abb. 5.6 ist zunächst der Entwurf im Pseudocode und danach die Verwirklichung dieser Steuerungsstruktur im **COBOL**-Code gezeigt.

```
Pseudocode
```
```
EVALUATE abteilungsnummer
    WHEN 1
         addieren von brutto-einkommen auf summe-abteilung-1
    WHEN 2
         addieren von brutto-einkommen auf summe-abteilung-2
    WHEN 3
         addieren von brutto-einkommen auf summe-abteilung-3
    WHEN 4
         addieren von brutto-einkommen auf summe-abteilung-4
    OTHERWISE
         fehlerhafte abteilungsnummer
ENDEVALUATE
```

```
COBOL-Code
```
```
IF      ABTEILUNGSNUMMER = 1
    ADD BRUTTO-EINKOMMEN TO GESAMTSUMME-ABTEILUNG-1
ELSE    IF  ABTEILUNGSNUMMER = 2
    ADD BRUTTO-EINKOMMEN TO GESAMTSUMME-ABTEILUNG-2
ELSE    IF  ABTEILUNGSNUMMER = 3
    ADD BRUTTO-EINKOMMEN TO GESAMTSUMME-ABTEILUNG-3
ELSE    IF  ABTEILUNGSNUMMER = 4
    ADD BRUTTO-EINKOMMEN TO GESAMTSUMME-ABTEILUNG-4
ELSE
    PERFORM X100-ABTEILUNGSNUMMER-FEHLER.
```

Abb. 5.6 Beispiel für eine Fallunterscheidung

5.14 Die Steuerungsstruktur für die Unterscheidung von Fällen (Case-Struktur)

Ein sorgfältiges Studium des Aufbaus dieses Beispiels ist zu empfehlen. Wir haben eine **IF**-Anweisung eingefügt, die als Aktion im „Falsch-Zweig" einer anderen **IF**-Anweisung ausgeführt wird. Diesen Prozeß des Ineinanderschachtelns von **IF**-Anweisungen haben wir für jeden zusätzlichen Fall wiederholt. Die in den einzelnen **IF**-Anweisungen aufgeführten Bedingungen überprüfen jeweils die Case-Variable dahingehend, ob sie einen bestimmten Wert aufweist. Die abschließende **ELSE**-Angabe sorgt für die OTHERWISE-Aktion des Pseudocodes.

Wir können auch eine zusammengesetzte Bedingung niederschreiben, wenn zwei oder mehr als zwei Fälle das gleiche Vorgehen erfordern. Man betrachte hierzu das in Abb. 5.7 dargestellte Beispiel.

```
IF      ABTEILUNGSNUMMER = 1   OR   ABTEILUNGSNUMMER = 2
    ADD BRUTTO-EINKOMMEN TO GESAMTSUMME-ABTEILUNG-1-2
ELSE    IF  ABTEILUNGSNUMMER = 3
    ADD BRUTTO-EINKOMMEN TO GESAMTSUMME-ABTEILUNG-3
ELSE    IF  ABTEILUNGSNUMMER > 3  AND  ABTEILUNGSNUMMER < 100
    ADD BRUTTO-EINKOMMEN TO GESAMTSUMME-REST-ABTEILUNGEN
ELSE
    PERFORM X100-ABTEILUNGSNUMMER-FEHLER.
```

Abb. 5.7 *Beispiel für eine Fallunterscheidung mit einer zusammengesetzten Bedingung*

Im allgemeinen tendieren ineinandergeschachtelte **IF**-Anweisungen dazu, eine Quelle für Ärgernisse zu sein; sie müssen daher mit Vorsicht gebraucht werden. Sie ermöglichen es jedoch, Fallunterscheidungen auf eine einfache Art und Weise zu verwirklichen. Allerdings sollten dabei sorgfältig zwei Grundregeln beachtet werden:
1) Man sollte die Bedingungsangabe nach **IF** nur zum Testen der Werte der Case-Variablen benutzen, wie es in der Abb. 5.7 bei

   IF ABTEILUNGSNUMMER = 1 OR
   ABTEILUNGSNUMMER = 2 ···

   geschehen ist.
2) Man verwende nur einfache unbedingte Anweisungen für die für einen Fall erforderlichen Operationen, d.h. man verwende niemals eine **IF**-Anweisung für solche Operationen. Wenn es notwendig sein sollte, für eine zu einem Fall gehörende Aktion eine **IF**-Anweisung einzusetzen, sollte man stattdessen einen gesonderten Paragraphen aufsetzen und diesen durch eine **PERFORM**-Anweisung ansteuern.

Wir werden über ineinandergeschachtelte **IF**-Anweisungen erneut im Kap. 8 sprechen. Vorerst werden wir den Gebrauch ineinandergeschachtelter **IF**-Anweisungen auf die Verwirklichung von Case-Steuerungsstrukturen beschränken.

5.15 END-Anweisungen in COBOL-85

Obgleich wir schon einige neue Eigenschaften von **COBOL-85** vorgestellt haben, erwiesen sich bis zu diesem Zeitpunkt die Unterschiede zwischen der Version **COBOL-85** und den früheren Versionen von **COBOL** als relativ gering. Durch die Einführung der Strukturanweisungen stoßen wir nunmehr auf Erweiterungen, die wohl den Hauptunterschied zwischen **COBOL-85** und seinen Vorgängerversionen ausmachen.

Wir erwähnten zuvor, daß in **COBOL** kein Statement zur Beendigung einer **IF**-Anweisung zur Verfügung steht; beim Pseudocode ist ja bekanntlich ein solches vorhanden, nämlich ENDIF. Was wir jedoch noch nicht unterstrichen haben, ist die Tatsache, wie schwerwiegend sich ein solches Problem erweisen kann. Wir wollen dazu einmal den in der Abb. 5.8 gezeigten Pseudocode betrachten.

```
setzen zähler auf 0
PERFORM-UNTIL  zähler = 10
   IF   satz-code = 'A'  THEN
        lesen datensatz;  bei datenende setzen von kennzeichen auf 'J'
        addieren von 1 auf zähler
        verarbeiten satz
   ENDIF
ENDPERFORM
```

Abb. 5.8 Pseudocode eines IF-Problems

Man könnte nunmehr in Versuchung geraten, den in der Abb. 5.9 dargestellten Code zu benutzen, um die Pseudocode-Spezifikation von Abb. 5.8 zu realisieren.

```
      MOVE ZERO TO ZAEHLER.
      PERFORM B010-VERARBEITUNG
         UNTIL ZAEHLER = 10.
      :
      :
  B010-VERARBEITUNG.
      IF  SATZ-CODE = 'A'
          READ DATEN-DATEI
              AT END  MOVE 'J' TO KENNZEICHEN
          ADD 1 TO ZAEHLER
          PERFORM  C050-VERARBEITUNG-SATZ.
```

Abb. 5.9 Fehlerhafte Realisierung des Pseudocodes von Abb. 5.8

Wie wir in Abschnitt 5.5 bereits angedeutet haben, führt diese Codierung leider zu einem Fehler bei der Ausführung. Das Programm würde mit der Ausführung des Paragraphen **B010-VERARBEITUNG** solange fortfahren, bis keine weiteren Datensätze mehr in der Datei vorhanden sind. Danach würde die Ausführung des Paragraphen beibehalten werden; freilich würde sich dann dabei ein Fehler einstellen, weil der Computer versucht, nicht vorhandene Sätze nach dem Dateiende zu lesen. Zu diesem Problem kommt es deshalb, weil die **IF**-Anweisung bis zum Ende des Satzes keine weiteren Punkte enthalten darf; die **READ**-Anweisung benötigt jedoch zur Beendigung der Angabe **AT END** einen Punkt, erst dann gilt diese Angabe als abgeschlossen. Deshalb wird der Wert des Datenelementes **ZAEHLER** erst bei Ausführung der Anweisungen erhöht, die bei Feststellung des Dateiendes, also beim Betreten der Angabe **AT END** zum Zuge kommen.

Diesem Problemtyp begegnet man häufig bei älteren Versionen von **COBOL**; eine saubere Lösung gibt es dafür nicht. Bei **COBOL-85** sind jedoch **END**-Angaben eingeführt worden, mit deren Hilfe solche Anweisungen wie **IF** und **PERFORM** begrenzt werden können, aber auch Angaben wie **AT END** bei der **READ**-Anweisung. Der Gebrauch solcher **END**-Angaben ist stets freigestellt, so daß jeder bisher gezeigte **COBOL**-Code bei Verwendung von **COBOL-85** auch weiterhin gültig bleibt. Es gibt allerdings Situationen, bei denen durch Gebrauch der **END**-Angaben Programme klarer und übersichtlicher gestaltet werden können.

5.16 Die READ-Anweisung mit der Angabe END-READ

Das Problem, auf das wir gestoßen waren, bestand darin, daß wir beim vorangehenden Beispiel (Abb. 5.9) versuchten, eine **READ**-Anweisung in einer **IF**-Anweisung so unterzubringen, daß die Angabe **AT END** nicht sich auf andere Anweisungen auswirkte. Aber es gab bisher keinen Weg, die **READ**-Anweisung abzuschließen, ohne gleichzeitig auch die **IF**-Anweisung zu beenden. Unter Benutzung von **COBOL-85** können wir den fraglichen Paragraphen so schreiben, wie es die Abb. 5.10 zeigt.

Die in der Abb. 5.10 vorgelegte Realisierung der Pseudocode-Spezifikation ist fehlerfrei. Die **COBOL**-Kompilierer sind nunmehr in der Lage zu erkennen, daß die Aktion bei **AT END** durch die Angabe **END-READ** abgeschlossen ist. Somit wird nunmehr die **ADD**-Anweisung ohne Rücksicht darauf ausgeführt, ob das Dateiende erreicht ist oder nicht. Diese neue Eigenschaft von **COBOL** erweist sich als sehr

```
     .
     .
     .
B010-VERARBEITUNG.
    IF  SATZ-CODE = 'A'
          READ DATEN-DATEI
              AT END  MOVE 'J' TO KENNZEICHEN
          END-READ
          ADD 1 TO ZAEHLER
          PERFORM C050-VERARBEITUNG-SATZ.
```

Abb. 5.10 READ-Anweisung mit Abschluß durch END-READ

nützlich, wenn gewisse Programmarten verwirklicht werden sollen. Für die **END**-Angaben in **COBOL-85** ist es typisch, daß es durch sie dem Programmierer ermöglicht wird, deutlich festzulegen, wo eine bedingte Anweisung oder die Angabe einer Anweisung endet und die nächste Anweisung beginnt.

5.17 Die arithmetischen Verben mit END-Angaben

Die **READ**-Anweisung weist bekanntlich die bedingte Angabe **AT END** auf. Auch die arithmetischen Anweisungen (**ADD, SUBTRACT, MULTIPLY** und **DIVIDE**) besitzen eine *bedingte* Angabe, nämlich **ON SIZE ERROR**. Wie man erwarten kann, ist in **COBOL-85** deshalb auch eine **END**-Angabe für diese Anweisungen vorhanden. Das vorhergehende Beispiel (siehe Abb. 5.10) kann deshalb so erweitert werden, wie es die Abb. 5.11 zeigt.

Beim Beispiel von Abb. 5.11 liest das Programm einen Satz aus der Datei **DATEN-DATEI**, addiert 1 zum Zähler und geht anschließend zum Paragraphen **C050-VERARBEITUNG-SATZ** über. Wenn bei der

```
     .
     .
     .
B010-VERARBEITUNG.
    IF  SATZ-CODE = 'A'
          READ DATEN-DATEI
              AT END  MOVE 'J' TO KENNZEICHEN
          END-READ
          ADD 1 TO ZAEHLER
              ON SIZE ERROR  MOVE 'J' TO FEHLER-KENNZ
          END-ADD
          PERFORM C050-VERARBEITUNG-SATZ.
```

Abb. 5.11 ADD-Anweisung mit END-Angabe

Ausführung der Anweisung **READ** das Dateiende festgestellt wird, wird zu **KENNZEICHEN** der Wert **J** übertragen. Wenn bei der Ausführung der **ADD**-Anweisung ein Überlauf entdeckt wird, wird **J** nach **FEHLER-KENNZ** übertragen. Auf jeden Fall ist gesichert, daß alle drei Anweisungen stets dann zum Zuge kommen, wenn **SATZ-CODE** den Wert **A** besitzt.

Genauso, wie es eine **END**-Angabe bei der **ADD**-Anweisung gibt, sind auch solche bei den übrigen arithmetischen Anweisungen vorhanden. Sie lauten analog **END-SUBTRACT**, **END-MULTIPLY** und **END-DIVIDE**. Die allgemeinen Formate der entsprechenden arithmetischen Anweisungen ähneln dem allgemeinen Format der **ADD**-Anweisung mit **END-ADD**. Wir werden den Gebrauch der **END**-Angaben bei künftigen Beispielen demonstrieren, verzichten aber hier auf die Darstellung der kompletten allgemeinen Formate.

5.18 Die IF-Anweisung mit der Angabe END-IF

In **COBOL-85** lautet das allgemeine Format der **IF**-Anweisung wie folgt:

```
IF bedingung THEN  { {anweisung-1}...     }  ELSE {anweisung-2}...[END-IF]
                   { NEXT SENTENCE        }  ELSE NEXT SENTENCE
                                             END-IF
```

Der Hauptunterschied zwischen diesem Format und dem in Abschnitt 5.5 gezeigten Format liegt in der Hinzufügung der Angabe **END-IF**. Diese Erweiterung der **IF**-Anweisung verschafft ihr eine strukturelle Identität mit der IF-Spezifikation des Pseudocodes; dadurch wird die Flexibilität und Lesbarkeit dieser Anweisung entschieden verbessert. Der Gebrauch von **END-IF** begrenzt ganz klar den Wirkungskreis aller in der **IF**-Anweisung gelegenen Anweisungen. Programme können leichter geändert werden, ohne daß dabei Fehler verursacht werden. Der wirkliche Vorteil dieser Fähigkeit zeigt sich dann, wenn **IF**-Anweisungen für irgendwelche anderen Zwecke außer der Verwirklichung von Case-Strukturen ineinanderzuschachteln sind. Wir werden jedoch die eingehende Behandlung dieses Sachverhalts auf das Kap. 8 verschieben.

Es gibt noch eine weitere Änderung der **IF**-Anweisung bei **COBOL-85**, nämlich die Hinzufügung des Wortes **THEN** im Anschluß an die Bedingung. Da **THEN** nicht unterstrichen ist, wird seine Niederschrift auch nicht verlangt. Tatsächlich wirkt sie sich auch nicht auf den

Sinngehalt von **IF** aus. Einige Programmierer haben jedoch das Gefühl, daß die Verwendung von **THEN** die Lesbarkeit der **IF**-Anweisung verbessert. Wir werden generell **THEN** bei der **IF**-Anweisung nicht verwenden, allerdings nur deshalb, um die Verträglichkeit mit früheren **COBOL**-Versionen sicherzustellen. – Einige frühere Versionen von **COBOL** akzeptieren bereits den Gebrauch von **THEN** bei **IF**-Anweisungen, aber hierbei handelt es sich keineswegs um eine universale Festlegung.

5.19 Die PERFORM-Anweisung mit der Angabe END-PERFORM

Beim Entwerfen von Programmen kommt es häufig vor, daß man einen Modul zu spezifizieren hat, der neben anderen Anweisungen eine einfache *Iteration* enthält, d.h. Anweisungen sind zu wiederholen (*Schleife*). Bei der Codierung in **COBOL** ist es jedoch immer notwendig, einen gesonderten Paragraphen anzulegen, da die **PERFORM**-Anweisung nur die in ihr genannten Paragraphen ausführen würde. Durch die Hinzufügung der Angabe **END-PERFORM** in **COBOL-85** ist es möglich, Schleifen in Reihe zu den anderen Anweisungen zu legen; man kommt also ohne Schaffung eines neuen Paragraphen aus. Wir betrachten hierzu die Spezifikation im Pseudocode und die nachfolgende Codierung derselben in **COBOL**; beide sind in Abb. 5.12 dargestellt.

```
Pseudocode

setzen zähler auf 0
PERFORM-UNTIL   zähler = 10
    addieren 1 auf zähler
    übertragen von zähler nach zeilennummer
    schreiben druckzeile
ENDPERFORM
```

```
Code in COBOL-85

MOVE ZERO TO ZAEHLER.
PERFORM UNTIL ZAEHLER = 10
    ADD 1 to ZAEHLER
    MOVE ZAEHLER TO ZEILEN-NUMMER
    WRITE DRUCK-ZEILE
END-PERFORM.
```

Abb. 5.12 Beispiel für eine in Reihe gelegene Schleife (COBOL-85)

Es ist offenbar, daß diese Fähigkeit von **COBOL-85** die **PERFORM**-Anweisung vereinfacht. Es gibt jedoch eine wesentliche Beschränkung für solche in Reihe gelegenen Schleifen (*„Inline-Schleifen"*). Die hinter der **UNTIL**-Angabe folgenden Anweisungen müssen *unbedingte* Anweisungen sein. Das folgende, in Abb. 5.13 gezeigte Beipsiel ist also ungültig.

```
MOVE ZERO TO ZAEHLER.
PERFORM  UNTIL ZAEHLER = 10
    ADD 1 TO ZAEHLER
    READ DATEN-DATEI
        AT END  MOVE 'J' TO KENNZEICHEN
    END-READ
    MOVE ZAEHLER TO ZEILEN-NUMMER
    WRITE DRUCK-ZEILE
END-PERFORM
```

Abb. 5.13 Ungültiger (nicht erlaubter) Code einer Schleife bei COBOL-85

Problematisch ist beim Beispiel von Abb. 5.13, daß die Angabe **AT END** die **READ**-Anweisung zu einer bedingten Anweisung macht; der Code nach **AT END** wird daher nur manchmal aber nicht immer ausgeführt. Andere bedingte Anweisungen, auf die wir bisher bei unseren Besprechungen gestoßen sind, sind die **IF**-Anweisung, alle arithmetischen Anweisungen mit der Angabe **ON SIZE ERROR** sowie natürlich die **PERFORM**-Anweisung. Trotz der genannten Beschränkung wird jedoch durch **END-PERFORM** die Arbeit des Programmierers generell sicherer; das erstellte Programm kann überdies leichter gelesen werden.

Für die Verwendung von **END-PERFORM** gibt es zwei weitere Restriktionen. Erstens darf nicht zugleich der Name eines anzusprechenden Paragraphen (zwischen **PERFORM** und **UNTIL**) *und* der Code einer in Reihe liegenden Schleife mit **END-PERFORM** spezifiziert werden. Man muß sich für das eine oder andere entscheiden, aber nicht für beides gleichzeitig. Zweitens ist bei in Reihe gelegenen Schleifen die Benutzung der Angabe **END-PERFORM** nicht freigestellt.

5.20 Die Anweisung EVALUATE

Zusätzlich zur Verbesserung der Steuerungsstrukturen von **COBOL** durch Hinzufügung der **END**-Angaben ist **COBOL-85** um eine neue Anweisung bereichert worden, mit deren Hilfe die Case-Steuerungsstruktur direkt verwirklicht werden kann; sie braucht nicht mehr durch andere Anweisungen realisiert werden. Das allgemeine Format dieser neuen Anweisung lautet wie folgt:

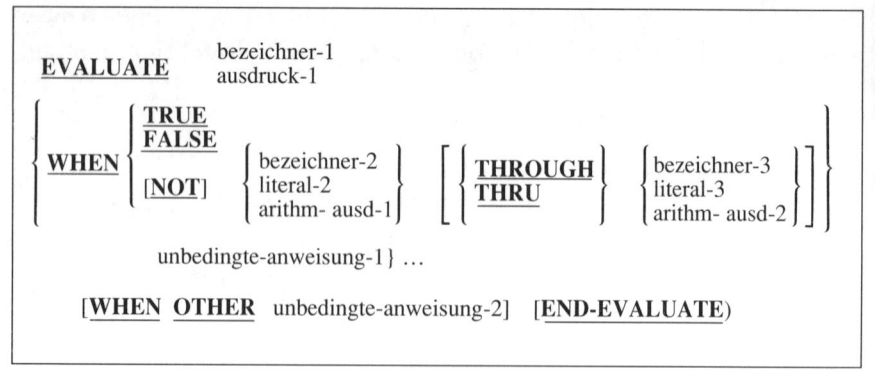

```
   EVALUATE    bezeichner-1
               ausdruck-1

         ⎧ TRUE  ⎫
         ⎪ FALSE ⎪   ⎧ bezeichner-2 ⎫    ⎡ ⎧ THROUGH ⎫   ⎧ bezeichner-3 ⎫ ⎤
  WHEN   ⎨       ⎬   ⎨ literal-2    ⎬    ⎢ ⎨ THRU    ⎬   ⎨ literal-3    ⎬ ⎥
         ⎪ [NOT] ⎪   ⎩ arithm- ausd-1 ⎭  ⎣ ⎩         ⎭   ⎩ arithm- ausd-2 ⎭ ⎦
         ⎩       ⎭

   unbedingte-anweisung-1} ...

   [WHEN OTHER   unbedingte-anweisung-2]   [END-EVALUATE)
```

Unter „arithm- ausd" ist ein arithmetischer Ausdruck zu verstehen.

Die **EVALUATE**-Anweisung, das gleiche Verb also wie bei unserer bekannten Spezifikation im Pseudocode, ist hier in einem vereinfachten allgemeinen Format dargestellt.

Sogar diese Version der **EVALUATE**-Anweisung, die über alle Teile der Anweisung hinweg beträchtlich vereinfacht ist, ist ein wenig schwierig zu handhaben. Deshalb wollen wir auch einige Beispiele betrachten, um ihre wirkliche Bedeutung zu erkennen. Die **COBOL**-Anweisungen, die den Beispielen für die EVALUATE-Struktur des Pseudocodes von Abschnitt 4.6 entsprechen, sind in den beiden Abb. 5.14 und 5.15 dargestellt.

Sehen wir uns zunächst einmal den Aufbau der **EVALUATE**-Anweisung an. Nach dem Schlüsselwort **EVALUATE** muß das sogenannte *Selektionssubjekt* erscheinen. Dies kann ein Datenelement oder ein Ausdruck sein. Jedem Auftreten von **WHEN** folgt entweder ein einzelner Wert oder ein Wertebereich; sie bilden die *Selektionsobjekte*. Bei der Ausführung der **EVALUATE**-Anweisung ermittelt das Programm zuerst den augenblicklichen Wert des Selektionssubjektes. Danach vergleicht es ihn der Reihe nach mit den Werten der Selektionsobjekte. Ergibt sich dabei eine Gleichheit zwischen Subjekt und dem Wert bzw. einem der Werte eines Selektionsobjektes, kommt die Anweisung zum Zuge, die auf das betreffende Selektionsobjekt folgt. (Obgleich unsere soeben vorgestellten Beispiele immer nur eine Anweisung bei jedem Selektionsobjekt aufweisen, können nach den Selektionsobjekten wie bei der **PERFORM**-Anweisung selbstverständlich auch Reihen von Anweisungen niedergeschrieben werden.) Wenn es kein Selektionsobjekt gibt, das mit dem Wert des Selektionsobjektes übereinstimmt, wird die nach **WHEN OTHER** stehende Anweisung ausgeführt. Ist die Angabe **WHEN OTHER** jedoch nicht notiert, bewirkt die **EVALUATE**-Anweisung keine weiteren Tätigkeiten. In jedem Fall aber wird nur die Anweisung (bzw. werden nur die Anweisungen) ausgeführt, die auf eine einzige

```
EVALUATE ENTFERNUNG-STADTMITTE
    WHEN 0 THROUGH 5
        MOVE 7.50 TO GEBUEHR
    WHEN 5 THROUGH 10
        MOVE 10.0 TO GEBUEHR
    WHEN OTHER
        MOVE ENTFERNUNG-STADTMITTE TO GEBUEHR
END-EVALUATE.
```

Abb. 5.14 EVALUATE-Anweisung zur Case-Struktur des Pseudocodes (1. Beispiel im Abschnitt 4.6)

```
EVALUATE QUIZPUNKTE
    WHEN 10
        MOVE 'EXZELLENT' TO LEISTUNG
    WHEN 8 THRU 9
        MOVE 'UEBERDURCHSCHNITTLICH' TO LEISTUNG
    WHEN 5 THRU 7
        MOVE 'DURCHSCHNITTLICH' TO LEISTUNG
    WHEN 3 THRU 4
        MOVE 'UNTERDURCHSCHNITTLICH' TO LEISTUNG
    WHEN OTHER
        MOVE 'MANGELHAFT' TO LEISTUNG
END-EVALUATE.
```

Abb. 5.15 EVALUATE-Anweisung zur Case-Struktur des Pseudocodes (2. Beispiel im Abschnitt 4.6)

WHEN-Angabe folgen. Würde also mehr als ein Selektionsobjekt wertgleich mit dem Selektionssubjekt sein, käme nur die Anweisung (bzw. die Anweisungen) zum Zuge, die dem zuerst auftretenden wertgleichen Selektionsobjekt folgen.

Es wäre noch zu erwähnen, daß das allgemeine Format der **EVALUATE**-Anweisung auch die Wörter **TRUE** (wahr) und **FALSE** (falsch) einschließt. Diese beiden neuen reservierten Wörter entsprechen den Werten, die von bedingten Ausdrücken wie „BETRAG › 1000" angenommen werden können, nämlich wahr oder falsch. **TRUE** und **FALSE** sind jedoch keine allgemeingültigen Konstanten; sie dürfen bei keiner anderen Anweisung als der **EVALUATE**-Anweisung angewendet werden. Das Beispiel in Abb. 5.16 zeigt, wie man diese Werte bei der Codierung einsetzen kann. Die nachfolgende Abb. 5.17 demonstriert, daß man den Sachverhalt dieses Beispiels auch mit einer entsprechenden **IF**-Anweisung erfassen kann.

```
EVALUATE  ENTFERNUNG-STADTMITTE > 10
    WHEN TRUE
        MULTIPLY ENTFERNUNG-STADTMITTE BY 2
                 GIVING GEBUEHR
    WHEN FALSE
        MOVE 12.50 TO GEBUEHR
END-EVALUATE.
```

Abb. 5.16 Vergleichsausdruck als Subjekt einer EVALUATE-Anweisung

```
IF  ENTFERNUNG-STADTMITTE > 10
    MULTIPLY ENTFERNUNG-STADTMITTE BY 2
             GIVING GEBUEHR
ELSE
    MOVE 12.50 TO GEBUEHR
END-IF.
```

Abb. 5.17 IF-Anweisung anstelle der EVALUATE-Anweisung von Abb. 5.16

An dieser Stelle wollen wir keine weiteren Beispiele behandeln. Wir werden die Verwendung der **EVALUATE**-Anweisung sowie aller sonstigen, soeben besprochenen Erweiterungen von **COBOL-85** in den folgenden Kapiteln verfolgen können.

KONTROLLFRAGEN

1. Welche Funktion übt der Punkt bei der **IF**-Anweisung aus?
2. Was bewirkt die Angabe **NEXT SENTENCE** bei der **IF**-Anweisung?
3. Was geschieht, wenn der **ELSE**-Teil bei der **IF**-Anweisung weggelassen wird? Wird eine solche Weglassung zu einem Fehler führen?
4. Gibt es mehr als eine Bedingungsart?
5. Welche Funktion übt die Vergleichsbedingung aus?
6. Stelle die Vergleichsoperatoren in einer Übersicht zusammen! Die Antwort ist auf die **COBOL**-Version auszurichten, mit der man selbst arbeitet!
7. Was versteht man unter der Sortierfolge eines Computers? Welche Bedeutung kommt ihr zu?
8. Welche Operationen bewirken die nachfolgenden Anweisungen?

```
        PERFORM NORMAL-ABSATZ
            UNTIL SPALTE-1 = '6'
               OR SPALTE-2 = '7'
               OR SPALTE-7 = 'A'.
        PERFORM KLEINER-GLEICH-ROUTINE
            UNTIL SCHLUESSEL-1 > SCHLUESSEL-1-VORHERGEHEND.
               OR DATEIENDE-VON-TRANSAKTION = 'J'
        READ TRANSAKTIONS-DATEI
            AT END  WRITE MELDUNGS-SATZ-5
                    MOVE 'J' TO TRANSAKTIONS-ENDE-KZ.
        READ TRANSAKTIONS-DATEI
            AT END  WRITE MELDUNGS-SATZ-5.
                    MOVE 'J' TO TRANSAKTIONS-ENDE-KZ.
```

9. Zeige alle Syntaxfehler bei den nachfolgenden **IF**-Anweisungen auf! Dabei ist die Bedeutung dieser Anweisungen außer acht zu lassen. Es sind also alle Verstöße gegen die Regeln für das Niederschreiben gültiger Anweisungen zu notieren.

```
        IF  A = B
            WRITE GLEICH-SATZ.
        ELSE
            WRITE UNGLEICH-SATZ.
        IF  ARBEITSSTUNDEN IS GREATER THAN 37.5
            SUBTRACT 37.5 FROM ARBEITSSTUNDEN
                GIVING UEBERSTUNDEN
            MULTIPLY 0.5 BY UEBERSTUNDEN.
            ADD UEBERSTUNDEN TO ARBEITSSTUNDEN.
        IF  24.0 GREATER THAN 37.0
            MOVE 'UNBEKANNT' TO kommentar-1.
        IF  A LESS THAN B  MOVE X TO Y  ELSE
            MOVE X TO Z.
        IF  VORRAT IS
                        LESS       THAN
        BESTELL-MENGE ADD 1 TO BESTELL-ZAEHLER MOVE
        BESTELL-MENGE-AUFTRAG TO BESTELL-SATZ-GEBIET-6
        WRITE BESTELL-SATZ
        ELSE
            WRITE NORMAL-ZEILE.
```

10. Nenne zwei figurative Konstanten!
11. Jeder Satz in einer Lohnlistendatei muß nach Voraussetzung im 8. Feld entweder **C** oder **H** oder **S** enthalten. Jedes andere Zeichen würde ein fehlerhaftes Resultat ergeben. Würde die nachfolgende **IF**-Anweisung korrekt diese Fehlermöglichkeit überprüfen?

```
IF      FELD-8 IS NOT EQUAL 'C'
   OR FELD-8 IS NOT EQUAL 'H'
   OR FELD-8 IS NOT EQUAL TO 'S'
   PERFORM X100-SCHLECHT-ROUTINE.
```

12. Wieviele Sätze würden in eine Ausgabedatei geschrieben, wenn der folgende **COBOL**-Code vorliegt?

```
MOVE 1 TO ZAEHLER.
PERFORM D010-SCHREIBEN
    UNTIL ZAEHLER = 100.
  :
D010-SCHREIBEN.
    WRITE AUSGABE-SATZ.
    ADD 1 TO ZAEHLER.
```

13. Wieviele Sätze würde der nachfolgende **COBOL**-Code in eine Ausgabedatei schreiben?

```
MOVE 1 TO ZAEHLER.
PERFORM D010-SCHREIBEN
    UNTIL ZAEHLER = 100.
  :
D010-SCHREIBEN.
    WRITE AUSGABE-SATZ.
    ADD 2 TO ZAEHLER.
```

ANTWORTEN AUF DIE KONTROLLFRAGEN

1. Der Punkt markiert das Ende einer **IF**-Anweisung. Wenn der Punkt weggelassen wird, wird alles, was auf die **IF**-Anweisung folgt, zu dieser hinzugerechnet (bis zum ersten auftretenden Punkt).
2. Durch **NEXT SENTENCE** wird nichts ausgeführt; das ist manchmal aber gerade das, was beabsichtigt ist. Wenn man z.B. wünscht, daß bei Nichterfüllung der Bedingung der **IF**-Anweisung irgendwelche Tätigkeiten ausgeführt werden, aber keine, wenn die Bedingung wahr ist, wird man für die „Tätigkeit" im Falle „wahr" auch **NEXT SENTENCE** niederschreiben und somit das gewünschte Resultat erreichen.

3. Das Weglassen der Angabe **ELSE** bei einer **IF**-Anweisung wird sicher nicht einen Fehler zur Folge haben. Es bedeutet einfach nur, daß man wünscht, daß der Computer nichts tun soll, wenn die Auswertung der Bedingung zum Wert „falsch" geführt hat.
4. Ja
Bis jetzt haben wir die *Vergleichsbedingung* und die *Klassenbedingung* besprochen. Insgesamt werden wir vier Bedingungsarten behandeln.
5. Durch die Vergleichsbedingung werden zwei Werte miteinander verglichen. In die Vergleichsbedingung können Bezeichner, Literale oder arithmetische Ausdrücke eingehen. Man darf natürlich keine zwei Literale miteinander vergleichen.
6. Die zulässigen Vergleichsoperatoren sind in der nachstehenden Übersicht enthalten:

```
IS GREATER THAN         | >
IS NOT GREATER THAN     | NOT >
IS LESS THAN            | <
IS NOT LESS THAN        | NOT <
IS EQUAL TO             | =
IS NOT EQUAL TO         | NOT =
```

Bei Benutzung von COBOL-85 gibt
es außerdem noch die beiden folgenden Bedingungsoperatoren:

```
IS GREATER THAN OR EQUAL TO  | >=
IS LESS THAN OR EQUAL TO     | <=
```

7. Unter der Sortierfolge eines Computers versteht man die Reihenfolge, in der die Zeichen nach Auswertung von Vergleichen angeordnet sind. Sie bildet die Grundlage zur Bestimmung der Ergebnisse bei der Auswertung von Vergleichsbedingungen.
8. a) Der **NORMAL-ABSATZ** genannte Paragraph wird wiederholt solange ausgeführt, bis eine Vergleichsbedingung wahr ist oder bis mehrere Vergleichsbedingungen wahr sind.
   b) Sofern das Programm kompiliert werden könnte, würde der Paragraph namens **KLEINER-GLEICH-ROUTINE** solange ausgeführt werden, bis **SCHLUESSEL-1** größer ist als **SCHLUESSEL-1-VORHERGEHEND**. Der Punkt am Ende der Vergleichsbedingung, der vermutlich nicht beabsichtigt war, führt aber dazu, daß die nächste, die dritte Zeile also, ungültig

ist. Keine einzige **COBOL**-Anweisung beginnt mit dem Wort **OR**.

c) Es wird ein Satz aus der Datei **TRANSAKTIONS-DATEI** gelesen. Wenn dabei das Dateiende erreicht wird, werden zwei Anweisungen ausgeführt, nämlich das Schreiben einer Meldung und das Setzen eines Kennzeichens.

d) Es wird ein Satz aus der Datei **TRANSAKTIONS-DATEI** gelesen. Wenn dabei das Dateiende erreicht wird, wird eine Meldung geschrieben. Das Kennzeichen für das Dateiende wird stets gesetzt. Vermutlich war der erste Punkt, d.h. der Punkt in der 2. Zeile nach der Vergleichsbedingung, unbeabsichtigt niedergeschrieben worden. Trotzdem ist die sich aus diesem Irrtum ergebende Reihenfolge der Anweisungen gültig vom Standpunkt der **COBOL**-Regeln. Hier würde das Dateiende-Kennzeichen also bereits nach dem Lesen des ersten Satzes auf **J** gesetzt. Daher würden die nachfolgenden Anweisungen wahrscheinlich die Ausführung des Programmes stoppen, bevor der erste Satz verarbeitet ist. *Die Kompilierer können keine Warnung ausgeben!*

9. a) Eine mit dem Wort **IF** beginnende und mit dem ersten danach festgestellten Punkt endende Anweisung ist syntaktisch richtig. Der erste Punkt macht allerdings den mit **ELSE** anfangenden Stoff syntaktisch ungültig.

b) Vermutlich ist der Punkt am Ende der **MULTIPLY**-Anweisung nicht beabsichtigt worden. Aber es sind hier keine syntaktischen Fehler vorhanden. Die Anweisungen **SUBTRACT** und **MULTIPLY** werden bedingt, die Anweisung **ADD** jedoch immer ausgeführt.

c) In einer Vergleichsbedingung dürfen keine zwei Literale auftreten.

d) Diese Anweisung ist nach den Regeln von **COBOL** syntaktisch korrekt. Die Tatsache, daß diese Anweisung auf zwei statt auf vier Zeilen geschrieben ist, verletzt nur die vorgeschlagenen Programmierstandards, die in diesem Buch weitgehend befolgt werden. Es wurden jedoch keine **COBOL**-Regeln gebrochen.

e) Diese Anweisung weist ebenfalls keine syntaktischen Fehler auf. Hier ist das Ziel zu demonstrieren, wie ungleich schwierig es sein kann, Programme zu verstehen, die nicht nach vernünftigen Übereinkommen über die Schreibweise der Anweisungen geschrieben sind.

10. **SPACES** und **ZERO**
11. Der Paragraph **X100-SCHLECHT-ROUTINE** wird immer ausgeführt. Das Datenelement **FELD-8** kann in einem Satz nicht gleichzeitig den Inhalt **C** oder **H** oder **S** aufweisen. Somit sind minde-

stens zwei der durch **OR** verbundenen einfachen Bedingungen stets wahr. Dieser allgemein verbreitete Fehler kommt wahrscheinlich dadurch zustande, daß man die in der englischen Sprache ziemlich locker verwendeten Wörter „and" und „or" nicht auf deren präzisen Gebrauch in **COBOL** abgestimmt hat. – Das erwünschte Resultat läßt sich erreichen, wenn man die Oder-Bedingungen durch Und-Bedingungen ersetzt. Unter Beibehaltung der Oder-Beziehungen müßte man sie freilich wie folgt niederschreiben (diese Schreibweise ist sogar vielleicht verständlicher):

```
IF      FELD-8 IS EQUAL TO 'C'
    OR  FELD-8 IS EQUAL TO 'H'
    OR  FELD-8 IS EQUAL TO 'S'
    NEXT SENTENCE
ELSE
    PERFORM X100-SCHLECHT-ROUTINE.
```

Beim vorgelegten Programmauszug ist nicht immer **TO** notiert worden; das ist aber erlaubt. – Die Aussage bezüglich „and" und „or" gilt auch für die deutsche Sprache („und" bzw. „oder").

12. 99-mal

    Da die bei **UNTIL** stehende Bedingung vor der Ausführung des Paragraphen **D010-SCHREIBEN** untersucht wird, kann der 100. Satz niemals geschrieben werden. Eine bessere Art und Weise hinsichtlich der Niederschrift dieses Codes erzielt man sicherlich durch Änderung der ersten Zeile in

```
MOVE ZERO TO ZAEHLER.
```

    Dadurch wird in **ZAEHLER** die Zahl der tatsächlich geschriebenen Sätze festgehalten anstatt anzuzeigen, welcher Satz gerade zu schreiben ist.

13. Der Code würde zu einem endlos laufenden Programm führen, es sei denn, irgendeine andere Bedingung führt zum Programmende. **ZAEHLER** wird anfangs auf 1 gesetzt. Da im angesprochenen Paragraphen jeweils 2 bei jedem Durchlauf addiert wird, weist **ZAEHLER** stets nur ungerade Werte auf. Deshalb kann **ZAEHLER** niemals den geraden Wert 100 annehmen. Hieraus sollte der Schluß

gezogen werden, daß man eine Schleife sehr sorgfältig entwerfen muß; es muß stets möglich sein, daß das Programm auf die Abschlußbedingung einer Schleife aufläuft.

ÜBUNGSAUFGABEN

Die Lösungen der mit einem Sternzeichen versehenen Übungsaufgaben befinden sich im Anhang D dieses Buches.

*1. Schreibe Anweisungen nieder, die die folgenden Operationen bewerkstelligen!
   a) Zum Datenelement **ERWACHSENE** ist 1 zu addieren, wenn **ALTER** einen Wert besitzt, der größer als oder gleich 18 ist.
   b) Es ist zum Paragraphen **D050-VERARB-VORRAT** überzugehen, wenn das Element **TEIL-1-A** den Buchstaben S enthält.
   c) Zu **GROSS** ist 1 zu addieren, wenn **UMFANG** größer als 800 ist; außerdem ist 1 auf **KLEIN** zu addieren, wenn **UMFANG** kleiner als oder gleich 800 ist!
   d) Wenn der Inhalt von **NAME-A** größer als der Inhalt von **NAME-B** ist, dann ist der Inhalt von **NAME-A** nach **ZEITWEILIG** zu übertragen; wenn dagegen der Inhalt von **NAME-A** kleiner als der Inhalt von **NAME-B** ist, ist der Inhalt von **NAME-B** nach **ZEITWEILIG** zu übertragen. Sind die beiden Inhalte gleich, ist einer der beiden Inhalte (**NAME-A** oder **NAME-B**) nach **ZEITWEILIG** zu übertragen.
   e) Wenn **ARBEITSSTUNDEN** einen anderen Wert als 37.5 aufweist, ist der Paragraph **C035-NICHT-STANDARD** auszuführen.
   f) Der Paragraph **X020-FALSCH-CODE** ist dann auszuführen, wenn **CODE-X** andere Zeichen als Ziffern enthält.
2. Es sind Anweisungen niederzuschreiben, die die folgenden Operationen veranlassen:
   a) Zum Datenelement **HAUPT-ZAHLUNG** ist 1 zu addieren, wenn der Wert von **GESAMT-RECHNUNGSBETRAG** größer als 2000.00 ist.
   b) Es ist zu bestimmen, ob der Wert von **SCHLUSS-ZAHLUNG** größer als 1999.99 ist. Falls das so ist, ist der Paragraph **D035-SPEZIAL-ZUSTIMMUNG** auszuführen.
   c) Wenn das Datenelement **CODE-A** die Zeichenfolge **AB47Z** enthält, ist die Zeichenfolge **ZUSTIMMUNG** nach **WS-ZUSTIMMUNG** zu übertragen.
   d) Es ist Null zu **SIGNAL** zu übertragen, wenn das Element **MESSUNG** den Wert Null enthält. Es ist 1 zu **SIGNAL** zu über-

tragen, wenn **MESSUNG** einen von Null verschiedenen Wert aufweist.

e) Es ist der Paragraph **C055-REGULAER** auszuführen, wenn der Wert von **ARBEITSSTUNDEN** exakt 37.5 beträgt.

f) Es ist der Paragraph **Y030-FEHLER-CODE** auszuführen, wenn **CODE-B** irgendein anderes Zeichen außer Leerzeichen und Buchstaben enthält.

*3. Unter der Voraussetzung, daß die entsprechenden Erklärungen im Datenteil vorliegen, sind Anweisungen niederzuschreiben, die die folgenden Operationen bewirken: Es ist entweder der Inhalt von **BESTELLMENGE** oder Null nach **BESTELLAUFTRAG** zu übertragen, abhängig davon, ob die Summe von **AUF-LAGER** und **BESTELLT** den Wert von **BESTELL-AUSLOESUNG** unterschreitet oder nicht unterschreitet.

4. Drei Prüfungsnoten, ausgedrückt in Prozentpunkten, sind mit **NOTE-1, NOTE-2** und **NOTE-3** bezeichnet. Die Werte dieser drei Elemente sind zu addieren und durch 3 zu teilen. Wenn die sich ergebende Durchschnittspunktzahl 65 oder größer ist, ist der Text „BESTANDEN" nach **GESAMTNOTE** zu stellen, anderenfalls der Text „NICHT BESTANDEN".

*5. Angenommen, die Kommissionsgeschäfte von Reisevertretern basieren wie folgt auf dem Inhalt des Datenelementes **ARTIKEL-CODE**:

ARTIKEL-CODE	Berechnung des Verdienstes in DM nach der Formel
1	0,15 * VERKAUFSPREIS
2	0,40 * (VERKAUFSPREIS − GRUNDPREIS)
3	0,10 * GRUNDPREIS + 0,50 (VERKAUFSPREIS − GRUNDPREIS)
4	25,00 + 0,05 * GRUNDPREIS
5	75,00

Im Datenteil liegen die entsprechenden Erklärungen für die drei Datenelemente **ARTIKEL-CODE, VERKAUFSPREIS** und **GRUNDPREIS** vor. Es sind Anweisungen niederzuschreiben, durch die der Verdienst errechnet wird; der sich ergebende Wert ist nach **VERDIENST** zu stellen. Bei einem anderen Wert von **ARTIKEL-CODE** außer 1, 2, 3, 4, oder 5 ist der Buchstabe X nach **FALSCHER-ARTIKEL-CODE-KZ** zu stellen. Die Datenelemente **VERDIENST** und **FALSCHER-ARTIKEL-CODE-KZ** sind ebenfalls im Datenteil erklärt.

6. Gegeben ist das Datenelement **JAHRESVERDIENST**. Es sind Anweisungen niederzuschreiben, die den Parteibeitrag nach folgenden Formeln errechnen:

JAHRESVERDIENST	Formel für BEITRAG
nicht über 10000,00 DM	Null
über 10000,00 DM, aber nicht über 30000,00 DM	2 % des 10000,00 DM übersteigenden Jahresverdienstes
über 30000,00 DM	400,00 DM plus 5 % des 30000,00 DM übersteigenden Jahresverdienstes

*7. Jeder Satz in einer Datei weist das folgende Format auf:
   Stellen 1 bis 20:   Name
   Stellen 21 bis 25:   Leerzeichen
   Stellen 26 und 27:   Beschäftigungsdauer in Jahren

Es ist ein Programm zu schreiben, daß die Sätze aus der Datei mit Daten liest und die in den Sätzen enthaltenen Daten druckt. Für jeden Mitarbeiter mit einer Beschäftigungsdauer von mehr als 40 Jahren ist außerdem der Kommentar „VETERAN DER FIRMA" auf die gleiche Zeile wie die Daten zu drucken.

8. Jeder Satz in einer Datei mit Daten besitzt das folgende Format:
   Stellen 1 bis 5:   Ausgabenschlüssel
   Stellen 6 bis 11:   Voranschlag der Ausgaben in DM
   Stellen 12 bis 17:   bis zum heutigen Tag aufgelaufene tatsächliche Ausgaben in DM

Es ist ein Programm zu schreiben, das die Sätze einer solchen Datei liest und für jeden Satz eine Zeile mit den Eingabedaten zusammen mit einem Kommentar druckt. Der Kommentar soll „UEBERSCHREITUNG DES VORANSCHLAGS" lauten und ist natürlich nur dann in die Zeile aufzunehmen, wenn der Voranschlag durch die tatsächlichen Ausgaben überschritten ist.

*9. Jeder Satz in einer Datei mit Daten enthält auf den Stellen 45 bis 50 eine alphanumerische Kennung und auf den Stellen 70 bis 76 den Bruttoverdienst in DM und Dpf. Für jeden Satz ist eine ortsübliche Abgabe zu errechnen und zusammen mit den genannten Eingabedaten zu drucken. Die ortsübliche Abgabe errechnet zu 4% des über 3600,00 DM hinausgehenden Verdienstes, für geringere Verdienste ist keine Abgabe zu entrichten. Es ist ein geeignetes Programm zur Lösung dieses Problems zu schreiben.

10. Jeder Satz in einer Datei mit Daten enthält eine alphanumerische Kennung auf den Stellen 40 bis 47 sowie einen in DM und Dpf angegebenen Gesamtpreis auf den Stellen 31 bis 36. Für jeden Satz ist

ein Rabattbetrag in DM und Dpf zu errechnen und zusammen mit den genannten Eingabedaten auf eine Zeile zu drucken. Der Rabattbetrag ergibt sich zu 2 % bei einem 1750,00 übersteigenden Gesamtpreis; sonst beträgt er 0,00 DM. – Es ist ein geeignetes Programm zu schreiben.

*11. In einer Datei sind Sätze mit folgendem Format aufgezeichnet:
Stellen 1 bis 8:   alphanumerische Kennung
Stellen 9 bis 15:   Betrag in DM gemäß **PICTURE 9(5)V99**
Stellen 16 bis 80:   sonstige Informationen (alphanumerisch)
Von jedem Satz ist der Inhalt mit drei Leerstellen zwischen den einzelnen Feldern aufzulisten. Die in den einzelnen Sätzen enthaltenen Beträge sollen auf eine Gesamtsumme addiert werden; diese ist anfangs auf Null zu setzen. Nach Erreichen des Dateiendes der Eingabedatei ist die Gesamtsumme zu drucken.

12. Das Programm der Übungsaufgabe 11 ist wie folgt zu erweitern:
a) Jeder Satz, der einen Betrag von 0,00 DM enthält, ist nicht in die Liste aufzunehmen.
b) Im Programm sollen zwei Zähler mitgeführt werden, die anfangs auf Null zu setzen sind. Durch den einen Zähler soll die Zahl der Sätze mit einem Betrag von 0,00 DM erfaßt werden, durch den anderen Satz die Zahl der Sätze mit einem von 0,00 DM verschiedenen Betrag.
c) Nach der Verarbeitung aller Sätze soll eine Schlußzeile die folgenden weiteren Angaben aufnehmen:
– – – Gesamtzahl aller verarbeiteten Sätze,
– – – die Werte der beiden Zähler,
– – – den durchschnittlichen Betrag in den Sätzen mit einem von 0,00 DM verschiedenen Betrag, d.h. es ist die Gesamtsumme der Beträge (siehe Aufgabe 11) durch die Zahl der Sätze mit einem von 0,00 DM verschiedenen Betrag zu dividieren.

13. Diese Übungsaufgabe stellt eine Erweiterung der Übungsaufgabe 19 von Kap. 3 dar.
Angenommen, die Eingabesätze wurden wie folgt abgeändert:
Stellen 1 bis 5:   Artikelnummer
Stellen 6 bis 30:   Artikelbezeichnung
Stellen 31 bis 35:   Verkaufsmenge der drittletzten Woche
Stellen 36 bis 40:   Verkaufsmenge der vorletzten Woche
Stellen 41 bis 45:   Verkaufsmenge der letzten Woche
Stellen 46 bis 50:   Bestandsmenge in Stück bzw. Einheit
Stellen 51 bis 57:   Artikelpreis in DM und Dpf
Stellen 58 bis 62:   ideale Bestandsmenge in Stück bzw. Einheit

Unter der idealen Bestandsmenge eines Artikels wird die Menge (Stück oder Einheit) verstanden, die eine Handelsfirma ständig auf Lager halten sollte, um den Kundenwünschen stets gerecht werden zu können. Die ideale Bestandsmenge kann jederzeit durch das Management geändert werden, z.B. sprechen saisonale Erfordernisse dafür. Wenn der Bestand eines Artikels unter die ideale Bestandsmenge absinkt, dann besteht für die Handelsfirma die Notwendigkeit, eine Bestellung beim Lieferanten vorzunehmen. Die zu bestellende Menge ergibt sich aus der folgenden Formel:

bestellmenge = voraussichtlicher verkauf
                + (ideale bestandsmenge − lagerbestand)

Hierbei bedeuten der voraussichtliche Verkauf die Verkaufsvorhersage für die nächste Woche (errechnet nach der Formel bei der Übungsaufgabe 19 des Kap. 3) und der Lagervorrat die Bestandsmenge in Stück oder Einheit.

Das Programm von Kap. 3, Übungsaufgabe 19, ist wie folgt abzuändern: Ist der Lagervorrat unter die ideale Bestandsmenge gefallen, ist die Bestellmenge zu errechnen und ein diesbezüglicher Vermerk auf der entsprechenden Artikelzeile auszugeben. Der Vermerk soll aus dem Wort „Neubestellung" und der nach einer Leerstelle folgenden Bestellmenge bestehen. Die ideale Bestandsmenge soll ebenfalls ausgegeben werden, und zwar zwischen den Spalten für die „Bestandsmenge" und für den Artikelpreis. Nachstehend ist eine Vorlage für den revidierten Bericht gezeigt.

Artikelnummer	Artikelbezeichnung	Verkaufsmenge der drittletzten Woche	Verkaufsmenge der vorletzten Woche	Verkaufsmenge der letzten Woche	Bestandsmenge (Lagervorrat)	ideale Bestandsmenge idealer Lagervorrat	Artikelpreis	Zu erwartende Verkaufsmenge der nächsten Woche	Lagerbestandswert eines jeden Artikels		
AA123	SCHNEE-GEBLAESE	00002	00000	00005	00022	00025	00524.75	00003	0011544.50	NEUBESTELLUNG	00006
BB345	GARTENSTUHL	01050	02577	00933	09515	08500	00030.50	01501	0290207.50		
DURCHSCHNITTLICHER LAGERBESTANDSWERT									0150876.00		

14. *Diese Übungsaufgabe eignet sich für die Durchführung eines kleinen Projektes.*

Es ist ein Programm zu schreiben, das die in einer Lohndatei enthaltenen Sätze zur Erstellung einer Lohnliste benutzt. Die Sätze der Lohndatei weisen den folgenden Aufbau auf:

    Stelle   1:   nicht benutzt:
    Stellen 2 bis 6:   Personalnummer
    Stellen 7 bis 11:   Abteilungsnummer
    Stellen 12 bis 17:   nicht benutzt
    Stellen 18 bis 21:   wöchentliche Arbeitsstunden
                           (numerisch mit zwei Dezimalstellen)

Stellen 22 bis 25: Stundenlohn (numerisch mit zwei Dezimalstellen in Dollar)
Stellen 26 bis 27: Schlüssel der Kommune (Stadt oder Gemeinde)

Für jeden Mitarbeiter ist sein Bruttoeinkommen wie folgt zu ermitteln: Für die ersten 37.5 wöchentlichen Arbeitsstunden ist der Stundenlohn mit 37.5 zu multiplizieren, für die 37.5 überschreitenden Arbeitsstunden sind diese mit dem 1.5-fachen des Stundenlohnes zu multiplizieren. Wenn z.B. ein Mitarbeiter 41.5 Arbeitsstunden in der Woche zu einem Stundenlohn von 18.00 $ gearbeitet hat, errechnet sich sein Bruttoeinkommen zu 783.00 $ (675.00 $ für die ersten 37.5 Arbeitsstunden und 108.00 $ für die verbleibenden vier Arbeitsstunden). Zusätzlich zum Bruttoverdienst sind die Abzüge für jeden Mitarbeiter zu ermitteln. Sie setzen sich aus folgenden Einzelabzügen zusammen: Bundessteuer in Höhe von 25 %, Staatssteuer in Höhe von 5 % des Bruttoeinkommens; hinzu kommt die Ortssteuer, die vom Wohnort des Mitarbeiters abhängt. Zur Berechnung der Ortssteuer ist der Schlüssel der jeweiligen Kommune heranzuziehen; er bildet die Basis für die Errechnung dieser Steuer wie folgt:

Schlüssel der Kommune	Ortssteuer in bezug auf das Bruttoeinkommen
03	1.50 %
07	2.00 %
15	5.25 %
23	3.75 %
77	2.50 %

Das Nettoeinkommen der Mitarbeiter ergibt sich als Differenz des Bruttoeinkommens und der Summe aller Abzüge.

Es ist ein Bericht auszugeben, der für jeden Mitarbeiter die folgenden Informationen enthält:

Stellen 1 bis 5: Personalnummer
Stellen 8 bis 12: wöchentliche Arbeitsstunden
Stellen 15 bis 19: Stundenlohn in Dollar
Stellen 22 bis 28: Bruttoeinkommen in Dollar
Stellen 31 bis 37: Bundessteuer in Dollar
Stellen 40 bis 45: Staatssteuer in Dollar
Stellen 48 bis 53: Ortssteuer in Dollar
Stellen 56 bis 62: Nettoeinkommen in Dollar

Alle dezimalen Felder, d.h. alle Dollarbeträge, sollen mit einem tatsächlichen Dezimalpunkt versehen sein.

6. Ein einfaches Programm für die Lohnabrechnung

6.1 Einführung

Die beiden vorhergehenden Kapitel beschäftigten sich einerseits damit, wie ein Programm entworfen wird, und andererseits mit einer Einführung in die **COBOL**-Anweisungen, die zur Realisierung der grundlegenden Steuerungsstrukturen herangezogen werden. Es wird nun Zeit zu sehen, wie diese Hilfsmittel gebraucht werden, um ein komplettes Programm zu entwickeln. Anschließend werden wir das geschaffene Programm revidieren und einige Änderungen vornehmen. Zuerst werden wir dabei die Entwurfsspezifikationen ändern, dann das Programm.

6.2 Anforderungen an das Programm

Das Programm soll mit den Sätzen einer Datei arbeiten; jeder Satz enthält dabei Informationen über einen Arbeiter. Dieses Programm ist Bestandteil eines Lohnabrechnungssystemes. Für jeden Arbeiter sollen Bruttolohn, Steuern und Nettolohn berechnet und auf eine Zeile gedruckt werden. Die grundlegende Programmstruktur, d.h. die Hauptsteuerungsroutine und ein für jeden Satz auszuführender Verarbeitungsparagraph, ist die gleiche, wie wir sie von den vorhergehenden Kapiteln kennen.

Innerhalb des angesprochenen Paragraphen werden jedoch weitere, auf einer niedrigeren Stufe der Programmhierarchie angesiedelte Paragraphen ausgeführt; diese erledigen untergeordnete einzelne Funktionen. Außerdem werden wir eine **IF**-Anweisung einsetzen, mittels derer wir bestimmen, ob eine Überstundenbezahlung anfällt und ob der Arbeiter ein steuerpflichtiges Einkommen hat.

Die Eingabe für dieses Programm besteht aus einem Satz pro Arbeiter. Die Felder eines Satzes beinhalten Personalnummer, Name, Arbeitsstunden, Stundenlohn und die Zahl der Angehörigen des Arbeiters. Die nachstehende Übersicht zeigt den Aufbau des Satzes; durch die in der dritten Spalte aufgeführte Zeichenfolge für die **PICTURE**-Klausel ergeben sich die Eigenschaften der einzelnen Datenelemente.

Stellen 1 bis 5	Personalnummer	X(5)
Stellen 6 bis 25	Name	X(20)
Stellen 26 bis 28	Arbeitsstunden	99V9

Stellen 29 bis 31	unbenutzt	–
Stellen 32 bis 36	Stundenlohn	99V999
Stellen 37 bis 38	Zahl der Angehörigen	99

Für jeden Satz sind die nachfolgenden Rechenoperationen vorzunehmen:

a) Das Produkt aus der Zahl der Arbeitsstunden und dem Stundenlohn ergibt den Bruttolohn.
b) Der Bruttolohn erhöht sich um den Überstundenlohn, wenn der Arbeiter mehr als 40.0 Stunden pro Woche gearbeitet hat. Der Überstundenlohn ergibt sich als Produkt der halben Überstundenzahl und dem Stundenlohn; die Überstundenzahl wiederum ist die Differenz zwischen der Zahl der verrichteten Arbeitsstunden und der Zahl der tariflichen Arbeitsstunden (hier also: 40.0 Stunden).
c) Für jeden Angehörigen erhält der Arbeiter einen steuerfreien Betrag von 50,00 Dollar; die Summe aller Freibeträge ergibt sich folglich als Produkt aus der Zahl der Angehörigen und 50,00 Dollar.
d) Wenn der errechnete Bruttolohn größer als die Summe der Freibeträge ist, wird eine Steuer von 21% geltend gemacht. Basis für die Berechnung der Steuer ist der steuerpflichtige Verdienst, d.h. der um die Summe der Freibeträge verminderte Bruttolohn.

Für jeden Eingabesatz ist eine Zeile zu drucken. In diese sind alle Eingabedaten sowie Bruttolohn, Steuerbetrag und Nettolohn aufzunehmen. Wie eine solche Zeile aussehen soll, ist der Abb. 6.5 zu entnehmen.

6.3 Programmentwurf

Wir beginnen den Entwurfsprozeß mit der Bestimmung, welche Hauptfunktion dieses Programm aufweist. Die Primärfunktion des Programmes ist selbstverständlich die Durchführung von Lohnabrechnungen, diese ist für alle Arbeiter zu wiederholen. Basierend auf den im Abschnitt 6.2 vorgestellten Programmerfordernissen müssen für jeden Arbeiter die folgenden Tätigkeiten ausgeführt werden:

1. Lesen des Lohnsatzes
2. Berechnung des Bruttolohnes (unter Berücksichtigung der angefallenen Überstunden)
3. Berechnung der Summe der Freibeträge
4. Berechnung der Steuer
5. Berechnung des Nettolohnes
6. Drucken der (Ausgabe-)Zeile

Aus der soeben vorgelegten Zusammenstellung der auszuführenden Tätigkeiten können wir die hierarchische Darstellung der Programmfunktionen entwickeln, diese ist in der Abb. 6.1. festgehalten. Man kann diese Darstellung, sofern man will, natürlich noch durch die Funktionen des Eröffnens und Abschließens der Dateien ergänzen; diese beiden Funktionen sind natürlich ebenfalls untergeordnete Funktionen.

```
        Durchführung
             von                              1 (A)
      Lohnabrechnungen

       Berechnung Lohn
          für jeden                           2 (B)
          Arbeiter

Holen  Berechnung Berechnung Berechnung Berechnung Drucken
Lohnsatz Bruttolohn der Summe  Steuer    Nettolohn  Zeile   3 (C)
                   Freibeträge
```

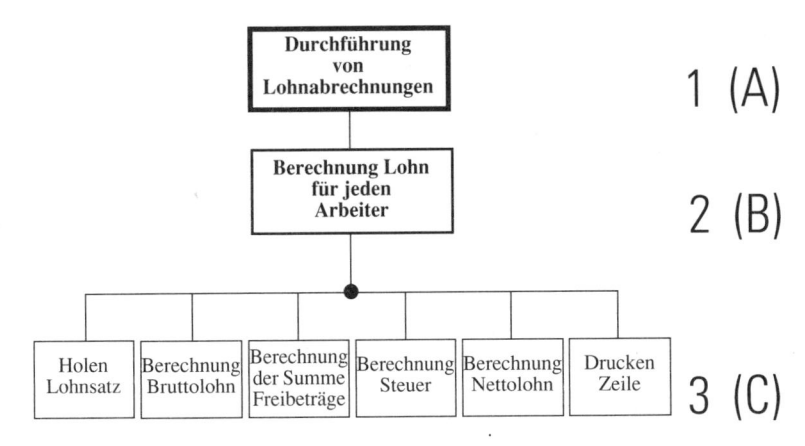

Abb. 6.1 Hierarchische Darstellung des Lohnabrechnungsprogrammes

Im nächsten Entwurfsschritt haben wir die Spezifikationen für jeden Baustein (Modul) im Pseudocode zu schreiben. Das Ergebnis unserer Bemühungen ist in der Abb. 6.2. gezeigt.

Ausdrücklich müssen wir aber hervorheben, daß es nicht notwendig ist, beim Programmentwurf die Mehrzahl der Programme bis zur gezeigten Stufe herunterzubrechen. Die meisten der in Abb. 6.2 gezeigten Moduln werden nur durch eine oder durch zwei **COBOL**-Zeilen verwirklicht und können daher ohne weiteres auch als Sequenz, in Folge also, geschrieben werden; die Ablegung eines neuen Paragraphen erübrigt sich damit. Tatsächlich könnten *alle* Modul auf der untersten Stufe (hier: Stufe 3) der hierarchischen Darstellung durch eine Sequenz (In-line Code) verwirklicht werden (siehe Übungsaufgabe 6.2). Wir jedoch wollten deshalb jeden Modul durch einen gesonderten Paragraphen im Programm erfassen, weil es uns darauf ankam, die *Modularität* ausdrücklich zu unterstreichen und außerdem die Beziehungen zwischen der hierarchischen Darstellung und dem endgültigen Programm zu betonen.

Anmerken sollten wir noch, daß die Moduln auf den höheren Hierarchiestufen sich vorwiegend mit der Steuerung und der Gesamtlogik des Programmes (*Steuerungs-* bzw. *Entscheidungsmoduln*) beschäftigen, während die Moduln auf den unteren Stufen die einzelnen Verarbeitungsgänge abdecken (*Arbeitsmoduln*). Eine derartige Zerlegung der gesamten Aktivität ist bei den meisten Programmen üblich. Also: Auf den höheren Stufen konzentrieren wir uns auf „*wann sind Tätigkeiten auszuführen*" und überlassen die Einzelheiten „*wie die Tätigkeiten auszuführen sind*" den Moduln auf den niedrigeren Stufen.

```
DURCHFUEHRUNG VON LOHNABRECHNUNGEN
==================================
eröffnen dateien
setzen dateiende-kennzeichen auf 'N'
holen lohn-satz
PERFORM-UNTIL dateiende-kennzeichen = 'J'
    berechnung lohn für arbeiter
ENDPERFORM
abschließen dateien
```

```
BERECHNUNG LOHN FÜR ARBEITER
----------------------------
berechnung bruttolohn
berechnung freibetrag-summe
berechnung steuer
berechnung nettolohn
drucken zeile
holen lohn-satz
```

```
HOLEN LOHN-SATZ
---------------
lesen lohn-satz;  bei dateiende setzen dateiende-kennzeichen auf 'J'
```

```
BERECHNUNG BRUTTOLOHN
---------------------
bruttolohn = arbeitsstunden * stundenlohn
IF  arbeitsstunden größer als 40.0  THEN
        überstunden = arbeitsstunden - 40.0
        multiplizieren überstunden mit 0.5
        überstunden-lohn = überstunden * stundenlohn
        addieren überstunden-lohn auf bruttolohn
ENDIF
```

```
BERECHNUNG FREIBETRAG-SUMME
---------------------------
freibetrag-summe = 50.00 * angehörigen-zahl
```

```
BERECHNUNG STEUER
-----------------
IF  bruttolohn größer freibetrag-summe  THEN
        steuer = 0.21 * (bruttolohn - freibetrag-summe)
ELSE
        steuer = 0
```

```
BERECHNUNG NETTOLOHN
--------------------
nettolohn = bruttolohn - steuer
```

```
DRUCKEN ZEILE
-------------
übertragen von  personalnummer, name, arbeitsstunden, stundenlohn,
                angehörigen-zahl, bruttolohn, steuer, nettolohn
           nach zeile
drucken zeile
```

```
Anmerkung: * bedeutet hier das Multiplikationszeichen.
```

Abb. 6.2 Pseudocode-Spezifikationen des Lohnabrechnungsprogrammes

6.4 Das Programm für die Lohnabrechnung im COBOL-Code

Das vollständige Programm für die Lohnabrechnung ist in den Abbildungen 6.3 (Erkennungsteil, Maschinenteil und Datenteil) und 6.4 (Prozedurteil) gezeigt.

Das Dateienkapitel enthält keine uns unbekannten Sprachelemente. Den vergebenen Datennamen sind Präfixe vorangestellt; dieses Thema erwähnten wir in Kap. 3. Es kann vorkommen, daß man die Eingabesatz auf 80 Stellen erweitern muß, weil manche Computer nur 80-stellige Eingabesätze verkraften können. Man kann das hier durch ein hintenangestelltes **FILLER**-Feld von 42 Stellen Länge erreichen. Man sollte sich deshalb vor der Programmierung eines Programmes informieren, welche Besonderheiten bei dem Computer zu beachten sind, mit dem man arbeiten will bzw. muß.

6.5 Die VALUE-Klausel im Arbeitsspeicherkapitel (WORKING-STORAGE SECTION)

Es passiert öfters, daß die im Arbeitsspeicherkapitel, d.h. die in der **WORKING-STORAGE SECTION** erklärten Datenelemente mit speziellen *Anfangswerten* in den Computer geladen werden müssen. Wir erinnern daran, daß man unmöglich wissen kann, was ein Platz im Computerspeicher enthält, es sei denn, wir stellen gezielt etwas auf diesen Platz. Bei den bisherigen Programmen geschah das im Prozedurteil mittels **MOVE**-Anweisungen. Diese Vorgehensweise erweist sich in vielen Fällen als linkisch. Deshalb gibt es eine alternative Methode, nämlich die Benutzung der **VALUE**-Klausel.

Um einen Anfangswert einem im Arbeitsspeicherkapitel (in der **WORKING-STORAGE SECTION**) erklärten Datenelement zu geben, ist im Anschluß an die **PICTURE**-Klausel das Wort **VALUE**, gefolgt von einem Literal, einzutragen. Der Literalwert wird dem Datenelement in dem Augenblick zugewiesen, in dem das Programm in den (internen) Speicher des Computers geladen wird. Ist das Datenelement *numerisch*, so muß auch das Literal *numerisch* sein, d.h. es darf nicht von Auslassungszeichen umgeben sein. Beispielsweise geben wir in unserem Programm dem Datenelement **W-STEUERSATZ** den numerischen Anfangswert .210, ohne Auslassungszeichen geschrieben. Wenn das Datenelement hingegen *nichtnumerisch* ist, ist ein *nichtnumerisches* Literal (mit umgebenden Auslassungszeichen) erforderlich. In unserem Programm haben wir dem Datenelement **W-KEINE-DATEN-MEHR-KZ** den nichtnumerischen Anfangswert 'N' gegeben.

```
IDENTIFICATION DIVISION.
PROGRAM-ID.
    LOHNABR1.
DATE-WRITTEN.
    JANUAR 29, 1987.

ENVIRONMENT DIVISION.
INPUT-OUTPUT SECTION.
FILE-CONTROL.
    SELECT LOHN-DATEI               ASSIGN TO S-LOHND.
    SELECT DRUCK-DATEI              ASSIGN TO S-DRUCKD.

DATA DIVISION.
FILE SECTION.
FD  LOHN-DATEI
    LABEL RECORDS ARE OMITTED.
01  LOHN-SATZ.
    05   E-PERSONALNUMMER           PIC X(5).
    05   E-NAME                     PIC X(20).
    05   E-ARBEITSSTUNDEN           PIC 99V9.
    05   FILLER                     PIC X(3).
    05   E-STUNDENLOHN              PIC 99V999.
    05   E-ANGEHOERIGEN-ZAHL        PIC 99.

FD  DRUCK-DATEI
    LABEL RECORDS ARE OMITTED.
01  DRUCK-SATZ.
    05   D-PERSONALNUMMER           PIC X(5).
    05   FILLER                     PIC XX.
    05   D-NAME                     PIC X(20).
    05   FILLER                     PIC XX.
    05   D-ARBEITSSTUNDEN           PIC 99.9.
    05   FILLER                     PIC XX.
    05   D-STUNDENLOHN              PIC 99.999.
    05   FILLER                     PIC XX.
    05   D-ANGEHOERIGEN-ZAHL        PIC 99.
    05   FILLER                     PIC XX.
    05   D-BRUTTOLOHN               PIC 999.99.
    05   FILLER                     PIC XX.
    05   D-STEUER                   PIC 999.99.
    05   FILLER                     PIC XX.
    05   D-NETTOLOHN                PIC 999.99.

WORKING-STORAGE SECTION.
01  W-FREIBETRAG                    PIC 99V99    VALUE 50.00.
01  W-STEUERSATZ                    PIC V999     VALUE .210.
01  W-FREIBETRAG-SUMME              PIC 999V99.
01  W-BRUTTOLOHN                    PIC 999V99.
01  W-NETTOLOHN                     PIC 999V99.
01  W-KEINE-DATEN-MEHR-KZ           PIC X        VALUE 'N'.
01  W-UEBERSTUNDEN                  PIC 99V9.
01  W-UEBERSTUNDEN-LOHN             PIC 999V99.
01  W-STEUER                        PIC 999V99.
01  W-STEUERPFLICHTIG               PIC 999V99.
```

Abb. 6.3 Programm für die Lohnabrechnung (1. Teil: Erkennungsteil, Maschinenteil und Datenteil)

```
PROCEDURE DIVISION.
A000-LOHN-ABRECHNUNG.
    OPEN INPUT LOHN-DATEI
         OUTPUT DRUCK-DATEI.
    PERFORM C010-HOLEN-LOHNSATZ.
    PERFORM B010-BERECHNUNG-LOHN
        UNTIL W-KEINE-DATEN-MEHR-KZ = 'J'.
    CLOSE LOHN-DATEI
          DRUCK-DATEI
    STOP RUN.

B010-BERECHNUNG-LOHN.
    PERFORM C020-BERECHNUNG-BRUTTOLOHN.
    PERFORM C030-BERECHNUNG-FREIBETRAG-S.
    PERFORM C040-BERECHNUNG-STEUER.
    PERFORM C050-BERECHNUNG-NETTOLOHN.
    PERFORM C060-DRUCKEN-ZEILE.
    PERFORM C010-HOLEN-LOHNSATZ.

C010-HOLEN-LOHNSATZ.
    READ LOHN-DATEI
        AT END   MOVE 'J' TO W-KEINE-DATEN-MEHR-KZ.

C020-BERECHNUNG-BRUTTOLOHN.
    MULTIPLY E-ARBEITSSTUNDEN BY E-STUNDENLOHN
          GIVING W-BRUTTOLOHN ROUNDED.
    IF  E-ARBEITSSTUNDEN IS GREATER THAN 40.0
        SUBTRACT 40.0 FROM E-ARBEITSSTUNDEN
               GIVING W-UEBERSTUNDEN
        MULTIPLY 0.5 BY W-UEBERSTUNDEN
        MULTIPLY W-UEBERSTUNDEN BY E-STUNDENLOHN
               GIVING W-UEBERSTUNDEN-LOHN ROUNDED
        ADD W-UEBERSTUNDEN-LOHN TO W-BRUTTOLOHN.

C030-BERECHNUNG-FREIBETRAG-S.
    MULTIPLY W-FREIBETRAG BY E-ANGEHOERIGEN-ZAHL
          GIVING W-FREIBETRAG-SUMME.

C040-BERECHNUNG-STEUER.
    IF  W-BRUTTOLOHN IS GREATER THAN W-FREIBETRAG-SUMME
        SUBTRACT W-FREIBETRAG-SUMME FROM W-BRUTTOLOHN
               GIVING W-STEUERPFLICHTIG
        MULTIPLY W-STEUERSATZ BY W-STEUERPFLICHTIG
               GIVING W-STEUER ROUNDED
    ELSE
        MOVE ZERO TO W-STEUER.

C050-BERECHNUNG-NETTOLOHN.
    SUBTRACT W-STEUER FROM W-BRUTTOLOHN GIVING W-NETTOLOHN.

C060-DRUCKEN-ZEILE.
    MOVE SPACES              TO DRUCK-SATZ.
    MOVE E-PERSONALNUMMER    TO D-PERSONALNUMMER.
    MOVE E-NAME              TO D-NAME.
    MOVE E-ARBEITSSTUNDEN    TO D-ARBEITSSTUNDEN.
    MOVE E-STUNDENLOHN       TO D-STUNDENLOHN.
    MOVE E-ANGEHOERIGEN-ZAHL TO D-ANGEHOERIGEN-ZAHL.
    MOVE W-BRUTTOLOHN        TO D-BRUTTOLOHN.
    MOVE W-STEUER            TO D-STEUER.
    MOVE W-NETTOLOHN         TO D-NETTOLOHN.
    WRITE DRUCK-SATZ.
```

Abb. 6.4 Programm für die Lohnabrechnung (2. Teil: Prozedurteil)

VALUE-Klauseln sollten nur für Elementarelemente niedergeschrieben werden. Obgleich sie auch für Datengruppen gebraucht werden können, sollte man darauf verzichten, denn eine solche Handlungsweise läuft darauf hinaus, die Programmflexibilität zu verringern, und neigt dazu, eine potentielle Fehlerquelle zu sein. Deshalb werden wir in diesem Buch die **VALUE**-Klausel nur bei Elementarelementen niederschreiben. Man beachte außerdem, daß **VALUE**-Klauseln nur in der **WORKING-STORAGE SECTION** notiert werden dürfen; sie dürfen nicht in der **FILE SECTION** gebraucht werden.

Der Wert, der einem Element im Arbeitsspeicherkapitel mittels der **VALUE**-Klausel mitgegeben wird, darf später, sofern es der Programmierer will, im Prozedurteil (in der **PROCEDURE DIVISION**) durchaus geändert werden. So wird z.B. in unserem Programm der Wert von **W-KEINE-DATEN-MEHR-KZ** von anfangs 'N' in 'J' durch eine Tätigkeit in der Angabe **AT END** der **READ**-Anweisung geändert werden.

Die ersten beiden Datenelemente werden im Programm niemals verändert. Diese beiden Datenelemente *könnten* durch numerische Literale überall dort ersetzt werden, wo sie im Prozedurteil verwendet werden. Wenn wir das getan hätten, wäre es notwendig, den gesamten Prozedurteil nach solchen Zahlen zu durchsuchen, falls Freibetrag und Steuersatz einmal gesetzlichen Änderungen unterliegen. Durch die Schaffung entsprechender Eintragungen im Arbeitsspeicherkapitel brauchen wir in solchen Fällen nur die **VALUE**-Klauseln dieser beiden Datenelemente zu ändern, um einer Änderung der Steuergesetzgebung Rechnung tragen zu können. Da solche Datenelemente niemals im Prozedurteil geändert werden, nennt man sie auch „Konstante". Wir raten dringend dazu, solche Datenelemente durch das Präfix **K** kenntlich zu machen, also besser **K-FREIBETRAG** statt **W-FREIBETRAG** und **K-STEUERSATZ** statt **W-STEUERSATZ** zu schreiben. Wir werden das in den auf dieses Kapitel folgenden Kapiteln auch konsequent beherzigen.

Wir schärfen den Programmierern und Programmiererinnen dringend ein, daß man sich an diese Faustregel hält: Man sollte keine Literale in der **PROCEDURE DIVISION** gebrauchen! Die Zahlen 0 (**ZERO**) und 1 stellen eine zulässige Ausnahme dar, wenn sie zum Setzen von Anfangswerten und beim Weiterzählen von Zählern benutzt werden. Das gleiche gilt für 100, wenn diese Zahl bei der Umrechnung von Bruchteilen in Prozentwerte eingesetzt wird, und vielleicht noch für einige wenige andere Zahlen. In allen anderen Fällen sagt die Stimme der Erfahrung: „Aus Literalen sind benannte Konstanten zu machen!". „Konstanten" neigen in geradezu unheimlicher Weise dazu, nicht lange Konstanten zu bleiben! Man sollte deshalb keine „magische Zahlen" verwenden! (Unter einer „magischen" Zahl versteht man eine Konstante, die ohne Erklärung im Prozedurteil erscheint, wodurch man nach langer Zeit oft nicht mehr weiß, welche Bedeutung sie hat: Erbarmen also mit den armen Programmierern, die Programme zu warten und pflegen haben!)

Wichtig ist es, sich ständig zu vergegenwärtigen, daß einem Datenelement in der **WORKING-STORAGE SECTION** mittels der **VALUE**-Klausel *nur beim Laden des Programmes ein Wert zugewiesen werden kann*. Sollte dieser Wert später im Prozedurteil durch eine Operation geändert werden, gibt es keinen Weg, die **VALUE**-Klausel zu veranlassen, ihre Aufgabe erneut zu erledigen, es sei denn, das Programm wird wieder von vorn gestartet, d.h. neu in den (internen) Speicher des Computers geladen. Wenn also ein Datenelement nach erfolgter Wertänderung auf seinen Anfangswert zurückgeführt werden muß, muß das durch eine Anweisung im Prozedurteil geschehen.

6.6 Der Prozedurteil

Der Hauptmodul dieses Programmes weist im wesentlichen die gleiche Gestalt wie zuvor auf; nur haben wir hier veranlaßt, für das Lesen des ersten Satzes einen Paragraphen mittels der **PERFORM**-Anweisung einzusetzen. Diese Anweisung ist also an die Stelle der **READ**-Anweisung getreten, die wir früher direkt in den Hauptmodul aufgenommen haben. In dem Paragraphen, der danach mittels der Anweisung **PERFORM** mit **UNTIL** angesprochen wird, werden nacheinander Bruttolohn, die Summe der Freibeträge, die Steuern und der Nettolohn berechnet. Zum Schluß desselben werden die Eingabedaten und die Ergebnisse auf eine Zeile gedruckt, und es wird ein neuer Satz aus der Lohndatei gelesen.

Der Aufbau dieses **B010-BERECHNUNG-LOHN** genannten Paragraphen ist höchst einfach zu codieren und auch einfach zu verstehen, da wir nur **PERFORM**-Anweisungen zur Ausführung der einzelnen Rechengänge bzw. der anderen Tätigkeiten herangezogen haben. Natürlich ist es nicht wirklich erforderlich, **PERFORM**-Anweisungen in einem so simplen Programm wie diesem zu benutzen. Wir entschlossen uns aber so vorzugehen, um die Struktur dieses Programmes ausdrücklich hervorzuheben. In der Praxis wird ein Modul, der in wenigen Zeilen niedergeschrieben werden kann, gewöhnlich nicht als separater Paragraph codiert.

Der nächste Paragraph dient zum Lesen eines Satzes aus der Lohndatei, wobei ein Kennzeichen auf den Wert 'J' gesetzt wird, wenn das Dateiende erreicht ist. Auf diesen folgt ein Paragraph, der den Bruttolohn eines Arbeiters berechnet. Wir beginnen dabei mit der Multiplikation der Arbeitsstunden mit dem Stundenlohn des betreffenden Arbeiters, wodurch wir zunächst einmal einen „provisorischen" Bruttolohn erhalten. Er ist deshalb provisorisch, weil bei mehr als 40.0 Arbeitsstunden eines Arbeiters der Bruttolohn nach oben berichtigt werden muß. Eine diesbezügliche Abfrage besorgt die **IF**-Anweisung.

Wir haben bereits die **IF**-Anweisung anhand von Beispielen in Kap. 5 studiert. Für dieses Programm lautet die Spezifikation im Pseudocode, daß alle über 40.0 hinausgehenden Arbeitsstunden mit dem anderthalbfachen Stundenlohn zu bezahlen sind. Es gibt verschiedene Wege, eine solche Berechnung durchzuführen. Der hier benutzte Weg errechnet zunächst die Zahl der Überstunden, indem 40.0 von der Arbeitsstundenzahl subtrahiert wird. Die durch diese arithmetische Operation entstandene Differenz wird mit dem Faktor 0.5 multipliziert, wodurch wir die sogenannten Prämienstunden erhalten. Werden diese nun mit dem Stundenlohn multipliziert, so erhalten wir die Überstundenprämie, im Programm als **W-UEBERSTUNDEN-LOHN** bezeichnet. Diese ist dem Bruttolohn zuzuschlagen (Addition). Unabhängig von der Zahl der Arbeitsstunden befindet sich jetzt der Bruttolohn (in Dollars und Cents) in dem **W-BRUTTOLOHN** genannten Datenelement.

Der nächste Paragraph dient zur Ermittlung der Summe der Freibeträge eines Arbeiters. Hierzu wird die Zahl der Angehörigen mit dem für jeden Angehörigen geltenden Freibetrag multipliziert. Wie bereits im vorigen Abschnitt erwähnt, haben wir für den Freibetrag einen Datennamen, nämlich **W-FREIBETRAG**, benutzt. Auf die Codierung des aktuellen Wertes in der **MULTIPLY**-Anweisung haben wir also bewußt verzichtet. Das hat zwei Vorteile. Erstens wird durch den deskriptiven Namen gesagt, welcher Wert in die Multiplikation einbezogen wird; es ist also nicht nötig, an der Bedeutung der „magischen" Zahl 50.00 herumzurätseln. Der zweite Vorteil liegt darin, daß bei Änderung des Freibetrages nur der Wert in der **VALUE**-Klausel im Arbeitsspeicherkapitel des Datenteils geändert werden muß. Es erübrigt sich also das Aufsuchen der Stellen im Prozedurteil, an denen 50.00 codiert ist. Das ist sicher beträchtlich leichter durchzuführen und vor allem auch fehlerfrei, denn es könnte ja an einer anderen Stelle des Prozedurteils ebenfalls die Zahl 50.00 auftauchen; an dieser Stelle darf aber keine Änderung erfolgen, weil sie nicht den Freibetrag repräsentiert.

Nach der Ermittlung der Summe der Freibeträge wenden wir uns im nächsten Paragraphen der Berechnung der Steuer zu. Wenn der Bruttolohn die Summe der Freibeträge übersteigt, ist der Arbeiter steuerpflichtig. Wir ermitteln also für diesen Fall den zu versteuernden Betrag (**W-STEUERPFLICHTIG**), indem wir die Summe der Freibeträge vom Bruttolohn subtrahieren. Das erhaltene Ergebnis wird anschließend mit dem Steuersatz multipliziert. Das Ergebnis der Multiplikation wird auf den nächsten Cent gerundet. Selbstverständlich muß bei einem nicht steuerpflichtigen Lohn der Steuerbetrag auf Null gesetzt werden. Nach

Ermittlung des Steuerbetrages kann nunmehr der Nettolohn als Differenz von Bruttolohn und Steuerbetrag bestimmt werden.

Der Schlußparagraph unseres Programmes beginnt mit der Übertragung von Leerzeichen (**SPACES**) nach dem Ausgabesatz, hier **DRUCK-SATZ** genannt. Danach erfolgen Übertragungen der Eingabedaten und der erzielten Resultate nach den für sie vorgesehenen Feldern im Ausgabesatz. Der Paragraph endet mit dem Schreiben (hier: Drukken) der zuvor zusammengestellten Sätze.

6.7 Ausgabe der ersten Programmversion

Das von uns geschriebene **COBOL**-Programm wurde nach seiner Eingabe in den Computer von einem **COBOL**-Kompilierer kompiliert und anschließend mit Beispieldatensätzen ausgeführt. Die Ausgabe des Maschinenprogrammes ist in der Abb. 6.5 dargestellt. Der Text oberhalb der einzelnen Spalten der Ausgabeliste wurde nicht vom Programm produziert. Er wurde vielmehr erst nach der Ausgabe hinzugestellt, um es dem Leser zu ermöglichen, die Daten zu identifizieren.

Personalnummer	Name	Arbeitsstunden	Stundenlohn	Zahl der Angehörigen	Bruttolohn	Nettolohn	Steuer
12345	THOS H. KELLY	20.0	05.350	00	107.00	022.47	084.53
12401	HENRY JENSEN	40.0	07.500	01	300.00	052.50	247.50
12511	NANCY KAHN	40.0	07.500	03	300.00	031.50	268.50
26017	JANE MILANO	10.0	06.875	03	068.75	000.00	068.75
26109	PETER W. SHERWOOD	40.0	10.000	05	400.00	031.50	368.50
26222	GEORGE M. MULVANEY	41.0	10.000	05	415.00	034.65	380.35
27511	RUTH GARRISON	50.0	10.000	04	550.00	073.50	476.50
28819	LEO X. BUTLER	40.1	10.000	02	401.00	063.21	337.79
29000	ANNE HENDERSON	40.2	10.000	03	403.00	053.13	349.87
29001	JULIA KIPP	40.3	10.000	01	404.00	074.34	329.66
99999	IMA TESTCASE	99.9	99.999	99	979.87	006.27	973.60

Abb. 6.5 Ausgabe des Programmes zur Durchführung von Lohnabrechnungen

Beim Betrachten der ersten Zeile sehen wir, daß THOS H. KELLY bei einer Wochenarbeitszeit von 20.0 Stunden und einem Stundenlohn von 5.35 Dollar es zu einem Bruttolohn von 107.00 Dollar brachte. Da er keinen Anspruch auf Freibeträge für Angehörige geltend machen konnte, wurde sein gesamter Bruttolohn mit einem Steuersatz von 21 % versteuert, d.h. daraus resultierte ein Steuerbetrag von 22.47 Dollar. Sein Nettolohn ergab sich infolgedessen zu 84.53 Dollar. HENRY JENSEN verdiente in der Woche 300.00 Dollar. Nach Subtraktion des ihm zustehenden Freibetrages von 50.00 Dollar ergab sich ein steuerpflichtiges Einkommen von 250.00 Dollar. Daraus wiederum resultiert ein Steuerbetrag von 52.50 Dollar und ein Nettolohn von 247.50 Dollar. JANE MILANO arbeitete nur 10 Stunden in der betreffenden Woche; sie verdiente also nicht genug, um steuerpflichtig zu sein. Für sie ist deshalb ein Steuerbetrag von 0.00 Dollar ausgewiesen; Bruttolohn und Nettolohn sind also für sie gleich.

Den ersten Arbeiter mit Überstunden finden wir bei diesem Beispiel in GEORGE M. MULVANEY. Er erhielt 10 Dollar pro Stunde für die ersten 40 Arbeitsstunden und das 1.5-fache dieses Stundenlohnes für die eine über 40 Stunden hinausgehende Arbeitsstunde. Sein Bruttolohn errechnete sich deshalb zu 415.00 Dollar.

Die Ergebnisse von LEO X. BUTLER wollen wir einmal etwas eingehender betrachten. Er arbeitete 40.1 Stunden zu einem Stundenlohn von 10.00 Dollar, was zu einem Bruttolohn von 401.00 Dollar führte. Diesem Bruttolohn ist der Lohn für die Überstunden hinzuzurechnen. Die Anzahl der Überstunden ergibt sich zu 0.1 Stunden. Diese werden nach Programm mit 0.5 multipliziert, woraus das Produkt von 0.05 resultiert. Dieses wird anschließend mit dem Stundenlohn multipliziert, was zum Ergebnis 0.50 Dollar führt. Der gesamte Bruttolohn müßte also 401.50 Dollar betragen. Warum hat also das Programm nur den in der Liste aufgeführten Betrag von 401.00 Dollar beim Bruttolohn ausgegeben? Die Antwort auf diese Frage ist beim automatischen Wegfallen von Ziffern bei der Multiplikation von 0.5 mit dem Wert von **W-UEBERSTUNDEN** zu suchen. Diese Multiplikation ergibt eigentlich den Wert 00.05. Da aber **W-UEBERSTUNDEN** mit **PICTURE 99V9** erklärt ist, wird die letzte Ziffer des Produktes einfach ohne vorhergehende Rundung weggeworfen. Das Hinzufügen der Angabe **ROUNDED** würde nicht viel in bezug auf die Richtigkeit der Lösung ändern, da dann 00.1 in **W-UEBERSTUNDEN** gespeichert würde, somit eine Überzahlung um 50 Cents hervorrufend. Dieses Problem umgeht man nur, wenn man **PICTURE 99V99** niederschreibt. Die später in diesem Buch präsentierte zweite Programmversion berücksichtigt diese notwendige Änderung; für BUTLER sind dann die Ergebnisse ebenfalls korrekt.

Der letzte „Arbeiter" IMA TESTCASE wurde dort plaziert, um zu demonstrieren, welche Konsequenzen daraus entstehen, daß nicht genügend Ziffernstellen links vom Dezimalpunkt vorgesehen sind. Bei 99.9 Arbeitsstunden zu einem Stundenlohn von 99.999 Dollar ergibt sich zusammen mit der Überstundenbezahlung ein Bruttolohn von 12984.97

Dollar. Bei verschiedenen Berechnungen sind jedoch die zur Aufnahme der Resultate vorgesehenen Datenelemente mit einer ungenügenden Anzahl von Stellen erklärt. Das hat zur Folge, daß Zwischenergebnisse bzw. Endergebnisse nicht in die betreffenden Felder hineinpassen: Ziffern werden also bei den verschiedene Rechengängen und in unklarer Weise weggelassen. Es gibt infolgedessen keine offensichtliche Beziehung zwischen den korrekten Resultaten und den gedruckten Ergebnissen. Einige Kompilierer, u.a. die IBM-Kompilierer, würden in einem solchen Fall, d.h. bei diesem Programm, eine Warnung herausgeben, die etwa wie folgt lauten könnte: „An intermediate result or a sending field might have its high order digit position truncated". Diese Warnung würde also besagen, daß bei einem Zwischenergebnis oder von einem Sendefeld die Ziffern höchster Ordnung abgeschnitten werden könnten. Wird diese Warnung unter der Annahme ignoriert, daß kein Arbeiter jemals mehr als 999.99 Dollar in der Woche verdient, würde beim Eintreten eines solchen Falles das Programm baren Unsinn produzieren. In späteren Kapiteln werden wir sehen, was man tun kann, um sich gegen eine solche Situation zu schützen, und welche Maßnahmen man dagegen ergreifen kann. Ereignen können sich diese Situationen entweder durch korrekte Daten, die die getätigten Voraussetzungen nicht erfüllen (wie hier!) oder aufgrund fehlerhafter Daten.

6.8 Zweite Version des Programmes für die Lohnabrechnung (mit Überstunden)

Das soeben von uns studierte Programm weist eine Reihe von Einschränkungen auf. Einige von diesen wollen wir jetzt abstellen, bei anderen werden wir das auf das nächste Kapitel verschieben. Dort werden wir nämlich lernen, wie man Resultate in einer Gestalt darstellen kann, die leichter zu lesen und zu gebrauchen ist. Vorerst wollen wir uns dem Problem zuwenden, daß das Programm sehr leicht durch fehlerhafte Daten irregeleitet werden kann. Nur ein einziges nichtnumerisches Zeichen in einem Feld, das im Datenteil als rein numerisch vereinbart ist, führt bei diesem Programm zu ernsthaften Problemen. Bei einigen Computern wird es sogar zu einem „Absturz" kommen, wenn das Programm bei seiner Ausführung auf solch fehlerhafte Daten stößt. Dabei werden nicht immer durch eine verständliche Notiz die Gründe für den Programmabbruch genannt. Sollte ein solches Ereignis eintreten, werden nachfolgende fehlerfreie Sätze nicht mehr verarbeitet. Es kann freilich noch schlimmer kommen. Das Programm kann mit der Ausführung fortfahren, aber fehlerhafte Resultate produzieren, ohne dabei einen Fehler anzuzeigen. (Um eine Vorstellung zu schaffen, um welche Art von Problemen es sich beim Aufsuchen dieser Art von Fehlern handelt, erwähnen wir die Tatsache, daß LEO X. BUTLER nicht der einzige Arbeiter ist, dessen Bruttolohn um 50 Cent geringer ausgewiesen ist. Würde man den zweiten Fehler finden, wenn man zum ersten Mal auf die Lohnliste von Abb. 6.5 schaut?) Das ist eine kaum zu akzeptierende Sachlage! Deshalb müssen wir nach Wegen suchen, um solche Bedingungen rechtzeitig entdecken und in angemessener Weise behandeln zu können. Im allgemeinen sollte ein Programmierer standhaft an den Ausspruch von *Murphy* glauben: „*Alles, was falsch gehen kann, wird falsch gehen!*" Das gilt besonders für Daten! Ein korrekt geschriebenes Programm sollte niemals eine fehlerhafte Berechnung erlauben oder zu einer anormalen Beendigung infolge fehlerhafter bzw. falscher Daten führen.

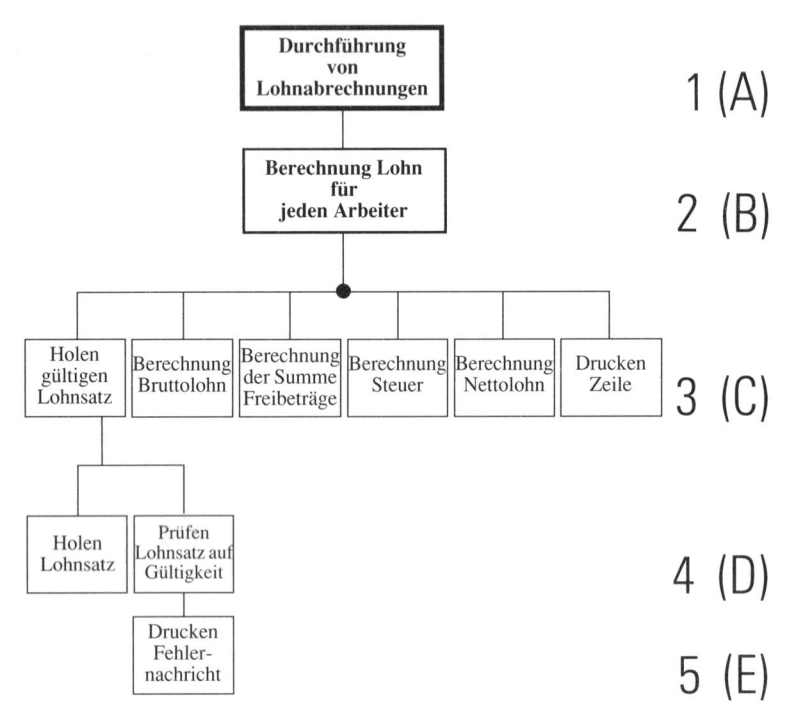

Abb. 6.6 Hierarchische Darstellung des überarbeiteten Programmes für die Lohnabrechnung

6.9 Überarbeitung der Programmspezifikationen

Die Änderung, die wir grundsätzlich an unserem Programm vorzunehmen gedenken, wollen wir kurz erläutern. Wenn der aus der Lohndatei gelesene Satz Fehler bei irgendeinem Datenfeld aufweist, soll eine Fehlernachricht gedruckt und zum nächsten Satz übergegangen werden.

6.9 Überarbeitung der Programmspezifikationen

Ein fehlerfreier Satz soll genau so verarbeitet werden wie bei der ersten Version dieses Programmes (siehe Abb. 6.3 und 6.4). Mit anderen Worten: Anstatt einfach den nächsten Lohnsatz zur Verarbeitung zu holen, soll der nächste gültige Lohnsatz zur Verarbeitung bereitgestellt werden. Um diese zusätzliche Funktion in das Programm einzuverleiben, ändern wir die hierarchische Darstellung so ab, wie es in Abb. 6.6 gezeigt ist.

Der mit „Holen gültigen Lohnsatz" beschriftete Modul beinhaltet mehr als nur das Holen des nächsten Satzes aus der Lohndatei. Nach dem Lesen des Satzes wird dieser nämlich erst auf ungültige Daten überprüft. Sollte ein Feld oder sollten mehrere Felder mit falschen Daten bei der Überprüfung gefunden werden, veranlaßt der Überprüfungsmodul das Drucken einer entsprechenden Fehlernachricht; anschließend muß der gesamte Prozeß für den nächsten Satz wiederholt werden oder bis zur Feststellung des Dateiendes der Lohndatei. Den Pseudocode für diesen neuen Modul findet man in der Abb. 6.7.

```
HOLEN GÜLTIGEN LOHN-SATZ
------------------------
setzen kennzeichen-gültiger-satz auf 'N'
PERFORM-UNTIL  kennzeichen-gültiger-satz = 'J'
               oder dateiende-kennzeichen = 'J'
    holen lohn-satz
    IF  dateiende-kennzeichen = 'N'  THEN
        prüfen lohn-satz auf gültigkeit
    ENDIF
ENDPERFORM
```

Abb. 6.7 Pseudocode für den Überprüfungsmodul

Der Modul beginnt damit, daß das Kennzeichen für einen gültigen Satz auf **'N'** gesetzt wird. Damit ist in der Tat gesagt, daß wir noch keinen gültigen Satz vor uns haben. Der Modul wird sich deshalb nach einem gültigen Satz umsehen müssen. Entweder wird er einen solchen finden, oder er gelangt zum Ende der Lohndatei. Um einen gültigen Satz zu finden, muß der Modul zunächst einen Satz aus der Lohndatei holen. Stößt er dabei nicht auf das Dateiende, muß der Modul den gerade gelesenen Satz überprüfen. Wenn der zu dieser Tätigkeit herangezogene Überprüfungsmodul nun Datenfehler entdeckt, veranlaßt er die Ausgabe (das Drucken) einer Fehlernachricht, anderenfalls setzt er das Kennzeichen für einen gültigen Satz auf **'J'**. Wenn weder das Kennzeichen für einen gültigen Satz noch das Kennzeichen für das Dateiende auf **'J'** gesetzt ist, wird die **PERFORM**-Schleife wiederholt. Bei Nichtzutreffen einer dieser beiden Bedingungen wird die Schleife beendet, und dem Programm steht entweder ein gültiger Satz für die Verarbeitung zur Verfügung oder das Programm ist auf das Dateiende gestoßen.

Der Modul mit der Beschriftung „Holen Lohnsatz" ist der gleiche wie in der ersten Version dieses Programmes. Der nächste Modul, d.h. der auf der Stufe 4 (D) stehende Modul mit der Inschrift „Prüfen Lohnsatz auf Gültigkeit", verlangt von uns, daß wir festlegen, was die Überprüfung beinhalten soll. – In diesem Fall soll einfach jedes numerische Feld dahingehend untersucht werden, ob es wirklich nur numerische Daten enthält. Obgleich die Personalnummer der Arbeiter als alphanumerisches Feld definiert ist, besteht sie in Wirklichkeit nur aus Ziffern. Deshalb wird die Personalnummer in die Prüfung mit einbezogen.

Der letzte neue Modul, d.h. der auf der Stufe 5 (E) stehende Modul mit der Inschrift „Drucken Fehlernachricht" erfordert beim Niederschreiben des **COBOL**-Codes die Verwendung bisher unbekannter Sprachelemente, aber beim Entwurf gibt es keine Schwierigkeiten. Die Spezifikation der soeben nur textlich kurz beschriebenen neuen Moduln bleibt der Übungsaufgabe 1 überlassen. Das überarbeitete Programm für die Lohnabrechnung ist in den Abb. 6.8 bis 6.10 gezeigt.

6.10 Die WRITE-Anweisung mit der Option FROM beim überarbeiteten Programm

Die überarbeitete Version des Programmes für die Lohnabrechnung verlangt, daß wir in der Lage sind, für die Ausgabe zweier verschiedener Satzarten zu sorgen; die Normalzeile wird zum Drucken fehlerfreier Sätze, die Fehlerzeile dagegen zum Drucken fehlerhafter Sätze herangezogen. Diese Aufgabe kann auf verschiedene Arten und Weisen gelöst werden; wir haben uns für diejenige entschieden, die sich am zweckdienlichsten bei den Anwendungen, die wir in den weiteren Kapiteln behandeln werden, erwiesen hat. Bei dieser Methode haben wir im Dateienkapitel (**FILE SECTION**) einen Satz anzulegen, der aus nur einem einzigen langen Datenelement besteht; wir haben ihn wie bei der Ursprungsversion **DRUCK-SATZ** genannt. Der Name gilt daher auch für das einzige Element dieses Satzes. Innerhalb des Arbeitsspeicherkapitels (der **WORKING-STORAGE SECTION**) haben wir Platz für die beiden Satzarten bereitgestellt, die ausgegeben werden sollen. Die entsprechenden Sätze haben wir **NORMAL-ZEILE** und **FEHLER-ZEILE** genannt. Der Fehlersatz ist nicht in die gleichen Felder unterteilt worden, die sowohl der Eingabesatz als auch die normale Ausgabezeile besitzt. Einige Fehlerarten, wie beispielsweise das Auftreten eines falschen Zeichens an einer frühen Stelle des Eingabesatzes, würden es ungleich

```
IDENTIFICATION DIVISION.
PROGRAM-ID.
    LOHNABR2.
DATE-WRITTEN.
    JANUAR 30, 1987.

ENVIRONMENT DIVISION.
INPUT-OUTPUT SECTION.
FILE-CONTROL.
    SELECT LOHN-DATEI              ASSIGN TO S-LOHND.
    SELECT DRUCK-DATEI             ASSIGN TO S-DRUCKD.

DATA DIVISION.
FILE SECTION.
FD  LOHN-DATEI
    LABEL RECORDS ARE OMITTED.
01  LOHN-SATZ.
    05  E-PERSONALNUMMER           PIC X(5).
    05  E-NAME                     PIC X(20).
    05  E-ARBEITSSTUNDEN           PIC 99V9.
    05  FILLER                     PIC XXX.
    05  E-STUNDENLOHN              PIC 99V999.
    05  E-ANGEHOERIGEN-ZAHL        PIC 99.

FD  DRUCK-DATEI
    LABEL RECORDS ARE OMITTED.
01  DRUCK-SATZ                     PIC X(69).

WORKING-STORAGE SECTION.
01  NORMAL-ZEILE.
    05  D-PERSONALNUMMER           PIC X(5).
    05  FILLER                     PIC XX.
    05  D-NAME                     PIC X(20).
    05  FILLER                     PIC XX.
    05  D-ARBEITSSTUNDEN           PIC 99.9.
    05  FILLER                     PIC XX.
    05  D-STUNDENLOHN              PIC 99.999.
    05  FILLER                     PIC XX.
    05  D-ANGEHOERIGEN-ZAHL        PIC 99.
    05  FILLER                     PIC XX.
    05  D-BRUTTOLOHN               PIC 999.99.
    05  FILLER                     PIC XX.
    05  D-STEUER                   PIC 999.99.
    05  FILLER                     PIC XX.
    05  D-NETTOLOHN                PIC 999.99.
01  FEHLER-ZEILE.
    05  FALSCHE-DATEN              PIC X(38).
    05  FILLER                     PIC X(4)      VALUE SPACES.
    05  FEHLER-NACHRICHT           PIC X(27)
        VALUE 'UNGUELTIGE DATEN IM SATZ'.

01  W-FREIBETRAG                   PIC 99V99     VALUE 50.00.
01  W-STEUERSATZ                   PIC V999      VALUE .210.
01  W-FREIBETRAG-SUMME             PIC 999V99.
01  W-BRUTTOLOHN                   PIC 999V99.
01  W-NETTOLOHN                    PIC 999V99.
01  W-KEINE-DATEN-MEHR-KZ          PIC X         VALUE 'N'.
01  W-UEBERSTUNDEN                 PIC 99V99.
01  W-UEBERSTUNDEN-LOHN            PIC 999V99.
01  W-STEUER                       PIC 999V99.
01  W-STEUERPFLICHTIG              PIC 999V99.
01  W-GUELTIGER-SATZ-KZ            PIC X.
```

Abb. 6.8 Programm für die Lohnabrechnung, 2. Version (Erkennungsteil, Maschinenteil und Datenteil)

```
PROCEDURE DIVISION.
A000-LOHN-ABRECHNUNG.
    OPEN  INPUT LOHN-DATEI
          OUTPUT DRUCK-DATEI.
    PERFORM C010-HOLEN-GUELTIGEN-LOHNSATZ.
    PERFORM B010-BERECHNUNG-LOHN
        UNTIL W-KEINE-DATEN-MEHR-KZ = 'J'.
    CLOSE LOHN-DATEI DRUCK-DATEI.
    STOP RUN.

B010-BERECHNUNG-LOHN.
    PERFORM C020-BERECHNUNG-BRUTTOLOHN.
    PERFORM C030-BERECHNUNG-FREIBETRAG-S.
    PERFORM C040-BERECHNUNG-STEUER
    PERFORM C050-BERECHNUNG-NETTOLOHN.
    PERFORM C060-DRUCKEN-ZEILE.
    PERFORM C010-HOLEN-GUELTIGEN-LOHNSATZ.

C010-HOLEN-GUELTIGEN-LOHNSATZ.
    MOVE 'N' TO W-GUELTIGER-SATZ-KZ.
    PERFORM D010-GUELTIGER-SATZ-SCHLEIFE
        UNTIL     W-GUELTIGER-SATZ-KZ = 'J'
               OR W-KEINE-DATEN-MEHR-KZ = 'J'.

C020-BERECHNUNG-BRUTTOLOHN.
    MULTIPLY E-ARBEITSSTUNDEN BY E-STUNDENLOHN
          GIVING W-BRUTTOLOHN ROUNDED.
    IF  E-ARBEITSSTUNDEN IS GREATER THAN 40.0
        SUBTRACT 40.0 FROM E-ARBEITSSTUNDEN
              GIVING W-UEBERSTUNDEN
        MULTIPLY 0.5 BY W-UEBERSTUNDEN
        MULTIPLY W-UEBERSTUNDEN BY E-STUNDENLOHN
              GIVING W-UEBERSTUNDEN-LOHN ROUNDED
        ADD W-UEBERSTUNDEN-LOHN TO W-BRUTTOLOHN.

C030-BERECHNUNG-FREIBETRAG-S.
    MULTIPLY W-FREIBETRAG BY E-ANGEHOERIGEN-ZAHL
          GIVING W-FREIBETRAG-SUMME.

C040-BERECHNUNG-STEUER.
    IF  W-BRUTTOLOHN IS GREATER THAN W-FREIBETRAG-SUMME
        SUBTRACT W-FREIBETRAG-SUMME FROM W-BRUTTOLOHN
              GIVING W-STEUERPFLICHTIG
        MULTIPLY W-STEUERSATZ BY W-STEUERPFLICHTIG
              GIVING W-STEUER ROUNDED
    ELSE
        MOVE ZERO TO W-STEUER.

C050-BERECHNUNG-NETTOLOHN.
    SUBTRACT W-STEUER FROM W-BRUTTOLOHN GIVING W-NETTOLOHN.

C060-DRUCKEN-ZEILE.
    MOVE SPACES              TO NORMAL-ZEILE.
    MOVE E-PERSONALNUMMER    TO D-PERSONALNUMMER.
    MOVE E-NAME              TO D-NAME.
    MOVE E-ARBEITSSTUNDEN    TO D-ARBEITSSTUNDEN.
    MOVE E-STUNDENLOHN       TO D-STUNDENLOHN.
    MOVE E-ANGEHOERIGEN-ZAHL TO D-ANGEHOERIGEN-ZAHL.
    MOVE W-BRUTTOLOHN        TO D-BRUTTOLOHN.
    MOVE W-STEUER            TO D-STEUER.
    MOVE W-NETTOLOHN         TO D-NETTOLOHN.
    WRITE DRUCK-SATZ FROM NORMAL-ZEILE.
```

Abb. 6.9 Programm für die Lohnabrechnung, 2. Version (Prozedurteil mit den Moduln der ersten drei Stufen)

```
D010-GUELTIGER-SATZ-SCHLEIFE.
    PERFORM E010-HOLEN-LOHNSATZ.
    IF  W-GUELTIGER-SATZ-KZ = 'N'
        PERFORM E020-PRUEFEN-LOHNSATZ.

E010-HOLEN-LOHNSATZ.
    READ LOHN-DATEI
        AT END  MOVE 'J' TO W-KEINE-DATEN-MEHR-KZ.

E020-PRUEFEN-LOHNSATZ.
    IF       E-PERSONALNUMMER IS NOT NUMERIC
        OR E-ARBEITSSTUNDEN IS NOT NUMERIC
        OR E-STUNDENLOHN IS NOT NUMERIC
        OR E-ANGEHOERIGEN-ZAHL IS NOT NUMERIC
        MOVE LOHN-SATZ TO FALSCHE-DATEN
        WRITE DRUCK-SATZ FROM FEHLER-ZEILE
    ELSE
        MOVE 'J' TO W-GUELTIGER-SATZ-KZ.
```

Abb. 6.10 Programm für die Lohnabrechnung, 2. Version (Prozedurteil mit den Moduln der Stufen 4 und 5)

schwieriger machen, die Ausgabe zu lesen, als wenn man den Eingabesatz einfach in die ununterbrochene Folge druckt. Im Prozedurteil (in der **PROCEDURE DIVISION**) treffen wir nun die Entscheidung, welche Satzart zur Ausgabe heranzuziehen ist. Auf der Grundlage dieser Entscheidung übertragen wir dann die Informationen des Eingabesatzes in den entsprechenden Satz im Arbeitsspeicherkapitel.

Anschließend können wir nun nicht mehr einfach **WRITE** sagen, um den Satz auszugeben, denn er ist ja nicht im Dateienkapitel des Datenteils definiert. Wir müssen nun entweder den fraglichen Satz vom Arbeitsspeicherkapitel in das Dateienkapitel mittels einer Gruppenübertragung bringen oder die **WRITE**-Anweisung mit der **FROM**-Option benutzen. Wir codieren also beispielsweise:

```
WRITE DRUCK-SATZ    FROM FEHLER-ZEILE.
```

Hierbei bedeuten:

| **DRUCK-SATZ** | Name des Ausgabesatzes im Dateienkapitel |
| **FEHLER-SATZ** | Name des Satzes im Arbeitsspeicherkapitel |

Die Wirkung dieser Anweisung gleicht der Wirkung der Anweisungsfolge:

```
MOVE FEHLER-ZEILE    TO    DRUCK-SATZ.
WRITE DRUCK-SATZ.
```

6.11 Zum Datenteil dieser Programmversion

Abgesehen von den Änderungen, die wir im vorigen Abschnitt erläutert haben, sind zwei weitere Änderungen im Datenteil vorgenommen worden, beide im Arbeitsspeicherkapitel. Zum einen haben wir das Datenelement **W-GUELTIGER-SATZ-KZ** hinzugefügt, das wir bei der Überprüfung des Eingabesatzes aus der Lohndatei benötigen. Dieses Kennzeichen wurde von uns nicht mit einem Anfangswert ausgestattet, wir haben also keine **VALUE**-Klausel niedergeschrieben. Es muß nämlich immer dann aufs Neue initialisiert werden, wenn der Paragraph **C010-HOLEN-GUELTIGEN-LOHNSATZ** betreten wird. Zweitens haben wir die **PICTURE**-Klausel für **W-UEBERSTUNDEN** in **PIC 99V99** abgeändert, um dem Problem bei der Besprechung der Überstunden, das in der ersten Version dieses Programmes auftauchte, vorzubeugen.

6.12 Zum Prozedurteil dieser Programmversion

Die neue Programmversion weist beim **COBOL**-Code mehr Stufen auf als die erste Version. Diese entsprechen den zusätzlichen Stufen, die wir für die hierarchische Darstellung (siehe Abb. 6.6) erarbeitet hatten. Zwischen der hierarchischen Darstellung und dem Programmcode gibt es zwei strukturelle Unterschiede. Erstens waren wir gezwungen, einen gesonderten Paragraphen, **D010-GUELTIGER-SATZ-SCHLEIFE**, einzurichten, da **COBOL** diesen für die **PERFORM**-Anweisung fordert. Zweitens schrieben wir einfach die auf den Fehlerfall bezogene **WRITE**-Anweisung in einer Sequenz nieder, obwohl wir in die hierarchische Darstellung einen Modul mit der Inschrift „Drucken Fehlernachricht" aufgenommen hatten. Durch diese beiden Änderungen wird die Tatsache betont, daß eine hierarchische Darstellung niemals als Zwangsjacke angesehen werden sollte, obwohl sie bei der Planung eines Programmes als äußerst nützliches Werkzeug diente. Gewisse Änderungen in der Programmstruktur sind nun einmal auf die Erfordernisse von **COBOL** zurückzuführen, während andere aus dem Grunde vorgenommen werden, um den Programmcode zu vereinfachen. Man sollte noch einmal den endgültigen Programmaufbau mit der hierarchischen Darstellung und dem überarbeiteten Pseudocode vergleichen, anschließend die getätigten Revisionen mit den Spezifikationen und dem **COBOL**-Code der ersten Programmversion. Man sollte sich nämlich unbedingt vergewissern, ob man verstanden hat, welche Änderungen vorgenommen wurden, warum sie gemacht wurden und welche Entwurfsprinzipien hierbei beachtet wurden.

6.13 Die Ausgabe der zweiten Programmversion

Die in den Abb. 6.8 bis 6.10 gezeigte zweite Programmversion wurde kompiliert und ausgeführt. Abgesehen von einigen Namensänderungen wurden bei der Ausführung die gleichen Beispieldaten benutzt wie bei der Ausführung der ersten Version. Die bisherigen Datensätze wurden freilich um einige fehlerhafte Eingabesätze ergänzt. Die erzeugte Ausgabeliste ist in der Abb. 6.11 dargestellt.

Personal-nummer	Name	Arbeits-stunden	Stunden-lohn	Zahl der Angehörigen	Bruttolohn	Steuer	Nettolohn
12345	THOS H. KELLY	20.0	05.350	00	107.00	022.47	084.53
12401	HENRIETTE JOHNSON	40.0	07.500	01	300.00	052.50	247.50
12511	DAGMAR DOOLITTLE	40.0	07.500	03	300.00	031.50	268.50
UILKMB.	R. BROOKS	400	0575002	UNGUELTIGE	DATEN	IM	SATZ
26017	JANE MILANO	10.0	06.875	03	068.75	000.00	068.75
12	4KAY DELUCCIA	400	0600004	UNGUELTIGE	DATEN	IM	SATZ
26109	PETER W. SHERWOOD	40.0	10.000	05	400.00	031.50	368.50
26222	GEORGE M. MULVANEY	41.0	10.000	05	415.00	034.65	380.35
26500A.	W. ENWRIGHT	40	0545001	UNGUELTIGE	DATEN	IM	SATZ
27511	RUTH GARRISON	50.0	10.000	04	550.00	073.50	476.50
28819	LEO X. BUTLER	40.1	10.000	02	401.50	063.32	338.18
28820D.	X. IANNUZZI	450	4.50003	UNGUELTIGE	DATEN	IM	SATZ
28821K.	L. NG, JR.	350	450003	UNGUELTIGE	DATEN	IM	SATZ
28822	DANIEL REINER	350	045000C	UNGUELTIGE	DATEN	IM	SATZ
28822L.	E. SIMON	388	06000 3	UNGUELTIGE	DATEN	IM	SATZ
28883Q	A. REAL BAD-ONE	3 8	4.5KJXX	UNGUELTIGE	DATEN	IM	SATZ
7HGV6	UNRAT-FALL-1	..M.,M.,M.,M.		UNGUELTIGE	DATEN	IM	SATZ
NJI9	UNRAT-FALL-2	GV 6 46	8 H	UNGUELTIGE	DATEN	IM	SATZ
	UNRAT-FALL-3	--------++++++,M		UNGUELTIGE	DATEN	IM	SATZ
29000	ANNE HENDERSON	40.2	10.000	03	403.00	053.13	349.87
29001	SEBASTIAN WIESER	40.3	10.000	01	404.50	074.45	330.05
99999	IMA TESTCASE	99.9	99.999	99	984.87	007.32	977.55

Abb. 6.11 Ausgabe der zweiten Version des Programmes für die Lohnabrechnung

Zunächst einmal ist festzustellen, daß beim Arbeiter LEO X. BUTLER jetzt die Zahl der Überstunden korrekt berechnet wurde, so daß diese Problem aus der Welt geschafft ist. Andererseits ist aber der Fall „IMA TESTCASE" nicht gelöst; wir müssen später diesen Fall noch einmal aufgreifen. Die Sätze, die die Fehlernachricht auslösten, weisen unterschiedliche Arten von Datenfehlern auf: Leerzeichen anstelle von Nullen, Buchstaben und Sonderzeichen in den numerischen Feldern. Betrachten wir z.B. den Satz, in dessen Namensfeld „B. R. BROOKS" verzeichnet ist. An der Stelle der (numerischen) Personalnummer steht die Zeichenfolge UILKM. Diese Zeichenfolge erhält man bei einigen speziellen Typen von Eingabetastaturen, wenn man vergißt, beim Eintasten gleichzeitig die numerische Taste niederzuhalten. Der Satz mit dem Namen „UNRAT-FALL-1" enthält Fehler in allen vier geprüften Feldern. Damit soll demonstriert werden, daß zusammengesetzte Bedingungen (Verbundbedingungen) auf eine oder auf mehrere einfache Bedingungen eingehen.

Die drei Sätze mit den Namen „UNRAT-FALL-n" (mit $n = 1, 2, 3$) wurden mit bestimmter Absicht eingefügt. Das Ausführen von Programmen mit Testdaten hat ja den Sinn, daß man jeden nur denkbaren Fehler im Programm entdeckt. Das bedeutet letzten Endes, wir müssen uns vergewissern, daß fehlerhafte Daten nicht nur erkannt, sondern auch entsprechend behandelt werden, und daß gültige Daten korrekt verarbeitet werden. Wir begegneten diesem zweiten Fehlertyp bei der ersten Programmversion, als wir feststellen mußten, daß gewisse Überstunden-Bezahlungen nicht einwandfrei errechnet wurden. Beim jetzigen Testlauf interessierte uns vor allem die Entdeckung von Fehlern bei den Eingabedaten. Bei dieser Art von Fehlerprüfungen stellt sich nämlich das Problem, jeden nur denkbaren Fehler, der irgendwie auftreten könnte, vorauszusehen; das aber ist so gut wie unmöglich. Bei unserem bescheidenen Versuch, Fehler zu beseitigen, an die wir zuvor nicht gedacht hatten, stellten wir deshalb einige aus zufälligen Daten bestehende Testsätze zwischen die übrigen Sätze. Damit wollten wir uns davon überzeugen, daß unser Programm tatsächlich fehlerhafte Datensätze zurückweist. Bei unserem Programm werden wir schwerlich irgendwelche Arten von möglichen Datenfehlern übersehen haben, aber diese Zufallstests können manchmal Fehler ans Licht bringen, die man bisher übersehen hat.

Damit wollen wir keineswegs sagen, daß das Überprüfen von Programmen bloß eine Sache des Bereitstellens von Zufallsdaten ist und man dann verfolgen soll, was beim Programmablauf geschieht. Es ist vielmehr absolut notwendig festzustellen, ob ein Programm auch einwandfreie Resultate in den Fällen produziert, die man mit Hand verfolgen und nachrechnen kann. Ebenso ist es erforderlich ausfindig zu machen, ob es die Arten von fehlerhaften Daten zurückweist, die beim Entwurf des Programmes speziell für die Überprüfung vorgesehen waren. Wir raten zum Testen mit Zufallsdaten in mäßigem Umfang nur deshalb, weil es nun einmal schwierig ist, unerwartete Geschehnisse präzis vorherzusagen. Auf alle Fälle müssen wir uns darüber im klaren sein, welche Resultate wir für jeden Eingabesatz zu erwarten haben. Wenn man nicht weiß, wie das Programm einen Satz behandeln soll, kann man auch nicht beurteilen, ob Resultate falsch oder richtig sind.

Wir werden diese Erfordernisse bei Fehlerbehandlungen in den restlichen Kapiteln dieses Buches laufend zu betrachten haben, desgleichen das Problem von fehlerhaften Eingabedaten. Da diese beiden Themenkreise von enormer Bedeutung für die gesamte Datenverarbeitung sind, sollten wir uns mit ihnen ständig beim Testen aller von uns geschriebenen Programme auseinandersetzen.

KONTROLLFRAGEN

1. Welcher Zweck wird mit der Prüfung von Eingabedaten verfolgt?
2. Ist bei den folgenden Beispielen die **VALUE**-Klausel richtig angewendet?

   a) `01  ZAEHLER        PIC 9(3) VALUE ZERO.`

   b) `01  KENNZEICHEN              VALUE SPACES.`
       `    05  DATEIENDE-KZ  PIC X.`
       `    05  FEHLER-KZ     PIC X.`

   c) `01  ZAEHLER.`
       `    05  ORDENTLICHE-SAETZE    PIC 9(3) VALUE SPACES.`
       `    05  FEHLERHAFTE-SAETZE    PIC 9(3) VALUE SPACES.`

3. Ist es vertretbar, nur zufällig ausgewählte Daten als Testdaten einzusetzen? Die Antwort ist zu begründen!
4. Welche beiden Fehlerarten sollte man versuchen, beim Testen zu entdecken?
5. Die zweite Programmversion (siehe Abb. 6.8 bis 6.10) enthält im Prozedurteil eine Abweichung von unseren üblichen Standards für die Zeichensetzung. Kann man ohne weiteres die fragliche Textstelle finden?

ANTWORTEN AUF DIE KONTROLLFRAGEN

1. Es muß sichergestellt werden, daß das Programm keine fehlerhaften Eingabedaten verarbeiten muß. Hinsichtlich dieser Angelegenheiten gibt es offensichtlich einige Beschränkungen. Wenn z.B. ein Bediener die Ziffer 2 eingeben will, stattdessen versehentlich die Taste 3 drückt, wird kein Programm diesen Bedienungsfehler bemerken können. Andererseits wird ein Programm der Außenwelt jederzeit mitteilen können, ob nichtnumerische Daten in einem Feld vorliegen, das für numerische Daten vorgesehen ist.
2. a) Ja
   b) Ja, doch wir raten von der Verwendung der **VALUE**-Klausel bei Datengruppen ab.
   c) Nein!
      Die auf **VALUE** folgende *Konstante*, ob sie nun ein *Literal* oder

eine *figurative Konstante* ist, muß mit der Typerklärung in der **PICTURE**-Klausel für die betreffende Variable übereinstimmen. In diesem Fall ist aber versucht worden, numerische Variablen mit einem nichtnumerischen Wert zu initialisieren.
3. Keinesfalls! Auf Zufallsbasis ausgewählte Testdaten können benutzt werden, wenn man versuchen will, Fehler zu finden, an die man bei der Planung der Testläufe nicht gedacht hat, aber der Hauptteil der Testfälle sollte sorgfältig überlegt werden, um spezielle Tätigkeiten (Operationen) des Programms gezielt überprüfen zu können.
4. Die erste Fehlerart kommt zustande, wenn gültige Daten verarbeitet, aber vom Programm unkorrekte Resultate erzeugt werden. Ein Beispiel hierfür haben wir bei der ersten Version des Programmes für die Lohnabrechnung gefunden, nämlich die unkorrekte Ermittlung der Überstundenbezahlung. Zur zweiten Fehlerart gehören alle Fehler, die beim Versuch, ungültige Daten zu verarbeiten, auftreten. Beispielhaft für diese Fehlerart ist das Vorkommen alphanumerischer Zeichen in einem numerischen Feld.
5. Die dritte **PERFORM**-Anweisung im Paragraphen mit dem Namen **B010-BERECHNUNG-LOHN** ist nicht durch einen Punkt abgeschlossen worden. Die Nachlässigkeit war sicher nur sehr schwer zu erkennen, stimmt's? Was wäre wohl geschehen, wenn diese syntaktisch richtige Schreibweise logisch falsch gewesen wäre?

ÜBUNGSAUFGABEN

Die Lösungen der mit einem Sternzeichen versehenen Übungsaufgaben befinden sich im Anhang D dieses Buches.

1. Die Pseudocodes für die Moduln mit den Inschriften „Prüfen Lohnsatz auf Gültigkeit" und „Drucken Fehlernachricht" sind zu erarbeiten! Als Vorlage diene dazu die Abb. 6.6.

*2. Die erste Version des Programmes für die Lohnabrechnung (siehe Abb. 6.3 und 6.4) ist so umzuschreiben, daß der Inhalt aller auf der Stufe 3 (C) stehenden Paragraphen in eine Sequenz aufgenommen wird. Die neue Fassung soll also nur aus den beiden Paragraphen **A000-LOHN-ABRECHNUNG** und **B010-BERECHNUNG-LOHN** bestehen, der letztere selbstverständlich in einer revidierten Fassung.

3. Die zweite Version des Programmes für die Lohnabrechnung (siehe Abb. 6.8 bis 6.10) ist so umzuschreiben, daß alle Paragraphen unterhalb der zweiten Entwurfsstufe (mit B beginnendes Präfix bei den Paragraphennamen) zu einer Sequenz umgestaltet werden. Ausge-

nommen hiervon sind natürlich diejenigen Paragraphen, die für die durch **PERFORM**-Anweisungen angesprochenen Schleifen benötigt werden.

*4. Die erste Programmversion des Programmes für die Lohnabrechnung ist wie folgt zu erweitern: Nach dem Ende der Lohnliste soll auf einer Schlußzeile die Gesamtzahl der Eingabesätze gedruckt werden (siehe hierzu die Abb. 6.3 und 6.4).

5. Die zweite Version des Programmes für die Lohnabrechnung soll wie folgt erweitert werden: Nach Beendigung der Ausgabe der Lohnliste soll eine Schlußzeile gedruckt werden; auf dieser sollen die Zahl der verarbeiteten Sätze und die Zahl der mit Eingabefehlern behafteten, also nicht verarbeiteten Sätze vermerkt werden (siehe hierzu Abb. 6.8 bis 6.10).

Die nächsten beiden Übungsaufgaben eignen sich für die Durchführung kleinerer Projekte.

6. Das zur Lösung der Übungsaufgabe 13 (Kap. 5) geschaffene Programm ist so zu modifizieren, daß es die folgenden neuen Spezifikationen erfüllen kann:
   a) Die ersten beiden Stellen der Artikelnummer müssen einen alphabetischen Inhalt aufweisen,
   b) die letzten drei Stellen der Artikelnummer müssen einen numerischen Inhalt aufweisen,
   c) alle drei Verkaufsmengen müssen numerisch sein,
   d) sowohl die Bestandsmenge als auch die ideale Bestandsmenge müssen numerisch sein,
   e) der Artikelpreis muß numerisch sein,
   f) der Lagerbestandswert darf für keinen Artikel 3500000.00 DM überschreiten.
   Wenn ein fehlerhafter Satz gefunden wird, so soll die Zeile für den betreffenden Artikel nicht in der gewohnten Form gedruckt werden. Stattdessen soll in einem solchen Fall einfach das Abbild des fehlerhaften Satzes zusammen mit einer simplen Fehlernachricht auf eine Zeile gedruckt werden, ähnlich dem in der Abb. 6.11 gezeigten Format.

7. Die Übungsaufgabe 14 (Kap. 5) soll entsprechend der nachfolgenden Spezifikationen modifiziert werden.
   Das bisherige Programm zur Ermittlung von Löhnen soll zu einem Programm ausgebaut werden, das sowohl zur Ermittlung von Löhnen als auch zur Ermittlung von Gehältern benutzt werden kann. Aus diesem Grunde wird der bisherige Lohnsatz als Verdienstsatz bezeichnet. Sein Aufbau ist nunmehr wie folgt gestaltet:
   Stelle 1:   Bezahlungsweise (L bei Lohnempfängern, G bei Gehaltsempfängern)

Stellen 2 bis 6: Personalnummer
Stellen 7 bis 11: Abteilungsnummer
Stellen 12 bis 17: für Lohnempfänger enthält dieses Feld 0; für Gehaltsempfänger enthält dieses Feld das wöchentliche Gehalt in Dollar (numerisch mit zwei Dezimalstellen)
Stellen 18 bis 21: für Gehaltsempfänger enthält dieses Feld 0; für Lohnempfänger enthält dieses Feld die Zahl der wöchentlichen Arbeitsstunden (numerisch mit zwei Dezimalstellen)
Stellen 22 bis 25: Für Gehaltsempfänger enthält dieses Feld 0; für Lohnempfänger enthält dieses Feld den Stundenlohn in Dollar (numerisch mit zwei Dezimalstellen)
Stellen 26 und 27: Schlüssel der Kommune (Stadt oder Gemeinde)

Das Bruttoeinkommen der Gehaltsempfänger ist einfach gleich dem (wöchentlichen) Gehalt zu setzen. Abzüge und Nettoeinkommen sind wie bei der Übungsaufgabe 14 (Kap. 5) zu berechnen; das gilt für alle Mitarbeiter.

Es kann angenommen werden, daß die Sätze der Verdienstdatei, früher Lohndatei genannt, Fehler aufweisen. Ein fehlerfreier Satz muß den folgenden Anforderungen genügen:

a) Die Bezahlungsweise muß mit L oder mit G angegeben sein.
b) Die Personalnummer muß numerisch sein.
c) Das erste Zeichen der Abteilungsnummer muß alphabetisch sein.
d) Die letzten vier Zeichen der Abteilungsnummer müssen numerisch sein.
e) Das Gehalt muß numerisch sein.
f) Das Gehalt darf 3000.00 Dollar nicht übersteigen.
g) Die Arbeitsstunden müssen bei Lohnempfängern numerisch sein.
h) Die Arbeitsstunden eines Lohnempfängers dürfen die Zahl 80 nicht übersteigen.
i) Der Stundenlohn eines Lohnempfängers muß numerisch sein.
j) Der Schlüssel der Kommune darf nur die Werte 03, 07, 15, 23 oder 77 aufweisen.

Fehlerhafte Sätze dürfen auf keinen Fall verarbeitet werden. Stattdessen ist in solchen Fällen das Abbild des Satzes zusammen mit einer einfachen Fehlernachricht auf eine Zeile der Verdienstliste zu drucken. Als Vorbild für den Aufbau der Fehlerzeile sind die Fehlerzeilen in der Abb. 6.11 anzusehen.

7. Die PICTURE-Klausel und verwandte Themenkreise

7.1 Einführung

Wir beginnen dieses Kapitel mit einer Besprechung der gesamten Fähigkeiten, über die die **PICTURE**-Klausel verfügt. Sie findet vor allem Anwendung bei der Aufbereitung der auszugebenden Daten, wodurch eine ansprechende und leicht lesbare Form erzielt werden kann. Dann kehren wir zum Programm für die Lohnabrechnung zurück. Unter Zugrundelegung dieses Programmes werden wir zu mehreren anderen Themenkreisen übergehen, z.b. zu den Eintragungen mit den Stufennummern 77 und 88 im Datenteil und zur Benutzung des laufenden Datums in einem Programm. Schließlich werden wir darüber diskutieren, wie numerische Daten mit Vorzeichen gelesen werden können.

7.2 Die PICTURE-Klausel

Von wenigen Ausnahmen abgesehen, die wir in späteren Kapiteln behandeln werden, ist für alle Elementarelemente eine **PICTURE**-Klausel erforderlich, die aus dem Wort **PICTURE** oder **PIC** und einer nachfolgenden passenden Zeichenfolge besteht. Diese beschreibt für den **COBOL**-Kompilierer zwei verwandte, aber doch unterschiedliche Aspekte eines elementaren Datenfeldes.

- Es vermittelt Informationen über die Form, in der der Wert eines Datenelementes innerhalb des Computers gespeichert ist. Wenn z.B. die Zeichenfolge der **PICTURE**-Klausel nur Neunen enthält, weiß der Kompilierer, daß das Element zu den numerischen zählt; es taugt daher für die Durchführung arithmetischer Operationen. Wenn in einer solchen Zeichenfolge ein **V** auftaucht, einen angenommenen Dezimalpunkt (Rechendezimalpunkt) also charakterisierend, zieht der Kompilierer eine solche Information heran, um das betreffende Element bei allen Rechenoperationen, in die es eingeht, dezimalpunktgerecht auszurichten. Enthält die Zeichenfolge die Buchstaben **A** oder **X**, weiß der Kompilierer, daß es sich um ein nichtnumerisches Element handelt. Ein solches Element darf infolgedessen niemals in arithmetischen Operationen verwendet werden.
- Es vermittelt Informationen über die Form des für ein Datenelement bereitgestellten Feldes, das entweder Eingabewerte empfängt oder das Ausgabewerte nach außen senden soll. Wenn z.B. ein Element ei-

nes Eingabesatzes mit **PICTURE 999** beschrieben ist, wissen wir und natürlich erst recht der Kompilierer, daß der über ein Terminal für dieses Element eingegebene Wert genau drei Zeichen umfaßt. Nach Betrachten der **PICTURE**-Klauseln für die restlichen Elemente dieses Satzes können wir darüberhinaus exakt sagen, um welche drei Stellen des Satzes es sich handelt. Enthält die Zeichenfolge der **PICTURE**-Klausel für die zu druckenden Werte eines Elementes einen Dezimalpunkt, dann wird auch ein Dezimalpunkt an der fraglichen Stelle ausgegeben.

Alle im Datenteil beschriebenen Elemente besitzen eine computerinterne Darstellung. Alle Elemente, die im Dateienkapitel des Datenteils erklärt sind, stammen entweder von der Eingabe oder gehen zur Ausgabe. Die im Arbeitsspeicherkapitel des Datenteils erklärten Elemente können Werte empfangen, die zuvor in Elemente des Dateienkapitels eingelesen worden sind. Sie können aber auch Werte enthalten, die zur Ausgabe geschickt werden, auch über das Dateienkapitel.

Schließlich können sie auch die Zwischenergebnisse von Rechenoperationen enthalten, die niemals das Licht der Außenwelt erblicken werden.

Dies alles muß gesagt werden, damit wir uns eine solide Grundlage für die unterschiedlichen Merkmale verschaffen, denen wir bei der Besprechung der Datenübertragungen innerhalb eines Computers begegnen werden und die wir bei der Aufbereitung auszugebender Daten zu beachten haben.

Wir wollen nunmehr im einzelnen die verschiedenen Zeichen betrachten, die in **PICTURE**-Klauseln verwendet werden können, und sehen, wie man sie kombinieren kann.

7.3 Das Symbol S in einer PICTURE-Zeichenfolge

Das Symbol **S** wird in einer **PICTURE**-Zeichenfolge benutzt, um das Vorkommen eines Vorzeichens in einem numerischen Feld anzuzeigen. Es wird auch als *Rechenvorzeichen* bezeichnet. Es sagt in keiner Weise etwas darüber aus, wie ein Vorzeichen bei einer eingetasteten Eingabe bzw. bei einer Druckausgabe dargestellt ist; darüber werden wir erst später diskutieren. Der Wert eines numerischen Datenelementes, das in der Zeichenfolge seiner **PICTURE**-Klausel ein **S** aufweist, kann entweder positiv oder negativ sein. Enthält die Zeichenfolge der **PICTURE**-Klausel hingegen kein **S**, so ist das betreffende Datenelement stets positiv. Wird der Buchstabe **S** in der Zeichenfolge einer **PICTURE**-Klausel benutzt, so muß es immer linksbündig erscheinen, d.h. als erstes Zeichen der Zeichenfolge.

Erfahrene **COBOL-Programmierer nehmen** oft ein **S** in die Zeichenfolge der **PICTURE**-Klausel auf, selbst wenn sie wissen, daß die Werte der Datenelemente niemals negativ sein können. Das bewahrt sie einerseits davor, für jedes numerische Datenelement Überlegungen anstellen zu müssen, ob oder ob nicht seine Werte ein Vorzeichen aufweisen können. Andererseits, wenn ein Fehler im Programm auftritt oder wenn die Programm-Spezifikationen sich ändern, ist es viel leichter, ein negatives Resultat herauszufinden, das eigentlich positiv sein sollte, als auszuknobeln, warum ein Datenelement, dessen Werte stets positiv sind, einen falschen Wert besitzt. Wir werden von nun an bei unseren Programmen in der Regel ein Vorzeichen bei numerischen Werten mitführen. Beispielsweise kommen in dem Programm, das wir später in diesem Kapitel besprechen werden, zwei numerische Datenelemente vor, die im Arbeitsspeicherkapitel erklärt sind und die als Konstanten betrachtet werden. Keine würde irgendeine Bedeutung als negative Zahl haben. Dennoch werden wir in ihrer **PICTURE**-Zeichenfolge ein **S** angeben, wodurch wir sie zu vorzeichenbehafteten Zahlen machen. Ihre **PICTURE**-Klauseln sehen also wie folgt aus:

```
... PIC S99V99    VALUE +50.00.
... PIC SV999     VALUE +.210.
```

Rechenvorzeichen belegen keinen eigenen Speicherplatz; diese Eigenschaft sollten wir uns unbedingt merken. Beispielsweise veranlassen die beiden folgenden **PICTURE**-Klauseln, daß ein gleich großer Speicherplatz von den beiden Datenelementen in Anspruch genommen wird:

```
... PIC S999V99.
... PIC  999V99.
```

7.4 Die zulässige Länge von PICTURE-Zeichenfolgen

PICTURE-Zeichenfolgen dürfen nicht mehr als 30 Zeichen aufweisen. Das ist für gewöhnlich mehr als ausreichend. In außergewöhnlichen Fällen muß man freilich zwei aneinandergrenzende Datenelemente definieren, wenn man eine längere **PICTURE**-Zeichenfolge benötigt. Wir müssen jedoch ganz deutlich feststellen, daß diese Einschränkung nur für die **PICTURE**-Zeichenfolge gilt, nicht aber für die Zeichenkette, die durch diese **PICTURE**-Zeichenfolge beschrieben wird. Beispielsweise enthält die **PICTURE**-Zeichenfolge

```
... PIC X(71) ...
```

5 Zeichen, das durch sie beschriebene Datenelement besitzt hingegen

71 Stellen zur Aufnahme alphanumerischer Zeichen. Auf der anderen Seite enthält die **PICTURE**-Zeichenfolge

   ... PIC S999V99 ...

sieben Zeichen, das durch sie beschriebene Datenelement besitzt hingegen nur 5 Stellen, da **S** und **V** keine Zeichenstellen des Feldes in Anspruch nehmen, das durch den Kompilierer für das entsprechende Datenelement bereitgestellt wird.

Es ist jedoch stets daran zu denken, daß ein numerisches Datenelement aus nicht mehr als 18 Ziffernstellen bestehen darf, unabhängig von der Anzahl der Zeichen in der **PICTURE**-Zeichenfolge, mit der die Beschreibung erfolgt ist.

7.5 Die PICTURE-Zeichenfolge für das Aufbereiten von Daten

So wie wir bis jetzt die **PICTURE**-Klausel besprochen haben und so wie wir sie bisher zumeist in diesem Buch benutzt haben, informiert sie den Kompilierer darüber, wie er den Speicherplatz für die Daten einrichten soll. Die **PICTURE**-Zeichenfolge erklärt, wieviele Zeichenpositionen es geben soll, nach welcher Stelle ein Dezimalpunkt angenommen werden soll und einiges über die Art und Weise der internen Darstellung der Daten, die zum Zuge kommen soll. Eine **PICTURE**-Zeichenfolge für die *Aufbereitung* geht einen erheblichen Schritt weiter: Wird sie einem Datenelement zugeordnet, das als Resultat einer **MOVE**-Anweisung oder einer arithmetischen Anweisung einen Wert empfängt, veranlaßt sie die Durchführung einer Tätigkeit während des Ablaufes des Objektprogrammes. Welcher Art diese Tätigkeit speziell ist, hängt vom Wert des Datenelementes ab. Man spricht deshalb von einer **PICTURE**-Klausel für das *Aufbereiten von Werten*. In diesem Zusammenhang verstehen wir unter dem *Aufbereiten* oder *Edieren* die Vorbereitung der Daten zur Ausgabe, insbesondere zum Drucken: Sie sollen in eine leichter lesbare Form als die bei der internen Speicherung im Computer gebracht werden. Außerdem sollen gegebenenfalls Dollarzeichen, Kommas, Vorzeichen und andere Zeichen in das Ausgabefeld eingefügt werden können.

Aufbereitungsaktionen dürfen sich nur auf Elementarelemente beziehen und außerdem nur für ein *Empfangsgebiet*, d.h. auf ein Datenelement, das Daten als Ergebnis einer **MOVE**-Anweisung oder einer arithmetischen Anweisung empfängt. Bei einer Anweisung der Form

   MOVE A TO B

gilt **A** als *Sendeelement* und **B** als *Empfangselement*. Das Edieren kann erst zum Zeitpunkt der Ausführung des Objektprogrammes stattfinden. Es wird veranlaßt, wenn ein Wert durch eine **MOVE**-Anweisung oder durch eine arithmetische Anweisung mit dem Zusatz **GIVING** zu einem Datenelement übertragen wird, das durch eine **PICTURE**-Klausel für das Edieren beschrieben ist.

Bei **COBOL** beziehen sich die meisten Aufbereitungen auf numerische Daten, aber auch bei nichtnumerischen Daten können beschränkte Aufbereitungen veranlaßt werden. Wenn daher eine Anweisung wie

MOVE A TO B

vorliegt und die **PICTURE**-Zeichenfolge für **B** eine Aufbereitung erfordert, muß **A** fast immer als numerisches Datenelement erklärt sein. In jedem Fall enthält das Empfangsfeld nach der Aufbereitung automatisch einen alphanumerischen Wert. Dabei ist es gleichgültig, ob der Wert durch eine **MOVE**-Anweisung oder durch eine arithmetische Anweisung dorthin gestellt wurde. Mit einem aufbereiteten Datenelement können keine weiteren arithmetischen Operationen durchgeführt werden.

Die Version **COBOL-85** gestattet eine weitere Aufbereitung. Gewöhnlich ist es nicht möglich, eine einmal erfolgte Aufbereitung wieder rückgängig zu machen. **COBOL-85** erlaubt jedoch, durch eine **MOVE**-Anweisung aufbereitete Daten zu einem Feld zu übertragen, das keiner Aufbereitung unterliegt, d.h. das zu einem Datenelement gehört, dessen **PICTURE**-Zeichenfolge nur die Zeichen **9**, **V** und **S** aufweist. Das Übertragungsresultat ist daher erneut numerisch und kann wieder in arithmetische Operationen eingehen.

7.6 Das Symbol Z in PICTURE-Zeichenfolgen

Das Symbol **Z** veranlaßt die *Unterdrückung führender Nullen* beim Edieren. (Eine *führende Null* hat links von sich keine anderen Ziffern außer Null. Beispielsweise weist die Zahl 0010002 zwei führende Nullen auf.) Immer, wenn ein Zeichen eines Datenelementes einem **Z** in der entsprechenden **PICTURE**-Zeichenfolge entspricht und gleichzeitig eine führende Null ist, wird das Zeichen des Datenelementes durch ein Leerzeichen ersetzt. Ein Extremfall sei noch geschildert. Wenn alle Zeichenstellen des Datenelementes durch den Buchstaben **Z** in der zugehörigen **PICTURE**-Zeichenfolge beschrieben sind und das Datenelement den Wert 0 besitzt, dann besteht sein Wert nach der Aufbereitung aus lauter Leerzeichen. Man betrachte die nachfolgenden Beispiele:

Sendefeld		Empfangsfeld	
PICTURE-Zeichenfolge	Beispieldaten	PICTURE Zeichenfolge	Aufbereitetes Ergebnis
9(5)	12345	ZZ999	12345
9(5)	01234	ZZ999	1234
9(5)	00001	ZZ999	001
9(5)	00000	ZZ999	000
9(5)	10023	ZZ999	10023
9(5)	10000	ZZ999	10000
9(5)	00010	Z(5)	10
9(5)	00000	Z(5)	

7.7 Das Symbol $ in PICTURE-Zeichenfolgen

Ein einzelnes Dollarzeichen (oder ein anderes geeignetes Währungszeichen) an der ersten Stelle einer **PICTURE**-Zeichenfolge gibt an, daß der Wert des aufbereiteten Datenelementes an dieser Stelle ein Dollarzeichen aufweisen soll. Ein solches Aufbereitungszeichen wird deshalb allgemein als *festes Dollarzeichen* bezeichnet.

Sendefeld		Empfangsfeld	
PICTURE-Zeichenfolge	Beispieldaten	PICTURE Zeichenfolge	Aufbereitetes Ergebnis
9(4)	1234	$9(4)	$1234
9(4)	0023	$9(4)	$0023
9(4)	0023	$ZZ99	$ 23
9(4)	0004	$ZZ99	$ 04
9(4)	0050	$Z(4)	$ 50
9(4)	0000	$Z(4)	

Man beachte die Leerzeichen im Feld des aufbereiteten Datenelementes in der letzten Zeile. Das Ergebnis dieser Aufbereitung ist in Ordnung: Für die gezeigte **PICTURE**-Zeichenfolge werden aus dem Sendewert 0 lauter Leerzeichen erzeugt.

Die *Nullenunterdrückung* mit einem *gleitenden Dollarzeichen* wird dadurch hervorgerufen, daß man ein Dollarzeichen an jede Stelle der **PICTURE**-Zeichenfolge stellt, auf der führende Nullen unterdrückt werden sollen; die am weitesten rechts stehende unterdrückte Null wird im aufbereiteten Resultat durch ein Dollarzeichen ersetzt. Nullenunterdrückung mit gleitendem Dollarzeichen liegt, das sei noch einmal betont, nur dann vor, wenn die **PICTURE**-Zeichenfolge mehr als ein Dollarzeichen in seinen führenden Positionen aufweist.

Damit vom Wert im Sendefeld keine Stelle abgeschnitten wird, muß die **PICTURE**-Zeichenfolge für die Einfügung eines gleitenden Dollarzeichens Platz für alle Zeichen des Sendefeldes plus einer Stelle für das Dollarzeichen bieten. In den obigen und in den folgenden Beispielen sind deshalb Werte vierstelliger Sendefelder nach Datenelementen übertragen worden, die mit fünfstelligen **PICTURE**-Zeichenfolgen beschrieben sind. Man verfolge die nachfolgenden Beispiele:

Sendefeld		Empfangsfeld	
PICTURE-Zeichenfolge	Beispieldaten	PICTURE-Zeichenfolge	Aufbereitetes Ergebnis
9(4)	0123	$$999	$123
9(4)	0002	$$999	$002
9(4)	1234	$(5)	$1234
9(4)	0000	$$$99	$00
9(4)	0000	$(5)	
9(4)	0102	$$$99	$102

7.8 Kommas in PICTURE-Zeichenfolgen

Wenn in eine **PICTURE**-Zeichenfolge ein Komma geschrieben ist, wird es an der betreffenden Stelle des Ergebnisfeldes eingefügt. Ziffern des Sendefeldes gehen dabei nicht verloren. Wenn alle Stellen des Sendefeldes vor dem Komma Nullen enthalten und wenn außerdem Nullenunterdrückung verlangt ist, wird das Komma im Empfangsfeld durch ein Leerzeichen ersetzt. Das gilt auch für den Fall, daß mehrere Kommas in der **PICTURE**-Zeichenfolge des Empfangsfeldes aufgeführt sind. Man betrachte die folgenden Beispiele:

Sendefeld		Empfangsfeld	
PICTURE-Zeichenfolge	Beispieldaten	PICTURE-Zeichenfolge	Aufbereitetes Ergebnis
9(6)	123456	999,999	123,456
9(6)	000078	999,999	000,078
9(6)	000078	ZZZ,ZZZ	78
9(6)	000000	ZZZ,ZZZ	
9(6)	001234	ZZZ,ZZZ	1,234
9(6)	000123	ZZZ,ZZZ	123
9(6)	000030	ZZ,9999	0030

7.9 Der Dezimalpunkt in PICTURE-Zeichenfolgen

Diese Form der Aufbereitung hatten wir bereits kennengelernt, zuerst in Kap. 3. Wenn ein Dezimalpunkt in einer **PICTURE**-Zeichenfolge aufgeführt ist, wird er an der betreffenden Stelle eingefügt, ohne daß dabei Ziffern des Sendefeldes verlorengehen. Wie wir bereits erläutert haben, handelt es sich hier um einen tatsächlichen Dezimalpunkt, der eine Stelle im aufbereiteten Resultat belegt. Die Beschreibung eines Datenelementes darf nie mehr als einen Dezimalpunkt enthalten, sei es nun ein angenommener oder ein tatsächlicher.

Werden Daten von einem Sendefeld zu einem Empfangsfeld übertragen, das in seiner beschreibenden **PICTURE**-Zeichenfolge einen Dezimalpunkt enthält, wird die Stellung eines angenommenen Dezimalpunktes im Sendefeld bei der Aufbereitung natürlich berücksichtigt. Der im Sendefeld stehende Wert wird so in das Empfangsfeld gestellt, daß der angenommene Dezimalpunkt sich mit dem tatsächlichen Dezimalpunkt deckt, d.h. der gesendete Wert wird stellengerecht ausgerichtet. Dies kann dazu führen, daß gegebenenfalls Nullen in das aufbereitete Resultat eingefügt werden müssen (siehe drittes Beispiel). Wenn das Empfangsfeld kleiner als das Sendefeld ist, kann die erforderliche Ausrichtung des Dezimalpunktes zu einem *Abschneiden* von Ziffern führen; *eine Warnung erfolgt dabei nicht*! Man sieht eine solche Abschneidung beim vierten Beispiel.

Angenommene Dezimalpunkte (Rechendezimalpunkte) sind bei den nachfolgenden Beispielen durch ein umgekehrtes V, durch das Einschaltungs- oder Dachzeichen also, angedeutet.

SENDEFELD		EMPFANGSFELD	
PICTURE	BEISPIEL	PICTURE	AUFBEREITET
9999V99	1234$_\wedge$56	9999.99	1234.56
99V9999	01$_\wedge$2345	99.9999	01.2345
9V9(5)	1$_\wedge$23456	99.999999	01.234560
99V9999	00$_\wedge$0123	99.9999	00.0123
99V9999	10$_\wedge$0000	99.9999	10.0000

Es ist durchaus möglich, mehrere Arten der Aufbereitung in einer **PICTURE**-Klausel zu vereinigen. Beispielsweise kann die Nullenunterdrückung mit der Einfügung eines Dezimalpunktes kombiniert werden. Sehr häufig wird die Einfügung eines gleitenden Dollarzeichens zusammen mit der bedingten Einfügung von Kommas und dem Hinzustellen des Dezimalpunktes verlangt. Einige dieser Möglichkeiten werden durch die nachfolgenden Beispiele demonstriert. Auch hier sind die keine Stelle belegenden angenommenen Dezimalpunkte bei den Beispieldaten durch das Einschaltungszeichen, also durch ∧ angedeutet.

SENDEFELD		EMPFANGSFELD	
PICTURE	BEISPIEL	PICTURE	AUFBEREITET
9999V99	0100∧00	ZZZ9.99	100.00
9999V99	0041∧09	ZZZ9.99	41.09
9(6)V99	123456∧78	$ZZZ,ZZ9.99	$123,456.78
9(6)V99	44∧44	$ZZZ,ZZ9.99	$ 44.44
9(6)V99	0∧01	$ZZZ,ZZ9.99	$ 0.01
9(6)V99	123456∧78	$$$$,$$9.99	$123,456.78
9(6)V99	12000∧00	$$$$,$$9.99	$12,000.00
9(6)V99	12∧00	$$$$,$$9.99	$12.00
9(6)V99	0∧12	$$$$,$$9.99	$0.12
9(6)V99	0∧0	$$$$,$$9.99	$0.00

7.10 Das Symbol − (Minuszeichen) in PICTURE-Zeichenfolgen

Das Symbol **S** in einer **PICTURE**-Zeichenfolge wird bekanntlich auch als Rechenvorzeichen bezeichnet, da es für arithmetische Operationen maßgeblich ist; es ist ein *Operationszeichen*. Ein Operationszeichen wird bei der Ermittlung der Stellenzahl eines Datenelementes nicht mitgezählt. Wir brauchen uns nicht darum zu kümmern, wie ein solches Zeichen innerhalb des Computers dargestellt ist. Ein *Anzeigezeichen* hingegen, das nur bei für die Ausgabe bestimmten Datenelementen von Wichtigkeit ist, beansprucht selbstverständlich eine eigene Zeichenstelle.

Wenn ein einzelnes Minuszeichen als erstes oder als letztes Zeichen in die Zeichenfolge einer **PICTURE**-Klausel geschrieben wird und wenn das aufzubereitende Datenelement einen negativen Wert besitzt, wird in das aufbereitete Feld an der entsprechenden Stelle ein Minuszeichen eingefügt. Bei einem positiven Wert bzw. bei einem vorzeichenfreien Wert wird bei der Aufbereitung an die entsprechende Stelle ein Leerzeichen gesetzt.

Bisher haben wir nichts darüber ausgesagt, wie Zahlen mit Vorzeichen aussehen müssen, wenn sie über ein Datenendgerät (Terminal) in einen Satz eingegeben werden. Wir wollen diesen Gesprächspunkt noch ein wenig verschieben. Es reicht zunächst aus, wenn wir annehmen, daß die Vorzeichen, genauer gesagt, die als Operationszeichen gebrauchten, irgendwo in den Datenelementen plaziert sind, vielleicht als Folge einer arithmetischen Operation. In den folgenden Beispielen wird das Operationszeichen im Sendefeld als Plus- oder Minuszeichen über der letzten Stelle dargestellt.

SENDEFELD		EMPFANGSFELD	
PICTURE	BEISPIEL	PICTURE	AUFBEREITET
S999	12̄3	-999	-123
S999	12̄3	999-	123-
S999	12⁺3	-999	123
S999	12⁺3	999-	123
S999	00̄0	-999	000
S999	00⁺0	999-	000

Man kann die Einfügung eines Minuszeichens und die Nullenunterdrückung bei der Aufbereitung kombinieren, wenn man mehr als ein Minuszeichen zu Beginn der Zeichenfolge einer **PICTURE**-Klausel niederschreibt. Geschieht dies, wird die am weitesten rechts stehende unterdrückte Null im Empfangsfeld durch ein Minuszeichen ersetzt, falls der aufzubereitende Wert negativ ist. Wie beim gleitenden Dollarzeichen muß man in diesem Fall im Empfangsfeld eine zusätzliche Stelle für das Vorzeichen einräumen. Mehrere aufeinanderfolgende Minuszeichen werden als gleitende Minuszeichen bezeichnet.

SENDEFELD		EMPFANGSFELD	
PICTURE	BEISPIEL	PICTURE	AUFBEREITET
S9999	123̄4	---99	-1234
S9999	001̄2	----9	-12
S9999	001⁺2	----9	12
S9999	000̄8	---99	-08
S9999	000⁺0	---99	00
S9999	000⁺0	-----	
S9999	001̄2	-----	-12

7.11 Das Symbol + (Pluszeichen) in PICTURE-Zeichenfolgen

Wenn ein einzelnes Pluszeichen als erstes oder als letztes Zeichen in die Zeichenfolge einer **PICTURE**-Klausel geschrieben wird und wenn das aufzubereitende Datenelement positiv ist, wird in das aufbereitete Feld (Empfangsfeld) ein Pluszeichen an die entsprechende Stelle gesetzt, bei einem negativen Wert wird ein Minuszeichen eingefügt. Wenn das Sendefeld vorzeichenfrei ist, d.h. die Zeichenfolge in der **PICTURE**-Klausel des Sendefeldes enthält kein **S**, wird es als positiv angesehen. Man betrachte die nachfolgenden Beispiele:

SENDEFELD		EMPFANGSFELD	
PICTURE	BEISPIEL	PICTURE	AUFBEREITET
S9(5)	-12345	+99999	-12345
S9(5)	+12345	+99999	+12345
S9(5)	-12345	99999+	12345-
S9(5)	+12345	99999+	12345+
S9(5)	00000	+99999	+00000
S9(5)	00000	99999+	00000+
S9(5)	-00123	+ZZZZ9	- 123

Man kann die Nullenunterdrückung mit der Einfügung eines gleitenden Plus- oder Minuszeichens kombinieren, wenn man ein Pluszeichen auf jede führende Stelle der **PICTURE**-Zeichenfolge schreibt, für die die Nullenunterdrückung verwirklicht werden soll. Geschieht dies, wird die am weitesten rechts stehende unterdrückte Null durch ein Minuszeichen ersetzt, falls das Sendefeld einen negativen Wert aufweist; bei positiven oder vorzeichenfreien Werten wird ein Pluszeichen an die Stelle der am weitesten rechts stehenden unterdrückten Null gesetzt. Es sei abschließend betont, daß diese Funktion nur dann zur Geltung kommt, wenn mehr als ein Pluszeichen zu Beginn der **PICTURE**-Zeichenfolge vorliegt. – Man betrachte hierzu die nachfolgenden Beispiele:

SENDEFELD		EMPFANGSFELD	
PICTURE	BEISPIEL	PICTURE	AUFBEREITET
S9999	+1234	+++99	+1234
S9999	+0023	+++99	+23
S9999	-0023	+++99	-23
S9999	+0004	+++99	+04
S9999	+0000	+++99	+++++

Mehrere aufeinanderfolgende Pluszeichen werden als gleitende Pluszeichen bezeichnet.

7.12 Die Symbolfolgen CR und DB in PICTURE-Zeichenfolgen

Die Zeichenkombinationen **CR** (credit, deutsch: Kredit) bzw. **DB** (debit, deutsch: Debet) dürfen nur die beiden rechtsbündigen Stellen einer **PICTURE**-Zeichenfolge besetzen. Wenn das Sendefeld einen negativen Wert besitzt, wird nach der Aufbereitung das Empfangsfeld durch die Zeichenfolge ergänzt, die in der **PICTURE**-Zeichenfolge des Empfangsfeldes notiert ist. Wenn das Sendefeld einen positiven oder einen vorzeichenfreien Wert besitzt, treten an die Stelle dieser Symbole Leerzeichen. Obwohl es sinnvoll erscheint, ist es nicht möglich, beide Symbolfolgen zugleich über eine **PICTURE**-Zeichenfolge im Empfangsfeld zu erhalten, etwa **CR** bei negativen und **DB** bei positiven Werten. Wenn eine derart markierte Ausgabe erforderlich ist, so kann sie nur mit zusätzlichem Aufwand erreicht werden. Dieser schließt eine **IF**-Anweisung im Prozedurteil ein. Die nachfolgenden Beispiele vermitteln eine Vorstellung, wie sich die Symbolfolgen **CR** bzw. **DB** in **PICTURE**-Zeichenfolgen bei der Aufbereitung auswirken.

Sendefeld		Empfangsfeld	
PICTURE-Zeichenfolgen	Werte der Datenelemente	PICTURE Zeichenfolgen	Aufbereitete Ergebnisse
S9 (4)	+ 1234	9 (4) CR	1234bb
S9 (4)	− 1234	9 (4) CR	1234CR
S9 (4)	− 0004	9 (4) DB	0004DB
S9 (4)	− 0004	Z (4) CR	bbb4CR
S9 (4)	+ 0000	Z (4) CR	bbbbbb
Anmerkung: In der letzten Spalte ist unter b das Leerzeichen zu verstehen			

Die Abb. 7.1 zeigt in einer Übersicht, wie die verschiedenen Anzeigezeichen in **PICTURE**-Zeichenfolgen beim Edieren positiver bzw. negativer Daten zu Geltung kommen.

PICTURE Zeichen	Aufbereitetes Ergebnis bei positiven Daten	Aufbereitetes Ergebnis bei negativen Daten
−	Leerzeichen	−
+	+	−
CR	2 Leerzeichen	CR
DB	2 Leerzeichen	DB

Abb. 7.1 Anzeigezeichen in PICTURE-Zeichenfolgen und ihre Auswirkung beim Edieren

7.13 Das Symbol * (Sternzeichen) in PICTURE-Zeichenfolgen

Das Sternzeichen wird in einer **PICTURE**-Zeichenfolge für die Sicherung von Beträgen auf Schecks benutzt. Dadurch wird es erschwert, daß Zahlen in betrügerischer Absicht durch Hinzufügen führender Ziffern geändert werden. (Aus diesem Grunde wird das Sternzeichen oft als

Scheckschutzzeichen bezeichnet.) Die durch das Sternzeichen veranlaßten Aktionen sind eine Kombination von Nullenunterdrückung und Einfügung. Jede führende Null im Sendefeld, die einem Sternzeichen in der **PICTURE**-Zeichenfolge für das Empfangsfeld entspricht, wird im Empfangsfeld durch ein Leerzeichen ersetzt. Das Sternzeichen verhält sich also gegenüber den bisher besprochenen gleitenden Einfügungsymbolen anders: Bei denen wird nur die am weitesten rechts stehende führende Null durch das betreffende Symbol ersetzt, hier dagegen werden *alle* führenden Nullen durch das Sternzeichen verdrängt. Wenn die **PICTURE**-Zeichenfolge des Empfangsfeldes nur Sternzeichen enthält und das Sendefeld den Inhalt Null aufweist, besteht das aufbereitete Resultat nur aus Sternzeichen; eine Ausnahme bildet jedoch der Dezimalpunkt. Man betrachte die folgenden Beispiele:

Sendefeld		Empfangsfeld	
PICTURE-Zeichenfolge	Beispieldaten	PICTURE Zeichenfolge	Aufbereitetes Ergebnis
9(4)	1234	**99	1234
9(4)	0023	**99	**23
9(4)	0000	**99	**00
9(4)	0000	****	****
9(4)	0080	***9	**80
9(4)	0080	**99	**80
9(4)	0080	*999	*080

7.14 Das Symbol 0 (Null) in PICTURE-Zeichenfolgen

Das Zeichen 0 in einer **PICTURE**-Zeichenfolge ist ein *direktes* Einfügungszeichen. Es verursacht, daß im Empfangsfeld eine Null an derjenigen Stelle eingefügt wird, die einem Zeichen 0 in der **PICTURE**-Zeichenfolge entspricht. Es gehen dabei keine Zeichen des Sendefeldes verloren. Man verfolge die nachstehenden Beispiele:

SENDEFELD		EMPFANGSFELD	
PICTURE	BEISPIEL	PICTURE	AUFBEREITET
9999	1234	990099	120034
9999	1234	099990	012340
9999	0012	ZZZZ0	120
9999	1234	$$,$$9.00	$1,234.00
9999	0080	$$,$$9.00	$80.00

7.15 Das Symbol B in PICTURE-Zeichenfolgen

Das Symbol **B** bewirkt die Einfügung eines Leerzeichens (Blanks) an der entsprechenden Stelle im Empfangsfeld; dabei gehen keine Zeichen des Sendefeldes verloren.

Das Einfügen von Leerzeichen wird häufiger benutzt als das Einfügen von Nullen. Das vierte unter den folgenden Beispielen zeigt, wie eine Sozialversicherungsnummer (der USA) ohne Leerzeichen ausschaut; in dieser Form würde sie normalerweise gespeichert sein. Sie ist in der gängigen Weise im Empfangsfeld gruppiert; das geschieht durch Einfügen von Leerzeichen. Da der Bindestrich (-) kein Einfügungszeichen darstellt, können wir durch die **PICTURE**-Klausel nicht erreichen, daß die Sozialversicherungsnummer dieses Beispiels in der Form 123-45-6789 ins Empfangsfeld ausgegeben wird. Wir können zu diesem Format nur gelangen, wenn wir die im Kap. 15 beschriebene Methode einsetzen.

Sendefeld		Empfangsfeld	
PICTURE-Zeichenfolge	Beispieldaten	PICTURE Zeichenfolge	Aufbereitetes Ergebnis
9(6)	123456	99BBB9999	12 3456
X(6)	ABCDEF	XXBBBXXXX	AB CDEF
999	123	90B90B90	10 20 30
X(9)	123456789	999B99B9999	123 45 6789
X(7)	RGHORST	XBXBX(5)	R G HORST
X(7)	HILMARR	X(6)BX	HILMAR R
X(7)	DAGMARG	X(6)BX	DAGMAR G

7.16 Das Symbol / (Schrägstrich) in PICTURE-Zeichenfolgen

Mit dem Symbol **/** in **PICTURE**-Zeichenfolgen steht ein weiteres Einfügungszeichen zur Verfügung. Es wird in erster Linie bei der Aufbereitung eines in numerischer Form vorliegenden Datums benutzt, vor allem in den englisch sprechenden Ländern, aber es kann natürlich auch zur Aufbereitung anderer Werte herangezogen werden. Es gehen dabei keine Zeichen des Sendefeldes verloren. Man betrachte die nachfolgenden Beispiele:

Sendefeld		Empfangsfeld	
PICTURE-Zeichenfolge	Beispieldaten	PICTURE Zeichenfolge	Aufbereitetes Ergebnis
9(6)	240888	99/99/99	24/08/88
9(6)	010598	99/99/99	01/05/98
9(6)	020770	Z9/99/99	2/07/70
X(8)	DAGROSCH	X/X/x(6)	D/A/GROSCH
X(8)	TTMMJJ	XX/XX/XX	TT/MM/JJ

7.17 Das Symbol P in PICTURE-Zeichenfolgen

Das Symbol **P** in **PICTURE**-Zeichenfolgen wird anders als die Zeichen benutzt, die wir bisher kennengelernt haben. Es bewirkt kein Edieren des Datenfeldes. Dieses Zeichen dient vielmehr dazu, für numerische Daten einen Maßstab festzulegen, der in Rechenoperationen eingeht. Nehmen wir z.B. einmal an, daß in einer Handelsgesellschaft ein Verkaufsbericht für die Unternehmensleitung erstellt werden soll. Bei einer sehr großen Gesellschaft werden die Verkaufserlöse im allgemeinen nicht bis auf den letzten Pfennig ausgewiesen, sondern des leichteren Vergleichs wegen vielleicht nur bis auf die nächsten Tausend Mark. Wenn z.B. der nachstehende Code vorliegt, wird im Datenelement **VERKAEUFE-1987** der Wert **075** gespeichert, nicht aber 75000. Bei arithmetischen Operationen wird dieser Wert aber nach wie vor selbstverständlich als 75000 angesehen.

```
01   VERKAEUFE-1987        PIC 999PPP.
     :
     MOVE  75000 TO VERKAEUFE-1987.
```

7.17 Das Symbol P in PICTURE-Zeichenfolgen

Das Symbol **P** darf in einer **PICTURE**-Zeichenfolge nur am Anfang oder am Ende stehen. Wenn die Zeichenfolge mit einem oder mit mehreren aufeinanderfolgenden **P** beginnt, wird angenommen, daß der Dezimalpunkt unmittelbar links vom ersten **P** in der Folge gesetzt ist. Zusätzlich können **S** und/oder **V** links vom ersten **P** auftreten. Deshalb sind die **PICTURE**-Zeichenfolgen der beiden nachfolgenden Paare äquivalent.

```
PIC PPP999        PIC SPP9(5)
PIC VPPP999       PIC SVPP9(5)
```

Wenn die **PICTURE**-Zeichenfolge mit einem oder mit mehreren **P** endet, wird angenommen, daß der Dezimalpunkt auf das letzte **P** folgt; zusätzlich kann **V** hinter dem letzten **P** erscheinen. Beispielsweise ist die **PICTURE**-Zeichenfolge **99PPP** äquivalent der Zeichenfolge **99PPPV**.

Durch das Zeichen **P** wird *keine* Speicherstelle beansprucht, aber es wird mitgezählt bei der Bestimmung des maximalen Umfangs (bekanntlich 18 Ziffernstellen) von numerischen Datenelementen. Beispielsweise belegt ein Datenelement, dessen **PICTURE**-Klausel die Zeichenfolge **SVP(10)99** aufweist, nur *zwei* Stellen im Speicher, aber es repräsentiert eine *zwölfstellige* Zahl. Von jeder durch ein **P** in der **PICTURE**-Zeichenfolge repräsentierten gedachten Stelle wird vorausgesetzt, daß sie die Ziffer 0 enthält. Man betrachte die folgenden Beispiele:

Sendefeld		Empfangsfeld	
PICTURE-Zeichenfolge	Beispieldaten	PICTURE Zeichenfolge	Aufbereitetes Ergebnis
999PPP	075	ZZZ,ZZ9	75,000
PPP999	075	9.9(6)	0.000075
PPP999	075	9.9(5)	0.00007
9(6)	150000	999PPP	150
9(6)	123456	999PPP	123
V9(6)	₀001234	PP99	12

Die bei diesen Beispielen für die ersten drei Sendefelder gegebenen Daten zeigen, wie die Werte aussehen würden, wenn wir irgendwie in den Speicher des Computers hineinschauen könnten, aber nicht, welchem Wert sie tatsächlich gleichkommen. Wie die aufbereitete Ausgabe z.B. beim ersten Empfangsfeld zeigt, besitzt das erste Sendefeld tatsächlich den Wert 75000. Um das erste Sendefeld zu initialisieren, würde es erforderlich sein, eine Anweisung wie die folgende zu benutzen:

MOVE 75000 TO SENDEFELD-1.

Um dem zweiten Sendefeld den in der Tabelle enthaltenen Wert zuzuweisen, ist eine Anweisung der Form

MOVE   0.000075   TO   SENDEFELD-2

notwendig.

Man sollte stets daran denken, daß ein **P** in der **PICTURE**-Zeichenfolge den im Datenelement gespeicherten Wert nicht beeinflußt, es ermöglicht vielmehr **COBOL**, Speicherplatz zu sparen, indem führende Nullen oder Nullen am Schluß nicht in den Speicher aufgenommen werden.

7.18 Zusammenfassung der Regeln für PICTURE-Klauseln

Nachstehend folgt eine Übersicht über die Regeln, die bei der Verwendung der **PICTURE**-Klauseln beachtet werden müssen.

1) Eine **PICTURE**-Zeichenfolge darf nicht mehr als 30 Zeichen enthalten.

2) Eine **PICTURE**-Zeichenfolge darf nicht mehr als eine Vorzeichenangabe und nicht mehr als einen angenommenen oder tatsächlichen Dezimalpunkt aufweisen. (Dies ist kein Widerspruch zum Prinzip des gleitenden Vorzeichens; mehrfache Plus- oder Minuszeichen werden in diesem Zusammenhang als eine „Vorzeichenangabe" betrachtet.)

3) Ein numerisches Literal oder ein arithmetischer Operand darf bekanntlich nicht mehr als 18 Ziffernstellen aufweisen. Alle **PICTURE**-Zeichenfolgen müssen deshalb diese Einschränkung widerspiegeln; dabei ist es gleichgültig, ob es sich um eine Zeichenfolge für die Aufbereitung handelt oder nicht. Die durch das Symbol **P** gedachten Ziffernstellen sind darin eingeschlossen. In praktischen kommerziellen Anwendungen wird sich allerdings kaum Gelegenheit finden, diese Grenze zu überschreiten. (Z.B. läßt sich in 18 Ziffernstellen eine Zahl niederschreiben, die um mehrere Größenordnungen das jährliche Bruttosozialprodukt, ausgedrückt in Dollars, der Vereinigten Staaten von Amerika übersteigt.)

4) Ein aufbereitetes Datenelement kann später zu einem Sendefeld gemacht werden. Gewöhnlich geschieht dies bei der Übertragung einer Datengruppe, zu der edierte Elementarelemente gehören. Gelegentlich kann es auch vorkommen, daß aufbereitete Elementarelemente selbst zu einem Sendefeld werden. In einem solchen Fall gilt es zu beachten, daß aufbereitete Felder stets als nichtnumerisch angesehen werden und daher nicht in Rechenoperationen eingehen dürfen. Au-

ßerdem darf das aufbereitete Element, das ja nun alphanumerisch ist, nicht in ein Empfangsfeld übertragen werden, das seinerseits numerisch aufbereitet werden soll. Mit anderen Worten, ein aufbereitetes Element sollte für weitere Aufbereitungen bzw. für arithmetische Belange stets so betrachtet werden, als ob die Zeichenfolge seiner **PICTURE**-Klausel nur aus lauter **X** bestehen würde.

5) *(Diese Regel gilt nur für die Sprachversion COBOL-85.)*
Die Aufbereitung eines numerischen Elementes kann wieder rückgängig gemacht werden, indem das aufbereitete numerische Element zu einem numerischen Element übertragen wird.

6) In einer **PICTURE**-Zeichenfolge darf die Nullenunterdrückung nicht mehr als einmal festgelegt werden. Deshalb ist das nachfolgende Beispiel unzulässig:

    PICTURE Z9/Z9/99

    Jedoch darf jede Form der Nullenunterdrückung mit anderen Einfügungen, z.B. eines Leerzeichens, kombiniert werden.

7) Die **PICTURE**-Zeichenfolge für ein Empfangsfeld muß genügend Platz für den Wert bieten, der die größte Stellenzahl der im Empfangsfeld erwarteten Werte aufweist. Diese Aussage gilt unabhängig davon, ob eine Aufbereitung verlangt ist oder nicht. Dies muß hier noch einmal erwähnt werden, weil z.B. bei der Verwendung des gleitenden Dollarzeichens eines der Dollarzeichen ein Einfügungszeichen ist und die restlichen für Ziffern stehen. Das Dollarzeichen für die Einfügung beansprucht eine eigene Stelle im Empfangsfeld; es muß also bei der Ermittlung des Platzbedarfs mitgezählt werden. Wenn beispielsweise die **PICTURE**-Zeichenfolge des Sendefeldes **9999** und die des Empfangsfeldes **$$$$** lautet, warnt uns bereits der Kompilierer vor einem möglichen Abschneiden führender Ziffern: Nach der Benutzung eines Dollarzeichens für die Einfügung stehen im Empfangsfeld nur noch drei Ziffernstellen zur Aufnahme von Ziffern zur Verfügung, die im Sendefeld keine führenden Nullen aufweisen.

8) Das Einfügen von Nullen, Leerzeichen und Schrägstrichen sind die einzigen Aufbereitungsoperationen, die nicht nur für *numerische*, sondern auch für *alphanumerische* Felder erlaubt sind.

Zum Schluß wollen wir unsere Aufmerksamkeit noch einmal auf zwei Angelegenheiten lenken, die von Anfängern häufig nicht beachtet werden.
- Mit aufbereiteten Datenelementen darf nicht gerechnet werden.
- Datengruppen dürfen nicht aufbereitet werden.

Sendefeld		Empfangsfeld	
PICTURE-Zeichenfolge	Beispieldaten	PICTURE-Zeichenfolge	Aufbereitetes Ergebnis
9(6)	123456	$ZZZ,ZZZ.99	$123,456.00
9999V99	123456	$ZZZ,ZZZ.99	$ 1,234.56
9(4)V99	000123	$ZZZ,ZZZ.99	$ 1.23
9(4)V9(2)	000006	$ZZZ,ZZZ.99	$ .06
9(4)V99	000123	$$$$,$$$.99	$1.23
9(4)V99	000000	$$$$,$$$.99	$.00
9(4)V99	000000	$$$$,$$$.$$	
9(6)	102030	$ZZZ,ZZZ.ZZ	$102,030.00
9(6)	000100	$$$$,$99.99	$100.00
9(6)	000008	$$$$,$99.99	$08.00
9(4)V99	123456	$***,***.99	$**1,234.56
9(4)V99	000123	$***,***.99	$******1.23
9(4)V99	000098	$***,***.99	$*******.98
9(4)V99	000000	$***,***.99	$*******.00
9(4)V99	000000	$***,***.**	********.**
9(5)V9	001234	$$$$,$$$.99	$123.40
9(4)V99	000123	Z,ZZZ.ZZ	1.23
9(4)V99	000123	Z,ZZZ,ZZZ.ZZ	1.23
9(6)	123456	-999999	123456
S9(6)	1̄23456	-9(6)	-123456
S9(6)	00012̄3	-9(6)	-000123
S9(6)	00012̄3	-(6)9	-123
S9(6)	00012̄3	9(6)-	000123-
S9(6)	00012̄3	Z(6)-	123-
9(6)	123456	+9(6)	+123456
S9(6)	1̄23456	+9(6)	-123456
S9(6)	00001̄2	+(6)9	-12

Abb. 7.2 Aufbereitungsoperationen, 1. Teil

Sendefeld		Empfangsfeld	
PICTURE-Zeichenfolge	Beispieldaten	PICTURE-Zeichenfolge	Aufbereitetes Ergebnis
S9(4)V99	001234	$*,***.99CR	$***12.34CR
S9(4)V99	001234	$*,***.99DB	$***12.34DB
S9(4)V99	001234	$$,$$$.99CR	$12.34CR
S9(4)V99	000000	$$,$$$.99CR	$.00CR
S9(4)V99	000000	$$,$$$.$$CR	
9(6)	001234	ZZZBBB999	1 234
9(6)	123456	9B(4)9(5)	1 23456
X(6)	ABCDE5	XXBXXXBBX	AB CDE 5

Abb. 7.3 Aufbereitungsoperationen, 2. Teil

7.19 Kombination von Aufbereitungsoperationen

Wir haben bereits gesehen, daß in einer **PICTURE**-Zeichenfolge verschiedene Aufbereitungsoperationen angesprochen werden dürfen. In den Abb. 7.2 und 7.3 wird eine Vielfalt von Aufbereitungen gezeigt, darunter eine Anzahl von Kombinationen.

7.20 Dritte Version des Programmes für die Lohnabrechnung (mit Überstunden)

Wir wollen uns nunmehr mit einer weiteren Version des Programmes für die Lohnabrechnung, mit dem wir uns schon im Kap. 6 beschäftigt hatten, auseinandersetzen. Zwei neue Anforderungen werden an das Programm gestellt:
1) Jede Ausgabeliste muß mit zwei Überschriftszeilen, die u.a. Spaltenüberschriften einschließen, beginnen. Der Aufbau dieser Über-

schriftszeilen ist der Ausgabeliste mit den Beispieldaten (siehe Abb. 7.10) zu entnehmen.
2) Die Zahlenangaben in den Lohnzeilen sind zu edieren. Dabei sind führende Nullen zu unterdrücken; bei Dollarbeträgen ist außerdem ein gleitendes Dollarzeichen aufzunehmen (Ausnahme: Stundenlohn).

Wir beginnen wie üblich mit dem Programmentwurf. In der Abb. 7.4 ist der überarbeitete Entwurf zu sehen.

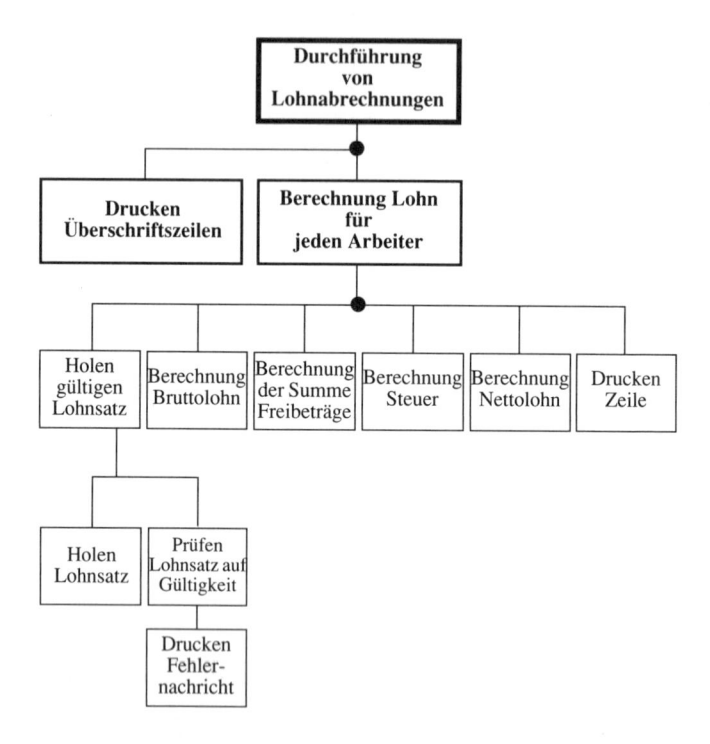

Abb. 7.4 Hierarchische Darstellung des überarbeiteten Programmes für die Lohnabrechnung (3. Version)

Es gibt nur eine Änderung in dieser hierarchischen Darstellung gegenüber der Darstellung von Abb. 6.6: Ein Baustein wurde hinzugefügt, direkt dem Hauptmodul untergeordnet. Er dient der Ausgabe (dem Drucken) der Überschriftszeilen. Diese Tätigkeit erfolgt vor jeder anderen Tätigkeit. Die übrigen Änderungen betreffen ausschließlich den **COBOL**-Code, sind also in der hierarchischen Darstellung nicht dargelegt. Aus Bequemlichkeit ist der Pseudocode der Abb. 7.4 und 7.5 teilweise reproduziert worden. Nachträglich erfolgten dann einige Änderungen, die durch die Spaltenüberschriften bedingt waren.

7.20 Dritte Version des Programmes für die Lohnabrechnung (mit Überstunden)

```
DURCHFÜHRUNG VON LOHNABRECHNUNGEN, 3. VERSION
eröffnen von dateien
drucken überschriftszeilen
setzen dateiende-kennzeichen auf 'N'
holen gültigen lohn-satz
PERFORM-UNTIL   dateiende-kennzeichen = 'J'
    berechnung lohn für arbeiter
ENDPERFORM
abschließen dateien
```

```
DRUCKEN ÜBERSCHRIFTSZEILEN
holen tagesdatum
drucken datumszeile
drucken überschriftszeilen
```

```
BERECHNUNG LOHN FÜR ARBEITER
berechnung bruttolohn
berechnung freibetrag-summe
berechnung steuer
berechnung nettolohn
drucken lohn-zeile
holen gültigen lohn-satz
```

```
HOLEN GÜLTIGEN LOHN-SATZ
setzen kennzeichen-gültiger-satz auf 'N'
PERFORM-UNTIL   kennzeichen-gültiger-satz = 'J'
                oder dateiende-kennzeichen = 'J'
    holen   lohn-satz
    IF      dateiende-kennzeichen = 'N' THEN
            prüfen lohn-satz auf gültigkeit
    ENDIF
ENDPERFORM
```

```
HOLEN LOHN-SATZ
lesen lohn-satz; bei dateiende setzen   dateiende-kennzeichen
                                        auf 'J'
```

```
PRÜFEN LOHN-SATZ AUF GÜLTIGKEIT
IF  personalnummer oder arbeitsstunden oder stundenlohn
                   oder angehörigen-zahl ist nichtnumerisch   THEN
    drucken fehler-nachricht
ELSE
    setzen kennzeichen-gültiger-satz auf 'J'
ENDIF
```

```
DRUCKEN FEHLER-NACHRICHT
übertragen lohn-satz nach ausgabezeile
übertragen fehlernachricht-text nach ausgabezeile
drucken ausgabezeile
```

Abb. 7.5 Pseudocode des Programmes für die Lohnabrechnung, 1. Teil

```
BERECHNUNG BRUTTOLOHN
bruttolohn = arbeitsstunden x stundenlohn
IF  arbeitsstunden größer als 4Ø.Ø  THEN
       überstunden = arbeitsstunden - 4Ø.Ø
       multiplizieren überstunden mit Ø.5
       überstundenlohn = überstunden x stundenlohn
       addieren überstunden-lohn auf bruttolohn
ENDIF
```

```
BERECHNUNG FREIBETRAG-SUMME
freibetrag-summe = 5Ø.ØØ x angehörigen-zahl
```

```
BERECHNUNG STEUER
IF  bruttolohn größer als freibetrag-summe   THEN
       steuer = Ø.21 x (bruttolohn - freibetrag-summe)
ELSE
       steuer = Ø
```

```
BERECHNUNG NETTOLOHN
NETTOLOHN = BRUTTOLOHN - STEUER
```

```
DRUCKEN LOHN-ZEILE
übertragen von    personalnummer, name, arbeitsstunden, stundenlohn,
                  angehörigen-zahl, bruttolohn, steuer, nettolohn
           nach   ausgabezeile
drucken ausgabezeile
```

Anmerkungen: 1. Zur Unterscheidung vom Buchstaben O sind Nullen
                    durch das Zeichen Ø dargestellt.
                2. x bedeutet das Multiplikationszeichen

Abb. 7.6 Pseudocode des Programmes für die Lohnabrechnung, 2. Teil

Wie man durch den Vergleich mit der zweiten Version (siehe Abb. 6.6) erkennen kann, handelt es sich nur um geringfügige Änderungen. Die meiste Arbeit, die getan werden muß, um den revidierten Spezifikationen nachzukommen, betrifft das **COBOL**-Programm selbst, aber nicht den Entwurf.

7.21 Der Aufbau des Programmes für die Lohnabrechnung (dritte Version)

Ein überarbeitetes Programm für die Lohnabrechnung ist in den Abb. 7.7 bis 7.9 zu sehen.

7.21 Der Aufbau des Programmes für die Lohnabrechnung (dritte Version)

```
IDENTIFICATION DIVISION.
PROGRAM-ID.
    LOHNABR3.
DATE-WRITTEN.
    JANUAR 30, 1987.

ENVIRONMENT DIVISION.
INPUT-OUTPUT SECTION.
FILE-CONTROL.
    SELECT LOHN-DATEI              ASSIGN TO S-LOHND.
    SELECT DRUCK-DATEI             ASSIGN TO S-DRUCKD.

DATA DIVISION.
FILE SECTION.
FD  LOHN-DATEI
    LABEL RECORDS ARE OMITTED.
01  LOHN-SATZ.
    05  E-PERSONALNUMMER           PIC X(5).
    05  E-NAME                     PIC X(20).
    05  E-ARBEITSSTUNDEN           PIC 99V9.
    05  FILLER                     PIC XXX.
    05  E-STUNDENLOHN              PIC 99V999.
    05  E-ANGEHOERIGEN-ZAHL        PIC 99.

FD  DRUCK-DATEI
    LABEL RECORDS ARE OMITTED.
01  DRUCK-SATZ                     PIC X(75).

WORKING-STORAGE SECTION.
77  K-FREIBETRAG                   PIC S99V99     VALUE +50.00.
77  K-STEUERSATZ                   PIC SV999      VALUE +.210.
77  K-WOCHENARBEITSZEIT            PIC 99V9       VALUE +40.0.
77  W-FREIBETRAG-SUMME             PIC S999V99.
77  W-BRUTTOLOHN                   PIC S999V99.
77  W-NETTOLOHN                    PIC S999V99.
77  W-KEINE-DATEN-MEHR-KZ          PIC X          VALUE 'N'.
    88  KEIN-SATZ-MEHR                            VALUE 'J'.
77  W-UEBERSTUNDEN                 PIC S99V99.
77  W-UEBERSTUNDEN-LOHN            PIC S999V99.
77  W-STEUER                       PIC S999V99.
77  W-STEUERPFLICHTIG              PIC S999V99.
77  W-TAGESDATUM                   PIC 9(6).
77  W-GUELTIGER-SATZ-KZ            PIC X.
    88  GUELTIGER-SATZ                            VALUE 'J'.

01  UEBERSCHRIFT-1.
    05  FILLER                     PIC X(28)
        VALUE 'LISTE DER BERECHNETEN LOEHNE'.
    05  FILLER                     PIC X(39)      VALUE SPACES.
    05  TAGESDATUM                 PIC 99/99/99   VALUE ZERO.
01  UEBERSCHRIFT-2.
    05  FILLER                     PIC X(41)
        VALUE 'PSNR       NAME              STD.      SLOHN'.
    05  FILLER                     PIC X(31).
        '   AN      BRUTTO    STEUER     NETTO'.
```

Abb. 7.7 Dritte Version des Programmes für die Lohnabrechnung, 1. Teil

```
01  NORMAL-ZEILE.
    05  D-PERSONALNUMMER           PIC X(5).
    05  D-NAME                     PIC BBX(20).
    05  D-ARBEITSSTUNDEN           PIC BBZ9.9.
    05  D-STUNDENLOHN              PIC BBZ9.999.
    05  D-ANGEHOERIGEN-ZAHL        PIC BBZ9.
    05  D-BRUTTOLOHN               PIC BB$$$9.99.
    05  D-STEUER                   PIC BB$$$9.99.
    05  D-NETTOLOHN                PIC BB$$$9.99.
01  FEHLER-ZEILE.
    05  FALSCHE-DATEN              PIC X(38).
    05  FILLER                     PIC X(4)      VALUE SPACES.
    05  FEHLER-NACHRICHT           PIC X(27)
            VALUE 'UNGUELTIGE DATEN IM SATZ'.


PROCEDURE DIVISION.
A000-LOHN-ABRECHNUNG.
    OPEN   INPUT LOHN-DATEI
           OUTPUT DRUCK-DATEI.
    PERFORM B010-DRUCKEN-UEBERSCHRIFTEN.
    PERFORM C010-HOLEN-GUELTIGEN-LOHNSATZ.
    PERFORM B020-BERECHNUNG-LOHN
        UNTIL KEIN-SATZ-MEHR.
    CLOSE LOHN-DATEI
          DRUCK-DATEI.
    STOP RUN.

B010-DRUCKEN-UEBERSCHRIFTEN.
    ACCEPT W-TAGESDATUM FROM DATE.
    MOVE W-TAGESDATUM TO TAGESDATUM.
    WRITE DRUCK-SATZ FROM UEBERSCHRIFT-1.
    MOVE SPACES TO DRUCK-SATZ.
    WRITE DRUCK-SATZ.
    WRITE DRUCK-SATZ FROM UEBERSCHRIFT-2.
    MOVE SPACES TO DRUCK-SATZ
    WRITE DRUCK-SATZ.
    MOVE SPACES TO DRUCK-SATZ.
    WRITE DRUCK-SATZ

B020-BERECHNUNG-LOHN.
    PERFORM C020-BERECHNUNG-BRUTTOLOHN.
    PERFORM C030-BERECHNUNG-FREIBETRAG-S.
    PERFORM C040-BERECHNUNG-STEUER.
    PERFORM C050-BERECHNUNG-NETTOLOHN.
    PERFORM C060-DRUCKEN-ZEILE.
    PERFORM C010-HOLEN-GUELTIGEN-LOHNSATZ.

C010-HOLEN-GUELTIGEN-LOHNSATZ.
    MOVE 'N' TO W-GUELTIGER-SATZ-KZ.
    PERFORM D010-GUELTIGER-SATZ-SCHLEIFE
        UNTIL  GUELTIGER-SATZ OR KEIN-SATZ-MEHR.

C020-BERECHNUNG-BRUTTOLOHN.
    MULTIPLY E-ARBEITSSTUNDEN BY E-STUNDENLOHN
            GIVING W-BRUTTOLOHN ROUNDED.
    IF   E-ARBEITSSTUNDEN IS GREATER THAN K-WOCHENARBEITSZEIT
            SUBTRACT K-WOCHENARBEITSZEIT FROM E-ARBEITSSTUNDEN
                GIVING W-UEBERSTUNDEN
            MULTIPLY 0.5 BY W-UEBERSTUNDEN
            MULTIPLY W-UEBERSTUNDEN BY E-STUNDENLOHN
                GIVING W-UEBERSTUNDEN-LOHN ROUNDED
            ADD W-UEBERSTUNDEN-LOHN TO W-BRUTTOLOHN.
```

Abb. 7.8 Dritte Version des Programmes für die Lohnabrechnung, 2. Teil

7.21 Der Aufbau des Programmes für die Lohnabrechnung (dritte Version)

```
C030-BERECHNUNG-FREIBETRAG-S.
    MULTIPLY K-FREIBETRAG BY E-ANGEHOERIGEN-ZAHL
            GIVING W-FREIBETRAG-SUMME.

C040-BERECHNUNG-STEUER.
    IF  W-BRUTTOLOHN IS GREATER THAN W-FREIBETRAG-SUMME
        SUBTRACT W-FREIBETRAG-SUMME FROM W-BRUTTOLOHN
                GIVING W-STEUERPFLICHTIG
            MULTIPLY K-STEUERSATZ BY W-STEUERPFLICHTIG
                GIVING W-STEUER ROUNDED
    ELSE
        MOVE ZERO TO W-STEUER.

C050-BERECHNUNG-NETTOLOHN.
    SUBTRACT W-STEUER FROM W-BRUTTOLOHN
            GIVING W-NETTOLOHN.

C060-DRUCKEN-ZEILE.
    MOVE SPACES              TO NORMAL-ZEILE.
    MOVE E-PERSONALNUMMER    TO D-PERSONALNUMMER.
    MOVE E-NAME              TO D-NAME.
    MOVE E-ARBEITSSTUNDEN    TO D-ARBEITSSTUNDEN.
    MOVE E-STUNDENLOHN       TO D-STUNDENLOHN.
    MOVE E-ANGEHOERIGEN-ZAHL TO D-ANGEHOERIGEN-ZAHL.
    MOVE E-BRUTTOLOHN        TO D-BRUTTOLOHN.
    MOVE E-STEUER            TO D-STEUER.
    MOVE E-NETTOLOHN         TO D-NETTOLOHN.
    WRITE DRUCK-SATZ FROM NORMAL-ZEILE.

D010-GUELTIGER-SATZ-SCHLEIFE.
    PERFORM E010-HOLEN-LOHNSATZ
    IF  NOT KEIN-SATZ-MEHR
        PERFORM E020-PRUEFEN-LOHNSATZ.

E010-HOLEN-LOHNSATZ.
    READ LOHN-DATEI
        AT END   MOVE 'J' TO W-KEINE-DATEN-MEHR-KZ.

E020-PRUEFEN-LOHNSATZ.
    IF     E-PERSONALNUMMER     IS NOT NUMERIC
        OR E-ARBEITSSTUNDEN     IS NOT NUMERIC
        OR E-STUNDENLOHN        IS NOT NUMERIC
        OR E-ANGEHOERIGEN-ZAHL IS NOT NUMERIC
        MOVE LOHN-SATZ TO FALSCHE-DATEN
        WRITE DRUCK-SATZ FROM FEHLER-ZEILE
    ELSE
        MOVE 'J' TO W-GUELTIGER-SATZ-KZ.
```

Abb. 7.9 Dritte Version des Programmes für die Lohnabrechnung, 3. Teil

Das in den Abb. 7.7 bis 7.9 vorgestellte Programm für die Lohnabrechnung (3. Version) weist eine Reihe von neuen Merkmalen auf. Das erste erkennen wir am Anfang der **WORKING-STORAGE SECTION**. Immer, wenn wir Elementarelemente in den Arbeitsspeicher aufnehmen, die wir nicht in größere Datengruppen einschließen wollen, können wir diesen Sachverhalt durch eine besondere Stufennummer, nämlich durch die Stufennummer 77, kenntlich machen. Eintragungen mit der Stufennummer 77 werden im allgemeinen an den Beginn des Arbeitsspeicherkapitels gestellt. Frühere **COBOL**-Versionen verlangten diese Plazierung und, obgleich diese Erfordernis bei den jetzigen Sprachversionen nicht mehr besteht, wird diese Abmachung heutzutage noch oft eingehalten. Auf alle Fälle müssen aber Eintragungen mit der Stufennummer 77 im A-Bereich beginnen.

Ein praktischer Hinweis: Es gibt keinen zwingenden Anreiz, eine Eintragung mit der Stufennummer 77 zu benutzen. Durch diese Stufennummer wird nichts erreicht, was nicht auch durch die Verwendung der Stufennummer 01 erreicht werden kann. Dennoch begegnet man der Stufennummer 77 in vielen existierenden Programmen; deshalb sollte ein Programmierer über sie unterrichtet sein. Um sie einmal in einem Programm vorzuführen, haben wir alle Datenelemente des Arbeitsspeicherkapitels, einschließlich aller Konstanten, mit der Stufennummer 77 versehen und an den Anfang dieses Kapitels gestellt. Der einzige Vorteil, der sich bei der Benutzung der Stufennummer 77 ergibt, ist darin zu suchen, daß bei manchen Computern ein geringfügig kleinerer Speicherplatzbedarf zu verzeichnen ist als bei Eintragungen mit der Stufennummer 01. Außerdem behalte man im Gedächtnis, daß Eintragungen mit der Stufennummer 77 nicht im Dateienkapitel (in der **FILE SECTION**) auftreten dürfen.

7.22 Eintragungen mit der Stufennummer 88 im Datenteil

Eine Eintragung mit der Stufennummer **88** verschafft uns die Möglichkeit, einem Wert oder einer Reihe von Werten, die einem im Datenteil erklärten Elementarelement zugewiesen werden können, einen Namen zu geben. Dieser Name, genauer *Bedingungsname* genannt, darf überall dort verwendet werden, wo beim Schreiben von Anweisungen für den Prozedurteil eine entsprechende Bedingung erforderlich ist.

Diese Aussage leuchtet dem Leser viel eher ein, wenn man ihm ein Beispiel vorführt, als wenn man ihn vor abstrakte Beschreibungen stellt.

Wir wollen zu diesem Zweck einmal das Kennzeichen betrachten, dem wir im Programm den Namen

W-KEINE-DATEN-MEHR-KZ

gegeben haben. Bei den ersten beiden Versionen dieses Programmes setzten wir dieses Kennzeichen auf den Anfangswert **'N'**, wiesen ihm bei Feststellung des Dateiendes der Eingabedatei den Wert **'J'** zu und gebrauchten eine **PERFORM**-Anweisung mit der Angabe

```
... UNTIL W-KEINE-DATEN-MEHR-KZ = 'J'.
```

Jetzt werden wir eine Eintragung mit der Stufennummer **88** im Arbeitsspeicherkapitel benutzen. In dieser Eintragung wird für den Wert **'J'** dieses Kennzeichens ein (Bedingungs-)Name definiert. Als ein ins Auge springender Name bietet sich geradezu der Name

KEIN-SATZ-MEHR

an. Nehmen wir für das andere im Programm verwendete Kennzeichen eine ebensolche Namensgebung vor, so erhalten wir zwei Eintragungen mit der Stufennummer **88**. Sie lauten:

```
77  W-KEINE-DATEN-MEHR-KZ      PIC X    VALUE 'N'.
    88  KEIN-SATZ-MEHR                  VALUE 'J'.
77  W-GUELTIGER-SATZ-KZ        PIC X.
    88  GUELTIGER-SATZ                  VALUE 'J'.
```

Unter Ausnutzung dieser Namensgebung können wir nun im Prozedurteil schreiben:

```
PERFORM B020-BERECHNUNG-LOHN
    UNTIL KEIN-SATZ-MEHR.
```

Durch diese Schreibweise wird die gleiche Auswirkung wie bei den in Kap. 6 präsentierten Programmversionen erzielt; die jetzige neue Form ist vielleicht leichter zu lesen. Natürlich ist sie nur dann leichter zu lesen, wenn man sich die Mühe macht, sinnvolle Bedingungsnamen auszudenken. Man könnte ja die Bedingung auch **XQ13G** nennen; das Programm würde nach wie vor einwandfrei ablaufen, aber die Lesbarkeit des Programmes würde in erschreckendem Maße abnehmen. Man sehe sich auch einmal an, wie der Bedingungsname, der einem Wert von **W-GUELTIGER-SATZ-KZ** gegeben wurde, in einem Paragraphen der C-Stufe verwendet wurde.

Eine Eintragung mit der Stufennummer **88** darf außer dem sie definierenden Bedingungsnamen nur noch eine **VALUE**-Klausel aufweisen. Andererseits muß das Elementarelement, auf das sich die Eintragung mit der Stufennummer **88** bezieht, eine **PICTURE**-Klausel besitzen. Darüberhinaus kann es eine **VALUE**-Klausel aufweisen oder auch nicht aufweisen; die jeweiligen Umstände diktieren ihre Verwendung bzw. ihre Nichtverwendung. Das Elementarelement, auf das sich der Bedingungsname bezieht, kann die Stufennummer **77**, aber auch jede andere Stufennummer besitzen. Beispielsweise könnten wir die beiden Kennzeichendefinitionen in unserem Programm auch wie folgt zusammenfassen:

```
01  KENNZEICHEN-GEBIET.
    05  W-KEINE-DATEN-MEHR-KZ        PIC X     VALUE 'N'.
        88  KEIN-SATZ-MEHR                     VALUE 'J'.
    05  W-GUELTIGER-SATZ-KZ          PIC X.
        88  GUELTIGER-SATZ                     VALUE 'J'.
```

Tatsächlich kann ein Bedingungsname auch einer Datengruppe zugeordnet werden; über diesen Punkt werden wir im Kap. 11 einiges zu sagen haben.

Eintragungen mit der Stufennummer **88** können sowohl im Dateienkapitel als auch im Arbeitsspeicherkapitel des Datenteils gebraucht werden. Nur bei den Eintragungen der Stufe **88** sind im Dateienkapitel **VALUE**-Klauseln zugelassen.

Zum Schluß ist noch zu bemerken, daß eine Eintragung mit der Stufennummer **88** nicht nur einem einzelnen Wert, sondern auch einer Reihe von Werten gelten kann. Man betrachte hierzu das nachfolgende Suggestivbeispiel:

```
05  ARTIKELGRUPPEN-CODE       PIC X.
    88  HAUSHALTWAREN                VALUE 'A' THRU 'F'.
    88  HAUSHALTMASCHINEN            VALUE 'G' THRU 'Q'.
    88  KURZWAREN                    VALUE '7'.
    88  GALANTERIEWAREN              VALUE '8' 'J'
                                           'R' THRU 'W'
                                           '1' THRU '4'.
```

Wir sollten nicht unerwähnt lassen, daß manche Programmierer den Gebrauch von Bedingungsnamen mißbilligen, weil die Bezugnahme auf einen Namen wie z.B. **HAUSHALTMASCHINEN** im Prozedurteil nicht genügend die Tatsache dokumentiert, daß das zu überprüfende Datenelement **ARTIKELGRUPPEN-CODE** heißt. Dieser wichtige Punkt sollte nicht ohne weiteres ignoriert werden. Ungeachtet dessen können wir argumentieren, daß der Begriff **HAUSHALTMASCHINEN** dem

Leser eindrucksvoller sagt, was das Programm zu diesem Zeitpunkt beabsichtigt, als das bloße Überprüfen von **ARTIKELGRUPPEN-CODE** auf Zugehörigkeit zum Wertebereich von **G** bis **Q**. Letzten Endes sollte der entscheidende Faktor für diese Diskussion eine der Grundregeln der Programmierung sein: Ein Programm ist so zu schreiben, daß es dem menschlichen Leser die meisten Informationen vermittelt.

7.23 Die Programmausgabe

Die Ausgabe der dritten Version des Programmes für die Lohnabrechnung weist zwei grundlegende Änderungen auf. Erstens wird die Ausgabeliste durch Überschriftszeilen eingeleitet, und zweitens sind die numerischen Daten zwecks leichteren Lesens aufbereitet. Die dazu erforderlichen Modifikationen des **COBOL**-Codes beginnen mit den zwei neuen Eintragungen im Arbeitsspeicherkapitel, die **UEBERSCHRIFT-1** und **UEBERSCHRIFT-2** genannt sind. Diese beiden Strukturen gehen in die Prozedur zum Drucken der Überschriftszeilen ein, die zu Beginn des Prozedurteiles angesprochen wird. Grundsätzlich gibt es nichts Neues über diese Strukturen zu sagen. Ihren Elementarelementen wurden mittels **VALUE**-Klauseln Anfangswerte zugewiesen, so wie wir es bei den Konstanten in den früheren Programmversionen vorgenommen hatten. Es sollte ferner bemerkt werden, daß es selbstverständlich nicht notwendig ist, eine Überschriftszeile als ein einziges Elementarelement zu definieren; sie kann innerhalb einer Struktur in beliebige Stücke, dem eigenen Ermessen angepaßt, zerlegt werden.

Die Datengruppe **NORMAL-ZEILE** sieht fast so aus wie bei den Programmversionen, die wir im Kap. 6 besprachen. Wir haben jedoch die **PICTURE**-Zeichenfolgen der numerischen Datenelemente so abgeändert, daß die Unterdrückung führender Nullen und bei allen errechneten Werten zusätzlich die Einfügung eines gleitenden Dollarzeichens stattfindet. Wir haben ebenfalls das Einfügungszeichen **B** herangezogen. Wir veranlassen dadurch, daß die leeren Zwischenräume zwischen den einzelnen Spalten nicht mehr durch **FILLER**-Eintragungen hervorgerufen werden müssen. Diese Methode arbeitet gleich gut wie die bisher gewohnte; die Wahl zwischen beiden ist ausschließlich Angelegenheit des Geschmacks.

Zu Beginn des Prozedurteiles ist eine **PERFORM**-Anweisung hinzugefügt, durch die ein Modul angesprochen wird, der das Drucken der Überschriftszeilen besorgt. Außerdem ist der Paragraph, der der Lohnberechnung dient, neu numeriert worden, um sicherzustellen, daß die Präfixe der Paragraphen in aufsteigender Reihenfolge verbleiben. Natürlich hätten wir den neu aufgenommenen Paragraphen hinter den

B010-BERECHNUNG-LOHN genannten Paragraphen einordnen und mit dem Präfix **B020** versehen können, aber die gezeigte Reihenfolge stimmt mit der hierarchischen Darstellung überein. Im allgemeinen ist es höchst unklug, die Programmstruktur auf die Augenblicksbedürfnisse auszurichten.

Der Paragraph **B020-BERECHNUNG-LOHN** beginnt mit einem uns bisher nicht bekannten Statement, nämlich mit der Anweisung **ACCEPT**. Mit dieser Anweisung können wir uns das *Tagesdatum* und die *Tageszeit* der Computer-Hardware verschaffen. Sie kann überdies auch dazu benutzt werden, um kleinere Mengen von Daten einzulesen, die von unterschiedlichen Datenquellen, wie Tastaturen von Terminals, herrühren können; diese Möglichkeit werden wir hier vorerst nicht benutzen. Das allgemeine Format der für uns in Frage kommenden **ACCEPT**-Anweisung ist nachstehend gezeigt:

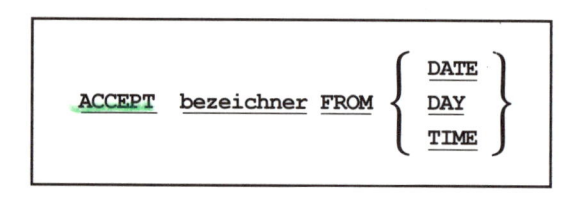

```
ACCEPT bezeichner FROM  { DATE
                          DAY
                          TIME }
```

Unter „bezeichner" ist die Bezeichnung irgendeines Datenelementes zu verstehen, dessen Format mit der ausgewählten individuellen Datenquelle übereinstimmt. **DATE** gibt das laufende Datum (Tagesdatum) in der Form *JJMMTT* (Jahr, Monat, Tag) an, besitzt also implizit das Format **9(6)**; beispielsweise wird also das Datum 13. Mai 1928 als Wert 280513 angegeben. **DAY** enthält das Jahr und den laufenden Tag des Jahres in der Form *JJTTT*, hat also implizit das Format **9(5)**; der 13. Mai 1928 wird somit zu 28134 angegeben. **TIME** enthält die Tageszeit in der Form *HHMMSSHH* (Stunden, Minuten, Sekunden, Hundertstelsekunden; *H* kommt vom englischen Wort *H*our) und weist damit implizit das Format **9(8)** auf. Die Stundenangaben sind dabei auf den 24-Stunden-Tag bezogen. Beispielsweise wird der Zeitpunkt 30 Sekunden nach 15.45 Uhr als Wert 15453000 angegeben.

Die drei Wörter **DATE**, **DAY** und **TIME** sind reservierte Wörter von **COBOL**. Sie dürfen nur im Zusammenhang mit der **ACCEPT**-Anweisung verwendet werden. Man könnte z.B. keinesfalls

```
MOVE TIME TO TAGESZEIT.
```

schreiben.

COBOL-85 sieht eine vierte Datenquelle für die **ACCEPT**-Anweisung vor. Sie heißt **DAY-OF-WEEK**. **DAY-OF-WEEK** besitzt implizit das Format **9**. Sein Wert ist eine ganze Zahl aus dem Wertebereich von 1 bis 7; sie repräsentiert den laufenden Wochentag des Tagesdatums. Montag ist der erste Tag der Woche, Sonntag der siebente Tag. Wenn beispielsweise ein Programm am 3. Februar 1989 ausgeführt wird, steht unter **DAY-OF-WEEK** der Wert 5 zur Verfügung, dem Freitag entsprechend.

```
LISTE DER BERECHNETEN LOEHNE                             87/01/30

PSNR         NAME              STD.    SLOHN   AN   BRUTTO    STEUER    NETTO

12345    THOS H. KELLY         20.0    5.350    0   $107.00   $22.47   $84.53
12401    HENRIETTE JOHNSON     40.0    7.500    1   $300.00   $52.50   $247.50
12511    DAGMAR DOOLITTLE      40.0    7.500    3   $300.00   $31.50   $268.50
UILKMB.  R. BROOKS             400   0575002       UNGUELTIGE DATEN IM SATZ
26017    JANE MILANO           10.0    6.875    3    $68.75    $0.00    $68.75
12  4KAY DELUCCIA              400   0600004       UNGUELTIGE DATEN IM SATZ
26109    PETER W. SHERWOOD     40.0   10.000    5   $400.00   $31.50   $368.50
26222    GEORGE M. MULVANEY    41.0   10.000    5   $415.00   $34.65   $380.35
26500A.  W. ENWRIGHT            40   0545001       UNGUELTIGE DATEN IM SATZ
27511    RUTH GARRISON         50.0   10.000    4   $550.00   $73.50   $476.50
28819    LEO X. BUTLER         40.1   10.000    2   $401.50   $63.32   $338.18
28820D.  X. IANNUZZI            450   4.50003      UNGUELTIGE DATEN IM SATZ
28821K.  L. NG, JR.             350   450003       UNGUELTIGE DATEN IM SATZ
28822DANIEL REINER              350   045000C      UNGUELTIGE DATEN IM SATZ
28822L.  E. SIMON               388   06000 3      UNGUELTIGE DATEN IM SATZ
28830A.  REAL BAD-ONE           3 8   4.5KJXX      UNGUELTIGE DATEN IM SATZ
7HGV6UNRAT-FALL-1             ..M.,M.,M.,M.         UNGUELTIGE DATEN IM SATZ
NJI9UNRAT-FALL-2              GV 6 46  8   H        UNGUELTIGE DATEN IM SATZ
        UNRAT-FALL-3    -----------++++++,M         UNGUELTIGE DATEN IM SATZ
29000    ANNE HENDERSON        40.2   10.000    3   $403.00   $53.13   $349.87
29001    SEBASTIAN WIESER      40.3   10.000    1   $404.50   $74.45   $330.05
99999    IMA TESTCASE          99.9   99.999   99   $984.87    $7.32   $977.55
```

Abb. 7.10 Ausgabeliste der 3. Version für die Lohnabrechnung

Es ist anzumerken, daß **DATE** das Tagesdatum in der Reihenfolge Jahr, Monat, Tag offeriert und daß wir diese Reihenfolge bei der Übertragung dieses Wertes nach **TAGESDATUM** nicht geändert haben. Es gibt verschiedene Wege, diese Reihenfolge in die vertrautere und üblichere Form Tag, Monat, Jahr zu bringen, aber fürs erste wollen wir bei der uns jetzt zur Verfügung stehenden Reihenfolge bleiben. Der Grund, warum wir das Datum durch die **ACCEPT**-Anweisung in **W-TAGESDATUM** entgegengenommen und nicht direkt nach **TAGESDATUM** gestellt haben, liegt darin, daß wir in das auf der Liste erscheinende Datum noch Schrägstriche einfügen wollten. Das Verb **ACCEPT** sieht nämlich **DATE** als bloßes Zeichenfeld an und führt selbst keine Aufbereitung durch.

Der Rest des Paragraphen **B010-DRUCKEN-UEBERSCHRIFTEN** birgt keine weiteren Überraschungen in sich. Es sollte freilich nicht unerwähnt bleiben, daß zur Ausgabe der Leerzeilen wir zuvor Leerzeichen

(**SPACES**) nach **DRUCK-SATZ** übertragen müssen. Dafür steht ein besserer Weg zur Verfügung; diesen besprechen wir freilich erst im Kap. 9.

Mit Ausnahme dieser Änderungen gleicht diese Version des Programmes für die Lohnabrechnung der zuvor gezeigten zweiten Version (siehe Kap. 6). Es lief mit denselben Testdaten ab und produzierte die in der Abb. 7.10 gezeigte Ausgabeliste.

Es ist wohl klar, daß wir die gestellten Vorgaben erfüllt haben. Die Überschriftszeilen erscheinen an der Spitze der Liste. Das Tagesdatum taucht in der ersten Zeile auf, die Spaltenüberschriften in der zweiten Überschriftszeile. Bei allen numerischen Feldern mit Ausnahme der Personalnummer sind die führenden Nullen unterdrückt. Die Felder mit den errechneten Dollarbeträgen weisen Dollarzeichen auf, die den zahlenmäßigen Werten unmittelbar vorausgehen. Die letzte Zeile (IMA TESTCASE) ist nach wie vor fehlerhaft. Die Tatsache, daß die Beträge jetzt verständlicher und übersichtlicher als früher aussehen, ändert nichts an der Tatsache, daß sie falsch sind. Wir werden uns mit diesem letzten Problem im nächsten Kapitel beschäftigen.

7.24 Lesen von Daten mit Vorzeichen

Wir haben noch einen Punkt bezüglich der **PICTURE**-Zeichenfolgen zu klären: Wie werden vorzeichenbehaftete numerische Daten eingelesen? Wenn wir schlechthin ein numerisches Element mit einem Operationszeichen, beispielsweise mit der **PICTURE**-Zeichenfolge **S999** betrachten, wird stillschweigend unterstellt, daß das Vorzeichen innerhalb des numerischen Feldes gespeichert ist; im allgemeinen ist es der rechtsbündigen Ziffernstelle zugesellt. Für den Computer ist das ohne Bedeutung (übrigens, so lange der Kompilierer weiß, wo das Vorzeichen steht, brauchen wir uns um Einzelheiten nicht zu kümmern). Für uns wird diese Angelegenheit aber unerhört wichtig, wenn wir in den Computer eine negative Zahl einzugeben haben.

Früher war dieses Problem relativ leicht zu lösen. Bei der Dateneingabe über Lochkarten konnte man einfach sowohl die Ziffer als auch das Vorzeichen in die gleiche Spalte der Lochkarte lochen. Diese Möglichkeit bleibt uns bei der Dateneingabe über ein Computerterminal verschlossen. Man könnte zu der Meinung kommen, daß ein Anzeigezeichen (+ oder −) in der **PICTURE**-Zeichenfolge uns von diesem Dilemma entbindet, aber dem ist nicht so! Obgleich ein Anzeigezeichen in **COBOL** als separate Zeichenstelle angesehen wird, wird es nur bei der Ausgabe verwendet; ein solches Zeichen kann jedoch nicht der Dateneingabe dienen.

7.24 Lesen von Daten mit Vorzeichen

Als Lösung für dieses Problem bietet sich die Benutzung des **S** in der **PICTURE**-Zeichenfolge zusammen mit einer neuen Klausel, der **SIGN**-Klausel an. Nehmen wir beispielsweise einmal an, daß wir einen Satz einlesen wollen, der ein Einzelgeschäft betrifft. Der Satz enthält neben dem Verkaufsdatum den Namen und die Adresse des Kunden sowie den Transaktionsbetrag. Wenn die Transaktion einem Verkauf entspricht, ist der Transaktionsbetrag positiv, aber bei der Rückgabe von Handelswaren ist ein negativer Betrag zu buchen. Die folgende Strukturdefinition erfüllt die für die Eingabe eines solchen Satzes betätigten Vorgaben:

```
01  TRANSAKTIONS-SATZ.
    05   TR-DATUM              PIC 9(6).
    05   TR-NAME               PIC X(20).
    05   TR-ADRESSE            PIC X(20).
    05   TR-ORT                PIC X(15).
    05   TR-STAAT              PIC X(20).
    05   TR-POSTLEITZAHL       PIC X(8).
    05   TR-BETRAG             PIC S9(4)V99
                               SIGN IS TRAILING SEPARATE.
```

Die **SIGN-Klausel** teilt dem Kompilierer mit, daß das Vorzeichen als *separates* Zeichen anzusehen ist, das, wie bei diesem Beispiel, auf das eigentliche Betragsfeld folgt. Das hat zur Folge, daß das Datenelement **TR-BETRAG** hier als siebenstelliges Feld betrachtet wird: vier Stellen vor dem Dezimalpunkt, ein gedachter, keinen Platz beanspruchender Dezimalpunkt, zwei Ziffernstellen nach dem Dezimalpunkt und eine Stelle für das Vorzeichen.

Das komplette Format für die **SIGN**-Klausel lautet wie folgt:

```
                   ⎧ LEADING  ⎫
[SIGN IS]          ⎨ ──────── ⎬  [SEPARATE CHARACTER]
                   ⎩ TRAILING ⎭
```

Fehlt die Angabe **SEPARATE**, ist das Vorzeichen innerhalb des Datenelementes selbst gespeichert, und durch **S** wird keine gesonderte Stelle im Computerspeicher angezeigt. Diese Situation entspricht im wesentlichen der Lage, die wir normalerweise antreffen, wenn die **SIGN**-Klausel nicht aufgeführt ist. Wenn jedoch **SEPARATE** aufgeführt ist, wird das Vorzeichen als gesondertes Zeichen angesehen, das entweder der Zahl vorausgeht oder ihr nachfolgt. Die Anordnung des Vorzeichens hängt davon ab, ob **LEADING** (vorausgehendes Vorzeichen) oder **TRAILING** (nachfolgendes Vorzeichen) verwendet wird. Obgleich es nach Syntax scheint, daß entweder **LEADING** oder **TRAILING** immer angegeben werden müssen, können tatsächlich beide auch weggelassen werden, sofern nur **SEPARATE** aufgeführt ist. In diesem Fall hängt die Entscheidung darüber, ob das Vorzeichen vor oder nach der Zahl zu stehen hat, von der Voreinstellung ab, die für den betreffenden Kompilierer ausgewählt wurde. Bei den Großcomputern der IBM zum Beispiel entspricht die Voreinstellung der **TRAILING**-Angabe.

KONTROLLFRAGEN

1. Die einzelnen Spalten der nachfolgenden Tabelle haben die folgenden Bedeutungen:

   1. Spalte: **PICTURE**-Zeichenfolge des Sendefeldes
   2. Spalte: Im Sendefeld enthaltener Wert
   3. Spalte: **PICTURE**-Zeichenfolge des Empfangsfeldes

   In eine noch nicht existierende vierte Spalte soll nunmehr das Resultat der Aufbereitung eingetragen werden, das sich bei Ausführung der Anweisung

   MOVE SENDEFELD TO EMPFANGSFELD

   ergibt.

9(6)	000123	ZZZ,999
9(6)	000008	ZZZ,999
9(6)	123456	ZZZ,ZZZ.00
9(4)V99	123456	ZZZ,ZZZ.ZZ
9(4)V99	001234	$$,$$9.99
9(4)V99	000078	$$,$$9.99
9(4)V99	000078	$Z,ZZ9.99
S9(4)V99	000078+	$Z,ZZ9.99CR
S9(4)V99	045678−	$Z,ZZ9.99CR
S9(6)	123456−	−999,999
S9(6)	123456+	−999,999
S9(6)	123456+	+999,999
S9(6)	123456−	+999,999
S9(6)	123456−	----,--9
S9(6)	000123+	----,--9
S9(6)	001234+	++++,++9

9(6)	123456	99B99B99
9(6)	123456	99/99/99
9(6)	001234	Z(6)0
9(6)	000092	ZZZ,ZZZ00
999PPP	123	9(8)
X(6)	123ABC	XBXBXBBXXX
X(6)	123ABC	X/X/X//XXX

2. Es ist das Zeichen anzugeben, das für die Ausführung der nachstehend genannten Funktionen in die **PICTURE**-Zeichenfolge des betreffenden Datenelementes aufzunehmen ist!
   a) Angabe eines Rechendezimalpunktes, d.h. Angabe eines angenommenen Dezimalpunktes,
   b) Angabe eines Druckdezimalpunktes, d.h. eines tatsächlichen Dezimalpunktes,
   c) Nullenunterdrückung ohne Einfügung irgendeines anderen Zeichens,
   d) Angabe einer numerischen Stelle,
   e) Angabe einer alphanumerischen Stelle,
   f) Angabe einer alphabetischen Stelle,
   g) Nullenunterdrückung und Scheckschutz,
   h) Vorhandensein eines (Rechen-)Vorzeichens,
   i) Nullenunterdrückung und Einfügung eines gleitenden Dollarzeichens,
   j) Kreditangabe,
   k) Debetangabe,
   l) Angabe eines Skalenfaktors.

3. Für jede der nachfolgenden Aussagen ist anzugeben, ob sie richtig oder falsch ist!
   a) Ein angenommener Dezimalpunkt (Rechendezimalpunkt) benötigt keinen Speicherplatz; er wird daher nicht bei der Ermittlung der Speicherstellenzahl eines Datenelementes mitgezählt.
   b) Ein tatsächlicher Dezimalpunkt (Druckdezimalpunkt, auch Anzeigedezimalpunkt) benötigt keinen Speicherplatz; er wird daher nicht bei der Ermittlung der Speicherstellenzahl eines Datenelementes mitgezählt.
   c) Ein Skalenfaktor (Zeichen **P**) benötigt keinen Speicherplatz; er

wird daher bei der Ermittlung der Speicherstellenzahl eines Datenelementes nicht mitgezählt.
- d) Gegeben sei die folgende Eintragung im Datenteil:
    05 FELD-R PICTURE X(5).
    Ist unter dieser Voraussetzung die Anweisung
    ADD 3 TO FELD-R
    gültig?
- e) Gegeben sei die folgende Eintragung im Datenteil:
    05 FELD-R PICTURE 999.
    Ist unter dieser Voraussetzung die Anweisung
    MOVE 'ABC' TO FELD-R
    gültig?
- f) Könnte die Klausel **PICTURE 99,99Z.99** zur Nullenunterdrückung auf der Stelle vor dem Dezimalpunkt und des Dezimalpunktes selbst verwendet werden?

4. Welches der folgenden Zeichen darf mehr als einmal in einer **PICTURE**-Zeichenfolge erscheinen?
   - a) Tatsächlicher Dezimalpunkt (Druck- oder Anzeigedezimalpunkt),
   - b) angenommener Dezimalpunkt (Rechendezimalpunkt),
   - c) Dollarzeichen,
   - d) Skalenfaktor,
   - e) Komma,
   - f) Vorzeichenvermerk,
   - g) Minuszeichen,
   - h) Pluszeichen.

5. Es sind alle Fehler bei den nachfolgenden **PICTURE**-Zeichenfolgen festzustellen!
   - a) **99.99.99**
   - b) **99,99,99**
   - c) **−Z,ZZ9.99CR**
   - d) **$$$Z.99**
   - e) **ZZZ,ZZ9.Z9**
   - f) **$**,***,99**
   - g) **+++,$$$.99**
   - h) **999,PPP,999**

6. Für jedes Empfangsfeld bei den nachfolgenden Beispielen ist eine geeignete **PICTURE**-Klausel anzugeben, die die angegebenen aufbereiteten Ergebnisse erzeugt. Bei den meisten Fällen wird es nicht nur eine korrekte Antwort geben, da man nicht wissen kann, wie mit anderen Daten im Sendefeld umgegangen wird. Z.B. könnte in der er-

sten Zeile die **PICTURE**-Zeichenfolge **Z9.9999** oder **ZZ.9999** lauten; beide Zeichenfolgen führen bei der Aufbereitung zum gleichen Resultat.

```
Vorbemerkung: Die einzelnen Spalten der nachfolgenden Tabelle haben die
              folgende Bedeutungen:
              1. Spalte --- PICTURE-Zeichenfolge des Sendefeldes
              2. Spalte --- Wert im Sendefeld
              3. Spalte --- PICTURE-Zeichenfolge des Empfangsfeldes
                            (ist zu ermitteln!)
              4. Spalte --- Aufbereitetes Ergebnis
```

1	2	3	4
99V9(4)	013579		1.3579
99V9(4)	011111		001.11110
9(6)	000000		
9(6)	000001		1
9(4)V99	000123		$ 01.23
9(4)V99	000123		$1.23
9(4)V99	001234		$***12.34
9(6)	000005		$5.00
S9(6)	000014+		*****14+
S9(6)	000014+		+ 14
S9(6)	000014−		14CR
S9(6)	000014+		+14
S9(6)	000014−		014−
S9(6)	009876+		+9,876
S9(4)V99	012345−		$123.45DB
S9(4)V99	123456+		$1,234.56+
S9(4)V99	000123−		$****1.23−
X(6)	USARMY		U S ARMY
9(6)	123456		1,23,456
9(6)	123456		123 4560

7. Es sind die Fehler festzustellen, die bei den nachfolgenden Codierungen gemacht wurden!

a)
```
      05  VERKAUFS-SCHLUESSEL.
          88  MONATLICH         PIC X VALUE '1'.
          88  WOECHENTLICH      PIC X VALUE '2'.
          88  SPEIELL           PIC X VALUE '3'.
          88  FEHLER-CODE       PIC X VALUE '0'
                                          '4' THRU '9'.
```

b)
```
      01  CODES.
          77  CODE-1            PIC X.
          77  CODE-2            PIC X.
```

c)
```
      01  FELD-SEB              PIC -9(5) SIGN IS LEADING
                                          SEPARATE.
```

d)
```
      77  TAGESDATUM            PIC Z9/99/99.
      :
      :
      ACCEPT TAGESDATUM FROM DATE.
```

ANTWORTEN AUF DIE KONTROLLFRAGEN

1. Die vierte Spalte, d.h. die Spalte mit den aufbereiteten Ergebnissen, muß die folgenden Eintragungen aufweisen:

```
           123

           008

      123,456.00

        1,234.56

          $12.34

           $0.78

      $    0.78

      $    0.78

      $  456.78CR

      -123,456
```

```
            123,456
           +123,456
           -123,456
           -123,456
                123
             +1,234
            12 34 56
           12/34/56
              12340
               9200
           00123000
           1 2 3 ABC
           1/2/3//ABC
```

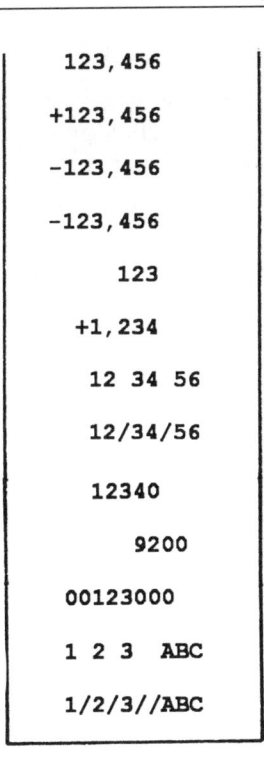

2. a) **V**   b) **.**   c) **Z**   d) **9**
   e) **X**   f) **A**   g) *****   h) **S**
   i) **$**   j) **CR**   k) **DB**   l) **P**

3. a) *Richtig*
   b) *Falsch*
   c) *Richtig*
      Der Skalenfaktor wirkt sich auf die Anzahl der Ziffernstellen eines Datenelementes aus, nicht dagegen auf den vom Datenelement beanspruchten Speicherplatz.
   d) *Falsch*
      Arithmetische Operationen können nicht mit alphanumerischen Datenelementen ausgeführt werden.
   e) *Falsch*
      Alphanumerische Daten können nicht nach numerischen Datenelementen übertragen werden.
   f) *Falsch*
      Die Nullenunterdrückung gilt nur für führende Nullen; wenn also eine **PICTURE**-Zeichenfolge sowohl die Zeichen **9** als auch die Zeichen **Z** aufweist, müssen alle Zeichen **Z** links von den Zeichen **9** stehen.

4. a) Ein tatsächlicher Dezimalpunkt darf nicht mehr als einmal in der **PICTURE**-Zeichenfolge angegeben sein, da sonst die Ausrichtung einer Zahl auf den Dezimalpunkt zweideutig wäre.
   b) Gleiche Antwort wie für a).
   c) Wenn mehr als ein Dollarzeichen auftritt, ist damit ein gleitendes Dollarzeichen festgelegt.
   d) Jede, im Rahmen der zulässigen Grenzen sich bewegende Anzahl von **P** darf niedergeschrieben werden; sie dürfen jedoch nur am linken oder am rechten Ende der **PICTURE**-Zeichenfolge erscheinen.
   e) Es dürfen beliebig viele Kommas auftreten.
   f) Nur ein Vorzeichenvermerk (Zeichen **S**) darf gebraucht werden.
   g) Mehr als ein Minuszeichen darf erscheinen; mehrere Minuszeichen bewirken die Einfügung eines gleitenden Vorzeichens.
   h) Gleiche Antwort wie für g).

5. a) Ein Dezimalpunkt darf nicht mehr als einmal in einer **PICTURE**-Zeichenfolge erscheinen.
   b) Es ist kein Fehler vorhanden!
   c) Eine **PICTURE**-Zeichenfolge darf nicht gleichzeitig sowohl das Minuszeichen und eine der beiden Kombinationen **CR** bzw. **DB** besitzen.
   d) Nur eine Art der Nullenunterdrückung ist in einer **PICTURE**-Zeichenfolge erlaubt.
   e) Eine **9** darf nicht einem **Z** vorausgehen; wäre das gestattet, würde damit eine gesonderte Nullenunterdrückung innerhalb eines Datenelementes beschrieben.
   f) Es ist kein Fehler vorhanden!
   g) Zwei verschiedene Gleitzeichen sind in einer **PICTURE**-Zeichenfolge nicht zulässig.
   h) Der Skalenfaktor darf nicht inmitten der **PICTURE**-Zeichenfolge auftreten, sondern nur entweder am Anfang oder am Ende.

6. Die in der dritten Spalte aufgeführten **PICTURE**-Zeichenfolgen führen bei der Aufbereitung zu den vorgegebenen Ergebnissen.

99V9(4)	013579	Z9.9(4)	1.3579
99V9(4)	011111	999.9(5)	001.11110
9(6)	000000	ZZZ,ZZZ	
9(6)	000001	ZZZ,ZZZ	1

9(4)V99	000123	$Z,Z99.99	$ 01.23
9(4)V99	000123	$$,$$9.99	$1.23
9(4)V99	001234	$*,**9.99	$***12.34
9(6)	000005	$$$$,$$9.00	$5.00
S9(6)	000014+	***,**9+	*****14+
S9(6)	000014+	+ZZZ,ZZ9	+ 14
S9(6)	000014-	ZZZ,ZZ9CR	14CR
S9(6)	000014+	++++,++9	+14
S9(6)	000014-	ZZZ999-	014-
S9(6)	009876+	++++,+++	+9,876
S9(4)V99	012345-	$$,$$9.99DB	$123.45DB
S9(4)V99	123456+	$$,$$9.99+	$1,234.56+
S9(4)V99	000123-	$*,**9.99-	$****1.23-
X(6)	USARMY	XBXBX(4)	U S ARMY
9(6)	123456	9,99,999	1,23,456
9(6)	123456	0999B9990	0123 4560

7. a) Das Elementarelement, auf das sich die Eintragungen mit der Stufennummer **88** beziehen, muß eine **PICTURE**-Klausel besitzen; eine Eintragung mit der Stufennummer **88** darf jedoch keine aufweisen.
   b) Eintragungen mit der Stufennummer **77** dürfen niemals Teile von Datengruppen sein.
   c) Wenn die **SIGN**-Angabe benutzt wird, darf die **PICTURE**-Zeichenfolge niemals ein Anzeigezeichen, d.h. hier das Minuszeichen, enthalten, es muß vielmehr ein Operationszeichen (hier käme **S** in Frage) vorhanden sein.
   d) Die **ACCEPT**-Anweisung überträgt bloß den Inhalt von **DATE** nach dem Datenelement, dessen Bezeichner nach **ACCEPT** aufgeführt ist, hier also **TAGESDATUM**. Somit wird das durch das Zeichen **Z** und durch die Schrägstriche verlangte Aufbereiten nicht durchgeführt.

ÜBUNGSAUFGABEN

Die Lösungen der mit einem Sternzeichen versehenen Übungsaufgaben befinden sich im Anhang D dieses Buches.

*1. Bei allen fünf Teilaufgaben dieser Übungsaufgabe sind gegeben:
   - --- **PICTURE**-Zeichenfolge des Sendeelementes,
   - --- vier Werte, die ein Sendeelement annehmen kann,
   - --- vier Werte, die nach der Aufbereitung im Empfangselement auftreten.

   Für jede Teilaufgabe ist die **PICTURE**-Zeichenfolge des Empfangselementes gesucht, d.h. die Zeichenfolge, die die gegebenen Aufbereitungen hervorruft.

Vorbemerkung: Bei den Teilaufgaben liegt die folgende Einteilung vor:

PICTURE	Sendefeld	Empfangsfeld
a) 9(5)		
	12345	12345
	01234	1234
	00123	123
	00012	012
b) 9(6)		
	012345	$12345
	000123	$123
	000001	$1
	000000	
c) 9(4)V99		
	012345	$123.45
	000123	$ 1.23
	000001	$ 0.01
	000000	$ 0.00
d) 9(4)		
	+ 1234	+1234
	− 0012	−12
	+ 0004	+4
	+ 0000	
e) S9(5)		
	01462	1 462
	00192	0 192
	10004	10 004
	98765	98 765

2. Es ist die gleiche Aufgabenstellung zu lösen wie bei der Übungsaufgabe 1!

a	999 + 123 – 123 – 002 + 000	123 –123 –2 0
b	9(4)V99 123456 001234 000123 000012	 1,234.56 12.34 1.23 0.12
c	9(4) 1234 0012 0001 0000	 1234.00 12.00 1.00 0.00
d	999V99 12345 00012 00001 00000	 $123.45 $***.12 $***.01 ****.**
e	9(4) 1234 0123 0012 0001	 $1234 $123 $12 $01

*3. Es ist zunächst das gezeigte Format des Eingabesatzes zu studieren, anschließend die gedruckten Ausgabezeilen mit den Beispieldaten. Danach sind die Definitionen (**E-SATZ** bzw. **D-ZEILE**) für den Datenteil niederzuschreiben, die den Eingabesatz und die Druckzeile betreffen. Die **PICTURE**-Klauseln sind aus den Vorgaben zu erarbeiten. Zwischen den einzelnen Spalten der Ausgabeliste sind jeweils fünf Leerstellen zu lassen.

a) Format des Eingabesatzes

Stellen 1 bis 5:	Kundennummer (numerisch)
Stellen 6 bis 25:	Kundenname
	Stelle 6 — 1. Buchstabe des Vornamens
	Stellen 7 bis 25 — Nachname
Stellen 26 bis 31:	Verkaufsbetrag in Dollars und Cents, negativ bei Rückerstattungen
Stellen 32 bis 37:	Artikelschlüssel (Buchstaben und Ziffern)
Stellen 38 bis 79:	leer
Stelle 80:	Satzart (verschlüsselt mit einem der Buchstaben A bis Z)

b) Ausgabezeilen mit Beispieldaten

```
12 345     H OBSTLER              $1,012.09      CD149A    V
23 456     R JAENICKE                 $4.79-     PQ276C    R
34 567     W SEBASTIANUS               $.87      DA248W    V
```

(Diese Aufgabe wurde von Prof. Stuart J. Travis, Ferris State College vorgeschlagen)

4. Die nachfolgende Satzdefinition ist durch die **PICTURE**-Klauseln zu ergänzen.

```
01  DATEN-SATZ.
    05  KUNDEN-NUMMER
    05  KUNDEN-ADRESSE.
        10  NAME
        10  STRASSE
        10  ORT
    05  VERKAUFS-BETRAG
    05  FILLER
    05  SATZART
```

Die **PICTURE**-Klauseln sind aus dem nachfolgenden Satzaufbau abzuleiten.

```
Stellen  1 bis  5:   Kundennummer (rein numerisch)
Stellen  6 bis 65:   Kundenadresse mit
                     --- Name (Stellen 6 bis 25)
                     --- Straße (Stellen 26 bis 45)
                     --- Ort (Stellen 46 bis 65)
Stellen 66 bis 72:   Verkaufsbetrag (in DM und Dpf)
Stellen 73 bis 79:   unbenutzte Stellen
Stelle 80:           Satzart
```

Bei den nachfolgenden beiden Übungsaufgaben ist eine Satzbeschreibung für das Dateienkapitel (**FILE SECTION**) gegeben. Der Satz mit Namen **EINGABE-SATZ** enthält dabei eine Anzahl von Sendeelementen. Diese sollen für das Drucken in einem bestimmten Format aufbereitet werden. Das erforderliche Format ist erläutert, und eine Beispielsausgabe ist beigefügt. Für den Satz mit Namen **AUSGABE-ZEILE**, der im Rohbau ebenfalls vorliegt, sind die erforderlichen **PICTURE**-Klauseln nachzutragen. Es ist nicht verlangt, irgendwelche Anweisungen für den Prozedurteil zu schreiben. Es kann allerdings vorausgesetzt werden, daß bei jeder Übungsaufgabe stillschweigend angenommen wird, daß im Prozedurteil Anweisungen der Form

    MOVE sendeelement **TO** ausgabeelement

für jedes einzelne Element vorliegen, wobei unter „sendeelement" ein Elementarelement im Satz **EINGABE-SATZ** verstanden wird und unter „ausgebeelement" das dem Sendeelement entsprechende Elementarelement von **AUSGABE-ZEILE**.

*5. Unter Berücksichtigung der allgemeinen Beschreibung ist das folgende Problem zu lösen. Die Ausgabedaten gehen auf das nachstehend abgebildete Formular (Abb. 7.11). Dezimalpunkte sind deshalb überflüssig. Die meisten Datenelemente sind ohne Lücken zwischen angrenzenden Feldern zu drucken. Insbesonders befinden sich zwischen den Datenelementen **KENN-NR** und **TITEL** keine Leerstellen. Zwischen **TITEL** und **BRUTTO** befindet sich eine Leerstelle, desgleichen zwischen **BRUTTO** und **ABZUEGE**. Die beiden letzten Datenelemente **ABZUEGE** und **BETRAG** sind hingegen durch zwei Leerstellen voneinander getrennt.

.TSTADT-UNIVERSITÄT				Vor Bezahlung abtrennen!			E	431861
Bezug auf n-Nr. Forder.	Fonds	Fachb.	F Fachnr.	Titel	Brutto		Abzüge	Betrag
.397	0100	2104	02	ERSATZGELD	250	00	0 00	250 00

sprüche gegen diesen Bescheid richten Sie bitte an:
RWALTUNG DER ALTSTADT-UNIVERSITÄT, DOMPLATZ 1, 1551 ALTSTADT

Abb. 7.11 Zu bedruckendes Formular

Der Eingabesatz ist wie folgt aufgebaut:

```
01  EINGABE-SATZ.
    05   KENN-NR-EIN              PIC X(6).
    05   FORDER-EIN               PIC X(6).
    05   FONDS-EIN                PIC X(4).
    05   FACHBER-EIN              PIC X(4).
    05   F-EIN                    PIC XX.
    05   FACHNR-EIN               PIC X(6).
    05   TITEL-EIN                PIC X(18).
    05   BRUTTO-EIN               PIC 9(5)V99.
    05   ABZUEGE-EIN              PIC 999V99.
    05   BETRAG                   PIC 9(5)V99.
```

Die **PICTURE**-Klauseln des nachfolgenden Ausgabesatzes sind zu ergänzen!

```
01  AUSGABE-ZEILE.
    05   KENN-NR
    05   FORDER
    05   FONDS
    05   FACHBER
    05   F
    05   FACHNR
    05   TITEL
    05   FILLER
    05   BRUTTO
    05   FILLER
    05   ABZUEGE
    05   FILLER
    05   BETRAG
```

6. Auch für die Lösung dieser Aufgabe ist die allgemeine Beschreibung vor der 5. Aufgabe heranzuziehen.
Die Ausgabedaten gehen ebenfalls auf ein vorgedrucktes Formular zurück, das jedoch einen unterschiedlichen Entwurf mit mehr Platz aufweist. Es sind die Werte von acht Datenelementen auszugeben. Die Anzahl der Leerstellen zwischen den Elementen beträgt, von links nach rechts aufgeführt, der Reihe nach 2, 3, 2, 2, 1, 1 und 1. Das Datenelement **AUSLEIHBEGINN** besteht aus fünf Zeichen (einschließlich des Schrägstriches). Die Nullenunterdrückung ist nur auf die drei Betragsfelder anzuwenden. In die Beträge sind Dezimalpunkte einzuschleusen, dagegen keine Währungszeichen. Das vorgedruckte Formular ist in Abb. 7.12 zu sehen.

Übungsaufgaben 253

sleih-inn	Ausleih-frist	Zahlungs-weise	Beschreibung des Gerätes	Ausleih-nummer	Laufende Gebühr	MWST (14 %)	Rechnungs-betrag
/87	36	M	PHOTOKOPIERER	38459	162.43	22.74	185.17
/87	60	M	VERGRÖSSERUNGSGER.	39799	16.42	2.30	18.72

Abb. 7.12 Zu bedruckendes Formular

Der Eingabesatz besitzt den folgenden Aufbau:

```
01  EINGABE-SATZ.
    05  AUSLEIHBEGINN-EIN      PIC X(5).
    05  AUSLEIHFRIST-EIN       PIC XX.
    05  ZAHLUNGSWEISE-EIN      PIC X.
    05  BESCHREIBUNG-EIN       PIC X(21).
    05  AUSLEIHNUMMER-EIN      PIC X(5)
    05  LFD-GEBUEHR-EIN        PIC 999V99.
    05  MWST-EIN               PIC 99V99
    05  RECHNUNGSBETRAG-EIN    PIC 999V99.
```

Der nachfolgende Ausgabesatz ist durch die **PICTURE**-Klauseln zu ergänzen!

```
01  AUSGABE-ZEILE.
    05  AUSLEIHBEGINN
    05  FILLER
    05  AUSLEIHFRIST
    05  FILLER
    05  ZAHLUNGSWEISE
    05  FILLER
    05  BESCHREIBUNG
    05  FILLER
    05  AUSLEIHNUMMER
    05  FILLER
    05  LFD-GEBUEHR
    05  FILLER
    05  MWST
    05  FILLER
    05  BETRAG
```

*7. Es sind zunächst hierarchische Darstellung und der Pseudocode für ein Programm zu erarbeiten.
Das zu entwerfende Programm soll eine Liste der offenen Rechnungen ausgeben. Die Eingabesätze weisen das folgende Format auf:

Stellen 1 bis 5:   Kundennummer
Stellen 6 bis 25:   Kundenname
Stellen 26 bis 30: Rechnungsnummer
Stellen 31 bis 36: Rechnungsdatum
Stellen 37 bis 42: Rechnungsbetrag (in Dollars und Cents mit einem angenommenen Dezimalpunkt)

Nach Fertigstellung des Entwurfes ist das Programm zu codieren! Das Kernproblem dieser Aufgabenstellung besteht darin, daß die auszudruckende Liste mit einer allgemeinen Überschrift sowie mit Spaltenüberschriften versehen werden soll. (Fürs erste kann hierbei die Seitenbegrenzung, d.h. die maximale Anzahl der Zeilen pro Seite vernachlässigt werden; auf diese Problematik wird zu einem späteren Zeitpunkt eingegangen, und zwar nach der Besprechung der Angabe **ADVANCING** und des *Zeilentransportes*.) In Abb. 7.13 ist der Entwurf der zu druckenden Liste zu sehen.

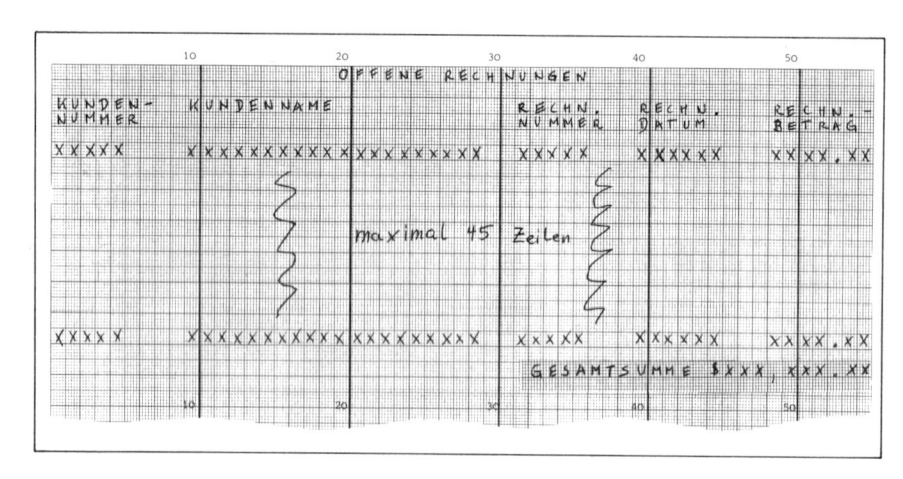

Abb. 7.13 Listenentwurf für offene Rechnungen

Der Kopf der Liste umfaßt fünf Zeilen (Überschrifts- und Leerzeilen). Mit dem Lesen und Drucken der Sätze mit den offenen Rechnungen hat die Bildung der Gesamtsumme der offenen Rechnungen einherzugehen. Nach der Verarbeitung des letzten Satzes soll diese Gesamtsumme am Schluß der Liste gedruckt werden. Das Programm sollte mit den folgenden Beispieldaten ausgeführt werden:

```
12810MARKISCHE WERKZEUGE  11223112387157468
12810MARKISCHE WERKZEUGE  12336123087040902
21654BERGESCHE COMP.      09852010588033000
22873HUSTERER VEREIN      12453112687057690
24251NIESNER GESELLSCH.   13342010688130076
```

Für diese Beispieldaten sollte sich beim Programmablauf die folgende Listenausgabe ergeben:

```
                    OFFENE RECHNUNGEN

KUNDEN-   KUNDENNAME            RECHN.    RECHN.    RECHN.-
NUMMER                          NUMMER    DATUM     BETRAG

12810     MARKISCHE WERKZEUGE   11223     112387    1574.68
12810     MARKISCHE WERKZEUGE   12336     123o87     409.02
21654     BERGESCHE COMP.       09852     010588     330.00
22873     HUSTERER VEREIN       12453     112687     576.90
24251     NIESNER GESELLSCH.    13342     010688    1300.76

                                      GESAMTSUMME  $4191.36
```

(Diese Aufgabe wurde mit Erlaubnis des Autors aus dem Buch „PL/I Programming" von Joan K. Hughes, Wiley New York, 3. Ausgabe 1985 übernommen)

8. Ein Programm zum Nachweis wöchentlicher Lohnzahlungen ist zu entwerfen (hierarchische Darstellung und Pseudocode) und anschließend zu schreiben!
   Zur Verfügung steht dabei eine Eingabedatei, deren Sätze wie folgt strukturiert sind:
   - Stelle 1: Satzart
   - Stellen 2 bis 6: Personalnummer (numerisch)
   - Stellen 7 bis 11: Verdienst (in Dollars und Cents mit einem angenommenen Dezimalpunkt)

   Die Satzart (Stelle 1) ist wie folgt verschlüsselt:
   - 1 – – – Normalstundenverdienst
   - 2 – – – Überstundenverdienst
   - 3 – – – Bonus
   - 4 – – – andere Verdienstarten

Das Programm soll die folgende Funktion ausüben: Für jede Verdienstart, hier Satzart, ist die Gesamtsumme zu errechnen und auszugeben; außerdem ist die Zahl der Sätze mit der entsprechenden Verdienstart zu bestimmen und ebenfalls zu drucken. Beispielsweise besteht die Gesamtsumme der Normalstundenverdienste aus der Summe der Beträge aller Sätze, die die Satzart 1 aufweisen.
Die Ausgabeliste soll das in der Abb. 7.14 dargestellte Aussehen besitzen.

```
                    10              20                30
NACHWEIS     WOECHENTLICHE    LOHNZAHLUNG
NORMALSTUNDEN         XXX        $XX,XXX.XX
UEBERSTUNDEN          XXX        $XX,XXX.XX
BONUS                 XXX        $XX,XXX.XX
SONSTIGES             XXX        $XX,XXX.XX

                      Zahl der    Gesamtsumme der Verdienste
                      Sätze
```

Abb. 7.14 Entwurf der Ausgabeliste (Lohnzahlungs-Nachweis)

Das Programm sollte mit den folgenden Beispieldaten ausgeführt werden:

```
11111118542
21111101465
11111229011
21111201200
11111340000
31111308000
41111450000
11111538065
11111642000
21111612376
41111601000
11111729999
11111868011
31111910500
```

Unter Zugrundelegung dieser Eingabedaten sollte das Programm die nachstehende Ausgabeliste erzeugen:

```
┌─────────────────────────────────────────────┐
│  NACHWEIS WOECHENTLICHE LOHNZAHLUNG         │
│                                             │
│  NORMALSTUNDEN       7      $2,656.28       │
│                                             │
│  UEBERSTUNDEN        3      $150.41         │
│                                             │
│  BONUS               2      $185.00         │
│                                             │
│  SONSTIGES           2      $510.00         │
└─────────────────────────────────────────────┘
```

(*Mit Erlaubnis des Autors Joan K. Hughes aus dem Buch „PL/I Programming", Wiley New York, 3. Ausgabe 1985 übernommen*)

*9. Das Programm von Abb. 7.7 bis Abb. 7.9 ist so abzuändern, daß es zur Ausgabe der Nachricht

BRUTTO WAHRSCH. ZU GROSS

kommt, wenn das Bruttoeinkommen den Betrag von 600.00 Dollar übersteigt.

10. Das Programm von Abb. 7.7 bis Abb. 7.9 ist so abzuändern, daß die Nachricht

UNGUELTIGE DATEN IM SATZ

auch bei Vorliegen der folgenden Bedingungen ausgegeben wird:
a) Die Personalnummer ist kleiner als 23000.
b) Die Zahl der Angehörigen ist größer als 15.
c) Die Zahl der Arbeitsstunden ist größer als 80.
Es sind Testdaten aufzustellen, die es gestatten, jeden dieser Fehler einzeln und in Verbindung mit anderen zu überprüfen.

*11. Das Programm von Abb. 7.7 bis 7.9 ist so abzuändern, daß am Schluß der Lohnliste zusätzlich noch folgende Angaben ausgegeben werden:
a) Anzahl der gelesenen Eingabesätze,
b) Anzahl der Sätze mit ungültigen Daten,
c) Gesamtsumme der Bruttoverdienste von allen Sätzen mit gültigen Daten,
d) Gesamtsumme der Steuern von allen Sätzen mit gültigen Daten,
e) Gesamtsumme der Nettoverdienste von allen Sätzen mit gültigen Daten.

*12. Eine Firma der USA zahlt Steuern an 10 verschiedene Bundestaaten. In einem bestimmten Steuersummenprogramm möchte man Anweisungen der Form

IF ALABAMA
    PERFORM D010-ALABAMA-STEUERN-FA.

lieber schreiben als Anweisungen der Form

IF STAAT-SCHLUESSEL = '01'
    PERFORM D010-ALABAMA-STEUERN-FA.

Es ist zu zeigen, wie das bewerkstelligt werden kann!

13. In Fortsetzung der Aufgabe 12 soll einmal angenommen werden, daß die 50 Bundesstaaten in drei Kategorien eingeteilt werden können:
    a) Zur ersten Kategorie gehören die Bundesstaaten, auf die durch einen Bedingungsnamen Bezug genommen wird, der dem Namen des betreffenden Bundesstaates gleicht. Nur für die folgenden 4 Bundesstaaten gilt dies: California, Michigan, Illinois und Florida.
    b) Jeder der anderen sechs Bundesstaaten, an die die Firma Steuern zu entrichten hat, kann durch den Bedingungsnamen **ANDERER-STAAT** angesprochen werden.
    c) Allen anderen Bundesstaaten ist der Bedingungsname **UNGUELTIGER-STAAT** zugeordnet.

    Es ist zu zeigen, wie diese Einteilung verwirklicht werden kann!

*14. Alle im Abschnitt 7.7 vorgestellten Beispiele mit den verschiedenen **PICTURE**-Klauseln können auch durch ein **COBOL**-Programm realisiert werden. Ein solches Programm ist zu schreiben!

15. Alle im Abschnitt 7.10 dargestellten Beispiele mit den verschiedenen **PICTURE**-Klauseln können auch durch ein **COBOL**-Programm realisiert werden. Ein solches Programm ist zu schreiben!

8. Fehlersuche in COBOL-Programmen

8.1 Einführung

Mittlerweile hat man wahrscheinlich schon bemerkt, daß es fast unmöglich ist, ein Programm zu schreiben, das auf Anhieb fehlerfrei ist. Irgendwelche Fehler werden immer gemacht. Dabei spielt es keine Rolle, ob man ein Programm in **COBOL** oder in irgendeiner anderen Programmiersprache schreibt.

Gegenstand dieses Kapitels soll es deshalb sein, die verschiedenen Fehlertypen kennenzulernen, die in einem **COBOL**-Programm gewöhnlich auftreten, und Wege zu finden, sich mit ihnen auseinanderzusetzen.

Fehler in **COBOL**-Programmen lassen sich in zwei Kategorien einteilen:
- *Fehler während des Kompilierens* (Kompilierzeit-Fehler)
- *Fehler während der Ausführung* (Ausführungszeit-Fehler)

Man erinnere sich, daß die Funktion des **COBOL**-Kompilierers darin besteht, den vom Programmierer geschriebenen *Quellencode*, d.h. das **COBOL**-*Programm*, in den *Maschinencode*, d.h. in das *Maschinenprogramm*, umzuwandeln. Der Maschinencode wird auch als *Objektcode* bezeichnet. Das Maschinenprogramm kann dann vom Computer ausgeführt werden. (Es handelt sich hier um eine geringfügige Vereinfachung, da üblicherweise ein zweiter Schritt erforderlich ist, um den tatsächlichen Maschinencode, mit dem der Computer arbeiten kann, zu erzeugen; für unsere Zwecke können wir jedoch diesen Schritt unbeachtet lassen.) Unter Fehlern, die während des *Kompilierens* auftreten, versteht man solche, die vom **COBOL**-Kompilierer entdeckt werden, d.h. die im vom Programmierer geschriebenen **COBOL**-Programm vorliegen. Die Ausführungszeit-Fehler, der Begriff sagt es schon, treten hingegen während der *Ausführung* eines Programmes auf, d.h. beim Ablauf der Maschinenprogramme. Mit anderen Worten, man hat ein *syntaktisch* einwandfreies **COBOL**-Programm geschrieben, doch dieses liefert nicht die gewünschten Resultate. Auf diese Fehlerkategorie sei anhand eines bekannten Beispieles verwiesen: Man erinnere sich an den Fall „IMA TESTCASE" im Lohnabrechnungsprogramm, das in früheren Kapiteln behandelt wurde (siehe hierzu u.a. die Abb. 6.5 und 6.11). Das Lohnabrechnungsprogramm wird in den vorgelegten Versionen fehlerfrei kompiliert, doch die Ergebnisse des erwähnten Testfalles sind nicht korrekt.

Die Methoden, die wir für die *Fehlersuche und –behandlung* heranziehen werden, sind bei den beiden Fehlerarten gänzlich verschieden.

Die Kompilierzeit-Fehler werden, wir sagten es bereits, vom **COBOL**-Kompilierer entdeckt. Dieser gibt eine Nachricht aus, aus der ersichtlich ist, daß ein Fehler gemacht wurde. Außerdem wird angezeigt, wo der betreffende Fehler auftritt. Die Herkunft dieser Art von Fehlern ist generell die gleiche: Irgendetwas, das der Programmierer geschrieben hat, befolgt *nicht* die **COBOL**-Regeln. Die Fehlerbeseitigung ist einfach eine Angelegenheit des Feststellens, warum der **COBOL**-Code ungültig ist, und einer sich daran anschließenden Korrektur des **COBOL**-Codes.

Es ist weitaus schwieriger, sich mit Ausführungszeit-Fehlern beschäftigen zu müssen. An erster Stelle muß erwähnt werden, daß der Computer dem Benutzer häufig nicht mitteilt, daß ein Fehler aufgetreten ist. (Man betrachte die erste Version des Lohnabrechnungsprogrammes; es wurde ausgeführt und erzeugte die gewünschte Ausgabe. Der Computer informierte uns aber nicht, daß einige der ausgegebenen Resultate unrichtig waren, siehe hierzu die Abb. 6.5.) Wir müssen daher lernen, wie man erkennen kann, ob die vom Computer produzierte Ausgabe ungültig bzw. falsch ist.

Wenn auch der Computer mitteilt, daß irgendetwas nicht richtig ausgeführt wurde, so wird er uns doch gewöhnlich nicht exakt sagen können, auf welches Problem der Fehler zurückzuführen ist und wo er im Programm lokalisiert ist. Es ist Aufgabe des Programmierers, nach Antworten auf diese Fragen zu suchen und danach zu bestimmen, wie das Problem beseitigt werden kann.

8.2 Die Auswirkung des Programmentwurfs auf die Fehlersuche

Das beste Mittel, Programmfehler zu bestimmen, besteht nicht darin, sie von vornherein in das Programm hineinzustellen. Obgleich man eine solche Aussage als ziemlich sarkastische Bemerkung ansehen kann (natürlich wird man niemals beabsichtigen, bewußt Fehler in das eigene Programm einzubauen), steckt dahinter doch eine ernsthafte Absicht. Die Fehlersuche beginnt bei einem Programm bereits mit seinem Entwurf. Ist der Programmentwurf klar und logisch gegliedert und sind seine Spezifikationen vollständig und fehlerfrei, wird das Programm wahrscheinlich keine ernsthaften Probleme mit sich bringen. Jedoch wird keine noch so große Anstrengung aus einem schlechten Entwurf ein gutes Programm machen. *Wenn man nicht verstanden hat, wie ein Problem zu lösen ist, wird das auch nicht der Computer für einen ausfindig machen!*

Wir sprachen über die Grundlagen des Programmentwurfes in Kap. 4. Nunmehr werden wir mehr über die Beweggründe kennenlernen, die zu den von uns nicht nur benutzten Methoden geführt haben.

Die Schaffung eines Programmes ist wahrlich nicht einfach. Wir müssen in der Lage sein, ein einwandfrei arbeitendes Programm zu entwickeln; ein minimaler Aufwand bei der Fehlersuche und minimale Bemühungen bei erforderlichen Programmänderungen sollten dabei ebenfalls gewährleistet sein. Wir werden das in diesem Buch ständig beherzigen. Die in Kap. 4 vorgestellten Entwurfstechniken dienen diesem Ziel.

In Kap. 4 legten wir jedoch noch nicht Gewicht darauf, daß es notwendig ist, den Entwurf auf Vollständigkeit und Richtigkeit durchzusehen. Man sollte nicht erwarten, daß der erste Versuch, ein Programm zu entwerfen, gleichzeitig auch der letzte ist. Fast niemals kann man einen akzeptablen Programmentwurf gleich beim ersten Versuch zustandebringen. Nach der Schaffung der ersten Version der hierarchischen Darstellung und des Pseudocodes sollte man diese anschließend sorgfältig überprüfen, um sicherzugehen, daß sie auch beinhalten, was man zu tun beabsichtigte. Damit soll gesagt sein: Wenn man ein Programm exakt nach diesen Festlegungen schreibt, wird es dann auch so arbeiten, wie es sollte? Aller Wahrscheinlichkeit nach wird man erkennen, daß man etwas vergessen oder irgendeinen Fehler gemacht hat, oder daß es einen besseren Programmaufbau gibt. Eine solche Erkenntnis ist nicht ungewöhnlich. Man sollte deshalb ein Problem immer wieder solange studieren, bis man genug gelernt hat, um danach in der Lage zu sein, ein gutes Programm zu entwerfen. Je größer die Anstrengungen sind, die man in den Programmentwurf hineinsteckt, um so besser wird man das Problem verstehen können und um so wahrscheinlicher wird es sein, daß das Programm frei von ernsthaften Fehlern ist.

8.3 Einige Hinweise zum Programmierstil

Ein guter Entwurf ist nicht alles, was man zur Entwicklung eines guten Programmes braucht. Der Codierstil, die Art und Weise, wie man ein Programm schreibt, beeinflußt ebenfalls die Anzahl der in einem Programm vorhandenen Fehler. Das ist auch der Grund, warum wir bei unseren Beispielprogrammen uns weitgehend an die im Anhang C aufgeführten Standards halten. Ziel dieser Standards ist es, das Programm in einer Form zu präsentieren, durch die die Vereinbarungen und Anweisungen dem Leser so klar wie möglich erscheinen. Einige dieser Standards haben wir bereits in früheren Kapiteln erwähnt. Wir wollen auch zukünftig Hinweise auf Codierungsmethoden geben, und zwar dann, wenn es uns angemessen erscheint. Man beachte: Je leichter es ist, das zu lesen, was man zuvor geschrieben hat, desto weniger Fehler werden im Code auftreten.

Sofort nach Eingabe des Programmes in den Computer beginnt man mit der Überprüfung desselben auf Fehler. Zunächst wird man sich eine

Programmliste ausgeben lassen, wobei man das für den jeweiligen Computer zur Verfügung stehende Auflistungsverfahren benutzen sollte. Obwohl man diese Liste auch dazu verwenden sollte, das Programm auf simple Tippfehler bei der Eingabe durchzusehen, sollte man ihren Hauptzweck nicht vergessen: Sie sollte eine saubere, lesbare Programmunterlage darstellen, die man in Hinblick auf Entwurfsfehler gründlich studieren sollte. Insbesonders vergewissere man sich, daß die Programmstruktur mit der Struktur der hierarchischen Darstellung übereinstimmt und daß sie logisch durchdacht ist. Eine der wichtigsten Programmcharakteristiken gilt es dabei zu überprüfen: Es ist sicherzustellen, daß jeder Paragraph eine einzige wohldefinierte Funktion ausübt. Nehmen wir z.B. an, daß wir das Programm für die Lohnabrechnung geringfügig geändert haben, um auch die verarbeiteten gültigen Sätze zählen zu können (siehe Kap. 6, Übungsaufgabe 5). Wir könnten dies durch Modifikation der Paragraphen

E010-HOLEN-LOHNSATZ und **E020-PRUEFEN-LOHNSATZ**

erreichen. Die neue Gestalt dieser Paragraphen sähe dann beispielsweise wie folgt aus:

```
E010-HOLEN-LOHNSATZ.
    READ LOHN-DATEI
        AT END    MOVE 'J' TO W-KEINE-DATEN-MEHR-KZ.
    ADD 1 TO ZAEHLER-GUELTIGE-SAETZE.

E020-PRUEFEN-LOHNSATZ.
    IF       E-PERSONALNUMMER      IS NOT NUMERIC
      OR     E-ARBEITSSTUNDEN      IS NOT NUMERIC
      OR     E-STUNDENLOHN         IS NOT NUMERIC
      OR     E-ANGEHOERIGEN-ZAHL IS NOT NUMERIC
            MOVE LOHN-SATZ TO FALSCHE-DATEN
            WRITE DRUCK-SATZ FROM FEHLER-ZEILE
            SUBTRACT 1 FROM ZAEHLER-GUELTIGE-SAETZE
    ELSE
            MOVE 'J' TO W-GUELTIGER-SATZ-KZ.
```

Bei dieser Codierung entstehen jedoch zwei Probleme. Erstens nämlich führt jeder Paragraph zwei oder mehr nicht aufeinander bezogene Tätigkeiten aus. Die vom Paragraphen

E010-HOLEN-LOHNSATZ

vollzogenen Tätigkeiten sind einmal das Lesen eines Satzes und zum anderen die Erhöhung des Zählers. Beide haben nichts miteinander zu tun, da in die eine Tätigkeit das Holen des nächsten Satzes (gültig oder nicht gültig) verwickelt ist, die andere hingegen bezieht sich nur auf gültige Sätze. Die im Paragraphen

E020-PRUEFEN-LOHNSATZ

für den Fall, daß die bei **IF** genannte Bedingung wahr ist, auszuführenden Anweisungen betreffen mit einer einzigen Ausnahme alle die Verarbeitung eines ungültigen Satzes; die **SUBTRACT**-Anweisung ist jedoch auf die Verarbeitung gültiger Sätze bezogen. Die Aufgabe, die Zahl der gültigen Sätze zu bestimmen, ist also über zwei Paragraphen verteilt. Aus dem auf jeden Paragraphen entfallenden Anteil wird man wirklich nicht klug: Man weiß nicht, was er dort soll.

Das zweite Grundproblem dieser Codierung besteht einfach darin, daß sie zu unrichtigen Resultaten führt. Wenn der Wert von **ZAEHLER-GUELTIGER-SATZ** am Schluß des Programmes ausgedruckt wird, wird dieser nicht die akkurate Anzahl der gültigen Sätze widerspiegeln. Die genaue Beschaffenheit dieses Fehlers ist in einer Übungsaufgabe zu untersuchen (Übungsaufgabe 1 am Ende dieses Kapitels).

Eine weitaus bessere Lösung der Aufgabenstellung sieht wie folgt aus:

```
B020-BERECHNUNG-LOHN.
    PERFORM C020-BERECHNUNG-BRUTTOLOHN.
    PERFORM C030-BERECHNUNG-FREIBETRAG-S.
    PERFORM C040-BERECHNUNG-STEUER.
    PERFORM C050-BERECHNUNG-NETTOLOHN.
    PERFORM C060-DRUCKEN-ZEILE.
    ADD 1 TO ZAEHLER-GUELTIGE-SAETZE.
    PERFORM C010-HOLEN-GUELTIGEN-LOHNSATZ.
```

Diese Vorgehensweise basiert auf der Tatsache, daß das Zählen der gültigen Sätze verbunden ist mit der Verarbeitung derselben, und diese erfolgt bekanntlich im Paragraphen

B020-BERECHNUNG-LOHN.

Die erste Fassung versuchte bekanntlich das Zählen der gültigen Sätze mit dem Lesen aller Sätze zu verknüpfen. Dadurch wurde es nötig, den Zähler in dem Fall wieder zurechtzustutzen, wenn ein ungültiger Satz entdeckt wurde. Dennoch gelangte man dadurch nicht zu einer fehlerfreien Lösung. Allgemein wird man sehr schnell erkennen, daß die Wahrscheinlichkeit anwächst, ein gutentworfenes Programm ohne größere Fehler vor sich zu haben, je enger die Anweisungen in einem Paragraphen aufeinander bezogen sind und je mehr Tätigkeiten, die zur Ausübung einer Funktion erforderlich sind, im gleichen Paragraphen vereinigt sind.

8.4 Ineinandergeschachtelte IF-Anweisungen

Es gibt in **COBOL** mehrere Strukturanweisungen, die eine unverhältnismäßig große Anzahl von Problemen bei der Programmierung verursachen, besonders bei Anfängern in der **COBOL**-Programmierung. Eine Möglichkeit, die Anzahl der Fehler in einem **COBOL**-Programm zu minimieren, besteht darin, den Gebrauch solcher Anweisungen zu vermeiden, oder, falls sie doch verwendet werden müssen, sich der Probleme bewußt zu sein, zu denen sie Anlaß geben können.

Die erste dieser gefährlichen „Konstruktionen", auf die wir unser Augenmerk richten wollen, ist das Ineinanderschachteln von **IF**-Anweisungen. Wir sind solchen verschachtelten **IF**-Anweisungen bereits im Abschnitt 5.14 begegnet, wo wir sie als Mittel betrachteten, die Struktur für die Fallunterscheidung (Case-Struktur) zu verwirklichen. Nunmehr wollen wir uns die Verwendung einiger ineinandergeschachtelten **IF**-Anweisungen ansehen, die über dieses eine bisher kennengelernte Format hinausgehen. Wir werden auch die Gefahren besprechen, die mit dieser Struktur verknüpft sind. Die meisten der jetzt zu behandelnden Fragestellungen sind jedoch nur mit **COBOL**-Versionen verknüpft, die der Version **COBOL-85** vorausgegangen sind. Wenn man hingegen **COBOL-85** benutzt, lese man den Rest dieses Abschnittes dennoch durch, um zu sehen, wie ineinandergeschachtelte **IF**-Anweisungen gebraucht werden. Man vergegenwärtige sich dabei ständig, daß die meisten der hier diskutierten Probleme gewöhnlich entfallen, wenn die Angabe **END-IF** bei der Programmierung herangezogen wird.

Man erinnere sich, daß eine Verschachtelung von **IF**-Anweisungen immer dann vorliegt, wenn eine Tätigkeit in einer **IF**-Anweisung selbst eine IF-Anweisung ist. In den nachfolgenden Besprechungen verweist der Buchstabe *B* auf eine *Bedingung* und der Buchstabe *A* auf eine *Anweisung*. Da im allgemeinen eines oder mehrere dieser Elemente in die zu besprechenden Fälle eingehen, werden wir die Elemente zusätzlich noch numerieren. Wenn wir also

```
IF RECHNUNGSNUMMER IS EQUAL TO RECHNUNGSNUMMER-ZUVOR
   IF DISTRIKT IS EQUAL TO DISTRIKT-ZUVOR
      PERFORM C040-VERARBEITUNG-EINZELSATZ.
```

schreiben würden, so stände dieses Gebilde für eine einfache verschachtelte **IF**-Anweisung, wie z.B. für die Anweisung

```
IF B1
   IF B2
      A1.
```

Eine andere Anweisung, die durch die obige Kurzform dargestellt werden könnte, wäre die Anweisung

```
IF  ARBEITSSTUNDEN IS EQUAL TO 40
    IF NORMALLOHN
       MOVE 'X' TO NORMAL-VERARBEITUNG-KZ.
```

Mit anderen Worten: **B1** und **B2** könnten irgendwelche Bedingungen sein einschließlich der in Eintragungen mit der Stufennummer **88** erklärten Bedingungsnamen, beispielsweise hier **NORMALLOHN**. Weiterhin führen wir hier überall nur eine Anweisung an, wenn wir **A1** schreiben; es könnten hier aber auch mehrere Anweisungen erscheinen. Das oben aufgeführte Skelett würde somit auch das nachstehende Gebilde beschreiben:

```
IF  A = B
    IF C = D
       MOVE 'X' TO ABC-KENNZEICHEN
       PERFORM D055-BEIDE-GLEICH.
```

Es ist immer möglich, die Logik ineinandergeschachtelter **IF**-Anweisungen auf ein oder mehrere einfache **IF**-Anweisungen mit Verbundbedingungen zurückzuführen. Die soeben vorgestellte Anweisung kann z.B. auch wie folgt geschrieben werden:

```
IF  A = B AND C = D
    MOVE 'X' TO ABC-KENNZEICHEN
    PERFORM D055-BEIDE-GLEICH.
```

Der Effekt ist dabei der gleiche.

Die verwickelteren ineinandergeschachtelten **IF**-Anweisungen, die wir später untersuchen werden, können in viele **IF**-Anweisungen aufgelöst werden, die freilich recht komplizierte Verbundbedingungen aufweisen können. Die Auswahl zwischen ineinandergeschachtelten **IF**-Anweisungen und einfachen **IF**-Anweisungen mit Verbundbedingungen ist bis zu einem gewissen Ausmaß eine reine Geschmackssache. Man beachte dabei jedoch grundsätzlich, daß man immer versuchen sollte, ein Programm so geradlinig und lesbar wie möglich zu gestalten.

Nachfolgend ist eine geringfügig kompliziertere verschachtelte **IF**-Anweisung in ihrer allgemeinen Form zu sehen:

```
        IF   B1
               IF   B2
                     A1
               ELSE
                     A2.
```

Wenn wir diese Anweisung ohne Verschachtelung niederschreiben wollten, müßten wir zwei Anweisungen verwenden. Es ergibt sich somit beispielsweise:

```
        IF   B1 AND B2
               A1.
        IF   B1 AND NOT B2
               A2.
```
①

Hier ergibt sich eine günstige Gelegenheit, noch einmal auf die entscheidende Bedeutung hinzuweisen, die das Setzen von Punkten an die richtigen Stellen bei **IF**-Anweisungen betrifft. Wenn beispielsweise der erste Punkt bei den obigen zwei einfachen **IF**-Anweisungen weggelassen worden wäre, würde die resultierende **IF**-Anweisung ebenfalls korrekt sein, aber sie würde eine gänzlich andere Logik repräsentieren. Der Pseudocode für die unter ① gezeigten Anweisungen ist in der Abb. 8.1 zu sehen, der Pseudocode für die Anweisungen ohne den ersten Punkt in der Abb. 8.2.

```
        IF   B1 und B2    THEN
               A1
        ENDIF
        IF   B1 und nicht B2   THEN
               A2
        ENDIF
```
①

Abb. 8.1 Pseudocode für die korrekten IF-Anweisungen

```
        IF   B1 und B2    THEN
               A1
               IF   B1 und nicht B2   THEN
                      A2
               ENDIF
        ENDIF
```

Abb. 8.2 Pseudocode für die inkorrekten IF-Anweisungen

8.4 Ineinandergeschachtelte IF-Anweisungen

Der Zweig für das Ergebnis „wahr" der ersten Bedingung in Abb. 8.2 wird nur dann betreten, wenn zugleich **B1** und **B2** wahr sind. Aber wenn das der Fall ist, kann nie gleichzeitig auch **B1** wahr und **B2** falsch sein; somit wird es nie zur Ausführung von **A2** kommen können. Ein tüchtiger Kompilierer würde in der Lage sein festzustellen, daß es sich bei **A2** um einen sogenannten *toten Code* handelt. Darunter versteht man einen Code, der während des Programmablaufes niemals erreicht werden kann. Die meisten Kompilierer sind jedoch nicht so hochentwickelt.

Man könnte nun darauf hinweisen, daß die Einrückung beim **COBOL**-Code falsch wäre, wenn der Punkt nach der ersten **IF**-Anweisung fehlt. Die zweite **IF**-Anweisung würde ja dann von der ersten kontrolliert und sollte daher eingerückt sein. Das entspricht natürlich unserer Vorstellung, aber wir müssen auch stets daran denken, daß der Kompilierer keine Einrückungsregeln kennt. Einrückungen sind von großer Bedeutung für ein klares Verständnis unter den Menschen, aber der Kompilierer kümmert sich überhaupt nicht um sie. In der Tat können sogar tief verschachtelte **IF**-Anweisungen auf eine Zeile geschrieben werden, vorausgesetzt, daß die Datennamen entsprechend kurz sind. Eine solche Schreibweise ist zwar nicht besonders intelligent, aber sie ist nun einmal gestattet.

Alternativ bietet sich für das Schreiben solcher Anweisungen wie der obigen auch die Möglichkeit an, separate Paragraphen für die in der Verschachtelung liegenden **IF**-Anweisungen einzusetzen. Wir könnten somit beispielsweise auch schreiben:

```
     IF   B1
              PERFORM INNERER-PARAGRAPH.
     :
     :
     INNERER-PARAGRAPH.
         IF   B2
              A1
         ELSE
              A2.
```

Diese Vorgehensweise hat den unbestreitbaren Vorteil, daß wir uns nicht mit dem Problem des Weglassens des ersten Punktes herumschlagen müssen, aber dies geschieht auf Kosten der Aufteilung der auszuführenden Funktion auf zwei Paragraphen, die auf Programmlisten durchaus auf getrennten Seiten erscheinen können. Innerhalb bestimmter Grenzen ist auch hier die Entscheidung, ob man sich für diese Methode entschließt oder nicht, mehr oder minder eine Sache des persönlichen Geschmacks.

Nunmehr betrachte man die folgende **IF**-Anweisung und den ihr entsprechenden Pseudocode (Abb. 8.3).

COBOL-Code	Pseudocode

IF B1
    IF B2
        A1
    ELSE
        A2
ELSE
    A3.
	IF B1 THEN
	    IF B2 THEN
	        A1
	    ELSE
	        A2
	    ENDIF
	ELSE
	    A3
	ENDIF

Abb. 8.3 Pseudocode und COBOL-Code ineinandergeschachtelter IF-Anweisungen

Jede **IF**-Anweisung weist hier eine **ELSE**-Angabe auf. Bei der weiteren Behandlung dieses Themas ergibt sich als nächster Schritt das Vorhandensein von Entscheidungen in beiden Zweigen der ersten Entscheidung. Allgemein sieht das im **COBOL**-Code und im Pseudocode so aus, wie es in der Abb. 8.4 gezeigt ist.

COBOL-Code	Pseudocode

IF B1
    IF B2
        A1
    ELSE
        A2
ELSE
    IF B3
        A3
    ELSE
        A4.
	IF B1 THEN
	    IF B2 THEN
	        A1
	    ELSE
	        A2
	    ENDIF
	ELSE
	    IF B3 THEN
	        A3
	    ELSE
	        A4
	    ENDIF
	ENDIF

Abb. 8.4 Pseudocode und COBOL-Code von IF-Anweisungen mit Entscheidungen in beiden Zweigen

8.4 Ineinandergeschachtelte IF-Anweisungen

Wir sind jetzt bis zu einem Niveau vorgestoßen, dessen Komplexität es ratsam erscheinen läßt, Regeln aufzustellen, die uns exakt sagen können, was durch bestimmte Formen ineinandergeschachtelter **IF**-Anweisungen beabsichtigt ist. Die erste Regel in bezug auf ineinandergeschachtelte **IF**-Anweisungen lautet wie folgt:

| REGEL 1 | *Jede Anweisung innerhalb einer verschachtelten IF-Anweisung wird von dem unmittelbar vorangehenden IF bzw. ELSE kontrolliert.* |

Nachfolgend ist eine **IF**-Anweisung aufgeführt, bei der diese Regel zu keinen Problemen führt (Abb. 8.5); gegeben ist hierbei neben dem **COBOL**-Code auch der Pseudocode.

COBOL-Code	Pseudocode
`IF   B1`	`IF   B1   THEN`
`     A1`	`     A1`
`     IF B2`	`     IF B2   THEN`
`        A2`	`        A2`
`     ELSE`	`     ELSE`
`        A3`	`        A3`
`ELSE`	`ENDIF`
`     A4.`	`ELSE`
	`     A4`
	`ENDIF`

Abb. 8.5 COBOL-Code und Pseudocode von ineinandergeschachtelten IF-Anweisungen zur Demonstration der ersten Regel

Im Wahrzweig der Entscheidung aufgrund der Bedingung **B1** liegt zunächst eine unbedingte Anweisung, danach folgt eine neue Entscheidung. An dieser Codierung gibt es also nichts auszusetzen.

In Abb. 8.6 ist eine **IF**-Anweisung zu sehen, die ebenfalls vollkommen einwandfrei ist, die aber nicht das bewerkstelligt, was durch die Einrückung angedeutet wird. Man beachte den Unterschied zwischen den beiden Pseudocode-Notierungen. Die Überschrift „Vorgelegter Pseudocode" verweist darauf, daß in dieser Spalte der Pseudocode aufgeführt ist, der ausdrückt, was der **COBOL**-Code eigentlich an Tätigkeiten realisieren soll. Im Gegensatz dazu ist in der Spalte mit der Überschrift „Entsprechender Pseudocode" dargestellt, welcher Pseudocode tatsächlich dem **COBOL**-Code entspricht.

COBOL-Code	Vorgelegter Pseudocode	Entsprechender Pseudocode
| ```
IF   B1
        IF  B2
            A1
        ELSE
            A2
        A3
ELSE
    A4.
``` | ```
IF   B1    THEN
     IF  B2   THEN
         A1
     ELSE
         A2
     ENDIF
     A3
ELSE
    A4
ENDIF
``` | ```
IF   B1    THEN
     IF  B2   THEN
         A1
     ELSE
         A2
         A3
     ENDIF
ELSE
    A4
ENDIF
``` |

Abb. 8.6 Nicht empfehlenswerte Einrückungen bei ineinandergeschachtelten IF-Anweisungen

Die mutmaßliche Absicht durch die im **COBOL**-Code vorgenommenen Einrückungen besteht wohl darin, die in der Spalte mit der Überschrift „Vorgelegter Pseudocode" dargestellten Tätigkeiten in **COBOL** auszudrücken. Man will sicher erreichen, daß, wenn die Bedingung **B1** wahr ist, die Anweisung **A3** stets ausgeführt wird, d.h. ohne Rücksicht darauf, zu welchem Ergebnis die Bedingung **B2** geführt hat. In **COBOL-85** läßt sich das leicht bewerkstelligen, indem man die Angabe **END-IF** verwendet, und zwar in einer Weise, die der im Pseudocode gezeigten entspricht. Bei den früheren **COBOL**-Versionen, die noch nicht **END-IF** kennen, besagt jedoch die Regel 1, daß jede Anweisung vom unmittelbar vorangehenden **IF** bzw. **ELSE** kontrolliert wird. Das bedeutet hier aber, daß zur korrekten Beschreibung der Tätigkeiten die Anweisung **A3** in **COBOL** genau so eingerückt sein sollte wie die ihr vorangehende Anweisung **A2**. Unberücksichtigt der in **COBOL** vorgenommenen Einrückungen würde somit der **COBOL**-Code tatsächlich dem Pseudocode entsprechen, der in der Spalte mit der Überschrift „Entsprechender Pseudocode" dargestellt ist. Die Anweisung **A3** würde damit nur in dem Zweig ausgeführt, der beim Resultat „falsch" der Bedingung **B2** angesteuert wird.

Hier liegt aber kein unlösbares Problem vor. Als einfache Lösung bietet sich an, aus den Entscheidungen von **B2** einen anzusteuernden Paragraphen zu machen. Damit ist der Wirkungsbereich der inneren **IF**-Anweisung vollständig von diesem Paragraphen abgedeckt; in der äußeren **IF**-Anweisung erscheint nur mehr eine **PERFORM**-Anweisung. Die Anweisung **A3** kann sich ohne Probleme an die **PERFORM**-Anweisung anschließen, sie gehört eindeutig zum äußeren **IF**. Im Umriß sieht damit der beabsichtigte **COBOL**-Code wie folgt aus:
```

8.4 Ineinandergeschachtelte IF-Anweisungen

```
IF    B1
         PERFORM INNERER-IF-PARAGRAPH
         A3
      ELSE
         A4
   .
   .
   .
INNERER-IF-PARAGRAPH.
   IF    B2
            A1
         ELSE
            A2.
```

Es ist außerordentlich wichtig, die Rolle der einzelnen **IF**-Anweisungen zu erarbeiten, um erkennen zu können, welches **ELSE** zu welchem **IF** gehört. Dies trifft sogar für den Fall zu, daß für jedes **IF** ein **ELSE** vorhanden ist. Da es in **COBOL** nicht erforderlich ist, jede **IF**-Anweisung mit einer **ELSE**-Angabe zu koppeln, ist eine solche Analyse um so dringlicher. Die Bedeutung ineinandergeschachtelter **IF**-Anweisungen wird durch die nachstehende Regel bestimmt.

| REGEL 2 | *Bei ineinandergeschachtelten IF-Anweisungen gehört jede ELSE-Angabe zu der unmittelbar vorangehenden IF-Anweisung, der noch keine ELSE-Angabe zugeordnet ist.* |

In Abb. 8.7 ist ein Beispiel gezeigt, bei dem die Regel 2 nicht eingehalten ist.

COBOL-Code	Vorgelegter Pseudocode	Entsprechender Pseudocode
`IF  B1`	`IF  B1      THEN`	`IF  B1      THEN`
`    IF  B2`	`    IF  B2  THEN`	`    IF  B2  THEN`
`        A1`	`        A1`	`        A1`
`ELSE`	`    ENDIF`	`ELSE`
`    A2.`	`ELSE`	`        A2`
	`    A2`	`    ENDIF`
	`ENDIF`	`ENDIF`

Abb. 8.7 Beispiel für die Übertretung der Regel 2

Die Einrückungen beim **COBOL**-Code suggerieren, daß der **COBOL**-Code aus dem in der Spalte mit der Überschrift „Vorgelegter Pseudocode" entstanden ist, die **ELSE**-Angabe also zur ersten **IF**-Anweisung gehört. Die Regel 2 besagt jedoch, daß der **COBOL**-Code eine andere Bedeutung aufweist, und zwar die des in der Spalte mit der Überschrift „Entsprechender Pseudocode" dargestellten Pseudocodes. Hier handelt es sich wieder einmal um einen Fehler, der gegen die *Semantik* von **COBOL** verstößt, d.h. gegen die Bedeutung einer Anweisung. Es handelt sich also nicht um einen *Syntaxfehler*; die Regeln zum Schreiben gültiger **COBOL**-Anweisungen wurden nicht verletzt. Die in Abb. 8.7 niedergeschriebene Anweisung führt somit nicht zu einer Diagnostik-Meldung seitens des Kompilierers, da in der Tat keine einzige **COBOL**-Regel verletzt worden ist; bei der Ausführung des Maschinenprogrammes wird bloß nicht so verfahren, wie es der Programmierer beabsichtigt hatte.

Glücklicherweise kann dieses Problem auf äußerst einfache Weise behoben werden, indem man **NEXT SENTENCE** benutzt. An jeder Stelle einer **IF**-Anweisung, an der es nichts zu tun gibt und wir ihrer Logik „entrinnen" wollen, können wir bekanntlich **NEXT SENTENCE** schreiben. Im Beispiel von Abb. 8.7 können wir infolgedessen schreiben:

```
IF   B1
     IF   B2
          A1
     ELSE
          NEXT SENTENCE
ELSE
     A2.
```

Die erzielte Wirkung gleicht der, die durch die Einrückung im vorgelegten Pseudocode nahegelegt wurde.

Gelegentlich kommt es vor, daß bei einer Anzahl ineinandergeschachtelter **IF**-Anweisungen keine Tätigkeiten anfallen, wenn ihre Bedingungen wahr sind. In den **ELSE**-Zweigen hingegen sind jedoch verschiedene Aktionen erforderlich. In solchen Fällen können wir die Angabe **NEXT SENTENCE** verwenden, die dann an die Stelle einer sonst im Wahrzweig innerer **IF**-Anweisungen auszuführenden Anweisung tritt.

Man kann **IF**-Anweisungen schreiben, die so tief verschachtelt sind, wie man es nur wünscht, sogar tiefer, wie es vom Standpunkt der Klarheit und Übersichtlichkeit im allgemeinen ratsam ist. Hierzu betrachte man das folgende Beispiel:

```
IF   B1
     A1
     IF   B2
          IF   B3
               A2
          ELSE
               A3
     ELSE
          A4
          IF   B4
               A5
          ELSE
               A6.
```

Dieses Beispiel zeigt deutlich auf, welche Gefahren in außerordentlich komplexen, tief verschachtelten **IF**-Anweisungen verborgen sind, die vor allem Gegenstand falscher Auslegungen sein können. Da uns der Kompilierer keine Hilfestellung bei semantischen Irrtümern geben kann, können schwerwiegende Fehler oft unentdeckt bleiben (semantische Irrtümer, die zugleich auch Syntaxverstöße darstellen, werden natürlich vom Kompilierer moniert). Man sollte deshalb unbedingt mit größter Sorgfalt untersuchen, ob ineinandergeschachtelte **IF**-Anweisungen wirklich auch das tun, was man ihnen unterstellen wollte. Ebenso sollte man ein natürliches Gespür dafür haben, welche Grenze man bei Verschachtelungen nicht überschreiten sollte. Es ist natürlich schwer zu sagen, was man unter „zu kompliziert" versteht, aber wir empfinden, daß bereits das letzte Beispiel vom Standpunkt der Sicherheit viel zu sehr zu Fehlern neigt.

Wir können nicht die Tatsache verleugnen, daß manche Programme das Testen komplizierter Bedingungen erfordern, und zwar wegen der Natur der Sachverhalte, mit denen sie sich beschäftigen müssen. Wir können jedoch erreichen, daß der **COBOL**-Code in einer Form niedergeschrieben wird, der weniger fehleranfällig ist als tief verschachtelte **IF**-Anweisungen. Das letzte Beispiel könnten wir, wenn wir wollten, in die folgende Form fassen:

```
        IF   B1
                PERFORM D010-FKT-GESCHACHTELT-1
        :
D010-FKT-GESCHACHTELT-1.
        A1.
        IF   B2
                PERFORM E010-FKT-GESCHACHTELT-2
        ELSE
                PERFORM E020-FKT-GESCHACHTELT-3.
        :
E010-FKT-GESCHACHTELT-2.
        IF   B3
                A2
        ELSE
                A3.

E020-FKT-GESCHACHTELT-3.
        A4.
        IF   B4
                A5
        ELSE
                A6.
```

Bei einem wirklichen Programm würden wir natürlich die Paragraphennamen der inneren Funktionen so gestalten, daß sie den von ihnen zu bewerkstelligenden Aufgaben gerecht werden. Wenn die auszuführenden Anweisungen, beispielsweise **A1** und **A4**, einen sehr verwickelten Aufbau besitzen, kann diese Vorgehensweise bei der Codierung eines Programmes sehr viel leichter und schneller zu korrekten Niederschriften führen als das der Fall wäre, wenn man zu tief verschachtelten **IF**-Anweisungen tendieren würde. Man sollte sich immer vergegenwärtigen, daß es keine extra Punkte oder gar Zulagen gibt, wenn man Programme schreibt, die weniger Paragraphen aufweisen. *Deutlichkeit* und *Richtigkeit* zählen allein.

8.5 Andere alltägliche Codierungsprobleme

Obgleich die **IF**-Anweisung eine der größten Fehlerquellen in **COBOL** darstellt, gibt es auch noch andere Anweisungsstrukturen, die gewöhnlich ebenfalls Unruhe stiften. Eine Fehlerquelle rührt von der Tatsache her, daß bedingte Angaben in **COBOL** nur durch einen Punkt beendet werden können; wir erwähnten das bereits früher. Wenn die bedingte Angabe inmitten einer **IF**-Anweisung, die bekanntlich keinen Punkt vor ihrem Ende aufweisen darf, auftritt, entsteht ein Problem. Ungezählte Stunden an Testzeit wurden in solchen Fällen beim Versuch aufgewendet herauszufinden, warum ein Code, wie der in der Abb. 8.8 dargestellte, nicht so arbeitet, wie es beabsichtigt war.

```
    MOVE ZERO TO ZAEHLER.
    MOVE 'N' TO DATEIENDE-KENNZEICHEN.
    READ EINGABE-DATEI
        AT END MOVE 'J' TO DATEIENDE-KENNZEICHEN.
    PERFORM B035-VERARBEITUNG-SATZ
        UNTIL DATEIENDE-KENNZEICHEN = 'J'.
    :
    :
B035-VERARBEITUNG-SATZ.
    PERFORM C020-PRUEFEN-SATZ.
    IF  PRUEF-KENNZEICHEN = 'J'
        WRITE AUSGABE-ZEILE FROM FEHLER-NACHRICHT
        READ EINGABE-DATEI
            AT END MOVE 'J' TO DATEIENDE-KENNZEICHEN
        ADD 1 TO ZAEHLER
    ELSE
        PERFORM C030-VERARBEITUNG-GUELT-SATZ
        READ EINGABE-DATEI
            AT END MOVE 'J' TO DATEIENDE-KENNZEICHEN.
```

Abb. 8.8 Beispiel für einen Programmierirrtum (semantischer Fehler)

Nach erfolgter Ausführung des Programmes, zu dem der in Abb. 8.8 dargestellte Teil gehört, besitzt **ZAEHLER** entweder den Wert 0 oder den Wert 1, abhängig davon, bei welcher **READ**-Anweisung das Dateiende erreicht wurde; es wurde also nicht die Zahl der ungültigen Sätze gezählt. Das Problem liegt natürlich bei der ersten **READ**-Anweisung im Paragraphen **B035-VERARBEITUNG-SATZ**. Da die Angabe **AT END** dieser Anweisung nicht durch einen Punkt abgeschlossen ist, wird die **ADD**-Anweisung als Bestandteil der Aktion angesehen, die bei Erreichen des Dateiendes zum Zuge kommt. Folglich wird die **ADD**-Anweisung entweder überhaupt nicht oder nur einmal ausgeführt, einmal dann, wenn ausgerechnet diejenige **READ**-Anweisung auf das Dateiende stößt, die der **ADD**-Anweisung vorausgeht.

Ein anderer häufig wiederkehrender Fehler in Zusammenhang mit einer **READ**-Anweisung findet man bei Anweisungsfolgen wie bei der in der Abb. 8.9 gezeigten.

```
    MOVE ZERO TO SATZ-ZAEHLER.
    MOVE 'N' TO DATEIENDE-KENNZEICHEN.
    PERFORM B010-VERARBEITUNG-SATZ
        UNTIL DATEIENDE-KENNZEICHEN = 'J'.
    :
B010-VERARBEITUNG-SATZ.
    READ EINGABE-DATEI
        AT END MOVE 'J' TO DATEIENDE-KENNZEICHEN.
    ADD 1 TO SATZ-ZAEHLER.
    PERFORM C050-VERARBEITEN-DATEN.
```

Abb. 8.9 Fehler in Zusammenhang mit READ-Anweisungen

Das Programm, zu dem der in Abb. 8.9 dargestellte Programmausschnitt gehört, produziert zwei Fehler. Erstens wird **SATZ-ZAEHLER** nach Beendigung der Programmausführung einen um 1 höheren Wert anzeigen als tatsächlich Sätze in der Eingabedatei vorhanden sind. Zweitens wird im Paragraphen **C050-VERARBEITEN-DATEN** ein fehlerhafter Satz verarbeitet werden. Zurückzuführen ist diese Problematik auf den Tatbestand, daß nach Erreichen des Dateiendes zwar die Aktion bei der Angabe **AT END** ausgeführt wird, aber anschließend auch die restlichen Anweisungen im Paragraphen **B010-VERARBEITUNG-SATZ**. Mit anderen Worten: Es werden auch nach Feststellen des Dateiendes noch einmal die beiden Anweisungen **ADD** und **PERFORM** ausgeführt.

Man kann das soeben präsentierte Problem auf zwei verschiedene Weisen beheben. Die erste mündet in die folgende Vorgehensweise: Der erste Satz der Eingabedatei kann in einem vor der Anweisung **PERFORM** mit **UNTIL** angeordneten Treiberparagraphen gelesen werden; außerdem ist die **READ**-Anweisung an den Schluß des Paragraphen **B010-VERARBEITUNG-SATZ** zu stellen. Diese Umstellung bewirkt, daß die zu **AT END** gehörende Aktion erst unmittelbar vor der Anweisung **PERFORM** ⋯ **UNTIL** ausgeführt wird, durch die bekanntlich geprüft wird, ob die Bedingung zu weiteren Schleifendurchläufen, d.h. zu weiteren Hineingehen in den Paragraphen **B010-VERARBEITUNG-SATZ**, wahr ist. Dadurch ist sichergestellt, daß keine zu diesem Paragraphen gehörende Aktion nach Feststellung des Dateiendes mehr ausgeführt wird.

Die zweite Art und Weise zur Behebung dieses Programmierirrtums beruht auf einer Änderung des Paragraphen **B010-VERARBEITUNG-SATZ**. Nach erfolgter Änderung würde dann dieser Paragraph die in der Abb. 8.10 gezeigte Gestalt annehmen.

```
B010-VERARBEITUNG-SATZ.
    READ EINGABE-DATEI
        AT END MOVE 'J' TO DATEIENDE-KENNZEICHEN.
    IF  DATEIENDE-KENNZEICHEN = 'N'
        ADD 1 TO SATZ-ZAEHLER
        PERFORM C050-VERARBEITEN-DATEN.
```

Abb. 8.10 Eine Möglichkeit zur Richtigstellung des in der Abb. 8.9 demonstrierten Programmierirrtums

Nach vollzogener Änderung werden die beiden Anweisungen **ADD** und **PERFORM** nur dann ausgeführt, wenn das Dateiende noch nicht entdeckt wurde.

Ein weiterer ordinärer Fehler, in den die **READ**-Anweisung einbezogen ist, tritt auf, wenn versucht wird, auch nach Feststellen des Dateiendes noch einen Satz zu lesen. Hierzu betrachte man das in der Abb. 8.11 gezeigte Beispiel, bei dem maximal zehn Sätze gelesen werden sollen. Die Verarbeitung soll aber unterbunden werden, wenn vorher das Dateiende bemerkt wird.

```
    MOVE ZERO TO ZAEHLER.
    MOVE 'N' TO DATEIENDE-KENNZEICHEN.
    PERFORM B010-VERARBEITUNG-SATZ
        UNTIL DATEIENDE-KENNZEICHEN = 'J' AND ZAEHLER = 10.
    :
B010-VERARBEITUNG-SATZ.
    READ EINGABE-DATEI
        AT END MOVE 'J' TO DATEIENDE-KENNZEICHEN.
    IF  DATEIENDE-KENNZEICHEN = 'N'
        ADD 1 TO ZAEHLER
        PERFORM C050-VERARBEITEN-DATEN.
```

Abb. 8.11 Schleifendurchläufe aufgrund kombinierter Bedingungen

8.5 Andere alltägliche Codierungsprobleme

Was beim Beispiel von Abb. 8.11 ausgedrückt werden soll, ist einfach zu sagen. Die Schleifendurchläufe sollen unterbunden werden, wenn entweder das Ende der Eingabedatei erreicht ist oder wenn der Zähler gleich zehn ist. Der vorgelegte Code besagt jedoch, daß die Schleifendurchläufe solange fortgesetzt werden, bis *beide* genannten Bedingungen eintreten. Wenn also die Eingabedatei irgendeine Anzahl von Sätzen, jedoch nicht zehn, enthält, wird das Programm versuchen, auch nach dem Dateiende zu lesen, im allgemeinen mit ziemlich verheerenden Folgen. Bei diesem Beispiel haben wir es mit einer Möglichkeit zu tun, wie es dazu kommen kann, daß in einem Programm versucht wird, nach dem Dateiende weiterzulesen. Aber das ist sicherlich nicht der einzige Fall, bei dem ein solches Problem auftreten kann. Man sollte sich deshalb bei jedem Programm unbedingt vergewissern, ob nach Feststellen des Dateiendes auch tatsächlich jedes weitere Lesen in der betreffenden Datei unterbunden wird.

Das Beispiel von Abb. 8.11 demonstriert auch einen anderen häufig vorkommenden Fehler, nämlich die Verwechslung der Bedeutungen von **OR** (oder) bzw. **AND** (und) bei Verbundbedingungen. Man erinnere sich, daß eine Verbundbedingung mit **AND** dann und nur dann wahr ist, wenn *alle* Komponenten wahr sind. Eine Verbundbedingung mit **OR** ist hingegen wahr, wenn nur irgendeine Komponente wahr ist. Bei unserem Beispiel wurde verlangt, daß die Schleifendurchläufe abgebrochen werden sollen, wenn eine der beiden Bedingungen

DATEIENDE-KENNZEICHEN = 'J'
oder **ZAEHLER = 10**

wahr ist. Niedergeschrieben wurde jedoch, daß beide Bedingungen wahr ergeben müssen, wenn die Schleifendurchläufe abgestoppt werden sollen.

Eine außerordentlich schwerwiegende Art von **COBOL**-Fehlern kommt durch die mißbräuchliche Benutzung von **PERFORM**-Anweisungen zustande. Seit Kap. 4, in dem wir die Verwendung von hierarchischen Darstellungen kennenlernten, haben wir immer die **PERFORM**-Anweisung in der Weise eingesetzt, daß ein auf einer bestimmten Stufe der Darstellung stehender Modul nur zu einem Modul hinführte, der auf einer tieferen Stufe der Darstellung angesiedelt ist. Wenn diese Vorgehensweise folgerichtig beherzigt wird, vermeiden wir von vornherein Verstöße gegen eine der Beschränkungen, die dem Gebrauch der **PERFORM**-Anweisung auferlegt sind: Der in einer **PERFORM**-Anweisung genannte Paragraph kann nicht gleich dem Paragraphen sein, der die **PERFORM**-Anweisung selbst enthält. Mit anderen Worten, eine Anweisung wie die folgende ist ungültig:

```
B010-VERARBEITEN-DATEN.
    PERFORM B010-VERARBEITEN-DATEN.
```

Dieses individuelle Beispiel ist nicht allzu ernstzunehmen, denn die meisten Kompilierer entdecken diesen auf der Hand liegenden Fehler ohne weiteres und erzeugen eine entsprechende Warnung für den Programmierer. Die oben erwähnte Beschränkung des Gebrauchs der **PERFORM**-Anweisung geht in Wirklichkeit jedoch noch ein wenig weiter als die obige Aussage. Vollständig lautet nämlich die zur Debatte stehende Beschränkung wie folgt: Der in einer **PERFORM**-Anweisung genannte Paragraph darf nicht der Paragraph sein, der die **PERFORM**-Anweisung enthält, noch darf eine **PERFORM**-Anweisung irgendeinen Paragraphen ansprechen, der zu einem Ansprechen des ursprünglichen Paragraphen führt. Beispielsweise ist also auch der nachfolgende Code ungültig:

```
PARAGRAPH-1.
    PERFORM PARAGRAPH-2.

PARAGRAPH-2.
    PERFORM PARAGRAPH-3.

PARAGRAPH-3.
    PERFORM PARAGRAPH-1.
```

Ein solches Vorgehen wird *rekursiv* genannt. In Programmiersprachen wie in *PASCAL* und in vielen anderen mehr sind *Rekursionen* erlaubt. Sie sind recht nützlich bei der Lösung gewisser Problemtypen, die am zweckmäßigsten mit solchen Programmiersprachen angegangen werden. In **COBOL** ist jedoch die *rekursive Programmierung* nicht gestattet. Wenn man die in diesem Buch vorgestellten Entwurfstechniken verwendet, ist es unwahrscheinlich, daß man auf Rekursionen zurückgreifen muß. Jedenfalls wird die Verwendung von Rekursionen in **COBOL** nicht unterstützt. Diese werden daher zu einer *anormalen Programmbeendigung* führen, die früher oder später eintreten wird. Leider ereignet sich ein solcher Abbruch häufig in einer Art und Weise, aus der die Ursache nicht ersichtlich ist.

Der letzte grundlegende Fehler, den wir für erwähnenswert halten, ist von uns bereits besprochen worden. Er tritt auf, wenn versucht wird, ein Programm mit Daten ablaufen zu lassen, die fehlerhaft sind, wie z.B. mit nichtnumerischen Daten in einem mutmaßlich numerischen Feld. Dieser Fehlertyp verursacht manchmal eine anormale Beendigung des Programmablaufes, öfters jedoch kommt es zu unkorrekten Ergebnissen, die nicht unbedingt ins Auge fallen müssen. Es ist deshalb überaus wichtig, daß in einem Programm alle Eingabedaten, die fehlerhaft sein könnten, durch Überprüfung bestätigt werden, natürlich soweit das möglich ist. Am meisten üblich ist das Testen numerischer Felder, um sicherzugehen, daß ihre Inhalte tatsächlich numerischer Natur sind. Bei anderen Gelegenheiten wird man numerische Felder in der Hinsicht überprüfen müssen, ob ihre Inhalte innerhalb eines vorgegebenen Wertebereiches liegen, oder ob ihr Wert zu einer Aufstellung zulässiger Werte gehört. Die genaue Natur solcher Datenüberprüfungen wird vom Programm und den darin einbezogenen Daten abhängen. Maßnahmen dieser Art müssen unbedingt ergriffen werden. Es gibt keinen Entschuldigungsgrund, wenn ein Programm aufgrund ungültiger Eingabedaten quasi abstürzt.

Wir sollten ferner noch zwei Hinweise hinzufügen. Zuerst wäre zu bemerken, daß es nicht immer notwendig ist, *Datenprüfung* und *Datenverarbeitung* in einem Programm zu vereinigen. Beispielsweise könnte bei einem Lohnabrechnungssystem in einem Programm die Überprüfung der Lohnsätze auf Gültigkeit erfolgen und die Verarbeitung der gültigen Sätze in einem anderen Programm. Damit wird den Mitarbeitern, die dieses System benutzen, die Gelegenheit gegeben, Fehler vor der Ausstellung von Schecks und Überweisungen zu korrigieren. Der zweite Hinweis betrifft die Tatsache, daß es stets einige Felder gibt, die nicht redigiert werden können. Es ist z.B. fast unmöglich, ein Verfahren zu entwickeln, mit dessen Hilfe die Namen von Personen auf Gültigkeit überprüft werden können, ohne daß dabei Namen verworfen werden, die völlig korrekt vorliegen. Man denke dabei etwa an Namen wie *„John P. O'Mally jun."*, die zwar einwandfrei sind, aber immerhin mehrere nichtalphabetische Zeichen aufweisen. Auf einen Nenner gebracht, man sollte diejenigen Feldinhalte auf Richtigkeit überprüfen, die man überprüfen kann, aber sie nicht für Felder erzwingen wollen, die nicht redigiert werden können.

Die in diesem Abschnitt behandelten Fehler sind gewöhnliche **COBOL**-Fehler, aber es sind sicherlich nicht die einzigen, denen man in der Praxis begegnen wird. Wir werden daher andere potentielle Fehler dann diskutieren, wenn wir neuen Stoff besprechen. Im restlichen Teil dieses Kapitels werden wir uns mit der Lokalisierung und Ausmerzung der verschiedenartigsten Fehlerarten beschäftigen.

8.6 Fehler während des Kompilierens (Kompilierzeit-Fehler)

Alle **COBOL**-Kompilierer sind so entworfen worden, daß sie ungültige **COBOL**-Codes erkennen können, d.h. sie können Syntaxfehler identifizieren. Natürlich benutzen keine zwei Kompilierer dasselbe Format, mit dem sie die festgestellten Fehler für den Programmierer festhalten. In manchen Fällen werden alle Fehlernachrichten in der Mitte der Zeilen der Programmlisten gedruckt; unmittelbar danach folgen diejenigen Zeilen des **COBOL**-Codes, die die monierten Fehler enthalten. In anderen Fällen werden alle Fehlernachrichten im Anschluß an die Programmliste ausgegeben; um den fehlerhaften Code identifizieren zu können, werden zusätzliche Zeilen- bzw. Statementnummern mitgeführt. Manchmal, vor allem bei Mikro- oder Personalcomputern, entfällt die Ausgabe einer Programmliste. Man verläßt sich dann auf die Fähigkeit des Programmierers, sich das Programm mittels eines Editors für Quellencodes anzuschauen. Die nachfolgende Erörterung gründet sich auf ein Beispiel, das auf einer IBM-Großcomputeranlage mit Hilfe des IBM-Kompilierers *„IBM OS/VS Programm Compiler"* kompiliert wurde. Obgleich es sich hierbei um einen häufig benutzten Kompilierer handelt, ist dieser augenscheinlich kein universeller Kompilierer. Man muß daher den nachfolgend behandelten Stoff erforderlichenfalls auf den Computer übertragen und entsprechend anpassen, auf dem man selbst arbeitet.

8.7 Ein Beispiel mit Kompilierzeit-Fehlern

Das in Kap. 7 (Abb. 7.7 bis 7.9) dargestellte Programm für die Lohnabrechnung wurde variiert und vorsätzlich mit Syntaxfehlern versehen. Da einige dieser eingebauten Fehler von schwerwiegender Natur sind, war der **COBOL**-Kompilierer nicht in der Lage, ein Objektprogramm zu erzeugen. Es ist lehrreich, die vom IBM-Kompilierer herausgegebenen diagnostischen Fehlernachrichten zu untersuchen, um zu sehen, inwieweit diese bei der Schaffung eines fehlerfreien Programmes helfen können. Die Fehlernachrichten sind in den Abb. 8.15 (1. Teil) und 8.16 (2. Teil) enthalten. Da diese vom IBM-Kompilierer in der englischen Sprache ausgegeben werden, ist anschließend eine deutsche Übersetzung beigefügt (Abb. 8.17). Selbstverständlich würde kein anderer Kompilierer genau dieselben Fehlermeldungen wie der genannte IBM-Kompilierer auflisten. Dennoch werden die Leser, die diesen Kompilierer nicht benutzen, die folgende Diskussion sehr nützlich finden, da die generellen Prinzipien überall Gültigkeit haben, wenn auch die Details mitunter voneinander abweichen.

Das mit absichtlich gemachten Fehlern gespickte Programm ist in den Abb. 8.12 bis 8.14 abgebildet (Ausgabe des IBM-Kompilierers).

```
00001   IDENTIFICATION DIVISION.
00002   PROGRAM-ID.
00003       LOHNABR4.
00004   AUTHOR.
00005       D. GOLDEN, DEUTSCHE ANPASSUNG R. GRITSCH.
00006   DATE-WRITTEN.
00007       FEBRUAR 23, 1987.
00008   ************************************************************
00009   * DIESES PROGRAMM WEIST VORSAETZLICHE FEHLER AUF. EINE     *
00010   * KORREKTE VERSION DIESES PROGRAMMES FOLGT SPAETER.        *
00011   ************************************************************
00012
00013   ENVIRONMENT DIVISION.
00014   FILE-CONTROL.
00015       SELECT LOHN-DATEI        ASSIGN TO S-LOHND.
00016       SELECT DRUCK-DATEI       ASSIGN TO S-DRUCKD.
00017
00018   DATA DIVISION.
00019   FILE SECTION.
00020   FD  LOHN-DATEI.
00021       LABEL RECORDS ARE OMITTED.
00022   01  LOHN-SATZ.
00023       05  E-PERS-NR            PIC X(5).
00024       05  E-NAME               PIC X(20).
00025       05  E-ARB-ST             PIC 99V9.
00026       05  FILLER               PIC XXX.
00027       05  E-ST-LOHN            PIC 99V999.
00028       05  E-ANGEH              PIC 99.
00029       05  FILLER               PIC X(42).
00030
00031   FD  DRUCK-DATEI.
00032       LABEL RECORDS ARE OMITTED.
00033   01  DRUCK-SATZ               PIC X(75)    VALUE SPACES.
00034
00035   WORKING STORAGE SECTION.
00036   77  K-FREIB                  PIC S99V99   VALUE +50.00.
00037   77  K-STEUERSATZ             PIC SV99     VALUE +.210.
00038   77  W-FREIB-S                PIC S999V99.
00039   77  W-BRUTTO                 PIC S999V99.
00040   77  W-NETTO                  PIC S999V99.
00041   77  W-KEINE-DAT              PIC X        VALUE 'N'.
00042       88  KEIN-SATZ-MEHR                    VALUE 'J'.
00043   77  W-UEBERST                PIC S99V99.
00044   77  W-UEBERLOHN              PIC S999V99.
00045   77  W-STEUER                 PIC S999V99.
00046   77  W-STEUERPFL              PIC S999V99.
00047   77  W-TAGESDATUM             PIC 9(6).
00048   77  W-GUELT-S                PIC X.
00049       88  GUELT-S                           VALUE 'J'.
00050
00051   01  UEBERSCHRIFT-1.
00052       05  FILLER               PIC X(28)
00053           VALUE 'LISTE DER BERECHNETEN LOEHNE'.
00054       05  FILLER               PIC X(39)    VALUE SPACES.
00055       05  W-TAGESDATUM         PIC 99/99/99 VALUE ZERO.
00056
00057   01  UEBERSCHRIFT-2.
00058       05  FILLER               PIC X(41)
00059           VALUE 'PSNR         NAME           STD.    SLOHN'.
00060       05  FILLER               PIC X(31)
00061           VALUE '   AN    BRUTTO    STEUER    NETTO'.
```

Abb. 8.12 Fehlerhafte Modifikation des Programmes für die Lohnabrechnung (1. Teil)

```
00062
00063      01  NORMAL-ZEILE.
00064          05  D-PERS-NR              PIC X(5).
00065          05  D-NAME                 PIC BBX(20).
00066          05  D-ARB-ST               PIC BBZ9.9.
00067          05  D-ST-LOHN              PIC BBZ9.999.
00068          05  D-ANGEH                PIC BBZ9.
00069          05  D-BRUTTO               PIC BB$$$9.99.
00070          05  D-STEUER               PIC BB$$$9.99.
00071          05  D-NETTO                PIC BB$$$9.99.
00072
00073      01  FEHLER-ZEILE.
00074          05  FALSCHE-DATEN          PIC X(38).
00075          05  FILLER                 PIC X(4)      VALUE SPACES.
00076          05  FEHLER-NACH            PIC X(27)
00077              VALUE 'UNGUELTIGE DATEN IM SATZ'.
00078
00079
00080      PROCEDURE DIVISION.
00081      A000-LOHN-BERECHNUNG.
00082          OPEN   INPUT LOHN-DATEI
00083                 OUTPUT DRUCK-DATEI.
00084          PERFORM B010-DRUCKEN-UEBERSCHRIFTEN.
00085          PERFORM C010-HOLEN-GUELTIGEN-LOHNSATZ.
00086          PERFORM B020-BERECHNUNG-LOHN
00087              UNTIL KEIN-SATZ-MEHR.
00088          CLOSE LOHN-DATEI
00089                DRUCK-DATEI.
00090          STOP RUN.
00091
00092      B010-DRUCKEN-UEBERSCHRIFTEN.
00093          ACCEPT W-TAGESDATUM FROM DATE.
00094          MOVE W-TAGESDATUM TO TAGESDATUM.
00095          WRITE DRUCK-SATZ FROM UEBERSCHRIFT-1.
00096          MOVE SPACES TO DRUCK-SATZ.
00097          WRITE DRUCK-SATZ.
00098          WRITE DRUCK-SATZ FROM UEBERSCHRIFT-2.
00099          MOVE SPACES TO DRUCK-SATZ.
00100          WRITE DRUCK-SATZ.
00101          MOVE SPACES TO DRUCK-SATZ.
00102          WRITE DRUCK-SATZ.
00103
00104      B020-BERECHNUNG-LOHN.
00105          PERFORM C020-BERECHNUNG-BRUTTOLOHN.
00106          PERFORM C030-BERECHNUNG-FREIBETRAG-S.
00107          IF   W-BRUTTO IS GREATER THAN W-FREIB-S
00108               PERFORM C040-BERECHNUNG-STEUER
00109          ELSE
00110               MOVE ZERO TO W-STEUER.
00111          PERFORM C050-BERECHNUNG-NETTOLOHN.
00112          PERFORM C060-DRUCKEN-ZEILE.
00113          PERFORM C010-HOLEN-GUELTIGEN-LOHNSATZ.
00114
00115      C010-HOLEN-GUELTIGEN-LOHNSATZ.
00116          MOVE 'N' TO W-GUELT-S.
00117          PERFORM D010-GUELTIGER-SATZ-SCHLEIFE
00118              UNTIL    GUELT-S
00119                  OR KEIN-SATZ-MEHR.
00120
```

Abb. 8.13 Fehlerhafte Modifikation des Programmes für die Lohnabrechnung (2. Teil)

```
00121       C020-BERECHNUNG-BRUTTOLOHN.
00122           MULTIPLY E-ARB-ST BY E-ST-LOHN
00123                   GIVING W-BRUTTO ROUNDED.
00124           IF  E-ARB-ST IS GREATER THAN 40.0
00125               SUBTRACT 40 FROM E-ARB-ST GIVING W-UEBERST
00126               MULTIPLY 0.5 BY W-UEBERST
00127               MULTIPLY W-UEBERST BY E-ST-LOHN
00128                   GIVING W-UEBERLOHN ROUNDED
00129               ADD W-UEBERLOHN TO W-BRUTTO.
00130
00131       C030-BERECHNUNG-FREIBETRAG-S.
00132           MULTIPLY K-FREIB BY E-ANGEH
00133                   GIVING W-FREIB-S.
00134
00135       C040-BERECHNUNG-STEUER.
00136           SUBTRACT W-FREIB-S FROM W-BRUTTO
00137                   GIVING W-STEUERPFL.
00138           MULTIPLY K-STEUERSATZ BY W-STEUERPFL GIVING W-STEUER
00139                                                           ROUNDED.
00140       C050-BERECHNUNG-NETTOLOHN.
00141           SUBTRACT W-STEUER FROM W-BRUTTO GIVING W-NETTO.
00142
00143       C060-DRUCKEN-ZEILE.
00144           MOVE SPACES                 TO NORMAL-ZEILE.
00145           MOVE E-PERS-NR              TO D-PERS-NR.
00146           MOVE E-NAME                 TO D-NAME.
00147           MOVE E-ARB-ST               TO D-ARB-ST.
00148           MOVE E-ST-LOHN              TO D-ST-LOHN.
00149           MOVE E-ANGEH                TO D-ANGEH.
00150           MOVE W-BRUTTO               TO D-BRUTTO.
00151           MOVE W-STEUER               TO D-STEUER.
00152           MOVE W-NETTO                TO D-NETTO.
00153           WRITE DRUCK-SATZ FROM NORMAL-ZEILE.
00154
00155       D010-GUELTIGER-SATZ-SCHLEIFE.
00156           READ LOHN-DATEI
00157               AT END  MOVE 'J' TO W-KEINE-DAT
00158           IF  NOT KEIN-SATZ-MEHR
00159               PERFORM E020-PRUEFEN-LOHNSATZ.
00160
00161       E020-PRUEFEN-LOHNSATZ.
00162           IF   E-PERS-NR          IS NOT NUMERIC
00163               OR E-ARB-ST         IS NOT NUMERIC
00164               OR E-ST-LOHN        IS NOT NUMERIC
00165               OR E-ANGEH          IS NOT NUMERIC
00166                   MOVE LOHN-SATZ TO FALSCHE-DATEN
00167                   WRITE DRUCK-SATZ FROM FEHLER-ZEILE
00168           ELSE
00169                   MOVE 'J' TO W-GUELT-S.
```

Abb. 8.14 Fehlerhafte Modifikation des Programmes für die Lohnabrechnung (3. Teil)

Bei eingehender Betrachtung des in den Abb. 8.12 bis 8.14 gezeigten Programmes für die Lohnabrechnung erkennt man, daß die in den Abb. 7.7 bis 7.9 dargestellte Programmversion in folgenden Punkten überarbeitet wurde:

1) Eine Reihe von Datennamen wurde verkürzt, die Bedeutung ist jedoch die gleiche. Als Beispiel sei **E-PERS-NR** statt **E-PERSONALNUMMER** genannt.
2) Der Paragraph **E010-HOLEN-LOHNSATZ** wurde weggelassen; sein Inhalt wurde in den Paragraphen **D010-GUELTIGER-SATZ-SCHLEIFE** aufgenommen.
3) Die zur Steuerberechnung erforderliche Abfrage befindet sich nunmehr im Paragraph **B020-BERECHNUNG-LOHN** und nicht mehr im Paragraphen **C040-BERECHNUNG-STEUER**.

Die in die Abb. 8.12 bis 8.14 aufgenommene Programmliste, die direkt vom IBM-Kompilierer ausgegeben wurde, wurde anschließend noch bearbeitet (mittels eines Editors), um zu erreichen, daß ihre Wiedergabe in diesem Buch nicht allzu sehr verkleinert werden mußte. Da sie danach mittels eines anderen Druckertyps ausgedruckt wurde, weicht ihr Schriftbild von dem in den Abb. 8.15 bis 8.16 gezeigten ab. Normalerweise erfolgen die Ausgaben der Abb. 8.12 bis 8.16 nacheinander auf demselben Drucker (bzw. Bildschirm), sie weisen also das gleiche Schriftbild auf.

Am linken Rand der vom Kompilierer erzeugten Programmliste sind die vom Kompilierer erzeugten *Zeilennummern* des **COBOL**-Programmes zu sehen. Durch die im vorigen Absatz erwähnte Bearbeitung der Programmliste befinden sich hier zwei Leerstellen zwischen den Zeilennummern und dem Beginn des A-Bereiches (Spalte 8); diese Anzahl weicht von derjenigen ab, die der **COBOL**-Kompilierer generiert. Die Zeilennummern werden mitunter auch noch als *Kartennummern* (engl.: *cards numbers*) bezeichnet, in Reminiszenz an vergangene „Epochen" der Datenverarbeitung, in denen als Datenträger für Programmeingaben hauptsächlich die Lochkarte diente.

Auf die Zeilennummern (Spaltenüberschrift: CARD) beziehen sich die im Anschluß an die Programmliste vom Kompilierer ausgegebenen *Fehlernachrichten* (Spaltenüberschrift: ERROR MESSAGE). Die für das Programm von Abb. 8.12 bis 8.14 vom Kompilierer festgestellten Fehler sind in den Abb. 8.15 und 8.16 aufgezeichnet. Wenn man diese Fehlerliste studiert, sollte man sich daran erinnern, daß wir uns mit dem Entwurf des Programmes große Mühe gemacht haben. Es ist deshalb zu erwarten, daß die einzigen Fehler, die in diesem Programm vorkommen, auf Tippfehler bei der Eingabe des Quellenprogrammes zurückzuführen sind.

CARD	ERROR MESSAGE	
15	IKF1002I-W	INPUT-OUTPUT SECTION HEADER MISSING. ASSUMED PRESENT.
15	IKF2133I-W	LABEL RECORDS CLAUSE MISSING. DD CARD OPTION WILL BE TAKEN.
21	IKF1004I-E	INVALID WORD LABEL . SKIPPING TO NEXT RECOGNIZABLE WORD.
35	IKF1087I-W	'WORKING' SHOULD NOT BEGIN A-MARGIN.
35	IKF1004I-E	INVALID WORD WORKING . SKIPPING TO NEXT RECOGNIZABLE WORD.
33	IKF2125I-W	VALUE CLAUSE TREATED AS COMMENTS FOR ITEMS IN FILE LINKAGE, OR COMMUNICATION SECTIONS, EXCEPT FOR FIRST RECORD DESCRIPTION UNDER CD.
33	IKF2030I-C	77 ITEM PRECEDED BY 01-49 ITEM OR 77 IN FILE SECTION. 77 CHANGED TO 01.
36	IKF2125I-W	VALUE CLAUSE TREATED AS COMMENTS FOR ITEMS IN FILE LINKAGE, OR COMMUNICATION SECTIONS, EXCEPT FOR FIRST RECORD DESCRIPTION UNDER CD.
36	IKF2030I-C	77 ITEM PRECEDED BY 01-49 ITEM OR 77 IN FILE SECTION. 77 CHANGED TO 01.
37	IKF2125I-W	VALUE CLAUSE TREATED AS COMMENTS FOR ITEMS IN FILE LINKAGE, OR COMMUNICATION SECTIONS, EXCEPT FOR FIRST RECORD DESCRIPTION UNDER CD.
37	IKF2030I-C	77 ITEM PRECEDED BY 01-49 ITEM OR 77 IN FILE SECTION. 77 CHANGED TO 01.
38	IKF2030I-C	77 ITEM PRECEDED BY 01-49 ITEM OR 77 IN FILE SECTION. 77 CHANGED TO 01.
39	IKF2030I-C	77 ITEM PRECEDED BY 01-49 ITEM OR 77 IN FILE SECTION. 77 CHANGED TO 01.
40	IKF2030I-C	77 ITEM PRECEDED BY 01-49 ITEM OR 77 IN FILE SECTION. 77 CHANGED TO 01.
41	IKF2125I-W	VALUE CLAUSE TREATED AS COMMENTS FOR ITEMS IN FILE LINKAGE, OR COMMUNICATION SECTIONS, EXCEPT FOR FIRST RECORD DESCRIPTION UNDER CD.
42	IKF2030I-C	77 ITEM PRECEDED BY 01-49 ITEM OR 77 IN FILE SECTION. 77 CHANGED TO 01.
43	IKF2030I-C	77 ITEM PRECEDED BY 01-49 ITEM OR 77 IN FILE SECTION. 77 CHANGED TO 01.
44	IKF2030I-C	77 ITEM PRECEDED BY 01-49 ITEM OR 77 IN FILE SECTION. 77 CHANGED TO 01.
45	IKF2030I-C	77 ITEM PRECEDED BY 01-49 ITEM OR 77 IN FILE SECTION. 77 CHANGED TO 01.
46	IKF2030I-C	77 ITEM PRECEDED BY 01-49 ITEM OR 77 IN FILE SECTION. 77 CHANGED TO 01.
47	IKF2030I-C	77 ITEM PRECEDED BY 01-49 ITEM OR 77 IN FILE SECTION. 77 CHANGED TO 01.
52	IKF2125I-W	VALUE CLAUSE TREATED AS COMMENTS FOR ITEMS IN FILE LINKAGE, OR COMMUNICATION SECTIONS, EXCEPT FOR FIRST RECORD DESCRIPTION UNDER CD.
54	IKF2125I-W	VALUE CLAUSE TREATED AS COMMENTS FOR ITEMS IN FILE LINKAGE, OR COMMUNICATION SECTIONS, EXCEPT FOR FIRST RECORD DESCRIPTION UNDER CD.
55	IKF2125I-W	VALUE CLAUSE TREATED AS COMMENTS FOR ITEMS IN FILE LINKAGE, OR COMMUNICATION SECTIONS, EXCEPT FOR FIRST RECORD DESCRIPTION UNDER CD.
58	IKF2125I-W	VALUE CLAUSE TREATED AS COMMENTS FOR ITEMS IN FILE LINKAGE, OR COMMUNICATION SECTIONS, EXCEPT FOR FIRST RECORD DESCRIPTION UNDER CD.
60	IKF2125I-W	VALUE CLAUSE TREATED AS COMMENTS FOR ITEMS IN FILE LINKAGE, OR COMMUNICATION SECTIONS, EXCEPT FOR FIRST RECORD DESCRIPTION UNDER CD.
75	IKF2125I-W	VALUE CLAUSE TREATED AS COMMENTS FOR ITEMS IN FILE LINKAGE, OR COMMUNICATION SECTIONS, EXCEPT FOR FIRST RECORD DESCRIPTION UNDER CD.
76	IKF2125I-W	VALUE CLAUSE TREATED AS COMMENTS FOR ITEMS IN FILE LINKAGE, OR COMMUNICATION SECTIONS, EXCEPT FOR FIRST RECORD DESCRIPTION UNDER CD.

Abb. 8.15 Liste der vom Kompilierer entdeckten Fehler der 4. Version des Programmes für die Lohnabrechnung in Englisch (1. Teil)

```
93    IKF3002I-E   W-TAGESDATUM NOT UNIQUE. DISCARDED.
94    IKF3002I-E   W-TAGESDATUM NOT UNIQUE. DISCARDED.
94    IKF3001I-E   TAGESDATUM NOT DEFINED.
95    IKF4100I-W   IDENTIFIER FOLLOWING INTO (FROM) IN READ (WRITE)
                   STATEMENT SHOULD NOT BE DEFINED UNDER SAME FD AS
                   RECORD-NAME. STATEMENT ACCEPTED AS WRITTEN.
98    IKF4100I-W   IDENTIFIER FOLLOWING INTO (FROM) IN READ (WRITE)
                   STATEMENT SHOULD NOT BE DEFINED UNDER SAME FD AS
                   RECORD-NAME. STATEMENT ACCEPTED AS WRITTEN.
153   IKF4100I-W   IDENTIFIER FOLLOWING INTO (FROM) IN READ (WRITE)
                   STATEMENT SHOULD NOT BE DEFINED UNDER SAME FD AS
                   RECORD-NAME. STATEMENT ACCEPTED AS WRITTEN.
158   IKF4086I-C   CONDITION USED WHERE ONLY IMPERATIVE STATEMENTS ARE
                   LEGAL MAY CAUSE ERRORS IN PROCESSING.
167   IKF4100I-W   IDENTIFIER FOLLOWING INTO (FROM) IN READ (WRITE)
                   STATEMENT SHOULD NOT BE DEFINED UNDER SAME FD AS
                   RECORD-NAME. STATEMENT ACCEPTED AS WRITTEN.
```

Hinweis: Die vom Kompilierer ausgegebene Fehlerliste wurde nachträglich geringfügig geändert. Bei den Texten der Fehlernachrichten wurden die Wörter in Schrägschrift gesetzt, die vom jeweiligen Programm abhängig sind.

Abb. 8.16 Liste der vom Kompilierer entdeckten Fehler in der 4. Version des Programmes für die Lohnabrechnung in Englisch (2. Teil)

Zusätzlich zum Fehlernachrichtentext und zur Nummer der Zeile, auf der der Fehler aufgetreten ist, enthält jede Nachricht außerdem einen *Fehlercode*. Der alphanumerische Teil des Fehlercodes, also der dem Bindestrich vorausgehende Teil, ist für uns von geringem Interesse. Die Endungen, hier *W, C* und *E* verweisen auf den *Fehlergrad*, d.h. darauf, wie schwerwiegend ein Fehler ist. Das Suffix *W* bedeutet eine Warnung: Im Programm liegt eine kritische Textstelle vor, die zwar nicht zum Abbruch der Kompilierung führt, aber sie könnte auf einen Fehler hinweisen. In der Zeile mit der Zeilennummer 15 begegnen wir zum ersten Mal einem solchen Fehler. Diese Fehlernachricht signalisiert uns, daß die Kapitelüberschrift

INPUT-OUTPUT SECTION.

fehlt; gleichzeitig war aber der Kompilierer in der Lage, ihr Fehlen zu kompensieren. Die Fehlernachricht verweist deshalb auf die Zeilennummer 15, weil es sich hier um die Zeile handelt, in der das Weglassen der Überschrift zum ersten Mal festgestellt werden konnte. Mit anderen Worten, eine Warnung verweist auf einen „Fehler" geringstmöglicher Bedeutung: Wenn ein solcher auftritt, wäre der Kompilierer durchaus in der Lage, seine Tätigkeit ohne Umstände fortzusetzen. Das Suffix *C* verweist auf einen *bedingten Fehler* (engl.: conditional error). Ein solcher Fehler kann sich möglicherweise so ernsthaft auswirken, daß das kompilierte Programm nicht einwandfrei ausgeführt werden kann. An der Endung *E* erkennt man einen *ernsthaften (schwerwiegenden) Fehler* (engl.: Error). Ein solcher führt fast immer dazu, daß entweder die fraglichen **COBOL**-Statements nicht übersetzt werden können oder daß sie inkorrekt übersetzt werden; das entstehende Objektprogramm ist also lückenhaft oder weist Fehler auf.

Zur weiteren Diskussion halten wir es für angebracht, daß wir zunächst die Fehlernachrichten ins Deutsche übertragen. Wir beschränken uns hierbei nur auf die in den Abb. 8.15 und 8.16 enthaltenen. Um Doppelübersetzungen zu vermeiden, sind die in die Abb. 8.17 aufgenommenen Texte nach dem alphanumerischen Teil des Fehlercodes geordnet. Von den meisten Herstellern von **COBOL**-Kompilierern werden komplette Fehlerverzeichnisse in der Muttersprache der betreffenden Programmierer herausgegeben, die vom Kompilierer ausgegebenen Nachrichten bleiben jedoch gewöhnlich in Englisch.

Die Herstellung eines Kompilierers ist eine schwierige Aufgabe. Das Schreiben von Diagnostikroutinen, die auf jeden nur denkbaren Fehler in einem Quellenprogramm eingehen können, ist schier unmöglich. Wir sagen das ausdrücklich, um den Tatbestand zu entschuldigen, daß die Diagnostiknachrichten nicht immer direkt auf das Problem hinweisen; mitunter ist geradezu ein detektivischer Spürsinn nicht zu umgehen. Die zweite, auf Zeile 15 bezogene Fehlernachricht besagt z.B., daß die Klausel **LABEL RECORDS** vermißt wird, was für den Programmierer zunächst außerordentlich verwirrend sein mag, da ihm klar ist, daß bei **SELECT** eine solche Klausel nicht vorhanden sein darf. Auf was sich die Fehlernachricht tatsächlich bezieht, ist folgendes: Es liegt ein Fehler im Eintrag für die Dateibeschreibung der betreffenden Datei vor. Der wirkliche Fehler tritt also erst später auf, aber der Kompilierer moniert den Fehler bereits auf Zeile 15; dort erscheint nämlich der Dateiname zum ersten Mal. Solche unbedeutenden, leicht irreführenden Diagnostiknachrichten sagen im allgemeinen nicht viel über ein Problem aus; wir sollten daher mit dem Lesen der Fehlerliste fortfahren. Hier verweist die nächstfolgende, auf die Zeile 21 bezogene Fehlernachricht auf das noch offenstehende Problem: In Zeile 20 ist ein Punkt an eine untaugliche Stelle gesetzt worden.

Der bei **WORKING-STORAGE SECTION** fehlende Bindestrich wurde von uns bereits in Kap. 2 als potentielle Ursache einer Reihe von Problemen erwähnt. In diesem Programm sind 29 der insgesamt 36 Fehlernachrichten direkt oder indirekt auf die Weglassung des Bindestrichs zurückzuführen; einige von ihnen könnten einem Neuling ziemlich mysteriös erscheinen. Die auf Zeile 35 bezogene Nachricht ist wohl für jeden einleuchtend, die Nachrichten für die Zeile 33 bis 76 sicher nicht ohne weiteres. Da eine **VALUE**-Klausel im Dateienkapitel nur für Eintragungen mit der Stufennummer **88** gestattet ist, ist die erste Fehlernachricht,

288   8. Fehlersuche in COBOL-Programmen

Fehlercode	Text der Fehlernachricht
IKF1002I-W	Die Überschrift INPUT-OUTPUT SECTION fehlt. Es wird vorausgesetzt, daß sie vorhanden ist.
IKF1004I-E	Ungültiges Wort LABEL. Es wird zum nächsten erkennbaren Wort übergegangen.
IKF1087I-W	' WORKING ' sollte nicht im A-Bereich beginnen.
IKF2030I-C	Einem Element mit der Stufennummer 77 geht ein Element voraus, das eine der Stufennummern 01 bis 49 aufweist, oder ein Element mit der Stufennummer 77 erscheint im Dateienkapitel (in der FILE SECTION). Es erfolgte eine Änderung der Stufennummer 77 in 01.
IKF2125I-W	Die Klausel VALUE wird als Kommentar bei Elementen in den Kapiteln für Dateiverbindungen oder Kommunikationen betrachtet; ausgenommen hiervon ist die erste Satzbeschreibung unter einer Kommunikationserklärung (CD).
IKF2133I-W	Die Klausel LABEL RECORDS fehlt. Die Option aus der DD-Karte (DD steht für Datendefinition) wird herangezogen. Anmerkung: Bei einem DD-Statement handelt es sich um ein Steuerstatement des Betriebssystemes OS (Abk. von Operating System); dieses belegt ein oder mehrere Zeilen (früher: Lochkarten).
IKF3001I-E	Der Name TAGESDATUM ist nicht definiert.
IKF3002I-E	Der Name W-TAGESDATUM ist nicht eindeutig. Anweisung entfernt.
IKF4086I-C	Bedingte Anweisungen wurden dort verwendet, wo nur unbedingte zugelassen sind; sie können zu Fehlern bei der Verarbeitung führen.
IKF4100I-W	Der auf INTO (FROM) in der Anweisung READ (WRITE) folgende Bezeichner sollte nicht unter derselben FD-Eintragung definiert werden wie der Satzname. Die Anweisung wird in der Form akzeptiert, in der sie niedergeschrieben wurde.

Hinweis: Die kursiv geschriebenen Wörter sind programmabhängig; sie unterscheiden sich infolgedessen bei den Fehlernachrichten mit dem gleichen Fehlercode.

Abb. 8.17 Verzeichnis der in den Abb. 8.15 und 8.16 auftauchenden Fehlernachrichten in Deutsch, geordnet nach den alphanumerischen Teilen der Fehlercodes

die die Zeile 33 betrifft, verständlich (Nachricht mit dem Fehlercode IKF2125I-W). Alle weiteren Vorkommen dieser Fehlernachricht werden durch den Sachverhalt verursacht, daß infolge des fehlenden Bindestriches der Kompilierer niemals den Beginn des Arbeitsspeicherkapitels erkennen konnte und daher den gesamten Inhalt des Datenteils als zugehörig zum Dateienkapitel ansehen mußte. Die zweite auf die Zeile 33 be-

8.7 Ein Beispiel mit Kompilierzeit-Fehlern 289

zogene Fehlernachricht, also diejenige mit dem Fehlercode IKF2030I-C, ist zweifellos auf die gleiche Ursache zurückzuführen. **COBOL** gestattet die Verwendung von Eintragungen mit der Stufennummer **77** im Dateienkapitel nicht; somit versucht der Kompilierer, die Stufennummer **77** in die Stufennummern **01** zu überführen. Diese Nachrichten werden für den Rest des Datenteils, also bis einschließlich der Zeile 76, ständig wiederholt.

Die ersten, den Prozedurteil betreffenden Fehler, sind für die Zeilen 93 und 94 notiert worden. Durch ein Versehen tippten wir auf der Zeile 55 anstelle von **TAGESDATUM** noch einmal **W-TAGESDATUM** ein. Dadurch entstanden zwei Fehler, die drei Fehlernachrichten verursachten. Der erste Fehler besteht darin, daß durch unser Versehen **W-TAGESDATUM** zweimal definiert wurde, also nicht mehr ein eindeutiger Datenname ist. Der zweite Fehler liegt darin, daß **TAGESDATUM** überhaupt nicht definiert wurde. Der Mißgriff im Datenteil bewirkte keine Fehlernachricht, denn das, was wir taten, war keineswegs syntaktisch falsch. Es ist ja bekanntlich erlaubt, daß wir den gleichen Datennamen Elementen geben können, die zwei verschiedenen Gruppen angehören. Dieser Sachverhalt führt uns zum Thema der *Datenkennzeichnung (Datenqualifikation)*, mit dem wir uns im Kap. 10 auseinandersetzen werden.

Die Nachricht mit dem Fehlercode IKF41009-W, die auf die Zeilen 95, 98, 153 und 167 bezogen ist, wirkt auf den Leser manchmal unverständlich. Sie wird hier ebenfalls durch den fehlenden Bindestrich bei **WORKING-STORAGE SECTION** in Zeile 35 verursacht. Dieser bewirkt, wie wir bereits gesagt haben, daß alle Programmstatements nach Zeile 31 bis zum Beginn des Prozedurteils als Teil der **FD**-Eintragung von **DRUCK-DATEI** betrachtet werden. Über die Dateien, die mehr als ein Statement aufweisen, werden wir in Kap. 14 sprechen.

Fehlende oder zusätzliche Punkte sind gewöhnlich für Anfänger ein erhebliches Problem, manchmal auch noch für erfahrene Programmierer. Zum Beispiel bedeutet der fehlende Punkt am Ende der Zeile 157, daß die nachfolgende **IF**-Anweisung als Bestandteil der Angabe **AT END** angesehen wird. Da eine **IF**-Anweisung als Bestandteil einer Angabe **AT END** aber nicht zulässig ist, bekommen wir die Mitteilung, daß auf Zeile 158 ein bedingter Fehler vorhanden ist. Über diese Nachricht können wir uns glücklich schätzen, da ein solcher Hinweis unterblieben wäre, wenn die Angabe **AT END** nicht gerade eine **IF**-Anweisung enthalten hätte.

8.8 Fehler zur Ausführungszeit (Ausführungszeit-Fehler)

Der **COBOL**-Kompilierer hilft beim Auffinden von Syntaxfehlern zur Zeit der Kompilierung. Leider kann sogar ein syntaktisch einwandfreies Programm noch Fehler aufweisen, die erst bei der Programmausführung bemerkt werden. Diese Ausführungszeit-Fehler zeigen sich auf zwei verschiedene Weisen. Erstens kann ein Ausführungszeit-Fehler eine *anormale Programmbeendigung* verursachen; eine solche bezeichnet man als *Abend* (engl.: Abkürzung von „*abnormal end*"). Diesen Terminus technicus gebraucht man auch in der deutschen Fachsprache. Zu einem Abend kommt es typischerweise dann, wenn die Hardware des Computers eine anormale Bedingung entdeckt. Eine solche liegt z.B. vor, wenn man versuchen würde, eine Division durch Null zu veranlassen. Die meisten Computer entdecken eine solche Fehlerbedingung und beenden daraufhin abrupt die Programmausführung.

Obleich es schwierig sein kann, die Ursache einer anormalen Programmbeendigung aufzuspüren, weiß man doch zumindest sicher, daß es beim Programmablauf zu einem Fehler gekommen ist. Der zweite Fehlertyp bei der Programmausführung erzeugt einfach nur Resultate, die auf den ersten Blick zwar richtig erscheinen, aber in Wirklichkeit logisch oder arithmetisch inkorrekt sind. Hier hat man nicht nur mit dem Problem zu kämpfen, die Ursache dieses Fehlertyps zu bestimmen, zuvor muß man erst herausfinden, ob und welche Ergebnisse falsch sind!

8.9 Testen von Programmen

Der erste Schritt bei der Beschäftigung mit Ausführungszeit-Fehlern besteht darin, gründlich zu testen, um alle „Würmer" im Programm lokalisieren zu können. Testen bedeutet aber nicht, daß man ein Programm eben gerade einmal mit einer speziell für das Testen bereitgestellten Menge von Datensätzen ablaufen läßt und dann annimmt, daß das Programm in Ordnung ist, wenn es zu keinem Abend gekommen ist.

Eine Randbemerkung sei uns an dieser Stelle gestattet. Die meisten üblichen, auf Hausarbeiten ausgerichteten Programmierlehrgänge zwingen die Lehrgangsteilnehmer dazu, ihre Programme mit vorgegebenen „Standarddaten" laufen zu lassen. Unter diesen Gegebenheiten begnügen sich die meisten Teilnehmer beim Testen ihrer Programme damit, ihre Ergebnisse mit denen der anderen Lehrgangsteilnehmer zu vergleichen. Sie sind zufrieden, wenn zwei Programme die gleiche Ausgabe aufweisen, und meinen dann bereits, daß ihre Programme fehlerfrei sind. Abgesehen vom Nutzen (oder Unwert!) einer solchen höchst unzuverlässigen Vorgehensweise in Lehrgängen wird sie nicht viel Gutes für die zukünftige Arbeitstätigkeit bringen. In der beruflichen Praxis werden nicht zwei oder gar drei Programmierer mit dem Schreiben des gleichen Programmes beauftragt, damit sie anschließend ihre erzielten Resultate miteinander vergleichen können.

Das Testen eines Programmes darf nicht als beiläufige Tätigkeit aufgefaßt werden, sie erfordert gewissenhafte und sorgfältige Planung. Die Vorgehensweise beim Testen kann in zwei Testtypen eingeteilt werden, die aus historischen Gründen *„Blackbox-Testen"* und *„Whitebox-Testen"* genannt werden. Unter dem Blackbox-Testen versteht man das Testen eines Programmes ausschließlich auf der Basis der Problemspezifikationen, die man vermeintlich auch beherzigt hat. Von dem Programm für die Lohnabrechnung wird beispielsweise angenommen, daß es bestimmte Berechnungen mit den Daten anstellt, die in Sätzen mit einem vorgegebenen Format gefunden werden. Zur Durchführung des Blackbox-Testens mit dem Programm für die Lohnabrechnung müßten wir versuchen, alle denkbaren Fehler, die bei den Eingabedaten vorkommen könnten, zusammenzustellen und dann mit den entsprechenden Eingabedaten Testläufe zu veranlassen. Durch ihre anschließende Auswertung würden wir erkennen, wie sich das Programm verhält, wenn es auf fehlerhafte Eingabedaten stößt. Eine solche Vorgehensweise praktizierten wir bisher (Kap. 6).

Das Whitebox-Testen eines Programmes schließt das vorhergehende Studium des Quellencodes des betreffenden Programmes ein. Danach werden wir unsere so gewonnenen Erkenntnisse über den Programminhalt dazu benutzen, um zu versuchen herauszufinden, ob weitere Schwachpunkte vorliegen. Wenn wir dabei z.B. feststellen würden, daß eine **READ**-Anweisung ohne Angabe **AT END** niedergeschrieben wurde, könnte man ausprobieren, was geschehen würde, wenn man eine leere Eingabedatei dem Programm zuführt. Diese Vorgehensweise gibt einen Anhaltspunkt dafür, was hinter dem wirklichen Testen tatsächlich steckt, nämlich einen Programmablauf fehlschlagen zu lassen. Wenn man ein Programm testet, versucht man nicht zu prüfen, ob es seine Arbeit tut. Man kann mit einem Programm auf Jahre hinaus immer und immer wieder Testläufe vollziehen, ohne daß dadurch unter Beweis gestellt wird, daß es in jeder Situation einwandfrei arbeitet; der darauffolgende Testlauf könnte bereits einen Fehler offenlegen. Gut durchdachte Testläufe können wirklich nur eines zustandebringen, nämlich einen weiteren, bisher unbekannten Fehler aufzeigen! Wenn man nicht mehr in der Lage ist, weitere Fehler zu lokalisieren, kann man mit dem Testen eines Programmes aufhören. (Das bedeutet selbstverständlich nicht, daß es keine weiteren Fehler im Programm gibt; es bedeutet nur, daß man vorerst keine weiteren gefunden hat.)

Zusammenfassend sei noch einmal der Unterschied der beiden Testvorgehensweisen kurz ausgedrückt: Beim Blackbox-Testen wird der Programmaufbau unberücksichtigt gelassen; für die den Test durchführenden Personen ist er in eine ungeöffnete (schwarze) „Schachtel" eingebettet. Beim Whitebox-Testen werden die Kenntnisse über den Programmaufbau ausgenutzt, d.h. die den Programmaufbau enthaltende „Schachtel" ist geöffnet, sie zeigt gewissermaßen ihr Inneres (Weißes).

Wenn es ein Lehrgangsleiter gestattet, sollte man seine geschriebenen Programme mit einem anderen Lehrgangsteilnehmer austauschen: man begeht damit einen der effektivsten Wege zur Lokalisierung von Fehlern. Man versuche nun, Fehler im fremden Programm zu eruieren, der Partner im eigenen. Beim Versuch, Fehler im eigenen Programm finden zu wollen, stößt man grundsätzlich immer wieder auf die gleiche Schwierigkeit: Man glaubt zu wissen, was das eigene Programm tut. Das aber macht es gerade mühsam, stets zu erkennen, was es wirklich tut (es muß nicht immer das Erwartete sein!). Diese psychologisch bedingte Blindheit gegenüber eigenen Fehlern macht sich nicht in der gleichen Weise bemerkbar, wenn man sich mit fremden Programmen beschäftigt.

Viele auf kommerzieller Basis arbeitende Programmierorganisationen gehen mit diesem Prinzip noch einen Schritt weiter. Jeder Programmierer ist angehalten, sein Programm einer kleinen Gruppe von Kollegen vorzustellen und ihnen dabei klar und einfach zu erklären, was das Programm tut und wie es das tut. Eine solche Präsentation nennt man das *„Durchgehen"* eines Programmes. Die Arbeitskollegen sehen das Programm unter einem anderen Blickwinkel an und können daher oft Ungereimtheiten entdecken oder auf ungerechtfertigte Annahmen verweisen. Der Verfasser des Programmes würde wahrscheinlich selbst nur mit größter Mühe auf derartige Dinge kommen.

Ob man nun im förmlichen Prozeß des Durchgehens oder in der Unterstützung durch einen Kollegen Hilfe sucht, man wird überrascht sein, wie oft man einen eigenen Fehler erkennt, wenn man versucht, die eigene Logik, den eigenen Code oder sonst irgendetwas anderes anderen zu erklären. Es geschieht immer wieder. Man ersucht einen Kollegen um Unterstützung, beginnt mit der Erklärung, erkennt plötzlich das Problem und ruft spontan aus: „Mein Gott, Dank für die Hilfe!" Der Arbeitskollege kann dann nur schmunzeln und sagen: „Gern geschehen, lieber Freund!" Dabei hat er noch nicht einmal angefangen, sich über die Fragestellung zu äußern, geschweige denn auf eine Lösung des Problems zu kommen.

Ein letztes Wort sei uns noch hinsichtlich des Testvorgehens gestattet. Man muß die Testausgaben *sorgfältig* und *gewissenhaft* dahingehend überprüfen, ob die erzielten Ergebnisse korrekt oder nicht korrekt sind.

Es ereignet sich nur allzu häufig, daß ein Programmierer, sei er Anfänger oder Fortgeschrittener, das von ihm geschriebene Programm für einführungsreif erklärt und kurze Zeit später krasse Widersprüche bei den Ausgaben feststellen muß. Man sehe sich z.B. nur das Programm für die Lohnabrechnung an. Es sei einmal angenommen, daß dieses Programm in folgender Hinsicht modifiziert wurde: Nach der Verarbeitung aller Eingabesätze soll am Schluß die Gesamtsumme aller von der Gesellschaft ausgezahlten Nettobeträge gedruckt werden. Der ermittelte Wert ergebe sich zu $ 890.28. Ist dieser den betrieblichen Bedingungen angemessen? Die zum Testen benutzte Beispieldatei (siehe Abb. 7.10) enthält bekanntlich 11 Sätze mit gültigen Daten (einschließlich des für „IMA TESTCASE" angelegten Satzes). Aus diesen Sätzen würde sich ein durchschnittliches Nettoeinkommen von ungefähr 350 Dollar ergeben. Die Gesamtsumme müßte also um 3850 Dollar liegen. Es ist offensichtlich, daß in einem solchen Fall das ausgegebene Resultat völlig falsch ist. Der ausgedruckte Wert scheint anzudeuten, daß eine führende Ziffer verlorengegangen ist.

Wenn hingegen ein Testlauf für die Gesamtsumme der Nettoeinkommen den Betrag von $ 2912.73 ausgeworfen hätte, wäre es nicht sofort augenfällig, ob dieser Wert korrekt oder nicht korrekt ist. Angesichts unserer groben Abschätzung scheint dieser Wert jedoch zu niedrig zu sein. Jedenfalls gibt es keinen klaren Hinweis auf die Natur eines solchen Fehlers, sofern ein solcher wirklich vorliegt. Was hier von uns zuvor durchgeführt werden muß, ist ein Addieren der Nettobeträge mit einem Taschenrechner. Anschließend haben wir dann das gewonnene Ergebnis mit der Computerausgabe zu vergleichen. Hätten wir eine solche Vergleichsrechnung vollzogen, würden wir festgestellt haben, daß die Gesamtsumme der Nettoeinkünfte 3890.28 Dollar beträgt. Es sind also 977.55 Dollar verlorengegangen! Liefert uns nun dieser Verlustbetrag irgendeinen Fingerzeig zur Klärung der uns interessierenden Fragen, wo der Fehler zu suchen ist? Die allgemeine Schlußfolgerung aus diesen Betrachtungen ist klar. Es ist nicht nur nötig, die Ergebnisse der Testläufe im Detail zu überprüfen, sondern man muß sich auch bewußt sein, was man von diesen Testläufen erwartet. Wenn man nicht kalkuliert hat, was für Resultate herauskommen sollten, kann man auch keine Aussage darüber treffen, ob sie falsch oder richtig sind.

8.10 Testhilfen

Wenn man einmal einen Fehler in einem **COBOL**-Programm entdeckt hat, muß man zunächst die Ursache des Fehlers feststellen. In **COBOL** sind mehrere Anweisungen aufgenommen worden, die bei diesem Prozeß Unterstützung leisten können. Wir werden deshalb diese Testhilfen in den restlichen Abschnitten dieses Kapitels besprechen.

Die erste und wichtigste Testhilfe ist nicht ein Bestandteil von **COBOL**; *sie ist der Programmierer selbst*. In keiner einzigen Programmiersprache ist ein Zaubermittel oder irgendein anderes phantastisches Werkzeug vorhanden, durch das automatisch die Fehlerursache gefunden wird. Man muß den Testprozeß einfach damit beginnen, daß man über den Fehler und seine möglichen Ursachen *nachdenkt*. Z.B. würde bei den im vorhergehenden Abschnitt diskutierten Fehlern im Programm für die Lohnabrechnung eine Untersuchung der Fehlerbeschaffenheit zu manchen Fingerzeigen bezüglich ihrer Herkunft führen. Wenn ein ausgedruckter Betrag bis auf die fehlenden führenden Ziffern in allen anderen Stellen korrekt ist, schaue man sich nach einem numerischen Feld um, das zu wenig Stellen für das aufzunehmende Resultat besitzt. Wenn die Gesamtsumme nahe bei dem zuvor auf andere Weise errechneten Resultat liegt, aber niedriger ist, untersuche man, ob der fehlende Betrag gleich dem Nettoeinkommen irgendeines Arbeitnehmers, evtl. des letzten oder des ersten in der Lohndatei, ist. Man kann auch auf die umgekehrte Situation stoßen: Die ausgewiesene Gesamtsumme ist zu hoch. Der Überschuß kann dann dem Nettoeinkommen irgendeines Arbeitnehmers, vorzugsweise des letzten oder des ersten, entsprechen. Wenn man ein solches Vorkommnis oder solche Vorkommnisse entdecken kann, die zur Fehlerentstehung beigetragen haben, hat man bei der Lokalisierung des Fehlers bereits einen guten Start.

Was auch immer die Fehlernatur oder die Fehlerursache sein mögen, die Verantwortung zum Auffinden der Ursache bleibt auf jeden Fall dem Programmierer überlassen. Man kann sich zum Einsatz einiger **COBOL**-Hilfsmittel zur Testunterstützung entschließen, aber die meisten dieser Hilfsmittel können den Programmierer nur mit ergänzenden Daten versorgen. Die Analyse und die Interpretation dieser zusätzlich ausgegebenen Daten bleibt den Programmierern vorbehalten. Letzten Endes weiß derjenige mehr über ein Programm, der es selbst geschrieben hat, als irgendeine andere Person. Ein Programm ist keine geheimnisvolle Schachtel, deren Inhalt unbekannt ist. Man denke zunächst über den Programmaufbau nach und über die von den einzelnen Teilen auszuführenden Funktionen, danach versuche man zu ermitteln, wie diese Funktionen in Beziehung zu den Fehlersymptomen stehen könnten.

8.11 Die Angabe ON SIZE ERROR

Einer der grundlegenden Schritte zur Lagestimmung von Programmfehlern besteht darin, diejenigen Zwischenberechnungen ausfin-

8.11 Die Angabe ON SIZE ERROR

dig zu machen, die unvorhergesehene Resultate erzeugen. Man wird sich die Diskussionen über arithmetische Operationen, die in früheren Kapiteln geführt wurden, ins Gedächtnis zurückrufen müssen. In diesen wurde u. a. festgestellt, daß ein Ergebnis, das zu groß für das Empfangsfeld ist, normalerweise abgeschnitten wird (die führenden Ziffern gehen verloren). Eine diesbezügliche Warnung über diese „Datenschädigung" erfolgt jedoch nicht. Hierin liegt z. B. die Ursache der im Programm für die Lohnabrechnung entdeckten Fehler für den Arbeitnehmer „IMA TESTCASE". Wir können diese Art von Abschneidungen bei arithmetischen Operationen durch Benutzung der Angabe **ON SIZE ERROR** aufdecken.

Die Angabe **ON SIZE ERROR** haben wir bereits in Kap. 3 erwähnt. Sie kann wahlfrei mit jedem Verb zur Durchführung spezieller arithmetischer Operationen gebraucht werden und auch, wie wir später sehen werden, mit dem Verb **COMPUTE**. Ihre Wirkung ähnelt sehr der Angabe **AT END** bei der **READ**-Anweisung: Wenn die Bedingung entsteht, wird die Anweisung bzw. werden die Anweisungen ausgeführt, die zur Angabe **ON SIZE ERROR** gehören. Kommt die Bedingung jedoch nicht zustande, wird diese Anweisung bzw. werden diese Anweisungen ignoriert. Die Bedingung besteht darin, daß das Programm darauf ausgerichtet wird zu überprüfen, ob ein arithmetisches Resultat vorhanden ist, daß wegen seiner großen Stellenzahl nicht in den Speicherplatz hineinpaßt, der für dieses Resultat vorgesehen wurde. Im Programm für die Lohnabrechnung z.B. räumten wir für das wöchentliche Bruttoeinkommen nur einen Höchstbetrag von $ 999,99 ein. Wir haben bereits gesehen, daß bei Eingabedaten, die einen höheren Betrag als den soeben genannten erzeugen, das Programm Kauderwelsch erzeugt.

Die für **COBOL** geltenden Regeln gestatten, daß in die Angabe **ON SIZE ERROR** jede beliebige unbedingte Anweisung, d. h. jedes beliebige Imperativstatement, aufgenommen werden kann. Unter einer *unbedingten Anweisung* versteht man bekanntlich jede Anweisung, die eine *unbedingte Tätigkeit* beinhaltet. Damit ist offensichtlich die **IF**-Anweisung ausgeschlossen, aber auch die **READ**-Anweisung mit der Angabe **AT END** sowie jede arithmetische Anweisung mit der Angabe **ON SIZE ERROR**. Beide Angaben sind ja von Bedingungen abhängig.

Bei der Version **COBOL-85** besteht außerdem die Möglichkeit, **END**-Angaben bei jeder Anweisung und Angabe zu verwenden, die eine Bedingung enthält. Das gilt selbstverständlich auch für alle arithmetischen Verben mit der Angabe **ON SIZE ERROR**. Das nachfolgende Beispiel zeigt, wie man dabei vorgehen kann:

```
        IF  GUELTIGER-SATZ-KZ = 'J'
                ADD BETRAG TO GESAMT-SUMME
                    ON SIZE ERROR  MOVE 'J' TO UEBERLAUF-KZ
                END-ADD
                READ EINGABE-DATEI
                    AT END   MOVE 'J' TO DATEIENDE-KZ
                END-READ
        END-IF.
```

Es gibt für jedes *arithmetische Verb* eine entsprechende **END**-Angabe in **COBOL**-85. Sie lauten im einzelnen:

- **END-ADD**
- **END-SUBTRACT**
- **END-MULTIPLY**
- **END-DIVIDE**
- **END-COMPUTE**

Die **END**-Angaben für die arithmetischen Verben gleichen also formatmäßig den bisher bekannten **END**-Angaben (siehe obiges Beispiel).

Leider kommt es bei numerischen Werten in einem charakteristischen Fall von Abschneidungen zu keinem *Überlauffehler* (engl.: size error). Derartige Abschneidungen ereignen sich bei Ergebnissen von **MOVE**-Anweisungen. Man betrachte z. B. den folgenden Code:

```
        77  FELD-1              PIC 9(5)V999.
        77  FELD-2              PIC Z(4).99.
            :
            MOVE FELD-1 TO FELD-2.
```

Durch diese **MOVE**-Anweisung werden die linksbündigen und die rechtsbündigen Stellen von **FELD-1** ohne Warnung abgeschnitten. Es ist auch nicht möglich, das Resultat der Übertragung in **FELD-2** zu runden. Obwohl manche Kompilierer eine Warnung, daß ein Abschneiden führender Ziffern eintreten könnte, herausgeben, obliegt es grundsätzlich der Verantwortung des Programmierers, sich des Problems bewußt zu sein und sich vor ihm in Acht zu nehmen.

8.12 Überarbeitete Version des Programmes für die Lohnabrechnung

Eine überarbeitete Version des Programmes für die Lohnabrechnung ist in den Abb. 8.18 bis 8.21 zu sehen. Wenn in dieser Version eine Überlaufbedingung auftritt, wird der gesamte Satz von der weiteren Ver-

8.12 Überarbeitete Version des Programmes für die Lohnabrechnung

```
IDENTIFICATION DIVISION.
PROGRAM-ID.
    LOHNABR4.
AUTHOR.
    D. GOLDEN, DEUTSCHE ANPASSUNG R. GRITSCH.
DATE-WRITTEN.
    FEBRUAR 23, 1987.
****************************************************************
* IN DIESER REVIDIERTEN PROGRAMM-VERSION WIRD DIE ANGA-         *
* BE 'ON SIZE ERROR' VERWENDET.                                 *
****************************************************************

ENVIRONMENT DIVISION.
INPUT-OUTPUT SECTION.
FILE CONTROL.
    SELECT LOHN-DATEI       ASSIGN TO S-LOHND.
    SELECT DRUCK-DATEI      ASSIGN TO S-DRUCKD.

DATA DIVISION.
FILE SECTION.
FD  LOHN-DATEI
    LABEL RECORDS ARE OMITTED.
01  LOHN-SATZ.
    05   E-PERS-NR          PIC X(5).
    05   E-NAME             PIC X(20).
    05   E-ARB-ST           PIC 99V9.
    05   FILLER             PIC XXX.
    05   E-ST-LOHN          PIC 99V999.
    05   E-ANGEH            PIC 99.
    05   FILLER             PIC X(42).

FD  DRUCK-DATEI
    LABEL RECORDS ARE OMITTED.
01  DRUCK-SATZ              PIC X(75)    VALUE SPACES.

WORKING-STORAGE SECTION.
77   K-FREIB                PIC S99V99   VALUE +50.00.
77   K-STEUERSATZ           PIC SV99     VALUE +.210.
77   W-FREIB-S              PIC S999V99.
77   W-BRUTTO               PIC S999V99.
77   W-NETTO                PIC S999V99.
77   W-KEINE-DAT            PIC X        VALUE 'N'.
     88   KEIN-SATZ-MEHR                 VALUE 'J'.
77   W-UEBERST              PIC S99V99.
77   W-UEBERLOHN            PIC S999V99.
77   W-STEUER               PIC S999V99.
77   W-STEUERPFL            PIC S999V99.
77   W-TAGESDATUM           PIC 9(6).
77   W-GUELT-S              PIC X.
     88   GUELT-S                        VALUE 'J'.
77   W-UEBERLAUF-KZ         PIC X.
     88   KEIN-UEBERLAUF                 VALUE 'N'.

01  UEBERSCHRIFT-1.
    05   FILLER             PIC X(28)
         VALUE 'LISTE DER BERECHNETEN LOEHNE'.
    05   FILLER             PIC X(39)    VALUE SPACES.
    05   TAGESDATUM         PIC 99/99/99 VALUE ZERO.
```

Abb. 8.18 Revidiertes Programm für die Lohnabrechnung mit Prüfungen ON SIZE ERROR, 1. Teil

```
01  UEBERSCHRIFT-2.
    05   FILLER                PIC X(41)
         VALUE 'PSNR              NAME             STD.    SLOHN'.
    05   FILLER                PIC X(31)
         VALUE '  AN    BRUTTO    STEUER    NETTO'.
01  NORMAL-ZEILE.
    05   D-PERS-NR             PIC X(5).
    05   D-NAME                PIC BBX(20).
    05   D-ARB-ST              PIC BBZ9.9.
    05   D-ST-LOHN             PIC BBZ9.999.
    05   D-ANGEH               PIC BBZ9.
    05   D-BRUTTO              PIC BB$$$9.99.
    05   D-STEUER              PIC BB$$$9.99.
    05   D-NETTO               PIC BB$$$9.99.

01  FEHLER-ZEILE.
    05   FALSCHE-DATEN         PIC X(38).
    05   FILLER                PIC X(4).
    05   FEHLER-NACH           PIC X(27).

01  NACHRICHT-1              PIC X(27)
        VALUE 'UNGUELTIGE DATEN IM SATZ'.
01  NACHRICHT-2              PIC X(27)
        VALUE 'BRUTTO WAHRSCH. ZU GROSS'.


PROCEDURE DIVISION.
A000-LOHN-BERECHNUNG.
    OPEN   INPUT  LOHN-DATEI
           OUTPUT DRUCK-DATEI.
    PERFORM B010-DRUCKEN-UEBERSCHRIFTEN.
    PERFORM C010-HOLEN-GUELTIGEN-LOHNSATZ.
    PERFORM B020-BERECHNUNG-LOHN
        UNTIL KEIN-SATZ-MEHR.
    CLOSE LOHN-DATEI
          DRUCK-DATEI.
    STOP RUN.

B010-DRUCKEN-UEBERSCHRIFTEN.
    ACCEPT W-TAGESDATUM FROM DATE.
    MOVE W-TAGESDATUM TO TAGESDATUM.
    WRITE DRUCK-SATZ FROM UEBERSCHRIFT-1.
    MOVE SPACES TO DRUCK-SATZ.
    WRITE DRUCK-SATZ.
    WRITE DRUCK-SATZ FROM UEBERSCHRIFT-2.
    MOVE SPACES TO DRUCK-SATZ.
    WRITE DRUCK-SATZ.
    MOVE SPACES TO DRUCK-SATZ.
    WRITE DRUCK-SATZ.

B020-BERECHNUNG-LOHN.
    PERFORM C020-BERECHNUNG-BRUTTOLOHN.
    IF   KEIN-UEBERLAUF
         PERFORM C030-BERECHNUNG-FREIBETRAG-S
         PERFORM C040-BERECHNUNG-STEUER
         PERFORM C050-BERECHNUNG-NETTOLOHN
         PERFORM C060-DRUCKEN-ZEILE
    ELSE
         MOVE LOHN-SATZ TO FALSCHE-DATEN
         MOVE NACHRICHT-2 TO FEHLER-NACH
         WRITE DRUCK-SATZ FROM FEHLER-ZEILE.
    PERFORM C010-HOLEN-GUELTIGEN-LOHNSATZ.
```

Abb. 8.19 Revidiertes Programm für die Lohnabrechnung mit Prüfungen ON SIZE ERROR, 2. Teil

```
C010-HOLEN-GUELTIGEN-LOHNSATZ.
    MOVE 'N' TO W-GUELT-S.
    PERFORM D010-GUELTIGER-SATZ-SCHLEIFE
        UNTIL    GUELT-S
                 OR KEIN-SATZ-MEHR.
C020-BERECHNUNG-BRUTTOLOHN.
    MOVE 'N' TO W-UEBERLAUF-KZ.
    MULTIPLY E-ARB-ST BY E-ST-LOHN
             GIVING W-BRUTTO ROUNDED
             ON SIZE ERROR   MOVE 'J' TO W-UEBERLAUF-KZ.
    IF  KEIN-UEBERLAUF
        IF  E-ARB-ST IS GREATER THAN 40.0
            SUBTRACT 40 FROM E-ARB-ST GIVING W-UEBERST
            MULTIPLY 0.5 BY W-UEBERST
            MULTIPLY W-UEBERST BY E-ST-LOHN
                     GIVING W-UEBERLOHN ROUNDED
            ADD W-UEBERLOHN TO W-BRUTTO
                ON SIZE ERROR
                    MOVE 'J' TO W-UEBERLAUF-KZ.
C030-BERECHNUNG-FREIBETRAG-S.
    MULTIPLY K-FREIB BY E-ANGEH
             GIVING W-FREIB-S.
C040-BERECHNUNG-STEUER.
    IF  W-BRUTTO IS GREATER THAN W-FREIB-S
        SUBTRACT W-FREIB-S FROM W-BRUTTO
                 GIVING W-STEUERPFL
        MULTIPLY K-STEUERSATZ BY W-STEUERPFL
                 GIVING W-STEUER ROUNDED
    ELSE
        MOVE ZERO TO W-STEUER.
C050-BERECHNUNG-NETTOLOHN.
    SUBTRACT W-STEUER FROM W-BRUTTO GIVING W-NETTO.
C060-DRUCKEN-ZEILE.
    MOVE SPACES             TO NORMAL-ZEILE.
    MOVE E-PERS-NR          TO D-PERS-NR.
    MOVE E-NAME             TO D-NAME.
    MOVE E-ARB-ST           TO D-ARB-ST.
    MOVE E-ST-LOHN          TO D-ST-LOHN.
    MOVE E-ANGEH            TO D-ANGEH.
    MOVE W-BRUTTO           TO D-BRUTTO.
    MOVE W-STEUER           TO D-STEUER.
    MOVE W-NETTO            TO D-NETTO.
    WRITE DRUCK-SATZ FROM NORMAL-ZEILE.
D010-GUELTIGER-SATZ-SCHLEIFE.
    READ LOHN-DATEI
         AT END   MOVE 'J' TO W-KEINE-DAT
    IF  NOT KEIN-SATZ-MEHR
        PERFORM E020-PRUEFEN-LOHNSATZ.
```

Abb. 8.20 Revidiertes Programm für die Lohnabrechnung mit Prüfungen ON SIZE ERROR, 3. Teil

```
E020-PRUEFEN-LOHNSATZ.
    IF      E-PERS-NR   IS NOT NUMERIC
         OR E-ARB-ST    IS NOT NUMERIC
         OR E-ST-LOHN   IS NOT NUMERIC
         OR E-ANGEH     IS NOT NUMERIC
                MOVE LOHN-SATZ TO FALSCHE-DATEN
                MOVE NACHRICHT-1 TO FEHLER-NACH
                WRITE DRUCK-SATZ FROM FEHLER-ZEILE
    ELSE
                MOVE 'J' TO W-GUELT-S.
```

Abb. 8.21 Revidiertes Programm für die Lohnabrechnung mit Prüfungen ON SIZE ERROR, 4. Teil

arbeitung ausgeschlossen und der Vermerk „BRUTTO WAHRSCH. ZU GROSS" ausgedruckt. Es gibt mehrere Änderungen, die man sich gründlich ansehen sollte. Zunächst wurde ein weiterer Fehlerschalter hinzugefügt, der das Auftreten eines Überlauffehlers signalisieren soll; er ist **W-UEBERLAUF-KZ** genannt worden. Außerdem wurde die Definition von **FEHLER-ZEILE** umgestaltet; es wurde der Nachrichtentext eliminiert. Zwei neue Definitionen wurden aufgenommen, die wir **NACHRICHT-1** und **NACHRICHT-2** bezeichnet haben. Damit wird den zwei möglichen Fehlernachrichten Rechnung getragen.

Im Prozedurteil wurden die beiden Paragraphen

- **B020-BERECHNUNG-LOHN** und
- **C020-BERECHNUNG-BRUTTOLOHN**

abgeändert, um den Schalter für Überlauffehler setzen und prüfen zu können. Man beachte, daß es nicht notwendig ist, alle arithmetischen Anweisungen hinsichtlich des Auftretens eines Überlauffehlers zu testen. Die Notwendigkeit besteht nur dort, wo die Möglichkeit gegeben ist, daß ein Empfangsfeld überläuft. Schließlich wurde der Paragraph **C040-BERECHNUNG-STEUER** wieder auf den Stand gebracht, den er in der Abb. 7.9 besaß; die Datennamen wurden natürlich den Definitionen dieses Programmes angepaßt. Zuguterletzt wurde der Paragraph **E020-PRUEFEN-LOHNSATZ** um eine **MOVE**-Anweisung erweitert, um die Fehleranzeige zu komplettieren.

Wird dieses Programm ausgeführt, so ergibt sich die in der Abb. 8.22 gezeigte Druckausgabe, sofern die gleiche Eingabedatei wie zuvor benutzt wird. Es ist festzuhalten, daß wir endlich einen Weg gefunden haben, durch den wir den Fehler beim Datensatz des Mitarbeiters „IMA TESTCASE" nachweisen konnten.

```
LISTE DER BERECHNETEN LOEHNE                                    87/01/30

PSNR        NAME              STD.    SLOHN   AN    BRUTTO    STEUER     NETTO

12345   THOS H. KELLY         20.0    5.350    0   $107.00    $22.47    $84.53
12401   HENRIETTE JOHNSON     40.0    7.500    1   $300.00    $52.50   $247.50
12511   DAGMAR DOOLITTLE      40.0    7.500    3   $300.00    $31.50   $268.50
UILKMB. R. BROOKS              400   0575002        UNGUELTIGE DATEN IM SATZ
26017   JANE MILANO           10.0    6.875    3    $68.75     $0.00    $68.75
12   4KAY DELUCCIA             400   0600004        UNGUELTIGE DATEN IM SATZ
26109   PETER W. SHERWOOD     40.0   10.000    5   $400.00    $31.50   $368.50
26222   GEORGE M. MULVANEY    41.0   10.000    5   $415.00    $34.65   $380.35
26500A. W. ENWRIGHT             40   0545001        UNGUELTIGE DATEN IM SATZ
27511   RUTH GARRISON         50.0   10.000    4   $550.00    $73.50   $476.50
28819   LEO X. BUTLER         40.1   10.000    2   $401.50    $63.32   $338.18
28820D. X. IANNUZZI            450    4.50003       UNGUELTIGE DATEN IM SATZ
28821K. L. NG, JR.             350     450003       UNGUELTIGE DATEN IM SATZ
28822DANIEL REINER             350    045000C       UNGUELTIGE DATEN IM SATZ
28822L. E. SIMON               388    06000 3       UNGUELTIGE DATEN IM SATZ
2883QA. REAL BAD-ONE           3 8    4.5KJXX       UNGUELTIGE DATEN IM SATZ
7HGV6UNRAT-FALL-1                    ..M.,M.,M.,M.  UNGUELTIGE DATEN IM SATZ
NJI9UNRAT-FALL-2               GV 6 46  8  H        UNGUELTIGE DATEN IM SATZ
     UNRAT-FALL-3            ------------+++++,M    UNGUELTIGE DATEN IM SATZ
29000   ANNE HENDERSON        40.2   10.000    3   $403.00    $53.13   $349.87
29001   SEBASTIAN WIESER      40.3   10.000    1   $404.50    $74.45   $330.05
99999IMA TESTCASE              999  9999999         BRUTTO WAHRSCH. ZU GROSS
```

Abb. 8.22 Ausgabe des Programmes für die Lohnabrechnung (siehe Abb. 8.18 bis 8.21)

8.13 Die Anweisung DISPLAY

Nachdem einmal ein Fehler in einem Programm nachgewiesen ist, entweder aufgrund einer anomalen Programmbeendigung oder infolge irregulärer Ergebnisse, bietet sich der nächste Schritt geradezu an. Der den Fehler verursachende „Wurm" muß ausfindig gemacht werden. Zunächst sollte man die Beschaffenheit, die Art des Fehlers ermitteln, dann sich noch einmal den Programmaufbau ansehen und schließlich auch den **COBOL**-Code. Falls diese Maßnahmen zur Ermittlung des Fehlers nicht ausreichen sollten, muß man einen Blick auf die Resultate der vorhergehenden Berechnungen, d.h. der Zwischenberechnungen werfen können, die zu den fehlerhaften Ergebnissen geführt haben. Beispielsweise, das zur Wiederholung, sehen wir jetzt deutlich, daß die für den Mitarbeiter „IMA TESTCASE" ermittelnden Ergebnisse nicht stimmen, aber uns fällt dabei sicherlich noch nicht ein, auf welchen Fakt die Fehler zurückzuführen sind. Es könnte sein, daß die eingelesenen Daten falsch gewesen sind, obgleich dies ziemlich unwahrscheinlich ist, da das Programm für alle anderen Testfälle einwandfrei abgelaufen ist. Die Fehlerursache könnte aber auch bei Rechenfehlern oder bei logischen Irrtümern liegen, mit denen bestimmte Programmteile behaftet sein könnten. Aus diesen Überlegungen heraus kommt dann der Wunsch auf, daß man in der Lage sein sollte, die einzelnen Operationen des Programmes bei der Verarbeitung der Daten Schritt für Schritt verfolgen zu können.

Eine Möglichkeit, mit der wir unser Vorhaben bewerkstelligen könnten, bestände darin, daß wir im Arbeitsspeicherkapitel einen neuen Ausgabesatz zusammenstellen, um diesen dann zum Drucken der von uns benötigten Daten zu benutzen. Ein solches Vorgehen weist jedoch einige gedankliche Ungereimtheiten auf. An erster und zugleich an auffälligster Stelle stehen hierbei die Mühen, die mit dem Einrichten eines Ausgabesatzes verbunden sind, besonders wenn dieser flexibel genug sein soll, um die Vielfältigkeit der Datenfelder abzudecken, die jeweils für die Fehleruntersuchungen benötigt werden. Ein zweites Problem kommt dann auf, wenn der fragliche Fehler auf einem unpassenden Format beruht. Wenn nun das gleiche Format im neuen Satz wiederholt wird, ist dadurch nichts erreicht worden. Schließlich und vielleicht am wichtigsten ist die Tatsache, daß bei vielen Computern ein abrupter Programmabbruch alle Ausgabeseiten zerstört, die noch auf das Drucken warten.

Glücklicherweise verfügt **COBOL** über einen wirksameren Weg, Zwischendaten aufzuzeigen, nämlich die **DISPLAY**-Anweisung. Sie ermöglicht es uns, jede Kombination von Literalen und Werten von Variablen auszugeben. Betrachten wir beispielsweise den Paragraphen

C020-BERECHNUNG-BRUTTOLOHN

in Abb. 8.23.

```
C020-BERECHNUNG-BRUTTOLOHN.
    MULTIPLY E-ARB-ST BY E-ST-LOHN
           GIVING W-BRUTTO ROUNDED.
    DISPLAY 'A:   (BRUTTOLOHN) ', W-BRUTTO.
    IF   E-ARB-ST IS GREATER THAN 40
         SUBTRACT 40 FROM E-ARB-ST GIVING W-UEBERST
         DISPLAY 'B:   (UEBERSTUNDEN) ', W-UEBERST
         MULTIPLY 0.5 BY W-UEBERST
         DISPLAY 'C:   (UEBERSTUNDEN) ', W-UEBERST
         MULTIPLY W-UEBERST BY E-ST-LOHN
                GIVING W-UEBERLOHN ROUNDED
         DISPLAY 'D:   (UEBERSTUNDENLOHN) ',W-UEBERLOHN
         ADD W-UEBERLOHN TO W-BRUTTO.
    DISPLAY 'E:   (BRUTTOLOHN) ', W-BRUTTO.
```

Abb. 8.23 Paragraph C020-BERECHNUNG-BRUTTOLOHN (siehe auch Abb. 8.14), zwecks Ausgabe von Zwischenresultaten durch DISPLAY-Anweisungen modifiziert.

8.13 Die Anweisung DISPLAY

Für den Mitarbeiter „IMA TESTCASE" würde die erste **DISPLAY**-Anweisung die folgende Zeile ausgeben:

A: (BRUTTOLOHN) 98990

Es erscheint also zunächst das Literal '**A: (BRUTTOLOHN)**', gefolgt vom augenblicklichen Wert von **W-BRUTTO**. Zwischen dem Literal und dem Variablenwert sind keine Leerstellen vorhanden; außerdem ist der Variablenwert nicht aufbereitet worden. Betrachten wir die Definition von **W-BRUTTO**, so sehen wir nämlich, daß zwischen der dritten und vierten Ziffernstelle ein angenommener Dezimalpunkt vorhanden ist. Die komplette, auf **DISPLAY**-Anweisungen zurückzuführende Ausgabe für „IMA TESTCASE" ist in der Abb. 8.24 dargestellt.

```
A:  (BRUTTOLOHN) 98990
B:  (UEBERSTUNDEN) 5990
C:  (UEBERSTUNDEN) 2995
D:  (UEBERSTUNDENLOHN) 99497
E:  (BRUTTOLOHN) 98487
```

Abb. 8.24 Die für einen Datensatz erzeugte Ausgabe der DISPLAY-Anweisungen (Beispielparagraph in Abb. 8.23)

Verfolgt man diese Ausgaben und vergleicht sie mit dem Code des Paragraphen

C020-BERECHNUNG-BRUTTOLOHN,

so können wir letztlich erkennen, wie es zu den in den früheren Kapiteln bzw. Abschnitten gezeigten Resultaten gekommen ist. Abschneidungen in jedem einzelnen der von uns A, D und E getauften Schritte führten zum inkorrekten Schlußergebnis.

Der Gebrauch der **DISPLAY**-Anweisung zum Ansehen von Zwischenresultaten hat mehrere Vorteile gegenüber dem Gebrauch der **WRITE**-Anweisung aufzuweisen. Erstens ist es viel leichter, eine **DISPLAY**-Anweisung niederzuschreiben als eine **WRITE**-Anweisung. Nicht nur, daß eine **WRITE**-Anweisung zur Definition eines neuen Satzes zwingt, sondern es müssen auch die auszugebenden Daten in die Felder dieses neuen Satzes übertragen werden. Hinzu kommt dann noch, daß die **DISPLAY**-Anweisung die Ausgabe aller Daten ermöglicht, auch derjenigen also, die im Arbeitsspeicherkapitel definiert sind. Zweitens werden durch die **DISPLAY**-Anweisung die Daten *exakt* so angezeigt, wie sie im Computerspeicher gespeichert sind. Dadurch wird jeder Fehler vermieden, der durch eine inkorrekte **PICTURE**-Klausel im Ausgabesatz zustande kommen könnte. Drittens und letztens berührt eine abrupte Programmbeendigung die von **DISPLAY**-Anweisungen stammenden Ausgaben in keiner Weise, es sei denn, ein solcher ist unmittelbar auf die **DISPLAY**-Anweisung selbst zurückzuführen. Das liegt an der besonderen Art, in der **DISPLAY**-Anweisungen vom Computer behandelt werden.

Es gibt bei der **DISPLAY**-Anweisung einige Eigenschaften, die ein wenig Aufmerksamkeit erfordern. Zu diesem Zweck wollen wir deshalb zuerst die **DISPLAY**-Anweisungen im Beispiel von Abb. 8.23 betrachten. Die Aufzählung der auszugebenden Werte beginnt bei jeder Anweisung mit einem Literal, dem der Name der Variablen sich anschließt, deren augenblicklicher Wert uns interessiert. Die **DISPLAY**-Anweisung selbst gibt nämlich keinerlei Hinweise darüber, welche Daten angezeigt werden und wo sich die **DISPLAY**-Anweisung im Programm befindet. Das Literal in unseren beispielhaften **DISPLAY**-Anweisungen übt daher eine Doppelfunktion aus: es sagt uns einmal, *welche* **DISPLAY**-Anweisung für die Erzeugung einer speziellen Ausgabezeile verantwortlich zeichnet, zum anderen verweist es auf die auszugebenden Daten. Läßt man eine solche Information weg, so wird man nach Programmschluß im übertragenen Sinne auf einen Himmel voller Sterne schauen; man tut sich schwer, wenn man Seiten voller Zahlen den einzelnen Anweisungen des eigenen Programmes zuordnen muß.

Der zweite Wesenszug der **DISPLAY**-Anweisung, der unsere Aufmerksamkeit erfordert, liegt darin, daß keine Zwischenräume zwischen den einzelnen Ausgabefeldern vorgesehen sind. Darum wurde von uns auch jedes Literal durch ein Leerzeichen abgeschlossen. Wenn man sich mehrere Variablenwerte mit der gleichen **DISPLAY**-Anweisung ansehen will, würden deren Werte ineinander übergehen. Es ist daher ratsam, Leerstellen zwischen den einzelnen Werten zu lassen, was durch Literale geschehen könnte, die nur aus Leerzeichen bestehen. Man könnte beispielsweise schreiben:

DISPLAY 'A: ' FELD-1 ' ' FELD-2 SPACES FELD-3

Bei dieser Anweisung haben wir keine Kommas benutzt, um die einzelnen Ausgabeelemente voneinander zu trennen. Wie überall in **COBOL** ist die Verwendung von Kommas zwischen den einzelnen Elementen einer Liste freigestellt, so auch hier. Die figurative Konstante **SPACES** ist äquivalent einem einzelnen Leerzeichen und daher austauschbar mit dem Literal ' '.

Wir sollten nicht unerwähnt lassen, daß das Ausgabebeispiel (Abb. 8.24) zum Programm für die Lohnabrechnung nur die Ausgabe zeigt, die einen einzigen Testsatz betrifft. Tatsächlich fallen natürlich bei Programmausführungen **DISPLAY**-Ausgaben für alle in der Eingabedatei vorhandenen Testsätze an. Zusätzlich zu den von uns aufgeführten Daten sollte deshalb in die Ausgabe auch eine Kennung für die einzelnen Testsätze mit einbezogen werden, vielleicht am zweckmäßigsten die Personalnummer.

Zum Schluß müssen wir noch die Frage aufwerfen, wo die durch **DISPLAY**-Anweisungen hervorgerufenen Ausgaben tatsächlich erscheinen. Das bedeutet, welche Datei ist diesen Ausgaben zugeordnet? Die Antwort lautet, daß bei jedem Computer für die **DISPLAY**-Ausgaben eine Voreinstellung besteht. Diese ist aber von Computer zu Computer verschieden, d.h. die den **DISPLAY**-Ausgaben zugeordneten Ausgabedateien sind nicht einheitlich. Bei den Großcomputern der IBM geht z.B. die **DISPLAY**-Ausgabe zu einer Datei namens SYSOUT. Bei den Mikrocomputern (Personalcomputern) erfolgt generell die Ausgabe auf dem Bildschirm. Man muß sich daher von vornherein darum kümmern, wo die **DISPLAY**-Ausgaben bei dem Computer landen, auf dem man arbeitet. Bei allen Computern jedoch ist es nicht nur *nicht erforderlich*, für die **DISPLAY**-Anweisungen eine Datei zu definieren, sondern es ist sogar *nicht erlaubt*, eine solche zu definieren. Es gibt bei der **DISPLAY**-Anweisung eine Option, durch deren Benutzung es möglich ist, das Ausgabegerät zu ändern, aber wir werden keine Gelegenheit haben, auf diese Einrichtung zurückzugreifen.

8.14 Die Anweisung EXHIBIT

Zwecks einfacher Identifizierung der durch eine Testanweisung gedruckten Ausgaben unterstützen die **COBOL**-Kompilierer der IBM sowie einige andere Kompilierer die Anweisung **EXHIBIT**. Die **EXHIBIT**-Anweisung wirkt im großen und ganzen wie die **DISPLAY**-Anweisung mit einer einzigen Ausnahme: Der Name jeder aufgeführten Variablen wird unmittelbar vor derem augenblicklichen Wert ausgegeben (getrennt durch ein Gleichheitszeiten), und außerdem wird ein Leerzeichen zwischen die einzelnen Werte eingeschoben. Wir könnten daher den Paragraphen

C020-BERECHNUNG-BRUTTOLOHN

so neu formulieren, wie es die Abb. 8.25 zeigt. Die dadurch hervorgerufene Ausgabe für den Mitarbeiter „IMA TESTCASE" ist in der Abb. 8.26 zu finden.

Wir haben nach wie vor ein Literal in die einzelnen **EXHIBIT**-Anweisungen aufgenommen, um dadurch die Anweisung feststellen zu können, die die jeweilige Ausgabezeile produziert hat. Jetzt aber sorgt die **EXHIBIT**-Anweisung selbst für die Identifizierung der Variablenwerte.

```
C020-BERECHNUNG-BRUTTOLOHN.
    MULTIPLY E-ARB-ST BY E-ST-LOHN
            GIVING W-BRUTTO ROUNDED.
    EXHIBIT NAMED 'A: ', W-BRUTTO.
    IF  E-ARB-ST BY E-ST-LOHN
            SUBTRACT 40 FROM E-ARB-ST GIVING W-UEBERST
            EXHIBIT NAMED 'B: ', W-UEBERST
            MULTIPLY 0.5 BY W-UEBERST
            EXHIBIT NAMED 'C: ', W-UEBERST
            MULTIPLY W-UEBERST BY E-ST-LOHN
                    GIVING W-UEBERLOHN ROUNDED
            EXHIBIT NAMED 'D: ', W-UEBERLOHN
            ADD W-UEBERLOHN TO W-BRUTTO.
    EXHIBIT NAMED 'E: ', W-BRUTTO.
```

Abb. 8.25 Paragraph C020-BERECHNUNG-BRUTTOLOHN (siehe auch Abb. 8.14) mit EXHIBIT-Anweisungen

```
A: W-BRUTTO    = 98990
B: W-UEBERST   =  5990
C: W-UEBERST   =  2995
D: W-UEBERLOHN = 99497
E: W-BRUTTO    = 99487
```

Abb. 8.26 Die für einen Datensatz erzeugte Ausgabe der EXHIBIT-Anweisungen (Beispielparagraph in Abb. 8.25)

Das Literal wird einfach als Kommentar gedruckt und von einem Leerzeichen gefolgt. Die Ausgabe der **EXHIBIT**-Anweisungen geht zur gleichen voreingestellten Datei wie die Ausgabe der **DISPLAY**-Anweisungen; es gibt jedoch keine Möglichkeit, die Datei zu ändern.

Im Beispiel von Abb. 8.25 folgt stets das Wort **NAMED** auf das Wort **EXHIBIT**. Der Grund dafür liegt darin, daß die **EXHIBIT**-Anweisung mehrere verschiedene Optionen besitzt, über die wir hier nicht gesprochen haben. Die in der Abb. 8.25 benutzte Form ist auf jeden Fall von Anfängern am einfachsten zu gebrauchen.

8.15 Die Anweisung TRACE mit READY und RESET

Eine andere, von den IBM-Kompilierern und einigen weiteren Kompilierern unterstützte Anweisung ist die Anweisung **TRACE**; auch sie gehört wie **EXHIBIT** nicht zur standardisierten Programmiersprache

COBOL. Wenn der Modus zur *Programmablaufverfolgung* durch die Anweisung **TRACE** aktiviert wird, gibt das **COBOL**-Programm den Namen jedes Paragraphen automatisch in dem Augenblick aus, in dem es ihn im Verlauf der Programmausführung betritt. Der Modus zur Programmablaufverfolgung wird durch die Anweisung **READY TRACE** eingeschaltet. Ausgeschaltet wird er durch die Anweisung **RESET TRACE**. In der Abb. 8.27 wird im Hauptsteuerparagraphen, d.h. im Treiberparagraphen, zu Beginn des Programmes für die Lohnabrechnung die Programmablaufverfolgung aktiviert und erst am Ende vor **STOP RUN** wieder deaktiviert. Die ausgegebenen Paragraphennamen werden in dieselbe voreingestellte Datei, d. h. in die entsprechende Standarddatei des betreffenden Computers, hineingestellt wie die Ausgaben, die von den Anweisungen **DISPLAY** und **EXHIBIT** bewirkt werden. Die durch den im **TRACE**-Anweisungen erweiterten Hauptsteuerparagraphen bewirkte Ausgabe bei der Programmablaufverfolgung ist in der Abb. 8.28 zu sehen; Grundlage hierfür ist das in den Abb. 8.12 bis 8.14 gezeigte Programm.

```
PROCEDURE DIVISION.
A000-LOHN-BERECHNUNG.
    READY TRACE.
    OPEN INPUT LOHN-DATEI
         OUTPUT DRUCK-DATEI.
    PERFORM B010-DRUCKEN-UEBERSCHRIFTEN.
    PERFORM C010-HOLEN-GUELTIGEN-LOHNSATZ.
    PERFORM B020-BERECHNUNG-LOHN
        UNTIL KEIN-SATZ-MEHR.
    CLOSE LOHN-DATEI
          DRUCK-DATEI.
    RESET TRACE.
    STOP RUN.
```

Abb. 8.27 *Hauptsteuerparagraph mit Anweisungen zur Programmablaufverfolgung*

```
B010-DRUCKEN-UEBERSCHRIFTEN ,C010-HOLEN-GUELTIGEN-LOHNSATZ ,
D010-GUELTIGER-SATZ-SCHLEIFE ,E020-PRUEFEN-LOHNSATZ ,
B020-BERECHNUNG-LOHN ,C020-BERECHNUNG-BRUTTOLOHN ,
C030-BERECHNUNG-FREIBETRAG-S ,C040-BERECHNUNG-STEUER ,
C050-BERECHNUNG-NETTOLOHN ,C060-DRUCKEN-ZEILE ,
C010-HOLEN-GUELTIGEN-LOHNSATZ ,D010-GUELTIGER-SATZ-SCHLEIFE ,
```

Abb. 8.28 *Ausgabe infolge der Programmablaufverfolgung (siehe Abb. 8.27) für eine aus einem einzigen Eingabesatz bestehende Lohndatei*

Einige Programmierer, vor allem Neulinge in der **COBOL**-Programmierung, blicken auf die **TRACE**-Anweisung so, als wäre sie die Lösung für alle Testprobleme. Sie scheinen in ihrem Innern zu fühlen, daß, wenn sie nur lange genug auf die **TRACE**-Ausgaben starren, diese ihnen erzählen könnten, was sie in ihrem Programm falsch gemacht haben. Tatsächlich kann ihnen aber die **TRACE**-Anweisung nicht mehr sagen als das, was nicht auch ein geschickter Gebrauch der Anweisungen **DISPLAY** und **EXHIBIT** hätte sagen können; es wird jedoch erheblich mehr Papier verbraucht. Obgleich die Verfolgung eines Programmablaufes uns mitteilen wird, *welchen* Weg die Programmausführung geht, so wird sie uns jedoch niemals sagen können, *warum* sie diesen Weg eingeschlagen hat; eine solche Aussage ist aber für uns ungleich viel wichtiger. Meistens wird uns der bedachte Gebrauch von **DISPLAY**- und **EXHIBIT**-Anweisungen die nützlichsten Informationen bei geringstem Ausgabeumfang bringen. Das aber ist zum Verständnis eines Programmes sicher am zweckmäßigsten. Wenn man jedoch der Meinung ist, auf die Programmablaufverfolgung nicht verzichten zu können, so sollte man **READY TRACE** und **RESET TRACE** sorgfältig abgewägt gebrauchen und sich dazu nur auf die Programmteile beschränken, von denen man glaubt, daß der Fehler in ihnen steckt. Wenn man einfach bloß die Programmablaufverfolgung zu Programmbeginn aktiviert, kann man vor einem so großen Ausgabeumfang stehen, der es nicht mehr erlaubt, nützliche Informationen vom Trödel abzusondern.

KONTROLLFRAGEN

1. Welcher Zusammenhang besteht zwischen dem Programmentwurf und Programmfehlern?

2. Wie beeinflußt der Programmierstil die Wahrscheinlichkeit, in einem Programm Fehler zu finden?

3. Entsprechen die Einrückungen bei den nachfolgenden ineinandergeschachtelten **IF**-Anweisungen der Art und Weise, wie sie von den **COBOL**-Kompilierern ausgelegt werden?

```
a)   IF   B1
          A1
          IF   B2
               A2
          ELSE
               IF   B3
                    A3
                    A4
     ELSE
               A5.
```

```
d)   IF   B1
          A1
          IF   B2
               A2
          ELSE
               A3
               A4
     ELSE
          A5.
```

```
b)   IF   B1
          IF   B2
               IF   B3
                    A1
               ELSE
                    A2
          ELSE
               A3
     ELSE
          A4.
```

```
e)   IF   B1
          IF   B2
               A1
          ELSE
               IF   B3
                    A2
               ELSE
                    A3
     ELSE
          A4.
```

```
c)   IF   B1
          A1
     ELSE
          IF   B2
               A2
          ELSE
               A3.
```

4. Die nachfolgenden ineinandergeschachtelten **IF**-Anweisungen sind neu zu formulieren. An ihre Stelle sollen mehrere einfache **IF**-Anweisungen treten, in denen auch verbundene Bedingungen verwendet werden können, d.h. es kann von den logischen Operatoren **AND** (*und*) und **OR** (*oder*) Gebrauch gemacht werden.

```
a)   IF  B1
         IF  B2
                 A1
             ELSE
                 A2
     ELSE
         A3.
```

```
b)   IF  B1
         IF  B2
             IF  B3
                 A1
             ELSE
                 NEXT SENTENCE
         ELSE
             A2.
```

```
c)   IF  B1
         A1
         IF  B2
             NEXT SENTENCE
         ELSE
             A2.
```

```
d)   IF  B1
         IF  B2
             A1
         ELSE
             IF  B3
                 A2
             ELSE
                 NEXT SENTENCE
     ELSE
         A3.
```

5. Das in den Abb. 8.29 und 8.30 dargestellte Programm enthält insgesamt 14 Syntaxfehler, die durch den Kompilierer diagnostiziert wurden. Dazu kommen noch schwerwiegende Interpunktionsfehler, die nicht von den Kompilierern erkannt werden können, da sie die Syntax von **COBOL** nicht verletzen. Diese Fehler sind ebenfalls aufzusuchen! Dieses Programm basiert auf einem Beispiel, das wir später studieren wollen.

6. Ein Programmierer hat erklärt, daß der Zweck des Testens eines Programmes darin besteht, unter Beweis zu stellen, daß es keine Fehler aufweist. Kann man dieser Behauptung zustimmen? Warum oder warum nicht?

7. Welche der nachfolgenden Behauptungen beschreibt, was sich als Folge einer arithmetischen Anweisung mit der Angabe **ON SIZE ERROR** ergibt, wenn sich ein Überlauffehler ereignet?
    a) Der Programmablauf wird beendet und die Nachricht **SIZE-ERROR** gedruckt.
    b) Ein unvollständiges Resultat wird gespeichert; anschließend werden die abgeschnittenen Ziffern höchster Ordnung auf einem speziellen Speicherplatz sichergestellt.
    c) Es wird nichts gespeichert, es werden vielmehr die unbedingten Anweisungen ausgeführt, die in die Angabe **ON SIZE ERROR** aufgenommen sind.
    d) Das Empfangsfeld wird vergrößert, um auch die Ziffern höchster Ordnung unterbringen zu können.
    e) Keine der bisherigen Behauptungen trifft zu.

8. Kann die **DISPLAY**-Anweisung auch für andere Ausgaben als nur für Testausgaben herangezogen werden? Könnten wir also in unseren Programmen die Ausgabedateien vergessen und stattdessen **DISPLAY**-Anweisungen zum Drucken von Resultaten verwenden?

```
00001   IDENTIFICATION DIVISION.
00002   PROGRAM-ID.
00003        FEHLERSU.
00004
00005   DATE-WRITTEN.
00006        MAERZ 3, 1987.
00007
00008   ENVIRONMENT DIVISION.
00009   INPUT-OUTPUT SECTION.
00010   FILE-CONTROL.
00011        SELECT EINGABE-DATEI     ASSIGN TO S-INPUT.
00012        SELECT AUSGABE-DATEI     ASSIGN TO S-OUTPUT.
00013
00014   DATA DIVISION.
00015
00016   FD  EINGABE-DATEI
00017        LABEL RECORDS ARE OMITTED
00018   01  EINGABE-SATZ
00019        05  RECHNUNGS-NUMMER     PIC X(5).
00020        05  RECHNUNGS-BETRAG     PIC 9(5)V99.
00021        05  FILLER               PIC X(68).
00022
00023   FD  AUSGABE-DATEI
00024        LABEL RECORDS ARE OMITTED.
00025   01  AUSGABE-SATZ              PIC X(132).
00026
00027   WORKING-STORAGE SECTION.
00028
00029   01  SCHALTER.
00030        05  VORHANDENSEIN-WEIT-DAT.
00031            88  MORE-DATA-REMAINS           VALUE 'JA'.
00032            88  NO-MORE-DATA-REMAINS        VALUE 'NEIN'.
00033
00034   01  ZAEHLER-SEITEN-ZEILEN.
00035        05  ZEILEN-NUMMER        PIC S99    VALUE +1.
00036        05  SEITEN-NUMMER        PIC S999   VALUE +1.
00037
00038   01  ZURUECKHALTUNGS-ELEMENT.
00039        05  RECHNUNGS-NUMMER-V   PIC X(5).
00040
00041   01  GESAMTSUMMEN.
00042        05  RECHN-SUMME          PIC S9(6)V99 VALUE ZERO.
00043        05  SCHLUSS-SUMME        PIC S9(6)V99 VALUE ZERO.
00044
00045   01  EINZELZEILE.
00046        05  A-RECHNUNGS-NUMMER   PIC Z(4)9.
00047        05  FILLER               PIC XXX.
00048        15  A-RECHN-SUMME        PIC $$$$,ZZ9.99.
00049        05  FILLER               PIC X(8).
00050        05  A-SCHLUSS-SUMME      PIC $$$$,$$9.99.
00051
00052   01  UEBERSCHRIFT.
00053        05  FILLER               PIC X(45)
00054            VALUE 'RECHN.       GESAMT       SCHL.-SUMME      SEITE.
00055        05  A-SEITEN-NUMMER      PIC Z(6)9.
00056
```

Abb. 8.29 Vom Kompilierer ausgegebene Liste eines fehlerhaften Programmes, 1. Teil

```
00057      PROCEDURE DIVISION.
00058      A000-ANFERTIGEN-VERKAUFSBER.
00059          OPEN EINGABE-DATEI
00060              AUSGABE-DATEI.
00061          READ EINGABE-DATEI
00062              AT END    MOVE NO TO VORHANDENSEIN-WEIT-DAT.
00063          IF  MORE-DATA-REMAINS
00064              MOVE RECHNUNGS-NUMMER  TO   RECHNUNGS-NUMMER-V
00065              PERFORM B010-VERARB-EINGABESATZ
00066                 UNTIL NO-MORE-DATA-REMAINS-FLAG
00067              PERFORM B020-ERM-SCHLUSS-S.
00068          CLOSE EINGABE-DATEI
00069                AUSGABE-DATEI.
00070
00071      B010-VERARB-EINGABESATZ.
00072          IF  RECHNUNGS-NUMMER IS NOT EQUAL TO RECHNUNGS-NUMMER-V
00073              PERFORM C010-ERM-RECHN-SUMME
00074          ADD RECHNUNGS-BETRAG TO  RECHN-SUMME
00075                                   SCHLUSS-SUMME
00076          READ EINGABE-SATZ
00077              AT END  MOVE 'NEIN' TO VORHANDENSEIN-WEIT-DAT.
00078
00079      B020-ERM-SCHLUSS-S.
00080          PERFORM C010-ERM-RECHN-SUMME.
00081          MOVE SPACES TO EINZELZEILE.
00082          MOVE SCHLUSS-SUMME TO A-SCHLUSS-SUMME.
00083          PERFORM C020-LINE-OUT.
00084
00085      C010-ERM-RECHN-SUMME.
00086          MOVE SPACES TO EINZELZEILE
00087          MOVE RECHNUNGS-NUMMER TO A-RECHNUNGS-NUMMER
00088          MOVE RECHN-SUMME TO A-RECHN-SUMME
00089          PERFORM C020-LINE-OUT
00090          MOVE RECHNUNGS-NUMMER TO RECHNUNGS-NUMMER-V
00091          MOVE ZERO TO RECHN-SUMME
00092
00093      C020-LINE-OUT.
00094          IF  ZEILEN-NUMMER EQUALS 1
00095              MOVE SEITEN-NUMMER TO A-SEITEN-NUMMER
00096              WRITE AUSGABE-SATZ FROM UEBERSCHRIFT
00097              MOVE SPACES TO AUSGABE-SATZ
00098              WRITE AUSGABE-SATZ
00099              MOVE 2 TO ZEILEN-NUMMER
00100              ADD 1 TO SEITEN-NUMMER.
00101          WRITE AUSGABE-SATZ FROM EINZELZEILE.
00102          IF  ZEILEN-NUMMER = 66
00103              MOVE 1 TO ZEILEN-NUMMER
00104          ELSE
00105              ADD 1 TO ZEILEN-NUMMER.
```

Anmerkung: Für diese Programmliste gelten die gleichen Hinweise, die im Abschnitt 8.7 zu den Abb. 8.12 bis 8.14 gemacht wurden.

Abb. 8.30 Vom Kompilierer ausgegebene Liste eines fehlerhaften Programmes, 2. Teil

ANTWORTEN AUF DIE KONTROLLFRAGEN

1. Ein gutentworfenes Programm wird, wenn überhaupt, nur wenige ernsthafte Programmierfehler aufweisen. Im Gegensatz dazu wird ein schlechtentworfenes Programm wahrscheinlich zu schwerwiegenden Problemen führen und, sogar wenn diese behoben sind, wird das Programm wahrscheinlich fortfahren, uns während seiner gesamten Lebensdauer vor immer neue Wartungsprobleme zu stellen.

2. Wenn ein Programm in einem Stil geschrieben ist, der ein leichtes Lesen des Codes ermöglicht, ist es einfacher, Tippfehler, simple logische Fehler usw. herauszupicken. Wenn man sich hingegen beim Lesen des Codes schwer tut, können solche Fehler selbst durch das gewissenhafteste Prüfen hindurchschlüpfen.

3. Die **IF**-Anweisungen der Teilaufgaben b), c) und e) sind korrekt niedergeschrieben. Bei der Teilaufgabe a) verletzt das zweite **ELSE** die Regel, daß jedes **ELSE** zum unmittelbar vorangehenden **IF** gehört, zu dem noch kein entsprechendes **ELSE** vorhanden ist. Das zweite **ELSE** sollte deshalb so eingerückt werden, daß es zu **IF B3** paßt. Bei der Teilaufgabe d) verletzt die Einrückung von **A4** die Regel, nach der jede Anweisung von dem unmittelbar vorangehenden **IF** oder **ELSE** kontrolliert wird; diese Anweisung sollte deshalb direkt unterhalb von **A3** stehen.

4. Die ineinandergeschachtelten **IF**-Anweisungen können bei den einzelnen Teilaufgaben wie folgt umgeschrieben werden:

```
a)  IF  B1 AND B2
        A1.
    IF  B1 AND NOT B2
        A2.
    IF  NOT B1
        A3.
```

```
c)  IF  B1
        A1.
    IF  B1 AND NOT B2
        A2.
```

```
b)  IF  B1 AND B2 AND B3
        A1.
    IF  B1 AND NOT B2
        A2.
```

```
d)  IF  B1 AND B2
        A1.
    IF  B1 AND NOT B2 AND B3
        A2.
    IF  NOT B1
        A3.
```

5. Zu der in der Abb. 8.31 dargestellten, von einem IBM-Kompilierer herausgegebenen Fehlerliste, die natürlich in der englischen Sprache vorliegt (eine deutsche Formulierung ist in der Abb. 8.32 beigefügt), ist zunächst zu bemerken, daß die die Zeile 47 betreffende Diagnostiknachricht in Wirklichkeit auf einen in der Zeile 48 vorhandenen Fehler hinweist. Die zu den Zeilen 53, 54 und 55 gehörenden Fehlernachrichten sind durch das Fehlen des abschließenden Auslassungs-

zeichens auf Zeile 54 verursacht. Der auf Zeile 83 monierte Syntaxfehler ist darauf zurückzuführen, daß an Stelle des Buchstabens O versehentlich die Ziffer 0 geschrieben oder eingetippt wurde. Die sich auf Zeile 88 beziehende Fehlernachricht betrifft die Aktion, die der Kompilier in Erwiderung des Fehlers auf Zeile 48 vornehmen mußte. Die fremd anmutende, zur Zeile 76 gehörende Nachricht mit der Information *DNM=1-207* betrifft den internen Namen, den der Kompilier für den Daten-Satz **EINGABE-SATZ** vergeben hat. Einige Kompilierer verweisen in solchen Fällen auf den aktuellen, vom Programmierer geschaffenen Namen, aber der verwendete IBM-Kompilier arbeitet nicht in dieser Weise.

CARD	ERROR MESSAGE	
16	IKF1002I-W	FILE SECTION HEADER MISSING. ASSUMED PRESENT.
11	IKF2049I-C	NO OPEN CLAUSE FOUND FOR FILE.
18	IKF1043I-W	END OF SENTENCE SHOULD PRECEDE 01 . ASSUMED PRESENT.
12	IKF2049I-C	NO OPEN CLAUSE FOUND FOR FILE.
30	IKF2141I-C	LENGTH OF LITERAL IS MORE OR LESS THAN LENGTH OF GROUP. LENGTH OF LITERAL ASSUMED.
47	IKF2034I-E	GROUP ITEM HAS PICTURE CLAUSE. CLAUSE DELETED.
48	IKF2094I-C	NUMERIC EDITED PICTURE - FLOATING STRING PRECEDES * OR Z. PICTURE REPLACED BY 9(1).
54	IKF1098I-C	ALPHA LITERAL NOT CONTINUED WITH HYPHEN AND QUOTE. END LITERAL ON LAST CARD.
55	IKF1007I-W	05 NOT PRECEDED BY A SPACE. ASSUME SPACE.
55	IKF1043I-W	END OF SENTENCE SHOULD PRECEDE 05 . ASSUMED PRESENT.
53	IKF2126I-C	VALUE CLAUSE LITERAL TOO LONG. TRUNCATED TO PICTURE SIZE.
60	IKF1017I-E	INPUT-FILE INVALID IN OPEN CLAUSE. SKIPPING TO NEXT CLAUSE.
62	IKF4004I-E	NO IS ILLEGALLY USED IN MOVE STATEMENT. DISCARDED.
65	IKF3001I-E	NO-MORE-DATA-REMAINS-FLAG NOT DEFINED. TEST DISCARDED.
76	IKF4050I-E	SYNTAX REQUIRES FILE-NAME . FOUND DNM=1-207 . STATEMENT DISCARDED.
83	IKF3001I-E	C020-LINE-OUT NOT DEFINED. STATEMENT DISCARDED.
88	IKF5011I-W	AN INTERMEDIATE RESULT OR A SENDING FIELD MIGHT HAVE ITS HIGH ORDER DIGIT POSITION TRUNCATED.
93	IKF1043I-W	END OF SENTENCE SHOULD PRECEDE C020-LINE-OUT . ASSUMED PRESENT.
94	IKF3001I-E	EQUALS NOT DEFINED.
94	IKF4013I-C	RELATIONAL MISSING IN IF OR CONDITIONAL STATEMENT. 'EQUAL' ASSUMED.
105	IKF5019I-W	NO STOP RUN, GOBACK, OR EXIT PROGRAM STATEMENTS ENCOUNTERED IN SOURCE.

Hinsichtlich dieser Fehlerliste gelten die gleichen Anmerkungen, die im Abschnitt 8.7 bezüglich der Fehlerlisten gemacht wurden.

Abb. 8.31 Fehlerliste in englischer Sprache (vom IBM-Kompilier herausgegeben)

IKF1002I-W	Überschrift FILE SECTION fehlt. Sie wird übernommen.
IKF1007I-W	Kein Leerzeichen vor 05 vorhanden. SPACE wird übernommen.
IKF1017I-E	EINGABE-DATEI ungültig als OPEN-Klausel. Übergang zur nächsten Klausel.
IKF1043I-W	Satzende sollte 01 vorausgehen. Es wird übernommen.
IKF1098I-C	Ein alphanumerisches Literal wird nicht mit einem Bindestrich und einem Auslassungszeichen fortgesetzt. Das Literal endet auf der letzten Karte, d.h. Zeile.
IKF2034I-E	Datengruppe weist PICTURE-Klausel auf. Klausel entfernt.
IKF2049I-C	Keine OPEN-Klausel für die betreffende Datei gefunden.
IKF2094I-C	PICTURE-Klausel für numerische Aufbereitung - Folge von Gleitzeichen geht * oder Z voraus. PICTURE-Zeichenfolge wird durch 9(1) ersetzt.
IKF2126I-C	Literal in VALUE-Klausel zu lang. Verkürzt auf in PICTURE-Klausel angegebene Länge.
IKF2141I-C	Länge eines Literals ist größer oder kleiner als die Länge der Datengruppe. Länge des Literals wird übernommen.
IKF3001I-E	NO-MORE-DATA-REMAINS-FLAG nicht definiert. Untersuchung eingestellt.
(IKF3001I-E	EQUALS nicht definiert.)
IKF4004I-E	NO in MOVE-Anweisung in ungültiger Weise benutzt. Aufgegeben.
IKF4013I-C	Vergleichsoperator fehlt bei der IF-Anweisung oder bei einer bedingten Anweisung. 'EQUAL' wird übernommen.
IKF4050I-E	Syntax erfordert Dateiname. Gefunden DNM=1-2 7. Anweisung aufgegeben.
IKF5011I-W	Von einem Zwischenergebnis oder von einem Sendefeld kann die Ziffernstelle höchster Stelle abgeschnitten worden sein.
IKF5019I-W	Im Quellenprogramm ist keine der Anweisungen STOP RUN, GOBACK oder EXIT PROGRAM vorhanden.

Abb. 8.32 *Fehlernachrichten in deutscher Sprache (ohne Zeilenbezogenheit, geordnet nach aufsteigendem Fehlercode)*

Die in der Fragestellung erwähnten Zeichensetzungsfehler betreffen das Fehlen der Punkte am Ende der Zeilen 73 und 75. Dadurch werden die beiden Anweisungen **ADD** und **READ** als zugehörig zur **IF**-Anweisung angesehen. Ein Syntaxfehler ist das Weglassen der Punkte freilich nicht. Sobald der Programmablauf einer Situation gegenübersteht, die sich durch die falsche **IF**-Bedingung auszeichnet (bei diesem Programm ziemlich geläufig), würde er in eine *endlose Schleife* geraten. Die Hauptsteuerungsroutine verlangt nämlich die Ausführung des Paragraphen

B010-VERARB-EINGABESATZ

solange, bis das Dateiendekennzeichen gesetzt ist. Da sich aber die **READ**-Anweisung in einer **IF**-Anweisung befindet, deren Bedingung nicht erfüllt sein wird, kommt sie nie zum Zuge. Das Kennzeichen für das Dateiende wird folglich *nicht* gesetzt.

6. Die Erklärung, der Sinn des Testens liege in der Feststellung, ein Programm sei fehlerfrei, trifft nicht unbedingt zu. Dabei ist vorausgesetzt, daß wir nicht in der Lage sind, Testläufe so durchzuführen, daß sie alle möglichen Wege im Programm abdecken. Eine Aktivität, die erst nach Jahren selbst bei relativ kleinen Programmen bemerkt werden würde, könnte sich ja der Überprüfung entziehen. Wir können daher nicht behaupten, ein Programm sei nach erfolgtem Testen richtig. Ein vernünftigeres Testziel ist deshalb, die Fehler in einem Programm zu finden. Wenn wir nach durchgreifenden Testbemühungen keine weiteren Fehler mehr entdecken können, können wir allenfalls behaupten, daß wir keine größeren Fehler im Programm zurückgelassen haben.

7. Die Behauptung c) trifft zu.

8. Die gestellte Frage ist zu bejahen, doch wir raten von einer Benutzung ab, die eine **WRITE**-Anweisung ersetzen soll. Wir müßten nämlich auch hier aufbereitete Felder im Arbeitsspeicherkapitel anlegen, oder die ausgegebenen (nicht aufbereiteten) Werte wären schwer zu lesen. Viel wichtiger jedoch ist die Tatsache, daß verschiedene **COBOL**-Kompilierer die durch **DISPLAY** veranlaßten Ausgaben zu unterschiedlichen Stellen senden. Wenn man daher ein Programm auf einen neuen Computer laufen läßt, muß man unter Umständen gewahr werden, daß die Ausgabe irgendwohin zu unerwarteten Orten geht, beispielsweise kann sie auf der Bedienerkonsole im Rechenzentrum landen. Es gibt außerdem ernstzunehmende Beschränkungen bei der **DISPLAY**-Anweisung. Im allgemeinen sollte sie daher bei Großcomputern nicht für irgendwelche Ausgaben benutzt werden; sie sollte vorwiegend beim Testen eingesetzt werden. Wir werden über einige spezielle Ausnahmen im Kap. 20 sprechen.

ÜBUNGSAUFGABEN

Die Lösungen der mit einem Sternzeichen versehenen Übungsaufgaben befinden sich im Anhang D dieses Buches.

*1. Das erste Beispiel im Abschnitt 8.3 enthält einen „Wurm". Dieser ist zu ermitteln und der gezeigte Code so abzuändern, daß der Fehler beseitigt ist. Dabei ist nicht etwa das gesamte Beispiel neu zu schreiben, es ist vielmehr nur der „wurmige" Code zu modifizieren; es ist also nur das Notwendigste abzuändern.

2. *Diese Übungsaufgabe ist unter Ausnutzung der Sprachversion COBOL-85 zu lösen.*
Bei den Teilaufgaben a) und d) der Kontrollfrage 3. sind Angaben

END-IF so in den gezeigten Code einzubetten, daß die Einrückungen der Art und Weise entsprechen, in der die **COBOL**-Kompilierer die betreffenden Anweisungen interpretieren.

*3. Es ist eine verschachtelte **IF**-Anweisung niederzuschreiben, die die folgende Funktion ausübt: Ein Familienstandscode besitzt Eintragungen mit der Stufennummer **88**, durch die die folgenden Bedingungsnamen festgelegt sind:

- **LEDIG**
- **VERHEIRATET**
- **GESCHIEDEN**
- **VERWITWET**

In Abhängigkeit vom Wert des Familienstandscodes sind die folgenden Routinen auszuführen:

- **D010-LEDIG-ROUT**
- **D020-VERHEIRATET-ROUT**
- **D030-GESCHIEDEN-ROUT**
- **D040-VERWITWET-ROUT**

Wenn der eingegebene Code von den aufgeführten Codes abweicht, soll die mit dem Paragraphennamen **D050-CODEFEHLER-ROUT** eingeleitete Routine zum Zuge kommen. Man kann voraussetzen, daß für die in Betracht zu ziehende Mitarbeitergruppe der weitaus größte Teil verheiratet ist, dann folgen die ledigen, darauf die geschiedenen und zuletzt die verwitweten Mitarbeiter. Die Anweisungen sind so niederzuschreiben, daß sie sich so effizient wie möglich auswirken, d.h. im Hinblick auf die genannten Häufigkeiten.

4. Eine hier nicht näher genannte Firma produziert Elektromotoren im Bereich von 1 kW bis 99 kW. Auf drei verschiedene Abteilungen verteilt sich die Fertigung. Mittels ineinandergeschachtelter **IF**-Anweisungen muß daher eine geeignete Bestellroutine ausgewählt werden; der Auswahl liegt die nachfolgende Tabelle zugrunde:

Leistung in kW	Auszuführende Routine
kleiner als 1	D040-FEHLER-ROUTINE
mindestens 1, aber kleiner als 5	D010-ABT-23-BEST
mindestens 5, aber kleiner als 20	D020-ABT-26-BEST
mindestens 20, aber kleiner als 100	D030-ABT-39-BEST
100 und mehr	D040-FEHLER-ROUTINE

Dieses Vorhaben kann allein mit ineinandergeschachtelten **IF**-Anweisungen gelöst werden. **AND**-Verknüpfungen sind dabei nicht nötig.

*5. Es ist eine verschachtelte **IF**-Anweisung niederzuschreiben, die einen Übergang zur Routine bewirkt, die im Paragraphen
   E050-SPITZEN-BEZAHLUNG-MOEGL
   enthalten ist; folgende Bedingungen müssen dafür zutreffen:

Einkommenscode	Bruttoeinkommen
W	größer als 1000
S	größer als 2800
M	größer als 9000

   Wenn der Einkommenscode ungleich **W**, **S** oder **M** ist, ist die Routine **X030-FEHLER-ROUTINE** auszuführen.

6. Es ist eine verschachtelte **IF**-Anweisung zu formulieren, durch die eine von vier Routinen ausgeführt wird, und zwar gemäß der Wertekombinationen zweier Datenelemente namens **FELD-1** und **FELD-2**. Für die Auswahl ist die folgende Tabelle heranzuziehen:

FELD-1	A	A	A	B	ungleich A oder ungleich B
FELD-2	1	2	ungleich 1 oder ungleich 2	3	beliebig
Übergang zum Paragraphen	A-1-RTN	A-2-RTN	F-RTN	A-3-RTN	F-RTN

   Anm.: Unter „F-RTN" ist eine „Fehler-Routine" zu verstehen.

*7. Das Programm der Übungsaufgabe 7 von Kap. 7 ist wie folgt zu modifizieren: Es ist eine Fehlernachricht zu drucken, wenn die Gesamtsumme der offenen Rechnungen nicht in das dafür vorgesehene Feld hineinpaßt, es also zu einem Überlauf kommt. Der Programmablauf soll jedoch fortgesetzt werden, bis alle Eingabedaten verarbeitet sind. Die Fehlernachricht soll nur einmal ausgegeben werden und zwar anstelle der normalen Gesamtsumme.

8. Das Programm der Übungsaufgabe 8 des Kap. 7 ist wie folgt zu modifizieren: Wenn es bei irgendeinem Feld für die Gesamtsummen zu einem Überlauf kommt, ist für das betreffende Feld anstelle der Gesamtsumme eine entsprechende Fehlernachricht auszugeben. Ein Überlauf könnte bei keinem Gesamtsummenfeld, bei keinem Gesamtsummenfeld, bei einem Feld, bei zwei Feldern usw. eintreten. Nur bei den betroffenen Feldern sollte eine Fehlernachricht erscheinen.

9. Gruppenwechsel

9.1 Einführung

Hauptthema dieses Kapitels ist die Verarbeitung einer Datei, deren Sätze in der Reihenfolge der Werte irgendeines bestimmten Feldes, das in jedem Satz vorhanden ist, angeordnet sind. Die Verarbeitung erfordert das Erstellen einer Liste, die gemäß der Wertänderungen in diesem Feld organisiert ist. Die Änderung von einer Gruppe von Werten zur nächstfolgenden Gruppe von Werten wird *Gruppenwechsel* (engl.: *Control break*) genannt. Dieser Begriff führte uns zur Überschrift dieses Kapitels. Da bei der Verarbeitung die Gruppen kontrolliert werden müssen, spricht man allgemein auch von einer *Gruppenkontrolle*.

Zum Studium dieses Themas werden wir eine Anwendung heranziehen, die allgemein breites Interesse findet. Uns steht eine Datei mit Verkaufsdaten zur Verfügung, die sich in aufsteigender Reihenfolge befinden. Es ist nun eine Übersicht über die Verkaufsdaten zu erstellen, die nach Gebiet, Verkäufer und Rechnung geordnet ist. Die zur Verarbeitung solcher Dateien herangezogenen Methoden sind von fundamentaler Bedeutung (mit ihnen werden wir uns auch in späteren Kapiteln zu beschäftigen haben). Zusammenfassungen sind überdies grundlegende Anwendungen in der Datenverarbeitung. Wir werden dieses Programm in zwei Phasen entwickeln, beginnen werden wir zunächst mit einer einfachen Aufgabe.

Bei der Beschäftigung mit diesem Themenkreis werden wir auch auf mehrere neue **COBOL**-Sprachelemente und -Einrichtungen stoßen. Zuerst werden wir den Inhalt der **IDENTIFICATION DIVISION** (des Erkennungsteiles) kennenlernen. Der Erkennungsteil ist viel kürzer und einfacher als Datenteil und Prozedurteil, verlangt von uns also nicht allzu große Anstrengungen. Zweitens werden wir uns mit Techniken befassen, die es gestatten, bei der Ausgabe Zeilen zu überspringen bzw. die Ausgabe auf den Anfang einer neuen Seite vorzuschieben. Außerdem werden wir einige zusätzliche Beispiele für das Testen vorstellen und über die Handhabung von Änderungswünschen diskutieren.

9.2 Vorstellung der Anwendung „Verkaufsstatistik"

Angenommen, wir verfügen über eine Eingabedatei mit Informationen über die im vergangenen Monat getätigten Verkäufe irgendeiner Firma. Die Firma ist aktiv in einer Anzahl von Verkaufsgebieten. In jedem Verkaufsgebiet sind eine Reihe von Verkäufern tätig. Jeder Verkäufer

9. Gruppenwechsel

wiederum stellt eine Anzahl von Rechnungen aus. Von uns wird verlangt, eine Verkaufsübersicht zu erstellen, die die gesamten Verkäufe der Firma für den betreffenden Monat (Endsumme), die Gesamtsummen für jedes Verkaufsgebiet, die Gesamtsumme der Verkäufe für jeden einzelnen Verkäufer sowie die Gesamtsummen für jede einzelne Rechnung aufzeigt. Die Abb. 9.1 weist auf die generelle Gestalt eines solchen von uns zu erstellenden Berichtes hin. Sie wird uns helfen, die hierarchische Natur der Datenorganisation klarzumachen.

GEBIET	GESAMT	VERKAEUFER	GESAMT	RECHNUNG	GESAMT	ENDSUMME	SEITE 1
				20	$17.00		
				24	$36.00		
				27	$184.00		
		1	$237.00				
				17	$26.00		
				24	$266.90		
		2	$292.90				
				10	$87.50		
				16	$54.75		
		12	$142.25				
1	$672.15						
				40	$50.12		
				41	$105.99		
		4	$156.11				
				44	$1,594.14		
		39	$1,594.14				
2	$1,750.25						
				30	$1,180.94		
				35	$69.26		
				38	$157.43		
				49	$45.00		
				60	$1,234.56		
				78	$276.02		
		15	$2,963.21				
3	$2,963.21						
						$5,385.61	

Abb. 9.1 Beispielhafte Ausgabe eines Programmes mit dreistufigem Gruppenwechsel

Wenn wir vor einer Programmieraufgabe stehen, die für uns zu kompliziert ist, um sie in einem Schritt lösen zu können, können wir uns der Lösung allmählich annähern, indem wir zunächst zu ergründen suchen, ob es nicht eine verwandte, doch einfachere Aufgabe gibt. Sobald wir eine brauchbare Vorgehensweise für diese gefunden haben, können wir auf der erarbeiteten Grundlage aufbauen und die Aufgabe durchführen, die wir eigentlich in Angriff nehmen wollten. Bezieht man eine solche Vorgehensweise auf dieses Kapitel, so gibt es offensichtlich eine Vereinfachung, indem wir uns zunächst nur mit dem einstufigen Gruppenwechsel anstelle des dreistufigen beschäftigen.

Angenommen, die Eingabedatei für den einstufigen Gruppenwechsel einer einfacheren Version unseres Programmes würde wie folgt aussehen:

RECHNUNG	BETRAG in Dollars
20	12
20	18
20	4
24	72
27	40
27	26
27	218
27	2
27	82

Wir erkennen, daß drei Transaktionen mit der Rechnungsnummer 20 vorliegen; ihre Gesamtsumme beträgt 34 Dollars. Die Rechnung 24 weist nur eine Transaktion auf, so daß deren Einzelbetrag gleichzeitig die Gesamtsumme ist, also 72 Dollars. Die Rechnung 72 besteht aus fünf Geschäftsvorgängen mit einer Gesamtsumme von 368 Dollars. Die Schlußsumme oder Endsumme für alle Rechnungen ist gleich der Summe der Beträge aller Transaktionen.

Der Zweck dieses Programmes ist die Ermittlung eines summarischen Überblicks über alle in einer solchen Eingabedatei aufgezeichneten Transaktionen. Die Ausgabe des von uns zu entwickelnden Programmes für den einstufigen Gruppenwechsel bei Vorliegen der oben aufgeführten Eingabedatei soll so aussehen, wie es in der Abb. 9.2 gezeigt ist.

```
RECHNUNG   GESAMT       ENDSUMME              SEITE    1
   20      $34.00
   24      $72.00
   27      $368.00
                         $474.00
```

Abb. 9.2 Ausgabeentwurf für das Programm mit einstufigem Gruppenwechsel

9.3 Sequentielle Verarbeitung von Dateien

Natürlich ist es möglich, Übersichten dieser Art auch dann herzustellen, wenn die Transaktionen in zufälliger Reihenfolge erscheinen. Ein solches Programm würde freilich reichlich aufwendig und schwerfällig sein, wenn wir es mit 30000 Rechnungen und nicht mehr mit nur dreien zu tun bekämen. In diesem Kapitel gehen wir jedoch davon aus, daß die Sätze in der Eingabedatei in aufsteigender Reihenfolge der Rechnungsnummern aufgezeichnet sind. Bei unserer Beispieldatei bedeutet das korrekt, daß am Anfang die Sätze stehen, die die Transaktionen mit der Rechnungsnummer 20 betreffen, da 20 die kleinste vorkommende Rechnungsnummer ist. Als nächstes erscheint in der Datei der Satz, der die Transaktion mit der Rechnungsnummer 24 enthält. Den Schluß der Datei bilden die fünf Sätze mit den Transaktionen, die zur Rechnungsnummer 27 gehören. Die Reihenfolge der Transaktionen, die eine Rechnungsnummer betreffen, kümmert uns überhaupt nicht. Kehrt man beispielsweise die beiden Sätze am Anfang der Datei um, sollte es dennoch zum gleichen Resultat kommen.

Es kann nicht immer erwartet werden, daß die Transaktionssätze in einer Eingabedatei bereits nach aufsteigenden *Ordnungsbegriffen*, hier Rechnungsnummern, sortiert sind. Muß man sie zuvor erst in die richtige Reihenfolge bringen, muß vorher noch ein anderes Verfahren durchgeführt werden, das man als *Sortieren* bezeichnet. Dafür steht ein eigenes Programm zur Verfügung. In Kap. 17 werden wir lernen, wie wir das Sortieren veranlassen können, indem wir das **COBOL**-Verb **SORT** verwenden.

Wir wissen also, daß die Sätze in aufsteigender Folge auftreten. Dadurch sind wir in der Lage, ein Programm anzufertigen, das sich gleichzeitig mit nicht mehr als zwei Transaktionssätzen auseinandersetzen muß. Nach dem Ingangsetzen des Verfahrens mittels einer Methode, die wir bald herleiten und untersuchen werden, werden wir danach immer fragen müssen, ob der soeben eingelesene Transaktionssatz die gleiche Rechnungsnummer besitzt wie der zuvor eingelesene. Sollte das nicht der Fall sein, war die vorhergehende Transaktion die letzte (oder die einzige) einer Gruppe von Sätzen mit der gleichen Rechnungsnummer; daher kann jetzt die Bildung der Summe ihrer Beträge abgeschlossen werden. Wenn also festgestellt wird, daß die Rechnungsnummer der gerade eingelesenen Transaktionen ungleich der Rechnungsnummer der vorhergehenden Transaktion ist, haben wir einen sogenannten *Gruppenwechsel* vor uns. Wenn dagegen die Rechnungsnummer der laufenden Transaktion gleich der Rechnungsnummer der vorhergehenden Transaktion ist, befinden wir uns in der *gleichen Satzgruppe*. Es ist dann nichts weiter zu tun, als den Betrag dieser Transaktion zur bisher aufgelaufenen Summe der Gruppe zu addieren. Ein solches Vorgehen hebt sich scharf von der Situation ab, die entstehen würde, wenn die Geschäftsvorfälle in einer zufälligen Reihenfolge der Rechnungsnummern auftreten würden. Dann hätten wir separate Summenfelder für jede Rechnungsnummer bereitstellen müssen, da es schier unmöglich ist, irgendeine Gesamtsumme vor Erreichen des Dateiendes drucken zu können. Für diesen Fall gibt es nun einmal überhaupt keinen Weg herauszufinden, ob irgendwelche zu einer Gruppe gehörende Transaktionen zuvor vollständig verarbeitet worden sind. Der erforderliche zusätzliche Speicherplatz könnte ein Problem hervorrufen, insbesondere bei kleinen Computern, wenn zuviele Rechnungsnummern zur Verarbeitung anstehen. Natürlich würden wir bei dem soeben beschriebenen Vorgehen den Vorteil gewinnen, daß wir die Transaktionen zuvor nicht nach aufsteigenden Rechnungsnummern zu sortieren brauchten.

Die sequentielle und die wahlfreie Verarbeitung von Dateien haben beide ihre Existenzberechtigung, in erster Linie hängt ihr Einsatz von den Erfordernissen der Anwendungen ab. Nach dem Studium des Gebrauches von Dateien, zu deren Sätzen sequentiell zugegriffen wird, was in den Kapiteln 9 und 12 geschieht, widmen wir uns im Kap. 14 der Behandlung von Dateien, zu deren Sätzen wahlfrei, d.h. zufällig zugegriffen werden soll. Eine vergleichende Betrachtung beider Zugriffsmethoden ist an dieser Stelle sicherlich angebrachter.

9.4 Ein Entwurf des Programmes für den einstufigen Gruppenwechsel

Wir beginnen den Entwurf dieses Programmes damit, daß wir zunächst einen Blick auf die beiden, in die Verarbeitung einbezogenen Dateien werfen, auf die Eingabedatei und auf die Ausgabedatei, die den Bericht aufnehmen soll. Jede Datei besteht aus einzelnen Sätzen; bei der Eingabedatei sind es die Rechnungssätze, bei der Ausgabedatei die Druckzeilen. Eine solche Erkenntnis bringt uns wirklich nicht sehr viel weiter. Was uns weiterhilft, ist die Beobachtung, daß beide Dateien Satzgruppen für die zu einer Rechnungsnummer gehörenden Transaktionen aufweisen. Bei der Eingabedatei setzt sich die zu einer Rechnungsnummer gehörende Gruppe aus einem Satz oder aus mehreren Sätzen zusammen; in der Ausgabedatei führt jede solche Gruppe gerade zu einer einzigen Zeile. Als Grundaufgabe dieses Programmes ist deshalb die folgende zu betrachten: Nach der fortlaufenden Bearbeitung der einzelnen, eine Rechnung bildenden Gruppen ist abschließend eine Endsumme auszugeben. Die Bearbeitung der Gruppen ist simpel, es ist nur der Betrag des laufenden Satzes zur Gesamtsumme der Gruppe zu addieren. Am schwierigsten ist es festzustellen, *wann* das Ende einer Gruppe erreicht ist, und *wie* man eine neue Gruppe zu initialisieren hat. Die hierarchische Darstellung dieses Programmes findet man in der Abb. 9.3, den grundlegenden Pseudocode in der Abb. 9.4.

Die Grundstruktur dieses Entwurfes lehnt sich an die Struktur der Dateien an. Auf der Hauptstufe des Programmentwurfes führen wir eine erste Leseoperation (**READ**) durch, veranlassen dann die fortwährende Bearbeitung der (Rechnungs-)Gruppen solange, bis das Dateiende erreicht ist; danach wird noch die Endsumme gedruckt. In dieser Entwick-

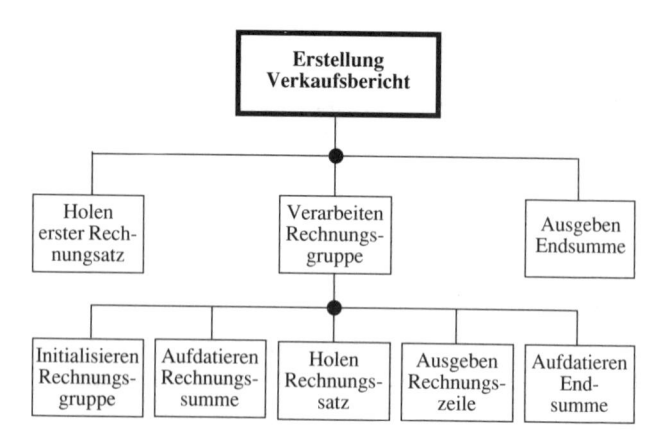

```
                    ┌──────────────────┐
                    │   Erstellung     │
                    │ Verkaufsbericht  │
                    └──────────────────┘
           ┌───────────────┼───────────────┐
   ┌───────────────┐ ┌───────────────┐ ┌───────────────┐
   │    Holen      │ │  Verarbeiten  │ │   Ausgeben    │
   │ erster Rech-  │ │  Rechnungs-   │ │   Endsumme    │
   │   nungsatz    │ │    gruppe     │ │               │
   └───────────────┘ └───────────────┘ └───────────────┘
       ┌──────────┬──────────┼──────────┬──────────┐
  ┌─────────┐ ┌─────────┐ ┌─────────┐ ┌─────────┐ ┌─────────┐
  │Initiali-│ │Aufdatie-│ │  Holen  │ │Ausgeben │ │Aufdatie-│
  │ sieren  │ │   ren   │ │Rechnungs│ │Rechnungs│ │   ren   │
  │Rechnungs│ │Rechnungs│ │  satz   │ │  zeile  │ │  End-   │
  │ gruppe  │ │ summe   │ │         │ │         │ │ summe   │
  └─────────┘ └─────────┘ └─────────┘ └─────────┘ └─────────┘
```

Abb. 9.3 Hierarchische Darstellung des Programmaufbaus (einstufiger Gruppenwechsel)

lungsphase befassen wir uns wirklich noch nicht damit, was unter einer eine Rechnung bildenden Gruppe zu verstehen ist und wie ein einzelner Eingabesatz überhaupt aussieht. Wenn jedoch die Eingabedatei leer ist, wird das Programm keine *Gruppenverarbeitung* durchführen; das aber wollen wir tatsächlich ebenfalls einschließen.

In jedem Programm, das wie dieses aufeinanderfolgende Datengruppen verarbeitet, erweist sich gewöhnlich als schwierigste Teilaufgabe, sich mit dem Gruppenende und mit dem *Beginn der nächsten Gruppe* befassen zu müssen. Wir würden uns freuen, wenn uns dafür eine allgemeine Methode zur Verfügung stehen würde, wodurch wir nicht gezwungen wären, spezielle Fälle gesondert zu behandeln. Das Verfahren, das wir benutzen wollen, basiert auf zwei Variablen. Die eine dient zur Identifizierung der Gruppe, zu der der *laufende Satz* (der Satz also, mit dem gerade gearbeitet wird) gehört. Die andere Variable ermöglicht die Identifizierung der Gruppe, zu der der *vorausgehende Satz* (der Satz also, dessen Verarbeitung gerade abgeschlossen ist) gehört.

Solange diese beiden Variablen den gleichen Wert aufweisen, braucht nicht viel getan zu werden. Wir fahren einfach mit der Verarbeitung der laufenden Datengruppe fort. Wenn die Variablen hingegen verschiedene Werte aufweisen, wissen wir, daß wir am Ende einer Gruppe angelangt sind und mit der Verarbeitung der nächsten beginnen müssen. Wir schließen also die laufende Gruppe ab und starten danach die neue. Im Pseudocode mit der Überschrift „VERARBEITEN RECHNUNGSGRUPPE" bedeutet das, daß wir die Schleife PERFORM-UNTIL zu beenden haben, die auf die Rechnung bezogene Zeile ausgeben und die

9.4 Ein Entwurf des Programmes für den einstufigen Gruppenwechsel

```
ERSTELLUNG EINES VERKAUFSBERICHTES
==================================
eröffnen dateien
setzen endsumme auf null
setzen kennzeichen für weitere daten auf 'J'
holen  rechnungs-satz;
       bei dateiende setzen kennzeichen für weitere daten auf 'N'
PERFORM-UNTIL  keine weiteren daten
    verarbeiten rechnungsgruppe
ENDPERFORM
ausgeben endsumme
abschließen dateien
```

```
VERARBEITEN RECHNUNGSGRUPPE
---------------------------
initialisieren rechnungsgruppe
PERFORM-UNTIL  laufende-rechnungsnummer ist nicht gleich
               vorhergehende-rechnungsnummer
          oder keine weiteren daten
    aufdatieren gesamtsumme-der-rechnung
    holen  rechnungs-satz;
           bei dateiende setzen kennzeichen für weitere daten auf 'N'
ENDPERFORM
ausgeben rechnungszeile
aufdatieren endsumme
```

```
INITIALISIEREN RECHNUNGSGRUPPE
------------------------------
setzen gesamtsumme-der-rechnung auf null
setzen vorhergehende-rechnungsnummer auf laufende-rechnungsnummer
```

Anmerkung: Statt des Begriffes „aufdatieren" benutzt man manchmal auch den Begriff „aktualisieren".

Abb. 9.4 Grundlegender Pseudocode für ein Programm mit einstufigem Gruppenwechsel

Endsumme fortschreiben (aufdatieren) müssen. Damit ist die alte Gruppe abgeschlossen, und wir gehen erneut in die PERFORM-UNTIL-Schleife, die im Pseudocode unter der Überschrift „HERSTELLUNG EINES VERKAUFSBERICHTES" zu finden ist; dabei haben wir angenommen, daß noch weitere Datensätze in der Eingabedatei vorhanden sind.

Bis zu diesem Punkt entdeckten wir im Pseudocode noch keine Tätigkeit, die den Wert von „vorhergehende-rechnungsnummer" geändert hat. Nun beginnen wir jedoch von vorn mit der Ausführung von „VERARBEITEN RECHNUNGSGRUPPE". Zu Beginn wird auf den Pseudocode mit der Überschrift „INITIALISIEREN RECHNUNGS-GRUPPE" Bezug genommen. In diesem setzen wir zunächst die Gesamtsumme der neuen Rechnung auf Null. Anschließend übertragen wir die Rechnungsnummer des soeben eingelesenen Datensatzes nach „vorhergehende-rechnungsnummer"; damit ist diese für die weitere Verarbeitung sichergestellt. Nunmehr sind wir bereit, mit der Verarbeitung der neuen Datengruppe, die zur Rechnung mit der sichergestellten Rechnungsnummer (Rechnungsgruppe) gehört, zu beginnen.

Wir sollten noch auf eines hinweisen: Jedesmal, wenn eine Gruppe begonnen wird, ist der erste zur Gruppe gehörende und damit der erste zu verarbeitende Satz derjenige, der ausschlaggebend dafür war, daß die vorhergehende Gruppe beendet wurde.

Zwei besondere Gruppen haben wir bei der Verarbeitung zu beachten, nämlich die erste und die letzte Gruppe in der Eingabedatei. Die Behandlung der letzten Gruppe erweist sich als einfach. Beide PERFORM-UNTIL-Schleifen enden, wenn das Dateiende festgestellt wurde. Damit können wir einfach die Ausgabe der Endsumme, das Abschließen der Dateien und das Stoppen des Programmablaufes veranlassen. Die Behandlung der ersten Gruppe beinhaltet Gedankengänge, die ein bißchen schwieriger zu erfassen sind. Es ist nun einmal keine vohergehende Gruppe vorhanden, die ihre Verarbeitung anstoßen könnte. Wir können dieses Problem jedoch ziemlich einfach lösen, indem wir den ersten Satz der Datei lesen, bevor wir über PERFORM-UNTIL in die Schleife in „ERSTELLUNG EINES VERKAUFSBERICHTES" eintreten. Dieser Satz wird damit zum „laufenden Satz", durch den die „vorhergehende-rechnungsnummer" in „INITIALISIEREN RECHNUNGSGRUPPE" gesetzt werden kann.

Diese Methodik ist sehr allgemein gehalten und kann daher leicht jedem System angepaßt werden, dem eine Eingabedatei zugeführt wird, deren Sätze eine Folge von Datengruppen bilden.

Die hierarchische Darstellung des Programmaufbaus (Abb. 9.3) und stillschweigend auch der Pseudocode (Abb. 9.4) zeigen, daß das Programm aus neun Moduln bestehen sollte. Wir haben uns allerdings dazu entschlossen, den Pseudocode für neun Moduln nicht zu zeigen, sondern haben von vornherein einfache Moduln zu umfangreicheren zusammengefaßt. Von diesem Standpunkt aus gesehen, werden wir auch nicht soviele Paragraphen im **COBOL**-Programm haben: Die meisten Moduln sind sehr einfach und können hintereinander codiert (in-line) werden. Das von uns geschriebene Programm ist in den Abb. 9.5 und 9.6 gezeigt.

Einige Leser könnten bemerkt haben, daß der Punkt nach der **ADD**-Anweisung im Paragraphen **C010-VERARB-RECHN-SATZ** fehlt. Da weder das Verb **ADD** noch das Verb **READ** einer bedingten Anweisung untergeordnet ist, werden sie ohnedies in der niedergeschriebenen Reihenfolge ausgeführt. Mit nur einem Punkt am Ende des Paragraphen wird dieser Paragraph zu einem Paragraphen mit nur einem (Programm-)Satz, der freilich zwei Anweisungen enthält. Bei Vorhandensein des Punktes nach der **ADD**-Anweisung hätten wir einen Paragraphen mit zwei Sätzen vor uns, jedoch würde jeder Satz nur aus einer Anweisung bestehen. Unter diesen Umständen ist das Weglassen des

```
IDENTIFICATION DIVISION.
PROGRAM-ID.
    EINSTUF.
AUTHOR.
    D. GOLDEN, DEUTSCH VON R. GRITSCH.
INSTALLATION.
    CLEVELAND STATE UNIVERSITY.
DATE-WRITTEN.
    4. MAERZ 1987 BZW. 24. MAERZ 1989.
DATE-COMPILED.
    5. MAERZ 1987.
SECURITY.
    NICHT KLASSIFIZIERT.
*
*   DIESES PROGRAMM ERZEUGT EINEN EINSTUFIGEN UEBERSICHTSBERICHT
*   FUER EIN VERKAUFS-ABRECHNUNGSSYSTEM
*

ENVIRONMENT DIVISION.
CONFIGURATION DIVISION.
SPECIAL-NAMES.
    C01 IS NEUE-SEITE.
INPUT-OUTPUT SECTION.
FILE-CONTROL.
    SELECT RECHNUNGS-DATEI        ASSIGN TO S-RECHNUNG.
    SELECT BERICHTS-DATEI         ASSIGN TO S-BERICHT.

DATA DIVISION.
FILE SECTION.
FD  RECHNUNGS-DATEI
    LABEL RECORDS ARE OMITTED.
01  RECHNUNGS-SATZ.
    05  RECHNUNGS-NUMMER          PIC X(5).
    05  BETRAG                    PIC 9(5)V99.
    05  FILLER                    PIC X(78).

FD  BERICHTS-DATEI
    LABEL RECORDS ARE OMITTED.
01  BERICHTS-ZEILE                PIC X(133).

WORKING-STORAGE SECTION.
77  RECHNUNGS-SUMME               PIC S9(6)V99.
77  END-SUMME                     PIC S9(6)V99.
77  ZEILEN-NUMMER                 PIC S99.
77  MEHR-DATEN-KENNZ              PIC X.
    88  KEINE-WEITEREN-DATEN                   VALUE 'N'.
77  SEITEN-NUMMER                 PIC S999.
77  RECHNUNGS-NUMMER-VORHER       PIC X(5).

01  EINZEL-ZEILE.
    05  DRUCK-STEUERUNG           PIC X.
    05  RECHNUNGS-NUMMER-AUS      PIC BBZ(4)9.
    05  FILLER                    PIC XX.
    05  RECHNUNGS-SUMME-AUS       PIC $$,$$9.99.
    05  FILLER                    PIC X(3).
    05  END-SUMME-AUS             PIC $$,$$9.99.

01  UEBERSCHRIFTS-ZEILE.
    05  DRUCK-STEUERUNG           PIC X.
    05  FILLER                    PIC X(30)
        VALUE 'RECHNUNG    GESAMT      ENDSUMME'.
    05  FILLER                    PIC X(23)
        VALUE '             SEITE     '.
    05  SEITEN-NUMMER-AUS         PIC ZZZ9.
```

Abb. 9.5 COBOL-Programm für den einstufigen Gruppenwechsel, 1. Teil

```
PROCEDURE DIVISION.
A000-ERST-VERK-BERICHT.
    OPEN  INPUT RECHNUNGS-DATEI
          OUTPUT BERICHTS-DATEI.
    MOVE ZERO TO END-SUMME.
    MOVE 'J' TO MEHR-DATEN-KENNZ.
    MOVE 55 TO ZEILEN-NUMMER.
    MOVE ZERO TO SEITEN-NUMMER.
    READ RECHNUNGS-DATEI
        AT END  MOVE 'N' TO MEHR-DATEN-KENNZ.
    PERFORM B010-VERARBEITEN-GRUPPE
        UNTIL KEINE-WEITEREN-DATEN.
    MOVE SPACES TO EINZEL-ZEILE.
    MOVE END-SUMME TO END-SUMME-AUS.
    PERFORM X010-ZEILE-AUS.
    CLOSE RECHNUNGS-DATEI
          BERICHTS-DATEI.
    STOP RUN.

B010-VERARBEITEN-GRUPPE.
    MOVE ZERO TO RECHNUNGS-SUMME.
    MOVE RECHNUNGS-NUMMER TO RECHNUNGS-NUMMER-VORHER.
    PERFORM C010-VERARB-RECHN-SATZ
        UNTIL RECHNUNGSNUMMER IS NOT EQUAL TO
              RECHNUNGS-NUMMER-VORHER
           OR KEINE-WEITEREN-DATEN.
    MOVE SPACES TO EINZEL-ZEILE.
    MOVE RECHNUNGS-NUMMER-VORHER TO RECHNUNGS-NUMMER-AUS.
    MOVE RECHNUNGS-SUMME TO RECHNUNGS-SUMME-AUS.
    PERFORM X010-ZEILE-AUS.
    ADD RECHNUNGS-SUMME TO END-SUMME.

C010-VERARB-RECHN-SATZ.
    ADD BETRAG TO RECHNUNGS-SUMME
    READ RECHNUNGS-DATEI
        AT END  MOVE 'N' TO MEHR-DATEN-KENNZ.

X010-ZEILE-AUS.
    ADD 1 TO ZEILEN-NUMMER.
*       PRUEFUNG, OB DAS SEITENENDE ERREICHT IST.
*       WENN JA ---> DRUCKEN UEBERSCHRIFT FUER NEUE SEITE
    IF  ZEILEN-NUMMER IS GREATER THAN 55
        ADD 1 TO SEITEN-NUMMER
        MOVE SEITEN-NUMMER TO SEITEN-NUMMER-AUS
        WRITE BERICHTS-ZEILE FROM UEBERSCHRIFTS-ZEILE
            AFTER ADVANCING NEUE-SEITE
        MOVE SPACES TO BERICHTS-ZEILE
        WRITE BERICHTS-ZEILE AFTER ADVANCING 2 LINES
        MOVE 4 TO ZEILEN-NUMMER.
    WRITE BERICHTS-ZEILE FROM EINZEL-ZEILE
        AFTER ADVANCING 1 LINE.
******************* PROGRAMMENDE *******************************
```

Abb. 9.6 COBOL-Programm für den einstufigen Gruppenwechsel, 2. Teil

Punktes ein vollkommen legales Unterfangen und verursacht in der Tat keinen Ärger.

Wir empfehlen jedoch nicht, von dieser Flexibilität Gebrauch zu machen. Es ist besser, sich gute Gewohnheiten anzueignen und bei ihnen zu bleiben. Die Weglassung des Punktes mußte einmal demonstriert werden, zumindest für einige Leser. Es dürfte für manche recht schwierig sein, das Fehlen eines Punktes auf Anhieb zu „sehen". Wenn man später darauf hinweist, ist natürlich dieser „Lapsus" offensichtlich. Hier führte die Weglassung des Punktes nicht zur Ausgabe von Diagnostiknachrichten durch den Kompilierer, verursachte also für den Programmierer keinen Ärger. Rätselhaft erscheint jedoch manchem Anfänger, daß mitunter Dinge wie diese keine Diagnostiknachrichten seitens der Kompilierer hervorrufen, andererseits aber manchmal großen Verdruß bereiten.

9.5 Der Erkennungsteil (IDENTIFICATION DIVISION)

Dieses Programm weist einige neue Charakterzüge auf. Zuerst wäre der voll abgedeckte Erkennungsteil zu erwähnen, der in diesem Buch nur an dieser Stelle erscheint. Der Erkennungsteil ist bei weitem der einfachste der vier Teile eines **COBOL**-Programmes. Wir sollten in der Lage sein, in einer knappen Besprechung die einzige stets erforderliche Eintragung sowie die verschiedenen möglichen Zusatzeintragungen abzuhandeln.

Der *Erkennungsteil* besteht aus einzelnen *Paragraphen*, deren Namen *verbindlich vorgegeben* sind, z.B. ist **PROGRAM-ID** ein solcher, zugleich der einzige, der immer vorhanden sein muß. Jeder Paragraph ist entsprechend der Regeln, die für die Schreibweise von Paragraphen und Sätzen gelten, niederzuschreiben. Es gibt keine besonderen Regeln für den Erkennungsteil. Die meisten Kompilierer betrachten jedoch beinahe alle Notizen, die innerhalb eines Paragraphen des Erkennungsteiles auftreten, als *Kommentare*. Damit ist gesagt, daß die Kompilierer fast allem, was in den einzelnen Paragraphen niedergeschrieben ist, keinerlei Bedeutung zumessen.

Für die Syntax des Erkennungsteiles gelten einige wenige einfache Regeln. Sie lauten wie folgt:
1) Die Eintragung **PROGRAM-ID** muß immer vorhanden sein. In diesem Paragraphen muß stets der Name eingetragen sein, unter dem der Kompilierer und bestimmte Komponenten des Betriebssystemes sich auf das Programm beziehen werden. Wenn die Eintragung mehr Zeichen enthält, als das Betriebssystem für den Namen eines Programmes zuläßt, beachtet der Computer die überzähligen Zeichen nicht.

Weist die Eintragung hingegen Zeichen auf, die das Betriebssystem bei einem Programmnamen nicht erlaubt, z.B. den Schrägstrich, so gibt ein Kompilierer entweder eine Fehlernachricht aus oder ändert selbständig die unzulässigen Zeichen in gültige ab. Wem dies überhaupt zu verwickelt klingen sollte, der möge daran denken, daß es zwischen den einzelnen Kompilierern einen gewissen Grad von Variabilität gibt. Die Regeln für das System, mit dem man selbst arbeitet, sind gewiß sehr einfach. Wenn man **COBOL**-Programme für die Übungsaufgaben schreiben muß, werden diese längst geläufig sein.

2) Die Verwendung aller anderen Eintragungen des Erkennungsteiles ist freigestellt. Wenn sie vorliegen, müssen sie freilich in der Reihenfolge angeordnet sein, die bei diesem Programm (Abb. 9.5) gezeigt ist. Die Paragraphennamen müssen unbedingt richtig geschrieben werden.

3) Wenn der Paragraph **DATE-COMPILED** gebraucht wird, sollte er üblicherweise leer gelassen werden, weil der Kompilierer irgendwelche niedergeschriebenen Kommentare auf jeden Fall durch das Datum ersetzen wird, an dem die Kompilierung stattfindet.

Das vom Kompilierer eingesetzte Datum (meist in englischer Form!) wird gewöhnlich auf dieselbe Zeile gestellt wie der Paragraphenname. Das würde auch bei unserem Programm geschehen, wenn wir uns die vom Kompilierer ausgegebene Liste ansehen würden. Erinnern wir uns an Kap. 1: Dort sagten wir bekanntlich, daß der erste Satz eines Paragraphen auf der gleichen Zeile beginnen darf, auf der der Paragraphenname notiert ist. Aus Gründen der Überschaubarkeit und der Wartbarkeit wollten wir jedoch in diesem Buch von dieser Möglichkeit niemals Gebrauch machen.

In jeder EDV-Installation ist es mittlerweile Usus geworden, durch einfache betriebsinterne Regelungen festzulegen, was im Erkennungsteil erscheinen sollte. Neben der erforderlichen *Programmidentifikation* wird meistens verlangt, auch die Paragraphen **AUTHOR** und **DATE-COMPILED** aufzuführen. Der letztere Paragraph ist vor allem dann nützlich, wenn, wie es häufig geschieht, mehrere Programmversionen vorliegen und man wissen möchte, welche die jüngste ist; das ist oft von eminenter Bedeutung.

Obgleich alle im Programm gezeigten Eintragungen von **COBOL-85** ebenfalls unterstützt werden, ist im Standard von **COBOL-85** festgelegt, daß alle Paragraphen im Erkennungsteil mit Ausnahme des Paragraphen **PROGRAM-ID** ausgemerzt werden, wann immer auch der nächste Standard veröffentlicht wird. Obgleich dies nicht in den nächsten Jahren geschehen dürfte, ist es wahrscheinlich eine vortreffliche Idee, schon jetzt mit der Entwicklung von Alternativen für diese „Kommentarparagraphen" zu beginnen. **COBOL**-Programme besitzen oftmals eine Lebensdauer, die über eine Dekade hinausgeht; man kann deshalb eine solche Entwicklung in Ruhe abwarten.

9.6 Kommentare

Eine Alternative anstelle der optionalen Eintragungen im Erkennungsteil wird durch die auf den Paragraphen **SECURITY** folgenden vier Zeilen demonstriert (Abb. 9.5). Man nennt sie *Kommentarzeilen*. Wie wir bereits im Kap. 1 erwähnten, gilt als Kommentarzeile jede Zeile, die in Spalte 7 ein *Sternzeichen* aufweist. Kommentare werden von den Kompilierern nicht beachtet. Sie können daher in das Programm an eine beliebige Stelle plaziert werden, d.h. an eine Stelle, an der man eine Notiz für den Leser einschließen will. Wenn man auf die Stelle 7 einen *Schrägstrich* stellt, wird die betreffende Zeile ebenfalls als Kommentarzeile angesehen, aber der Drucker wird zusätzlich einen Vorschub auf eine neue Seite veranlassen, bevor er diese Zeile druckt; das gilt für die Erzeugung von Programmlisten durch die Kompilierer.

Es ist üblich, ans Ende des Erkennungsteiles einige Kommentarzeilen einzufügen, in denen kurz der Sinn und Zweck des Programmes vermerkt ist. Kommentare werden im Prozedurteil ziemlich oft verwendet, um besonders heikle Programmteile zu erläutern. Im Datenteil dienen sie zur Dokumentation des Verwendungszweckes von Datenfeldern. Obwohl viele Programme von durchdachten Kommentaren durchaus Nutzen ziehen können, raten wir zu sparsamen Gebrauch, da ein gut geschriebenes Programm zum großen Teil sich selbst erklären sollte und auch kann. Zu viele Kommentare können den eigentlichen Programmcode zudecken.

9.7 Die Steuerung des Zeilentransportes (Erzeugung von leeren Zeilen)

Die nächste neue, hier im Programm demonstrierte Eigenschaft von **COBOL** berührt mehrere verschiedene Programmteile. In den bisherigen Programmen hatten wir keine besonderen Maßnahmen getroffen, um den (vertikalen) Zeilentransport bei der Druckausgabe zu steuern. Dadurch kam es zu einem automatischen Übergang zur nächsten Zeile. Keine Aufmerksamkeit wurde dem Fakt geschenkt, wo und wann eine Seite enden und die nächste beginnen soll.

Oft reicht ein solches Verhalten nicht aus. Mitunter soll nun einmal gewährleistet sein, daß beispielsweise Spaltenüberschriften zu Beginn einer neuen Seite gedruckt werden sollen. Zu anderen Zeiten wünschen wir, daß ein *doppelter* oder gar *dreifacher Zeilentransport* vor dem Drukken der nächsten Zeile erfolgen soll, d.h. wir wollen eine *Leerzeile* oder zwei *Leerzeilen* zwischen Textzeilen erhalten. Bei seltenen Gelegenheiten möchten wir auch einmal die Möglichkeit haben, den Zeilentransport zu unterdrücken, um zweimal die gleiche Zeile bedrucken zu können. **COBOL** sorgt dafür, daß alle genannten Möglichkeiten auf ziemlich einfache Weise verwirklicht werden können; diese wollen wir nunmehr ergründen.

9.8 Die komplette WRITE-Anweisung

Für die Benutzung der **WRITE**-Anweisung stehen zwei Optionsarten zur Verfügung. Wir haben bereits gesehen, wie die Option **FROM** zu gebrauchen ist; nunmehr wollen wir uns um die **ADVANCING**-Option kümmern. Das komplette allgemeine Format der **WRITE**-Anweisung, wie wir es für die Art von Dateien benutzen können, die wir bisher behandelt haben, lautet wie folgt:

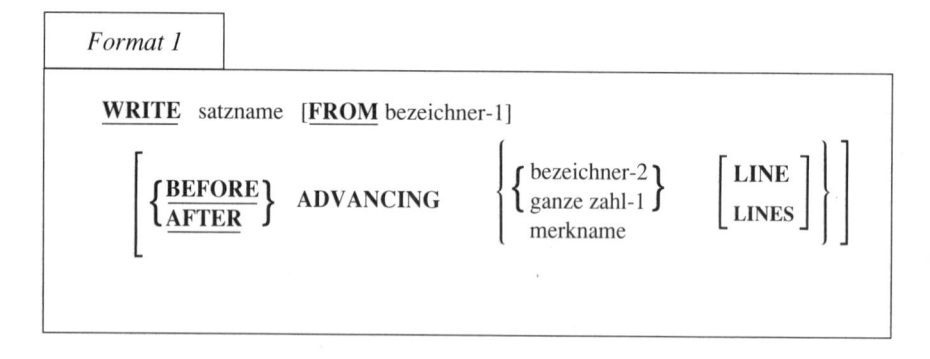

```
Format 1

    WRITE satzname [FROM bezeichner-1]

    ⎡ ⎧BEFORE⎫              ⎧bezeichner-2⎫ ⎡LINE ⎤ ⎤
    ⎢ ⎨AFTER ⎬  ADVANCING   ⎨ganze zahl-1 ⎬ ⎢     ⎥ ⎥
    ⎣ ⎩      ⎭              ⎩ merkname    ⎭ ⎣LINES⎦ ⎦
```

Wir erkennen, daß wir angeben können, daß das Drucken einer Zeile vor oder nach einem (vertikalen) *Zeilentransport*, d.h. einem Weiterrücken des Druckpapiers, veranlaßt werden kann. Beispielsweise können wir schreiben:

WRITE AUSGABE-SATZ AFTER ADVANCING 2 LINES.

Diese Aussage bedeutet, daß vor dem Drucken der Zeile mit dem Inhalt von **AUSGABE-SATZ** ein Weiterrücken des Druckpapiers um zwei Zeilen erfolgt, d.h. es kommt zu einer *Leerzeile*. Wir können aber auch die folgende Aussage spezifizieren:

WRITE NACHRICHTEN-ZEILE AFTER ADVANCING ZEILENZAHL LINES.

Hier würde das Drucken einer Zeile erst dann erfolgen, wenn ein Zeilentransport um soviel Zeilen erfolgt ist, wie der gegenwärtige Wert der Variablen **ZEILENZAHL** angibt.

Es ist möglich, daß für den Zeilentransport der Wert *Null* angegeben wird. Wenn das der Fall ist, erfolgt überhaupt kein Zeilentransport und die betreffende Zeile wird auf die gleiche Position wie die vorhergehende Zeile gedruckt (*Überdrucken*). Diese Möglichkeit kann benutzt werden, um den Inhalt eines Satzes zweimal auf die gleiche Zeile zu drucken, wodurch man gewissermaßen den Effekt eines Fettdrucks erzielen kann. Ebenso aber kann diese Einrichtung zur Unterstreichung von Textstellen eingesetzt werden.

Eine grundlegende Regel von **COBOL** besagt, daß *alle* **WRITE**-Anweisungen für eine Datei die **ADVANCING**-Option aufweisen müssen, wenn nur *irgendeine* **WRITE**-Anweisung dieselbe besitzt. Das bedeutet: Wenn wir beispielsweise die **ADVANCING**-Option dazu benutzen, um einen *Vorschub* auf eine neue Seite zu erreichen oder irgendeinen anderen Zweck mit ihr verfolgen, müssen wir sie beim ganz normalen Zeilentransport um eine Zeile ebenfalls verwenden. Von uns wird also in einem solchen Fall gefordert, daß wir die folgende Anweisung niederschreiben:

WRITE AUSGABE-SATZ AFTER ADVANCING 1 LINE.

Vorsicht ist jedoch geboten; darauf weisen wir hier ausdrücklich hin.

COBOL erlaubt zwar, daß sowohl **BEFORE ADVANCING** als auch **AFTER ADVANCING** für die gleiche Datei verwendet werden, d.h. man codiert manchmal die eine Form, dann wieder die andere, aber wir raten generell von einer solchen wechselweisen Benutzung ab. Das betreffende Programm wird erarbeitet, aber die Resultate eines solchen Vermischens der beiden Möglichkeiten sind nicht immer die erwarteten. Wenn man also beide Optionen abwechselnd für die gleiche Datei in einem Programm benutzen muß, so sollte das nur mit äußerster Sorgfalt geschehen.

Die Option „merkname" betrifft Namen, die wir für gewisse Hardwarefunktionen vergeben können, die in die technischen Einrichtungen der Drucker zur Steuerung und Kontrolle des Papiervorschubs eingebaut sind. Wichtigstes Beispiel hierfür ist der Papiertransport bis zum Beginn der nächsten Seite, deren erste Zeile dann für ein nachfolgendes Drucken bereitsteht. Alle an die Großcomputer anschließbaren Zeilendrucker sind mit dieser Einrichtung versehen. Die exakten Details, wie sie anzusprechen sind, sind jedoch bei den einzelnen Druckertypen verschieden.

Der *Maschinenteil* (**ENVIRONMENT DIVISION**) ist genau die Stelle im Programm, in der solche *maschinenabhängigen* Programmaspekte festzulegen sind. Wir haben hier nicht die Zeit, um dieses Thema eingehend zu besprechen. Zwar ist es nicht allzu umfangreich, aber wir müssen es solange verschieben, bis wir gelernt haben, wie der Übergang zu einer neuen Seite zu codieren ist.

9.9 Das Konfigurationskapitel im Maschinenteil (ENVIRONMENT DIVISION)

Alle Programme, die wir bis zu diesem Zeitpunkt besprochen haben, enthalten im Maschinenteil nur das Kapitel für die Eingabe/Ausgabe (**INPUT-OUTPUT SECTION**). Innerhalb dieses Kapitels erscheint bekanntlich der Paragraph für die Steuerung und Kontrolle der Dateien (**FILE-CONTROL**). In diesem ist für jede, in einem Programm angesprochene Datei ein **SELECT**-Satz aufzuführen. Nunmehr fügen wir das *Konfigurationskapitel* (**CONFIGURATION SECTION**) hinzu, das, sofern vorhanden, als erstes im Maschinenteil auftauchen muß. In diesem Kapitel gibt es einen Paragraphen, in dem *besondere Namen* festgelegt werden können; dieser Paragraph ist **SPECIAL-NAMES** benannt. Die Einzelheiten über das, was in diesem Paragraphen geschrieben werden kann, variieren von Maschine zu Maschine. Bei den IBM-Computern, die zum Testen der in diesem Buch besprochenen Programme benutzt wurden, fügen wir in diesen Paragraphen durch

C01 IS merkname

einen speziellen Namen für unser Programm ein. Der auf diese Weise definierte „merkname" spezifiziert dann den Übergang zu einer neuen Seite, dann wenn wir uns auf ihn in einer **ADVANCING**-Angabe beziehen. Durch **C01** ist die zuständige Druckeraktion bezeichnet; dieser Code unterscheidet sich bei den einzelnen Computertypen. Damit man sich diese Aktion leicht merken kann (Gedächtnishilfe!), werden wir üblicherweise den *Merknamen* **NEUE-SEITE** benutzen. Die **WRITE**-Anweisung zum Zwecke des Papiervorschubs auf eine neue Seite nimmt damit die folgende Form an:

WRITE AUSGABE-SATZ AFTER ADVANCING NEUE-SEITE.

9.10 Das Zeichen für die Vorschubsteuerung (Carriage Control)

Eine Reihe von **COBOL**-Kompilierern (vornehmlich die der IBM) erfordert die Bereitstellung einer Zeichenstelle zu Beginn eines Satzes, wenn die **ADVANCING**-Option benutzt wird. Diese Zeichenstelle dient zur Aufnahme des *Vorschubsteuerungszeichens* (engl.: *carriage control character*). Dieses Zeichen steuert die technische Einrichtung

9.10 Das Zeichen für die Vorschubsteuerung (Carriage Control) 335

zum Papiervorschub der an Großrechner angeschlossenen Zeilendrukker. Von uns wird nicht verlangt, daß wir irgendein Zeichen auf diese Stelle plazieren; dies erfolgt vielmehr in Konsequenz dessen, was wir bei **ADVANCING** niederschreiben. Würden wir tatsächlich etwas auf diese Stelle übertragen, würde dieses Zeichen durch dasjenige Zeichen überschrieben, das aus der entsprechenden bei **ADVANCING** festgelegten Tätigkeit hervorgeht. Das an diese Stelle bei der Ausführung des Objektprogrammes plazierte Zeichen wird nicht gedruckt, es dient vielmehr nur zur *Steuerung des Zeilentransportes* (*des Papiervorschubes*) beim Drukker. Man nennt ein solches Zeichen deshalb auch manchmal *Drucksteuerungszeichen*.
Drei Punkte sind es, auf die man achten sollte:
1) Das Vorschubsteuerungszeichen ist nicht Bestandteil des standardisierten **COBOL**. Wenn ein Computer installiert ist, für dessen angeschlossenen Drucker kein Vorschubsteuerungszeichen erforderlich ist, braucht man auch keinen Platz für ein solches Zeichen zu reservieren.
2) Wenn ein Computer eingesetzt ist, für dessen Zeilendrucker Vorschubsteuerungszeichen erforderlich sind, zieht die **ADVANCING**-Angabe stets die erste Zeichenstelle des Ausgabesatzes zur Plazierung des Steuerungszeichens heran. Wenn kein Platz für dieses Zeichen vorgesehen ist, wird das erste Zeichen des Ausgabesatzes durch die von **ADVANCING** hervorgerufene Aktion überschrieben.
3) Gleichgültig, welcher Computer eingesetzt ist, man braucht für **WRITE**-Anweisungen *ohne* **ADVANCING**-Option keinen Platz für das Vorschubsteuerungszeichen im Ausgabesatz vorzusehen. Eine solche Zeichenstelle wird nur bei Verwendung von **ADVANCING** benötigt, deshalb braucht man sie in einem solchen Fall auch nicht.

Alle Abarten von **ADVANCING**, die gewöhnlich benötigt werden, sind in unser Programm aufgenommen worden. Ist eine Überschrift auszugeben, erforderte das die Codierung von

... **AFTER ADVANCING NEUE-SEITE**.

Um zwei Leerzeilen zwischen der Überschriftszeile und der ersten Einzelzeile zu erhalten, übertrugen wir durch die **MOVE**-Anweisung Leerzeichen (**SPACES**) in den Ausgabesatz und veranlaßten danach die Ausgabe einer Leerzeile mittels

... **AFTER ADVANCING 2 LINES**.

Die Einzelzeilen wurden schließlich unter Benutzung der Form

... **AFTER ADVANCING 1 LINE**

gedruckt.

9.11 Das Drucken von Überschriften

Auf einen Bericht Überschriften zu drucken, ist ein gewöhnliches Anliegen. Der dazu in den Abb. 9.5 und 9.6 benutzte Code ist hierfür geradezu typisch. Wir haben es mit einem ziemlich einfachen Problem zu tun. Weil wir nur eine bestimmte Zahl von Zeilen, in unserem Beispiel sind es 55, auf eine Seite drucken lassen wollen, zählen wir jedes Mal die Zeilenzahl weiter, wenn eine Ausgabezeile geschrieben wird. Wenn die Zeilenzahl das von uns vorgegebene Limit überschreitet, veranlassen wir den Übergang zu einer neuen Seite, das Drucken der Überschriften, danach erst das Drucken der Einzelzeile und schließlich das Zurücksetzen der Zeilenzahl. Wir könnten den Zeilenzähler fortschreiben und eine Prüfung auf das Seitenende an jeder Stelle des Programmes vornehmen, an der wir einen Ausgabesatz schreiben, aber dadurch würde der Programmumfang unnötig vergrößert. Die Gefahr, zusätzliche Fehler zu begehen, wäre ebenfalls gegeben. Es ist daher viel einfacher, einen neuen Paragraphen für diese Tätigkeiten zu kreieren; dieser Paragraph müßte immer dann angesprochen werden, wenn eine Zeile auszugeben ist. Es ist dabei jedoch zu beachten, daß im (hier so genannten) Paragraphen **X010-ZEILE-AUS** nur vom Satz **EINZEL-ZEILE** geschrieben wird. Wenn, wie beim Programm für die Lohnabrechnung, mehrere verschiedene Zeilen geschrieben werden müssen, wäre es notwendig, zuvor den jeweiligen Satz nach **EINZEL-ZEILE** zu übertragen, bevor die Dienste von **X010-ZEILE-AUS** in Anspruch genommen werden.

Wir weisen darauf hin, daß **X010-ZEILE-AUS** den Präfixbuchstaben **X** aufweist und nicht **C** oder **D**. Das ist darauf zurückzuführen, daß dieser Paragraph kein Bestandteil der Hauptstruktur des Programmes ist. Da er von jeder Stufe der Programmhierarchie zur Durchführung seiner Tätigkeit, nämlich des Druckens einer Ausgabezeile, herangezogen werden kann, wird er als sogenannter *Dienstleistungsparagraph* betrachtet. Paragraphen für *Dienstleistungsfunktionen* gibt man am besten Präfixe, die außerhalb der normalen hierarchischen Reihenfolge liegen.

9.12 Entwurf des Programmes für den dreistufigen Gruppenwechsel

Das von uns zunächst (siehe Abschnitt 9.2) zurückgestellte Problem, nämlich die Behandlung des *dreistufigen Gruppenwechsels*, wollen wir jetzt in Angriff nehmen. In der Hauptstufe wird eine Übersicht über die Verkaufsgebiete verlangt; zukünftig wollen wir kurz von Gebieten sprechen. In jedem Gebiet sind mehrere Verkäufer beschäftigt. Die sogenannte Zwischenstufe erfordert Übersichten über die einzelnen, in ei-

9.12 Entwurf des Programmes für den dreistufigen Gruppenwechsel

nem Gebiet tätigen Verkäufer. Jeder Verkäufer stellt schließlich mehrere Rechnungen aus; Übersichten über diese bilden damit die untere Stufe. Um die zu jeder Stufe gehörenden Gruppen zusammenfassen zu können, benötigen wir eine Eingabedatei, deren einzelne *Verkaufssätze*
 – die Gebietsnummer,
 – die Nummer des Verkäufers,
 – die Rechnungsnummer und
 – den Verkaufsbetrag (in Dollars)
enthalten.

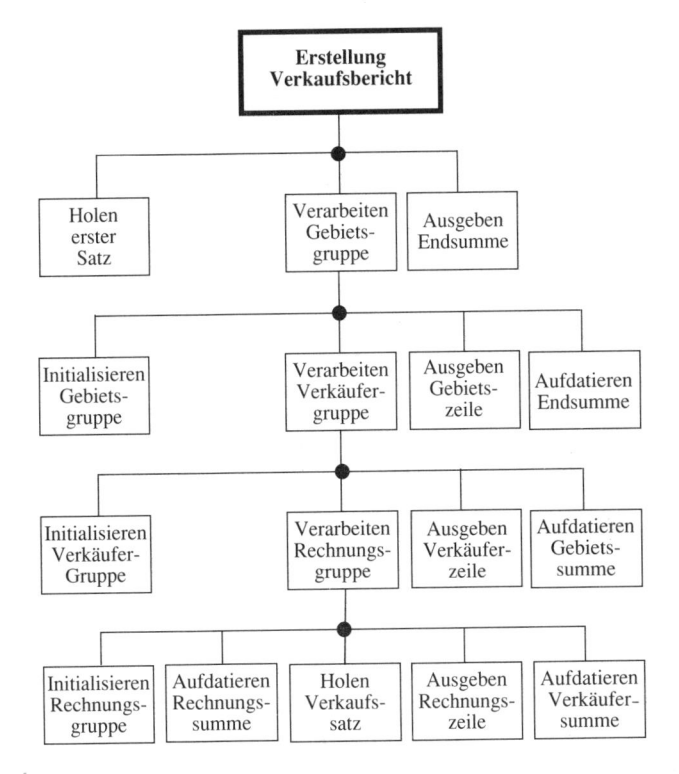

Abb. 9.7 Hierarchische Darstellung des Aufbaus des Programmes für den dreistufigen Gruppenwechsel

Die Verkaufssätze müssen in der Reihenfolge aller drei Ordnungsbegriffe (Sortierfelder) vorliegen; ein entsprechendes Sortieren muß also vorausgehen. Alle Sätze müssen also in aufsteigender Reihenfolge der Gebietsnummer angeordnet sein. Alle zu einer Gebietsgruppe gehörenden Sätze müssen wiederum nach aufsteigenden Verkäufernummern angeordnet sein, d.h. nach dem Zwischengruppenbegriff. Für jeden Verkäufer schließlich müssen die zu den einzelnen Rechnungen gehörenden Sätze nach aufsteigenden Rechnungsnummern vorliegen, d.h. nach dem Unterstufenbegriff angeordnet sein. Bei diesem Programm haben wir es also mit einem dreistufigen Gruppenwechsel zu tun. Die für die einzelnen Stufen maßgebenden Felder werden oft auch als Übergruppenkontrollfeld, Hauptgruppenkontrollfeld und Untergruppenkontrollfeld bezeichnet; wir gebrauchen diese Bezeichnungen jedoch nicht. Die Sätze können ohne weiteres nach diesen drei Kontrollfeldern in einem einzigen Lauf sortiert werden. Wie das zu machen ist, werden wir in Kap. 17 kennenlernen.

Die Logik des von uns zu entwickelnden Programmes zur dreistufigen Gruppenkontrolle ist in der Abb. 9.7 zu sehen. Sie ist ein bißchen komplizierter als die des zu Beginn dieses Kapitels behandelten Programmes für die einstufige Gruppenkontrolle. Auf irgendeine Weise muß nun das Programm die Gruppenwechsel auf jeder Stufe in geeigneter Form handhaben können. Wenn es z.B. einen Gruppenwechsel auf der untersten Stufe gibt, muß die Gesamtsumme der auf der untersten Stufe stehende Gruppe erzeugt werden, aber nicht die Gesamtsumme der Hauptgruppe oder der Zwischengruppe. Wenn es zu einem Wechsel bei den Zwischengruppen kommt, müssen sowohl die Gesamtsumme der Zwischengruppe als auch die der auf der untersten Stufe stehenden Gruppe ausgeworfen werden. Ein Gruppenwechsel bei den auf der höchsten Stufe angesiedelten Gruppen muß schließlich zur Bildung aller drei Gesamtsummen führen.

Der größte Teil der Logik dieses Programmes gleicht der des Programmes für die einstufige Gruppenkontrolle oder ist ihr zumindest ähnlich. Diese Ähnlichkeit war letzten Endes für uns der Grund, daß sich die schrittweise Annäherung an die Lösung in zwei Schritten für uns lohnte.

Wir erkennen, daß im unteren Teil der graphischen Darstellung (Abb. 9.7) drei Ebenen beinahe identisch sind. Die Modulinschriften unterscheiden sich nur geringfügig, und die niedrigste Ebene enthält einen zusätzlichen Modul, aber im ganzen gesehen sind die Ähnlichkeiten in der Struktur kaum zu übersehen. Grundsätzlich sagt der strukturelle Aufbau folgendes aus:

- Zur Erzeugung des Verkaufsberichtes müssen alle Verkaufsgebiete der betreffenden Firma verarbeitet werden; danach kann die Endsumme gedruckt werden.
- Um die zu einem Gebiet gehörende Gruppe zu verarbeiten, müssen alle Verkäufer dieser Gruppe herangezogen werden; erst dann kann die Gesamtsumme des betreffenden Gebietes ausgegeben werden.

```
ERSTELLUNG EINES VERKAUFSBERICHTES
==================================
eröffnen dateien
setzen endsumme auf null
setzen kennzeichen für weitere daten auf 'J'
holen verkaufssatz;
      bei dateiende  setzen kennzeichen für weitere daten auf 'N'
PERFORM-UNTIL  keine weiteren daten
    verarbeiten gebietsgruppe
ENDPERFORM
ausgeben endsumme
abschließen dateien
```
```
VERARBEITEN GEBIETSGRUPPE
-------------------------
initialisieren gebietsgruppe
PERFORM-UNTIL  laufende-gebietsnummer ist nicht gleich
                    vorhergehende-gebietsnummer
        oder   keine weiteren daten
    verarbeiten verkäufergruppe
ENDPERFORM
ausgeben gebietszeile
aufdatieren endsumme
```
```
VERARBEITEN VERKÄUFERGRUPPE
---------------------------
initialisieren verkäufergruppe
PERFORM-UNTIL  laufende-verkäufernummer ist nicht gleich
                    vorhergehende-verkäufernummer
        oder   laufende-gebietsnummer ist nicht gleich
                    vorhergehende-gebietsnummer
        oder   keine weiteren daten
    verarbeiten rechnungsgruppe
ENDPERFORM
ausgeben verkäuferzeile
aufdatieren gebietssumme
```
```
VERARBEITEN RECHNUNGSGRUPPE
---------------------------
initialisieren rechnungsgruppe
PERFORM-UNTIL  laufende-rechnungsnummer ist nicht gleich
                    vorhergehende-rechnungsnummer
        oder   laufende-verkäufernummer ist nicht gleich
                    vorhergehende-verkäufernummer
        oder   laufende-gebietsnummer ist nicht gleich
                    vorhergehende-gebietsnummer
        oder   keine weiteren daten
    aufdatieren rechnungssumme
    holen verkaufssatz;
          bei dateiende  setzen kennzeichen für weitere daten
                                                        auf 'N'
ENDPERFORM
ausgeben rechnungszeile
aufdatieren verkäufersumme
```
```
Man beachte die Anmerkung bei Abb. 9.4 !
```

Abb. 9.8 *Grundlegender Pseudocode für das Programm mit dreistufiger Gruppenkontrolle, 1. Teil*

```
INITIALISIEREN GEBIETSGRUPPE
---------------------------
setzen gebietssumme auf null
setzen vorhergehende-gebietsnummer auf laufende-gebietsnummer

INITIALISIEREN VERKÄUFERGRUPPE
------------------------------
setzen verkäufersumme auf null
setzen vorhergehende-verkäufernummer auf laufende-verkäufernummer

INITIALISIEREN RECHNUNGSGRUPPE
------------------------------
setzen rechnungssumme auf null
setzen vorhergehende-rechnungsnummer auf laufende-rechnungsnummer
```

Abb. 9.9 Grundlegender Pseudocode für das Programm mit dreistufiger Gruppenkontrolle, 2. Teil

- Um die zu einem Verkäufer gehörende Gruppe zu verarbeiten, müssen alle Rechnungen dieser Gruppe herangezogen werden; erst danach kann die Gesamtsumme des betreffenden Verkäufers ausgegeben werden.
- Um die zu einer Rechnung gehörende Gruppe zu verarbeiten, müssen alle Verkaufssätze dieser Gruppe herangezogen werden; erst danach kann die Gesamtsumme dieser Rechnung ausgegeben werden.

Aus der hierarchischen Darstellung geht nicht hervor, wie wir die Beendigung der Verarbeitung einer Gruppe erkennen können. Im Fall des einstufigen Gruppenwechsels war die Sache einfach: Bei Änderung der Rechnungsnummer mußten wir die Verarbeitung einer neuen Gruppe starten. Im Falle der dreistufigen Gruppenkontrolle sind die Dinge ein wenig verwickelter. Nehmen wir beispielsweise einmal an, daß während einer Berichtsperiode ein Verkäufer von einem Gebiet in ein anderes versetzt wird. Dann kommt seine Verkäufernummer in zwei verschiedenen Gebieten vor. Zwei unmittelbar aufeinanderfolgende Verkaufssätze können also die gleiche Verkäufernummer, jedoch verschiedene Gebietsnummern aufweisen. Das bedeutet, daß wir sowohl die Verkäufergruppe als auch die Gebietsgruppe zu beenden haben. Zur Lösung dieses Problems bietet sich die folgende einleuchtende Methode an: Ein Gruppenwechsel auf einer Stufe tritt nicht nur dann auf, wenn sich die Gruppennummer der betreffenden Stufe ändert, sondern auch bei Änderungen von Gruppennummern auf allen höheren Stufen. Den Pseudocode für dieses Programm zeigen wir in der Abb. 9.8 und 9.9.

Auch beim Pseudocode sind die Ähnlichkeiten bei den Modulspezifikationen deutlich zu erkennen. Mit Ausnahme der entsprechenden Kontrollvariablen sind die Spezifikationen für die Verarbeitung durchaus gleich. Dasselbe gilt für die Initialisierung. Benutzt man die in den

9.12 Entwurf des Programmes für den dreistufigen Gruppenwechsel 341

Abb. 9.8 und 9.9 gezeigten Spezifikationen als Basis für die Programmierung, so kann man auf relativ einfache Weise das **COBOL**-Programm erhalten, das in den Abb. 9.10 bis 9.12 vorgestellt wird.

```
 IDENTIFICATION DIVISION.
 PROGRAM-ID.
     DREISTUF.
 AUTHOR.
     D. GOLDEN, DEUTSCH VON R. GRITSCH.
 DATE-WRITTEN.
     4. MAERZ 1987 BZW. 25. MAERZ 1989.
*
*    DIESES PROGRAMM ERZEUGT EINEN DREISTUFIGEN UEBERSICHTSBERICHT
*    FUER EIN VERKAUFS-ABRECHNUNGSSYSTEM
*
 ENVIRONMENT DIVISION.
 CONFIGURATION SECTION.
 SPECIAL-NAMES.
     C01 IS NEUE-SEITE.
 INPUT-OUTPUT SECTION.
 FILE-CONTROL.
     SELECT VERKAUFS-DATEI        ASSIGN TO S-VERKAUF.
     SELECT BERICHTS-DATEI        ASSIGN TO S-BERICHT.

 DATA DIVISION.
 FILE SECTION.
 FD  VERKAUFS-DATEI
     LABEL RECORDS ARE OMITTED.
 01  VERKAUFS-SATZ.
     05  GEBIETS-NUMMER           PIC X(5).
     05  VERKAEUFER-NUMMER        PIC X(5).
     05  RECHNUNGS-NUMMER         PIC X(5).
     05  BETRAG                   PIC 9(5)V99.
     05  FILLER                   PIC X(68).

 FD  BERICHTS-DATEI
     LABEL RECORDS ARE OMITTED.
 01  BERICHTS-ZEILE               PIC X(133).

 WORKING-STORAGE SECTION.
 77  ZEILEN-NUMMER                PIC S99.
 77  MEHR-DATEN-KENNZ             PIC X.
     88  KEINE-WEITEREN-DATEN                VALUE 'N'.
 77  SEITEN-NUMMER                PIC S99.
 77  GEBIETS-NUMMER-VORHER        PIC X(5).
 77  VERKAEUFER-NUMMER-VORHER     PIC X(5).
 77  RECHNUNGS-NUMMER-VORHER      PIC X(5).

 01  EINZEL-ZEILE.
     05  DRUCK-STEUERUNG          PIC X.
     05  GEBIETS-NUMMER-AUS       PIC Z(4)9.
     05  GEBIETS-SUMME-AUS        PIC B(7)$$,$$9.99.
     05  VERKAEUFER-NUMMER-AUS    PIC BBBZ(4)9.
     05  VERKAEUFER-SUMME-AUS     PIC B(10)$$,$$9.99.
     05  RECHNUNGS-NUMMER-AUS     PIC B(7)Z(4)9.
     05  RECHNUNGS-SUMME-AUS      PIC B(4)$$,$$9.99.
     05  END-SUMME-AUS            PIC B(11)$$,$$9.99.
```

Abb. 9.10 Programm für die dreistufige Gruppenkontrolle, 1. Teil

```
01  UEBERSCHRIFTS-ZEILE.
    05  DRUCK-STEUERUNG              PIC X.
    05  FILLER                       PIC X(33)
        VALUE ' GEBIET      GESAMT     VERKAEUFER'.
    05  FILLER                       PIC X(27)
        VALUE '        GESAMT       RECHNUNG'.
    05  FILLER                       PIC X(33)
        VALUE '        GESAMT              ENDSUMME'.
    05  FILLER                       PIC X(12)
        VALUE '      SEITE '.
    05  SEITEN-NUMMER-AUS            PIC Z9.

01  SUMMEN.
    05  END-SUMME                    PIC S9(6)V99.
    05  GEBIETS-SUMME                PIC S9(6)V99.
    05  VERKAEUFER-SUMME             PIC S9(6)V99.
    05  RECHNUNGS-SUMME              PIC S9(6)V99.
PROCEDURE DIVISION.
A000-ERST-VERK-BERICHT.
    OPEN  INPUT VERKAUFS-DATEI
          OUTPUT BERICHTS-DATEI.
    MOVE ZERO TO END-SUMME.
    MOVE 'J'  TO MEHR-DATEN-KENNZ.
    MOVE 55   TO ZEILEN-NUMMER.
    MOVE ZERO TO SEITEN-NUMMER.
    READ VERKAUFS-DATEI
         AT END  MOVE 'N' TO MEHR-DATEN-KENNZ.
    PERFORM B010-VER-GEBIETSGRUPPE
        UNTIL KEINE-WEITEREN-DATEN.
    MOVE SPACES TO EINZEL-ZEILE.
    MOVE END-SUMME TO END-SUMME-AUS.
    PERFORM X010-ZEILE-AUS.
    CLOSE VERKAUFS-DATEI
          BERICHTS-DATEI.
    STOP RUN.

B010-VER-GEBIETSGRUPPE.
    MOVE ZERO TO GEBIETS-SUMME.
    MOVE GEBIETS-NUMMER TO GEBIETS-NUMMER-VORHER.
    PERFORM C010-VER-VERKAEUFERGRUPPE
        UNTIL GEBIETS-NUMMER IS NOT EQUAL TO
              GEBIETS-NUMMER-VORHER
           OR KEINE-WEITEREN-DATEN.
    MOVE SPACES TO EINZEL-ZEILE.
    MOVE GEBIETS-NUMMER-VORHER TO GEBIETS-NUMMER-AUS.
    MOVE GEBIETS-SUMME TO GEBIETS-SUMME-AUS.
    PERFORM X010-ZEILE-AUS.
    ADD GEBIETS-SUMME TO END-SUMME.

C010-VER-VERKAEUFERGRUPPE.
    MOVE ZERO TO VERKAEUFER-SUMME.
    MOVE VERKAEUFER-NUMMER TO VERKAEUFER-NUMMER-VORHER.
    PERFORM D010-VER-RECHNUNGSGRUPPE
        UNTIL VERKAEUFER-NUMMER IS NOT EQUAL TO
              VERKAEUFER-NUMMER-VORHER
           OR GEBIETS-NUMMER IS NOT EQUAL TO
              GEBIETS-NUMMER-VORHER
           OR KEINE-WEITEREN-DATEN.
    MOVE SPACES TO EINZEL-ZEILE.
    MOVE VERKAEUFER-NUMMER-VORHER TO VERKAEUFER-NUMMER-AUS.
    MOVE VERKAEUFER-SUMME TO VERKAEUFER-SUMME-AUS.
    PERFORM X010-ZEILE-AUS.
    ADD VERKAEUFER-SUMME TO GEBIETS-SUMME.
```

Abb. 9.11 Programm für die dreistufige Gruppenkontrolle, 2. Teil

```
D010-VER-RECHNUNGSGRUPPE.
    MOVE ZERO TO RECHNUNGS-SUMME.
    MOVE RECHNUNGS-NUMMER TO RECHNUNGS-NUMMER-VORHER.
    PERFORM E010-VER-VERKAUFS-SATZ
        UNTIL RECHNUNGS-NUMMER IS NOT EQUAL TO
              RECHNUNGS-NUMMER-VORHER
           OR VERKAEUFER-NUMMER IS NOT EQUAL TO
              VERKAEUFER-NUMMER-VORHER
           OR GEBIETS-NUMMER IS NOT EQUAL TO
              GEBIETS-NUMMER-VORHER
           OR KEINE-WEITEREN-DATEN.
    MOVE SPACES TO EINZEL-ZEILE.
    MOVE RECHNUNGS-NUMMER-VORHER TO RECHNUNGS-NUMMER-AUS.
    MOVE RECHNUNGS-SUMME TO RECHNUNGS-SUMME-AUS.
    PERFORM X010-ZEILE-AUS.
    ADD RECHNUNGS-SUMME TO VERKAEUFER-SUMME.

E010-VER-VERKAUFS-SATZ.
    ADD BETRAG TO RECHNUNGS-SUMME.
    READ VERKAUFS-DATEI
        AT END  MOVE 'N' TO MEHR-DATEN-KENNZ.

X010-ZEILE-AUS.
    ADD 1 TO ZEILEN-NUMMER.
*   PRUEFUNG, OB DAS SEITENENDE ERREICHT IST.
*   WENN JA ---> DRUCKEN UEBERSCHRIFT FUER NEUE SEITE
    IF  ZEILEN-NUMMER IS GREATER THAN 55
        ADD 1 TO SEITEN-NUMMER
        MOVE SEITEN-NUMMER TO SEITEN-NUMMER-AUS
        WRITE BERICHTS-ZEILE FROM UEBERSCHRIFTS-ZEILE
            AFTER ADVANCING NEUE-SEITE
        MOVE SPACES TO BERICHTS-ZEILE
        WRITE BERICHTS-ZEILE AFTER ADVANCING 2 LINES
        MOVE 4 TO ZEILEN-NUMMER.
    WRITE BERICHTS-ZEILE FROM EINZEL-ZEILE
        AFTER ADVANCING 1 LINE.

****************** PROGRAMMENDE ******************************
```

Abb. 9.12 Programm für die dreistufige Gruppenkontrolle, 3. Teil

Wenn das in den Abb. 9.10 bis 9.12 vorgelegte Programm ausgeführt wird, erzeugt es die in der Abb. 9.1 gezeigte Ausgabe.

9.13 Durchführung von Programmänderungen gemäß Vorgaben

Jedes Programm, das längere (oder auch kürzere) Zeit im Einsatz war, wird sicher irgendwann einmal geändert werden müssen. Das kann fast immer erwartet werden.

Die Firmenleitung kann neue Informationen verlangen. Die Steuergesetzgebung kann sich ändern. Neue Computergeräte können eine teilweise Neuprogrammierung nach sich ziehen. Seit langer Zeit bestehende Irrtümer in einem Programm können schließlich einmal an die Oberfläche gespült und müssen deshalb korrigiert werden. Man kann natürlich nicht vorhersagen, wann, wo und wie ein Programm zu ändern ist, aber wir können garantieren, daß die meisten Programme doch einmal überarbeitet werden müssen. Die Tätigkeiten, die mit der Vornahme solcher Änderungen verbunden sind, bezeichnet man als *Programmwartung*. In den meisten Datenverarbeitungsinstallationen bzw. -organisationen ist es eine Hauptbeschäftigung. Infolge von Untersuchungen wurde in der Tat abgeschätzt, daß die Wartung von Programmen zwei Drittel und mehr eines typischen Budgets von Datenverarbeitungsabteilungen verschlingt.

Um etwas in die Praxis der Wartung hineinzuriechen, wollen wir einmal annehmen, daß der „Kunde" oder der „Anwender", die Einzelperson oder die Organisation, die das Programm zur Erstellung von Verkaufsgebieten benutzt, uns um die Durchführung folgender Änderungen ersucht:

1) Der Kunde teilt uns mit, daß wir ihn hinsichtlich der Datenanordnung auf dem Bericht mißverstanden hätten: Die beiden Spalten für die Gebiete sind zuletzt aufzuführen, d.h. sie müssen mit den beiden Spalten für die Rechnungen vertauscht werden.
2) Der Kunde ist zu der Meinung gekommen, daß die Endsumme besser in der gleichen Spalte wie die Gebietssummen erscheinen soll, also in der am weitesten rechts gelegenen Spalte. Weiterhin sollte die Endsumme durch das dem Dollarbetrag vorausgehende Wort **ENDSUMME** gekennzeichnet werden. Schließlich ist, was diesen Punkt anbelangt, der Kunde auch noch besorgt darüber, daß es doch gelegentlich vorkommen könnte, daß die Endsummenzeile die einzige Zeile neben der Überschriftszeile auf einer Seite sein könnte. Deshalb sollte die Endsummenzeile stets unten auf der letzten Seite des Berichtes erscheinen, auch wenn dabei das Zeilenlimit von 55 Zeilen überschritten wird.
3) Zwischen der Spalte mit den Rechnungssummen und der Spalte mit den Verkäufernummern ist eine neue Spalte einzuschieben, die die Anzahl der zu einer Rechnung gehörenden Verkäufer aufnehmen soll.
4) Wenn irgendein Einzelverkauf den Betrag von 1000.00 Dollar übersteigt, soll ein Sternzeichen unmittelbar hinter die Anzahl der zu einer Rechnung gehörenden Verkäufer gedruckt werden.
5) Der Kunde weist darauf hin, daß seine Firma eine Reorganisation ihrer Verkaufsabteilung in Erwägung zieht. Eine solche würde es mit sich bringen, daß Verkäufe, die von mehreren Verkäufern getätigt werden, auf eine einzige Rechnung auflaufen. Uns bittet man deshalb um Auskunft, ob eine solche Umstellung irgendwelche Probleme bei der Erstellung des Verkaufsberichtes mit sich bringt.

9.14 Antworten auf die aufgeworfenen Fragen hinsichtlich der Programmänderungen

Einige der verlangten Programmänderungen sind einfach zu bewerkstelligen, aber die letzte Fragestellung ist sehr schwierig zu beantworten; sie wirft ernsthafte Probleme auf.

Die gemäß Pkt. 1) geforderte Spaltenvertauschung führt lediglich zu einer anderen Anordnung der Datenelemente in der Struktur **EINZEL-ZEILE**. Außerdem sind die Überschriften zu vertauschen.

Um sicherzustellen, daß die Endsumme auf jeden Fall am Fuß der letzten Seite des Berichtes gedruckt wird, müssen wir für diese Zeile der Logik des Paragraphen **X010-ZEILE-AUS** ausweichen. Wir erhalten dadurch eine einfachere Lösung, als wenn wir diesen Paragraphen um eine neue Logik zur getrennten Behandlung der Endsummenzeile erweitern würden. Stattdessen ergänzen wir die Hauptsteuerungsroutine des Paragraphen

A000-ERST-VERK-BERICHT

einfach durch eine zusätzliche **WRITE**-Anweisung, die die Ausgabe der Endsummenzeile beinhaltet.

Das Zählen der zu einer Rechnung gehörenden Einzelverkäufe erfordert die Einrichtung eines neuen Datenelementes, das den jeweiligen Zählwert aufnimmt. Weiterhin ist in der Struktur **EINZEL-ZEILE** Platz für die aufbereitete Form dieses Datenelementes vorzusehen. In den Paragraphen **E010-VER-VERKAUFS-SATZ** ist eine Anweisung einzufügen, durch die der Zähler bei jeder Transaktion um 1 erhöht wird. Eine in den Paragraphen **D010-VER-RECHNUNGSGRUPPE** aufzunehmende Anweisung muß für die Übertragung des Zählwertes nach **EINZEL-ZEILE** sorgen. Außerdem muß der Zähler initialisiert werden.

Die Erzeugung eines Sternzeichens bei Vorliegen von Einzelverkäufen mit einem hohen Betrag bedeutet zunächst, daß Platz dafür in der Struktur **EINZEL-ZEILE** bereitzustellen ist. Weiterhin sind ergänzende **IF**-Anweisungen in die beiden Paragraphen

E010-VER-VERKAUFS-SATZ und
D010-VER-RECHNUNGSGRUPPE

mit geeigneten Bedingungen und Tätigkeiten zu stellen.

Die letzte, vom Kunden in Form einer Anfrage gestellte Forderung kann nicht verwirklicht werden. Anhand einer einfachen Überlegung läßt sich das leicht zeigen. Nehmen wir dazu einmal an, daß die beiden Verkäufer mit den Verkäufernummern 1 und 2 Verkäufe auf die gleiche Rechnung, beispielsweise auf die mit der Rechnungsnummer 17, getätigt haben. Dann würde es eine Gesamtsumme für die Rechnung 17 beim Verkäufer 1 geben, aber auch eine Gesamtsumme mit der Rechnungsnummer 17 beim Verkäufer 2. Nirgendwo würde eine einzige Rechnung mit der Nummer 17 auftauchen, die die wirkliche Rechnungssumme aufweist, bei keinem Verkäufer also.

Das beste, was wir in diesem Fall für den Kunden tun können, ist ihn darauf hinzuweisen, wie die Verkaufsübersicht ausschauen würde, wenn auf dieser Änderung bestanden wird. Ihm ist weiterhin klarzumachen, daß ein anderer Verarbeitungsweg eingeschlagen und eine andere Liste produziert werden muß, falls er auch dann noch auf Übersichten bestehen sollte, die die einzelnen zu einer Rechnung gehörenden Verkäufe, auf die jeweiligen Verkäufer aufgeschlüsselt, nachweisen. Der neue Verarbeitungsweg würde bedeuten, daß die Sätze der Eingabedatei zuerst anders sortiert werden müssen; ihre Reihenfolge wäre bestimmt durch die Gebietsnummer als Hauptsortiermerkmal, die Rechnungsnummer als Zwischensortiermerkmal und die Verkäufernummer als unterstes Sortiermerkmal. Nun könnte ein Programm wie dieses, aber mit einer geringfügig abweichenden Logik und Ausgabe einen Bericht erzeugen, der die Gesamtsumme pro Rechnung und innerhalb derselben die Gesamtsummen der von den einzelnen Verkäufern auf die betreffende Rechnung getätigten Verkäufe enthält.

9.15 Ausführung des überarbeiteten Programmes

Die notwendigen Änderungen wurden im Programm vorgenommen, das in den Abb. 9.10 bis 9.12 aufgeführt ist. Die Ausführung des modifizierten Programmes führte zu der in der Abb. 9.13 gezeigten Verkaufsübersicht. – Beim Betrachten dieser Übersicht fällt uns auf, daß in ihr Fehler vorhanden sind. Nebenbei sei an dieser Stelle vermerkt, daß der Programmablauf selbstverständlich mit der gleichen Eingabedatei erfolgte, die bereits bei der Originalfassung des Programmes benutzt wurde. – Die Fehler sind also eindeutig auf logische Irrtümer zurückzuführen, die sich bei der Programmänderung eingeschlichen haben.

Wenn man sich die Übersicht in Abb. 9.13 ansieht, scheint sie unseren Vorstellungen zu entsprechen. Allerdings ist die Zahl der Transaktionen (hier: Verkäufe) falsch. Außerdem tauchen Sternzeichen an falschen Stellen auf. (Wir müssen freilich eingestehen, daß wir die Beispieldaten, mit denen das Programm ausgeführt wurde, nicht aufgeführt haben; deshalb ist es denkbar, daß die aufgelisteten Transaktionszahlen korrekt sein könnten, aber sie sind tatsächlich falsch. Auf jeden Fall, sogar ohne daß wir einen Blick auf die Beispieldaten werfen müssen, scheint es nämlich unwahrscheinlich zu sein, daß jede Rechnung mehr

RECHN.	GESAMT	ANZ.	VERK.	GESAMT	GEBIET	GESAMT	SEITE 1
20	$17.00	3					
24	$36.00	1					
27	$184.00	5	1	$237.00			
17	$26.00	2					
24	$266.90	3	2	$292.90			
10	$87.50	1					
16	$54.75	3	12	$142.25	1	$672.15	
40	$50.12	2					
41	$105.99	1	4	$156.11			
44	$1,594.14	6	39	$1,594.14	2	$1,750.25	
30	$1,180.94	4					
35	$69.26	3					
38	$157.43	2					
49	$45.00	3					
60	$1,234.56*	1					
78	$276.02	12	15	$2,963.21	3	$2,963.21	
					ENDSUMME	$5,385.61	

Abb. 9.13 Ausgabe des modifizierten Programmes (Ausgabe weist Fehler auf)

Verkäufe als die vorhergehende aufweist!) Es sieht also so aus, daß wir erneut einem logischen Irrtum erlegen sind. Was ist passiert? Zuerst müssen wir einmal verfolgen, ob der Transaktionszähler, hier **ANZAHL** genannt, auch mit Null initialisiert wurde. Dies wurde zwar getan, aber leider an der falschen Stelle. Die Initialisierungsanweisung (**MOVE!**) war in den Paragraphen

A000-ERST-VERK-BERICHT

gestellt worden. Dadurch wurde das fragliche Zählerfeld nur ein einziges Mal auf Null gesetzt. Nach dem Drucken der jeweiligen Rechnungszeile wird es nicht mehr zurück auf Null gebracht. Ein solcher Fehler tritt nahezu alltäglich auf; häufig sind in diese Fehlerart Daten verwickelt, die mittels der **VALUE**-Klausel initialisiert werden. Darum tendieren wir auch dazu, die **VALUE**-Klausel nur bei Datenelementen anzuwenden, deren Wert während des Programmablaufes konstant, d.h. unverändert bleibt. – Wir können dieses Problem auf eine einfache Art und Weise lösen, indem wir die Initialisierungsanweisung vom Paragraphen

A000-ERST-VERK-BERICHT

nach dem Paragraphen

D010-VER-RECHNUNGSGRUPPE

transferieren und an den Anfang desselben stellen.

Zusätzliche, unerwünschte Sternzeichen erscheinen deshalb, weil nach dem Setzen des Schalters für das Sternzeichen dieser im weiteren Programmablauf nicht weiter auf 'N' zurückgesetzt wird. Das Zurücksetzen gehört zu den Initialisierungsanweisungen am Anfang des Paragraphen

D010-VER-RECHNUNGSGRUPPE.

Das endgültig richtig gestellte Programm ist in den Abb. 9.14 bis 9.16 aufgeführt, die von ihm erzeugte Ausgabe in der Abb. 9.17.

Zu dem soeben besprochenen Programm für die dreistufige Gruppenkontrolle (Abb. 9.14 bis 9.16) sei uns noch ein letztes Wort gestattet. Uns sollte klar sein, daß wir nun in der Lage sind, Programme für Gruppenkontrollen mit jeder beliebigen Anzahl von Stufen zu schreiben, angefangen bei einer Stufe. Das Muster für solche Programme ist vorgestellt, sein genereller Aufbau kann auf jede Anzahl von Stufen angewandt werden. Natürlich gibt es zahlreiche korrekte Wege, um die Programmlogik auszudrücken. Der in unserem Beispiel präsentierte Programmaufbau kann durchaus so modifiziert werden, daß er verschiedenen Umständen gerecht werden kann.

```
IDENTIFICATION DIVISION.
PROGRAM-ID.
    DREISTU2.
AUTHOR.
    D. GOLDEN, DEUTSCH VON R. GRITSCH.
DATE-WRITTEN.
    6. MAERZ 1987 BZW. 26. MAERZ 1989.
*
*   DIESES PROGRAMM ERZEUGT EINEN EINFACHEN UEBERSICHTSBERICHT
*   MIT DREISTUFIGEM GRUPPENWECHSEL FUER EIN ABRECHNUNGSSYSTEM
*
ENVIRONMENT DIVISION.
CONFIGURATION SECTION.
SPECIAL-NAMES.
    C01 IS NEUE-SEITE.
INPUT-OUTPUT SECTION.
FILE-CONTROL.
    SELECT VERKAUFS-DATEI          ASSIGN TO S-VERKAUF.
    SELECT BERICHTS-DATEI          ASSIGN TO S-BERICHT.

DATA DIVISION.
FILE SECTION.
FD  VERKAUFS-DATEI
    LABEL RECORDS ARE OMITTED.
01  VERKAUFS-SATZ.
    05  GEBIETS-NUMMER             PIC X(5).
    05  VERKAEUFER-NUMMER          PIC X(5).
    05  RECHNUNGS-NUMMER           PIC X(5).
    05  BETRAG                     PIC 9(5)V99.
    05  FILLER                     PIC X(68).

FD  BERICHTS-DATEI
    LABEL RECORDS ARE OMITTED.
01  BERICHTS-ZEILE                 PIC X(133).

WORKING-STORAGE SECTION.
77  STERN-SCHALTER                 PIC X.
    88  STERN-SCHALTER-AN                    VALUE 'J'.
77  ZEILEN-NUMMER                  PIC S99.
77  MEHR-DATEN-KENNZ               PIC X.
    88  KEINE-WEITEREN-DATEN                 VALUE 'N'.
77  SEITEN-NUMMER                  PIC S999.
77  GEBIETS-NUMMER-VORHER          PIC X(5).
77  VERKAEUFER-NUMMER-VORHER       PIC X(5).
77  RECHNUNGS-NUMMER-VORHER        PIC X(5).

01  EINZEL-ZEILE.
    05  DRUCK-STEUERUNG            PIC X.
    05  RECHNUNGS-NUMMER-AUS       PIC Z(4)9.
    05  RECHNUNGS-SUMME-AUS        PIC BBB$$,$$9.99.
    05  ANZAHL-AUS                 PIC BBZZ9.
    05  STERN-AUS                  PIC X.
    05  VERKAEUFER-NUMMER-AUS      PIC B(5)X(5).
    05  VERKAEUFER-SUMME-AUS       PIC BBB$$,$$9.99.
    05  GEBIETS-NUMMER-AUS         PIC B(5)X(5).
    05  GEBIETS-SUMME-AUS          PIC BBB$$,$$9.99.
```

Abb. 9.14 Überarbeitete Fassung des Programmes für den dreistufigen Gruppenwechsel, 1. Teil

```
01  SCHLUSS-ZEILE.
    05   DRUCK-STEUERUNG              PIC X.
    05   FILLER                       PIC X(48) VALUE SPACES.
    05   FILLER                       PIC X(8)
         VALUE 'ENDSUMME'.
    05   END-SUMME-AUS                PIC B$$,$$9.99.

01  UEBERSCHRIFTS-ZEILE.
    05   DRUCK-STEUERUNG              PIC X.
    05   FILLER                       PIC X(32)
         VALUE 'RECHN.     GESAMT ANZ.        VERK.'.
    05   FILLER                       PIC X(28)
         VALUE '     GESAMT    GEBIET        '.
    05   FILLER                       PIC X(18)
         VALUE 'GESAMT     SEITE '.
    05   SEITEN-NUMMER-AUS            PIC ZZ9.

01  SUMMEN.
    05   END-SUMME                    PIC S9(6)V99.
    05   GEBIETS-SUMME                PIC S9(6)V99.
    05   VERKAEUFER-SUMME             PIC S9(6)V99.
    05   RECHNUNGS-SUMME              PIC S9(6)V99.
    05   ANZAHL                       PIC S99.

PROCEDURE DIVISION.
A000-ERST-VERK-BERICHT.
    OPEN  INPUT VERKAUFS-DATEI
          OUTPUT BERICHTS-DATEI.
    MOVE ZERO TO END-SUMME.
    MOVE 'J'  TO MEHR-DATEN-KENNZ.
    MOVE 55   TO ZEILEN-NUMMER.
    MOVE ZERO TO SEITEN-NUMMER.
    READ VERKAUFS-DATEI
        AT END  MOVE 'N' TO MEHR-DATEN-KENNZ.
    PERFORM B010-VER-GEBIETSGRUPPE
        UNTIL KEINE-WEITEREN-DATEN.
    MOVE END-SUMME TO END-SUMME-AUS.
    WRITE BERICHTS-ZEILE FROM SCHLUSS-ZEILE
        AFTER ADVANCING 3 LINES.
    CLOSE VERKAUFS-DATEI
          BERICHTS-DATEI.
    STOP RUN.

B010-VER-GEBIETSGRUPPE.
    MOVE ZERO TO GEBIETS-SUMME.
    MOVE GEBIETS-NUMMER TO GEBIETS-NUMMER-VORHER.
    PERFORM C010-VER-VERKAEUFERGRUPPE
        UNTIL GEBIETS-NUMMER IS NOT EQUAL TO
             GEBIETS-NUMMER-VORHER
        OR KEINE-WEITEREN-DATEN.
    MOVE SPACES TO EINZEL-ZEILE.
    MOVE GEBIETS-NUMMER-VORHER TO GEBIETS-NUMMER-AUS.
    MOVE GEBIETS-SUMME TO GEBIETS-SUMME-AUS.
    PERFORM X010-ZEILE-AUS.
    ADD GEBIETS-SUMME TO END-SUMME.
```

Abb. 9.15 Überarbeitete Fassung des Programmes für den dreistufigen Gruppenwechsel, 2. Teil

```
C010-VER-VERKAEUFERGRUPPE.
    MOVE ZERO TO VERKAEUFER-SUMME.
    MOVE VERKAEUFER-NUMMER TO VERKAEUFER-NUMMER-VORHER.
    PERFORM D010-VER-RECHNUNGSGRUPPE
        UNTIL VERKAEUFER-NUMMER IS NOT EQUAL TO
                  VERKAEUFER-NUMMER-VORHER
            OR GEBIETS-NUMMER IS NOT EQUAL TO
                  GEBIETS-NUMMER-VORHER
            OR KEINE-WEITEREN-DATEN.
    MOVE SPACES TO EINZEL-ZEILE.
    MOVE VERKAEUFER-NUMMER-VORHER TO VERKAEUFER-NUMMER-AUS.
    MOVE VERKAEUFER-SUMME TO VERKAEUFER-SUMME-AUS.
    PERFORM X010-ZEILE-AUS.
    ADD VERKAEUFER-SUMME TO GEBIETS-SUMME.

D010-VER-RECHNUNGSGRUPPE.
    MOVE ZERO TO ANZAHL.
    MOVE ZERO TO RECHNUNGS-SUMME.
    MOVE 'N' TO STERN-SCHALTER.
    MOVE RECHNUNGS-NUMMER TO RECHNUNGS-NUMMER-VORHER.
    PERFORM E010-VER-VERKAUFS-SATZ
        UNTIL RECHNUNGS-NUMMER IS NOT EQUAL TO
                  RECHNUNGS-NUMMER-VORHER
            OR VERKAEUFER-NUMMER IS NOT EQUAL TO
                  VERKAEUFER-NUMMER-VORHER
            OR GEBIETS-NUMMER IS NOT EQUAL TO
                  GEBIETS-NUMMER-VORHER
            OR KEINE-WEITEREN-DATEN.
    MOVE SPACES TO EINZEL-ZEILE.
    MOVE RECHNUNGS-NUMMER-VORHER TO RECHNUNGS-NUMMER-AUS.
    MOVE RECHNUNGS-SUMME TO RECHNUNGS-SUMME-AUS.
    MOVE ANZAHL TO ANZAHL-AUS.
    IF  STERN-SCHALTER-AN
        MOVE '*' TO STERN-AUS.
    PERFORM X010-ZEILE-AUS.
    ADD RECHNUNGS-SUMME TO VERKAEUFER-SUMME.

E010-VER-VERKAUFS-SATZ.
    ADD BETRAG TO RECHNUNGS-SUMME.
    ADD 1 TO ANZAHL.
    IF  BETRAG IS GREATER THAN 1000.00
        MOVE 'J' TO STERN-SCHALTER.
    READ VERKAUFS-DATEI
        AT END  MOVE 'N' TO MEHR-DATEN-KENNZ.

X010-ZEILE-AUS.
    ADD 1 TO ZEILEN-NUMMER.
*   PRUEFUNG, OB DAS SEITENENDE ERREICHT IST.
*   WENN JA ---> DRUCKEN UEBERSCHRIFT FUER NEUE SEITE.
    IF  ZEILEN-NUMMER IS GREATER THAN 55
        ADD 1 TO SEITEN-NUMMER
        MOVE SEITEN-NUMMER TO SEITEN-NUMMER-AUS
        WRITE BERICHTS-ZEILE FROM UEBERSCHRIFTS-ZEILE
            AFTER ADVANCING NEUE-SEITE
        MOVE SPACES TO BERICHTS-ZEILE
        WRITE BERICHTS-ZEILE AFTER ADVANCING 2 LINES
        MOVE 4 TO ZEILEN-NUMMER.
    WRITE BERICHTS-ZEILE FROM EINZEL-ZEILE
        AFTER ADVANCING 1 LINE.

******************* PROGRAMMENDE *******************************
```

Abb. 9.16 Überarbeitete Fassung des Programmes für den dreistufigen Gruppenwechsel, 3. Teil

RECHN.	GESAMT	ANZ.	VERK.	GESAMT	GEBIET	GESAMT	SEITE 1
20	$17.00	3					
24	$36.00	4					
27	$184.00	9					
			1	$237.00			
17	$26.00	11					
24	$266.90	14					
			2	$292.90			
10	$87.50	15					
16	$54.75	18					
			12	$142.25			
					1	$672.15	
40	$50.12	20					
41	$105.99	21					
			4	$156.11			
44	$1,594.14	27					
			39	$1,594.14			
					2	$1,750.25	
30	$1,180.94	31					
35	$69.26	34					
38	$157.43	36					
49	$45.00	38					
60	$1,234.56	39*					
78	$276.02	51*					
			15	$2,963.21			
					3	$2,963.21	
					ENDSUMME	$5,385.61	

Abb. 9.17 (Richtige) Ausgabe des Programmes für die dreistufige Gruppenkontrolle

KONTROLLFRAGEN

1. Welche Ausgabe würde unser Programm für den einstufigen Gruppenwechsel (Abb. 9.5 und 9.6) produzieren, wenn die Sätze in der Eingabedatei in der nachfolgenden Reihenfolge vorliegen würden?

Rechnungsnummer	15	15	17	17	17	16	17	16	19	19	19
Betrag in Dollar	1	2	3	2	6	5	3	2	7	8	4

2. Es sei angenommen, daß die Sätze der Eingabedatei für das Programm mit einstufigem Gruppenwechsel nach fallenden Rechnungsnummern geordnet sind. Wie würde dann das Programm arbeiten? Würde es einen Weg geben, durch den es möglich wäre, die Ausgabeliste so zu präsentieren, daß die Rechnungsnummern in aufsteigender Reihenfolge erscheinen?

3. Angenommen, ein Interessent für das Programm für den dreistufigen Gruppenwechsel hätte den Wunsch geäußert, daß die Gebietsnummern und die Gesamtsummen für die einzelnen Gebiete auf eine Zeile vor den Gesamtsummen der Verkäufer dieses Gebietes gedruckt werden. Das gleiche gilt für die Gesamtsummen der Verkäufer, die ebenfalls vor den Summen ihrer Rechnungen gedruckt werden sollen. Welche Antwort wäre zu geben?

4. Ist der nachfolgende, in der Abb. 9.18 dargestellte Pseudocode äquivalent dem in der Abb. 9.4 vorgestellten Pseudocode? Würde ein auf

```
ERSTELLEN EINES VERKAUFSBERICHTES
=================================
eröffnen dateien
holen rechnungs-satz;
     bei dateiende  setzen kennzeichen für weitere daten auf 'N'
IF   weitere daten vorhanden   THEN
     setzen endsumme auf null
     setzen gesamtsumme-der-rechnung auf null
     übertragen laufende-rechnungsnummer nach
                         vorhergehende-rechnungsnummer
     PERFORM-UNTIL  keine weiteren daten
          IF  laufende-rechnungsnummer ist nicht gleich
              vorhergehende-rechnungsnummer          THEN
              ausführen verarbeiten-rechnungssumme
          ENDIF
          addieren betrag auf gesamtsumme-der-rechnung, endsumme
          holen rechnungs-satz;
                bei dateiende  setzen kennzeichen für weitere daten
                                              auf 'N'
     ENDPERFORM
     ausführen verarbeiten-rechnungssumme
     zusammenstellen endsummenzeile
     drucken endsummenzeile
ENDIF
abschließen dateien
```

Abb. 9.18 Zu analysierender Pseudocode, 1. Teil

```
VERARBEITEN RECHNUNGSSUMME
--------------------------
zusammenstellen zeile mit gesamtsumme-der-rechnung
drucken zeile mit gesamtsumme-der-rechnung
übertragen laufende-rechnungsnummer nach vorhergehende-rechnungsnummer
übertragen von null nach gesamtsumme-der-rechnung
```

Abb. 9.19 Zu analysierender Pseudocode, 2. Teil

diesem Pseudocode basierendes Programm zu den gleichen Ausgaberesultaten führen wie das in den Abb. 9.5 und 9.6 gezeigte Programm?

5. Welches Resultat würde sich bei Ausführung des in der Abb. 9.20 dargestellten Programmes ergeben?

```
       IDENTIFICATION DIVISION.
       PROGRAM-ID.
           K09K05.

       ENVIRONMENT DIVISION.
       CONFIGURATION SECTION.
       SPECIAL-NAMES.
           C01 IS NEUE-SEITE.
       INPUT-OUTPUT SECTION.
           SELECT AUSGABE-DATEI          ASSIGN TO S-DRUCKER.

       DATA DIVISION.
       FILE SECTION.
       FD  AUSGABE-DATEI
           LABEL RECORDS ARE OMITTED.
       01  DRUCK-ZEILE.
           05   DRUCK-STEUERUNG          PIC X.
           05   ZEILENRUMPF              PIC X(50).

       WORKING-STORAGE SECTION.
       01  UEBERSCHRIFTS-ZEILE           PIC X(26)
           VALUE 'UEBERSCHRIFT DES BERICHTES'.

       PROCEDURE DIVISION.
       EINZIGER-PARAGRAPH.
           OPEN OUTPUT AUSGABE-DATEI.

           WRITE DRUCK-ZEILE FROM UEBERSCHRIFTS-ZEILE
               AFTER ADVANCING NEUE-SEITE.

           CLOSE AUSGABE-DATEI.
           STOP RUN
```

Abb. 9.20 Zu analysierendes Programm

ANTWORTEN AUF DIE KONTROLLFRAGEN

1. Es würde sich die in der Abb. 9.21 dargestellte Liste ergeben. Beim Programmablauf würde sich kein Fehleranzeichen bemerkbar machen, da das Programm keine Prüfung auf die richtige Reihenfolge der Eingabesätze vornimmt. Siehe hierzu auch die Übungsaufgabe 4 dieses Kapitels!

```
RECHNUNG   GESAMT       ENDSUMME

   15        3
   17       11
   16        5
   17        3
   16        2
   19       19
                           43
```

Abb. 9.21 *Druckausgabe des Programmes mit der einstufigen Gruppenkontrolle*

2. Das Programm würde die gleiche Ausgabe erzeugen wie das im Kap. 9 vorgestellte (siehe Abb. 9.5 und 9.6). Die Rechnungssummen würden freilich nach fallenden Rechnungsnummern anfallen. Es gibt keinen einfachen Weg, diese Reihenfolge umzukehren, denn es würde nicht möglich sein, mit dem Drucken des Berichtes erst dann zu beginnen, wenn der letzte Satz verarbeitet worden ist. Ob so oder so, die errechneten Ergebnisse müßten zwischengespeichert werden, sinnvollerweise in einer nur zeitweilig existierenden Datei. Diese Datei müßte nach Abschluß des Programmes nach aufsteigenden Rechnungsnummern sortiert werden. Nach erfolgtem Sortieren kann dann der Bericht in der gewünschten Form ausgedruckt werden.

3. Man würde zu erklären haben, daß es ohne beträchtliche gesonderte Bemühungen unmöglich ist, dem geäußerten Wunsch entgegenzukommen. Das liegt daran, daß eine Gebietssumme erst dann zur Verfügung steht, wenn alle Verkäufersummen des betreffenden Gebietes errechnet sind. Das gleiche gilt für jede Verkäufersumme. Die auf einen Verkäufer bezogene Summe kann erst nach Errechnung aller Rechnungssummen des betreffenden Verkäufers ermittelt werden. Um das zu erfüllen, nach dem wir gefragt wurden, wäre irgendein Weg zu suchen, mit dessen Hilfe es möglich ist, die untergeordneten Summen temporär zwischenzuspeichern. Selbstverständlich kann eine solche Zwischenspeicherung jederzeit durchgeführt werden, doch

würde ein solches Vorgehen Zeit kosten. (Wir selbst haben uns mit solchen Methoden noch nicht befaßt.)

4. Ja, allerdings mit dem kleinen Unterschied, daß bei leerer Eingabedatei eine auf dieser Basis codierte Programmversion keine Druckausgabe zur Folge hat. Die im Kap. 9 vorgestellte Version gibt hingegen bei leerer Eingabedatei die Endsumme Null aus. Damit ist demonstriert, daß es selten nur eine gute Methode gibt, ein Programm zu entwerfen.

5. Es würde eine Zeile mit dem folgenden Inhalt gedruckt:

   EBERSCHRIFT DES BERICHTES

   Diese unvollständige Ausgabe rührt daher, daß in die **WRITE**-Anweisung die Angabe **ADVANCING** aufgenommen wurde. Die erste Position des Ausgabesatzes wird infolgedessen vom Zeichen für die Vorschubsteuerung in Anspruch genommen. So, wie das Programm geschrieben ist, wird das erste Zeichen, hier das Zeichen **U**, in die Position des Vorschubsteuerungszeichens übertragen und geht dann anschließend verloren: Es wird vom Vorschubsteuerungszeichen überschrieben. Dieses aber wird ja bekanntlich nicht gedruckt.
   Zur Behebung dieses Problems bietet sich eine relativ einfache Lösung an: Zu Beginn des auf 27 alphanumerische Stellen erweiterten Datenelementes **UEBERSCHRIFTS-ZEILE** ist ein Leerzeichen einzuschieben. Eine andere Lösung führt zu der folgenden Codierung:

   MOVE UEBERSCHRIFTS-ZEILE TO ZEILENRUMPF.
   WRITE DRUCK-ZEILE AFTER ADVANCING NEUE-SEITE.

ÜBUNGSAUFGABEN

Die Lösungen der mit einem Sternzeichen versehenen Übungsaufgaben befinden sich im Anhang D dieses Buches.

*1. Die Übungsaufgabe 7. vom Kap. 7 ist so zu modifizieren, daß nicht mehr als 45 Einzelzeilen auf eine Seite gedruckt werden.

*2. Das in den Abb. 9.10 bis 9.12 dargestellte Programm ist wie folgt abzuändern:
   a) Beim Drucken einer Rechnungssummenzeile sollen auch die Verkäufernummer und die Gebietsnummer mitgedruckt werden.
   b) Beim Drucken einer Verkäufersummenzeile soll auf die betreffende Zeile auch die Gebietsnummer gedruckt werden.

3. Das in den Abb. 9.10 bis 9.12 dargestellte Programm ist wie folgt abzuändern:
Links von der Endsumme soll auf der letzten Ausgabezeile die Summe aller Einzelverkäufe aufgeführt werden, die 1000.00 Dollar überstiegen haben. Neben dieser Summe soll noch der Prozentsatz erscheinen, der sich ergibt, wenn diese Summe ins Verhältnis zur Summe aller Verkäufe, d.h. zur Endsumme, gesetzt wird.

*4. Das Programm für den einstufigen Gruppenwechsel (Abb. 9.5 und 9.6) ist zu erweitern. Es ist eine Prüfung auf Reihenfolgefehler bei den Eingabedaten einzubauen. Ein Reihenfolgefehler liegt dann vor, wenn die Rechnungsnummer eines gerade eingelesenen Satzes kleiner als die des vorhergehenden Satzes ist. Wenn ein solcher Reihenfolgefehler entdeckt wird, so soll das Programm eine kurze Fehlernachricht ausgeben und danach die weitere Verarbeitung einstellen.

5. Das in den Abb. 9.10 bis 9.12 dargestellte Programm für den dreistufigen Gruppenwechsel ist so zu erweitern, daß es eine Reihenfolgeprüfung der Eingabesätze enthält, die derjenigen ähnelt, die bei der vorigen Übungsaufgabe beschrieben wurde. Dazu soll folgender Wink gegeben werden: Es ist eine Datengruppe zu bilden, die aus der Gebietsnummer, der Verkäufernummer und der Rechnungsnummer besteht; die Reihenfolgeprüfung kann dadurch mit einer einzelnen **IF**-Anweisung vorgenommen werden. – Wird ein solches Vorgehen fälschlicherweise einen Fehler signalisieren, wenn eine Rechnungsnummer kleiner als die ihr vorangehende, aber die Gebietsnummer größer als die ihr vorangehende ist?

6. *Diese Übungsaufgabe eignet sich für die Durchführung kleinerer Projekte.*
Die „Gesellschaft für die Verwaltung von Haus- und Grundbesitz", abgekürzt GVHG, verwaltet u.a. Büro- und Geschäftshäuser in mehreren Städten. Die zu jedem Büro bzw. Geschäft gehörenden Mietdaten werden in sogenannten Immobiliensätzen festgehalten und gewartet. Diese weisen folgendes Format auf:

Stellen 1 bis 5:	Gebäudenummer
Stellen 6 bis 9:	Büro- bzw. Geschäftsnummer
Stellen 10 bis 15:	Grundfläche des Büros bzw. Geschäftes in m^2
Stellen 16 bis 21:	Jahresmiete pro m^2
Stellen 22 bis 27:	Monatliche Abgaben und Gebühren
Stelle 28:	Kennzeichen für die Vermietung (*J* oder *N*)
Stellen 29 und 30:	Nummer des Sachbearbeiters

Der monatlich für ein Büro oder Geschäft zu zahlende Betrag ergibt sich wie folgt:

1/12 der Jahresmiete pro m² mulitpliziert mit der Grundfläche plus der monatlichen Abgaben bzw. Gebühren

Es soll nun ein Bericht erstellt werden, der die gesamten Einnahmen des laufenden Monats aufzeigt, die die GVHG durch die Verwaltung der ihr anvertrauten Immobilien erzielt. Die einzelnen Zeilen des Berichtes sollen das folgende Aussehen aufweisen:

Stellen 3 und 4:	Nummer des Sachbearbeiters
Stellen 8 bis 20:	Monatseinnahme aller vom betreffenden Sachbearbeiter verwalteten Immobilien
Stellen 25 bis 29:	Gebäudenummer
Stellen 33 bis 45:	Monatseinnahme für das betreffende Gebäude
Stellen 49 bis 52:	Büro- bzw. Geschäftsnummer
Stellen 56 bis 65:	Monatseinnahme für das betreffende Büro bzw. Geschäft

Der Bericht soll also dreierlei aufzeigen:
a) Monatliche Einnahmen für ein vermietetes Büro bzw. Geschäft, d.h. im Kennzeichen für die Vermietung ist J enthalten,
b) monatliche Einnahmensumme für ein Gebäude,
c) monatliche Einnahmensumme der von einem Sachbearbeiter verwalteten Immobilien,
d) monatliche Gesamteinnahme der Gesellschaft.

In jedem Betragsfeld des Berichtes sind die führenden Nullen zu unterdrücken und nach je drei Stellen vor dem Dezimalpunkt sind „Tausender"-Kommas einzufügen. Am Kopf jeder Seite soll eine Überschriftszeile vorhanden sein. Jede Seite soll nicht mehr als 50 Einzelzeilen aufweisen.

Bei den Daten können Eingabefehler vorkommen; ungültige Sätze sollten daher entdeckt und zurückgewiesen werden können. Bei einem gültigen Eingabesatz müssen alle Felder mit Ausnahme des einstelligen Feldes für das Vermietungskennzeichen einen numerischen Inhalt aufweisen. Das Kennzeichen für die Vermietung darf nur 'J' (Ja für vermietet) oder 'N' (Nein für nicht vermietet) sein. Wenn ein ungültiger Satz festgestellt wird, so soll der betreffende Satz auf eine gesonderte Fehlerliste gedruckt werden; eine passende Fehlernachricht ist hinzuzufügen. Die Einteilung der Fehlerliste kann nach eigenem Ermessen vorgenommen werden. Die Liste soll aber unbedingt ordentlich und leicht lesbar gestaltet sein, damit sie jeder Angestellte bzw. jede Angestellte, die sie bearbeiten muß, verstehen kann. Mit anderen Worten, das bloße Drucken des Satzabbildes zusammen mit einem pauschalen Fehlerhinweis der Art „FEHLER GEFUNDEN" ist verpönt; es wird nicht akzeptiert. Schließlich muß man außerdem damit rechnen, daß ein Satz mehrere Fehler aufweisen kann. In einem solchen Fall sind alle Fehler, nicht nur der erste vorkommende, zu ermitteln und entsprechend zu kommentieren.

Für einen solchen monatlichen Einnahmebericht ist ein Beispiel in der Abb. 9.22 aufgeführt.

```
         MONATLICHER BERICHT UEBER DIE EINNAHMEN            SEITE 001

  SB     GESAMT   IN DM     GEB.     GESAMT   IN DM    IMB.      DM/MON.

                                                       1001    10,000.00
                                                       2500       250.00
                             10      10,250.00

                                                        100     2,500.00
                                                        200     2,500.00
                                                        300    25,000.00
                           12345     30,000.00
  10     40,250.00

                                                       8888    99,999.99
                                                       9999    99,999.99
                           99999    199,999.98
  99    199,999.98

GESAMT  240,249.98

Es bedeuten: SB  --- Nummer des Sachbearbeiters
             GEB --- Gebäudenummer
             IMB --- Immobiliennummer (Nummer des Büros bzw. des Geschäftes)
```

Abb. 9.22 Beispielbericht für Übungsaufgabe 6, gleichzeitig ein mögliches Muster für Testdaten

10. Die Datendarstellung und verwandte Themenkreise

10.1 Einführung

In diesem Kapitel werden wir über eine Anzahl von Punkten sprechen, die mit der Darstellung von Informationen in Computern verknüpft sind. Im einzelnen handelt es sich um die folgenden Punkte:
- Verschiedene Speicherungsformen von Daten
- Möglichkeiten bei der Zuweisung von Datenelementen zu Computerspeicherplätzen

Weiterhin werden wir sehen, wie einer Ansammlung von Computerspeicherplätzen der gleiche Name gegeben werden kann; möglicherweise können diesen Namen auch verschiedene Attribute, d.h. Eigenschaften, zugeordnet werden.

10.2 Die Datendarstellung

Die Datendarstellung unterscheidet sich wesentlich bei den einzelnen Computertypen. Die hier zu besprechende basiert auf den Großcomputern der IBM (IBM-Typenreihen 3000 und 4000 sowie /370). Diese Computer und die zu ihnen kompatiblen bilden die größte Einzelgruppe von Computern, auf denen **COBOL** allgemein eingesetzt ist. Ein Lehrbuch wie dieses kann niemals gleichzeitig die Rolle einer Enzyklopädie spielen. Leser, die sich ernsthaft mit der **COBOL**-Programmierung beschäftigen wollen, brauchen auf jeden Fall zusätzliche Handbücher für den Computertyp, mit dem sie arbeiten. Mit der in diesem Kapitel aufgenommenen Einführung dürfte eine solide Basis gegeben sein, so daß es nicht allzu schwerfallen dürfte, notwendige Zusatzinformationen den Handbüchern zu entnehmen.

Die grundlegendste Informationseinheit ist bei jedem Computer das *Bit*; Bit ist die Abkürzung von *„binary digit"*. „Binary" verweist auf das Vorhandensein zweier Werte. Eine Binärziffernstelle kann also nur die zwei Werte *Null* und *Eins* besitzen (in der deutschen Sprache gebraucht man den Begriff *„Dualziffer"* anstelle von *„binary digit"*). Der Wert der einzelnen Stellen einer *Dualzahl* ergibt sich durch sukzessive Multiplikation von Zweierpotenzen, und nicht durch die Multiplikation von Zehnerpotenzen wie bei den *Dezimalzahlen*. Die Dezimalzahl 2073 kann ja, wie wir bereits wissen, als

$2 \times 1000 \quad | \quad (= 2000)$
$+ 0 \times 100 \quad | \quad (= 0)$
$+ 7 \times 10 \quad | \quad (= 70)$
$+ 3 \times 1 \quad | \quad (= 3)$

aufgefaßt werden. Die Zerlegung der Dualzahl 1101 ergibt

$1 \times 8 \quad | \quad (= 8)$
$1 \times 4 \quad | \quad (= 4)$
$0 \times 2 \quad | \quad (= 0)$
$1 \times 1 \quad | \quad (= 1)$

Sie entspricht also der Dezimalzahl 13. Wenn durch tiefer gestellte Zahlen die Basis des Zahlensystems angegeben wird, gilt also

$1101_2 = 13_{10}$

Wenn große Dualzahlen niedergeschrieben werden müssen, ist es zweckmäßiger, die Dualziffern zu Vierergruppen zusammenzufassen und das *sedezimale Äquivalent* (engl.: hexadecimal equivalent) jeder Gruppe zu benutzen. Dadurch können Zahlen auf der Basis 16 gebildet werden. Eine Vergleichstabelle ist in der Abb. 10.1 aufgeführt. Ihre Benutzung erspart das Rechnen. Die Dezimalzahlen 10 bis 16 werden aus Zweckmäßigkeitsgründen im *Sedezimalsystem* (engl.: Hexadecimalsy-

Dualzahl (Binärzahl)	Dezimalzahl	Sedezimalzahl (Hexadezimalzahl)
0000	0	0
0001	1	1
0010	2	2
0011	3	3
0100	4	4
0101	5	5
0110	6	6
0111	7	7
1000	8	8
1001	9	9
1010	10	A
1011	11	B
1100	12	C
1101	13	D
1110	14	E
1111	15	F

Anmerkung: Jedes Zahlensystem zur Basis b weist b Ziffern oder Zahlzeichen auf.

Abb. 10.1 Zahlentabelle (Basen 2, 10 und 16)

stem) durch die Großbuchstaben *A* bis *F* ausgedrückt, die also die Symbole für die entsprechenden *Sedezimalziffern* darstellen.

Beispielsweise könnte die Dualzahl
0010 0010 1101 1000 0001 0000 1111 1011
auch als Sedezimalzahl
22D810FB
geschrieben werden. Die Sedezimalzahl niederzuschreiben, ist sicher beträchtlich einfacher und platzsparender als die Niederschrift der ihr entsprechenden Dualzahl.

Für „*Sedezimalsystem*" hat sich in der deutschen Fachsprache auch der Begriff „*Hexadezimalsystem*" eingebürgert und durchgesetzt, das gleiche gilt für „*Binärsystem*" anstelle von „*Dualsystem*".

10.3 Bytes

Bei den Großcomputern der IBM und den zu ihnen kompatiblen Computern werden *acht Bits* zu einer *Bitgruppe* zusammengefaßt; eine solche wird *Byte* genannt. Jedem Byte ist ein sogenanntes *Prüfbit* (engl.: parity bit) zugestellt, das zu Richtigkeitsprüfungen der Maschinenfunktionen dient. Prüfbits sind für den Programmierer nicht zugänglich. Wir wollen sie deshalb nicht weiter betrachten und untersuchen.

Das Aufnahmevermögen eines Computerspeichers wird häufig in *Kilobytes*, abgekürzt *kB*, gemessen. Unter einem Kilobyte versteht man tatsächlich 1024 Bytes. Wenn also ein Computer mit einem Speicher von 128 kB ausgerüstet ist, so verfügt er über 131072 Bytes (im Dezimalsystem ausgedrückt). Ein Speicher mit 640 kB würde also aus 655360 Speicherstellen bestehen. Als größere Einheit wird das Megabyte benutzt. Unter einem *Megabyte*, abgekürzt *MB*, versteht man also 1024 × 1024 = 1048576 Bytes.

Ein Computer, der fähig ist, ein **COBOL**-Programm zu kompilieren, sollte im allgemeinen über mindestens 131072 interne Speicherstellen (Bytes) verfügen. Das gilt auch für Mikrocomputer (Personalcomputer). Als dieses Lehrbuch verfaßt wurde, wiesen Mikrocomputer schon interne Speicher von bis zu ca. 650000 Bytes auf. Großcomputer offerieren mittlerweile Internspeicher von bis zu 32 MB; außerdem sind sie häufig mit einer Technik ausgerüstet, die „*virtuelle Speichertechnik*" genannt wird. Diese Technik sorgt dafür, daß weitere (zusätzliche) Speichergeräte als Teil des internen Speichers angesehen werden. Einzelheiten über virtuelle Speicher in diesem Zusammenhang besprechen zu wollen, erscheint uns jedoch als irrelevant. Interne Computerspeicher, die auch als *RAM* (Abkürzung von „random access memory", d.h. auf deutsch „Speicher mit wahlfreiem Zugriff") bezeichnet werden, sind fast ausschließlich aus integrierten Schaltungen aufgebaut. Ein Informationsbyte kann vom Internspeicher eines Computers innerhalb des Bruchteils einer Mikrosekunde, d.h. einer Millionstelsekunde, bei jedem Computer und innerhalb weniger Nanosekunden, d.h. Milliardstelsekunden, bei vielen Computern zurückgeholt werden.

Internspeicher unterscheiden sich von den sogenannten *Hilfsspeichern*; zu ihnen zählt man solche Geräte wie die Magnetplattengeräte und die Magnetbandgeräte. Die Zugriffszeiten zu diesen Speichergeräten unterschreiten den Millisekundenbereich, d.h. Tausendstelsekunden, nicht; mitunter können sie bis zu Sekunden oder gar Minuten hinaufgehen. Wir werden diese Speichergeräte im Kap. 14 besprechen.

Jedes Byte des Internspeichers ist mit einer *Adresse* verknüpft, über die es angesprochen (adressiert) werden kann. Operationen mit Datenelementen werden im Objektprogramm in Form von Inhalten adressierter Speicherplätze des Internspeichers spezifiziert. Wenn wir beispielsweise schreiben

ADD 1 TO SATZ-ZAEHLER,

so könnte sich im Objektprogramm bei der Programmausführung folgendes abspielen: Im Objektprogramm ist eine Instruktion vorhanden, die zum Inhalt des Speicherplatzes mit der Adresse 12536, der bei der Kompilierung dem Datenelement **SATZ-ZAEHLER** zugeordnet wurde, zugreift und danach zu diesem Inhalt den Inhalt des Speicherplatzes mit der Adresse 13044 addiert; auf diesen Speicherplatz ist aber bei diesem speziellen Programm vom Computer die Zahl 1 gespeichert worden. Die entstandene Summe wird auf den Speicherplatz mit der Adresse 12536 zurückgestellt.

Bytes können einzeln angefaßt werden oder in Form von Gruppen aus mehreren Bytes; diese werden dann allgemein als *Felder* bezeichnet. Ein *Halbwort* besteht aus zwei aufeinanderfolgenden Bytes, ein *Wort* aus vier aufeinanderfolgenden Bytes. Unter einem *Doppelwort* wird ein Feld verstanden, das aus zwei aufeinanderfolgenden Wörtern besteht. Wegen der Art und Weise, in der frühere Typen von IBM-Großcomputern arbeiteten, verlangen IBM-Kompilierer nach wie vor allgemein, daß die Adresse eines Halbwortes ein Vielfaches von 2 ist, die eines Wortes ein Vielfaches von 4 und die eines Doppelwortes ein Vielfaches von 8.

Sieht man einmal von den Besonderheiten dieser speziellen Felder ab, kann ein Feld jede Länge besitzen, angefangen bei einem Byte bis hinauf zu einem bestimmten computerabhängigen Maximum; bei IBM-Großcomputern ist dieses Maximum zu 32767 Bytes festgelegt. Besteht ein Feld aus mehr als einem Byte, so gilt die Adresse des linksbündigen Bytes zugleich als Adresse des gesamten Feldes.

10.4 Formen der Datendarstellung bei IBM-Großcomputern

Das Byte ist der Grundbaustein. Für sich allein oder in Kombinationen kann es Informationen in jeder von vier verschiedenen Formen aufnehmen. Drei Formen sind dabei in **COBOL** von besonderer Wichtigkeit. Die vier Formen, auf IBM-Computer bezogen, zusammen mit den sie charakterisierenden **COBOL**-Begriffen sind in der Abb. 10.2 aufgeführt.

Form der IBM-Darstellung	COBOL-Ausdruck
Zeichendarstellung oder gezonte Dezimaldarstellung	DISPLAY
Binärstellung (Dualdarstellung)	COMPUTATIONAL
Gleitkommadarstellung (Gleitpunktdarstellung)	COMPUTATIONAL-1 und COMPUTATIONAL-2
Gepackte Dezimaldarstellung	COMPUTATIONAL-3

Abb. 10.2 Formen der Datendarstellung in COBOL

In **COBOL** sind die drei Formen **DISPLAY, COMPUTATIONAL** und **COMPUTATIONAL-3** wichtiger als die anderen.

10.5 Der Gebrauch von DISPLAY

Die einfachste Form der Informationsdarstellung liegt dann vor, wenn *ein* Byte gerade *ein* Zeichen enthält. Da dies die Form ist, in der Informationen erscheinen müssen, wenn sie gedruckt oder angezeigt werden sollen, wird sie in **COBOL** als Gebrauchsform **DISPLAY** bezeichnet. Wenn diese Form Zahlen enthält, wird sie wegen ihrer Art der Zifferndarstellung im IBM-Sprachgebrauch *gezonte Dezimaldarstellung* genannt. Wir werden diesen Begriff später kurz erklären. Wenn dagegen jedes Byte ein alphamerisches (alphanumerisches) Zeichen enthält, gleichgültig, ob Ziffer oder nicht, heißt diese Form im IBM-Sprachgebrauch einfach *Zeichendarstellung*.

Für alphamerische Informationen gibt es außer der Zeichendarstellung keine andere Möglichkeit zur Datendarstellung. Bei numerischen Daten gibt es hingegen mehrere verschiedene Darstellungen, unter denen man wählen kann. Wir werden sie weiter unten diskutieren. Jedem alphamerischen Zeichen ist ein *Achtbitcode* zugeordnet. Die Abb. 10.3 zeigt die am häufigsten verwendeten Zeichen und ihre Darstellungen im EBCDIC- und im ASCII-Code (siehe hierzu auch Abschnitt 5.8).

Es sei darauf hingewiesen, daß in der Abb. 10.3 die Zeichen in aufsteigender Reihenfolge nach ihrer EBCDIC-Darstellung aufgeführt sind; diese ist zugleich auch ihre aufsteigende Reihenfolge, wenn sie in Vergleichsbedingungen miteinander verglichen werden. Mit anderen Worten ausgedrückt, in Abb. 10.3 sind die Zeichen in ihrer Sortierfolge gezeigt, die, man sieht es hier, von der Binärdarstellung bestimmt ist. Wenn man an einem Computer arbeitet, der sich des ASCII-Codes für die Zeichen bedient, ist die Sortierfolge eine andere: Die Zeichen sollten dann sinnvollerweise in eine Reihenfolge gebracht werden, die der aufsteigenden Reihenfolge ihrer ASCII-Darstellungen entspricht.

Alle 256 möglichen Achtbitkombinationen können in den Computer gespeichert werden. Nicht allen 256 Achtbitkombinationen sind jedoch druckbare Symbole zugeordnet. Sollte es dennoch einmal notwendig sein, daß man sich solche teilweise oder gänzlich aus nichtdruckbaren Zeichen bestehenden Informationen außerhalb des Computers ansehen muß, müssen diese daher in eine andere Form überführt werden, die nur aus druckbaren Zeichen besteht, beispielsweise in eine Folge sedezimaler Ziffern. Wir werden in diesem Lehrbuch keine Gelegenheit finden, uns mit diesem Thema auseinanderzusetzen. Wir halten deshalb hier nur fest, daß der Versuch, den Inhalt eines Bytes mit einer nichtdruckbaren Bitkombination drucken zu wollen, darin endet, daß stattdessen in der Regel ein Leerzeichen an der betreffenden Stelle erscheint.

Bei der internen Darstellung numerischer Daten (Zeichen 9 in der **PICTURE**-Zeichenfolge) in der **DISPLAY**-Form ist in jedes Byte eine Ziffer hineingestellt. Die Ziffer selbst nimmt dabei die rechtsbündigen vier Bitstellen in Anspruch; diese heißen deshalb auch *numerische Bitstellen*. Die linksbündigen (vorderen) vier Bitstellen, genannt *Zonenbitstellen*, beinhalten Bitkombinationen, die uns hier nicht weiter interessieren. Eine Ausnahme bilden die Zonenbits des am weitesten rechts liegenden Bytes der Zahl; sie enthalten die Verschlüsselung des Vorzeichens für die gesamte Zahl. Damit ist nun auch die Bezeichnung „gezonte Dezimaldarstellung" geklärt. Ein Beispiel soll diese Betrachtung abschließen. Nachstehend ist gezeigt, welchen Inhalt die sieben Bytes auf-

Graphisches Symbol	Binärcode (EBCDIC)	Binärcode (ASCII)
(Leerzeichen)	0100 0000	0010 0000
¢	0100 1010	1001 1011
. (Punkt)	0100 1011	0010 1110
<	0100 1100	0011 1100
(	0100 1101	0010 1000
+	0100 1110	0010 1011
&	0101 0000	0010 0110
$	0101 1011	0010 0100
*	0101 1100	0010 1010
)	0101 1101	0010 1001
;	0101 1110	0011 1011
– (Minuszeichen)	0110 0000	0010 1101
, (Komma)	0110 1011	0010 1100
>	0110 1110	0011 1110
' (Auslassungszeichen)	0111 1101	0010 0111
=	0111 1110	0011 1101
A	1100 0001	0100 0001
B	1100 0010	0100 0010
C	1100 0011	0100 0011
D	1100 0100	0100 0100
E	1100 0101	0100 0101
F	1100 0110	0100 0110
G	1100 0111	0100 0111
H	1100 1000	0100 1000
I	1100 1001	0100 1001
J	1101 0001	0100 1010
K	1101 0010	0100 1011
L	1101 0011	0100 1100
M	1101 0100	0100 1101
N	1101 0101	0100 1110
O	1101 0110	0100 1111
P	1101 0111	0101 0000
Q	1101 1000	0101 0001
R	1101 1001	0101 0010
S	1110 0010	0101 0011
T	1110 0011	0101 0100
U	1110 0100	0101 0101
V	1110 0101	0101 0110
W	1110 0110	0101 0111
X	1110 0111	0101 1000
Y	1110 1000	0101 1001
Z	1110 1001	0101 1010
0	1111 0000	0011 0000
1	1111 0001	0011 0001
2	1111 0010	0011 0010
3	1111 0011	0011 0011
4	1111 0100	0011 0100
5	1111 0101	0011 0101
6	1111 0110	0011 0110
7	1111 0111	0011 0111
8	1111 1000	0011 1000
9	1111 1001	0011 1001

Anmerkung: Unter einem graphischen Symbol versteht man ein druckbares bzw. anzeigbares Zeichen.

Abb. 10.3 Darstellung ausgewählter Zeichen im EBCDIC- und im ASCII-Code

368 10. Die Datendarstellung und verwandte Themenkreise

weisen, die zur Speicherung der Zahl + *4135729* in gezonter Dezimalform herangezogen werden müssen:

1111	0100	1111	0001	1111	0011	1111	0101	1111	0111	1111	0010	1100	1001
	4		1		3		5		7		2	+	9

Wir erkennen, daß mit Ausnahme des letzten Bytes die Zonenbits aller übrigen sechs Bytes gleich 1111 sind. Die Zonenbits des letzten Bytes, also 1100, repräsentieren das positive Vorzeichen. Ergänzend hierzu sei vermerkt, daß die Zonenbits 1101 das negative Vorzeichen vergegenwärtigen. Und noch einmal: Die numerischen Bits der sieben Bytes stellen die binären Verschlüsselungen der Dezimalziffern der vorgegebenen Dezimalzahl dar.

Man beachte, daß der Inhalt des gesamten Bytes (Zonenbits und numerische Bits) der EBCDIC-Darstellung der entsprechenden Ziffern gleichkommt (siehe Abb. 10.3). Eine Ausnahme ist jedoch beim letzten Byte festzustellen. Dieses Byte, das ja bekanntlich in seinen Zonenbits das Vorzeichen der Zahl enthält, spiegelt gleichzeitig die EBCDIC-Darstellung eines Zeichens wider, das nicht gleich der Ziffer niedrigster Ordnung der Zahl ist. In unserem obigen Beispiel enthält das letzte Byte die binäre Repräsentation des Buchstabens I und nicht die binäre Repräsentation der Ziffer 9. Fassen wir zusammen, das letzte Byte eines numerischen Feldes enthält tatsächlich stets die binäre Repräsentation irgendeines nichtnumerischen Zeichens, vorausgesetzt, daß die **PICTURE**-Zeichenfolge des betreffenden Feldes das Zeichen S für das Vorzeichen aufweist. Bei vorzeichenfreien Feldern enthalten alle Bytes die binäre Repräsentation der zur Zahl gehörenden Ziffern. Diese Charakteristik gezonter Dezimaldaten wirkt sich auf das Drucken bzw. auf die Anzeige numerischer Felder mittels der Anweisungen **DISPLAY** und **EXHIBIT** aus. Wenn man die Druckausgabe vorzeichenbehafteter numerischer Daten unter Benutzung der Anweisungen **DISPLAY** bzw. **EXHIBIT** veranlaßt, wird man nämlich feststellen müssen, daß das rechtsbündig gedruckte Zeichen nichtnumerisch ist. Um ermitteln zu können, welche Ziffer sich hinter diesem Zeichen verbirgt, ist das ausgegebene Zeichen in der Tabelle von Abb. 10.3 aufzusuchen (oder in einer kompletten Tabelle, die meistens in den Computer-Handbüchern zu finden ist). Nach Streichung der Zonenbits sind die verbleibenden numerischen Bits in ihr dezimales Äquivalent zu konvertieren. So wird beispielsweise das Zeichen *H* durch die Bitkombination *1100 1000* verschlüsselt. Die numerischen Bitstellen dieser Bitkombination enthalten die Dualziffern 1000, was der Dezimalziffer 8 entspricht.

Man kann spezifizieren, daß ein Datenelement das **DISPLAY**-Format aufweisen soll, indem man das Wort **DISPLAY** in die Datenbeschreibung der entsprechenden Eintragung des Datenteils aufnimmt. Eine solche Notiz wird jedoch äußerst selten vorgenommen, da bei Abwesenheit einer expliziten Erklärung über die Gebrauchsform des betreffenden Datenelementes der Kompilierer eine Voreinstellung annimmt: Er betrachtet das Datenelement als mit **DISPLAY** erklärt.

10.6 Der Gebrauch von COMPUTATIONAL-3

Ein Computer kann die arithmetischen Operationen nicht direkt mit den Daten ausführen, die in der gezonten Dezimaldarstellung vorliegen, d.h. die mit der Gebrauchsform **DISPLAY** erklärt sind. Wenn ein **COBOL**-Programm arithmetische Operationen für Daten anfordert, die mit **DISPLAY** beschrieben sind, wie wir es bis zu dieser Stelle in diesem Buch gehandhabt haben, hat das Objektprogramm zunächst eine Umwandlung der betreffenden Daten in die Form durchzuführen, die arithmetische Operationen mit dezimalen Daten zuläßt. Bei dieser Gebrauchsform, die als *gepackte Dezimaldarstellung* bekannt ist, sind jeweils *zwei* Dezimalziffern in *ein* Byte gepackt; eine Ausnahme bildet lediglich das letzte Byte. In diesem halten die rechtsbündigen vier Bitstellen das Vorzeichen der gesamten Dezimalzahl fest. Wir zeigen nunmehr an einem Beispiel, wie die Zahl + *4135729* in der gepackten Dezimaldarstellung gespeichert ist.

0100	0001	0011	0101	0111	0010	1001	1100
4	1	3	5	7	2	9	+

Wir erkennen zunächst, daß die gesamte Dezimalzahl vier Bytes belegt; in der gezonten Dezimaldarstellung wären dazu bekanntlich sieben Bytes erforderlich. Eine achtstellige Dezimalzahl würde in der gepackten Darstellung fünf Bytes erfordern, in der gezonten Darstellung hingegen acht Bytes. Bei Dezimalzahlen mit gerader Stellenzahl werden in der gepackten Darstellung die vier linksbündigen Bitstellen des ersten Bytes mit (binären) Nullen aufgefüllt. Kurz gesagt, die gepackte Darstellungsform braucht gerade etwas mehr als die Hälfte des Speicherplatzes, den die gezonte Darstellung erfordert. Bei IBM-Großcomputern kann ein gepacktes Dezimalfeld aus maximal 31 Ziffern bestehen. Das sind mehr als genug, um das in **COBOL** erlaubte Maximum von 18 Ziffern bei numerischen Datenelementen befriedigen zu können.

Die gepackte Dezimaldarstellung ist in **COBOL**-Programmen durch Hinzufügung der Klausel **COMPUTATIONAL-3** oder abgekürzt

COMP-3 in die Datenteileintragung mit der Datenbeschreibung des betreffenden Elementes zu veranlassen. Somit können wir codieren:

    05 RECHNUNGSSUMME   PIC S9(5)V99
                                        COMPUTATIONAL-3.

Die gebräuchlichere kürzere Form lautet:

    05 RECHNUNGSSUMME   PIC S9(5)V99 COMP-3.

Man kann aber auch ausführlich wie folgt schreiben:

    05 RECHNUNGSSUMME   PIC S9(5)V99 USAGE IS
                                        COMPUTATIONAL-3.

Diese ausführlichste Form wird in der Praxis kaum benutzt. Die Klausel

    USAGE IS COMPUTATIONAL-3

bzw. ihre kürzeren Formen sowie die weiter unten aufgeführten anderen **COMPUTATIONAL**-Klauseln, aber auch die **DISPLAY**-Klausel können auf jede Stufennummer bezogen werden. Wenn also eine Datengruppe mit

    COMPUTATIONAL-3

beschrieben ist, dann gilt diese Festlegung auch für jedes in die Gruppe aufgenommene Elementarelement. Wir raten jedoch dazu, Eigenschaften beschreibende Klauseln wie die soeben besprochene Charakteristik nur auf der Stufe der Elementarelemente zu definieren.

Der Grund dafür, warum in **COBOL** die Option

    COMPUTATIONAL-3

vorgesehen ist, ist darin zu suchen, daß bei Daten, die in der gezonten Dezimaldarstellung vorliegen, vor der Durchführung arithmetischer Operationen erst eine Umwandlung in die gepackte Dezimaldarstellung erfolgen muß; das wäre aber der Fall, wenn von der erlaubten Arithmetik mit Daten in gezonter Darstellung Gebrauch gemacht wird. Die erforderlichen Umwandlungen sind sehr zeitaufwendig, wenngleich dies dem Programmierer wohl kaum zu Bewußtsein kommt. Bei der Addition und Subtraktion beanspruchen die Umwandlungen mehr Zeit als die eigentlichen Rechenoperationen. Ein Datenelement, das in sehr viele Rechenoperationen eingeht, sollte deshalb stets in der Darstellungsform **COMPUTATIONAL-3** vorliegen; damit können unnötige Umwandlungen vermieden werden. Da die über Tastaturen, wie z.B. die von Datenendgeräten (Terminals), eingegebenen Daten stets in der **DISPLAY**-Form im Computer erscheinen, ist es mitunter notwendig, Daten von mit **DISPLAY** beschriebenen Feldern in Felder zu übertragen, die mit **COMPUTATIONAL-3** gekennzeichnet sind. Wird eine solche Codierung vorgenommen, ist im Objektprogramm eine Konvertierung von der gezonten Darstellung in die gepackte bereits vorgesehen. Sollte es nach Abschluß der arithmetischen Operationen erforderlich sein, den Wert eines mit **COMPUTATIONAL-3** erklärten Feldes zu drucken oder anderweitig anzuzeigen, so muß dieser Wert zuvor in ein Feld übertragen werden, das mit einer **DISPLAY**-Erklärung, explizit oder implizit, versehen ist. In einem **COBOL**-Programm bedarf es dazu gewöhnlich keiner besonderen Anstrengungen, da normalerweise **MOVE**-Anweisungen bereits bei der Aufbereitung der zur Druckausgabe bzw. zur Anzeige vorgesehenen Datenelemente anfallen.

10.7 Der Gebrauch von COMPUTATIONAL

In einem Halbwort oder in einem Vollwort können Werte im reinen Binärformat vorteilhafter als im Dezimalformat festgehalten werden. Dieses Format wird in der Eintragung mit der Datenbeschreibung durch **COMPUTATIONAL** oder **COMP** festgelegt. Ein Suffix ist hierbei nicht vorgesehen; **COMPUTATIONAL-1** z.B. bedeutet etwas anderes. Darüber werden wir bald sprechen. Ein Halbwort enthält 16 Bits. Bei der Darstellungsform **COMPUTATIONAL** werden davon 15 für die Zahl selbst herangezogen, eine Bitstelle nimmt das Vorzeichen dieser Zahl auf. (Negative Zahlen werden in Wirklichkeit durch ihr Zweierkomplement dargestellt, aber dieses Detail ist ohne Belang für den **COBOL**-Programmierer.)

Die größte Dualzahl, die in einem Halbwort Platz findet, weist das dezimale Äquivalent 32767 auf; die größte Dualzahl, die ein Vollwort mit 32 Bitstellen enthalten kann, beträgt 2147483647 (dezimales Äquivalent). Wenn in **COBOL** ein Datenelement mit vier oder weniger dezimalen Ziffernstellen beschrieben ist, ordnet der Kompilierer diesem ein Halbwort zur Speicherung seiner Werte bei. Besitzt ein Datenelement zwischen fünf und neun dezimale Ziffernstellen, wird für dieses vom Kompilierer ein Vollwort reserviert, bei mehr als neun Ziffernstellen werden zwei Vollwörter bereitgestellt.

Felder, die in zahlreiche arithmetische Operationen eingehen und dabei nur wenig oder gar nicht in die Darstellungsformen **DISPLAY** oder **COMPUTATIONAL-3** konvertiert werden müssen, können für die leistungsfähigste Form der Datenspeicherung und der Arithmetik sorgen. Weiterhin werden Felder, die mit **COMPUTATIONAL** erklärt sind, häufig im Zusammenhang mit der Spezialindizierung und der Normalindizierung gebraucht. Über dieses Thema werden wir im Kap. 13 reden. Der Aufwand für Konvertierungen von Daten zwischen dem **DISPLAY**-Format und dem **COMPUTATIONAL**-Format ist jedenfalls höher als für Konvertierungen zwischen dem **DISPLAY**-Format und dem Format **COMPUTATIONAL-3**; infolgedessen läuft es darauf hinaus, daß man das letztere Format häufiger verwendet.

10.8 Der Gebrauch von COMPUTATIONAL-1 und COMPUTATIONAL-2

Die meisten Computer stellen *Gleitkomma-Operationen* bereit. Einige Computer, speziell Mikrocomputer, erledigen freilich die Gleitkomma-Arithmetik mittels der Software. Diese simuliert die Gleitkomma-Operationen; entsprechende Hardware-Einrichtungen sind also bei diesen Computern nicht vorhanden. Durch Software verwirklichte Gleitkomma-Operationen laufen wesentlich langsamer ab als die durch die Hardware ausgeführten. Bei Daten, die in der *Gleitkommadarstellung* (auch: *Gleitpunktdarstellung*) vorliegen, verfolgt ein besonderer Teil jeder Zahl, die sogenannte *Charakteristik*, den Zweck, die jeweilige Stellung des Dezimalkommas festzuhalten. Bei den IBM-Computern handelt es sich allerdings um ein Hexadezimalkomma, da in der Gleitkommaform Zahlen mit der Basis 16 benutzt werden. Gleitkommazahlen lassen sich auf zwei Arten bilden. Die kurze Form beansprucht einen Speicherplatz von vier Bytes und ist im Datenteil mit **COMPUTATIONAL-1** oder kurz mit **COMP-1** festzulegen. Die lange Form belegt acht Bytes und ist mit **COMPUTATIONAL-2** oder kurz mit **COMP-2** zu beschreiben.

Es gibt wenig Gelegenheiten, Gleitkommazahlen bei der Art von Aufgaben zu verwenden, die typischerweise mit **COBOL** angegangen werden. Deshalb werden wir diesem Thema auch nicht weiter nachspüren. Viele **COBOL**-Kompilierer unterstützen deshalb die Gleitkomma-Arithmetik überhaupt nicht.

Bei den beiden Begriffen **DISPLAY** und **COMPUTATIONAL** sollte man sich grundsätzlich eines vor Augen halten: **DISPLAY** („anzeigen") weist darauf hin, daß dieses Format sich dazu eignet, Daten in den Computer hineinzubringen oder aus ihm herauszuholen, mit dem Format **COMPUTATIONAL** (*mit* oder *ohne* Suffixe) werden hingegen Daten beschrieben, die nur intern verwendet werden dürfen. Wenn wir beispielsweise versuchen würden, eine Zahl von einem Datenendgerät (Terminal) in ein mit **COMPUTATIONAL-3** beschriebenes Datenelement einzulesen, oder den Versuch unternähmen, den Wert eines mit **COMPUTATIONAL** beschriebenen Datenelementes zu drucken, würde das zu völlig unbrauchbaren Resultaten führen. Die Anweisungen **DISPLAY** und **EXHIBIT** konvertieren jedoch automatisch vor der Ausgabe die Werte von mit **COMPUTATIONAL** (mit oder ohne Suffixe) erklärten Datenelementen in die Darstellungsform **DISPLAY**. Wenn wir den Wert eines Datenelementes, das in der **DISPLAY**-Form vorliegt, zu einem in einer beliebigen Rechenform, d.h. mit **COMPUTATIONAL**, erklärten Datenelement übertragen, sorgt der Kompilierer dafür, daß die passenden Konvertierungen einbezogen werden. Dasselbe geschieht auch, wenn wir arithmetische Operationen mit Datenelementen im **DISPLAY**-Format festlegen. Es erfolgen jedoch keine Konvertierungen, wenn wir versuchen, in ein mit **COMPUTATIONAL** (mit oder ohne Suffixe) beschriebenes Feld Werte einzulesen bzw. aus einem solchen Feld Werte auszugeben.

10.9 Formen der Datendarstellung in COBOL-85 und ihre Beschreibung

Die Darstellungsformen der Daten sind in **COBOL-85** im wesentlichen die gleichen, wie sie aus den früheren **COBOL**-Versionen bekannt sind. Einige Begriffe haben sich freilich geändert. In das standardisierte **COBOL-85** sind die folgenden Begriffe *nicht* aufgenommen worden:

COMPUTATIONAL-1, COMPUTATIONAL-2 und **COMPUTATIONAL-3.**

Der Begriff **BINARY** tritt an die Stelle des Begriffes
COMPUTATIONAL,
er spezifiziert also Dualzahlen (Binärzahlen). Dezimalzahlen, die nicht in der Darstellungsform **DISPLAY** vorliegen, sind durch den Begriff **PACKED-DECIMAL** zu beschreiben. Der Begriff **COMPUTATIONAL** kann von den Kompilierer-Herstellern für die Spezifizierung von arithmetischen Daten nach eigenem Ermessen herangezogen werden. Für die zur Zeit der Abfassung dieses Lehrbuches zur Verfügung stehenden IBM-Computer entspricht **BINARY** exakt dem früheren **COMPUTATIONAL** und **PACKED-DECIMAL** exakt dem früheren **COMPUTATIONAL-3**.

10.10 Die Klausel SYNCHRONIZED

Auf der Ebene der Maschinensprache des IBM-Systems IBM /360, dem Vorgänger der gegenwärtig eingesetzten IBM-Großcomputer, war es erforderlich, daß die numerischen Datenelemente in der binären Darstellungsform und in der Gleitkomma-Darstellungsform auf geeignete *Speichergrenzen ausgerichtet* wurden. Eine in ein Halbwort hineinpassende Dualzahl (**COMPUTATIONAL** bzw. **BINARY**) mußte deshalb bei einem Byte beginnen, dessen Adresse ein Vielfaches von 2 ist. Ein Vollwort belegende Dualzahlen oder Gleitkommazahlen in Kurzform (**COMPUTATIONAL** bzw. **BINARY** oder **COMPUTATIONAL-1**) mußten bei einem Byte anfangen, dessen Adresse ein Vielfaches von 4 ist. Daten, die ein Doppelwort belegen (**COMPUTATIONAL-2**), verlangten deshalb, daß sie bei einem Byte beginnen, dessen Adresse ein

Vielfaches von 8 ist. Um die Kompatibilität mit der älteren Hardware aufrechtzuerhalten und zur Verbesserung der Leistungsfähigkeit, unterstützen im allgemeinen auch die gegenwärtigen IBM-Kompilierer diese alten Ausrichtungsstandards, obgleich die Hardware sie nicht länger mehr erfordert. Vom **COBOL**-Programmierer wird nicht verlangt, den internen Speicher so zu organisieren, daß die Datenelemente diesen Ausrichtungsbedürfnissen genügen. Wenn sie aber nicht erfüllt sind, wird das Objektprogramm weniger leistungsfähig sein. Der Zeitverlust bei der Verarbeitung kann so bedeutsam sein, daß er leicht die Zeitersparnis durch das Rechnen mit Dualzahlen zunichte machen kann.

Als Lösung bietet sich die Klausel **SYNCHRONIZED**, abgekürzt **SYNC** (zu „sink" ausgesprochen) an. Wird diese Klausel für ein Datenelement angegeben, so weist der Kompilierer diesem Element den erforderlichen Speicherplatz so zu, daß er an der richtigen Grenze beginnt. Würde anderenfalls das Element nicht an der geeigneten Grenze anfangen können, werden vom Kompilierer Füllbytes nach dem Ende des vorhergehenden und vor dem Beginn des jetzigen Datenelementes eingeschoben. Füllbytes üben keine andere Funktion aus und werden niemals benutzt; sie dienen nur zur Ausrichtung der nachfolgenden Elemente auf passende Speichergrenzen.

Ein binäres Datenelement (**COMPUTATIONAL**), das in ein Halbwort hineinpaßt, d.h. seine **PICTURE**-Zeichenfolge enthält höchstens viermal die 9, wird bei Angabe von **SYNCHRONIZED** auf Halbwortgrenze ausgerichtet, größere binäre Datenelemente (ihre **PICTURE**-Zeichenfolgen weisen mehr als viermal die 9 auf) auf die für sie geltenden Grenzen. Elemente mit der Stufennummer **01** beginnen stets auf einer Doppelwortgrenze; dabei spielt es keine Rolle, ob **SYNCHRONIZED** angegeben ist oder nicht. Elemente mit der Stufennummer **77** werden hingegen auf Vollwortgrenzen ausgerichtet.

Die in der Abb. 10.4 aufgeführten Beispiele sollen zeigen, wie Füllbytes zwischen aufeinanderfolgenden Datenelementen eingeschoben werden.

Niederschrift	Anordnung mit durch FILLER markierten Füllbytes

01 GRUPPE-A.
    05 FELD-1   PIC X.
    05 FELD-2   PIC 9(4) COMP SYNC.
	01 GRUPPE-A.
	    05 FELD-1 PIC X.
	    05 FILLER PIC X.
	    05 FELD-2 PIC 9(4)
	                          COMP SYNC.

01 GRUPPE-B.
    05 FELD-3   PIC X.
    05 FELD-4   PIC 9(8) COMP SYNC.
    05 FELD-5   PIC X.
    05 FELD-6   PIC 9(18) COMP SYNC.
	01 GRUPPE-B.
	    05 FELD-3 PIC X.
	    05 FILLER PIC XXX.
	    05 FELD-4 PIC 9(8)
	                          COMP SYNC.
	    05 FELD-5 PIC X.
	    05 FILLER PIC XXX.
	    05 FELD-6 PIC 9(18)
	                          COMP SYNC.

Abb. 10.4 Einfügung von Füllbytes bei Angabe der Klausel SYNCHRONIZED

10.11 Die Klausel JUSTIFIED

Sehr selten muß man die normale Positionierung von alphanumerischen Datenelementen, die länger oder kürzer als das Empfangsfeld sind, in das sie übertragen werden, umstoßen. Erinnern wir uns, wie eine solche Übertragung in der Regel abläuft. Wenn ein Feld länger als das Empfangsfeld ist, werden die überzähligen Zeichen rechts fallen gelassen. Ist dagegen das Sendefeld kleiner als das Empfangsfeld, werden die zusätzlichen rechtsbündigen Stellen des Empfangsfeldes mit Leerzeichen aufgefüllt. Durch Niederschrift der Klausel **JUSTIFIED**, abgekürzt **JUST**, werden diese Aktionen von rechts nach links umgelenkt: die zusätzlichen Zeichen werden bei längeren Sendefeldern links abgeschnitten und kürzere werden nach links mit Leerzeichen aufgefüllt. Die Klausel **JUSTIFIED** kann nur bei Elementarelementen gebraucht werden, und sie darf niemals bei numerischen und bei aufbereiteten numerischen Feldern verwendet werden.

Auf den ersten Blick scheinen sich **JUSTIFIED** und **SYNCHRONIZED** ähnlich zu sein, sie sind es aber nicht. Bei **SYNCHRONIZED** geht es um die Zuweisung von Speicherplatz für ein Feld und um die evtl. Einfügung von Füllbytes in eine Datenstruktur. Der Kompilierer würde diese Funktion sogar dann ausüben, wenn im Prozedurteil keine Anweisung vorhanden wäre, die etwas in dieses Feld übertragen würde. Auf der anderen Seite steht **JUSTIFIED** in keinerlei Zusammenhang mit der Speicherplatzzuweisung für ein Datenelement; seine Wirkung ist völlig unabhängig davon, ob das Sendefeld mit **SYNCHRONIZED** erklärt ist oder nicht.

Bei den meisten kommerziell ausgerichteten Anwendungen wird **SYNCHRONIZED** zweckmäßigerweise vor allem in Verbindung mit Feldern verwendet, die mit **COMPUTATIONAL** oder **BINARY** beschrieben sind (siehe dazu Kap. 13). Die Klausel **JUSTIFIED** wird höchst selten eingesetzt.

10.12 Die Klausel REDEFINES

Oft erachtet man es als vorteilhaft, wenn man dasselbe Speichergebiet mit verschiedenen Datenbeschreibungen ausstatten kann, es erneut definieren kann. Diese Möglichkeit wird uns durch die Klausel **REDEFINES** geboten, deren allgemeines Format wie folgt lautet:

> stufennummer datenname-1 REDEFINES datenname-2

Zur Erörterung nehmen wir beispielsweise einmal an, daß in ein Programm ein Steuersatz einzulesen ist, der entweder durch einen Prozentsatz oder durch einen Promillesatz ausgedrückt wird, also etwa entweder durch 4.239 oder durch 42.39. Im Eingabesatz erscheinen nur die Dezimalziffern; irgendwo gibt es ferner einen Schlüssel, aus dem ersichtlich ist, ob die Ziffern als Prozentsatz oder als Promillesatz aufzufassen sind. Hier würde es sinnvoll sein, wenn man ein solches Feld mit zwei **PICTURE**-Klauseln beschreiben kann, die die Zeichenfolgen **9V999** bzw. **99V99** aufweisen. Mit beiden könnte dann korrekt gerechnet werden. Genau diesen Gedanken erfüllt die Klausel **REDEFINES**. Wir können somit die folgenden Datendefinitionen niederschreiben:

```
05  STEUER-SAETZE.
    10  STEUER-SCHLUESSEL            PIC X.
    10  100-SATZ                     PIC 9V999.
    10  1000-SATZ REDEFINES 100-SATZ
                                     PIC 99V99.
```

Hier steht **1000-SATZ** an Stelle von datenname-1 und **100-SATZ** an Stelle von datenname-2. Diese Strukturdefinition besteht einschließlich des Datenelementes **STEUER-SCHLUESSEL** aus nur fünf Zeichen, nicht aus neun. **100-SATZ** und **1000-SATZ** sind verschiedene Beschreibungen des gleichen vierstelligen Speicherplatzes. Irgendwo im Prozedurteil könnten wir jetzt codieren:

MULTIPLY VERANLAGUNG BY 100-SATZ GIVING STEUERN.

Der Kompilierer baut dann ins Objektprogramm arithmetische und andere Instruktionen ein, die dafür sorgen, daß der Dezimalpunkt richtig in die Berechnung eingeht, d.h. der Steuersatz wird als vierstellig mit drei

Dezimalstellen angesehen. An einer anderen Stelle des Prozedurteiles könnten wir schreiben:

MULTIPLY VERANLAGUNG BY 1000-SATZ GIVING STEUERN.

Der Kompilierer erzeugt in diesem Fall Instruktionen für das Objektprogramm, die die Berechnung von Steuern unter Zugrundelegung eines vierstelligen Steuersatzes mit zwei Dezimalstellen ermöglichen. Wir werden zunächst die Regeln für den Gebrauch der Klausel **REDEFINES** aufführen, bevor wir uns mit weiteren Beispielen beschäftigen.

10.13 Regeln für den Gebrauch der Klausel REDEFINES

Bei der Verwendung der Klausel **REDEFINES** sind die folgenden *acht Regeln* zu beachten:

1. Die Klausel **REDEFINES** muß unmittelbar auf datenname-1 folgen. Deshalb ist die folgende Schreibweise *nicht* gestattet:

   05 B-FELD   PIC XXXX   REDEFINES A-FELD.

2. Die Stufennummern von datenname-1 und datenname-2 müssen gleich sein, sie dürfen jedoch weder 66 noch 88 heißen.
3. Die Klausel **REDEFINES** darf nicht bei Eintragungen mit der Stufennummer 01 im Dateienkapitel (in der **FILE SECTION**) erscheinen. Bei mehrfachen Beschreibungen eines Satzgebietes im Dateienkapitel werden Neudefinitionen automatisch unterstellt. Mit anderen Worten, **REDEFINES** wird hier nicht benötigt.
4. Keine Eintragung mit einer Stufennummer, die kleiner als die Stufennummer von datenname-2 ist, darf zwischen den Eintragungen mit den Datenbeschreibungen für datenname-2 und datenname-1 aufgeführt sein. Es ist also *nicht* erlaubt, Codierungen wie die nachfolgende vorzunehmen:

```
05   NAME-1.
     10   INITIALEN                  PIC XX.
     10   NACHNAME-1                 PIC X(23).
05   NAME-1.
     10   INITIALEN                  PIC X.
     10   NACHNAME-2 REDEFINES NACHNAME-1
                                     PIC X(24).
```

5. Jede Neudefinition beginnt bei datenname-1 und endet, wenn eine Stufennummer angetroffen wird, die kleiner oder gleich der von datenname-1 ist. Man betrachte z.B. die nachfolgende Struktur:

```
01  EINGABE-SATZ.
    05  FELD-1.
        10  UNTERFELD-A           PIC XXX.
        10  UNTERFELD-B           PIC X(4).
    05  FELD-2 REDEFINES FELD-1.
        10  UNTERFELD-C           PIC X.
        10  UNTERFELD-D           PIC X(6).
    05  FELD-3                    PIC X(20).
```

Die Neudefinition ist bei diesem Beispiel beendet, wenn

05 FELD-3 ...

auftaucht, da die hier vorgefundene Stufennummer gleich der der Eintragung mit der Klausel **REDEFINES** ist.

6. Mehrfache Neudefinitionen desselben Speichergebietes sind zulässig. Die Eintragungen mit den weiteren Beschreibungen des Speichergebietes müssen auf die bisher vorhandenen Eintragungen mit Neudefinitionen folgen; zwischendurch dürfen keine Eintragungen vorkommen, die neue Speichergebiete definieren. Mehrfache Neudefinitionen desselben Speichergebietes müssen sich sämtlich auf den Datennamen derjenigen Eintragung beziehen, die das Speichergebiet zuerst definiert. Somit ist die nachfolgende Codierung richtig:

```
05  A                             PIC 9(4).
05  B REDEFINES A                 PIC 9V999.
05  C REDEFINES A                 PIC 99V99.
```

Bei dem folgenden Beispiel ist ein Verstoß gegen diese Regel zu verzeichnen:

```
05  A                             PIC 9(4).
05  B REDEFINES A                 PIC 9V999.
05  C REDEFINES B                 PIC 99V99.
```

7. Wenn datenname-1 mit einer anderen Stufennummer als 01 versehen ist, muß dadurch die gleiche Anzahl von Zeichenstellen festgelegt werden, wie beim Datenelement datenname-2 angegeben ist. Durch diese Regel wird betont, daß mit **REDEFINES** einem Speichergebiet verschiedene Namen und (üblicherweise auch) verschiedene Eigenschaften gegeben werden können. Die Größe des redefinierten Speichergebietes ändert sich nicht.

Diese Einschränkung gilt nicht für Datennamen mit der Stufennummer **01**. Der Grund dafür ist darin zu suchen, daß es gelegentlich nützlich sein kann, wenn man im Arbeitsspeicherkapitel das gleiche tun kann wie im Dateienkapitel, nämlich Neudefinitionen mit unterschiedlichen Satzlängen vorzunehmen. Wenn zum selben Speichergebiet verschiedene Sätze gehören, die entweder im Dateienkapitel definiert bzw. implizit redefiniert sind oder im Arbeitsspeicherkapitel definiert bzw. explizit mittels **REDEFINES** redefiniert sind, so wird die Speicherplatzzuweisung durch den jeweils längsten dieser Sätze geregelt. Alle Sätze werden dabei auf das linksbündige Byte, d.h. auf das Anfangsbyte dieses Speichergebietes ausgerichtet.

8. Die Eintragungen, die eine neue Beschreibung offerieren, d.h. die unter „datenname-1", dürfen keine anderen **VALUE**-Klauseln aufweisen als die Eintragungen für Bedingungsnamen mit der Stufennummer **88**. Für das ursprüngliche Speichergebiet, auf das sich Neudefinitionen beziehen, ist jedoch die **VALUE**-Klausel erlaubt.

10.14 Beispiele für die Nützlichkeit der Klausel REDEFINES

Eine typische Situation, in der die Klausel **REDEFINES** nützlich sein kann, wurde bereits im Beispiel vorgestellt, das wir zu Beginn des Abschnittes 10.12 behandelten. Immer wenn wir Daten mit unterschiedlichen Formaten begegnen, müssen wir auch in der Lage sein, alle Möglichkeiten zu beschreiben. Bei der Verarbeitung müssen wir dann weitere Eingabecharakteristiken verwerten, um aus ihnen schlußfolgern zu können, mit welcher Möglichkeit wir uns jeweils auseinanderzusetzen haben.

Nehmen wir beispielsweise einmal an, daß die Namensangaben von Mitarbeitern in zwei verschiedenen Weisen vorliegen, abhängig vom Inhalt des Datenelementes **FORMAT-CODE**. Zum einen können die Vornamen den Nachnamen vorausgehen, zum anderen die Nachnamen den Vornamen. Im Datenteil könnten wir in einem solchen Fall wie folgt schreiben:

```
05  NAME-2.
    10  VORNAME-2                   PIC X(10).
    10  NACHNAME-2                  PIC X(15).
05  NAME-1 REDEFINES NAME-2.
    10  NACHNAME-1                  PIC X(15).
    10  VORNAME-1                   PIC X(10).
```

Nachstehend ist die Speicherbelegung für die 25 Stellen der Namensangabe zu sehen:

1 2 3 4 5 6 7 8 9 10 11 12 13	14 15 16 17 18 19 20 21 22 23 24 25
VORNAME-2	NACHNAME-2
NACHNAME-1	VORNAME-1

In den Prozedurteil könnten wir nun Anweisungen aufnehmen, die diesen Alternativen Rechnung tragen, wie beispielsweise die folgende:

```
IF   FORMAT-CODE = '1'
       MOVE NACHNAME-1 TO NACHNAME-AUS
  ELSE
       IF   FORMAT-CODE = '2'
              MOVE NACHNAME-2 TO NACHNAME-AUS
         ELSE
              PERFORM D055-FEHLER-BEHANDLUNG.
```

Es ist nicht notwendig, daß die in eine Neudefinition aufgenommenen Datenelemente in irgendeiner logischen Beziehung zu den Datenelementen stehen, die in der grundlegenden Definition des Speichergebietes erscheinen. Man betrachte z.B. den folgenden Fall:

```
    05    GROESSEN-INFORMATIONEN.
       10    RAHMEN-LAENGE          PIC 9(4).
       10    LEISTUNG-PS            PIC 99V99.
       10    ACHSEN-LAENGE          PIC 99V9.
    05    MESS-WERTE REDEFINES GROESSEN-INFORMATIONEN.
       10    TEMPERATUR-ZUL         PIC 999.
       10    UEBERLASTUNG           PIC 9V99.'
       10    ISOLIERUNG             PIC XX.
       10    KW                     PIC 99V9.
```

Die Speicherbelegung dieser 11 definierten Stellen ist der nachfolgenden Skizze zu entnehmen:

1 2 3 4	5 6 7 8	9 10 11
RAHMEN-LAENGE	LEISTUNG-PS	ACHSEN-LAENGE
TEMPERATUR-ZUL	UEBERLASTUNG	ISOLIERUNG	KW

Schließlich kann ein Datenelement ausschließlich bloß zu dem Zweck neu definiert werden, um ihm verschiedene Attribute zuweisen zu können, so daß der Kompilierer es unterschiedlich in verschiedenen Anweisungen des Prozedurteiles behandeln kann. Verfolgen wir dazu die folgende Sachlage. Ein Eingabeelement enthält einen Preis. Sollte die Eingabe aber tatsächlich andere Zeichen als Ziffern aufweisen, so wollen wir den Satz nach Drucken der fehlerhaften Daten zurückweisen, damit er später korrigiert werden kann. Das bedeutet, daß der Preis sowohl als numerisches Element (für die normale Verarbeitung) als auch als alphanumerisches Element (für die Fehlerbehandlung) definiert werden muß. Eine zweckentsprechende Lösung könnte also wie folgt aussehen:

```
        10   X-PREIS                   PIC X(7).
        10   9-PREIS REDEFINES X-PREIS
                                       PIC 9(5)V99.
```

Nun wird im Prozedurteil jede Bezugnahme auf **X-PREIS** dazu führen, daß die sieben Zeichen als alphanumerisch angesehen werden. Bei jeder Bezugnahme auf **9-PREIS** gelten sie jedoch als numerische Zeichen, d.h. als Zahlen mit zwei Dezimalstellen.

Wir wollen diesen Abschnitt mit einer Warnung beenden. Man sollte **REDEFINES** nicht in einer solchen Weise verwenden, daß es die Datenstruktur unverständlich macht, insbesondere wenn man mehrere Neudefinitionen in eine Strukturdefinition aufnimmt. Die in der Abb. 10.5 vorgestellte Definition ist gültig, aber sie ist nur schwer zu verstehen.

```
01   TRANSAKTIONS-SATZ.
     05   SATZ-ART                                 PIC X.
     05   KUNDEN-NUMMER                            PIC X(7).
     05   CODE-FELD REDEFINES KUNDEN-NUMMER.
          10   INVENTUR-CODE                       PIC X(6).
          10   FILLER                              PIC X.
     05   DATUM-UND-CODE.
          10   VERKAUFS-DATUM                      PIC 9(6).
          10   VERKAUFS-DATUM-X REDEFINES VERKAUFS-DATUM
                                                   PIC X(6).
          10   ARTIKEL-CODE                        PIC X(5).
     05   ARTIKEL-BEZ REDEFINES DATUM-UND-CODE     PIC X(11).
     05   BESTELL-MENGE                            PIC 9(4).
     05   VERKAUFS-MENGE REDEFINES BESTELL-MENGE
                                                   PIC 9(4).
     05   BETRAG                                   PIC 9(5)V99.
     05   LAGER-BESTAND REDEFINES BETRAG           PIC 9(7).
```

Abb. 10.5 Datenstruktur mit mehreren auf einzelne Felder bezogenen Neudefinitionen

Der Programmierer beschäftigt sich hier wohl mit einem Programm, das Transaktionssätze sowohl für Verkäufe als auch für Inventuren verarbeiten soll, wobei die Sätze beider Arten in der gleichen Eingabedatei aufgezeichnet sein sollen. Er stellte dabei fest, daß sich mehrere Felder dieser Sätze zu überlappen scheinen. Deshalb bildete er einen einzigen Transaktionssatz, der alle Datenelemente enthalten sollte. Ein wesentlich besseres Vorgehen hinsichtlich der Lesbarkeit und der leichteren Wartung ergibt sich aber, wenn man zwei getrennte Sätze definiert, wobei der eine eine Neudefinition über den anderen darstellt. Das Ergebnis einer solchen Vorgehensweise ist in der Abb. 10.6 zu sehen.

```
01   VERKAUFS-SATZ.
     05   SATZ-ART-V                                PIC X.
     05   KUNDEN-NUMMER                             PIC X(7).
     05   VERKAUFS-DATUM                            PIC 9(6).
     05   VERKAUFS-DATUM-X REDEFINES VERKAUFS-DATUM
                                                    PIC X(6).
     05   ARTIKEL-CODE                              PIC X(5).
     05   VERKAUFS-MENGE                            PIC 9(4).
     05   BETRAG                                    PIC 9(5)V99.
01   INVENTUR-SATZ REDEFINES VERKAUFS-SATZ.
     05   SATZ-ART-I                                PIC X.
     05   INVENTUR-CODE                             PIC X(6).
     05   ARTIKEL-BEZ                               PIC X(10).
     05   BESTELL-MENGE                             PIC 9(4).
     05   LAGER-BESTAND                             PIC 9(5).
```

Abb. 10.6 Definition von zwei sich gegenseitig überlagernden Datenstrukturen (siehe hierzu auch Abb. 10.5)

Die in der Abb. 10.6 aufgeführten zwei Strukturen sind nicht nur leichter zu verstehen, wir können nun auch jeden Satz entsprechend den Bedürfnissen modifizieren, ohne daß wir uns darum zu kümmern brauchen, ob und wie das Format des anderen Satzes von den Änderungen betroffen ist. Außer der Neustrukturierung wurden daher bei unserem Beispiel auch einige Änderungen vorgenommen. Mehrere Felder von **INVENTUR-SATZ** wurden verkürzt oder eliminiert, um den wirklich vom Programm benötigten Satzumfang widerzuspiegeln und nicht den für feldbezogene Neudefinitionen zweckmäßigsten.

10.15 Kennzeichner bei Datennamen

Bei **COBOL** müssen nicht alle Datennamen eines Programmes eindeutig sein. Wenn ein Datenname an mehr als einer Programmstelle vorkommt, muß er mit ausreichend vielen *Kennzeichen* (engl.: *qualifier*) niedergeschrieben werden; dadurch wird festgelegt, welcher an der fraglichen Stelle auftritt. Dieses Verfahren heißt „*Kennzeichnung von Datennamen*" (engl.: *data name qualification*). Die auf höherer Ebene angesiedelten Kennzeichner sind nach dem Datennamen aufzuführen; ihnen müssen entweder **OF** oder **IN** vorausgehen. **OF** und **IN** sind gegenseitig austauschbar.

Sehen wir uns hierzu das in der Abb. 10.7 aufgeführte Beispiel einmal an, in ihm wird ein Auszug aus einem Datenteil gezeigt.

```
01  EIN-SATZ.
    05  NAME                         PIC X(30).
    05  PERSONAL-NUMMER              PIC X(7).
    05  ARBEITS-STUNDEN              PIC 99V99.
01  AUS-SATZ.
    05  NAME                         PIC X(30).
    05  FILLER                       PIC XXX.
    05  PERSONAL-NUMMER              PIC X(7).
    05  FILLER                       PIC XXXX.
    05  ARBEITS-STUNDEN              PIC Z9.99.
```

Abb. 10.7 *Satzbeschreibungen mit nicht eindeutigen Datennamen*

Es dürfte ohne weiteres klar sein, daß man Anweisungen wie die nachfolgende nicht niederschreiben kann:

MOVE NAME TO NAME.

Der Kompilierer würde in diesem Fall mit einer Rückmeldung reagieren, in der der Text „NAME NOT UNIQUE" (dtsch.: NAME nicht eindeutig) oder ein ähnlicher enthalten ist. Anstelle der soeben notierten Anweisung hätten wir richtig wie folgt codieren müssen:

MOVE NAME OF EIN-SATZ TO NAME OF AUS-SATZ

oder auch

MOVE NAME IN EIN-SATZ TO NAME IN AUS-SATZ.

Bleiben wir bei einer zweiten naheliegenden Anweisung:

MOVE ARBEITS-STUNDEN OF EIN-SATZ
   TO ARBEITS-STUNDEN IN AUS-SATZ.

Es ist erlaubt, daß gleiche Datennamen auf verschiedenen Ebenen einer Hierarchie vorkommen; in diesen Fällen sind so viele Kennzeichner zu verwenden, wie man zur eindeutigen Identifizierung der Datennamen braucht. Betrachten wir hierzu die in der Abb. 10.8 aufgeführten Strukturen.

```
01 BEWEGUNG.
   05 VERSICHERTER.
      10 INITIALEN              PIC XXXX.
      10 NACHNAME               PIC X(25).
   05 BEGUENSTIGTER.
      10 INITIALEN              PIC XXXX.
      10 NACHNAME               PIC X(25).
01 STAMM.
   05 VERSICHERTER.
      10 INITIALEN              PIC XXXX.
      10 NACHNAME               PIC X(25).
   05 BEGUENSTIGTER.
      10 INITIALEN              PIC XXXX.
      10 NACHNAME               PIC X(25).
```

Abb. 10.8 Gleiche Datennamen auf verschiedenen Ebenen von Strukturen

Eine Bezeichnung wie **NACHNAME** ist gewiß nicht eindeutig, da sie insgesamt viermal vorkommt. Aber auch

NACHNAME OF BEGUENSTIGTER

ist nicht eindeutig, da der Datenname **BEGUENSTIGTER** zweimal auftritt. Wir müssen hier also zur eindeutigen Kennzeichnung wie folgt schreiben:

NACHNAME OF BEGUENSTIGTER OF BEWEGUNG
oder entsprechend
NACHNAME OF BEGUENSTIGTER OF STAMM

Entscheidend ist allein, was wir meinen. – In einem anderen Fall könnte der Satz **BEWEGUNG** wie folgt lauten:

```
01 BEWEGUNG.
   05 VERSICHERTER.
      10 INITIALEN              PIC XXXX.
      10 NACHNAME               PIC X(25).
```

Bei gleicher Definition von **STAMM** wie zuvor erscheinen nun **INITIALEN** und **NACHNAME** je dreimal, **VERSICHERTER** wie zuvor nur zweimal. **NACHNAME OF VERSICHERTER** würde nicht eindeutig sein. Ein eindeutiger Name wäre aber mit **NACHNAME OF BEWEGUNG** gegeben. Es wäre natürlich *nicht* falsch, wenn wir

NACHNAME OF VERSICHERTER OF BEWEGUNG

geschrieben hätten, aber es erübrigt sich, alle möglichen Kennzeichner anzugeben. In gleicher Weise wäre auch

NACHNAME OF BEGUENSTIGTER

eindeutig. Dagegen braucht man bei

NACHNAME OF VERSICHERTER OF STAMM

die volle Kennzeichnung, da weder **NACHNAME** noch **VERSICHERTER** eindeutige Datennamen sind.

In der Praxis geht die Kennzeichnung von Datennamen selten über eine Ebene hinweg, sofern sie überhaupt benutzt wird. Sind die Formate von miteinander in Beziehung stehenden Sätzen allerdings ziemlich ähnlich, wie z.B. bei alten und neuen Stammsätzen derselben Datei, so bietet die Benutzung derselben Namen bei den Datenelementen mit nachheriger Kennzeichnung derselben eine reizvolle Alternative anstelle der Vergabe von gänzlich verschiedenen Namen.

10.16 Die Anweisung MOVE mit CORRESPONDING

Wenn man mit Kennzeichnungen von Datennamen arbeitet, kommt es manchmal vor, daß man die Werte aller Datenelemente, die den gleichen Namen besitzen, von einer Datengruppe zu einer anderen Datengruppe übertragen will. Wir setzen hierbei stillschweigend voraus, daß beide Datengruppen nicht identisch sind, denn sonst würde uns eine Gruppenübertragung mittels einer einfachen **MOVE**-Anweisung zum Ziele bringen. Angenommen, wir haben vor uns die in der Abb. 10.9 gezeigten Satzbeschreibungen.

```
01  BEWEGUNG.
    05   RECHNUNGS-NUMMER         PIC X(9).
    05   BETRAG                   PIC 9(5)V99.
    05   BEW-CODE                 PIC X.
    05   BEW-DATUM                PIC X(5).
01  BEWEGUNG-AUS.
    05   RECHNUNGS-NUMMER         PIC X(9).
    05   FILLER                   PIC XXXX.
    05   NAME                     PIC X(30).
    05   FILLER                   PIC XXXX.
    05   BEW-DATUM                PIC X(5).
    05   FILLER                   PIC XXXX.
    05   BETRAG                   PIC ZZ,ZZ9.99.
```

Abb. 10.9 Beschreibungen nichtidentischer Sätze

Werfen wir einen Blick auf die Abb. 10.9, so fällt uns auf, daß die drei Datenelemente **RECHNUNGS-NUMMER, BETRAG** und

BEW-DATUM in beiden Sätzen vorkommen, freilich nicht in der gleichen Reihenfolge. Das Datenelement **BEW-CODE** erscheint in **BEWEGUNG**, aber nicht in **BEWEGUNG-AUS**. Hingegen tritt **NAME** nur in **BEWEGUNG-AUS** auf, jedoch nicht im Satz **BEWEGUNG**. Wir wollen deshalb annehmen, daß **NAME** im Satz mit der Bezeichnung **STAMM** erklärt ist. Um die Werte der vier Datenelemente von den beiden Eingabesätzen nach **BEWEGUNG-AUS** zu übertragen, kann man die folgenden vier Anweisungen codieren:

```
MOVE RECHNUNGS-NUMMER OF BEWEGUNG     TO
     RECHNUNGS-NUMMER OF BEWEGUNG-AUS.
MOVE NAME OF STAMM TO NAME OF BEWEGUNG-AUS.
MOVE BEW-DATUM OF BEWEGUNG TO BEW-DATUM OF BEWEGUNG-AUS.
MOVE BETRAG OF BEWEGUNG     TO BETRAG OF BEWEGUNG-AUS.
```

Mit der **CORRESPONDING**-Option von **MOVE** steht uns ein einfacherer Weg zur Verfügung:

```
MOVE NAME OF STAMM TO NAME OF BEWEGUNG-AUS.
MOVE CORRESPONDING BEWEGUNG TO BEWEGUNG-AUS.
```

Die Wirkung ist exakt dieselbe wie bei den zuerst gezeigten vier **MOVE**-Anweisungen.

Das allgemeine Format der Anweisung **MOVE** mit der Angabe **CORRESPONDING** sieht wie folgt aus:

$$\text{MOVE} \left\{ \begin{array}{l} \underline{\text{CORRESPONDING}} \\ \underline{\text{CORR}} \end{array} \right\} \text{bezeichner-1} \ \textbf{TO} \ \text{bezeichner-2}$$

Zwei Regeln sind bei der Benutzung von **MOVE** mit der Angabe **CORRESPONDING** zu beachten:
1. Datenelemente werden als einander entsprechend (**CORRESPONDING**) angesehen, wenn sie dieselben Namen und dieselbe Kennzeichnung besitzen, jedoch nur bis zu aber nicht einschließlich bezeichner-1 und bezeichner-2.
2. Jedes Elementarelement mit der Klausel **REDEFINES** wird *nicht* in die Übertragung einbezogen; dasselbe gilt für Elementarelemente mit den Klauseln **RENAMES, OCCURS** oder **USAGE IS INDEX**.

Die Klauseln **RENAMES, OCCURS** und **USAGE IS INDEX** werden wir in den Kap. 12 und 13 behandeln.

Oberflächlich betrachtet, scheint **MOVE** mit **CORRESPONDING** recht attraktiv zu sein, aber in dieser Anweisung sind Fallstricke verborgen, die erfahrene Programmierer veranlassen, sie so wenig wie möglich zu verwenden. Den Hauptärger gibt es bei Programmänderungen, weil dann meist Probleme auftauchen. Alle langlebenden Programme müssen aber im Grunde genommen laufend Modifikationen unterzogen werden. Am weitesten verbreitet sind wohl Änderungen bei den Satzformaten. Die Erfahrung hat gezeigt, daß solche Eingriffe sehr oft bewirken, daß **MOVE**-Anweisungen mit **CORRESPONDING** zu unerwünschten Resultaten führen. Im Vergleich zu den gesamten Entwicklungskosten eines einwandfreien und erfolgreichen Programmes fällt der Mehraufwand für das Niederschreiben einzelner **MOVE**-Anweisungen kaum ins Gewicht. Außerdem ergibt sich als weiterer Vorteil, daß bei einem so abgefaßten Programm leichter zu verstehen ist, wie es arbeitet. Leichteres Verstehen, geringere Fehleranfälligkeit und einfachere Wartung sind entschieden höher einzuschätzen als Zeitersparnis beim Niederschreiben.

KONTROLLFRAGEN

Viele der nachfolgenden Kontrollfragen und Übungsaufgaben beziehen sich speziell auf den EBCDIC-Zeichenvorrat und auf die Großcomputer der IBM sowie auf die zu diesen kompatiblen Computern. Wenn man einen anderen Computertyp oder den Zeichenvorrat eines anderen Codes benutzt, sollte man die Antworten auf die gestellten Fragen der jeweiligen Sachlage anpassen. Das gilt auch für die Lösungen der Übungsaufgaben.
In unserem Lehrbuch sind jedoch die Antworten und Lösungen strikt auf den EBCDIC-Zeichenvorrat und die IBM-Großcomputer zugeschnitten.

1. Die folgenden Zeichen sind sowohl im EBCDIC als auch im ASCII darzustellen!
   A1, $KR7

2. Wieviele Bytes werden bei der gezonten Darstellungsform (**DISPLAY**) und bei der gepackten Darstellungsform (**COMPUTATIONAL-3** bzw. **PACKED-DECIMAL**) der folgenden Dezimalzahlen in Anspruch genommen (EBCDIC)?
   a) -173 b) -42611329 c) $+109011365$

3. Auf der Bitebene sind die Darstellungen bei **DISPLAY** und bei **COMPUTATIONAL-3** (bzw. **PACKED-DECIMAL**) der folgenden Zahlen aufzuführen (EBCDIC)!
   a) $+123$ b) -67

4. Es ist die Speicherbelegung der folgenden Sätze zu zeigen! Die Darstellung ist nur bis zur Byte-Ebene zu führen.

```
  a)     01  A-SATZ.
         05    A-1        PIC S999 COMP-3.
         05    A-2        PIC XXX.
         05    A-3        PIC S999.
         05    A-4        PIC S9(4) COMP-3.
  b)     01  B-SATZ.
         05    B-1        PIC XXX VALUE 'YES'.
         05    B-2        PIC S999 COMP.
         05    B-3        PIC S9(6) COMP.
         05    B-4        PIC S9 COMP-3.
         05    B-5        PIC XXX.
  c)     01  C-SATZ.
         05    C-1        PIC XXX VALUE 'YES'.
         05    C-2        PIC S999 COMP SYNC.
         05    C-3        PIC S9(6) COMP SYNC.
         05    C-4        PIC S9 COMP-3.
         05    C-5        PIC XXX.
```

5. Darf **SYNCHRONIZED** zusammen mit **COMPUTATIONAL-3** bzw. **PACKED-DECIMAL** aufgeführt werden? Was ist bezüglich **SYNCHRONIZED** und **DISPLAY** zu sagen?

6. Wieviele Speicherstellen werden durch die folgenden Statements beschrieben?

```
  05  A.
      10   A-1           PIC XX.
      10   A-2           PIC 999.
  05  B REDEFINES A.
      10   B-1           PIC 9.
      10   B-2           PIC X.
      10   B-3           PIC XXX.
  05  C REDEFINES A      PIC X(5).
```

7. Es sind die Fehler aufzusuchen, die in Zusammenhang mit der Klausel **REDEFINES** bei den folgenden Beispielen vorliegen!

```
  a)  FD  A-DATEI
          LABEL RECORDS ARE OMITTED.
      01  A.
          05  A1             PIC X(20).
          05  A2             PIC X(60).
      01  B REDEFINES A.
          05  B1             PIC X(40).
          05  B2             PIC X(40).
  b)  05  KATZE.
          10  KITTY-KATZE    PIC X(10).
          10  PUSSY-KATZE    PIC X(8).
          10  TOM-KATZE      PIC X(12).
      05  HUND REDEFINES KATZE.
          10  BOBBY-HUND     PIC X(8).
          10  SENTA-HUND     PIC X(12).
          10  BELLO-HUND     PIC X(12).
```

```
c)   05  PERSONEN-KRAFTWAGEN.
         10   FORD           PIC X(10).
         10   OPEL           PIC X(10).
         10   AUDI           PIC X(10).
         10   LAST-KRAFTWAGEN REDEFINES PERSONEN-KRAFTWAGEN.
              15   MAN       PIC X(10).
              15   FORD      PIC X(10).
              15   MAGIRUS   PIC X(10).

d)   05  KLEINE-ZIEGEN.
         10   LIEBLING       PIC XX.
         10   SCHAETZCHEN    PIC XX
         10   SPAETZCHEN     PIC XX.
     05  AELTERE-ZIEGEN.
         10   ALTE REDEFINES LIEBLING
                             PIC XX.
         10   SCHATZ REDEFINES SCHAETZCHEN
                             PIC XX.
         10   SPATZ REDEFINES SPAETZCHEN
                             PIC XX.

e)   05  MAUSIS-FREUNDE.
         10   MATHIAS        PIC X(12).
         10   SEBASTIAN REDEFINES MATHIAS
                             PIC X(12).
         10   MARTIN REDEFINES SEBASTIAN
                             PIC X(12).
```

8. **REDEFINES** ist im Dateienkapitel nicht zulässig, wenn die Stufennummer **01** vorhanden ist. Was ist in diesem Fall zu tun, wenn man sich einer solchen Möglichkeit bedienen muß?

9. Gegeben sind die folgenden Eintragungen im Datenteil:

```
01   TEMPORAERER-SATZ.
     05   FARBEN.
          10   ROT           PIC X.
          10   BLAU.
               15   HIMMEL   PIC X.
               15   ROTKEHLCHEN-EI
                             PIC X.
          10   GRUEN.
               15   ERBSE    PIC X.
               15   GRAS     PIC X.
          10   WEISS         PIC X.
01   FARBEN-SATZ.
     05   FARBEN.
          10   WEISS         PIC X.
          10   PINK          PIC X.
          10   BLAU.
               15   HIMMEL   PIC X.
               15   MARINE   PIC X.
          10   ROT.
               15   FEUERSPRITZE
                             PIC X.
               15   SCHEUNE  PIC X.
```

Sind bei Vorliegen der obigen Definitionen die folgenden Anweisungen gültig?

a) **MOVE ROT TO PINK.**

b) **MOVE WEISS TO PINK.**

c) **MOVE ROTKEHLCHEN-EI TO SCHEUNE.**

d) **MOVE HIMMEL OF TEMPORAERER-SATZ TO HIMMEL OF FARBEN-SATZ.**

e) **MOVE HIMMEL OF BLAU OF FARBEN OF TEMPORAERER-SATZ TO HIMMEL OF FARBEN-SATZ.**

f) **MOVE GRAS TO WEISS OF FARBEN-SATZ.**

g) **MOVE BLAU OF TEMPORAERER-SATZ TO BLAU OF FARBEN-SATZ.**

h) **MOVE FARBEN OF TEMPORAERER-SATZ TO FARBEN OF FARBEN-SATZ.**

10. Gegeben sind die folgenden Eintragungen im Datenteil:

Was bewirkt die folgende Anweisung?
   MOVE CORRESPONDING BUERO TO WOHNZIMMER.

```
01  BUERO.
    05   SCHREIBTISCH          PIC XXX.
    05   STUHL-1               PIC XXX.
    05   STUHL-2               PIC XXX.
    05   LAMPE                 PIC XXX.
    05   BUECHERSCHRANK        PIC XXX.
01  WOHNZIMMER.
    05   SOFA                  PIC XXX.
    05   LAMPE-1               PIC XXX.
    05   LAMPE-2               PIC XXX.
    05   STUHL-1               PIC XXX.
    05   STUHL-2               PIC XXX.
    05   STUHL-3               PIC XXX.
    05   STUHL-4               PIC XXX.
```

ANTWORTEN AUF DIE KONTROLLFRAGEN

1. Es ergeben sich die folgenden Darstellungen:
   a) EBCDIC

1100 0001	1111 0001	0110 1011	0101 1011	1101 0010	1101 1001	1111 0111
A	1	,	$	K	R	7

   b) ASCII

0100 0001	0011 0001	0010 1100	0010 0100	0100 1011	0101 0010	0011 0111
A	1	,	$	K	R	7

2. Es ergeben sich die folgenden Resultate:
   a) Die Dezimalzahl -173 belegt in der gezonten Darstellung drei Bytes; die einzelnen Bytes sehen dabei wie folgt aus:
      1111 0001   1111 0111   1101 0011
      Diese Darstellung kann auch mit Hexadezimalziffern (Sedezimalziffern) niedergeschrieben werden:
      F1 F7 D3
      In der gepackten Darstellung belegt diese Zahl zwei Bytes, die wie folgt aussehen:
      0001 0111   0011 1101
      Drückt man diese Darstellung mit Hexadezimalziffern aus, so ergibt sich:
      173D
   b) Die Dezimalzahl -42611329 belegt in der gezonten Darstellung acht Bytes; in Hexadezimalziffern ausgedrückt, enthalten diese Bytes:
      F4 F2 F6 F1 F1 F3 F2 D9
      In der gepackten Darstellung nimmt diese Zahl fünf Bytes ein, ihr Inhalt lautet in Hexadezimalziffern:
      04 26 11 32 9D
   d) Die Dezimalziffer $+109011365$ belegt in der gezonten Darstellung neun Bytes, deren Inhalt in Hexadezimalziffern wie folgt lautet:
      F1 F0 F9 F0 F1 F1 F3 F6 C5
      In der gepackten Darstellung nimmt diese Zahl fünf Bytes ein, deren Inhalt in Hexadezimalziffern wie folgt lautet:
      10 90 11 36 5C
      Bei Nichtübereinstimmung der eigenen Lösungen mit den hier vorgelegten sollte man noch einmal wiederholen, wie die Vorzei-

chen bei jeder Darstellungsform gehandhabt werden und wie Dezimalzahlen mit einer geraden Anzahl von Ziffern in der gepackten Dezimaldarstellung verschlüsselt werden.

3. Die beiden Dezimalzahlen sind wie folgt verschlüsselt (EBCDIC):

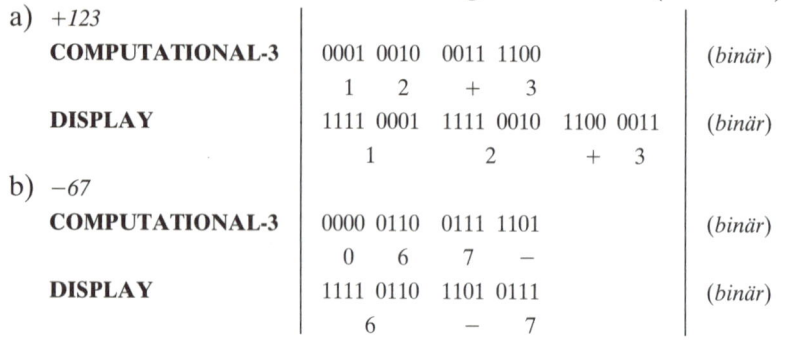

a) *+123*

COMPUTATIONAL-3	0001 0010 0011 1100 1 2 + 3	(*binär*)
DISPLAY	1111 0001 1111 0010 1100 0011 1 2 + 3	(*binär*)

b) *−67*

COMPUTATIONAL-3	0000 0110 0111 1101 0 6 7 −	(*binär*)
DISPLAY	1111 0110 1101 0111 6 − 7	(*binär*)

4. Die Speicherbelegung der drei Sätze unter a), b) und c) sieht wie folgt aus (von oben nach unten):

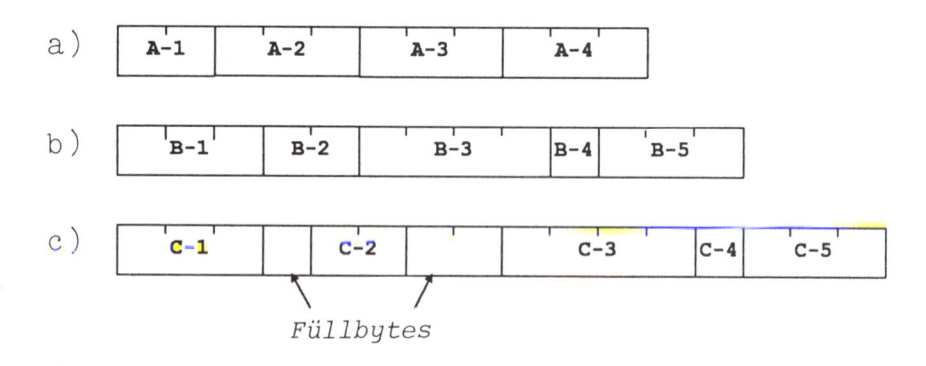

a) | A-1 | A-2 | A-3 | A-4 |

b) | B-1 | B-2 | B-3 | B-4 | B-5 |

c) | C-1 | | C-2 | C-3 | C-4 | C-5 |
     ↖   ↗
    Füllbytes

5. Bei den Großcomputern der IBM und den zu ihnen kompatiblen Computern ist es nicht erforderlich, daß Datenelemente in den Darstellungsformen **COMPUTATIONAL-3** (bzw. **PACKED-DECIMAL**) und **DISPLAY** auf vorgeschriebene Grenzen ausgerichtet werden. Die Klausel **SYNCHRONIZED** hat also für diese Datenelemente keinerlei Bedeutung. Wird sie dennoch angegeben, so wird sie ignoriert. Bei Computern, deren Grundeinheit bei ihren internen Speichern das Wort ist, würde sie freilich eine Bedeutung besitzen.

6. Durch die vorgelegten Definitionen werden insgesamt fünf Speicherstellen beschrieben.

Im Prozedurteil können die zu ihnen gehörenden Zeichen wie folgt angesprochen werden:
   a) Datengruppe **A**
      – alphanumerisches Datenelement mit zwei Zeichen
      – numerisches Datenelement mit drei Ziffern
   b) Datengruppe **B**
      – numerisches Datenelement mit einer Ziffer
      – alphanumerisches Datenelement mit einem Zeichen
      – alphanumerisches Datenelement mit drei Zeichen
   c) alphanumerisches Datenelement **C** mit fünf Zeichen

7. Folgende Regelverstöße konnten festgestellt werden:
   a) Eine erneute Definition auf der Stufe **01** im Dateienkapitel (in der **FILE SECTION**) ist nicht erlaubt; eine Redefinition erfolgt automatisch bei mehrfachen Satzbeschreibungen unter **FD**.
   b) Die beiden Strukturen **KATZE** und **HUND** besitzen nicht die gleiche Stellenzahl.
   c) Die Datengruppe **LAST-KRAFTWAGEN** mit der Stufennummer **10** kann nicht einer Datengruppe überlagert werden, die eine kleinere Stufennummer besitzt, hier **PERSONEN-KRAFTWAGEN** mit der Stufennummer **05**.
   d) Hier liegt ein Verstoß gegen die Regel vor, daß keine Eintragung mit einer kleineren Stufennummer zwischen einem Datenelement und einer auf dieses bezogenen Redefinition aufgeführt werden darf.
   e) Redefinitionen können nicht in dieser Weise aneinander „gekettet" werden; die dritte Eintragung mit der Stufennummer **10** muß deshalb wie folgt lauten:
      **10 MARTIN REDEFINES MATHIAS
           PIC X(12).**

8. Redefinitionen werden im Dateienkapitel (**FILE SECTION**) automatisch ausgeführt; seitens des Programmierers braucht nichts unternommen zu werden. Wenn also einer **FD**-Eintragung für eine Datei mehrere Satzbeschreibungen mit der Stufennummer **01** folgen, so werden diese alle als alternative Definition desselben Speichergebietes angesehen.

9. Hinsichtlich der Gültigkeit der aufgeführten Anweisungen ist folgendes festzustellen:
   a) Ungültig, da **ROT** nicht eindeutig definiert ist.
   b) Ungültig, da **WEISS** nicht eindeutig definiert ist.
   c) Gültig.

d) Gültig, ergänzend sei aber darauf hingewiesen, daß **HIMMEL** in beiden Fällen nicht durch **BLAU** oder **FARBEN** zusätzlich gekennzeichnet zu werden braucht; zulässig ist das selbstverständlich.
e) Gültig, doch ist die volle Kennzeichnung des Namens **HIMMEL** bei seinem ersten Auftreten nicht notwendig.
f) bis h) Gültig

10. Die Inhalte der beiden Datenelemente **STUHL-1** und **STUHL-2** der Datengruppe **BUERO** werden nach den gleichnamigen Elementarelementen der Datengruppe **WOHNZIMMER** übertragen.

ÜBUNGSAUFGABEN

Die Lösungen der mit einem Sternzeichen versehenen Übungsaufgaben befinden sich im Anhang D dieses Buches.
Es wird ferner auf die zu KONTROLLFRAGEN gemachten Vorbemerkungen verwiesen.

*1. Es sind die binären und hexadezimalen Äquivalente der folgenden Dezimalzahlen anzugeben!
   a) **7**   b) **8**   c) **19**   d) **23**   e) **34**

2. Es sind die binären und hexadezimalen Äquivalente der folgenden Dezimalzahlen anzugeben!
   a) **4**   b) **9**   c) **17**   d) **32**   e) **36**

*3. Es sind die binären und dezimalen Äquivalente der folgenden Sedezimalzahlen (Hexadezimalzahlen) anzugeben!
   a) **4**   b) **B**   c) **10**   d) **14**

4. Es sind die binären und dezimalen Äquivalente der folgenden Sedezimalzahlen (Hexadezimalzahlen) anzugeben!
   a) **1**   b) **F**   c) **20**   d) **2 A**

*5. Es sind die gezonten und gepackten Darstellungen der folgenden Dezimalzahlen im EBCDIC anzugeben! Dabei sind so wenig Bytes wie möglich aufzuführen.
   a) **+123**   b) **+1234**   c) **−90345**   d) **−6**

6. Es sind die gezonten und gepackten Darstellungen der folgenden Dezimalzahlen im EBCDIC anzugeben! Dabei sind so wenig Bytes wie möglich aufzuführen.
   a) **−400**   b) **+1603429**   c) **−9876**   d) **+42**

*7. Es sind die binären Verschlüsselungen der folgenden Zeichen im EBCDIC zu nennen!
   a) **2**   b) **B**   c) **M**   d) **W**   e) **+**   f) **(**

8. Es sind die binären Verschlüsselungen der folgenden Zeichen im EBCDIC zu nennen!
   a) **7**   b) **S**   c) **R**   d) **A**   e) **$**   f) **)**

*9. Es ist die Speicherbelegung aufzuzeigen, deren Ursprung die folgenden Eintragungen im Datenteil sind!

```
01   SATZ-1.
     05   FLD-1                PIC XX.
     05   FLD-2                PIC 9(4).
     05   FLD-3                PIC 9.
     05   FLD-4                PIC XXX.
01   SATZ-2 REDEFINES SATZ-1.
     05   FLD-5                PIC X(5).
     05   FLD-6                PIC 9(5).
```

10. Es ist die Speicherbelegung aufzuzeigen, die von den folgenden Eintragungen im Datenteil (**DATA DIVISION**) herrührt!

```
01   WALTER.
     05   SEBASTIAN            PIC X.
     05   MARTIN               PIC 9(8).
     05   HORST                PIC X(7).
01   ELMAR REDEFINES WALTER PIC X(16).
```

11. Verbundbedingungen und das Programm für den Gartenkatalog

11.1 Einführung

Wir haben jetzt einen Punkt erreicht, wo wir all das einmal zusammenstellen sollten, was wir bisher gelernt haben. Wir könnten dann sehen, wie das erarbeitete Wissen uns bei der Erarbeitung eines Programmes helfen wird. Das Programm, mit dem wir uns befassen wollen, prüft jeweils eine Zeile einer Bestellung aus dem Gartenkatalog auf Gültigkeit, eine verwickeltere Aufgabe, als sie es dem ersten Anschein nach ist.[1]

Das von uns zu schreibende Programm soll eine Eingabedatei verarbeiten, in der für jede Zeile einer Katalogbestellung ein Satz vorhanden ist. Wir stellen uns vor, daß dieses Programm zu einem umfassenden Programmsystem gehören wird, das auch die übrigen Aspekte von Bestellungen, wie das Drucken von Namen und Adressen der Kunden und Ermittlung des Rechnungsbetrages, behandelt. Jeder Satz in der Eingabedatei besteht aus den folgenden Datenelementen:
- Bestellnummer
- Schlüssel der Satzart
- Artikelnummer (Nummer im Katalog)
- Schlüssel für die handelsübliche Größe der Verpackung (Größen-Code)
- Menge
- Artikelbeschreibung
- Preis

Wir sollen die Eingabesätze gewissen Prüfungen unterziehen, um bestimmen zu können, ob bei ihnen eine oder mehrere der acht möglichen Fehlerarten vorkommen, die es unmöglich machen, die betreffen-

---

[1] *Anmerkung der Verfasser*: Zu diesem Beispiel wurde ich bei der Durchsicht des Gartenkatalogs der Firma „W. Atlee Burpee Company" angeregt. Die Mitarbeiter in der Datenverarbeitungsabteilung dieser Firma haben mir bestätigt, daß dieses Beispiel typisch für die Arbeiten ist, mit denen sie sich zu beschäftigen haben. Die Details dieses Programmes stammen natürlich von den Autoren selbst. Selbstverständlich ist der vollständige Aufgabenkreis in der Datenverarbeitungsabteilung dieser Firma weitaus umfangreicher und komplexer als dieses Beispiel es zeigen kann.

Anmerkung des Übersetzers: In der deutschen Ausgabe dieses Lehrbuches wird unterstellt, daß dieses und alle anderen noch folgenden Gartenkatalog-Programme das in Dollar abzuwickelnde Auslandsgeschäft einer deutschen Großgärtnerei betreffen.

den Sätze zu verarbeiten. Wenn kein Fehler entdeckt wird, sollen die Sätze in aufbereiteter Form zwecks einer normalen Weiterverarbeitung in eine Datei geschrieben werden; fehlerhafte Sätze sollen in einer gesonderten Datei aufgezeichnet werden, um sie später einer speziellen Bearbeitung unterziehen zu können.

Die durchzuführenden Gültigkeitsprüfungen betreffen die folgenden Punkte:

1. Die Artikelnummer (auch: Katalognummer) muß vollständig numerisch sein.
2. Die erste Ziffer der Artikelnummer darf weder 0 noch 2 sein.
3. Wenn die erste Ziffer der Artikelnummer gleich 1, 8 oder 9 ist, darf kein Schlüssel für die handelsübliche Verpackungsgröße vorhanden sein.
4. Der Schlüssel für die handelsübliche Verpackungsgröße (Größen-Code) darf nur die folgenden Werte aufweisen:
   A, D, G, J, K, L, S, T, U
   Außerdem ist das Leerzeichen erlaubt.
5. Die Mengenangabe muß zweistellig numerisch vorliegen; beide Ziffern (evtl. also auch eine führende Null) müssen vorhanden sein.
6. Der Preis ist fünfstellig mit zwei Stellen nach einem angenommenen Dezimalpunkt. Führende Nullen müssen vorhanden sein.
7. Der Preis muß ohne Rest durch die Menge teilbar sein; anderenfalls hat sich der Kunde verschrieben oder einen Rechenfehler bei der Multiplikation gemacht.
8. Der Preis darf nicht größer als 125 Dollar sein. Höhere Preise sind möglicherweise in Ordnung und daher sicher willkommen, aber da die meisten Bestellungen kleiner als dieser Grenzbetrag ausfallen, könnte hier möglicherweise ein Fehler vorliegen.

Das sind keineswegs alle möglichen Fehlerquellen. Wie wir zuvor schon mehrfach gesagt haben, ist es ohne Bedeutung, wenn jemand behauptet, er hätte bereits an alle möglichen Fehlerursachen gedacht. Beispielsweise besteht augenscheinlich auch die Möglichkeit, daß eine Artikelnummer noch immer falsch ist, obwohl sie die im Programm vorgenommene Gültigkeitsprüfung anstandslos passiert hat; ein Kunde könnte sie ja falsch aus dem Katalog abgeschrieben haben. Um dies zu untersuchen, müßte man allerdings zu einer Stammdatei zugreifen, in der alle möglichen Artikelnummern aufgezeichnet sind. Die Methoden, die zum Abgleichen einer Bewegungsdatei mit einer Stammdatei herangezogen werden, werden wir erst in den Kap. 12 und 14 besprechen.

Die meisten der hier genannten Fehler sind darauf zurückzuführen, daß sich der Kunde beim Ausfüllen des Bestellscheines vertut. Es ist schwierig, ein Programm zu schreiben, bei dem der Versuch unternommen wird, die möglichen Fehler vorauszuahnen, die beim Eintasten von Daten in den Computer gemacht werden können. Hierzu zählen u. a. das Weglassen von Zeichen, das Vertauschen von Zeichen usw. Im ersteren Fall würde z. B. der gesamte Satzinhalt um eine Stelle nach links verschoben. Man kann nur hoffen, daß ein Fehler dieser Art (Weglassung eines Zeichens) verursacht, daß dann mindestens eine der Gültigkeitsprüfungen fehlschlägt, die im allgemeinen wahr ergeben.

11.2 Ergänzende Betrachtungen über die Verbundbedingungen

Aus den Vorgaben für das Gartenkatalog-Programm ist ersichtlich, daß Prüfungen für eine Vielzahl von Kombinationen bei den eingegebenen Daten durchgeführt werden müssen. Der normalste Weg zur Aufsetzung solcher Operationen in einem **COBOL**-Programm führt zum Gebrauch von *Verbundbedingungen* in **IF**-Anweisungen. Diese wollen wir jetzt knapp und bündig erläutern.

Bei der Einführung der **IF**-Anweisungen in Kap. 5 erwähnten wir bereits, daß einfache Vergleichsbedingungen mittels der logischen Operatoren **AND, OR** und **NOT** miteinander verknüpft werden können. In die bisher besprochenen Beispiele war jedoch jeweils nur ein einziger logischer Operator verwickelt, wenn Vergleichsbedingungen zu verbinden waren. Tatsächlich können sie aber gemäß einer wichtigen Regel in jeder Weise, die dem Programmierer nur zusagt, miteinander verknüpft werden. Wir wollen deshalb zunächst einmal die früheren Besprechungsergebnisse zusammenfassen und danach sehen, was bei einer Kombination der Operatoren geschieht.
1. Eine Verbundbedingung, die aus Einfachbedingungen besteht, die mit Hilfe von **AND**-Operatoren miteinander verknüpft sind, ist nur dann erfüllt, wenn jede der Einfachbedingungen erfüllt ist. Wir sollten uns hierzu das nachfolgende Beispiel sorgfältig ansehen:

```
IF      ALTER IS GREATER THAN 60
        AND BESCHAEFTIGUNGSDAUER IS GREATER THAN 20
        AND ABTEILUNGSNUMMER = '123'
        PERFORM D010-ABT-123-AUSTRITT.
```

Die bei **PERFORM** genannte Routine wird nur dann ausgeführt, wenn alle drei Einfachbedingungen zum Ergebnis „wahr" geführt haben. Wenn z.B. das Alter größer als 60 und die Beschäftigungsdauer länger als 20 Jahre ist, aber die Abteilungsnummer nicht gleich 123, dann ist die Verbundbedingung nicht wahr, also „falsch".

2. Eine Verbundbedingung, die aus Einfachbedingungen besteht, die mit Hilfe von **OR**-Operatoren miteinander verknüpft sind, ist dann erfüllt, wenn nur irgendeine oder auch mehrere der Einfachbedingungen erfüllt sind. Betrachten wir hierzu das nachfolgende Beispiel:

```
IF     ABT = '6'
   OR ABT = '12'
   OR ABT = '17'
   OR ABT = '39'
   ADD 1 TO SPEZIAL-AUFTRAG.
```

Die **ADD**-Anweisung wird dann ausgeführt, wenn nur irgendeine Einfachbedingung wahr ist. Bei unserem Beispiel ist es einleuchtend, daß zur gleichen Zeit nicht mehr als eine Einfachbedingung wahr sein kann. In der folgenden Anweisung können jedoch 0, 1, 2 oder gar 3 Vergleichsbedingungen zum gleichen Zeitpunkt erfüllt sein, abhängig vom momentanen Wert der jeweiligen Variablen.

```
IF     ABT = '43'
   OR PRODUKTIONS-CODE = 'AG'
   OR PRIORITAETS-CODE = 'D'
   PERFORM E155-SCHNELL-AUFTRAG.
```

3. Wenn eine Verbundbedingung gleichzeitig sowohl den logischen Operator **AND** als auch den logischen Operator **OR** enthält und dabei keine Klammern gesetzt sind, besagt die für die Operatoren geltende *Vorrangregel*, daß die durch **AND** angesprochenen Operationen *vor* den durch **OR** angesprochenen durchgeführt werden. Betrachten wir hierzu das Beispiel:

   IF A = 1 OR B = 1 AND C = 1 ···

Ohne die genannte Vorrangregel würden wir nicht wissen, welche der beiden nachfolgenden Aussagen korrekt das widerspiegelt, was mit der Niederschrift der obigen Verbundbedingung gemeint ist.
   a) Die Verbundbedingung ist immer dann erfüllt, wenn entweder **A** den Wert **1** besitzt, oder wenn **B** gleich **1** und **C** gleich **1** ist.
   b) Die Verbundbedingung ist immer dann erfüllt, wenn **A** oder **B** gleich **1** ist und **C** gleich **1**.

Die Vorrangregel für die Operatoren stellt klar, daß die erste Auslegung der Verbundbedingung richtig ist.

Eine erste Möglichkeit darauf hinzuweisen, daß dieser Unterschied von enormer Bedeutung ist, besteht darin, daß man sich auf die Analogie in der Arithmetik beruft. Von ihr wissen wir nur allzu gut, daß

$$1 + (2 \cdot 3) \neq (1+2) \cdot 3$$

11.2 Ergänzende Betrachtungen über die Verbundbedingungen

ist. Einen überzeugenderen Beweis erhält man, wenn man einfach alle möglichen Wahr/Falsch-Kombinationen von drei Variablen niederschreibt, zusammen mit den beiden möglichen Interpretationen. Hierzu sehe man sich die Abb. 11.1 an.

A=1	B=1	C=1	B=1 AND C=1	A=1 OR (B=1 AND C=1)	A=1 OR B=1	(A=1 OR B=1) AND C=1
W	W	W	W	W	W	W
W	W	F	F	W	W	F
W	F	W	F	W	W	W
W	F	F	F	W	W	F
F	W	W	W	W	W	W
F	W	F	F	F	W	F
F	F	W	F	F	F	F
F	F	F	F	F	F	F

```
Hier bedeuten: W - - - wahr
               F - - - falsch
```

Abb. 11.1 Wahr/Falsch-Kombinationen bei drei Variablen

Die beiden Spalten 5 und 7, bei denen einige Ergebnisse voneinander abweichen, bestätigen, daß wir es hier mit zwei verschieden ablaufenden Auswertungen zu tun haben.

Drei zusätzliche Beispiele sollen uns einige der Möglichkeiten nahelegen, die uns Verbundbedingungen mit **AND** *und* **OR** bieten (Abb. 11.2).

```
IF    ARBEITS-STUNDEN = 37.5 AND VERDIENST-CODE = 'W'
   OR ARBEITS-STUNDEN = 75.0 AND VERDIENST-CODE = 'S'
   PERFORM C030-NORMAL-BEZAHLUNG.
IF    (SPALTE-1 = 'X' OR SPALTE-1 = 'Y' OR SPALTE-1 = 'Z')
   AND SPALTE-2 = '4'
   ADD 1 TO SCHAF.
IF    (SPALTE-1 = 'A' OR SPALTE-1 = 'V')
   AND SPALTE-2 = '3'
   OR (SPALTE-1 = 'A' OR SPALTE-1 = 'W')
   AND SPALTE-2 = '4'
   ADD 1 TO ZIEGE.
```

Abb. 11.2 Beispiele für Verbundbedingungen mit AND und OR

In **COBOL-85** steht uns eine weitere Eigenschaft für die Bildung und Auswertung von Verbundbedingungen zur Verfügung. Hierzu wollen wir uns zunächst ein erstes Beispiel ansehen:

```
IF  A / B < 1 OR A / B > 10
    MOVE 'J' TO KENNZEICHEN.
```

Interessant ist an diesem Beispiel, daß ein einfacher arithmetischer Ausdruck, nämlich **A / B** Teil jedes Vergleichsausdruckes ist. Über diesen Punkt werden wir uns im Kap. 12 näher unterhalten. Die ausführliche Besprechung werden wir jedoch bis zum Kap. 19 aufschieben. Jetzt akzeptieren wir fürs erste arithmetische Ausdrücke als gültigen Teil dieses Beispieles.

Wenn **B** in unserem Beispiel den Wert Null besitzt, verursacht die Ausführung dieser Anweisung eine anormale Programmbeendigung, da die Division durch Null ungültig ist. Wir sollten daher erwägen, dieses Problem zu bereinigen, indem wir einfach **B** zusätzlich wie folgt testen:

```
IF  B NOT = 0 AND (A / B < 1 OR A / B > 10)
    MOVE 'J' TO KENNZEICHEN.
```

Leider arbeiten die meisten **COBOL**-Kompilierer noch nicht so, daß aus dieser Verbundbedingung ein dem Problem gerecht werdender Objektcode erzeugt wird. Obzwar die erste Bedingung (**B NOT = 0**) falsch ist, wenn **B** gleich Null ist, sorgen die Kompilierer früherer Sprachversionen oft für einen Objektcode, der stets die gesamte Verbundbedingung auswertet, d.h. ohne Rücksicht darauf, ob **B** den Wert Null besitzt. Damit würde beim Programmablauf ein Programmabbruch erfolgen. Die Kompilierer von **COBOL-85** generieren jedoch einen Objektcode, der die Auswertung einer Verbundbedingung sofort abstoppt, sobald erkannt werden kann, ob die gesamte Bedingung das Resultat „wahr" oder „falsch" aufweisen wird. Sobald also beim obigen Beispiel festgestellt wird, daß **B** den Wert **0** aufweist, ist der erste Teil der Verbundbedingung falsch, was wiederum zur Folge hat, daß auch die gesamte Bedingung ohne Rücksicht auf den Wert des in Klammern stehenden Ausdrucks falsch ist. In diesem Fall wird deshalb die weitere Auswertung der Verbundbedingung gestoppt, ein Programmabbruch tritt folglich nicht auf.

Bei **COBOL-85** wird die Auswertung einer Verbundbedingung, deren Einfachbedingungen nur mit dem logischen Operator **AND** verknüpft sind, so früh wie möglich beendet, d.h. wenn erkannt wird, daß eine der Unterbedingungen falsch ist. Die Auswertung einer Verbundbedingung, deren Unterbedingungen nur mit dem logischen Operator **OR** verknüpft sind, wird konsequenterweise dann nicht mehr fortgesetzt, sobald festgestellt wird, daß eine Verbundbedingung wahr ist. Man spricht hier deshalb von einem *kurzen Auswertungsumfang* der betreffenden

11.2 Ergänzende Betrachtungen über die Verbundbedingungen

Verbundbedingung. Wenn eine Verbundbedingung sowohl **AND**- als auch **OR**-Verknüpfungen enthält, wird die Auswertung so weit wie notwendig fortgeführt. Durch diesen Zusatz zu **COBOL-85** werden manche alltäglichen Programmierirrtümer vermieden; gelegentlich wird auch Ausführungszeit gespart. Wenn es jedoch nötig sein sollte, so kann man bei einer brenzligen Bedingung immer noch auf ineinandergeschachtelte **IF**-Anweisungen ausweichen, wie es in der folgenden Codierung gezeigt ist:

```
IF   B NOT = 0
     IF   A / B IS LESS THAN 1 OR A / B IS GREATER THAN 10
     MOVE 'J' TO KENNZEICHEN.
```

Man kann den beabsichtigten Vorrang der Operationen auch durch das Setzen von Klammern zum Ausdruck bringen; wir haben das bereits bei den Abb. 11.1 und 11.2 gesehen. Klammern können auch dazu benutzt werden, um eine gesamte Verbundbedingung zu verneinen, d.h. ihr **NOT** voranzustellen, so wie auch eine einfache Bedingung durch das Voranstellen von **NOT** verneint werden kann. Ein einfaches Beispiel, das aufzeigen soll, wie nützlich so etwas sein kann, ist nachstehend gezeigt:

```
IF   SPALTE-16 = '7' OR SPALTE-16 = '8'
     NEXT SENTENCE
ELSE
     ADD 1 TO SONDER-ZAEHLER.
```

Angenommen, wir wollen die Bedingung umdrehen, damit die niedergeschriebene Anweisung in einer direkteren Form zur Geltung kommen kann, d.h. ohne die Phrase **NEXT SENTENCE**. Man könnte versucht sein zu schreiben:

```
IF   SPALTE-16 NOT = '7' OR SPALTE-16 NOT = '8'
     ADD 1 TO SONDER-ZAEHLER.
```

Dem Fehler, den wir dadurch gemacht haben, begegnen wir beinahe alltäglich. Er ist darauf zurückzuführen, daß immer mindestens eine der beiden Einfachbedingungen wahr ist; die Spalte 16 wird stets keine 7 oder keine 8 oder keine von beiden Zahlen enthalten. Die Auswertung der Verbundbedingung ergibt also immer das Ergebnis „wahr". Wenn man die korrekte Verbundbedingung ohne Klammern schreiben will, dann muß man sie mit dem logischen Operator **AND** und nicht mit **OR** formulieren:

```
IF  SPALTE-16 NOT = '7' AND SPALTE-16 NOT = '8'
    ADD 1 TO SONDER-ZAEHLER.
```

Eine solche Formulierung sieht sehr gekünstelt aus; daher wird ein leichtes Verständnis derselben verhindert. Als Alternative bietet sich an, die Verneinung vor die gesamte ursprünglich niedergeschriebene Verbundbedingung zu stellen, so daß diese insgesamt umgekehrt wird. Die **IF**-Anweisung sieht dann so aus:

```
IF  NOT (SPALTE-16 = '7' OR SPALTE-16 = '8')
    ADD 1 TO SONDER-ZAEHLER.
```

Dieses Beispiel demonstriert recht anschaulich eine der beiden wichtigen Regeln für Verbundbedingungen. Diese Regeln, als *Gesetze von DeMorgan* bekannt, lauten wie folgt:

1) NOT (B1 AND B2)   *ist gleichbedeutend mit*   NOT B1 OR NOT B2
2) NOT (B1 OR B2)   *ist gleichbedeutend mit*   NOT B1 AND NOT B2

Hierzu sind unter **B1** und **B2** irgendwelche Bedingungen zu verstehen. Für unser gezeigtes Beispiel trifft das zweite Gesetz zu, wenn man an Stelle von **B1** „SPALTE-16 = '7' " setzt und an Stelle von **B2** „SPALTE-16 = '8' ".

Die Kontrollfragen am Ende dieses Kapitels bieten mannigfache Gelegenheiten, sich mit der Interpretation von logischen Ausdrücken, die die Operatoren **AND, OR** und **NOT** zusammen mit Klammern enthalten, auseinanderzusetzen.

11.3 Abgekürzte verbundene Vergleichsbedingungen

Es ist möglich, Verbundbedingungen abzukürzen, indem man die sich wiederholenden Elemente wegläßt. Die weggelassenen Elemente werden als *implizite* oder *stillschweigend inbegriffene* bezeichnet. Der folgenden, sich über mehrere Abschnitte hinziehenden Diskussion, legen wir die in Abschnitt 5.6 eingeführten Begriffe *Subjekt*, *Objekt* und *Vergleichsoperator* zugrunde; erinnern wir uns daran!

11.4 Implizite Subjekte

Steht in einer Verbundbedingung das gleiche Subjekt an der Spitze jedes einzelnen Vergleiches, dann braucht man dieses Subjekt nur dort aufzuführen, wo es zum ersten Mal auftritt. Die weggelassenen Subjekte werden stillschweigend als vorhanden angenommen.

Wir können also an Stelle von

```
IF  SERVICE IS GREATER THAN 10 AND SERVICE IS LESS THAN 21
    ADD 1 TO GRUPPE-3-ZAEHLER.
```

einfach auch

```
IF  SERVICE IS GREATER THAN 10 AND LESS THAN 21
    ADD 1 TO GRUPPE-3-ZAEHLER.
```

schreiben. In ähnlicher Weise läßt sich auch an Stelle von

```
IF  KATALOG-ERSTE-ZIFFER OF BESTELL-SATZ = '0'
    OR
    KATALOG-ERSTE-ZIFFER OF BESTELL-SATZ = '2'
    MOVE 'X' TO ERSTE-ZIFFER-FALSCH.
```

kürzer

```
IF  KATALOG-ERSTE-ZIFFER OF BESTELL-SATZ = '0' OR = '2'
    MOVE 'X' TO ERSTE-ZIFFER-FALSCH.
```

notieren.

11.5 Implizite Subjekte und Vergleichsoperatoren

Falls die einfachen Bedingungen, die zu einer Verbundbedingung gehören, das gleiche Subjekt und den gleichen Vergleichsoperator aufweisen, dann brauchen dieselben nur bei ihrem jeweiligen ersten Vorkommen niedergeschrieben zu werden. Somit kann das letzte Beispiel des vorigen Abschnittes auch zu

```
IF  KATALOG-ERSTE-ZIFFER OF BESTELL-SATZ = '0' OR '2'
    MOVE 'X' TO ERSTE-ZIFFER-FALSCH.
```

geschrieben werden. Diese Form der Abkürzung kann stets angewendet werden; es spielt dabei keine Rolle, ob die logischen Operatoren dabei alle gleich sind. Somit könnte

```
IF  A = B OR A = C AND A = D ···
```

auch wie folgt geschrieben werden:

```
IF  A = B OR C AND D ···
```

Wir machen darauf aufmerksam, daß eine Bedingung (Subjekt, Vergleichsoperator und Objekt) zuerst komplett niedergeschrieben sein muß, bevor irgendetwas hinzugefügt werden darf. Die Anweisung
   IF   A > B OR = B ...
kann somit nicht zu
   IF   A > OR = B ...
abgekürzt werden.

Zum letzten Beispiel ist noch eine Bemerkung angebracht. In **COBOL-85** ist natürlich auch die Schreibweise
   IF   A > = B ...
denkbar oder auch die Form
   IF   A GREATER THAN OR EQUAL TO B ...

Man sollte große Sorgfalt beim Niederschreiben von Bedingungen mit logischen Operatoren walten lassen, um sicherzustellen, daß sie auch wirklich das ausdrücken, was gemeint ist. Die Bedeutung sollte außerdem klar und akkurat ausgedrückt werden. Was wir damit aussagen wollen, sei an einem Beispiel demonstriert. Bedeutet
   IF   A NOT = B AND C ...
nun (ausführlich geschrieben)
   IF   A NOT = B AND A NOT = C ...
oder
   IF   A NOT = B AND A = C ... ?

In der Tat ist die zweite Bedeutung diejenige, die vom Kompilierer unterstellt wird. Wahrscheinlich aber dürfte der Programmierer diese nicht beabsichtigt haben. Manche Programmierer folgen deshalb mit Recht der Maxime „Wenn in Zweifel, schreibe es aus!". Wenige zusätzliche Klammern oder ein bißchen mehr Schreibarbeit verhindern Fehler und Mißverständnisse.

Äußerst komplizierte, zugleich auch stark verdichtete logische Ausdrücke können durch die Benutzung der drei logischen Operatoren **AND, OR** und **NOT** zusammen mit impliziten Subjekten und impliziten Vergleichsoperatoren zusammengebaut werden. Dabei muß jedoch sorgfältig vorgegangen werden, damit die Kürze nicht auf Kosten von Genauigkeit und Klarheit gewonnen wird. Man sollte grundsätzlich die verdichteten Formen nur dann gebrauchen, wenn ihre Verwendung die Verständlichkeit erhöht.

11.6 Entwurf des Programmes für den Gartenkatalog

Nachdem wir die Bedingungsausdrücke zur Genüge untersucht haben, können wir mit dem Entwerfen des Programmes für den Gartenkatalog fortfahren. Die grundlegende Programmstruktur ist relativ einfach. Sie ist letztlich nur Gegenstand des Lesens und Schreibens aller Sätze der Eingabedatei. Die Logik der individuellen Gültigkeitsprüfungen ist anspruchslos genug, um nicht unmittelbar im Programm verstanden werden zu können.

In diesem Fall sollte die Weglassung eines kompletten Programmentwurfes nicht als Unterschätzung der Bedeutung dieses Themas aufgefaßt werden. Hier ist es nun einmal so, daß das Programm beinahe so leicht gelesen werden kann wie der Pseudocode; der hierarchische Programmaufbau ist ganz simpel. Es sollte immer angestrebt werden, daß ein Programm selbstdokumentierend ist, weil wir dann sicher sein können, daß sich eine solche „Dokumentation" immer auf dem laufenden befindet. Wenn Programme dann und wann geändert werden, Änderungen beim zugehörigen Pseudocode jedoch unterbleiben, ergibt sich daraus ein ernsthaftes Problem: Dokumente, die den Programmentwurf beinhalten, sind so gut wie wertlos, wenn sie nicht auf dem neuesten Stand gehalten werden.

11.7 Das Programm zur Prüfung von Bestellungen aus dem Gartenkatalog

Schauen wir uns zunächst den Maschinenteil (die **ENVIRONMENT DIVISION**) des Programms (Abb. 11.3) an. In diesem sind drei **SELECT**-Statements aufgeführt. Als **COBOL** begann, sich mehr und mehr zu verbreiten, war es nicht selten, daß eine Computerinstallation über mehrere Drucker verfügte, die sämtlich gleichzeitig von einem einzigen Programm benutzt werden konnten. Heutzutage ist es nahezu unwahrscheinlich, daß irgendein Programm gleichzeitig mehr als einen Drucker anspricht, selbst wenn in einer EDV-Installation mehrere zur Verfügung stehen. Auf einem Großcomputer werden vermutlich stets viele Programme konkurrierend ablaufen. In einem solchen Fall oder bei Installation nur eines Druckers speichert das Betriebssystem automatisch die zu druckenden Dateien auf einem externen Speicher temporär (zeitweilig) solange ab, bis ein oder der Drucker nach Erledigung der vorherigen Druckaufgaben verfügbar ist; gewöhnlich wird als temporärer Speicher ein Magnetplattenspeicher benutzt. Danach werden alle temporär abgespeicherten Druckdateien eines Programmes nacheinander an den Drucker überstellt und gedruckt, so daß alle Zeilen einer Datei auch hintereinander gedruckt werden, ohne daß sich Zeilen einer anderen Datei dazwischen schieben können. Aber, das ist entscheidend, alle Druckdateien eines Programmes liegen nacheinander vor, man braucht sie nicht irgendwo zusammenzusuchen.

```
00001      IDENTIFICATION DIVISION.
00002      PROGRAM-ID.
00003          GARTENKT.
00004      DATE-WRITTEN.
00005          16. MAERZ 1987, UEBERNOMMEN 16. MAERZ 1989.
00006
00007      ENVIRONMENT DIVISION.
00008      INPUT-OUTPUT SECTION.
00009      FILE-CONTROL.
00010          SELECT BESTELL-DATEI    ASSIGN TO S-BESTELL.
00011          SELECT NORMAL-DATEI     ASSIGN TO S-NORMAL.
00012          SELECT SONDER-DATEI     ASSIGN TO S-SONDER.
00013
00014      DATA DIVISION.
00015      FILE SECTION.
00016      FD  BESTELL-DATEI
00017          LABEL RECORDS ARE OMITTED.
00018      01  BESTELL-SATZ.
00019          05   BESTELL-NUMMER       PIC X(6).
00020          05   SATZART              PIC X.
00021          05   KATALOG-NUMMER.
00022               10  KAT-ERST-ZIFFER  PIC X.
00023               10  KAT-REST-ZIFF    PIC X(4).
00024          05   GROESSEN-CODE        PIC X.
00025          05   MENGE                PIC 99.
00026          05   ART-BESCHREIBUNG     PIC X(40).
00027          05   X-PREIS              PIC X(5).
00028          05   9-PREIS REDEFINES X-PREIS      PIC 999V99.
00029          05   FILLER               PIC X(20).
00030
00031      FD  NORMAL-DATEI
00032          LABEL RECORDS ARE OMITTED.
00033      01  NORMAL-ZEILE              PIC X(133).
00034
00035      FD  SONDER-DATEI
00036          LABEL RECORDS ARE OMITTED.
00037      01  SONDER-ZEILE              PIC X(133).
00038      WORKING-STORAGE SECTION.
00039      01  FEHLER-KZ.
00040          88   SATZ-IN-ORDN                     VALUE SPACES.
00041          05   KAT-NR-N-NUM         PIC X.
00042          05   ERSTE-ZIFFER-FALSCH  PIC X.
00043          05   UNG-GROESSEN-CODE    PIC X.
00044          05   KEIN-SOLCHER-CODE    PIC X.
00045          05   MENGE-PREIS-CODES.
00046               88  MENGE-PREIS-IN-ORDN          VALUE SPACES.
00047               10  MENGE-NICHT-NUMERISCH  PIC X.
00048               10  PREIS-NICHT-NUMERISCH  PIC X.
00049          05   UNG-PREIS-ODER-MENGE PIC X.
00050          05   ZU-GROSSER-PREIS     PIC X.
00051
00052      01  FEHLER-MELDUNGEN.
00053          05   KAT-NR-N-NUM-M       PIC X(50)   VALUE
00054               ' KATALOG-NUMMER MIT UNZULAESSIGEM ZEICHEN'.
00055          05   ERSTE-ZIFFER-FAL-M   PIC X(50)   VALUE
00056               ' FALSCHE ERSTE ZIFFER BEI KATALOG-NUMMER'.
00057          05   UNG-GROESSEN-CODE-M  PIC X(50)   VALUE
00058               ' KEIN GROESSEN-CODE BEI DIESEM ARTIKEL'.
00059          05   KEIN-SOLCHER-CODE-M  PIC X(50)   VALUE
00060               ' KEIN SOLCHER GROESSEN-CODE VORHANDEN'.
```

Abb. 11.3 Programm zur Durchführung einer Reihe von Gültigkeitsprüfungen für die einen Gartenkatalog betreffenden Bestellsätze, 1. Teil

```
00061           05   MENGE-NICHT-NUM-M   PIC X(50)    VALUE
00062                ' MENGE MIT UNZULAESSIGEM ZEICHEN'.
00063           05   PREIS-NICHT-NUM-M   PIC X(50)    VALUE
00064                ' PREIS MIT UNZULAESSIGEM ZEICHEN'.
00065           05   UNG-PREIS-ODER-ME-M PIC X(50)    VALUE
00066                ' FALSCHER PREIS ODER FALSCHE MENGE'.
00067           05   ZU-GROSSER-PREIS-M  PIC X(50)    VALUE
00068                ' ZU GROSSER PREIS ---> UEBERPRUEFEN'.
00069
00070      01   WEITERE-DATEN-VORHANDEN PIC X      VALUE 'J'.
00071           88   KEINE-WEITEREN-DATEN           VALUE 'N'.
00072
00073      01   AUSGABE-ZEILE.
00074           05   DRUCK-STEUERZEICHEN PIC X.
00075           05   BESTELL-NUMMER      PIC Z(5)9.
00076           05   KATALOG-NUMMER.
00077                10   KAT-ERST-ZIFFER PIC BBX.
00078                10   KAT-REST-ZIFF   PIC BX(4).
00079           05   GROESSEN-CODE       PIC BX.
00080           05   MENGE               PIC BBZ9.
00081           05   AUSGABE-PREIS       PIC BB$$$$9.99.
00082           05   ART-BESCHREIBUNG    PIC BBX(40).
00083           05   FILLER              PIC X(59)    VALUE SPACES.
00084
00085      01   TEXT-ZEILE REDEFINES AUSGABE-ZEILE.
00086           05   DRUCK-STEUERUNG     PIC X.
00087           05   UNBEKANNTE-ZEILE    PIC X(132).
00088
00089      01   PREIS-LIMIT             PIC 999V99   VALUE 125.00.
00090      01   PRUEF-REST              PIC S999V99  COMP-3.
00091      01   EINZELPREIS             PIC S999V99  COMP-3.
00092
00093      PROCEDURE DIVISION.
00094      A000-BESTELL-PRUEFUNG.
00095           OPEN  INPUT BESTELL-DATEI
00096                 OUTPUT NORMAL-DATEI
00097                        SONDER-DATEI.
00098           READ BESTELL-DATEI
00099                AT END MOVE 'N' TO WEITERE-DATEN-VORHANDEN.
00100           PERFORM B010-ZEILEN-PRUEFUNG
00101                UNTIL KEINE-WEITEREN-DATEN.
00102           CLOSE BESTELL-DATEI
00103                 NORMAL-DATEI
00104                 SONDER-DATEI.
00105           STOP RUN.
00106
00107      B010-ZEILEN-PRUEFUNG.
00108           MOVE SPACES TO FEHLER-KZ.
00109           PERFORM C010-EDIEREN-ZEILE.
00110
00111           IF   MENGE-PREIS-IN-ORDN
00112                MOVE CORRESPONDING BESTELL-SATZ TO AUSGABE-ZEILE
00113                MOVE 9-PREIS TO AUSGABE-PREIS
00114                IF SATZ-IN-ORDN
00115                    WRITE NORMAL-ZEILE FROM AUSGABE-ZEILE
00116                          AFTER ADVANCING 2 LINES
00117                ELSE
00118                    WRITE SONDER-ZEILE FROM AUSGABE-ZEILE
00119                          AFTER ADVANCING 2 LINES
00120                    PERFORM C020-DRUCKEN-MELDUNGEN
```

Abb. 11.4 Programm zur Durchführung einer Reihe von Gültigkeitsprüfungen für die einen Gartenkatalog betreffenden Bestellsätze, 2. Teil

```
00121        ELSE
00122             MOVE BESTELL-SATZ TO UNBEKANNTE-ZEILE
00123             WRITE SONDER-ZEILE FROM AUSGABE-ZEILE
00124                  AFTER ADVANCING 2 LINES
00125             PERFORM C020-DRUCKEN-MELDUNGEN.
00126
00127        READ BESTELL-DATEI
00128             AT END MOVE 'N' TO WEITERE-DATEN-VORHANDEN.
00129
00130    C010-EDIEREN-ZEILE.
00131        IF  KATALOG-NUMMER OF BESTELL-SATZ IS NOT NUMERIC
00132            MOVE 'X' TO KAT-NR-N-NUM.
00133
00134        IF  KAT-ERST-ZIFFER OF BESTELL-SATZ = '0' OR '2'
00135            MOVE 'X' TO ERSTE-ZIFFER-FALSCH.
00136
00137        IF  (KAT-ERST-ZIFFER OF BESTELL-SATZ = '1' OR '8' OR '9')
00138            AND GROESSEN-CODE OF BESTELL-SATZ IS NOT EQUAL SPACES
00139            MOVE 'X' TO UNG-GROESSEN-CODE.
00140
00141        IF  GROESSEN-CODE OF BESTELL-SATZ = 'A' OR 'D' OR 'G'
00142            OR 'J' OR 'K' OR 'L' OR 'S' OR 'T' OR 'U' OR ' '
00143            NEXT SENTENCE
00144        ELSE
00145            MOVE 'X' TO KEIN-SOLCHER-CODE.
00146
00147        IF  MENGE OF BESTELL-SATZ IS NOT NUMERIC
00148            MOVE 'X' TO MENGE-NICHT-NUMERISCH.
00149
00150        IF  X-PREIS IS NOT NUMERIC
00151            MOVE 'X' TO PREIS-NICHT-NUMERISCH.
00152
00153        IF  MENGE-PREIS-IN-ORDN
00154            DIVIDE 9-PREIS BY MENGE OF BESTELL-SATZ
00155                 GIVING EINZELPREIS REMAINDER PRUEF-REST
00156            ON SIZE ERROR  MOVE 'X' TO UNG-PREIS-ODER-MENGE.
00157        IF  MENGE-PREIS-IN-ORDN AND PRUEF-REST NOT EQUAL TO ZERO
00158            MOVE 'X' TO  UNG-PREIS-ODER-MENGE.
00159
00160        IF  X-PREIS IS NUMERIC AND 9-PREIS IS GREATER PREIS-LIMIT
00161            MOVE 'X' TO ZU-GROSSER-PREIS.
00162
00163    C020-DRUCKEN-MELDUNGEN.
00164        IF  KAT-NR-N-NUM = 'X'
00165            WRITE SONDER-ZEILE FROM KAT-NR-N-NUM-M
00166                 AFTER ADVANCING 1 LINE.
00167        IF  ERSTE-ZIFFER-FALSCH = 'X'
00168            WRITE SONDER-ZEILE FROM ERSTE-ZIFFER-FAL-M
00169                 AFTER ADVANCING 1 LINE.
00170        IF  UNG-GROESSEN-CODE = 'X'
00171            WRITE SONDER-ZEILE FROM UNG-GROESSEN-CODE-M
00172                 AFTER ADVANCING 1 LINE.
00173        IF  KEIN-SOLCHER-CODE = 'X'
00174            WRITE SONDER-ZEILE FROM KEIN-SOLCHER-CODE-M
00175                 AFTER ADVANCING 1 LINE.
00176        IF  MENGE-NICHT-NUMERISCH = 'X'
00177            WRITE SONDER-ZEILE FROM MENGE-NICHT-NUM-M
00178                 AFTER ADVANCING 1 LINE.
```

Abb. 11.5 *Programm zur Durchführung einer Reihe von Gültigkeitsprüfungen für die einen Gartenkatalog betreffenden Bestellsätze, 3. Teil*

```
00179        IF PREIS-NICHT-NUMERISCH = 'X'
00180           WRITE SONDER-ZEILE FROM PREIS-NICHT-NUM-M
00181              AFTER ADVANCING 1 LINE.
00182        IF UNG-PREIS-ODER-MENGE = 'X'
00183           WRITE SONDER-ZEILE FROM UNG-PREIS-ODER-ME-M
00184              AFTER ADVANCING 1 LINE.
00185        IF ZU-GROSSER-PREIS = 'X'
00186           WRITE SONDER-ZEILE FROM ZU-GROSSER-PREIS-M
00187              AFTER ADVANCING 1 LINE.
00188
00189   ********************* PROGRAMMENDE **********************
```
Anmerkung: Zwecks besserer Übersicht wurde der Abstand zwischen der Zeilennummer und dem COBOL-Programm bei dieser Ausgabeliste des Kompilierers bewußt verkleinert.

Abb. 11.6 Programm zur Durchführung einer Reihe von Gültigkeitsprüfungen für die einen Gartenkatalog betreffenden Bestellsätze, 4. Teil

Bei der Dateibeschreibung der Bestelldatei erkennen wir, daß die Katalognummer (Artikelnummer) als Datengruppe definiert ist, so daß ihre erste Ziffer separat von ihren restlichen vier Ziffern verarbeitet werden kann.

Wir begegnen hier auch zum ersten Mal der **REDEFINES**-Klausel. Der als Teil des Eingabesatzes eingelesene Preis kann nichtnumerische Zeichen aufweisen, entweder infolge eines Tippfehlers bei der Datenerfassung oder infolge nicht vorhandener führender Nullen. Wir müssen daher im Prozedurteil den Preis wie ein alphanumerisches Datenelement behandeln können. Wenn der Preis aber tatsächlich in numerischer Form vorliegt, müssen wir andererseits mit ihm rechnen können. Es wäre natürlich möglich, den Preis zu einem Element im Arbeitsspeicherkapitel zu übertragen, das die dafür erforderlichen Eigenschaften besitzt; auf diese Übertragung kann jedoch verzichtet werden, wenn man sich der Klausel **REDEFINES** bedient. Wir haben damit in der Tat zwei verschiedene Definitionen derselben fünf Zeichen des Eingabesatzes. Diese zwei Beschreibungen, die an unterschiedlichen Stellen des Prozedurteiles verwendet werden, sorgen dafür, daß der Kompilierer zweckentsprechende, d.h. ungleiche Operationen mit dem Inhalt dieser Speicherplätze aufsetzen kann. Die von uns vergebenen Namen **X-PREIS** und **9-PREIS** sollen die Eigenschaften suggerieren, nämlich alphanumerisch bzw. numerisch, entsprechend der Zeichen **X** bzw. **9** in der **PICTURE**-Klausel. Die Sätze für die beiden Ausgabedateien bestehen aus nur je einem 133-stelligen Datenelement. Die tatsächlichen Ausgabedaten werden in diese Sätze mittels der Anweisung **WRITE** mit **FROM** übertragen.

Die Strukturen im Arbeitsspeicherkapitel sind zum Teil in alphabetischer Reihenfolge aufgeführt, um ihre Lokalisierung zu erleichtern.

Zunächst sind acht Fehlerkennzeichen definiert, die während des Programmablaufs in Abhängigkeit vom Inhalt des Eingabesatzes gesetzt werden. Jedes einzelne Kennzeichen besteht aus einer Zeichenstelle. Zu Beginn der Verarbeitung jeder Bestellung werden Leerzeichen in die gesamte, **FEHLER-KZ** genannte Datengruppe übertragen; dadurch gelten die einzelnen Kennzeichen für die verschiedenen Fehlerbedingungen vorerst als „fehlerfrei". Eine Eintragung mit der Stufennummer **88** ist für die gesamte Datengruppe eingerichtet worden, so daß nach Durchführung aller Gültigkeitsprüfungen wir eine Anweisung der Form
    IF SATZ-IN-ORDN ···
schreiben und damit durch nur einen Vergleich feststellen können, ob Fehler im gerade bearbeiteten Satz entdeckt worden sind. In ähnlicher Weise wurde eine untergeordnete Datengruppe namens **MENGE-PREIS-CODES** definiert, die die Kennzeichen enthält, die bei nichtnumerischen Mengen und Preisen gesetzt werden. Nichtnumerische Mengen und Preise können so ebenfalls durch eine einzige **IF**-Anweisung festgestellt werden, wenn man sich der Eintragung
MENGE-PREIS-IN-ORDN mit der Stufennummer **88** bedient.

    Nach der Durchführung aller erforderlichen Gültigkeitsprüfungen und dem Setzen der entsprechenden Kennzeichen bei erkannten Fehlern werden wir zweckdienliche Fehlermeldungen, d.h. von der Fehlernatur abhängige, ausgeben. Die einzelnen Fehlermeldungen sind in acht Elementarelementen festgelegt, die zur Datengruppe
FEHLER-MELDUNGEN zusammengefaßt sind. Wir nehmen wahr, daß alle acht Elementarelemente mit der gleichen **PICTURE**-Zeichenfolge erklärt sind. Es sind stets 50 Zeichen in jeder Fehlermeldung enthalten, wohingegen die einzelnen Literale tatsächlich von unterschiedlicher Länge sind. Außerdem erreicht überhaupt keines die definierte Länge. Dahinter steckt die Idee, daß die exakte Länge keine Rolle spielt, da im Ausgabesatz kein weiterer Text nach der Fehlermeldung erscheinen soll. Durch die Verwendung einer einheitlichen Länge erspart man sich ferner bei diesen Literals das Abzählen der jeweils vorhandenen Zeichen. Immer, wenn ein Literal weniger Zeichen als die bei **PICTURE** angegebene Zahl enthält, wird das Literal linksbündig ausgerichtet, wie es auch bei einer **MOVE**-Anweisung geschieht.

    Beginnend mit der Zeile 73 erfolgt die Festlegung der tatsächlichen Ausgabesätze. Der Satz mit dem Namen **AUSGABE-ZEILE** wird in zwei verschiedenen Fällen benutzt. Einmal wird ein fehlerfreier Eingabesatz dorthin übertragen, der in die Datei aufgezeichnet wird, die dann später zur normalen Weiterbehandlung der Sätze herangezogen wird (in einem anderen Programm!). Zum anderen wird in dieser Zeile ein fehlerhafter Satz, bei dem allerdings Menge und Preis in Ordnung sind, aufbereitet; dieser wird danach in die Datei für die Sonderbehandlung von Bestellsätzen geschrieben. Weiterhin wird angenommen, daß irgendwelche anderen Fehler, die in einem Bestellsatz auftauchen, wohl zumeist auf die Datenerfassung zurückzuführen sind, beispielsweise durch Auslassung eines Zeichens auf den vorderen Stellen des betreffenden Satzes. Ein Satz, der einen solchen Fehler enthält, ist sicherlich nach einer erfolgten Aufbereitung viel schwerer zu lesen, als wenn er einfach bloß genau so ausgegeben wird, wie er in den Computer eingelesen wurde. Daher wurde für die Speicherplätze von **AUSGABE-ZEILE** eine zusätzliche Definition vorgesehen, wozu die **REDEFINES**-Klausel herangezogen wurde. Wenn **TEXT-ZEILE** als getrennte 133-stellige Struktur im Arbeitsspeicherkapitel definiert wäre, würde das Programm nach Vornahme geringfügiger Änderungen ebenso ablaufen wie in der vorgelegten Fassung. Da wir jedoch für einen Eingabesatz niemals beide Strukturen zur gleichen Zeit benötigen, können wir dasselbe Speichergebiet für sie benutzen. Es gibt heutzutage nur sehr wenige Computer, bei denen eine Speicherplatzersparnis von 133 Stellen ins Gewicht fällt, aber dasselbe Prinzip kann selbstverständlich auch für weitaus größere Gebiete in Anspruch genommen werden. Dabei könnte sich eine Einsparung von internem Speicherplatz doch in erheblichem Maße auswirken.

Auf Zeile 89 finden wir ein Datenelement mit konstantem Wert; es dient dazu, den Preis auf die vorgegebene Obergrenze von 125 Dollar hin zu überprüfen. Wie bei früheren Beispielen hätten wir auch anstandslos 125.00 im Prozedurteil dort einsetzen können, wo dieser Wert benötigt wird. Ein Datenelement im Arbeitsspeicherkapitel mit einem konstanten Wert vereinfacht jedoch die Programmwartung, falls sich der fragliche Wert einmal ändern sollte. Das aber, so kann man ohne weiteres vermuten, ist hier höchstwahrscheinlich früher oder später der Fall.

Bei den Zeilen 90 und 91 ist zu beachten, daß die hier definierten Elemente mit sich im Programmablauf veränderten Werten mit Vorzeichen versehen sind und ihre Verwendungsart ist zu **COMPUTATIONAL-3** festgelegt. Da diese Elemente in arithmetische Operationen eingehen und nicht nur in einen Vergleich wie **PREIS-LIMIT**, verbessert die Hinzustellung des Vorzeichens und von **COMPUTATIONAL-3** die Leistungsfähigkeit des Programmes. Da diese beiden Datenelemente niemals bei der Eingabe bzw. Ausgabe benutzt werden, erübrigt sich bei ihnen die Angabe von **DISPLAY**. In diesem Programm sind nur wenige arithmetische Operationen auszuführen, aber wir sollten uns rechtzeitig daran gewöhnen, Datenelemente mit Vorzeichen und in einer für Rechenoperationen geeigneten Darstellungsform zu verwenden, was letzten Endes auch Sinn dieses Programmes ist.

Der Hauptsteuerparagraph des Prozedurteiles, **A000-BESTELL-PRUEFUNG** genannt, bietet im Grunde genommen nichts Neues, außer daß drei Dateien und nicht wie bisher nur zwei zu eröffnen und abzuschließen sind. Der Paragraph **B010-ZEILEN-PRUEFUNG** beginnt mit der Übertragung von Leerzeichen nach den Fehlerkennzeichen, um die evtl. vorhandenen Fehlerhinweise des vorhergehenden Satzes zu löschen. Danach wird der Paragraph **C010-EDIEREN-ZEILE** angesprochen, in dem die vorgegebenen Prüfungen vollzogen werden. Natürlich hätten wir auch den zum Edieren erforderlichen Code direkt in Reihe in den Paragraphen **B010-ZEILEN-PRUEFUNG** stellen können, aber seine Aufnahme in einen getrennten (untergeordneten) Paragraphen ermöglicht es uns, unsere Aufmerksamkeit auf die Logik der Gültigkeitsprüfungen zu konzentrieren; die Einzelheiten des Edierens können irgendwo erscheinen.

Nach Durchführung des Edierungsprozesses sind wir bereit, die Ausgabezeilen zu schreiben. Nur an diesem Punkt, das sei beiläufig erwähnt, können wir Schreiboperationen veranlassen, da erst nach Ausführung aller Gültigkeitsprüfungen bekannt ist, ob eine Bestellzeile in die normale Datei oder in die Sonderdatei zu schreiben ist. Wir beginnen die Prüfungen damit, daß wir zunächst fragen, ob Menge und Preis in Ordnung sind. Falls das der Fall ist, wollen wir die Ausgabedaten edieren. Das geschieht durch die Anweisung **MOVE** mit **CORRESPONDING**. Die Werte aller Datenelemente des Bestellsatzes, die denselben Namen haben wie Elemente im Satz **AUSGABE-ZEILE** werden dadurch entsprechend der für sie geltenden Aufbereitungsvorgabe nach **AUSGABE-ZEILE** übertragen. Da **9-PREIS** keinem Element in **AUSGABE-ZEILE** entspricht, muß der Wert dieses Elementes gesondert übertragen werden. Nun können wir im Falle fehlerfreier Eingabesätze die aufbereitete Ausgabezeile in die normale Datei schreiben. Bei Feststellung von Fehlern wird sie in die Sonderdatei überstellt; danach wird durch **PERFORM** der Paragraph **C020-DRUCKEN-MELDUNGEN** angesprochen, um unmittelbar danach die Fehlermeldungen auszugeben, die die festgestellten Fehler erläutern. Sollten Menge und Preis nicht korrekt eingelesen sein, übertragen wir den gesamten Bestellsatz ohne Aufbereitung nach **UNBEKANNTE-ZEILE**, schreiben ihn in die Sonderdatei und lassen ebenfalls die entsprechenden Fehlermeldungen folgen. Man studiere die auf den Zeilen 111 bis 125 stehende **IF**-Anweisung recht sorgfältig. Nur dadurch kann man die Gewißheit erlangen, den logischen Fluß richtig verstanden zu haben.

Im Paragraphen **C010-EDIEREN-ZEILE** beginnen wir mit der Prüfung der Katalognummer, hier zunächst als fünfstellige Datengruppe aufgefaßt, um festzustellen, ob sie rein numerisch ist. Man beachte hierbei den Gebrauch der Kennzeichnung beim Datennamen. Da **KATALOG-NUMMER** aber in zwei verschiedenen Sätzen auftritt, muß

11.7 Das Programm zur Prüfung von Bestellungen aus dem Gartenkatalog

durch die Kennzeichnung gesagt werden, welches Datenelement gemeint ist. Ebenso muß die Kennzeichnung bei allen Datennamen des Eingabesatzes mit Ausnahme von **X-PREIS** und **9-PREIS** gebraucht werden; nur diese beiden sind eindeutig. Die nächste Gültigkeitsprüfung erstreckt sich auf die erste Ziffer der Katalognummer. Es ist festzustellen, ob sie gleich 0 oder gleich 2 ist. Dabei wird die Verwendung eines impliziten Subjektes und eines impliziten Vergleichsoperators vorgestellt. Hier kann nämlich mit Recht argumentiert werden, daß die benutzte Form klarer zu verstehen ist, als wenn man den gesamten Bedingungsausdruck ausgeschrieben hätte.

Durch die dritte Gültigkeitsprüfung wird bestimmt, ob ein Größencode bei einem Artikel genannt ist, der keinen Größencode aufweisen darf. Natürlich könnte das auch bedeuten, daß die Katalognummer falsch kopiert worden ist. Die **IF**-Anweisung illustriert wiederum die Benutzung eines impliziten Subjektes und eines impliziten Vergleichsoperators zusammen mit Klammern. Durch das Setzen von Klammern wird die reguläre Vorrangfolge der logischen Operatoren verändert. Ohne Klammern würde die Verbundbedingung bedeuten, daß der Satz ungültig ist, wenn die erste Ziffer der Katalognummer gleich 1 oder 8 ist, oder wenn sie gleich 9 und außerdem kein Größencode vorhanden ist. Mit anderen Worten: Da der logische Operator **AND** Vorrang vor dem logischen Operator **OR** besitzt, würde die Prüfung des Größencodes sonst nur mit der Prüfung der ersten Ziffer der Katalognummer auf 9 kombiniert. Sagen wir es noch auf eine andere Weise: Ein Bestellsatz, bei dem die erste Ziffer der Katalognummer gleich 1 oder gleich 8 ist, würde stets als fehlerhaft angesehen werden; es wäre dabei gleichgültig, welchen Wert der Größencode aufweist. Eine solche Auslegung ist aber keinesfalls beabsichtigt.

Die auf der Zeile 141 beginnende Gültigkeitsprüfung des Größencodes zeigt wiederum deutlich den Gebrauch eines impliziten Subjekts und von impliziten Vergleichsoperatoren. Die Verbundbedingung könnte auch unter Benutzung des logischen Operators **NOT** niedergeschrieben werden, wodurch man sich die Benutzung von **NEXT SENTENCE** ersparen kann. Natürlich ist dann die gesamte Verbundbedingung in Klammern zu setzen; nur die Verneinung, d.h. **NOT** muß vor der geöffneten Klammer stehen. Es ist möglicherweise eine reine Geschmackssache, ob man die hier verwendete Form leichter verstehen kann als die soeben angedeutete mit **NOT** und Klammern. Kombinationen, in denen **NOT** und **OR** auftreten, tendieren nun einmal zu ziemlichen Verwirrungen.

Die Gültigkeitsprüfungen, die auf die Menge und den Preis bezogen sind, bieten nichts Neues; sie gelten der Frage, ob beide Datenelemente nur Ziffern enthalten.

Als nächstes wollen wir den Preis durch die Menge dividieren und anschließend prüfen, ob der Divisionsrest gleich Null ist. Er muß gleich Null sein, falls der Kunde bei seiner Bestellung korrekt multipliziert hat. Wir können die Division natürlich nur dann ausführen, wenn beide Datenelemente (**X-PREIS** bzw. **MENGE**) numerische Inhalte besitzen. Deshalb stellen wir die Divisionsanweisung in eine **IF**-Anweisung, so daß die Division nur dann stattfinden kann, wenn die Werte von **X-PREIS** und **MENGE** in Ordnung sind. Eine Unterlassung dieser Abfrage könnte in eine höchst unerwünschte anormale Programmbeendigung münden. Eine Möglichkeit, wie es zu einem bisher nicht beachteten Fehler bei der Menge kommen kann, ergibt sich dadurch, daß das entsprechende Feld entweder leer oder gleich Null ist. Es wäre schön, wenn ein solches Versehen des Kunden schon vor der Datenerfassung durch eine visuelle Inspektion des Bestellformulars abgefangen würde, aber das Programm muß trotzdem die Möglichkeit eines solchen Fehlers berücksichtigen. Das gilt besonders dann, wenn versucht wird, durch Null zu dividieren; hierbei könnte sich entweder ein unbrauchbares Resultat ergeben oder das Programm könnte anormal enden. Eine Obliegenheit der Angabe **ON SIZE ERROR** ist es, den Versuch einer Division durch Null zu verhüten.

Nach Durchführung der Division muß als nächstes untersucht werden, ob der Divisionsrest gleich oder nicht gleich Null ist. Eine solche Prüfung darf natürlich nicht vor der Division erfolgen, aber sie muß Teil einer **IF**-Anweisung sein. Die Prüfung darf jedoch nur dann vorgenommen werden, wenn zuvor Preis und Menge als numerisch erkannt worden sind. Da dieselbe Bedingung auch für die vorangehende **IF**-Anweisung (Prüfung, ob Division ausführbar!) gilt, würde es vernünftig erscheinen, wenn man das Prüfen des Restes in die vorangehende **IF**-Anweisung integriert. Das ist jedoch wegen der Angabe **ON SIZE ERROR** nicht machbar, da alles, was nach diesen drei Wörtern geschrieben ist, als Teil dieser Angabe betrachtet wird. Das aber ist nicht das, was wir hier wünschen. Daher schreiben wir eine getrennte **IF**-Anweisung mit einer Verbundbedingung nieder.

Bei Benutzung von **COBOL-85** können wir **END-DIVIDE** im Zusammenhang mit der **DIVIDE**-Anweisung verwenden und daher den Code für diese Gültigkeitsprüfung in der Form niederschreiben, die die Abb. 11.7 zeigt.

Doch kehren wir nun zu unserem Programm (siehe dazu Abb. 11.5) zurück. In die Verbundbedingung ist auch das Prüfen des Preises aufgenommen worden, da das ganze wenig Sinn ergibt, falls der Preis nicht numerisch ist. Wenn man eine **COBOL**-Version benutzt, die der Version **COBOL-85** vorausgegangen ist, werden beide Teile der Prüfung durchgeführt, aber sie wird nicht wahr ergeben, wenn der Preis nicht nume-

```
00153           IF  MENGE-PREIS-IN-ORDN
00154               DIVIDE 9-PREIS BY MENGE OF BESTELL-SATZ
00155                   GIVING EINZELPREIS REMAINDER PRUEF-REST
00156                   ON SIZE ERROR  MOVE 'X' TO UNG-PREIS-ODER-MENGE
00157               END-DIVIDE
00158               IF  PRUEF-REST NOT EQUAL TO ZERO
00159                   MOVE 'X' TO UNG-PREIS-ODER-MENGE
00160               END-IF
00161           END-IF.
```
Anmerkung: Ab Zeile 159 verschieben sich dann die Zeilennummern um 3.

Abb. 11.7 *DIVIDE mit END-DIVIDE in COBOL-85*

risch ist. Bei Benutzung von **COBOL-85** wird der zweite Test überhaupt nicht ausgeführt, es sei denn, daß der Preis in numerischer Form vorliegt.

Der restliche Teil des Programmes enthält keine neuen Charakterzüge. Das Drucken von Überschriften und das Zählen der Ausgabezeilen ist bei diesem Beispiel weggelassen worden, teilweise um durch die Unterlassung von Wiederholungen vertrauten Stoffes Platz zu sparen, teilweise aus praktischen Gründen. Bei einer realistischen Anwendung eines solchen Prüfprogrammes könnte man sehr wohl die Ergebnisse auch auf vorgedruckte Formulare ausgeben, so daß es nicht erforderlich wäre, durch das Programm Überschriften drucken zu lassen.

11.8 Die Resultate eines Programmablaufes

Das Programm wurde mit einer kleinen Anzahl von repräsentativen Datensätzen ausgeführt. In der Abb. 11.8 sind die Sätze der Eingabedatei aufgelistet; sie enthalten sowohl einwandfreie als auch fehlerbehaftete Daten. Die Abb. 11.9 zeigt die zur normalen Weiterbehandlung in die sogenannte „Normaldatei" gehenden Sätze, wenn das Programm mit den Daten von Abb. 11.8 abläuft. Wir erkennen, daß die ersten vier Bestellungen zu den erwarteten Resultaten geführt haben; der 16. Bestellsatz, d.h. der in der Abb. 11.8 als letzter erscheinende, versetzt uns freilich einen gelinden Schock. Obwohl hier bei der Datenerfassung offensichtlich wahllos beliebige Zeichen eingetastet wurden, um zu sehen, wie das Programm auf fehlerhafte Daten reagiert, passierte dieser Satz anstandslos alle Gültigkeitsprüfungen. Wir sollten daraus den Schluß ziehen, daß man bei der Zusammenstellung von Testdaten recht vorsichtig und gewissenhaft vorgehen muß. Trotz allem aber ereignen sich immer wieder seltsame Dinge.

In der Abb. 11.10 ist schließlich die Ausgabe aufgeführt, die in die Datei zur Weiterbehandlung der fehlerhaften Sätze geht; diese Datei wurde als „Sonderdatei" bezeichnet. Wir sehen hier, wie die einzelnen Fehlerarten in geeigneter Weise diagnostiziert wurden.

Bestellnummer	Satzart	Katalognummer	Größencode	Menge	Artikel-Beschreibung	Preis
123456	2	51656	A	01	MARKERBSEN-MIRAKEL VON GEISENBRUNN	00045
123456	2	94342		01	ZERSTAEUBER FUER GARTEN UND BAEUME	02095
123456	2	62638	U	02	GETREIDE - GEMENGE VON MITTELHOFEN	00700
222233	2	93188		01	REGENWUERMER (PACKUNG 2000 STCK.)	01795
222234	2	93526	A	01	GOTTESANBETERIN - EIBEHAELTER	00275
222235	2	33183	L	02	KAPUZINERKRESSE - 15 G	00400
222236	2	41939	H	00	PHLOX, GROSSBLUETIG	00105
222237	2	33761	B	02	HIBISKUS	390
222238	2	69088	U	01	KNOBLAUCH (250 G)	008.80
222239	2	62257	T	01	PALERBSEN-KLEINE FASZINATION	0120
222240	2	52829	L	2	SCHWARZER PFEFFER - LANGER CAYENNE	00550
123456	2	22241	S	C	UWESTINDISCHE GEWUERZGURKEN (125 G)	00275
123452	2	13466		10	BIRNE, DAGMAR VON ELMAR	18650
321321	3	21321	3	21	321321321321321321321321321321321321321321	
436543	6	43987	6	98	7697698769JHGFJHGFJHGCHJHGFJGFJHGFJHFJHGFJH	5876587658
231231	2	31231	A	12	A12A12A12A12A12A12A12A12A12A0120120120	1212

Abb. 11.8 Eingabedatei mit Beispieldaten für das in den Abb. 11.3 bis 11.6 dargestellte Programm

Bestell-nummer	Katalog-nummer	Größencode	Menge	Preis	Artikel-Beschreibung
123456	5 1656	A	1	$0.45	MARKERBSEN-MIRAKEL VON GEISENBRUNN
123456	9 4342		1	$20.95	ZERSTAEUBER FUER GARTEN UND BAEUME
123456	6 2638	U	2	$7.00	GETREIDE - GEMENGE VON MITTELHOFEN
222233	9 3188		1	$17.95	REGENWUERMER (PACKUNG 2000 STCK.)
222235	3 3183	L	2	$4.00	KAPUZINERKRESSE - 15 G
231231	3 1231	A	12	$12.12	A12A12A12A12A12A12A12A12A12A012012012

Abb. 11.9 Inhalt der Datei NORMAL-DATEI nach Ablauf des Prüfprogrammes

```
222234   9 3526 A   1      $2.75  GOTTESANBETERIN - EIBEHAELTER
KEIN GROESSEN-CODE BEI DIESEM ARTIKEL

222236   4 1939 H   0      $1.05  PHLOX, GROSSBLUETIG
KEIN SOLCHER GROESSEN-CODE VORHANDEN
FALSCHER PREIS ODER FALSCHE MENGE

222237233761B02HIBISKUS                              390
KEIN SOLCHER GROESSEN-CODE VORHANDEN
PREIS MIT UNZULAESSIGEM ZEICHEN

222238269088U01KNOBLAUCH (250 G)                  008.80
PREIS MIT UNZULAESSIGEM ZEICHEN

22223962257T01PALERBSEN-KLEINE FASZINATION          0120
KATALOG-NUMMER MIT UNZULAESSIGEM ZEICHEN
FALSCHE ERSTE ZIFFER BEI KATALOG-NUMMER
KEIN SOLCHER GROESSEN-CODE VORHANDEN
MENGE MIT UNZULAESSIGEM ZEICHEN
PREIS MIT UNZULAESSIGEM ZEICHEN

222240252829L 2SCHWARZER PFEFFER - LANGER CAYENNE  00550
MENGE MIT UNZULAESSIGEM ZEICHEN

123456222241SCUWESTINDISCHE GEWUERZGURKEN (125 G)  00275
FALSCHE ERSTE ZIFFER BEI KATALOG-NUMMER
MENGE MIT UNZULAESSIGEM ZEICHEN

122345   1 3466   10    $186.50  BIRNE, DAGMAR VON ELMAR
ZU GROSSER PREIS ---> UEBERPRUEFEN

321321   2 1321 3   21   $213.21  32132132132132132132132132132132132313213
FALSCHE ERSTE ZIFFER BEI KATALOG-NUMMER
KEIN SOLCHER GROESSEN-CODE VORHANDEN
FALSCHER PREIS ODER FALSCHE MENGE
ZU GROSSER PREIS ---> UEBERPRUEFEN

43654364398769876976987693JHGFJHGFJHGCHJHGFJGFJHGFJHFJHGFJH5876587658
KEIN SOLCHER GROESSEN-CODE VORHANDEN
PREIS MIT UNZULAESSIGEM ZEICHEN
```

Abb. 11.10 Inhalt der Datei SONDER-DATEI nach Ablauf des Prüfprogrammes

KONTROLLFRAGEN

1. Nachfolgend sind fünf Paare von Rahmen von **IF**-Anweisungen gezeigt. Zeitigen die in jedem Paar aufgeführten Anweisungen denselben Effekt?

```
a)  IF    A = 1 AND B = 2 OR C = 2 AND D = 2  ...
    IF   (A = 1 AND B = 2) OR (C = 2 AND D =2) ...

b)  IF    TRANSFER-CODE NOT = '1'
       OR TRANSAKTIONS-BETRAG IS NOT NUMERIC  ...
    IF   NOT (TRANSFER-CODE = '1'
       OR TRANSAKTIONS-BETRAG IS NOT NUMERIC) ...

c)  IF   WALTER < 30 AND MARTIN > 40 OR DAGMAR = 50  ...
    IF  (WALTER < 30 AND MARTIN > 40) OR DAGMAR = 50 ...

d)  IF  (WETTER = WOLKIG AND TEMP > 25) AND TEMP < 30
     OR WETTER = KLAR AND TEMP < 28  ...
    IF   WETTER = WOLKIG AND (TEMP > 25 AND TEMP < 30)
     OR WETTER = KLAR AND TEMP < 28  ...

e)  IF   A = 1 OR A NOT = 1  ...
    IF   NOT (A = 1 AND A = 2)  ...
```

2. Nachfolgend sind drei Gruppen von unvollständigen **IF**-Anweisungen gezeigt. Zeitigen die Anweisungen jeder Gruppe denselben Effekt?

```
a)  IF   A = 1 OR A = 2 OR A = 4  ...
    IF   A = 1 OR 2 OR 4  ...

b)  IF  (A = 1 OR A = 2) AND (B = 6 OR 8)  ...
    IF  (A = 1 OR 2) AND (B = 6 OR 8)  ...
    IF   A = 1 OR 2 AND B = 6 OR 8  ...

c)  IF   A = 1 OR 2 OR 9 AND B = SPACES  ...
    IF  (A = 1 OR 2 OR 9) AND B = SPACES  ...
```

3. Würde es beim „Gartenkatalog-Programm" nicht einfacher sein, jede Fehlermeldung sofort nach der Feststellung des betreffenden Fehlers auszugeben anstatt zuerst Kennzeichen zu setzen und die Meldungen später zu schreiben?

4. Im „Gartenkatalog-Programm" erscheint die folgende Anweisung:

```
IF X-PREIS IS NUMERIC AND 9-PREIS IS GREATER THAN
   PREIS-LIMIT
      MOVE 'X' TO ZU-GROSSER-PREIS.
```

Welcher Effekt würde erzielt, wenn wir stattdessen die folgende Anweisung geschrieben hätten?

```
IF  X-PREIS IS NUMERIC AND X-PREIS IS GREATER THAN
    PREIS-LIMIT
    MOVE 'X' TO ZU-GROSSER-PREIS.
```

Wie würde sich die Anweisung

```
IF  X-PREIS IS NUMERIC AND X-PREIS IS GREATER THAN '12500'
    MOVE 'X' TO ZU-GROSSER-PREIS.
```

auswirken? Und wie die folgende?

```
IF  9-PREIS IS GREATER THAN PREIS-LIMIT
    MOVE 'X' TO ZU-GROSSER-PREIS.
```

ANTWORTEN AUF DIE KONTROLLFRAGEN

1. Es ergeben sich folgende Antworten:
   a) Es gibt keinen Unterschied. Die Klammern betonen nur die Vorrangregel für die logischen Operatoren!
   b) Die beiden **IF**-Anweisungen gleichen sich nicht; es ist nicht erlaubt, in der zweiten Anweisung **NOT** auf diese Weise vor den in Klammern stehenden Bedingungsausdruck zu stellen. Wenn man bei der zweiten Anweisung **OR** durch **AND** ersetzt, gleichen sich die beiden Anweisungen in ihrer Wirkung. Man sollte das an Beispielen nachprüfen! Hier handelt es sich um einen Fall, auf den die *Gesetze von DeMorgan* angewendet werden können.
   c) Es gibt auch hier wie bei a) keinen Unterschied in der Wirkung. Die Klammern betonen bloß die Vorrangregel für die logischen Operatoren!
   d) Es gibt keinen Unterschied. Die zwei verschiedenen Schreibweisen drücken nur den Gedanken aus, daß von den drei mit **AND** verknüpften Elementen jeweils zwei in einer Klammer zusammengefaßt werden können. Diese Möglichkeit ist vergleichbar mit dem *assoziativen Gesetz der Multiplikation*. Dieses besagt bekanntlich, daß $(a \cdot b) \cdot c = a \cdot (b \cdot c)$ ist.
   e) Die Bedingungsausdrücke beider **IF**-Anweisungen sind, für viele verwunderlich, in dem Sinne äquivalent, daß beide stets erfüllt sind. Der augenblickliche Wert von **A** spielt dabei überhaupt keine Rolle. **A** ist entweder immer gleich 1 oder nicht gleich 1, so daß der Bedingungsausdruck der ersten Anweisung stets „wahr" ergibt. Beim Bedingungsausdruck der zweiten Anweisung kann **A** zur gleichen Zeit nicht gleich 1 und gleich 2 sein; der in Klammern

stehende Ausdruck besitzt also immer den Wert „falsch". Die Negation von „falsch" ergibt aber „wahr".

2. Die Antworten auf die einzelnen Teilaufgaben lauten:
   a) Beide **IF**-Anweisungen gleichen sich in ihrer Wirkung.
   b) Die Bedingungsausdrücke der ersten beiden **IF**-Anweisungen sind äquivalent. Bei der dritten ohne Klammern geschriebenen Form kommt nach der Vorrangregel für logische Operatoren **AND** vor **OR**; die impliziten Subjekte beeinflussen diese Regel nicht. Wir hätten daher statt der in der Aufgabenstellung gezeigten Form zur Betonung der Vorrangfolge auch ausführlich schreiben können:
   IF A = 1 OR (A = 2 AND B = 6) OR B = 18 ···
   c) Diese beiden **IF**-Anweisungen sind gleichwertig. Die Diskussion über diese Problematik erfolgte im Abschnitt 11.7.

3. Es sieht zunächst so aus, als ob die Frage vorbehaltlos bejaht werden kann. Es sind jedoch zwei Probleme zu beachten. Erstens wissen wir erst nach der Prüfung von Menge und Preis, in welchem Format die Bestellzeile zu drucken ist (mit oder ohne Aufbereitung). Wichtiger aber ist zweifellos, daß man erst nach der Entdeckung des ersten Fehlers weiß, ob die Bestellzeile in die „Normaldatei" oder in die „Sonderdatei" geschrieben werden muß. Wenn man die Bestellzeile unmittelbar nach dem Auffinden des ersten Fehlers ausgibt, muß man ein Kennzeichen setzen, um durch dieses dem Programm mitzuteilen, daß nach Aufdeckung weiterer Fehler ein erneutes Schreiben der Bestellzeile unterbleiben muß.

4. Die erste Alternative würde fehlschlagen, denn eine alphanumerische Größe (**X-PREIS**) darf nicht mit einer numerischen Größe (**PREIS-LIMIT**) verglichen werden. Die zweite Version wird zu korrekten Resultaten führen, aber ihre Bedeutung wäre nicht so klar ersichtlich wie bei der im Programm stehenden Anweisung. Bei der dritten Version würde die Prüfung sogar dann durchgeführt, wenn ein nichtnumerischer Preis vorliegt; ein solcher Test wäre sinnlos. – Gewisse nichtnumerische Preise würden nämlich „kleiner" als der Wert von **PREIS-LIMIT** sein, ein solcher Vergleich ist also wertlos.

ÜBUNGSAUFGABEN

Die Lösungen der mit einem Sternzeichen versehenen Übungsaufgaben befinden sich im Anhang D dieses Buches.

*1. Es ist eine **IF**-Anweisung niederzuschreiben, die das einstellige Datenelement **UNGUELTIGER-CODE-KZ** auf **X** setzt, wenn das

Datenelement **SPALTE-23-SCHL** irgendein von 1, 2 oder 3 verschiedenes Zeichen enthält.

2. Es ist eine **IF**-Anweisung niederzuschreiben, die die folgenden Funktionen erfüllt:
   a) Wenn **SPALTE-29** irgendeine Ziffer enthält, ist **1** auf **KLASSE-A** zu addieren.
   b) Wenn **SPALTE-29** irgendeinen der Buchstaben **A, B** oder **R** enthält, ist **1** auf **KLASSE-B** zu addieren.
   c) Wenn **SPALTE-29** irgendeinen der Buchstaben **C, F, G, H, S** oder **W** enthält, ist **1** auf **KLASSE-C** zu addieren.
   d) Sollte keine der unter a) bis c) genannten Bedingungen zutreffen, ist **1** auf **KLASSEN-IRRTUM** zu addieren und der Buchstabe **X** nach **KLASSEN-IRRTUM-KENNZEICHEN** zu übertragen.

*3. Es ist eine **IF**-Anweisung niederzuschreiben, die die folgenden Funktionen erfüllt:
   Auf **REGULAERER-ZAEHLER** ist **1** zu addieren, wenn **UMFANG-A** Werte im Bereich von **14** bis **36** einschließlich aufweist und **UMFANG-B** kleiner als **50** ist. In allen anderen Fällen ist der Wert von **SPEZIELLER-ZAEHLER** um **1** zu erhöhen.

4. Es ist eine **IF**-Anweisung niederzuschreiben, durch die der Buchstabe **X** in **NORMAL-FALL** gestellt wird, falls der Wert von **VOLUMEN** in den Bereichen **12** bis **19, 27** bis **46** oder **83** bis **91**, jeweils inklusive, liegt. Anderenfalls ist der Buchstabe **X** dem Datenelement **FEHLER-FALL** als Wert zuzuweisen.
   Bei Benutzung von **COBOL-85** sind die Vergleichsoperatoren einmal zu >= bzw. <= zu schreiben, das andere Mal ist auf diese Schreibweise zu verzichten.

*5. Das in den Abb. 11.3 bis 11.6 dargestellte Programm ist so abzuändern, daß eine dem Sachverhalt gerecht werdende Fehlermeldung ausgegeben wird, wenn die Bestellnummer nicht numerisch ist.

6. Das in den Abb. 11.3 bis 11.6 dargestellte Programm ist so zu erweitern, daß Spaltenüberschriften bei der Ausgabe in die „Normaldatei" erzeugt werden; ihr Wortlaut bzw. eine sinnvolle Abkürzung ist der Abb. 11.9 zu entnehmen. Man sollte hierzu den Code einsetzen, der in der Abb. 9.12 im Paragraphen **X010-ZEILE-AUS** aufgeführt ist. Da diese Routine nur die Zeilen für einen Bericht zählt, kann sie nicht für beide Ausgabedateien herangezogen werden.

7. Im Anschluß an die Lösung der Übungsaufgabe 6. ist eine weitere Modifikation des in den Abb. 11.3 bis 11.6 dargestellten Programmes vorzunehmen. Nunmehr soll auch eine Überschriftszeile in die

„Sonderdatei" hineingestellt werden, und zwar zu Beginn jeder Seite. Die Überschrift soll nicht die einzelnen Spalten identifizieren, das kann sie auch nicht, sondern einfach nur beschreiben, was gedruckt wird. Diese Ausgaberoutine sollte so gestaltet werden, daß im Normalfall auf jede Seite gerade 50 Zeilen einschließlich der Überschriftszeile und der Leerzeilen erscheinen. Es sollte jedoch mit dem Drucken fortgefahren werden, auch über die Maximalgrenze von 50 Zeilen hinaus, wenn es darum geht, alle zu einer Bestellung gehörenden Fehlermeldungen auf einer Seite unterzubringen.

8. Das in den Abb. 11.3 bis 11.6 dargestellte Prüfprogramm ist um eine zusätzliche Prüfung zu ergänzen. Bei Vorliegen der Katalognummern **14100, 78667, 74005, 53512, 15537** oder **92528** ist der betreffende Bestellsatz sowohl in die „Normaldatei" als auch in die „Sonderdatei" aufzunehmen. In der „Sonderdatei" sollte dieser Satz mit der folgenden Meldung markiert werden:
PRUEFUNG ---> KATALOGNUMMER IN ERKLAERUNG
Hinter einer solchen Prüfung steckt die Tatsache, daß im Gartenkatalog in einem Beispiel für die Ausfüllung des Bestellformulars diese Katalognummern bei der Erklärung verwendet werden. Ziemlich viele Leute kopieren leider diese Nummern auf ihre persönlichen Bestellformulare. Erinnern wir uns an vergleichbare Situationen. So stecken z.B. Lederwarenhersteller in die von ihnen produzierten Brieftaschen oft eine Musterscheckkarte mit einer Musterkontonummer und einer erfundenen Karten-Nr. Überraschend viele Leute sehen leider diese Nummern als ihre eigenen an. Dieses Phänomen der sogenannten „Taschenbuchnummern" ist einer der Gründe, warum amerikanische Sozialversicherungsnummern nicht immer eindeutig sind.

12. Aufdatierung sequentiell organisierter Dateien

12.1 Einführung

In diesem Kapitel wollen wir uns mit einer der fundamentalsten Aufgaben der Datenverarbeitung befassen, nämlich mit dem *Aufdatieren* oder *Aktualisieren* von sequentiell organisierten Dateien, mitunter auch als *Fortschreiben* bezeichnet. Das Programm zur Verrichtung dieser Tätigkeit werden wir uns in sieben Phasen erarbeiten, deren Reihenfolge wegen ihrer Bedeutung für sich selbst spricht. Wir konzentrieren uns zunächst auf die höchste Ebene der Steuerungslogik und gehen erst dann zu weiteren Verarbeitungsdetails über, wenn wir uns vergewissert haben, daß die Logik der höheren Ebenen einwandfrei funktioniert. Diese *Top-Down-Vorgehensweise (Von-oben-nach-unten-Vorgehensweise)* wird von uns Schritt für Schritt während der Erarbeitung des Programmes erläutert.

Von einer *Aufdatierung* von Dateien spricht man immer dann, wenn eine *Stammdatei* (engl.: *Master File*) mit Informationen über Personen oder Gegenstände vorhanden ist, und diese Informationen infolge von Statusänderungen bei den Personen oder Gegenständen periodisch, d.h. regelmäßig geändert werden müssen. Nüchtern betrachtet, gibt es sicherlich tausend verschiedene EDV-Anwendungen, bei denen Dateifortschreibungen eine tragende Rolle spielen. Wir selbst werden uns konkret mit einer der gebräuchlichsten beschäftigen, nämlich mit der Lagerbestandsführung. Bei diesem Beispiel gehen wir davon aus, daß eine Firma für jeden Artikel ihres Warenhauses einen Datensatz unterhält. Jeder Satz muß mindestens eine *Artikelidentifikation*, etwa eine Artikelnummer oder eine Lagernummer, enthalten sowie eine Angabe über die im Warenhaus bzw. im Lager vorrätige *Menge* dieses Artikels. In Wirklichkeit kommt zu diesen Grundinformationen noch eine Fülle anderer Informationen; einige von diesen werden wir erst später skizzieren. Zuerst muß aber die grundlegende Verarbeitungslogik erarbeitet werden. Wir werden uns deshalb vorerst mit den oben genannten beiden Informationen begnügen. Diese beiden Angaben über jeden Artikel bezeichnen wir als *Schlüssel* und als *Menge*.

Wir setzen voraus, daß die Stammdatei, die bekanntlich für jeden Artikel des Warenhauses einen Satz enthält, in aufsteigender Folge der Artikelschlüssel geordnet ist. Der erste Satz der Stammdatei weist also den niedrigsten Schlüssel auf; maßgebend hierfür ist selbstverständlich die Sortierfolge der Maschine (vergleiche hierzu Abschnitt 5.8). Der zweite Satz ist durch den nächsthöheren Schlüssel gekennzeichnet usw. Diese sequentielle Beschaffenheit der Dateiorganisation ist die fundamentale Grundlage der Verarbeitungslogik, mit der wir uns nunmehr befassen wollen.

Neben der Stammdatei gibt es weiterhin eine *Bewegungsdatei*, die mitunter auch als *Transaktionsdatei* bezeichnet wird. In dieser sind die Statusänderungen verzeichnet, die während einer bestimmten Zeitperiode bei den einzelnen Artikeln angefallen sind. Die häufigsten Änderungen sind wohl die durch Lieferungen von Lieferanten bedingten *Lagerzugänge* sowie die durch Käufe von Kunden verursachten *Lagerabgänge*. Darüberhinaus müssen Vorkehrungen getroffen sein, mittels derer man beliebige Angaben, die in den Sätzen der Stammdatei verzeichnet sind, berichtigen kann. Beispielsweise kommt es vor, daß bei einer Inventur festgestellt wird, daß der tatsächliche Lagerbestand von dem in der Stammdatei aufgezeichneten abweicht. Die Gründe hierfür können sowohl in Fehlern liegen, die in der Vergangenheit gemacht wurden, als auch die Folgen von Betrügereien oder Diebstählen sein. Weiterhin muß man auch in der Lage sein, *Neuzugänge* in die Stammdatei aufzunehmen, d.h. auf Sortimentserweiterungen durch Hinzunahme neuer Artikel reagieren können. Schließlich ist ferner zu berücksichtigen, daß Stammsätze *gelöscht* werden müssen, wenn Artikel aus dem Verkaufsangebot gestrichen werden.

Die Stammdatei und die Bewegungsdatei sind für das zu entwickelnde Programm als Eingabedateien heranzuziehen. Die wichtigste Ausgabedatei ist die aufdatierte Version der (alten) Stammdatei, deren Inhalt alle in der Bewegungsdatei verzeichneten Änderungen widerspiegelt. Daneben wird eine Datei weitaus geringeren Umfangs erzeugt, die eine Liste aller Löschungen von Artikeln enthält. Diese kann evtl. mit einer Auflistung der diversen, bei der Verarbeitung festgestellten Fehler gekoppelt werden. In der letzten Programmversion am Ende dieses Kapitels generieren wir außerdem noch eine Datei mit Bestellvorschlägen für diejenigen Artikel, deren Bestand unter eine gewisse Grenze abgesunken ist. Eine Übersicht über die zwischen diesen Dateien bestehenden Beziehungen ist in der Abb. 12.1 gezeigt. Die gestrichelte Linie, die die neue Stammdatei mit der alten Stammdatei verbindet, basiert auf der Tatsache, daß dieses Programm periodisch, etwa jede Woche oder gar jeden Tag, zum Einsatz kommt. Jedes Mal, wenn das Programm ausgeführt wird, wird als alte Stammdatei diejenige benutzt, die beim vorhergehenden Ablauf des Programmes als sogenannte *neue* Stammdatei erzeugt wurde.

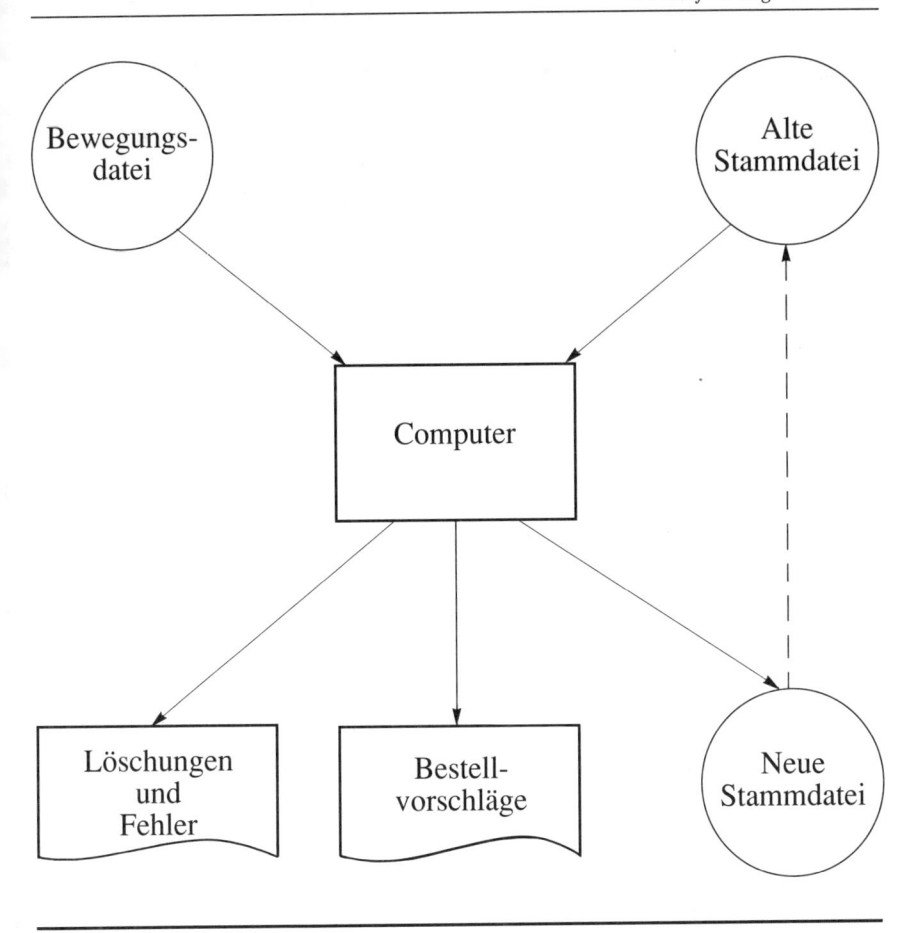

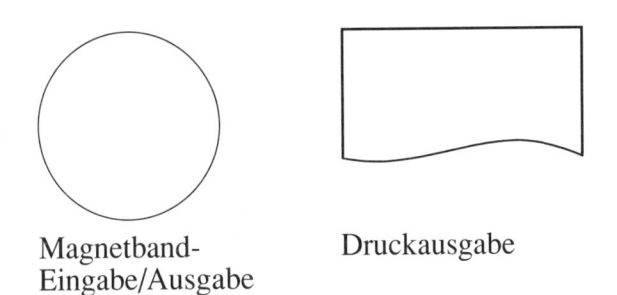

Abb. 12.1 Übersicht über den Datenfluß bei der Aufdatierung sequentiell organisierter Dateien

12.2 Ein einfaches Mischprogramm

Wir beginnen mit der einfachsten Tätigkeit, die überhaupt möglich ist, wenn wir an unser ins Auge gefaßte Endziel denken. Als Eingabedateien ziehen wir hierzu die zwei Dateien **EIN-1** und **EIN-2** heran. Bei beiden liegen die Sätze in aufsteigender Reihenfolge der Schlüssel vor. Beim Mischen entsteht eine Ausgabedatei, hier **AUS** genannt, deren Sätze ebenfalls nach aufsteigender Reihenfolge ihrer Schlüssel angeordnet sind. Beim verallgemeinerten Mischvorgang darf jede Eingabedatei mehrere Sätze mit dem gleichen Schlüssel aufweisen. Außerdem sind Gleichheiten erlaubt, d.h. ein Satz der einen Datei darf den gleichen Schlüssel wie ein Satz der anderen Datei besitzen. Bei einem Aufdatierungsprogramm für Dateien spielen die *mehrfachen* und die einander *gleichen* Schlüssel eine besondere Rolle, die beim Programmentwurf in allen Überlegungen einbezogen werden muß. Beim eingeschränkten Mischen jedoch, das wir jetzt praktizieren wollen, brauchen wir solche Fälle nicht zu berücksichtigen. Wir wollen einfach nur eine Ausgabedatei erzeugen, deren Sätze in aufsteigender Folge ihrer Schlüssel angeordnet sind.

Man wird sehr schnell feststellen, daß bei der Behandlung dieses Stoffes keine Entwurfsspezifikationen vorgestellt werden. Hierarchische Darstellungen über den Programmaufbau und der Pseudocode lagen allen Programmen zugrunde, die wir entwickelt haben. Da jedoch der Schwerpunkt unserer Programme in der Programmlogik liegt, ergibt sich grundsätzlich stets nur ein bemerkenswert geringer Unterschied zwischen den Programmen und dem für sie entworfenen Pseudocde. Das überrascht aber kaum, da sich der Pseudocode speziell nur auf die Programmlogik konzentrieren soll und nicht auf Verarbeitungsdetails. Aus diesem Grund und wegen der Beschränktheit des Platzes in einem Lehrbuch schien es uns das beste zu sein, den Pseudocode hier wegzulassen. Wir können jedoch nicht genug betonen, daß der Pseudocode eine überaus wichtige Rolle beim Entwurfsprozeß eines Programmes spielt, auch wenn er nach Fertigstellung des Programmes als Dokumentation nicht mehr benötigt wird.

Ein Programm für diesen einfachen Mischprozeß ist in den Abb. 12.2 und 12.3 aufgeführt. Nach dem Lesen des ersten Satzes jeder Eingabedatei setzen wir eine Schleife mittels der **PERFORM**-Anweisung auf. Bei **UNTIL** ist festgehalten, daß sie solange wiederholt wird, bis beide Schlüssel den Wert enthalten, der durch die figurative Konstante **HIGH-VALUES** ausgedrückt wird. An ihre Stelle plaziert der Kompilierer den größtmöglichen Wert, der in der Sortierfolge des betreffenden

Computers vorhanden ist. In gleicher Weise verbirgt sich hinter der figurativen Konstanten **LOW-VALUES** der niedrigstmögliche Wert der Sortierfolge.

```
00001    IDENTIFICATION DIVISION.
00002    PROGRAM-ID.
00003        MISCHEN1.
00004    DATE WRITTEN.
00005        18. MAERZ 1987 (DEUTSCH: 18. MAERZ 1989).
00006    ************ EINFACHES MISCHEN ZWEIER DATEIEN ************
00007
00008    ENVIRONMENT DIVISION.
00009    INPUT-OUTPUT SECTION.
00010    FILE-CONTROL.
00011        SELECT EIN-1      ASSIGN TO S-EINDAT1.
00012        SELECT EIN-2      ASSIGN TO S-EINDAT2.
00013        SELECT AUS        ASSIGN TO S-AUSDAT.
00014
00015    DATA DIVISION.
00016    FILE SECTION.
00017
00018    FD  EIN-1
00019        LABEL RECORDS ARE OMITTED.
00020    01  SATZ-EIN-1-PUFFER     PIC X(80).
00021
00022    FD  EIN-2
00023        LABEL RECORDS ARE OMITTED.
00024    01  SATZ-EIN-2-PUFFER     PIC X(80).
00025
00026    FD  AUS
00027        LABEL RECORDS ARE OMITTED.
00028    01  SATZ-AUS.
00029        05   SCHLUESSEL-AUS   PIC X(5).
00030        05   SATZ-REST        PIC X(75).
00031
00032    WORKING-STORAGE SECTION.
00033
00034    01  SATZ-EIN-1.
00035        05   SCLUESSEL-1      PIC X(5).
00036        05   SATZ-1-REST      PIC X(75).
00037
00038    01  SATZ-EIN-2.
00039        05   SCHLUESSEL-2     PIC X(5).
00040        05   SATZ-2-REST      PIC X(75).
00041
00042
00043    PROCEDURE DIVISION.
00044    A000-MISCHEN-ZWEI-DATEIEN.
00045        OPEN   INPUT EIN-1
00046                     EIN-2
00047               OUTPUT AUS.
00048        PERFORM B020-LESEN-1.
00049        PERFORM B030-LESEN-2.
00050        PERFORM B010-MISCHLOGIK   UNTIL SCHLUESSEL-1 = HIGH-VALUES
00051               AND SCHLUESSEL-2 = HIGH-VALUES.
00052        CLOSE EIN-1
00053              EIN-2
00054              AUS.
00055        STOP RUN.
00056
```

Abb. 12.2 Einfaches Mischprogramm für zwei Dateien, 1. Teil

```
00057   B010-MISCHLOGIK.
00058       IF  SCHLUESSEL-1 IS LESS THAN SCHLUESSEL-2
00059           WRITE SATZ-AUS FROM SATZ-EIN-1
00060           PERFORM B020-LESEN-1
00061       ELSE
00062           WRITE SATZ-AUS FROM SATZ-EIN-2
00063           PERFORM B030-LESEN-2.
00064
00065   B020-LESEN-1.
00066       READ EIN-1 INTO SATZ-EIN-1
00067           AT END   MOVE HIGH-VALUES TO SCHLUESSEL-1.
00068
00069   B030-LESEN-2.
00070       READ EIN-2 INTO SATZ-EIN-2
00071           AT END   MOVE HIGH-VALUES TO SCHLUESSEL-2.
00072
00073   ***************  ENDE DES PROGRAMMES  *****************
```

Es gilt die gleiche Anmerkung wie bei Abb. 11.6.

Abb. 12.3 Einfaches Mischprogramm für zwei Dateien, 2. Teil

HIGH-VALUES werden zu den jeweiligen Schlüsselfeldern übertragen, wenn beim Lesen der Eingabesätze das Dateiende bemerkt wird, d.h. wenn die Angaben **AT END** bei den **READ**-Anweisungen bei beiden Eingabedateien zum Zuge kommen. Die Logik, ob ein Satz aus der Datei **EIN-1** oder aus der Datei **EIN-2** zu nehmen ist, basiert auf dem Vergleich der Schlüssel der beiden Sätze. Wenn **SCHLUESSEL-1**, d.h. der Schlüssel des aus der Datei **EIN-1** stammenden Satzes, einen niedrigeren Wert als **SCHLUESSEL-2**, d.h. des aus der Datei **EIN-2**, stammenden Satzschlüssels, aufweist, wird der von **EIN-1** herkommende Satz in die Ausgabedatei **AUS** geschrieben und anschließend ein neuer Satz aus **EIN-1** gelesen. Wenn dagegen der Wert von **SCHLUESSEL-1** nicht kleiner ist als der Wert von **SCHLUESSEL-2**, d.h. wenn beide Schlüssel gleich sind oder der von **EIN-1** herrührende größer, wird der aus **EIN-2** stammende Satz in die Ausgabedatei geschrieben und ein neuer aus dieser Datei gelesen. Unter der ausschließlichen Annahme, daß die Sätze beider Eingabedateien in aufsteigender Folge ihrer Schlüssel angeordnet sind, garantiert diese Logik, daß auch die Sätze in der Ausgabedatei nach aufsteigenden Schlüsseln sortiert sind.

Der einzige Aspekt dieses Programmes, mit dem man vielleicht nicht gänzlich vertraut ist, ist die Verwendung der **READ**-Anweisung mit der Option **INTO**. Der Grund hierfür ist, daß wir auch nach Erreichen des Dateiendes weiterhin zum Satzschlüssel zugreifen müssen. Bei einigen **COBOL**-Versionen steht nämlich das im Dateienkapitel angelegte Satzgebiet nach Erreichen des Dateiendes nicht mehr zur Verfügung. Daher definieren wir im Dateienkapitel nur ungegliederte Satzgebiete und gebrauchen **READ ... INTO**, um den Satz nach dem Einlesen direkt in das Satzgebiet zu übertragen, das wir im Arbeitsspeicherkapitel definiert haben. Auf dieses Satzgebiet wird dann die gesamte anfallende Verarbeitung bezogen.

In der Abb. 12.4 stellen wir Muster für die beiden Eingabedateien vor sowie die sich aus dem Programmablauf mit diesen beiden Eingabedateien ergebende Ausgabedatei. In dieser Abbildung, das sei betont, sind ausschließlich nur die Schlüssel der Sätze aller Dateien komplett aufgeführt; die sonstigen Bestandteile der Sätze sind irrelevant, sie sind jeweils nur durch den Buchstaben **A** (bei Datei **EIN-1**) bzw. **B** (bei Datei **EIN-2**) angedeutet.

Datei EIN-1	Datei EIN-2	Mischdatei AUS
00001A	00002B	00001A
00003A	00004B	00002B
00007A	00005B	00003A
00010A	00005B	00004B
00010A	00007B	00005B
00012A	00012B	00005B
00015A	00015B	00007B
	00015B	00007A
	00020B	00010A
		00010A
		00012B
		00012A
		00015B
		00015B
		00015A
		00020B

Abb. 12.4 Inhalte der Dateien nach dem Mischprozeß

Es besteht kein Bedürfnis, nachweisen zu wollen, daß das Programm bei allen denkbaren Sonderfällen ebenfalls einwandfrei abläuft. Wir beweisen jedoch anhand eines zweiten Beispiels, daß dieses Programm auch für eine nur aus einem Satz bestehende Eingabedatei (hier: **EIN-1**) korrekte Resultate liefert. Es macht dabei nichts aus, welche Datei zuerst an ihrem Ende angelangt ist. Die Eingaben und die Ausgaben für dieses zweite Beispiel sind in der Abb. 12.5 zu sehen.

Datei EIN-1	Datei EIN-2	Mischdatei AUS
00019C	00001D 00008D 00016D 00017D 00017D	00001D 00008D 00016D 00017D 00019C

Abb. 12.5 *Zweites Datenbeispiel für das Mischprogramm*

12.3 Ein Mischprogramm mit Reihenfolgeprüfungen

Jedes Programm zur Verarbeitung von Dateien, deren Sätze nach Voraussetzung in aufsteigender Reihenfolge vorliegen sollen, gerät rasch in ernsthafte Schwierigkeiten, wenn die Dateien entgegen der Annahme nicht sortiert sind. Es empfiehlt sich daher, die Reihenfolge der Eingabesätze zu überprüfen, hauptsächlich auch deshalb, weil eine solche Prüfung einfach programmiert werden kann. Ein entsprechend erweitertes Mischprogramm ist in den Abb. 12.6 und 12.7 zu sehen.

Die wichtigsten Änderungen sind in der Aufnahme dreier neuer Datenelemente am Ende des Arbeitsspeicherkapitels zu sehen sowie bei den in den Paragraphen **B020-LESEN-1** und **B030-LESEN-2** vorgenommenen Erweiterungen. Da wir jetzt ständig den Schlüssel des eingelesenen Satzes mit dem Schlüssel des vorhergehenden Satzes vergleichen müssen, müssen wir die Schlüssel der vorausgehenden Sätze unbedingt sicherstellen; das gilt für beide Dateien. Um zu vermeiden, daß fälschlicherweise beim ersten Satz jeder Datei ein Folgefehler angezeigt wird, wird den beiden Datenelementen zur Sicherstellung des Schlüssels des vorhergehenden Satzes der Anfangswert **LOW-VALUES** zugewiesen. Ein Kennzeichen, das bei der Entdeckung eines Reihenfolgefehlers in einer der beiden Dateien gesetzt wird, signalisiert der Hauptlogik das Auftreten eines solchen Fehlers. Im Hauptsteuerparagraphen ist schließlich noch die Bedingung in der **UNTIL**-Angabe zu erweitern. Damit soll erreicht werden, daß die Schleifendurchläufe abgebrochen werden, wenn ein Reihenfolgefehler gefunden wurde.

Das Programm wurde unter der Vorgabe geschrieben, daß bei Entdeckung irgendeines Reihenfolgefehlers der Normalzustand nicht wiederhergestellt werden kann und daher der Programmablauf beendet werden muß. Man kann sich aber nur schwer damit abfinden, daß ein Pro-

```
00001   IDENTIFICATION DIVISION.
00002   PROGRAM-ID.
00003       MISCHEN2.
00004   DATE WRITTEN.
00005       18. MAERZ 1987 (DEUTSCH: 18. MAERZ 1989).
00006   ************ MISCHEN MIT REIHENFOLGEPRUEFUNG **********
00007
00008   ENVIRONMENT DIVISION.
00009   INPUT-OUTPUT SECTION.
00010   FILE-CONTROL.
00011       SELECT EIN-1    ASSIGN TO S-EINDAT1.
00012       SELECT EIN-2    ASSIGN TO S-EINDAT2.
00013       SELECT AUS      ASSIGN TO S-AUS.
00014
00015   DATA DIVISION.
00016   FILE SECTION.
00017
00018   FD  EIN-1
00019       LABEL RECORDS ARE OMITTED.
00020   01  SATZ-EIN-1-PUFFER       PIC X(80).
00021
00022   FD  EIN-2
00023       LABEL RECORDS ARE OMITTED.
00024   01  SATZ-EIN-2-PUFFER       PIC X(80).
00025
00026   FD  AUS
00027       LABEL RECORDS ARE OMITTED.
00028   01  SATZ-AUS.
00029       05  SCHLUESSEL-AUS      PIC X(5).
00030       05  SATZ-REST           PIC X(75).
00031
00032   WORKING-STORAGE SECTION.
00033
00034   01  SATZ-EIN-1.
00035       05  SCHLUESSEL-1        PIC X(5).
00036       05  SATZ-1-REST         PIC X(75).
00037
00038   01  SATZ-EIN-2.
00039       05  SCHLUESSEL-2        PIC X(5).
00040       05  SATZ-2-REST         PIC X(75).
00041
00042   01  SCHLUESSEL-1-VORHERGEH  PIC X(5)    VALUE LOW-VALUES.
00043   01  SCHLUESSEL-2-VORHERGEH  PIC X(5)    VALUE LOW-VALUES.
00044   01  REIHENFOLGE-FEHLER-KZ   PIC X       VALUE 'N'.
00045       88  REIHENFOLGE-FEHLER              VALUE 'J'.
00046
00047
00048   PROCEDURE DIVISION.
00049   A000-MISCHEN-ZWEI-DATEIEN.
00050       OPEN INPUT EIN-1
00051                  EIN-2
00052            OUTPUT AUS.
00053       PERFORM B020-LESEN-1.
00054       PERFORM B030-LESEN-2.
00055       PERFORM B010-MISCHLOGIK UNTIL (SCHLUESSEL-1 = HIGH-VALUES
00056           AND SCHLUESSEL-2 = HIGH-VALUES)
00057           OR REIHENFOLGE-FEHLER.
00058       IF REIHENFOLGE-FEHLER
00059           DISPLAY 'REIHENFOLGEFEHLER ---> PROGRAMMABBRUCH'.
```

Abb. 12.6 Mischprogramm mit Reihenfolgeprüfung der Eingabesätze, 1. Teil

```
00060           CLOSE EIN-1
00061                 EIN-2
00062                 AUS.
00063           STOP RUN.
00064
00065     B010-MISCHLOGIK.
00066           IF  SCHLUESSEL-1 IS LES THAN SCHLUESSEL-2
00067               WRITE SATZ-AUS FROM SATZ-EIN-1
00068               PERFORM B020-LESEN-1
00069           ELSE
00070               WRITE SATZ-AUS FROM SATZ-EIN-2
00071               PERFORM B030-LESEN-2.
00072
00073     B020-LESEN-1.
00074           READ EIN-1 INTO SATZ-EIN-1
00075               AT END   MOVE HIGH-VALUES TO SCHLUESSEL-1.
00076           IF  SCHLUESSEL-1 IS LESS THAN SCHLUESSEL-1-VORHERGEH
00077               MOVE 'J' TO REIHENFOLGE-FEHLER-KZ
00078           ELSE
00079               MOVE SCHLUESSEL-1 TO SCHLUESSEL-1-VORHERGEH
00080
00081     B030-LESEN-2.
00082           READ EIN-2 INTO SATZ-EIN-2
00083               AT END   MOVE HIGH-VALUES TO SCHLUESSEL-2.
00084           IF  SCHLUESSEL-2 IS LESS THAN SCHLUESSEL-2-VORHERGEH
00085               MOVE 'J' TO REIHENFOLGE-FEHLER-KZ
00086           ELSE
00087               MOVE SCHLUESSEL-2 TO SCHLUESSEL-2-VORHERGEH.
00088
00089 *************** ENDE DES PROGRAMMES ****************
```

Es gilt die gleiche Anmerkung wie bei Abb. 11.6.

Abb. 12.7 Mischprogramm mit Reihenfolgeprüfung der Eingabesätze, 2. Teil

gramm mitten in der Ausführung einfach abgebrochen wird, ohne daß ein Hinweis auf die Ursache ausgegeben wird. Als Lösung bietet sich hier an, mittels der **DISPLAY**-Anweisung eine Meldung über die betreffende Sachlage zu drucken bzw. anzuzeigen; bei dieser einfachen Aufgabe ist ein solches Vorgehen sicher akzeptabel. Normalerweise reicht es aber nicht aus, auf diese simple Weise das Abbruchproblem anzugehen. Bei komplizierteren Programmen würden wir in eine spezielle Ausgabedatei eine Fehlernachricht schreiben, die nicht nur anzeigt, was geschehen ist, sondern darüberhinaus dem Anwender genügend Informationen mitgibt, um ihn in die Lage zu versetzen, die Fehlerursache aufzuspüren. In der Praxis wollen wir noch weitaus mehr erreichen: Ein Programm soll nicht nach der Entdeckung eines einzigen Reihenfolgefehlers angehalten werden. Wenn z.B. Datenerfassungskräfte die Eingabedateien durch Eintasten der Daten am Terminal erstellen, bleiben Erfassungs- und Eintastfehler nicht aus. Daher will man hier in der Regel, daß die Verarbeitung fortgesetzt wird, sofern kein allzu schwerwiegender Fehler vorhanden ist. Man sollte deshalb generell die Anzahl der Fehler, die beim Programmablauf festgestellt werden, fortschreiben und die Verarbeitung erst dann aufgeben, wenn die Fehlerzahl ein angemessenes Maximum überschreitet. Diese Methode werden wir später in diesem Kapitel praktizieren. – Wenn andererseits beide Eingabedateien als Ausgabedateien von Computerprogrammen entstanden sind, so daß Reihenfolgefehler höchst unwahrscheinlich sind, dann sollten wir in der Tat sofort nach Aufdeckung eines Reihenfolgefehlers die Verarbeitung abstoppen. In einem solchen Fall würde nämlich ein Reihenfolgefehler auf ein außerordentlich ernsthaftes Verarbeitungsproblem hindeuten.

12.4 Die einfachste Aufdatierungslogik (Fortschreibungslogik)

Erinnern wir uns an unser Vorhaben bei der Entwicklung eines kompletten Aufdatierungsprogrammes: Wir wollten uns zuerst auf die auf der höchsten Stufe stehende Steuerungslogik konzentrieren und danach uns um die Einzelheiten der Verarbeitung kümmern. Wie zu Beginn dieses Kapitels wollen wir uns auch jetzt auf die Taktik berufen, der wir uns zuvor schon bedient haben, indem wir mit einer einfacheren Aufgabe starten.

Zur Verdeutlichung werden wir unser Zielvorhaben vereinfachen, indem wir zunächst die Hinzufügungen und Löschungen von Stammsätzen unbeachtet lassen. Von jedem Bewegungssatz, der zu einem Stammsatz gehört, nehmen wir an, daß die in ihm enthaltenen Informationen für das Aufdatieren (Aktualisieren) der Informationen im Stammsatz benötigt werden. Als zweite Vereinfachung ist zu nennen, daß wir die Aufdatierung vorerst nicht wirklich vornehmen wollen. Im Falle der Übereinstimmung der Schlüssel von Bewegungssatz und Stammsatz wollen wir stattdessen zu einem Paragraphen übergehen, der weiter nichts als eine **DISPLAY**-Anweisung enthält, die unter Beweis stellen soll, daß der betreffende Paragraph erreicht wurde. Außerdem soll durch die **DISPLAY**-Anweisung angezeigt werden, bei welchen Schlüsseln die Gleichheit vorgefunden wurde; also sorgen wir dafür, daß die Schlüssel von Stammsatz und Bewegungssatz ausgegeben werden. Als letzte bedeutsame Vereinfachung wollen wir vorerst mögliche Fehler in den Dateien nicht beachten.

Die Grundlogik dieser elementaren Version zeigt teilweise eine große Ähnlichkeit mit der Grundlogik des einfachen Mischens, aber weist auch gravierende Unterschiede auf. Ähnlichkeiten liegen dann vor, wenn der Schlüssel des Stammsatzes kleiner als der Schlüssel des Bewegungssatzes ist. In diesem Falle schreiben wir den (alten) Stammsatz in die (Ausgabe-)Datei mit den (neuen) Stammsätzen und lesen von der

Datei mit den (alten) Stammsätzen den nächsten Satz. Zwei gravierende Unterschiede sind hervorzuheben. Da wir von der Voraussetzung ausgehen, daß keine Fehler vorhanden sind, kann es erstens niemals passieren, daß der Schlüssel des Bewegungssatzes kleiner als der des Stammsatzes ist. Dies könnte nur dann eintreten, wenn ein Bewegungssatz vorläge, der zu keinem Stammsatz paßt, was ein Fehler wäre, oder bei einer Hinzufügung (Neuaufnahme eines Artikels!), was wir a priori aber ausgeschlossen hatten. Zweitens, wenn der alte Stammsatz und der Bewegungssatz die gleichen Schlüssel aufweisen, führen wir die Aufdatierung durch und lesen den nächstfolgenden Bewegungssatz; auf jedwedes Schreiben verzichten wir jedoch. Es ist durchaus zulässig, daß nämlich zu einem Stammsatz mehrere Bewegungssätze zutreffen; die einzelnen Bewegungen sind dann nacheinander zu berücksichtigen. So kann es z.B. seit der letzten Aufdatierung der Stammdatei bei einem Artikel infolge der Lieferungen von verschiedenen Lieferanten mehrere Lagerzugänge gegeben haben und auch viele Auslieferungen an Kunden (Lagerabgänge). Solange Bewegungssätze mit dem gleichen Schlüssel anfallen, solange wird mit der Aufdatierung des alten Stammsatzes fortgefahren. Erst nach dem Lesen eines Bewegungssatzes mit einem Schlüssel, der höher als der des alten Stammsatzes ist, wird das Schreiben des nunmehr aufdatierten Stammsatzes veranlaßt.

12.5 Programmentwicklung nach der Top-Down-Methode und Programmstummel

Das nach den im Abschnitt 12.4 dargelegten Vorstellungen geschriebene Programm ist in den Abb. 12.8 und 12.9 gezeigt. Wenn die Logik klar verstanden ist und wenn man auf die Ähnlichkeiten mit dem Mischprogramm nachdrücklich hinweist, gibt es beinahe nichts mehr zu erklären. Auf einen Begriff müssen wir allerdings gesondert hinweisen. Der Paragraph **B040-AUFDAT-STAMM**, der selbst keine Verarbeitung durchführt, sondern nur zu signalisieren hat, daß er beim Programmablauf erreicht wurde, wird als *Programmstummel*, kurz *Stummel*, bezeichnet. Stummel werden bei der Programmentwicklung nach der *Top-Down-Vorgehensweise* benutzt, solange man sich auf die Logik der höchsten Stufe konzentriert. In dieser Entwicklungsphase genügt es zu wissen, daß die durch sie repräsentierten Programmabschnitte überhaupt erreicht werden.

Diese Programmentwicklungsmethode wird bekanntlich (siehe Abschnitt 12.1) „*Top-Down-Entwicklung*" genannt, d.h. die Entwicklung erfolgt von oben nach unten. Man befaßt sich zuerst mit der höchsten Stufe der Programmablauflogik und verschiebt die Details auf später.

```
00001      IDENTIFICATION DIVISION.
00002      PROGRAM-ID.
00003          AUFDAT1.
00004      DATE-WRITTEN.
00005          18. MAERZ 1987 (DEUTSCH: 18. MAERZ 1989).
00006      ************** AUFDATIERUNG MIT PROGRAMMSTUMMEL **************
00007
00008      ENVIRONMENT DIVISION.
00009      INPUT-OUTPUT-SECTION.
00010      FILE-CONTROL.
00011          SELECT BEWEGUNGS-DATEI          ASSIGN TO S-BEW.
00012          SELECT ALTE-STAMMDATEI          ASSIGN TO S-AST.
00013          SELECT NEUE-STAMMDATEI          ASSIGN TO S-NST.
00014
00015      DATA DIVISION.
00016
00017      FILE SECTION.
00018
00019      FD  BEWEGUNGS-DATEI
00020          LABEL RECORDS ARE OMITTED.
00021      01  BEWEGUNGS-PUFFER                PIC X(80).
00022
00023      FD  ALTE-STAMMDATEI
00024          LABEL RECORDS ARE OMITTED.
00025      01  ALTER-STAMM-PUFFER              PIC X(80).
00026      FD  NEUE-STAMMDATEI
00027          LABEL RECORDS ARE OMITTED.
00028      01  NEUER-STAMM-SATZ.
00029          05  NS-SCHLUESSEL               PIC X(5).
00030          05  NS-MENGE                    PIC 9(5).
00031          05  FILLER                      PIC X(70).
00032
00033      WORKING-STORAGE SECTION.
00034
00035      01  ALTER-STAMM-SATZ.
00036          05  AS-SCHLUESSEL               PIC X(5).
00037          05  AS-MENGE                    PIC 9(5).
00038          05  FILLER                      PIC X(70).
00039
00040      01  BEWEGUNGS-SATZ.
00041          05  BW-SCHLUESSEL               PIC X(5).
00042          05  BW-MENGE                    PIC 9(5).
00043          05  FILLER                      PIC X(70).
00044
00045
00046      PROCEDURE DIVISION.
00047      A000-AUFDATIERUNG-DATEI.
00048          OPEN   INPUT BEWEGUNGS-DATEI
00049                       ALTE-STAMMDATEI
00050                 OUTPUT NEUE-STAMMDATEI.
00051          PERFORM B020-LESEN-BEWEGUNG.
00052          PERFORM B030-LESEN-ALTE-STAMMDATEI.
00053          PERFORM B010-AUFDAT-LOGIK   UNTIL AS-SCHLUESSEL = HIGH-VALUES
00054                              AND BW-SCHLUESSEL = HIGH-VALUES.
00055          CLOSE BEWEGUNGS-DATEI
00056                ALTE-STAMMDATEI
00057                NEUE-STAMMDATEI.
00058          STOP RUN.
00059
```

Abb. 12.8 Einfaches Programm zur sequentiellen Aufdatierung einer Stammdatei, 1. Teil

```
00060  B010-AUFDAT-LOGIK.
00061      IF  AS-SCHLUESSEL IS LESS THAN BW-SCHLUESSEL
00062          WRITE NEUER-STAMM-SATZ FROM ALTER-STAMM-SATZ
00063          PERFORM B030-LESEN-ALTE-STAMMDATEI
00064      ELSE
00065          PERFORM B040-AUFDAT-STAMM
00066          PERFORM B020-LESEN-BEWEGUNG.
00067
00068  B020-LESEN-BEWEGUNG.
00069      READ BEWEGUNGS-DATEI INTO BEWEGUNGS-SATZ
00070          AT END  MOVE HIGH-VALUES TO BW-SCHLUESSEL.
00071
00072  B030-LESEN-ALTE-STAMMDATEI.
00073      READ ALTE-STAMMDATEI INTO ALTER-STAMM-SATZ
00074          AT END  MOVE HIGH-VALUES TO AS-SCHLUESSEL.
00075
00076  B040-AUFDAT-STAMM.
00077      DISPLAY '  AS ', AS-SCHLUESSEL,
00078              '  BW ', BW-SCHLUESSEL.
00079
00080  **************** ENDE DES PROGRAMMES ****************
```

Es gilt die gleiche Anmerkung wie bei Abb. 11.6.

Abb. 12.9 Einfaches Programm zur sequentiellen Aufdatierung einer Stammdatei, 2. Teil

Diese Vorgehensweise wird hier absichtlich und wohlüberlegt eingesetzt. Theoretisch ist nämlich die Logik der höchsten Stufe die für den einwandfreien Programmablauf entscheidenste und gleichzeitig wohl auch die fehleranfälligste. Daher sollte sie auch am sorgfältigsten getestet werden. Die erste Version des Programmes konzentriert sich deshalb fast vollständig auf die höchste Steuerungsstufe und so gut wie gar nicht auf die Einzelheiten der Verarbeitung.

Bei der alternativen Vorgehensweise, genannt „*Bottom-Up-Entwicklung*" („*Von-unten-nach-oben-Entwicklung*") würden wir zuerst die Programmteile schreiben, die sich mit den einzelnen Verarbeitungsschritten befassen. Damit diese unabhängig vom kompletten Programm getestet werden können, muß man außerdem spezielle kleine Programme schreiben. Ein solches zusätzliches Programm heißt „*Driver*" („*Führprogramm*"). Das Testen der obersten Steuerungslogik würde hier erst dann stattfinden können, wenn alle auf niedrigeren Stufen angesiedelten Programmteile entwickelt worden sind. Während die Bottom-Up-Entwicklung größtenteils nicht angewandt wird, erweist sich gelegentlich eine Kombination beider Vorgehensweisen als recht produktiv. Obgleich dabei die Betonung hauptsächlich auf der Top-Down-Entwicklung liegen sollte, können kritische Programmbausteine niedrigerer Stufen gleichzeitig entwickelt werden; damit kann man rechtzeitig sicherstellen, daß diese später auch funktionieren. Wir werden uns jedoch ausschließlich der Top-Down-Vorgehensweise bedienen.

12.6 Die Programmausgabe

Das Programm wurde mit Beispieldateien geringen Umfanges ausgeführt. In der Abb. 12.10 sind zu sehen:
a) Inhalt der alten Stammdatei,
b) Inhalt der Bewegungsdatei,
c) Ausgabe, die durch die Ausführung der DISPLAY-Anweisung erfolgte,
d) Inhalt der neuen Stammdatei.

Alte Stammdatei		Bewegungsdatei		Durch DISPLAY erzeugte Ausgabe			Neue Stammdatei	
S	M	S	M				S	M
00002	00111	00008	00050	AS 00008	BW	00008	00002	00111
00008	00123	00021	00100	AS 00021	BW	00021	00008	00123
00011	00200	00024	01000	AS 00024	BW	00024	00011	00200
00021	00210	00037	12300	AS 00037	BW	00037	00021	00210
00024	00099	00051	00000	AS 00051	BW	00051	00024	00099
00036	01234						00036	01234
00037	12345						00037	12345
00051	54321						00051	54321
00059	43210						00059	43210
00061	32109						00061	32109

Es bedeuten: S | Schlüssel
M | Menge

Abb. 12.10 Ein- und Ausgaben des einfachen Aufdatierungsprogrammes

Beim Betrachten der Abb. 12.10 erkennen wir, daß der Paragraph **B040-AUFDAT-STAMM** bei jedem Bewegungssatz erreicht wurde, dessen Schlüssel mit dem Schlüssel eines Stammsatzes übereinstimmte. Wir stellen aber auch fest, daß die neue Stammdatei eine exakte Kopie der alten Stammdatei darstellt. Sie muß es auch sein, da wir keine Vorkehrungen zur Behandlung von Hinzufügungen von neuen Stammsätzen, Löschungen von alten Stammsätzen und wirklichen Aufdatierungen getroffen hatten.

12.7 Verarbeitung von Hinzufügungen (Neuzugängen) und Löschungen von Stammsätzen

Nunmehr untersuchen wir die beiden wichtigen Bewegungsarten *Hinzufügungen* und *Löschungen*. Unter einer Hinzufügung, erinnern wir uns, wollen wir die Aufnahme eines neuen Satzes in die Stammdatei verstehen, d.h. eines Satzes, der einen Artikel beschreibt, der bisher nicht von der Firma auf Lager gehalten wurde. Ein Satz, der eine solche Hinzufügung betrifft, kommt von der Bewegungsdatei und muß am geeigneten Platz in die neue Stammdatei eingefügt werden. Ein solcher Bewegungssatz sollte natürlich nicht zu einem bereits in der alten Stammdatei vorhandenen Satz gehören. Wenn das aber der Fall sein sollte, liegt es daran, daß entweder irgendein Mitarbeiter nichts von einer bereits vergebenen Artikelnummer (Lagernummer) ahnte oder ein Fehler bei der Erfassung der Artikelnummer gemacht wurde. In der jetzt von uns zu schreibenden Programmversion wollen wir wie bisher auch weiterhin mögliche Fehler in den Eingabedateien ignorieren.

Die andere neue Bewegungsart beschäftigt sich mit dem Löschen. Beim Löschprozeß wird ein in der alten Stammdatei vorhandener Satz nicht in die neue Stammdatei übernommen, weil eben die Firma nicht länger gewillt ist, den betreffenden Artikel weiter auf Lager zu halten. Ein Bewegungssatz, der eine Löschung beinhaltet, sollte offensichtlich nicht zu einem Stammsatz gehören. Aber auch hier wollen wir vorerst die Möglichkeit des Auftretens von Fehlern unberücksichtigt lassen. Wenn es zu einer Löschung kommt, ist es nur erforderlich, daß der gelöschte alte Stammsatz in eine sogenannte Löschdatei geschrieben und danach die Verarbeitung fortgeführt wird.

Das Aufdatierungsprogramm mit diesen beiden neuen Möglichkeiten ist in den Abb. 12.11 und 12.12 zu sehen. Wir bemerken, daß die Beschreibung des Bewegungssatzes nunmehr ein Feld einschließt, durch dessen Inhalt identifiziert wird, welche der fünf verschiedenen Bewegungsarten zur Verarbeitung ansteht. Dieses neue Datenelement ist weiterhin mit Eintragungen der Stufennummer **88** verknüpft. Die damit eingeführten Bedingungsnamen für die Bewegungscodes erleichtern unzweifelhaft das Lesen der Logik im Prozedurteil. Wir nehmen ferner an, daß Bewegungssätze mit dem gleichen Schlüssel zusätzlich nach aufsteigenden Bewegungscodes geordnet sind. Dadurch ist beispielsweise gewährleistet, daß Zugänge vor Abgängen verarbeitet werden. Würde man die Verarbeitung nicht auf diese Weise organisieren, könnte die vorrangige Verarbeitung von Lagerabgängen dazu führen, daß es zu einem irrigen Hinweis auf einen zu Ende gehenden Lagerbestand kommt. Die Sätze einer Datei so anzuordnen, daß sie in der geschilderten Weise in der Reihenfolge zweier verschiedener Felder vorliegen, kann durch einen ganz normalen Sortierprozeß bewerkstelligt werden. Über dieses Verfahren werden wir uns in Kap. 17 unterhalten.

Im Prozedurteil gibt es zwei zu beachtende Änderungen. Einerseits haben wir die Programmhierarchie geringfügig revidiert, indem wir die Paragraphen, die das Lesen und Aufdatieren behandeln, um eine Ebene nach unten gedrückt haben. Damit wollen wir der zweiten Änderung entgegenkommen, die die angewachsene Kompliziertheit des Paragraphen

12.7 Verarbeitung von Hinzufügungen und Löschungen von Stammsätzen

```
00001   IDENTIFICATION DIVISION.
00002   PROGRAM-ID.
00003      AUFDAT2.
00004   DATE-WRITTEN.
00005      19. MAERZ 1987 (DEUTSCH: 18. MAERZ 1989).
00006
00007   ENVIRONMENT DIVISION.
00008   INPUT-OUTPUT SECTION.
00009   FILE-CONTROL.
00010      SELECT BEWEGUNGS-DATEI        ASSIGN TO S-BEW.
00011      SELECT ALTE-STAMMDATEI        ASSIGN TO S-AST.
00012      SELECT NEUE-STAMMDATEI        ASSIGN TO S-NST.
00013      SELECT LOESCH-DATEI           ASSIGN TO S-LOE.
00014
00015   DATA DIVISION.
00016
00017   FILE SECTION.
00018
00019   FD  BEWEGUNGS-DATEI
00020       LABEL RECORDS ARE OMITTED.
00021   01  BEWEGUNGS-PUFFER              PIC X(80).
00022
00023   FD  ALTE-STAMMDATEI
00024       LABEL RECORDS ARE OMITTED.
00025   01  ALTER-STAMM-PUFFER            PIC X(80).
00026
00027   FD  NEUE-STAMMDATEI
00028       LABEL RECORDS ARE OMITTED.
00029   01  NEUER-STAMM-SATZ.
00030       05  NS-SCHLUESSEL             PIC X(5).
00031       05  NS-MENGE                  PIC 9(5).
00032       05  FILLER                    PIC X(70).
00033
00034   FD  LOESCH-DATEI
00035       LABEL RECORDS ARE OMITTED.
00036   01  BERICHTS-ZEILE.
00037       05  DRUCK-STEUERUNG           PIC X.
00038       05  LOESCH-SATZ               PIC X(132).
00039
00040   WORKING-STORAGE SECTION.
00041
00042   01  ALTER-STAMM-SATZ.
00043       05  AS-SCHLUESSEL             PIC X(5).
00044       05  AS-MENGE                  PIC 9(5).
00045       05  FILLER                    PIC X(70).
00046
00047   01  BEWEGUNGS-SATZ.
00048       05  BW-SCHLUESSEL             PIC X(5).
00049       05  BW-MENGE                  PIC 9(5).
00050       05  BW-CODE                   PIC X.
00051           88  HINZUFUEGUNG                    VALUE '1'.
00052           88  EINRICHTUNG                     VALUE '2'.
00053           88  ZUGANG                          VALUE '3'.
00054           88  ABGANG                          VALUE '4'.
00055           88  LOESCHUNG                       VALUE '5'.
00056       05  FILLER                    PIC X(69).
00057
00058
```

Abb. 12.11 Aufdatierungsprogramm mit Hinzufügungen und Löschungen von Stammsätzen, 1. Teil

```
00059      PROCEDURE DIVISION.
00060      A000-AUFDATIERUNG-DATEI.
00061          OPEN   INPUT  BEWEGUNGS-DATEI
00062                        ALTE-STAMMDATEI
00063                 OUTPUT NEUE-STAMMDATEI
00064                        LOESCH-DATEI.
00065          PERFORM C010-LESEN-BEWEGUNG.
00066          PERFORM C020-LESEN-ALTE-STAMMDATEI.
00067          PERFORM B010-AUFDAT-LOGIK  UNTIL AS-SCHLUESSEL = HIGH-VALUES
00068                             AND BW-SCHLUESSEL = HIGH-VALUES.
00069          CLOSE BEWEGUNGS-DATEI
00070                ALTE-STAMMDATEI
00071                NEUE-STAMMDATEI
00072                LOESCH-DATEI.
00073          STOP RUN.
00074
00075      B010-AUFDAT-LOGIK.
00076          IF  AS-SCHLUESSEL IS LESS THAN BW-SCHLUESSEL
00077              WRITE NEUER-STAMM-SATZ FROM ALTER-STAMM-SATZ
00078              PERFORM C020-LESEN-ALTE-STAMMDATEI
00079          ELSE
00080              IF  AS-SCHLUESSEL = BW-SCHLUESSEL
00081                  IF  LOESCHUNG
00082                      MOVE ALTER-STAMM-SATZ TO BERICHTS-ZEILE
00083                      WRITE BERICHTS-ZEILE AFTER ADVANCING 1 LINE
00084                      PERFORM C010-LESEN-BEWEGUNG
00085                      PERFORM C020-LESEN-ALTE-STAMMDATEI
00086                  ELSE
00087                      PERFORM C030-AUFDAT-STAMM
00088                      PERFORM C010-LESEN-BEWEGUNG
00089              ELSE
00090                  WRITE NEUER-STAMM-SATZ FROM BEWEGUNGS-SATZ
00091                  PERFORM C010-LESEN-BEWEGUNG.
00092
00093      C010-LESEN-BEWEGUNG.
00094          READ BEWEGUNGS-DATEI INTO BEWEGUNGS-SATZ
00095              AT END  MOVE HIGH-VALUES TO BW-SCHLUESSEL.
00096
00097      C020-LESEN-ALTE-STAMMDATEI.
00098          READ ALTE-STAMMDATEI INTO ALTER-STAMM-SATZ
00099              AT END  MOVE HIGH-VALUES TO AS-SCHLUESSEL.
00100
00101      C030-AUFDAT-STAMM.
00102          DISPLAY ' AS ', AS-SCHLUESSEL,
00103                  ' BW ', BW-SCHLUESSEL.
00104
00105      **************** ENDE DES PROGRAMMES ****************
```

Es gilt die gleiche Anmerkung wie bei Abb. 11.6.

Abb. 12.12 Aufdatierungsprogramm mit Hinzufügungen und Löschungen von Stammsätzen, 2. Teil

B010-AUFDAT-LOGIK betrifft. Die fundamentale Logik dieses Paragraphen basiert auf der Tatsache, daß sich der Schlüssel des alten Stammsatzes und der Schlüssel des Bewegungssatzes auf drei verschiedene Arten zueinander verhalten können.

1. Der Schlüssel des alten Stammsatzes ist kleiner als der Schlüssel des Bewegungssatzes. Das bedeutet, daß keine weiteren Bewegungssätze für diesen Stammsatz vorhanden sind.

2. Der Schlüssel des alten Stammsatzes ist gleich dem Schlüssel des Bewegungssatzes. Das bedeutet, daß die Bewegung auf diesen Stammsatz zu beziehen ist.
3. Der Schlüssel des alten Stammsatzes ist größer als der Schlüssel des Bewegungssatzes. Das bedeutet, daß der Bewegungssatz eine Hinzufügung, d.h. die Aufnahme eines neuen Artikels, repräsentiert; dieser Satz ist also in die neue Stammdatei aufzunehmen.

Wenn während des Programmablaufes entschieden ist, daß es für den alten Stammsatz keine weiteren Bewegungssätze gibt (in der Tat können überhaupt keine vorliegen), ist die Verarbeitung genau so fortzusetzen wie bei der vorhergehenden Version dieses Programmes. Wenn wir jedoch auf eine Übereinstimmung der beiden Schlüssel treffen, müssen wir zunächst prüfen, ob eine Löschung vorzunehmen ist. Bei Bejahung muß diese in der schon besprochenen Art behandelt werden. Bei Verneinung haben wir es, immer unter der Voraussetzung, daß kein Fehler vorliegt, entweder mit einer Einrichtung (Berichtigung von im alten Stammsatz vorhandenen Werten) oder mit einem (Lager-)Zugang oder mit einem (Lager-)Abgang zu tun. Deshalb gehen wir zum Paragraphen **C030-AUFDAT-STAMM** über und lesen anschließend mittels des Paragraphen **C010-LESEN-BEWEGUNG** den nächstfolgenden Bewegungssatz. Wenn schließlich der Schlüssel des alten Stammsatzes weder kleiner als noch gleich dem Schlüssel des Bewegungssatzes ist, dann muß logischerweise der Schlüssel des alten Stammsatzes größer als der des Bewegungssatzes sein und damit eine Hinzufügung darstellen; wiederum vorausgesetzt, es liegt kein Fehler vor. In diesem Fall schreiben wir einen neuen Stammsatz, der dem Bewegungssatz gleicht und lesen danach wieder den nächstfolgenden Bewegungssatz.

Bei der Verarbeitung der Dateien gibt es bei diesem Programm einen Aspekt, der nicht ohne weiteres zu verstehen ist. Man beachte, daß beim Schreiben von **BERICHTS-ZEILE** die Angabe **ADVANCING** benutzt wird, beim Schreiben von **NEUER-STAMM-SATZ** dagegen nicht. Obgleich wir ferner in **BERICHTS-ZEILE** ein Drucksteuerungszeichen vorgesehen haben, fehlt ein solches bei der Beschreibung von **NEUER-STAMM-SATZ**. Dieser Unterschied zwischen den beiden Dateien ist darauf zurückzuführen, daß **LOESCH-DATEI** als Druckdatei einem Drucker überstellt werden soll, während **NEUE-STAMMDATEI** als Datei mit Daten auf irgendein Speichermedium gehen sollte, wahrscheinlich auf ein Magnetband oder auf eine Magnetplatte. Die Definition eines Drucksteuerungszeichens wird nur bei der Benutzung der Angabe **ADVANCING** benötigt, die **ADVANCING**-Angabe selbst wiederum nur bei Dateien, deren Sätze gedruckt werden sollen. Wenn eine Datei zur „Aufbewahrung" von Daten dienen soll, erübrigt sich die

Verwendung der Angabe **ADVANCING**; alle Stellen der in der Datei vorhandenen Sätze enthalten dann einschließlich der ersten Stelle Daten.

Der Programmablauf wurde mit der gleichen alten Stammdatei ausgeführt, die bereits zum Testen der ersten Programmversion diente. Die Bewegungsdatei bestand aus Sätzen, die alle fünf möglichen Bewegungsarten repräsentierte. Alle Eingabe- und Ausgabedateien sowie die durch die **DISPLAY**-Anweisung bewirkte Ausgabe sind in der Abb. 12.13 zu sehen.

Alte Stammdatei		Bewegungsdatei			Durch DISPLAY erzeugte Ausgabe		
S	M	S	M	C			
00002	00111	00008	00050	4	AS 00008	BW	00008
00008	00123	00015	00999	1	AS 00021	BW	00021
00011	00200	00021	00100	3	AS 00024	BW	00024
00021	00210	00024	01000	3	AS 00024	BW	00024
00024	00099	00024	00050	4	AS 00024	BW	00024
00036	01234	00024	00040	4	AS 00037	BW	00037
00037	12345	00036	00000	5	AS 00059	BW	00059
00051	54321	00037	12300	2	AS 00061	BW	00061
00059	43210	00051	00000	5			
00061	32109	00059	01000	3			
		00061	01234	4			

Alte Stammdatei		Löschdatei	
S	M	S	M
00002	00111	00036	01234
00008	00123	00051	54321
00011	00200		
00015	009991		
00021	00210		
00024	00099		
00037	12345		
00059	43210		
00061	32109		

Es bedeuten: S | Schlüssel
M | Menge
C | Bewegungscode

Abb. 12.13 Eingabe und Ausgabe des um Hinzufügungen und Löschungen erweiterten Aufdatierungsprogrammes

Aus der durch **DISPLAY** erzeugten Ausgabe entnehmen wir, daß der Paragraph **C030-AUFDAT-STAMM** bei allen Bewegungen erreicht worden ist, die Einrichtungen, Zugänge und Abgänge beinhalteten. Die die zwei Löschungen repräsentierenden Bewegungen wurden korrekt behandelt. Der neu aufgenommene Stammsatz steht an der richtigen Stelle der neuen Stammdatei. Die neue Stammdatei enthält somit die Sätze der alten Stammdatei zuzüglich der Hinzufügungen, abzüglich der Löschungen. Der Fakt, daß der Bewegungscode der Hinzufügung ebenfalls in den neuen Stammsatz aufgenommen wurde, ist als untergeordneter Tatbestand anzusehen, der später korrigiert werden wird.

12.8 Vorkehrungen zur Behandlung von Fehlern

Töricht und unverantwortlich wäre es, bei einem Programm dieser Art anzunehmen, daß alle Eingabedaten korrekt sind. Es ist daher unentbehrlich, das Programm so zu gestalten, daß es gegen die verschiedensten Fehlerarten geschützt ist.

In der nächsten Programmversion werden wir vier Fehlermöglichkeiten prüfen:
1. Hinzufügungen, für die bereits ein Stammsatz existiert.
2. Bewegungen mit Ausnahme von Hinzufügungen, für die es keinen Stammsatz gibt.
3. Folgefehler bei den Sätzen der Stammdatei.
4. Folgefehler bei den Sätzen der Bewegungsdatei.

Weil insbesondere Bewegungen, die nicht zu Stammsätzen passen, gelegentlich erwartet werden müssen und weil sie ein Programm nicht gleich unbrauchbar machen sollen, werden wir einen *Fehlerzähler* einführen und den Programmablauf erst dann abstoppen, wenn die Anzahl der aufgetretenen Fehler 10 überschritten hat. Eine große Anzahl von Fehlern weist meistens auf einen grundlegenden Irrtum hin, beispielsweise auf die Benutzung falscher Eingabedateien.

Das unter Zugrundelegung dieser Gedanken erweiterte Programm ist in den Abb. 12.14 bis 12.17 zu sehen. Es weist natürlich eine Menge Änderungen gegenüber der vorausgegangenen Version auf. Um die besprochenen neuen Möglichkeiten zu verwirklichen, mußte die Programmstruktur notgedrungen komplizierter werden. Besonders sind hierbei die ineinandergeschachtelten **IF**-Anweisungen im Paragraphen **B010-AUF-LOGIK** zu erwähnen. Der Übersicht wegen sind verschiedene Funktionen in mehrere separate Paragraphen aufgebrochen worden. Außerdem sind einige Zeilen des ursprünglichen Programmcodes modifiziert worden, um das Programm unter Beibehaltung des Gerippes wirklichkeitsnäher zu gestalten. Es soll nicht unbedingt wie ein Beispiel in einem Lehrbuch aussehen.

Den Namen der Druckdatei haben wir von **LOESCH-DATEI** in **PROTOKOLL-DATEI** geändert; dieser Name spiegelt eher den Zweck

```
00001      IDENTIFICATION DIVISION.
00002      PROGRAM-ID.
00003          AUFDAT3.
00004      DATE WRITTEN.
00005          19. MAERZ 1987 (DEUTSCH: 18. MAERZ 1989).
00006
00007      ENVIRONMENT DIVISION.
00008      INPUT-OUTPUT SECTION.
00009      FILE-CONTROL.
00010          SELECT BEWEGUNGS-DATEI          ASSIGN TO S-BEW.
00011          SELECT ALTE-STAMMDATEI          ASSIGN TO S-AST.
00012          SELECT NEUE-STAMMDATEI          ASSIGN TO S-NST.
00013          SELECT PROTOKOLL-DATEI          ASSIGN TO S-PRO.
00014
00015      DATA DIVISION.
00016
00017      FILE SECTION.
00018
00019      FD  BEWEGUNGS-DATEI
00020          LABEL RECORDS ARE OMITTED.
00021      01  BEWEGUNGS-PUFFER                PIC X(80).
00022
00023      FD  ALTE-STAMMDATEI
00024          LABEL RECORDS ARE OMITTED.
00025      01  ALTER-STAMM-PUFFER              PIC X(80).
00026
00027      FD  NEUE-STAMMDATEI
00028          LABEL RECORDS ARE OMITTED.
00029      01  NEUER-STAMM-SATZ.
00030          05  NS-SCHLUESSEL               PIC X(5).
00031          05  NS-MENGE                    PIC 9(5).
00032          05  FILLER                      PIC X(70).
00033
00034      FD  PROTOKOLL-DATEI
00035          LABEL RECORDS ARE OMITTED.
00036      01  PROTOKOLL-SATZ.
00037          05  DRUCK-STEUERUNG             PIC X.
00038          05  PR-ZEILE.
00039              10  PR-SCHLUESSEL           PIC X(5).
00040              10  PR-MENGE                PIC 9(5).
00041              10  PR-CODE                 PIC X.
00042              10  PR-MELDUNG              PIC X(121).
00043
00044      WORKING-STORAGE SECTION.
00045
00046      77  FEHLER-ZAEHLER                  PIC S999.
00047      77  AS-SCHLUESSEL-VOR               PIC X(5).
00048      77  REIHENFOLGE-FEHLER-KZ           PIC X.
00049      77  BW-SCHLUESSEL-VOR               PIC X(5).
00050
00051      01  FEHLER-MELDUNGEN.
00052          05  UNG-HINZUFUEGUNG-M          PIC X(50)  VALUE
00053              ' HINZUFUEGUNG BETRIFFT EXISTIERENDEN STAMMSATZ'.
00054          05  LOESCH-M                    PIC X(50)  VALUE
00055              ' STAMMSATZ GELOESCHT'.
00056          05  AS-REIHENFOLGE-FEHLER-M     PIC X(50)  VALUE
00057              ' STAMMSATZ NICHT IN REIHENFOLGE'.
00058          05  BW-REIHENFOLGE-FEHLER-M     PIC X(50)  VALUE
00059              ' BEWEGUNGSSATZ NICHT IN REIHENFOLGE'.
00060          05  UNG-BEWEGUNG-M              PIC X(50)  VALUE
00061              ' KEIN ENTSPRECHENDER STAMMSATZ VORHANDEN'.
```

Abb. 12.14 Programm zum Aufdatieren von Dateien mit Fehlerprüfungen bei Hinzufügungen, Löschungen und bei grundlegenden Unstimmigkeiten, 1. Teil

```
00062          05  BEENDIGUNGS-M                 PIC X(50)   VALUE
00063              'MEHR ALS 10 FEHLER ---> PROGRAMMBEENDIGUNG'.
00064
00065      01  ALTER-STAMM-SATZ.
00066          05  AS-SCHLUESSEL                 PIC X(5).
00067          05  AS-MENGE                      PIC 9(5).
00068          05  FILLER                        PIC X(70).
00069
00070      01  BEWEGUNGS-SATZ.
00071          05  BW-SCHLUESSEL                 PIC X(5).
00072          05  BW-MENGE                      PIC 9(5).
00073          05  BW-CODE                       PIC X.
00074              88  HINZUFUEGUNG                          VALUE '1'.
00075              88  EINRICHTUNG                           VALUE '2'.
00076              88  ZUGANG                                VALUE '3'.
00077              88  ABGANG                                VALUE '4'.
00078              88  LOESCHUNG                             VALUE '5'.
00079          05  FILLER                        PIC X(69).
00080
00081
00082      PROCEDURE DIVISION.
00083      A000-AUFDATIERUNG-DATEI.
00084  *        ZUWEISUNG VON ANFANGSWERTEN
00085          MOVE ZERO          TO FEHLER-ZAEHLER.
00086          MOVE LOW-VALUES TO AS-SCHLUESSEL-VOR.
00087          MOVE LOW-VALUES TO BW-SCHLUESSEL-VOR.
00088          OPEN  INPUT BEWEGUNGS-DATEI
00089                      ALTE-STAMMDATEI
00090                OUTPUT NEUE-STAMMDATEI
00091                       PROTOKOLL-DATEI.
00092  *        HOLEN ERSTE SAETZE (BEWEGUNGSDATEI UND ALTE STAMMDATEI)
00093          PERFORM X010-HOLEN-BEWEGUNG-GUELT.
00094          PERFORM X020-HOLEN-ALTSTAMM-GUELT.
00095  *        VERARBEITEN DER (EINGABE-) DATEIEN
00096          PERFORM B010-AUF-LOGIK UNTIL (AS-SCHLUESSEL = HIGH-VALUESUES)
00097                                 AND BW-SCHLUESSEL = HIGH-VALUES)
00098                             OR  FEHLER-ZAEHLER IS GREATER THAN 10.
00099          IF  FEHLER-ZAEHLER IS GREATER THAN 10
00100              MOVE BEENDIGUNGS-M TO PR-ZEILE
00101              WRITE PROTOKOLL-SATZ AFTER ADVANCING 2 LINES.
00102          CLOSE BEWEGUNGS-DATEI
00103                ALTE-STAMMDATEI
00104                NEUE-STAMMDATEI
00105                PROTOKOLL-DATEI.
00106          STOP RUN.
00107
00108      B010-AUF-LOGIK.
00109          IF  AS-SCHLUESSEL IS LESS THAN BW-SCHLUESSEL
00110              WRITE NEUER-STAMM-SATZ FROM ALTER-STAMM-SATZ
00111              PERFORM X020-HOLEN-ALTSTAMM-GUELT
00112          ELSE
00113              IF  AS-SCHLUESSEL = BW-SCHLUESSEL
00114                  PERFORM C010-VERW-BEW
00115                  PERFORM X010-HOLEN-BEWEGUNG-GUELT
00116              ELSE
00117                  IF  HINZUFUEGUNG
00118                      PERFORM C020-HINZUFUEGUNG
00119                      PERFORM X010-HOLEN-BEWEGUNG-GUELT
00120                  ELSE
00121                      PERFORM C030-BEWEGUNG-UNGUELTIG
00122                      PERFORM X010-HOLEN-BEWEGUNG-GUELT.
```

Abb. 12.15 Programm zum Aufdatieren von Dateien mit Fehlerprüfungen bei Hinzufügungen, Löschungen und bei grundlegenden Unstimmigkeiten, 2. Teil

```
00123
00124   C010-VERW-BEW.
00125       IF   LOESCHUNG
00126           PERFORM D010-LOESCHUNG-STAMM
00127           PERFORM X020-HOLEN-ALTSTAMM-GUELT
00128       ELSE
00129           IF   HINZUFUEGUNG
00130               PERFORM D030-HINZUFUEGUNG-UNG
00131           ELSE
00132               PERFORM D020-AUF-STAMM.
00133
00134   C020-HINZUFUEGUNG.
00135       WRITE NEUER-STAMM-SATZ FROM BEWEGUNGS-SATZ.
00136
00137   C030-BEWEGUNG-UNGUELTIG.
00138       MOVE BEWEGUNGS-SATZ TO PR-ZEILE.
00139       MOVE UNG-BEWEGUNG-M TO PR-MELDUNG.
00140       WRITE PROTOKOLL-SATZ AFTER ADVANCING 1 LINE.
00141       ADD 1 TO FEHLER-ZAEHLER.
00142
00143   D010-LOESCHUNG-STAMM.
00144       MOVE ALTER-STAMM-SATZ TO PR-ZEILE.
00145       MOVE LOESCH-M           TO PR-MELDUNG.
00146       WRITE PROTOKOLL-SATZ AFTER ADVANCING 1 LINE.
00147
00148   D020-AUF-STAMM.
00149       DISPLAY ' AS ', AS-SCHLUESSEL, '  BW ', BW-SCHLUESSEL.
00150
00151   D030-HINZUFUEGUNG-UNG.
00152       MOVE BEWEGUNGS-SATZ TO PR-ZEILE.
00153       MOVE UNG-HINZUFUEGUNG-M TO PR-MELDUNG.
00154       WRITE PROTOKOLL-SATZ AFTER ADVANCING 1 LINE.
00155       ADD 1 TO FEHLER-ZAEHLER.
00156
00157   X010-HOLEN-BEWEGUNG-GUELT.
00158       MOVE ' ' TO REIHENFOLGE-FEHLER-KZ.
00159       PERFORM Y010-LESEN-BEWEGUNG
00160           UNTIL    REIHENFOLGE-FEHLER-KZ = 'N'
00161               OR FEHLER-ZAEHLER IS GREATER THAN 10.
00162
00163   X020-HOLEN-ALTSTAMM-GUELT.
00164       MOVE ' ' TO REIHENFOLGE-FEHLER-KZ.
00165       PERFORM Y020-LESEN-STAMM
00166           UNTIL    REIHENFOLGE-FEHLER-KZ = 'N'
00167               OR FEHLER-ZAEHLER IS GREATER THAN 10.
00168
00169   Y010-LESEN-BEWEGUNG.
00170       READ BEWEGUNGS-DATEI INTO BEWEGUNGS-SATZ
00171           AT END    MOVE HIGH-VALUES TO BW-SCHLUESSEL.
00172       IF  BW-SCHLUESSEL IS LESS THAN BW-SCHLUESSEL-VOR
00173           MOVE BEWEGUNGS-SATZ TO PR-ZEILE
00174           MOVE BW-REIHENFOLGE-FEHLER-M TO PR-MELDUNG
00175           WRITE PROTOKOLL-SATZ AFTER ADVANCING 1 LINE
00176           ADD 1 TO FEHLER-ZAEHLER
00177       ELSE
00178           MOVE 'N' TO REIHENFOLGE-FEHLER-KZ
00179           MOVE BW-SCHLUESSEL TO BW-SCHLUESSEL-VOR.
00180
```

Abb. 12.16 *Programm zum Aufdatieren von Dateien mit Fehlerprüfungen bei Hinzufügungen, Löschungen und bei grundlegenden Unstimmigkeiten, 3. Teil*

```
00181     Y020-LESEN-STAMM.
00182         READ ALTE-STAMMDATEI INTO ALTER-STAMM-SATZ
00183             AT END   MOVE HIGH-VALUES TO AS-SCHLUESSEL.
00184         IF  AS-SCHLUESSEL IS LESS THAN AS-SCHLUESSEL-VOR
00185             MOVE ALTER-STAMM-SATZ TO PR-ZEILE
00186             MOVE AS-REIHENFOLGE-FEHLER-M TO PR-MELDUNG
00187             WRITE PROTOKOLL-SATZ AFTER ADVANCING 1 LINE
00188             ADD 1 TO FEHLER-ZAEHLER
00189         ELSE
00190             MOVE 'N' TO REIHENFOLGE-FEHLER-KZ
00191             MOVE AS-SCHLUESSEL TO AS-SCHLUESSEL-VOR.
00192
00193     ************* ENDE DES PROGRAMMES **************
```
Es gilt die gleiche Anmerkung wie bei Abb. 11.6.

Abb. 12.17 Programm zum Aufdatieren von Dateien mit Fehlerprüfungen bei Hinzufügungen, Löschungen und bei grundlegenden Unstimmigkeiten, 4. Teil

wider, für den wir diese Datei gebrauchen wollen. Wir werden in diese Datei nicht nur die gelöschten Sätze hineinstellen, sondern auch alle während der Verarbeitung gefundenen Fehler. Die in der Protokolldatei enthaltenen Auflistungen befähigen den Programmbenutzer zu erkennen, welche größeren Unstimmigkeiten während des Programmablaufes festgestellt wurden. In einem praxisgerechten Programm würde sicherlich die Ausgabe in die Protokolldatei umfassender formatiert werden müssen. Dazu gehört z.B. auch das Schreiben von Überschriften, das Hinzustellen von Seitennummern usw. Wir haben hier diese uns seit langem vertrauten Umstände weggelassen, einmal um Platz einzusparen, zum anderen um unser Augenmerk auf andere wichtige Dinge lenken zu können. – Die Reihenfolge der Dateidefinitionen ist, im Grunde genommen, nebensächlich. Einige Programmierer bzw. Programmiererinnen plädieren dafür, daß die vergebenen Dateinamen in alphabetischer Reihenfolge erscheinen sollen, andere wiederum wählen die Reihenfolge, die die Bedeutung der Dateien widerspiegelt.

Im Arbeitsspeicherkapitel haben wir mehrere Datenelemente mit der Stufennummer **77** hinzugefügt. Diese dienen der Reihe nach den folgenden Zwecken:
a) Fehlerzähler,
b) Schlüssel des vorhergehenden Satzes der alten Stammdatei,
c) Kennzeichen für das Auftreten eines Reihenfolgefehlers entweder in der alten Stammdatei oder in der Bewegungsdatei,
d) Schlüssel des vorhergehenden Satzes der Bewegungsdatei.

Außerdem haben wir eine Reihe von Fehlermeldungen definiert, die wir zur Datengruppe **FEHLER-MELDUNGEN** zusammengefaßt haben. Der Rest des Arbeitsspeicherkapitels sieht genau so wie bei der vorhergehenden Version aus.

Im Prozedurteil beginnt der Hauptsteuerungsparagraph **A000-AUFDATIERUNG-DATEI** mit der Zuweisung von Anfangswerten zu diversen Datenelementen, die im Arbeitsspeicherkapitel definiert sind. Obgleich diese Initialisierung auch im Arbeitsspeicherkapitel selbst mittels der **VALUE**-Klausel hätte vorgenommen werden können, haben wir darauf verzichtet. Wir wollen die **VALUE**-Klausel nur für diejenigen Datenelemente reservieren, die während des Programmablaufes keiner Änderung unterliegen, also für Konstanten, Überschriften, Meldungen usw. Die Zuweisung von Anfangswerten zu Beginn des Prozedurteiles zu Datenelementen, deren Werte im Verlauf des Programmes geändert werden müssen, hat den Vorteil, daß man auf diese Weise leichter erkennen kann, welche Variablen mit Anfangswerten versorgt werden müssen. Wir haben auch die auf den Paragraphen **B010-AUF-LOGIK** bezogene **PERFORM**-Anweisung geändert, um dem Fall Rechnung tragen zu können, daß während des Programmablaufes zu viele Fehler festgestellt werden. Bei Überschreitung der vorgegebenen maximalen Fehleranzahl wird die Programmausführung beendet und eine entsprechende Abschlußmeldung (**BEENDIGUNG-M**) ausgegeben.

Der Paragraph **B010-AUF-LOGIK** wurde gegenüber der in den Abb. 12.11 und 12.12 dargestellten vorhergehenden Programmversion erheblich verändert; um dies zu betonen, haben wir den Paragraphennamen ebenfalls modifiziert. Da dieser Paragraph jetzt weitaus mehr Tätigkeiten als bei der früheren Fassung steuern muß, haben wir alle Detailverarbeitungen auf eine niedrigere Ebene gestellt; auf der **B**-Ebene verbleiben nur die Steuerungsstruktur und mehrere **PERFORM**-Anweisungen. Die fundamentale Steuerung gleicht in vielerlei Hinsicht der der vorhergehenden Version:

a) Wenn der Schlüssel des alten Stammsatzes kleiner als der Schlüssel des Bewegungssatzes ist, übernehmen wir den alten Stammsatz in die neue Stammdatei und holen uns den nächsten Satz aus der alten Stammdatei.

b) Wenn der Schlüssel des alten Stammsatzes gleich dem Schlüssel des Bewegungssatzes ist, wenden wir die im Bewegungssatz avisierte Transaktion auf den alten Stammsatz an und holen anschließend den nächsten Bewegungssatz.

c) Wenn der Schlüssel des alten Stammsatzes größer als der Schlüssel des Bewegungssatzes ist, ergibt sich jetzt jedoch eine neue, umfangreichere Sachlage. Bei der vorhergehenden Programmversion brauchten wir in diesem Fall nur anzunehmen, daß ein neuer Stammsatz hinzuzufügen ist. Beim jetzigen Programm können wir in der Tat wie zuvor vor der Situation stehen, daß ein neuer Satz hinzuzufügen ist. Aber es könnte auch ein fehlerhafter Schlüssel im Bewegungssatz vorliegen, einer, der mit keinem Schlüssel irgendeines (alten) Stammsatzes übereinstimmt, erkenntlich an einem von '1' verschiedenen Bewegungscode. Wenn tatsächlich eine Hinzufügung gemeint ist, übernehmen wir den Bewegungssatz und stellen ihn in die neue Stammdatei; danach holen wir den nächstfolgenden Bewegungssatz. Im Falle eines von '1' verschiedenen Bewegungscodes gehen wir zur Fehlerverarbeitung über und holen anschließend ebenfalls den nächstfolgenden gültigen Bewegungssatz. Durch die Verwendung von **PERFORM**-Anweisungen tragen wir dafür Sorge, daß die zwecksprechenden Verarbeitungsdetails wirksam werden.

Somit bleibt im Paragraphen **B010-AUF-LOGIK** nur eine einfache und relativ übersichtliche Steuerungsstruktur für die Behandlung der Entscheidungen zurück.

Der Aufbau der niedrigeren Programmebenen wurde gegenüber der in den Abb. 12.11 und 12.12 dargestellten Programmversion vollständig neu gestaltet. Zu Beginn unserer Besprechung wollen wir zunächst einmal die Paragraphen aufzählen, die die Einzelverarbeitungsfunktionen auf der **C**-Ebene ausführen:

a) **C010-VERW-BEW**
   Verwendung eines Bewegungssatzes zur Aufdatierung eines alten Stammsatzes.

b) **C020-HINZUFUEGUNG**
   Hinzufügung eines neues Stammsatzes.

c) **C030-BEWEGUNG-UNGUELTIG**
   Auflistung eines Bewegungssatzes mit einem ungültigen Schlüssel.

Der Paragraph **C010-VERW-BEW** ist selbst wieder ein Steuerungsparagraph, führt also keine Detailverarbeitung aus. Wie bereits früher gesagt, können wir uns daher voll auf die Entscheidungslogik konzentrieren und können die Einzelverarbeitung an Paragraphen auf niedrigerer Ebene delegieren. An dieser Programmstelle ist ein Bewegungssatz in eine der nachfolgenden Kategorien einzuordnen:

a) Es liegt eine Löschung vor, die die Entfernung eines Stammsatzes bewirkt.

b) Es liegt eine Hinzufügung vor (Bewegungscode ist gleich '1'), die aber hier fehl am Platze wäre, da wir in diesem Fall versuchen würden, einen neuen Stammsatz hinzuzufügen, der den gleichen Schlüssel besitzt wie ein bereits existierender Stammsatz.

c) Es kann sich um eine Bewegungsart handeln, die weder eine Löschung noch eine Hinzufügung signalisiert, die also eine Aufdatierung des laufenden (alten) Stammsatzes hervorruft.

Die Einzelheiten, *wie* diese Tätigkeiten ausgeführt werden sollen, wird den angesprochenen Paragraphen auf niedrigeren Ebenen übertragen; die Entscheidungslogik, *wann* diese Aktivitäten auszuführen sind, dürfte jedoch klar sein. Ein Hinweis sei noch gestattet: In die Verarbeitung einer Bewegung ist das Holen des nächsten gültigen Bewegungssatzes nicht einbezogen; diese Funktion wird bereits im Paragraphen **B010-AUF-LOGIK** erledigt.

Die bei der Hinzufügung eines neuen Stammsatzes zu verrichtende Tätigkeit ist einfach und kann daher ungeändert aus dem vorhergehenden Programm übernommen werden. Es ist einfach ein neuer Stammsatz zu schreiben, dessen Inhalt gleich dem des Bewegungssatzes ist. Wir haben dieses Schreiben vor allem deshalb in einen gesonderten Paragraphen aufgenommen, weil wir die Entscheidungslogik in **C010-VERW-BEW** nach wie vor einfach halten wollten, aber auch im Hinblick auf spätere Erweiterungen, bei denen diese Tätigkeit verwickelter zu gestalten ist.

Die Verarbeitung einer ungültigen Bewegung ist ebenfalls ziemlich einfach. Es ist nur eine passende Fehlernachricht auszugeben und der Fehlerzähler um 1 zu erhöhen.

Die nächsten drei Paragraphen, auf der **D**-Ebene der Hierarchie angesiedelt, bedürfen wegen ihrer Klarheit und Überschaubarkeit keiner weiteren Erklärung. Wo diese Aktivitäten mit Aktivitäten der früheren Programmversion übereinstimmen, wurde auf jedwede Änderung verzichtet.

Die verbleibenden Paragraphen, die das Holen von Sätzen aus den Eingabedateien beinhalten, wurden hingegen beträchtlich verändert. Zunächst haben wir die Kennungen in den Paragraphennamen anders formuliert. Sie fangen jetzt entweder mit dem Buchstaben **X** oder mit dem Buchstaben **Y** an. Damit sind sie als Dienstleistungsparagraphen auf den Ebenen **X** bzw. **Y** charakterisiert. Maßgebend dafür war die Tatsache, daß sie jetzt von verschiedenen Ebenen (Stufen) der Hierarchie angesprochen werden. So wird z.B. der Paragraph **X010-HOLEN-BEWEGUNG-GUELT** in **PERFORM**-Anweisungen auf den Ebenen **A** und **B** genannt. Die restlichen Bestandteile der Paragraphennamen wurden ebenfalls revidiert, um die Tatsache widerzuspiegeln, daß in ihnen jetzt nicht nur einfach ein Satz gelesen wird, sondern das Holen eines gültigen Satzes vorgenommen wird. Die höheren Programmebenen interessiert es überhaupt nicht, wie gültige Sätze beschafft werden, sondern nur, daß solche für die Verarbeitung bereitstehen.

Das Prüfverfahren für Reihenfolgefehler ist hier umfangreicher als in der zweiten Programmversion (siehe Abb. 12.6 und 12.7). Der Grund dafür ist darin zu suchen, daß wir den Programmablauf nicht bei Feststellung eines Reihenfolgefehlers sofort einstellen wollen, sondern erst bei mehr als 10 entdeckten Fehlern der verschiedensten Arten.

Der Paragraph **X010-HOLEN-BEWEGUNG-GUELT** beginnt mit der Zuweisung eines Leerzeichens zu **REIHENFOLGE-FEHLER-KZ**, weil wir noch nicht wissen können, ob ein Reihenfolgefehler vorliegt oder nicht. Danach wird die Ausführung eines anderen Paragraphen verlangt, dessen Durchlaufen eingestellt werden soll, wenn entweder das Fehlerkennzeichen den Wert 'N' besitzt (d.h. es wurde kein Reihenfolgefehler festgestellt) oder wenn die vorgegebene maximal erlaubte Fehleranzahl überschritten wird. Der angesprochene Paragraph **Y010-LESEN-BEWEGUNG** erledigt zunächst das eigentliche Lesen, danach erfolgt die Prüfung auf das Vorliegen eines Reihenfolgefehlers und seine Behandlung, falls ein solcher festgestellt wurde. Bei einem gelesenen gültigen Satz wird dessen Schlüssel am Schluß des **ELSE**-Zweiges in das Feld für den vorhergehenden Schlüssel übertragen. Das Holen eines gültigen Stammsatzes wird in der gleichen Weise vorgenommen wie das Holen eines gültigen Bewegungssatzes.

Die bisher benutzten Eingabedateien wurden expandiert, um die Wirkungsweise dieses Programmes eingehend demonstrieren zu können. Insbesondere wurden in beide Dateien fehlerhafte Sätze eingefügt. Eingabe- und Ausgabedateien sowie die durch **DISPLAY** veranlaßte Ausgabe sind in der Abb. 12.18 zu sehen.

Zur Abb. 12.18 ist zu bemerken, daß ein nicht in der richtigen Reihenfolge vorliegender alter Stammsatz nicht in die neue Stammdatei übernommen wird. Ein Bewegungssatz, der eine Löschung veranlassen soll, aber der außerhalb der richtigen Reihenfolge ankommt, führt nicht zu einer Löschung des schlüsselgleichen Stammsatzes. Reihenfolgefehler bei Dateien werden gewöhnlich als ziemlich schwerwiegend angesehen. Im Normalfall werden sie dadurch behandelt, daß man die Sätze der fraglichen Datei durch Sortieren wieder in die richtige Reihenfolge bringt und das Programm danach erneut ablaufen läßt. Es ist vermutlich am gescheitesten, wenn man nicht versucht, sich mit allen Möglichkeiten auseinanderzusetzen, sondern sich mit der Entdeckung der Fehler begnügt.

```
        Alte                Bewegungs-         Durch DISPLAY erzeugte
     Stammdatei                datei                 Ausgabe

   S    |    M            S   |  M   |C

 00002  | 00111         00003 |00100 |4        AS 00008   BW 00008
 00008  | 00123         00002 |00010 |2        AS 00021   BW 00021
 00011  | 00200         00008 |00050 |4        AS 00024   BW 00024
 00021  | 00210         00011 |98765 |1        AS 00024   BW 00024
 00024  | 00099         00015 |00999 |1        AS 00024   BW 00024
 00036  | 01234         00021 |00100 |3        AS 00037   BW 00037
 00037  | 12345         00024 |01000 |3        AS 00059   BW 00059
 00051  | 54321         00024 |00050 |4        AS 00061   BW 00061
 00059  | 43210         00024 |00040 |4
 00061  | 32109         00037 |12300 |2
 00070  | 22222         00036 |00000 |5
 00068  | 33333         00051 |00000 |5
 00080  | 44444         00052 |00000 |5
                        00059 |01000 |3
                        00061 |01234 |4
```

```
       Neue                              Protokolldatei
    Stammdatei

   S    |    M            S   |  M   |C  Fehlermeldung

 00002  | 00111         00003 |00100 |4  KEIN ENTSPRECHENDER STAMMSATZ VORHANDEN
 00008  | 00123         00002 |00010 |2  BEWEGUNGSSATZ NICHT IN REIHENFOLGE
 00011  | 00200         00011 |98765 |1  HINZUFUEGUNG BETRIFFT EXISTIERENDEN ...
 00015  | 00999         00036 |00000 |5  BEWEGUNGSSATZ NICHT IN REIHENFOLGE
 00021  | 00210         00051 |54321 |   STAMMSATZ GELOESCHT
 00024  | 00099         00052 |00000 |5  KEIN ENTSPRECHENDER STAMMSATZ VORHANDEN
 00036  | 01234         00068 |33333 |   STAMMSATZ NICHT IN REIHENFOLGE
 00037  | 12345
 00059  | 43210
 00061  | 32109
 00070  | 22222
 00080  | 44444
```

Es bedeuten: S | Schlüssel
               M | Menge
               C | Bewegungscode

Abb. 12.18 Eingaben und Ausgaben für das Aufdatierungsprogramm mit Fehlerprüfungen

12.9 Aufdatierung (Fortschreibung) von Stammsätzen bei Schlüsselgleichheit

Nunmehr ist es an der Zeit, daß wir uns mit den Tätigkeiten befassen, die bei einer regulären Schlüsselgleichheit der Sätze von Bewegungsdatei und alter Stammdatei anfallen, d.h. bei Einrichtungen (Berichtigungen), Zugängen und Abgängen. Im Grunde genommen handelt es sich hier wohl um das Herzstück der gesamten Anwendung. Da diese Verarbeitungsgänge aber der obersten Steuerungslogik untergeordnet sind, haben wir unsere diesbezüglichen Betrachtungen bis zu dieser Stelle aufgeschoben; wir treiben ja Top-Down-Entwicklung.

```
00001      IDENTIFICATION DIVISION.
00002      PROGRAM-ID.
00003          AUFDAT4.
00004      DATE-WRITTEN.
00005          20. MAERZ 1987 (DEUTSCH: 18. MAERZ 1989).
00006
00007      ENVIRONMENT DIVISION.
00008      INPUT-OUTPUT SECTION.
00009      FILE-CONTROL.
00010          SELECT BEWEGUNGS-DATEI           ASSIGN TO S-BEW.
00011          SELECT ALTE-STAMMDATEI           ASSIGN TO S-AST.
00012          SELECT NEUE-STAMMDATEI           ASSIGN TO S-NST.
00013          SELECT PROTOKOLL-DATEI           ASSIGN TO S-PRO.
00014
00015      DATA DIVISION.
00016
00017      FILE SECTION.
00018
00019      FD  BEWEGUNGS-DATEI
00020          LABEL RECORDS ARE OMITTED.
00021      01  BEWEGUNGS-PUFFER                 PIC X(80).
00022
00023      FD  ALTE-STAMMDATEI
00024          LABEL RECORDS ARE OMITTED.
00025      01  ALTER-STAMM-PUFFER               PIC X(80).
00026
00027      FD  NEUE-STAMMDATEI
00028          LABEL RECORDS ARE OMITTED.
00029      01  NEUER-STAMM-SATZ.
00030          05  NS-SCHLUESSEL                PIC X(5).
00031          05  NS-MENGE                     PIC 9(5).
00032          05  FILLER                       PIC X(70).
00033
00034      FD  PROTOKOLL-DATEI
00035          LABEL RECORDS ARE OMITTED.
00036      01  PROTOKOLL-SATZ.
00037          05  DRUCK-STEUERUNG              PIC X.
00038          05  PR-ZEILE.
00039              10  PR-SCHLUESSEL            PIC X(5).
00040              10  PR-MENGE                 PIC 9(5).
00041              10  PR-CODE                  PIC X.
00042              10  PR-MELDUNG               PIC X(121).
00043
00044      WORKING-STORAGE SECTION.
00045
00046      77  FEHLER-ZAEHLER                   PIC S999.
00047      77  AS-SCHLUESSEL-VOR                PIC X(5).
00048      77  REIHENFOLGE-FEHLER-KZ            PIC X.
00049      77  BW-SCHLUESSEL-VOR                PIC X(5).
00050
00051      01  FEHLER-MELDUNGEN.
00052          05  UNG-HINZUFUEGUNG-M           PIC X(50) VALUE
00053              ' HINZUFUEGUNG BETRIFFT EXISTIERENDEN STAMMSATZ'.
00054          05  LOESCH-M                     PIC X(50) VALUE
00055              ' STAMMSATZ GELOESCHT'.
00056          05  AS-REIHENFOLGE-FEHLER-M      PIC X(50) VALUE
00057              ' STAMMSATZ NICHT IN REIHENFOLGE'.
00058          05  BW-REIHENFOLGE-FEHLER-M      PIC X(50) VALUE
00059              ' BEWEGUNGSSATZ NICHT IN REIHENFOLGE'.
00060          05  UNG-BEWEGUNG-M               PIC X(50) VALUE
00061              ' KEIN ENTSPRECHENDER STAMMSATZ VORHANDEN'.
```

Abb. 12.19 *Aufdatierungsprogramm mit Hinzufügungen, Löschungen und echten Fortschreibungen, 1. Teil*

```
00062           05   BEENDIGUNGS-M                  PIC X(50)   VALUE
00063                'MEHR ALS 10 FEHLER ---> PROGRAMMBEENDIGUNG'.
00064           05   UNG-BEWEGUNGSCODE-M            PIC X(50)   VALUE
00065                ' UNGUELTIGER BEWEGUNGSCODE'.
00066           05   UNZUREICHENDER-VORRAT-M        PIC X(50)   VALUE
00067                ' UNZUREICHENDER LAGERVORRAT'.
00068
00069      01   ALTER-STAMM-SATZ.
00070           05   AS-SCHLUESSEL                  PIC X(5).
00071           05   AS-MENGE                       PIC 9(5).
00072           05   FILLER                         PIC X(70).
00073
00074      01   BEWEGUNGS-SATZ.
00075           05   BW-SCHLUESSEL                  PIC X(5).
00076           05   BW-MENGE                       PIC 9(5).
00077           05   BW-CODE                        PIC X.
00078                88   HINZUFUEGUNG                          VALUE '1'.
00079                88   EINRICHTUNG                           VALUE '2'.
00080                88   ZUGANG                                VALUE '3'.
00081                88   ABGANG                                VALUE '4'.
00082                88   LOESCHUNG                             VALUE '5'.
00083           05   FILLER                         PIC X(69).
00084
00085
00086      PROCEDURE DIVISION.
00087      A000-AUFDATIERUNG-DATEI.
00088 *         ZUWEISUNG VON ANFANGSWERTEN
00089           MOVE ZERO        TO FEHLER-ZAEHLER.
00090           MOVE LOW-VALUES TO AS-SCHLUESSEL-VOR.
00091           MOVE LOW-VALUES TO BW-SCHLUESSEL-VOR.
00092           OPEN   INPUT BEWEGUNGS-DATEI
00093                        ALTE-STAMMDATEI
00094                  OUTPUT NEUE-STAMMDATEI
00095                         PROTOKOLL-DATEI.
00096 *         HOLEN ERSTE SAETZE (BEWEGUNGSDATEI UND ALTE STAMMDATEI)
00097           PERFORM X010-HOLEN-BEWEGUNG-GUELT.
00098           PERFORM X020-HOLEN-ALTSTAMM-GUELT.
00099 *         VERARBEITEN DER (EINGABE-) DATEIEN
00100           PERFORM B010-AUF-LOGIK UNTIL (AS-SCHLUESSEL = HIGH-VALUES
00101                                  AND BW-SCHLUESSEL = HIGH-VALUES)
00102                OR FEHLER-ZAEHLER IS GREATER THAN 10.
00103           IF  FEHLER-ZAEHLER IS GREATER THAN 10
00104                MOVE BEENDIGUNGS-M TO PR-ZEILE
00105                WRITE PROTOKOLL-SATZ AFTER ADVANCING 2 LINES.
00106           CLOSE BEWEGUNGS-DATEI
00107                 ALTE-STAMMDATEI
00108                 NEUE-STAMMDATEI
00109                 PROTOKOLL-DATEI.
00110           STOP RUN.
00111
00112      B010-AUF-LOGIK.
00113           IF  AS-SCHLUESSEL IS LESS THAN BW-SCHLUESSEL
00114                WRITE NEUER-STAMM-SATZ FROM ALTER-STAMM-SATZ
00115                PERFORM X020-HOLEN-ALTSTAMM-GUELT
00116           ELSE
00117                IF  AS-SCHLUESSEL = BW-SCHLUESSEL
00118                     PERFORM C010-VERW-BEW
00119                     PERFORM X010-HOLEN-BEWEGUNG-GUELT
```

Abb. 12.20 Aufdatierungsprogramm mit Hinzufügungen, Löschungen und echten Fortschreibungen, 2. Teil

12.9 Aufdatierung (Fortschreibung) von Stammsätzen bei Schlüsselgleichheit

```
00120              ELSE
00121                  IF  HINZUFUEGUNG
00122                      PERFORM C020-HINZUFUEGUNG
00123                      PERFORM X010-HOLEN-BEWEGUNG-GUELT
00124                  ELSE
00125                      PERFORM C030-BEWEGUNG-UNGUELTIG
00126                      PERFORM X010-HOLEN-BEWEGUNG-GUELT.
00127
00128   C010-VERW-BEW.
00129       IF  LOESCHUNG
00130           PERFORM D010-LOESCHUNG-STAMM
00131           PERFORM X020-HOLEN-ALTSTAMM-GUELT
00132       ELSE
00133           IF  HINZUFUEGUNG
00134               PERFORM D030-HINZUFUEGUNG-UNG
00135           ELSE
00136               PERFORM D020-AUF-STAMM.
00137
00138   C020-HINZUFUEGUNG.
00139       WRITE NEUER-STAMM-SATZ FROM BEWEGUNGS-SATZ.
00140
00141   C030-BEWEGUNG-UNGUELTIG.
00142       MOVE BEWEGUNGS-SATZ TO PR-ZEILE.
00143       MOVE UNG-BEWEGUNG-M TO PR-MELDUNG.
00144       WRITE PROTOKOLL-SATZ AFTER ADVANCING 1 LINE.
00145       ADD 1 TO FEHLER-ZAEHLER.
00146
00147   D010-LOESCHUNG-STAMM.
00148       MOVE ALTER-STAMM-SATZ TO PR-ZEILE.
00149       MOVE LOESCH-M          TO PR-MELDUNG.
00150       WRITE PROTOKOLL-SATZ AFTER ADVANCING 1 LINE.
00151
00152   D020-AUF-STAMM.
00153       IF  ABGANG
00154           PERFORM E010-ABGANG
00155       ELSE
00156           IF  ZUGANG
00157               PERFORM E020-ZUGANG
00158           ELSE
00159               IF  EINRICHTUNG
00160                   PERFORM E030-EINRICHTUNG
00161               ELSE
00162                   MOVE BEWEGUNGS-SATZ TO PR-ZEILE
00163                   MOVE UNG-BEWEGUNGSCODE-M TO PR-MELDUNG
00164                   WRITE PROTOKOLL-SATZ AFTER ADVANCING 1 LINE
00165                   ADD 1 TO FEHLER-ZAEHLER.
00166
00167   D030-HINZUFUEGUNG-UNG.
00168       MOVE BEWEGUNGS-SATZ TO PR-ZEILE.
00169       MOVE UNG-HINZUFUEGUNG-M TO PR-MELDUNG.
00170       WRITE PROTOKOLL-SATZ AFTER ADVANCING 1 LINE.
00171       ADD 1 TO FEHLER-ZAEHLER.
00172
00173   E010-ABGANG.
00174       IF  AS-MENGE IS NOT LESS THAN BW-MENGE
00175           SUBTRACT BW-MENGE FROM AS-MENGE
00176       ELSE
00177           MOVE BEWEGUNGS-SATZ TO PR-ZEILE
00178           MOVE UNZUREICHENDER-VORRAT-M TO PR-MELDUNG
00179           WRITE PROTOKOLL-SATZ AFTER ADVANCING 1 LINE
00180           ADD 1 TO FEHLER-ZAEHLER.
00181
```

Abb. 12.21 *Aufdatierungsprogramm mit Hinzufügungen, Löschungen und echten Fortschreibungen, 3. Teil*

```
00182    E020-ZUGANG.
00183        ADD BW-MENGE TO AS-MENGE.
00184
00185    E030-EINRICHTUNG.
00186        MOVE BW-MENGE TO AS-MENGE.
00187
00188    X010-HOLEN-BEWEGUNG-GUELT.
00189        MOVE ' ' TO REIHENFOLGE-FEHLER-KZ.
00190        PERFORM Y010-LESEN-BEWEGUNG
00191            UNTIL    REIHENFOLGE-FEHLER-KZ = 'N'
00192                OR FEHLER-ZAEHLER IS GREATER THAN 10.
00193
00194    X020-HOLEN-ALTSTAMM-GUELT.
00195        MOVE ' ' TO REIHENFOLGE-FEHLER-KZ.
00196        PERFORM Y020-LESEN-STAMM
00197            UNTIL    REIHENFOLGE-FEHLER-KZ = 'N'
00198                OR FEHLER-ZAEHLER IS GREATER THAN 10.
00199
00200    Y010-LESEN-BEWEGUNG.
00201        READ BEWEGUNGS-DATEI INTO BEWEGUNGS-SATZ
00202            AT END    MOVE HIGH-VALUES TO BW-SCHLUESSEL.
00203        IF   BW-SCHLUESSEL IS LESS THAN BW-SCHLUESSEL-VOR
00204            MOVE BEWEGUNGS-SATZ TO PR-ZEILE
00205            MOVE BW-REIHENFOLGE-FEHLER-M TO PR-MELDUNG
00206            WRITE PROTOKOLL-SATZ AFTER ADVANCING 1 LINE
00207            ADD 1 TO FEHLER-ZAEHLER
00208        ELSE
00209            MOVE 'N' TO REIHENFOLGE-FEHLER-KZ
00210            MOVE BW-SCHLUESSEL TO BW-SCHLUESSEL-VOR.
00211
00212    Y020-LESEN-STAMM.
00213        READ ALTE-STAMMDATEI INTO ALTER-STAMM-SATZ
00214            AT END    MOVE HIGH-VALUES TO AS-SCHLUESSEL.
00215        IF   AS-SCHLUESSEL IS LESS THAN AS-SCHLUESSEL-VOR
00216            MOVE ALTER-STAMM-SATZ TO PR-ZEILE
00217            MOVE AS-REIHENFOLGE-FEHLER-M TO PR-MELDUNG
00218            WRITE PROTOKOLL-SATZ AFTER ADVANCING 1 LINE
00219            ADD 1 TO FEHLER-ZAEHLER
00220        ELSE
00221            MOVE 'N' TO REIHENFOLGE-FEHLER-KZ
00222            MOVE AS-SCHLUESSEL TO AS-SCHLUESSEL-VOR.
00223
00224    ************** ENDE DES PROGRAMMES **************
```

Es gilt die gleiche Anmerkung wie bei Abb. 11.6.

Abb. 12.22 Aufdatierungsprogramm mit Hinzufügungen, Löschungen und echten Fortschreibungen, 4. Teil

Mit den spärlichen Satzinhalten, die wir bisher definiert haben, ist die Verarbeitung der mit einem Stammsatz schlüsselgleichen Bewegungssätze nicht allzu schwierig zu programmieren. Die einzig mögliche Einrichtung besteht in der Aktualisierung der im alten Stammsatz verzeichneten Menge, d.h. diese wird durch die im Bewegungssatz aufgeführte ersetzt. Bei einem Zugang ist die im Bewegungssatz genannte Menge auf die Menge zu addieren, die im alten Stammsatz enthalten ist. Bei einer Auslieferung, d.h. bei einem Abgang soll eigentlich die Menge im Bewegungssatz von der Menge im alten Stammsatz subtrahiert werden, aber diese Subtraktion kann nur dann durchgeführt werden, wenn ein genügend großer Lagervorrat (Bestandsmenge) vorhanden ist. Sollte das nicht der Fall sein, müssen wir diesen Umstand in irgendeiner Weise kenntlich machen, am besten in Form einer in die Protokolldatei aufzunehmenden Meldung. Im praktischen Leben würde man freilich soviel wie nur irgend möglich ausliefern und den Rest wieder bestellen. Wir wollen uns hier nicht um derartige Komplikationen kümmern.

Bei der Verarbeitung des Bewegungssatzes ergibt sich eine bequeme Gelegenheit, die Bewegung auf ihre Gültigkeit hin zu überprüfen. Der Bewegungscode darf ja nicht kleiner als 1 und nicht größer als 5 sein. Sollte das nicht der Fall sein, stellen wir zweckmäßigerweise eine entsprechende Fehlermeldung in die Protokolldatei. Wir gehen zu den eigentlichen Aktualisierungen über, wenn ein Bewegungscode gefunden wird, der nicht gleich 1 und nicht gleich 5 ist. Es wäre selbstverständlich möglich, davon auszugehen, daß der Bewegungscode gleich 4 sein muß, wenn er weder gleich 2 noch gleich 3 ist. Es wäre aber leichtfertig, soviel Vertrauen zu den Eingabedaten zu haben.

In den Abb. 12.19 bis 12.22 ist das erweiterte Aufdatierungsprogramm gezeigt. In den Datenteil sind zwei neue Fehlermeldungen aufgenommen worden, eine für ungültige Bewegungscodes und die zweite für einen unzureichenden Lagerbestand. Im Prozedurteil ist der Paragraph **D020-AUF-STAMM** geändert worden. Drei neue Paragraphen sind auf der Ebene **E** hinzugekommen, die die verschiedenen Aktualisierungsoperationen durchzuführen haben. Die in diesen drei Paragraphen zu bewerkstelligenden drei einfachen Tätigkeiten hätten natürlich auch unmittelbar in den Paragraphen **D020-AUF-STAMM** als Bestandteile der ineinandergeschachtelten **IF**-Anweisungen gestellt werden können. Wir haben aber der in den Abb. 12.21 und 12.22 praktizierten Methode den Vorzug gegeben, da diese nach unserer Meinung einen verständlicheren Code ergibt und deshalb auch bequemer zu warten ist.

Das Programm wurde mit den gleichen Daten getestet wie das Programm **AUFDAT3**. Die Eingabe- und Ausgabedateien dieses Programmes sind in der Abb. 12.23 aufgelistet.

Es fällt auf, daß die Fehlermeldungen die gleichen sind wie beim Programm **AUFDAT3**, verständlich, weil **AUFDAT3** dieselben Fehlerprüfungen wie **AUFDAT4** aufweist. Die neue Stammdatei unterscheidet sich jedoch, da beim jetzigen Programm die Aktualisierungen tatsächlich vorgenommen wurden. Wir wollen nun einmal den Programmablauf verfolgen.

Der erste Bewegungssatz führte zur Ausgabe einer Fehlermeldung. Diese besagt, daß kein entsprechender Stammsatz vorliegt. Auch der zweite Bewegungssatz bewirkte die Ausgabe einer Fehlermeldung, sein Schlüssel ist nicht in aufsteigender Reihenfolge gegenüber dem des vorausgehenden Satzes. Zwar ist er gleich dem des ersten Stammsatzes, aber

Alte Stammdatei		Bewegungsdatei			Neue Stammdatei	
S	M	S	M	C	S	M
00002	00111	00003	00100	4	00001	00111
00008	00123	00002	00010	2	00008	00073
00011	00200	00008	00050	4	00011	00200
00021	00210	00011	98765	1	00015	009991
00024	00099	00015	00999	1	00021	00310
00036	01234	00021	00100	3	00024	01009
00037	12345	00024	01000	3	00036	01234
00051	54321	00024	00050	4	00037	12300
00059	43210	00024	00040	4	00059	44210
00061	32109	00037	12300	2	00061	30875
00070	22222	00036	00000	5	00070	22222
00068	33333	00051	00000	5	00080	44444
00080	44444	00052	00000	5		
		00059	01000	3		
		00061	01234	4		

			Protokolldatei
S	M	C	Fehlermeldung
00003	00100	4	KEIN ENTSPRECHENDER STAMMSATZ VORHANDEN
00002	00010	2	BEWEGUNGSSATZ NICHT IN REIHENFOLGE
00011	98765	1	HINZUFUEGUNG BETRIFFT EXISTIERENDEN STAMMSATZ
00036	00000	5	BEWEGUNGSSATZ NICHT IN REIHENFOLGE
00051	54321		STAMMSATZ GELOESCHT
00052	00000	5	KEIN ENTSPRECHENDER STAMMSATZ VORHANDEN
00068	33333		STAMMSATZ NICHT IN REIHENFOLGE

Abb. 12.23 Eingabe- und Ausgabedateien des Programmes AUFDAT4

dieser wurde aus verständlichen Gründen nicht aufdatiert, er war bereits in die neue Stammdatei geschrieben worden. Die dritte Bewegung, d.h. die Bewegung mit dem Schlüssel 00008, wies eine Mengenangabe von 50 auf und den Bewegungscode 4, was einen Abgang bedeutet. Da im alten Stammsatz eine Menge von 123 verzeichnet ist, ergibt sich für den neuen Stammsatz eine Menge von 73. Die nächste Bewegung (Schlüssel 00011) stellt eine fehlerhafte Hinzufügung dar; es existiert bereits ein Stammsatz mit diesem Schlüssel. Der nächste Bewegungssatz (Schlüssel 00015) führte zu einer gültigen Hinzufügung. Der sich anschließende Bewegungssatz mit dem Schlüsssel 00021 beinhaltet einen Zugang von 100; infolgedessen wurde in den neuen Stammsatz die Menge 310 aufgenommen, d.h. 100 mehr als im alten Stammsatz verzeichnet waren. Die nächsten drei Bewegungen gelten alle dem Stammsatz mit dem Schlüssel 00024: ein Zugang von 1000 und zwei Abgänge mit der Summe 90. Wir sehen, daß sich deshalb der im alten Stammsatz verzeichnete Bestand um 910 erhöht hat

(99 → 1009). Die Transaktion mit dem Schlüssel 00037 signalisiert eine Einrichtung, d.h. eine Berichtigung der bisherigen Mengenangabe, sie wurde korrekt erledigt. Die Bewegung mit dem Schlüssel 00052 gilt einem nicht vorhandenen Stammsatz, sie führte infolgedessen zur Ausgabe der entsprechenden Fehlermeldung. Die Bewegungen mit den Schlüsseln 00059 (Zugang) und 00061 (Abgang) wurden einwandfrei ausgeführt. Die Sätze der alten Stammdatei, die keiner Aufdatierung unterlagen, wurden korrekt in die neue Stammdatei übernommen (Sätze mit den Schlüsseln 00002, 00036, 00070 und 00080). Zu vermerken ist ferner, daß der Stammsatz mit dem Schlüssel 00051 aufgrund eines diesbezüglichen Bewegungssatzes gelöscht wurde. Die Löschung des Satzes mit dem Schlüssel 00036 konnte hingegen wegen eines Reihenfolgefehlers in der Bewegungsdatei nicht erfolgen. Der nicht in Reihenfolge befindliche alte Stammsatz mit dem Schlüssel 00068 wurde nicht in die neue Stammdatei geschrieben, er war vielmehr Anlaß für eine weitere Fehlermeldung.

12.10 Das komplette Aufdatierungsprogramm

An Hand des letzten Programmes haben wir uns davon überzeugt, daß anscheinend die entscheidende Logik einwandfrei funktioniert. Wir wollen deshalb zur abschließenden Phase übergehen, indem wir das Programm um die vorgesehenen Einzelverarbeitungen ergänzen.

Gegenüber der einfachen Version, die wir bis jetzt betrachtet haben, ist als wichtigste Erweiterung die Aufnahme weiterer Informationen in den Stammsatz zu nennen. Neben der Menge, die wir nunmehr zur Unterscheidung von anderen Mengenangaben als „Lagermenge" oder auch als „Bestandsmenge" bezeichnen wollen, benötigen wir ferner folgende Stammdaten:
  a) Auftragsmenge oder bestellte Menge
     Hierunter verstehen wir diejenige Menge eines Artikels, die bereits beim Lieferanten bzw. bei den Lieferanten bestellt ist.
  b) Mindestbestandsmenge
     Wenn die Bestandsmenge plus die bestellte Menge unter die Mindestbestellmenge absinken, ist eine Neubestellung, d.h. ein Lieferauftrag, fällig.
  c) Bestellmenge
     Zur Erteilung eines Auftrages ist es wichtig zu wissen, welche Menge bestellt werden sollte; deshalb ist es notwendig, daß im Stammsatz eine solche Angabe enthalten ist.
  d) Beschreibung (Artikelbezeichnung)
     Schließlich brauchen wir noch die alphanumerische Artikelbezeichnung.

Aus den soeben gemachten Ausführungen ergibt sich der in Abb. 12.24 gezeigte Satzaufbau der alten Stammdatei; der Satz der neuen Stammdatei sieht natürlich, sieht man einmal von den Datennamen ab, genauso aus.

```
01  ALTER-STAMM-SATZ.
    05  AS-SCHLUESSEL               PIC X(5).
    05  AS-MENGE-LAGER              PIC 9(5).
    05  AS-MENGE-BESTELLT           PIC 9(5).
    05  AS-MENGE-MINDEST            PIC 9(5).
    05  AS-MENGE-BESTELLUNG         PIC 9(5).
    05  AS-BESCHREIBUNG             PIC X(20).
    05  FILLER                      PIC X(35).
```

Abb. 12.24 Endgültiger Aufbau des Satzes der alten Stammdatei

Wir müssen betonen, daß die 35, mit **FILLER** definierten Stellen am Schluß des Satzes für unser Programm eigentlich nicht benötigt werden. Durch sie soll bloß angedeutet werden, daß ein Stammsatz noch zusätzliche, uns hier nicht interessierende Informationen enthalten kann. – Zu einer ordnungsgemäßen Datei für die Bestandskontrolle würden weitere Daten gehören, beispielsweise für die Behandlung von Rückständen und Rückgaben. Weiterhin könnten Informationen enthalten sein, wie lange die Auslieferung von erteilten Aufträgen gedauert hat und welche Merkmale bei den einzelnen Lieferanten zu beachten sind. Nicht vergessen darf man auch Informationen über die Lagerorte. Ein komplettes Lager- und Auftragsverwaltungssystem zu schaffen kann ein sehr arbeitsaufwendiges Unterfangen sein, das wir nicht mehr durch ein Programm umreißen können, das hauptsächlich zur Schulung anderer Themen gedacht ist.

Die Bewegungssätze müssen natürlich ebenfalls ergänzt werden. Sie müssen die gleichen Informationen enthalten wie die Sätze der alten Stammdatei, da ja eine Bewegung auch zu einer Hinzufügung eines neuen Stammsatzes führen kann. Weiterhin muß ein Einrichtungs- oder Übernahmecode vorhanden sein, durch den ausgesagt wird, welches Datenelement des Stammsatzes wertmäßig berichtigt werden soll, d.h. zu welchem Datenelement der aus dem Bewegungssatz zu übernehmende Wert gehen soll (deshalb der Begriff „Übernahmecode"). Insgesamt bedeutet das, daß ein Bewegungssatz alle Informationen aufweisen muß, die auch ein Stammsatz aufweist; dazu kommen zusätzlich der Bewegungscode und der Übernahmecode, der, wir sagten es schon, aussagt, welches Datenelement des Stammsatzes neu eingerichtet werden soll.

12.10 Das komplette Aufdatierungsprogramm 463

Die komplette Beschreibung des Bewegungssatzes ist der Abb. 12.26 (Zeilen 94 bis 108) zu entnehmen. Das unter den soeben geschilderten Vorgaben geschriebene Gesamtprogramm ist in den Abb. 12.25 bis 12.29 gezeigt.

Gegenüber den vorhergehenden Programmfassungen weist dieses Programm eine Reihe von Änderungen auf. Beginnen wir bei den Dateien: Es ist eine neue Datei mit dem Namen **BESTELL-DATEI** hinzugekommen. Ihretwegen ist der Maschinenteil um ein **SELECT**-Statement und der Datenteil um eine **FD**-Eintragung erweitert worden. In diese Datei werden die Bestellempfehlungen aufgenommen, die bei Unterschreitung des Mindestbestandes anfallen. Die Satzbeschreibung von **BESTELL-DATEI** sieht einige Aufbereitungen vor, aber im Interesse der Einfachheit und eines geringen überschaubaren Programmumfanges wird nach wie vor auf die Ausgabe von Überschriften und das Zählen von Seiten und Zeilen verzichtet. Normalerweise gehört das zu einem ordentlichen Programm.

Die beiden Satzbeschreibungen **NEUER-STAMM-SATZ** und **PROTOKOLL-SATZ** sind geändert worden. Die Änderung von **PROTOKOLL-SATZ** ist einfach; sie wurde hauptsächlich deshalb vorgenommen, um den allgemeineren Gebrauch dieses Satzes gegenüber den früheren Programmfassungen hervorzuheben. Das revidierte Format von **NEUER-STAMM-SATZ** berücksichtigt die jetzt erforderlichen zusätzlichen Datenelemente (siehe hierzu auch Abb. 12.24). Das letzte Feld ist jedoch nicht mit **FILLER** bezeichnet worden, sondern trägt einen Datennamen, nämlich **NS-UNBENUTZT**. Dies gestattet uns im Moment der Bildung eines neuen Stammsatzes bei einer Hinzufügung (Abb. 12.27, Zeile 173) die Zuweisung eines Wertes zu diesem Feld.

Im Arbeitsspeicherkapitel finden wir eine weitere Fehlermeldung, die bei einem ungültigen Übernahmecode im Bewegungssatz angezogen wird. Der Aufbau der beiden Sätze **ALTER-STAMM-SATZ** und **BEWEGUNGS-SATZ** wurde entsprechend der zusätzlichen Bedürfnisse geändert (siehe hierzu auch Abb. 12.24). Das letzte Feld in **ALTER-STAMM-SATZ** blieb unbenannt (**FILLER**); es besteht keine Notwendigkeit, sich im Prozedurteil auf dieses Feld zu beziehen.

Die einzige Änderung im Paragraphen **B010-AUF-LOGIK** des Prozedurteils besteht in der Aufnahme einer sich auf den neuen Paragraphen **C040-PRUEFEN-MENGE** beziehenden **PERFORM**-Anweisung unmittelbar vor dem Schreiben (**WRITE**) von **NEUER-STAMM-SATZ**. Es ist wichtig zu wissen, warum diese, die Untersuchung, ob Waren bestellt werden müssen oder nicht, veranlassende Anweisung an dieser Programmstelle eingefügt worden ist. Eine solche Prüfung erfolgt selbstverständlich auch immer dann, wenn zu einem (alten) Stammsatz keine Bewegung vorliegt. In diesem Fall wird die Vornahme der Bestellentschei-

```
00001       IDENTIFICATION DIVISION.
00002       PROGRAM-ID.
00003           AUFDAT5.
00004       DATE-WRITTEN.
00005           20. MAERZ 1987 (DEUTSCH: 22. MAERZ 1989).
00006
00007       ENVIRONMENT DIVISION.
00008       INPUT-OUTPUT SECTION.
00009       FILE-CONTROL.
00010           SELECT BEWEGUNGS-DATEI              ASSIGN TO S-BEW.
00011           SELECT ALTE-STAMMDATEI              ASSIGN TO S-AST.
00012           SELECT NEUE-STAMMDATEI              ASSIGN TO S-NST.
00013           SELECT PROTOKOLL-DATEI              ASSIGN TO S-PRO.
00014           SELECT BESTELL-DATEI                ASSIGN TO S-BES.
00015
00016       DATA DIVISION.
00017
00018       FILE SECTION.
00019
00020       FD  BEWEGUNGS-DATEI
00021           LABEL RECORDS ARE OMITTED.
00022       01  BEWEGUNGS-PUFFER                    PIC X(80).
00023
00024       FD  ALTE-STAMMDATEI
00025           LABEL RECORDS ARE OMITTED.
00026       01  ALTER-STAMM-PUFFER                  PIC X(80).
00027
00028       FD  NEUE-STAMMDATEI
00029           LABEL RECORDS ARE OMITTED.
00030       01  NEUER-STAMM-SATZ.
00031           05  NS-SCHLUESSEL                   PIC X(5).
00032           05  NS-MENGE-LAGER                  PIC 9(5).
00033           05  NS-MENGE-BESTELLT               PIC 9(5).
00034           05  NS-MENGE-MINDEST                PIC 9(5).
00035           05  NS-MENGE-BESTELLUNG             PIC 9(5).
00036           05  NS-BESCHREIBUNG                 PIC X(20).
00037           05  NS-UNBENUTZT                    PIC X(35).
00038
00039       FD  PROTOKOLL-DATEI
00040           LABEL RECORDS ARE OMITTED.
00041       01  PROTOKOLL-SATZ.
00042           05  DRUCK-STEUERUNG                 PIC X.
00043           05  PR-ZEILE.
00044               10  FILLER                      PIC X(45).
00045               10  PR-MELDUNG                  PIC X(87).
00046
00047       FD  BESTELL-DATEI
00048           LABEL RECORDS ARE OMITTED.
00049       01  BESTELL-SATZ.
00050           05  DRUCK-STEUERUNG                 PIX X.
00051           05  BE-SCHLUESSEL                   PIC X(5).
00052           05  FILLER                          PIC XXX.
00053           05  BE-MENGE                        PIC Z(5)9.
00054           05  FILLER                          PIC XXX.
00055           05  BE-BESCHREIBUNG                 PIC X(20).
00056           05  FILLER                          PIC X(95).
00057
00058       WORKING-STORAGE SECTION.
00059
00060       77  FEHLER-ZAEHLER                      PIC S999.
```

Abb. 12.25 Endgültige Fassung des Aufdatierungsprogrammes, 1. Teil

```
00061    77    AS-SCHLUESSEL-VOR              PIC X(5).
00062    77    REIHENFOLGE-FEHLER-KZ          PIC X.
00063    77    BW-SCHLUESSEL-VOR              PIC X(5).
00064
00065    01    FEHLER-MELDUNGEN.
00066          05    UNG-HINZUFUEGUNG-M       PIC X(50)   VALUE
00067                ' HINZUFUEGUNG BETRIFFT EXISTIERENDEN STAMMSATZ'.
00068          05    LOESCH-M                 PIC X(50)   VALUE
00069                ' STAMMSATZ GELOESCHT'.
00070          05    AS-REIHENFOLGE-FEHLER-M  PIC X(50)   VALUE
00071                ' STAMMSATZ NICHT IN REIHENFOLGE'.
00072          05    BW-REIHENFOLGE-FEHLER-M  PIC X(50)   VALUE
00073                ' BEWEGUNGSSATZ NICHT IN REIHENFOLGE'.
00074          05    UNG-BEWEGUNG-M           PIC X(50)   VALUE
00075                ' KEIN ENTSPRECHENDER STAMMSATZ VORHANDEN'.
00076          05    UNG-BEWEGUNGSCODE-M      PIC X(50)   VALUE
00077                ' UNGUELTIGER BEWEGUNGSCODE'.
00078          05    UNZUREICHENDER-VORRAT-M  PIC X(50)   VALUE
00079                ' UNZUREICHENDER LAGERVORRAT'.
00080          05    UNG-UEBERNAHME-CODE-M    PIC X(50)   VALUE
00081                ' UNGUELTIGER UEBERNAHMECODE'.
00082          05    BEENDIGUNGS-M            PIC X(50)   VALUE
00083                'MEHR ALS 10 FEHLER ---> PROGRAMMBEENDIGUNG'.
00084
00085    01    ALTER-STAMM-SATZ.
00086          05    AS-SCHLUESSEL            PIC X(5).
00087          05    AS-MENGE-LAGER           PIC 9(5).
00088          05    AS-MENGE-BESTELLT        PIC 9(5).
00089          05    AS-MENGE-MINDEST         PIC 9(5).
00090          05    AS-MENGE-BESTELLUNG      PIC 9(5).
00091          05    AS-BESCHREIBUNG          PIC X(20).
00092          05    FILLER                   PIC X(35).
00093
00094    01    BEWEGUNGS-SATZ.
00095          05    BW-SCHLUESSEL            PIC X(5).
00096          05    BW-MENGE                 PIC 9(5).
00097          05    BW-CODE                  PIC X.
00098                88    HINZUFUEGUNG                   VALUE '1'.
00099                88    EINRICHTUNG                    VALUE '2'.
00100                88    ZUGANG                         VALUE '3'.
00101                88    ABGANG                         VALUE '4'.
00102                88    LOESCHUNG                      VALUE '5'.
00103          05    BW-UEBERNAHME-CODE       PIC 9.
00104          05    BW-MENGE-BESTELLT        PIC 9(5).
00105          05    BW-MENGE-MINDEST         PIC 9(5).
00106          05    BW-MENGE-BESTELLUNG      PIC 9(5).
00107          05    BW-BESCHREIBUNG          PIC X(20).
00108          05    FILLER                   PIC X(33).
00109
00110
00111    PROCEDURE DIVISION.
00112    A000-AUFDATIERUNG-DATEI.
00113  *      ZUWEISUNG VON ANFANGSWERTEN
00114          MOVE ZERO          TO FEHLER-ZAEHLER.
00115          MOVE LOW-VALUES TO AS-SCHLUESSEL-VOR.
00116          MOVE LOW-VALUES TO BW-SCHLUESSEL-VOR.
00117          OPEN   INPUT BEWEGUNGS-DATEI
00118                       ALTE-STAMMDATEI
00119                 OUTPUT NEUE-STAMMDATEI
00120                        PROTOKOLL-DATEI
00121                        BESTELL-DATEI.
```

Abb. 12.26 Endgültige Fassung des Aufdatierungsprogrammes, 2. Teil

```
00122 *    HOLEN ERSTE SAETZE (BEWEGUNGSDATEI UND ALTE STAMMDATEI)
00123      PERFORM X010-HOLEN-BEWEGUNG-GUELT.
00124      PERFORM X020-HOLEN-ALTSTAMM-GUELT.
00125 *    VERARBEITEN DER (EINGABE-) DATEIEN
00126      PERFORM B010-AUF-LOGIK UNTIL (AS-SCHLUESSEL = HIGH-VALUES
00127                    AND BW-SCHLUESSEL = HIGH-VALUES)
00128             OR FEHLER-ZAEHLER IS GREATER THAN 10.
00129      IF FEHLER-ZAEHLER IS GREATER THAN 10
00130         MOVE BEENDIGUNGS-M TO PR-ZEILE
00131         WRITE PROTOKOLL-SATZ AFTER ADVANCING 2 LINES.
00132      CLOSE BEWEGUNGS-DATEI
00133            ALTE-STAMMDATEI
00134            NEUE-STAMMDATEI
00135            PROTOKOLL-DATEI
00136            BESTELL-DATEI.
00137      STOP RUN.
00138
00139  B010-AUF-LOGIK.
00140      IF AS-SCHLUESSEL IS LESS THAN BW-SCHLUESSEL
00141         PERFORM C040-PRUEFEN-MENGE
00142         WRITE NEUER-STAMM-SATZ FROM ALTER-STAMM-SATZ
00143         PERFORM X020-HOLEN-ALTSTAMM-GUELT
00144      ELSE
00145         IF AS-SCHLUESSEL = BW-SCHLUESSEL
00146            PERFORM C010-VERW-BEW
00147            PERFORM X010-HOLEN-BEWEGUNG-GUELT
00148         ELSE
00149            IF HINZUFUEGUNG
00150               PERFORM C020-HINZUFUEGUNG
00151               PERFORM X010-HOLEN-BEWEGUNG-GUELT
00152            ELSE
00153               PERFORM C030-BEWEGUNG-UNGUELTIG
00154               PERFORM X010-HOLEN-BEWEGUNG-GUELT.
00155
00156  C010-VERW-BEW.
00157      IF LOESCHUNG
00158         PERFORM D010-LOESCHUNG-STAMM
00159         PERFORM X020-HOLEN-ALTSTAMM-GUELT
00160      ELSE
00161         IF HINZUFUEGUNG
00162            PERFORM D030-HINZUFUEGUNG-UNG
00163         ELSE
00164            PERFORM D020-AUF-STAMM.
00165
00166  C020-HINZUFUEGUNG.
00167      MOVE BW-SCHLUESSEL          TO NS-SCHLUESSEL.
00168      MOVE BW-MENGE               TO NS-MENGE-LAGER.
00169      MOVE BW-MENGE-BESTELLT      TO NS-MENGE-BESTELLT.
00170      MOVE BW-MENGE-MINDEST       TO NS-MENGE-MINDEST.
00171      MOVE BW-MENGE-BESTELLUNG    TO NS-MENGE-BESTELLUNG.
00172      MOVE BW-BESCHREIBUNG        TO NS-BESCHREIBUNG.
00173      MOVE SPACES                 TO NS-UNBENUTZT.
00174      WRITE NEUER-STAMM-SATZ.
00175
00176  C030-BEWEGUNG-UNGUELTIG.
00177      MOVE BEWEGUNGS-SATZ TO PR-ZEILE.
00178      MOVE UNG-BEWEGUNG-M TO PR-MELDUNG.
00179      WRITE PROTOKOLL-SATZ AFTER ADVANCING 1 LINE.
00180      ADD 1 TO FEHLER-ZAEHLER.
00181
```

Abb. 12.27 Endgültige Fassung des Aufdatierungsprogrammes, 3. Teil

```
00182   C040-PRUEFEN-MENGE.
00183       IF  AS-MENGE-LAGER + AS-MENGE-BESTELLT < AS-MENGE-MINDEST
00184           MOVE SPACES                TO BESTELL-SATZ
00185           MOVE AS-SCHLUESSEL         TO BE-SCHLUESSEL
00186           MOVE AS-MENGE-BESTELLUNG TO BE-MENGE
00187           MOVE AS-BESCHREIBUNG       TO BE-BESCHREIBUNG
00188           WRITE BESTELL-SATZ AFTER ADVANCING 1 LINE
00189           ADD AS-MENGE-BESTELLUNG TO AS-MENGE-BESTELLT.
00190
00191   D010-LOESCHUNG-STAMM.
00192       MOVE ALTER-STAMM-SATZ TO PR-ZEILE.
00193       MOVE LOESCH-M         TO PR-MELDUNG.
00194       WRITE PROTOKOLL-SATZ AFTER ADVANCING 1 LINE.
00195
00196   D020-AUF-STAMM.
00197       IF  ABGANG
00198           PERFORM E010-ABGANG
00199       ELSE
00200           IF  ZUGANG
00201               PERFORM E020-ZUGANG
00202           ELSE
00203               IF  EINRICHTUNG
00204                   PERFORM E030-EINRICHTUNG
00205               ELSE
00206                   MOVE BEWEGUNGS-SATZ TO PR-ZEILE
00207                   MOVE UNG-BEWEGUNGSCODE-M TO PR-MELDUNG
00208                   WRITE PROTOKOLL-SATZ AFTER ADVANCING 1 LINE
00209                   ADD 1 TO FEHLER-ZAEHLER.
00210
00211   D030-HINZUFUEGUNG-UNG.
00212       MOVE BEWEGUNGS-SATZ TO PR-ZEILE.
00213       MOVE UNG-HINZUFUEGUNG-M TO PR-MELDUNG.
00214       WRITE PROTOKOLL-SATZ AFTER ADVANCING 1 LINE.
00215       ADD 1 TO FEHLER-ZAEHLER.
00216
00217   E010-ABGANG.
00218       IF  AS-MENGE-LAGER IS NOT LESS THAN BW-MENGE
00219           SUBTRACT BW-MENGE FROM AS-MENGE-LAGER
00220       ELSE
00221           MOVE BEWEGUNGS-SATZ TO PR-ZEILE
00222           MOVE UNZUREICHENDER-VORRAT-M TO PR-MELDUNG
00223           WRITE PROTOKOLL-SATZ AFTER ADVANCING 1 LINE
00224           ADD 1 TO FEHLER-ZAEHLER.
00225
00226   E020-ZUGANG.
00227       ADD BW-MENGE TO AS-MENGE-LAGER.
00228       SUBTRACT BW-MENGE FROM AS-MENGE-BESTELLT.
00229
00230   E030-EINRICHTUNG.
00231       IF     BW-UEBERNAHME-CODE = 1
00232              MOVE BW-MENGE TO AS-MENGE-LAGER
00233       ELSE IF BW-UEBERNAHME-CODE = 2
00234              MOVE BW-MENGE TO AS-MENGE-BESTELLT
00235       ELSE IF BW-UEBERNAHME-CODE = 3
00236              MOVE BW-MENGE TO AS-MENGE-MINDEST
00237       ELSE IF BW-UEBERNAHME-CODE = 4
00238              MOVE BW-MENGE TO AS-MENGE-BESTELLUNG
00239       ELSE IF BW-UEBERNAHME-CODE = 5
00240              MOVE BW-BESCHREIBUNG TO AS-BESCHREIBUNG
00241       ELSE
00242              MOVE BEWEGUNGS-SATZ TO PR-ZEILE
```

Abb. 12.28 Endgültige Fassung des Aufdatierungsprogrammes, 4. Teil

```
00243              MOVE UNG-UEBERNAHME-CODE-M TO PR-MELDUNG
00244              WRITE PROTOKOLL-SATZ AFTER ADVANCING 1 LINE
00245              ADD 1 TO FEHLER-ZAEHLER.
00246
00247     X010-HOLEN-BEWEGUNG-GUELT.
00248         MOVE ' ' TO REIHENFOLGE-FEHLER-KZ.
00249         PERFORM Y010-LESEN-BEWEGUNG
00250            UNTIL     REIHENFOLGE-FEHLER-KZ = 'N'
00251               OR FEHLER-ZAEHLER IS GREATER THAN 10.
00252
00253     X020-HOLEN-ALTSTAMM-GUELT.
00254         MOVE ' ' TO REIHENFOLGE-FEHLER-KZ.
00255         PERFORM Y020-LESEN-STAMM
00256            UNTIL     REIHENFOLGE-FEHLER-KZ = 'N'
00257               OR FEHLER-ZAEHLER IS GREATER THAN 10.
00258
00259     Y010-LESEN-BEWEGUNG.
00260         READ BEWEGUNGS-DATEI INTO BEWEGUNGS-SATZ
00261              AT END   MOVE HIGH-VALUES TO BW-SCHLUESSEL.
00262         IF  BW-SCHLUESSEL IS LESS THAN BW-SCHLUESSEL-VOR
00263             MOVE BEWEGUNGS-SATZ TO PR-ZEILE
00264             MOVE BW-REIHENFOLGE-FEHLER-M TO PR-MELDUNG
00265             WRITE PROTOKOLL-SATZ AFTER ADVANCING 1 LINE
00266             ADD 1 TO FEHLER-ZAEHLER
00267         ELSE
00268             MOVE 'N' TO REIHENFOLGE-FEHLER-KZ
00269             MOVE BW-SCHLUESSEL TO BW-SCHLUESSEL-VOR.
00270
00271     Y020-LESEN-STAMM.
00272         READ ALTE-STAMMDATEI INTO ALTER-STAMM-SATZ
00273              AT END   MOVE HIGH-VALUES TO AS-SCHLUESSEL.
00274         IF  AS-SCHLUESSEL IS LESS THAN AS-SCHLUESSEL-VOR
00275             MOVE ALTER-STAMM-SATZ TO PR-ZEILE
00276             MOVE AS-REIHENFOLGE-FEHLER-M TO PR-MELDUNG
00277             WRITE PROTOKOLL-SATZ AFTER ADVANCING 1 LINE
00278             ADD 1 TO FEHLER-ZAEHLER
00279         ELSE
00280             MOVE 'N' TO REIHENFOLGE-FEHLER-KZ
00281             MOVE AS-SCHLUESSEL TO AS-SCHLUESSEL-VOR.
00282
00283     ************** ENDE DES PROGRAMMES **************
```

Es gilt die gleiche Anmerkung wie bei Abb. 11.6.

Abb. 12.29 Endgültige Fassung des Aufdatierungsprogrammes, 5. Teil

dung gewöhnlich nicht zum Resultat einer Neubestellung führen. Aber andererseits kann es auch nicht falsch sein, selbst in diesem Fall eine Prüfung durchzuführen. Wenn dagegen für einen (alten) Stammsatz Bewegungen anfallen, seien es nun Berichtigungen, Zugänge, Abgänge oder irgendeine Kombination dieser drei Bewegungsarten, wollen wir eine Bestellentscheidung erst dann vornehmen, wenn alle Bewegungen bereits verarbeitet worden sind. Der (alte) Stammsatz wird ja bekanntlich in dem für ihn angelegten Gebiet im Arbeitsspeicherkapitel aufdatiert und erst dann ausgeschrieben, wenn ein neuer Bewegungssatz mit einem unterschiedlichen Schlüssel auftaucht. Wenn dieses geschieht, wird der (alte) Stammsatz zum (neuen) Stammsatz überstellt und vor dem Schreiben ist deshalb genau der Punkt, in dem die Bestellentscheidung getroffen werden muß.

Der Paragraph **C040-PRUEFEN-MENGE**, in dem die Bestellentscheidung gefällt wird, enthält eine bisher nicht benutzte Möglichkeit von **COBOL**, die wir hier nur nebenbei erwähnen, deren ausführliche Besprechung wir bis zum Kap. 19 verschieben werden. Wir sehen nämlich, daß wir in eine Vergleichsbedingung auch einen arithmetischen Ausdruck aufnehmen können, hier eine Addition (siehe Abb. 12.28, Zeile 183). Was wir zu wissen wünschen ist, ob die Summe aus Bestellmenge und bestellter Menge kleiner als die Mindestbestellmenge ist. Die genannte Anweisung erfüllt vollkommen unser Bedürfnis. Wenn man einfache arithmetische Ausdrücke dieser Art gebrauchen will, ohne vorweg auf die ausführliche Behandlung dieses Themas in Kap. 19 zu schauen, sollte man die Arithmetik sehr einfach halten sowie vor und nach die arithmetischen Operatoren mindestens ein Leerzeichen stellen.

Wenn ermittelt worden ist, daß eine Bestellung vorgenommen werden sollte, muß noch eines getan werden: Die Bestellmenge ist zu der bereits bestellten Menge, d.h. zur Auftragsmenge, zu addieren. Diese zwingende Notwendigkeit ergibt sich deshalb, weil sonst beim nächsten Ablauf eines Lagerverwaltungsprogrammes erneut eine Bestellung erfolgen würde. Die Hauptfunktion des Feldes für die bestellte Menge (Auftragsmenge) ist hiermit zur Genüge erläutert.

Neben den für die Zusammenstellung des (neuen) Stammsatzes im Paragraphen **C020-HINZUFUEGUNG** getätigten Erweiterungen betreffen die verbleibenden Änderungen die drei Paragraphen auf der Hierarchieebene **E**. Wir erkennen nun, warum wir den Code dieser drei Paragraphen nicht in die ineinandergeschachtelten **IF**-Anweisungen des Paragraphen **D020-AUF-STAMM** aufgenommen hatten. Wir erwähnten das bereits im Abschnitt 12.9, d.h. bei der vorhergehenden Fassung des Aufdatierungsprogrammes. Wir konnten jetzt die drei zur Aufdatierung geschaffenen Paragraphen nach Belieben abändern, ohne daß wir es nötig hatten, in die bereits bewährte Steuerungs- und Entscheidungslogik des Paragraphen **D020-AUF-STAMM** einzugreifen. Die wesentlichste Änderung, die bei diesen drei auf der **E**-Ebene stehenden Paragraphen vorgenommen werden mußte, betraf den Paragraphen **E030-EINRICHTUNG**, d.h. den für die Berichtigung von im Stammsatz verzeichneten Daten zuständigen Paragraphen. Die hier von uns benutzten ineinandergeschachtelten **IF**-Anweisungen entsprechen dem Code, den wir im Abschnitt 5.14 für die Steuerungsstruktur zur Unterscheidung von Fällen (Case-Struktur) hergeleitet hatten. Wenn man **COBOL-85** benutzt, kann man natürlich diesen Code durch ein gleichwertiges **EVALUATE**-Statement ersetzen. Ziehen wir ein Resümee: Es ist eine von fünf verschiedenen Tätigkeiten auszuführen, abhängig vom Wert des Datenelementes **BW-UEBERNAHME-CODE**. Eine sechste Tätigkeit betrifft den Fehlerfall, d.h. das soeben genannte Datenelement weist einen ungültigen Wert auf.

Vom Standpunkt der Lagerkontrolle aus weisen wir noch auf eine letzte Eigenschaft dieses Programmes hin. Wenn ein Zugang verarbeitet wird, stellt dieser das Ende eines Zyklus dar, der mit der Bestellung des entsprechenden Artikels bei einer früheren Programmausführung begonnen hatte. Wenn Ware bestellt wird, wird bekanntlich die Bestellmenge zur Auftragsmenge, d.h. zur bestellten Menge addiert. Nach dem Wareneingang, d.h. bei einem Zugang, muß natürlich die im Bewegungssatz verzeichnete Menge von der Auftragsmenge subtrahiert und zur Bestandsmenge hinzugezählt werden. Im wirklichen Leben sollte man natürlich zusätzlich Vorkehrungen vorsehen, die Teillieferungen, unkorrekte Liefermengen und andere Vorkommnisse behandeln.

Das Programm wurde mit Beispielsdateien getestet. In der Abb. 12.30 ist die Zusammenstellung der alten Stammdatei zu sehen.

S	LM	AM	MM	BM	Beschreibung
00002	00101	00040	00120	00040	SCHRAUBEN (5 X 60)
00008	00023	00040	00060	00040	SCHRAUBEN (3,5 X 20)
00011	00200	00200	00350	00100	STAHLBILDERNAEGEL 30
00015	00999	00888	00777	00666	KORREKTE HINZUFUEGUNG
00021	00310	00000	00300	00100	STIFTE MESSING 30 MM
00024	00509	01000	02000	00500	UNTERLEGSCHEIBEN 10
00036	01234	00000	01000	01000	DUEBEL 6 MM
00037	12300	00000	10000	01000	DUEBEL 4 MM
00059	42210	00000	10000	01000	SCHRAUBENDREHER HOLZ
00061	30875	00000	10000	01000	BOHRERSATZ HSS 6
00070	22222	00000	10000	01000	STEINBOHRERSATZ 4
00080	00010	00052	00050	00030	MUSTER OHNE WERT
00081	00100	00000	00008	00005	GUMMIHAMMER 90 MM
00082	01000	00300	01200	00200	SICHERUNGSSTIFTE
00084	00862	00200	01000	00200	TRENNSCHEIBEN 115

Abb. 12.30 Inhalt der alten Stammdatei

Die zum Testen benutzte Bewegungsdatei ist in der Abb. 12.31 zu sehen.

S	M	C	B	Rest des Bewegungssatzes
00002	00010		4	
00001	00010	2	1	
00008	00050		4	
00011	98765		1	1111122222233333FEHLERHAFTER SATZ
00015	00999		1	008880077700666KORREKTE HINZUFUEGUNG
00021	00100		3	
00024	00500		3	
00024	00050		4	
00024	00040		4	
00024	01200		4	
00037	12300	2	1	
00036	00000		5	
00051	00000		5	
00052	00000		5	
00059	01000		4	
00059	00123		0	
00061	01234		4	
00080	00010	2	1	
00080	00022		2	
00080	00050	2	3	

Abb. 12.31 *Inhalt der Bewegungsdatei*

Die sich beim Programmablauf ergebende neue Stammdatei ist in der Abb. 12.32 aufgeführt.

S	LM	AM	MM	BM	Beschreibung
00002	00111	00040	00120	00040	SCHRAUBEN (5 X 60)
00008	00073	00000	00060	00040	SCHRAUBEN (3,5 X 20)
00011	00200	00100	00350	00100	STAHLBILDERNAEGEL 30
00021	00210	00100	00300	00100	STIFTE MESSING 30 MM
00024	00099	01000	02000	00500	UNTERLEGSCHEIBEN 10
00036	01234	00000	01000	01000	DUEBEL 6 MM
00037	12345	00000	01000	01000	DUEBEL 4 MM
00051	54321	00000	01000	01000	SCHRAUBENDREHER ISOL
00059	43210	00000	01000	01000	SCHRAUBENDREHER HOLZ
00061	32109	00000	01000	01000	BOHRERSATZ HSS 6
00070	22222	00000	01000	01000	STEINBOHRERSATZ 4
00068	33333	00000	01000	01000	UNMOEGLICHES GERAET
00080	44444	00000	01000	01000	MUSTER OHNE WERT
00081	00100	00000	00008	00005	GUMMIHAMMER 90 MM
00082	01000	00100	01200	00200	SICHERUNGSSTIFTE
00084	00862	00000	01000	00200	TRENNSCHEIBEN 115

Abb. 12.32 *Inhalt der neuen Stammdatei*

Bei den Abb. 12.30 bis 12.32 wurden erläuternde Überschriften hinzugefügt. Die darin benutzten Abkürzungen sind in der folgenden Übersicht erklärt.

```
Es bedeuten:   S   Schlüssel
               LM  Lagermenge (Bestandsmenge)
               AM  Bestellte Menge (Auftragsmenge)
               MM  Mindestmenge (Minimalbestand)
               BM  Bestellmenge
               ------------------------------------
               M   Menge im Bewegungssatz
               C   Bewegungscode
               B   Berichtigungscode (Übernahmecode)

               Der Rest des Bewegungssatzes enthält
               der Reihe nach:  AM (5 Stellen)
                                AM (5 Stellen)
                                MM (5 Stellen)
                                Beschreibung
```

Die in der Protokolldatei vermerkten Meldungen sind in der Abb. 12.33 zu sehen.

```
Satzinhalt                                        Fehlermeldung
000010001021                                      BEWEGUNGSSATZ NICHT IN REIHENFOLGE
00011987651 111112222233333FEHLERHAFTER SATZ      HINZUFUEGUNG BETRIFFT EXISTIRENDEN STAMMSATZ
00024012004                                       UNZUREICHENDER LAGERVORRAT
00036000005                                       BEWEGUNGSSATZ NICHT IN REIHENFOLGE
000515432100000100000l000SCHRAUBENDREHER ISOL     STAMMSATZ GELOESCHT
00052000005                                       KEIN ENTSPRECHENDER STAMMSATZ VORHANDEN
00059001230                                       UNGUELTIGER BEWEGUNGSCODE
000683333300000100000l000UNMOEGLICHES GERAET      STAMMSATZ NICHT IN REIHENFOLGE
000810000029                                      UNGUELTIGER UEBERNAHMECODE
```

Abb. 12.33 Inhalt der Protokolldatei

Die sich aus der Datenkonstellation ergebende Bestelldatei ist in der Abb. 12.34 gezeigt.

```
         Bestellungen
==========================================
   00008       40    SCHRAUBEN (3,5 X 20)
   00011      100    STAHLBILDERNAEGEL 30
   00024      500    UNTERLEGSCHEIBEN 10
   00080       30    MUSTER OHNE WERT
   00082      200    SICHERUNGSSTIFTE
   00084      200    TRENNSCHEIBEN 115
```

Abb. 12.34 Inhalt der Bestelldatei

12.10 Das komplette Aufdatierungsprogramm

Ein sorgfältiges Betrachten der Ergebnisse des Programmablaufes wird mit dem gründlichen Verständnis der Ablauflogik des Programmes belohnt. Am besten geht man dabei so vor, daß man die Bewegungssätze der Reihe nach durchgeht und sich dabei überzeugt, ob sie auch zu den erwarteten Resultaten geführt haben. Greifen wir ein Beispiel heraus und betrachten den (alten) Stammsatz mit dem Schlüssel 00024. In ihm ist eine Bestandsmenge von 99 vermerkt und eine Auftragsmenge von 1000. Die erste diesen Stammsatz betreffende Bewegung bedeutet einen Zugang von 500 Einheiten, danach folgen zwei Abgänge mit 50 bzw. 40 Einheiten. Nach der Verarbeitung dieser drei Bewegungen ergibt sich ein Bestand von 509 Einheiten. Die letzte zu diesem Stammsatz gehörende Bewegung versucht, weitere 1200 Einheiten zur Auslieferung anzufordern. Die Unmöglichkeit eines solchen Vorhabens schlägt sich in der Meldung nieder, die in der Protokolldatei zu sehen ist. Bei einer Bestandsmenge von 509 und einer bestellten Menge von 500, die nach der Subtraktion des Zuganges von 500 Einheiten im alten Stammsatz verblieben ist, ergibt die Summe aus Bestandsmenge und bestellter Menge einen niedrigeren Wert als die Mindestbestandsmenge; somit wird eine weitere Bestellung von 500 Einheiten ausgelöst (aus der Bestelldatei zu ersehen). Damit wird die bestellte Menge im alten Stammsatz wieder auf den ursprünglichen Wert von 1000 gebracht; dieser Wert wird dann auch in den neuen Stammsatz übernommen.

Eine Durchsicht der anderen Transaktionen wird zeigen, daß die verschiedenen Bewegungsarten sowie die verschiedenen Berichtigungen korrekt durchgeführt und daß alle fehlerhaften Bewegungen in geeigneter Weise festgehalten wurden. Abschließend sei betont, daß es sich hier nicht um einen erschöpfenden Test handelt, sondern um einen, der uns fürs erste befriedigt. Er schließt alle Möglichkeiten ein, für die das Programm entworfen wurde und er beweist zumindest, daß im Programm keine offenkundigen groben Fehler mehr stecken.

KONTROLLFRAGEN

1. In der Abb. 12.35 ist ein Pseudocode zu sehen, der die Logik des Mischprogrammes ohne Reihenfolgeprüfung darstellt. Zeigt dieser Pseudocode die gleiche Logik, die dem in den Abb. 12.2 und 12.3 aufgeführten Programm zugrundeliegt? Könnte das **COBOL**-Programm in dieser Weise geschrieben werden, d.h. ohne separate Paragraphen für die **READ**-Anweisungen?

```
MISCHPROGRAMM
=============
eröffnen dateien
lesen satz aus datei-1;
         bei dateiende    übertragen von HIGH-VALUES nach schlüssel-1
lesen satz aus datei-2;
         bei dateiende    übertragen von HIGH-VALUES nach schlüssel-2
PERFORM-UNTIL    schlüssel-1 = HIGH-VALUES und
                 schlüssel-2 = HIGH-VALUES
      IF  schlüssel-1 kleiner als schlüssel-2  THEN
             schreiben ausgabe-satz von satz aus datei-1
             lesen satz aus datei-1; bei dateiende
                    übertragen von HIGH-VALUES nach schlüssel-1
      ELSE
             schreiben ausgabe-satz von satz aus datei-2
             lesen satz aus datei-2; bei dateiende
                    übertragen von HIGH-VALUES nach schlüssel-2
      ENDIF
ENDPERFORM
abschließen dateien
stopp
```

Abb. 12.35 *Pseudocode für ein Mischprogramm ohne Reihenfolgeprüfung*

2. Bei einer Anwendung mit einer Dateiaktualisierung seien die Sätze der Stammdatei in aufsteigender, die der Bewegungsdatei hingegen in absteigender Schlüsselfolge angeordnet. Kann man sich eine Programmlogik ausdenken, die unter diesen Voraussetzungen für ein Aufdatieren der Stammdatei sorgen kann? Wenn diese Frage verneint wird, was muß dann getan werden, damit die Bewegungen verarbeitet werden können?

3. Angenommen, bei einer Anwendung zur Aktualisierung einer Stammdatei sei dieselbe verloren gegangen oder zerstört worden. Durch welche Vorkehrungen kann die Stammdatei wieder rekonstruiert werden?

4. Angenommen, in der alten Stammdatei (siehe Abb. 12.10), die als Eingabedatei des Programmes **AUFDAT1** (siehe Abb. 12.8 und 12.9) dient, seien die beiden ersten Sätze vertauscht. Was würde das Programm **AUFDAT1** dann bei derselben Bewegungsdatei ausgeben?

Was würde andererseits geschehen, wenn die alte Stammdatei korrekt wäre, aber stattdessen die beiden ersten Sätze der Bewegungsdatei vertauscht wären?

5. Es sei angenommen, daß die Bewegungen, die ein Lagerteil betreffen, zuerst aus einer Anzahl von Abgängen bestehen; zum Schluß folgt die Löschung. Könnte die Logik des Programmes **AUFDAT2** (siehe Abb. 12.11 und 12.12) mit dieser Situation fertig werden?

6. Was würde geschehen, wenn in einer für das Programm **AUFDAT2** (siehe Abb. 12.11 und 12.12) bereitgestellten Bewegungsdatei für einen Lagerartikel zuerst die Löschung, danach Abgänge oder Zugänge verbucht werden sollen?

7. Man glaubt im allgemeinen, daß man durch Eintragungen mit der Stufennummer **88** die Lesbarkeit eines Programmes verbessern kann. So ist beispielsweise eine **IF**-Anweisung wie

    IF ZUGANG · · ·

leichter (ohne Blick in den Datenteil) zu verstehen als die gleichwertige Anweisung

    IF BW-CODE = '1' · · ·

Kann man sich einen Sachverhalt vorstellen, bei dem die Lesbarkeit für die zweite Schreibweise spricht?

8. Die letzten drei Fassungen des Programmes für die Aufdatierung einer Stammdatei, angefangen also beim Programm **AUFDAT3** (siehe Abb. 12.14 und 12.17), prüfen die Bewegungsdatei und die (alte) Stammdatei auf Reihenfolgefehler, verzichten jedoch bei der neuen Stammdatei auf eine derartige Prüfung. Könnte man sich Beweggründe denken, die für eine Reihenfolgeprüfung auch bei der Ausgabe sprechen?

ANTWORTEN AUF DIE KONTROLLFRAGEN

1. Es liegt die gleiche Logik vor. Das Programm könnte also unter Zugrundelegung des aufgeführten Pseudocodes geschrieben werden, aber die Benutzung separater Paragraphen für die Eingabe führt sicherlich zu einem Code, der leichter gelesen und einfacher geändert werden kann.

2. Es kann keine Programmablauflogik für das Aufdatieren sequentiell organisierter Dateien aufgesetzt werden, wenn nicht die Sätze beider Dateien (Stammdatei und Bewegungsdatei) nach dem gleichen Schlüssel gleichartig, d.h. entweder aufsteigend oder absteigend, angeordnet sind. Unter gewissen begrenzten Umständen (z.B. Vorhandensein bestimmter Speichermedien und Verfügbarkeit spezieller Le-

setechniken) kann man einen Weg finden, eine gemäß der Aufgabenstellung sortierte Bewegungsdatei unter Beibehaltung der bekannten Programmlogik zu verarbeiten. Die bessere Lösung bleibt aber auf jeden Fall, daß man vorher die Bewegungen so sortiert, daß die Bewegungsdatei genau so angeordnet ist wie die Sätze der Stammdatei.

3. Das Aufdatierungsprogramm muß mit früheren, zueinander passenden Exemplaren der Stammdatei und der Bewegungsdatei ausgeführt werden. Für diesen Zweck werden gewöhnlich Kopien von Stammdateien und Bewegungsdateien eine Zeitlang aufbewahrt (Generationsprinzip!).

4. Das Programm würde die fehlerhafte Stammdatei korrekt verarbeiten. Zunächst würde es die Gleichheit der Schlüssel beim ersten Stammsatz und beim ersten Bewegungssatz feststellen, dadurch den ersten Stammsatz aufdatieren und den nächsten Bewegungssatz lesen. Dieser würde die Ausgabe der ersten drei Stammsätze erzwingen, auch wenn sie nicht in der richtigen Reihenfolge angeordnet sind. Alles übrige würde wie bisher ablaufen.
Beim Vertauschen der ersten beiden Bewegungssätze würde das Programm solange Stammsätze lesen, bis der mit dem Schlüssel 00021 gefunden wird. Es kommt dann zur Aktualisierung dieses Satzes. Nach dem Lesen des nächsten Bewegungssatzes, des zweiten also, vergleicht die Aufdatierungslogik den Schlüssel 00021 des alten Stammsatzes mit dem Schlüssel 00008 des soeben gelesenen Bewegungssatzes. Da der Stammsatzschlüssel nicht kleiner als der Schlüssel des Bewegungssatzes ist, würde es zu einer Aktualisierung des Stammsatzes kommen. Dadurch käme es zur Aufnahme eines falschen Satzes in die neue Stammdatei. Die nachfolgenden Sätze würden wie bisher korrekt verarbeitet.

5. Ja

6. Eine solche Konstellation der Bewegungssätze dürfte eigentlich niemals vorkommen, da alle Bewegungen für irgendeinen Schlüssel gemäß Voraussetzung nach den Bewegungscodes sortiert sind. Da ein solcher Fehler jedoch denkbar ist, sollte im Programm die Reihenfolgeprüfung bei der Bewegungsdatei erweitert werden; sie sollte auf die Bewegungscodes ausgedehnt werden.
Zur Beantwortung der aufgeworfenen Frage ist jedoch zu sagen, daß die erste Bewegung nach der Löschung hier als Hinzufügung aufgefaßt und damit einen völlig falschen Stammsatz erzeugen würde. Die bescheidenen Prüfungen, die in das Programm **AUFDAT2** eingebaut sind, würden diesen Fehler erfassen.

7. Beim Testen eines Programmes oder bei der Fehlersuche in einem Programm muß man ausfindig machen, ob das Programm unter Berücksichtigung spezieller Daten, d.h. von Testdaten, einwandfrei arbeitet. Es spielt dabei keine Rolle, ob es sich dabei um das Originalprogramm oder um ein im Zuge von Wartungen geändertes Programm handelt. In diesem Stadium ist es natürlich vorteilhaft, wenn man die echten Werte der Datenelemente kennt und nicht die in erster Linie nur beschreibenden Bedingungsnamen. Da sich der Programmierer die aktuellen Codes ohnedies einprägen muß, kann man argumentieren, daß es wünschenswerter sei, die **IF**-Anweisungen mit diesen Codes zu formulieren und erforderlichenfalls ihre Bedeutung zu kommentieren. Das gegenteilige Argument äußert sich dahingehend, daß das Testen im allgemeinen nur eine kurzzeitige Tätigkeit ist und daß es vielmehr weitaus besser wäre, wenn man imstande ist zu ermitteln, welche Funktion das Programm vermutlich ausführen muß. Diesen Ansprüchen genügen sicher die Bedingungsnamen besser. Überdies kann man sich bei der Zusammenstellung der Testdaten auf den Datenteil stützen.

8. Es scheint zunächst sinnlos zu sein, die Ausgaben einer Reihenfolgeprüfung zu unterziehen, da die einzigen Möglichkeiten, die zu Reihenfolgefehlern bei Ausgabedateien führen können, ziemlich selten vorkommen. Einerseits könnte so etwas geschehen, wenn in der Eingabedatei Reihenfolgefehler vorhanden sind, die das Programm aber bei der Verarbeitung nicht bemerkt. Andererseits könnte die Ursache auch bei nicht entdeckten Maschinenfehlern liegen. Eine dritte Möglichkeit wäre eine fehlerhafte Programmlogik. Gegen die genannten drei Punkte könnte man natürlich einwenden, daß eine unentdeckte Fehlfunktion bei Computern so gut wie niemals vorkommen kann und daß die beiden anderen Fehlerarten sehr unwahrscheinlich sind, wenn ein Programm sorgfältig ausgetestet worden ist.

Da jedoch ein Reihenfolgefehler in der neuen Stammdatei äußerst schwerwiegende Folgen nach sich ziehen kann, ja sogar den nachfolgenden Verarbeitungszyklus völlig unbrauchbar machen kann, wird es mitunter wünschenswert sein, daß man eine solche Prüfung in ein Programm einbaut. Die Untersuchung, ob ein solcher wirklich sehr unwahrscheinlicher Fehler auftritt, macht ein Programm kaum komplizierter und beansprucht auch nur sehr wenig zusätzliche Maschinenzeit. Besonders in der Testphase ist eine solche Prüfung sinnvoll, zumindest bis zu dem Zeitpunkt, an dem man erstmals mit Sicherheit weiß, daß die Programmlogik einwandfrei funktioniert. Zugestandenermaßen wird das bei den im Einsatz befindlichen Programmen nach Beendigung der Testphase kaum noch praktiziert.

ÜBUNGSAUFGABEN

Die Lösungen der mit einem Sternzeichen versehenen Übungsaufgaben befinden sich im Anhang D dieses Buches.

*1. Bisweilen sollten die zu mischenden Dateien keine einander entsprechenden Sätze aufweisen, d.h. Sätze mit gleichen Schlüsseln. Es ist der Pseudocode für ein Mischprogramm anzufertigen, in das die beiden folgenden Fehlerprüfungen eingebaut sind:
   a) Beide Eingabedateien sind auf Reihenfolgefehler zu untersuchen; beim Auftauchen eines solchen Fehlers ist der Programmablauf abzustoppen.
   b) Wenn die Schlüssel der Sätze von beiden Dateien übereinstimmen, ist ebenfalls der Programmablauf abzustoppen.

2. Es ist der Pseudocode für ein Programm anzufertigen, das eine Eingabedatei auf Reihenfolgefehler und auch auf doppelte Sätze überprüft. Das Programm soll bei Vorliegen einer dieser beiden Bedingungen eine geeignete Fehlermeldung ausgeben und danach beendet werden. Nach Fertigstellung des Pseudocodes ist das Programm in **COBOL** zu codieren.

*3. Es ist ein Programm zum Mischen von drei Dateien zu schreiben, das Reihenfolgeprüfungen für alle drei Dateien enthält. Nach Voraussetzung sind die Sätze dieser drei Dateien nach aufsteigenden Schlüsseln sortiert.

4. Das Programm **AUFDAT5** (siehe Abb. 12.25 bis 12.29) prüft den Schlüssel, den Bewegungscode und den Übernahmecode bei den Sätzen der Bewegungsdatei, aber setzt stillschweigend voraus, daß die Menge, die bestellte Menge, die Mindestbestandsmenge und die Bestellmenge in gültiger Form vorliegen. Das Programm **AUFDAT5** ist so zu erweitern, daß es diese vier Felder auf ihre numerische Beschaffenheit hin untersucht. Erst nach der Bestätigung des Inhaltes dieser Felder soll ein Bewegungssatz als gültig betrachtet werden. Das Programm sollte stets alle Felder prüfen und nicht gleich nach der Entdeckung des ersten Fehlers stoppen. Das bedeutet: Wenn mehr als ein Fehler festgestellt wird, soll der Bewegungssatz nur ein einziges Mal in die Protokolldatei ausgegeben werden, aber Fehlermeldungen sind für jedes fehlerhafte Feld in die Protokolldatei zu stellen. Wir empfehlen, die Gültigkeitsuntersuchungen für den Bewegungscode und den Übernahmecode auf die gleiche Programmstelle zu verschieben, so daß alle Prüfungen mit Ausnahme der Reihenfolgeprüfung als Teil des Eingabeprozesses erscheinen. Mit anderen Worten, wenn ein Bewegungssatz als gültig aner-

kannt ist, sollte er keine Datenfehler mehr aufweisen, ausgenommen einer (möglichen) Nichtübereinstimmung mit einem (alten) Stammsatz. Gleichgültig, wieviele Fehler in einem Bewegungssatz gefunden werden, es ist jeweils nur 1 zum Fehlerzähler zu addieren.

*5. Das Programm **AUFDAT2** (siehe Abb. 12.11 und 12.12) und die nachfolgenden Programme arbeiten nicht einwandfrei, wenn einem hinzuzufügenden Satz weitere Bewegungen mit dem gleichen Schlüssel folgen. Die Programme sind nun so zu modifizieren, daß auch eine Hinzufügung mit nachfolgenden Bewegungen verschiedener Art korrekt behandelt werden kann. Das ist viel schwieriger, als es sich anhört. Deshalb versuche man erst, dieses Programm am relativ einfachen Programm **AUFDAT2** zu lösen, bevor man sich mit dem Programm **AUFDAT5** (siehe Abb. 12.25 bis 12.29) beschäftigt.

*6. Man modifiziert das Programm **AUFDAT5** (siehe Abb. 12.25 bis 12.29) so, daß es zwischen Reihenfolgefehlern und Fehlern bei den Bewegungsdaten unterscheidet. Fehler in der Bewegungsdatei, die keine Reihenfolgefehler sind, sollten bis zu einer Maximalzahl (hier: 100) zugelassen werden. Man muß stets mit solchen Fehlern rechnen, aber da sie keine anderen Bewegungen beeinflussen, sind sie auch nicht als allzu schwierig zu betrachten. Da die Reihenfolgefehler jedoch gewöhnlich einen Programmablauf unbrauchbar machen und erheblichen Verdruß bereiten, besonders bei ihrem Auftreten in der Stammdatei, sind alle Reihenfolgefehler lückenlos aufzulisten. Es sind insgesamt höchstens 10 Reihenfolgefehler bei der Bewegungsdatei erlaubt, bei der alten Stammdatei grundsätzlich nicht ein einziger. Bei Überschreitung von einer der genannten Fehlerzahlen ist die Ausführung des Programmes abzustoppen.

7. Das Programm **AUFDAT5** (siehe Abb. 12.25 bis 12.29) ist wie folgt abzuändern:
Wenn zur Erfüllung eines Abganges der Lagervorrat (die Bestandsmenge) nicht ausreicht, soll die gesamte Bestandsmenge ausgeliefert und die Differenz zwischen der angeforderten Abgangsmenge und der Bestandsmenge auf den Inhalt eines neuen Feldes im Stammsatz addiert werden, das wir als „*offene Abgangsmenge*" bezeichnen wollen.

8. (*Diese Übungsaufgabe eignet sich für die Aufsetzung und Durchführung eines Projektes.*)
Die Verdienstabrechnungssätze einer Großfirma in den USA weisen den nachfolgenden Aufbau auf:

Stellen 1 bis 5:	Personalnummer	– 9(5)
Stellen 6 bis 30:	Name des Mitarbeiters	– X(25)

Stellen 31 bis 39:	Sozialversicherungsnummer	– 9(9)
Stellen 40 bis 47:	Aufgelaufener Jahresverdienst (Brutto)	– 9(6)V99
Stellen 48 bis 55:	Aufgelaufene Bundessteuern im Jahr	– 9(6)V99
Stellen 56 bis 62:	Aufgelaufene Staatssteuern im Jahr	– 9(5)V99
Stellen 63 bis 69:	Aufgelaufene Kommunalabgaben im Jahr	– 9(5)V99
Stellen 70 bis 77:	Aufgelaufener Jahresverdienst (Netto)	– 9(6)V99
Stelle 78:	Art der Bezahlung	– X
	–H Lohnempfänger	
	–S Gehaltsempfänger	
Stellen 79 bis 85:	Wochengehalt (bei Gehaltsempfängern)	– 9(5)V99
	oder Stundenlohn (bei Lohnempfängern)	– BBB99V99
Stellen 86 und 87:	Code der Kommunalverwaltung	– 99
	(Schüssel der Kommune)	

Diese (Stamm-)Datei ist durch drei verschiedenartige Bewegungen zu aktualisieren. Die Formate und die Zweckbestimmung der drei Arten von Bewegungssätzen sind nachfolgend aufgeführt:

1) *Einstellung eines neuen Mitarbeiters (Hinzufügung eines neuen Stammsatzes)*

Stelle 1:	Satzart (hier: A)	– X
Stellen 2 bis 6:	Personalnummer	
Stellen 7 bis 31:	Mitarbeitername	
Stellen 32 bis 40:	Sozialversicherungsnummer	
Stelle 41:	Art der Bezahlung (H oder S)	
Stellen 42 bis 48:	Wochengehalt (bei S) oder Stundenlohn (bei H)	
Stellen 49 bis 50:	Code der Kommunalverwaltung	

2) *Entlassung von Mitarbeitern (Löschen eines alten Stammsatzes)*

Stelle 1:	Satzart (hier: B)	– X
Stellen 2 bis 6:	Personalnummer	

3) *Satz mit dem Wochenlohn (nur bei Lohnempfängern)*

Stelle 1:	Satzart (hier: C)	– X
Stellen 2 bis 6:	Personalnummer	
Stellen 8 bis 12:	Abteilungsnummer	– X(5)
Stellen 13 bis 16:	Wöchentliche Arbeitsstunden	– 99V99

Anmerkungen: a) Die Aufgabenstellung ist auf die Verhältnisse in den USA zugeschnitten.
b) Alle Beträge sind in Dollar angegeben.
c) Alle Steuersätze sind in Prozenten vorgegeben.
d) Die rechts außen stehende Zeichenfolge entspricht der **PICTURE**-Zeichenfolge von **COBOL**. Fehlt eine solche Angabe bei den verschiedenen Bewegungssätzen, so ist sie bereits beim Stammsatz aufgeführt.

Die Bewegungsdatei mit den wöchentlichen Verdiensten ist nach aufsteigenden Personalnummern sortiert und innerhalb gleicher Personalnummern aufsteigend nach den Satzarten. Das zu entwikkelnde Verdienstabrechnungsprogramm soll zwei Listen produzieren. Die erste Liste ist die wöchentliche Verdienstliste. Für jeden Mitarbeiter, der während der abgelaufenen Woche bezahlt wurde, ist eine Zeile in diese Liste aufzunehmen, die den folgenden Aufbau aufweist:

Stellen 1 bis 5:	Personalnummer	--- **PIC 9(5)**
Stellen 8 bis 32:	Mitarbeitername	--- **PIC X(25)**
Stellen 35 bis 43:	Bruttoverdienst	--- **PIC ZZ,ZZ9.99**
Stellen 46 bis 54:	Gesamtabzüge	--- **PIC ZZ,ZZ9.99**
Stellen 57 bis 65:	Nettoverdienst	--- **PIC ZZ,ZZ9.99**

Am Schluß der Liste soll eine Zeile mit der Summe der Bruttoverdienste, der Summen aller Abzüge und der Summe der Nettoverdienste, d.h. der auf die Firma bezogenen Gesamtbeträge, erscheinen. Auf jeder Seite soll außerdem oben eine Zeile mit den Spaltenüberschriften stehen.

Alle Gehaltsempfänger werden wöchentlich bezahlt. Lohnempfänger erhalten in jeder Woche Lohn nur dann, wenn für sie Lohnsätze vorliegen. Da ein Lohnempfänger in einer Woche in mehr als einer Abteilung tätig sein kann, kann für ihn auch mehr als ein Lohnsatz anfallen. Die Bezahlung der Lohnempfänger richtet sich nach der Summe der Arbeitsstunden, unabhängig von der Abteilung (den Abteilungen), in denen diese Stunden geleistet wurden. Für die ersten 37,5 Arbeitsstunden in der Woche wird ein Grundlohn gezahlt, der gleich dem im Stammsatz verzeichneten Stundenlohn ist. Für die über 37,5 Stunden hinausgehenden Arbeitsstunden wird das 1,5-fache des Grundlohnes gezahlt.

Die Abzüge setzen sich aus der Bundessteuer (25% des Bruttoverdienstes), der Staatssteuer (5% des Bruttoverdienstes) und den Kommunalabgaben zusammen. Die Kommunalabgaben hängen vom Wohnort des Mitarbeiters ab. Der Code für die betreffende Kommunalverwaltung steht auf den Stellen 86 und 87 des Stammsatzes. Unter Berücksichtigung des Codes für die Kommunalverwaltung werden die Kommunalabgaben gemäß folgender Tabelle errechnet:

Code für die Kommunalverwaltung	*Prozentsatz des Bruttoverdienstes zur Berechnung der Kommunalabgaben (Steuersatz)*
03	1,50%
07	2,00%
15	5,25%
23	3,75%
77	2,50%

Der Nettoverdienst der Mitarbeiter ist gleich dem Bruttoverdienst minus der Summe aller Abzüge.

Nach Errechnung der einzelnen Angaben für einen Mitarbeiter sind die im Stammsatz des betreffenden Mitarbeiters vorhandenen verschiedenen Summenfelder für die abgelaufenen Beträge fortzuschreiben. Dazu sind die laufenden, zuvor errechneten Beträge von Bruttoverdienst, Bundessteuer, Staatssteuer, Kommunalabgaben und Nettoverdienst zu den entsprechenden, bisher im Jahr aufgelaufenen Summen zu addieren. Nach der Aufdatierung muß der Verdienstabrechnungssatz in die neue Stammdatei übernommen werden. Natürlich muß bei Lohnempfängern stets ein neuer Stammsatz geschrieben werden, d.h. ohne Rücksicht darauf, ob der betreffende Mitarbeiter in der abgelaufenen Woche entlohnt wurde oder nicht.

Die zweite, vom Verdienstabrechnungsprogramm zu erzeugende Liste soll ein Protokoll über die Personalveränderungen in der abgelaufenen Woche enthalten. Bei einer Neueinstellung ist ein neuer Verdienstabrechnungssatz in die Stammdatei aufzunehmen. Im neuen Satz sind dabei zunächst allen Feldern für die aufgelaufenen Beträge Nullen als Anfangswerte zuzuweisen. Danach ist in die Protokolldatei eine Mitteilung zu schreiben, die Personalnummer, Mitarbeitername, Sozialversicherungsnummer, Art der Bezahlung (stündlich oder wöchentlich), Wochengehalt oder Stundenlohn sowie den Code für die Kommunalverwaltung enthält. Ferner muß aus der Mitteilung ersehen werden können, daß es sich um die Einstellung eines neuen Mitarbeiters bzw. einer neuen Mitarbeiterin handelt.

Bei einer Entlassung ist der Verdienstabrechnungssatz des betreffenden Mitarbeiters in der Stammdatei zu löschen und in die Protokolldatei eine zweckentsprechende Mitteilung zu schreiben. Diese muß alle Daten des zu löschenden Stammsatzes enthalten. In einem praktisch zum Einsatz kommenden Verdienstabrechnungssystem werden die Sätze ausscheidender Mitarbeiter nicht wirklich aus dem System entfernt; zu Zwecken der Steuerabrechnung werden sie mindestens noch bis zum Ende des laufenden Jahres mitgeführt. Jedoch können sie aus Effektivitätsgründen in eine inaktive Datei ausgelagert werden.

Der Entwurf des Aufbaus der Protokolldatei bleibt denen überlassen, die sich mit diesem Programm beschäftigen wollen. Sie sollten dabei jedoch an die Leute denken, die von Beruf keine Programmierer sind und doch die ausgedruckte Liste der Protokolldatei studieren müssen. Sie haben üblicherweise keine Zeit und Lust, erst zu raten, welche Bedeutung die auf der Liste stehenden Informationen wohl haben könnten. Listen sind deshalb so nützlich wie nur irgend-

wie möglich zu entwerfen und nicht zum Zwecke der Minimierung des zum Schreiben des Programmes erforderlichen Aufwands.
Zusätzlich sollte das Verdienstabrechnungsprogramm noch die folgenden Eigenschaften aufweisen:
Angenommen, daß ein Bewegungssatz Fehler enthalten kann. Um gültig zu sein, muß eines der Kennzeichen **A, B** oder **C** im Feld für die Satzart verzeichnet sein. Bei einem Satz mit der Satzart **A** müssen die Personalnummer, die Sozialversicherungsnummer, das Wochengehalt oder der Stundenlohn sowie der Code für die Kommunalverwaltung numerisch sein. Die Art der Bezahlung muß durch **S** oder **H** gekennzeichnet sein. Bei Lohnempfängern darf der Stundenlohn außerdem den Betrag von 99.99 Dollar nicht übersteigen. Bei Sätzen mit der Satzart **B** muß die Personalnummer numerisch angegeben sein, der Rest des Satzes muß Leerzeichen enthalten. Sätze mit der Satzart **C** müssen in den Feldern für die Personalnummer, für die Abteilungsnummer und für die wöchentlichen Arbeitsstunden numerische Werte aufweisen. Außerdem darf die Zahl der wöchentlichen Arbeitsstunden 80.00 nicht überschreiten. – Für Sätze mit der Satzart **A** *darf* es in der alten Stammdatei *keinen* Satz geben, der die gleiche Personalnummer aufweist. Für Sätze mit den Satzarten **B** und **C** *muß* hingegen in der alten Stammdatei unbedingt *ein* Satz mit der gleichen Personalnummer vorhanden sein.

13. Handhabung von Tabellen

13.1 Einführung

In diesem Kapitel werden wir die Möglichkeiten besprechen, die **COBOL** zur Behandlung zusammengehöriger Elemente mit Hilfe der *Indizierung* bietet. Man kann dadurch eine große Anzahl Daten unter einem Namen ansprechen. Ein einzelnes Element kann aus dieser Gruppe über seinen *Index* (*Normalindex* oder *Spezialindex*) ausgewählt werden.

Anmerkungen des Übersetzers
    Um die in einer solchen Gruppe gleichartiger Elemente, die gewöhnlich auch als *Tabelle* oder *Matrix* bezeichnet wird, enthaltenen Elemente unterscheiden zu können, braucht man Unterscheidungsmerkmale, durch die die Stellung des Elementes innerhalb der Tabelle eindeutig bestimmt ist. Derartige Unterscheidungsmerkmale werden *Indizes* genannt.
    Von der Mathematik und den Naturwissenschaften her ist es uns geläufig, daß die Ansprache eines Elementes aus einer Menge gleichartiger Elemente mittels tiefergestellter Zahlen oder Begriffe in kleinerer Schrift erfolgt, z.B. a_1, x_{12}, t_{max} usw. Diese Tieferstellung führte für **COBOL** dazu, daß solche *„normalen"* Indexe als *Subskripte* bezeichnet werden. Wir werden beide Begriffe verwenden, also das eine Mal *„Normalindex"*, das andere Mal *„Subskript"* sagen. **COBOL** kennt neben den Subskripten noch eine zweite Art der Elementauswahl, die wegen ihrer speziellen Form als *„Spezialindizierung"* bezeichnet wird. Über diese *„Spezialindexe"* werden wir uns zu gegebener Zeit ebenfalls unterhalten. – Nach DIN 66028 sind die beiden Begriffe *„Normalindex"* und *„Spezialindex"* genormt; wir gebrauchen sie deshalb vorrangig vor den beiden englischen Begriffen *„subscript"* bzw. *„index"*, die bei der Festlegung von **COBOL** verwendet wurden. Die Programmierer sollten aber diese englischen Begriffe ebenfalls kennen, denn sie werden früher oder später mit ihnen konfrontiert.

13.2 Die Grundlagen der Normalindizierung

Nehmen wir einmal an, daß wir im Arbeitsspeicher eine Liste von 100 Kontonummern mit je 6 Stellen für die Verarbeitung bereithalten wollen. Jeder Kontonummer könnten wir einen eigenen Namen geben, z.B. **KONTONR-1, KONTONR-2, KONTONR-3** usw. bis zu **KONTONR-100**. Im Datenteil müßte dann eine Eintragung für jeden dieser Namen stehen. Im nachfolgenden wollen wir das einmal kurz skizzieren:

```
01   KONTONUMMERN-GRUPPE.
     05   KONTONR-1           PIC 9(6).
     05   KONTONR-2           PIC 9(6).
     :
     05   KONTONR-99          PIC 9(6).
     05   KONTONR-100         PIC 9(6).
```

Es wäre sowohl für den Programmierer als auch für den Kompilierer eine große Zeitverschwendung, einen solchen Code niederzuschreiben bzw. zu kompilieren. Hinzu käme, allein schon aus Ermüdung oder Unachtsamkeit, eine hohe Fehleranfälligkeit. Außerdem würde ein solches Sammelsurium von Namen in vielen Fällen zu einem hoffnungslos unübersichtlichen Prozedurteil führen.

Bei Benutzung von Normalindexen können wir stattdessen allen Elementen dieser Liste einen gemeinsamen Namen geben, beispielsweise den Namen **KONTONUMMERN**. Wir müssen natürlich nun noch dem Kompilierer mitteilen, daß der von uns vergebene Name für 100 Elemente steht und nicht nur für ein Element; hierzu ergänzen wir die entsprechende Eintragung im Datenteil durch die Klausel

OCCURS 100 TIMES.

Eine Liste mit Datenelementen gleicher Eigenschaft wird *„Tabelle"* genannt. Eine *Tabellenerklärung* sieht im Datenteil wie folgt aus:

01 TABELLE-VON-KONTONUMMERN
   05 KONTONUMMERN PIC 9(6) OCCURS 100 TIMES.

Damit weiß der Kompilierer, daß **KONTONUMMERN** der Name von indizierten Datenelementen ist, von denen insgesamt 100 vorhanden sind; jedes Element weist dabei sechs Ziffernstellen auf. Dem Namen **KONTONUMMERN** wurde die Stufennummer **05** gegeben, denn die **OCCURS**-Klausel darf nicht Namen zugesellt werden, die auf den Stufen **01** und **77** erscheinen. Der in der obigen Eintragung mit der Stufennummer **01** versehene Name ist der Name der Datengruppe, zu der die Tabelle gehört, hier also der *„Tabellenname"*; er steht in keiner Beziehung zum Namen der Sammlung indizierter Datenelemente. Der Name mit der Stufennummer **01** schließt jedoch stillschweigend ein, daß nun die Elemente von **KONTONUMMERN** in einem **COBOL**-Programm als Tabelle angesehen werden.

Wenn wir im Prozedurteil ein bestimmtes Element der 100 in der Tabelle vorhandenen Elemente ansprechen wollen, müssen wir auf den gemeinsamen Elementnamen eine in Klammern gestellte ganze Zahl zwischen 1 und 100 folgen lassen. Eine Bezugnahme auf das erste Tabellenelement erfordert also die Niederschrift von

KONTONUMMERN (1)

Das 14. Tabellenelement anzusprechen, verlangt in gleicher Weise die Niederschrift von

KONTONUMMERN (14)

13.2 Die Grundlagen der Normalindizierung

Aus Gewohnheit schieben wir zwischen dem gemeinsamen Elementnamen und der geöffneten Klammer ein Leerzeichen ein, obgleich das bei **COBOL-85** nicht mehr erforderlich ist.

Wenn die einzige Möglichkeit, sich auf ein spezielles Tabellenelement zu beziehen, in der Benutzung numerischer Literale als Normalindizes bestehen würde, müßte man freilich erhebliche Beschränkungen in Kauf nehmen. Man kann aber auch eine *Variable* als *Normalindex* benutzen; beispielsweise können wir schreiben

KONTONUMMERN (NR)

Die Variable **NR** muß als ganzzahliges Datenelement definiert sein, dem in vorhergehenden Anweisungen ein Wert zugewiesen sein muß. Der jeweilige Wert von **NR** dient zur Auswahl des entsprechenden Elementes aus der mit **TABELLE-VON-KONTONUMMERN** bezeichneten Tabelle. Es liegt in der Verantwortung des Programmierers, daß der Wert eines Normalindex nicht kleiner als 1 ist, aber auch nicht größer als die Anzahl der in der Tabelle vorhandenen Elemente. Bei einem Index außerhalb dieser Grenzen hängt das Resultat der Elementansprache vom eingesetzten Kompilierer ab. Die **COBOL**-Kompilierer der IBM erzeugen z.B. einen Maschinencode, der bei Überschreitung von Indexgrenzen Warnungen unterläßt, d.h. es werden keine Fehlernachrichten ausgegeben. Das ablaufende Programm greift einfach nur zu dem Wert zu, der in dem entsprechenden benachbarten Speicherplatz enthalten ist, dessen Adresse aus dem Index errechnet wurde. Andere Kompilierer können während des Kompilierens Warnungen ausgeben, natürlich nur dann, wenn ein solcher Fehler bemerkt werden kann. Und schließlich gibt es auch Kompilierer, die einen Maschinencode erzeugen, der dafür sorgt, daß bei Überschreitung von Indexgrenzen der Programmablauf abrupt abgebrochen wird.

In dem soeben aufgeführten Beispiel wird **NR** als Normalindex benutzt. Man kann ein solches Datenelement entweder als binäres Datenelement (Gebrauch von **COMPUTATIONAL** bzw. **BINARY**) oder als dezimales Datenelement (Gebrauch von **DISPLAY** oder **COMPUTATIONAL-3** bzw. **PACKED-DECIMAL**) erklären. Im Objektprogramm wird jedoch ein Subskript stets in die Binärform konvertiert, sofern er nicht bereits in dieser Form definiert ist. Deshalb ziehen wir es vor, binäre Datenelemente als Subskripte zu verwenden, es sei denn, es läge ein triftiger Grund vor, auf eine andere Datendarstellung auszuweichen. Man erreicht das durch die Niederschrift von **COMPUTATIONAL SYNC** bzw. **BINARY SYNC** in der entsprechenden Datenteileintragung am zweckmäßigsten. Bei unserem obigen Beispiel könnten wir also codieren:

```
01  NR                PIC 999 COMP SYNC.
```

Eintragungen mit der Stufennummer **01** werden bei einigen Kompilierern von Haus aus bereits auf Doppelwortgrenzen ausgerichtet. Die Niederschrift von **SYNC** kann man sich also in derartigen Fällen ersparen, aber der Deutlichkeit halber haben wir hier die gezeigten Klauseln aufgeführt.

13.3 Ein einfaches Programm mit Normalindizierung

In der Abb. 13.1 werden Datenteil und Prozedurteil eines Programmes gezeigt, bei dem mittels der Normalindizierung eine Häufigkeitstabelle der Eingabedaten hervorgebracht wird. Uns liegt dabei eine Datei vor, deren Sätze neben anderen, hier nicht interessierenden Daten eine vierstellige Zahl enthalten, die eine Jahreszahl darstellt. Diese Jahresangabe sollte nur die Jahre 1986, 1987, 1988 oder 1989 umfassen. Das Programm soll in einer Ausgabezeile zeigen, wieviele Sätze für jedes einzelne Jahr in der Datei vorliegen und wieviele Sätze vorhanden sind, die keines der genannten vier Jahre betreffen.

Das Programm arbeitet mit der Tabelle **JAHRES-TABELLE**, die aus vier Elementen mit dem gemeinsamen Elementnamen **JAHRES-ZAEHLER** besteht, die zu Zählzwecken dienen. Im Arbeitsspeicherkapitel erkennt man diese Tabelle an der **OCCURS**-Klausel, in der durch den Zusatz **4 TIMES** festgelegt ist, daß zu ihr 4 Elemente gehören. Da diese vier Elemente nur in arithmetische Operationen sowie als Ausgangs- oder Sendeelement in **MOVE**-Anweisungen eingehen, wird das Programm ein wenig effizienter (läuft schneller ab!), wenn wir die Tabellenelemente als binär mittels **COMPUTATIONAL** erklären. Das Datenelement **JAHRESINDEX** wird, der Name sagt es bereits aus, als Normalindex zum Ansprechen der Tabellenelemente gebraucht, es wird deshalb sinnvollerweise mit den Klauseln **COMPUTATIONAL** und **SYNCHRONIZED** erklärt.

Der Prozedurteil beginnt mit der Zuweisung des Anfangswertes Null zu allen Zählern, d.h. also zu den vier Tabellenelementen und zum Zähler derjenigen Sätze, die eine von den Jahren 1986 bis 1989 einschließlich abweichende Jahresangabe aufweisen. Dieser Zähler heißt im Programm **ABWEICHENDE-JAHRE-ZAEHLER**; er ist mit den gleichen Eigenschaften definiert, die den Tabellenelementen zugeordnet sind. Man muß irgendetwas zur Initialisierung der Tabellenelemente unternehmen, da es mit Ausnahme von **COBOL-85** nicht erlaubt ist, neben der **OCCURS**-Klausel auch die **VALUE**-Klausel zu gebrauchen. In den folgenden Abschnitten werden wir über andere Wege zur Initialisierung von Tabellen sprechen; abgesehen von einer Methode stellen alle anderen nur Variationen des hier beschrittenen Weges dar. **COBOL** besitzt keine Anweisung, die besagt „*übertrage diese Konstante zu allen Tabellenelementen*". Der Versuch, einen Anfangswert zu einer Datengruppe, hier **JAHRES-TABELLE**, übertragen zu wollen, ergibt häufig unkorrekte Ergebnisse.

```
      :
00013 DATA DIVISION.
00014
00015 FILE SECTION.
00016
00017 FD  EIN-DATEI
00018     LABEL RECORDS ARE OMITTED.
00019 01  EIN-SATZ.
00020     05   KONTO-NUMMER         PIC X(6).
00021     05   JAHR                 PIC 9(4).
00022     05   FILLER               PIC X(90).
00023 FD  BERICHTS-DATEI
00024     LABEL RECORDS ARE OMITTED.
00025 01  BERICHTS-SATZ.
00026     05   FILLER X.
00027     05   JAHRES-ZAEHLER-AUS   PIC S9(4) COMP SYNC
00028                               OCCURS 4 TIMES.
00029     05   ABWEICHENDE-JAHRE-ZAEHLER-AUS
00030                               PIC S9(4) COMP SYNC.
00031
00032 WORKING-STORAGE SECTION.
00033
00034 01  JAHRES-TABELLE.
00035     05   JAHRES-ZAEHLER       PIC S9(4) COMP SYNC
00036                               OCCURS 4 TIMES.
00037 01  ABWEICHENDE-JAHRE-ZAEHLER
00038                               PIC S9(4) COMP SYNC.
00039
00040 01  KENNZEICHEN-WEITERE-DATEN
00041                               PIC X     VALUE 'J'.
00042     88   WEITERE-DATEN                  VALUE 'J'.
00043     88   KEINE-WEITEREN-DATEN           VALUE 'N'.
00044
00045 01  JAHRESINDEX                PIC S9    COMP SYNC.
00046
00047 PROCEDURE DIVISION.
00048 A000-ZAEHLEN-DATEN.
00049     MOVE 0 TO JAHRES-ZAEHLER (1).
00050     MOVE 0 TO JAHRES-ZAEHLER (2).
00051     MOVE 0 TO JAHRES-ZAEHLER (3).
00052     MOVE 0 TO JAHRES-ZAEHLER (4).
00053     MOVE 0 TO ABWEICHENDE-JAHRE-ZAEHLER.
00054     OPEN  INPUT  EIN-DATEI
00055           OUTPUT BERICHTS-DATEI.
00056     PERFORM B010-JAHRESABHAENGIGES-ZAEHLEN
00057         UNTIL KEINE-WEITEREN-DATEN.
00058     PERFORM B020-SCHREIBEN-TABELLE.
00059     CLOSE EIN-DATEI
00060           BERICHTS-DATEI.
00061     STOP RUN.
00062
```

Abb. 13.1 Einfaches Programm zur Demonstration der Normalindizierung, 1. Teil

```
00063      B010-JAHRESABHAENGIGES-ZAEHLEN.
00064          READ EIN-DATEI
00065              AT END MOVE 'N' TO KENNZEICHEN-WEITERE-DATEN
00066          IF  WEITERE-DATEN
00067              IF JAHR IS LESS THAN 1986
00068                 OR IS GREATER THAN 1989
00069                 ADD 1 TO ABWEICHENDE-JAHRE-ZAEHLER
00070              ELSE
00071                 SUBTRACT 1985 FROM JAHR GIVING JAHRESINDEX
00072                 ADD 1 TO JAHRES-ZAEHLER (JAHRESINDEX).
00073      B020-SCHREIBEN-TABELLE.
00074          MOVE JAHRES-ZAEHLER (1) TO JAHRES-ZAEHLER-AUS (1).
00075          MOVE JAHRES-ZAEHLER (2) TO JAHRES-ZAEHLER-AUS (2).
00076          MOVE JAHRES-ZAEHLER (3) TO JAHRES-ZAEHLER-AUS (3).
00077          MOVE JAHRES-ZAEHLER (4) TO JAHRES-ZAEHLER-AUS (4).
00078          MOVE ABWEICHENDE-JAHRE-ZAEHLER
00079              TO ABWEICHENDE-JAHRE-ZAEHLER-AUS.
00080          WRITE BERICHTS-SATZ AFTER ADVANCING 2 LINES.
```

Abb. 13.2 *Einfaches Programm zur Demonstration der Normalindizierung, 2. Teil*

Der der Initialisierung der Tabelle folgende Programmcode ähnelt sehr dem in früheren Programmen verwendeten Code. Im Verarbeitungsparagraphen **B010-JAHRESABHAENGIGES-ZAEHLEN** holen wir uns zunächst einen Satz mit Informationen und untersuchen anschließend, ob die Jahresangabe in den Wertebereich von 1986 bis 1989 einschließlich fällt. Sollte das nicht der Fall sein, erhöhen wir den Zähler **ABWEICHENDE-JAHRE-ZAEHLER** um 1. Bei einer in den vorgesehenen Wertebereich fallenden Jahresangabe müssen wir 1 auf den augenblicklichen Wert des entsprechenden Tabellenelementes addieren. Wir müssen deshalb irgendwie eine Übereinstimmung zwischen der Jahreszahl 1986 und dem Normalindex 1 herstellen, ebenso zwischen 1987 und 2 usw. Wir können das auf eine recht einfache Weise erreichen, indem wir 1985 von der Jahresangabe subtrahieren: Wir erhalten dabei Ergebnisse zwischen 1 und 4. Diese Differenz kann nun als Normalindex benutzt werden.

Nach der Verarbeitung aller in der Eingabedatei stehenden Sätze müssen alle Werte in die Ausgabezeile übertragen werden. Diese ist nach vollendeten Übertragungen auszugeben. Die Übertragungen können mit indizierten Variablen in der gleichen Weise erfolgen wie mit nichtindizierten. Wir ziehen dabei Nutzen aus der Tatsache, daß in **BERICHTS-SATZ**, im Dateienkapitel erklärt, eine Tabelle, deren Elemente **JAHRES-ZAEHLER-AUS** heißen, mit der Stufennummer **05** liegt, deren **OCCURS**-Klausel ebenfalls auf vier Elemente verweist.

13.4 Das Füllen einer Tabelle mit Werten unter Benutzung von REDEFINES

Das in den Abb. 13.1 und 13.2 ohne Erkennungs- und Maschinenteil gezeigte Programm hatte in erster Linie die Aufgabe, Tabellenwerte zu erzeugen. Trotzdem war es notwendig, den Tabellenelementen Anfangswerte mitzugeben. Wenn wir aber gerade das Umgekehrte beabsichtigen, nämlich zu bereits in einer Tabelle vorhandenen Werten zuzugreifen, bekommt die Initialisierung von Tabellenelementen ein weitaus größeres Gewicht. Um ein korrektes Beispiel demonstrieren zu können, wollen wir einmal annehmen, daß die Sätze einer Eingabedatei neben anderen Daten ein sechsstelliges Transaktionsdatum in der Form *jjmmtt* (*Jahr, Monat, Tag*) enthalten. Der 13. Mai 1928 würde damit beispielsweise zu 280513 angegeben sein. Wir wollen die Monatsnummer, hier 05, in die deutsche Monatsbezeichnung umwandeln, weil diese im Text eines zu erzeugenden Berichtes erscheinen soll. Aus dieser Aufgabenstellung ergibt sich nun die Frage, wie man den Datenteil zu gliedern hat, damit indizierten Datenelementen mit Hilfe von 12 **VALUE**-Klauseln die 12 Monatsbezeichnungen als Werte zugeordnet werden können. Die Erklärung für die Tabellenelemente, erkenntlich an der **OCCURS**-Klausel, darf dabei die **VALUE**-Klausel nicht selbst besitzen. Die Abb. 13.3 zeigt, wie die aufgeworfene Frage mit Hilfe der Klausel **REDEFINES** beantwortet werden kann.

```
    :
WORKING-STORAGE SECTION.
01  MONATSBEZEICHNUNGEN.
    05  FILLER              PIC X(9)    VALUE 'JANUAR'.
    05  FILLER              PIC X(9)    VALUE 'FEBRUAR'.
    05  FILLER              PIC X(9)    VALUE 'MAERZ'.
    05  FILLER              PIC X(9)    VALUE 'APRIL'.
    05  FILLER              PIC X(9)    VALUE 'MAI'.
    05  FILLER              PIC X(9)    VALUE 'JUNI'.
    05  FILLER              PIC X(9)    VALUE 'JULI'.
    05  FILLER              PIC X(9)    VALUE 'AUGUST'.
    05  FILLER              PIC X(9)    VALUE 'SEPTEMBER'.
    05  FILLER              PIC X(9)    VALUE 'OKTOBER'.
    05  FILLER              PIC X(9)    VALUE 'NOVEMBER'.
    05  FILLER              PIC X(9)    VALUE 'DEZEMBER'.

01  MONATSBEZEICHNUNGEN-TABELLE REDEFINES MONATSBEZEICHNUNGEN.
    05  MONATS-NAME         PIC X(9)    OCCURS 12 TIMES.

01  MONATS-NUMMER           PIC S99     COMP SYNC.

01  MONATS-TEXT             PIC X(9).
```

Abb. 13.3 Aufnahme von Werten in eine Tabelle mit Hilfe der Klausel VALUE

Unter Ausnutzung der in Abb. 13.3 aufgeführten Definitionen läßt sich nun wie folgt codieren:

MOVE MONATS-NAME (MONATS-NUMMER) TO MONATS-TEXT.

Wir erkennen, daß zu dem mit der Stufennummer **01** definierten Namen **MONATSBEZEICHNUNGEN** zwölf mit **FILLER** erklärte Datenelemente gehören, denen mittels der **VALUE**-Klausel die Namen der 12 Monate als Anfangswerte zugewiesen sind. Jede **FILLER**-Eintragung ist 9 Stellen lang, entspricht also dem längsten Monatsnamen (September). Alle zu einer Tabelle gehörenden Eintragungen müssen bekanntlich die gleiche Länge besitzen. Nach dieser aus 12, mit **FILLER** erklärten Datenelementen bestehenden Datengruppe folgt eine weitere Eintragung mit der Stufennummer **01**, die die Klausel **REDEFINES** aufweist. Dieser Eintragung ist eine Eintragung mit der Stufennummer **05** untergeordnet, die zusätzlich mit **OCCURS 12 TIMES** gekennzeichnet ist. Der letzte Datenname, derjenige also, der die **OCCURS**-Klausel trägt, ist der gemeinsame Name der Tabellenelemente, der zusammen mit einem Normalindex im Prozedurteil geschrieben werden muß.

Es lohnt sich, ein wenig zu verweilen, um zu betrachten, wie die Zuordnung zwischen der Monatsnummer und dem Monatsnamen eingerichtet wird. **MONATSBEZEICHNUNGEN** und **MONATSBEZEICHNUNGEN-TABELLE** sind beides Datengruppen. Die Anzahl der in ihnen enthaltenen Zeichen entspricht folglich der Summe der Längen der Datenelemente, aus denen sie sich zusammensetzen. Der Kompilierer ermittelt, daß **MONATSBEZEICHNUNGEN** 12 Datenelemente zu je 9 Zeichen enthält; infolgedessen ergibt sich eine Länge von 108 Stellen. In gleicher Weise wird die Länge von **MONATSBEZEICHNUNGEN-TABELLE** ebenfalls zu 108 Stellen bestimmt; ein Tabellenelement weist 9 Stellen auf und erscheint (**OCCURS**) insgesamt 12-mal. Die Übereinstimmung zwischen der Monatsnummer 01 und dem Monatsnamen JANUAR ist dadurch gewährleistet, daß der Name JANUAR in der Liste der Datenelemente von **MONATSBEZEICHNUNGEN** als erster Wert erscheint. Ebenso ist der Monatsname MAI mit der später als Index benutzten Monatsnummer 05 verbunden, da dieser Monatsname der Wert des 5. Elements von **MONATSBEZEICHNUNGEN** ist. Würde man die Zeilen von **MONATSBEZEICHNUNGEN** so durcheinanderbringen, daß der Wert MAI als erste und der Wert JANUAR erst als 5. Eintragung mit der Stufennummer 05 erscheinen würde, würde das natürlich dazu führen, daß das Programm Ergebnisse produziert, die zwar formal korrekt, aber inhaltlich unbrauchbar sind: Die eingelesene Zahl 280513 würde als „13. Januar 1928" interpretiert.

Die soeben besprochene Struktur wird häufig in Programmen zu sehen sein, die Normalindizierung und/oder Spezialindizierung einschließen. Es ist deshalb unerläßlich, daß man diese Art von Strukturen gründlich begreift. Im Prinzip sieht sie wie folgt aus:

```
01  NAME-1.
    05  FILLER              PIC ...  VALUE ...
    :
01  NAME-2  REDEFINES  NAME-1.
    05  NAME-MIT-INDEX      PIC ...  OCCURS ...
```

Der Name **NAME-MIT-INDEX** ist der einzige, der im Prozedurteil auftreten wird. Er muß zusammen mit einem Normalindex geschrieben werden. **NAME-1** und **NAME-2** erfüllen nur den Zweck, die Redefinition zu ermöglichen. Bei einem guten Programmierstil wählt man diese beiden Namen so, daß sie dem im Prozedurteil zu verwendenden indizierten Namen ähneln. Der Kompilierer zieht aus einer solchen Namensähnlichkeit natürlich keinerlei Schlüsse. Die **PICTURE**-Zeichenfolgen von **NAME-1** und **NAME-2** sollten außerdem identisch sein.

13.5 Einlesen von Tabellenwerten aus einer Datei

Die Benutzung von **REDEFINES** zur Zuweisung von Anfangswerten für die Elemente einer Tabelle ist eine Technik, die für den Fall nützlich ist, daß sich die in der Tabelle enthaltenen Werte während des Programmablaufes niemals ändern. Das Beispiel in Abb. 13.3 trifft auf diesen Sachverhalt zu. In vielen Fällen jedoch können oder müssen sich die Werte der Tabellenelemente von einem Programmablauf zum nächsten ändern. Das würde bedeuten, daß der Quellencode vor jedem Programmablauf den jeweiligen Gegebenheiten angepaßt werden müßte; danach wäre stets eine neue Kompilierung fällig. Als akzeptabel könnte man ein solches Vorgehen sicher nicht bezeichnen. Unter solchen Umständen fährt man wohl dann am besten, wenn man die Tabelle mit Daten lädt, die von einer Eingabedatei stammen.

Dazu wollen wir als Beispiel das Gartenkatalogprogramm aufgreifen, das wir im Kap. 11 vorgestellt hatten. Zusätzlich zu der im Programm (siehe Abb. 11.3 bis 11.6) bereits vorhandenen Gültigkeitsprüfungen für die Eingabedaten wollen wir zudem noch sicherstellen, daß jede eingelesene, zu einer Bestellung gehörende Katalognummer mit einer Katalognummer der Stammdatei übereinstimmt. Eine Methode zur Erreichung dieses Zieles besteht darin, von einer das Artikelverzeichnis enthaltenden Stammdatei alle Katalognummern in eine Tabelle zu laden und danach für jeden Bestellsatz diese Tabelle zu durchsuchen, um sich zu vergewissern, daß die im Bestellsatz stehende Katalognummer auch in der Tabelle vorhanden ist. Wir werden in Kürze über die Methoden zum Durchsuchen von Tabellen sprechen, vorerst wollen wir darüber nachdenken, wie eine Tabelle zu laden ist.

Den Umriß eines Programmes, das das Tabellenladen einschließt, sehen wir in der Abb. 13.4. Er zeigt die wesentlichen Teile des **COBOL**-Codes, mit dem eine Tabelle von Katalognummern initialisiert werden kann. Um Platz zu sparen, ist in der Abb. 13.4 nicht das komplette Programm aufgeführt, sondern nur die Teile, die zum Laden der Tabelle aus einer Eingabedatei zu einem bestehenden Programm hinzugefügt werden müssen.

Die erste Ergänzung betrifft natürlich die Definition der neuen Eingabedatei, von uns **KATALOG-DATEI** genannt, d.h. der Datei, die die Gesamtheit der Katalognummern enthält. Vermutlich besteht der Inhalt ihrer Sätze noch aus weiteren, die einzelnen Artikel betreffenden Daten, aber wir haben hier nur dasjenige Feld herausgehoben, das wir für das Ladeprogramm benötigen.

Im Arbeitsspeicherkapitel ist die Tabelle für die Katalognummern definiert, ferner zwei zusätzlich benötigte Variablen. Für die Tabelle sind 1000 Elemente vorgesehen. Der Einfachheit halber wollen wir ferner voraussetzen, daß die Katalogdatei nie mehr als 1000 Sätze aufweisen kann. Bei einem praxisgerechten Programm müßten wir prüfen, daß wir nicht einmal zufällig versuchen, mehr als 1000 Sätze zu lesen; die Tabelle hat nicht genügend Platz für mehr als 1000 Katalognummern. Die Variable **GUELTIGE-NUMMERN-MAX** besitzt deshalb den Anfangswert 1000, d.h. den vorgegebenen maximalen Tabellenumfang. Sie kann zwei Zwecken dienen:

a) Während des Ladeprozesses kann der Satzzähler mit ihr verglichen werden, um nicht mehr Sätze zu lesen, als Katalognummern in der Tabelle Platz haben.

b) Nach dem Laden wird dieser Variablen die Anzahl der tatsächlich vorhandenen Katalognummern zugewiesen; diese Zahl brauchen wir später für das Durchsuchen der Tabelle.

Die Variable **X-KATALOG** benötigen wir während des Ladeprozesses als Normalindex zum Ansprechen der Tabellenelemente. Einem alltäglichen Gebrauch folgend, plädieren auch wir für die Verwendung des Buchstabens **X** als *Präfix* von Datennamen, wenn wir die betreffende Variable als Normal- oder Spezialindex für eine Tabelle verwenden wollen.

Der Paragraph **A000-BESTELL-PRUEFUNG** gleicht dem in der Abb. 11.4 vorhandenen mit einer Ausnahme: Als erste Anweisung dieses Paragraphen erscheint zusätzlich die Anweisung

PERFORM B020-LADEN-GUELTIGE-NUMMERN.

```
    :
    :
        SELECT KATALOG-DATEI         ASSIGN TO S-KAT.
    :
    :
FD  KATALOG-DATEI
    LABEL RECORDS ARE OMITTED.
01  KATALOG-SATZ.
    05  STAMM-KATALOGNUMMER          PIC X(5).
    05  SATZ-REST                    PIC X(95).

WORKING-STORAGE SECTION.

01  KATALOGNUMMERN-TABELLE.
    05  GUELTIGE-NUMMERN             PIC X(5)   OCCURS 1000 TIMES.

01  GUELTIGE-NUMMERN-MAX             PIC S9(4)  COMP SYNC
                                                VALUE 1000.
01  X-KATALOG                        PIC S9(4)  COMP SYNC.
    :
    :
PROCEDURE DIVISION.
A000-BESTELL-PRUEFUNG.
    PERFORM B020-LADEN-GUELTIGE-NUMMERN.
    OPEN  INPUT  BESTELL-DATEI
          OUTPUT NORMAL-DATEI
                 SONDER-DATEI.
    READ BESTELL-DATEI
        AT END  MOVE 'N' TO WEITERE-DATEN-VORHANDEN.
    PERFORM B010-ZEILEN-PRUEFUNG
        UNTIL KEINE-WEITEREN-DATEN.
    CLOSE BESTELL-DATEI
          NORMAL-DATEI
          SONDER-DATEI.
    STOP RUN.
    :
    :
B020-LADEN-GUELTIGE-NUMMERN.
    OPEN INPUT KATALOG-DATEI.
    MOVE ZERO TO X-KATALOG.
    READ KATALOG-DATEI
        AT END  MOVE 'N' TO WEITERE-DATEN-VORHANDEN.
    PERFORM C030-LADEN-KATALOGNUMMER
        UNTIL  KEINE-WEITEREN-DATEN
            OR X-KATALOG IS GREATER THAN 999.
    CLOSE KATALOG-DATEI.
    MOVE X-KATALOG TO GUELTIGE-NUMMERN-MAX.
    MOVE 'J' TO WEITERE-DATEN-VORHANDEN.
    :
    :
C030-LADEN-KATALOGNUMMER.
    ADD 1 TO X-KATALOG.
    MOVE STAMM-KATALOGNUMMER TO GUELTIGE-NUMMERN (X-KATALOG).
    READ KATALOG-DATEI
        AT END  MOVE 'N' TO WEITERE-DATEN-VORHANDEN.
    :
    :
```

Abb. 13.4 Umriß eines Programmes zum Laden einer Tabelle von Gartenkatalognummern

Diese Anweisung steuert und kontrolliert alle zum Laden der Tabelle erforderlichen Aktivitäten, einschließlich des Eröffnens und Abschließens von **KATALOG-DATEI**. Außerdem wird dem Normalindex **X-KATALOG** der Anfangswert 0 zugewiesen; das Dateiendekennzeichen liegt infolge der **VALUE**-Klausel bereits initialisiert vor. Nach dem Abschließen der Katalogdatei wird **GUELTIGE-NUMMERN-MAX** mit dem Endwert von **X-KATALOG** versorgt und das Dateiendekennzeichen wieder zurückgesetzt. Alle diese Tätigkeiten gehören zum Tabellenladen und nicht zum Hauptsteuerungsparagraphen.

Der Paragraph **C030-LADEN-KATALOGNUMMER** ist in seinem Aufbau sehr einfach und bedarf daher keiner weiteren Diskussion. Der einzige interessante Punkt, auf den hingewiesen werden sollte, ist die Tatsache, daß der Inhalt von **X-KATALOG** jederzeit aussagt, wieviele Katalognummern im jeweiligen Monat bereits in der Tabelle enthalten sind. Alternativ könnte z.B. dem Normalindex der Anfangswert 1 (statt 0) zugewiesen werden und nach dem Laden einer Katalognummer der Wert von **X-KATALOG** jeweils um 1 erhöht werden. Unter diesen Umständen würde **X-KATALOG** immer auf das nächste, noch nicht initialisierte Tabellenelement zeigen. Bei einem solchen Vorgehen enthielte nach Feststellung des Dateiendes **X-KATALOG** einen um 1 größeren Wert als in der Datei Sätze vorhanden sind. Infolgedessen müßten wir erst 1 von diesem Wert subtrahieren, bevor der Inhalt von **X-KATALOG** der Variablen **GUELTIGE-NUMMERN-MAX** zugewiesen wird.

13.6 Initialisierung einer Tabelle mittels der Klausel VALUE

Die in diesem Abschnitt gemachten Ausführungen gelten nur für die Sprachversion COBOL-85.

In **COBOL-85** ist es gestattet, **VALUE**-Klauseln zu den Tabellenelementen zu stellen. In einem solchen Falle wird jedem Tabellenelement der spezifizierte Anfangswert zugewiesen. Die in der Abb. 13.1 enthaltene Tabelle könnte also unter Verzicht auf die im Prozedurteil stehenden **MOVE**-Anweisungen wie folgt initialisiert werden:

```
01  JAHRES-TABELLE.
    05  JAHRES-ZAEHLER      PIC S9(4) COMP SYNC
                            OCCURS 4 TIMES VALUE ZERO.
```

Beim folgenden Beispiel enthält jeder *Tabelleneintrag* eine aus zwei Elementen bestehende *Datengruppe*. Jedes Auftreten dieses aus einer

Struktur bestehenden Tabellenelementes bedeutet damit das gleichzeitige Auftreten von **X-FELD** und **9-FELD**. Jedes Auftreten von **X-FELD** wird mit Leerzeichen initialisiert und jedes Auftreten von **9-FELD** mit Nullen.

```
01  TABELLEN-GEBIET.
    05  ARBEITS-TABELLE    OCCURS 100 TIMES.
        10  X-FELD         PIC X(5)     VALUE SPACES.
        10  9-FELD         PIC 9(5)V9   VALUE ZERO.
```

13.7 Indizierte Variablen mit zwei oder mehr Normalindexen

Eine indizierte Variable ist in **COBOL** nicht auf nur einen einzigen Index beschränkt, sie kann auch zwei oder drei besitzen. In **COBOL-85** sind jedoch bis zu sieben Indizes erlaubt, weitaus mehr als man für die meisten Probleme benötigt, die gewöhnlich mit **COBOL** angegangen werden. Um eine Vorstellung darüber zu gewinnen, wo und wie man mit zweidimensionalen Tabellen arbeitet, wollen wir uns zur Erläuterung mit Schülerzahlen beschäftigen, die die Klassen einer Schule besucht haben. Wir nehmen dazu an, daß 12 Jahrgänge, aufgeteilt in eine entsprechende Anzahl von Parallelklassen, in der betreffenden Schule unterrichtet werden und daß der Schulbesuch über vier Jahre hinweg registriert wurde. Um dieser Sachlage gerecht zu werden, brauchen wir eine Tabelle mit 48 Elementen. Nur durch eine solche können die Schülerzahlen pro Jahrgang in den uns interessierenden vier Jahren übersichtlich dargestellt werden. Eine solche Tabelle erscheint in einem Schulbericht gewöhnlich in der in Abb. 13.5 gezeigten Form unter dem vermutlichen Titel „Entwicklung der Schülerzahlen in den Jahren 1985 bis 1988".

	1985	1986	1987	1988
1	240	239	229	205
2	299	280	277	260
3	257	255	238	220
4	230	230	220	215
5	225	220	210	200
6	220	215	218	208
7	210	209	195	205
8	105	200	204	190
9	260	266	270	289
10	270	270	274	270
11	300	301	290	309
12	310	320	315	337

Abb. 13.5 Tabelle der Schülerzahlen der einzelnen Jahrgänge einer Schule in den Jahren 1985–1988

Eine indizierte Variable mit zwei Indizes wird mittels einer Datengruppe eingerichtet, die zwei Unterordnungen mit **OCCURS**-Klauseln besitzt. Für diese Anwendung könnten die erforderlichen Eintragungen im Datenteil wie folgt lauten:

```
01  SCHUELER-ZAHLEN-TABELLE.
    05  ZAHL-PRO-JAHRGANG                         OCCURS 12 TIMES.
        10  ZAHL-PRO-JAHRGANG-UND-JAHR PIC 999
                                                  OCCURS  4 TIMES.
```

SCHUELER-ZAHLEN-TABELLE ist eine Eintragung mit der Stufennummer **01**, die benötigt wird, weil eine **OCCURS**-Klausel nicht auf der höchsten Datenstufe, d.h. auf der Stufe **01**, erlaubt ist. Bei **ZAHL-PRO-JAHRGANG** ist in der **OCCURS**-Klausel ein 12-maliges Auftreten festgelegt, der dazugehörende Normalindex darf also Werte von 1 bis 12 einschließlich annehmen. Eine **PICTURE**-Klausel darf bei dieser Eintragung nicht vorhanden sein.

ZAHL-PRO-JAHRGANG-UND-JAHR ist **ZAHL-PRO-JAHRGANG** untergeordnet. Die zu diesem Namen gehörende **OCCURS**-Klausel spezifiziert ein viermaliges Auftreten, d.h. der zweite Normalindex darf von 1 bis 4 laufen. Außerdem findet man bei diesem Namen noch die **PICTURE**-Klausel, durch die die Beschaffenheit aller Tabellenelemente festgelegt ist.

Der Aufbau der gezeigten Eintragungen im Datenteil bedeutet, daß bei der Niederschrift von

ZAHL-PRO-JAHRGANG-UND-JAHR (1, 2)

im Prozedurteil die Schülerzahl des ersten Jahrganges im zweiten Berichtsjahr (hier also: 1986) gemeint ist. Hätten wir dagegen im Datenteil die Definitionen

```
01  SCHUELER-ZAHLEN-TABELLE.
    05  ZAHL-PRO-JAHR                             OCCURS  4 TIMES.
        10  ZAHL-PRO-JAHRGANG-UND-JAHR PIC 999
                                                  OCCURS 12 TIMES.
```

vorgenommen, so würde die Referenz

ZAHL-PRO-JAHRGANG-UND-JAHR (1, 2)

auf das erste Berichtsjahr und auf den zweiten Jahrgang deuten. Entscheidend ist also nicht, welche Namen benutzt wurden, sondern einzig und allein die Reihenfolge der mit **OCCURS**-Klauseln versehenen Datennamen; der Kompilierer kann sowieso nichts mit den Namen anfangen.

13.7 Indizierte Variablen mit zwei oder mehr Normalindexen

Das in den Abb. 13.6 und 13.7 dargestellte Programm zeigt den Aufbau einer Tabelle mit zwei Dimensionen, wobei die Werte der Tabellenelemente von einer Eingabedatei gelesen werden.

Beim Betrachten des Paragraphen **B020-LADEN-TABELLE** (Abb. 13.7) fällt uns auf, daß er eine gewisse Ähnlichkeit mit dem Paragraphen **B010-JAHRESABHAENGIGES-ZAEHLEN** (Abb. 13.2) aufweist; hier haben wir es jedoch mit zwei Normalindexen zu tun, dort nur mit einem. Zu den in der letzten Zeile dieses Paragraphen in der **MOVE**-Anweisung verwendeten Normalindexen ist zu bemerken, daß der erste, d.h. **JAHRGANG** implizit mit **DISPLAY** erklärt ist, weil seine Werte in den Eingabesätzen stehen, der zweite hingegen, d.h. **X-JAHR**, mit **COMPUTATIONAL** definiert ist. Trivial bedeutet das, daß der Kompilierer einen Maschinencode erzeugen muß, der infolge der Umwandlungen von dezimalen Werten in binäre Werte zu einer geringfügig längeren Programmausführungszeit führt, aber das macht hier nichts aus, es geht nach Lage der Dinge auch nicht anders. Wenn allerdings ein Programm umfangreichere Operationen mit einem Datenelement enthielte, könnten die dauernden internen Konvertierungen von der **DISPLAY**-Form in die **COMPUTATIONAL**-Form zu einer gewissen Leistungsminderung führen. In solchen Fällen müßte man für eine einmalige Umwandlung des Wertes von **JAHRGANG** sorgen, d.h. ihn zu einem mit **COMPUTATIONAL** erklärten Element übertragen, das man dann als Normalindex verwenden müßte; geschehen ist das beim Initialisieren im Paragraphen **B010-INIT-TABELLE**.

Im Hauptsteuerparagraphen werden **DISPLAY**-Anweisungen zur Ausgabe einiger weniger Tabellenwerte benutzt. Es sei hier jedoch daran erinnert, daß **DISPLAY**-Anweisungen im allgemeinen nur für einfache diagnostische Ausgaben eingesetzt werden sollten. Bei einem kompletten praxisgerechten Programm sollten dagegen **WRITE**-Anweisungen für die Ausgabe von Tabellenwerten verwendet werden.

Die ersten vier **DISPLAY**-Anweisungen besorgen die Ausgabe der Schülerzahlen des ersten Jahrganges für alle vier Jahre. Die nächste **DISPLAY**-Anweisung demonstriert eine weitere Fähigkeit, die **COBOL** bei der Indizierung bietet. Wenn wir nur einen Normalindex bei einer Variablen, die mit zwei Indizes erklärt ist, niederschreiben und dabei den Namen der höchsten mit **OCCURS** versehenen Stufe benutzen, erhält man die Werte aller Elemente, die zu diesem einen Index gehören. In unserem Falle werden also die Werte aller Tabellenelemente ausgegeben, die dem Jahrgang 1 in den Jahren 1985 bis 1988 entsprechen. Eine andere Betrachtungsweise dieser Möglichkeit besagt, daß man die Variable **ZAHL-PRO-JAHRGANG** als eindimensionale Tabelle betrachten kann, deren Elemente jeweils 12 Stellen lang sind. Die sich durch die

```
       IDENTIFICATION DIVISION.
       PROGRAM-ID.
           SCHULE.
       DATE-WRITTEN.
           27. MAERZ 1987 --- DEUTSCH: 13. MAI 1988.

       ENVIRONMENT DIVISION.
       INPUT-OUTPUT SECTION.
       FILE-CONTROL.
           SELECT EINSCHREIBUNGS-DATEI            ASSIGN TO S-EINS.

       DATA DIVISION.

       FILE SECTION.
       FD  EINSCHREIBUNGS-DATEI
           LABEL RECORDS ARE OMITTED.
       01  EINSCHREIBUNGS-SATZ.
           05   JAHRGANG                    PIC 99.
           05   JAHR                        PIC 9(4).
           05   ZAHL-DER-SCHUELER           PIC 999.

       WORKING-STORAGE SECTION.

       77  FEHLERZAEHLER                    PIC S9(4)  COMP SYNC.
       77  X-JAHRGANG                       PIC 99     COMP SYNC.
       77  WEITERE-DATEN-KZ                 PIC X.
           88  WEITERE-DATEN                           VALUE 'J'.
           88  KEINE-WEITEREN-DATEN                    VALUE 'N'.
       77  X-JAHR                           PIC 9 COMPUTATIONAL SYNC.

       *   DEFINITION DER ZWEIDIMENSIONALEN TABELLE
       01  SCHUELER-ZAHLEN-TABELLE.
           05   ZAHL-PRO-JAHRGANG                   OCCURS  12 TIMES.
               10  ZAHL-PRO-JAHRGANG-UND-JAHR
                                        PIC 999    OCCURS 4 TIMES.

       PROCDURE DIVISION.
       A000-ERZEUGEN-2D-TABELLE.
           MOVE ZERO TO FEHLERZAEHLER.
           MOVE 'J' TO WEITERE-DATEN-KZ.
           MOVE 1 TO X-JAHRGANG.
           PERFORM B010-INIT-TABELLE
               UNTIL X-JAHRGANG > 12.
           OPEN   INPUT EINSCHREIBUNGS-DATEI.
           PERFORM B020-LADEN-TABELLE   UNTIL KEINE-WEITEREN-DATEN.
           DISPLAY ZAHL-PRO-JAHRGANG-UND-JAHR (1, 1).
           DISPLAY ZAHL-PRO-JAHRGANG-UND-JAHR (1, 2).
           DISPLAY ZAHL-PRO-JAHRGANG-UND-JAHR (1, 3).
           DISPLAY ZAHL-PRO-JAHRGANG-UND-JAHR (1, 4).
           DISPLAY ZAHL-PRO-JAHRGANG (1).
           DISPLAY ZAHL-PRO-JAHRGANG-UND-JAHR (2, 3).
           CLOSE EINSCHREIBUNGS-DATEI.
           STOP RUN.

       B010-INIT-TABELLE.
           MOVE ZERO TO ZAHL-PRO-JAHRGANG-UND-JAHR (X-JAHRGANG, 1).
           MOVE ZERO TO ZAHL-PRO-JAHRGANG-UND-JAHR (X-JAHRGANG, 2).
           MOVE ZERO TO ZAHL-PRO-JAHRGANG-UND-JAHR (X-JAHRGANG, 3).
           MOVE ZERO TO ZAHL-PRO-JAHRGANG-UND-JAHR (X-JAHRGANG, 4).
           ADD 1 TO X-JAHRGANG.
```

Abb. 13.6 Programm zum Laden einer zweidimensionalen Tabelle mit anschließender Ausgabe, 1. Teil

```
B020-LADEN-TABELLE.
    READ EINSCHREIBUNGS-DATEI
        AT END MOVE 'N' TO WEITERE-DATEN-KZ.
    IF WEITERE-DATEN
        IF      JAHR < 1985 OR > 1988
             OR JAHRGANG < 1 OR < 12
                ADD 1 TO FEHLERZAEHLER
        ELSE
            SUBTRACT 1984 FROM JAHR GIVING X-JAHR
            MOVE ZAHL-DER-SCHUELER
                TO ZAHL-PRO-JAHRGANG-UND-JAHR (JAHRGANG, X-JAHR).
```

```
Anmerkungen
1. Statt vom Jahrgang könnte man auch von der Schulstufe sprechen.
2. Ein binärer Normalindex  für den Jahrgang ist hier de-
   finiert, wird jedoch  nur beim Initialisieren der Ta-
   belle benutzt, nicht jedoch beim Laden der Tabelle.
```

Abb. 13.7 Programm zum Laden einer zweidimensionalen Tabelle mit anschließender Ausgabe, 2. Teil

Ausführung der **DISPLAY**-Anweisungen ergebende Ausgabe ist nachstehend gezeigt:

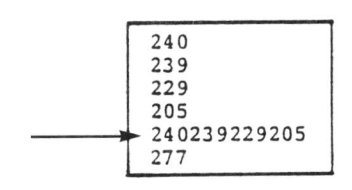

```
         240
         239
         229
         205
───────► 240239229205
         277
```

Wir erkennen deutlich in der 5. Ausgabezeile, was durch Ansprechen von **ZAHL-PRO-JAHRGANG (1)** bewirkt wurde. Es sind die Schülerzahlen aller vier Jahre für den ersten Schuljahrgang zu sehen, was man durch den Vergleich dieser Zeile mit den vorhergehenden vier Zeilen ohne weiteres feststellen kann.

Dreidimensionale Tabellen, Tabellen also, deren Elemente mit drei Indizes anzusprechen sind, werden völlig analog behandelt. Die Bezugnahme auf einzelne Elemente solcher Tabellen erfordert natürlich die Niederschrift aller drei Indizes, wie üblich in Klammern gestellt und durch Kommas voneinander getrennt. Bei kommerziellen Anwendungsprogrammen findet man kaum Gelegenheit, mit mehr als zwei Indizes zu arbeiten.

13.8 Die Option VARYING bei der Anweisung PERFORM

Bisher haben wir uns nur mit der Handhabung der Normalindizes beschäftigt, die wahren Fähigkeiten sind uns aber noch fremd geblieben. Die überragende Bedeutung der Indizierung liegt darin, daß man in einem Programm die Indexwerte verändern kann und nicht in der einfachen Benutzung von Literalen oder von Variablen, denen ein Wert zugewiesen ist, als Normalindizes. Wir haben zwar schon simple Beispiele kennengelernt, in denen Indizes modifiziert worden sind, nämlich bei der Initialisierung von Tabellen. Nunmehr wollen wir einen Schritt weitergehen.

Zu diesem Zweck wollen wir eine Erweiterung des Programmes über die Schülerzahlen ins Auge fassen. Das Programm soll für ein vorgegebenes Jahr die Gesamtschülerzahl aller 12 Jahrgänge (Schulstufen) errechnen und anschließend ausgeben. Würden wir, was wir hier nicht tun werden, außerdem die Anzahl der Jahrgänge mit ausgeben, so könnten wir uns irgendwann einmal die durchschnittliche Jahrgangsstärke ausrechnen.

Wir wollen annehmen, daß irgendein, hier uns nicht interessierender Programmteil, die Jahreszahl unter **JAHR** zur Verfügung gestellt hat. Zur Bildung der Gesamtsumme müssen wir zunächst das Gesamtsummenfeld initialisieren; die entsprechende Variable heiße **GESAMTSUMME**. Anschließend müssen wir die Schülerzahlen der einzelnen Jahrgänge des vorgegebenen Jahres nacheinander auf **GESAMTSUMME** addieren. Diese fortlaufende Addition wiederum bedeutet, daß wir uns einer Indexvariablen bedienen müssen, die der Reihe nach die Werte von 1 bis 12 annimmt. Wie das bewältigt werden kann, haben wir in der Abb. 13.6 in dem **COBOL**-Code gezeigt, der sich mit der Initialisierung der Tabelle beschäftigt. Einfacher geht es aber mit der Benutzung der Option **VARYING** bei der **PERFORM**-Anweisung. Das allgemeine Format der **PERFORM**-Anweisung mit der Option **VARYING** ist in der Abb. 13.8 zu sehen.

In der darauffolgenden Abb. 13.9 ist gezeigt, wie leicht mittels der **PERFORM**-Anweisung die erforderlichen Operationen ausgeführt werden können. Der Variablen, deren Name hinter **VARYING** in der ersten **PERFORM**-Anweisung aufgeführt ist, wird eine Folge von Werten gegeben. Der Anfangswert erscheint dabei in der **FROM**- Angabe. Der Betrag, um den der Wert der als Normalindex verwendeten Variablen vor jeder Wiederholung erhöht werden soll, steht in der **BY**-Angabe. Die Endbedingung für die Schleifendurchläufe ist schließlich in der **UNTIL**-Angabe genannt.

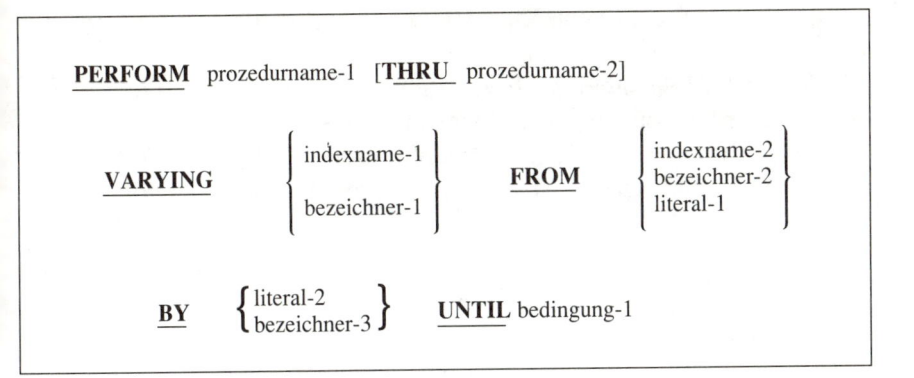

13.8 Die Option VARYING bei der Anweisung PERFORM

```
PERFORM prozedurname-1 [THRU prozedurname-2]

VARYING  { indexname-1  }  FROM  { indexname-2  }
         { bezeichner-1 }        { bezeichner-2 }
                                 { literal-1    }

         BY { literal-2    }  UNTIL bedingung-1
            { bezeichner-3 }
```

Abb. 13.8 PERFORM-Anweisung mit der Option VARYING (allgemeines Format, einfachste Form)

```
   :
   :
C010-SUMMIERUNG-BEISPIELE.
    SUBTRACT 1984 FROM JAHR  GIVING X-JAHR.
    MOVE ZERO TO GESAMTSUMME.
    PERFORM D010-GESAMTSUMMENBILDUNG
        VARYING X-JAHRGANG FROM 1 BY 1
                    UNTIL X-JAHRGANG > 12.
    DISPLAY 'GESAMTSUMME IM JAHR ', JAHR, ' = ',
            GESAMTSUMME.

    MOVE ZERO TO GESAMTSUMME.
    PERFORM D010-GESAMTSUMMENBILDUNG
        VARYING X-JAHRGANG FROM 1 BY 1
                    UNTIL X-JAHRGANG > 12
        AFTER X-JAHR FROM 1 BY 1
                    UNTIL X-JAHR > 4.
    DISPLAY 'GESAMTSUMME PRO JAHR UND JAHRGANG = ',
            GESAMTSUMME.

D010-GESAMTSUMMENBILDUNG.
    ADD ZAHL-PRO-JAHRGANG-UND-JAHR (X-JAHRGANG, X-JAHR)
        TO GESAMTSUMME.
```

Abb. 13.9 Programmausschnitt zur Bildung von Gesamtsummen

Die erste Ausführung der **PERFORM**-Anweisung bewirkt also, daß der Paragraph **D010-GESAMTSUMMENBILDUNG** mit **X-JAHRGANG** gleich 1 ausgeführt wird. Nach dem ersten Durchlauf wird der Wert von **X-JAHRGANG** um 1 erhöht und **D010-GESAMTSUMMENBILDUNG** wird erneut ausgeführt. Dieser Vorgang wiederholt sich ständig; schließlich wird der genannte Paragraph mit dem Wert 12 von **X-JAHRGANG** ausgeführt. Nach Ende des 12. Durchlaufes wird der Wert von **X-JAHRGANG** wieder um 1 erhöht; mit dem Wert 13 ist aber die Endbedingung für die Schleifendurchläufe erfüllt; es findet keine weitere Wiederholung statt.

Der in Abb. 13.9 gezeigte Programmteil (ab der **PERFORM**-Anweisung) ist praktisch das Abbild des nachfolgenden Pseudocodes:

```
setzen von jahrgangsindex auf 1
PERFORM-UNTIL  jahrgangsindex größer als 12
    ausführung von gesamtsummenbildung
    addieren von 1 auf jahrgangsindex
ENDPERFORM
```

In allgemeiner Form ist der Pseudocode für die **PERFORM**-Anweisung mit der Option **VARYING** äquivalent dem folgenden Text:

```
setzen von bezeichner-1 auf den wert in der FROM-angabe
PERFORM-UNTIL  bedingung ist wahr
    ausführung prozedur-1 bis prozedur-2
    addieren des wertes in der BY-angabe auf bezeichner-1
ENDPERFORM
```

Zwei Punkte sind zu dieser Struktur zu bemerken:
1. Die **PERFORM**-Anweisung ermöglicht die Ausführung einer Reihe von Paragraphen und nicht nur die eines einzelnen Paragraphen; wir werden uns in diesem Lehrbuch jedoch niemals dieser Möglichkeit bedienen.
2. Man erinnere sich, daß das **PERFORM-UNTIL** des Pseudocodes (und auch die **PERFORM**-Anweisung mit **UNTIL** in **COBOL**!) die bei **UNTIL** aufgeführte Bedingung *vor* dem Hineingehen in die Schleife auf ihre Erfüllung hin überprüft und daß der Wert von *bezeichner-1* innerhalb der Schleife, und zwar *nach* Ausführung des bzw. der Paragraphen geändert wird. Diese beiden Faktoren bestimmen also den Wert, den *bezeichner-1* nach Beendigung der Schleifendurchläufe besitzt.

Die in der Abb. 13.9 aufgeführte erste **PERFORM**-Anweisung stellt die einfachste Form dieses Verbs dar. In den **FROM**- und **BY**-Angaben ist die Angabe von Literalen oder Bezeichnern, denen natürlich zuvor ein Wert zugewiesen sein muß, möglich. Hinter **UNTIL** kann irgendeine beliebige Bedingung niedergeschrieben werden, die selbstverständlich auch aus einfachen Bedingungen zusammengesetzt sein kann. Die Endbedingung braucht die Indexvariable überhaupt nicht zu enthalten, was unter gewissen Umständen recht nützlich sein kann. Andeutungen dieser vielfältigen Möglichkeiten sind in den Kontrollfragen am Schluß dieses Kapitels zu finden.

13.8 Die Option VARYING bei der Anweisung PERFORM

Die **PERFORM**-Anweisung mit der Option **VARYING** kann so niedergeschrieben werden, daß nacheinander mehrere Indizes (bis zur zulässigen Maximalzahl!) durchlaufen werden. Die Abb. 13.10 zeigt das allgemeingültige Format dieser Anweisung.

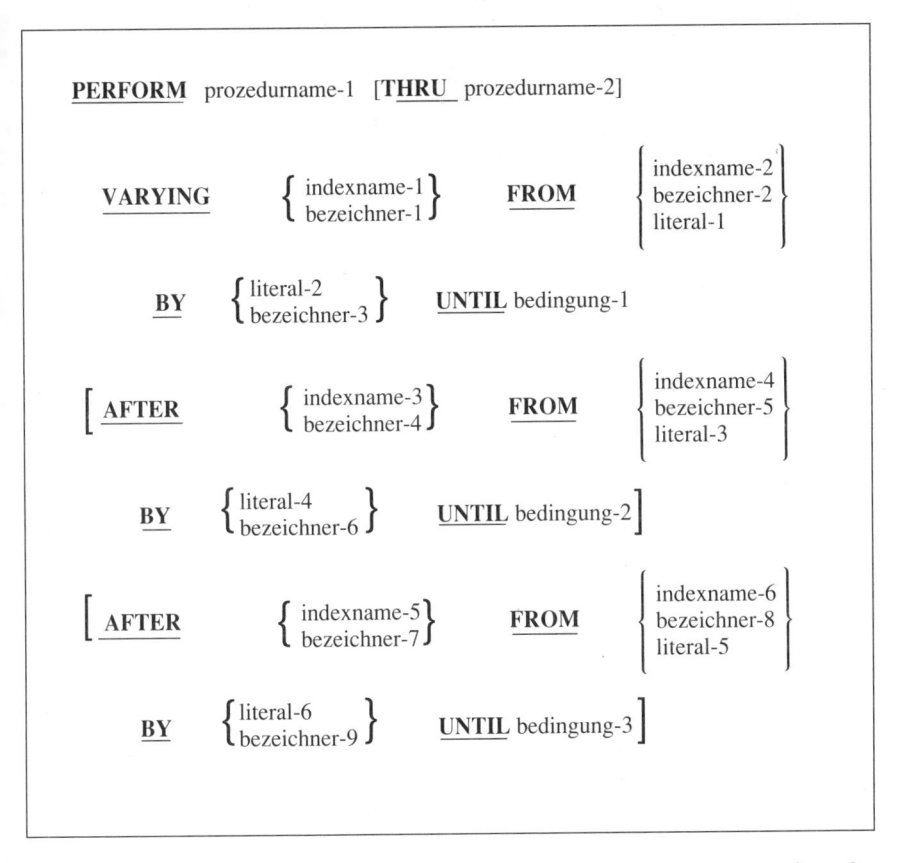

$$
\begin{aligned}
&\underline{\text{PERFORM}} \text{ prozedurname-1 } [\underline{\text{THRU}} \text{ prozedurname-2}] \\
&\underline{\text{VARYING}} \left\{ \begin{array}{l} \text{indexname-1} \\ \text{bezeichner-1} \end{array} \right\} \underline{\text{FROM}} \left\{ \begin{array}{l} \text{indexname-2} \\ \text{bezeichner-2} \\ \text{literal-1} \end{array} \right\} \\
&\underline{\text{BY}} \left\{ \begin{array}{l} \text{literal-2} \\ \text{bezeichner-3} \end{array} \right\} \underline{\text{UNTIL}} \text{ bedingung-1} \\
&\left[\underline{\text{AFTER}} \left\{ \begin{array}{l} \text{indexname-3} \\ \text{bezeichner-4} \end{array} \right\} \underline{\text{FROM}} \left\{ \begin{array}{l} \text{indexname-4} \\ \text{bezeichner-5} \\ \text{literal-3} \end{array} \right\} \right. \\
&\left. \underline{\text{BY}} \left\{ \begin{array}{l} \text{literal-4} \\ \text{bezeichner-6} \end{array} \right\} \underline{\text{UNTIL}} \text{ bedingung-2} \right] \\
&\left[\underline{\text{AFTER}} \left\{ \begin{array}{l} \text{indexname-5} \\ \text{bezeichner-7} \end{array} \right\} \underline{\text{FROM}} \left\{ \begin{array}{l} \text{indexname-6} \\ \text{bezeichner-8} \\ \text{literal-5} \end{array} \right\} \right. \\
&\left. \underline{\text{BY}} \left\{ \begin{array}{l} \text{literal-6} \\ \text{bezeichner-9} \end{array} \right\} \underline{\text{UNTIL}} \text{ bedingung-3} \right]
\end{aligned}
$$

Abb. 13.10 Allgemeines Format der PERFORM-Anweisung für die Durchführung ineinandergeschachtelter Schleifen

Die zweite **PERFORM**-Anweisung bei dem in Abb. 13.9 gezeigten Programmausschnitt besagt, daß nach Setzen von **X-JAHRGANG** auf 1 der Normalindex **X-JAHR** die Werte von 1 bis 4 durchläuft. Danach wird der Wert von **X-JAHRGANG** um 1 auf 2 erhöht und anschließend durchläuft **X-JAHR** wieder die Werte von 1 bis 4. Dieser Prozeß setzt sich solange fort, bis alle 48 möglichen Kombinationen der Werte der beiden Normalindizes abgearbeitet sind. Der dieser **PERFORM**-Anweisung entsprechende Pseudocode ist in der Abb. 13.11 zu sehen. In Abb. 13.12 folgt der dem allgemeinen Format der **PERFORM**-Anweisung äquivalente Pseudocode.

```
setzen von jahrgangsindex auf 1
setzen von jahrindex auf 1
PERFORM-UNTIL jahrgangsindex größer als 12
    PERFORM-UNTIL jahrindex größer als 4
        ausführung von gesamtsummenbildung
        addieren von 1 auf jahrindex
    ENDPERFORM
    setzen von jahrindex auf 1
    addieren von 1 auf jahrgangsindex
ENDPERFORM
```

Abb. 13.11 Der der zweiten PERFORM-Anweisung in Abb. 13.9 entsprechende Pseudocode

```
setzen von bezeichner-1 auf den wert in seiner FROM-angabe
setzen von bezeichner-4 auf den wert in seiner FROM-angabe
setzen von bezeichner-7 auf den wert in seiner FROM-angabe
PERFORM-UNTIL bedingung-1 ist wahr
    PERFORM-UNTIL bedingung-2 ist wahr
        PERFORM-UNTIL bedingung-3 ist wahr
            ausführung prozedur-1 bis prozedur-2
            erhöhen bezeichner-7 durch den wert in seiner BY-angabe
        ENDPERFORM
        setzen von bezeichner-7 auf den wert in seiner FROM-angabe
        erhöhen bezeichner-4 durch den wert in seiner BY-angabe
    ENDPERFORM
    setzen von bezeichner-4 auf den wert in seiner FROM-angabe
    erhöhen bezeichner-1 durch den wert in seiner BY-angabe
ENDPERFORM
```

Abb. 13.12 Äquivalenter Pseudocode des allgemeinen Formats der PERFORM-Anweisung

PERFORM-Anweisungen mit **VARYING** werden sehr intensiv in Programmen benutzt, die Tabellenverarbeitung erfordern. Deshalb ist es wichtig, ganz klar über die Wirkungsweise dieser Anweisungen Bescheid zu wissen. Man studiere deshalb den in der Abb. 13.12 vorgelegten Pseudocode gründlich so lange, bis man sich sicher zu sein glaubt, seine Grundfunktionen verstanden zu haben, was wann bei einer mit **PERFORM** aufgesetzten Schleife geschieht und wie es geschieht. Folgende Grundfunktionen sind dabei zu beachten:

1. *Initialisierung* der Indexvariablen (Normalindizes oder Spezialindizes); gelegentlich werden die Variablen auch als *Schleifen-* oder *Laufvariablen* bezeichnet,
2. *Überprüfung* auf Schleifenende,
3. *Ausführung* des oder der in **PERFORM** unter *prozedurname-1* bzw. *prozedurname-2* genannten Paragraphen,
4. *Veränderung*, d.h. Zuwachs zur Laufvariablen.

Es ist keineswegs erforderlich, daß die Schleifenvariable einen Normalindex oder einen Spezialindex darstellt. Es kann auch eine Variable

13.8 Die Option VARYING bei der Anweisung PERFORM

sein, der wir für irgendeinen anderen Zweck eine Folge von Werten zuordnen, oder auch eine Zählzwecken dienende Variable, die beispielsweise zählt, wieviel Mal ein Paragraph durchlaufen wurde, bevor es zur Erfüllung der nach **UNTIL** aufgeführten Endbedingung gekommen war.

Aus Abschnitt 5.19 wissen wir bereits, daß bei **COBOL-85** mit der **PERFORM**-Anweisung die Angabe **END-PERFORM** verbunden werden kann, wodurch bei eingebauten unbedingten Anweisungen ein eindeutiger Abschluß derselben erreicht wird. Auch zu **PERFORM** mit **VARYING** kann eine solche Endangabe hinzugestellt werden. Für das allgemeine Format der **PERFORM**-Anweisung ergibt sich deshalb die in Abb. 13.13 dargestellte Form.

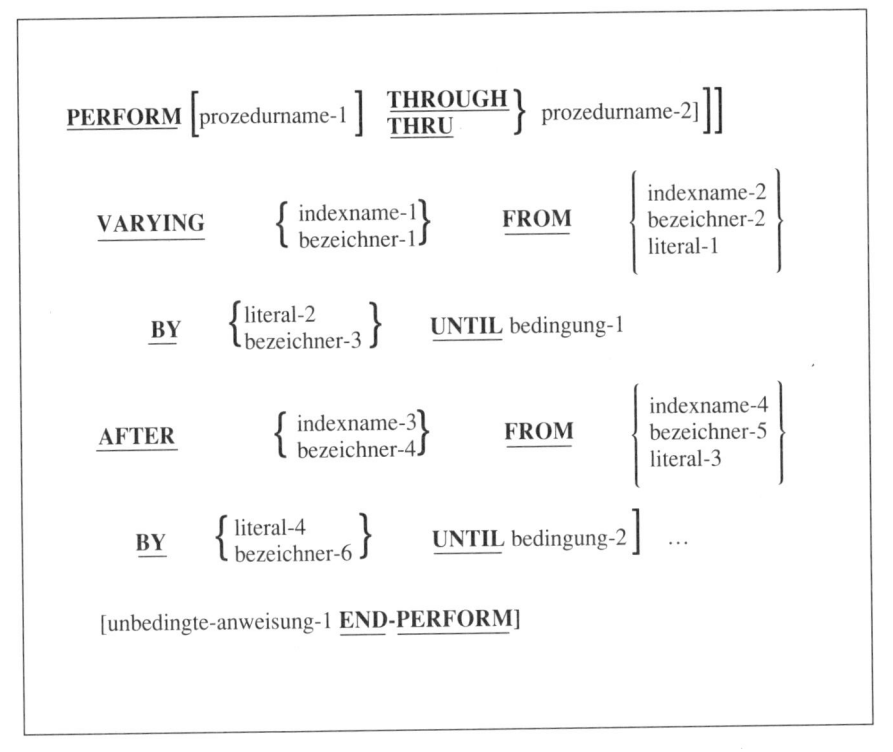

$$
\begin{aligned}
&\underline{\text{PERFORM}} \left[\text{prozedurname-1} \right] \left\{ \begin{matrix} \underline{\text{THROUGH}} \\ \underline{\text{THRU}} \end{matrix} \right\} \text{prozedurname-2} \Big] \Big] \\
&\underline{\text{VARYING}} \left\{ \begin{matrix} \text{indexname-1} \\ \text{bezeichner-1} \end{matrix} \right\} \underline{\text{FROM}} \left\{ \begin{matrix} \text{indexname-2} \\ \text{bezeichner-2} \\ \text{literal-1} \end{matrix} \right\} \\
&\underline{\text{BY}} \left\{ \begin{matrix} \text{literal-2} \\ \text{bezeichner-3} \end{matrix} \right\} \underline{\text{UNTIL}} \text{ bedingung-1} \\
&\underline{\text{AFTER}} \left\{ \begin{matrix} \text{indexname-3} \\ \text{bezeichner-4} \end{matrix} \right\} \underline{\text{FROM}} \left\{ \begin{matrix} \text{indexname-4} \\ \text{bezeichner-5} \\ \text{literal-3} \end{matrix} \right\} \\
&\underline{\text{BY}} \left\{ \begin{matrix} \text{literal-4} \\ \text{bezeichner-6} \end{matrix} \right\} \underline{\text{UNTIL}} \text{ bedingung-2} \Big] \ldots \\
&[\text{unbedingte-anweisung-1} \ \underline{\text{END-PERFORM}}]
\end{aligned}
$$

Abb. 13.13 Allgemeines Format der PERFORM-Anweisung in COBOL-85

Das allgemeine Format sieht also so aus, wie man es erwarten konnte. Man kann den bzw. die Prozedurnamen weglassen und stattdessen eingebaute unbedingte Anweisungen aufführen, denen **END-PERFORM** folgt. Zu bemerken ist ferner, daß **COBOL-85** bis zu sechs Mal die Angabe von **AFTER** zuläßt, eine Folge der Tatsache, daß eine Variable bis zu sieben Indizes aufweisen kann.

13.9 Spezialindizierung

In **COBOL** ist zusätzlich zur Normalindizierung eine zweite Möglichkeit vorgesehen, mittels derer man sich auf die Elemente von Tabellen beziehen kann. *Spezialindizierung* und *Normalindizierung* ähneln sich in mancher Beziehung, andererseits sind sie in anderer Hinsicht sehr verschieden. Vom Blickwinkel eines Anwendungs- oder Organisationsprogrammierers aus gesehen, besteht wohl der Hauptunterschied darin, daß in vielen Fällen ein Objektprogramm mit Spezialindexvariablen wirkungsvoller als mit Normalindexvariablen arbeiten kann, d.h. in erster Linie schneller ausgeführt werden kann. Außerdem steht bei der Spezialindizierung dem Programmierer ein neues Verb zum Suchen in Tabellen, nämlich das Verb **SEARCH**, zur Verfügung. Für diese augenscheinlichen Vorteile müssen wir in Kauf nehmen, daß wir einige neue Sprachelemente zu betrachten haben.

Zunächst müssen wir den Kompilierer darüber informieren, daß wir auf eine Variable über Spezialindizes Bezug nehmen wollen. Das geschieht, indem wir ihre Beschreibung im Datenteil, die übrigens genau so erfolgen muß wie bei der Verwendung von Normalindizes, die Klausel **INDEXED BY** hinzufügen. Damit ist die Spezialindizierung festgelegt und gleichzeitig die Veriable eingeführt, die als Spezialindex dienen soll. Eine Variable, die einen Spezialindex aufweisen soll, könnte beispielsweise wie folgt im Datenteil definiert sein:

```
01   KONTEN-TABELLE.
     05   KONTONUMMER         PIC 9(6) OCCURS 100 TIMES
                              INDEXED BY X-KONTONUMMER.
```

Wir haben die Klausel **INDEXED BY** nur deshalb auf eine gesonderte Zeile geschrieben, weil wir die Übersicht erhalten wollten und weil nicht genügend Platz mehr auf der vorhergehenden Zeile war. Durch die **OCCURS**-Klausel ist festgelegt, daß die Tabelle aus 100 Elementen bestehen soll. Diese Klausel besagt dem Kompilierer nur, daß die betreffende Variable entweder einen Normalindex oder einen Spezialindex besitzen soll. Erst die darauffolgende Klausel **INDEXED BY** offenbart ihm, daß zur Variablen ein Spezialindex gehören und dazu die hinter **BY** genannte Indexvariable herangezogen werden soll. Bei Vorliegen einer solchen Definition können wir nun im Prozedurteil Anweisungen niederschreiben, die beispielsweise wie folgt lauten könnten:

MOVE KONTONUMMER (X-KONTONUMMER) TO KONTONUMMER-AUS.

Durch die Niederschrift eines Variablennamens in der Klausel **INDEXED BY** wird diese Variable als Indexvariable installiert. Keine weitere Definition ist für die Indexvariable notwendig; sie braucht sogar überhaupt nicht zu erfolgen. Weiterhin muß gesagt werden, daß die Indexvariable stets mit der Tabelle verknüpft ist, deren Klausel **INDEXED BY** auf sie Bezug nimmt. Außerdem sollte sie nicht bei einer anderen Tabelle gebraucht werden. **COBOL** verlangt auch, daß jede einzelne Bezugnahme auf ein Tabellenelement entweder nur Normalindizes oder nur Spezialindizes verwendet; eine Mixtur zwischen beiden ist nicht gestattet. Sehen wir uns dazu in Abb. 13.14 Datenteil- und Prozedurteilausschnitte eines fiktiven Programmes an.

```
   :
   :
   01  TABELLEN-BEREICH.
       05  TABELLE-1           OCCURS 10 TIMES INDEXED BY X-1.
           10  TABELLE-2       PIC X(5)
                               OCCURS 20 TIMES INDEXED BY X-2.
   01  NORMALINDEX-1           PIC 99 COMP SYNC.
   01  NORMALINDEX-2           PIC 99 COMP SYNC.
   :
   :
   PROCEDURE DIVISION.
   :
   :
 * In der PROCEDURE DIVISION können die folgenden Bezugnahmen
 * uneingeschränkt erfolgen:
 *
 * a)     TABELLE-2 (X-1, X-2)       oder
 * b)     TABELLE-2 (NORMALINEX-1, NORMALINDEX-2)

 * Die Mischung von Normalindizes und Spezialindizes ist bei
 * COBOL-85 gestattet, jedoch nicht bei früheren COBOL-Ver-
 * sionen. Hierzu die folgenden Bezugnahmen:
 * a)     TABELLE-2 (X-1, NORMALINDEX-2)      bzw.
 * b)     TABELLE-2 (NORMALINDEX-1, X-2)
```

Abb. 13.14 Beispiel für den Gebrauch von Normal- und Spezialindizes

COBOL-85 erlaubt jedoch den Gebrauch von „Indexmixturen". Die letzten beiden Bezugnahmen dürfen also in dieser Form codiert werden.

Der Name einer Spezialindexvariablen darf darüberhinaus in keiner arithmetischen Operation (**ADD, SUBTRACT** usw.) und auch in keiner **MOVE**-Anweisung verwendet werden. Für derartige Operationen mit den Namen von Spezialindexvariablen gibt es die Anweisung **SET**, deren allgemeine Formate in den Abb. 13.15 und 13.16 gezeigt sind.

```
        ┌─────────┐
        │ Format 1│
        └─────────┘
    ┌──────────────────────────────────────────────┐
    │                                              │
    │   SET    ⎧ indexname-1  [ indexname-2]  ⎫    │
    │   ───    ⎩ bezeichner-1 [bezeichner-2]  ⎭    │
    │                                              │
    │                   ⎧ indexname-3  ⎫           │
    │          TO       ⎨ bezeichner-3 ⎬           │
    │          ──       ⎩ literal-1    ⎭           │
    │                                              │
    └──────────────────────────────────────────────┘
```

Abb. 13.15 Allgemeines Format 1 der Anweisung SET

```
        ┌─────────┐
        │ Format 2│
        └─────────┘
    ┌──────────────────────────────────────────────┐
    │                                              │
    │   SET    indexname-1  [ indexname-2] ...     │
    │   ───                                        │
    │                                              │
    │   ⎧ UP BY   ⎫    ⎧ bezeichner-1 ⎫            │
    │   ⎨ ─────── ⎬    ⎨ literal-2    ⎬            │
    │   ⎩ DOWN BY ⎭    ⎩              ⎭            │
    │                                              │
    └──────────────────────────────────────────────┘
```

Abb. 13.16 Allgemeines Format 2 der Anweisung SET

Um einer Spezialindexvariablen einen Anfangswert zuzuweisen, verwendet man meistens Anweisungen, die wie folgt aussehen:

SET X-KONTONUMMER TO 1.
SET X-KONTONUMMER TO SATZ-FELD-6.

Anweisungen dieser Form führen dieselbe Funktion wie die **MOVE**-Anweisung aus; sie schließen die erforderlichen Umwandlungen der Datendarstellungen also ebenfalls ein. In der **SET**-Anweisung erscheint jedoch das Sendefeld erst als zweiter Operand, das Empfangsfeld hingegen als erster Operand; auf den ersten Blick kann die Umkehrung des von der **MOVE**-Anweisung her gewöhnten Musters unter Umständen gar nicht auffallen. Die mit Indexnamen durchführbaren arithmetischen Operationen beschränken sich auf Additionen und Subtraktionen, die unter Benutzung der Angaben **UP BY** und **DOWN BY** mit **SET**-Anweisungen aufzusetzen sind. Die folgenden vier Beispiele demonstrieren die soeben gemachten Ausführungen:

```
SET LISTENINDEX UP BY 8.
SET INDEX-DER-FELDER UP BY FELD-3.
SET INDEX-Z DOWN BY 1.
SET ZEIGER-LUDWIG DOWN BY FELD-LAENGE.
```

Die Namen von Spezialindexvariablen dürfen in Vergleichsbedingungen eingehen. Wenn man sich zu einem solchen Vorhaben durchringt, sollte man sich vorher darüber im klaren sein, wie der Wert eines Spezialindex intern dargestellt ist; die zu berücksichtigenden Regeln sind nämlich ein wenig kompliziert. Wir werden keinen Anlaß finden, Vergleichsbedingungen mit Spezialindizes aufzusetzen. Wir verweisen deshalb auf geeignete **COBOL**-Handbücher, speziell auf diejenigen, die für das Computersystem gelten, mit dem gearbeitet wird.

Bisweilen muß man den Wert einer Spezialindexvariablen für einen späteren Wiedergebrauch zwischenspeichern. Dies kann geschehen, indem man die **SET**-Anweisung auf ein mit **USAGE IS INDEX** (kürzer auch: **USAGE INDEX**) definiertes Datenelement bezieht. Von dieser Möglichkeit würde man freilich nur bei reichlich anspruchsvolleren Programmen Gebrauch machen. In diesem Lehrbuch werden wir auf diese Möglichkeit nicht näher eingehen.

13.10 Die Anweisung SET im Zusammenhang mit Bedingungsnamen

Bei **COBOL-85** kann man die **SET**-Anweisung auch für Operationen einsetzen, die nichts mit Indexvariablen zu tun haben. Rufen wir in unser Gedächtnis zurück, daß Bedingungsnamen, d.h. die mit der Stufennummer **88** erklärten Namen, uns die Möglichkeit verschaffen, den Wert einer Variablen zu testen, ohne daß wir deshalb die Werte wirklich kennen müssen, die die jeweilige Variable annehmen kann. Nehmen wir dazu beispielsweise einmal an, es lägen die folgenden Erklärungen vor:

```
01  FARBE                   PIC X.
    88  ROT                 VALUE 'A'.
    88  BLAU                VALUE 'B'.
    88  GELB                VALUE 'C'.
    88  GRUEN               VALUE 'D'.
    88  PURPUR              VALUE 'E'.
    88  ROSA                VALUE 'F'.
    88  LILA                VALUE 'G'.
    :
```

Wir könnten dann die folgende Anweisung in den Prozedurteil aufnehmen:

IF GRUEN
  MOVE 'GRUEN' TO FARBE-TEXT.

Um jedoch der Variablen **FARBE** den Wert zuzuweisen, der daraufolgend unter dem Bedingungsnamen **GRUEN** interpretiert werden kann, müssen wir vor der **IF**-Anweisung eine diesbezügliche Anweisung codieren, etwa die folgende:

MOVE 'D' TO FARBE.

Zur Niederschrift dieser Anweisung müssen wir den Code für die Farbe „grün" kennen. In **COBOL-85** ist es möglich, ohne Kenntnis der Farbverschlüsselungen auszukommen, indem man die folgende **SET**-Anweisung codiert:

SET GRUEN TO TRUE.

Die Ausführung dieser Anweisung führt exakt zu demselben Ergebnis wie die zuvor aufgeführte **MOVE**-Anweisung, d.h. es wird **'D'** nach **FARBE** übertragen. Der Code im Prozedurteil ist jedoch frei von den speziellen Werten, die von der Variablen **FARBE** angenommen werden können. Für den Programmierer ergeben sich aus einem solchen Vorgehen zwei Vorteile:

1) Die Benutzung der **SET**-Anweisung besorgt eine bessere Dokumentation der auszuführenden Tätigkeiten als die bloße Übertragung eines Codes nach einer Variablen, hier nach der Variablen **FARBE**.
2) Der exakte Wert, der für jede Farbverschlüsselung verwendet wird, ist komplett im Datenteil enthalten. Wenn der Wunsch aufkommt, diese zu ändern, kann das allein im Datenteil geschehen; jeder Eingriff zur Modifikation von Anweisungen im Prozedurteil kann also unterbleiben.

Der zweite Vorteil scheint uns der wichtigere zu sein.

13.11 Das Verb SEARCH

Als einer der Hauptgründe zur Verwendung von Spezialindizes erweist sich die Möglichkeit, das Verb **SEARCH** einsetzen zu können. Daneben benötigen in manchen Fällen Programmabläufe eine kürzere Zeit als bei der Verwendung von Normalindizes. Um zu verstehen, welche Funktionen dieses Verb ausführt und wie nützlich es für die Tabellenverarbeitung ist, wollen wir uns noch einmal mit dem Gartenkatalog-Programm befassen (siehe Abb. 11.3 bis 11.6). Im Abschnitt 13.5 betrachteten wir den grundsätzlichen Aufbau von Programmteilen, die zum Laden gültiger Katalognummern in eine Tabelle herangezogen werden können. Nunmehr wollen wir die Methodik kennenlernen, der man sich bedienen sollte, wenn es darum geht, Tabellen zu benutzen.

Die Katalognummer stellt bekanntlich eine fünfstellige Zahl dar. Infolgedessen könnten insgesamt 100000 Katalognummern vergeben werden. Wir hatten jedoch angenommen, daß höchstens 1000 Katalognum-

13.11 Das Verb SEARCH   513

mern auf aktuelle Artikel verweisen. Um zu bestimmen, ob die in einem Bestellsatz vermerkte Katalognummer gültig ist, müssen wir in der Lage sein nachzuschauen, ob diese in der Tabelle eingetragen ist.

Zur Lösung dieses Problems könnten wir natürlich für jede mögliche Katalognummer ein einstelliges Tabellenelement bereitstellen, das entweder den Wert 'J' oder den Wert 'N' annimmt, je nachdem, ob die dem betreffenden Tabellenelement entsprechende Katalognummer gültig ist oder nicht. Ein solches Vorgehen würde es uns gestatten, einfach die im Bestellsatz stehende Katalognummer als Normalindex zu benutzen und im dadurch angesprochenen Tabellenelement nachzusehen, welchen der beiden möglichen Werte es besitzt. Hierbei würde die Tabelle allein 100000 Bytes in Anspruch nehmen, die den 5000 Bytes gegenüberstehen, die wir bei der Methode benötigen, die wir benutzen wollen. Sogar bei Großcomputern ist eine solche Speicherplatzeinsparung nicht ohne weiteres vom Tisch zu wischen.

Das in den Abb. 13.17 bis 13.20 aufgeführte Programm zeigt, wie ein solches Vorhaben bewerkstelligt werden kann.

Das in dieser Programmversion enthaltene Tabellenladen ist gegenüber dem Programmrahmen von Abb. 13.4 in einigen Punkten geändert worden. Wir beginnen mit der Besprechung der Modifikation, indem wir uns zunächst die Definitionen im Arbeitsspeicherkapitel ansehen. Den Tabellenelementen **GUELTIGE-NUMMERN** ist jetzt eine Spezialindexvariable zugeordnet, die wir **X-KATALOG** genannt haben. Die Ausführung des Paragraphen **C030-LADEN-KATALOGNUMMER** wird nicht mehr durch eine einfache **PERFORM**-Anweisung mit **UNTIL** bewirkt, sondern durch eine **PERFORM**-Anweisung mit **VARYING** und **UNTIL**. Zwei Gründe veranlaßten uns, diese Änderung vorzunehmen. Durch die Benutzung von **VARYING** erübrigt sich die Zuweisung eines Anfangswertes zur Indexvariablen und danach die fortlaufende Erhöhung ihrer Werte. Zweitens wird damit die Problematik vermieden, mit welchem Anfangswert **X-KATALOG** am besten zu initialisieren ist. Da der niedrigste gültige Indexwert für die Tabelle 1 ist, verbietet sich die Niederschrift von Anweisungen wie der nachfolgend aufgeführten:

SET X-KATALOG TO ZERO.
SET X-KATALOG TO 0.

Wir müssen deshalb die Programmlogik dieser Sachlage anpassen, so daß der Anfangswert 1 für **X-KATALOG** akzeptiert werden kann. Die Programmierung des Ladeprozesses wird dadurch ein wenig erschwert.

Infolge des anderen Anfangswertes für die Indexvariable (1 statt 0) müssen wir nach Beendigung des Ladeprozesses den Wert von

```
00001      IDENTIFICATION DIVISION.
00002      PROGRAM-ID.
00003          GARTENK2.
00004      DATE-WRITTEN.
00005          28. MAERZ 1987 (DEUTSCH: 18. MAERZ 1989).
00006
00007      ENVIRONMENT DIVISION.
00008      INPUT-OUTPUT SECTION.
00009      FILE-CONTROL.
00010          SELECT KATALOG-DATEI       ASSIGN TO S-KAT.
00011          SELECT BESTELL-DATEI       ASSIGN TO S-BESTELL.
00012          SELECT NORMAL-DATEI        ASSIGN TO S-NORMAL.
00013          SELECT SONDER-DATEI        ASSIGN TO S-SONDER.
00014
00015      DATA DIVISION.
00016      FILE SECTION.
00017      FD  KATALOG-DATEI
00018          LABEL RECORDS ARE OMITTED.
00019      01  KATALOG-SATZ.
00020          05  STAMM-KATALOGNUMMER             PIC X(5).
00021          05  SATZ-REST                       PIC X(95).
00022
00023      FD  BESTELL-DATEI
00024          LABEL RECORDS ARE OMITTED.
00025      01  BESTELL-SATZ.
00026          05  BESTELL-NUMMER                  PIC X(6).
00027          05  SATZART                         PIC X.
00028          05  KATALOG-NUMMER.
00029              10  KAT-ERST-ZIFFER             PIC X.
00030              10  KAT-REST-ZIFF               PIC X(4).
00031          05  GROESSEN-CODE                   PIC X.
00032          05  MENGE                           PIC 99.
00033          05  ART-BESCHREIBUNG                PIC X(40).
00034          05  X-PREIS                         PIC X(5).
00035          05  9-PREIS REDEFINES X-PREIS       PIC 9(5).
00036          05  FILLER                          PIC X(20).
00037
00038      FD  NORMAL-DATEI
00039          LABEL RECORDS ARE OMITTED.
00040      01  NORMAL-ZEILE                        PIC X(133).
00041
00042      FD  SONDER-DATEI
00043          LABEL RECORDS ARE OMITTED.
00044      01  SONDER-ZEILE                        PIC X(133).
00045
00046      WORKING-STORAGE SECTION.
00047      01  KATALOGNUMMERN-TABELLE.
00048          05  GUELTIGE-NUMMERN                PIC X(5)
00049                      OCCURS 1000 TIMES INDEXED BY X-KATALOG.
00050
00051      01  FEHLER-KZ.
00052          88  SATZ-IN-ORDN                            VALUE SPACES.
00053          05  KAT-NR-N-NUM                    PIC X.
00054          05  KAT-NR-N-GUELTIG                PIC X.
00055          05  ERSTE-ZIFFER-FALSCH             PIC X.
00056          05  UNG-GROESSEN-CODE               PIC X.
00057          05  KEIN-SOLCHER-CODE               PIC X.
00058          05  MENGE-PREIS-CODES.
00059              88  MENGE-PREIS-IN-ORDN                 VALUE SPACES.
00060              10  MENGE-NICHT-NUMERISCH       PIC X.
00061              10  PREIS-NICHT-NUMERISCH       PIC X.
00062          05  UNG-PREIS-ODER-MENGE            PIC X.
00063          05  ZU-GROSSER-PREIS                PIC X.
```

Abb. 13.17 *Überarbeitete Fassung des Gartenkatalog-Programmes unter Benutzung von Spezialindizes und der SEARCH-Anweisung, 1. Teil*

```
00064
00065      01  FEHLER-MELDUNGEN.
00066          05  KAT-NR-N-NUM-M              PIC X(50) VALUE
00067              ' KATALOG-NUMMER MIT UNZULAESSIGEM ZEICHEN'.
00068          05  KAT-NR-N-GUELTIG-M          PIC X(50) VALUE
00069              ' KATALOG-NUMMER NICHT IN STAMMDATEI'.
00070          05  ERSTE-ZIFFER-FALSCH-M       PIC X(50) VALUE
00071              ' FALSCHE ERSTE ZIFFER BEI KATALOG-NUMMER'.
00072          05  UNG-GROESSEN-CODE-M         PIC X(50) VALUE
00073              ' KEIN GROESSEN-CODE BEI DIESEM ARTIKEL'.
00074          05  KEIN-SOLCHER-CODE-M         PIC X(50) VALUE
00075              ' KEIN SOLCHER GROESSEN-CODE VORHANDEN'.
00076          05  MENGE-NICHT-NUMERISCH-M     PIC X(50) VALUE
00077              ' MENGE MIT UNZULAESSIGEM ZEICHEN'.
00078          05  PREIS-NICHT-NUMERISCH-M     PIC X(50) VALUE
00079              ' PREIS MIT UNZULAESSIGEM ZEICHEN'.
00080          05  UNG-PREIS-ODER-MENGE-M      PIC X(50) VALUE
00081              ' FALSCHER PREIS ODER FALSCHE MENGE'.
00082          05  ZU-GROSSER-PREIS-M          PIC X(50) VALUE
00083              ' ZU GROSSER PREIS ---> UEBERPRUEFEN'.
00084
00085      01  WEITERE-DATEN-VORHANDEN-KZ      PIC X.
00086          88  KEINE-WEITEREN-DATEN                  VALUE 'N'.
00087
00088      01  AUSGABE-ZEILE.
00089          05  DRUCK-STEUERZEICHEN         PIC X.
00090          05  BESTELL-NUMMER              PIC Z(5)9.
00091          05  KATALOG-NUMMER.
00092              10  KAT-ERST-ZIFFER         PIC BBX.
00093              10  KAT-REST-ZIFF           PIX BX(4).
00094          05  GROESSEN-CODE               PIC BX.
00095          05  MENGE                       PIC BBZ9.
00096          05  AUSGABE-PREIS               PIC BB$$$$9.99.
00097          05  ART-BESCHREIBUNG            PIC X(40).
00098          05  FILLER                      PIC X(59).
00099
00100      01  TEXT-ZEILE REDEFINES AUSGABE-ZEILE.
00101          05  DRUCK-STEUERZEICHEN         PIC X.
00102          05  UNBEKANNTE-ZEILE            PIC X(132).
00103
00104      01  PREIS-LIMIT                     PIC 99V99 VALUE 125.00.
00105      01  PRUEF-REST                      PIC S999V99 COMP-3.
00106      01  EINZELPREIS                     PIC S999V99 COMP-3.
00107      01  GUELT-NUMMERN-MAX               PIC S9(4) COMP SYNC
00108                                                  VALUE +1000.
00109
00110      PROCEDURE DIVISION.
00111      A000-BESTELL-PRUEFUNG.
00112          PERFORM B020-LADEN-GUELTIGE-NUMMERN.
00113          OPEN  INPUT BESTELL-DATEI
00114                OUTPUT NORMAL-DATEI
00115                       SONDER-DATEI.
00116          MOVE 'J' TO WEITERE-DATEN-VORHANDEN-KZ.
00117          READ BESTELL-DATEI
00118              AT END  MOVE 'N' TO WEITERE-DATEN-VORHANDEN-KZ.
00119          PERFORM B010-ZEILEN-PRUEFUNG
00120              UNTIL KEINE-WEITEREN-DATEN.
00121          CLOSE BESTELL-DATEI
00122                NORMAL-DATEI
00123                SONDER-DATEI.
00124          STOP RUN.
00125
```

Abb. 13.18 Überarbeitete Fassung des Gartenkatalog-Programmes unter Benutzung von Spezialindizes und der SEARCH-Anweisung, 2. Teil

```
00126    B010-ZEILEN-PRUEFUNG.
00127        MOVE SPACES TO FEHLER-KZ.
00128        PERFORM C010-EDIEREN-ZEILE.
00129
00130        IF  MENGE-PREIS-IN-ORDN
00131            MOVE CORRESPONDING BESTELL-SATZ TO AUSGABE-ZEILE
00132            MOVE 9-PREIS TO AUSGABE-PREIS
00133            IF  SATZ-IN-ORDN
00134                WRITE NORMAL-ZEILE FROM AUSGABE-ZEILE
00135                    AFTER ADVANCING 2 LINES
00136            ELSE
00137                WRITE SONDER-ZEILE FROM AUSGABE-ZEILE
00138                    AFTER ADVANCING 2 LINES
00139                PERFORM C020-DRUCKEN-MELDUNGEN
00140        ELSE
00141            MOVE BESTELL-SATZ TO UNBEKANNTE-ZEILE
00142            WRITE SONDER-ZEILE FROM AUSGABE-ZEILE
00143                AFTER ADVANCING 2 LINES
00144            PERFORM C020-DRUCKEN-MELDUNGEN.
00145
00146        READ BESTELL-DATEI
00147            AT END  MOVE 'N' TO WEITERE-DATEN-VORHANDEN-KZ.
00148
00149    B020-LADEN-GUELTIGE-NUMMERN.
00150        OPEN INPUT KATALOG-DATEI.
00151        MOVE 'J' TO WEITERE-DATEN-VORHANDEN-KZ.
00152        READ KATALOG-DATEI
00153            AT END  MOVE 'N' TO WEITERE-DATEN-VORHANDEN-KZ.
00154        PERFORM C030-LADEN-KATALOGNUMMER
00155            VARYING X-KATALOG FROM 1 BY 1
00156            UNTIL KEINE-WEITEREN-DATEN.
00157        CLOSE KATALOG-DATEI.
00158        SET X-KATALOG DOWN BY 1.
00159        SET GUELT-NUMMERN-MAX TO X-KATALOG.
00160
00161    C010-EDIEREN-ZEILE.
00162        IF  KATALOG-NUMMER OF BESTELL-SATZ IS NOT NUMERIC
00163            MOVE 'X' TO KAT-NR-N-NUM
00164        ELSE
00165            SET X-KATALOG TO 1
00166            SEARCH GUELTIGE-NUMMERN
00167                AT END  MOVE 'X' TO KAT-NR-N-GUELTIG
00168                WHEN  GUELTIGE-NUMMERN (X-KATALOG)
00169                    = KATALOG-NUMMER OF BESTELL-SATZ
00170                    NEXT SENTENCE.
00171
00172        IF  KAT-ERST-ZIFFER OF BESTELL-SATZ = '0' OR '2'
00173            MOVE 'X' TO ERSTE-ZIFFER-FALSCH.
00174
00175        IF  (KAT-ERST-ZIFFER OF BESTELL-SATZ = '1' OR '8' OR '9')
00176            AND GROESSEN-CODE OF BESTELL-SATZ IS NOT EQUAL SPACES
00177            MOVE 'X' TO UNG-GROESSEN-CODE.
00178
00179        IF  GROESSEN-CODE OF BESTELL-SATZ = 'A' OR 'D' OR 'G'
00180            OR 'J' OR 'K' OR 'L' OR 'S' OR 'T' OR 'U' OR ' '
00181            NEXT SENTENCE
00182        ELSE
00183            MOVE 'X' TO KEIN-SOLCHER-CODE.
00184
```

Abb. 13.19 Überarbeitete Fassung des Gartenkatalog-Programmes unter Benutzung von Spezialindizes und der SEARCH-Anweisung, 3. Teil

13.11 Das Verb SEARCH

```
00185       IF  MENGE OF BESTELL-SATZ IS NOT NUMERIC
00186           MOVE 'X' TO MENGE-NICHT-NUMERISCH.
00187
00188       IF  X-PREIS IS NOT NUMERIC
00189           MOVE 'X' TO PREIS-NICHT-NUMERISCH.
00190
00191       IF  MENGE-PREIS-IN-ORDN
00192           DIVIDE 9-PREIS BY MENGE OF BESTELL-SATZ
00193               GIVING EINZELPREIS REMAINDER PRUEF-REST
00194               ON SIZE ERROR  MOVE 'X' TO UNG-PREIS-ODER-MENGE.
00195       IF  MENGE-PREIS-IN-ORDN AND PRUEF-REST NOT EQUAL TO ZERO
00196           MOVE 'X' TO UNG-PREIS-ODER-MENGE.
00197
00198       IF  X-PREIS IS NUMERIC AND 9-PREIS IS GREATER PREIS-LIMIT
00199           MOVE 'X' TO ZU-GROSSER-PREIS.
00200
00201   C020-DRUCKEN-MELDUNGEN.
00202       IF  KAT-NR-N-NUM = 'X'
00203           WRITE SONDER-ZEILE FROM KAT-NR-N-NUM-M
00204               AFTER ADVANCING 1 LINE.
00205       IF  KAT-NR-N-GUELTIG = 'X'
00206           WRITE SONDER-ZEILE FROM KAT-NR-N-GUELTIG-M
00207               AFTER ADVANCING 1 LINE.
00208       IF  ERSTE-ZIFFER-FALSCH = 'X'
00209           WRITE SONDER-ZEILE FROM ERSTE-ZIFFER-FALSCH-M
00210               AFTER ADVANCING 1 LINE.
00211       IF  UNG-GROESSEN-CODE = 'X'
00212           WRITE SONDER-ZEILE FROM UNG-GROESSEN-CODE-M
00213               AFTER ADVANCING 1 LINE.
00214       IF  KEIN-SOLCHER-CODE = 'X'
00215           WRITE SONDER-ZEILE FROM KEIN-SOLCHER-CODE-M
00216               AFTER ADVANCING 1 LINE.
00217       IF  MENGE-NICHT-NUMERISCH = 'X'
00218           WRITE SONDER-ZEILE FROM MENGE-NICHT-NUMERISCH-M
00219               AFTER ADVANCING 1 LINE.
00220       IF  PREIS-NICHT-NUMERISCH = 'X'
00221           WRITE SONDER-ZEILE FROM PREIS-NICHT-NUMERISCH-M
00222               AFTER ADVANCING 1 LINE.
00223       IF  UNG-PREIS-ODER-MENGE = 'X'
00224           WRITE SONDER-ZEILE FROM UNG-PREIS-ODER-MENGE-M
00225               AFTER ADVANCING 1 LINE.
00226       IF  ZU-GROSSER-PREIS = 'X'
00227           WRITE SONDER-ZEILE FROM ZU-GROSSER-PREIS-M
00228               AFTER ADVANCING 1 LINE.
00229
00230   C030-LADEN-KATALOGNUMMER.
00231       MOVE STAMM-KATALOGNUMMER TO GUELTIGE-NUMMERN (X-KATALOG).
00232       READ KATALOG-DATEI
00233           AT END  MOVE 'N' TO WEITERE-DATEN-VORHANDEN-KZ.
00234
00235   *************** ENDE DES PROGRAMMES ***************
```

Abb. 13.20 Überarbeitete Fassung des Gartenkatalog-Programmes unter Benutzung von Spezialindizes und der SEARCH-Anweisung, 4. Teil

X-KATALOG erst um 1 vermindern, bevor wir ihn
GUELT-NUMMERN-MAX zuweisen können. Erinnern wir uns, daß durch **VARYING** die Werte von Laufvariablen erst unmittelbar am Schleifenende erhöht werden, d.h. nachdem der angesprochene Paragraph ausgeführt wurde. Das bedeutet, daß sogar nach Feststellung des Dateiendes und der damit verknüpften Übertragung von 'N' nach **WEITERE-DATEN-VORHANDEN-KZ** der Wert der Indexvariablen noch ein weiteres Mal um 1 anwächst, bevor er durch die Bedingung bei **UNTIL** überprüft wird.

Das Verb **SEARCH** taucht im Paragraphen **C010-EDIEREN-ZEILE** auf der Zeile 166 auf. Wenn nämlich der Wert von **KATALOG-NUMMER** im Bestellsatz als numerisch erkannt ist, fahren wir mit der Überprüfung derselben fort. Es ist jetzt zu bestimmen, ob wir eine gültige Nummer vor uns haben. Sollte die Katalognummer nicht numerisch sein, kann sie unmöglich gültig sein; in diesem Fall erübrigt sich der Gültigkeitstest (Jazweig von **IF**). Vor der Codierung des Verbes **SEARCH** setzen wir **X-KATALOG** auf **1**. Das allgemeine Format dieses Verbes ist in der Abb. 13.21 zu sehen.

```
    SEARCH bezeichner-1   [ VARYING ]   { indexname-1  }
                                        { bezeichner-2 }

    [AT END unbedingte-anweisung-1]

         WHEN bedingung-1        { unbedingte-anweisung-2 }
                                 { NEXT SENTENCE          }

       [ WHEN bedingung-2        { unbedingte-anweisung-3 } ] ...
                                 { NEXT SENTENCE          }
```

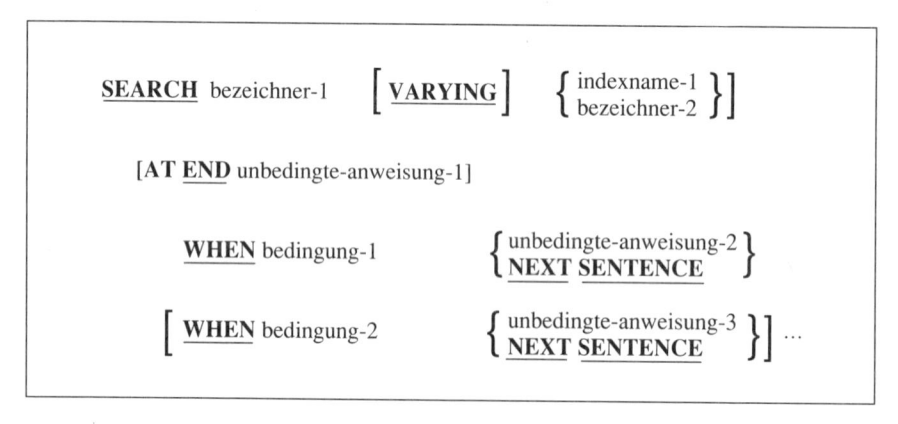

Abb. 13.21 Allgemeines Format der SEARCH-Anweisung

Unmittelbar nach **SEARCH** müssen wir den Namen der Tabellenelemente schreiben, d.h. den mit **INDEXED BY** erklärten Namen. Als nächstes kann die optionale Angabe **AT END** folgen. In dieser kann durch eine unbedingte Anweisung festgelegt werden, was zu tun ist, wenn beim Durchgehen durch die Tabelle kein Tabellenelement gefunden wurde, das die bei **WHEN** aufgeführte Bedingung erfüllt. Wird auf **AT END** verzichtet, so erfolgt stattdessen der Übergang zum nächstfolgenden **COBOL**-Satz. In die **WHEN**-Angabe haben wir eine Bedingung mit einer nachfolgenden unbedingten Anweisung oder

NEXT SENTENCE zu stellen. Damit die Verwendung des Verbes **SEARCH** einen Sinn bekommt, muß in der bei **WHEN** stehenden Bedingung in irgendeiner Weise die Indexvariable verwickelt sein. Hier haben wir festgelegt, daß bei Gleichheit der im Bestellsatz enthaltenen Katalognummer mit dem Wert irgendeines Tabellenelementes das Suchen beendet wird und die Programmablaufsteuerung zum nächsten Satz übergeht. Es sind beliebig viele **WHEN**-Angaben erlaubt, die jeweils unterschiedlichen Bedingungen und unterschiedlichen Tätigkeiten gerecht werden können; das Suchen stoppt, wenn irgendeine der in den **WHEN**-Angaben stehende Bedingung erfüllt ist.

Nach Abschluß der Suchoperationen zeigt entweder **X-KATALOG** auf das Tabellenelement von **GUELTIGE-NUMMERN**, das der eingelesenen Katalognummer gleicht, oder **KAT-NR-N-GUELTIG** („Katalognummer nicht gültig") ist der Wert 'X' zugewiesen. Obgleich unser Programm nur einfach nachschaut, ob eine Katalognummer in der Tabelle enthalten ist, ist es bei anderen Programmen ziemlich alltäglich, daß auch andere Felder einer Tabelleneintragung und nicht nur die in den Vergleichsbedingungen der **WHEN**-Angaben aufgeführten Zielfelder zur weiteren Verarbeitung herangezogen werden. Das setzt natürlich voraus, daß eine Tabelleneintragung aus einer Datengruppe von mehreren Elementen besteht und nicht wie bei unserem Beispiel aus nur einem Element. Deswegen konnten wir durchweg direkt von den Tabellenelementen sprechen und brauchten nicht den allgemeineren Begriff „Tabelleneintragung" zu benutzen.

Das Programm wurde mit derselben Bestelldatei ausgeführt wie die in den Abb. 11.3 bis 11.5 gezeigte erste Programmfassung. Außerdem wurde eine Stammdatei mit einer Stichprobe von Stammsätzen aufgebaut und hier wie erforderlich eingesetzt. Die sich aus dem Programmablauf ergebenden Ausgabedateien sind in den Abb. 13.22 und 13.23 zu sehen.

```
123456  5 1656 A   1   $0.45   MARKERBSEN-MIRAKEL VON GEISENBRUNN
123456  9 4342     1   $20.95  ZERSTAEUBER FUER GARTEN UND BAEUME
123456  6 2638 U   2   $7.00   GETREIDE - GEMENGE VON MITTELHOFEN
222233  9 3188     1   $17.95  REGENWUERMER (PACKUNG 2000 STCK.)
222235  3 3183 L   2   $4.00   KAPUZINERKRESSE - 15 G

Anmerkung:  Die Spaltenüberschriften sind dieselben wie bei Abb. 11.9.
```

Abb. 13.22 Ausgabe in die Datei zur normalen Weiterbehandlung der Bestellsätze (NORMAL-DATEI)

```
222234   9 3526 A    1     $2.75   GOTTESANBETERIN - EIBEHAELTER
KEIN GROESSEN-CODE BEI DIESEM ARTIKEL

222236   4 1939 H    0     $1.05   PHLOX, GROSSBLUETIG
KEIN SOLCHER GROESSEN-CODE VORHANDEN
FALSCHER PREIS ODER FALSCHE MENGE

222237233761B02HIBISKUS                              390
KATALOG-NUMMER NICHT IN STAMMDATEI
KEIN SOLCHER GROESSEN-CODE VORHANDEN
PREIS MIT UNZULAESSIGEM ZEICHEN

222238269088U01KNOBLAUCH (250 G)                  008.80
PREIS MIT UNZULAESSIGEM ZEICHEN

22223962257T01PALERBSEN-KLEINE FASZINATION          0120
KATALOG-NUMMER MIT UNZULAESSIGEM ZEICHEN
FALSCHE ERSTE ZIFFER BEI KATALOG-NUMMER
KEIN SOLCHER GROESSEN-CODE VORHANDEN
MENGE MIT UNZULAESSIGEM ZEICHEN
PREIS MIT UNZULAESSIGEM ZEICHEN

222240252829L 2SCHWARZER PFEFFER - LANGER CAYENNE  00550
MENGE MIT UNZULAESSIGEM ZEICHEN

123456222241SCUWESTINDISCHE GEWUERZGURKEN (125 G)  00275
KATALOG-NUMMER NICHT IN STAMMDATEI
FALSCHE ERSTE ZIFFER BEI KATALOG-NUMMER
MENGE MIT UNZULAESSIGEM ZEICHEN

122345   1 3466   10    $186.50  BIRNE, DAGMAR VON ELMAR
ZU GROSSER PREIS ---> UEBERPRUEFEN

321321   2 1321 3   21    $213.21   3213213213213213213213213213213213213
KATALOG-NUMMER NICHT IN STAMMDATEI
FALSCHE ERSTE ZIFFER BEI KATALOG-NUMMER
KEIN SOLCHER GROESSEN-CODE VORHANDEN
FALSCHER PREIS ODER FALSCHE MENGE
ZU GROSSER PREIS ---> UEBERPRUEFEN

43654364398769876976987690HGFJHGFJHGCHJHGFJGFJHGFJHFJHGFJH5876587658
KATALOG-NUMMER NICHT IN STAMMDATEI
KEIN SOLCHER GROESSEN-CODE VORHANDEN
PREIS MIT UNZULAESSIGEM ZEICHEN

231231   3 1231 A   12    $12.12   A12A12A12A12A12A12A12A12A012012012
KATALOG-NUMMER NICHT IN STAMMDATEI
```

Abb. 13.23 *Ausgabe in die Datei zur besonderen Weiterbehandlung fehlerhafter Bestellsätze (SONDER-DATEI)*

Die Ausgaben gleichen in vielen Belangen den in den Abb. 11.9 und 11.10 gezeigten Ausgaben. Bei einigen Sätzen in **SONDER-DATEI** taucht jetzt jedoch die neue Fehlermeldung „KATALOG-NUMMER NICHT IN STAMMDATEI" auf, und zwar zusätzlich zu den schon bisher bekannten Fehlermeldungen. Weiterhin erscheint der Bestellsatz mit der Bestellnummer 231231 nicht mehr in **NORMAL-DATEI**, sondern wegen der in ihm enthaltenen ungültigen Katalognummer in der Datei mit dem Namen **SONDER-DATEI**.

13.12 Das Verb SEARCH mit der Option ALL

Wenn eine Tabelle mit Hilfe des Verbs **SEARCH** (ohne **ALL**!) durchsucht wird, untersucht das Programm einfach die Tabelleneintragungen der Reihe nach, beginnend bei der Tabelleneintragung, auf die der Spezialindex gerade zeigt. Das ist auch der Grund, warum wir **X-KATALOG** in **C010-EDIEREN-ZEILE** (Abb. 13.19, Zeile 165) gewissenhaft wieder auf 1 zurückgesetzt haben. Nach jedem Vergleichsschritt wird bei Nichterfüllung der in **WHEN** spezifizierten Bedingung der Index um 1 erhöht, um damit beim darauffolgenden Schritt die nächste Tabelleneintragung überprüfen zu können. Wenn es dabei erst bei der letzten Tabelleneintragung zur Erfüllung der spezifizierten Bedingung kommt, mußte das Programm zuvor alle vorhergehenden Tabelleneintragungen testen. Unter der Annahme, daß die Werte, nach denen gesucht wird, zufällig verteilt sind, muß man erwarten, daß im Schnitt die halbe Tabelle durchsucht werden muß, bevor der Wert in der Tabelle gefunden wird, der die spezifizierte Bedingung erfüllt. Das Suchen mit **SEARCH ALL** ist eine wesentlich schnellere Alternative, sie ist jedoch an eine Bedingung hinsichtlich des Tabellenaufbaus geknüpft.

Wenn die Werte der zu durchsuchenden Tabellenelemente in aufsteigender oder absteigender Folge in die Tabelle gestellt werden können, kann beim Gebrauch von **SEARCH ALL** das Durchsuchen so erfolgen, wie es nachfolgend geschildert ist. Das Programm vergleicht den zu suchenden Wert zuerst mit dem entsprechenden Wert der in der Mitte der Tabelle stehenden Eintragung. Sollte sich dabei glücklicherweise herausstellen, daß die Bedingung erfüllt ist, ist das Durchsuchen bereits abgeschlossen. Im anderen Fall kann aus dem Prüfergebnis geschlossen werden, ob der gesuchte Wert in der ersten oder in der zweiten Tabellenhälfte zu finden ist. Damit steht fest, daß bei den weiteren Suchgängen die jeweils andere Hälfte der Tabelle nicht mehr berücksichtigt zu werden braucht. Als nächstes wird nun der in der Mitte der übriggebliebenen Tabellenhälfte stehende Wert untersucht. Dieser Halbierungsprozeß setzt sich fort, wobei jedesmal die in Frage kommenden Möglichkeiten um die Hälfte eingeengt werden; er endet, wenn entweder in der Tabelle ein Wert gefunden wird, der gemäß der angegebenen Bedingung mit dem Suchwert übereinstimmt oder wenn kein solcher Wert vorhanden ist. Wegen des den Suchprozeß beeinflussenden Faktors 2 spricht man hier vom *binären Suchen*; dieser Begriff steht selbstverständlich in keinem Zusammenhang mit der binären Darstellung von Daten, d.h. die Werte in der zu durchsuchenden Tabelle müssen keineswegs in binärer Form vorliegen (sie können natürlich in dieser Form dargestellt sein). Der Gewinn an Verarbeitungszeit beim binären Tabellensuchen wächst gegenüber dem im Abschnitt 13.11 besprochenen *linearen* Tabellensuchen um so mehr an, je umfangreicher eine Tabelle ist. Eine Tabelle mit 100 Eintragungen erfordert z.B. beim linearen Tabellensuchen im Schnitt 50 Vergleiche, **SEARCH ALL** benötigt höchstenfalls 7 Vergleiche. Das ist schon recht spektabel, aber noch nicht weltbewegend; je mehr Tabelleneintragungen vorliegen, um so anziehender wird das binäre Suchen. Bei einer aus 1000 Eintragungen bestehenden Tabelle werden bei **SEARCH** im Schnitt 500 Vergleiche benötigt, bei **SEARCH ALL** dagegen höchstens 10. Die Reduzierung der Vergleichsschritte wirkt hier bereits recht dramatisch.

In der Abb. 13.24 ist die allgemeine Form der **SEARCH**-Anweisung mit **ALL** zu sehen.

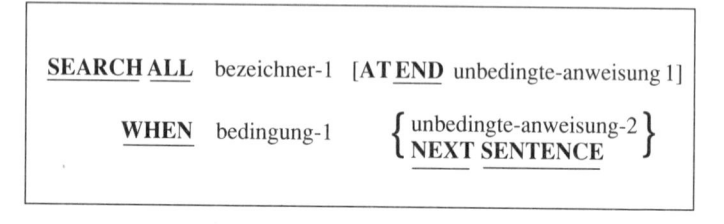

```
SEARCH ALL   bezeichner-1   [AT END unbedingte-anweisung 1]

    WHEN     bedingung-1    { unbedingte-anweisung-2 }
                            {   NEXT SENTENCE        }
```

Abb. 13.24 Allgemeines Format der Anweisung SEARCH ALL

Um die Form **SEARCH ALL** benutzen zu können, müssen wir im Datenteil angeben, nach welchem Tabellenelement in der Tabelle gesucht werden soll und ob die Tabelle nach aufsteigenden oder absteigenden Werten dieses Elementes geordnet ist. Für die in Abb. 13.17 (Zeilen 47 bis 49) im Arbeitsspeicherkapitel definierte Tabelle würden wir jetzt wie folgt zu schreiben haben:

```
01   KATALOGNUMMERN-TABELLE.
  05     GUELTIGE-NUMMERN           PIC X(5)  OCCURS 1000
                                    ASCENDING KEY IS
                                         GUELTIGE-NUMMERN
                                    INDEXED BY X-KATALOG.
```

Die Einfügung von **ASCENDING KEY** und die Änderung von **SEARCH** in **SEARCH ALL** wären die einzigen Modifikationen, die im Programm (siehe Abb. 13.17 bis 13.20) vorgenommen werden müßten. Da **SEARCH ALL** alle Indexoperationen selbst behandelt, kann außerdem die **SET**-Anweisung unmittelbar vor der **SEARCH**-Anweisung entfallen. Bleibt sie im Programm, so ist sie wirkungslos, da von **SEARCH ALL** ein der Indexvariablen zugewiesener Anfangswert nicht beachtet wird.

13.12 Das Verb SEARCH mit der Option ALL

Bei **SEARCH ALL** darf nur eine **WHEN**-Angabe niedergeschrieben werden, aber die dabei angegebene Bedingung kann durchaus eine Verbundbedingung sein. Wenn in das Durchsuchen gleichzeitig mehrere Elemente einzubeziehen sind, kann eine solche Möglichkeit sehr nützlich sein. Nehmen wir beispielsweise einmal an, daß zusammen mit der Katalognummer nur gewisse Größencodes gültig sind. Das heißt etwa, daß bei der Katalognummer 33183 nur die Größencodes A, G und L gültig sind, bei der Katalognummer 62638 dagegen nur die Größencodes D und U usw. Wir könnten deshalb die Tabelle im Gartenkatalogprogramm diesen Voraussetzungen wie folgt anpassen:

```
01  KATALOGNUMMERN-TABELLE.
    05  GUELTIGE-EINTRAGUNGEN       OCCURS 1000
                                    ASCENDING KEY IS
                                        GUELTIGE-NUMMERN
                                    ASCENDING KEY IS
                                        GUELTIGER-GROESSEN-CODE
                                    INDEXED BY X-KATALOG.
        10  GUELTIGE-NUMMERN        PIC X(5).
        10  GUELTIGER-GROESSEN-CODE PIC X.
```

Wir setzen weiterhin voraus, daß in der Stammdatei mit dem Gartenkatalog für jede gültige Kombination von Katalognummer und Größencode ein Satz enthalten ist und die Tabelle unter Berücksichtigung dieser Gegebenheiten geladen wird. Um Zusammenpassendes zu finden, müssen wir nun in das Tabellensuchen sowohl die Katalognummer als auch den Größencode einbeziehen. Zur Erreichung dieses Zieles müssen wir deshalb die **SEARCH**-Anweisung in der folgenden Form niederschreiben:

```
SEARCH ALL GUELTIGE-EINTRAGUNGEN
    AT END  MOVE 'X' TO UNG-KATNR-ODER-GROESSEN-CODE
    WHEN GUELTIGE-NUMMERN (X-KATALOG) = KATALOG-NUMMER
                                        OF BESTELL-SATZ
        AND GUELTIGER-GROESSEN-CODE (X-KATALOG) =
            GROESSEN-CODE OF BESTELL-SATZ
        NEXT SENTENCE.
```

Es ist wichtig zu wissen, daß die erste Klausel **ASCENDING KEY** auf den höchsten Ordnungsbegriff, die letzte auf den niedrigsten Ordnungsbegriff verweisen muß. Das Programm weiß dadurch, daß **GUELTIGE-NUMMERN** der übergeordnete Schlüssel und **GUELTIGER-GROESSEN-CODE** der untergeordnete ist.

13.13 Die Initialisierung von Tabellen und die SEARCH-Anweisungen

Zu diesem Zeitpunkt dürfte es längst klar sein, daß die Initialisierung von Variablen stets eine wichtige Angelegenheit ist. Wenn man aber **SEARCH** bzw. **SEARCH ALL** verwendet, ist es von entscheidender Bedeutung, daß alle Tabelleneintragungen korrekt initialisiert sind, sogar dann, wenn sie keine gültigen Daten enthalten. Man betrachte z.B. die folgende Tabellendefinition:

```
01  KONTONUMMERN-TABELLE-BEREICH.
    05  MAXIMUM-TABELLENEINTRAGUNGEN        PIC S999 COMP SYNC
                                                 VALUE 500.
    05  KONTONUMMERN-TABELLE                OCCURS 500 TIMES
                                            ASCENDING KEY IS
                                                KONTONUMMERN
                                            INDEXED BY
                                                X-KONTONUMMERN.
        10  KONTONUMMERN                    PIC 9(5) COMP-3.
        10  KONTOINHABER                    PIC X(25).
01  LAUFEND-KONTONUMMER                     PIC 9(5) COMP-3.
01  KONTONUMMERN-KENNZ                      PIC X.
```

Angenommen, wir haben diese Tabelle von einer Eingabedatei geladen und speichern die Zahl der in die Tabelle aufgenommenen Kontonummern unter **MAXIMUM-TABELLENEINTRAGUNGEN**. Es mögen 425 sein. Wir wollen nun die Kontonummerntabelle solange durchsuchen, bis wir eine Eintragung finden, deren Wert dem Wert von **LAUFEND-KONTONUMMER** gleich ist. Wir könnten das mittels der folgenden Anweisung bewirken:

```
SET X-KONTONUMMERN TO 1.
SEARCH KONTONUMMERN-TABELLE
    AT END   MOVE 'N' TO KONTONUMMERN-KENNZ
    WHEN LAUFEND-KONTONUMMER = KONTONUMMERN (X-KONTONUMMERN)
        MOVE 'J' TO KONTONUMMERN-KENNZ.
```

Hierbei gibt es jedoch zwei Schwierigkeiten. Da sich das Suchen auch auf die Tabellenelemente erstrecken wird, die keine gültigen Daten enthalten, brauchen wir durchschnittlich 250 Suchschritte und nicht nur 213, wenn die ungültigen Daten vom Suchen ausgeklammert wären. Viel wichtiger ist jedoch die Tatsache, daß bei vielen Computertypen der Programmablauf anormal enden würde, wenn zum ersten Mal die Variable **LAUFEND-KONTONUMMER** einen nicht in der Tabelle stehenden Wert aufweisen würde. Zurückzuführen ist das auf den Umstand, daß wir die Tabellenelemente 426 bis 500 nicht mit Werten versorgt haben, wir haben also keine Ahnung von ihrem Inhalt. In den meisten Fällen werden es keine gültigen gepackten Dezimaldaten sein; andere Daten

13.13 Die Initialisierung von Tabellen und die SEARCH-Anweisungen

verursachen aber eine anormale Programmbeendigung, wenn es zu einem Vergleich des Wertes von **LAUFEND-KONTONUMMER** mit ihnen kommt.

Es gibt mehrere mögliche Lösungen für dieses Problem. In der Mehrzahl der Fälle ist es am einfachsten, von der Tatsache Gebrauch zu machen, daß **MAXIMUM-TABELLENEINTRAGUNGEN** die Anzahl der gültigen Tabelleneintragungen enthält. Unter Benutzung dieser Information können wir die **SEARCH**-Anweisung wie folgt gestalten:

```
SET X-KONTONUMMERN TO 1.
SEARCH KONTONUMMERN-TABELLE
    AT END  MOVE 'N' TO KONTONUMMERN-KENNZ
    WHEN    X-KONTONUMMERN > MAXIMUM-TABELLENEINTRAGUNGEN
            MOVE 'N' TO KONTONUMMERN-KENNZ
    WHEN    LAUFEND-KONTONUMMER = KONTONUMMERN (X-KONTONUMMERN)
            MOVE 'J' TO KONTONUMMERN-KENNZ.
```

Der Reihenfolge der beiden **WHEN**-Angaben kommt hierbei eine enorme Bedeutung zu. Wenn der Wert von **LAUFEND-KONTONUMMER** nicht in der Tabelle enthalten ist, wird schließlich einmal die Indexvariable **X-KONTONUMMER** auf 426 gesetzt. Die Bedingung in der ersten **WHEN**-Angabe ist dadurch erfüllt (sie ist „wahr") und die Ausführung der **SEARCH**-Anweisung wird nach Zuweisung von 'N' zu **KONTONUMMERN-KENNZ** beendet. Zu einem Vergleich der Werte von **LAUFEND-KONTONUMMER** und **KONTONUMMERN (426)** kommt es dann gar nicht mehr.

Eine Alternativlösung wäre, alle Eintragungen der Tabelle **KONTONUMMERN-TABELLE** zu initialisieren, und zwar mit einem Wert, der zwar eine gültige gepackte Dezimalzahl darstellt, aber der keiner wirklich vorhandenen Kontonummer entspricht; ein solcher Anfangswert könnte beispielsweise 00000 oder 99999 sein. Wenn wir die **SEARCH**-Anweisung mit dem Zusatz **ALL** verwenden, *muß* die Tabelle initialisiert werden, da sich der Wert von **X-KONTONUMMERN** nicht auf den Wertebereich von 1 bis zu dem in **MAXIMALE-TABELLENEINTRAGUNGEN** stehender Wert begrenzen läßt. Weiterhin müssen die Werte der Elemente von **KONTONUMMERN** in aufsteigender Reihenfolge angeordnet sein, Duplikate sind freilich gestattet. Die einzigen Werte, die wir als Anfangswerte bei unserer Aufgabenstellung gebrauchen könnten, müßten also Werte sein, die jedmögliche Kontonummer wertmäßig übertreffen. In Frage käme beispielsweise 99999, denn eine solche Kontonummer wird gewöhnlich nicht vergeben. Wenn das Schlüsselfeld als nichtnumerisch erklärt ist, kann **HIGH-VALUES** als Anfangswert verwendet werden. Man gebrauche jedoch **HIGH-VALUES** nicht im Zusammenhang mit numerischen Daten, da diese figurative Konstante im allgemeinen keinen gültigen numerischen Wert darstellen.

13.14 Ein Programm zur Verarbeitung einer zweidimensionalen Tabelle unter Benutzung von Spezialindizes

Um zu zeigen, wie ein Programm mehrere Tabellen, darunter auch solche mit mehr als einer Dimension, benutzen kann, wollen wir die folgende Anwendung betrachten.

Eine Eingabedatei enthält einen Satz für jeden Beschäftigten einer Firma. Neben anderen Informationen stehen in diesem Personalsatz die folgenden, für diese Anwendung relevanten Daten:

- Verschlüsselung des Geschlechtes (M für männlich, W für weiblich)
- Beschäftigungsdauer innerhalb der Firma in Jahren (B-Jahre)
- Alter des Beschäftigten in Jahren
- Code für die Zugehörigkeit zum Management (1 für zugehörig, 2 für nicht zugehörig)

Es soll eine Tabelle erstellt werden, die die Verteilung der Beschäftigten nach Alter und Beschäftigungsdauer aufschlüsselt, und dies für jede der vier möglichen Kombinationen von Geschlecht und Zugehörigkeit bzw. Nichtzugehörigkeit zum Management. Ein flüchtiger Blick auf die Abb. 13.30 verdeutlicht besser, was wir meinen, als jede noch so ausführliche verbale Erläuterung.

Das Programm soll für jede der genannten vier Kategorien die Beschäftigtenzahlen ermitteln und anschließend in leicht lesbarer Form ausdrucken. Bei diesen beiden Programmteilen kann die Indizierung nützlich eingesetzt werden. Welche Alters- bzw. Beschäftigungsdauergruppe für einen Beschäftigten zutrifft, kann sehr einfach mittels des Verbes **SEARCH** bestimmt werden. Für diesen Zweck müssen deshalb geeignete Tabellen eingerichtet werden.

Der Grundaufbau des Programmes geht von zwei Hauptfunktionen aus:

    1) *Aufbau der Statistiktabelle*
    2) *Drucken des Ergebnisses*

Da wir weder die **VALUE**-Klausel noch eine einfache **MOVE**-Anweisung zur Initialisierung der Statistiktabelle (alle Tabellenelemente müssen hier anfangs auf den Wert 0 gesetzt werden) benutzen können, brauchen wir eine zusätzliche Funktion, die wir als separate Funktion ansehen wollen. Eine komplette hierarchische Darstellung des Programmaufbaus ist in der Abb. 13.25 zu sehen.

Das auf der Basis der in der Abb. 13.25 gezeigten Modulhierarchie entwickelte **COBOL**-Programm ist in den Abb. 13.26 bis 13.29 aufgeführt.

13.14 Ein Programm zur Verarbeitung einer zweidimensionalen Tabelle

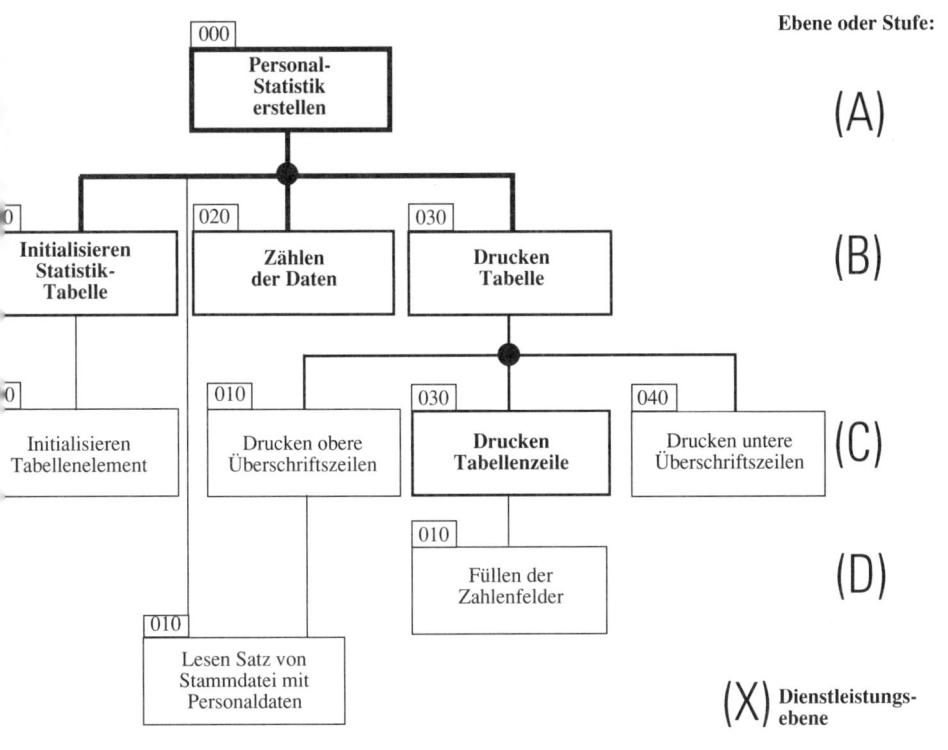

```
                            000
                        Personal-
                        Statistik                              Ebene oder Stufe:
                        erstellen                                    (A)
        ┌───────────────────┼───────────────────┐
       010                  020                 030
   Initialisieren         Zählen             Drucken                 (B)
   Statistik-            der Daten           Tabelle
   Tabelle
                                ┌──────────────┼──────────────┐
       010                     010            030            040
   Initialisieren         Drucken obere    Drucken       Drucken untere
   Tabellenelement        Überschriftszeilen Tabellenzeile Überschriftszeilen  (C)
                                               │
                                              010
                                            Füllen der                (D)
                                            Zahlenfelder

       010
   Lesen Satz von
   Stammdatei mit
   Personaldaten                                   (X) Dienstleistungs-
                                                       ebene
```

Abb. 13.25 Modulhierarchie des Programmes zum Erstellen und Ausdrucken einer Statistiktabelle

Hinsichtlich der Codierung der ersten beiden Programmteile (**IDENTIFICATION** bzw. **ENVIRONMENT DIVISION**) sowie des Dateienkapitels im Datenteil gibt es nichts Nennenswertes zu bemerken. Der Datenname **B-JAHRE** steht für „Beschäftigungsjahre". Wenn wir auf das Arbeitsspeicherkapitel (ab Zeile 49) schauen, erkennen wir eine Tabelle, deren Inhalt während des gesamten Programmablaufes konstant bleibt. Die ihren einzelnen Elementen über ein gesondertes Datenelement mittels **VALUE** zugewiesenen Anfangswerte stellen das jeweilige Anfangsalter der Altersgruppen dar. Diese Tabelle wird durchsucht, wenn die Altersgruppe bestimmt werden muß, in die ein Beschäftigter aufgrund seines Lebensalters fällt; besorgt wird das durch das Verb **SEARCH**. Wir sollten nunmehr betrachten, auf welche Weise die betreffende Altersgruppe ausgewählt wird; wir brauchen uns dazu nur die Zusammenstellung des Verbes **SEARCH** anzusehen. Eine ähnlich aufgebaute Tabelle liefert uns die Werte, die zur Bestimmung der Beschäftigungsdauergruppe benötigt werden. Die **STATISTIK-TABELLE** genannte Tabelle soll die Beschäftigtenzahlen aufnehmen, die in den ein-

```
00001      IDENTIFICATION DIVISION.
00002      PROGRAM-ID.
00003           STATISTI.
00004      DATE-WRITTEN.
00005           3. APRIL 1987 (DEUTSCH: 13. MAI 1988).
00006
00007      ENVIRONMENT DIVISION.
00008      CONFIGURATION SECTION.
00009      SPECIAL-NAMES.
00010           C01 IS NEUE-SEITE.
00011      INPUT-OUTPUT SECTION.
00012      FILE-CONTROL.
00013           SELECT BESCHAEFTIGTEN-STAMMDATEI   ASSIGN TO S-BESCH.
00014           SELECT BERICHTS-DATEI              ASSIGN TO S-BERI.
00015
00016      DATA DIVISION.
00017      FILE SECTION.
00018
00019      FD  BESCHAEFTIGTEN-STAMMDATEI
00020           LABEL RECORDS ARE OMITTED.
00021      01  BESCHAEFTIGTEN-STAMMSATZ.
00022           05   PERSONAL-NUMMER       PIC 9(4).
00023           05   FILLER                PIC X.
00024           05   GESCHLECHT            PIC X.
00025                88   MAENNLICH                   VALUE 'M'.
00026                88   WEIBLICH                    VALUE 'W'.
00027           05   FILLER                PIC XXX.
00028           05   B-JAHRE               PIC 99.
00029           05   FILLER                PIC XXX.
00030           05   ALTER                 PIC 99.
00031           05   FILLER                PIC XXX.
00032           05   MANAGEMENT-CODE       PIC X.
00033                88   MANAGER                     VALUE '1'.
00034                88   KEIN-MANAGER                VALUE '2'.
00035           05   FILLER                PIC X(80).
00036
00037      FD  BERICHTS-DATEI
00038           LABEL RECORDS ARE OMITTED.
00039      01  BERICHTS-SATZ.
00040           05   DRUCKSTEUERUNG        PIC X.
00041           05   BERICHTS-ZEILE        PIC X(132).
00042
00043      WORKING-STORAGE SECTION.
00044
00045      77  WEITERE-DATEN-KENNZ         PIC X.
00046           88   WEITERE-DATEN                    VALUE 'J'.
00047           88   KEINE-WEITEREN-DATEN             VALUE 'N'.
00048
00049      01  ALTER-TABELLE-WERTE.
00050           05   FILLER                PIC X(18)
00051                VALUE '212833404552586366'.
00052      01  ALTER-TABELLE-X REDEFINES ALTER-TABELLE-WERTE.
00053           05   ALTER-TABELLE         PIC 99 OCCURS 9 TIMES
00054                                      INDEXED BY X-ALTER.
00055
00056      01  B-JAHE-TABELLE-WERTE        PIC X(16)
00057                VALUE '0510152024324049'.
00058      01  B-JAHRE-TABELLE-X REDEFINES B-JAHRE-TABELLE-WERTE.
00059           05   B-JAHRE-TABELLE       PIC 99 OCCURS 8 TIMES
00060                                      INDEXED BY X-B-JAHRE.
00061
```

Abb. 13.26 Programm zum Erstellen und Ausdrucken einer Tabelle, 1. Teil

```
00062   01  STATISTIK-TABELLE.
00063       05  REIHEN OCCURS 18 TIMES INDEXED BY X-REIHEN.
00064           10  KOL OCCURS 16 TIMES INDEXED BY X-KOL.
00065               15  STAT-WERTE   PIC S9(4) COMP SYNC.
00066
00067   01  REIHEN-IDENT-WERTE.
00068       05  FILLER                PIC X(25)
00069               VALUE '17-2021-2738-3233-3940-44'.
00070       05  FILLER                PIC X(20)
00071               VALUE '45-5152-5758-6263-65'.
00072       05  FILLER                PIC X(25)
00073               VALUE '17-2021-2728-3233-3940-44'.
00074       05  FILLER                PIC X(20)
00075               VALUE '45-5152-5758-6263-65'.
00076   01  REIHEN-IDENT-TABELLE-X REDEFINES REIHEN-IDENT-WERTE.
00077       05  REIHEN-IDENT          PIC X(5) OCCURS 18 TIMES
00078                                 INDEXED BY X-REIHEN-IDENT.
00079
00080   01  BERICHTS-ZEILE-DETAILS.
00081       05  DRUCKSTEUERUNG        PIC X.
00082       05  REIHEN-IDENT-AUS      PIC X(8).
00083       05  KUEBEL                PIC BBZZZ9 OCCURS 16 TIMES
00084                                 INDEXED BY X-KUEBEL.
00085       05  FILLER                PIC X(28) VALUE SPACES.
00086
00087   01  UEBERSCHRIFT-1.
00088       05  FILLER                PIC X(45) VALUE SPACES.
00089       05  FILLER                PIC X(87) VALUE
00090           'MANAGEMENT PERSONAL-BERICHT'.
00091
00092   01  UEBERSCHRIFT-2.
00093       05  FILLER                PIC X(52) VALUE SPACES.
00094       05  FILLER                PIC X(80) VALUE 'MANAGEMENT'.
00095
00096   01  UEBERSCHRIFT-3.
00097       05  FILLER                PIC X(28) VALUE SPACES.
00098       05  FILLER                PIC X(51) VALUE 'MAENNLICH'.
00099       05  FILLER                PIC X(53) VALUE 'WEIBLICH'.
00100
00101   01  UEBERSCHRIFT-4.
00102       05  FILLER                PIC X(9) VALUE 'B-JAHRE->'.
00103       05  FILLER                PIC X(48) VALUE
00104           '  1-4   5-9 10-14 15-19 20-23 24-31 32-39 40-48  '.
00105       05  FILLER                PIC X(75) VALUE
00106           '  1-4   5-9 10-14 15-19 20-23 24-31 32-39 40-48  '.
00107
00108   01  UEBERSCHRIFT-5.
00109       05  FILLER                PIC X(49) VALUE SPACES.
00110       05  FILLER                PIC X(83) VALUE 'NICHT-MANAGEMENT'.
00111
00112   PROCEDURE DIVISION.
00113   A000-PERSONAL-STATISTIK-ERST.
00114       PERFORM B010-INIT-STAT-TAB.
00115       MOVE 'J' TO WEITERE-DATEN-KENNZ.
00116       OPEN  INPUT BESCHAEFTIGTEN-STAMMDATEI
00117             OUTPUT BERICHTS-DATEI.
00118       PERFORM X010-LESEN-SATZ-STAMM.
00119       PERFORM B020-ZAEHLEN-DATEN
00120             UNTIL KEINE WEITEREN-DATEN.
00121       PERFORM B030-DRUCKEN-TABELLE.
00122       CLOSE BESCHAEFTIGTEN-STAMMDATEI
00123             BERICHTS-DATEI
00124       STOP RUN.
```

Abb. 13.27 Programm zum Erstellen und Ausdrucken einer Tabelle, 2. Teil

```
00125
00126   B010-INIT-STAT-TAB.
00127       PERFORM C010-INIT-TAB-ELEM
00128           VARYING X-REIHEN FROM 1 BY 1 UNTIL X-REIHEN > 18
00129           AFTER    X-KOL    FROM 1 BY 1 UNTIL X-KOL > 16.
00130
00131   B020-ZAEHLEN-DATEN.
00132       SET X-ALTER X-REIHEN TO 1.
00133       SEARCH ALTER-TABELLE VARYING X-REIHEN
00134           WHEN ALTER < ALTER-TABELLE (X-ALTER) NEXT SENTENCE.
00135       SET X-B-JAHRE X-KOL TO 1.
00136       SEARCH B-JAHRE-TABELLE VARYING X-KOL
00137           WHEN B-JAHRE < B-JAHRE-TABELLE (X-B-JAHRE)
00138           NEXT SENTENCE.
00139       IF  WEIBLICH
00140           SET X-KOL UP BY 8.
00141       IF  KEIN-MANAGER
00142           SET X-REIHEN UP BY 9.
00143       ADD 1 TO STAT-WERTE (X-REIHEN, X-KOL).
00144       PERFORM X010-LESEN-SATZ-STAMM.
00145
00146   B030-DRUCKEN-TABELLE.
00147       PERFORM C020-DRUCKEN-OBERE-UEB.
00148       PERFORM C030-DRUCKEN-TABELLENZEILE
00149           VARYING X-REIHEN FROM 1 BY 1
00150           UNTIL X-REIHEN > 9.
00151       PERFORM C040-DRUCKEN-UNTERE-UEB.
00152       PERFORM C030-DRUCKEN-TABELLENZEILE
00153           VARYING X-REIHEN FROM 10 BY 1
00154           UNTIL X-REIHEN > 18.
00155
00156   C010-INIT-TAB-ELEM.
00157       MOVE ZERO TO STAT-WERTE (X-REIHEN, X-KOL).
00158
00159   C020-DRUCKEN-OBERE-UEB.
00160       MOVE UEBERSCHRIFT-1 TO BERICHTS-ZEILE.
00161       WRITE BERICHTS-SATZ AFTER ADVANCING NEUE-SEITE.
00162       MOVE UEBERSCHRIFT-2 TO BERICHTS-ZEILE.
00163       WRITE BERICHTS-SATZ AFTER ADVANCING 2 LINES.
00164       MOVE UEBERSCHRIFT-3 TO BERICHTS-ZEILE.
00165       WRITE BERICHTS-SATZ AFTER ADVANCING 2 LINES.
00166       MOVE UEBERSCHRIFT-3 TO BERICHTS-ZEILE.
00167       WRITE BERICHTS-SATZ AFTER ADVANCING 2 LINES.
00168       MOVE 'ALTER' TO BERICHTS-ZEILE.
00169       WRITE BERICHTS-SATZ AFTER ADVANCING 2 LINES.
00170       MOVE SPACES TO BERICHTS-ZEILE.
00171       WRITE BERICHTS-SATZ AFTER ADVANCING 1 LINE.
00172
00173   C030-DRUCKEN-TABELLENZEILE.
00174       PERFORM D010-FUELLEN-ZAHLENFELDER
00175           VARYING X-KOL FROM 1 BY 1
00176           UNTIL X-KOL > 16.
00177       SET X-REIHEN-IDENT TO X-REIHEN.
00178       MOVE REIHEN-IDENT (X-REIHEN-IDENT) TO REIHEN-IDENT-AUS.
00179       WRITE BERICHTS-SATZ FROM BERICHTS-ZEILE-DETAILS
00180           AFTER ADVANCING 1 LINE.
00181
00182   C040-DRUCKEN-UNTERE-UEB.
00183       MOVE UEBERSCHRIFT-5 TO BERICHTS-ZEILE.
00184       WRITE BERICHTS-SATZ AFTER ADVANCING 2 LINES.
00185       MOVE SPACES TO BERICHTS-ZEILE.
00186       WRITE BERICHTS-SATZ AFTER ADVANCING 1 LINE.
```

Abb. 13.28 Programm zum Erstellen und Ausdrucken einer Tabelle, 3. Teil

13.14 Ein Programm zur Verarbeitung einer zweidimensionalen Tabelle

```
00187
00188    D010-FUELLEN-ZAHLENFELDER.
00189        SET X-KUEBEL TO X-KOL.
00190        MOVE STAT-WERTE (X-REIHEN, X-KOL) TO KUEBEL (X-KUEBEL).
00191
00192    X010-LESEN-SATZ-STAMM.
00193        READ BESCHAEFTIGTEN-STAMMDATEI
00194            AT END MOVE 'N' TO WEITERE-DATEN-KENNZ.
00195
00196    ******************** ENDE DES PROGRAMMES ********************
```

Abb. 13.29 Programm zum Erstellen und Ausdrucken einer Tabelle, 4. Teil

zelnen Kategorien anfallen. Die Namen mit den Stufennummern **05** bzw. **10**, die bei dieser Tabellendefinition eingeführt werden, sollen die Zeilen (Reihen) bzw. die Spalten (Kolonnen) suggerieren (im Englischen kann zur Bezeichnung der Spalten das Wort **COLUMN** nicht benutzt werden, da es in **COBOL** ein reserviertes Wort ist).

Die Druckausgabe des Programmes ist in der Abb. 13.30 aufgeführt.

	MANAGEMENT PERSONAL-BERICHT															
	MANAGEMENT															
	MAENNLICH								WEIBLICH							
B-JAHRE->	1-4	5-9	10-14	15-19	20-23	24-31	32-39	40-48	1-4	5-9	10-14	15-19	20-23	24-31	32-39	40-48
ALTER																
17-20	1	0	0	0	0	0	0	0	0	0	0	0	0	0	0	0
21-27	5	3	0	0	0	0	0	0	1	2	0	0	0	0	0	0
28-32	1	4	7	0	0	0	0	0	0	1	2	0	0	0	0	0
33-39	3	2	4	3	1	0	0	0	2	4	2	1	0	0	0	0
40-44	3	5	4	4	1	0	0	0	2	4	6	0	4	0	0	0
45-51	2	9	5	5	3	3	0	0	4	2	6	3	0	0	0	0
52-57	4	3	2	3	5	8	0	3	6	3	3	4	1	2		
58-62	1	2	0	10	4	5	9	3	1	2	2	3	3	6	3	2
63-65	1	1	0	6	1	3	2	1	0	0	4	1	1	1	0	
	NICHT-MANAGEMENT															
17-20	3	0	0	0	0	0	0	0	3	0	0	0	0	0	0	0
21-27	1	6	0	0	0	0	0	0	3	1	0	0	0	0	0	0
28-32	2	5	1	0	0	0	0	0	4	2	0	0	0	0	0	0
33-39	6	2	5	3	0	0	0	0	4	7	8	4	1	0	0	0
40-44	5	1	7	2	6	4	0	0	3	2	3	2	4	1	0	0
45-51	3	1	3	3	6	12	2	0	2	6	5	4	5	9	0	0
52-57	3	7	4	6	2	6	7	0	4	2	5	7	2	6	2	0
58-62	3	3	4	14	5	7	6	2	3	6	12	2	2	5	7	4
63-65	1	11	3	13	1	5	4	2	2	1	2	4	3	3	0	4

Abb. 13.30 Druckausgabe der Statistiktabelle

Als nächstes haben wir im Arbeitsspeicherkapitel die Zeilenbeschriftungen, d.h. die Altersgruppen definiert. Diese erscheinen im Bericht am Beginn jeder Zeile. Wir können hierzu ebenfalls die Indizierung nutzbringend einsetzen. Danach ist ein Arbeitsbereich festgelegt, der zum Drucken des Tabellenrumpfes herangezogen wird; Einzelheiten hierzu werden wir in Verbindung mit dem Prozedurteil besprechen. Am Schluß des Arbeitsspeicherkapitels sind die fünf Überschriftszeilen definiert, die im Personalbericht auftreten.

Der Aufbau des Prozedurteils spiegelt deutlich die Modulhierarchie wider. Nach der Initialisierung der Elemente der Statistiktabelle mit Nullen führt das Programm die beiden Haupttätigkeiten aus, das Zählen der Daten und das Ausdrucken der Statistiktabelle. Auf die beiden **UNTIL**-Bedingungen im Paragraphen **B010-INIT-STAT-TAB** sei ausdrücklich hingewiesen. Die Statistiktabelle besteht aus 18 Zeilen und 16 Spalten. Wir fahren deshalb mit den Schleifendurchläufen solange fort, bis **X-REIHEN** größer als **18** und **X-KOL** größer als **16** geworden ist. Wenn wir stattdessen auf Gleichheit geprüft hätten, würde das Programm die Tabellenelemente der letzten Zeile und der letzten Spalte nicht auf **0** gesetzt haben, da eine durch die **PERFORM**-Anweisung eingeleitete Schleife endet, sobald die Bedingung hinter **UNTIL** wahr geworden ist. Dieser **COBOL**-Code wird sehr häufig bei der Tabellenverarbeitung benutzt; er sollte deshalb gründlich verstanden sein.

Der nächste Paragraph **B020-ZAEHLEN-DATEN** beginnt damit, daß die beiden Indexvariablen **X-ALTER** und **X-REIHEN** auf **1** gesetzt werden. Jede Anzahl von Indexvariablen kann auf diese Weise in einer einzigen **SET**-Anweisung auf einen bestimmten Wert gesetzt werden. Bei der **MOVE**-Anweisung ist es ebenso: Einer beliebigen Anzahl von Datenelementen kann der gleiche Wert zugewiesen werden. Die **SEARCH**-Anweisung unterscheidet sich auf zweierlei Art von den in früheren Beispielen verwendeten Formen. Zuerst fällt auf, daß sie mit einer **VARYING**-Angabe versehen ist. Diese führt einfach dazu, daß beim Hindurchgehen durch die Tabelle **ALTER-TABELLE** mit dem Index **X-ALTER** gleichzeitig auch der Wert der Indexvariablen **X-REIHEN** automatisch erhöht wird. Wenn wir also das gesuchte Element in **ALTER-TABELLE** gefunden haben, wissen wir damit auch, in welcher Tabellenzeile das Element von **STAT-WERTE** steht, auf das wir 1 zu addieren haben. Zweitens besitzt die **SEARCH**-Anweisung keine Angabe **AT END**. Da die Datensätze aus einer Stammdatei stammen und vermutlich Gegenstand umfassender Nachprüfungen gewesen sind, können wir annehmen, daß sie höchstwahrscheinlich einwandfrei sind. Sollte man diese Auffassung nicht teilen, so ist das Programm entsprechend zu ändern; dabei ergeben sich keine neuen Gedankengänge.

Durch die Bedingung in der **SEARCH**-Anweisung wird **ALTER**, d.h. das im Eingabesatz enthaltene Alter eines Beschäftigten, fortlaufend mit den Werten der Elemente von **ALTER-TABELLE** verglichen. Auf welche Weise geschieht das nun? Aus dem in der Abb. 13.30 dargestellten Bericht ist zu ersehen, daß die erste Altersgruppe die Spanne von 17 bis 20 Jahren umfaßt. Wenn der bzw. die Beschäftigte jünger als 21 Jahre ist, würde er bzw. sie in diese Altersgruppe fallen. Aus diesem Grunde ist der erste in der Alterstabelle stehende Wert 21 und nicht 20.

13.14 Ein Programm zur Verarbeitung einer zweidimensionalen Tabelle

Wenn der erste Vergleich nicht das Suchen abstoppt, so ist der bzw. die Beschäftigte älter als 20 und gehört infolgedessen nicht zur ersten Altersgruppe. Der nächste Test untersucht, ob das Alter des bzw. der Beschäftigten kleiner als 28 ist. Wenn das Alter nicht kleiner als 21, aber kleiner als 28 ist, gehört der bzw. die Beschäftigte zur zweiten Altersgruppe. Die Vergleiche werden solange fortgesetzt, bis die Bedingung schließlich erfüllt ist; in diesem Moment wird das Tabellensuchen beendet. Ein gleichartiges Suchvorgehen dient zum Aufsuchen der passenden Gruppe für die Beschäftigungsdauer.

Nun kommen wir zur Behandlung der beiden Einflußfaktoren „männlich/weiblich" bzw. „Management/nicht Management". Aus der Ausgabe von Abb. 13.30 ist zu erkennen, daß die linke Hälfte des Berichtes die männlichen Beschäftigten, die rechte Hälfte die weiblichen erfaßt. Da jede Hälfte aus acht Spalten besteht, bedeutet das, daß bei einer weiblichen Beschäftigten der mittels der zweiten **SEARCH**-Anweisung gefundene Spaltenindex (**X-KOL**) um 8 zu erhöhen ist. Eine gleichartige Analyse führt zu dem Schluß, daß der Zeilenindex um 9 anwachsen muß, falls der bzw. die Beschäftigte kein Manager ist. In diesem Stadium haben wir also den Zeilen- und den Spaltenindex desjenigen Elementes der Statistiktabelle bestimmt, dessen Wert wir um 1 erhöhen müssen. Die **ADD**-Anweisung, die sich auf den doppelt indizierten Datennamen bezieht, besorgt die erforderliche Addition.

Wenn alle Eingabesätze durch die Anweisungen in den soeben besprochenen Paragraphen verarbeitet sind, können wir zur Druckausgabe des Personalberichtes übergehen. Blicken wir zunächst auf den Paragraphen **B030-DRUCKEN-TABELLE**. Wir sehen, daß dieser mit dem Ansprechen des Paragraphen **C020-DRUCKEN-OBERE-UEB** beginnt (Drucken der Überschriften am Kopf des Berichtes); dieser besteht aus einer Reihe von **MOVE**- und **WRITE**-Anweisungen zum Drucken von fünf Überschriftszeilen. Neues wird bei diesen Anweisungen nicht geboten. Die nächste **PERFORM**-Anweisung besorgt die Ausführung des Paragraphen **C030-DRUCKEN-TABELLENZEILE**, wobei die Werte des Index **X-REIHE** von 1 bis 9 laufen; wiederum ist zu bemerken, daß die Schleife verlassen wird, wenn der Wert von **X-REIHE** größer als 9 ist. Für jeden Wert von **X-REIHE** wird eine Zeile gedruckt, der Name dieses Paragraphen besagt es schon. Eine Einzelzeile des Personalberichtes besteht dabei aus der Zeilenbeschriftung und den Werten der 16 Elemente der entsprechenden Zeile der Statistiktabelle. Um diese Tätigkeit zu bewerkstelligen, müssen zunächst einmal die Zeilenbeschriftung und die Werte der 16 Elemente zu temporären Speicherplätzen übertragen werden. Die Übertragung ist mit einer Aufbereitung verbunden, so daß alle Daten eine druckfertige Folge aufeinanderfolgender Zeichen ergeben.

Dieses Übertragen von Werten einer zweidimensionalen Tabelle in einen eindimensionalen, hier **KUEBEL** genannten Arbeitsbereich wird durch eine **PERFORM**-Anweisung zu Beginn des Paragraphen **C030-DRUCKEN-TABELLENZEILE** veranlaßt. In dieser sich auf den Paragraphen **D010-FUELLEN-ZAHLENFELDER** beziehenden Anweisung durchläuft die Indexvariable **X-KOL** die Werte von 1 bis 16. Am Anfang des Paragraphen wird die, die einzelnen Zahlenfelder (hier: **KUEBEL**) ansprechende Indexvariable auf den gleichen Wert gesetzt, den die Indexvariable **X-KOL** aufweist. Danach wird der Wert des entsprechenden Elementes der Statistiktabelle in das passende Element von **KUEBEL** übertragen. Nach der Übertragung aller 16 Werte wird in **C030-DRUCKEN-TABELLENZEILE** die Indexvariable für die Zeilenbeschriftungen (Zeilenidentifizierungen), hier: **X-REIHEN-IDENT**, durch die nachfolgende **SET**-Anweisung auf den Wert von **X-REIHEN** gesetzt. Anschließend wird mittels der **MOVE**-Anweisung die angesprochene Zeilenbeschriftung nach **REIHEN-IDENT-AUS** übertragen. Die gesamte aufbereitete Einzelzeile des Personalberichtes steht nunmehr in **BERICHTS-ZEILE-DETAILS** für die Druckausgabe bereit; diese besorgt die den Paragraphen **C030-DRUCKEN-TABELLENZEILE** abschließende **WRITE**-Anweisung.

Zuguterletzt erkennen wir durch einen erneuten Blick auf den Paragraphen **B030-DRUCKEN-TABELLE**, daß in diesem nun mittels einer weiteren **PERFORM**-Anweisung zunächst der Paragraph **C040-DRUCKEN-UNTERE-UEB** angesprochen wird. Eine darauffolgende **PERFORM**-Anweisung sorgt abschließend für die Druckausgabe der Zeilen 10 bis 18 der Statistiktabelle.

Man mag sich vielleicht wundern, warum jede einzelne Tabelle durch einen eigenen Index angesprochen wird. Beispielsweise durchlaufen die beiden Indexvariablen **X-KOL** und **X-KUEBEL** die gleichen Werte, nämlich 1 bis 18, und weisen überdies zum Zeitpunkt ihrer Benutzung die gleichen Werte auf. Es könnte daher so aussehen, als ob die Tabelle **KUEBEL** sowohl mit **X-KOL** als auch mit **X-KUEBEL** angesprochen werden kann. Wegen der Art, wie Spezialindizes in Beziehung zu dem einer Tabelle zugewiesenen Speicherplatz stehen, ist das in diesem Fall zu verwerfen; möglich ist das nur bei Vorliegen gewisser Umstände. Man kann sich diese durchaus erarbeiten, zumal sie in jedem **COBOL**-Handbuch beschrieben sind. Andererseits ergibt sich aber aus einem solchen Vorgehen, sofern es überhaupt möglich ist, nur ein sehr geringer Vorteil, der auf Kosten des Verständnisses geht. Deshalb sollte man es sich zur Angewohnheit machen, jeder Tabelle ihren eigenen Spezialindex zuzuordnen.

13.15 Ausgerichtete (SYNCHRONIZED) Daten in Tabellen

In Kap. 10 sprachen wir über die Beziehungen zwischen Daten mit der Klausel **COMPUTATIONAL**, mit der Klausel **SYNCHRONIZED** und Füllbytes. Dieselben Überlegungen sind zu berücksichtigen, wenn durch **COMPUTATIONAL** ausgezeichnete Felder in einer Tabelle enthalten sind. Es ist aber außerdem ein zusätzlicher Faktor zu beachten. Dazu wollen wir z.B. die folgende Tabelle betrachten, die auf einem Beispiel im Abschnitt 10.10 (Abb. 10.4) basiert:

```
01   TABELLEN-BEREICH.
     05   TABELLE              OCCURS 100 TIMES.
          10   FELD-3          PIC X.
          10   FELD-4          PIC 9(8)    COMP SYNC.
          10   FELD-5          PIC X.
          10   FELD-6          PIC 9(18)   COMP SYNC.
          10   FELD-7          PIC X.
```

Aus dem Beispiel im Abschnitt 10.10 wissen wir, daß drei Füllbytes zwischen **FELD-3** und **FELD-4** eingeschoben werden und auch drei Füllbytes zwischen **FELD-5** und **FELD-6**. Um die Ausrichtung von **FELD-7** braucht man sich nicht zu kümmern, da aus beliebigen Zeichen bestehende Daten bei jedem Byte anfangen können. Man nehme jedoch von der Speicherbelegung Notiz, die in der Abb. 13.31 für unsere oben definierte Tabelle gezeigt ist.

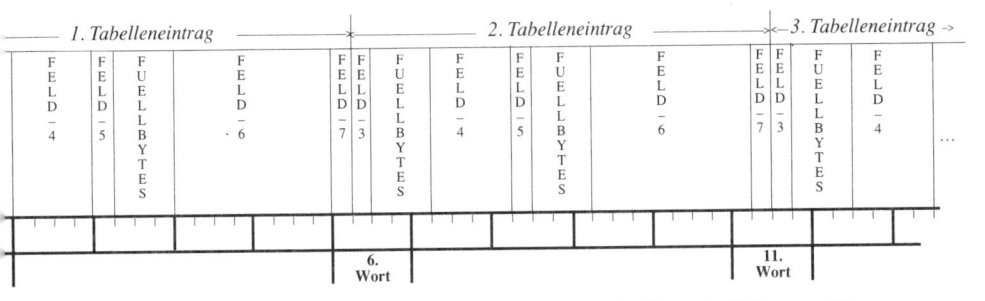

Abb. 13.31 Inkorrekte Speicherbelegung einer Tabelle mit 100, aus Datengruppen bestehenden Eintragungen

Die erste Tabelleneintragung von **TABELLEN-BEREICH** beginnt beim ersten Byte des ersten Wortes und setzt sich fort bis zum ersten Byte des 6. Wortes. Infolge der Füllbytes nach **FELD-3** und nach **FELD-5** beginnen die Felder **FELD-4** und **FELD-6** an Wortgrenzen, wie es auch durch Angabe der Klausel **SYNC** beabsichtigt war. Die zweite Eintragung von **TABELLEN-BEREICH** würde jedoch beim 2. Byte des 6. Wortes beginnen müssen. Da **FELD-3** von drei Füllbytes gefolgt wird, bedeutet das, daß **FELD-4** ebenfalls beim zweiten Byte eines Wortes, und zwar des 7. Wortes, beginnen würde; es wäre infolgedessen nicht auf eine geeignete Grenze ausgerichtet. In Konsequenz müßte dann auch **FELD-6** beim zweiten Byte eines Wortes anfangen, wäre demnach ebenfalls an einer ungeeigneten Grenze untergebracht. Mit anderen Worten gesagt: Wenn eine Datenstruktur mit binären Daten in einer Tabelle enthalten ist, reicht es nicht aus, die erste Tabelleneintragung in geeigneter Weise auszurichten. Füllbytes müssen zusätzlich so einbezogen werden, daß alle Tabelleneintragungen an den geeigneten Speichergrenzen beginnen.

Der Kompilierer bewirkt die korrekte Einfügung durch Bereitstellung zusätzlicher Füllbytes am Ende jeder Tabelleneintragung, wodurch auch die folgenden Tabelleneintragungen, nicht nur die erste, in korrekter Weise ausgerichtet werden können. Bei dem obigen Beispiel kommt es also zu der nachstehend gezeigten Einfügung von Füllbytes:

```
01   TABELLEN-BEREICH.
     05  TABELLE                OCCURS 100 TIMES.
         10  FELD-3             PIC X.
         10  FUELLBYTES-1       PIC XXX.
         10  FELD-4             PIC 9(8)      COMP SYNC.
         10  FELD-5             PIC X.
         10  FUELLBYTES-2       PIC XXX.
         10  FELD-6             PIC 9(18)     COMP SYNC.
         10  FELD-7             PIC X.
         10  FUELLBYTES-3       PIC XXX.
```

Graphisch sieht also die Speicherbelegung so aus, wie es in der Abb. 13.32 gezeigt ist.

1. Tabelleneintrag						2. Tabelleneintrag								
FELD-3	FUELLBYTES-1	FELD-4	FELD-5	FUELLBYTES-2	FELD-6	FELD-7	FUELLBYTES-3	FELD-3	FUELLBYTES-1	FELD-4	FELD-5	FUELLBYTES-2	FELD-6	FELD-7	FUELLBYTES-3

Abb. 13.32 Korrekte Speicherbelegung einer Tabelle mit 100, aus Datengruppen bestehenden Eintragungen

Die genaue Art und Weise, in der ein Kompilierer zum Zwecke der Ausrichtung auf Speichergrenzen Füllbytes in alle Eintragungen einer Tabelle einfügt, kann mitunter recht kompliziert sein und variiert bei den verschiedenen Computertypen. Gewissenhafte Programmierer sollten deshalb das passende Handbuch durchlesen, das für den Computer herausgegeben wurde, mit dem sie arbeiten. Wie bei vielen fortgeschrittenen Spracheigenschaften von **COBOL** ist dieser Weg nun einmal nicht zu vermeiden.

13.16 Zusammenfassung

Normalindizierung und Spezialindizierung sind äußerst leistungsfähige Einrichtungen von **COBOL**. Eine ausreichende Beherrschung ihres Gebrauches bei den meisten praktischen Anwendungen erfordert nur einen bescheidenen Lern- und Übungsaufwand. Um jedoch mit diesen Einrichtungen in voller Breite vertraut zu werden, muß man sie freilich gründlich studieren; für alle **COBOL**-Programmierer ist das aber sicher nicht nötig. Da es sich hier um ein einführendes Lehrbuch handelt, beschränken wir uns auf die bisher gemachten Ausführungen. Wer den Wunsch hat, alles über das Thema „Indizierung" kennenzulernen, muß sich um die Details kümmern, die in den Lehrbüchern für Fortgeschrittene oder in der sonstigen Literatur stehen, beispielsweise in den **COBOL**-Handbüchern der Hersteller.

KONTROLLFRAGEN

1. Welche der folgenden Aussagen erweist sich bezüglich der Normalindizierung (bzw. der Spezialindizierung) nicht als Vorteil?
    a) Einsparung von Zeit und Aufwand beim Niederschreiben des Datenteils,
    b) Ermöglichung von Kurzfassungen im Prozedurteil,
    c) Vereinfachung der Kompilierung des Quellenprogrammes.

2. Welche der nachfolgenden Aussagen beschreibt am besten das Konzept der Normalindizierung?
    a) Die Normalindizierung ist ein Instrument zur Verbesserung der Leistungsfähigkeit eines Objektprogrammes durch die Reduzierung der Anzahl unterschiedlicher Datennamen.
    b) Die Normalindizierung ermöglicht es, sich mit einem Datennamen auf eine ganze Tabelle von Datenelementen zu beziehen; dabei kann ein einzelnes Datenelement oder eine Gruppe von Datenelementen durch die Angabe des Wertes eines Normalindex bzw. der Werte von Normalindizes angesprochen werden.

Der Index bzw. die durch Kommas voneinander getrennten Indizes sind hinter dem Datennamen in Klammern zu setzen.

c) Durch Normalindizierung läßt sich das Schreiben des Datenteils vereinfachen; dadurch ist auch ein leichteres Schreiben des Prozedurteils möglich.

d) Unter Benutzung der Normalindizierung kann man kompaktere Anweisungen im Prozedurteil schreiben.

3. Worin besteht der Unterschied zwischen Normalindizes (Subskripten) und Spezialindizes?

4. Es sind die vier Fehler in der nachfolgenden **MOVE**-Anweisung zu finden! (Bei Zugrundelegung von **COBOL-85** sind es nur drei).
    MOVE ZERO TO BETRAG IN TRANS (2) OF OPERN (0,1,RATE+1).

5. Was bewirkt die nachfolgenden Statements?
    a) *Datenteil*
    ```
    01  SUMMEN-TAB-BEREICH COMPUTATIONAL.
        05  SUMMEN-TABELLE        PIC 9(5) OCCURS 100 TIMES.
    ```
    b) *Prozedurteil*
    ```
    ADD DEUTSCHE-MARK TO SUMMEN-TABELLE (X-SUMMEN).
    ```

6. Unter Zugrundelegung des Auszugs aus dem Datenteil von Frage 5. ist zu beantworten, was die folgenden Anweisungen des Prozedurteiles bewirken.

```
       MOVE ZERO TO GESAMT-A.
       MOVE 1 TO SUBSKRIPT.
       PERFORM PARAGRAPH-A UNTIL SUBSKRIPT > 100.
       :
   PARAGRAPH-A.
       ADD SUMMEN-TABELLE (SUBSKRIPT) TO GESAMT-A.
       ADD 1 TO SUBSKRIPT.
```

7. Was wird durch die folgenden Erklärungen in den (Intern-)Speicher eines Objektprogrammes gestellt, wenn dasselbe geladen wird?

```
01  NAMENS-SATZ.
    05    FILLER              PIC X(10) VALUE 'SEBASTIAN'.
    05    FILLER              PIC X(10) VALUE 'MARTIN'.
    05    FILLER              PIC X(10) VALUE 'WALTER'.
    :
    05    FILLER              PIC X(10) VALUE 'MATHIAS'.
01  NAMENS-TABELLE      REDEFINES NAMENS-SATZ.
    05    NAME-ABC            PIC X(10)   OCCURS 50 TIMES.
:
```

Anmerkung: Es sind 50 Erklärungen **FILLER** vorhanden.

8. Warum kann man in dem in Abb. 13.1 dargestellten Programmauszug die Erklärungen für **JAHRES-TABELLE** und für **BERICHTS-SATZ** nicht wie folgt ändern und danach im Prozedurteil anstelle der vier **MOVE**-Anweisungen im Paragraphen **B020-SCHREIBEN-TABELLE** eine einzige **MOVE**-Anweisung codieren (siehe die nachfolgenden Statements)?

```
01  JAHRES-TABELLE.
    03  JAHRES-GRUPPE.
        06  JAHRES-ZAEHLER PIC S9(4) COMP OCCURS 4 TIMES.
01  BERICHTS-SATZ.
    03  FILLER                   PIC X.
    03  BERICHTS-GRUPPE-AUS.
        06  JAHRES-ZAEHLER-AUS    PIC Z(6)9 OCCURS 4 TIMES.
    03  ABWEICHENDE-JAHRE-ZAEHLER-AUS
                                 PIC X(6)9.
    :
    MOVE JAHRES-GRUPPE TO BERICHTS-GRUPPE-AUS.
```

9. Warum hätte man **COBOL** nicht so konzipieren können, daß der Kompilierer aus dem Fakt, daß eine Variable im Prozedurteil mit einem Normalindex niedergeschrieben ist, herleiten kann, eine indizierte Variable vor sich zu haben? Die Niederschrift der **OCCURS**-Klausel könnte man sich dann im Datenteil ersparen!

10. Was würde geschehen, wenn der Wert des Datenelementes, dessen Name in der **VARYING**-Angabe einer **PERFORM**-Anweisung erscheint, im angesprochenen Paragraphen geändert wird? Würde dann die Anzahl der Wiederholungen durch den ursprünglichen Wert der Laufvariablen oder vom geänderten Wert bestimmt?

11. Welcher Unterschied ergibt sich bei den Resultaten der beiden nachfolgenden Beispiele?
    a) Beispiel 1:

```
a)     MOVE ZERO TO GESAMT-A.
       MOVE 1 TO SUBSKRIPT.
       PERFORM ROUTINE-A
           UNTIL SUBSKRIPT > 10.
       :
   ROUTINE-A.
       ADD DATEN-B (SUBSKRIPT) TO GESAMT-A.
       ADD 1 TO SUBSKRIPT.
```

b) Beispiel 2:

```
b)   MOVE ZERO TO GESAMT-A.
     PERFORM ROUTINE-B
        VARYING SUBSKRIPT FROM 1 BY 1
        UNTIL SUBSKRIPT > 10.
       :
     ROUTINE-B.
        ADD DATEN-B (SUBSKRIPT) TO GESAMT-A.
```

12. Wieviele Male wird die Prozedur im Paragraphen **ROUTINE-X** durch die nachfolgenden **PERFORM**-Anweisungen ausgeführt?

```
a)   PERFORM ROUTINE-X
        VARYING X FROM 1 BY 1 UNTIL X = 10.

b)   PERFORM ROUTINE-X
        VARYING X FROM 1 BY 1 UNTIL X > 10.

c)   PERFORM ROUTINE-X
        VARYING X FROM 1 BY 1 UNTIL X < 10.

d)   PERFORM ROUTINE-X
        VARYING X FROM 5 BY 1 UNTIL X > 10.

e)   PERFORM ROUTINE-X
        VARYING X FROM 1 BY 1 UNTIL X = NUMMER-A.
```

13. Man verfolge das nachstehende Beispiel!

```
PERFORM ROUTINE-C
   VARYING  A FROM 1 BY 1 UNTIL A > 2
   AFTER    B FROM 1 BY 1 UNTIL B > 3.
```

Es sind die sechs Wertepaare von **A** und **B** in der Reihenfolge niederzuschreiben, in der sie in den Schleifendurchläufen auftreten.

14. Gegeben sind die folgenden Erklärungen im Datenteil:

```
01  TABELLEN-BEREICH.
    05  X-TABELLE          PIC 999 COMP SYNC.
    05  TABELLE-A          PIC X(50) OCCURS 100 TIMES
                                     INDEXED BY X-1.
```

Außerdem liegen geeignete Definitionen von **EINGABE-DATEI** und **EINGABE-SATZ** vor. Welcher Wert würde durch die **DISPLAY**-Anweisung in den nachfolgenden drei Fällen angezeigt werden, wenn die Eingabedatei stets exakt 50 Sätze enthält?

a)
```
        MOVE 'J' TO WEITERE-DATEN-KENNZ.
        PERFORM TABELLE-LADEN
             VARYING X-1 FROM 1 BY 1
             UNTIL   WEITERE-DATEN-KENNZ = 'N'.
        SET X-TABELLE TO X-1.
        DISPLAY X-TABELLE.
            :
   TABELLE-LADEN.
        READ EINGABE-DATEI
             AT END MOVE 'N' TO WEITERE-DATEN-KENNZ.
        IF  WEITERE-DATEN-KENNZ = 'J'
             MOVE EINGABE-SATZ TO TABELLE-A (X-1).
```

b)
```
        MOVE 'J' TO WEITERE-DATEN-KENNZ.
        READ EINGABE-DATEI
             AT END  MOVE 'N' TO WEITERE-DATEN-KENNZ.
        PERFORM TABELLE-LADEN
             VARYING X-1 FROM 1 BY 1
             UNTIL   WEITERE-DATEN-KENNZ = 'N'.
        SET X-TABELLE TO X-1.
        DISPLAY X-TABELLE.
            :
   TABELLE-LADEN.
        MOVE EINGABE-SATZ TO TABELLE-A (X-1).
        READ EINGABE-DATEI
             AT END  MOVE 'N' TO WEITERE-DATEN-KENNZ.
```

c)
```
        MOVE 'J' TO WEITERE-DATEN-KENNZ.
        MOVE ZERO TO X-TABELLE.
        READ EINGABE-DATEI
             AT END  MOVE 'N' TO WEITERE-DATEN-KENNZ.
        PERFORM TABELLE-LADEN
             UNTIL WEITERE-DATEN-KENNZ = 'N'.
        DISPLAY X-TABELLE.
            :
   TABELLE-LADEN.
        ADD 1 TO X-TABELLE.
        MOVE EINGABE-SATZ TO TABELLE-A (X-TABELLE).
        READ EINGABE-DATEI
             AT END  MOVE 'N' TO WEITERE-DATEN-KENNZ.
```

15. Gegeben sind die nachfolgenden Erklärungen im Datenteil:

```
FILE SECTION.
    :
01  AUSGABE-ZEILE.
    05  DATEN-ELEMENT-AUS         PIC Z(4)9 OCCURS 12 TIMES.
    :
WORKING-STORAGE SECTION.
01  STICHPROBEN-TAB.
    05  STICHPROBEN-ELEMENT       PIC 9(5)  OCCURS 12 TIMES.
```

Was würden die nachfolgenden Anweisungen im Prozedurteil bewirken?

```
MOVE SPACES TO AUSGABE-ZEILE.
PERFORM PARAGRAPH-1
    VARYING N FROM 1 BY 1 UNTIL N > 12.
WRITE AUSGABE-ZEILE.
    :
PARAGRAPH-1.
    MOVE STICHPROBEN-ELEMENT (N) TO DATEN-ELEMENT-AUS (N).
```

16. Gegeben sind dieselben Erklärungen im Datenteil wie bei Frage 15. Welche Auswirkungen ergeben sich durch die nachfolgenden Anweisungen des Prozedurteiles?

```
MOVE SPACES TO AUSGABE-ZEILE.
PERFORM PARAGRAPH-2
    VARYING N FROM 1 BY 1 UNTIL N > 12.
    :
PARAGRAPH-2.
    MOVE STICHPROBEN-ELEMENT (N) TO DATEN-ELEMENT-AUS (N).
    WRITE AUSGABE-ZEILE.
```

ANTWORTEN AUF DIE KONTROLLFRAGEN

1. Bisweilen kann die Aussage c) zutreffen, aber keinesfalls unter allen Umständen.

2. Die Aussage a) trifft im allgemeinen überhaupt nicht zu. Die Aussabe b) ist völlig richtig; c) hingegen nur bis zu einem gewissen Maße, aber über die Bedeutung von „leichter" läßt sich streiten. Die Aussage d) ist in den meisten Fällen sicher richtig, aber keineswegs in allen; abgesehen davon stellt sie aber keinen Hauptpunkt dar.

3. Der Hauptunterschied liegt darin, wie zu den gespeicherten Tabellen im Objektprogramm zugegriffen wird. Hierdurch kann die Ausführungszeit eines Programmes erheblich beeinflußt werden. Da wir über diese ziemlich schwierigen Aspekte nicht gesprochen hatten, werden uns zweifellos die Normalindizierung und die Spezialindizierung sehr ähnlich erscheinen. Vom Standpunkt eines Verfassers von Quellenprogrammen aus liegen die Unterschiede zwischen den beiden Indizierungsarten darin, daß wir bei der Spezialindizierung im

Datenteil die Klausel **INDEXED BY** benutzen müssen. Außerdem müssen wir in der Lage sein, im Prozedurteil die Verben **SET** und **SEARCH** (ohne und mit **ALL**) verwenden zu können.

4. In der genannten **MOVE**-Anweisung treten die folgenden vier Fehler auf:
   a) Eine Kennzeichnung darf keinen Index aufweisen.
   b) Ein Normalindex muß einen größeren Wert als Null besitzen.
   c) Auf die die einzelnen Indizes trennenden Kommas muß ein Leerzeichen folgen.
   d) In den **COBOL-85** vorangehenden **COBOL**-Versionen darf ein Normalindex nicht aus einem arithmetischen Ausdruck bestehen; nur Literale und Datennamen können als Normalindizes aufgeführt werden. Auf einen Spezialindex darf jedoch ein Pluszeichen oder ein Minuszeichen mit einer anschließenden natürlichen Zahl folgen. Bei **COBOL-85** ist das gleiche auch bei einem Normalindex erlaubt.

   Zwischen dem Datennamen und der geöffneten Klammer sollte generell ein Leerzeichen verbleiben, obwohl das eigentlich nicht mehr nötig ist. Das Fehlen dieses Leerzeichens monierten Kompilierer früherer **COBOL**-Versionen als Fehler.

5. Es wird der Wert des irgendwo definierten Datenelementes **DEUTSCHE-MARK** zu dem Element der Tabelle **SUMMEN-TABELLE** addiert, auf den der gegenwärtige Wert des Index **X-SUMMEN** zeigt. Die als Normalindex benutzte Variable **X-SUMMEN** muß natürlich irgendwo im Datenteil definiert sein.

6. Es wird die Summe der 100 in der Tabelle **SUMMEN-TABELLE** enthaltenen Beträge addiert. Voraussetzung ist natürlich, daß **GESAMT-A** und **SUBSKRIPT** irgendwo im Datenteil definiert sind.

7. Es wird eine Tabelle mit 50 Namenseintragungen eingerichtet, die dann im Programm zur Verfügung stehen; Datensätze brauchen dabei nicht gelesen zu werden.

8. Das würde ausgezeichnet gehen, aber die Druckaufbereitung (**MOVE**-Anweisung) kann nur bei Datenelementen erfolgen, nicht bei Datengruppen. Wenn keine Aufbereitung in die **MOVE**-Anweisung einbezogen wäre, hätten wir eine famose Lösung vor uns. – Wenn die Anzahl der Elemente größer als vier wäre, würden wir sinnvollerweise eine **PERFORM**-Anweisung mit **VARYING** benutzen, um die einzelnen Elemente zu übertragen und nicht mehr eine Vielzahl von **MOVE**-Anweisungen niederschreiben.

9. Ohne **OCCURS**-Klausel würde der Kompilierer nicht erkennen können, wieviel Speicherplatz er für die Tabelle reservieren muß.

10. Wahrscheinlich würde der geänderte Wert herangezogen. Aber diese Aussage ist nicht endgültig, die einzelnen Kompilierer können unterschiedlich arbeiten: die Resultate können nicht immer leicht vorausgesagt werden. Deshalb sollte auf alle Fälle vermieden werden, einen Code niederzuschreiben, der die Werte von Laufvariablen während der Schleifendurchläufe verändert. Solche Codes neigen außerdem dazu, die Schleifendurchläufe schwerer zu begreifen.

11. Bei den Resultaten gibt es keine Unterschiede, aber es könnte solche bei dem vom Kompilierer erzeugten Objektprogramm geben.

12. Der Paragraph **ROUTINE-X** wird in folgender Anzahl wiederholt ausgeführt:
    a) 9-mal   b) 10-mal   c) kein Mal   d) 6-mal
    e) Die Ausführung erfolgt ein Mal weniger, als der gegenwärtige Wert von **NUMMER-A** beträgt, sofern dieser größer als oder gleich 1 ist. Sollte **NUMMER-A** hingegen einen Wert kleiner als 1 aufweisen, so wird der Paragraph endlos ausgeführt, da es dann niemals zu einer Gleichheit zwischen den Laufvariablen **X** und **NUMMER-A** kommen kann.

13. Die Variablen durchlaufen der Reihe nach die folgenden Werte:
    A=1, B=1; A=1, B=2; A=1, B=3;
    A=2, B=1; A=2, B=2; A=2, B=3.

14. Es würden durch **DISPLAY** die folgenden Werte ausgegeben:
    a) 52   b) 51   c) 50

15. Die Werte der 12 Elemente von **STICHPROBEN-TAB** würden auf einer Zeile ausgegeben.

16. Die Werte der 12 Elemente von **STICHPROBEN-TAB** würden auf 12 aufeinanderfolgenden Zeilen ausgegeben.

ÜBUNGSAUFGABEN

Die Lösungen der mit einem Sternzeichen versehenen Übungsaufgaben befinden sich im Anhang D dieses Buches.

*1. Zwei Tabellen mit je 50 Eintragungen sind im Datenteil eines **COBOL**-Programmes bereits eingerichtet; sie sind **AUFSETZEN** und **EINHEITSZEIT** genannt. Die Variable **JOBZEIT** ist außerdem als nichtindizierte Variable erklärt. Es ist eine Anweisung zu schreiben, die die Summe der jeweils 13. Elemente der beiden Tabellen errechnet und das Ergebnis der Variablen **JOBZEIT** zuweist.

2. Die Übungsaufgabe 1 ist weiterzuführen. Es liegt im Datenteil eine weitere aus ebenfalls 50 Elementen bestehende Tabelle mit Namen **EINHEITENZAHL** vor. Es ist eine Anweisung niederzuschreiben, die die 13. Elemente aller drei Tabellen anspricht: Es ist zum 13. Element von **AUFSETZEN** das Produkt der 13. Elemente von **JOBZEIT** und **EINHEITENZAHL** zu addieren. Das Ergebnis ist wiederum **JOBZEIT** zuzuweisen.

*3. Eine Tabelle mit dem Namen **VERKAEUFE** besitzt 50 Eintragungen, die 50 Verkäufern entsprechen; die Verkäufer weisen die Verkäufernummern 1 bis 50 auf. Es sind Anweisungen niederzuschreiben, die die folgenden Operationen bewirken:
Nach dem Lesen eines Satzes von der Datei **VERKAUFSDATEN** stehen die benötigten Daten unter **VERKAEUFERNUMMER** und **BETRAG** zur Verfügung. Mit dem Wert von **VERKAEUFERNUMMER** als Normalindex ist der Wert von **BETRAG** auf das entsprechende Element von **VERKAEUFE** zu addieren.

4. Zur Erstellung der Rechnung eines Stromversorgungsunternehmens muß **KWH** mit dem Element der Tabelle **ARBEITSPREIS** multipliziert werden, das durch den Wert von **TARIF-ART** angesprochen wird. Es ist eine Anweisung niederzuschreiben, die unter Verwendung der Normalindizierung die Multiplikation ausführt; das errechnete Produkt ist dem Datenelement **RECHNUNGSBETRAG** zuzuweisen.

*5. Eine Tabelle namens **ARBEITS-ZEIT** enthält 5 Eintragungen; diese entsprechen der Arbeitszeit an den 5 Arbeitstagen in der Woche. Unter Benutzung einer **PERFORM**-Anweisung mit der Angabe **VARYING** ist ein Programmsegment zu schreiben, das die Summe der fünf Tabellenelemente errechnet und anschließend durch 5 dividiert. Die somit erhaltene tägliche Durchschnittsarbeitszeit ist in das Feld **DURCH-ARB** zu stellen.

6. Es liegen analoge Daten wie bei Übungsaufgabe 5 vor, allerdings sind in der Tabelle **ARBEITS-ZEIT-B** sieben Eintragungen enthalten. Unter Benutzung einer **PERFORM**-Anweisung mit der Angabe **VARYING** ist ein Programmsegment zu schreiben, das die Summe der sieben Tabellenelemente errechnet und außerdem in **ZAEHLER** die Anzahl der von Null verschiedenen Tabellenelemente. Um die durchschnittliche tägliche Arbeitszeit zu ermitteln,

ist anschließend die Summe der Arbeitszeiten durch den Wert von **ZAEHLER** zu dividieren. Die Division ist in eine **IF**-Anweisung zu stellen, die vor Ausführung der Division zunächst einmal prüft, ob **ZAEHLER** einen Wert ungleich Null besitzt. Bei **ZAEHLER** gleich Null ist **DURCH-ARB** auf Null zu setzen.

*7. Eine **VERKAEUFE** genannte Tabelle besitzt 50 Eintragungen, die den Verkäufern mit den Verkäufernummern 1 bis 50 entsprechen. Es ist ein Programmsegment zu schreiben, das die Verkäufernummer und den Verkaufsbetrag desjenigen Verkäufers anzeigt, der den höchsten Verkaufserlös in der Tabelle aufweist.

8. Gegeben sind die gleichen Informationen wie bei Übungsaufgabe 7. Es ist ein Programmsegment zu schreiben, das die Nummern und den Verkaufsbetrag für denjenigen Verkäufer anzeigt, der den niedrigsten Erlös erzielt hat. Verkaufsbeträge, die gleich Null sind, sind von der Betrachtung auszuschließen. Es ist also der niedrigste Betrag auszuweisen, der ungleich Null ist.

*9. Es sei einmal angenommen, daß den Teilnehmern eines **COBOL**-Lehrganges die Nummern 1 bis 40 gegeben worden sind. Für den Datenteil sind die Eintragungen niederzuschreiben, die zur Einrichtung einer solchen Tabelle benötigt werden. Jede Tabelleneintragung sollte aus einem Namensfeld bestehen.

10. Unter Benutzung der in Übungsaufgabe 9 erklärten Tabelle soll ein Programm geschrieben werden, das eine Liste mit den Nummern und Namen der Lehrgangsteilnehmer erzeugt.

*11. Unter Benutzung der im Programm zum Laden einer zweidimensionalen Tabelle (siehe Abb. 13.6) definierten Einschreibungstabelle ist ein Programm zu schreiben, das eine Liste mit den Schülerzahlen für alle 12 Jahrgänge des Jahres 1987 erzeugt. Die Einschreibungszahlen sind auf 12 Zeilen zu drucken, jede Zeile sollte mit der entsprechenden Jahrgangszahl gekennzeichnet sein.

12. Unter Benutzung der Einschreibungstabelle (siehe Abb. 13.6) ist die Aufstellung zu produzieren, die in der Abb. 13.5 gezeigt ist.

*13. Unter Benutzung der Einschreibungstabelle (siehe Abb. 13.6) ist ein Programm zu schreiben, das für alle 12 Jahrgänge die durchschnittlichen Schülerzahlen pro Jahr für die genannten vier Jahre errechnet und ausgibt. Die Durchschnittswerte sollen auf ganze Zahlen auf- bzw. abgerundet werden. Jede Ausgabezeile soll dabei mit der Jahrgangsnummer gekennzeichnet werden.

14. Unter Benutzung der Einschreibungstabelle (siehe Abb. 13.6) ist ein Programm zu schreiben, das die Gesamtschülerzahlen pro Jahr

errechnet und ausgibt; jede Ausgabezeile ist mit der entsprechenden Jahreszahl zu kennzeichnen.

*15. Unter Benutzung der Einschreibungstabelle (siehe Abb. 13.6) ist ein Programm zu schreiben, das einen Satz mit einer Jahreszahl einliest. Zu diesem Jahr ist dann der Jahrgang mit der größten Schülerzahl aufzusuchen. Die Ausgabezeile soll Jahr, Jahrgang und Schülerzahl enthalten.

16. Unter Benutzung der Einschreibungstabelle (siehe Abb. 13.6) ist ein Programm zu schreiben, das einen Satz oder mehrere Sätze mit je einer Jahreszahl einliest. Für das jeweilige Jahr ist die Gesamtschülerzahl zu errechnen und zusammen mit der Jahreszahl auf eine Zeile auszugeben.

*17. Die in der Abb. 13.4 aufgeführte Prozedur zum Laden einer Tabelle ist so zu modifizieren, daß ein *Tabellenüberlauf* festgestellt werden kann. Von einem *Tabellenüberlauf* sprechen wir dann, wenn versucht wird, mehr Daten in eine Tabelle zu stellen, als Eintragungen zur Verfügung stehen. Kommt es zu einem Tabellenüberlauf, sollte der Programmablauf nicht sofort abgebrochen werden, sondern die Verarbeitung sollte solange fortgesetzt werden, bis das Ende der Eingabedatei erreicht ist. Unter keinen Umständen darf jedoch versucht werden, Daten hinter das Tabellenende zu plazieren, überzählige Sätze sind einfach nicht weiter zu beachten. Nach Erreichen des Dateiendes ist eine Fehlernachricht zu drucken, die Auskunft darüber gibt, wieviele Sätze in der Eingabedatei vorhanden sind und wie groß der augenblickliche Tabellenumfang ist. Danach erst ist der Programmablauf zu beenden.

18. Das in den Abb. 13.26 bis 13.29 dargestellte Programm ist wie folgt zu modifizieren:

   a) Das Wort MANAGEMENT in der zweiten Überschriftszeile ist falsch plaziert, es muß in der gleichen Zeile erscheinen wie das Wort ALTER.

   b) Die Gültigkeit der eingelesenen Daten ist in folgender Hinsicht zu überprüfen:
   - - - Korrektheit der Verschlüsselung des Geschlechtes,
   - - - Korrektheit des Codes für die Zugehörigkeit bzw. Nichtzugehörigkeit zum Management,
   - - - Alter nicht kleiner als 17 Jahre, aber auch nicht größer als 65 Jahre,
   - - - Beschäftigungsdauer (Beschäftigungsjahre) ungleich Null und kleiner als 49 Jahre.

c) Die Eingabesätze sind zu zählen. Sollte ihre Zahl über 9999 hinausgehen, ist eine diesbezügliche Nachricht auszugeben und der Programmablauf ohne Ausgabe der Tabelle einzustellen.

19. *(Diese Übungsaufgabe eignet sich zur Durchführung eines Projektes)*
Die Übungsaufgabe 14 des Kapitels 5 ist entsprechend der nachfolgenden Spezifikationen abzuändern:

a) Die Schlüssel für die Kommunen und die prozentualen Ortssteuern sollen nicht mehr unmittelbar im Datenteil des Programmes enthalten sein. Stattdessen sollten Schlüssel und Steuerprozentsätze von einer kommunalen Steuerdatei eingelesen werden und in eine Steuertabelle geladen werden.

b) Zur Berechnung der Ortssteuer ist die Steuertabelle zu durchsuchen, um die Eintragung zu finden, die zu dem im Lohnsatz des betreffenden Mitarbeiters enthaltenen Schlüssel der Kommune paßt.

c) Die Sätze in der kommunalen Steuerdatei sind wie folgt aufgebaut:

Stellen 1 und 2:	Schlüssel der Kommune mit dem **COBOL**-Format **PIC 99**
Stellen 3 bis 6:	Prozentuale Ortssteuer mit dem **COBOL**-Format **PIC 99V99**.
Stellen 7 bis 20:	Bezeichnung der Kommune
Stellen 21 bis 50:	Sonstige Angaben

d) Es ist eine entsprechende Steuertabelle einzurichten, die die unter c) genannten Daten aufnehmen kann.

e) Für den Fall, daß die Steuertabelle während des Ladevorganges überläuft, ist vorsorglich die Zahl der in der kommunalen Steuerdatei enthaltenen Sätze zu bestimmen. Das Tabellenladen ist natürlich sofort bei Feststellung eines Überlaufes einzustellen, die zusätzlich bis zum Dateiende gelesenen Sätze bleiben unbeachtet. Bei einem Überlauf ist der Programmablauf nach Ausgabe einer Fehlernachricht einzustellen. Die Fehlernachricht soll dem Benutzer sagen, was geschehen ist und ihm außerdem mitteilen, wie groß die Tabelle sein müßte, um alle Steuerangaben aufnehmen zu können.

f) Wenn bei der Verarbeitung der Lohnsätze festgestellt wird, daß in einem Satz ein Kommuneschlüssel enthalten ist, der nicht in der Tabelle steht, soll eine geeignete Fehlermeldung ausgegeben und zum nächsten Satz übergegangen werden. Wie üblich sollte diese Fehlermeldung genügend Informationen in einer leicht lesbaren Form aufweisen. Jeder das Programm benutzende Buchhalter muß aufgrund dieser Fehlermeldung in der Lage sein, den fehlerhaften Lohnsatz zu ermitteln und zu korrigieren.

14. Speichergeräte für Dateien und ihre Programmierung

14.1 Einführung

Die meisten kommerziellen Computeranwendungen haben zur Folge, daß umfangreiche Dateien mit mehr oder minder permanenten Informationen verarbeitet werden müssen. Beispielsweise erfordert ein Verdienstabrechnungssystem eine Verdienstdatei mit Informationen über jeden Beschäftigten, eine Einkaufsanwendung eine Datei mit Informationen über die Anbieter der benötigten Waren und schließlich braucht ein Auftragsabwicklungssystem eine Datei mit Informationen über die Firmenprodukte, um die Kundenbestellungen erfüllen zu können.

Dateien unterscheiden sich in ihren Charakteristiken, so in der Anzahl der in ihnen enthaltenen Sätze, in der Anzahl und dem Umfang der in jedem Satz stehenden Informationen und auch darin, ob die Sätze nach irgendeinem Ordnungsbegriff sortiert angeordnet sind oder nicht. Ferner ist die Reihenfolge zu erwähnen, in der zu den einzelnen Sätzen zugegriffen wird. Die Speichermedien von Dateien wiederum unterscheiden sich hinsichtlich der Kosten, hinsichtlich der maximalen und der mittleren Zeit, in der ein willkürlich ausgewählter Satz lokalisiert werden kann, und hinsichtlich der Geschwindigkeit, mit der ein Satz nach seiner Lokalisierung gelesen werden kann. Anwendungen, die die Verarbeitung von Dateien einschließen, unterscheiden sich hinsichtlich des Prozentsatzes der Sätze, die während eines typischen Programmablaufes verarbeitet werden, hinsichtlich der Art des Zugriffes zu den aufzusuchenden Sätzen (sequentiell oder wahlfrei) und auch darin, ob neue Sätze zur Datei hinzuzufügen sind oder nicht und existierende Sätze geändert werden müssen oder nicht.

Die soeben genannten und noch weitere Überlegungen beeinflussen sich gegenseitig, wenn es darum geht zu entscheiden, wie die Dateien gespeichert werden sollten und wie die zu ihrer Verarbeitung vorgesehenen Programme geschrieben werden müssen. Obwohl eine durchgreifende Diskussion über Dateien den Rahmen dieses Lehrbuches sprengen würde, halten wir es doch für notwendig, in diesem Kapitel die wichtigsten Gesichtspunkte über die Speichergeräte von Dateien zu präsentieren und einige wesentliche Konzepte bezüglich der Verarbeitung von Dateien zu erläutern.

14.2 Magnetbandspeicher

Auf Magnetbändern können beträchtliche Datenmengen viel billiger als auf den heutzutage zur Verfügung stehenden anderen Speichermedien gespeichert werden. Magnetbänder können sehr schnell beschrieben und gelesen werden. Es gibt jedoch einige Eigenschaften, die sie für viele Anwendungen der Datenverarbeitung untauglich machen. Um zu verstehen, wann Magnetbänder eingesetzt werden können und wann nicht, müssen wir mehr über das Speichermedium „Magnetband" wissen.

Magnetbänder sind normalerweise 0,5 Zoll (12,7 mm) breit und 2400 Fuß (731,52 m) lang. Bei byteorientierten Computern werden die Informationen in neun *Kanälen* (*Spuren*) längs des Bandes aufgezeichnet. Die acht Informationsbits eines Bytes werden in acht dieser Kanäle gespeichert. Der neunte Kanal dient zur Speicherung eines sogenannten *Paritäts-* oder *Prüfbits*, auch *Fehlerprüfungsbit* genannt. Der Aufbau eines Magnetbandes ist in der Abb. 14.1 gezeigt. Kennzeichnend für die heutzutage erfolgende Datenspeicherung ist eine *Aufzeichnungsdichte* von 6250 Bytes/Zoll, d.h. von rund 2461 Bytes/cm. Neben dieser Aufzeichnungsdichte findet man auch noch Magnetbänder mit einer Aufzeichnungsdichte von 1600 Bytes/Zoll, d.h. von rd. 630 Bytes/cm.

Oberfläche des Magnetbandes (für die Datenaufzeichnung)

Aufzeichnungsspuren

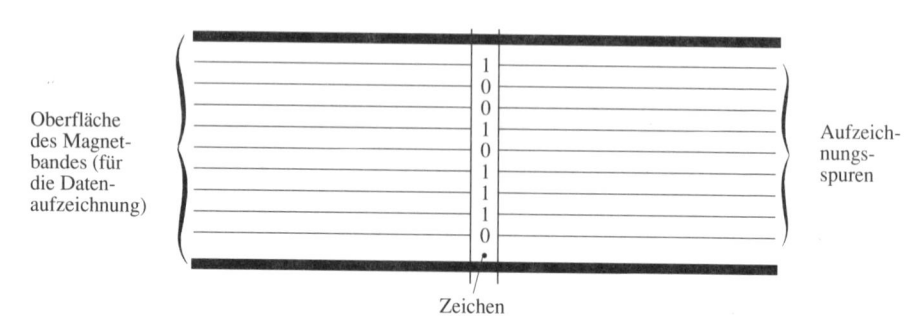

Zeichen

Abb. 14.1 Aufbau eines Magnetbandes mit 9 Kanälen (Spuren)

Abgesehen vom Umfang (Länge und Breite) sowie von der Qualität ähneln die bei Computern verwendeten Magnetbänder sehr denen von häuslichen Magnetbandgeräten. Bei der Benutzung wird das Magnetband an *Schreib/Lese-Köpfen* vorbeigeführt, durch die entweder Daten auf das Magnetband aufgezeichnet werden oder bereits vorhandene Daten gelesen werden. Um Daten zu verarbeiten, muß das Magnetband mit einer Geschwindigkcit von etwa 200 Zoll/s (ca. 5,1 m/s) bewegt werden. Da ein Band nicht sofort mit dieser Geschwindigkeit gestartet bzw. von dieser abgestoppt werden kann, wird eine gewisse Zeit benötigt, das Band auf diese Arbeitsgeschwindigkeit zu bringen, und auch eine gewisse Zeit, bis es aus der Bewegung wieder zur Ruhe kommt. Das bedeutet, daß sich auf dem Magnetband zwischen den aufgezeichneten Datenblökken *Klüfte* oder *Lücken* befinden müssen. Solche Klüfte (engl.: *gaps*) werden gewöhnlich auch als *Blockzwischenräume* bezeichnet; Klüfte nehmen etwa 1/2 Zoll (12,7 mm) in Anspruch.

Die Notwendigkeit von Blockzwischenräumen ist von eminent wichtiger Bedeutung für die Datenorganisation auf Magnetbändern. Nehmen wir z.B. einmal an, daß wir mit einer Datei arbeiten, deren Sätze 250 Bytes lang sind, und daß wir diese Sätze nacheinander auf ein Magnetband schreiben wollen. Bei einer Aufzeichnungsdichte von 6250 Bytes/Zoll werden gerade 0,04 Zoll (rd. 1 mm) des Bandes für einen Satz benötigt. Nach wie vor trennen die einzelnen Sätze Klüfte von 0,5 Zoll Länge. Da diese datenfrei sind, ergibt eine einfache Berechnung, daß um die 92 % des Magnetbandes von den Blockzwischenräumen in Anspruch genommen wird; nur bescheidene 8 % bleiben in diesem Fall für die Speicherung der Datenzeichen. Damit wird nicht allein Bandplatz verschwendet, sondern natürlich auch Verarbeitungszeit. Diesem Mißverständnis begegnet man, indem man die Sätze blockt. Wir wollen einmal voraussetzen, daß wir zu einem Zeitpunkt nicht 250-stellige Sätze auf das Magnetband schreiben, sondern stattdessen im Internspeicher des Computers erst 25 Sätze, die also insgesamt 6250 Bytes belegen, ansammeln. Ein solcher aus 25 Sätzen bestehender *Block* könnte auf eine Bandlänge von 1 Zoll (2,54 cm) geschrieben werden. Jetzt nehmen die Klüfte auf dem Magnetband nur noch 33 % des Platzes in Anspruch, die Daten hingegen über 67 %. Die Anzahl der in einem Datenblock enthaltenen Sätze wird *Blockungsfaktor* genannt. Bei dem soeben aufgeführten Beispiel liegt also der Blockungsfaktor 25 vor. Würden wir den Blockungsfaktor auf 80 anwachsen lassen, so würden über 80 % des Magnetbandes nutzbringend belegt. Durch eine weitere Steigerung des Blockungsfaktors erzielt man eine immer bessere Auslastung des Magnetbandes.

Das Lesen und das Schreiben geblockter Sätze erfordert ziemlich viel zusätzlichen Code im Objektprogramm. Zum Glück für den **COBOL**-Programmierer ist jedoch das, was er über die Blockung wissen muß, ziemlich einfach zu erklären.

Zwecks einer konkreten Erläuterung wollen wir annehmen, daß wir Datensätze von einem Magnetband lesen wollen, die zu je 10 zu Blöcken zusammengefaßt sind. Wenn für eine solche Datei eine **OPEN**-Anweisung ausgeführt wird, wird der erste, 10 Sätze umfassende Block vom Magnetband gelesen und in den internen Speicher des Computers gebracht. Bei Ausführung der ersten **READ**-Anweisung für diese Datei wird der erste Satz in diesem Block dem Programm zur Verfügung gestellt. Die zweite **READ**-Anweisung macht den zweiten Satz verfügbar usw. Während der ersten zehn **READ**-Anweisungen nach dem durch die **OPEN**-Anweisung bewirkten Eröffnen der Datei erfolgt somit kein weiterer Datentransport vom Magnetband in den internen Speicher des Computers.

Der **COBOL**-Programmierer braucht sich nicht mit den Details zu beschäftigen, wie diese Operationen zustandezubringen sind. Er oder sie stellt einfach im Dateienkapitel ein Satzgebiet bereit und stützt sich auf den Fakt, daß bei jeder Ausführung einer **READ**-Anweisung der nächstfolgende Satz der Datei in das definierte Gebiet hineingestellt wird. Wenn alle Sätze eines Blockes verarbeitet sind und es zu einer erneuten **READ**-Anweisung kommt, wird zunächst ein weiterer Datenblock vom Magnetband in den internen Speicher gebracht, bevor der erste Satz dieses Blockes in dem Gebiet, das im Dateienkapitel erklärt ist, verarbeitungsbereit zur Verfügung steht. Die nächsten neun **READ**-Anweisungen erfordern nun wiederum keine weiteren Datentransporte. Dieser Prozeß wird solange fortgesetzt, bis alle Sätze der Eingabedatei gelesen sind. Wenn im letzten Block der Datei keine 10 Sätze vorhanden sind, kommt es zu einer zweckdienlichen Behandlung dieser Situation; der Programmierer braucht sich auch nicht darum zu kümmern.

Ein ähnlicher Prozeß läuft ab, wenn Informationen vom internen Speicher des Computers auf ein Magnetband zu schreiben sind. Nehmen wir wiederum an, daß ein Block aus 10 Sätzen bestehen soll. Durch die ersten neun **WRITE**-Anweisungen werden die Sätze intern vom Platz, der infolge der Satzbeschreibung im Dateienkapitel angelegt wurde, zu einem anderen Speichergebiet, das jedoch nicht mehr unter Kontrolle des Programmierers steht, übertragen. Nach der 10. Übertragung eines Satzes in dieses Gebiet wird ein so zusammengestellter Block mit einem Mal auf das Magnetband geschrieben.

Alle bisher erfolgten Beschreibungen gehen davon aus, daß für jede Datei nur ein einziges Gebiet angelegt ist, in das entweder Blöcke eingelesen oder in dem Sätze für das Schreiben zu Blöcken zusammengestellt werden. Ein solches Gebiet im internen Speicher des Computers heißt *Puffer*. Unter einem Puffer versteht man also ein internes Speichergebiet, das einen gesamten Block aufnehmen kann. Im Falle des Lesens von **READ**-Anweisungen wird ein Block vom Magnetband in den Puffer eingelesen; danach werden die Sätze einzeln vom Puffer in das im Dateienkapitel erklärte Satzgebiet übertragen. (Diese Aussage sollte nicht hundertprozentig wörtlich genommen werden. Man muß manche Mühen aufwenden, um die Pufferung so wirksam wie möglich gestalten zu können. Im allgemeinen werden die Sätze nicht wirklich aus dem Puffer wegbewegt; stattdessen werden nur die Adressen der Sätze entsprechend eingestellt. Einzelheiten über diesen Themenkreis würden den Rahmen dieses Buches sprengen und sind auch für die **COBOL**-Anwendungsprogrammierer nur von geringem Interesse.) Bei einer **WRITE**-Anweisung werden die Sätze vom im Dateienkapitel erklärten Gebiet solange zum Puffer übertragen, bis dieser gefüllt ist; danach wird der gesamte Block auf einmal geschrieben. An dieser Stelle müssen wir zwei zusätzliche Sachverhalte kennenlernen:

1) Alle modernen Computer können interne Verarbeitungen zur gleichen Zeit ausführen wie Übertragungen zwischen dem internen Speicher und dem externen Speichern.

2) Die *Zentraleinheit* (abgekürzt: *ZE*) eines Computers arbeitet viel schneller als die schnellsten *Eingabe/Ausgabe-Geräte* (kurz: *EA-Geräte*).

Normalerweise werden daher jeder Datei zwei oder mehr Puffer zugeordnet. Bei der Ausführung der **OPEN**-Anweisung für eine Eingabedatei wird in jedem dieser Datei zugewiesenen Puffer ein Block eingelesen. Die Ausführung der **READ**-Anweisungen bewirkt, daß zunächst die Sätze aus dem ersten Puffer verarbeitet werden. Nach Abarbeitung desselben geht das Objektprogramm zur Verarbeitung der im zweiten Puffer stehenden Sätze über; zur gleichen Zeit wird der nächste Block des Magnetbandes in den wieder frei gewordenen ersten Puffer eingelesen. Da der Prozeß des Pufferladens eine längere Zeit in Anspruch nehmen kann als die Verarbeitung der in einem Puffer stehenden Datensätze, können bei manchen Computern mehr als zwei Puffer zugeordnet werden; diese werden dann nacheinander benutzt. Auf alle Fälle wird danach gestrebt, daß es bei einem Programm niemals passieren kann, daß nach der Verarbeitung des letzten Satzes in einem Puffer eine Zeitlang mit der Verarbeitung gewartet werden muß, bis wieder ein neuer Block vom Magnetband in einen freien Puffer eingelesen ist.

Aus der vorhergehenden Diskussion ergibt sich eine einleuchtende Schlußfolgerung. Um nicht unnötig Magnetbandplatz zu vergeuden und um die Ausführungszeit eines Programmes herabzusetzen, sollte man Blöcke so groß wie möglich machen. Obwohl dieser Gedanke im Prinzip richtig ist, sind ihm in der Praxis durch die Verfügbarkeit internen Speicherplatzes Schranken gesetzt. Bei einer charakteristischen Version eines IBM-Betriebssystemes werden den Dateien fünf Puffer zugeordnet. Wenn unsere Datenblöcke jeweils sechs Kilobytes umfassen würden und wenn ein Programm mit 10 Dateien arbeiten würde, braucht man 300 Kilobytes internen Speicherplatzes allein für die Puffer der Dateien. Sogar bei einem sehr großen Computer könnte ein solcher Bedarf unter Umständen nicht akzeptabel sein. Man muß deshalb die Kosten verschwendeten Magnetbandes und unnötiger Computerzeit gegen die Kosten zusätzlicher interner Speicherstellen sorgfältig abwägen. Einzelheiten bezüglich der Analyse derartiger Gegenüberstellungen liegen jenseits des Rahmens dieses Lehrbuches. Außerdem können sie in vielen Fällen nicht gänzlich vom Anwendungsprogrammierer beeinflußt werden. Man sollte jedoch über die Bedeutung dieses Themas unterrichtet sein.

14.3 Die Festlegung der Blockung von Datensätzen in COBOL

Der **COBOL**-Programmierer braucht nicht zu wissen, wie die verschiedenen Tätigkeiten, die bei der Blockung von Datensätzen und bei der Pufferung anfallen, ausgeführt werden, aber es ist notwendig, daß er weiß, wie er dem Kompilierer die Eigenschaften einer Datei mitzuteilen hat. Diese Funktion erfüllt die Eintragung mit der Dateibeschreibung (**FD**-Eintragung) im Dateienkapitel des Datenteils. Im Programmcode von Abb. 14.2 zeigen die verschiedenen Dateibeschreibungen einige der Alternativen, die dem Programmierer dabei zur Verfügung stehen.

Die Eintragung für **BEWEGUNGS-DATEI** weist alle gewöhnlich gebrauchten Klauseln auf, obgleich die Mehrzahl von ihnen in diesem Fall nicht erforderliche Zusätze sind. Die hier gezeigte Reihenfolge der Klauseln ist typisch bei **COBOL**-Programmen; die meisten Kompilierer akzeptieren die Klauseln in der **FD**-Eintragung in einer beliebigen Reihenfolge. Das Beispiel zeigt weiterhin, daß die Bewegungsdatei den Blockungsfaktor 1 besitzt, d.h. jeder Block enthält einen Satz. Normalerweise wird die Klausel **BLOCK CONTAINS** nur dann benutzt, wenn der Blockungsfaktor ungleich 1 ist. Fehlt diese Klausel, so nimmt der Kompilierer an, daß der Blockungsfaktor gleich 1 ist, d.h. die Datei ist ungeblockt.

Bei der Version **COBOL-85** besagt das Weglassen der Klausel **BLOCK CONTAINS**, daß die Blocklänge aus der Datei selbst zu entnehmen ist. Dies ist gleichbedeutend mit dem Niederschreiben von

BLOCK CONTAINS 0 RECORDS

bei der Codierung mit älteren **COBOL**-Versionen. Wir sprechen darüber anschließend, wenn wir uns die Beschreibung von
ALTE-STAMMDATEI ansehen.

Die Klausel **RECORD CONTAINS** sagt aus, wieviele Zeichen in den Datensätzen der Datei enthalten sind. Diese Klausel zu verwenden, ist dem Programmierer freizügig anheimgestellt, da der Kompilierer die-

14.3 Die Festlegung der Blockung von Datensätzen in COBOL

```
IDENTIFICATION DIVISION.
PROGRAM-ID.
    AUFDAT.
DATE-WRITTEN.
    MAI 13, 1988.

ENVIRONMENT DIVISION.
INPUT-OUTPUT SECTION.
FILE-CONTROL.
    SELECT BEWEGUNGS-DATEI      ASSIGN TO S-BEW.
    SELECT ALTE-STAMMDATEI      ASSIGN TO S-ALT.
    SELECT NEUE-STAMMDATEI      ASSIGN TO S-NEU.
    SELECT NACHRICHTEN-DATEI    ASSIGN TO S-NAD.

DATA DIVISION.

FILE SECTION.

FD  BEWEGUNGS-DATEI
    BLOCK CONTAINS 1 RECORDS
    RECORD CONTAINS 62 CHARACTERS
    LABEL RECORDS ARE STANDARD
    DATA RECORD IS BEWEGUNGS-SATZ.
01  BEWEGUNGS-SATZ              PIC X(62).

FD  ALTE-STAMMDATEI
    BLOCK CONTAINS 0 RECORDS
    LABEL RECORDS ARE STANDARD.
01  ALTER-STAMMSATZ             PIC X(135).

FD  NEUE-STAMMDATEI
    BLOCK CONTAINS  25 RECORDS
    LABEL RECORDS STANDARD.
01  NEUER-STAMMSATZ             PIC X(135).

FD  NACHRICHTEN-DATEI
    LABEL RECORDS OMITTED.
01  NACHRICHTEN-SATZ.
    05  FILLER                  PIC X.
    05  NACHRICHTEN-TEXT        PIC X(132).
```

Abb. 14.2 *Typische FD-Eintragungen*

se Information aus der Untersuchung der nachfolgenden Satzdefinition gewinnen kann. Die Benutzung der Klausel **DATA RECORD** ist optional. In dieser Klausel ist der Name des Datensatzes aufzuführen. Dieser kann jedoch ebenfalls aus der **FD** folgenden Satzdefinition ermittelt werden. Wenn zur Datei mehrere verschiedene Satzbeschreibungen gehören, ist es möglich, die Namen aller Sätze in der Klausel **DATA RECORDS ARE** anzugeben, aber auch diese Klausel ist eine Zusatzklausel.

Die Klausel **LABEL RECORDS** (*Kennsatz*-Klausel) muß stets verwendet werden, selbst wenn die Datei keine Kennsätze besitzt. Unter Kennsätzen versteht man spezielle Sätze am Anfang und/oder am Ende von Dateien bzw. Magnetbändern. Am häufigsten werden Kennsätze gebraucht, um dem Programm eine Information darüber zu verschaffen, ob die passende Magnetbandrolle ins Laufwerk eingesetzt ist. In einem Rechenzentrum mit einer aus mehreren tausend Magnetbandrollen bestehenden Bibliothek unterlaufen sogar den gewissenhaftesten Maschinenbedienern hin und wieder Fehler, indem sie ein falsches Magnetband heraussuchen oder das richtige Magnetband in ein falsches Laufwerk einspannen oder die Bandrollen einer mehrere Bandrollen belegenden umfangreichen Datei in der falschen Reihenfolge zuführen. Die Informationen in einem Kennsatz zu Beginn einer Bandrolle ermöglichen es dem Programm zu prüfen, ob es die Bandrolle verarbeitet, die es erwartet. Um diese Art von Prüfungen zu verrichten, muß man sich fortgeschrittener Sprachelemente von **COBOL** bedienen. Diese werden nur sehr selten benutzt; in diesem Lehrbuch werden wir sie nicht behandeln. Deshalb werden wir diese Angelegenheit auch nicht weiter verfolgen. Gewöhnlich wird die Klausel **LABEL RECORDS** dazu benutzt, um festzulegen, daß Standardkennsätze bei der betreffenden Datei vorliegen, d.h. es wird **ARE STANDARD** oder einfach nur **STANDARD** hinzugestellt. Dadurch wird dem Kompilierer mitgeteilt, daß er sich nach den Kennsatzkonventionen zu richten hat, die für den jeweiligen Computer und sein Betriebssystem als Standard definiert sind. Für Dateien, die zu einem Drucker bzw. Datensichtgerät geschickt werden oder über ein Datensichtgerät (bzw. vereinzelt noch über einen Lochkartenleser) gelesen werden, bietet sich die folgende Alternative an:

LABEL RECORDS ARE OMITTED.

Da Dateien, die diesen simplen Eingabe/Ausgabe-Geräten zugeordnet sind, keine Kennsätze aufweisen, kann für sie die Option **OMITTED** benutzt werden; in Abb. 14.2 sehen wir ihren Gebrauch bei der Datei **NACHRICHTEN-DATEI**.

Der **FD**-Eintrag bei der Datei **ALTE-STAMMDATEI** ist typisch für Dateien, die nicht vom betreffenden Programm generiert werden. Die beiden Klauseln **RECORD CONTAINS** und **DATA RECORD** wurden weggelassen, weil ihr Gebrauch freigestellt ist. Die Klausel **LABEL RECORDS** besagt, daß sich die Datei durch *Standardkennsätze* auszeichnet. Die Klausel **BLOCK CONTAINS** sieht ungewöhnlich aus. In ihr ist nämlich festgelegt, daß ein Block anscheinend keine Sätze enthält. Es handelt sich hier um eine IBM-Konvention, die nicht das bedeutet, was sie aussagt. Stattdessen wird durch sie angezeigt, daß die Blockungsinformation von einer anderen Quelle außerhalb des Programmes beigestellt wird, und zwar bei der Programmausführung. Dafür sorgt entweder eine entsprechende Angabe in der *Jobsteuersprache* (engl.: *Job Control Language*, abgekürzt *JCL*), oder es werden dazu Daten herangezogen, die im Dateikennsatz verzeichnet sind. Daraus ergibt sich ein beachtlicher Vorteil: Wenn das Programm mit Dateien unterschiedlicher Blockungsfaktoren auszuführen ist, können die entsprechenden Informationen von außen zugeführt werden, ohne daß das Programm neu kompiliert werden muß.

Der **FD**-Eintrag für die Datei **NEUE-STAMMDATEI** gleicht im wesentlichen dem von **ALTE-STAMMDATEI**, ausgenommen ist die Festlegung eines Blockungsfaktors von 25. Diese Vorgehensweise weist den Vorteil auf, daß wir durch diese Angabe sicherstellen, daß die neue Datei exakt die von uns gewünschte Blocklänge aufweisen wird. Nachteilig ist jedoch, daß wir durch eine solche Angabe ein gewisses Maß an Flexibilität einbüßen. Wenn nämlich der Blockungsfaktor innerhalb des **FD**-Eintrags angegeben ist, kann von außerhalb des Programmes keine Änderung mehr vorgenommen werden. Jede Änderung des Blockungsfaktors erfordert dann eine neue Kompilierung des Programmes. Bei Angabe eines von 0 verschiedenen Blockungsfaktors überzeuge man sich stets davon, daß man die Klausel auch mit dem Wort **RECORDS** beendet. Würden wir nämlich

BLOCK CONTAINS 25

schreiben, nimmt der Kompilierer an, daß wir Blöcke wünschen, die aus nur 25 *Zeichen* bestehen. Das ist sicherlich in diesem Falle nicht von uns gewollt.

14.4 Verarbeitung von Dateien auf Magnetbändern

Wegen der physikalischen Beschaffenheit der Magnetbänder muß zu den auf einem Magnetband aufgezeichneten Sätzen in sequentieller Folge zugegriffen werden. Für alle praktischen Zwecke ist es deshalb erforderlich, daß sowohl die Datei als auch die auf sie zu beziehenden Bewegungen entweder in aufsteigender oder in absteigender Folge irgendeines Schlüssels (oder auch mehrerer!) in ihren Sätzen vorliegen müssen. Die Alternative, daß Bewegungssätze in beliebiger Reihenfolge auftreten, würde zu hoffnungslos unwirtschaftlichen Programmen führen. Fast die gesamte Ablaufzeit würde damit vergeudet werden, die Magnetbänder vorwärts und rückwärts zu drehen. Da die meisten Bewegungen zeitlich so anfallen, daß ihre Schlüssel in zufälliger Reihenfolge vorliegen, bedeutet das, daß vor der Verarbeitung die Bewegungssätze erst in die richtige Reihenfolge ihrer Schlüssel gebracht werden müssen, d.h. sie müssen sortiert werden.

Als weitere Konsequenz der sequentiellen Natur von Bandspeichern ergibt sich, daß eine angemessene Zahl von Transaktionen gesammelt werden muß, bevor ihre Verarbeitung erfolgen kann. Selbst wenn die Bewegungen sortiert sind, wird es bei nur einer Bewegung für je tausend Stammsätze dazu kommen, daß der Computer meist unproduktiv beschäftigt ist, und zwar mit den Stammsätzen, für die keine Bewegungen vorliegen. Da diese Betrachtung bei den Diskussionen über die Verarbeitung von Dateien so sehr ins Auge sticht, wurde der Begriff „*Aktivitätsverhältnis*" geprägt, um den Bruchteil der Sätze zu bezeichnen, für die Bewegungen vorliegen. Ein Aktivitätsverhältnis von 10% bedeutet somit, daß während eines Programmablaufes für 10% der Stammsätze entsprechende Bewegungssätze angefallen sind. Obwohl es gewagt ist, eine solche Behauptung zu verallgemeinern, ist es gewöhnlich unwirtschaftlich, Anwendungen mit Magnetbändern zu fahren, wenn das Aktivitätsverhältnis geringer als etwa 5% ist; meist sind die Grenzwerte aber beachtlich höher.

Eine andere Eigenschaft von Magnetbändern sollte nicht unerwähnt bleiben; sie schränkt ihren Gebrauch erheblich ein. Die Laufwerke von Magnetbändern sind nämlich relativ teuer in ihrer Benutzung. Nicht nur die Laufwerke selbst kosten viel (Mitte der 80er Jahre zwischen 8000 und 65000 DM), sie erfordern überdies auch beträchtlich viel Aufmerksamkeit seitens des Bedienungspersonals. Immer, wenn eine neue Bandrolle benötigt wird, muß ein Maschinenbediener diese aus der Bibliothek entnehmen und auf das richtige Magnetbandlaufwerk montieren; zuvor muß aber eventuell eine bereits eingelegte Bandrolle entfernt werden. Nachdem der Computer das Magnetband abgearbeitet hat, muß es dem Laufwerk wieder entnommen und in die Bandbibliothek zurückgestellt werden. In einem typischen Rechenzentrum mit einem sehr großen Hauptrechner kann es Dutzende von Programmen geben, die der Computer zur gleichen Zeit benutzt; jedes dieser Programme kann zu seinem Ablauf mehrere Dateien benötigen. Die Unmöglichkeit, eine genügende Anzahl von Magnetbandlaufwerken vorzusehen und ausreichendes Bedienungspersonal einzustellen, das dem Volumen der anfallenden Arbeiten gerecht werden kann, bedeutet das Suchen nach anderen Alternativen für fast alle Dateien außer relativ wenigen.

14.5 Magnetplattenspeicher

Obgleich die im Rahmen des Buchstudiums bisher geschriebenen Programme ausschließlich sequentielle Dateien benutzen, waren diese wahrscheinlich nicht auf Magnetbändern gespeichert. Stattdessen waren sie auf einer *Plattenspeichereinheit* gespeichert. Eine Plattenspeichereinheit besteht aus einer Anzahl (normalerweise 10 oder 20) rotierender Kreisscheiben, die auf eine vertikale Achse montiert sind; in mancher Hinsicht einem Plattenspieler gleichend, bei dem eine Reihe von Schallplatten auf eine vertikale Achse aufgesetzt sind, sogenannte Plattenwechsler. Da jede Platte zwei Oberflächen (oben und unten) für Aufzeichnungen besitzt, sind in der Regel 20 oder mehr Oberflächen bei jeder Einheit für Aufzeichnungszwecke verfügbar. Diese Einheiten werden deshalb auch *Plattenstapel* genannt. Auf jeder Oberfläche werden die Daten in einer Reihe von konzentrischen Kreisen aufgezeichnet, die *Spuren* heißen. Typische Plattenstapel weisen normalerweise über 500 Spuren pro Oberfläche auf, in denen jeweils zwischen 19000 und 50000 Zeichen Platz finden, abhängig von der Bauart des Plattenstapels. In der Abb. 14.3 ist schematisch der Aufbau eines Plattenstapels zu sehen.

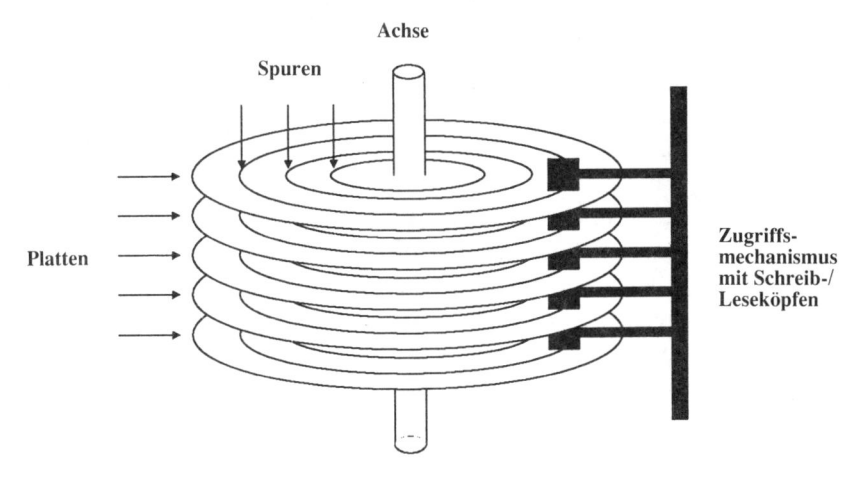

Abb. 14.3 Schematische Darstellung des Aufbaus eines Plattenstapels

Einige *Plattenlaufwerke* (die physische Einheit, auf die ein Plattenstapel aufgesetzt wird) besitzen einen magnetischen *Schreib/Lese-Kopf* für jede Spur aller Oberflächen. Üblich ist jedoch, daß ein Plattenlaufwerk nur einen Schreib/Lese-Kopf pro Oberfläche aufweist. Dabei sitzen die einzelnen Köpfe auf kammartig angeordneten Armen, die nach innen bzw. nach außen bis zur entsprechenden Spur bewegt werden können. Wenn ein Kopf für jede Spur des Plattenstapels vorhanden ist, spricht man von einem Laufwerk mit *festen* Köpfen. Laufwerke mit nur einem Kopf pro Oberfläche werden als Laufwerke mit *beweglichen* Köpfen bezeichnet. Bei einem Festkopflaufwerk entspricht die maximale Zeit zum

Auffinden eines auf einer Platte gespeicherten Satzes der Zeit, die notwendig ist, um eine volle Plattenumdrehung durchzuführen. Kennzeichnend hierfür sind 15 bis 20 Millisekunden. Im Mittel liegt die Suchzeit bei der Hälfte der Maximalzeit. Bei einem Laufwerk mit beweglichen Köpfen ist dazu noch die Zeit zu addieren, die benötigt wird, um den *Zugriffsmechanismus* von seiner augenblicklichen Position bis zu der Spur zu führen, auf der die gewünschten Daten aufgezeichnet sind. Normalerweise sind hierzu maximal um die 50 Millisekunden erforderlich, im Mittel um die 30 Millisekunden. Wenn der Satz auf einer Platte gefunden wurde, erfolgt der Datentransport zum Hauptspeicher (internen Speicher) des Computers mit einer *Übertragungsrate*, die abhängig von der Bauart des Plattenspeichergerätes zwischen 800000 und 3000000 Bytes/Sekunde liegt.

Obgleich die Kosten für ein Magnetband sehr viel geringer sind als die Kosten für einen Plattenstapel, kompensiert bei den meisten Anwendungen die größere Flexibilität von Platten mehr als genug die Kostendifferenz. Beginnen wir mit der Aufzählung der Vorteile. Auf einem Plattenstapel können viele Dateien untergebracht werden. Zu allen diesen Dateien kann in einer Weise zugegriffen werden, die man schlechthin als gleichzeitig bezeichnen kann. Wenn beispielsweise fünf Programme, jedes benötigt zwei Dateien, gleichzeitig im Computer ablaufen, würden zehn Bandlaufwerke vorhanden sein müssen. Nur so könnten diese Jobs gleichzeitig ausgeführt werden; dabei spielt es keine Rolle, ob einzelne Dateien aus nur wenigen Sätzen bestehen. Andererseits könnten nahezu für alle Jobs alle zehn benötigten Dateien auf einem einzigen Plattenstapel residieren, der gleichzeitig von allen fünf Programmen benutzt werden kann. Eine Ausnahme könnten freilich die größten Jobs bilden.

Es gibt auch zwei Arten von Anwendungen, die wahrscheinlich kaum mit Magnetbändern ausführbar sind. Grund hierfür sind die der Bandverarbeitung innewohnenden Beschränkungen. Eine solche Anwendungsart liegt immer dann vor, wenn die Bewegungen sofort nach ihrem Eintreffen verarbeitet werden müssen, d.h. wenn man es sich nicht leisten kann, Bewegungen solange aufzusparen, bis sich ein ansehnlich großer Stapel angesammelt hat. Ein Beispiel für diese Art von Anwendungen würde das Platzbuchungssystem für eine Fluggesellschaft sein. Während der Kunde am Schalter oder am Telefon auf eine Antwort wartet, muß zum Stammsatz zugegriffen und eine entsprechende Verarbeitung (Auskunft, Buchung usw.) durchgeführt werden: hier ist es unmöglich, die Transaktionen für eine spätere Verarbeitung zu stapeln.

Eine andere wichtige Art von Anwendungen, bei der Plattenspeicher eingesetzt werden, erfordert den Zugriff zu den Stammsätzen in einer *zufälligen* Reihenfolge. Im zuvor erwähnten Platzbuchungssystem einer Fluggesellschaft bedeutet die Tatsache, daß die Transaktionen sofort verarbeitet werden müssen, auch, daß zu den Sätzen einer Stammdatei *direkt* zugegriffen werden muß. Es ist einleuchtend, daß hier zuvor keine Sortierung in die geeignete Reihenfolge vorgenommen werden kann. Wir werden uns mit dieser Anwendungsart später in diesem Kapitel beschäftigen.

14.6 Programme mit sequentieller Verarbeitung unter Benutzung von Plattenspeichern

Unser erstes Beispielprogramm für Plattenspeicher benutzt eine Platte für die zeitweilige Zwischenspeicherung von Satzgruppen aus einer Eingabedatei. Dabei wird die Platte als sequentielles Speichermedium verwendet und eine bisher nicht besprochene Methode eingesetzt, nämlich das mehrmalige Eröffnen und Abschließen einer Datei im Verlauf der Programmausführung.

Wir können uns dieses Programm als eine Erweiterung des Programmes für die Verarbeitung von Bestellungen aus dem Katalog einer Gartenbaufirma denken, das wir bereits früher behandelt haben. Die Eingabedatei besteht aus Sätzen, die die Zeilen der Kundenbestellungen repräsentieren. Jede Zeile ist bei diesem Beispielprogramm nur skelettartig beschrieben, so daß wir uns voll auf die neuen Plattenspeicherkonzepte und die mit ihnen verbundenen Methoden stürzen können; jeder Satz besteht daher aus der Bestellnummer und 74 weiteren, hier nicht näher spezifizierten, die Transaktionen beschreibenden Datenzeichen. Für unsere jetzigen Zwecke nehmen wir an, daß die Transaktionsdaten vollständig numerisch sein müssen; dies kann als Hinweis auf die verschiedenen Arten von Gültigkeitsprüfungen bei den Eingabedateien gedeutet werden, mit denen wir uns im Kapitel 11 beschäftigt hatten.

Die Bewegungssätze liegen in aufsteigender Reihenfolge der Bestellnummern vor. Eine komplette Kundenbestellung kann aus einer beliebigen Anzahl von Bestellzeilen bestehen, von einer bis zu Dutzenden. Unsere Aufgabe ist es, sämtliche Zeilen einer Kundenbestellung zu untersuchen und zu ermitteln, ob sie Fehler aufweisen. Wenn irgendeine oder mehrere Bestellzeilen Fehler enthalten, soll die gesamte Bestellung in eine Sonderbehandlungsdatei geschrieben werden. Eine vollständig fehlerfreie Bestellung soll hingegen in der Normalbehandlungsdatei landen. Diese Forderung macht es unmöglich, die Zeilen so zu drucken, wie sie von der Eingabedatei gelesen worden sind. Wir können nämlich erst nach dem Lesen der letzten Zeile einer Bestellung und ihrer Überprüfung wissen, wohin die gesamte Ausgabe gehen soll. Wir müssen daher die gesamte Bestellung zeitweilig solange zwischenspeichern, bis wir erkennen können, in welche Ausgabedatei sie gestellt werden muß. Danach muß sie vom Zwischenspeicher wieder gelesen werden und zu der in Frage kommenden Ausgabedatei dirigiert werden. Für die Zwischenspeicherung können sowohl ein Plattenspeicher als auch ein Magnetband benutzt werden; der Plattenspeicher ist jedoch viel schneller. Beim Magnetband müßten wir erst auf das Zurückspulen des Bandes warten, bevor die Bestellsätze wieder zurückgelesen werden können. Über die Tatsache, daß wegen einiger hundert Sätze ein Bandlaufwerk vollständig in Anspruch genommen ist, wollen wir hier schweigen.

Wir werden hier zum ersten Mal ein Programm entwickeln, in dem eine Datei sowohl als Ausgabedatei als auch als Eingabedatei verwendet wird. Wir werden sie als Ausgabedatei vor dem Schreiben der Bestellzeilen eröffnen. Wenn die Programmlogik das Ende der zu einer Bestellung gehörenden Satzgruppe entdeckt, wird die Datei abgeschlossen und danach sofort wieder als Eingabedatei eröffnet. Damit können die Sätze zurück in den Computer geholt und in die passende Ausgabedatei gestellt werden. Die Platte wird hier als sequentielles Speichermedium benutzt, auf das die Sätze in der Reihenfolge geschrieben werden, in der sie auftreten, und von dem sie in der gleichen Reihenfolge zurückgelesen werden den.

Der Programmentwurf zeigt keine Überraschungen. Die Statements **SELECT** und **FD** sehen genau so aus wie bei der Benutzung eines Magnetbandes anstelle des vorgesehenen Plattenspeichers. In der Tat finden wir keine einzige Stelle im Programm, aus der hervorgehen würde, daß das Programm Dateien anspricht, die auf Plattenspeichern residieren. Die Zuweisung der Dateien zu einem bestimmten Speichermedium erfolgt mittels der *Jobsteuersprache* (engl.: *Job Control Language*) außerhalb des Programmes. Im Arbeitsspeicherkapitel ist ein Schalter eingerichtet worden, durch den das Ende der Eingabedatei mit den zu verarbeitenden Bestellsätzen angezeigt wird. Ein weiterer Schalter dient zur Markierung des Endes der Zwischenspeicherungsdatei auf dem Plattenspeicher. Schließlich soll ein Kennzeichen festhalten, ob in einer Bestellung Fehler vorkommen oder nicht. Ein Sicherungsgebiet enthält außerdem die Bestellnummer des laufenden Satzes.

Der Prozedurteil des Programmes beginnt mit einem Code, der uns völlig vertraut sein sollte. Im Paragraphen

B010-GUELTIGKEIT-BESTELLUNG

sichern wir die augenblickliche Bestellnummer, stellen sicher, daß das Fehlerkennzeichen ausgeschaltet ist und eröffnen die temporäre Plattendatei für die Ausgabe. Der Paragraph

C010-EDIEREN-ZEILE

schreibt alle zu einer Bestellung gehörenden Sätze, d.h. die Bestellzeichen, in diese Datei. Dabei wird jeder Satz geprüft um zu bestimmen, ob er mit Fehlern behaftet oder fehlerfrei ist. Wird ein Fehler festgestellt, wird das Fehlerkennzeichen wie üblich auf 'J' gesetzt. Bei Entdeckung eines Gruppenwechsels wird die temporäre Datei abgeschlossen und unmittelbar danach wieder als Eingabedatei eröffnet. Darauffolgend werden in Abhängigkeit vom Wert des Fehlerkennzeichens die auf dem Plattenspeicher zwischengespeicherten Sätze entweder in die Sonderbehandlungsdatei oder in die Normalbehandlungsdatei geschrieben. Das gesamte Programm ist in den Abb. 14.4 und 14.5 dargestellt.

Wir sollten einen Augenblick lang erörtern, warum wir uns mit der Blockung der Sätze von **ZWISCHEN-DATEI** herumgeplagt haben. Schließlich wurde das Konzept der Blockung von Sätzen eingeführt, um die toten Satzzwischenräume bei Magnetbändern zu verringern. Da die Platten mit einer konstanten Umdrehungsgeschwindigkeit rotieren, sind bei ihnen jedoch die Klüfte überflüssig. Warum also benutzen wir dennoch die Blockung? Die Antwort liegt in der zur Lokalisierung eines Satzes benötigten Zeit. Man erinnere sich, daß ein Satz von der Platte erst dann gelesen werden kann, wenn der Anfang seines physischen Abbilds auf der Platte den Schreib/Lese-Kopf erreicht hat. Wenn jeweils nur ein Satz gelesen würde, würde nach dem Lesen des Satzes 1 zum Zeitpunkt des Empfanges des vom Computer ausgeschickten Signals zum Lesen des Satzes 2 dieser bereits den Schreib/Lese-Kopf passiert haben, wodurch erst wieder fast eine volle Umdrehung abgewartet werden muß, bevor es zum Lesen des Satzes 2 kommt. Wenn jedoch mehrere Sätze zu Blöcken zusammengefaßt sind, können alle Sätze eines Blockes gelesen werden, wenn sie den Schreib/Lese-Kopf passieren. Die zusätzliche Umdrehungswartezeit zwischen den einzelnen Sätzen fällt dadurch weg. Die zum Lesen eines Blockes erforderliche Gesamtzeit ergibt sich daher als Summe der folgenden beiden Einzelzeiten:

a) Umdrehungswartezeit, d.h. der Zeit, die verstreicht, bis der Anfang des ersten Satzes den Schreib/Lese-Kopf erreicht hat,

b) Übertragungszeit, d.h. der Zeit, die für die Übertragung des gesamten Blockes von der Platte zum Internspeicher (Hauptspeicher) des Computers benötigt wird.

Andererseits haben wir das Blocken der Sätze bei der Bestelldatei und bei den beiden Ausgabedateien unterlassen. Es ist anzunehmen, daß die Bestelldatei von einem Eingabegerät, beispielsweise einem Datensichtgerät, kommt.

Ein anderer Faktor, der das Blocken von Sätzen bei Plattenspeichern beeinflußt, orientiert sich an der Anzahl der Bytes, die in eine Spur hineingehen. Da die Computer die Sätze bzw. die Blöcke nicht über Spuren hinweg aufteilen, bleibt ein gewisser Anteil des auf einer Spur verfüg-

```
00001       IDENTIFICATION DIVISION.
00002       PROGRAM-ID.
00003           GARTENK3.
00004       DATE-WRITTEN.
00005           13. APRIL 1987 (DEUTSCH: 13. MAI 1989).
00006
00007       ENVIRONMENT DIVISION.
00008       INPUT-OUTPUT SECTION.
00009       FILE-CONTROL.
00010           SELECT ZWISCHEN-DATEI     ASSIGN TO S-ZWISCHEN
00011                                     ACCESS IS SEQUENTIAL.
00012           SELECT BESTELL-DATEI      ASSIGN TO S-BESTELL.
00013           SELECT NORMAL-DATEI       ASSIGN TO S-NORMAL.
00014           SELECT SONDER-DATEI       ASSIGN TO S-SONDER.
00015
00016       DATA DIVISION.
00017
00018       FILE SECTION.
00019
00020       FD  ZWISCHEN-DATEI
00021           BLOCK CONTAINS 10 RECORDS
00022           LABEL RECORDS ARE STANDARD.
00023       01  ZWISCHEN-SATZ             PIC X(80).
00024
00025       FD  BESTELL-DATEI
00026           LABEL RECORDS ARE OMITTED.
00027       01  BESTELL-SATZ.
00028           05  BESTELL-NUMMER        PIC X(6).
00029           05  BESTELL-DATEN         PIC X(74).
00030
00031       FD  NORMAL-DATEI
00032           LABEL RECORDS ARE OMITTED.
00033       01  NORMAL-ZEILE              PIC X(80).
00034
00035       FD  SONDER-DATEI
00036           LABEL RECORDS ARE OMITTED.
00037       01  SONDER-ZEILE              PIC X(80).
00038
00039       WORKING-STORAGE SECTION.
00040
00041       01  DATEN-VORHANDEN-SCH       PIC X.
00042           88  WEITERE-DATEN                    VALUE 'J'.
00043           88  KEINE-WEITEREN-DATEN             VALUE 'N'.
00044
00045       01  ZWISCHENDATEN-VORH        PIC X.
00046           88  WEITERE-ZWISCHENDATEN            VALUE 'J'.
00047           88  KEINE-WEITEREN-ZWISCHENDATEN     VALUE 'N'.
00048
00049       01  FEHLER-KENNZEICHEN        PIC X.
00050           88  FEHLER-VORHANDEN                 VALUE 'J'.
00051
00052       01  BESTELL-NUMMER-VOR        PIC X(6).
00053
00054
00055       PROCEDURE DIVISION.
00056       A000-BESTELL-PRUEFUNG.
00057           OPEN  INPUT  BESTELL-DATEI
00058                 OUTPUT NORMAL-DATEI
00059                        SONDER-DATEI.
00060           MOVE 'J' TO DATEN-VORHANDEN-SCH.
```

Abb. 14.4 Programm mit temporärer, auf einem Plattenspeicher residierender Datei, 1. Teil

```
00061        READ BESTELL-DATEI
00062            AT END MOVE 'N' TO DATEN-VORHANDEN-SCH.
00063        PERFORM B010-GUELTIGKEIT-BESTELLUNG
00064            UNTIL KEINE-WEITEREN-DATEN.
00065        CLOSE BESTELL-DATEI
00066              NORMAL-DATEI
00067              SONDER-DATEI.
00068        STOP RUN.
00069
00070    B010-GUELTIGKEIT-BESTELLUNG.
00071        MOVE BESTELL-NUMMER TO BESTELL-NUMMER-VOR.
00072        MOVE 'N' TO FEHLER-KENNZEICHEN.
00073        OPEN OUTPUT ZWISCHEN-DATEI.
00074        PERFORM C010-EDIEREN-ZEILE
00075            UNTIL BESTELL-NUMMER IS NOT EQUAL TO
00076                  BESTELL-NUMMER-VOR  OR  KEINE-WEITEREN-DATEN.
00077        CLOSE ZWISCHEN-DATEI.
00078
00079        OPEN  INPUT ZWISCHEN-DATEI.
00080        MOVE 'J' TO ZWISCHENDATEN-VORH.
00081        IF  FEHLER-VORHANDEN
00082            PERFORM C020-SCHREIBEN-SONDER-DATEI
00083                UNTIL KEINE-WEITEREN-ZWISCHENDATEN
00084        ELSE
00085            PERFORM C030-SCHREIBEN-NORMAL-DATEI
00086                UNTIL KEINE-WEITEREN-ZWISCHENDATEN.
00087        CLOSE ZWISCHEN-DATEI.
00088
00089    C010-EDIEREN-ZEILE.
00090        IF  BESTELL-DATEN IS NOT NUMERIC
00091            MOVE 'J' TO FEHLER-KENNZEICHEN.
00092        WRITE ZWISCHEN-SATZ FROM BESTELL-SATZ.
00093        READ BESTELL-DATEI
00094            AT END  MOVE 'N' TO DATEN-VORHANDEN-SCH.
00095
00096    C020-SCHREIBEN-SONDER-DATEI.
00097        READ ZWISCHEN-DATEI
00098            AT END  MOVE 'N' TO ZWISCHENDATEN-VORH.
00099        IF  WEITERE-ZWISCHENDATEN
00100            WRITE SONDER-ZEILE FROM ZWISCHEN-SATZ.
00101
00102    C030-SCHREIBEN-NORMAL-DATEI.
00103        READ ZWISCHEN-DATEI
00104            AT END  MOVE 'N' TO ZWISCHENDATEN-VORH.
00105        IF  WEITERE-ZWISCHENDATEN
00106            WRITE NORMAL-ZEILE FROM ZWISCHEN-SATZ.
00107
00108    *************** ENDE DES PROGRAMMES ***************
```

Abb. 14.5 Programm mit temporärer, auf einem Plattenspeicher residierender Datei, 2. Teil

baren Speicherplatzes unbenutzt, wenn das Aufnahmevermögen einer Spur nicht ohne Rest durch die Blocklänge teilbar ist. Die Anzahl der unbenutzten Speicherplätze auf einer Spur kann bei Dateien infolge der Möglichkeit, unterschiedliche Blocklängen festzulegen, variieren; der Nutzeffekt der Datenspeicherung verändert sich natürlich dadurch. Die genaue Bestimmung der Plattenausnutzung hängt davon ab, wie die Dateien auf den Platten gespeichert sind. Die Einzelheiten dieses Diskussionspunktes werden wir in diesem Lehrbuch nicht besprechen, sie gehen über unseren Themenkreis hinaus. Wir empfehlen daher, den Plattengebrauch und die Plattenausnutzung in einschlägigen Quellen nachzulesen, falls das notwendig sein sollte.

14.7 Indizierte Dateien

Wir haben gerade gelernt, daß Plattenspeicher zur sequentiellen Speicherung von Daten benutzt werden können und gewöhnlich auch auf diese Weise benutzt werden. Weitaus wichtiger ist jedoch die Möglichkeit, sie als *Speichergeräte mit direkter Zugriffsmöglichkeit* (abgekürzt: *SGDZ*) einsetzen zu können. Das bedeutet, daß wir die auf ihnen gespeicherten Datensätze in beliebiger Reihenfolge zurückholen können, ohne daß sich aus dem „Herumspringen" in einer Datei ein bedeutsamer Nachteil ergeben würde.

Wenn die Charakteristik einer Anwendung den freigewählten, d.h. den zufälligen Zugriff als wesentlichen Teil der Vorgehensweise beinhaltet, werden wir die Dateiorganisation und die Programmiermethoden auf diese Bedürfnisse einstellen, d.h. wir wenden uns der Direktverarbeitung zu. Es gibt mehrere Methoden, zu den Sätzen auf einem Plattenspeicher direkt zuzugreifen. Die gebräuchlichsten erfordern, daß die betreffenden Dateien entweder *indiziert* (engl.: *indexed*) oder nach *relativen Satznummern* (engl.: *relative record*) organisiert sind. Wir wollen die indizierte Dateiorganisationsform zuerst betrachten. Zu den Sätzen einer indizierten Datei kann sowohl direkt, d.h. freigewählt oder zufällig, als auch sequentiell, d.h. in der Reihenfolge der Speicherung der Sätze, zugegriffen werden.

Obgleich eine indizierte Datei dem **COBOL**-Programmierer wie ein einheitliches Ganzes erscheint, setzt sie sich tatsächlich aus zwei Teilen zusammen:
a) Datenteil
   Der *Datenteil* enthält die zur Datei gehörenden Datensätze.
b) Indexteil
   Der *Indexteil* enthält einen *Index*, d.h. ein Inhaltsverzeichnis, mit dessen Hilfe die Sätze im Datenteil gefunden werden.

Bei einigen Verwirklichungen dieser Dateiorganisationsform gibt es neben den aufgeführten zwei Teilen noch einen dritten Teil, den *Überlaufteil*. In diesem werden die Sätze untergebracht, die nicht mehr in den Datenteil hineinpassen (Überlaufsätze). Um die Einzelheiten dieser Verwirklichungen wollen wir uns jedoch nicht kümmern.

Wenn eine indizierte Datei erstellt werden soll, muß sie sequentiell aus einer Datei erstellt werden, deren Sätze nach dem Inhalt eines Schlüsselfeldes sortiert sind. Bei der Erschaffung derselben werden die

Schlüssel der Sätze dazu benutzt, einen Index aufzubauen. Dieser kann nach der Beendigung der Erstellung dazu benutzt werden, um einzelne Sätze sehr schnell wiederaufzufinden. Wenn wir zu den Sätzen einer indizierten Datei zugreifen wollen, kann das auf zweierlei Arten geschehen. Erstens können wir die indizierte Datei als gewöhnliche sequentielle Datei ansehen. Entschließen wir uns zu diesem Vorgehen, wird die indizierte Datei genau so benutzt wie jede andere sequentiell organisierte Datei. Die zweite Vorgehensweise erlaubt uns jedoch den Zugriff zu willkürlich, d.h. zufällig ausgewählten Sätzen in einer beliebigen Reihenfolge. Bei der Benutzung dieser *Zugriffsmethode* müssen wir den Schlüssel desjenigen Satzes nennen, den wir zur Verarbeitung heranholen wollen. Über den Index wird dann der gewünschte Satz aufgesucht. Beim Wiederauffinden der gesuchten Sätze werden dazwischen liegende Sätze überhaupt nicht berührt.

Eine indizierte Datei unterscheidet sich von einer üblichen sequentiell organisierten Datei auch in anderer Hinsicht: Es ist möglich, in eine bestehende indizierte Datei Sätze einzufügen und vorhandene Sätze aus ihr zu entfernen, ohne daß dabei die gesamte Datei neu geschrieben werden muß.

In großer Kürze haben wir nunmehr geschildert, wie eine indiziert organisierte Datei ausschaut und wie mit ihr gearbeitet werden kann. Ein Gegenstand, mit dem wir uns bei der weiteren Behandlung der Programmierung beschäftigen wollen, ist eine eingehende Betrachtung der Vorgänge bei der Ausführung dieser Operationen und den daraus zu ziehenden Folgerungen für die Programmierung bzw. für die Verwaltung der Daten. Was in diesem Lehrbuch dargeboten wird, reicht für eine einführende Anleitung zum Studium dieses Themas völlig aus. Es sollte aber auch eingesehen werden, daß unsere Ausführungen kaum für eine vollständige Erklärung genügen.

14.8 Ein Programm zur Erstellung einer indiziert organisierten Datei

Wir wollen unsere Überlegungen zum Bestellsystem unter Zuhilfenahme eines Gartenkatalogs mit dem Ziel fortsetzen, neue Sprachelemente kennenzulernen. Deshalb wollen wir jetzt betrachten, wie eine indiziert organisierte Datei über die Firmenprodukte erstellt wird. Wie zuvor wollen wir uns auch hier mit einer skelettartigen Fassung hinsichtlich der wahren Satzinhalte begnügen, so daß wir uns voll auf die neuen Dateiverarbeitungstechniken konzentrieren können. Im speziellen wollen wir annehmen, daß eine sequentiell organisierte Produktdatei vorliegt,

in der für jedes von der Firma angebotene Produkt nur einen Satz existiert. In jedem Satz sind die folgenden Datenelemente enthalten:
- – – – *Katalognummer* mit fünf Zeichenstellen
- – – – drei *Größencodes* mit den entsprechenden *Einzelpreisen*
- – – – *Produktbeschreibung* (Artikelbeschreibung) mit 40 Zeichenstellen

Die gesamte Datei soll zur Erstellung einer indiziert organisierten Datei dienen. Die Daten sollen dabei in gewissem Ausmaß verdichtet werden; Ziel ist dabei, Plattenplatz einzusparen. Das Programm ist in den Abb. 14.6 und 14.7 dargestellt.

Aus der Abb. 14.6 ist ersichtlich, wie ein für eine indizierte Datei bestimmtes **SELECT**-Statement auszusehen hat, wenn es zur Erstellung einer solchen Datei dienen soll. Es enthält drei bisher nicht bekannte Klauseln, nämlich die Klauseln **ORGANIZATION**, **ACCESS** und **RECORD KEY**. Die Klausel **ORGANIZATION** mit **INDEXED** teilt dem Kompilierer mit, daß die betreffende Datei der indizierten Organisationsform unterliegt. Da zu den Sätzen einer indizierten Datei entweder sequentiell oder freigewählt zugegriffen werden kann, muß der Kompilierer auch darüber informiert werden, welche Zugriffsmethode verwendet werden soll. Aus diesem Grunde müssen wir in diesem Fall (Erstellung einer Datei!) spezifizieren:

ACCESS IS SEQUENTIAL

Zufällig ist die sequentielle Zugriffsmethode die voreingestellte Zugriffsmethode; die Klausel **ACCESS** könnte also weggelassen werden. Bei Dateien, zu deren Sätzen auch freigewählt zugegriffen werden kann, erweist es sich doch im allgemeinen als ratsam, die Zugriffsmethode für Dokumentationszwecke immer aufzuführen, sogar wenn das der Kompilierer nicht erfordert. Mit der **RECORD**-Klausel wird festgelegt, welches Feld im Ausgabesatz herangezogen werden soll, um den Index der auf der Platte zu erstellenden Datei aufzubauen. Diese Klausel wird stets benötigt, wenn eine indizierte Datei benutzt wird und sie muß sich immer auf ein Feld im Satz der indizierten Datei beziehen. Die Tatsache, daß der Datenname gekennzeichnet ist, steht in keiner Beziehung zu den für indizierte Dateien geltenden Regeln.

Zu den neuen Klauseln kommt hinzu, daß im **SELECT**-Statement für die Datei **ID-PRODUKT-DATEI** eine Änderung in der **ASSIGN**-Klausel vorzunehmen ist. Wir benutzen **I** als Präfix beim (externen) Dateinamen anstelle des **S**. Damit wird gesagt, daß es sich um eine indizierte und nicht um eine sequentielle Datei handelt. Bei den Großcomputern der IBM wird der Präfix **I** ignoriert; wir wollen ihn aber weiterhin für Dokumentationszwecke benutzen.

```
00001      IDENTIFICATION DIVISION.
00002      PROGRAM-ID.
00003           ERSTELL.
00004      DATE-WRITTEN.
00005           14. APRIL 1987 (DEUTSCH: 13. MAI 1989).
00006
00007      ENVIRONMENT DIVISION.
00008      INPUT-OUTPUT SECTION.
00009      FILE CONTROL.
00010           SELECT ID-PRODUKT-DATEI         ASSIGN TO I-PRODUKT
00011                     ORGANIZATION IS INDEXED
00012                     ACCESS IS SEQUENTIAL
00013                     RECORD KEY IS KATALOG-NUMMER OF
00014                          ID-PRODUKT-SATZ.
00015           SELECT PRODUKT-DATEI            ASSIGN TO S-PRO.
00016
00017      DATA DIVISION.
00018
00019      FILE SECTION.
00020      FD  ID-PRODUKT-DATEI
00021          LABEL RECORDS ARE STANDARD.
00022      01  ID-PRODUKT-SATZ.
00023          05   KATALOG-NUMMER             PIC X(5).
00024          05   GROESSEN-CODE-1            PIC X.
00025          05   PREIS-1                    PIC S99V99 COMP-3.
00026          05   GROESSEN-CODE-2            PIC X.
00027          05   PREIS-2                    PIC S99V99 COMP-3.
00028          05   GROESSEN-CODE-3            PIC X.
00029          05   PREIS-3                    PIC S99V99 COMP-3.
00030          05   PRODUKT-BESCHREIBUNG       PIC X(40).
00031
00032      FD  PRODUKT-DATEI
00033          LABEL RECORDS ARE STANDARD.
00034      01  PRODUKT-SATZ.
00035          05   KATALOG-NUMMER             PIC X(5).
00036          05   GROESSEN-CODE-1            PIC X.
00037          05   PREIS-1                    PIC 99V99.
00038          05   GROESSEN-CODE-2            PIC X.
00039          05   PREIS-2                    PIC 99V99.
00040          05   GROESSEN-CODE-3            PIC X.
00041          05   PREIS-3                    PIC 99V99.
00042          05   PRODUKT-BESCHREIBUNG       PIC X(40).
00043
00044      WORKING-STORAGE SECTION.
00045
00046      01  UNGUELTIGER-SCHLUESSEL-KZ       PIC X    VALUE 'N'.
00047          88   UNGUELTIGER-SCHLUESSEL              VALUE 'J'.
00048
00049      01  WEITERE-DATEN-KENNZ             PIC X    VALUE 'J'.
00050          88   WEITERE-DATEN-VORHANDEN             VALUE 'J'.
00051          88   KEINE-WEITEREN-DATEN                VALUE 'N'.
00052
00053
00054      PROCEDURE DIVISION.
00055
00056      A000-ERST-IND-PRODUKT-DATEI.
00057           OPEN   INPUT  PRODUKT-DATEI
00058                  OUTPUT ID-PRODUKT-DATEI.
00059           PERFORM B010-UEBERTRAGEN-SATZ
00060                UNTIL KEINE-WEITEREN-DATEN OR UNGUELTIGER-SCHLUESSEL.
```

Abb. 14.6 Programm zur Erstellung einer indiziert organisierten Datei, 1. Teil

```
00061        IF  UNGUELTIGER-SCHLUESSEL
00062            DISPLAY 'DOPPELTER SCHLUESSEL ODER REIHENFOLGEFEHL.'
00063            DISPLAY 'DAHER ABBRUCH DES JOBS'.
00064            CLOSE PRODUKT-DATEI
00065                  ID-PRODUKT-DATEI.
00066            STOP RUN.
00067
00068        B010-UEBERTRAGEN-SATZ.
00069            READ PRODUKT-DATEI
00070                AT END MOVE 'N' TO WEITERE-DATEN-KENNZ.
00071            IF  WEITERE-DATEN-VORHANDEN
00072                MOVE CORRESPONDING PRODUKT-SATZ TO ID-PRODUKT-SATZ
00073                WRITE ID-PRODUKT-SATZ
00074                    INVALID KEY MOVE 'J' TO
00075                                UNGUELTIGER-SCHLUESSEL-KZ.
00076
00077        *************** ENDE DES PROGRAMMES ******************
```

Abb. 14.7 Programm zur Erstellung einer indiziert organisierten Datei, 2. Teil

Man beachte, daß das **FD**-Statement für die indizierte Datei keine Klausel **BLOCK CONTAINS** enthält, die Datei ist also ungeblockt. Generell können auch indizierte Dateien geblockt sein, obgleich das hier von geringerem Wert ist als bei sequentiell organisierten Dateien; die wahlfreie Verarbeitung bringt es mit sich, daß selten zwei Sätze des gleichen Blockes nacheinander anzusprechen sind. Wenn ein Programm dazu neigt, von Satz zu Satz durch die gesamte Datei zu springen, ergibt sich meistens kein Vorteil daraus, daß sich mehrere Sätze in einem Block befinden.

In den vorhergehenden Kapiteln unterstrichen wir nachdrücklich die Idee, daß Daten, die in den Computer hineingehen bzw. aus ihm herauskommen, im **DISPLAY**-Format vorliegen sollten. Diese Aussage ist in Wirklichkeit viel zu stark, sie gilt nur für diejenigen Informationen, die von Personen gelesen bzw. geschrieben werden müssen, d.h. Eingaben/Ausgaben über die Bildschirme von Datensichtgeräten bzw. gedruckte Ausgaben. Informationen, die zu Speichergeräten gehen bzw. von diesen kommen, können in jedem zweckdienlichen Format vorliegen. Dabei ist es gleichgültig, ob Magnetband- oder Plattenspeichergeräte Ziel oder Quelle der Ausgabe bzw. der Eingabe sind. Das binäre Format (**COMPUTATIONAL** bzw. **BINARY**) wird im allgemeinen nicht für Geldbeträge verwendet, hingegen das gepackte Dezimalformat (**COMPUTATIONAL-3** bzw. **PACKED-DECIMAL**) sehr oft. Zu Veranschaulichungszwecken haben wir die vier Bytes langen Preise auf drei Bytes verdichtet, indem wir sie in Felder hineingestellt haben, die mit **COMPUTATIONAL-3** erklärt sind.

Der Prozedurteil enthält nur ein neues Merkmal. Die Grundidee ist äußerst einfach: Jeder Satz der sequentiell organisierten Datei wird gele-

14.8 Ein Programm zur Erstellung einer indiziert organisierten Datei

sen und unmittelbar danach in die indiziert organisierte Datei geschrieben. In der Eingabedatei könnten jedoch zwei Arten von Fehlern vorhanden sein:

a) Es könnten zwei oder mehr Sätze den gleichen Schlüssel besitzen.
b) Einzelne oder alle Sätze könnten nicht in der richtigen Schlüsselfolge vorliegen.

Wenn eine neue indizierte Datei durch ein in **COBOL** geschriebenes Programm erstellt wird, muß jeder Satz in der zur Erstellung herangezogenen Datei einen eindeutigen Schlüssel besitzen; außerdem müssen die Sätze exakt nach aufsteigenden Schlüsseln sortiert sein. Bei einem Versuch, in die indizierte Datei einen Satz zu schreiben, dessen Schlüssel nicht größer ist als der des vorangegangenen Satzes, kommt es zum Auftreten einer Fehlerbedingung. Um diese entdecken zu können und um dem Programm eine Reaktion darauf zu ermöglichen, haben wir die Angabe **INVALID KEY** zur **WRITE**-Anweisung, die sich auf die indizierte Datei bezieht, hinzugestellt. Ebenso wie die Angabe **AT END** nur dann zum Zuge kommt, wenn eine spezielle Bedingung (Dateiende!) während des Lesens aufgetreten ist, kommt auch die Angabe **INVALID KEY** nur dann zum Zuge, wenn während des Schreibens eine spezielle Bedingung (doppelter Schlüssel oder Schlüssel nicht in Reihenfolge) entdeckt worden ist.

In der Abb. 14.8 ist die aus zehn Sätzen bestehende Datei aufgelistet, die als Testdatei zur Erstellung der indizierten Datei herangezogen wurde.

```
33597A0050G0250 0000LEVKOJE - 7 WOCHEN PFLANZE BUNT
36574A0050G0150 0000LEVKOJE - RIESEN BUNT
37515A0035H0100 0000SUESSER SEBASTIAN - LILA SCHOENHEIT
39156A0035H0100 0000SUESSER SEBASTIAN - REINWEISS
43125A0035H0105K0325ZINNIE - RIESEN VON LEUNA BUNT
50013A0045K0100L0185WEISSKOHL - RUNDER VON FRIESACK
51904A0075J0450 0000WASSERMELONE, FRUEHZEITIG - GROSS
62471A0075T0185U0250HYBRID-MAIS - HONIGSUESS
62547A0050L0110S0275SCHLANGENGURKE - BESTE VOM ANGERFELD
96461 1595 0000 0000KOMPOSTEIMER
```

```
xxxxx  Katalognummer
    x  Größencode 1
    xxxx  Preis 1
        x  Größencode 2
        xxxx  Preis 2
            x  Größencode 3
            xxxx  Preis 3
                xxxxxxxxxxxxxxxxxxxxxxxxxxxxxxxx  Beschreibung
```

Abb. 14.8 Testdatei zur Erstellung einer indizierten Datei

Man beachte, daß der letzte Datensatz keine Größencodes aufweist, da das betreffende Produkt keinen Größencode erfordert. Weiterhin ist festzustellen, daß bei einigen Produkten nur zwei Größencodes vorhan-

```
00001   IDENTIFICATION DIVISION.
00002   PROGRAM-ID.
00003       IDDRUCK.
00004   DATE-WRITTEN.
00005       14. APRIL 1987 (DEUTSCH: 13. MAI 1989).
00006
00007   ENVIRONMENT DIVISION.
00008   INPUT-OUTPUT SECTION.
00009   FILE CONTROL.
00010       SELECT ID-PRODUKT-DATEI          ASSIGN TO I-PRODUKT
00011           ORGANIZATION IS INDEXED
00012           ACCESS IS SEQUENTIAL
00013           RECORD KEY IS KATALOG-NUMMER OF ID-PRODUKT-SATZ.
00014       SELECT DRUCK-DATEI               ASSIGN TO S-DRUCK.
00015
00016   DATA DIVISION.
00017
00018   FILE SECTION.
00019
00020   FD  ID-PRODUKT-DATEI
00021       LABEL RECORDS ARE STANDARD.
00022   01  ID-PRODUKT-SATZ.
00023       05  KATALOG-NUMMER                PIC X(5).
00024       05  GROESSEN-CODE-1               PIC X.
00025       05  PREIS-1                       PIC S99V99 COMP-3.
00026       05  GROESSEN-CODE-2               PIC X.
00027       05  PREIS-2                       PIC S99V99 COMP-3.
00028       05  GROESSEN-CODE-3               PIC X.
00029       05  PREIS-3                       PIC S99V99 COMP-3.
00030       05  PRODUKT-BESCHREIBUNG          PIC X(40).
00031
00032   FD  DRUCK-DATEI
00033       LABEL RECORDS ARE OMITTED.
00034   01  DRUCK-SATZ.
00035       05  FILLER                        PIC X.
00036       05  KATALOG-NUMMER                PIC X(5).
00037       05  GROESSEN-CODE-1               PIC BBX.
00038       05  PREIS-1                       PIC ZZ9.99.
00039       05  GROESSEN-CODE-2               PIC BBX.
00040       05  PREIS-2                       PIC ZZ9.99.
00041       05  GROESSEN-CODE-3               PIC BBX.
00042       05  PREIS-3                       PIC ZZ9.99.
00043       05  PRODUKT-BESCHREIBUNG          PIC BBBX(40).
00044
00045   WORKING-STORAGE SECTION.
00046   01  WEITERE-DATEN-KENNZ               PIC X   VALUE 'J'.
00047       88  WEITERE-DATEN-VORHANDEN               VALUE 'J'.
00048       88  KEINE-WEITEREN-DATEN                  VALUE 'N'.
00049
00050
00051   PROCEDURE DIVISION.
00052   A000-DRUCKEN-PRODUKTE.
00053       OPEN  INPUT  ID-PRODUKT-DATEI
00054             OUTPUT DRUCK-DATEI.
00055       PERFORM B010-DRUCKEN-SAETZE
00056           UNTIL KEINE-WEITEREN-DATEN.
00057       CLOSE ID-PRODUKT-DATEI
00058             DRUCK-DATEI.
00059       STOP RUN.
00060
```

Abb. 14.9 Programm zum Drucken des Inhaltes einer indizierten Datei, 1. Teil

```
00061      B010-DRUCKEN-SAETZE.
00062          READ ID-PRODUKT-DATEI
00063             AT END MOVE 'N' TO WEITERE-DATEN-KENNZ.
00064          IF  WEITERE-DATEN-VORHANDEN
00065             MOVE SPACES TO DRUCK-SATZ
00066             MOVE CORRESPONDING ID-PRODUKT-SATZ TO DRUCK-SATZ
00067             WRITE DRUCK-SATZ AFTER ADVANCING 1.
00068
00060  ****************** ENDE DES PROGRAMMES ******************
```

Abb. 14.10 Programm zum Drucken des Inhaltes einer indizierten Datei, 2. Teil

den sind. Bei Produkten mit weniger als drei Einzelpreisen sind die fehlenden Preise durch Nullen ersetzt. Würden die betreffenden Preisfelder leer bleiben, würde der Versuch, die Leerzeichen in gepackte Dezimaldaten umzuwandeln, zu einer Fehlerbedingung (Datenausnahme-Bedingung) führen.

14.9 Ein Programm zum Drucken einer indizierten Datei

Bei vielen Computern ist es unmöglich, die vom vorhergehenden Programm erstellte indizierte Datei einfach aufzulisten, da zu ihren Sätzen sinnvoll nur von Programmen zugegriffen werden kann, die sich der für indizierte Dateien geschaffenen Software bedienen. Da die Sätze überdies gepackte Dezimaldaten aufweisen, würden diese Daten außerdem nicht ohne vorhergehende geeignete Umwandlungen gedruckt werden können. Obgleich das in den Abb. 14.9 und 14.10 gezeigte Programm nur eine Auflistung der in der indizierten Datei enthaltenen Sätze erzeugt, wird es dennoch präsentiert. Es demonstriert, wie zu zuvor erstellten indizierten Dateien sequentiell zugegriffen wird.

Die vom Druckprogramm (siehe Abb. 14.9 und 14.10) erzeugte Liste der in der indizierten Datei enthaltenen Sätze ist in der Abb. 14.11 zu sehen. Die indizierte Datei wies dabei den Inhalt auf, der von der in Abb. 14.8 dargestellten Testdatei stammt.

```
33597   A   0.50   G   2.50           0.00   LEVKOJE - 7 WOCHEN PFLANZE BUNT
36574   A   0.50   G   1.50           0.00   LEVKOJE - RIESEN BUNT
37515   A   0.35   H   1.00           0.00   SUESSER SEBASTIAN - LILA SCHOENHEIT
39156   A   0.35   H   1.00           0.00   SUESSER SEBASTIAN - REINWEISS
43125   A   0.35   H   1.05   K       3.25   ZINNIE - RIESEN VON LEUNA BUNT
50013   A   0.45   K   1.00   L       1.85   WEISSKOHL - RUNDER VON FRIESACK
51904   A   0.75   J   4.50           0.00   WASSERMELONE, FRUEHZEITIG - GROSS
62471   A   0.75   T   1.85   U       2.50   HYBRID-MAIS - HONIGSUESS
62547   A   0.50   L   1.10   S       2.75   SCHLANGENGURKE - BESTE VOM ANGERFELD
96461      15.95       0.00           0.00   KOMPOSTEIMER
```

Abb. 14.11 Ausgabe des Druckprogrammes

14.10 Ein Programm zur Überprüfung von Bestellungen

Wir wollen nun kennenlernen, wie zu den Sätzen einer indizierten Datei direkt, d.h. freigewählt oder wahlfrei zugegriffen werden kann. Zu diesem Zweck wollen wir ein Programm betrachten, das eine erweiterte Modifikation des in den Abb. 14.4 und 14.5 gezeigten Programmes darstellt. Dieses stellte bekanntlich die zu einer Bestellung gehörenden Zeilen in eine von zwei möglichen Dateien, abhängig davon, ob die Bestellung fehlerfrei oder fehlerbehaftet war. Das modifizierte Programm ist in den Abb. 14.12 bis 14.15 zu sehen.

Das Überprüfungsprogramm geht von den folgenden Grundgedanken aus:
- Eine komplette Kundenbestellung besteht aus den drei Satzarten
  - – – – Kopfsatz
  - – – – Rumpfsatz
  - – – – Nachsatz

- Der Kopfsatz ist nur einmal vorhanden und ist der erste Satz einer Bestellung; in ihm stehen Name und Adresse des Kunden.
- Auf den Kopfsatz folgen ein oder mehrere Rumpfsätze; jeder Rumpfsatz entspricht einer Bestellzeile.
- Der Nachsatz beendet eine Bestellung; er enthält die vom Kunden errechnete Gesamtsumme der Bestellung, die Versandgebühren und die Mehrwertsteuer.

Jeder Satz enthält, unabhängig von der Satzart, auf den ersten sechs Stellen eine alphanumerische Bestellnummer. Auf der sich anschließenden 7. Stelle ist die Satzart wie folgt verschlüsselt:
- – – – 1 für die Kopfsätze
- – – – 2 für die Rumpfsätze
- – – – 3 für die Nachsätze.

Das Programm soll nicht nur die Rumpfsätze, d.h. die Bestellzeilen, auf ihre Gültigkeit hin überprüfen, so wie es bei dem in den Abb. 14.4 und 14.5 dargestellten Programm geschieht, sondern auch ermitteln, ob die Bestellungen komplett vorliegen, d.h. aus einem Kopfsatz, ein oder mehreren Rumpfsätzen und einem Nachsatz bestehen. Der Kopfsatz braucht nicht auf seine Gültigkeit hin überprüft zu werden, es genügt die Feststellung, daß genau einer vorhanden ist. Beim Nachsatz ist es aber unbedingt erforderlich zu überprüfen, ob die vom Kunden errechnete Gesamtsumme der Bestellung mit der vom Programm errechneten Summe der einzelnen Artikelpreise übereinstimmt. Die Gültigkeitsprüfungen der Daten in den Rumpfsätzen und in den Nachsätzen soll hingegen nicht durchgeführt werden. Wir wollen diese Prüfungen als Stummel in

```
00001      IDENTIFICATION DIVISION.
00002      PROGRAM-ID.
00003           BESTPR.
00004      DATE-WRITTEN.
00005           14. APRIL 1987 (DEUTSCH: 13. MAI 1989).
00006
00007      ENVIRONMENT DIVISION.
00008      INPUT-OUTPUT SECTION.
00009      FILE CONTROL.
00010           SELECT BESTELL-DATEI      ASSIGN TO S-BESTELL.
00011           SELECT ID-PRODUKT-DATEI ASSIGN TO I-PRODUKT
00012                ORGANIZATION IS INDEXED
00013                ACCESS IS RANDOM
00014                RECORD KEY IS KATALOG-NUMMER OF ID-PRODUKT-SATZ.
00015           SELECT ZWISCHEN-DATEI     ASSIGN TO S-ZWISCHEN.
00016           SELECT NORMAL-DATEI       ASSIGN TO S-NORMAL.
00017           SELECT SONDER-DATEI       ASSIGN TO S-SONDER.
00018
00019      DATA DIVISION.
00020
00021      FILE SECTION.
00022
00023      FD  BESTELL-DATEI
00024           LABEL RECORDS ARE OMITTED.
00025      01  BESTELL-SATZ.
00026           05  BESTELL-NUMMER              PIC X(6).
00027           05  SATZART                     PIC X.
00028                88  KOPF                                VALUE '1'.
00029                88  RUMPF                               VALUE '2'.
00030                88  NACH                                VALUE '3'.
00031           05  FILLER                      PIC X(73).
00032
00033      01  KOPF-SATZ.
00034           05  BESTELL-NUMMER              PIC X(6).
00035           05  SATZART                     PIC X.
00036           05  NAME-UND-ADRESSE            PIC X(73).
00037
00038      01  RUMPF-SATZ.
00039           05  BESTELL-NUMMER              PIC X(6).
00040           05  SATZART                     PIC X.
00041           05  KATALOG-NUMMER.
00042                10  KAT-ERST-ZIFFER        PIC X.
00043                10  KAT-REST-ZIFFERN       PIC X(4).
00044           05  GROESSEN-CODE               PIC X.
00045           05  MENGE                       PIC 99.
00046           05  ART-BESCHREIBUNG            PIC X(40).
00047           05  X-PREIS                     PIC X(5).
00048           05  9-PREIS REDEFINES X-PREIS   PIC 999V99.
00049           05  FILLER                      PIC X(20).
00050
00051      01  NACH-SATZ.
00052           05  BESTELL-NUMMER              PIC X(6).
00053           05  SATZART                     PIC X.
00054           05  BESTELL-SUMME               PIC 9(3)V99.
00055           05  VERSAND                     PIC 9V99.
00056           05  MWST                        PIC 99V99.
00057           05  GESAMT-SUMME                PIC 9(3)V99.
00058           05  FILLER                      PIC X(56).
00059
```

Abb. 14.12 Überprüfungsprogramm, 1. Teil

```
00060      FD   ID-PRODUKT-DATEI
00061           LABEL RECORDS ARE STANDARD.
00062      01   ID-PRODUKT-SATZ.
00063           05   KATALOG-NUMMER              PIC X(5).
00064           05   GROESSEN-CODE-1             PIC X.
00065           05   PREIS-1                     PIC S99V99 COMP-3.
00066           05   GROESSEN-CODE-2             PIC X.
00067           05   PREIS-2                     PIC S99V99 COMP-3.
00068           05   GROESSEN-CODE-3             PIC X.
00069           05   PREIS-3                     PIC S99V99 COMP-3.
00070           05   BESCHREIBUNG                PIC X(40).
00071
00072      FD   ZWISCHEN-DATEI
00073           BLOCK CONTAINS 10 RECORDS
00074           LABEL RECORDS ARE STANDARD.
00075      01   ZWISCHEN-SATZ.
00076           05   BESTELL-NUMMER              PIC X(6).
00077           05   FILLER                      PIC X(74).
00078
00079      FD   NORMAL-DATEI
00080           LABEL RECORDS ARE OMITTED.
00081      01   NORMAL-SATZ.
00082           05   FILLER                      PIC X.
00083           05   NORMAL-ZEILE                PIC X(132).
00084
00085      FD   SONDER-DATEI
00086           LABEL RECORDS ARE OMITTED.
00087      01   SONDER-SATZ.
00088           05   FILLER                      PIC X.
00089           05   SONDER-ZEILE                PIC X(132).
00090
00091      WORKING-STORAGE SECTION.
00092
00093      01   BESTELL-NUMMER-LAUF             PIC X(6).
00094
00095      01   FEHLER-KZ.
00096           88   SATZ-IN-ORDN                            VALUE SPACES.
00097           05   KAT-NUM-N-NUM               PIC X.
00098           05   ERSTE-ZIFFER-FALSCH         PIC X.
00099           05   UNG-GROESSEN-CODE           PIC X.
00100           05   KEIN-SOLCHER-CODE           PIC X.
00101           05   MENGE-NICHT-NUMERISCH       PIC X.
00102           05   PREIS-NICHT-NUMERISCH       PIC X.
00103           05   UNG-PREIS-ODER-MENGE        PIC X.
00104           05   ZU-GROSSER-PREIS            PIC X.
00105           05   FEHLEN-KOPF                 PIC X.
00106           05   FEHLEN-NACH                 PIC X.
00107           05   UNG-KAT-NUM                 PIC X.
00108           05   UNG-SATZART                 PIC X.
00109
00110      01   FEHLER-KENNZEICHEN              PIC X.
00111           88   FEHLER-VORHANDEN                        VALUE 'J'.
00112
00113      01   WEITERE-BEST-KZ                 PIC X       VALUE 'J'.
00114           88   WEITERE-BESTELLUNGEN                    VALUE 'J'.
00115           88   KEINE-WEITEREN-BESTELLUNGEN             VALUE 'N'.
00116
00117      01   ZWISCHENDATEN-VORHANDEN-KZ      PIC X.
00118           88   WEITERE-ZWISCHENDATEN                   VALUE 'J'.
00119           88   KEINE-WEITEREN-ZWISCHENDATEN            VALUE 'N'.
00120
00121
00122
```

Abb. 14.13 Überprüfungsprogramm, 2. Teil

14.10 Ein Programm zur Überprüfung von Bestellungen

```
00123      PROCEDURE DIVISION.
00124      A000-PRUEFEN-KATALOGBESTELL.
00125          OPEN  INPUT BESTELL-DATEI
00126                      ID-PRODUKT-DATEI
00127                OUTPUT NORMAL-DATEI
00128                       SONDER-DATEI.
00129          READ BESTELL-DATEI
00130               AT END  MOVE 'N' TO WEITERE-BEST-KZ.
00131          PERFORM B010-GUELTIGKEIT-BESTELLUNG
00132               UNTIL KEINE-WEITEREN-BESTELLUNGEN.
00133          CLOSE BESTELL-DATEI
00134                ID-PRODUKT-DATEI
00135                NORMAL-DATEI
00136                SONDER-DATEI.
00137          STOP RUN.
00138
00139      B010-GUELTIGKEIT-BESTELLUNG.
00140          MOVE 'N' TO FEHLER-KENNZEICHEN.
00141          MOVE SPACES TO FEHLER-KZ.
00142          MOVE BESTELL-NUMMER OF BESTELL-SATZ TO BESTELL-NUMMER-LAUF.
00143          OPEN OUTPUT ZWISCHEN-DATEI.
00144          IF   KOPF
00145               PERFORM C010-PRUEFEN-KOPF-SATZ;
00146               WRITE ZWISCHEN-SATZ FROM BESTELL-SATZ;
00147               READ BESTELL-DATEI
00148                    AT END  MOVE 'N' TO WEITERE-BEST-KZ
00149          ELSE
00150               MOVE 'J' TO FEHLER-KENNZEICHEN
00151               MOVE 'X' TO FEHLEN-KOPF.
00152          PERFORM C020-VERARB-RUMPF-SATZ
00153               UNTIL BESTELL-NUMMER OF BESTELL-SATZ
00154                     IS NOT EQUAL TO BESTELL-NUMMER-LAUF
00155                  OR KEINE-WEITEREN-BESTELLUNGEN
00156                  OR NOT RUMPF.
00157          IF   BESTELL-NUMMER OF BESTELL-SATZ = BESTELL-NUMMER-LAUF
00158               AND NACH
00159               PERFORM C030-PRUEFEN-NACH-SATZ;
00160               WRITE ZWISCHEN-SATZ FROM BESTELL-SATZ;
00161               READ BESTELL-DATEI
00162                    AT END  MOVE 'N' TO WEITERE-BEST-KZ
00163          ELSE
00164               MOVE 'J' TO FEHLER-KENNZEICHEN
00165               MOVE 'X' TO FEHLEN-NACH.
00166          IF   NOT KOPF AND  NOT RUMPF  AND  NOT NACH
00167               MOVE 'J' TO FEHLER-KENNZEICHEN
00168               MOVE 'X' TO UNG-SATZART
00169               WRITE ZWISCHEN-SATZ FROM BESTELL-SATZ
00170               READ BESTELL-DATEI
00171                    AT END  MOVE 'N' TO WEITERE-BEST-KZ
00172          CLOSE ZWISCHEN-DATEI.
00173          OPEN INPUT ZWISCHEN-DATEI.
00174          MOVE 'J' TO ZWISCHENDATEN-VORHANDEN-KZ.
00175          IF   FEHLER-VORHANDEN
00176               PERFORM C040-SCHREIBEN-SONDER-DATEI
00177                    UNTIL KEINE-WEITEREN-ZWISCHENDATEN
00178          ELSE
00179               PERFORM C050-SCHREIBEN-NORMAL-DATEI
00180                    UNTIL KEINE-WEITEREN-ZWISCHENDATEN.
00181          CLOSE ZWISCHEN-DATEI.
00182
```

Abb. 14.14 Überprüfungsprogramm, 3. Teil

```
00183      C010-PRUEFEN-KOPF-SATZ.
00184          DISPLAY 'KOPFSATZ-PRUEFUNG ERREICHT: ',
00185                   BESTELL-NUMMER OF BESTELL-SATZ.
00186
00187      C020-VERARB-RUMPF-SATZ.
00188          PERFORM D010-PRUEFEN-RUMPF-SATZ.
00189          WRITE ZWISCHEN-SATZ FROM BESTELL-SATZ.
00190          READ BESTELL-DATEI
00191              AT END  MOVE 'N' TO WEITERE-BEST-KZ.
00192
00193      C030-PRUEFEN-NACH-SATZ.
00194          DISPLAY 'NACHSATZ-PRUEFUNG ERREICHT: ',
00195                   BESTELL-NUMMER OF BESTELL-SATZ.
00196
00197      C040-SCHREIBEN-SONDER-DATEI.
00198          READ ZWISCHEN-DATEI
00199              AT END  MOVE 'N' TO ZWISCHENDATEN-VORHANDEN-KZ.
00200          IF  WEITERE-ZWISCHENDATEN
00201              MOVE ZWISCHEN-SATZ TO SONDER-ZEILE
00202              WRITE SONDER-ZEILE AFTER ADVANCING 1 LINE.
00203
00204      C050-SCHREIBEN-NORMAL-DATEI.
00205          READ ZWISCHEN-DATEI
00206              AT END  MOVE 'N' TO ZWISCHENDATEN-VORHANDEN-KZ.
00207          IF  WEITERE-ZWISCHENDATEN
00208              MOVE ZWISCHEN-SATZ TO NORMAL-ZEILE
00209              WRITE NORMAL-ZEILE AFTER ADVANCING 1 LINE.
00210
00211      D010-PRUEFEN-RUMPF-SATZ.
00212          MOVE KATALOG-NUMMER OF RUMPF-SATZ   TO
00213               KATALOG-NUMMER OF ID-PRODUKT-SATZ.
00214          READ ID-PRODUKT-DATEI
00215               KEY IS KATALOG-NUMMER OF ID-PRODUKT-SATZ
00216               INVALID KEY  MOVE 'J' TO FEHLER-KENNZEICHEN
00217                            MOVE 'X' TO UNG-KAT-NUM.
00218          DISPLAY 'RUMPFSATZ-PRUEFUNG ERREICHT: ',
00219                   BESTELL-NUMMER OF RUMPF-SATZ, ' ',
00220                   KATALOG-NUMMER OF RUMPF-SATZ, ' ',
00221                   BESCHREIBUNG OF ID-PRODUKT-SATZ.
00222
00223
00224      ******************* ENDE DES PROGRAMMES *******************
```

Abb. 14.15 Überprüfungsprogramm, 4. Teil

Form von **DISPLAY**-Anweisungen hinterlassen; diese können von den Lehrgangsteilnehmern später in Form von Übungsaufgaben codiert werden.

Das in den Abb. 14.12 bis 14.15 gezeigte Programm zeichnet sich zunächst einmal durch neue Charakteristiken im **SELECT**-Statement für die Datei **ID-PRODUKT-DATEI** aus. Wie zuvor ist auch hier durch die Klausel **ORGANIZATION** mit **INDEXED** festgelegt, daß es sich um eine indiziert organisierte Datei handelt. In der Klausel für die Zugriffsmethode ist jedoch

ACCESS IS RANDOM

angegeben, wodurch der wahlfreie oder direkte Zugriff zu den Sätzen dieser Datei ermöglicht wird. Um einen wahlfreien Zugriff durchführen zu können, muß angegeben werden, wo der Schlüssel des Satzes steht, nach dem gesucht werden soll; diese Notwendigkeit wird durch die Klausel **RECORD KEY** abgedeckt. Die Klausel für den Satzschlüssel muß sich stets auf ein Feld in den Sätzen der indizierten Datei beziehen; der genannte Datenname sagt aus, welches Datenelement eindeutig jeden Satz in der Datei identifiziert.

14.11 Definition mehrerer Satzarten

Beim Lesen der Sätze der Datei mit den Kundenbestellungen wissen wir erst dann, wenn ein Satz im Internspeicher des Computers ist, ob es sich um einen Kopfsatz, einen Rumpfsatz oder um einen Nachsatz handelt. Bestimmen können wir das nur, wenn wir nach dem Lesen eines Satzes den Inhalt seines Feldes mit der Satzart untersuchen. Dieses Feld muß sich bei allen Sätzen der Datei an der gleichen Stelle befinden. Nur so können wir wissen, wo wir nachzuschauen haben; der übrige Satzinhalt kann hingegen völlig verschieden sein. In unserem Falle trifft es nun zu, daß auf den ersten sechs Stellen jedes Satzes die Bestellnummer steht, ansonsten haben die Sätze mit Ausnahme des schon erwähnten Satzartfeldes nichts gemeinsam. Bei einer anderen Anwendung braucht nicht einmal die Bestellnummer bei allen drei Satzarten auf den gleichen Stellen stehen. Wir sind in der Lage, im Dateienkapitel anzugeben, welche Formate die verschiedenen Satzarten aufweisen, indem wir von der impliziten Neudefinition Gebrauch machen, die für Eintragungen mit der Stufennummer **01** im Dateienkapitel jederzeit möglich ist. Rufen wir in unser Gedächtnis zurück: Alle Definitionen mit der Stufennummer **01**, die bei einer **FD**-Eintragung vorhanden sind, werden als alternative Festlegungen des gleichen Satzgebietes angesehen. Im einzelnen haben wir hier folgendes getan: Zuerst haben wir eine Satzdefinition aufgesetzt, mit der wir nur den Zweck verfolgen, die drei Codes für die Satzarten einzuführen, die jeweils an der 7. Stelle jedes Satzes erscheinen. Im Anschluß an diese erste Definition folgen dann die drei (impliziten) Redefinitionen für den Kopfsatz, den Rumpfsatz und den Nachsatz.

Der Rest des Datenteils bringt keine neuen Erkenntnisse. Die Definition der Sätze in der indizierten Datei gleicht der, die wir bereits bei der Erstellung dieser Datei (siehe Programm in den Abb. 14.6 und 14.7) vorgestellt hatten. Im Arbeitsspeicherkapitel sind wie üblich Kennzeichen (Schalter) für das Auftreten von Dateiendebedingungen und für zahlreiche verschiedene Fehlerarten festgelegt. Obgleich bei diesem Programmbeispiel die meisten dieser Fehlerkennzeichen nicht benutzt werden, sind sie dennoch aufgeführt. Wir wollen durch sie daran erinnern, daß in eine Komplettfassung dieses Programmes entsprechende Fehlerprüfungen eingebaut sein müssen.

14.12 Der Prozedurteil des Programmes zur Überprüfung von Bestellungen

Der Aufbau des Prozedurteiles spiegelt die Zusammensetzung der Bestelldatei wider. Die Bestelldatei enthält eine Reihe von Bestellungen, eine oder mehrere. Jede Bestellung soll aus einem Kopfsatz, gefolgt von einem oder mehreren Rumpfsätzen sowie einem abschließenden Nachsatz bestehen. Dabei ist vorausgesetzt, daß keine Fehler vorhanden sind. Die Hauptsteuerlogik im ersten Paragraphen liest den ersten Satz der Bestelldatei und führt danach den Paragraphen **B010-GUELTIGKEIT-BESTELLUNG** solange wiederholt aus, bis das Programm auf die Dateiendebedingung bei der Bestelldatei gestoßen ist.

Wie es der vergebene Name bereits sagt, dient der Paragraph **B010-GUELTIGKEIT-BESTELLUNG** dazu, *eine* Bestellung auf ihre Gültigkeit hin zu überprüfen. Er beginnt mit dem Zurücksetzen aller Fehlerkennzeichen auf ihren Grundzustand; damit wird angezeigt, daß noch keine Fehleruntersuchung stattgefunden hat. Danach wird die Bestellnummer des soeben gelesenen Bestellsatzes unter **BESTELL-NUMMER-LAUF** sichergestellt und die temporäre Datei auf Platte für die Ausgabe eröffnet. Somit können wir die zur augenblicklichen Bestellung gehörenden Sätze in die Zwischendatei wegspeichern. Da von einer Bestellung angenommen wird, daß sie mit einem Kopfsatz beginnt, prüft das Programm, ob der erste gelesene Satz auch tatsächlich ein Kopfsatz ist. Bei Vorliegen eines Kopfsatzes wird dieser im Paragraphen **C010-PRUEFEN-KOPFSATZ** (hier nur als Stummel in Form einer **DISPLAY**-Anweisung vorliegend) überprüft und anschließend in die Zwischendatei geschrieben. Der Jazweig der **IF**-Anweisung endet mit dem Lesen des nächstfolgenden Satzes aus der Bestelldatei. Sollte der erste gelesene Satz kein Kopfsatz sein, so geht aus dem **ELSE**-Zweig der **IF**-Anweisung hervor, daß die entsprechenden Fehlerschalter gesetzt werden. Nach der ersten **IF**-Anweisung wird das Programm fortgesetzt, bis es zu einer Übereinstimmung der Satzart im gelesenen Satz mit einer der vorgegebenen Satzarten kommt.

An dieser Stelle des Programmes setzt also die Rumpfsatzverarbeitung der laufenden Bestellung ein. Das Programm verbleibt bei dieser solange, bis es zum Auftreten einer der drei folgenden Bedingungen kommt:

1. Es wird ein Bestellsatz gelesen, dessen Bestellnummer nicht gleich der Bestellnummer des soeben verarbeiteten Satzes ist.
2. Das Programm ist auf das Dateiende der Bestelldatei gestoßen.
3. Es ist ein Satz gelesen worden, der nicht gleich einem Rumpfsatz ist.

14.12 Der Prozedurteil des Programmes zur Überprüfung von Bestellungen   581

Wenn die Bestellnummer im Bestellsatz gleich der laufenden Bestellnummer ist und gleichzeitig festgestellt wird, daß es sich um einen Nachsatz handelt, dann ist augenscheinlich der Nachsatz für die gerade in Bearbeitung befindliche Bestellung gelesen worden. In diesem Fall kommt es nun zu einer Überprüfung des Nachsatzes im Paragraphen **C030-PRUEFEN-NACH-SATZ** (hier ist nur ein aus einer **DISPLAY**-Anweisung bestehender Stummel vorhanden!). Wenn nach den Rumpfsätzen kein Nachsatz folgt oder wenn das Dateiende der Bestelldatei erreicht ist, besagt der **ELSE**-Zweig der **IF**-Anweisung, daß einfach nur die in Frage kommenden Fehlerkennzeichen gesetzt werden und fährt danach fort.

Nunmehr ist die Verarbeitung der Daten für eine Bestellung beendet: alle zu dieser Bestellung gehörenden Sätze sind in die Zwischendatei gestellt worden. Der Rest dieses Paragraphen gleicht dem Rest des entsprechenden Paragraphen im Programm von Abb. 14.4 und 14.5 (siehe Abb. 14.5).

In den beiden Paragraphen

C010-PRUEFEN-KOPF-SATZ   und
C030-PRUEFEN-NACH-SATZ

werden **DISPLAY**-Anweisungen verwendet. In einem vollständigen Programm müssen diese Stummel durch einen **COBOL**-Code ersetzt werden, der geeignete Fehlerprüfungen für die Kopfsätze bzw. die Nachsätze einschließt. Im Paragraphen **C020-VERARB-RUMPF-SATZ** wird durch eine **PERFORM**-Anweisung die Überprüfung eines Rumpfsatzes veranlaßt, bevor dieser in die Zwischendatei geschrieben und ein nachfolgender Bestellsatz gelesen wird.

In den Paragraphen **D010-PRUEFEN-RUMPF-SATZ** ist das Lesen der indizierten Datei eingebracht. Die Grundidee besteht darin, daß wir ermitteln wollen, ob es die vom Kunden niedergeschriebene Katalognummer überhaupt gibt. Wenn das der Fall ist, muß weiterhin festgehalten werden, ob die Kundeninformation sich mit den Eigenschaften des Produktes verträgt, die im entsprechenden Produktstammsatz aufgeführt sind. Wir beginnen mit der Übertragung (**MOVE**!) der im Rumpfsatz stehenden Katalognummer zu dem Platz im Satz der indizierten Datei, der im **SELECT**-Statement als *Satzschlüssel* (**RECORD KEY**) für die Produktdatei festgelegt wurde (siehe Abb. 14.12, Zeile 14). Die folgende **READ**-Anweisung schaut nach dem Satz mit dem fraglichen Schlüssel aus; die Anweisungen in der Angabe **INVALID KEY** werden nur dann ausgeführt, wenn in der indizierten Datei kein Satz mit der angegebenen Katalognummer vorhanden ist. In einem solchen Fall werden einfach nur die entsprechenden Fehlerkennzeichen gesetzt. Man beachte besonders die Angabe **KEY IS**. Da bei **COBOL** für eine indizierte Datei mehr als ein Schlüssel definiert werden kann, teilt diese Angabe der **READ**-Anweisung mit, welcher Schlüssel bei der fraglichen **READ**-Anweisung herangezogen werden soll. Bei unserem Beispiel benutzen wir freilich nur einen Schlüssel bei der Produktdatei. Normalerweise würde nun der **READ**-Anweisung ein Code folgen, mit dem ein Rumpfsatz gründlich auf alle möglichen Fehler hin überprüft wird; einzuschließen wären dabei auch mehrere Tests mit den im gelesenen Produktsatz verfügbaren Informationen. Für diesen im Stummelzustand befindlichen Paragraphen reicht uns vorerst eine **DISPLAY**-Anweisung aus; sie sorgt für die Ausgabe der Bestellnummer und zweier weiterer Grundinformationen.

Bei der Zusammenstellung des Programmes gingen wir von der Annahme aus, daß bei vorhandenen Fehlern in einer Katalogbestellung diese manuell berichtigt werden müssen. Das aber kann erst dann geschehen, wenn die Programmausgabe von einem Sachbearbeiter bzw. einer Sachbearbeiterin sorgfältig inspiziert wurde. Wenn natürlich bei den Bestelldaten Fehler vorhanden sind, die vom Programm selbst korrigiert werden können (eine vom Kunden falsch errechnete Summe könnte beispielsweise ein solcher Fehler sein!), dann sollte eine solche Korrektur auch veranlaßt werden. Der Aufwand an menschlicher Arbeitsleistung wird dadurch sicher beachtlich verringert.

In der Abb. 14.16 ist der Inhalt der zum Testen des Programmes geschaffenen Bestelldatei aufgelistet. Sie enthält drei Bestellungen (Bestellnummern 111111, 444444 und 666666), die alle im Programm enthaltenen Gültigkeitsprüfungen überstehen. Alle anderen Bestellungen weisen irgendwelche Fehler auf, die die Prüfroutinen des Programmes veranlassen, die entsprechenden Bestellungen zurückzuweisen. Viele der vorgelegten Bestellungen sind außerdem mit anderen Fehlern behaftet. Einige dieser Fehler würden sicher von einem Programm mit voller Überprüfung der Eingabedaten erkannt werden. Andere jedoch könnten simple Eintastfehler sein, die selbst von einem guten Prüfprogramm übersehen werden.

In Abb. 14.17 ist die von den **DISPLAY**-Anweisungen in den Stummeln dieses Programmes veranlaßte Ausgabe zu sehen.

Die in der Abb. 14.17 dargestellte Liste demonstriert eindeutig, daß die für die Kopfsätze und Nachsätze vorgesehenen Prüfroutinen erreicht wurden, aber sie enthüllt auch bei einigen Fällen, daß diese Programmausgabe doch nicht so hilfreich ist, wie sie sein sollte. Man blickt z.B. auf die drei aufeinanderfolgenden Ausgabezeilen mit dem Produkt „WEISSKOHL – RUNDER VON FRIESACK" fast am Ende der Liste. Tatsächlich enthalten diese drei Zeilen Katalognummern, für die in der Produktdatei kein Stammsatz vorliegt. Die Beschreibung wurde einfach

```
111111R. KINKER, SONNENWEG 1, 1553 FRIESACH
111111250013A01WEISSKOHL                                    00045
111111262471T01HYBRID-MAIS                                  00185
111111237515H02SUESSER SEBASTIAN - LILA SCHOENHEIT          00200
111111300430050006700547
222222296461 01KOMPOSTEIMER                                 01495
222222301495050021601761
333333lHORST REINHARD, GOLDSCHMIEDSTR. 19, 8031 FELDSTADT
333333239156A01SUESSER SEBASTIAN - REINWEISS               00035
333333237515A01SUESSER SEBASTIAN - LILA SCHOENHEIT          00035
444441DAGMAR GROETZSCH, KUCKUCKSWEG 11, 4073 HALLE
444444262471U02MAIS                                         00370
444444262547L01SALZLAKE                                     00110
444444300480050007400604
5555551WALTER SANDER, AN DER SAALE 16, 5233 LEUNA
555555243125K05ZINNIE - RIESEN VON LEUNA BUNT               01625
555555233597G02LEVKOJE - 7 WOCHEN                           00500
555555239156A01SUESSER SEBASTIAN - REINWEISS                00035
555555302160010030402474
5555554
666666250013A01WEISSKOHL                                    00100
6666661SEBASTIAN SCHNELLER, DROSSELWEG 66, 3000 HANNOVER 1
666666300100005000000150
777773000450500000095
777777250031A01WEISSKOHL                                    00045
7777771FELIX WIESENER, HATTSTEDTER STR. 26, 8145 SCHOENDORF
8888881MARIANNE LIEBE, SCHWABENSTR. 1/V, 4204 POLTAU
888888252159L01TULPEN                                       00080
888888250211K01ZICHORIE                                     00095
888888300175005000000225
999999251904J01WASSERMELONE                                 00450
```

Abb. 14.16 Inhalt der zum Testen benutzten Bestelldatei

```
KOPFSATZ-PRUEFUNG ERREICHT: 111111
RUMPFSATZ-PRUEFUNG ERREICHT: 111111    50013 WEISSKOHL - RUNDER VON FRIESACK
RUMPFSATZ-PRUEFUNG ERREICHT: 111111    62471 HYBRID-MAIS - HONIGSUESS
RUMPFSATZ-PRUEFUNG ERREICHT: 111111    37515 SUESSER SEBASTIAN - LILA SCHOENHEIT
NACHSATZ-PRUEFUNG  ERREICHT: 111111
RUMPFSATZ-PRUEFUNG ERREICHT: 222222    96461 KOMPOSTEIMER
NACHSATZ-PRUEFUNG  ERREICHT: 222222
KOPFSATZ-PRUEFUNG ERREICHT: 333333
RUMPFSATZ-PRUEFUNG ERREICHT: 333333    39156 SUESSER SEBASTIAN - REINWEISS
RUMPFSATZ-PRUEFUNG ERREICHT: 333333    37515 SUESSER SEBASTIAN - LILA SCHOENHEIT
KOPFSATZ-PRUEFUNG ERREICHT: 444444
RUMPFSATZ-PRUEFUNG ERREICHT: 444444    62471 HYBRID-MAIS - HONIGSUESS
RUMPFSATZ-PRUEFUNG ERREICHT: 444444    62547 SCHLANGENGURKE - BESTE VOM ANGERFELD
NACHSATZ-PRUEFUNG  ERREICHT: 444444
KOPFSATZ-PRUEFUNG ERREICHT: 555555
RUMPFSATZ-PRUEFUNG ERREICHT: 555555    43125 ZINNIE - RIESEN VON LEUNA BUNT
RUMPFSATZ-PRUEFUNG ERREICHT: 555555    33597 LEVKOJE - 7 WOCHEN PFLANZE BUNT
RUMPFSATZ-PRUEFUNG ERREICHT: 555555    39156 SUESSER SEBASTIAN - LILA SCHOENHEIT
NACHSATZ-PRUEFUNG  ERREICHT: 555555
RUMPFSATZ-PRUEFUNG ERREICHT: 666666    50013 WEISSKOHL - RUNDER VON FRIESACK
KOPFSATZ-PRUEFUNG ERREICHT: 666666
NACHSATZ-PRUEFUNG  ERREICHT: 666666
NACHSATZ-PRUEFUNG  ERREICHT: 777777
RUMPFSATZ-PRUEFUNG ERREICHT: 777777    50031 WEISSKOHL - RUNDER VON FRIESACK
KOPFSATZ-PRUEFUNG ERREICHT: 888888
RUMPFSATZ-PRUEFUNG ERREICHT: 888888    52159 WEISSKOHL - RUNDER VON FRIESACK
RUMPFSATZ-PRUEFUNG ERREICHT: 888888    50211 WEISSKOHL - RUNDER VON FRIESACK
NACHSATZ-PRUEFUNG  ERREICHT: 888888
RUMPFSATZ-PRUEFUNG ERREICHT: 999999    51904 WASSERMELONE, FRUEHZEITIG - GROSS
```

Abb. 14.17 Ausgabe der DISPLAY-Anweisungen

von der letzten angesprochenen gültigen Katalognummer der vorherigen Bestellung (hier: Bestellnummer 666666) übernommen; es wurde vergessen, das fragliche Feld im Satz der indizierten Datei vorher zu löschen.

Aus der Abb. 14.18 ist ersichtlich, daß zwei gültige einwandfreie Bestellungen in die Datei **NORMAL-DATEI** aufgenommen wurden.

Der Inhalt der Datei **SONDER-DATEI** ist in der Abb. 14.19 zu sehen.

```
1111111R. KINKER, SONNENWEG 1, 1553 FRIESACH
111111250013A01WEISSKOHL                                  00045
111111262471T01HYBRID-MAIS                                00185
111111237515H02SUESSER SEBASTIAN - LILA SCHOENHEIT        00200
1111113004300500006700547
4444441DAGMAR GROETZSCH, KUCKUCKSWEG 11, 4073 HALLE
444444262471U02MAIS                                       00370
444444262547L01SALZLAKE                                   00110
4444443004800500007400604
6666661SEBASTIAN SCHNELLER, DROSSELWEG 66, 3000 HANNOVER 1
6666663001000050000000150
```

Abb. 14.18 Ausgabe in die Datei NORMAL-DATEI

```
222222296461 01KOMPOSTEIMER                               01495
2222223014950500021601761
3333331HORST REINHARD, GOLDSCHMIEDSTR. 19, 8031 FELDSTADT
333333239156A01SUESSER SEBASTIAN - REINWEISS             00035
333333237515A01SUESSER SEBASTIAN - LILA SCHOENHEIT       00035
5555551WALTER SANDER, AN DER SAALE 16, 5233 LEUNA
555555243125K05ZINNIE - RIESEN VON LEUNA BUNT             01625
555555233597G02LEVKOJE - 7 WOCHEN                         00500
555555239156A01SUESSER SEBASTIAN - REINWEISS             00035
5555553021600100030402474
5555554
666666250013A01WEISSKOHL                                  00100
7777773000450500000095
777777250031A01WEISSKOHL                                  00045
7777771FELIX WIESENER, HATTSTEDTER STR. 26, 8145 SCHOENDORF
8888881MARIANNE LIEBE, SCHWABENSTR. 1/V, 4204 POLTAU
888888259L01TULPEN                                        00080
888888250211K01ZICHORIE                                   00095
8888883001750050000000225
999999251904J01WASSERMELONE                               00450
```

Abb. 14.19 Ausgabe in die Datei SONDER-DATEI

Wir sagten zuvor, daß die Bestellung mit der Bestellnummer 666666 eine gültige Bestellung darstellt; tatsächlich taucht sie auch in der Datei auf, in die die Bestellungen gegangen sind, die der normalen Weiterbehandlung zugeführt werden können. Wir weisen aber auch darauf hin, daß ein Satz dieser Bestellung auch in der Datei **SONDER-DATEI** zu finden ist. Was geschah? Der erste Satz dieser Bestellung erwies sich als Rumpfsatz; er wurde deshalb als zugehörig zu einer Gruppe betrachtet, die weder einen Kopfsatz noch einen Nachsatz besaß. Er wurde deshalb in die Datei für die Bestellungen gestellt, die einer Spezialbehandlung bei der Weiterverarbeitung bedürfen. Der nächstfolgende Satz in der Bestelldatei, ein Kopfsatz mit der Bestellnummer 666666, wurde folgerichtig als Beginn einer neuen Bestellung angesehen, einer Bestellung mit *Kopfsatz* und *Nachsatz*, aber mit *keinem Rumpfsatz*. Da im Programm keine solche Nachprüfung enthalten ist, wurden diese beiden Sätze als zu einer Bestellung gehörend akzeptiert. Wir überlassen es dem Leser, alle übrigen Bestellungen zu untersuchen und die verschiedenen Fehler zu notieren, die ihre Zurückweisung verursachten.

14.13 Programm zur Aufdatierung (Aktualisierung) einer indizierten Datei

Eine indizierte Datei muß wie jede andere Datei regelmäßig von Zeit zu Zeit aufdatiert, d.h. auf den neuesten Stand gebracht werden. Neue Sätze müssen in die Datei aufgenommen, überholte Sätze gelöscht und bestehende Sätze geändert werden. Diese Tätigkeiten lassen sich besonders leicht bei einer indizierten Datei bewerkstelligen, da die Zugriffsmethoden alle Schwierigkeiten meistern können, die mit der Bereitstellung von Speicherplatz in der Datei für die neu hinzukommenden Sätze verknüpft sind. Außerdem sorgen sie für die Wartung des Index, d.h. dieser wird bei allen Tätigkeiten in Ordnung gehalten; zu den Sätzen kann also nach der Aktualisierung nach wie vor entweder sequentiell oder wahlfrei zugegriffen werden.

Ein Programm zur Aktualisierung der Produktdatei ist in den Abb. 14.20 bis 14.22 gezeigt. Man beachte im **SELECT**-Statement die Klausel

ACCESS IS RANDOM.

Es sei ferner darauf hingewiesen, daß der Aufbau des Bewegungssatzes modifiziert wurde. Es wurde zusätzlich ein einstelliger Aufdatierungscode in den Bewegungssatz aufgenommen. Durch diesen ist die Art der durchzuführenden Aufdatierung bestimmt.

In der **OPEN**-Anweisung für die indizierte Datei finden wir etwas Neues: Die Datei wird sowohl für die Eingabe als auch für die Ausgabe (**I-O**) eröffnet. Da wir die Sätze vor der Durchführung von Löschungen und Korrekturen erst lesen müssen, um sicherzugehen, daß sie auch existieren, brauchen wir die Eingabemöglichkeit. Da bei allen drei Transak-

```
00001      IDENTIFICATION DIVISION.
00002      PROGRAM-ID.
00003          AUFDAT.
00004      DATE-WRITTEN.
00005          APRIL 14, 1987 (DEUTSCH: 13. MAI 1989).
00006
00007      ENVIRONMENT DIVISION.
00008      INPUT-OUTPUT SECTION.
00009      FILE CONTROL.
00010          SELECT AUFDATIERUNGS-DATEI       ASSIGN TO S-AUF.
00011          SELECT ID-PRODUKT-DATEI          ASSIGN TO I-PRODUKT
00012              ORGANIZATION IS INDEXED
00013              ACCESS IS RANDOM
00014              RECORD KEY IS KATALOG-NUMMER OF ID-PRODUKT-SATZ.
00015
00016      DATA DIVISION.
00017
00018      FILE SECTION.
00019
00020      FD  AUFDATIERUNGS-DATEI
00021          LABEL RECORDS ARE OMITTED.
00022      01  AUFDATIERUNGS-SATZ.
00023          05   KATALOG-NUMMER             PIC X(5).
00024          05   GROESSEN-CODE-1            PIC X.
00025          05   PREIS-1                    PIC 99V99.
00026          05   GROESSEN-CODE-2            PIC X.
00027          05   PREIS-2                    PIC 99V99.
00028          05   GROESSEN-CODE-3            PIC X.
00029          05   PREIS-3                    PIC 99V99.
00030          05   BESCHREIBUNG               PIC X(40).
00031          05   AUFDAT-CODE                PIC X.
00032               88   HINZUFUEGUNG                   VALUE '1'.
00033               88   LOESCHUNG                      VALUE '2'.
00034               88   KORREKTION                     VALUE '3'.
00035
00036      FD  ID-PRODUKT-DATEI
00037          LABEL RECORDS ARE STANDARD.
00038      01  ID-PRODUKT-SATZ.
00039          05   KATALOG-NUMMER             PIC X(5).
00040          05   GROESSEN-CODE-1            PIC X.
00041          05   PREIS-1                    PIC S99V99 COMP-3.
00042          05   GROESSEN-CODE-2            PIC X.
00043          05   PREIS-2                    PIC S99V99 COMP-3.
00044          05   GROESSEN-CODE-3            PIC X.
00045          05   PREIS-3                    PIC S99V99 COMP-3.
00046          05   BESCHREIBUNG               PIC X(40).
00047
00048      WORKING-STORAGE SECTION.
00049
00050      01  UNG-SCHLUESSEL-KZ               PIC X.
00051          88   UNGUELTIGER-SCHLUESSEL             VALUE 'J'.
00052
00053      01  WEITERE-DATEN-KENNZ             PIC X    VALUE 'J'.
00054          88   WEITERE-DATEN                      VALUE 'J'.
00055          88   KEINE-WEITEREN-DATEN               VALUE 'N'.
00056
```

Abb. 14.20 Aufdatierungsprogramm für eine indizierte Datei, 1. Teil

```
00057   PROCEDURE DIVISION.
00058   A000-AUFD-PRODUKT-DATEI.
00059       OPEN INPUT AUFDATIERUNGS-DATEI
00060            I-O ID-PRODUKT-DATEI.
00061       PERFORM B010-VERARB-AUFD
00062           UNTIL KEINE-WEITEREN-DATEN.
00063       CLOSE AUFDATIERUNGS-DATEI
00064             ID-PRODUKT-DATEI.
00065       STOP RUN.
00066
00067   B010-VERARB-AUFD.
00068       READ AUFDATIERUNGS-DATEI
00069           AT END  MOVE 'N' TO WEITERE-DATEN-KENNZ.
00070       IF  WEITERE-DATEN
00071           IF  HINZUFUEGUNG
00072               PERFORM C010-HINZUFUEGUNG
00073           ELSE
00074               IF  LOESCHUNG
00075                   PERFORM C020-LOESCHUNG
00076               ELSE
00077                   IF  KORREKTION
00078                       PERFORM C030-KORREKTION
00079                   ELSE
00080                       PERFORM C040-UNGUELTIGER-CODE.
00081
00082   C010-HINZUFUEGUNG.
00083       MOVE KATALOG-NUMMER OF AUFDATIERUNGS-SATZ   TO
00084            KATALOG-NUMMER OF ID-PRODUKT-SATZ.
00085       MOVE CORRESPONDING AUFDATIERUNGS-SATZ TO ID-PRODUKT-SATZ.
00086       WRITE ID-PRODUKT-SATZ
00087           INVALID KEY   DISPLAY 'HINZUFUEGUNG NICHT MOEGLICH, '
00088                                 'DA SATZ BEREITS EXISTIERT: ',
00089                                 KATALOG-NUMMER OF ID-PRODUKT-SATZ.
00090
00091   C020-LOESCHUNG.
00092       MOVE KATALOG-NUMMER OF AUFDATIERUNGS-SATZ   TO
00093            KATALOG-NUMMER OF ID-PRODUKT-SATZ.
00094       MOVE 'N' TO UNG-SCHLUESSEL-KZ.
00095       READ ID-PRODUKT-SATZ
00096            KEY IS KATALOG-NUMMER OF ID-PRODUKT-SATZ
00097            INVALID KEY   MOVE 'J' TO UNG-SCHLUESSEL-KZ.
00098       IF  UNGUELTIGER-SCHLUESSEL
00099           DISPLAY 'LOESCHUNG UNMOEGLICH, DA KEIN SATZ ',
00100                   'IN DATEI MIT SCHLUESSEL ',
00101                   KATALOG-NUMMER OF ID-PRODUKT-SATZ
00102       ELSE
00103           DELETE ID-PRODUKT-DATEI
00104               INVALID KEY   DISPLAY 'SCHEREREI BEI ',
00105                                     KATALOG-NUMMER OF ID-PRODUKT-SATZ.
00106
00107   C030-KORREKTION.
00108       MOVE KATALOG-NUMMER OF AUFDATIERUNGS-SATZ   TO
00109            KATALOG-NUMMER OF ID-PRODUKT-SATZ.
00110       MOVE 'N' TO UNG-SCHLUESSEL-KZ.
00111       READ ID-PRODUKT-SATZ
00112            KEY IS KATALOG-NUMMER OF ID-PRODUKT-SATZ
00113            INVALID KEY   MOVE 'J' TO UNG-SCHLUESSEL-KZ.
```

Abb. 14.21 Aufdatierungsprogramm für eine indizierte Datei, 2. Teil

```
00114        IF  UNGUELTIGER-SCHLUESSEL
00115            DISPLAY 'KEINE KORREKTION, DA KEIN SATZ IN DATEI ',
00116                    'MIT SCHLUESSEL ',
00117                    KATALOG-NUMMER OF ID-PRODUKT-SATZ
00118        ELSE
00119            MOVE CORRESPONDING AUFDATIERUNGS-SATZ  TO
00120                                ID-PRODUKT-SATZ
00121            REWRITE ID-PRODUKT-SATZ
00122                INVALID KEY  DISPLAY 'SCHEREREI BEI ',
00123                             KATALOG-NUMMER OF ID-PRODUKT-SATZ.
00124
00125    C040-UNGUELTIGER-CODE.
00126        DISPLAY 'DER FOLGENDE SATZ IST WEDER EINE HINZUFUEGUNG ',
00127                'NOCH EINE LOESCHUNG NOCH EINE KORREKTION: '.
00128        DISPLAY '      "', AUFDATIERUNGS-SATZ, '"'.
00129
00130
00131 ****************** ENDE DES PROGRAMMES ****************
```

Abb. 14.22 *Aufdatierungsprogramm für eine indizierte Datei, 3. Teil*

tionsarten Sätze geschrieben werden müssen, ist auch die Ausgabe zwingend erforderlich.

Der Paragraph **B010-VERARB-AUFD** wird für jede Aufdatierung einmal ausgeführt. Sein wiederholter Aufruf endet, wenn die Datei mit den Aufdatierungssätzen erschöpft ist. Solange aber Datensätze zur Verfügung stehen, erfüllt **B010-VERARB-AUFD** nur eine einfache Aufgabe: In ihm wird bestimmt, welche Art von Aufdatierung vorliegt und infolge davon die entsprechende Routine mittels **PERFORM**-Anweisungen angesprungen.

Bei *Hinzufügungen* müssen wir den Satzschlüssel gleich dem Schlüssel des Satzes in der Aufdatierungsdatei setzen, um die Möglichkeit prüfen zu können, ob ein Satz mit dem fraglichen Schlüssel bereits in der Datei existiert. Beim Hinzufügen eines Satzes darf es ja keinen Satz mit dem gleichen Schlüssel in der Datei geben. Sollte das wider Erwarten doch der Fall sein, wird die Angabe **INVALID KEY** aktiviert. Das bedeutet dann, daß das Programm keinen neuen Satz in die Datei schreibt, stattdessen kommt es zum Auftreten der Bedingung für einen ungültigen Schlüssel.

Bei der beabsichtigten *Löschung* eines in der indizierten Datei vorhandenen Satzes holen wir uns zunächst den fraglichen Satz. Auf diese Weise ist garantiert, daß der Satz mit dem fraglichen Schlüssel in der Datei vorliegt. Die Angabe **INVALID KEY** bei der **READ**-Anweisung wird aktiviert, wenn es keinen solchen Satz gibt. In diesem Fall veranlassen wir die Ausgabe einer geeigneten Fehlernachricht mittels der Anweisung **DISPLAY**. Ist der zu löschende Satz in der Datei vorhanden, d.h. konnte er gelesen werden, so löschen wir nach dem Lesen den betreffenden Satz mittels des für diesen Zweck verfügbaren Verbs **DELETE**. Man beachte, daß in der **DELETE**-Anweisung die Bezugnahme auf die Datei und nicht auf den Satz erfolgen muß. Durch den im Satzschlüsselfeld stehenden Wert ist der zu löschende Satz aber eindeutig bestimmt.

Wir haben zuvor bereits geprüft, ob der zu löschende Satz existiert. Es sollte daher keine Chance mehr geben, daß es zum Auftreten der Bedingung für das Vorhandensein eines ungültigen Schlüssels kommt, es sei denn, es liegt ein ernsthaftes Versagen entweder in der Hardware oder bei den Zugriffsroutinen der Software vor. In unserem Programmbeispiel veranlassen wir deshalb einfach nur die Ausgabe einer drastischen Fehlermeldung durch die in die Angabe **INVALID KEY** bei der **DELETE**-Anweisung aufgenommene **DISPLAY**-Anweisung. In einem solchen Fall würde man in der Regel veranlassen, daß der Programmablauf abgebrochen wird. Wenn wir wollten, könnten wir natürlich auch auf die **READ**-Anweisung verzichten und sofort die **DELETE**-Anweisung ausführen lassen. Die Angabe **INVALID KEY** würde uns dann informieren, wenn der zu löschende Satz nicht in der Datei vorhanden ist. Die Wahl zwischen diesen beiden Vorgehensweisen ist letzten Endes nur eine Frage des guten Geschmacks.

Zur Ausführung einer *Korrektur* holen wir uns zunächst den existierenden Satz. In diesem Programmbeispiel ist das in erster Linie deshalb erforderlich, um nachweisen zu können, daß der zu korrigierende Satz tatsächlich in der Datei vorhanden ist. Danach wird der geholte Satz geändert und anschließend mit Hilfe eines bisher nicht bekannten Verbs, nämlich des Verbs **REWRITE**, in die Datei zurückgeschrieben. Der zurückgeschriebene Satz tritt in der Datei an die Stelle des bisherigen Satzes. Man beachte den Unterschied bei den Verben **WRITE** und **REWRITE**. **WRITE** dient zur Aufnahme eines neuen Satzes in die Datei; zum Auftreten der Bedingung **INVALID KEY** kommt es bei diesem Verb dann, wenn der Schlüssel des neuen Satzes das Duplikat des Schlüssels eines bereits in der Datei vorhandenen Satzes ist. **REWRITE** dient zur Modifikation eines in der Datei bereits vorhandenen Satzes; zum Auftreten der Bedingung unter **INVALID KEY** kommt es bei diesem Verb dann, wenn der zu korrigierende Satz nicht existieren sollte. Im allgemeinen erweist sich das aber als schwerwiegender Fehler.

In der Abb. 14.23 ist der Inhalt einer Aufdatierungsdatei gezeigt, die zum Aufdatieren der indizierten Datei benutzt wurde, deren Inhalt in der Abb. 14.11 gedruckt vorliegt.

Während des Programmablaufes kam es zur Ausgabe der in der Abb. 14.24 gezeigten Meldungen (mittels der im Programm enthaltenen **DISPLAY**-Anweisungen).

Mittels des Programmes zur Ausgabe des Inhaltes einer indizierten Datei (siehe Abb. 14.9 und 14.10) haben wir anschließend die aufdatierte indizierte Datei aufgelistet; das Ergebnis ist in der Abb. 14.25 zu sehen.

```
31658A0100P0400  0000LOEWENMAUL  - DIESKAUER SCHMETTERLING      1
36160A0050K0150L0175ZUCKERERBSEN                                1
50013                                                           2
15131 0550 0000  0000APFELBAUM - BOOSKOP                        1
43125A0035H0105K0325ZINNIE - BUNTE RIESEN VON LEUNA             3
36574A0050G0150  0000LEVKOJE - RIESEN BUNT                      1
62471A0075T0185U0350HYBRID-MAIS - HONIGSUESS UND WEICH          3
61218A0035L0060S0125FUTTERRUEBE - PURPURROT, KOPF WEISS         1
62547                                                           2
51094A0075J0450  0000WASSERMELONE, SPAETE SAFTIGE               3
50260A0075J0450  0000AUBERGINE - FRUEHE SCHOENE                 1
51367A0050T0145U0275DEKORATIVMAIS - REGENBOGENFARBIG            1
12345                                                           2
31773A0075G0225  0000BLAUER ENZIAN - STENGELLOS                 1
```

Abb. 14.23 Inhalt einer für Testzwecke geschaffenen Aufdatierungsdatei

```
HINZUFUEGUNG NICHT MOEGLICH, DA SATZ BEREITS EXISTIERT: 36574
DER FOLGENDE SATZ IST WEDER EINE HINZUFUEGUNG NOCH EINE LOESCHUNG NOCH EINE KORREKTION:
  "61218A0035L0060S0125FUTTERRUEBE - PURPURROT, KOPF WEISS      1 "
KEINE KORREKTION, DA KEIN SATZ IN DATEI MIT SCHLUESSEL 51094
LOESCHUNG UNMOEGLICH, DA KEIN SATZ IN DATEI MIT SCHLUESSEL 12345
```

Abb. 14.24 Durch DISPLAY-Anweisungen veranlaßte Programmausgaben

```
15131    5.50   0.00        0.00  APFELBAUM - BOOSKOP
31658  A 1.00 P 4.00        0.00  LOEWENMAUL - DIESKAUER SCHMETTERLIN
31773  A 0.75 G 2.25        0.00  BLAUER ENZIAN - STENGELLOS
33597  A 0.50 G 2.50        0.00  LEVKOJE - 7 WOCHEN PFLANZE BUNT
36160  A 0.50 K 1.50    L   1.75  ZUCKERERBSEN
36574  A 0.50 G 1.50        0.00  LEVKOJE - RIESEN BUNT
37515  A 0.35 H 1.00        0.00  SUESSER SEBASTIAN - LILA SCHOENHEIT
39156  A 0.35 H 1.00        0.00  SUESSER SEBASTIAN - REINWEISS
43125  A 0.35 H 1.05    K   3.25  ZINNIE - BUNTE RIESEN VON LEUNA
50260  A 0.75 J 4.50        0.00  AUBERGINE - FRUEHE SCHOENE
51367  A 0.50 T 1.45    U   2.75  DEKORATIVMAIS - REGENBOGENFARBIG
51904  A 0.75 J 4.50        0.00  WASSERMELONE, FRUEHZEITIG - GROSS
62471  A 0.75 T 1.85    U   3.50  HYBRID-MAIS - HONIGSUESS UND WEICH
96461   15.95   0.00        0.00  KOMPOSTEIMER
```

Abb. 14.25 Inhalt der aufdatierten indizierten Datei

Aus der Abb. 14.25 ist zu erkennen, daß die verschiedenen Aufdatierungen richtig ausgeführt wurden. Alle Hinzufügungen mit Ausnahme des Duplikatsatzes wurden in die Produktdatei aufgenommen. Die zwei gültigen Löschungen führten zur Entfernung der betreffenden Sätze aus der Datei. – Als wichtigstes Ergebnis der Aufdatierung ist wohl festzuhalten, daß die Sätze nach wie vor in der Folge ihrer Schlüssel ausgegeben wurden, selbst wenn bei der Aktualisierung neue Sätze an verschiedenen Stellen der Datei eingefügt wurden; insbesondere sei auf die drei Sätze hingewiesen, die vor dem ersten Satz der ursprünglichen Datei erscheinen. Die Fähigkeit, zu einer Datei wahlfrei zugreifen bzw. sie auch wahlfrei aufdatieren zu können und ihre Sätze bei Bedarf weiterhin sequentiell zurückholen zu können, ist die wesentliche Eigenschaft der indizierten Organisationsform von Dateien.

Wir müssen freilich mit Nachdruck feststellen, daß die von uns gezeigten Beispiele wohl einige der alltäglichsten Anwendungen indizierter Dateien darstellen, aber keineswegs alle Aspekte dieses Themas abdecken. Wir legen daher jedem ernsthaften **COBOL**-Programmierer dringlich nahe, den Gebrauch indizierter Dateien in Lehrbüchern für Fortgeschrittene nachzulesen bzw. gründlich die **COBOL**-Handbücher zu studieren.

14.14 Dateien mit relativen Satznummern (Relativdateien)

Obgleich indizierte Dateien bei vielen Anwendungen sehr nützlich sind, bieten sie nicht die einzige wahlfreie Zugriffstechnik an, die **COBOL**-Programmierern zur Verfügung steht. Eine grundsätzliche Erfordernis bei indizierten Dateien zeigt sich darin, daß die Sätze dieser Dateien nach dem Inhalt eines Schlüsselfeldes sortiert sind. Außerdem muß dieses Schlüsselfeld bei allen Sätzen stets eindeutig sein. Nebenbei wäre zu bemerken, daß manche **COBOL**-Versionen nur einen einzigen Schlüssel für eine indizierte Datei erlauben; es sei aber ausdrücklich erwähnt, daß zahlreiche Implementationen indizierter Dateien die Verwendung von mehr als einem Schlüssel gestatten. Es gibt jedoch Anwendungen, bei denen ein Satz keinen unverkennbaren Schlüssel besitzt oder mehr als einen Schlüssel aufweist oder sich durch einen nicht eindeutigen Schlüssel auszeichnet. Bei jedem dieser Fälle kann die indizierte Organisationsform nicht oder nur mit Einschränkungen benutzt werden. Hier bietet sich der Gebrauch von Dateien mit relativen Satznummern (kurz: *Relativdateien*) geradezu an.

Unter einer *Relativdatei* versteht man eine Datei, aus der die Sätze zurückgeholt werden können, indem man ihre *relative Satznummer* angibt, d.h. letzten Endes, wie weit sie vom Beginn der Datei entfernt sind. Dieser Vorgang ist analog der Art und Weise, mit der wir zu den Strukturen bzw. Elementen einer eindimensionalen Tabelle zugegriffen haben: Die simple Angabe eines Indexwertes genügte dort zur Bezugnahme auf eine bestimmte Struktur bzw. auf ein bestimmtes Element. In vielerlei Hinsicht kann eine Relativdatei als eine oft große, auf einer Platte residierende Tabelle angesehen werden. Man sollte jedoch bedacht sein, die Analogie nicht zu weit zu treiben. Es gibt erhebliche Unterschiede zwischen den Tabellen im internen Computerspeicher und den Relativdateien auf Plattenspeichern. Die Details, wie man sich auf einen Satz in einer

Relativdatei zu beziehen hat, gleichen in keiner Weise denen, die man zur Bezugnahme auf eine Struktur bzw. auf ein Element in einer Tabelle braucht. Wie bei einer Tabelle muß man aber auch hier die Sätze einer Relativdatei über eine Nummer ansprechen, über die sogenannte *Satznummer*, und nicht über einen Schlüssel. Übrigens ist es dadurch nicht möglich, nach der Erstellung einer Datei zwischen bestehenden Sätzen einen neuen Satz einzuschieben. Wie bei einer Tabelle kann man aber Sätze woanders hin bewegen, um dadurch für neue Datensätze Platz zu schaffen. Man kann auch die neuen Sätze in „leere" Satzgebiete schreiben, d.h. in Satzgebiete, die nur mit *Scheinsätzen* belegt sind.

14.15 Programm zur Erstellung einer Datei mit relativen Satznummern

Wir wollen nunmehr die Produktdatei für den Gartenkatalog als Relativdatei erstellen. Das in den Abb. 14.26 und 14.27 gezeigte Programmbeispiel ist analog dem Programmbeispiel in den Abb. 14.6 und 14.7, das den Aufbau einer indizierten Produktdatei veranschaulicht. Das jetzige Programm wird wiederum nur ein Skelettprogramm sein können. Nur so können wir uns voll auf die neuen Verarbeitungsmethoden konzentrieren.

Es gibt mehrere erwähnenswerte Punkte beim **SELECT**-Statement für eine Relativdatei. Erstens beginnt der Name der (externen) Datei, zu der **REL-PRODUKT-DATEI** zugeordnet ist, mit „R-". Wie bei den indizierten Dateien wird dieses Präfix vom Kompilierer nicht beachtet; wir haben ihn jedoch benutzt, um damit anzuzeigen, daß es sich um eine Relativdatei handelt. Die Klausel

ORGANIZATION IS RELATIVE

legt die Dateiorganisation fest. Bezüglich des Zugriffs haben wir hier, wie bei der indizierten Datei auch,

ACCESS IS SEQUENTIAL

angegeben, obgleich wir das wirklich nicht gebraucht hätten, da es sich bei **SEQUENTIAL** um die voreingestellte Zugriffsmethode handelt. Schließlich haben wir anstatt der Klausel **RECORD KEY** die Klausel **RELATIVE KEY** niedergeschrieben. Bei Relativdateien wird ein Satz durch seine Position in der Datei identifiziert, d.h. durch seine *relative Satznummer*, also genau so, wie eine Tabelleneintragung durch ihre Position in der Tabelle bestimmt ist, d.h. durch ihren Indexwert. Anstelle des Normalindex benutzen wir einen *Relativschlüssel* zur Aufnahme der relativen Satznummer. Da der Schlüssel für eine Relativdatei eine Satznum-

```
00001      IDENTIFICATION DIVISION.
00002      PROGRAM-ID.
00003          ERSTREL.
00004      DATE-WRITTEN.
00005          APRIL 14, 1987 (DEUTSCH: 13. MAI 1989).
00006
00007      ENVIRONMENT DIVISION.
00008      INPUT-OUTPUT SECTION.
00009      FILE CONTROL.
00010          SELECT PRODUKT-DATEI               ASSIGN TO S-PRO.
00011          SELECT REL-PRODUKT-DATEI           ASSIGN TO R-RELPRO
00012              ORGANIZATION IS RELATIVE
00013              ACCESS IS SEQUENTIAL
00014              RELATIVE KEY IS PRODUKT-SATZNUMMER.
00015
00016      DATA DIVISION.
00017
00018      FILE SECTION.
00019
00020      FD  PRODUKT-DATEI
00021          LABEL RECORDS ARE STANDARD.
00022      01  PRODUKT-SATZ.
00023          05  KATALOG-NUMMER                 PIC X(5).
00024          05  GROESSEN-CODE-1                PIC X.
00025          05  PREIS-1                        PIC 99V99.
00026          05  GROESSEN-CODE-2                PIC X.
00027          05  PREIS-2                        PIC 99V99.
00028          05  GROESSEN-CODE-3                PIC X.
00029          05  PREIS-3                        PIC 99V99.
00030          05  BESCHREIBUNG                   PIC X(40).
00031
00032      FD  REL-PRODUKT-DATEI
00033          LABEL RECORDS ARE STANDARD.
00034      01  REL-PRODUKT-SATZ.
00035          05  KATALOG-NUMMER                 PIC X(5).
00036          05  GROESSEN-CODE-1                PIC X.
00037          05  PREIS-1                        PIC S99V99 COMP-3.
00038          05  GROESSEN-CODE-2                PIC X.
00039          05  PREIS-2                        PIC S99V99 COMP-3.
00040          05  GROESSEN-CODE-3                PIC X.
00041          05  PREIS-3                        PIC S99V99 COMP-3.
00042          05  BESCHREIBUNG                   PIC X(40).
00043
00044      WORKING-STORAGE SECTION.
00045
00046      01  WEITERE-DATEN-KENNZ                PIC X    VALUE 'J'.
00047          88  WEITERE-DATEN-VORHANDEN                 VALUE 'J'.
00048          88  KEINE-WEITEREN-DATEN                    VALUE 'N'.
00049
00050      01  PRODUKT-SATZNUMMER                 PIC 9(8)  COMP SYNC.
00051
00052
00053      PROCEDURE DIVISION.
00054      A000-ERST-REL-PRODUKT-DATEI.
00055          OPEN INPUT PRODUKT-DATEI
00056               OUTPUT REL-PRODUKT-DATEI.
00057          MOVE 1 TO PRODUKT-SATZNUMMER.
00058          PERFORM B010-UEBERTRAGEN-SATZ
00059              UNTIL KEINE-WEITEREN-DATEN.
```

Abb. 14.26 Programm zur Erstellung einer Relativdatei, 1. Teil

```
00060            CLOSE PRODUKT-DATEI
00061                  REL-PRODUKT-DATEI.
00062            STOP RUN.
00063
00064      B010-UEBERTRAGEN-SATZ.
00065            READ PRODUKT-DATEI
00066                 AT END MOVE 'N' TO WEITERE-DATEN-KENNZ.
00067            IF  WEITERE-DATEN-VORHANDEN
00068                MOVE CORRESPONDING PRODUKT-SATZ TO REL-PRODUKT-SATZ
00069                WRITE REL-PRODUKT-SATZ
00070                      INVALID KEY   DISPLAY 'DATEIKAPAZITAET ',
00071                                            'UEBERSCHRITTEN; '
00072                                            'SATZ KANN NICHT '
00073                                            'GESCHRIENEN WERDEN: ',
00074                                            KATALOG-NUMMER OF
00075                                            REL-PRODUKT-SATZ.
00076
00077
00078      ****************** PROGRAMMENDE ************************
```

Abb. 14.27 *Programm zur Erstellung einer Relativdatei, 2. Teil*

mer enthalten muß, kann er als beliebiges ganzzahliges Feld definiert werden, dessen Wertevorrat den physischen Umfang der Relativdatei nicht überschreiten darf. Wir haben **PRODUKT-SATZNUMMER** als Vollwort in der Binärdarstellung definiert, aber das muß nicht so sein. Das Dateienkapitel im Datenteil bietet nichts Neues. Es ist jedoch zu beachten, daß wir die Klausel **BLOCK CONTAINS** bei der **FD**-Eintragung für **REL-PRODUKT-DATEI** weggelassen haben. Hier steht uns jedoch die Wahl nicht frei! Relativdateien müssen stets ungeblockt sein. Bei einigen **COBOL**-Kompilierern wird deshalb die Klausel **BLOCK CONTAINS** ignoriert, andere wiederum markieren das Vorliegen dieser Klausel als Fehler.

Der Prozedurteil gleicht in vielerlei Hinsicht dem vom Programm für die Erstellung einer indizierten Datei (siehe Abb. 14.6 und 14.7); freilich gibt es einige Differenzen. Dem Datenelement **PRODUKT-SATZNUMMER** wurde der Anfangswert **1** zugewiesen. Von da an wird der Wert von **PRODUKT-SATZNUMMER** automatisch immer um 1 erhöht, wenn ein Satz in die Datei **REL-PRODUKT-DATEI** hineingestellt wurde. Tatsächlich ist die Anfangswertzuweisung mehr aus Dokumentationsgründen aufgeführt worden als aus sonstigen Gründen. Bei der Erstellung einer Relativdatei könnten wir in diesem Fall die Klausel **RELATIVE KEY** gänzlich weglassen; trotzdem wird das Programm genau so ablaufen wie bei unserem Beispiel.

Die **WRITE**-Anweisung für Relativdateien kann ebenfalls mit einer Angabe **INVALID KEY** ausgestattet werden, genau so wie die **WRITE**-Anweisung für indizierte Dateien. Bei Relativdateien kommt es jedoch nur bei einer einzigen Situation zum Auftreten dieser Bedingung, und zwar dann, wenn der Wert des Relativschlüssels das physische Aufnahmevermögen der Datei an Sätzen überschreitet. Geschieht dies, geben wir hier einfach mittels einer **DISPLAY**-Anweisung eine Fehlernachricht aus und lassen den Programmablauf weitergehen. Ein abgewogeneres Programm würde mit einer ausgefeilteren Fehlerbehandlung zu versehen sein.

14.16 Programm zur Aufdatierung einer Relativdatei

Ein Programm zum Drucken des Inhaltes einer Relativdatei gleicht im wesentlichen dem Druckprogramm für eine indizierte Datei; ein solches wurde von uns in den Abb. 14.9 und 14.10 vorgestellt. Wir überlassen deshalb die Codierung eines solchen Programmes dem Leser. Die Druckausgabe sollte so aussehen wie die bei der entsprechenden indizierten Datei. Es wäre vielleicht angebracht, die Ausgabezeilen durch die relative Satznummer der Produktsätze zu ergänzen.

Stellen wir uns jetzt auf die Probleme ein, die mit der wahlfreien Aufdatierung einer Relativdatei auf uns zukommen. Das erste Problem, mit dem wir uns auseinanderzusetzen haben, ist das Auffinden des aufzudatierenden Satzes. Beim Arbeiten mit indizierten Dateien wird einfach die Katalognummer als Satzschlüssel benutzt und von da an fortgeschritten. Bei Relativdateien würde das nicht funktionieren, warum wohl? An erster Stelle der Gründe für die gewünschte Benutzung von Relativdateien wäre zu nennen, daß es in den Sätzen kein Feld gibt, dessen Inhalt als Satzschlüssel verwendet werden kann. Selbst, wenn ein solches Feld vorhanden sein sollte, braucht es nicht immer numerisch zu sein und fällt somit für einen relativen Schlüssel, d.h. für eine relative Satznummer aus. Sollte es dennoch numerisch sein, kann es auch nicht immer für einen relativen Schlüssel geeignet sein. Zum Beispiel ist die Katalognummer bei den Programmen, die mit dem Gartenkatalog zu tun haben, eine fünfstellige ganze Zahl, was bedeutet, daß bis zu 100000 Katalognummern vorhanden sein können. Es ist jedoch höchst unwahrscheinlich, daß eine Gartenbaufirma wirklich mit so vielen Produkten Handel treibt, nicht einmal mit annähernd so vielen. Würden wir versuchen, die Katalognummer unmittelbar als relative Satznummer heranzuziehen, bekämen wir eine riesige Datei, die freilich zu annähernd 95 % leer wäre. Wir werden die Lösung eines solchen Grundsatzproblemes noch für ein Weilchen aufschieben. Bei unserem jetzigen Programmbeispiel wollen wir einfach einmal annehmen, daß uns der relative Schlüssel, d.h. die relative Satznummer aller Sätze in der Datei irgendwie bekannt ist und deshalb dem Programm als Teil von **AUFDATIERUNGS-SATZ** präsentiert werden

```
00001      IDENTIFICATION DIVISION.
00002      PROGRAM-ID.
00003          RELAUF1.
00004      DATE-WRITTEN.
00005          APRIL 14 1987 (DEUTSCH: 13. MAI 1989).
00006
00007      ENVIRONMENT DIVISION.
00008      INPUT-OUTPUT SECTION.
00009      FILE CONTROL.
00010          SELECT AUFDATIERUNGS-DATEI       ASSIGN TO S-RELAUFD.
00011          SELECT REL-PRODUKT-DATEI         ASSIGN TO R-RELPRO
00012              ORGANIZATION IS RELATIVE
00013              ACCESS IS RANDOM
00014              RELATIVE RECORD IS SATZNUMMER-PRODUKT.
00015
00016      DATA DIVISION.
00017
00018      FILE SECTION.
00019      FD  AUFDATIERUNGS-DATEI
00020          LABEL RECORDS ARE OMITTED.
00021      01  AUFDATIERUNGS-SATZ.
00022          05  KATALOG-NUMMER              PIC X(5).
00023          05  SATZNUMMER-PRODUKT          PIC 9(5).
00024          05  GROESSEN-CODE-1             PIC X.
00025          05  PREIS-1                     PIC 99V99.
00026          05  GROESSEN-CODE-2             PIC X.
00027          05  PREIS-2                     PIC 99V99.
00028          05  GROESSEN-CODE-3             PIC X.
00029          05  PREIS-3                     PIC 99V99.
00030          05  BESCHREIBUNG                PIC X(40).
00031          05  AUFDATIERUNGS-CODE          PIC X.
00032              88  HINZUFUEGUNG                       VALUE '1'.
00033              88  LOESCHUNG                          VALUE '2'.
00034              88  KORREKTUR                          VALUE '3'.
00035
00036      FD  REL-PRODUKT-DATEI
00037          LABEL RECORDS ARE STANDARD.
00038      01  REL-PRODUKT-SATZ.
00039          05  KATALOG-NUMMER              PIC X(5).
00040          05  GROESSEN-CODE-1             PIC X.
00041          05  PREIS-1                     PIC S99V99 COMP-3.
00042          05  GROESSEN-CODE-2             PIC X.
00043          05  PREIS-2                     PIC S99V99 COMP-3.
00044          05  GROESSEN-CODE-3             PIC X.
00045          05  PREIS-3                     PIC S99V99 COMP-3.
00046          05  BESCHREIBUNG                PIC X(40).
00047
00048      WORKING-STORAGE SECTION.
00049
00050      01  WEITERE-DATEN-KENNZ             PIC X     VALUE 'J'.
00051          88  WEITERE-DATEN-VORHANDEN               VALUE 'J'.
00052          88  KEINE-WEITEREN-DATEN                  VALUE 'N'.
00053
00054      01  SATZ-GEFUNDEN-KENNZ.            PIC X.
00055          88  SATZ-GEFUNDEN                         VALUE 'J'.
00056          88  SATZ-NICHT-GEFUNDEN                   VALUE 'N'.
00057
00058      PROCEDURE DIVISION.
00059
```

Abb. 14.28 Wahlfreie Aufdatierung einer Relativdatei, 1. Teil

```
00060      A000-AUFD-PRODUKT-DATEI.
00061          OPEN INPUT AUFDATIERUNGS-DATEI
00062               I-O   REL-PRODUKT-DATEI.
00063          PERFORM B010-VERARB-AUFDAT
00064              UNTIL KEINE-WEITEREN-DATEN.
00065          CLOSE AUFDATIERUNGS-DATEI
00066                REL-PRODUKT-DATEI.
00067          STOP RUN.
00068
00069      B010-VERARB-AUFDAT.
00070          READ AUFDATIERUNGS-DATEI
00071              AT END  MOVE 'N' TO WEITERE-DATEN-KENNZ.
00072          IF  WEITERE-DATEN-VORHANDEN
00073              IF  HINZUFUEGUNG
00074                  PERFORM C010-HINZUFUEGUNG
00075              ELSE
00076                  IF  LOESCHUNG
00077                      PERFORM C020-LOESCHUNG
00078                  ELSE
00079                      IF  KORREKTUR
00080                          PERFORM C030-KORREKTUR
00081                      ELSE
00082                          PERFORM C040-UNGUELTIGER-CODE.
00083
00084      C010-HINZUFUEGUNG.
00085          MOVE CORRESPONDING AUFDATIERUNGS-SATZ TO REL-PRODUKT-SATZ.
00086          WRITE REL-PRODUKT-SATZ
00087              INVALID KEY  DISPLAY 'KEINE HINZUFUEGUNG VON SATZ ',
00088                  'MIT KATALOGNUMMER  ', KATALOG-NUMMER OF
00089                  REL-PRODUKT-SATZ, ', DA SATZ BEREITS VORHANDEN ',
00090                  '(SATZNUMMER: ', SATZNUMMER-PRODUKT, ')'.
00091
00092      C020-LOESCHUNG.
00093          DELETE REL-PRODUKT-DATEI
00094              INVALID KEY  DISPLAY 'KEINE LOESCHUNG VON KATALOG',
00095                  'NUMMER  ', KATALOG-NUMMER OF AUFDATIERUNGS-SATZ,
00096                  ', DA KEIN SATZ IN DATEI MIT SATZNUMMER: ',
00097                  SATZNUMMER-PRODUKT.
00098
00099      C030-KORREKTUR.
00100          MOVE 'J' TO SATZ-GEFUNDEN-KENNZ.
00101          READ REL-PRODUKT-DATEI
00102              INVALID KEY  MOVE 'N' TO SATZ-GEFUNDEN-KENNZ.
00103          IF  SATZ-NICHT-GEFUNDEN
00104              DISPLAY 'KEINE KORREKTUR VON KATALOG-NUMMER  ',
00105                  KATALOG-NUMMER OF AUFDATIERUNGS-SATZ,
00106                  ', DA KEIN SATZ IN DATEI MIT SATZNUMMER: ',
00107                  SATZNUMMER-PRODUKT
00108          ELSE
00109              MOVE CORRESPONDING AUFDATIERUNGS-SATZ TO
00110                  REL-PRODUKT-SATZ
00111              REWRITE REL-PRODUKT-SATZ
00112                  INVALID KEY  DISPLAY 'SCHEREREI BEI ',
00113                      SATZNUMMER-PRODUKT.
00114      C040-UNGUELTIGER-CODE.
00115          DISPLAY 'DER FOLGENDE SATZ IST WEDER EINE HINZUFUEGUNG ',
00116              'NOCH EINE LOESCHUNG NOCH EINE KORREKTUR: '.
00117          DISPLAY '       "', AUFDATIERUNGS-SATZ, '"'.
00118
00119      ******************** PROGRAMMENDE ********************
```

Abb. 14.29 Wahlfreie Aufdatierung einer Relativdatei, 2. Teil

kann. Das unter diesen Voraussetzungen codierte Aufdatierungsprogramm ist in den Abb. 14.28 und 14.29 dargestellt.

Der Prozedurteil des Programmes ähnelt sehr dem Prozedurteil für die Aufdatierung der indizierten Datei (siehe Abb. 14.20 bis 14.22). Der Hauptunterschied besteht darin, daß wir es nicht mehr nötig haben, irgendeinen Wert in ein Schlüsselfeld zu übertragen, da wir das Datenelement **SATZNUMMER-PRODUKT**, Teil von **AUFDATIERUNGS-SATZ**, als relativen Schlüssel erklärt haben. Der relative Schlüssel kann irgendwo im Datenteil definiert werden, ausgenommen in einem Satz, der zur **FD**-Eintragung der Relativdatei gehört. Man vergleiche den übrigen Code der beiden Programme (Abb. 14.20 bis 14.22 bzw. 14.28 und 14.29). Es gibt zwar noch weitere Differenzen, aber diese sind in erster Linie eine Sache des Programmierstils, beabsichtigt also zwecks einer Demonstration, daß es verschiedene Vorgehensweisen bei der Lösung von Aufgaben gibt.

Wenn der Inhalt dieser Relativdatei nach der Aufdatierung gedruckt wird, wird die in Abb. 14.30 dargestellte Liste erhalten. Betonen sollten wir hierbei, daß die gleichen Testdaten benutzt werden wie bei der Erstellung und Aufdatierung der indizierten Datei (siehe Abschnitt 14.8 bis 14.13).

```
33597   A    0.50   G   2.50          0.00   LEVKOJE - 7 WOCHEN PFLANZE BUNT
36574   A    0.50   G   1.50          0.00   LEVKOJE - RIESEN BUNT
37515   A    0.35   H   1.00          0.00   SUESSER SEBASTIAN - LILA SCHOENHEIT
39156   A    0.35   H   1.00          0.00   SUESSER SEBASTIAN - REINWEISS
43125   A    0.35   H   1.05   K      3.25   ZINNIE - BUNTE RIESEN VON LEUNA
51904   A    0.75   J   4.50          0.00   WASSERMELONE, FRUEHZEITIG - GROSS
62471   A    0.75   T   1.85   U      3.50   HYBRID-MAIS - HONIGSUESS UND WEICH
96461       15.95       0.00          0.00   KOMPOSTEIMER
31658   A    1.00   P   4.00          0.00   LOEWENMAUL - DIESKAUER SCHMETTERLING
36160   A    0.50   K   1.50   L      1.75   ZUCKERERBSEN
15131        5.50       0.00          0.00   APFELBAUM - BOOSKOP
50260   A    0.75   J   4.50          0.00   AUBERGINE - FRUEHE SCHOENE
51367   A    0.50   T   1.45   U      2.75   DEKORATIVMAIS - REGENBOGENFARBIG
31773   A    0.75   G   2.25          0.00   BLAUER ENZIAN - STENGELLOS
```

Abb. 14.30 Sätze in der Relativdatei nach ihrer Aufdatierung

Es sei darauf hingewiesen (die Abb. 14.30 zeigt es deutlich), daß die in der Relativdatei stehenden Sätze völlig denen gleichen, die wir bei der indizierten Datei nach der Aufdatierung gefunden haben (siehe Abb. 14.25). Sie sind jedoch nicht in numerischer Reihenfolge ihrer Katalognummern in der Datei enthalten. Zu begründen ist das mit dem Umstand, daß die neu hinzugekommenen Sätze dort eingefügt wurden, wo wir es wollten, d.h. wir spezifizierten den entsprechenden Platz in der Relativdatei durch den Wert, den wir **SATZNUMMER-PRODUKT** im Aufdatierungssatz mitgaben. Von der Dateizugriffs-Software wird kein Versuch unternommen, die Sätze in irgendeine bestimmte Reihenfolge zu bringen.

14.17 Methoden zur Bestimmung relativer Satznummern

In den meisten Fällen weisen die Sätze einer Relativdatei keine Felder auf, die unmittelbar als relative Satznummern dienen können. Es gibt aber zahlreiche Methoden, durch die Inhalte von Datenfeldern so umgewandelt werden können, daß sie als relative Satznummern verwendet werden können. Eine eingehende Besprechung derselben würde freilich den Rahmen dieses Lehrbuches sprengen. Wir wollen uns daher nur kurz mit einer allgemein üblichen Methode beschäftigen, deren Resultate weithin *„Hash-Code"* (Hack-Code) genannt werden. Wir werden einige einfache Beispiele bringen, bei denen diese Methode eingesetzt wird.

Die *Hash-Codierung* schließt also ein:
a) Eine simple Rechnung mit dem Inhalt eines numerischen Datenfeldes oder eine Auswahl aus einem numerischen Datenfeld,
b) Benutzung des Rechenergebnisses bzw. des Auswahlergebnisses als relative Satznummer des zu verarbeitenden Satzes.

Wenn beispielsweise der in eine Relativdatei zu stellende Satz eine Telefonnummer enthält und wir diese als Basis für die relative Satznummer verwenden wollen, so können wir bestimmte ausgewählte Ziffernstellen der Telefonnummer zur Bildung der relativen Satznummer heranziehen. Nehmen wir beispielsweise an, es liege die Telefonnummer 1504473 vor und es sollen die 2., 3., 4. und 5. Ziffer als relative Satznummer dienen. Wir könnten das in diesem Fall einfach durch eine zweckdienliche Definition im Arbeitsspeicherkapitel erreichen; gezeigt ist diese Möglichkeit in der Abb. 14.31.

```
01  TELEFON-NUMMER                      PIC X(7).
01  SCHLUESSEL-FELDER REDEFINES TELEFON-NUMMER.
    02  FILLER                          PIC X.
    02  SCHLUESSEL-TELEFON-NUMMER       PIC 9(4).
    02  FILLER                          PIC XX.
```

Abb. 14.31 Auswahlprinzip bei der Festlegung einer relativen Satznummer

Das Datenelement **SCHLUESSEL-TELEFON-NUMMER** kann nun als relative Satznummer für den Dateizugriff benutzt werden. In unserem Beispiel würde die relative Satznummer „5044" sein.

Eine vielfach benutzte Methode zur Ermittlung eines Hash-Codes für eine relative Satznummer kommt dann zum Zuge, wenn relative Satznummern produziert werden sollen, die in einem bestimmten vorgegebenen Wertebereich liegen. Gerade nach einer solchen Methode sucht man, wenn die Datei aus einer festumrissenen Anzahl von Sätzen bestehen soll, d.h. der Dateiumfang ist bekannt. Beispielsweise soll eine Relativdatei aus bis zu 3000 Sätzen bestehen; infolgedessen brauchen wir relative Satznummern im Wertebereich von 1 bis 3000. Diese können wir erhalten, wenn wir den Inhalt eines numerischen Feldes durch 3000 dividieren. Den sich bei dieser Division ergebenden Rest, der also im Wertebereich von 0 bis 2999 liegt, erhöhen wir um 1 und benutzen das Resultat als relative Satznummer. Andere Rechenverfahren zur Bestimmung der relativen Satznummern existieren in der Praxis ebenfalls, aber das Divisionsrestverfahren ist weithin verbreitet.

Bei dieser Hash-Codierung gibt es jedoch ein schwerwiegendes Problem: Zwei oder sogar mehr Sätze können die gleiche relative Satznummer hervorbringen. Wenn wir das oben beschriebene Divisionsrestverfahren verwenden, würden z.B. die Zahlen 3100 und 6100 zur gleichen relativen Satznummer 101 führen. Ein solches Vorkommnis wird „Kollision" genannt, da versucht wird, zwei Sätze an derselben Stelle einer Datei unterzubringen. Dieses Problem läßt sich aber auf eine einfache Art und Weise lösen: Den ersten Satz stellen wir in das Satzgebiet mit der relativen Satznummer 101, alle mit diesem kollidierenden weiteren Sätzen auf freie Satzgebiete. Das folgende Programmbeispiel demonstriert dieses simple Verfahren.

Anmerkung des Übersetzers: Es ist jedoch in der Praxis aus verständlichen Gründen allgemein üblich, die größte Primzahl, die kleiner als oder gleich der höchstens vorgesehenen Satzanzahl ist, als Divisor zu benutzen.

14.18 Benutzung eines Hash-Codes bei der Erstellung einer Relativdatei

Das in den Abb. 14.32 und 14.33 dargestellte Programm ist ähnlich dem in den Abb. 14.26 und 14.27 gezeigten Programm. Allerdings benutzen wir das Divisionsrestverfahren zur Bestimmung der relativen Satznummer der in die Datei aufzunehmenden Sätze und damit zur Bestimmung des Satzgebietes, in das der Satz hineingestellt wird. Da die Katalognummer numerisch ist, werden wir sie als Ausgangspunkt des Hash-Prozesses heranziehen. Wir nehmen einmal an, daß die Gartenbaufirma in ihrem Katalog bis zu 4000 verschiedene Produkte führt. Um ein zukünftiges Firmenwachstum zu ermöglichen, würden wir für eine Relativdatei etwa 5000 Sätze vorsehen. Die relativen Satznummern müßten also für den Wertebereich von 1 bis 5000 errechnet werden. Um während des Programmtestens Dateispeicherplatz einzusparen, beschränken wir bei unserem Programm vorerst den Dateiumfang (die Dateikapazität) auf 50 Sätze.

14.18 Benutzung eines Hash-Codes bei der Erstellung einer Relativdatei

Zum ersten vorkommenden Paragraphen des Prozedurteils gibt es nichts zu sagen; er ist standardmäßig aufgebaut. Der nächste mit Namen **B010-UEBERTRAGEN-SATZ** ist ebenfalls geradlinig ausgerichtet. In ihm lesen wir zunächst einen Satz aus der Datei mit Namen **PRODUKT-DATEI** und übertragen den gelesenen Satz nach dem der Relativdatei zugeordneten Satz mit Namen **REL-PRODUKT-SATZ**. Danach erfolgt der Übergang zum Paragraphen **C010-AUFNAHME-REL-SATZ**; in diesem wird dann der neue Satz in die Datei aufgenommen. Ist das für die Datei auf einem Plattenspeicher reservierte Gebiet voll, d.h. es ist kein Platz mehr für die Einfügung eines neuen Satzes vorhanden, wird einfach mittels einer **DISPLAY**-Anweisung eine sinnvolle Fehlernachricht ausgegeben.

Der Algorithmus zur Errechnung des Relativschlüssels beginnt mit der Division der im eingelesenen Produktsatz stehenden Katalognummer durch den Dateiumfang. Danach wird 1 auf den Rest addiert und die Summe als relative Satznummer betrachtet. Es kann jedoch eine Kollisionsbedingung eintreten, d.h. für zwei oder mehr Sätze wird die gleiche relative Satznummer errechnet. Aus diesem Grunde kann es notwendig werden, mehrere Satzgebiete in der Datei zu untersuchen, bevor wir ein noch nicht belegtes Gebiet finden. Diese Sondierung wird im Paragraphen **D010-SONDIERUNG** vorgenommen. Die Sondierung beginnt damit, daß wir zunächst versuchen, den Satz in dasjenige Gebiet zu schreiben, dessen relative Satznummer wir durch unseren Algorithmus anfangs errechnet hatten. Ist dieses Gebiet noch nicht belegt, brauchen wir nichts weiter zu tun, d.h. die Aufnahme ist abgeschlossen. Geht die Aufnahme infolge einer bereits erfolgten Belegung fehl, wird die Angabe **INVALID KEY** angesprochen. In ihr wird das Kennzeichen für die erfolgreiche Durchführung der Satzaufnahme auf 'N' gesetzt. In diesem Fall muß die relative Satznummer um 1 erhöht und erneut ein Versuch zur Aufnahme des Satzes gestartet werden. Wenn die laufende Erhöhung der relativen Satznummer uns bis zur ursprünglich errechneten Satznummer zurückgebracht hat, ist die Datei voll und wir setzen deshalb das entsprechende Kennzeichen (**DATEI-VOLL-KENNZ**) auf 'J'. Bei den einzelnen Schritten ist zu beachten, daß wir nicht einfach ständig 1 auf die relative Satznummer addieren können. Es muß laufend überprüft werden, ob wir das Ende der relativen Datei bereits erreicht haben. Ist das der Fall, wird **PRODUKT-SATZNUMMER**, d.h. die relative Satznummer, auf 1 gesetzt, und das Suchen nach einem freien Satzgebiet beim Dateianfang fortgesetzt.

Als Fazit dieses Algorithmus zur Ermittlung der relativen Satznummer ist festzuhalten, daß die durch das Divisionsrestverfahren errechnete relative Satznummer bloß als Startpunkt für die Satzaufnahme dient. Im Falle von Kollisionen werden die entsprechenden nachfolgenden Sätze

```
00001       IDENTIFICATION DIVISION.
00002       PROGRAM-ID.
00003           ERSTHASH.
00004       DATE-WRITTEN.
00005           APRIL 15 1987 (DEUTSCH: 13. MAI 1989).
00006
00007       ENVIRONMENT DIVISION.
00008       INPUT-OUTPUT SECTION.
00009       FILE-CONTROL.
00010           SELECT PRODUKT-DATEI              ASSIGN TO S-PRO.
00011           SELECT REL-PRODUKT-DATEI          ASSIGN TO R-RELPRO
00012               ORGANIZATION IS RELATIVE
00013               ACCESS IS RANDOM
00014               RELATIVE KEY IS PRODUKT-SATZNUMMER.
00015
00016       DATA DIVISION.
00017
00018       FILE SECTION.
00019
00020       FD  PRODUKT-DATEI
00021           LABEL RECORDS ARE STANDARD.
00022       01  PRODUKT-SATZ.
00023           05  KATALOG-NUMMER                PIC 9(5).
00024           05  GROESSEN-CODE-1               PIC X.
00025           05  PREIS-1                       PIC 99V99.
00026           05  GROESSEN-CODE-2               PIC X.
00027           05  PREIS-2                       PIC 99V99.
00028           05  GROESSEN-CODE-3               PIC X.
00029           05  PREIS-3                       PIC 99V99.
00030           05  BESCHREIBUNG                  PIC X(40).
00031
00032       FD  REL-PRODUKT-DATEI
00033           LABEL RECORDS ARE STANDARD.
00034       01  REL-PRODUKT-SATZ.
00035           05  KATALOG-NUMMER                PIC 9(5).
00036           05  GROESSEN-CODE-1               PIC X.
00037           05  PREIS-1                       PIC S99V99 COMP-3.
00038           05  GROESSEN-CODE-2               PIC X.
00039           05  PREIS-2                       PIC S99V99 COMP-3.
00040           05  GROESSEN-CODE-3               PIC X.
00041           05  PREIS-3                       PIC S99V99 COMP-3.
00042           05  BESCHREIBUNG                  PIC X(40).
00043
00044       WORKING-STORAGE SECTION.
00045
00046       01  DATEI-VOLL-KENNZ                  PIC X.
00047           88  DATEI-VOLL                              VALUE 'J'.
00048
00049       01  DATEI-UMFANG                      PIC 9(5) COMP SYNC
00050                                                     VALUE 50.
00051       01  QUOTIENT-SCHLUESSEL               PIC 9(5) COMP SYNC.
00052
00053       01  WEITERE-DATEN-KENNZ               PIC X    VALUE 'J'.
00054           88  WEITERE-DATEN-VORHANDEN                VALUE 'J'.
00055           88  KEINE-WEITEREN-DATEN                   VALUE 'N'.
00056
00057       01  PRODUKT-SATZNUMMER                PIC 9(5) COMP SYNC.
00058
00059       01  SATZAUFNAHME-KENNZ                PIC X.
00060           88  SATZAUFNAHME                           VALUE 'J'.
```

Abb. 14.32 Programm zur Erstellung einer Relativdatei mit Satznummern nach dem Divisionsrestverfahren, 1. Teil

14.18 Benutzung eines Hash-Codes bei der Erstellung einer Relativdatei

```
00061
00062    01  START-SCHLUESSEL                 PIC S9(5) COMP SYNC.
00063
00064
00065    PROCEDURE DIVISION.
00066    A000-ERST-REL-PRODUKT-DATEI.
00067        OPEN   INPUT  PRODUKT-DATEI
00068               OUTPUT REL-PRODUKT-DATEI.
00069        PERFORM B010-UEBERTRAGEN-SATZ
00070            UNTIL KEINE-WEITEREN-DATEN.
00071        CLOSE PRODUKT-DATEI
00072              REL-PRODUKT-DATEI
00073        STOP RUN.
00074
00075    B010-UEBERTRAGEN-SATZ.
00076        READ PRODUKT-DATEI
00077            AT END   MOVE 'N' TO WEITERE-DATEN-KENNZ.
00078        IF  WEITERE-DATEN-VORHANDEN
00079            MOVE CORRESPONDING PRODUKT-SATZ TO
00080                                       REL-PRODUKT-SATZ
00081            PERFORM C010-AUFNAHME-REL-SATZ
00082            IF  DATEI-VOLL
00083                DISPLAY 'AUFNAHMEVERMOEGEN UEBERSCHRITTEN, ',
00084                        'KEINE AUFNAHME VON ', KATALOG-NUMMER OF
00085                                               OF PRODUKT-SATZ.
00086
00087    C010-AUFNAHME-REL-SATZ.
00088        DIVIDE KATALOG-NUMMER OF PRODUKT-SATZ BY DATEI-UMFANG
00089               GIVING QUOTIENT-SCHLUESSEL
00090               REMAINDER PRODUKT-SATZNUMMER.
00091        ADD 1 TO PRODUKT-SATZNUMMER.
00092        MOVE 'N' TO DATEI-VOLL-KENNZ.
00093        MOVE 'N' TO SATZAUFNAHME-KENNZ.
00094        MOVE PRODUKT-SATZNUMMER TO START-SCHLUESSEL.
00095        PERFORM D010-SONDIERUNG
00096            UNTIL SATZAUFNAHME OR DATEI-VOLL.
00097
00098    D010-SONDIERUNG.
00099        MOVE 'J' TO SATZAUFNAHME-KENNZ
00100        WRITE REL-PRODUKT-SATZ
00101            INVALID KEY  MOVE 'N' TO SATZAUFNAHME-KENNZ.
00102        IF  NOT SATZAUFNAHME
00103            PERFORM E010-NUMMER-ERHOEHUNG
00104            IF  PRODUKT-SATZNUMMER = START-SCHLUESSEL
00105                MOVE 'J' TO DATEI-VOLL-KENNZ.
00106
00107    E010-NUMMER-ERHOEHUNG.
00108        ADD 1 TO PRODUKT-SATZNUMMER.
00109        IF  PRODUKT-SATZNUMMER > DATEI-UMFANG
00110            MOVE 1 TO PRODUKT-SATZNUMMER.
00111
00112    ********************* PROGRAMMENDE *********************
```

Abb. 14.33 Programm zur Erstellung einer Relativdatei mit Satznummern nach dem Divisionsrestverfahren, 2. Teil

einfach in das erste unbelegte Satzgebiet der Datei hineingestellt (lineares Sondieren). Die Datei wird gewissermaßen als große kreisförmige Liste von Sätzen angesehen. Obgleich es ausgeklügeltere und wirksamere Wege zur Lösung von Kollisionsproblemen gibt, verdient hier die von uns benutzte Methode deshalb den Vorzug, weil sie einfach zu verwirklichen ist.

Wir ließen das in den Abb. 14.32 und 14.33 dargestellte Programm mit der Testdatei ablaufen, die wir bereits bei früheren Erstellprogrammen benutzt haben. Die so aufgebaute Relativdatei wurde anschließend gedruckt; die resultierende Liste ist in der Abb. 14.34 aufgeführt. Das Druckprogramm (siehe Abb. 14.9 und 14.10) wurde zuvor modifiziert. – Zu Beginn einer jeder Zeile wird zusätzlich die relative Satznummer in Klammern ausgegeben, der Satz folgt anschließend in dem bereits bekannten Format. Es sei darauf hingewiesen, daß sich die Sätze in der Datei in keiner besonderen Reihenfolge befinden. Es ist auch nicht jedes Satzgebiet der Relativdatei belegt. Dieses Resultat ist die Folge des Hash-Algorithmus: Durch ihn wurden die aufzunehmenden Sätze über die gesamte Datei verstreut.

```
(00005)   51904   A   0.75   J   4.50        0.00   WASSERMELONE, FRUEHZEITIG - GROSS
(00007)   39156   A   0.35   H   1.00        0.00   SUESSER SEBASTIAN - REINWEISS
(00012)   96461   15.95          0.00        0.00   KOMPOSTEIMER
(00014)   50013   A   0.45   K   1.00    L   1.85   WEISSKOHL - RUNDER VON FRIESACK
(00016)   37515   A   0.35   H   1.00        0.00   SUESSER SEBASTIAN - LILA SCHOENHEIT
(00022)   62471   A   0.75   T   1.85    U   2.50   HYBRID-MAIS - HONIGSUESS
(00025)   36574   A   0.50   G   1.50        0.00   LEVKOJE - RIESEN BUNT
(00026)   43125   A   0.35   H   1.05    K   3.25   ZINNIE - RIESEN VON LEUNA BUNT
(00048)   33597   A   0.50   G   2.50        0.00   LEVKOJE - 7 WOCHEN PFLANZE BUNT
(00049)   62547   A   0.50   L   1.10    S   2.75   SCHLANGENGURKE - BESTE VOM ANGERFELD
```

Abb. 14.34 Belegung der Relativdatei nach ihrer Erstellung

14.19 Aufdatierung einer Relativdatei unter Benutzung eines Hash-Codes

Wir wollen nunmehr ein Programm untersuchen, durch das die (mit dem in den Abb. 14.32 und 14.33 gezeigten Programm) erstellte Relativdatei aufdatiert werden kann. Dieses Aufdatierungsprogramm ist in den Abb. 14.35 bis 14.37 zu sehen.

Der allgemeine Programmaufbau ähnelt stark dem von früheren Musterprogrammen für die Aufdatierung. Das **SELECT**-Statement für die Datei **REL-PRODUKT-DATEI** weist eine neue, bisher unbekannte Klausel auf. Die Klausel über den Dateizustand oder Dateistatus (Abb. 14.35, Zeile 00012) dient dazu, den Programmierer und den Benutzer zu informieren, wie eine Eingabe/Ausgabe-Anforderung für die betreffende Datei, hier also **REL-PRODUKT-DATEI**, während des Programmablaufes ausgeführt wurde. Bei Ausführung irgendeiner EA-Operation (**OPEN, CLOSE, READ, WRITE** usw.) wird in den sogenannten *Zustandsanzeiger* der Datei ein zweistelliger Code hineingestellt, der dann im Anschluß an die EA-Operation durch eine **IF**-Anweisung abgefragt werden kann. (Die jeweiligen Codes für die einzelnen EA-Operationen sind den entsprechenden COBOL-Handbüchern zu entnehmen.) Der Zustandsanzeiger ist im Datenteil als zweistelliges alphanumerisches

14.19 Aufdatierung einer Relativdatei unter Benutzung eines Hash-Codes

```
00001  IDENTIFICATION DIVISION.
00002  PROGRAM-ID.
00003      AUFDHASH.
00004  DATE-WRITTEN.
00005      APRIL 15 1987 (DEUTSCH: 13. MAI 1989).
00006
00007  ENVIRONMENT DIVISION.
00008  INPUT-OUTPUT SECTION.
00009  FILE CONTROL.
00010      SELECT AUFDATIERUNGS-DATEI      ASSIGN TO S-RELAUFD.
00011      SELECT REL-PRODUKT-DATEI        ASSIGN TO R-RELPRO
00012          FILE STATUS IS REL-STATUS
00013          ORGANIZATION IS RELATIVE
00014          ACCESS IS RANDOM
00015          RELATIVE KEY IS SATZNUMMER-PRODUKT.
00016
00017  DATA DIVISION.
00018
00019  FILE SECTION.
00020
00021  FD  AUFDATIERUNGS-DATEI
00022      LABEL RECORDS ARE OMITTED.
00023  01  AUFDATIERUNGS-SATZ.
00024      05  KATALOG-NUMMER              PIC X(5).
00025      05  GROESSEN-CODE-1             PIC X.
00026      05  PREIS-1                     PIC 99V99.
00027      05  GROESSEN-CODE-2             PIC X.
00028      05  PREIS-2                     PIC 99V99.
00029      05  GROESSEN-CODE-3             PIC X.
00030      05  PREIS-3                     PIC 99V99.
00031      05  BESCHREIBUNG                PIC X(40).
00032      05  AUFDATIERUNGS-CODE          PIC X.
00033          88  HINZUFUEGUNG                    VALUE '1'.
00034          88  LOESCHUNG                       VALUE '2'.
00035          88  KORREKTUR                       VALUE '3'.
00036
00037  FD  REL-PRODUKT-DATEI
00038      LABEL RECORDS ARE STANDARD.
00039  01  REL-PRODUKT-SATZ.
00040      05  KATALOG-NUMMER              PIC X(5).
00041      05  GROESSEN-CODE-1             PIC X.
00042      05  PREIS-1                     PIC S99V99 COMP-3.
00043      05  GROESSEN-CODE-2             PIC X.
00044      05  PREIS-2                     PIC S99V99 COMP-3.
00045      05  GROESSEN-CODE-3             PIC X.
00046      05  PREIS-3                     PIC S99V99 COMP-3.
00047      05  BESCHREIBUNG                PIC X(40).
00048
00049  WORKING-STORAGE SECTION.
00050
00051  01  DATEI-VOLL-KENNZ                PIC X       VALUE 'N'.
00052      88  DATEI-VOLL                              VALUE 'J'.
00053
00054  01  DATEI-UMFANG                    PIC 9(5) COMP SYNC
00055                                                  VALUE 50.
00056  01  QUOTIENT-SCHLUESSEL             PIC 9(5) COMP SYNC.
00057
00058  01  WEITERE-DATEN-KENNZ             PIC X       VALUE 'J'.
00059      88  WEITERE-DATEN-VORHANDEN                 VALUE 'J'.
00060      88  KEINE-WEITEREN-DATEN                    VALUE 'N'.
00061
```

Anmerkung: Man beachte die Klausel **FILE STATUS** (siehe Zeile 12)

Abb. 14.35 Aufdatierungsprogramm für eine Relativdatei, 1. Teil

```
00062    01  SATZNUMMER-PRODUKT                    PIC 9(5) COMP SYNC.
00063
00064    01  SATZ-GEFUNDEN-KENNZ                   PIC X.
00065        88  SATZ-GEFUNDEN                              VALUE 'J'.
00066        88  SATZ-NICHT-GEFUNDEN                        VALUE 'N'.
00067
00068    01  REL-STATUS                            PIC XX   VALUE 'XX'.
00069
00070    01  START-SCHLUESSEL                      PIC S9(5) COMP SYNC.
00071
00072
00073    PROCEDURE DIVISION.
00074    A000-AUFD-PRODUKT-DATEI.
00075        OPEN  INPUT AUFDATIERUNGS-DATEI
00076              I-O REL-PRODUKT-DATEI.
00077        PERFORM B010-VERARB-AUFDAT
00078              UNTIL KEINE-WEITEREN-DATEN.
00079        CLOSE AUFDATIERUNGS-DATEI
00080              REL-PRODUKT-DATEI.
00081        STOP RUN.
00082
00083    B010-VERARB-AUFDAT.
00084        READ AUFDATIERUNGS-DATEI
00085              AT END  MOVE 'N' TO WEITERE-DATEN-KENNZ.
00086        IF  WEITERE-DATEN-VORHANDEN
00087              IF  HINZUFUEGUNG
00088                  PERFORM C010-HINZUFUEGUNG
00089              ELSE IF LOESCHUNG
00090                  PERFORM C020-LOESCHUNG
00091              ELSE IF KORREKTUR
00092                  PERFORM C030-KORREKTUR
00093              ELSE
00094                  PERFORM C040-UNGUELTIGER-CODE.
00095
00096    C010-HINZUFUEGUNG.
00097        PERFORM X010-ERMITTLUNG-SATZNUMMER.
00098        IF  DATEI-VOLL
00099            DISPLAY 'KEINE HINZUFUEGUNG (DATEI VOLL): ',
00100                     KATALOG-NUMMER OF AUFDATIERUNGS-SATZ
00101        ELSE
00102            IF  SATZ-GEFUNDEN
00103                DISPLAY 'KEINE HINZUFUEGUNG, DA SATZ VORHANDEN:',
00104                         KATALOG-NUMMER OF AUFDATIERUNGS-SATZ
00105            ELSE
00106                MOVE CORRESPONDING AUFDATIERUNGS-SATZ  TO
00107                                                REL-PRODUKT-SATZ
00108                WRITE REL-PRODUKT-SATZ
00109                     INVALID KEY  DISPLAY 'SCHEREREI BEI: ',
00110                                           SATZNUMMER-PRODUKT.
00111
00112    C020-LOESCHUNG.
00113        PERFORM X010-ERMITTLUNG-SATZNUMMER.
00114        IF  SATZ-NICHT-GEFUNDEN
00115            DISPLAY 'KEINE LOESCHUNG, DA KEIN SATZ IN DATEI: ',
00116                     KATALOG-NUMMER OF AUFDATIERUNGS-SATZ
00117        ELSE
00118            DELETE REL-PRODUKT-DATEI
00119                 INVALID KEY  DISPLAY 'SCHEREREI BEI: ',
00120                                       SATZNUMMER-PRODUKT.
00121
```

Abb. 14.36 Aufdatierungsprogramm für eine Relativdatei, 2. Teil

```
00122       C030-KORREKTUR.
00123           PERFORM X010-ERMITTLUNG-SATZNUMMER.
00124           IF   SATZ-NICHT-GEFUNDEN
00125               DISPLAY 'KEINE KORREKTUR, DA KEIN SATZ IN DATEI: ',
00126                       KATALOG-NUMMER OF AUFDATIERUNGS-SATZ
00127           ELSE
00128               MOVE CORRESPONDING AUFDATIERUNGS-SATZ   TO
00129                                  REL-PRODUKT-SATZ
00130               REWRITE REL-PRODUKT-SATZ
00131                   INVALID KEY   DISPLAY 'SCHEREREI BEI: ',
00132                                         SATZNUMMER-PRODUKT.
00133
00134       C040-UNGUELTIGER-CODE.
00135           DISPLAY 'DER FOLGENDE SATZ IST WEDER EINE HINZUFUEGUNG ',
00136                   'NOCH EINE LOESCHUNG NOCH EINE KORREKTUR: '.
00137           DISPLAY '      "', AUFDATIERUNGS-SATZ, '"'.
00138
00139       X010-ERMITTLUNG-SATZNUMMER.
00140           DIVIDE KATALOG-NUMMER OF AUFDATIERUNGS-SATZ BY DATEI-UMFANG
00141                  GIVING QUOTIENT-SCHLUESSEL
00142                  REMAINDER SATZNUMMER-PRODUKT.
00143           ADD 1 TO SATZNUMMER-PRODUKT.
00144           MOVE 'X' TO SATZ-GEFUNDEN-KENNZ.
00145           MOVE SATZNUMMER-PRODUKT TO START-SCHLUESSEL.
00146           PERFORM X020-SONDIERUNG
00147                   UNTIL DATEI-VOLL  OR   SATZ-GEFUNDEN    OR
00148                         SATZ-NICHT-GEFUNDEN.
00149
00150       X020-SONDIERUNG.
00151           READ REL-PRODUKT-DATEI
00152                INVALID KEY  MOVE 'N' TO SATZ-GEFUNDEN-KENNZ.
00153           IF   SATZ-GEFUNDEN-KENNZ = 'X'
00154                IF  KATALOG-NUMMER OF AUFDATIERUNGS-SATZ =
00155                    KATALOG-NUMMER OF REL-PRODUKT-SATZ
00156                    MOVE 'J' TO SATZ-GEFUNDEN-KENNZ
00157                ELSE
00158                    PERFORM X030-ERHOEHUNG-SATZNUMMER
00159                    IF  SATZNUMMER-PRODUKT = START-SCHLUESSEL
00160                        MOVE 'J' TO DATEI-VOLL-KENNZ.
00161
00162       X030-ERHOEHUNG-SATZNUMMER.
00163           ADD 1 TO SATZNUMMER-PRODUKT.
00164           IF  SATZNUMMER-PRODUKT > DATEI-UMFANG
00165               MOVE 1 TO SATZNUMMER-PRODUKT.
00166
00167
00168       ****************** PROGRAMMENDE **********************
```

Abb. 14.37 Aufdatierungsprogramm für eine Relativdatei, 3. Teil

Feld zu definieren (Abb. 14.36, Zeile 68). – Der Zustandsanzeiger wird vor allen anderen Maßnahmen, die im Prozedurteil für die betreffende Datei, z.B. **AT END, INVALID KEY** usw., vorgesehen sind, mit dem fraglichen Code gefüllt. Ein Ansprechen von **REL-STATUS** ist bei diesem Programm im Prozedurteil jedoch nicht vorgesehen. Die **FD**-Eintragung für diese Datei sollte uns jetzt schon vertraut sein. Ebenso gleichen die dem Paragraphen **X010-ERMITTLUNG-SATZNUMMER** vorangehenden Paragraphen im wesentlichen den Paragraphen, die wir bereits vom Aufdatierungsprogramm her kennen, das in den Abb. 14.28 und 14.29 gezeigt ist.

Die zur Lokalisierung des fraglichen Satzes in der Datei erforderlichen Tätigkeiten sind in drei Paragraphen enthalten, beginnend beim Paragraphen **X010-ERMITTLUNG-SATZNUMMER**. Da der Code dieser Paragraphen ähnlich dem Code ist, der im Erstellungsprogramm (siehe Abb. 14.32 und 14.33) für die „Hash-Version" der Relativdatei **REL-PRODUKT-DATEI** verwendet wurde, gibt es nur ein paar wichtige Unterschiede zu besprechen. Zuerst ist zu erwähnen, daß wir **SATZ-GEFUNDEN-KENNZ** mit 'X' initialisiert haben; dieser Wert trifft also weder auf den Bedingungsnamen **SATZ-GEFUNDEN** noch auf den Bedingungsnamen **SATZ-NICHT-GEFUNDEN** zu. Der Grund hierfür ist der Verbundbedingung bei **UNTIL** der nachfolgenden **PERFORM**-Anweisung (Zeilen 146 bis 148) zu entnehmen. Wenn das Programm bereits in der Datei vorhandene Sätze ändern soll, muß die Datei nach dem zu ändernden Satz solange durchsucht werden, bis eine der drei nachstehend genannten Bedingungen erfüllt ist:

1) Der auf den neuesten Stand zu bringende Satz ist gefunden worden.
2) Es ist ein Scheinsatz gefunden worden; dieser deutet an, daß der Satz, nach dem gesucht worden ist, nicht in der Datei enthalten ist.
3) Die Datei ist vollständig durchsucht worden und die Rückkehr zum Startpunkt ist erfolgt; damit ist angezeigt, daß die Datei voll ist.

Da wir im voraus nicht wissen können, welche der drei Bedingungen zur Beendigung der **PERFORM**-Schleife zutreffen wird, wurde dem Datenelement **SATZ-GEFUNDEN-KENNZ** ein neutraler Anfangswert zugewiesen. Im Paragraphen **X020-SONDIERUNG** wird dieses Kennzeichen auf 'N' gesetzt, wenn ein Scheinsatz, d.h. ein unbelegtes Satzgebiet gefunden wird, oder auf 'J', wenn ein Satz gefunden wird, dessen Katalognummer mit der Katalognummer im Aufdatierungssatz übereinstimmt. Wenn die Datei voll ist, wird das Datenelement **DATEI-VOLL-KENNZ** auf 'J' gesetzt.

Nach der Aufdatierung mit den schon aus früheren Beispielen her bekannten Testdaten ergibt sich der in der Abb. 14.38 gezeigte Dateiinhalt. Auch hier ist festzustellen, daß die Aufdatierungen korrekt ausgeführt worden sind. Die neu aufgenommenen Sätze sind freilich über die gesamte Datei hinweg verstreut, entsprechend dem benutzten Hash-Algorithmus.

Die Programmbeispiele und die mit ihnen verbundene Diskussion demonstriert wohl zur Genüge Relativdateien und Hashcodetechniken; es wurde eine generelle Vorstellung darüber vermittelt, wie solche Dateien aussehen und wie sie verwendet werden können. Die Fähigkeit und die Flexibilität von Dateien, zu deren Sätzen direkt zugegriffen werden

```
(00005)   51904   A   0.75    J   4.50        0.00   WASSERMELONE, FRUEHZEITIG - GROSS
(00007)   39156   A   0.35    H   1.00        0.00   SUESSER SEBASTIAN - REINWEISS
(00009)   31658   A   1.00    P   4.00        0.00   LOEWENMAUL - DIESKAUER SCHMETTERLING
(00011)   36160   A   0.50    K   1.50    L   1.75   ZUCKERERBSEN
(00012)   96461      15.95        0.00        0.00   KOMPOSTEIMER
(00013)   50260   A   0.75    J   4.50        0.00   AUBERGINE - FRUEHE SCHOENE
(00016)   37515   A   0.35    H   1.00        0.00   SUESSER SEBASTIAN - LILA SCHOENHEIT
(00018)   51367   A   0.50    T   1.45    U   2.75   DEKORATIVMAIS - REGENBOGENFARBIG
(00022)   62471   A   0.75    T   1.85    U   3.50   HYBRID-MAIS - HONIGSUESS UND WEICH
(00024)   31773   A   0.75    G   2.25        0.00   BLAUER ENZIAN - STENGELLOS
(00025)   36574   A   0.50    G   1.50        0.00   LEVKOJE - RIESEN BUNT
(00026)   43125   A   0.35    H   1.05    K   3.25   ZINNIE - BUNTE RIESEN VON LEUNA
(00032)   15131       5.50        0.00        0.00   APFELBAUM - BOOSKOP
(00048)   33597   A   0.50    G   2.50        0.00   LEVKOJE - 7 WOCHEN PFLANZE BUNT
```

Abb. 14.38 Relativdatei nach der Aufdatierung

kann, gehen jedoch weit über die in diesem Buch behandelten Problemlösungen hinaus. Ein umfassenderes Studium dieses Themas wird empfohlen.

KONTROLLFRAGEN

1. Welcher Hauptvorteil ergibt sich bei Magnetbändern aus der Zusammenfassung von Sätzen und Blöcken?

2. Auf welche Weise erfährt ein **COBOL**-Kompilierer, daß eine Datei geblockte Sätze enthält?

3. Welche Operationen würden darin verwickelt sein, wenn der Versuch gemacht würde, zu den Sätzen einer auf einem Magnetband residierenden Datei direkt (wahlfrei) zuzugreifen?

4. Angenommen, es liegt ein Magnetband mit einer Aufzeichnungsdichte von 2000 Zeichen/Zoll (rd. 787 Zeichen/cm) vor. Die Zwischenräume (Klüfte) zwischen den Blöcken seien 0,5 Zoll (1,27 cm) lang. Man vergleiche die zur Speicherung von jeweils 10000 Sätzen von je 200 Bytes Länge erforderliche Magnetbandlänge unter den drei folgenden Aspektenn:
   a) Die Sätze sind ungeblockt, d.h. jeder Block besteht aus einem einzigen Satz.
   b) Jeder Block enthält 10 Sätze.
   c) Jeder Block enthält 100 Sätze.

5. Wieviel Mal wird bei dem in den Abb. 14.4 und 14.5 dargestellten Programm der Paragraph **B010-GUELTIGKEIT-BESTELLUNG** ausgeführt? Die Frage bezieht sich auf die entsprechende **PERFORM**-Anweisung im Hauptsteuerungsparagraph **A000-BESTELL-PRUEFUNG**. Diese liegt in der gleichen Form

vor wie in denjenigen Programmen, die für jeden Satz einer Eingabedatei einen Paragraphen einmal ausführen.

6. Was würde bei dem in den Abb. 14.4 und 14.5 dargestellten Programm geschehen, wenn die Sätze der Eingabedatei durcheinander geraten wären, d.h. wenn die Bestellsätze nicht ordnungsgemäß gruppiert wären?

7. Welche Bedeutung würde dem Auftreten eines ungültigen Schlüssels bei dem in den Abb. 14.6 und 14.7 dargestellten Programm zukommen?

8. Der Hauptsteuerparagraph **A000-ERST-IND-PRODUKT-DATEI** des in den Abb. 14.6 und 14.7 dargestellten Programmes enthält keine **READ**-Anweisung für den ersten Satz der Eingabedatei. Stattdessen beginnt der zur Ausführung aufgerufene Paragraph **B010-UEBERTRAGEN-SATZ** mit einer **READ**-Anweisung. Auf diese folgt eine **WRITE**-Anweisung, wenn beim Lesen das Dateiende nicht entdeckt wurde. Würde es möglich sein, den aus anderen Programmen dieses Buches her bekannten Programmrahmen zu benutzen? An die Grundform dieses Rahmens sei kurz erinnert: Im Hauptsteuerparagraphen erfolgt das Lesen des ersten Satzes der Eingabedatei; der danach zur Ausführung aufgerufene Paragraph beginnt mit einer **WRITE**-Anweisung, der schließlich eine **READ**-Anweisung für die weiteren Sätze der Eingabedatei folgt.

9. Kann man sich eine Situation vorstellen, in der es vorteilhaft wäre, die für die Aufdatierung einer indizierten Datei bereitgestellten Bewegungssätze vor der Verarbeitung erst zu sortieren, obwohl die indizierte Datei mit der Klausel

    ACCESS IS RANDOM

    erklärt ist?

10. Was würde bei dem in den Abb. 14.12 bis 14.15 dargestellten Programm geschehen, wenn zu einer Bestellung zwei Kopfsätze gehörten? Was würde sich ereignen, wenn bei einer Bestellung zwei Nachsätze gefunden würden?

11. Angenommen, wir hätten bei dem in den Abb. 14.26 und 14.27 dargestellten Programm dem Datenelement **PRODUKT-SATZNUMMER** den Anfangswert 100 anstelle des Anfangswertes 1 zugewiesen (siehe Abb. 14.26, Zeile 57). Würde dann das Schreiben mit der relativen Satznummer 100 statt mit der relativen Satznummer 1 gestartet werden?

12. Man vergleiche das in den Abb. 14.26 und 14.27 dargestellte Programm mit dem in den Abb. 14.6 und 14.7 dargestellten Programm. Wie unterscheidet sich in diesen beiden Programmen die Bedingung für das Auftreten eines ungültigen Schlüssels?

13. Wir diskutierten in diesem Kapitel die Verwendung der Hash-Codierung zur Lokalisierung von Sätzen bei Relativdateien, wenn es in den Sätzen kein Feld gibt, dessen Inhalt unmittelbar als relative Satznummer herangezogen werden kann. Kann man sich andere Methoden zur Lokalisierung der Sätze bei einer Relativdatei vorstellen, die nichts mit der Hash-Codierung zu tun haben?

ANTWORTEN AUF DIE KONTROLLFRAGEN

1. Außer in ungewöhnlichen Fällen, bei denen die Sätze von Haus aus bereits sehr groß (Tausende von Bytes!) sind, spart man durch die Blockierung von Sätzen sowohl Speicherplatz auf dem Magnetband als auch Zeit beim Lesen und Schreiben der Sätze ein.

2. Die **FD**-Eintragung für die betreffende Datei enthält die Klausel **BLOCK CONTAINS**. Diese Klausel kann sich entweder auf die Zahl der Sätze oder auf die Zahl der Zeichen beziehen, die in einem Block enthalten sind. Im letzteren Falle kann der Kompilierer aus der Zahl der in einem Block enthaltenen Zeichen und aus der Satzlänge herleiten, wieviele Sätze zu einem Block gehören.

3. Für jeden Bewegungssatz würde es erforderlich sein, das Magnetband solange zu durchsuchen, bis eine Übereinstimmung zwischen dem Schlüssel des Bewegungssatzes und dem Schlüssel eines auf dem Magnetband gespeicherten Satzes entdeckt ist. Wird das Suchen immer vom Bandanfang an begonnen, so ist zu erwarten, daß im Schnitt die Hälfte des Bandes zu durchsuchen ist, bis es zu einer Schlüsselgleichheit kommt. Das Suchen könnte bis zu einem gewissen Grade beschleunigt werden, wenn man sich den Schlüssel des zuletzt bearbeiteten Magnetbandsatzes merken und außerdem das Band dann nicht bis zum Bandanfang zurückspulen würde, wenn der Schlüssel des nachfolgenden Bewegungssatzes hinter dem Schlüssel liegt, den man sich gemerkt hat. Aber auch unter diesen Umständen bleibt ein solches Vorgehen hoffnungslos ineffektiv.

4. a) Jeder Satz steht allein in einem Block, der folglich 200 Stellen lang ist. Ein 200-stelliger Block benötigt 0,1 Zoll Bandlänge und eine 0,5 Zoll lange Kluft, insgesamt also 0,6 Zoll. Bei 1000 Sätzen

werden also insgesamt 6000 Zoll Bandlänge benötigt; das entspricht rd. 15240 cm.

b) Es sind 1000 Blöcke mit je 10 Sätzen vorhanden. Jeder Block besteht aus 2000 Zeichen, belegt also 1 Zoll Bandlänge. Hinzu kommt pro Block eine 0,5 Zoll lange Kluft. Für die 1000 Blöcke werden somit 1500 Zoll Bandlänge benötigt; das entspricht rd. 3810 cm.

c) Es sind 100 Blöcke mit je 20000 Zeichen vorhanden. Jeder Block belegt mit der zugehörigen Kluft 10,5 Zoll. Für die 100 Blöcke sind also insgesamt 1050 Zoll Bandlänge erforderlich, d.h. rd. 2667 cm.

Obgleich es eine beachtliche Ersparnis an Magnetbandplätzen ergibt, je höher der Blockungsfaktor ist, ist zu beachten, daß die Leistungskurve immer mehr abflacht, je länger die einzelnen Blöcke werden. Ab einer genügend großen Länge würden alle weiteren Vergrößerungen der Blocklänge wettgemacht durch die dann erforderlichen riesigen Puffer im Hauptspeicher (Internspeicher) für die Magnetbandblöcke.

5. Der fragliche Paragraph wird so viele Male ausgeführt, wie Bestellungen in der Eingabedatei vorhanden sind. Im Extremfall, bei dem die Eingabedatei aus nur einer Bestellung mit vielen Sätzen bestehen würde, würde also der Paragraph nur ein einziges Mal ausgeführt. Die Programmablaufsteuerung verbleibt nämlich solange im Paragraphen **B010-GUELTIGKEIT-BESTELLUNG**, bis die **PERFORM**-Logik dort erkennt, daß entweder eine neue Gruppe begonnen hat, d.h. ein Gruppenwechsel erfolgt ist, oder das Dateiende erreicht wurde.

6. Die Resultate würden im wesentlichen bedeutungslos sein, aber das Programm würde ohne Fehlerhinweis bis zum Ende ablaufen und jedwede Gruppe, die es findet, verarbeiten. Um einen solchen unsinnigen Sachverhalt auffangen zu können, bleibt nichts anderes übrig, als das Programm um eine Reihenfolgeprüfung zu erweitern.

7. Die Erstellung einer indizierten Datei erfordert, daß die in sie aufzunehmenden Sätze sich in aufsteigender Reihenfolge ihrer Schlüssel befinden und außerdem keine Schlüsselduplikate aufweisen. Die Klausel **INVALID KEY** sorgt für die Erkennung dieser beiden Fehlerarten.

8. Der von anderen Programmen her bekannte Programmrahmen könnte sicherlich verwendet werden. Das Programm wurde zum Teil deshalb in dieser Form geschrieben, um zu demonstrieren, daß man grundsätzlich die Wahl zwischen diesen beiden Möglichkeiten hat,

aber vor allem deshalb, weil es in dieser Form besser zu den Erfordernissen des in den Abb. 14.12 bis 14.15 dargestellten Programmes paßt.

9. Die für eine indizierte Datei angefallenen Bewegungen könnten sicher um einiges schneller verarbeitet werden, wenn sie sortiert vorliegen würden. Normalerweise ist aber die dabei erzielte Zeitersparnis nicht groß genug, um die für das Sortieren aufzuwendende Zeit zu rechtfertigen.

10. Wenn eine Bestellung zwei Kopfsätze besitzt, würde der erste als der Beginn einer Bestellung ohne Nachsatz angesehen werden und dementsprechend aufgelistet werden. Der darauffolgende zweite Kopfsatz würde als Beginn einer neuen Bestellung betrachtet werden. Bei Vorliegen von zwei Nachsätzen würde der zweite Nachsatz als Bestellung ohne Kopfsatz interpretiert werden.

11. Das Schreiben würde keinesfalls mit der relativen Satznummer 100 anfangen. Bei den gegenwärtigen **COBOL**-Versionen würde bei einer mit der Zugriffsklausel

    ACCESS IS SEQUENTIAL

    definierten und mit **OUTPUT** eröffneten Relativdatei der Relativschlüssel unbeachtet bleiben und damit auch die durch ihn erfolgende Bestimmung der Gebiete, wohin die Sätze zu schreiben sind. Wenn ein Relativschlüssel angegeben ist, so wird ihm bloß die relative Satznummer des Satzes zugewiesen, der gerade geschrieben wurde. Bei den **COBOL-74** vorausgehenden **COBOL**-Versionen konnte der Relativschlüssel zur Ansteuerung des Satzgebietes der Datei dienen, ab dem die Sätze geschrieben werden sollten.

12. Bei einer Relativdatei (siehe das Programm in den Abb. 14.26 und 14.27) zeigt das Auftreten der Bedingung für einen ungültigen Schlüssel an, daß versucht worden ist, einen Satz außerhalb der physischen Grenzen einer Datei zu schreiben. Bei einer indizierten Datei (siehe das Programm in den Abb. 14.6 und 14.7) zeigt das Auftreten der Bedingung für einen ungültigen Schlüssel an, daß versucht worden ist, einen Satz mit einem bereits vorhandenen Schlüssel zu schreiben oder einen nicht in Reihenfolge befindlichen Satz; beide Fehlerarten sind auf Fehler in der Eingabedatei zurückzuführen.

13. Es gibt verschiedene Wege, um die Sätze in einer Relativdatei zu lokalisieren. Ein sehr oft praktizierter macht von einer Sekundärdatei Gebrauch. Eine solche meist indiziert organisierte Datei dient als sogenannte Schlüsseldatei. Die Sätze in der indizierten Sekundärdatei

würden den Inhalt irgendeines Feldes der Sätze der Relativdatei als Satzschlüssel benutzen und die relative Satznummer derselben anstelle der übrigen Daten. Um einen Satz in der Relativdatei zu finden, müßte man nun zunächst das genannte Schlüsselfeld zum Aufsuchen des entsprechenden Satzes in der indizierten Datei benutzen; die in ihm enthaltene relative Satznummer dient danach zum Ansprechen des gesuchten Satzes.

ÜBUNGSAUFGABEN

1. Das in den Abb. 14.4 und 14.5 dargestellte Programm ist zu erweitern. Die Eingabesätze sind auf ihre richtige Reihenfolge hin zu überprüfen.

2. Das in den Abb. 14.12 bis 14.15 dargestellte Programm ist um eine Reihenfolgeprüfung zu ergänzen. Diese sollte sowohl die Bestellnummer als auch die Satzart einschließen, um sicherzustellen, daß die zu einer Bestellung gehörenden Sätze sich in der richtigen Reihenfolge befinden. Durch den Einschluß der Satzart wird die Reihenfolgeprüfung kaum erschwert.

3. Das in den Abb. 14.12 bis 14.15 dargestellte Programm ist um die Gültigkeitsprüfung der Nachsätze zu erweitern. Eine solche Ergänzung erfordert die Errechnung der Gesamtsumme bei jeder Bestellung.

4. In das, in den Abb. 14.12 bis 14.15 gezeigte Programm sind zusätzliche Überprüfungen aufzunehmen. Diese sollen bezwecken, daß Bestellungen als fehlerhaft markiert werden, die nicht genau einen Kopfsatz, mindestens einen Rumpfsatz und genau einen Nachsatz in der genannten Reihenfolge aufweisen.

5. Das in den Abb. 14.12 bis 14.15 dargestellte Programm ist so zu modifizieren, daß die Produktdatei als Relativdatei und nicht mehr als indizierte Datei erscheint. Zum Auffinden der Katalogsätze ist die Hash-Codierung einzusetzen.

6. Das in den Abb. 14.12 bis 14.15 gezeigte Programm ist mit einer angemessenen modifizierten Version des in den Abb. 11.3 bis 11.6 dargestellten Programmes zu vereinigen. Auf diese Weise soll ein Programm geschaffen werden, das eine vollständige Überprüfung aller aufgrund eines Gartenkatalogs vorgenommenen Bestellungen ermöglicht.

7. *(Diese Übungsaufgabe eignet sich zur Aufsetzung und Durchführung eines Projektes)*
Die Sätze der Artikeldatei der „*Nationalbayerischen Handelsgesellschaft mbH*" besitzen den nachfolgenden Aufbau:

Stellen 1 bis 5:	Artikelschlüssel	→ PIC AA999
Stellen 6 bis 30:	Artikelbeschreibung	→ PIC X(25)
Stellen 31 bis 35:	Verkaufszahl der drittletzten Woche	→ PIC 9(5)
Stellen 36 bis 40:	Verkaufszahl der vorletzten Woche	→ PIC 9(5)
Stellen 41 bis 45:	Verkaufszahl der letzten Woche	→ PIC 9(5)
Stellen 46 bis 50:	Lagerbestand	→ PIC 9(5)
Stellen 51 bis 57:	Verkaufspreis in DM und Dpf	→ PIC 9(5)V99

Bei einem Wareneingang von einem Lieferanten wird ein Datensatz erstellt, der den folgenden Aufbau aufweist:

Stelle 1:	Satzart, hier: A	→ PIC X
Stellen 2 bis 6:	Artikelschlüssel	→ PIC AA999
Stellen 7 bis 12:	Liefermenge	→ PIC 9(6)
Stellen 13 bis 19:	Lieferantenschlüssel	→ PIC 99A9(4)
Stellen 20 bis 25:	Einkaufsbestellnummer	→ PIC 9(6)
Stellen 26 bis 31:	Datum des Wareneingangs in der Form *jjmmtt* (*J*ahr, *M*onat, *T*ag)	→ PIC 9(6)
Stellen 32 bis 47:	unbenutzt	

Bei einem Warenverkauf wird ein Verkaufssatz erstellt, der den folgenden Aufbau aufweist:

Stelle 1:	Satzart, hier: B	→ PIC X
Stellen 2 bis 6:	Artikelschlüssel	→ PIC AA999
Stellen 7 bis 14:	Auslieferungsnummer	→ PIC 9(8)
Stellen 15 bis 21:	Kundennummer	→ PIC 9(7)
Stellen 22 bis 25:	Verkaufsmenge	→ PIC 9(4)
Stellen 26 bis 33:	Verkaufsbetrag in DM und Dpf	→ PIC 9(6)V99
Stellen 34 bis 39:	Verkaufsdatum in der Form *jjmmtt* (*J*ahr, *M*onat, *T*ag)	→ PIC 9(6)
Stellen 40 bis 47:	unbenutzt	

Bei einer Warenrückgabe seitens des Kunden wird ein Rückgabesatz erstellt, der den folgenden Aufbau besitzt:

Stelle 1:	Satzart, hier: C	→ PIC X
Stellen 2 bis 6:	Artikelschlüssel	→ PIC AA999
Stellen 7 bis 14:	Referenznummer	→ PIC 9(8)
Stellen 15 bis 22:	Kreditnummer	→ PIC 9(8)
Stellen 23 bis 29:	Kundennummer	→ PIC 9(7)
Stellen 30 bis 33:	Rückgabemenge	→ PIC 9(4)
Stellen 34 bis 41:	Kreditbetrag (Guthaben des Kunden)	→ PIC 9(6)V99
Stellen 42 bis 47:	Rückgabedatum in der Form *jjmmtt* (*J*ahr, *M*onat, *T*ag)	→ PIC 9(6)

Ein Programm zur Lagerbestandsführung benutzt die Bewegungssätze (Wareneingänge, Warenverkäufe, Warenrückgaben), um die Lagerbestände aller Artikel auf dem laufenden zu halten. Am Ende eines jeden Arbeitstages werden alle Bewegungen des jeweiligen Tages verarbeitet, um die Artikelstammdatei auf den neuesten Stand zu bringen. Die Bewegungssätze werden nicht sortiert, sie liegen also einfach in der zeitlichen Reihenfolge vor, d.h. in der Reihenfolge, in der die verschiedenen geschäftlichen Aktivitäten anfielen. Bei der Verarbeitung eines Wareneinganges ist der Lagerbestand um die Liefermenge zu erhöhen. Bei Verkaufssätzen ist der Lagerbestand um die Verkaufsmenge zu verringern und bei Rückgabe von Waren ist der Lagerbestand um die Rückgabemenge zu erhöhen.

Um Fehler bei der Lagerbestandsführung weitgehend zu vermeiden, die durch Dateneingabefehler verursacht werden, müssen die Bewegungssätze vor ihrer Verarbeitung gründlich auf ihre Richtigkeit hin überprüft werden. Die Satzart muß gleich 'A' oder gleich 'B' oder gleich 'C' sein. Der Artikelschlüssel muß dem Artikelschlüssel eines in der Artikeldatei befindlichen Satzes gleichkommen. Alle Mengenangaben (Liefermenge, Verkaufsmenge, Rückgabemenge) müssen numerisch sein. Die Datumsangaben müssen korrekt vorliegen, d.h. die Monate müssen sich im Wertebereich von 1 bis 12 bewegen, die Tage von 1 bis zu dem für den entsprechenden Monat geltenden Endwert, d.h. beispielsweise, daß die Angabe jj0231 (31. Februar!) ungültig ist. Außerdem muß das in den Bewegungssätzen aufgeführte Datum vor dem Verarbeitungsdatum liegen oder gleich dem Verarbeitungsdatum sein. Schließlich ist auch noch eine Fehlermeldung auszugeben, wenn der Lagerbestand nach einer Verarbeitung unter Null absinkt.

Die Artikeldatei wird als Relativdatei geführt. Als Basis für die relative Satznummer dient der Artikelschlüssel. Die Werte für die Relativschlüssel (d.h. die relativen Satznummern) werden mittels eines Hash-Algorithmus ermittelt, der aus den folgenden Einzelschritten besteht:

1) Der erste Buchstabe des Artikelschlüssels ist in sein numerisches Äquivalent umzuwandeln, d.h. A entspricht 1, B entspricht 2 usw. bis Z entspricht 26.
2) Das Ergebnis des ersten Schrittes ist mit 1000 zu multiplizieren.
3) Der numerische Anteil des Artikelschlüssels ist zum Ergebnis des zweiten Schrittes zu addieren.
4) Das Ergebnis des dritten Schrittes ist durch 7500 zu dividieren; der sich ergebende Rest ist um 1 zu erhöhen.
5) Der um 1 erhöhte Rest der im vierten Schritt durchgeführten Division ist als Relativschlüssel heranzuziehen.

Bei Schlüsselkollisionen ist das lineare Sondieren solange durchzuführen, bis es zu einer eindeutigen Klärung der Kollisionen gekommen ist.

Der zuvor beschriebene Hash-Prozeß soll nunmehr an einem Beispiel erläutert werden. Nehmen wir einmal an, es liege der Artikelschlüssel „KB152" vor. Der Buchstabe K besitzt das numerische Äquivalent 11. Die Multiplikation desselben mit 1000 ergibt 11000. Die Addition des numerischen Anteils, d.h. von 152, liefert uns die Summe 11152. Dividiert man 11152 durch 7500, so ergibt sich der Quotient 1, den wir nicht weiter zu beachten brauchen, und ein Rest von 3652. Addiert man nun 1 zum Rest, so erhält man die relative Satznummer 3653.

Es sei angenommen, daß eine sequentiell organisierte Artikeldatei existiert, deren Sätze nach aufsteigenden Artikelschlüsseln sortiert sind. Es ist ein Programm zu schreiben, das aus dieser Datei eine Relativdatei erstellt. Dabei soll weitgehend die Vorgehensweise zugrundegelegt werden, die wir bei dem in den Abb. 14.32 und 14.33 gezeigten Programm demonstriert haben.

Ein zweites Programm ist zu schreiben, mit dem die in der Relativdatei enthaltenen Sätze gedruckt werden können. Eine übersichtliche, leicht lesbare Form der Ausgabe ist dabei anzustreben.

Zuletzt ist noch ein Programm zu schreiben, das die Bewegungssätze in den oben aufgeführten Formaten einliest und sie nach erfolgter Überprüfung anschließend zur Aufdatierung der Artikeldatei heranzieht. Man überzeuge sich, daß alle vorgegebenen Überprüfungen auch ausgeführt werden, daß die Fehler sinnvoll gemeldet werden und daß ungültige Bewegungssätze zurückgewiesen werden.

8. *(Diese Übungsaufgabe eignet sich zur Aufsetzung und Durchführung eines Projektes)*
Es ist das gleiche Problem zu lösen wie bei der Übungsaufgabe 7, nur ist die Artikeldatei als indizierte Datei zu erstellen und zu bearbeiten.

15. Handhabung von Zeichen

15.1 Einführung

Ein beträchtlicher Anteil der in **COBOL**-Programmen zu verrichtenden Tätigkeiten fällt auf die Handhabung von aus Zeichen bestehenden Daten. Bisher haben wir anhand von Beispielen zwar schon gesehen, daß numerische Daten aufbereitet nach anderen Feldern übertragen werden konnten; die Mehrzahl der Beispiele schloß aber nur einfache Übertragungen von Zeichenfeldern in andere Zeichenfelder ein. Allen Beispielen war jedoch eines gemeinsam: Es wurden stets die kompletten Inhalte von Feldern in die Übertragung einbezogen. Es gibt nun allerdings Fälle, wo die Handhabung der Zeichen in einem Feld erforderlich ist. So könnte es notwendig werden, die Anzahl bestimmter Zeichen in einem Feld zu ermitteln oder bestimmte Zeichen, die in einem Feld auftreten, durch andere Zeichen zu ersetzen (beispielsweise die Ersetzung von Leerzeichen durch Nullen oder die Ersetzung führender Nullen durch Leerzeichen usw.). Es könnte mitunter auch sinnvoll sein, bestimmte Teile eines Feldes auszuwählen, z.B. die Trennung von Straße und Hausnummer bei einem Feld vorzunehmen, das als Adreßfeld bekannt ist. In der Programmiersprache **COBOL** stehen drei verschiedene Anweisungen für die Handhabung von Zeichendaten zur Verfügung, nämlich **INSPECT**, **STRING** und **UNSTRING**. Wir werden über alle drei sprechen und dabei zeigen, wie sie gebraucht werden. In den nachfolgenden Diskussionen werden wir ständig den Begriff „*Zeichenkette*" oder kurz „*Kette*" (engl.: *string*) gebrauchen. Darunter soll stets die in einem Feld enthaltene Folge von beliebigen Zeichen verstanden werden.

15.2 Die Anweisung INSPECT

Man betrachte den in der Abb. 15.1 aufgeführten Datensatz. Angenommen, wir haben festgestellt, daß bei den Datenelementen

NORMAL-STUNDEN und **UEBER-STUNDEN**

fast ständig statt der führenden Nullen Leerzeichen eingegeben wurden. Weiterhin wurde von uns ausfindig gemacht, daß in Feldern mit dem Wert Null stattdessen Leerzeichen enthalten waren. Dadurch kam es zu erheblichen Verarbeitungsproblemen. Beim Versuch, in arithmetische Operationen ein Feld einzubeziehen, das auf allen Stellen Leerzeichen enthält, wird es wahrscheinlich zu Fehlern kommen, unter Umständen sogar zu einem anormalen Programmabbruch. Werden solche Fehler in bezug auf numerische Inhalte untersucht, machen die führenden Leerzeichen einen Strich durch die Rechnung. Bis jetzt stand uns kein vernünftiger Weg zur Verfügung, mit dem wir dieses Problem in den Griff bekamen. Obgleich wir natürlich hätten testen können, ob ein Feld nur Leerzeichen enthält, hätte das nicht viel gebracht. Das Programm wäre nur komplizierter geworden und das eigentliche Problem, führende Leerzeichen in einem nicht gänzlich mit Leerzeichen angefüllten Feld, bliebe bei einem solchen Test sogar unberührt. Die Software und die Hardware bei einigen Computertypen mag bisweilen führende Leerzeichen als Nullen betrachten, aber wir sollten nicht darauf zählen, daß bei allen diesen Computertypen die richtigen Resultate erzielt werden. Man könnte verlangen, daß die Daten erneut in die Eingabedatei eingegeben werden. Bei großen Dateien wäre das aber ein zu umständliches und zu aufwendiges Verfahren. Es gibt für alle Fälle eine weitaus bessere Lösung.

```
01    LOHN-SATZ.
      05   PERSONAL-NUMMER          PIC X(6).
      05   ABTEILUNG                PIC XX.
      05   KONTO-NUMMER             PIC X(5).
      05   NORMAL-STUNDEN           PIC 99V99.
      05   UEBER-STUNDEN            PIC 99V99.
```

Abb. 15.1 Beispiel: Datensatz

Eine einfache Lösung liegt in der Benutzung der Anweisung **INSPECT**. Vor der Verarbeitung der Daten des in Abb. 15.1 gezeigten Satzes lassen wir einfach die nachfolgenden beiden Anweisungen ausführen:

```
INSPECT NORMAL-STUNDEN  REPLACING LEADING SPACES BY ZERO.
INSPECT UEBER-STUNDEN   REPLACING LEADING SPACES BY ZERO.
```

Bei diesen Anweisungen werden die Fehler von **NORMAL-STUNDEN** und **UEBER-STUNDEN** Zeichen für Zeichen abgetastet und eine Null an die Stelle eines führenden (**LEADING**) Leerzeichens gesetzt. Wir hätten auch die Anweisungen

```
INSPECT NORMAL-STUNDEN  REPLACING ALL SPACES BY ZERO.
INSPECT UEBER-STUNDEN   REPLACING ALL SPACES BY ZERO.
```

niederschreiben können.

In diesem Fall würden jedoch alle (**ALL**) Leerzeichen durch Nullen ersetzt, einschließlich der Nullen also, die versehentlich mitten in ein

Feld oder am rechten Ende eines Feldes eingetastet worden sind. Eine solche Ersetzung war aber von uns nicht erwünscht.

Die **INSPECT**-Anweisung übt die folgenden Grundfunktionen aus:

1) Es wird gezählt, wieviele Male eine bestimmte Folge von Zeichen in einer Kette vorkommt (**TALLYING**).
2) Es werden bestimmte Zeichen durch andere Zeichen ersetzt (**REPLACING**).
3) Es kann sowohl gezählt als auch ersetzt werden (**TALLYING** und **REPLACING**).

Das allgemeine Format der **INSPECT**-Anweisung sieht ziemlich komplex aus. Wir wollen nicht versuchen, es hier zu zeigen bzw. über seinen Gebrauch diskutieren. Wir beabsichtigen jedoch, anhand einiger weniger Beispiele zu zeigen, wozu diese Anweisung eingesetzt werden kann.

Die erste Möglichkeit, die uns die **INSPECT**-Anweisung bietet, ist das Zählen des Auftretens von Zeichenfolgen in einem von mehreren möglichen Zusammenhängen; diese Möglichkeit ist eine optionale:

1) *Alle* Vorkommen einer bestimmten Zeichenfolge in einer Kette,
2) *alle führenden* Vorkommen einer bestimmten Zeichenfolge in einer Kette (**LEADING**), d.h. das Vorkommen dieser Zeichenfolge vor jeder anderen Zeichenfolge,
3) alle Vorkommen einer bestimmten Zeichenfolge *vor* dem *ersten* Vorkommen irgendeiner anderen zu spezifizierenden Zeichenfolge (**BEFORE**),
4) alle Vorkommen einer bestimmten Zeichenfolge *nach* dem *ersten* Vorkommen irgendeiner anderen zu spezifizierenden Zeichenfolge (**AFTER**),
5) alle Vorkommen von Zeichen (**CHARACTERS**) *vor* einer bestimmten Zeichenfolge (**BEFORE**),
6) alle Vorkommen von Zeichen (**CHARACTERS**) *nach* einer bestimmten Zeichenfolge (**AFTER**).

Bei dieser Aufzählung ist unter einer Zeichenfolge eine beliebige, aus einem oder aus mehreren Zeichen bestehenden Aneinanderreihung von Zeichen zu verstehen.

Einige Beispiele für diese optionale Zählfunktion sind in der Abb. 15.2 aufgeführt.

Bei dieser Form der **INSPECT**-Anweisung muß hinter dem Verb der Bezeichner genannt weden, dessen Feld abgetastet werden soll. Nach **TALLYING** ist dann die Variable aufzuführen, in deren Feld das Zählergebnis untergebracht werden soll. Zuletzt sind nach **FOR** die Zeichenfolgen zu definieren, deren Vorkommen gezählt werden sollen, ein-

INSPECT-Anweisung	BEISPIEL	Ergebnis in ZAEHLER
INSPECT BEISPIEL TALLYING ZAEHLER FOR ALL '0'	102030	3
INSPECT BEISPIEL TALLYING ZAEHLER FOR ALL LEADING '0'	10230	1
INSPECT BEISPIEL TALLYING ZAEHLER FOR ALL LEADING '0'	002030	2
INSPECT BEISPIEL TALLYING ZAEHLER FOR ALL '0' BEFORE '3'	002030	3
INSPECT BEISPIEL TALLYING ZAEHLER FOR ALL '0' AFTER '3'	003030	2
INSPECT BEISPIEL TALLYING ZAEHLER FOR CHARACTERS BEFORE 'C'.	AABACA	4
INSPECT BEISPIEL TALLYING ZAEHLER FOR CHARACTERS AFTER 'B'.	AABABA	3

Abb. 15.2 Beispiele für die Zählfunktion der Anweisung INSPECT

schließlich des beabsichtigten Zusammenhanges. Eins muß hier allerdings unbedingt gesagt werden: Bei der Zählfunktion wird das Zählergebnis nicht etwa nur in das hinter **TALLYING** genannte Zählfeld hineingestellt, sondern auf den bisherigen Wert dieses Zählfeldes aufaddiert. In unseren Beispielen ist das Zählfeld **BEISPIEL** genannt. Bei den in Abb. 15.2 gezeigten Beispielen ist also stillschweigend vorausgesetzt worden, daß **BEISPIEL** vor Ausführung jeder **INSPECT**-Anweisung auf Null gesetzt wurde.

Wir haben bereits mehrere Beispiele für die zweite Grundfunktion der **INSPECT**-Anweisung kennengelernt, sie dienten zur Ersetzung aller bzw. nur der führenden Leerzeichen durch Nullen. Wie das Zählen kann auch das Ersetzen auf verschiedene Weisen vorgenommen werden; es hängt von den vorgegebenen Zusammenhängen ab. Beispielsweise kann das Ersetzen auf den Teil einer Kette beschränkt werden, der vor einer bestimmten Zeichenfolge erscheint. In der Abb. 15.3 sind Beispiele für das Ersetzen von Zeichen bzw. Zeichenfolgen in verschiedenen Zusammenhängen aufgeführt.

Schließlich kann auch noch das gleichzeitige Zählen und Ersetzen veranlaßt werden. Wie bei den in Abb. 15.2 gezeigten Beispielen für die **TALLYING**-Option, wollen wir bei den in Abb. 15.4 vorgeführten Zähl- und Ersetzbeispielen ebenfalls voraussetzen, daß die Variable **BEISPIEL** vor der Ausführung jeder **INSPECT**-Anweisung auf Null gesetzt wurde.

15.2 Die Anweisung INSPECT

INSPECT-Anweisung	Inhalt von BEISPIEL vorher	nachher
INSPECT BEISPIEL REPLACING ALL SPACES BY ZERO.	bb2b3b	002030
INSPECT BEISPIEL REPLACING LEADING SPACES BY ZERO.	bb2b3b	002b3b
INSPECT BEISPIEL REPLACING ALL 'A' BY 'B' BEFORE 'X'.	AABXAA	BBBXAA
INSPECT BEISPIEL REPLACING CHARACTERS BY 'Z' AFTER 'X'.	AAXXBC	AAXZZZ
INSPECT BEISPIEL REPLACING ALL 'A' BY 'X', 'B' BY 'Y', 'C' BY 'Z' AFTER SPACE.	ABCbABC	XYCbXYZ
INSPECT BEISPIEL REPLACING ALL 'ABC' BY 'XYZ' AFTER SPACE.	ABCbABC	ABCbXYZ
INSPECT BEISPIEL REPLACING FIRST 'X' AFTER 'Y' BY 'Z'.	XYXYXX	XYZYXX

Anmerkung: Unter b ist hier das Leerzeichen zu verstehen.

Abb. 15.3 Ersetzen von Zeichenfolgen mittels der Anweisung INSPECT

INSPECT-Anweisung	Inhalt von BEISPIEL vorher	nachher	ZAEHLER
INSPECT BEISPIEL TALLYING ZAEHLER FOR ALL '0' REPLACING '0' BY SPACE.	0016047	bb16b47	3
INSPECT BEISPIEL TALLYING ZAEHLER FOR LEADING '0' REPLACING FIRST '0' BY 'X'.	0016047	X016047	2
INSPECT BEISPIEL TALLYING ZAEHLER FOR LEADING '*' REPLACING ALL '.' BY ',', FIRST '*' BY '$'.	****.123.456	$***,123,456	4

Anmerkung: Unter b ist hier das Leerzeichen zu verstehen.

Abb. 15.4 Zählen und Ersetzen mittels der Anweisung INSPECT

Wie wir bereits zu Beginn dieses Abschnittes gesagt haben, kratzen die in den Abb. 15.2 bis 15.4 gezeigten Beispiele gerade die Oberfläche dessen an, was alles mit der **INSPECT**-Anweisung getan werden kann. Beispielsweise kann die **INSPECT**-Anweisung zusammen mit der Anweisung **UNSTRING** (siehe Abschnitt 15.4) dazu benutzt werden, um aus Ketten bestimmte Daten zu extrahieren. Gute **COBOL**-Programmierer sollten in passenden **COBOL**-Handbüchern nachlesen, falls sie sich mit weiteren Einzelheiten beschäftigen müssen.

15.3 Die Anweisung STRING

Die Anweisung **STRING** ermöglicht die Zusammenstellung einer Kette, in der die Inhalte von Feldern aus den unterschiedlichsten Herkunftsplätzen vereinigt sind. In ihrer einfachsten Form unterscheidet sie sich nicht von einer Reihe aufeinanderfolgender **MOVE**-Anweisungen. Darüberhinaus verfügt sie aber über Eigenschaften, mit deren Hilfe Operationen bewerkstelligt werden können, die anderwärts nur mit großem Aufwand durchgeführt werden können.

Wir wollen uns ein erstes Beispiel ansehen. Bei einem Programm mögen die in der Abb. 15.5 dargestellten Eintragungen im Arbeitsspeicherkapitel vorliegen.

```
WORKING-STORAGE SECTION.

01  KREDIT-STAMM-SATZ.
    05  KUNDEN-NUMMER                   PIC X(5).
    05  KUNDEN-NAME                     PIC X(20).
    05  KUNDEN-ADRESSE                  PIC X(60).
    05  KONTENSTAND-ALT                 PIC $$,$$9.99.

01  MONATS-AUSZUGS-SATZ.
    05  LAUFENDE-EINKAEUFE              PIC $$,$$9.99.
    05  VERFUEGBARER-KREDIT             PIC $$,$$9.99.
    05  SALDO                           PIC $$,$$9.99.

01  ANFANGS-POSITION                    PIC 99.
```

Abb. 15.5 Auszug aus dem Arbeitsspeicherkapitel eines Programmes

Es soll nun für eine spätere Ausgabe eine Zeile vorbereitet werden, in der nacheinander die Werte von
KUNDEN-NAME, **KUNDEN-NUMMER**, **KONTENSTAND-ALT**, **LAUFENDE-EINKAEUFE**, **SALDO** und
VERFUEGBARER-KREDIT stehen. Der Einfachheit halber wollen wir weiterhin annehmen, daß zwischen den einzelnen Werten nur ein Leerzeichen vorhanden sein muß, die Beistellung von mehreren Leerzeichen wäre nicht allzu schwierig. Die Werte alle Elemente mit Ausnahme von **VERFUEGBARER-KREDIT** sind in ihrer Gesamtheit in die gemeinsame Zeile zu übertragen. Der Wert von **VERFUEGBARER-KREDIT** soll nur bis zum Dezimalpunkt in die Ausgabezeile aufgenommen werden, die Nachkommastellen interessieren nicht weiter. Schließlich wollen wir noch die Anfangsposition der vereinigten Kette in der Ausgabezeile festlegen können. Wir können es uns natürlich denken, daß bestimmte Arten von Kontoauszügen anders aufgebaut sein müssen als die hier gezeigten einfachen.

Die soeben beschriebene Aufgabenstellung kann mit einer einzigen Anweisung gelöst werden; diese ist in der Abb. 15.6 zu sehen.

15.3 Die Anweisung STRING

```
         MOVE SPACES TO KLAGE-SATZ.
         MOVE 14 TO ANFANGS-POSITION.

         STRING
             KUNDEN-NAME DELIMITED BY SIZE
             SPACE
             KUNDEN-NUMMER DELIMITED BY SIZE
             SPACE
             KONTENSTAND-ALT DELIMITED BY SIZE
             SPACE
             LAUFENDE-EINKAEUFE DELIMITED BY SIZE
             SPACE
             SALDO DELIMITED BY SIZE
             SPACE
             VERFUEGBARER-KREDIT DELIMITED BY '.'
                 INTO KLAGE-SATZ
                 WITH POINTER ANFANGS-POSITION.
         WRITE KLAGE-SATZ.
```

Abb. 15.6 Zusammenstellung einer Ausgabezeile mittels der Anweisung STRING

Sehen wir uns nun den in der Abb. 15.6 gezeigten Programmausschnitt einmal an. Er beginnt mit der Übertragung von Leerzeichen in die Ausgabezeile, die hier **KLAGE-SATZ** genannt ist. Damit wird sichergestellt, daß sich keine Zeichen mehr in den Stellen der Ausgabezeile befinden, in die wir durch die **STRING**-Anweisung keine Daten hineinstellen wollen. Danach weisen wir die Zahl 14 dem Datenelement zu, das als Zeiger (**POINTER**) benutzt werden soll, um die Stelle innerhalb der Ausgabezeile zu bestimmen, ab der der Inhalt des ersten Feldes untergebracht werden soll. Auf diese beiden Vorbereitungsanweisungen folgt nun die Anweisung **STRING**. Nach dem Verb **STRING** sind in dieser alle Elemente der Reihe nach aufzuführen, die zu einer Kette vereinigt werden sollen. Bei jedem Element ist außerdem darauf hinzuweisen, wie es bei der Übertragung abgegrenzt (**DELIMITED**) werden soll. Folgende Möglichkeiten stehen hierbei zur Verfügung:

a) Abgrenzung durch die Länge des Feldes, d.h. der Feldinhalt ist vollständig in die zu bildende Kette zu stellen (**SIZE**),
b) Abgrenzung durch ein bestimmtes, vorgegebenes Zeichen (**BY ...**).

Bei **VERFUEGBARER-KREDIT** ist z.B. angegeben, daß der zu übertragende Teil seines Wertes durch (**BY**) einen Punkt begrenzt ist. Das bedeutet, daß nur die vor dem Dezimalpunkt stehenden Zeichen in die Ausgabezeile aufgenommen werden. Hinter **INTO** ist der Name des Datenelementes genannt, in dem die vereinigte Kette festgehalten wird; danach ist die Variable zu nennen, die den Zeigerwert enthält (nach dem Wort **POINTER**).

Bei Benutzung der Angabe **WITH POINTER** bringt die **STRING**-Anweisung den Zeigerwert automatisch auf den neuesten Stand. Nach der Ausführung der **STRING**-Anweisung zeigt also die Zeigervariable auf das erste Byte, das der gebildeten Zeichenkette folgt. Wenn beispielsweise anfangs die Zeigervariable auf 1 gesetzt wird und es wird eine Kette der Länge 15 zusammengestellt, so enthält die Zeigervariable nach Ausführung der **STRING**-Anweisung den Wert 16.

Nachstehend ist eine Zeile aufgeführt, die von den in Abb. 15.6 dargestellten Anweisungen produziert werden könnte, falls in den beiden, in Abb. 15.5 gezeigten Sätzen die entsprechenden Werte vorliegen:

Das allgemeine Format der **STRING**-Anweisung sieht wie folgt aus:

$$\underline{\text{STRING}} \quad \left\{ \begin{array}{l} \text{bezeichner–1} \\ \text{literal-1} \end{array} \right\} \ldots \underline{\text{DELIMITED}} \text{ BY } \left\{ \begin{array}{l} \text{bezeichner–2} \\ \text{literal-2} \\ \underline{\text{SIZE}} \end{array} \right\} \ldots$$

$\underline{\text{INTO}}$ bezeichner-3

[WITH $\underline{\text{POINTER}}$ bezeichner-4]

[ON $\underline{\text{OVERFLOW}}$ unbedingte-anweisung]

In der Sprachversion **COBOL-85** kann die **STRING**-Anweisung durch die Angabe **END-STRING** abgeschlossen werden.

Der allgemeine Aufbau der Anweisung **STRING** zeigt, daß wir jederzeit Datenelemente und Literale miteinander vermischen dürfen. Wollen wir bei unserem Beispiel mehr als ein Leerzeichen zwischen den einzelnen Feldern haben, so ist das eine einfache Angelegenheit; wir brauchen nur entsprechende nichtnumerische Literale zu verwenden. Die Begrenzer können ebenfalls in Form von Bezeichnern vorliegen, d.h. wir können den Wert irgendwelcher anderer Variablen benutzen, um die Übertragung eines Feldes abzugrenzen. Außerdem ist die Option **ON OVERFLOW** verfügbar. Mit ihr kann festgelegt werden, was geschehen soll, falls nicht genügend Platz im empfangenden Datenelement zur Verfügung steht, um alle Kettenbestandteile darin unterzubringen. Obgleich wir nur ein bescheidenes Beispiel vorgeführt haben, sollte es jedem klar sein, daß man mit Hilfe der **STRING**-Anweisung unterschiedliche Aufgaben lösen kann, so u.a. die Entfernung von Leerzeichen am Ende von Feldern bei Namens- und Adreßzeilen, was für eine kundengerechte Schreibung von Anschriften bei Briefen wichtig ist. Weitere Anwendungsbeispiele dürften wohl jedem Leser einfallen.

15.4 Die Anweisung UNSTRING

Die Anweisung **UNSTRING** ist das Gegenteil von der Anweisung **STRING**. Sie gestattet die Verteilung der Bestandteile einer zusammengesetzten Kette auf eine beliebige Anzahl von Datenelementen. Das Sendefeld muß natürlich Begrenzer enthalten, durch die die Länge der zu verteilenden Bestandteile bestimmt werden kann. Wir werden uns zunächst ein einfaches, doch hilfreiches Beispiel ansehen und danach die verbleibenden Eigenschaften dieser Anweisung skizzieren.

Uns möge eine Adreßdatei vorliegen, deren Sätze aus den Namen und Anschriften von Personen bzw. Firmen bestehen. Eine rechtmäßige Adresse kann sich aus zwei bis fünf Bestandteilen zusammensetzen, die bei der Adreßschreibung auf ebenso viel Zeilen zu verteilen sind. Der Inhalt unserer Datei möge aus den in der Abb. 15.7 dargestellten Sätzen bestehen.

```
D. G. GOLDEN=CLEVELAND STATE UNIVERSITY=CLEVELAND, OHIO 44115=USA=
HERR KURT RACHHOLZ=OT GEISENBRUNN=FUCHSWEG 14=8031 GILCHING=
FRAU A. BUCHMANN=WALDPLATZ 24=WAGENITZ=DDR-1555=
FA.=GOLD=ORTSTEIL WALD=PROMENADE 1=7000 STUTTGART=
FA. GERAETEBAU=9999 MUSTERSTADT=
DITER SELLMER==8099 FRIESACK=
ROGER WILHELM=
ROGER WILHELM FRIEDRICHSSTR. 45 8000 MUENCHEN 50
GERDA=MEIER=I. H. KOLDI=GONDRELLPLATZ 8=NAUEN=DDR-1550=
```

Abb. 15.7 Inhalt einer Datei mit Namen und Anschriften

Das Programm, das die variabel langen Bestandteile der Sätze dieser Datei auf die einzelnen Adreßzeilen zum Zwecke der Adreßschreibung verteilt, ist in den Abb. 15.8 und 15.9 dargestellt.

Wir wollen mit diesem Programm Adreßaufkleber für den Versand von Postsachen produzieren. Jede Anschrift besteht aus sechs Zeilen; die 6. Zeile ist dabei stets leer. Sollte ein Eingabesatz nur einen einzigen Adreßbestandteil aufweisen, so ist anzunehmen, daß bei seiner Eingabe Fehler gemacht wurden; an seiner Stelle soll deshalb eine zwecksprechende Fehlernachricht ausgegeben werden. Im wirklichen Leben gelten vielfach andere Maßstäbe für die Adreßschreibung, aber unsere Aufgabenstellung reicht aus, um die Möglichkeiten aufzuzeigen. Sollte ein Satz

```
00001  IDENTIFICATION DIVISION.
00002  PROGRAM-ID.
00003      VERTEIL.
00004  DATE-WRITTEN.
00005      MAI 15, 1987 (DEUTSCH: 14.5.1989).
00006
00007  ENVIRONMENT DIVISION.
00008  INPUT-OUTPUT SECTION.
00009  FILE-CONTROL.
00010      SELECT ADRESS-DATEI              ASSIGN TO S-ADR.
00011      SELECT AUFKLEBER-DATEI           ASSIGN TO S-AKL.
00012
00013  DATA DIVISION.
00014
00015  FILE SECTION.
00016
00017  FD  ADRESS-DATEI
00018      LABEL RECORDS ARE STANDARD.
00019  01  ADRESS-SATZ                      PIC X(80).
00020
00021  FD  AUFKLEBER-DATEI
00022      LABEL RECORDS ARE OMITTED.
00023  01  AUFKLEBER-SATZ                   PIC X(80).
00024
00025  WORKING-STORAGE SECTION.
00026
00027  01  ADRESSEN-ARBEITS-GEBIET.
00028      05  ADRESS-ZEILE-1               PIC X(80).
00029      05  ADRESS-ZEILE-2               PIC X(80).
00030      05  ADRESS-ZEILE-3               PIC X(80).
00031      05  ADRESS-ZEILE-4               PIC X(80).
00032      05  ADRESS-ZEILE-5               PIC X(80).
00033      05  ADRESS-ZEILE-6               PIC X(80).
00034
00035  01  ZAEHLER-GEFUELLTE-FELDER         PIC 99.
00036
00037  01  UEBERLAUF-KENNZEICHEN            PIC X.
00038      88  UEBERLAUF                               VALUE 'J'.
00039
00040  01  WEITERE-DATEN-KENNZ              PIC X   VALUE 'J'.
00041      88  WEITERE-DATEN-VORHANDEN                 VALUE 'J'.
00042      88  KEINE-WEITEREN-DATEN                    VALUE 'N'.
00043
00044  PROCEDURE DIVISION.
00045  A000-ERZEUGUNG-AUFKLEBER.
00046      OPEN INPUT ADRESS-DATEI
00047           OUTPUT AUFKLEBER-DATEI.
00048      READ ADRESS-DATEI
00049          AT END  MOVE 'N' TO WEITERE-DATEN-KENNZ.
00050      PERFORM B010-AUSGABE-EIN-AUFKLEBER
00051          UNTIL KEINE-WEITEREN-DATEN.
00052      CLOSE ADRESS-DATEI
00053            AUFKLEBER-DATEI.
00054      STOP RUN.
00055
00056  B010-AUSGABE-EIN-AUFKLEBER.
00057      MOVE SPACES   TO  ADRESSEN-ARBEITS-GEBIET.
00058      MOVE 'N'      TO  UEBERLAUF-KENNZEICHEN.
00059      MOVE ZERO     TO  ZAEHLER-GEFUELLTE-FELDER.
00060
```

Abb. 15.8 Programm zur Adreßschreibung, 1. Teil

```
00061           UNSTRING  ADRESS-SATZ   DELIMITED BY '='
00062               INTO  ADRESS-ZEILE-1
00063                     ADRESS-ZEILE-2
00064                     ADRESS-ZEILE-3
00065                     ADRESS-ZEILE-4
00066                     ADRESS-ZEILE-5
00067                     ADRESS-ZEILE-6
00068            TALLYING IN ZAEHLER-GEFUELLTE-FELDER
00069            ON OVERFLOW  MOVE 'J' TO UEBERLAUF-KENNZEICHEN.
00070           IF  ZAEHLER-GEFUELLTE-FELDER < 3  OR  UEBERLAUF
00071               MOVE 'UNGUELTIGE ADRESSE' TO
00072                    ADRESSEN-ARBEITS-GEBIET.
00073           WRITE AUFKLEBER-SATZ FROM ADRESS-ZEILE-1.
00074           WRITE AUFKLEBER-SATZ FROM ADRESS-ZEILE-2.
00075           WRITE AUFKLEBER-SATZ FROM ADRESS-ZEILE-3.
00076           WRITE AUFKLEBER-SATZ FROM ADRESS-ZEILE-4.
00077           WRITE AUFKLEBER-SATZ FROM ADRESS-ZEILE-5.
00078           WRITE AUFKLEBER-SATZ FROM ADRESS-ZEILE-6.
00079           READ ADRESS-DATEI
00080               AT END  MOVE 'N' TO WEITERE-DATEN-KENNZ.
00081     *********************  PROGRAMMENDE  **********************
```

Abb. 15.9 Programm zur Adreßschreibung, 2. Teil

mehr als fünf Adreßbestandteile (d.h. einschließlich des Namens) enthalten, liegt ebenfalls ein Fehler vor.

Das in den Abb. 15.8 und 15.9 gezeigte Programm liest die Sätze der Eingabedatei und druckt die Adreßaufkleber. Im Paragraphen **A000-ERZEUGUNG-AUFKLEBER** begegnen uns nur bereits vertraute Anweisungen. Der darauffolgende Paragraph **B010-AUSGABE-EIN-AUFKLEBER** sollte besprochen werden; er bringt einiges Neues.

In dem genannten Paragraphen auf der **B**-Ebene beginnen wir mit dem Freimachen der sechs Adreßzeilen und mit dem Zurücksetzen des Kennzeichens, das uns anzeigen soll, ob mehr als fünf Adreßbestandteile vorliegen. Danach übertragen wir Null zu dem Datenelement, das die Adreßbestandteile zählen soll. Der Wert dieses Zählers wird zur Prüfung, ob weniger als zwei Adreßzeilen vorliegen, herangezogen. Die **UNSTRING**-Anweisung ist geradlinig aufgebaut. Zuerst ist der die Bestandteile trennende Begrenzer genannt (**DELIMITED BY ...**). Danach sind die Datenelemente aufgeführt, die die Inhalte der durch den Begrenzer auseinandergehaltenen Bestandteile aufzunehmen haben. Es folgt das Datenelement, das die Zählfunktion (**TALLYING IN ...**) ausüben soll. Schließlich ist noch durch die Angabe **ON OVERFLOW** festgelegt, was mit den restlichen Informationen im abgebenden Datenelement geschehen soll, falls alle genannten aufnehmenden Datenfelder schon gefüllt sind. Die restlichen Anweisungen sind Routine.

Die aufgrund des Inhaltes der vorgegebenen Adreßdatei erzeugte Ausgabe ist in der Abb. 15.10 zu sehen.

```
D. G. GOLDEN
CLEVELAND STATE UNIVERSITY
CLEVELAND, OHIO 44115
USA


HERR KURT RACHHOLZ
OT GEISENBRUNN
FUCHSWEG 14
8031 GILCHING


FRAU A. BUCHMANN
WALDPLATZ 24
WAGENITZ
DDR-1555


FA.
GOLD
ORTSTEIL WALD
PROMENADE 1
7000 STUTTGART

FA. GERAETEBAU
9999 MUSTERSTADT



DITER SELLMER

8099 FRIESACK



UNGUELTIGE ADRESSE




UNGUELTIGE ADRESSE




UNGUELTIGE ADRESSE
```

Abb. 15.10 Ausgabe des Programmes für die Adreßschreibung

15.4 Die Anweisung UNSTRING

Die **UNSTRING**-Anweisung besitzt eine Reihe weiterer Fähigkeiten, die in dem in den Abb. 15.8 und 15.9 gezeigten Programm nicht verwendet wurden. Ihr allgemeines Format ist nachstehend aufgeführt:

UNSTRING bezeichner-1

$\left[\underline{\text{DELIMITED}} \text{ BY } [\underline{\text{ALL}}] \left\{ \begin{matrix} \text{bezeichner-2} \\ \text{literal-1} \end{matrix} \right\} \left[\text{OR } [\underline{\text{ALL}}] \left\{ \begin{matrix} \text{bezeichner-3} \\ \text{literal-2} \end{matrix} \right\} \right] \ldots \right]$

[<u>INTO</u> bezeichner-4 [<u>DELIMITER</u> IN bezeichner-5] [<u>COUNT</u> IN bezeichner-6] ...

[WITH <u>POINTER</u> bezeichner-7] [<u>TALLYING</u> IN bezeichner-8]

[ON <u>OVERFLOW</u> unbedingte-anweisung]

Bei **COBOL-85** kann die Anweisung **UNSTRING** überdies durch die Angabe **END-UNSTRING** abgeschlossen werden.

Die Betrachtung des allgemeinen Formats zeigt, daß die Begrenzer entweder in Form von Bezeichnern oder in Form von Literalen aufgeführt werden können, und daß außerdem eine beliebige Anzahl genannt werden können. Wir könnten deshalb eine **UNSTRING**-Anweisung niederschreiben, die wie folgt aussieht:

UNSTRING SATZ-A DELIMITED BY ALL SPACES OR '/' OR FELD-1 ...

Die Begrenzerangabe würde bei dieser Anweisung bedeuten, daß als Begrenzer entweder ein oder mehrere Leerzeichen oder ein Schrägstrich oder der in **FELD-1** stehende Wert gelten. Auf alle Fälle kann ein Begrenzer aus einem oder aus mehreren Zeichen bestehen.

Durch die optionale Angabe **COUNT IN** kann für jedes aufnehmende Feld festgelegt werden, wieviele Zeichen (ohne Begrenzer!) in dieses Feld bei der Übertragung hineingestellt wurden. Die Zeigeroption (**WITH POINTER**) erlaubt uns, die Stelle im abgebenden Feld festzulegen, ab der die Aufteilung der Kette beginnen soll. Ohne diese Angabe erfolgt die Aufteilung von der ersten Stelle an.

Die beiden Anweisungen **STRING** und **UNSTRING** sind sehr wirkungsvolle Elemente der Programmiersprache **COBOL**. Sie ermöglichen es uns, auf eine einfache Art und Weise Tätigkeiten auszuführen, die sonst extrem schwierig zu erledigen sind. Außerdem sind diese beiden Anweisungen leicht zu begreifen; sie werden daher in der Praxis nicht gerade selten eingesetzt.

KONTROLLFRAGEN

1. Es sind die Inhalte von **BEISPIEL** und von **ZAEHLER** nach Ausführung der in Abb. 15.11 dargestellten **INSPECT**-Anweisungen zu nennen. Die Ausgangswerte des elfstelligen Datenelementes **BEISPIEL** sind in der Abb. 15.11 ebenfalls aufgeführt. Das Datenelement **ZAEHLER** wird vor Ausführung der einzelnen **INSPECT**-Anweisungen stets auf Null gesetzt.

```
INSPECT BEISPIEL TALLYING ZAEHLER           BEISPIEL
    FOR CHARACTERS BEFORE ','.              $128,064.32
INSPECT BEISPIEL REPLACING
    ALL '*' BY SPACE.                       $****12.69
INSPECT BEISPIEL TALLYING ZAEHLER
    FOR ALL '-'    REPLACING                535-22-1583
    ALL '-' BY SPACE.
INSPECT BEISPIEL REPLACING
    FIRST '.' BY 'X'.                       9A6.77X.,XX
INSPECT BEISPIEL TALLYING ZAEHLER
    FOR ALL SPACES.                         HANSbbMEIER
INSPECT BEISPIEL TALLYING ZAEHLER
    FOR ALL '.'    REPLACING
    ALL '.' BY SPACE.                       T.F.X.JONAS
INSPECT BEISPIEL TALLYING ZAEHLER
    FOR ALL LEADING SPACES.                 bbbbbbb1.23
```
Anmerkung: Unter b ist hier das Leerzeichen (SPACE) zu verstehen.

Abb. 15.11 Beispiele für INSPECT-Anweisungen

2. Welcher Unterschied besteht zwischen den Anweisungen **STRING** und **UNSTRING**?

3. Welche Funktion übt die Angabe **DELIMITED** bei der Anweisung **STRING** aus, und welche die Angabe **WITH POINTER**?

4. Was geschieht, wenn bei der Anweisung **UNSTRING** zuviele Teilketten im abgebenden Feld vorhanden sind, d.h. mehr, als Empfangsfelder in der Anweisung genannt sind? Was geschieht, wenn zu wenig Teilketten im abgebenden Feld vorliegen, um alle Empfangsfelder füllen zu können?

ANTWORTEN AUF DIE KONTROLLFRAGEN

1. Es kommt zu den folgenden Ergebnissen:

BEISPIEL	ZAEHLER
keine Änder.	4
$bbbbb12.69	keine Änder.
535b22b1583	2
9A6X77X.,XX	keine Änder.
keine Änder.	2
TbFbXbJONAS	3
keine Änder.	7

Anmerkung: Unter b ist das Leerzeichen zu verstehen.

2. Die Anweisung **STRING** greift die Ketten von mehreren Elementarelementen auf und vereinigt sie in einem anderen (neuen) Feld zu einer einzigen Kette (Verkettungsprozeß). – Die Anweisung **UNSTRING** extrahiert in einem (abgebenden) Feld stehende Teilketten und verteilt sie auf mehrere getrennte Einzelfelder.

3. Die Angabe **DELIMITED** sagt aus, wie das Ende einer Kette in einem abgebenden Feld festzustellen ist. Die Kette kann dabei aus dem gesamten Inhalt des abgebenden Feldes (**SIZE**) bestehen, oder nur aus dem Teil, der einem bestimmten Zeichen bzw. mehreren bestimmten Zeichen vorausgeht. – Die Angabe **WITH POINTER** besagt, an welcher Stelle des Empfangsfeldes mit der Bildung der neuen Kette begonnen werden soll.

4. Wenn nicht genügend Empfangsfelder angegeben worden sind, um alle Teilketten des abgebenden Feldes aufnehmen zu können, kommt es zum Auftreten einer Überlaufbedingung und die in der Angabe **ON OVERFLOW** festgelegten Tätigkeiten werden ausgeführt. Wenn nicht genügend Teilketten im abgebenden Feld vorhanden sind, um alle Empfangsfelder füllen zu können, bleiben die restlichen Empfangsfelder unverändert.

ÜBUNGSAUFGABEN

Die Lösungen der mit einem Sternzeichen versehenen Übungsaufgaben befinden sich im Anhang D dieses Buches.

*1. Es sind **INSPECT**-Anweisungen niederzuschreiben, die die folgenden Tätigkeiten bewirken:
   a) Alle in **ELEMENT-A** enthaltenen Leerzeichen sind durch Nullen zu ersetzen.
   b) Der erste auftretende Buchstabe A im Datenelement **ELEMENT-B** ist durch die Ziffer 2 zu ersetzen.
   c) In **STRING-ZAEHLER** ist die Anzahl der führenden Sternzeichen bei **ELEMENT-C** festzuhalten.
   d) Alle führenden Sternzeichen in **ELEMENT-D** sind in Nullen umzuwandeln und in **ZAEHLER** ist die Anzahl dieser führenden Sternzeichen festzuhalten.
   e) Alle Zeichen von **ELEMENT-E**, die dem ersten Auftreten des Buchstabens X vorausgehen, sind in die Ziffer 9 umzuwandeln.

2. Es sind **INSPECT**-Anweisungen niederzuschreiben, die die folgenden Tätigkeiten bewirken:
   a) Es ist die Anzahl der Kommas in **ENDSUMME** zu zählen. Der sich ergebende Wert ist dem Datenelement **KOMMAS** zuzuweisen.
   b) Das erste Leerzeichen in **NACHNAME** ist durch einen Punkt zu ersetzen.
   c) Alle Zeichen in **FEHLER-FELD** bis zum ersten Bindestrich sind durch Leerzeichen zu ersetzen. Außerdem ist die Anzahl der ersetzten Zeichen nach **ZAEHLER** zu stellen.

```
01  KUNDEN-SATZ.
    05  KUNDEN-NAME.
        10    NACHNAME            PIC X(15).
        10    VORNAME             PIC X(15).
        10    TITEL               PIC X(10).
    05  KUNDEN-ANSCHRIFT.
        10    HAUSNUMMER          PIC X(5).
        10    STRASSE             PIC X(15).
        10    ORTSNAME            PIC X(15).
        10    STAAT               PIC X(15).
        10    POSTLEITZAHL        PIC X(8).
    05  REST-DES SATZES           PIC X(102).
```

Abb. 15.12 Aufbau eines Kundensatzes

*3. Es sei angenommen, daß ein Kundensatz den in der Abb. 15.12 dargestellten Aufbau aufweist.

Das **TITEL** benannte Datenelement enthält die Kundenanrede, wie z.B.
- HERR
- FRAU
- HERR DR.

usw. Es ist ein Programm zu schreiben, das von einem (eingelesenen) Kundensatz ausgeht und die Kopfzeilen sowie die Begrüßungszeile für einen Brief erzeugt. Im produzierten Text soll es an keiner Stelle zusätzliche Leerzeichen geben. Für die Ausgabe soll die folgende Form maßgebend sein:

FRAU MARIANNE SCHMITT
SONNENWEG 1
1553 IRGENDWODORF
b
b
b
Liebe(r) FRAU SCHMITT,

Anmerkung: Unter b ist hier eine Leerzeile zu verstehen.

4. Es liege eine Datei vor, deren Sätze Kopfzeilen wie die bei der Übungsaufgabe 3 enthalten. Die Sätze besitzen das Format **PIC X(50)**. Für jeden Kunden gibt es drei Sätze. Es werde weiterhin vorausgesetzt, daß alle Sätze frei von Fehlern sind.
Es ist ein Programm zu schreiben, das die Sätze dieser Datei einliest und eine Datei von Kundenadressen erzeugt, deren Sätze das gleiche Aussehen haben wie die in der Abb. 15.12 dargestellten Sätze. Das Datenelement **REST-DES-SATZES** ist stets mit Leerzeichen zu füllen.

16. Der Listenschreiber (Report Writer)

16.1 Einführung

Fast alle von uns bisher besprochenen Programme erforderten in irgendeiner Form eine gedruckte Ausgabe. Wir strebten stets danach, die Druckausgabe aus Platzgründen und zur Vermeidung unnötigen Aufwands so einfach wie möglich zu gestalten. Bei den in der Praxis eingesetzten Programmen kann jedoch die Vorbereitung der formatierten Ausgabe bei Listen fast genausoviel Mühe erfordern wie die Ermittlung der in die Listen aufzunehmenden Resultate. Das gilt besonders für die Listen, die Gruppenkontrollen einschließen. In Kap. 9 haben wir das wohl deutlich genug erkannt. Bevor wir in die weiteren Besprechungen eintreten, ist es sicher ratsam, wenn wir noch einmal auf dieses Kapitel zurückblicken.

In diesem Kapitel wollen wir einige Einrichtungen von **COBOL** vorstellen, die uns helfen können, die Erstellung von Listen bzw. Berichten zu vereinfachen. Wir werden zunächst mit einigen Optionen beginnen, die speziell für Druckdateien zur Verfügung stehen. Anschließend werden wir den *Listenschreiber*, auch *Listenprogramm* genannt, besprechen.

16.2 Zusätzliche Möglichkeiten bei Druckdateien

Eine Aufgabe, die bei der Erstellung der meisten Berichte anfällt, ist die Erzeugung eines *Berichtskopfes* (*Listenkopfes*) auf jeder Seite des Berichtes (der Liste). Unter Benutzung des bisher behandelten Stoffes erforderte das u.a. die Definition einer Variablen zur Zählung der einzelnen Zeilen einer Seite. Dieser Zähler muß zu Programmbeginn initialisiert und jedes Mal erhöht werden, wenn eine Zeile gedruckt bzw. übersprungen wurde. Er muß weiterhin laufend überprüft werden, damit wir erkennen können, ob wir bereits am *Fuße* der Seite angelangt sind. Wenn das der Fall ist, müssen wir einen Vorschub des Druckpapiers auf die nächste Seite veranlassen und den *Zeilenzähler* wieder zurücksetzen. Den größten Teil dieser Tätigkeiten können wir **COBOL** überlassen, wenn wir die *Seitenaufbauklausel* (**LINAGE**-Klausel) bei einer Druckdatei benutzen. Um zu demonstrieren, wie diese Klausel arbeitet, wollen wir das in den Abb. 8.18 bis 8.21 gezeigte Programm für die Lohnabrechnung entsprechend modifizieren. Dadurch soll ermöglicht werden, daß eine mehrseitige Liste mit Überschriften auf jeder Seite gedruckt werden kann. Um unser Augenmerk nicht abzulenken, haben wir diejenigen Programmteile weggelassen, die sich nicht auf die Listenerstellung beziehen. Das modifizierte Programm ist in den Abb. 16.1 bis 16.3 zu sehen.

Die **SELECT**-Statements und die **FD**-Eintragungen für **LOHN-DATEI** sind die gleichen wie bei Abb. 8.18. Die **FD**-Eintragung für **DRUCK-DATEI** weist aber eine neue Klausel auf, die **LINAGE**-Klausel. Durch diese wird eine *Listenseite* in drei Teile aufgeteilt:

- *Seitenkopf* (**LINES AT TOP**) mit leeren Zeilen
- *Seitenende* (**LINES AT BOTTOM**) mit leeren Zeilen
- *Seitenrumpf* (**LINAGE**)

Der Seitenrumpf enthält den gesamten, vom **COBOL**-Programm ausgegebenen Text einschließlich der Überschriften.

In dem in den Abb. 16.1 bis 16.3 gezeigten Programm sind beispielsweise drei Leerzeilen am Seitenanfang, drei Leerzeilen am Seitenende und 15 Zeilen für den Seitenrumpf vorgesehen. Somit besteht eine Seite aus 21 Zeilen. Zum Seitenrumpf gehören auch die fünf Überschriftszeilen (2 Textzeilen und 3 Leerzeilen). Normalerweise umfaßt eine Seite mehr als 21 Zeilen, meistens 66. Die hier definierte kürzere Seite gilt nur für dieses Beispiel. Würde die Lohnliste auf Druckpapier in den Standardabmessungen gedruckt, müßte die **LINAGE**-Klausel wie folgt aussehen:

LINAGE IS 60 LINES
    WITH FOOTING AT 60
    LINES AT TOP 3
    LINES AT BOTTOM 3

Die Klausel **FOOTING** hat in Verbindung mit der **WRITE**-Anweisung eine Bedeutung; wir werden im weiteren Verlauf dieses Abschnittes darüber kurz sprechen.

Mit Ausnahme einiger geringfügiger Änderungen gleicht der erste Paragraph des Prozedurteils dem ersten Paragraphen im ursprünglichen Programm für die Lohnabrechnung (siehe Abb. 8.19). Zuerst wird das Tagesdatum geholt und anschließend in das dafür vorgesehene Feld der ersten Überschriftszeile übertragen. Diese Überschriftszeile kann von nun an wiederholt gedruckt werden, ohne daß eine erneute Hineinstellung des Tagesdatums erforderlich ist. Durch die Anweisung **MOVE CORRESPONDING** ist dafür gesorgt worden, daß die einzelnen Bestandteile des geholten Tagesdatums in der vorgesehenen Reihenfolge auf der Liste erscheinen. Die zweite Änderung liegt in der **PERFORM**-Anweisung vor, die sich jetzt auf den Paragraphen **B010-BERECHNUNG-LOHN** bezieht und nicht mehr wie früher auf den Paragraphen **B020-BERECHNUNG-LOHN**. Es gibt bei dieser neuen Fassung des Programmes nur noch einen einzigen Paragraphen auf der **B**-Ebene.

```
00001    IDENTIFICATION DIVISION.
00002    PROGRAM-ID.
00003         LOHNABR5.
00004    DATE-WRITTEN.
00005         APRIL 25, 1987 (DEUTSCH: 01.05.1989).
00006
00007    ENVIRONMENT DIVISION.
00008    INPUT-OUTPUT SECTION.
00009    FILE-CONTROL.
00010         SELECT LOHN-DATEI            ASSIGN TO S-LOHND.
00011         SELECT DRUCK-DATEI           ASSIGN TO S-DRUCKD.
00012
00013    DATA DIVISION.
00014    FILE SECTION.
00015    FD  LOHN-DATEI
00016         LABEL RECORDS ARE OMITTED.
00017    01  LOHN-SATZ.
00018         05  E-PERS-NR        PIC X(5).
00019         05  E-NAME           PIC X(20).
00020         05  E-ARB-ST         PIC 99V9.
00021         05  FILLER           PIC XXX.
00022         05  E-ST-LOHN        PIC 99V999.
00023         05  E-ANGEH          PIC 99.
00024         05  FILLER           PIC X(42).
00025
00026    FD  DRUCK-DATEI
00027         LABEL RECORDS ARE OMITTED
00028         LINAGE IS 15 LINES
00029               WITH FOOTING AT 15
00030               LINES AT TOP 3
00031               LINES AT BOTTOM 3.
00032    01  DRUCK-SATZ            PIC X(76).
00033
00034    WORKING-STORAGE SECTION.
00035
00036         :
00040    77  W-KEINE-DAT           PIC X      VALUE 'N'.
00041         88  KEIN-SATZ-MEHR              VALUE 'J'.
00042         :
00051    01  UEBERSCHRIFT-1.
00052         05  FILLER           PIC X.
00053         05  FILLER           PIC X(28) VALUE
00054              'LISTE DER ERRECHNETEN LOEHNE'.
00055         05  FILLER           PIC X(39) VALUE SPACES.
00056         05  LISTEN-DATUM.
00057              10  TT          PIC Z9/.
00058              10  MM          PIC 99/.
00059              10  JJ          PIC 99.
00060
00061    01  UEBERSCHRIFT-2.
00062         05  FILLER           PIC X.
00063         05  FILLER           PIC X(41) VALUE
00064              'PSNR      NAME             STD.    SLOHN'.
00065         05  FILLER           PIC X(31) VALUE
00066              '  AN   BRUTTO   STEUER   NETTO'.
00067
```

Abb. 16.1 Programm zur Erstellung einer Lohnliste unter Benutzung der LINAGE-Klausel, 1. Teil

```
00068      01  NORMAL-ZEILE.
00069          05   FILLER              PIC X.
00070          05   D-PERS-NR           PIC X(5).
00071          05   D-NAME              PIC BBX(20).
00072          05   D-ARB-ST            PIC BBZ9.9.
00073          05   D-ST-LOHN           PIC BBZ9.999.
00074          05   D-ANGEH             PIC BBZ9.
00075          05   D-BRUTTO            PIC BB$$$9.99.
00076          05   D-STEUER            PIC BB$$$9.99.
00077          05   D-NETTO             PIC BB$$$9.99.
00078
00079      01  FEHLER-ZEILE.
00080          05   FILER               PIC X.
00081          05   FALSCHE-DATEN       PIC X(38).
00082          05   FILLER              PIC X(4).
00083          05   FEHLER-NACHR        PIC X(27).
00084
00085      01  NACHRICHT-1              PIC X(27) VALUE
00086          'UNGUELTIGE DATEN IM SATZ'.
00087      01  NACHRICHT-2              PIC X(27) VALUE
00088          'BRUTTO WAHRSCH. ZU GROSS'.
00089
00090      01  TAGES-DATUM.
00091          05   JJ                  PIC 99.
00092          05   MM                  PIC 99.
00093          05   TT                  PIC 99.
00094
00095
00096      PROCEDUE DIVISION.
00097      A000-LOHN-BERECHNUNG.
00098          OPEN  INPUT LOHN-DATEI
00099                OUTPUT DRUCK-DATEI.
00100          ACCEPT TAGES-DATUM FROM DATE.
00101          MOVE CORRESPONDING  TAGES-DATUM TO LISTEN-DATUM.
00102          PERFORM X010-DRUCKEN-UEBERSCHRIFTEN.
00103          PERFORM C010-HOLEN-GUELTIGEN-LOHNSATZ.
00104          PERFORM B010-BERECHNUNG-LOHN
00105              UNTIL KEIN-SATZ-MEHR.
00106          CLOSE LOHN-DATEI
00107                DRUCK-DATEI.
00108          STOP RUN.
00109
00110      B010-BERECHNUNG-LOHN.
00111          PERFORM C020-BERECHNUNG-BRUTTOLOHN.
00112          IF   KEIN-UEBERLAUF
00113               PERFORM C030-BERECHNUNG-FREIBETRAG-S
00114               PERFORM C040-BERECHNUNG-STEUER
00115               PERFORM C050-BERECHNUNG-NETTOLOHN
00116               PERFORM C060-DRUCKEN-ZEILE
00117          ELSE
00118               PERFORM C070-DRUCKEN-FEHLER.
00119          PERFORM C010-HOLEN-GUELTIGEN-LOHNSATZ.
00120
00121        :
             :
00157      C060-DRUCKEN-ZEILE.
00158          MOVE E-PERS-NR           TO D-PERS-NR.
00159          MOVE E-NAME              TO D-NAME.
00160          MOVE E-ARB-ST            TO D-ARB-ST.
00161          MOVE E-ST-LOHN           TO D-ST-LOHN.
00162          MOVE E-ANGEH             TO D-ANGEH.
```

Abb. 16.2 Programm zur Erstellung einer Lohnliste unter Benutzung der LINAGE-Klausel, 2. Teil

```
00163           MOVE W-BRUTTO              TO D-BRUTTO.
00164           MOVE W-STEUER              TO D-STEUER.
00165           MOVE W-NETTO               TO D-NETTO.
00166           WRITE DRUCK-SATZ FROM NORMAL-ZEILE
00167               AFTER ADVANCING 1 LINE
00168               AT END-OF-PAGE
00169                   PERFORM X010-DRUCKEN-UEBERSCHRIFTEN.
00170
00171       C070-DRUCKEN-FEHLER.
00172           MOVE LOHN-SATZ             TO FALSCHE-DATEN.
00173           MOVE NACHRICHT-2           TO FEHLER-NACH.
00174           WRITE DRUCK-SATZ FROM FEHLER-ZEILE
00175               AFTER ADVANCING 1 LINE
00176               AT EOP  PERFORM X010-DRUCKEN-UEBERSCHRIFTEN.
00177
00178       :
            :
00187       E020-PRUEFEN-LOHNSATZ.
00188           IF      E-PERS-NR IS NOT NUMERIC
00189               OR E-ARB-ST IS NOT NUMERIC
00190               OR E-ST-LOHN IS NOT NUMERIC
00191               OR E-ANGEH  IS NOT NUMERIC
00192                   MOVE LOHN-SATZ          TO FALSCHE-DATEN
00193                   MOVE NACHRICHT-1        TO FEHLER-NACH
00194                   WRITE DRUCK-SATZ FROM FEHLER-ZEILE
00195                       AFTER ADVANCING 1 LINE
00196                       AT EOP  PERFORM X010-DRUCKEN-UEBERSCHRIFTEN
00197           ELSE
00198                   MOVE 'J' TO W-GUELT-S.
00199
00200       X010-DRUCKEN-UEBERSCHRIFTEN.
00201           WRITE DRUCK-SATZ FROM UEBERSCHRIFT-1
00202               AFTER ADVANCING PAGE.
00203           WRITE DRUCK-SATZ FROM UEBERSCHRIFT-2
00204               AFTER ADVANCING 2 LINES.
00205           MOVE SPACES TO DRUCK-SATZ.
00206           WRITE DRUCK-SATZ AFTER ADVANCING 2 LINES.
00207
00208
00209       *******************   ENDE DES PROGRAMMES   *******************
```

Abb. 16.3 Programm zur Erstellung einer Lohnliste unter Benutzung der LINAGE-Klausel, 3. Teil

Im Paragraphen **B010-BERECHNUNG-LOHN** ist gegenüber dem gleichbedeutenden Paragraphen des ursprünglichen Programmes (siehe Abb. 8.19) nur eine einzige Änderung erfolgt. Die Anweisungen zum Drucken einer Fehlernachricht bei Vorliegen fehlerhafter Eingabedaten wurden in einen neuen Paragraphen transferiert, der im **ELSE**-Zweig mittels einer **PERFORM**-Anweisung angesprochen wird.

Die Paragraphen **C010-HOLEN-GUELTIGEN-LOHNSATZ** bis **C050-BERECHNUNG-NETTOLOHN** sind gegenüber der Abb. 18.20 unverändert geblieben; auf ihre erneute Darstellung wurde deshalb verzichtet. Wir kommen nunmehr zum Paragraphen **C060-DRUCKEN-ZEILE**, dessen **WRITE**-Anweisung erläutert werden muß. Sie weist eine bisher nicht bekannte neue Angabe, nämlich **END-OF-PAGE** auf. Diese steht in Verbindung mit der **LINAGE**-Klausel in der **FD**-Eintragung für die betreffende Datei: Sie sagt aus, wenn es an der Zeit ist, zu einer neuen Seite überzugehen. Wenn für eine Datei die **LINAGE**-Klausel angegeben ist, bringt **COBOL** automatisch eine spezielle reservierte Variable hervor, die unter dem Namen **LINAGE-COUNTER** angesprochen werden kann. Wenn die betreffende Datei für die Ausgabe eröffnet wird oder wenn eine neue Listenseite begonnen wird, wird dieser Variablen automatisch der Wert 1 zugewiesen. Immer, wenn nur ein Satz in die Datei geschrieben wird, wird der Wert von **LINAGE-COUNTER** um die Anzahl der Zeilen erhöht, die in der Angabe **ADVANCING** angegeben ist, so daß der Inhalt von **LINAGE-COUNTER** stets auf die soeben beschriebene Zeile zeigt. Wird nun durch eine **WRITE**-Anweisung verursacht, daß der Inhalt von **LINAGE-COUNTER** größer oder gleich dem in der **FOOTING**-Klausel angegebenen Wert ist, kommt es zum Auftreten der *Seitenendebedingung* (**END-OF-PAGE**), was zur Folge hat, daß die in dieser Angabe genannte unbedingte Anweisung ausgeführt wird.

Über die Reihenfolge, in der diese Tätigkeiten stattfinden, muß nachgedacht werden. Wenn der Wert von **LINAGE-COUNTER** größer als oder gleich dem in der **FOOTING**-Klausel aufgeführten Wert ist, wird von der **WRITE**-Anweisung noch die augenblickliche Zeile ausgegeben; erst danach werden die in der Angabe **END-OF-PAGE** festgelegten Tätigkeiten ausgeführt. Was das bedeutet, wollen wir uns anhand unseres jetzigen Programmbeispiels einmal klar machen. Zu Beginn des Programmablaufes werden am Seitenanfang Überschriftszeilen gedruckt. Diese nehmen einschließlich der beiden Leerzeilen nach der zweiten Textzeile insgesamt fünf Zeilen in Anspruch. Am Ende der Ausgabe der Überschriftszeilen enthält also **LINAGE-COUNTER** den Wert 5. Die **WRITE**-Anweisung, durch die die erste Lohnzeile gedruckt wird, weist die Angabe

ADVANCING 1 LINE

auf. Damit wird der Wert von **LINAGE-COUNTER** auf 6 erhöht. Das setzt sich in der gleichen Weise bei den nächsten acht Lohnzeilen fort. Wenn das Programm bereit ist, die 10. Lohnzeile zu drucken (auf Zeile 15 der Liste also!), finden der Reihe nach die folgenden Aktionen statt:

1) Der Wert von **LINAGE-COUNTER** wird auf 15 erhöht.

2) Das Programm stellt fest, daß der Wert von **LINAGE-COUNTER** gleich dem bei **FOOTING** angegebenen Wert ist, und bereitet sich deshalb auf die Bedingung **END-OF-PAGE** vor.

3) Die **WRITE**-Anweisung bedruckt die laufende Zeile, d.h. die Zeile, auf die der Inhalt von **LINAGE-COUNTER** zeigt.

4) Die in der Angabe **END-OF-PAGE** genannten Tätigkeiten werden ausgeführt.

5) Infolge der Tätigkeiten bei **END-OF-PAGE** wird der Drucker veranlaßt, das Druckpapier auf die nächste Seite vorzuschieben. Das Spezialregister **LINAGE-COUNTER** wird auf 1 zurückgesetzt.

Die **WRITE**-Anweisung im Paragraphen **C070-DRUCKEN-FEHLER** ist fast identisch mit der im Paragraphen **C060-DRUCKEN-ZEILE** enthaltenen, außer daß an Stelle von **END-OF-PAGE** die Abkürzung **EOP** benutzt ist. Diese Abkürzung hat die gleiche Bedeutung wie **END-OF-PAGE**. Wir benutzten nur deshalb beide Schreibweisen, um die Alternativen zu demonstrieren.

Im Paragraphen **X010-DRUCKEN-UEBERSCHRIFTEN** begegnen wir einer neuen Einrichtung, nämlich der Angabe

AFTER ADVANCING PAGE

bei der ersten **WRITE**-Anweisung. Sie wirkt beinahe genau so wie die Definition eines mnemonischen Namens für **C01** im Paragraphen **SPECIAL-NAMES**; wir verfuhren bei früheren Programmen bekanntlich in dieser Weise. Es gibt jedoch zwei gravierende Unterschiede bei diesen beiden Alternativen. Erstens ist die Option **PAGE** eine Standardoption für alle gegenwärtigen **COBOL**-Kompilierer, die Niederschrift von **C01** ist jedoch nur bei Großrechnern der IBM möglich: **C01** ist eben ein typisches Herstellerwort, d.h. ein von einem Kompilierer-Hersteller festgelegter Name. Zweitens würde die Konvention **C01** keinesfalls einwandfrei im Zusammenhang mit der **LINAGE**-Klausel in der **FD**-Eintragung arbeiten.

Wir sind nunmehr so weit, daß wir das allgemeine Format der **WRITE**-Anweisung zeigen können.

WRITE satzname [**FROM** bezeichner-1]

$$\left[\left\{ \begin{array}{l} \underline{\text{BEFORE}} \\ \underline{\text{AFTER}} \end{array} \right\} \text{ADVANCING} \left\{ \begin{array}{l} \left\{ \begin{array}{l} \text{bezeichner–2} \\ \text{ganze-zahl-1} \end{array} \right\} \left[\begin{array}{l} \underline{\text{LINE}} \\ \underline{\text{LINES}} \end{array} \right] \\ \left\{ \begin{array}{l} \text{merkname-1} \\ \underline{\text{PAGE}} \end{array} \right\} \end{array} \right\} \right]$$

$$\left[\text{AT} \left\{ \begin{array}{l} \underline{\text{END-OF-PAGE}} \\ \underline{\text{EOP}} \end{array} \right\} \text{unbedingte-anweisung} \right]$$

```
LISTE DER ERRECHNETEN LOEHNE                                          13/05/89

PSNR           NAME              STD.    SLOHN    AN    BRUTTO    STEUER    NETTO

12345    THOS H. KELLY           20.0    5.350     0    $107.00   $22.47    $84.53
12401    HENRIETTE JOHNSON       40.0    7.500     1    $300.00   $52.50   $247.50
12511    DAGMAR DOOLITTLE        40.0    7.500     3    $300.00   $31.50   $268.50
UILKMB. R. BROOKS        400    0575002         UNGUELTIGE DATEN IM SATZ
26017    JANE MILANO             10.0    6.875     3     $68.75    $0.00    $68.75
12  4KAY DELUCCIA         400    0600004        UNGUELTIGE DATEN IM SATZ
26109    PETER W. SHERWOOD       40.0   10.000     5    $400.00   $31.50   $368.50
26222    GEORGE M. MULVANEY      41.0   10.000     5    $415.00   $34.65   $380.35
26500A. W. ENWRIGHT        40    0545001        UNGUELTIGE DATEN IM SATZ
27511    RUTH GARRISON           50.0   10.000     4    $550.00   $73.50   $476.50

--------------------------------------------------------------------------------


LISTE DER ERRECHNETEN LOEHNE                                          13/05/89

PSNR           NAME              STD.    SLOHN    AN    BRUTTO    STEUER    NETTO

28819    LEO X. BUTLER           40.1   10.000     2    $401.50   $63.32   $338.18
28820D. X. IANNUZZI      450    4.50003         UNGUELTIGE DATEN IM SATZ
28821K. L. NG, JR.       350     450003         UNGUELTIGE DATEN IM SATZ
28822DANIEL REINER       350    045000C         UNGUELTIGE DATEN IM SATZ
28822L. E. SIMON         388    06000 3         UNGUELTIGE DATEN IM SATZ
2883QA. REAL BAD-ONE      3 8   4.5KJXX         UNGUELTIGE DATEN IM SATZ
7HGV6UNRAT-FALL-1              ..M.,M.,M.       UNGUELTIGE DATEN IM SATZ
 NJI9UNRAT-FALL-2        GV 6 46  8   H         UNGUELTIGE DATEN IM SATZ
      UNRAT-FALL-3  ------------++++++,M        UNGUELTIGE DATEN IM SATZ
29000    ANNE HENDERSON          40.2   10.000     3    $403.00   $53.13   $349.87

--------------------------------------------------------------------------------


LISTE DER ERRECHNETEN LOEHNE                                          13/05/89

PSNR           NAME              STD.    SLOHN    AN    BRUTTO    STEUER    NETTO

29001    SEBASTIAN WIESER        40.3   10.000     1    $404.50   $74.45   $330.05
99999IMA TESTCASE        999    9999999         BRUTTO WAHRSCH. ZU GROSS
```

Abb. 16.4 Mehrseitige Ausgabe des Programmes für die Lohnabrechnung

Die Ausgabe unseres in den Abb. 16.1 bis 16.3 gezeigten Beispielprogrammes ist in der Abb. 16.4 zu sehen. Sic gleicht im wesentlichen der des ursprünglichen, in den Abb. 8.18 bis 8.21 dargestellten Programmes. Wir erkennen je drei Leerzeilen am Anfang und am Ende jeder Seite. Durch gestrichelte Linien ist bei dieser Abbildung angezeigt, wo die einzelnen Seiten beendet sind.

Wir wollen diesen Abschnitt mit dem (erneuten) Hinweis beenden, daß man sich auf **LINAGE-COUNTER** jederzeit im Prozedurteil beziehen kann; der in **LINAGE-COUNTER** enthaltene Wert kann jedoch niemals geändert werden. Wenn wir beispielsweise beabsichtigen sollten, daß mehrere Zeilen über den Seitenrumpf hinaus geschrieben werden, um so die Aufsplitterung eines zusammengehörigen Textes über zwei Seiten hinweg zu vermeiden, könnte man wie folgt codieren:

    IF LINAGE-COUNTER IS GREATER THAN 55
    PERFORM X010-DRUCKEN-UEBERSCHRIFTEN.

Wenn mehr als eine Datei mit der **LINAGE**-Klausel definiert ist, muß man eine Kennzeichnung mit dem Dateinamen vornehmen, also beispielsweise schreiben:

    IF LINAGE-COUNTER OF FEHLER-DATEI IS GREATER THAN 55 ···

16.3 Konzepte des Listenschreibers

Obgleich die Klausel **LINAGE** und die Angabe **END-OF-PAGE** dem Programmierer manche Arbeit abnehmen können, wenn er Programme zur Erstellung von Listen schreiben muß, bleibt doch noch eine gehörige Portion Arbeit übrig. Viele der zur Listenerstellung benötigten Teilaufgaben wiederholen sich von Liste zu Liste und folgen bei vielen Listenarten einem bestimmten Muster. Die Funktion des Listenschreibers liegt darin, daß der Computer dem Programmierer die Routinearbeiten abnehmen soll. Im einzelnen kann der Listenschreiber die folgenden Aktivitäten übernehmen:

1) Ermittlung von Gruppenwechseln,
2) Errechnung von Gruppensummen, aber auch die Errechnung der Gesamtsumme für einen Bericht,
3) Drucken von Überschriften vor und nach den Gruppenleisten,
4) Steuerung des Seitenformats, einschließlich der Erzeugung von Überschriften am Seitenanfang und von Fußnotizen am Ende jeder Seite.

Die den Listenschreiber steuernden und kontrollierenden Statements findet man an drei verschiedenen Stellen im Programm:

1) Im Dateienkapitel ist die **FD**-Eintragung für eine Listendatei um eine Klausel zu ergänzen, durch die im Programm ausgesagt wird, daß die Liste mit Hilfe des Listenschreibers zu erzeugen ist.
2) In den Datenteil ist ein neues Kapitel aufzunehmen, das *Listenkapitel* genannt wird. Es trägt den Namen **REPORT SECTION**. Im Listenkapitel wird das Aussehen der Liste festgelegt. Darin sind eingeschlossen die Beschreibung des Formats der Listenseiten, die Erklärung der Überschriften und der Fußnotizen, die Definition der Kontrollgruppen und der Kontrollvariablen sowie eine generelle Festlegung des Aufbaus der einzelnen Zeilen und die Nennung des Herkunftsortes der Daten.
3) In den Prozedurteil sind einige wenige Anweisungen aufzunehmen, die die Listenausgabe starten, die sagen, welche Daten bei der Erstellung der Liste verwendet werden sollen, und die die Listenausgabe beenden.

Die Masse der neuen Spezifikation fällt in das Listenkapitel des Datenteils. In den meisten Fällen wird uns die Definition des Listenformats die größte Mühe bereiten. Ist diese Arbeit getan, fällt uns das übrige fast in den Schoß.

Um zu demonstrieren, wie der Listenschreiber arbeitet, wollen wir das in den Abb. 9.10 bis 9.12 dargestellte Programm für die dreistufige Gruppenkontrolle entsprechend abändern.

16.4 Programm für die dreistufige Gruppenkontrolle

Man erinnere sich, daß das Programm für die dreistufige Gruppenkontrolle auf einem einfachen Verkaufs-Abrechnungssystem fußte. Eine Firma hat ihren Absatzmarkt in mehrere Verkaufsgebiete unterteilt; jedes dieser Gebiete ist durch eine fünfstellige Gebietsnummer gekennzeichnet. Zusätzlich sind auch die Verkäufer durch eine fünfstellige Verkäufernummer identifiziert und die Rechnungen ebenfalls durch eine fünfstellige Rechnungsnummer ausgezeichnet. Als Eingabe für dieses Programm dienen Verkaufssätze, die nacheinander die folgenden Daten enthalten:

--- Gebietsnummer
--- Verkäufernummer
--- Rechnungsnummer
--- Verkaufsbetrag.

Die Verkaufssätze bilden in ihrer Gesamtheit die sogenannte Verkaufsdatei; diese ist sortiert nach Gebietsnummern, innerhalb dieser nach Verkäufernummern und innerhalb der Verkäufernummern nach

Rechnungsnummern. Der Zweck dieses Programmes war die Erstellung eines Verkaufsberichtes, in dem die gesamten Verkaufserlöse pro Gebiet, innerhalb der Gebiete die Gesamterlöse pro Verkäufer und schließlich für jeden Verkäufer die Gesamterlöse pro Rechnung aufgelistet sind. In der Abb. 9.1 zeigten wir beispielhaft eine Listenausgabe dieses Programmes. Um das Nachsehen zu erleichtern, ist diese Liste in der Abb. 16.5 noch einmal dargestellt.

```
GEBIET    GESAMT    VERKAEUFER    GESAMT    RECHNUNG    GESAMT         ENDSUMME    SEITE  1

                                                20       $17.00
                                                24       $36.00
                                                27      $184.00
                         1         $237.00
                                                17       $26.00
                                                24      $266.90
                         2         $292.90
                                                10       $87.50
                                                16       $54.75
                        12         $142.25
   1     $672.15
                                                40       $50.12
                                                41      $105.99
                         4         $156.11
                                                44    $1,594.14
                        39       $1,594.14
   2    $1,750.25
                                                30    $1,180.94
                                                35       $69.26
                                                38      $157.43
                                                49       $45.00
                                                60    $1,234.56
                                                78      $276.02
                        15       $2,963.21
   3    $2,963.21
                                                                        $5,385.61
```

Abb. 16.5 Beispiel für die Ausgabe eines Programmes für die dreistufige Gruppenkontrolle (Reproduktion der Abb. 9.1)

Der in der Abb. 16.5 gezeigte Bericht ist unüblich in dem Sinne, daß die einzelnen Verkaufssätze, die Einzelsätze also, die die Grunddaten enthalten, nicht im Bericht erscheinen. Dieser Bericht stellt demnach wirklich nur eine Zusammenfassung dar, die allein die Gesamtsummen für jede der drei Kontrollvariablen aufzeigt. Infolgedessen werden wir mit einem Programm beginnen, das eine geringfügig abgeänderte Liste produziert: Sie geht neben den Gesamtsummen auch auf die einzelnen Verkaufssätze ein. Das neue dermaßen erweiterte Programm wurde unter Benutzung des Listenschreibers codiert und ist in den Abb. 16.6 und 16.7 aufgeführt.

Wir wollen nunmehr die Änderungen besprechen, die gegenüber dem in den Abb. 9.10 bis 9.12 dargestellten Programm von uns vorgenommen wurden.

Die erste Änderung betrifft die **FD**-Eintragung für **BERICHTS-DATEI**. Zwei neue Klauseln, nämlich die Klauseln **REPORT IS** und **RECORD CONTAINS** sind hinzugekommen. Aber gänzlich überraschend ist wohl die Tatsache, daß die Satzbeschreibung für diese Datei fehlt! Die Klausel

```
00001      IDENTIFICATION DIVISION.
00002      PROGRAM-ID.
00003          DREISTUF.
00004      AUTHOR.
00005          D. GOLDEN.
00006      DATE-WRITTEN.
00007          APRIL 27, 1987 (DEUTSCH: 13. MAI 1989).
00008  *
00009  *   DIESES PROGRAMM ERZEUGT EINEN DREISTUFIGEN
00010  *   UEBERSICHTSBERICHT FUER EIN VERKAUFS-ABRECHNUNGSSYSTEM
00011  *   (UNTER BENUTZUNG DES LISTENSCHREIBERS VON COBOL)
00012  *
00013  ENVIRONMENT DIVISION.
00014  INPUT-OUTPUT SECTION.
00015  FILE CONTROL.
00016      SELECT VERKAUFS-DATEI         ASSIGN TO S-VERKAUF.
00017      SELECT BERICHTS-DATEI         ASSIGN TO S-BERICHT.
00018
00019  DATA DIVISION.
00020  FILE SECTION.
00021
00022  FD  VERKAUFS-DATEI
00023      LABEL RECORDS ARE OMITTED.
00024  01  VERKAUFS-SATZ.
00025      05  GEBIETS-NUMMER            PIC X(5).
00026      05  VERKAEUFER-NUMMER         PIC X(5).
00027      05  RECHNUNGS-NUMMER          PIC X(5).
00028      05  BETRAG                    PIC 9(5)V99.
00029      05  FILLER                    PIC X(68).
00030
00031  FD  BERICHTS-DATEI
00032      REPORT IS VERKAUFS-BERICHT
00033      RECORD CONTAINS 133 CHARACTERS
00034      LABEL RECORDS ARE OMITTED.
00035
00036  WORKING-STORAGE SECTION.
00037
00038  77  MEHR-DATEN-KENNZ              PIC X.
00039      88  KEINE-WEITEREN-DATEN              VALUE 'N'.
00040
00041  REPORT SECTION.
00042  RD  VERKAUFS-BERICHT
00043      CONTROLS ARE FINAL
00044                  GEBIETS-NUMMER
00045                  VERKAEUFER-NUMMER
00046                  RECHNUNGS-NUMMER
00047      PAGE LIMIT IS 63 LINES
00048          HEADING 4
00049          FIRST DETAIL 7
00050          LAST DETAIL   59
00051          FOOTING       63.
00052  01  TYPE IS PAGE HEADING LINE    IS 4.
00053      05  COLUMN 1                  PIC X(43)
00054          VALUE 'GEBIET    GESAMT   VERKAEUFER     GESAMT'.
00055      05  COLUMN 52                 PIC X(47)
00056          VALUE 'RECHNUNG   GESAMT              ENDSUMME'.
00057      05  COLUMN 99                 PIC X(6)
00058          VALUE 'SEITE'.
00059      05  COLUMN 105                PIC Z9
00060          SOURCE IS PAGE-COUNTER.
```

Abb. 16.6 Programm zur Erstellung eines Berichtes mit dreistufiger Gruppenkontrolle unter Benutzung des Listenschreibers, 1. Teil

16.4 Programm für die dreistufige Gruppenkontrolle

```
00061    01  EINZEL-ZEILE       TYPE DETAIL LINE       PLUS 1
00062        COLUMN 66                            PIC $$$$,$$9.99
00063        SOURCE IS  BETRAG.
00064    01  TYPE CONTROL FOOTING RECHNUNGS-NUMMER LINE   PLUS 1.
00065        05  COLUMN 55                        PIC Z(4)9
00066            SOURCE IS  RECHNUNGS-NUMMER.
00067        05  RECHNUNGS-SUMME-AUS   COLUMN 62
00068                                             PIC $$$$,$$9.99
00069                      SUM BETRAG.
00070    01  TYPE CONTROL FOOTING VERKAUEFER-NUMMER LINE  PLUS 1.
00071        05  COLUMN 24                        PIC Z(4)9
00072            SOURCE IS  VERKAEUFER-NUMMER.
00073        05  VERKAEUFER-SUMME-AUS COLUMN 37
00074                                             PIC $$$$,$$9.99
00075                      SUM RECHNUNGS-SUMME-AUS.
00076    01  TYPE CONTROL FOOTING GEBIETS-NUMMER LINE    PLUS 1.
00077        05  COLUMN 1                         PIC ZZZ9
00078            SOURCE IS  GEBIETS-NUMMER.
00079        05  GEBIETS-SUMME-AUS COLUMN 10
00080                                             PIC $$$$,$$9.99
00081                      SUM VERKAEUFER-SUMME-AUS.
00082    01  TYPE CONTROL FOOTING FINAL LINE     PLUS 1.
00083        05  COLUMN 83                        PIC $$$$,$$9.99
00084                      SUM GEBIETS-SUMME-AUS.
00085
00086
00087    PROCEDURE DIVISION.
00088    A000-ERST-VERK-BERICHT.
00089        OPEN  INPUT VERKAUFS-DATEI
00090              OUTPUT BERICHTS-DATEI.
00091        MOVE 'J' TO MEHR-DATEN-KENNZ.
00092        INITIATE VERKAUFS-BERICHT.
00093        READ VERKAUFS-DATEI
00094            AT END  MOVE 'N' TO MEHR-DATEN-KENNZ.
00095        PERFORM  B010-ERZEUGEN-VERK-BERICHT
00096             UNTIL  KEINE-WEITEREN-DATEN.
00097        TERMINATE VERKAUFS-BERICHT.
00098        CLOSE VERKAUFS-DATEI
00099              BERICHTS-DATEI.
00100        STOP RUN.
00101
00102    B010-ERZEUGEN-VERK-BERICHT.
00103        GENERATE EINZEL-ZEILE.
00104        READ VERKAUFS-DATEI
00105            AT END  MOVE 'N' TO MEHR-DATEN-KENNZ.
00106
00107    *******************  ENDE DES PROGRAMMES  *******************
```

Abb. 16.7 Programm zur Erstellung eines Berichtes mit dreistufiger Gruppenkontrolle unter Benutzung des Listenschreibers, 2. Teil

REPORT IS VERKAUFS-BERICHT

sagt dem **COBOL**-Kompilierer, daß die gesamte zur Datei **BERICHTS-DATEI** erfolgende Ausgabe von einer Liste mit Namen **VERKAUFS-BERICHT** stammt, die in einem späteren Kapitel des Datenteils definiert wird. Deshalb sind auch keine Sätze in die **FD**-Eintragung für diese Datei aufgenommen worden. Wir wollen jedoch dem

Kompilierer mitteilen, wie lang ein in diese Datei zu stellender Satz ist; zu bewerkstelligen ist das mittels der Klausel

RECORD CONTAINS 133 CHARACTERS.

Damit ist genügend Platz für einen 132-stelligen Textsatz angegeben, das zusätzliche 133. Zeichen dient als Steuerungszeichen für den Drucker.

Die nächste Änderung erfolgte im Arbeitsspeicherkapitel, es ist eine entscheidende. Mit Ausnahme des Datenendekennzeichens wurden alle anderen Datenelemente dieses Kapitels gestrichen. Die Daten werden nicht länger benötigt, da alle auszuführenden Tätigkeiten des ursprünglichen Programmes nunmehr über die Definitionen in einem neuen Kapitel, dem *Listenkapitel*, veranlaßt werden.

Das Listenkapitel (**REPORT SECTION**) steht am Ende des Datenteils. In ihm werden die Formate der Überschrifts- oder Kopfzeilen und der Listenzeilen genau so festgelegt wie die Berechnungen, die bei der Erstellung der Liste anfallen. Für ein kleines Weilchen übergehen wir dieses Kapitel und schauen zuerst einmal auf den Rest des Programmes. Wir kehren zum Listenkapitel zurück, nachdem wir uns die Programmausgabe angesehen haben.

GEBIET	GESAMT	VERKAEUFER	GESAMT	RECHNUNG	GESAMT	ENDSUMME	SEITE 1
					$11.50		
					$5.50		
				20	$17.00		
					$10.25		
					$10.00		
					$15.75		
				24	$36.00		
					$9.00		
					$101.00		
					$22.00		
					$42.60		
					$9.40		
				27	$184.00		
		1	$237.00				
					$26.00		
				17	$26.00		
					$266.90		
				24	$266.90		
		2	$292.90				
					$87.50		
				10	$87.50		
					$54.75		
				16	$54.75		
		12	$142.25				
1	$672.15						
					$50.12		
				40	$50.12		
					$105.99		
				41	$105.99		
		4	$156.11				
					$1,594.14		
				44	$1,594.14		
		39	$1,594.14				
2	$1,750.25						
					$1,180.94		
				30	$1,180.94		
					$69.26		
				35	$69.26		
					$157.43		
				38	$157.43		
					$45.00		
				49	$45.00		
					$1,234.56		
				60	$1,234.56		
					$276.02		
				78	$276.02		
		15	$2,963.21				
3	$2,963.21					$5,385.61	

Abb. 16.8 Ausgabe des in den Abb. 16.6 und 16.7 gezeigten Programmes

Der Hauptsteuerparagraph **A000-ERST-VERK-BERICHT** („Erstellen Verkaufsbericht") sieht auf den ersten Blick ziemlich vertraut aus. Es gibt allerdings einige neue Anweisungen in ihm. Die augenfälligste Änderung gegenüber dem ursprünglichen Programm (siehe Abb. 9.10 bis 9.12) ist hier freilich die einschneidende Verkürzung. Wir beginnen wie üblich mit der Eröffnung der beiden vom Programm benutzten Dateien (**VERKAUFS-DATEI** und **BERICHTS-DATEI**). Obgleich die Ausgabe zur Berichtsdatei vom Listenschreiber gesteuert und kontrolliert wird, müssen wir diese Datei wie jede andere eröffnen und später auch wieder abschließen.

Nach Zuweisung des Anfangswertes zum Datenendekennzeichen, hier **MEHR-DATEN-KENNZ** genannt, wird die Ausführung einer bisher unbekannten Anweisung, nämlich

INITIATE VERKAUFS-BERICHT

von uns veranlaßt. Unter **VERKAUFS-BERICHT** ist der Name der im Listenkapitel definierten Liste gemeint. Die Anweisung **INITIATE** sorgt nun für die Vorbereitung der Liste für deren nachfolgende Erstellung. Dabei werden die Anfangswerte für die verschiedenen Zähler, die verschiedenen Gesamtsummen und die Schalter gesetzt, darunter beispielsweise für einen Seitenzähler und einen Zeilenzähler. Alle diese Datenelemente gehören intern zum Listenschreiber und sind daher dem Programmierer meist unzugänglich. Nach Ausführung der **INITIATE**-Anweisung ist der Listenschreiber in die Lage versetzt, die erste Ausgabezeile zu erzeugen; eine Ausgabe ist bis dahin aber noch nicht erfolgt.

Die nächsten beiden Anweisungen des Treiberparagraphen sorgen für das Lesen des ersten Eingabesatzes und für die Ausführung des Paragraphen **B010-ERZEUGEN-VERK-BERICHT**, des Paragraphen also, der die Ausgabe des Listenschreibers kontrolliert. Diese beiden Anweisungen waren, geringfügig anders die zweite, bereits im ursprünglichen Programm vorhanden.

Nachdem das Programm alle Datensätze gelesen hat, wird die **PERFORM**-Anweisung verlassen und zu einer neuen Anweisung übergegangen. Diese lautet:

TERMINATE VERKAUFS-BERICHT.

Wie man bereits mutmaßen kann, sorgt diese Anweisung für den Listenabschluß. Alle noch ausstehenden Gesamtsummen werden gedruckt, einschließlich der Endsumme für alle Verkäufe der Firma; danach gilt die Liste als beendet. Jeder weitere Versuch, zusätzlich Daten in die von uns **VERKAUFS-BERICHT** genannte Liste zu schreiben, ist zum Scheitern verurteilt. Eine entsprechende Fehlernachricht informiert über diesen Sachverhalt.

Der Arbeitsparagraph **B010-ERZEUGEN-VERK-BERICHT** besteht nur aus zwei Anweisungen, den Anweisungen **GENERATE** und **READ**. Die **GENERATE**-Anweisung sagt dem Listenschreiber, daß eine weitere Einzelzeile der Liste erzeugt werden soll. Bei diesem Beispiel zieht der Listenschreiber dazu die augenblicklich in **EINZEL-ZEILE** stehenden Daten heran und bereitet sie zur Ausgabe nach **VEKRAUFS-BERICHT** vor. Vorher jedoch wird überprüft, ob ein Gruppenwechsel stattgefunden hat. Sollte das der Fall sein, werden zuvor die entsprechenden Untergruppensummen gedruckt und die in Frage kommenden internen Variablen zurückgesetzt. Erst nach diesen Tätigkeiten wird die Einzelzeile ausgegeben.

Es ist klar, daß der Listenschreiber dem Programmierer eine gehörige Portion Arbeit abnimmt. Der Prozedurteil des Programmes, das in den Abb. 9.10 bis 9.12 gezeigt ist, besteht aus sechs Paragraphen mit etwa 70 Zeilen **COBOL**-Text, das in den Abb. 16.6 und 16.7 dargestellte Programm aus nur zwei Paragraphen mit 18 Zeilen Text. Man sollte uns aber richtig verstehen: Wir haben nicht die Arbeit reduziert, die der Computer zu verrichten hat, wenn er das Programm ausführt. Der Objektcode ist bei Benutzung des Listenschreibers mindestens ebenso umfangreich wie bei eigener Codierung.

Die vom Programm erstellte Liste mit dem Verkaufsbericht ist in der Abb. 16.8 zu sehen. Der Überschriftszeile gehen die vorgesehenen drei Leerzeilen voraus. Für jede der ersten drei Rechnungen hatten wir mehrere Einzelzeilen (mit Verkaufsbeträgen) vorgesehen; die übrigen Rechnungen weisen aus Platzersparnisgründen nur jeweils eine einzige Einzelzeile auf. Bei echten Verkaufsdaten würden sicherlich bei fast jeder Rechnung eine Reihe von Verkaufssätzen anfallen. Eines ist noch zu bemerken: Obgleich zur besseren Unterscheidung die Verkaufsbeträge in den Einzelzeilen von den Rechnungssummen etwas weiter nach rechts abgesetzt wurden, haben wir uns nicht extra noch um die Änderung der Spaltenüberschriften gekümmert. Wir werden in Kürze sowieso die Einzelzeilen eliminieren und zum gewohnten Format (siehe Abb. 16.5) zurückkehren.

16.5 Das Listenkapitel (REPORT SECTION)

Nachdem wir einen Blick auf die in der Abb. 16.8 dargestellte Programmausgabe geworfen haben, werden wir nun die Besprechung des Listenkapitels des in den Abb. 16.6 und 16.7 gezeigten Programmes wieder aufnehmen. Genauso, wie im Dateienkapitel Dateien mittels einer **FD**-Eintragung beschrieben werden, werden im Listenkapitel mit Hilfe von **RD**-Eintragungen (**RD** ist die Abkürzung von „report description", d.h.

Listenbeschreibung) Listen beschrieben. Obgleich unsere Beispiele stets nur auf eine einzige Liste eingehen, können wir soviele Listen, wie wir wollen, definieren; jede benötigt selbstverständlich eine separate **RD**-Eintragung.

Eine **RD**-Eintragung erfüllt zwei Funktionen:

a) In ihr werden die Namen der Kontrollvariablen der Liste festgelegt.
b) In ihr wird das Format einer Listenseite definiert.

Die Kontrollvariablen werden in der Klausel **CONTROLS ARE** festgehalten, bei unserem Beispiel sind es **FINAL, GEBIETS-NUMMER, VERKAEUFER-NUMMER** und **RECHNUNGS-NUMMER**. **FINAL** ist ein reserviertes **COBOL**-Wort, das die höchste Kontrollstufe repräsentiert. Hier z.B. symbolisiert es die Endsumme für alle in der betreffenden Firma getätigten Verkäufe. Die Benutzung von **FINAL** ist freigestellt, aber bei seinem Fehlen kann keine Endsumme für die gesamte Firma gebildet werden. Auf jeden Fall müssen die Kontrollvariablen stets in der Reihenfolge ihrer Bedeutung aufgeführt werden, also von oben nach unten. Gewöhnlich sind die Kontrollvariablen Bestandteile des Eingabesatzes; in ihren **PICTURE**-Klauseln dürfen sie jedenfalls keine Aufbereitungszeichen, wie **B**,**/** usw., aufweisen.

In der Klausel **PAGE** ist das Gesamtformat einer Listenseite festzulegen. Zuerst ist durch **PAGE LIMIT IS** der Seitenumfang zu bestimmen. **PAGE LIMIT IS** sagt aus, aus wievielen Zeilen eine Listenseite bestehen soll, angefangen von der ersten Zeile bis zur letzten Zeile, einschließlich aller Leerzeilen, auch der am Anfang und der am Ende einer Seite. Bei unserem Beispiel soll eine Listenseite also aus 63 Zeilen bestehen.

Die Angabe **HEADING** zeigt an, wo auf der Liste die erste Überschriftszeile plaziert werden soll. Wir erkennen, daß bei unserem Programm dafür die 4. Zeile auserkoren ist. Die Zeilen 1 bis 3 jeder Seite bleiben infolgedessen stets leer.

Der *Seitenkopf* auf jeder Seite der von uns zu erstellenden Liste besteht aus drei Zeilen, einer Textzeile und zwei nachfolgenden Leerzeilen. Deshalb ist die erste Einzelzeile mit Daten auch erst der 7. Druckzeile zuzuordnen. Wir erledigen diese Zuordnung mittels der Angabe:

FIRST DETAIL 7

Zusätzlich steuert diese Angabe auch die Lokalisierung jeglicher Untersummenzeilen, so daß also keine Summenzeile auf einer Druckzeile erscheint, die vor der 7. Zeile liegt; diese Aussage gilt für den Fall, daß eine Liste aus mehr als einer Druckseite besteht.

Wo die letzte Einzelzeile einer Liste auf einer Seite gedruckt werden soll, ist durch die Angabe **LAST DETAIL** festzulegen. Die Einzelzeilen enthalten in unserem Fall die Verkaufsbeträge (Stellen 16 bis 22 des Eingabesatzes). Wir haben damit erreicht, daß kein Verkaufsbetrag über die Zeile 59 hinaus gedruckt wird. Damit verbleiben die Zeilen 60 bis 63 für das evtl. Drucken der Summen von Untergruppen. Durch die Angabe **FOOTING** ist festgelegt, daß die letzte Zeile des *Seitenfußes* gleichzeitig die letzte Zeile einer Druckseite ist. Das bedeutet, daß Untersummen auf den letzten Zeilen einer Druckseite erscheinen dürfen, falls das erforderlich werden sollte. Bei anderen Listen könnten wir es uns vorstellen, daß wir einige Zeilen am Seitenende für die Aufnahme von „Seitenunterschriften" benötigen, genau so, wie wir Zeilen für die Plazierung von Seitenüberschriften haben wollten. In solchen Fällen würden wir der **FOOTING**-Angabe einen Wert mitgeben, der kleiner als der Wert bei **PAGE LIMIT IS** ist. Wir werden später in diesem Kapitel auf ein Beispiel eingehen, das uns zeigen soll, wie derartige *Seitenfüße* verwendet werden können.

Der Rest der **RD**-Eintragung besteht aus einer Anzahl von Definitionen mit der Stufennummer **01**, die auch *Leistenerklärungen* genannt werden. Jede von ihnen steht für eine sogenannte Listengruppe. Unter einer *Listengruppe* oder *Leiste* versteht man im Grunde genommen eine oder mehrere auf einer Liste gedruckte Zeilen, die einer bestimmten Gruppe angehören. Die verschiedenen Listengruppen werden in eine der nachfolgenden sieben Kategorien eingeordnet:

1) **REPORT HEADING**
   Der Listenkopf erscheint in der gedruckten Liste nur ein einziges Mal, nämlich zu Beginn einer Liste. Für jede Liste kann es höchstens einen Listenkopf geben.

2) **PAGE HEADING**
   Der Seitenkopf erscheint am Anfang einer jeden Seite; es kann höchstens ein Seitenkopf pro Liste vorhanden sein, d.h. alle Listenseiten weisen die gleiche Kopfgestaltung auf.

3) **CONTROL HEADING**
   Für jede in der Klausel **CONTROLS ARE** aufgeführte Kontrollvariable kann eine Kopfgruppe festgelegt werden. Geschieht dies, so werden solche „Kontrollüberschriften" immer dann gedruckt, wenn ein Gruppenwechsel bei der betreffenden Kontrollvariablen festgestellt wird. Die Kontrollüberschrift erscheint dabei stets *vor* der ersten Einzelzeile, die den neuen Wert der Kontrollvariablen enthält.

4) **DETAIL**
Die zu einer Detailgruppe gehörenden Einzelzeilen werden infolge der Ausführung einer **GENERATE**-Anweisung gedruckt. Es kann dabei soviele verschiedene Detailgruppen geben, wie man will. Der in der **GENERATE**-Anweisung genannte Name sagt dann aus, welche Detailgruppe gedruckt werden soll.

5) **CONTROL FOOTING**
Für jede Kontrollvariable kann eine Fußgruppe festgelegt werden. Geschieht dies, so wird eine solche „Kontrollunterschrift" immer dann gedruckt, wenn die betreffende Kontrollvariable einen Gruppenwechsel ausgelöst hat. Fußnotizen erscheinen dabei stets *nach* der letzten Einzelzeile mit dem alten Wert der Kontrollvariablen.

6) **PAGE FOOTING**
Eine sogenannte „Seitenunterschrift", d.h. ein Seitenfuß erscheint am Ende einer jeden Seite. Es kann höchstens einen Seitenfuß pro Liste geben.

7) **REPORT FOOTING**
Der Listenfuß erscheint in der gedruckten Liste nur einmal, und zwar am Ende der Liste. Für jede Liste kann es höchstens einen einzigen Listenfuß geben.

Wir werden über jede dieser Kategorien noch detailliert zu sprechen haben, darunter auch darüber, wo sie in der Listenbeschreibung auftreten. Wir erledigen das bei der Behandlung der verschiedenen Beispiele.

Die erste *Leistenerklärung* für die **VERKAUFS-BERICHT** genannte Liste betrifft eine Seitenkopfgruppe. Viele der hier benutzten Definitionsmerkmale findet man auch bei den anderen Leistenerklärungen wieder. Zu Beginn unserer Betrachtung weisen wir darauf hin, daß weder die Definition mit der Stufennummer **01** noch die untergeordneten Definitionen mit einem Datennamen versehen sind. Im Listenkapitel ist das allgemein üblich. Datennamen können natürlich benutzt werden, wie es bei der nachfolgenden Leistenerklärung zu sehen ist, aber sie sind nur für diejenigen Datenelemente erforderlich, auf die man sich irgendwo im Programm beziehen muß. Da die Seitenüberschriften automatisch vom Listenschreiber erzeugt werden, brauchen wir uns auf sie nirgendwo im Programm explizit zu beziehen; es ist also überflüssig, daß wir uns mit Datennamen für die Seitenüberschriften herumschlagen.

Als erste Klausel bei der Definition der Seitenkopfgruppe tritt die Klausel **TYPE** auf. Diese teilt dem Kompilierer mit, zu welcher der sieben Gruppenkategorien die betreffende Definition gehört. Danach folgt die Klausel **LINE**; in dieser ist angegeben, daß der Seitenkopf auf der 4.

Druckzeile beginnen soll. Wie wir bei den anderen Leistenerklärungen sehen werden, weist die **LINE**-Klausel mehrere Optionen auf; ihr komplettes Format ist nachfolgend aufgeführt.

```
LINE NUMBER IS   { ganze-zahl-1      }
                 { PLUS ganze-zahl-2 }
                 { NEXT PAGE         }
```

Wenn wir, wie hier geschehen, eine ganze Zahl in der **LINE**-Klausel angeben, wird die Überschrift auf die genannte Druckzeile ausgegeben. Bei einer solchen Spezifikation spricht man deshalb von einer *absoluten Zeilennummer*. Wenn wir uns der Option **PLUS** mit einer nachfolgenden ganzen Zahl bedienen, wird die nach **PLUS** aufgeführte Zeilenzahl auf den laufenden (augenblicklichen) Wert des Zeilenzählers addiert; dadurch ist die Druckzeile bestimmt, auf die die betreffende Listenzeile ausgegeben wird; in einem solchen Falle spricht man deshalb von einer *relativen Zeilennummer*. Bei Angabe von **NEXT PAGE** wird schließlich der Drucker veranlaßt, einen Seitenvorschub vorzunehmen.

Das soeben gezeigte allgemeine Format der **LINE**-Klausel gilt für die Version **COBOL-74** der IBM. Das allgemeine Format von **COBOL-85** unterscheidet sich geringfügig. Es ist nachstehend gezeigt:

```
LINE NUMBER IS  { ganze-zahl-1      [ON NEXT PAGE] }
                { PLUS ganze-zahl-2                }
```

Der einzige wirkliche Unterschied besteht darin, daß man bei **COBOL-85** festlegen kann, auf welche Zeile der nächsten Seite die Ausgabe dirigiert werden soll; man ist also nicht wie bei **COBOL-74** der IBM nur auf die erste Zeile der nächsten Seite angewiesen.

Die erste untergeordnete Definition in der Seitenkopfgruppe (Stufennummer wie üblich bei uns **05**) repräsentiert ein zu dieser Überschriftszeile gehörendes Feld; sie beginnt mit der Klausel **COLUMN**. Dadurch ist festgelegt, auf welcher Stelle oder Spalte dieser Zeile das fragliche Feld beginnen soll. Die Spaltennummern müssen stets als ganze Zahlen angegeben sein und in aufsteigender Folge für alle zur Zeile gehörenden Felder vorliegen. Wir machen darauf aufmerksam, daß wir keine Leerstellen zwischen den Einzelfeldern zu definieren brauchen; jeder in

16.5 Das Listenkapitel (REPORT SECTION)

den Feldbeschreibungen nicht erwähnten Stelle wird automatisch ein Leerzeichen zugewiesen. Wenn auch in der **FD**-Eintragung für die Berichtsdatei bei der Klausel **RECORD CONTAINS** gesagt ist, daß der Satz 133 Stellen lang sein soll, wird vom Listenschreiber die erste Stelle dieses Satzes beansprucht; in diese werden automatisch die Drucksteuerungszeichen hineingestellt. So weit wir an der Definition jeder Zeile des Berichtes beteiligt sind, besteht eine Zeile für uns deshalb stets nur aus 132 Stellen und die erste uns zur Verfügung stehende Stelle gilt als erste Stelle der Zeile.

Von einer einzigen Ausnahme abgesehen, ist uns der Rest der Gruppendefinition vertraut. Die **PICTURE**-Klausel wird in genau der gleichen Weise verwendet wie die **VALUE**-Klausel. Das letzte neue Merkmal bei einer Gruppendefinition ist natürlich die **SOURCE**-Klausel, hier zum ersten Mal auf der Zeile 60 der Programmauflistung auftauchend. Diese Klausel wirkt analog einer **MOVE**-Anweisung im Prozedurteil. Durch sie ist festgelegt, daß der Wert des in der Klausel aufgeführten Datenelements immer dann zuvor in das soeben definierte Feld übertragen wird, wenn die Listengruppe zu drucken ist. In diesem Fall ist als Ausgangselement eine **COBOL**-eigene Variable genannt, nämlich **PAGE-COUNTER**. Die Bezeichnung **PAGE-COUNTER** ist ein reserviertes **COBOL**-Wort. In **PAGE-COUNTER** hält der Listenschreiber die laufende Seitennummer fest. Durch die **INITIATE**-Anweisung wird dieser Variablen der Anfangswert 1 zugewiesen. Bei Erreichung einer neuen Seite wird ihr augenblicklicher Wert um 1 erhöht. Der bei **SOURCE** aufgeführte Bezeichner kann neben **PAGE-COUNTER** auch der Name eines Datenelementes sein, daß außerhalb des Listenkapitels definiert ist. Anstelle der Klausel **SOURCE** kann die Klausel **SUM** verwendet werden. Diese veranlaßt eine Summenbildung, über die wir uns noch zu unterhalten haben.

Die nächste Leistenerklärung gilt einer Detailgruppe, erkenntlich an der Klausel **TYPE DETAIL**. Ihr wurde der Datenname **EINZEL-ZEILE** gegeben. Mittels dieses Datennamens kann sich im Prozedurteil nun die **GENERATE**-Anweisung auf diese Zeile beziehen. Man beachte, daß die **LINE**-Klausel dieser Gruppe die **PLUS**-Option enthält. Diese Angabe entspricht der Verwendung von **AFTER ADVANCING** in einer **WRITE**-Anweisung, es erfolgt hier jeweils das Weiterrücken um eine Zeile.

Wie es bei der Seitenkopfgruppe demonstriert wurde, könnten nun untergeordnete Definitionen zu **EINZEL-ZEILE** folgen, doch darauf können wir hier verzichten. Wir benötigen bei den Einzelzeilen nur ein einziges Feld. Dessen Definition kann ziemlich einfach in die begonnene Definition eingeschlossen werden; wir brauchen nur die Klauseln **COLUMN, PIC** und **SOURCE** mit den erforderlichen Hinweisen hinzuzustellen. – Doch eine Bemerkung zur **LINE**-Klausel ist noch angebracht. Hinter dem Wort **LINE** ist bei allen Leistenerklärungen eine Lücke gelassen. Sie diene der Erinnerung, daß wir in **COBOL** nur die Schlüsselwörter der Sprache zu codieren brauchen; die nicht unterstrichenen Wörter können weggelassen werden. Hier sind es die Wörter **NUMBER** und **IS**, an diese soll die Lücke hinter **LINE** erinnern.

Bei der dritten definierten Listengruppe handelt es sich um die Fußgruppe einer Kontrollvariablen, erkenntlich an **CONTROL FOOTING** in der **TYPE**-Klausel. Fußgruppen dieser Art sind stets mit einer bestimmten Kontrollvariablen verknüpft. Ihr Name muß unmittelbar hinter dem Wort **FOOTING** stehen. In diesem Fall ist also die zu **RECHNUNGS-NUMMER** gehörende Fußgruppe gemeint. Ereignet sich ein Gruppenwechsel bei **RECHNUNGS-NUMMER** oder bei irgendeiner Kontrollvariablen, die in der Kontrollhierarchie höher als **RECHNUNGS-NUMMER** angesiedelt ist, wird die Fußgruppe von **RECHNUNGS-NUMMER** ausgegeben. Grundsätzlich gilt, daß die Fußgruppe einer bestimmten Kontrollvariablen nach den Fußgruppen untergeordneter Kontrollvariablen und vor den Fußgruppen höher stehender Kontrollvariablen gedruckt wird. Alle auszugebenden Fußgruppen werden jedoch vor der Detailzeile ausgegeben, die den Gruppenwechsel verursachte.

Die zu **RECHNUNGS-NUMMER** gehörende Fußgruppe enthält eine neue Klausel, nämlich die **SUM**-Klausel, in der Abb. 16.7 auf Zeile 69 zu sehen. Im Gegensatz zu den meisten anderen Klauseln darf diese Klausel nur bei Fußgruppen von Kontrollvariablen verwendet werden. Immer, wenn eine **SUM**-Klausel auftaucht, kreiert der Listenschreiber ein Feld, in dem dann die entsprechende Summe gebildet wird. In diesem Fall wird die Summe von **BETRAG** angefordert. Wir weisen darauf hin, daß es sich bei **BETRAG** um dasselbe Datenelement handelt, das in der **SOURCE**-Klausel der vorangegangenen Detailgruppe genannt worden ist. Das vom Listenschreiber eingerichtete Summenfeld wird bei der Ausführung der **INITIATE**-Anweisung auf Null gesetzt. Jedes Mal, wenn eine **GENERATE**-Anweisung für **EINZEL-ZEILE** ausgeführt wird, erfolgt eine Erhöhung des im Summenfeld enthaltenen Wertes um den Wert von **BETRAG**. Nach der Ausgabe der Fußgruppe wird das Summenfeld wieder auf Null zurückgesetzt und der Vorgang wiederholt sich. Man muß sich unbedingt ins Gedächtnis einprägen, daß eine Variable, aus deren fortlaufenden Werten die Summe gebildet werden soll, in einer Detailgruppe bei **SOURCE** aufgeführt sein muß, falls sie nicht im Listenkapitel selbst definiert ist. Dies sind die einzigen Möglichkeiten, aus denen der Listenschreiber erkennen kann, wann er den Wert eines internen Summenfeldes auf den neuesten Stand zu bringen hat.

Die nächste Listengruppe in unserem Programm ist ebenfalls eine Fußgruppe, diesmal zur Kontrollvariablen **VERKAEUFER-NUMMER** gehörend. Das Format dieser Listengruppe gleicht im wesentlichen der vorhergehenden Fußgruppe für **RECHNUNGS-NUMMER**. In der **SUM**-Klausel ist allerdings ein Unterschied festzustellen. Der in dieser Klausel aufgeführte Datenname (siehe Abb. 16.7, Zeile 75) ist der Datenname, der mit der **SUM**-Klausel der Fußgruppe von **RECHNUNGS-NUMMER** verknüpft ist (siehe Abb. 16.7, Zeilen 67 bis 69). Immer, wenn es zur Ausgabe der Fußgruppe von **RECHNUNGS-NUMMER** kommt, wird der im Summenfeld dieser Kontrollvariablen enthaltene Wert auf den Wert addiert, der im Summenfeld der Kontrollvariablen **VERKAEUFER-NUMMER** steht, also zum Summenfeld, das aufgrund der **SUM**-Klausel in Programmzeile 75 vom Listenschreiber eingerichtet wird. Mit anderen Worten: Anstelle einer in der **SOURCE**-Klausel als Ausgangspunkt der Summenbildung genannten Variablen kann für die Summenbildung auch das Summenfeld einer auf einer niedrigeren Stufe angesiedelten Fußgruppe herangezogen werden. Aus diesem Grunde mußten wir auch dem Datenelement, das mit der Stufennummer **05** auf den Programmzeilen 73 bis 75 (siehe Abb. 16.7) definiert wurde, einen Namen geben. Nur auf diese Weise war es möglich, die **SUM**-Klausel in Zeile 75 auf die entsprechenden Summanden zu beziehen.

Die verbleibenden beiden Listengruppen sind ebenfalls Fußgruppen von Kontrollvariablen und gleichen im großen und ganzen der Fußgruppe, die zur Kontrollvariablen **VERKAEUFER-NUMMER** gehört. Zur Abwechslung haben wir bei der mit **FINAL** verknüpften Fußgruppe die Definition eines untergeordneten Datenelementes auf der Stufe **05** vorgenommen, obwohl das eigentlich nicht erforderlich gewesen wäre, da nur ein Element in dieser Liste vorhanden ist. Jede Vorgehensweise ist aber gestattet; welche man vorzieht, ist letzten Endes eine Frage des persönlichen Geschmacks.

16.6 Erstellung einer Liste ohne Einzelzeilen

Das im vorigen Abschnitt vorgestellte Programm (siehe Abb. 16.6 und 16.7) zieht viele Möglichkeiten des Listenschreibers heran, aber es gibt noch weitere, die zu besprechen sind. Und vergessen wir nicht, daß die in der Abb. 16.8 gezeigte Programmausgabe nicht der entspricht, die uns eigentlich vorschwebte (siehe Abb. 16.5); sie enthält unerwünschte Einzelzeilen mit Verkaufsbeträgen. Die zur Erstellung der geforderten Liste vorzunehmenden Änderungen im Programm sind relativ einfach durchzuführen. Wir brauchen nur die Leistenerklärung der Detailgruppe mit Namen **EINZEL-ZEILE** zu modifizieren. Sie muß nunmehr wie folgt lauten:

**01 EINZEL-ZEILE TYPE DETAIL   PIC 9(6)V99
     SOURCE IS BETRAG.**

Wir stellen drei Änderungen gegenüber der ursprünglichen Listengruppenerklärung (siehe Abb. 16.7, Zeilen 61 bis 63) fest:

1) Die Klausel **LINE** wurde entfernt.
2) Die Klausel **COLUMN** wurde entfernt.
3) Die Klausel **PICTURE** wurde geändert.

Das Weglassen der Klauseln **LINE** und **COLUMN** bewirkt die Unterdrückung des Druckens dieser Listengruppe. Wenn eine Listengruppe mehrere Felder auf einer Zeile hat, führt das Weglassen der **COLUMN**-Klausel bei einem oder bei mehreren dieser Felder dazu, daß deren Inhalte nicht ausgegeben werden. Mit anderen Worten, es verbleiben stattdessen leere Stellen. Wäre nur die **COLUMN**-Klausel bei dieser Listengruppe weggelassen worden, würde eine Leerzeile anstelle der Betragszeile erscheinen. Erst die Entfernung der **LINE**-Klausel sorgt für das Unterdrücken des Druckens der Einzelzeilen. Die Änderung der **PICTURE**-Klausel war eigentlich nicht notwendig. Wir taten es hauptsächlich deswegen, weil wir dadurch betonen wollten, daß das entsprechende Feld nicht zum Drucken herangezogen werden soll.

Wir können aus zwei Gründen nicht einfach die gesamte Leistenerklärung für **EINZEL-ZEILE** löschen. Zuerst wäre zu sagen, daß **BETRAG** in der **SOURCE**-Klausel einer Detailgruppe erscheinen muß, wenn die **SUM**-Klausel (Abb. 16.7, Zeile 69) für die Beträge wirksam werden soll. Es ist nicht erforderlich, daß der Wert von **BETRAG** gedruckt wird, aber er muß eben in einer geeigneten **SOURCE**-Klausel auftreten. Zweitens: Viel wichtiger ist die Tatsache, daß mindestens eine Detailgruppe definiert sein muß, auf die sich eine **GENERATE**-Anweisung im Prozedurteil stützen kann; nur so kann überhaupt eine Ausgabe stattfinden. Nochmals gesagt, es ist nicht notwendig, daß die die Detailgruppe bildenden Zeilen gedruckt werden, Hauptsache ist, daß eine Detailgruppe als Teil der Liste vorliegt.

Nach den Änderungen, die bei dem in den Abb. 16.6 und 16.7 dargestellten Programm vorgenommen wurden, ergab sich beim erneuten Ablauf desselben die Ausgabe, die in der Abb. 16.5 bereits gezeigt wurde.

16.7 Zusätzliche Einrichtungen beim Listenschreiber (Report Writer)

Angenommen, wir hätten uns entschlossen, einige wenige Änderungen an der Liste vorzunehmen, die unser Programm mit Hilfe des Listenschreibers ausgegeben hat. Fangen wir an, die Änderungen aufzuzählen. Zuerst wollen wir die Ausgabe für jedes neue Gebiet auf einer neuen Seite beginnen. Ferner sollen zwischen der Zeile mit der Gesamtsumme des letzten Verkaufsgebietes und der Zeile mit der Endsumme der gesamten Firma zwei Leerzeilen auftreten. Beide Änderungen können ziemlich einfach bewerkstelligt werden.

Um jedes Gebiet am Anfang einer neuen Seite starten zu können, brauchen wir bloß die Fußgruppe für die Kontrollvariable **GEBIETS-NUMMER** wie folgt definieren:

```
01  TYPE CONTROL FOOTING GEBIETS-NUMMER
                        LINE PLUS 1
                        NEXT GROUP
                        NEXT PAGE.
    05  ...
```

Mit anderen Worten, wir haben nur die Klausel **NEXT GROUP** mit der Option **NEXT PAGE** hinzuzufügen.

Die Klausel **NEXT GROUP** wirkt in vielerlei Hinsicht wie die Klausel **LINE**. Sie berührt jedoch nicht das Drucken der laufenden Listengruppe, sondern sie wirkt sich auf das Drucken der nächsten Listengruppe aus. Die für diese Klausel zur Verfügung stehenden Optionen sind die gleichen, die wir bei der **LINE**-Klausel kennengelernt haben. Das Drucken der nächsten Listengruppe könnte also mit einer absoluten Zeilennummer oder mit einer relativen Zeilennummer spezifiziert werden, oder aber auch durch einen Verweis auf die nächste Seite (**NEXT PAGE**). Die Klausel **NEXT GROUP** setzt die **LINE**-Klausel der darauffolgenden Listengruppe *nicht* außer Kraft. In ihr ist nur festgehalten, welcher Zeilentransport bzw. welcher Seitenvorschub nach dem Drucken der gegenwärtigen Listengruppe erfolgen soll. Würden wir also beispielsweise angeben

NEXT GROUP PLUS 3,

so würde das Programm zwei Leerzeilen nach der zur Kontrollvariablen **GEBIETS-NUMMER** gehörenden Fußgruppe einschieben. Die Zeilen der darauffolgenden Listengruppe, gleichgültig, welcher Art diese ist, würden dann so gedruckt, wie es in der Ausgabe bei **LINE** für diese Listengruppe gefordert ist.

Zur Einfügung von zwei Leerzeilen vor der Schlußzeile brauchen wir nur die **LINE**-Klausel in der Fußgruppe für die Kontrollvariable **FINAL** wie folgt zu ändern:

LINE NUMBER IS PLUS 2.

Das Ergebnis ist in der Abb. 16.9 zu sehen. Wie zuvor schon, repräsentieren auch hier gestrichelte Linien Seitenbegrenzungen. Um Platz zu sparen, ist in dieser Abbildung auf die unbenutzten Zeilen am Ende jeder Seite verzichtet worden.

GEBIET	GESAMT	VERKAEUFER	GESAMT	RECHNUNG	GESAMT	ENDSUMME	SEITE 1
				20	$17.00		
				24	$36.00		
		1	$237.00	27	$184.00		
				17	$26.00		
		2	$292.90	24	$266.90		
				10	$87.50		
		12	$142.25	16	$54.75		
1	$672.15						
...							

GEBIET	GESAMT	VERKAEUFER	GESAMT	RECHNUNG	GESAMT	ENDSUMME	SEITE 2
				40	$50.12		
		4	$156.11	41	$105.99		
		39	$1,594.14	44	$1,594.14		
2	$1,750.25						
...							

GEBIET	GESAMT	VERKAEUFER	GESAMT	RECHNUNG	GESAMT	ENDSUMME	SEITE 3
				30	$1,180.94		
				35	$69.26		
				38	$157.43		
				49	$45.00		
				60	$1,234.56		
		15	$2,963.21	78	$276.02		
3	$2,963.21						
...							
						$5,385.61	

Abb. 16.9 Listenausgabe bei Gebrauch der Klausel NEXT GROUP

16.8 Ein umfassendes Beispielprogramm für den Listenschreiber

Wir wollen dieses Kapitel mit einer Version des Programmes zur Erstellung eines Verkaufsberichtes abschließen, in die alle von uns behandelten Möglichkeiten des Listenschreibers eingegangen sind. Das Listenkapitel für dieses Beispiel ist in der Abb. 16.10 gezeigt, die vom Programm erzeugte Liste in den Abb. 16.11 und 16.12. Die Ausgabeliste wurde von uns zusätzlich mit Markierungen und abgekürzten Zeilennummern bzw. Andeutungen derselben versehen, um auf diese Weise die während des Programmablaufes erfolgten Zeilentransporte ganz klar herausstellen zu können.

Wir haben bei der **PAGE**-Klausel **LIMIT** auf **35** gesetzt und entsprechende Änderungen bei **LAST DETAIL** und **FOOTING** vorgenommen; wir wollten damit die Möglichkeit schaffen, die in der Liste gewünschten Zeilentransporte bzw. Seitenvorschübe demonstrieren zu können. Auf den Eintrag **RD** folgend, begegnen wir zuerst einer neuen Leistenerklärung, nämlich der für eine Listenkopfgruppe. Diese Gruppe sorgt für das Drucken der Firmenbezeichnung am Anfang der Liste. Aus der Abb. 16.11 ist ohne weiteres ersichtlich, daß die Listenüberschrift nur zu Beginn der ersten Seite erscheint, aber keinesfalls auf den Folgeseiten. Um Platz für diese auf die 4. Zeile der ersten Seite plazierte Listenüberschrift zu schaffen, mußen wir den Beginn der Seitenüberschrift auf die Zeile 6 verschieben. Auf dieser Zeile wird sie jetzt bei jeder Seite beginnen, ohne Rücksicht darauf, ob eine Listenüberschrift vorhanden ist oder nicht.

Die Seitenkopfgruppe wurde in bescheidenem Rahmen erweitert; sie beansprucht nunmehr zwei Zeilen, d.h. belegt die Zeilen 6 und 7 auf jeder Seite. Wir haben es hier das erste Mal mit einer Listengruppe zu tun, die per Definition mehr als eine Zeile in Anspruch nimmt. Um dies zustandezubringen, definieren wir einfach jede Überschriftszeile mit der Stufennummer **05**, untergeordnet also der Eintragung mit der Stufennummer **01**. Die Einzelfelder jeder Zeile sind mit der Stufennummer **10** definiert, also den Eintragungen mit den Stufennummern **05** untergeordnet. Da die Eintragungen mit der Stufennummer **05** getrennte Zeilen repräsentieren, muß jeder solchen Eintragung die **LINE**-Klausel zugesellt werden; diese geht auf die gewünschte Zeilennummer ein.

Nach der Listgruppe für den Seitenkopf haben wir es mit der zur Kontrollvariablen **GEBIETS-NUMMER** gehörenden Kopfgruppe zu tun. Eine solche Listengruppe ähnelt in gewisser Hinsicht einer zu einer Kontrollvariablen gehörenden Fußgruppe, d.h. wir müssen vor allem die Kontrollvariable nennen, der die betreffende Listengruppe zugeordnet ist. Die Kopfgruppe für die Kontrollvariablen dürfen allerdings keine **SUM**-Klausel enthalten. Das ist damit zu begründen, daß sie zu Beginn einer Kontrollgruppe ausgegeben werden, d.h. zu einem Zeitpunkt, zu dem noch keine Summenbildungen stattgefunden haben können. In unserem Falle lassen wir deshalb einfach nur die Gebietsnummer ausdrucken, die zu einem Gruppenwechsel führte.

Wir weisen nachdrücklich auf den Gruppenwechsel hin, der infolge des Übergangs zum Verkaufsgebiet 2 verursacht wurde (siehe

16. Der Listenschreiber (Report Writer)

```
00041       REPORT SECTION.
00042       RD   VERKAUFS-BERICHT
00043            CONTROLS ARE FINAL
00044                       GEBIETS-NUMMER
00045                       VERKAEUFER-NUMMER
00046                       RECHNUNGS-NUMMER
00047            PAGE LIMIT IS 35 LINES
00048                 HEADING 4
00049                 FIRST DETAIL 10
00050                 LAST DETAIL 29
00051                 FOOTING 33.
00052       01   TYPE IS REPORT HEADING     LINE 4
00053            COLUMN 43                              PIC X(10)
00054            VALUE 'FIRMA XYZA'.
00055       01   TYPE IS PAGE HEADING.
00056            05   LINE IS 6.
00057                 10   COLUMN 40                    PIC X(16)
00058                 VALUE 'VERKAUFS-BERICHT'.
00059            05   LINE IS 7.
00060                 10   COLUMN 1                     PIC X(43)
00061                 VALUE 'GEBIET     GESAMT    VERKAEUFER     GESAMT'.
00062                 10   COLUMN 52                    PIC X(41)
00063                 VALUE 'RECHNUNG    GESAMT              ENDSUMME'.
00064       01   TYPE CONTROL HEADING GEBIETS-NUMMER    LINE PLUS 2.
00065            05   COLUMN 1                          PIC X(21)
00066                 VALUE '-----> BEGINN GEBIET '.
00067            05   COLUMN 22                         PIC Z(4)9
00068                 SOURCE GEBIETS-NUMMER.
00069       01   EINZEL-ZEILE TYPE DETAIL    LINE PLUS 1.
00070            05   COLUMN 55COLUMN 55               PIC Z(4)9
00071                 SOURCE IS RECHNUNGS-NUMMER
00072                 GROUP INDICATE.
00073            05   COLUMN 66                        PIC $$$$,$$9.99
00074                 SOURCE IS BETRAG.
00075       01   TYPE CONTROL FOOTING RECHNUNGS-NUMMER   LINE PLUS 1.
00076            05   COLUMN 55                        PIC Z(4)9
00077                 SOURCE IS RECHNUNGS-NUMMER.
00078            05   RECHNUNGS-SUMME-AUS COLUMN 62 PIC $$$$,$$9.99
00079                 SUM BETRAG.
00080       01   TYPE CONTROL FOOTING VERKAEUFER-NUMMER   LINE PLUS 1.
00081            05   COLUMN 24                        PIC Z(4)9
00082                 SOURCE IS VERKAEUFER-NUMMER.
00083            05   VERKAEUFER-SUMME-AUS COLUMN 37  PIC $$$$,$$9.99
00084                 SUM RECHNUNGS-SUMME-AUS.
00085       01   TYPE CONTROL FOOTING GEBIETS-NUMMER   LINE PLUS 1
00086                 NEXT GROUP PLUS 5.
00087            05   COLUMN 1                         PIC ZZZ9
00088                 SOURCE IS GEBIETS-NUMMER.
00089            05   GEBIETS-SUMME-AUS COLUMN 10   PIC $$$$,$$9.99
00090                 SUM VERKAEUFER-SUMME-AUS.
00091       01   TYPE CONTROL FOOTING FINAL    LINE PLUS 3.
00092            05   COLUMN 83                        PIC $$$$,$$9.99
00093                 SUM GEBIETS-SUMME-AUS.
00094       01   TYPE PAGE FOOTING    LINE 34.
00095            05   COLUMN 43                       PIC X(6) VALUE 'SEITE '.
00096            05   COLUMN 49                       PIC ZZ3
00097                 SOURCE IS PAGE-COUNTER.
00098       01   TYPE REPORT FOOTING    LINE PLUS 5
00099            COLUMN 32                            PIC X(28)
00100            VALUE '-----> ENDE DER LISTE <-----'.

Anmerkung:  Bei Aufnahme dieses Listenkapitels in das in den Abb. 16.6
            und 16.7 dargestellte Programm sind die nachfolgenden Zei-
            lennummern des ursprünglichen Programms entsprechend zu än-
            dern.
```

Abb. 16.10 Das Listenkapitel einer umfassenden Programmversion

16.8 Ein umfassendes Beispielprogramm für den Listenschreiber 665

Abb. 16.11, Seite 2). Zu diesem Gruppenwechsel kam es, weil der Listenschreiber erkannt hatte, daß der Verkaufssatz für die Rechnung mit der Nummer 40 nicht die gleiche Gebietsnummer aufweist wie der vorhergehende Rechnungssatz mit der Rechnungsnummer 16. Deshalb kommt es an dieser Stelle zu einem Gruppenwechsel für die Kontrollvariable **GEBIETS-NUMMER** und für alle dieser untergeordneten Kontrollvariablen, hier **VERKAEUFER-NUMMER** und **RECHNUNGS-NUMMER**. Dabei macht es gar nichts aus, ob zugleich auch **VERKAEUFER-NUMMER** und **RECHNUNGS-NUMMER** selbst ihre Werte geändert hatten oder nicht; in diesem Falle erfolgten bei beiden untergeordneten Kontrollvariablen ebenfalls zur gleichen Zeit freilich Wertänderungen. Immer, wenn ein Gruppenwechsel für eine Kontrollvariable festgestellt wird, gilt dieser zugleich für alle Kontrollvariablen auf einer niedrigeren Stufe. Infolge eines solchen Gruppenwechsels werden alle Fußgruppen gedruckt, die zu den Kontrollvariablen gehören, die von diesem Gruppenwechsel berührt sind. Zuerst erfolgt das Drucken der Fußgruppe der Kontrollvariablen auf der niedrigsten Stufe, zuletzt das der Fußgruppe der Kontrollvariablen der höchsten Stufe. Auf das Drucken der Fußgruppe folgt, falls vorgesehen, das Drucken der Kopfgruppen der Kontrollvariablen. Wenn Kopfgruppen für mehr als eine Kontrollvariable festgelegt wurden, so werden die Kopfgruppen der höheren Kontrollebenen vor denen niedrigerer Kontrollebenen gedruckt. Wir bemerken diese Regelung sehr deutlich in der Ausgabe unseres Programmes (siehe Abb. 16.11). Der Listenschreiber druckt die Gebietsnummer der alten Gruppe 1 innerhalb der Listengruppe, die als Fußgruppe zur Kontrollvariablen **GEBIETS-NUMMER** gehört und anschließend die Kopfgruppe der gleichen Kontrollvariablen für die neue Datensatzgruppe mit der Gebietsnummer 2.

Die nächste Listengruppenerklärung betrifft die Detailgruppe mit Namen **EINZEL-ZEILE**. Gegenüber der vorhergehenden Fassung erfuhr diese mehrere Änderungen. Zunächst ist zu bemerken, daß wir die Klauseln **LINE** und **COLUMN** wieder hinzugestellt haben. Die Einzelzeilen sind dadurch wieder gedruckt worden. In die Detailgruppe haben wir ferner ein weiteres Feld aufgenommen. Neben den Verkaufsbeträgen werden jetzt auch die Rechnungsnummern auf die Einzelzeile gedruckt. Wenn nun aber für eine Rechnung viele Verkaufssätze anfallen, würde dadurch die Rechnungsnummer in jeder Zeile erscheinen. Um leichter den Anfang einer neuen Gruppe herausfinden zu können, wäre es sicher angebrachter, wenn die Rechnungsnummer nur in der ersten Zeile einer Rechnung auftaucht, bei den Folgezeilen einer Rechnung sollte das Rechnungsnummernfeld hingegen besser leer sein. Wir können diese Vorstellung durch Verwendung der Klausel **GROUP INDICATE** verwirklichen. Sie darf nur in einer Detailgruppe

16. Der Listenschreiber (Report Writer)

```
.
.
v                             FIRMA XYZA
.GEBIET    GESAMT  VERKAEUFER  VERKAUFS-BERICHT
                               GESAMT    RECHNUNG  GESAMT         ENDSUMME
.
1-----> BEGINN GEBIET    1
.                                           20         $11.50
.                                                       $5.50
.                                           20         $17.00
.                                           24         $10.25
v                                                      $10.00
.                                                      $15.75
.                                           24         $36.00
.                                           27          $9.00
2                                                     $101.00
.                                                      $22.00
.                                                      $42.60
.                                                       $9.40
.                                           27        $184.00
v                  1       $237.00
.                                           17         $26.00
.                                           17         $26.00
.                                           24        $266.90
.                  2       $292.90          24        $266.30
3
.
.
.                           SEITE    1
v
------------------------------------------------------------------------
.
.
.
v
.GEBIET    GESAMT  VERKAEUFER  VERKAUFS-BERICHT
                               GESAMT    RECHNUNG  GESAMT         ENDSUMME
.
1
.                                           10         $87.50
.                                           10         $87.50
.                                           16         $54.75
.                 12       $142.25          16         $54.75
v    1    $672.15
.
.
.
2
.
.-----> BEGINN GEBIET    2
.                                           40         $50.12
.                                           40         $50.12
v                                            41        $105.99
.                                           41        $105.99
.                  4       $156.11
.                                           44       $1,594.14
.                                           44       $1,594.14
3                 39      $1,594.14
.    2   $1,750.25
.
.
.                           SEITE    2
v
```

Abb. 16.11 Listenausgabe des Programmes, dessen Listenkapitel in der Abb. 16.10 aufgeführt ist (Seiten 1 und 2)

bei Datenelementen benutzt werden, d.h. in einer mit **TYPE DETAIL** erklärten Listengruppe. Diese Klausel teilt dem Listenschreiber mit, daß der Inhalt des betreffenden Datenelementes nur in der ersten Zeile der Detailgruppe nach einem Gruppenwechsel gedruckt werden soll.

16.8 Ein umfassendes Beispielprogramm für den Listenschreiber 667

```
.
.
.
V
.GEBIET    GESAMT    VERKAEUFER      VERKAUFS-BERICHT
                                 GESAMT    RECHNUNG    GESAMT              ENDSUMME
.
1----->  BEGINN GEBIET    3
.                                              30        $1,180.94
.                                              30        $1,180.94
.                                              35               $69.26
.                                              35               $69.26
V                                              38              $157.43
.                                              38        $157.43
.                                              49               $45.00
.                                              49        $45.00
.                                              60        $1,234.56
2                                              60        $1,234.56
.                                              78              $276.02
.                                              78        $276.02
.                      15        $2,963.21
.   3    $2,963.21
V
.                                                                         $5,385.61
.
.
3
.
.
.                           SEITE    3
V
.  ------------------------------------------------------------------------
.
.
.
V                           -----> ENDE DER LISTE <-----
.......
.......
```

Abb. 16.12 Listenausgabe des Programmes, dessen Listenkapitel in der Abb. 16.10 aufgeführt ist (Seiten 3 und 4)

Die nächsten vier Leistenerklärungen gelten den Fußgruppen der einzelnen Kontrollvariablen. Wir haben sie bereits bei früheren Beispielen besprochen. Wir haben hier nur die Fußgruppe für die Kontrollvariable **GEBIETS-NUMMER** geändert, indem wir in der Klausel **NEXT GROUP** anstelle des Übergangs zu einer neuen Seite nunmehr einen Zeilentransport von fünf Zeilen festgelegt haben (**PLUS 5**). Wir entschlossen uns zu dieser Änderung aus dem einfachen Grunde, weil dadurch leichter die Zeilentransporte verfolgt werden können, die durch die Klausel **NEXT GROUP** ausgelöst werden. In Abb. 16.11 ist zu sehen, daß die Fußgruppe für die erste Gebietsgruppe (**GEBIETS-NUMMER** ist gleich 1) auf die Zeile 15 der zweiten Seite gedruckt ist; die Kopfgruppe für die zweite Gebietsnummer (**GEBIETS-NUMMER** ist gleich 2) erscheint auf der Zeile 22 der gleichen Seite. Diese Plazierung ist auf die Kombination der Klausel **NEXT GROUP** in der Fußgruppe und der Klausel **LINE** in der Kopfgruppe zurückzuführen. Der Wert in der Klausel **NEXT GROUP** sorgt nach dem Drucken der Fußgruppe für eine Erhöhung des Zeilenzählers um 5; dadurch wird dieser Zählerwert auf 20 gebracht. Die Kopfgruppe für das zweite Gebiet erhöht infolge der Angabe **PLUS** 2 den Zählerwert nochmals. So kommt es, daß die Kopfgruppe für das zweite Gebiet erst auf die 22. Zeile gedruckt ist. Den Zeilentransport zu verfolgen, der vom Listenschreiber auf der dritten Listenseite im Anschluß an die Fußgruppe des dritten Gebietes vorgenommen wurde, ist höchst interessant (siehe hierzu die Abb. 16.12). Die Ausgabe der betreffenden Fußgruppe ist in die Zeile 24 gestellt. Die Fußgruppe für die Kontrollvariable **FINAL** erscheint auf der Zeile 27. Wie ist das zu erklären? Die Klausel **NEXT GROUP** in der Leistenerklärung für **GEBIETS-NUMMER** kommt nur für Listengruppen zur Geltung, die zu Kontrollvariablen gehören, die auf der gleichen oder auf einer niedrigeren Kontrollebene stehen; dies gilt allgemein. Mit anderen Worten, wenn die nächste zu druckende Listengruppe auf der gleichen Ebene oder auf einer niedrigeren Ebene als **GEBIETS-NUMMER** angesiedelt ist, beeinflußt die Klausel **NEXT GROUP** den Zeilentransport. Die Kontrollvariable für die nächste Gruppe ist hier jedoch **FINAL**. Da sie auf einer höheren Stufe als **GEBIETS-NUMMER** steht, wird infolgedessen die Klausel **NEXT GROUP** ignoriert.

Auf die Leistenerklärung für die Fußgruppen von Kontrollvariablen folgt die Listengruppenerklärung für das Seitenende, für den Seitenfuß also. Für den Seitenfuß haben wir einfach die Seitennumerierung herangezogen, d.h. die Seitenbezeichnung steht nicht mehr am Seitenanfang, sondern am Seitenende. In der Leistenerklärung ist festgelegt, daß die „Seitenunterschrift" auf die Zeile 34 zu stellen ist. – Die Option **FOOTING** in der Klausel **PAGE** verweist auf die Zeile 33. Durch diese Option ist also festgelegt, wo noch eine letzte Zeile der Fußgruppe von Kontrollvariablen gedruckt werden kann. Die Zeilen der Seitenfußgruppen können in dem verbleibenden Platz zwischen der Fußgruppenbegrenzung von Kontrollvariablen (in **FOOTING** festgelegt) und dem Seitenende (in **PAGE LIMIT** festgelegt) untergebracht werden, wie es hier auch geschehen ist. Bei unserer Liste stehen also für die Seitenfüße die Zeilen 34 und 35 auf jeder Seite zur Verfügung.

Die letzte Leistenerklärung im erweiterten Listenkapitel unseres Programmes betrifft den Listenfuß. Es sei darauf aufmerksam gemacht, daß dieser am Anfang einer extra Seite gedruckt ist und daß diese Seite keinen Seitenfuß aufweist, d.h. unnumeriert ist. Die letzte Programmausgabe, sieht man einmal von der Listengruppe mit dem Seitenfuß ab, wurde auf die Zeile 27 der dritten Stelle gestellt; sie enthält die Endsumme für alle Rechnungen, die in der Firma „XYZA" angefallen sind. Wenn an dieser Stelle nun einfach 5 auf den Zeilenzähler addiert wird, wie es in der **LINE**-Klausel für den Listenfuß angezeigt ist, müßte der Listenfuß auf die Zeile 32 der dritten Seite gedruckt und vom Seitenfuß auf der Zeile 34 gefolgt werden. Ein Listenfuß ist jedoch gemäß Definition stets die letzte Listengruppe, die auf die zu einer Liste gehörenden Seiten gedruckt wird; deshalb gibt es auch keinen Seitenfuß auf der 4. Druckseite. Die soeben beschriebene mutmaßliche Verteilung der zu druckenden Zeilen muß also verworfen werden. Um den Konflikt zu umgehen, daß der Listenfuß niemals vor dem Seitenfuß erscheinen darf, schiebt der Listenschreiber in solchen Fällen den Druckmechanismus auf eine neue Seite vor, setzt den Zeilenzähler auf den Beginn des Seitenkopfes (hier: 4, siehe Zeile 48 in Abb. 16.10) und behandelt die relative Zeilennummernangabe wie **LINE PLUS 1**. Auf diese Weise kommt es zur Ausgabe der Listengruppe „Listenfuß" auf die 5. Zeile der 4. Seite.

16.9 Zusammenfassung

Die in diesem Kapitel besprochenen Möglichkeiten des Listenschreibers (Report Writer) reichen aus, um die Mehrzahl der in dieses Buch aufgenommenen Listen zu erzeugen; sie ermöglichen sogar das Drucken von mehr Einzelheiten als die meisten dieser Listen aufweisen. Es gibt jedoch mehrere Eigenschaften des Listenschreibers, auf deren Behandlung wir in diesem Buch verzichten mußten, weil sie den diesem Lehrbuch gesetzten Rahmen gesprengt hätten. Die Erarbeitung dieser Eigenschaften bleibt den fortgeschrittenen **COBOL**-Programmierern selbst überlassen. Sie sollten dazu auf ein weitergehendes Buch zurückgreifen oder auf die **COBOL**-Handbücher der Hersteller. Auf jeden Fall hat sich der Listenschreiber als höchst nützliches Werkzeug erwiesen und kann erheblich zur Arbeitszeitersparnis beitragen. Es gibt aber Fälle, wo Listen in einem speziellen, nicht vom Listenschreiber abgedeckten Format zu erstellen sind; hier hilft nur die übliche standardmäßige Codierung des Prozedurteils.

KONTROLLFRAGEN

1. Welche generelle Funktion über die **LINAGE**-Klausel aus? Welche Bestandteile gehören zu dieser Klausel, und welche Einzelfunktionen obliegen ihnen?
2. Welches Ereignis führt zum Auftreten einer Seitenendebedingung?
3. Welche Tätigkeiten werden durch die Klausel **EOP** veranlaßt?
4. Welcher Unterschied besteht zwischen dem Gebrauch der Option **PAGE** bei einer **WRITE**-Anweisung und der Verwendung eines mnemonischen Namens, der im Paragraphen **SPECIAL-NAMES** definiert ist, wie beispielsweise durch die Aussage

C01 IS NEUE-SEITE

in diesem Paragraphen?

5. Wie erfährt der **COBOL**-Kompilierer, zu welcher Datei die Listenausgabe gehen soll?

6. Wie lauten die den Listenschreiber ansprechenden Anweisungen, die in den Prozedurteil aufzunehmen sind? Welche Funktion kommt jeder dieser Anweisungen zu?

7. Es sind die sieben Listengruppen zu nennen! Welche Funktion erfüllen die einzelnen Listengruppen?

8. Angenommen, es sind die folgenden Listengruppen (auch Leisten genannt) definiert:

```
a)   01  TYPE CONTROL FOOTING FINAL    LINE PLUS 3    PIC Z(5)9.99
             SUM EINZEL-BETRAG.

b)   01  TYPE REPORT FOOTING           LINE PLUS 3    PIC Z(5)9.99
             SUM EINZEL-BETRAG.
```

Welcher Unterschied würde sich bei Benutzung der beiden Listengruppen ergeben?

9. Es ist das Format der **PAGE**-Klausel des Listenschreibers aufzuführen! Außerdem ist der Zweck jedes Bestandteiles dieser Klausel zu nennen!

10. Angenommen, für eine Liste sind mehrere Kopfgruppen für die Kontrollvariablen definiert und auch mehrere Fußgruppen für die Kontrollvariablen. In welcher Reihenfolge würden diese ausgegeben, wenn sich ein Gruppenwechsel ereignet?

11. Welcher Unterschied besteht zwischen der Klausel **LINE** und der Klausel **NEXT GROUP**?

12. Angenommen, in einem zur Erstellung einer Liste dienenden Programm liegen die Statements vor, die im Auszug des Datenteils wiedergegeben sind, der in der Abb. 16.13 aufgeführt ist.

Was wird wohl bei der Fußgruppe für **FINAL** gedruckt?

```
FD  EINGABE-DATEI
    LABEL RECORDS ARE STANDARD.
01  EINGABE-SATZ.
    05  RECHNUNGS-NUMMER                PIC X(5).
    05  JAN-VERKAEUFE                   PIC 9(5)V99.
    05  FEB-VERKAEUFE                   PIC 9(5)V99.
    05  MAR-VERKAEUFE                   PIC 9(5)V99.
    :
REPORT SECTION.
RD  VERKAUFS-LISTE
    CONTROL IS FINAL
    :
01  VERKAUFS-ZEILE   TYPE DETAIL   LINE PLUS 1.
    05  COLUMN 11                       PIC X(5)
                     SOURCE RECHNUNGS-NUMMER.
    05  COLUMN 19                       PIC ZZ,ZZ9.99
                     SOURCE JAN-VERKAEUFE.
    05  COLUMN 34                       PIC ZZ,ZZ9.99
                     SOURCE FEB-VERKAEUFE.
    05  COLUMN 49                       PIC ZZ,ZZ9.99
                     SOURCE MAR-VERKAEUFE.
01  TYPE CONTROL FOOTING FINAL     LINE PLUS 3.
    05  COLUMN 1                        PIC X(23) VALUE
        'VERKAEUFE IM 1. QUARTAL'.
    05  JAN-TOTAL   COLUMN 25           PIC Z,ZZZ,ZZ9.99
                    SUM JAN-VERKAEUFE.
    05  FEB-TOTAL   COLUMN 40           PIC Z,ZZZ,ZZ9.99
                    SUM FEB-VERKAEUFE.
    05  MAR-TOTAL   COLUMN 55           PIC Z,ZZZ,ZZ9.99
                    SUM MAR-VERKAEUFE.
    05  QTL-TOTAL   COLUMN 72           PIC Z,ZZZ,ZZ9.99
                    SUM JAN-TOTAL FEB-TOTAL MAR-TOTAL.
```

Abb. 16.13 *Auszug aus dem Datenteil eines Programmes*

ANTWORTEN AUF DIE KONTROLLFRAGEN

1. Die Klausel **LINAGE** wird in der **FD**-Eintragung für eine Datei verwendet, die sequentiell organisiert ist und deren Ausgabe zu einem Drucker gehen soll. Sie steuert den allgemeinen Aufbau einer Druckseite. **LINAGE** sagt aus, wieviele Textzeilen, einschließlich der Kopfzeilen, auf eine Seite gedruckt werden können. Mittels der Angabe **FOOTING** wird festgelegt, ab welcher Druckzeile der Abschlußzeilenbereich (Fußbereich) einer Seite beginnen soll. Alle Zeilen zwischen der bei **FOOTING** angegebenen Druckzeile und der bei **LINAGE** angegebenen Druckzeile bleiben für die sogenannten Fußnotizen reserviert. Die Angabe **LINES AT TOP** teilt mit, wieviele Leerzeilen am Seitenanfang verbleiben sollen; es ist nicht möglich, in diese Zeilen durch **WRITE**-Anweisungen Text hineinzustellen. Diese Zeilen gehören auch nicht zum sogenannten Seiten-

rumpf, der ja durch **LINAGE** festgelegt ist. Schließlich ist noch die Angabe **LINES AT BOTTOM** vorhanden. Durch sie ist die Anzahl von Leerzeilen am Ende einer Seite umrissen. Diese Zeilen sind ebenfalls nicht Teil des Seitenrumpfes, der in **LINAGE** festgelegt ist. Auch zu diesen Zeilen haben **WRITE**-Anweisungen keinen Zugriff.

2. Zum Auftreten einer Seitenendebedingung kommt es immer dann, wenn eine **ADVANCING**-Angabe bei einer **WRITE**-Anweisung den Wert der internen **COBOL**-Variablen **LINE-COUNTER** so erhöht hat, daß er größer als oder gleich dem Wert ist, der in der **FOOTING**-Angabe genannt ist. Nehmen wir beispielsweise einmal an, daß durch **WRITE**-Anweisungen in eine Datei geschrieben werden soll, die mit der folgenden **LINAGE**-Klausel beschrieben ist:

```
LINAGE IS 54 LINES
    WITH FOOTING AT 50
    LINES AT TOP 6
    LINES AT BOTTOM 6.
```

Sobald hier die Angaben bei **ADVANCING** den Wert von **LINAGE-COUNTER** auf einen Wert gebracht haben, der größer als oder gleich 50 ist, kommt es zum Auftreten der Seitenendebedingung.

3. Nacheinander werden die folgenden Tätigkeiten ausgeführt:
   - Durch die **WRITE**-Anweisung wird der laufende Ausgabesatz gedruckt.
   - Es werden die Anweisungen ausgeführt, die bei **AT EOP** aufgeführt sind.
   - Falls irgendeine der bei **AT EOP** stehenden Anweisungen zu einem Seitenvorschub führt, wird die Variable **LINAGE-COUNTER** wieder auf 1 zurückgesetzt.

4. Soweit es die eigentliche Ausgabe angeht, gibt es in den meisten Fällen überhaupt keinen Unterschied. Die Angabe **PAGE** ist jedoch standardmäßig in **COBOL** aufgenommen und gilt daher für alle Kompilierer. Für die Notierung **C01** trifft das jedoch nicht zu (**C01** ist ein vom Hersteller kreiertes Wort!). Das herkömmliche **C01** braucht im Zusammenhang mit der **LINAGE**-Klausel also nicht korrekt zu funktionieren.

5. Die Klausel **REPORT IS** in der **FD**-Eintragung informiert den Kompilierer darüber, daß die für die betreffende Datei bestimmte

Ausgabe von einer speziellen Liste herkommt, die im Listenkapitel (in der **REPORT SECTION**) beschrieben ist.

6. Für den Prozedurteil sind die folgenden drei Anweisungen des Listenschreibers gedacht:

   - **INITIATE**
     Diese Anweisung bereitet die Liste für die Ausgabe vor. Sie setzt alle Summenfelder auf Null und alle internen Variablen auf ihre Ausgangs- oder Grundwerte. Dazu zählen auch die Seiten- und Zeilenzähler. Auch wird, sofern definiert, die Listenkopfgruppe ausgegeben.

   - **GENERATE**
     Diese Anweisung veranlaßt den Listenschreiber zur Ausgabe einer Detailgruppe. Bei einem Gruppenwechsel werden die zu den entsprechenden Kontrollvariablen gehörenden Fußgruppen und Kopfgruppen automatisch ausgegeben. Bei Feststellung eines erforderlichen Seitenwechsels kommt es zur Ausgabe der Seitenfußgruppe und der Seitenkopfgruppe, sofern solche im Listenkapitel definiert sind.

   - **TERMINATE**
     Diese Anweisung beendet die Listenausgabe. Dabei wird der zur Kontrollvariablen **FINAL** gehörende Gruppenwechsel ausgelöst und die zu **FINAL** gehörende Fußgruppe gedruckt. Wenn eine Listenfußgruppe definiert ist, wird diese ebenfalls gedruckt. Es ist nicht möglich, irgendeine weitere Ausgabe in die Liste aufzunehmen; es sei denn, die Liste wird erneut initiiert.

   Keine der drei genannten Anweisungen eröffnet die Listendatei bzw. schließt sie ab. Hierzu sind nach wie vor die Anweisungen **OPEN** bzw. **CLOSE** zuständig.

7. Es gibt die folgenden Listengruppen, die auch Leisten genannt werden:

   - **REPORT HEADING**
     Drucken eines Listenkopfes zu Beginn der Liste.

   - **PAGE HEADING**
     Drucken eines Seitenkopfes zu Beginn jeder Seite.

   - **CONTROL HEADING**
     Drucken eines Kopfes für die genannte Kontrollvariable; für jede Kontrollvariable kann eine solche Kopfgruppe vorgesehen werden. Wenn für eine Kontrollvariable ein Gruppenwechsel festgestellt wird, wird die zugehörige Kopfgruppe ausgedruckt, bevor die neue Datensatzgruppe gestartet wird.

- **DETAIL**
  Drucken von Einzelinformationen bei Ausführung einer **GENERATE**-Anweisung.
- **CONTROL FOOTING**
  Drucken eines Fußes für die genannte Kontrollvariable; für jede Kontrollvariable kann eine solche Fußgruppe vorgesehen werden. Wenn für eine Kontrollvariable ein Gruppenwechsel festgestellt wird, wird die zugehörige Fußgruppe am Ende der alten Datensatzgruppe ausgedruckt. Zu Kontrollvariablen gehörende Fußgruppen enthalten häufig **SUM**-Klauseln, wodurch bestimmte Daten innerhalb der Kontrollgruppen summiert werden können.
- **PAGE FOOTING**
  Drucken eines Seitenfußes am Ende jeder Seite.
- **REPORT FOOTING**
  Drucken eines Listenfußes am Ende der Liste.

8. Beim Versuch, die unter b) aufgeführte Leistenerklärung zu benutzen, würde man mit einem Fehler konfrontiert werden, der vom Kompilierer bemerkt wurde. Die Klausel **SUM** kann nur in einer Listengruppe verwendet werden, die die zu einer Kontrollvariablen gehörende Fußgruppe symbolisiert. Darum wird ja **FINAL** als Kontrollvariable zusätzlich benötigt.

9. Das allgemeine Format für die **PAGE**-Klausel lautet wie folgt:

```
PAGE LIMIT IS ganze-zahl-1 LINES
       HEADING        ganze-zahl-2
       FIRST DETAIL   ganze-zahl-3
       LAST DETAIL    ganze-zahl-4
       FOOTING        ganze-zahl-5
```

Durch **LIMIT** ist festgelegt, wieviele Zeilen auf einer Seite vorhanden sind; dazu sind auch die Leerzeilen am Anfang und am Ende einer Seite zu zählen. Durch **HEADING** ist ausgesagt, wo die erste Überschriftszeile (Kopfzeile) gedruckt werden kann. In der Angabe **FIRST DETAIL** ist mitgeteilt, wo die Rumpfleisten (**DETAIL, CONTROL HEADING, CONTROL FOOTING**) beginnen können. Durch **LAST DETAIL** ist festgehalten, wo die letzte Einzelzeile gedruckt werden kann. In der **FOOTING**-Angabe ist ausgesagt, wo die letzte Zeile einer zu einer Kontrollvariablen gehörenden Fußgruppe gedruckt werden kann. Listenkopfgruppen und Listenfußgruppen können auf irgendeine Zeile gedruckt werden, die zwischen der durch *ganze-zahl-2* spezifizierten und durch *ganze-zahl-1* spezifizierten Druckzeile liegt. Seitenkopfgruppen können auf irgendwelchen Zeilen erscheinen, die zwischen der durch *ganze-zahl-2* und *ganze-zahl-3* spezifizierten Zeilen liegen. Detailgruppen und die zu Kontrollvariablen gehörenden Kopfgruppen können auf irgendwelche Zeilen gedruckt werden, die von den durch *ganze-zahl-3* und *ganze-zahl-4* spezifizierten Zeilen begrenzt sind. Die zu Kontrollvariablen gehörenden Fußgruppen können innerhalb des Zeilenbereiches gedruckt werden, der von den durch *ganze-zahl-3* bzw. *ganze-zahl-5* spezifizierten Zeilen begrenzt sind. Seitenfußgruppen können im Zeilenbereich von *ganze-zahl-5* bis *ganze-zahl-1* gedruckt werden.

10. Die zu Kontrollvariablen gehörenden Fußgruppen werden in der Reihenfolge gedruckt, die von den Kontrollstufen bestimmt ist: erst kommt die Fußgruppe, die zur niedrigsten Kontrollebene gehört, die von dem Gruppenwechsel betroffen ist, zuletzt die Fußgruppe, die zur höchsten Kontrollebene des betreffenden Gruppenwechsels gehört. Für die Kopfgruppen, die zu Kontrollvariablen gehören, gilt das Umgekehrte, d.h. ihre Reihenfolge ist durch die abnehmende Wertigkeit der Kontrollgruppen bestimmt.

11. Die **LINE**-Klausel wirkt sich auf den Zeilentransport der augenblicklich zu bearbeitenden Listengruppe aus, während die Klausel **NEXT GROUP** auf den Zeilentransport der nächsten Listengruppe Einfluß nimmt. Die Einflußnahme der Klausel **NEXT GROUP** erstreckt sich allerdings nur auf solche Gruppen, die zur gleichen hierarchischen Ebene oder zu einer niedrigeren gehören.

12. **JAN-TOTAL** enthält die Gesamtsumme der im Monat Januar erzielten Verkaufsbeträge, die in den einzelnen Eingabesätzen vermerkt sind. Für **FEB-TOTAL** und für **MAR-TOTAL** gilt Analoges, d.h. sie enthalten die Gesamtsummen der in den Eingabesätzen aufgeführten Verkaufsbeträge für die Monate Februar bzw. März. In **QTL-TOTAL** wird die Gesamtsumme für das erste Quartal zu finden sein. – Hier handelt es sich um ein Beispiel für eine Fußgruppe mit Queradditionen, d.h. die Gesamtsummen mehrerer Felder einer Zeile sind zu einer auf der gleichen Zeile stehenden Endsumme zusammengefaßt.

ÜBUNGSAUFGABEN

Die Lösungen der mit einem Sternzeichen versehenen Übungsaufgaben befinden sich im Anhang D dieses Buches.

1. Unter Benutzung des Listenschreibers ist das in den Abb. 8.18 bis 8.21 dargestellte Programm für die Lohnabrechnung neu zu erarbeiten. Auf jede Ausgabeseite sollen geeignete Überschriften hinzugestellt werden. Es ist von der Annahme auszugehen, daß auf jeder Seite Platz für 66 Druckzeilen ist. Am Seitenanfang und am Seitenende sind je 6 Leerzeilen zu lassen; für die Ausgabe stehen also 54 Zeilen zur Verfügung.

*2. Das Programm für den einstufigen Gruppenwechsel, das in den Abb. 9.5 und 9.6 gezeigt ist, ist neu abzufassen: Es soll dabei der Listenschreiber benutzt werden.

3. Das in den Abb. 11.3 bis 11.6 gezeigte Gartenkatalogprogramm ist zu revidieren. Es soll nunmehr die Klausel **LINAGE** und die Angabe **END-OF-PAGE** berücksichtigen. Die Ausgabe in die Normalbehandlungsdatei soll die in Abb. 11.9 gezeigten Überschriften aufweisen. Die Ausgabe in die Sonderbehandlungsdatei soll so aussehen, wie es in der Abb. 11.10 gezeigt ist. Die Fehlernachrichten für eine Bestellung dürfen sich dabei nicht über zwei Seiten erstrecken.

4. Es sei angenommen daß die Eingabesätze für das in den Abb. 8.18 bis 8.21 dargestellte Programm für die Lohnabrechnung abgeändert worden sind, wie es die Abb. 16.14 zeigt.

```
FD   LOHN-DATEI
     LABEL RECORDS ARE OMITTED.
01   LOHN-SATZ.
     05   E-PERS-NR          PIC X(5).
     05   E-NAME             PIC X(20).
     05   E-ARB-ST           PIC 99V9.
     05   FILLER             PIC XXX.
     05   E-ST-LOHN          PIC 99V999.
     05   E-ANGEH            PIC 99.
     05   E-PROJ-BEZ         PIC X(5).
     05   E-ABT-NR           PIC 999.
     05   FILLER             PIC X(34).
```

Abb. 16.14 Zusammensetzung der Eingabesätze für ein Programm zur Abrechnung von Löhnen

Der bisherige Eingabesatz wurde also um zwei Datenelemente erweitert, nämlich um die Projektbezeichnung **E-PROJ-BEZ** und um die Abteilungsnummer **E-ABT-NR**.
Die Sätze in der Eingabedatei sind nach Abteilungsnummern (höchster Sortierbegriff), Projektbezeichnungen und Personalnummern (niedrigster Sortierbegriff) sortiert. Das ursprüngliche Programm ist in folgende Punkte abzuändern:
a) Es sind zwei Ausgabedateien vorzusehen. Eine Ausgabedatei soll die gültigen Daten, die andere die ungültigen Daten enthalten.
b) Die Ausgabe für jede Abteilung soll auf einer neuen Seite beginnen. Die Abteilungsnummer soll dabei oben auf jeder Seite unmittelbar nach der Seitenüberschrift erscheinen.
c) Für jedes Projekt soll die Gesamtsumme der ausgezahlten Löhne ausgewiesen werden.
d) Zwischen den Teillisten zweier Projekte sollen stets zwei Leerzeilen gelassen werden.
e) Für jede Abteilung sollen die Gesamtsummen der Bruttolöhne, der Steuern und der Nettolöhne für die in der betreffenden Abteilung beschäftigten Arbeitnehmer gebildet und ausgegeben werden.
f) Für die gesamte Firma sollen folgende Endsummen ermittelt und ausgegeben werden:
– – – Endsumme der Bruttolöhne
– – – Endsumme der Steuern
– – – Endsumme der Nettolöhne
Vor dem Drucken der Endsummenzeile sind 5 Zeilen zu überspringen.
Der modifizierte Bericht ist unter Zuhilfenahme des Listenschreibers zu produzieren.

17. Sortieren mit COBOL-Programmen

17.1 Einführung

In diesem Lehrbuch haben wir mehrere Male auf die Notwendigkeit des Sortierens von Dateien aufmerksam gemacht, d.h. auf die Plazierung der zu einer Datei gehörenden Sätze in aufsteigender oder absteigender Reihenfolge von *Schlüsseln*, die Bestandteile der Sätze sind. **COBOL** verschafft mittels des Verbes **SORT** die Möglichkeit, Sortierprozesse durchzuführen. In seiner Gesamtheit kann dieses Verb in mehreren verschiedenen Zusammenhängen benutzt werden. Im Prinzip führen jedoch alle Variationen auf die folgenden drei gleichen Schritte hin:

1) Lesen aller Sätze einer *Eingabedatei* in einen *Arbeitsbereich* (Work Area) für das Sortieren,
2) Sortieren der im Arbeitsbereich enthaltenen Sätze,
3) Übergeben der im Arbeitsbereich stehenden sortierten Sätze an eine *Ausgabedatei*.

Wir wollen mit der Untersuchung eines einfachen Sortierproblemes beginnen und dann unter Zugrundelegung der gewonnenen Anfangskenntnisse weitergehen. Schließlich wollen wir auch noch auf die anspruchsvolleren Sortieroptionen einen Blick werfen. Bei den nachfolgenden Beispielen ist zu beachten, daß alle Programme auf die folgenden Grundinformationen eingehen müssen:

1) Definition des Formats der zu sortierenden Sätze,
2) Definition der dem Sortieren zugrundeliegenden Schlüssel (auch *Sortierbegriffe* oder *Ordnungsbegriffe* oder *Keys* genannt),
3) Erzeugen der Sätze, die als Eingabe für den Sortierprozeß gedacht sind,
4) Sortieren dieser Sätze,
5) Verarbeiten der sortierten Ausgabesätze.

17.2 Ein fundamentales Sortierbeispiel

Für unser erstes Programmbeispiel wollen wir einmal annehmen, daß die für das Programm mit dreistufiger Gruppenkontrolle benötigten Datensätze nicht sortiert vorliegen. Das Programm für die dreistufige Gruppenkontrolle hatten wir sowohl im Kap. 9 als auch im Kap. 16 behandelt. Die Sätze müssen nach den Inhalten der ersten drei Felder sortiert werden. Die Sortierbegriffe sind also von der höchsten Kontrollstufe bis zur niedrigsten die folgenden:

- **GEBIETS-NUMMER**
- **VERKAEUFER-NUMMER**
- **RECHNUNGS-NUMMER**

Die sortierten Datensätze sind in eine neue Datei zu schreiben, die dann vom Programm für die dreistufige Gruppenkontrolle als Eingabedatei benutzt werden kann. Das Programm, das die gewünschte Sortierfunktion ausführt, ist in der Abb. 17.1 zu sehen.

Wir beginnen mit dem Studium dieses Programmes mit einem Blick auf den Paragraphen **FILE-CONTROL**. Zusätzlich zu den **SELECT**-Statements für die Eingabedatei (**EINGABE-DATEI**) und die Ausgabedatei (**VERKAUFS-DATEI-SORT**) ist ein weiteres **SELECT**-Statement für eine Datei vorhanden, die hier **ARBEITS-DATEI-SORT** genannt ist. Bei dieser Datei handelt es sich um eine (interne) Arbeitsdatei, die beim Sortieren der Datensätze benötigt wird. Die genauen Vorgänge, die sich beim Sortieren abspielen, sind in diesem Zusammenhang völlig irrelevant. Vom Gesichtswinkel des Anwendungsprogrammierers aus gesehen, handelt es sich bei dieser Arbeitsdatei um diejenige Datei, deren Sätze zu sortieren sind. Die Eingabedatei und die Ausgabedatei existieren nur deshalb, weil sie einerseits die Datensätze für das Sortieren liefern und andererseits die sortierten Sätze aufnehmen. Mit der Arbeitsdatei für das Sortieren sind die Definitionen der zu sortierenden Sätze verknüpft. In den Steuerstatements, die für das Betriebssystem (hier: OS-MVS der IBM) bestimmt sind, um den Ablauf dieses Programmes zu veranlassen, muß die Arbeitsdatei für das Sortieren mit dem (internen) **COBOL**-Dateinamen **ARBEITS-DATEI-SORT** dem Datenbestand (der Datenmenge, engl.: Data set) mit dem Namen **SORTWK01** zugeordnet werden. **SORTWK01** muß sequentiell organisiert sein; groß genug, um den Arbeitsbereich für das Sortieren aufnehmen zu können. Einzelheiten über die Definition der Arbeitsdatei für das Sortieren hängen vom eingesetzten Betriebssystem (engl.: Operating System) ab und können daher hier nicht Gegenstand einer Diskussion sein. Hinsichtlich evtl. erforderlicher Einzelheiten müssen die **COBOL**-Handbücher (notfalls auch die Handbücher über das Betriebssystem) der Hersteller zu Rate gezogen werden.

Im Dateienkapitel beggenet uns eine neue Art von Eintragungen, mit der die Datei **ARBEITS-DATEI-SORT** zu beschreiben ist. Zur Definition einer normalen Datei ist bekanntlich eine Dateibeschreibung (File Description, abgekürzt **FD**) notwendig; die Arbeitsdatei für das Sortieren benötigt stattdessen eine Sortierbeschreibung (engl.: Sort Des-

17.2 Ein fundamentales Sortierbeispiel

```
00001      ********** BEGINN DES PROGRAMMES SORT1 **********
00002      IDENTIFICATION DIVISION.
00003      PROGRAM-ID.
00004          SORT1.
00005      AUTHOR.
00006          D. GOLDEN.
00007      DATE-WRITTEN.
00008          MAI 6, 87 (DEUTSCH: 21. MAI 1989).
00009      *-------------------------------------------------------------*
00010      *   SORTIEREN DER DATENSAETZE EINER EINGABEDATEI              *
00011      *   UND AUSGABE DER SORTIERTEN SAETZE IN EINE AUSGABEDATEI    *
00012      *-------------------------------------------------------------*
00013
00014      ENVIRONMENT DIVISION.
00015      INPUT-OUTPUT SECTION.
00016      FILE CONTROL.
00017          SELECT EINGABE-DATEI           ASSIGN TO S-EINGABE.
00018          SELECT VERKAUFS-DATEI-SORT     ASSIGN TO S-VERKAUF.
00019          SELECT ARBEITS-DATEI-SORT      ASSIGN TO S-SORTWK01.
00020
00021      DATA DIVISION.
00022          FILE SECTION.
00023
00024      FD  EINGABE-DATEI
00025          LABEL RECORDS ARE OMITTED.
00026      01  EINGABE-SATZ.
00027          05  GEBIETS-NUMMER             PIC X(5).
00028          05  VERKAEUFER-NUMMER          PIC X(5).
00029          05  RECHNUNGS-NUMMER           PIC X(5).
00030          05  BETRAG                     PIC 9(5)V99.
00031          05  FILLER                     PIC X(68).
00032
00033      FD  VERKAUFS-DATEI-SORT
00034          LABEL RECORDS ARE STANDARD.
00035      01  VERKAUFS-SATZ-SORT             PIC X(90).
00036
00037      SD  ARBEITS-DATEI-SORT.
00038      01  ARBEIS-SATZ-SORT.
00039          05  SORTIER-BEGRIFF            PIC X(15).
00040          05  FILLER                     PIC X(75).
00041
00042
00043      PROCEDURE DIVISION.
00044      A000-VORBEREITEN-VERKAUF-BER.
00045          SORT ARBEITS-DATEI-SORT
00046              ON ASCENDING KEY SORTIER-BEGRIFF
00047              USING EINGABE-DATEI
00048              GIVING VERKAUFS-DATEI-SORT.
00049          STOP RUN.
00050
00051      ********** ENDE DES PROGRAMMES SORT1 **********
```

Abb. 17.1 Ein einfaches Sortierprogramm

cription, abgekürzt **SD**). In der **SD**-Eintragung selbst darf nur der Dateiname spezifiziert werden; die Klauseln **LABEL RECORDS** und **BLOCK CONTAINS** dürfen nicht vorkommen. Diese Klauseln sind nicht nur nicht erforderlich, sie sind sogar entweder ungültig oder werden einfach ignoriert. Welche dieser Maßnahmen ergriffen wird, hängt von den jeweiligen Kompilierern ab. Auf jeden Fall sollte sie der Programmierer nicht benutzen.

Bei **ARBEITS-SATZ-SORT** haben wir die ersten 15 Zeilen als Sortierbegriff definiert und den Rest des Satzes als mit beliebigen Daten gefüllt (**FILLER**) betrachtet. Wenn wir auf die Satzdefinition von **EINGABE-SATZ** schauen, stellen wir tatsächlich fest, daß nur die ersten 15 Stellen den Sortierbegriff enthalten. Wir haben ja die Absicht, die Sätze der Eingabedatei nach **GEBIETS-NUMMER, VERKAEUFER-NUMMER** und **RECHNUNGS-NUMMER** sortieren zu lassen und diese Datenelemente belegen eben die ersten 15 Stellen der Eingabesätze. Bei einem umfangreicheren Beispiel könnten wir natürlich die Struktur des Satzes der Arbeitsdatei für das Sortieren nach Belieben gestalten.

Der Prozedurteil unseres Programmes präsentiert sich höchst einfach, er besteht nur aus den beiden Anweisungen **SORT** und **STOP RUN**. In der **SORT**-Anweisung ist gesagt, daß wir die Sätze der Datei mit dem Namen **ARBEITS-DATEI-SORT** nach aufsteigenden (**ASCENDING**) Werten von **SORTIER-BEGRIFF** sortieren lassen wollen. Falls wir ein Sortieren der Sätze nach absteigenden Werten von **SORTIER-BEGRIFF** wünschen, müssen wir das entsprechend kenntlich machen, indem wir statt **ASCENDING** jetzt **DESCENDING** schreiben. In der Ausgabedatei wird dann ein Satz mit dem höchsten Ordnungsbegriff, d.h. ein Satz mit dem höchsten Schlüssel, an erster Stelle stehen, ein Satz mit dem niedrigsten Schlüssel an letzter Stelle. Die weiteren Angaben in der **SORT**-Anweisung haben die folgenden Bedeutungen:

  a) Die Angabe **USING** informiert uns, daß die zum Sortieren bestimmten Sätze von der Eingabedatei mit dem Namen **EINGABE-DATEI** herkommen.
  b) Die Angabe **GIVING** teilt uns mit, daß die sortierten Datensätze in die Datei **VERKAUFS-DATEI-SORT** gehen.

Wir weisen darauf hin, daß die in das Sortieren eingehenden Dateien, d.h. die in der **SORT**-Anweisung aufgeführten, nicht eröffnet und auch nicht abgeschlossen wurden. Es ist nicht nur nicht erforderlich, sondern sogar überhaupt nicht gestattet, **OPEN**- bzw. **CLOSE**-Anweisungen auf die Dateien zu beziehen, die direkt vom Sortierprozeß gesteuert und kontrolliert werden. Noch einmal: Davon ist nicht nur die Arbeitsdatei (hier: **ARBEITS-DATEI-SORT**) betroffen, sondern auch die bei den Angaben **USING** und **GIVING** genannten Dateien.

Der Inhalt der zu sortierenden Datei ist in der Abb. 17.2, der Inhalt der Datei mit den sortierten Sätzen in der Abb. 17.3 zu sehen.

17.2 Ein fundamentales Sortierbeispiel

```
EINGABE-DATEI
(Sätze nicht sortiert)

00001000120001000008750
00001000010002000000550
00001000010002400001000
00003000150003000118094
00001000010002400001575
00001000010002700000900
00001000010002400001025
00001000010002700010100
00001000010002700002200
00003000150007800027602
00001000010002700000940
00001000020001700002600
00001000020002400026690
00003000150004900004500
00001000120001600005475
00002000040004000005012
00001000010002700004260
00002000040004100010599
00001000010002000001150
00002000390004400159414
00003000150003800015743
00003000150003500006926
00003000150006000123456
```

Anmerkung: Die restlichen Stellen der Eingabesätze enthalten hier Leerzeichen.

Abb. 17.2 Inhalt der Datei mit den unsortierten Sätzen, d.h. der EINGABE-DATEI genannten Datei

```
VERKAUFS-DATEI-SORT
(Sätze sortiert)

00001000010002000000550
00001000010002000001150
00001000010002400001025
00001000010002400001575
00001000010002400001000
00001000010002700000900
00001000010002700010100
00001000010002700002200
00001000010002700004260
00001000010002700000940
00001000020001700002600
00001000020002400026690
00001000120001000008750
00001000120001600005475
00002000040004000005012
00002000040004100010599
00002000390004400159414
00003000150003000118094
00003000150003500006926
00003000150003800015743
00003000150004900004500
00003000150006000123456
00003000150007800027602
```

Abb. 17.3 Inhalt der Datei mit den sortierten Sätzen, d.h. der VERKAUFS-DATEI-SORT genannten Datei

17.3 Die Ausgabeprozedur beim Sortierprozeß

Das im vorhergehenden Abschnitt vorgestellte Beispiel demonstriert die denkbar einfachste Version der **SORT**-Anweisung. Die zu sortierenden Sätze enthalten nur einen einzigen Sortierbegriff und sie kommen direkt von einer Datei; die sortierten Sätze wiederum gehen direkt in eine andere Datei. Wenn dies die einzige Möglichkeit wäre, die uns die **SORT**-Anweisung zu bieten hat, wären wir arm dran. Dienst- und Hilfsprogramme für das Sortieren können die gleichen Resultate mit weit weniger Codieraufwand zustandebringen als man in ein gleichwertiges **COBOL**-Programm investieren müßte. Der Hauptvorteil bei der Benutzung des **COBOL**-Verbs liegt darin, daß man innerhalb eines Anwendungsprogrammes Datensätze sortieren und die sortierten Sätze anschließend sofort einer zusätzlichen Verarbeitung zuführen kann. Wie eine solche Anschlußverarbeitung aufzusetzen ist, wollen wir an dem uns bereits bekannten Programm für die dreistufige Gruppenkontrolle zeigen. Wir wollen jetzt davon ausgehen, daß die in der Eingabedatei enthaltenen Sätze nicht sortiert vorliegen, eine ziemlich alltägliche Situation. Wir wollen das **COBOL**-Verb **SORT** dazu benutzen, die Eingabedaten zu sortieren und anschließend die sortierten Daten einem Verarbeitungsprozeß zuführen, der größtenteils dem gleicht, den wir beim Programm für die dreistufige Gruppenkontrolle, das im Kap. 9 (siehe Abb. 9.14 bis 9.16) besprochen wurde, kennengelernt haben. Das diese Problemstellung lösende Programm liegt gelistet in den Abb. 17.4 bis 17.6 vor.

Das in den Abb. 17.4 bis 17.6 dargestellte Programm sieht wie eine Kreuzung zwischen dem Sortierprogramm (siehe Abb. 17.1) und dem in den Abb. 9.14 bis 9.16 gezeigten Programm mit dreistufigem Gruppenwechsel aus. Für die Sortierdatei **SORT-DATEI** liegt eine **SD**-Eintragung vor und im Gegensatz zum vorhergehenden Beispiel weist der Eingabesatz, hier **VERKAUFS-SATZ** und nicht wie zuvor **EINKAUFS-SATZ** genannt, die Klausel **PICTURE X (90)** auf, während die Struktur **SORT-SATZ** komplett definiert ist. Wir haben uns zu dieser Änderung entschlossen, weil wir uns in Wirklichkeit niemals auf die Datenelemente von **VERKAUFS-SATZ** zu beziehen brauchen; die Sätze von **VERKAUFS-DATEI** werden nur dem Sortierprozeß zugeführt. Andererseits besteht das Bedürfnis, die Datenelemente von **SORT-SATZ** anzusprechen, da sie in der Ausgabeprozedur verarbeitet werden sollen. Der Rest des Datenteils entspricht dem Datenteil des Programmes von Abb. 9.14 bis 9.16. Im gegenwärtigen Programm müssen wir uns natürlich im Prozedurteil stets auf die Elemente von **SORT-SATZ** beziehen.

```
00001  IDENTIFICATION DIVISION.
00002  PROGRAM-ID.
00003       SORT2.
00004  AUTHOR.
00005       D. GOLDEN.
00006  DATE-WRITTEN.
00007       MAI 7, 1987   (DEUTSCH: 21. MAI 1989).
00008  *--------------------------------------------------------------*
00009  * SORTIEREN DER DATEN AUS EINER EINGABEDATEI - BENUTZUNG       *
00010  * DER SORTIERTEN DATEN ZUR ERSTELLUNG EINES VERKAUFSBE-        *
00011  * RICHTES MIT DREISTUFIGER GRUPPENKONTROLLE                    *
00012  *--------------------------------------------------------------*
00013
00014  ENVIRONMENT DIVISION.
00015  CONFIGURATION SECTION.
00016  SPECIAL-NAMES.
00017       C01 IS NEUE-SEITE.
00018  INPUT-OUTPUT SECTION.
00019  FILE-CONTROL.
00020       SELECT VERKAUFS-DATEI           ASSIGN TO S-VERKAUF.
00021       SELECT BERICHTS-DATEI           ASSIGN TO S-BERICHT.
00022       SELECT SORT-DATEI               ASSIGN TO S-SORTWK01.
00023
00024  DATA DIVISION.
00025  FILE SECTION.
00026
00027  FD  VERKAUFS-DATEI
00028       LABEL RECORDS ARE OMITTED.
00029  01  VERKAUFS-SATZ                    PIC X(90).
00030
00031  FD  BERICHTS-DATEI
00032       LABEL RECORDS ARE OMTTED.
00033  01  BERICHTS-SATZ                    PIC X(133).
00034
00035  SD  SORT-DATEI.
00036  01  SORT-SATZ.
00037       05  GEBIETS-NUMMER              PIC X(5).
00038       05  VERKAEUFER-NUMMER           PIC X(5).
00039       05  RECHNUNGS-NUMMER            PIC X(5).
00040       05  BETRAG                      PIC 9(5)V99.
00041       05  FILLER                      PIC X(68).
00042
00043  WORKING-STORAGE SECTION.
00044
00045  77  STERN-SCHALTER                   PIC X.
00046       88  STERN-SCHALTER-AN                      VALUE 'J'.
00047  77  ZEILEN-NUMMER                    PIC S99.
00048  77  MEHR-DATEN-KENNZ                 PIC X.
00049       88  KEINE-WEITEREN-DATEN                   VALUE 'N'.
00050  77  SEITEN-NUMMER                    PIC S999.
00051  77  GEBIETS-NUMMER-VORHER            PIC X(5).
00052  77  VERKAEUFER-NUMMER-VORHER         PIC X(5).
00053  77  RECHNUNGS-NUMMER-VORHER          PIC X(5).
00054
00055  01  SCHLUSS-ZEILE.
00056       05  DRUCK-STEUERUNG             PIC X.
00057       05  FILLER                      PIC X(48) VALUE SPACES.
00058       05  FILLER                      PIC X(8)
00059            VALUE 'ENDSUMME'.
00060       05  END-SUMME-AUS               PIC B$$,$$9.99.
00061
```

Abb. 17.4 Sortierprogramm mit Ausgabeprozedur, 1. Teil

```
00062      01  EINZEL-ZEILE.
00063          05  DRUCK-STEUERUNG              PIC X.
00064          05  RECHNUNGS-NUMMER-AUS         PIC Z(4)9.
00065          05  RECHNUNGS-SUMME-AUS          PIC BBB$$,$$9.99.
00066          05  ANZAHL-AUS                   PIC BBZZ9.
00067          05  STERN-AUS                    PIC X.
00068          05  VERKAEUFER-NUMMER-AUS        PIC B(5)X(5).
00069          05  VERKAEUFER-SUMME-AUS         PIC BBB$$,$$9.99.
00070          05  GEBIETS-NUMMER-AUS           PIC B(5)X(5).
00071          05  GEBIETS-SUMME-AUS            PIC BBB$$,$$9.99.
00072
00073      01  UEBERSCHRIFTSZEILE.
00074          05  DRUCK-STEUERUNG              PIC X.
00075          05  FILLER                       PIC X(32)
00076              VALUE 'RECHN.     GESAMT ANZ.       VERK.'.
00077          05  FILLER                       PIC X(28)
00078              VALUE '      GESAMT       GEBIET       '.
00079          05  FILLER                       PIC X(18)
00080              VALUE 'GESAMT      SEITE '.
00081          05  SEITEN-NUMMER-AUS            PIC ZZ9.
00082
00083      01  SUMMEN.
00084          05  RECHNUNGS-SUMME              PIC S9(6)V99.
00085          05  VERKAEUFER-SUMME             PIC S9(6)V99.
00086          05  GEBIETS-SUMME                PIC S9(6)V99.
00087          05  END-SUMME                    PIC S9(6)V99.
00088          05  ANZAHL                       PIC S999.
00089
00090      PROCEDURE DIVISION.
00091      A000-ERST-VERK-BERICHT.
00092          SORT   SORT-DATEI
00093                     ON ASCENDING KEY GEBIETS-NUMMER
00094                                      VERKAEUFER-NUMMER
00095                                      RECHNUNGS-NUMMER
00096                     USING VERKAUFS-DATEI
00097                     OUTPUT PROCEDURE IS B001-ERZEUG-BER.
00098          STOP RUN.
00099
00100      B001-ERZEUG-BER SECTION.
00101          OPEN OUTPUT BERICHTS-DATEI.
00102          MOVE ZERO TO END-SUMME.
00103          MOVE 'J'  TO MEHR-DATEN-KENNZ.
00104          MOVE 55   TO ZEILEN-NUMMER.
00105          MOVE ZERO TO SEITEN-NUMMER.
00106          RETURN SORT-DATEI
00107              AT END MOVE 'N' TO MEHR-DATEN-KENNZ.
00108          PERFORM B010-VER-GEBIETSGRUPPE
00109              UNTIL KEINE-WEITEREN-DATEN.
00110          MOVE END-SUMME TO END-SUMME-AUS.
00111          WRITE BERICHTS-SATZ FROM SCHLUSS-ZEILE
00112              AFTER ADVANCING 3 LINES.
00113          CLOSE BERICHTS-DATEI.
00114
00115      B009-ERZ-BEENDET SECTION.
00116      B010-VER-GEBIETSGRUPPE.
00117          MOVE ZERO TO GEBIETS-SUMME.
00118          MOVE GEBIETS-NUMMER TO GEBIETS-NUMMER-VORHER.
00119          PERFORM C010-VER-VERKAEUFERGRUPPE
00120              UNTIL GEBIETS-NUMMER NOT EQUAL GEBIETS-NUMMER-VORHER
00121                 OR KEINE-WEITEREN-DATEN.
00122          MOVE SPACES TO EINZEL-ZEILE.
00123          MOVE GEBIETS-NUMMER-VORHER TO GEBIETS-NUMMER-AUS.
```

Abb. 17.5 Sortierprogramm mit Ausgabeprozedur, 2. Teil

```
00124          MOVE GEBIETS-SUMME TO GEBIETS-SUMME-AUS.
00125          PERFORM X010-ZEILE-AUS.
00126          ADD GEBIETS-SUMME TO END-SUMME.
00127
00128      C010-VER-VERKAEUFERGRUPPE.
00129          MOVE ZERO TO VERKAEUFER-SUMME.
00130          MOVE VERKAEUFER-NUMMER TO VERKAEUFER-NUMMER-VORHER.
00131          PERFORM D010-VER-RECHNUNGSGRUPPE
00132              UNTIL VERKAEUFER-NUMMER NOT EQUAL
00133                    VERKAEUFER-NUMMER-VORHER
00134                 OR GEBIETS-NUMMER NOT EQUAL GEBIETS-NUMMER-VORHER
00135                 OR KEINE-WEITEREN-DATEN.
00136          MOVE SPACES TO EINZEL-ZEILE.
00137          MOVE VERKAEUFER-NUMMER-VORHER TO VERKAEUFER-NUMMER-AUS.
00138          MOVE VERKAEUFER-SUMME TO VERKAEUFER-SUMME-AUS.
00139          PERFORM X010-ZEILE-AUS.
00140          ADD VERKAEUFER-SUMME TO GEBIETS-SUMME.
00141
00142      D010-VER-RECHNUNGSGRUPPE.
00143          MOVE ZERO TO RECHNUNGS-SUMME.
00144          MOVE ZERO TO ANZAHL.
00145          MOVE 'N' TO STERN-SCHALTER.
00146          MOVE RECHNUNGS-NUMMER TO RECHNUNGS-NUMMER-VORHER.
00147          PERFORM E010-VER-VERKAUFS-SATZ     UNTIL
00148            RECHNUNGS-NUMMER NOT EQUAL RECHNUNGS-NUMMER-VORHER  OR
00149            VERKAEUFER-NUMMER NOT EQUAL VERKAEUFER-NUMMER-VORHER   OR
00150            GEBIETS-NUMMER NOT EQUAL GEBIETS-NUMMER-VORHER    OR
00151            KEINE-WEITEREN-DATEN.
00152          MOVE SPACES TO EINZEL-ZEILE.
00153          MOVE RECHNUNGS-NUMMER-VORHER TO RECHNUNGS-NUMMER-AUS.
00154          MOVE RECHNUNGS-SUMME TO RECHNUNGS-SUMME-AUS.
00155          MOVE ANZAHL TO ANZAHL-AUS.
00156          IF  STERN-SCHALTER-AN
00157              MOVE '*' TO STERN-AUS.
00158          PERFORM X010-ZEILE-AUS.
00159          ADD RECHNUNGS-SUMME TO VERKAEUFER-SUMME.
00160
00161      E010-VER-VERKAUFS-SATZ.
00162          ADD BETRAG TO RECHNUNGS-SUMME.
00163          ADD 1 TO ANZAHL.
00164          IF  BETRAG GREATER 1000.00
00165              MOVE 'J' TO STERN-SCHALTER.
00166          RETURN SORT-DATEI
00167              AT END  MOVE 'N' TO MEHR-DATEN-KENNZ.
00168
00169      X010-ZEILE-AUS.
00170          ADD 1 TO ZEILEN-NUMMER.
00171          IF  ZEILEN-NUMMER GREATER 55
00172              ADD 1 TO SEITEN-NUMMER
00173              MOVE SEITEN-NUMMER TO SEITEN-NUMMER-AUS
00174              WRITE BERICHTS-SATZ FROM UEBERSCHRIFTS-ZEILE
00175                  AFTER ADVANCING NEUE-SEITE
00176              MOVE SPACES TO BERICHTS-SATZ
00177              WRITE BERICHTS-SATZ AFTER ADVANCING 2 LINES
00178              MOVE 4 TO ZEILEN-NUMMER.
00179          WRITE BERICHTS-SATZ FROM EINZEL-ZEILE
00180              AFTER ADVANCING 1 LINE.
00181
00182      **********  ENDE DES PROGRAMMES SORT2   **********
```

Abb. 17.6 Sortierprogramm mit Ausgabeprozedur, 3. Teil

Im Hauptsteuerparagraphen des Prozedurteils steht noch immer (siehe Abb. 17.1) nur eine **SORT**-Anweisung und ferner die Anweisung **STOP RUN**. Die Anweisung **SORT** sieht jetzt allerdings ein wenig komplizierter als zuvor aus. Nunmehr sind drei Schlüssel aufgeführt gegenüber dem einen. Wir haben **GEBIETS-NUMMER** zum Hauptschlüssel erklärt, **VERKÄUFER-NUMMER** zum Zwischenschlüssel und **RECHNUNGS-NUMMER** zum Schlüssel auf der untersten Stufe. Weiterhin ist vorgesehen, daß die sortierten Sätze nicht zu einer Ausgabedatei gehen, sondern einem Verarbeitungsprozeß zugeführt werden, den wir hier

B001-ERZEUG-BER

genannt haben. Ein solcher Prozeß ist über die sogenannte *Ausgabeprozedur* (engl.: Output procedure) in die **SORT**-Anweisung einzuführen.

Zuallererst bemerken wir bei **B001-ERZEUG-BER**, daß es sich um ein *Kapitel* (engl.: Section) handelt und nicht um einen gewöhnlichen Paragraphen. Die Ausgabeprozedur, die in der **SORT**-Anweisung von **COBOL-74** genannt wird, *muß* in einem Kapitel stehen.

Bei **COBOL-85** kann die Ausgabeprozedur hingegen bei einem gewöhnlichen Paragraphen beginnen. Diese Anpassungsfähigkeit ist jedoch nicht bei allen Kompilierern verwirklicht. Man sollte deshalb vorher die entsprechenden Handbücher über die **COBOL**-Kompilierer studieren, um sich über den jeweiligen Stand der Dinge zu informieren.

Ebenso wie sich ein Paragraph aus einer oder aus mehreren Anweisungen zusammensetzt, so kann ein Kapitel aus einem oder aus mehreren Paragraphen bestehen. Jedes Kapitel muß mit einer Kapitelüberschrift beginnen; diese umfaßt den *Kapitelnamen*, der genauso wie ein Paragraphenname gebildet werden kann, und das Wort **SECTION**. Ein Kapitel endet entweder beim Beginn eines neuen Kapitels oder beim Programmende. Obgleich der erste Paragraph eines Kapitels einen Paragraphennamen besitzen kann, ist ein solcher nicht erforderlich. Man beachte hierzu den Unterschied bei den Kapiteln **B001-ERZEUG-BER** und **B009-ERZ-BEENDET**. Wir wollen auch nicht den Grund verschweigen, warum wir überhaupt das Kapitel **B009-ERZ-BEENDET** eingeführt haben; dadurch wurde nämlich das Kapitel **B001-ERZEUG-BER** abgeschlossen. Würden wir dem Paragraphen
B010-VER-GEBIETSGRUPPE nicht einen Kapitelanfang vorausgehen lassen, so würde nach Ausführung der **CLOSE**-Anweisung im Kapitel **B001-ERZEUG-BER** der Programmablauf zum Paragraphen **B010-VER-GEBIETSGRUPPE** weitergehen und damit dieser Paragraph erneut ausgeführt, was einen Fehler verursachen würde.

Das Kapitel **B001-ERZEUG-BER** sieht fast so aus wie der Treiberparagraph des bereits erwähnten Programmes von Kap. 9; es ist freilich die Eingabedatei **VERKAUFS-DATEI** weder eröffnet noch abgeschlossen worden. Da dieses Kapitel als der Beginn der Ausgabeprozedur in der **SORT**-Anweisung genannt ist, gilt als Eingabedatei für die Erzeugung des Berichtes nunmehr die Arbeitsdatei für das Sortieren, hier also **SORT-DATEI**. Da diese Datei durch eine **SD**-Eintragung als für diesen Zweck vorgesehen erklärt wurde, darf sie weder eröffnet noch abgeschlossen werden.

Neu ist augenscheinlich, daß die **READ**-Anweisung durch die **RETURN**-Anweisung ersetzt ist, sowohl für den Zugriff zum ersten Satz als auch für den Zugriff zu den Folgesätzen (siehe Abb. 17.6, Paragraph **E010-VER-VERKAUFS-SATZ**). Die **RETURN**-Anweisung ist beinahe identisch der **READ**-Anweisung für das sequentielle Lesen von Sätzen, ausgenommen, daß sie sich stets nur auf eine Arbeitsdatei für das Sortieren (Sortierdatei) beziehen kann. Wir bringen einen Satz aus der Sortierdatei zurück (**RETURN**), genauso wie wir einen Satz aus einer Eingabedatei holen (**READ**); wir könnten also bei der **RETURN**-Anweisung ebenso die Angabe **INTO** verwenden wie bei der **READ**-Anweisung. Die Angabe **AT END** steht uns ebenfalls zur Verfügung; sie zeigt wie üblich die Maßnahmen an, die bei Feststellung des Dateiendes (hier: der Sortierdatei) zu ergreifen sind. Die einzige, für die **RETURN**-Anweisung geltende Beschränkung ist die, daß sie nur unter Kontrolle der **SORT**-Anweisung benutzt werden darf.

Das Programm wurde mit den gleichen Testdaten ausgeführt wie das Programm von Kap. 9. Der Programmablauf führte zu den gleichen Resultaten.

17.4 Die Eingabeprozedur

Genau so, wie eine Ausgabeprozedur zur Verarbeitung der von einem Sortiervorgang stammenden Ausgabe herangezogen werden kann, so kann eine *Eingabeprozedur* (engl.: Input procedure) dazu dienen, die zum Sortieren bestimmten Eingabedaten vor dem eigentlichen Sortieren noch zu bearbeiten. Um den Gebrauch einer Eingabeprozedur zu demonstrieren, haben wir das vorhergehende Programm (siehe Abb. 17.4 bis 17.6) weiter verbessert, indem wir die Verkaufssätze überprüfen, bevor sie in den Sortierprozeß eingehen. Wenn ein Verkaufssatz irgendwelche nichtnumerischen Daten enthält, soll er von der Verarbeitung zurückgewiesen und zusammen mit einer Fehlermeldung in eine Protokoll- oder Logbuchdatei, hier **LOG-DATEI** genannt, gestellt werden. Enthalten alle seine Felder hingegen numerische Werte, so soll er dem Sortierprozeß zugeführt werden. Das diese Aufgabenstellung lösende Programm ist in den Abb. 17.7 bis 17.10 gezeigt.

```
00001      IDENTIFICATION DIVISION.
00002      PROGRAM-ID.
00003          SORT3.
00004      AUTHOR.
00005          D. GOLDEN.
00006      DATE-WRITTEN.
00007          MAI 7, 1987   (DEUTSCH: 21.05.1989).
00008     *------------------------------------------------------------*
00009     * SORTIEREN GEPRUEFTER DATEN AUS EINER EINGABEDATEI - BENUT- *
00010     * ZUNG DER SORTIERTEN DATEN ZUR ERSTELLUNG EINES VERKAUFS-   *
00011     * BERICHTES MIT DREISTUFIGER GRUPPENKONTROLLE                *
00012     *------------------------------------------------------------*
00013      ENVIRONMENT DIVISION.
00014      CONFIGURATION SECTION.
00015      SPECIAL-NAMES.
00016          C01 IS NEUE-SEITE.
00017      INPUT-OUTPUT SECTION.
00018      FILE-CONTROL.
00019          SELECT VERKAUFS-DATEI          ASSIGN TO S-VERKAUF.
00020          SELECT BERICHTS-DATEI          ASSIGN TO S-BERICHT.
00021          SELECT SORT-DATEI              ASSIGN TO S-SORTWK01.
00022          SELECT LOG-DATEI               ASSIGN TO S-LOGBUCH.
00023
00024      DATA DIVISION.
00025      FILE SECTION.
00026
00027      FD  VERKAUFS-DATEI
00028          LABEL RECORDS ARE OMITTED.
00029      01  VERKAUFS-SATZ.
00030          05  GEBIETS-NUMMER-EIN         PIC X(5).
00031          05  VERKAEUFER-NUMMER-EIN      PIC X(5).
00032          05  RECHNUNGS-NUMMER-EIN       PIC X(5).
00033          05  BETRAG-EIN                 PIC X(7).
00034          05  FILLER                     PIC X(68).
00035
00036      FD  BERICHTS-DATEI
00037          LABEL RECORDS ARE OMITTED.
00038      01  BERICHTS-SATZ                  PIC X(90).
00039
00040      FD  LOG-DATEI
00041          LABEL RECORDS ARE OMITTED.
00042      01  LOG-SATZ.
00043          05  FILLER                     PIC X.
00044          05  LOG-NACHR                  PIC X(40).
00045          05  FEHLER-SATZ                PIC X(90).
00046          05  FILLER                     PIC XX.
00047
00048      SD  SORT-DATEI.
00049      01  SORT-SATZ.
00050          05  GEBIETS-NUMMER             PIC X(5).
00051          05  VERKAEUFER-NUMMER          PIC X(5).
00052          05  RECHNUNGS-NUMMER           PIC X(5).
00053          05  BETRAG                     PIC 9(5)V99.
00054          05  FILLER                     PIC X(68).
00055
00056
00057      WORKING-STORAGE SECTION.
00058
00059      77  STERN-SCHALTER                 PIC X.
00060          88  STERN-SCHALTER-AN                    VALUE 'J'.
```

Abb. 17.7 Sortierprogramm mit Eingabeprozedur und Ausgabeprozedur, 1. Teil

```
00061   77   ZEILEN-NUMMER                    PIC S99.
00062   77   MEHR-DATEN-KENNZ                 PIC X.
00063        88  KEINE-WEITEREN-DATEN                   VALUE 'N'.
00064   77   SEITEN-NUMMER                    PIC S999.
00065   77   GEBIETS-NUMMER-VORHER            PIC X(5).
00066   77   VERKAEUFER-NUMMER-VORHER         PIC X(5).
00067   77   RECHNUNGS-NUMMER-VORHER          PIC X(5).
00068
00069   01   EINZEL-ZEILE.
00070        05  DRUCK-STEUERUNG              PIC X.
00071        05  RECHNUNGS-NUMMER-AUS         PIC X(5).
00072        05  RECHNUNGS-SUMME-AUS          PIC BBB$$,$$9.99.
00073        05  ANZAHL-AUS                   PIC BBZZ9.
00074        05  STERN-AUS                    PIC X.
00075        05  VERKAEUFER-NUMMER-AUS        PIC X(5).
00076        05  VERKAEUFER-SUMME-AUS         PIC BBB$$,$$9.99.
00077        05  GEBIETS-NUMMER-AUS           PIC X(5).
00078        05  GEBIETS-SUMME-AUS            PIC BBB$$,$$9.99.
00079
00080   01   SCHLUSS-ZEILE.
00081        05  DRUCK-STEUERUNG              PIC X.
00082        05  FILLER                       PIC X(48) VALUE SPACES.
00083        05  FILLER      PIC X(8)         VALUE 'ENDSUMME'.
00084        05  END-SUMME-AUS                PIC B$$,$$9.99.
00085
00086   01   UEBERSCHRIFTS-ZEILE.
00087        05  DRUCK-STEUERUNG              PIC X.
00088        05  FILLER                       PIC X(38)
00089            VALUE 'RECHN.       GESAMT ANZ.       VERK.         '.
00090        05  FILLER                       PIC X(40)
00091            VALUE 'GESAMT       GEBIET       GESAMT       SEITE '.
00092        05  SEITEN-NUMMER-AUS            PIC ZZ9.
00093
00094   01   SUMMEN.
00095        05  RECHNUNGS-SUMME              PIC S9(6)V99.
00096        05  VERKAEUFER-SUMME             PIC S9(6)V99.
00097        05  GEBIETS-SUMME                PIC S9(6)V99.
00098        05  END-SUMME                    PIC S9(6)V99.
00099        05  ANZAHL                       PIC S999.
00100
00101
00102   PROCEDURE DIVISION.
00103   A000-ERST-VERK-BERICHT.
00104        SORT SORT-DATEI
00105                  ON ASCENDING KEY GEBIETS-NUMMER
00106                                   VERKAEUFER-NUMMER
00107                                   RECHNUNGS-NUMMER
00108                  INPUT  PROCEDURE IS B001-PRUEF-EING
00109                  OUTPUT PROCEDURE IS B002-ERZEUG-BER.
00110        STOP RUN.
00111
00112   B001-PRUEF-EING SECTION.
00113        OPEN  INPUT  VERKAUFS-DATEI
00114              OUTPUT LOG-DATEI.
00115        MOVE 'J' TO MEHR-DATEN-KENNZ.
00116        READ VERKAUFS-DATEI
00117             AT END  MOVE 'N' TO MEHR-DATEN-KENNZ.
00118        PERFORM B010-PRUEFEN-VERKAEUFE  UNTIL
00119             KEINE-WEITEREN-DATEN.
00120        CLOSE VERKAUFS-DATEI
00121              LOG-DATEI.
00122
```

Abb. 17.8 *Sortierprogramm mit Eingabeprozedur und Ausgabeprozedur, 2. Teil*

```
00123    B002-ERZEUG-BER SECTION.
00124        OPEN OUTPUT BERICHTS-DATEI.
00125        MOVE ZERO TO END-SUMME.
00126        MOVE 'J' TO MEHR-DATEN-KENNZ.
00127        MOVE 55  TO ZEILEN-NUMMER
00128        MOVE ZERO TO SEITEN-NUMMER.
00129        RETURN SORT-DATEI
00130            AT END  MOVE 'N' TO MEHR-DATEN-KENNZ.
00131        PERFORM B020-VER-GEBIETSGRUPPE    UNTIL
00132            KEINE-WEITEREN-DATEN.
00133        MOVE END-SUMME TO END-SUMME-AUS.
00134        WRITE BERICHTS-SATZ FROM SCHLUSS-ZEILE
00135            AFTER ADVANCING 3 LINES.
00136        CLOSE BERICHTS-DATEI.
00137
00138    B006-ENDE-PROZEDUREN SECTION.
00139    B010-PRUEFEN-VERKAEUFE.
00140        IF   GEBIETS-NUMMER-EIN      IS NOT NUMERIC    OR
00141             VERKAEUFER-NUMMER-EIN   IS NOT NUMERIC    OR
00142             RECHNUNGS-NUMMER-EIN    IS NOT NUMERIC    OR
00143             BETRAG-EIN              IS NOT NUMERIC
00144             MOVE SPACES TO LOG-SATZ
00145             MOVE 'EIN FELD ENTHAELT FALSCHE DATEN:' TO LOG-NACHR
00146             MOVE VERKAUFS-SATZ TO FEHLER-SATZ
00147             WRITE LOG-SATZ AFTER ADVANCING 1 LINE
00148        ELSE
00149             RELEASE SORT-SATZ FROM VERKAUFS-SATZ.
00150        READ VERKAUFS-DATEI
00151            AT END  MOVE 'N' TO MEHR-DATEN-KENNZ.
00152
00153    B020-VER-GEBIETSGRUPPE.
00154        MOVE ZERO TO GEBIETS-SUMME.
00155        MOVE GEBIETS-NUMMER TO GEBIETS-NUMMER-VORHER.
00156        PERFORM C010-VER-VERKAEUFERGRUPPE    UNTIL
00157            GEBIETS-NUMMER NOT EQUAL GEBIETS-NUMMER-VORHER    OR
00158            KEINE-WEITEREN-DATEN.
00159        MOVE SPACES TO EINZEL-ZEILE.
00160        MOVE GEBIETS-NUMMER-VORHER TO GEBIETS-NUMMER-AUS.
00161        MOVE GEBIETS-SUMME TO GEBIETS-SUMME-AUS.
00162        PERFORM X010-ZEILE-AUS.
00163        ADD GEBIETS-SUMME TO END-SUMME.
00164
00165    C010-VER-VERKAEUFERGRUPPE.
00166        MOVE ZERO TO VERKAEUFER-SUMME.
00167        MOVE VERKAEUFER-NUMMER TO VERKAEUFER-NUMMER-VORHER.
00168        PERFORM D010-VER-RECHNUNGSGRUPPE    UNTIL
00169            VERKAEUFER-NUMMER NOT EQUAL VERKAEUFER-NUMMER-VORHER    OR
00170            GEBIETS-NUMMER NOT EQUAL GEBIETS-NUMMER-VORHER    OR
00171            KEINE-WEITEREN-DATEN.
00172        MOVE SPACES TO EINZEL-ZEILE.
00173        MOVE VERKAEUFER-NUMMER-VORHER TO VERKAEUFER-NUMMER-AUS.
00174        MOVE VERKAEUFER-SUMME TO VERKAEUFER-SUMME-AUS.
00175        PERFORM X010-ZEILE-AUS.
00176        ADD VERKAEUFER-SUMME TO GEBIETS-SUMME.
00177
00178    D010-VER-RECHNUNGSGRUPPE.
00179        MOVE ZERO TO RECHNUNGS-SUMME.
00180        MOVE ZERO TO ANZAHL.
00181        MOVE 'N' TO STERN-SCHALTER.
00182        MOVE RECHNUNGS-NUMMER TO RECHNUNGS-NUMMER-VORHER.
```

Abb. 17.9 Sortierprogramm mit Eingabeprozedur und Ausgabeprozedur, 3. Teil

```
00183            PERFORM E010-VER-VERKAUFS-SATZ      UNTIL
00184              RECHNUNGS-NUMMER NOT EQUAL RECHNUNGS-NUMMER-VORHER    OR
00185              VERKAEUFER-NUMMER NOT EQUAL VERKAEUFER-NUMMER-VORHER  OR
00186              GEBIETS-NUMMER NOT EQUAL GEBIETS-NUMMER-VORHER        OR
00187              KEINE-WEITEREN-DATEN.
00188            MOVE SPACES TO EINZEL-ZEILE.
00189            MOVE RECHNUNGS-NUMMER-VORHER TO RECHNUNGS-NUMMER-AUS.
00190            MOVE RECHNUNGS-SUMME TO RECHNUNGS-SUMME-AUS.
00191            MOVE ANZAHL TO ANZAHL-AUS.
00192            IF  STERN-SCHALTER-AN
00193              MOVE '*' TO STERN-AUS.
00194            PERFORM X010-ZEILE-AUS.
00195            ADD RECHNUNGS-SUMME TO VERKAEUFER-SUMME.
00196
00197        E010-VER-VERKAUFS-SATZ.
00198            ADD BETRAG TO RECHNUNGS-SUMME.
00199            ADD 1 TO ANZAHL.
00200            IF  BETRAG GREATER 1000.00
00201              MOVE 'J' TO STERN-SCHALTER.
00202            RETURN SORT-FILE
00203              AT END  MOVE 'N' TO MEHR-DATEN-KENNZ.
00204
00205        X010-ZEILE-AUS.
00206            ADD 1 TO ZEILEN-NUMMER.
00207            IF  ZEILEN-NUMMER IS GREATER THAN 55
00208              ADD 1 TO SEITEN-NUMMER
00209              MOVE SEITEN-NUMMER TO SEITEN-NUMMER-AUS
00210              WRITE BERICHTS-SATZ FROM UEBERSCHRIFTS-ZEILE
00211                  AFTER ADVANCING NEUE-SEITE
00212              MOVE SPACES TO BERICHTS-SATZ
00213              WRITE BERICHTS-SATZ AFTER ADVANCING 2 LINES
00214              MOVE 4 TO ZEILEN-NUMMER.
00215            WRITE BERICHTS-SATZ FROM EINZEL-ZEILE
00216                  AFTER ADVANCING 1 LINE.
00217
00218        **********   ENDE DES PROGRAMMES SORT3   **********
```

Abb. 17.10 *Sortierprogramm mit Eingabeprozedur und Ausgabeprozedur, 4. Teil*

Wie bereits angedeutet, ist eine weitere Datei mit Namen **LOG-DATEI** zum Programm hinzugekommen. Diese Datei soll die Fehlernachrichten für die ungültigen Verkaufssätze aufnehmen. Mit Ausnahme der für diese Datei erforderlichen Statements sehen der Maschinenteil und der Datenteil dieses Programmes genauso aus wie die entsprechenden Teile des vorhergehenden Programmes.

Im Treiberparagraphen des Prozedurteils (siehe Abb. 17.8) wurde die **SORT**-Anweisung geändert. Die zum Sortieren bestimmten Sätze sollen nunmehr nicht von einer Eingabedatei kommen, sondern von der Eingabeprozedur, die im Kapitel (bzw. auch bei **COBOL-85** in einem Paragraphen) **B001-PRUEF-EING** beginnt. Wir haben ferner das Präfix des Namens der Ausgabeprozedur geändert; er heißt nunmehr **B002**. Unser Bemühen galt der Beibehaltung der Präfix-Reihenfolge für die Kapitel und Paragraphen gemäß ihres Erscheinens in der hierarchischen Darstellung der Modulen. Unter Hinweis auf dieses Beispiel können wir nun den allgemeinen Aufbau der Anweisung **SORT** für **COBOL-74** zeigen (der allgemeine Aufbau derselben bei **COBOL-85** ist im Anhang B aufgeführt).

```
SORT dateiname-1

        ON  { ASCENDING  }           KEY daten-name-1 ...
            { DESCENDING }

      [ ON  { ASCENDING  }           KEY daten-name-2 ... ]
            { DESCENDING }


      { USING dateiname-2 ...                                              }
      { INPUT PROCEDURE IS kapitelname-1 [ { THRU    } kapitelname-2 ] }
                                          { THROUGH }


      { GIVING dateiname-3 ...                                              }
      { OUTPUT PROCEDURE IS kapitelname-3 [ { THRU    } kapitelname-4 ] }
                                            { THROUGH }
```

Bei der Ausführung der **SORT**-Anweisung läuft zunächst das Kapitel **B001-PRUEF-EING** ab, dessen Anweisungen die Sätze generieren, die nach **SORT-DATEI** gestellt werden. Nach dem Ende dieses Kapitels kommt es zum Sortieren der von der Eingabedatei nach **SORT-DATEI** gebrachten Sätze. Dem Sortierprozeß liegen dabei die angegebenen Schlüssel zugrunde. Zum Schluß wird schließlich die Ausgabeprozedur **B002-ERZEUG-BER** ausgeführt. Das Kapitel mit diesem Kapitelnamen nimmt die sortierten Sätze mittels der **RETURN**-Anweisung aus der Datei **SORT-DATEI** und verwendet sie zur Erstellung des Verkaufsberichtes.

Das Kapitel **B001-PRUEF-EING** (Prüfung der Eingabe!) gleicht in vielerlei Hinsicht dem Treiberparagraphen eines Programms, dessen Aufgabe darin besteht, eine Datei zu erzeugen, deren Datensätze geprüft sind. Der Paragraph **B010-PRUEFEN-VERKAEUFE** ähnelt den zur Überprüfung von Datensätzen bestimmten Paragraphen früherer Programme. Er greift laufend die Eingabesätze auf und sieht nach, ob sie irgendwelche nichtnumerischen Werte enthalten. Sollte das der Fall sein, wird eine Fehlermeldung, die den falschen Satz einschließt, in die Datei **LOG-DATEI** geschrieben. Weisen alle überprüften Datenelemente dagegen einen numerischen Inhalt auf, werden die entsprechenden Sätze für das Sortieren freigegeben (engl.: released). Zur Freigabe der Sätze ist die Anweisung **RELEASE** zu benutzen, nicht die Anweisung **WRITE**. Ebenso wie die Anweisung **RETURN** analog der Anweisung **READ** für das sequentielle Lesen ist, ist die Anweisung **RELEASE** analog der Anweisung **WRITE** für das sequentielle Schreiben. Allerdings ist eines zu beachten: Die Anweisung **RELEASE** schreibt immer in eine Datei, nämlich in die Sortierdatei, und veranlaßt niemals ein Drukken. Sie darf deshalb auch nicht die Angabe **ADVANCING** aufweisen. Wie die **RETURN**-Anweisung muß die Anweisung **RELEASE** stets unter Kontrolle der **SORT**-Anweisung ausgeführt werden.

Man nehme Notiz von der Tatsache, daß in beiden Kapiteln, also sowohl in

B001-PRUEF-EING als auch in **B002-ERZEUG-BER**

Paragraphen zur Ausführung aufgerufen werden, die im Kapitel

B006-ENDE-PROZEDUR

plaziert sind. Es gibt kein Problem bezüglich der Ausführung von Paragraphen über die Grenzen von Kapiteln hinweg. – Bei früheren **COBOL**-Versionen bereitete die Verwaltung des Internspeichers eines Computers ein weitaus größeres Problem als heutzutage; infolgedessen spielten die Kapitel in **COBOL**-Programmen auch eine wichtige Rolle. In der heutigen Zeit haben sie hingegen einen relativ geringen Einfluß auf die **COBOL**-Programme.

Das in den Abb. 17.7 bis 17.10 dargestellte Programm wurde mit den gleichen Daten getestet, die auch schon bei den vorhergehenden Programmen benutzt wurden, hinzugefügt wurden freilich einige Sätze mit fehlerhaften Daten. Die erzielten Ergebnisse waren korrekt: Die Verkaufsliste hatte das erhoffte Aussehen.

17.5 Das Spezialregister SORT-MESSAGE

Das von der IBM herausgegebene Programmiersystem **COBOL** (Sprache und Kompilierer als Einheit gesehen) besitzt eine Eigenschaft, die dem Programmierer häufig Probleme bereitet. Obwohl wir die Statements der „Job Control Language", die für den Ablauf unserer Programme erforderlich sind, nicht besprochen haben, ist eine der Dateien, die für die Ausführung von Sortierprogrammen benötigt werden, die Systemdatei **SYSOUT**. Diese Datei wird von der **SORT**-Anweisung benutzt: In sie werden Satzzähler und andere Diagnostikinformationen hineingestellt. Wenn nun in einem Programm außerdem die Anweisungen **DISPLAY** und **EXHIBIT** verwendet werden, so sorgt der IBM-Kompilierer für **COBOL** außerdem dafür, daß bei der Ausführung des Objektprogrammes auch die Nachrichten in die Datei **SYSOUT** gestellt werden, die von diesen beiden Verben erzeugt werden. Unglücklicherweise benutzen nun die Anweisungen **SORT** und **DISPLAY** verschiedene Formate für die Ausgabedatei. Sollte man **DISPLAY**- oder **EXHIBIT**-Anweisungen innerhalb von Eingabe- oder von Ausgabeprozeduren codieren, würde sich als Resultat eines solchen Versuches eine anormale Programmbeendigung einstellen.

Zum Glück gibt es eine einfache Lösung für dieses Problem. Das von der IBM herausgegebene **COBOL**-System stellt ein *Spezialregister* bereit, das **SORT-MESSAGE** genannt ist. In diesem kann die Datei festgelegt werden, die anstelle von **SYSOUT** die beim Sortierprozeß anfallenden Diagnostiknachrichten aufnimmt. Unter einem Spezialregister versteht man im wesentlichen nichts anderes als eine vordefinierte Variable, d. h. eine **COBOL**-eigene Variable. Das Spezialregister **SORT-MESSAGE** verhält sich so, als ob es mit dem Statement

01 SORT-MESSAGE   PIC X(8)   VALUE 'SYSOUT'.

vom Programmierer definiert wäre. Man verstehe uns aber recht: Diese Variable ist bereits im Kompilierer definiert, wir dürfen sie daher in unseren Sortierprogrammen nicht noch einmal definieren. Um den Dateinamen der Datei zu ändern, die die vom Verb **SORT** ausgeschickten Diagnostiknachrichten aufnehmen soll, brauchen wir **SORT-MESSAGE** nur einen neuen Wert zuzuweisen, was mittels der **MOVE**-Anweisung geschehen kann. Um das Ganze zu demonstrieren, haben wir das in den Abb. 17.7 bis 17.10 dargestellte Programm etwas modifiziert. Die Nachrichten über die fehlerhaften Sätze, die von der Eingabeprozedur ausgegeben werden, sollen nicht mehr über **WRITE**-Anweisungen in die Datei **LOG-DATEI** gestellt werden, sondern mit Hilfe von **DISPLAY**-Anweisungen ausgegeben werden. In der Abb. 17.11 ist gezeigt, wie die vorzunehmenden Änderungen auszusehen haben.

Zwei Punkte sind zu erwähnen, wenn man sich die vorgenommenen Änderungen ansieht. Zuerst ist zu betonen, daß die **MOVE**-Anweisung, die beim Spezialregister **SORT-MESSAGE** den vom Kompilierer voreingestellten Wert durch einen anderen Wert ersetzen soll, vor der **SORT**-Anweisung ausgeführt werden muß. Sie darf weder in Eingabeprozeduren noch in Ausgabeprozeduren enthalten sein. Zweitens kann nicht oft genug darauf hingewiesen werden, daß das ganze Problem bezüglich **SYSOUT** und **SORT-MESSAGE** allein für die Großcomputer der IBM zutrifft, d. h. genauer gesagt für die auf diesen eingesetzten **COBOL**-Kompilierer. Bei anderen Kompilierern braucht man generell nicht mit einem solchen Problem zu rechnen.

17.5 Das Spezialregister SORT-MESSAGE

```
00001      IDENTIFICATION DIVISION.
00002      PROGRAM-ID.
00003          SORT4.
00004      AUTHOR.
00005          D. GOLDEN.
00006      DATE-WRITTEN.
00007          MAI 7, 1987 (DEUTSCH:  21. MAI 1989).
00008     *---------------------------------------------------------------*
00009     * SORTIEREN GEPRUEFTER DATEN AUS EINER EINGABEDATEI - BENUT-    *
00010     * ZUNG DER SORTIERTEN DATEN ZUR ERSTELLUNG EINES VERKAUFS-     *
00011     * BERICHTES MIT DREISTUFIGER GRUPPENKONTROLLE                  *
00012     *---------------------------------------------------------------*
00013
00014      ENVIRONMENT DIVISION.
00015      CONFIGURATION DIVISION.
00016      SPECIAL-NAMES.
00017          C01 IS NEUE-SEITE.
00018      INPUT-OUTPUT SECTION.
00019      FILE-CONTROL.
00020          SELECT VERKAUFS-DATEI           ASSIGN TO S-VERKAUF.
00021          SELECT BERICHTS-DATEI           ASSIGN TO S-BERICHT.
00022          SELECT SORT-DATEI               ASSIGN TO S-SORTWK01.
  :            :
00102      PROCEDURE DIVISION.
00103      A000-ERST-VERK-BERICHT.
00104          MOVE 'SORTNACH' TO SORT-MESSAGE.
00105          SORT SORT-DATEI
00106                          ON ASCENDING KEY GEBIETS-NUMMER
00107                                           VERKAEUFER-NUMMER
00108                                           RECHNUNGS-NUMMER
00109                          INPUT  PROCEDURE IS B001-PRUEF-EING
00110                          OUTPUT PROCEDURE IS B002-ERZEUG-BER.
00111          STOP RUN.
00112
00113      B001-PRUEF-EING SECTION.
00114          OPEN INPUT VERKAUFS-DATEI.
00115          MOVE 'J' TO MEHR-DATEN-KENNZ.
00116          READ VERKAUFS-DATEI
00117              AT END MOVE 'N' TO MEHR-DATEN-KENNZ.
00118          PERFORM B010-PRUEFEN-VERKAEUFE    UNTIL
00119            KEINE-WEITEREN-DATEN.
00120          CLOSE VERKAUFS-DATEI.
00121
00122
  :            :
00138      B006-ENDE-PROZEDUREN SECTION.
00139      B010-PRUEFEN-VERKAEUFE.
00140          IF  GEBIETS-NUMMER-EIN     IS NOT NUMERIC   OR
00141              VERKAEUFER-NUMMER-EIN  IS NOT NUMERIC   OR
00142              RECHNUNGS-NUMMER-EIN   IS NOT NUMERIC   OR
00143              BETRAG-EIN             IS NOT NUMERIC
00144              DISPLAY 'EIN FELD ENTHAELT FALSCHE DATEN:
00145                       VERKAUFS-SATZ
00146          ELSE
00147              RELEASE SORT-SATZ FROM VERKAUFS-SATZ.
00148          READ VERKAUFS-DATEI
00149              AT END MOVE 'N' TO MEHR-DATEN-KENNZ.
  :            :
              **********  ENDE DES PROGRAMMES SORT4  **********
```

Abb. 17.11 Demonstration des Spezialregisters SORT-MESSAGE in Zusammenhang mit DISPLAY-Anweisungen in einem Sortierprogramm

KONTROLLFRAGEN

1. Es ist die Funktion der folgenden Sprachelemente von **COBOL** zu beschreiben:
   a) **SELECT**-Statement für die Sortierdatei (Arbeitsdatei für das Sortieren);
   b) **SD**-Eintragung;
   c) Angabe **KEY** in der **SORT**-Anweisung;
   d) Eingabeprozedur (**INPUT PROCEDURE**);
   e) Ausgabeprozedur (**OUTPUT PROCEDURE**).

```
PROCEDUE DIVISION.
A000-HAUPT.
    SORT SORT-DATEI
                ON ASCENDING KEY SORTIER-SCHLUESSEL
                INPUT PROCEDURE B001-EINGABE
                OUTPUT PROCEDURE IS B002-AUSGABE.
    STOP RUN.

B001-EINGABE.
    OPEN   INPUT EINGABE-DATEI
           OUTPUT SORT-DATEI.
    MOVE 'J' TO MEHR-DATEN-KENNZ.
    READ EINGABE-DATEI
        AT END MOVE 'N' TO MEHR-DATEN-KENNZ.
    PERFORM C010-KOPIEREN-NACH-SORT
        UNTIL KEINE-WEITEREN-DATEN.
    CLOSE EINGABE-DATEI
          SORT-DATEI.

B002-AUSGABE.
    OPEN   INPUT SORT-DATEI
           OUTPUT AUSGABE-DATEI.
    MOVE 'J' TO MEHR-DATEN-KENNZ.
    READ SORT-DATEI
        AT END MOVE 'N' TO MEHR-DATEN-KENNZ.
    PERFORM C020-KOPIEREN-AUS-SORT
        UNTIL KEINE-WEITEREN-DATEN.
    CLOSE AUSGABE-DATEI
          SORT-DATEI.

C010-KOPIEREN-NACH-SORT.
    WRITE SORT-SATZ FROM EINGABE-SATZ.
    READ EINGABE-DATEI
        AT END MOVE 'N' TO MEHR-DATEN-KENNZ.

C020-KOPIEREN-AUS-SORT.
    WRITE AUSGABE-SATZ FROM SORT-SATZ.
    READ SORT-DATEI
        AT END MOVE 'N' TO MEHR-DATEN-KENNZ.
```

Abb. 17.12 Zu analysierender COBOL-Code

2. Es ist eine **SORT**-Anweisung für das Programm zur Erstellung eines Verkaufsberichtes niederzuschreiben, die die Verkaufssätze aus der Datei **VERKAUFS-DATEI** liest und die sortierten Sätze in die Datei **VERKAUFS-DATEI-SORTIERT** stellt. Die Sätze sollen gemäß der folgenden Reihenfolge sortiert werden:
   - - - aufsteigend nach Gebietsnummern,
   - - - absteigend nach Verkäufernummern,
   - - - absteigend nach Rechnungsnummern,
   - - - aufsteigend nach Verkaufsbeträgen.

3. Es mögen die folgenden Voraussetzungen vorliegen:
   - **SORT-DATEI** ist in einer **SD**-Eintragung definiert.
   - **SORT-SATZ** ist die Bezeichnung der Sätze von **SORT-DATEI**.
   - **SORTIER-SCHLUESSEL** ist ein Feld von **SORT-SATZ**.
   - **EINGABE-DATEI** mit der Satzstruktur **EINGABE-SATZ** enthält die zu sortierenden Sätze.
   - **AUSGABE-DATEI** mit der Satzstruktur **AUSGABE-SATZ** soll die sortierten Sätze aufnehmen.

   Was ist falsch an dem in Abb. 17.12 dargestellten Auszug aus einem **COBOL**-Programm?

4. Unter den gleichen Voraussetzungen, die bei der 3. Kontrollfrage aufgeführt sind, ist festzustellen, welche Fehler bei dem **COBOL**-Code vorliegen, der in Abb. 17.13 dargestellt ist.

```
PROCEDURE DIVISION.
A000-HAUPT.
    OPEN  INPUT EINGABE-DATEI
          OUTPUT AUSGABE-DATEI.
    SORT SORT-DATEI
                ON DESCENDING KEY SORTIER-SCHLUESSEL
                USING EINGABE-DATEI
                GIVING AUSGABE-DATEI.
    CLOSE EINGABE-DATEI
          AUSGABE-DATEI.
    STOP RUN.
```

Abb. 17.13 Fehlerhafter COBOL-CODE

ANTWORTEN AUF DIE KONTROLLFRAGEN

1. a) Das **SELECT**-Statement für die Sortierdatei legt fest, welche Datei als Arbeitsbereich für die Daten während des Sortierens dienen soll.
   b) Durch die **SD**-Eintragung wird die Sortierdatei definiert und mit ihr auch die Struktur der in dieser enthaltenen zu sortierenden Sätze.

c) Durch die Angabe **KEY** wird mitgeteilt, welche Felder als Sortierbegriffe verwendet werden sollen; dabei sind die Sortierbegriffe in ihrer hierarchischen Ordnung von oben nach unten aufzuführen, d.h. der dominierende Sortierbegriff ist zuerst zu nennen, der allen anderen untergeordnete zuletzt. Schließlich ist durch diese Angabe auch noch festgelegt, ob die Sätze nach aufsteigenden (**ASCENDING**) oder nach absteigenden (**DESCENDING**) Werten jedes einzelnen Sortierbegriffes sortiert werden sollen.
d) Die Eingabeprozedur liefert die Sätze, die zu sortieren sind. Diese Sätze können beispielsweise das Resultat von Auswahlverfahren sein, die auf eine Eingabedatei angewendet werden, oder auch die Ergebnisse von Berechnungen oder auch von beiden.
e) Die Ausgabeprozedur verarbeitet die in der Sortierdatei enthaltenen sortierten Sätze.

2. Die die Aufgabenstellung lösende **SORT**-Anweisung lautet wie folgt:

```
SORT SORT-DATEI
        ON ASCENDING KEY GEBIETS-NUMMER
        ON DESCENDING KEY VERKAEUFER-NUMMER
                         RECHNUNGS-NUMMER
        ON ASCENDING KEY BETRAG
        USING VERKAUFS-DATEI
        GIVING VERKAUFS-DATEI-SORTIERT.
```

3. Im **COBOL**-Code sind mehrere Fehler vorhanden:
   a) Weder **B001-EINGABE** noch **B002-AUSGABE** sind als Kapitel definiert; bei **COBOL-85** ist das allerdings möglich.
   b) Die Sortierdatei **SORT-DATEI** darf in einem Programm weder explizit eröffnet noch explizit abgeschlossen werden.
   c) Eine Sortierdatei darf weder in eine **READ**-Anweisung noch in eine **WRITE**-Anweisung eingehen. Für Sortierdateien gelten stattdessen die Anweisungen **RETURN** bzw. **RELEASE**.

4. Vor der Ausführung einer **SORT**-Anweisung dürfen die bei den Angaben **USING** und **GIVING** genannten Dateien nicht explizit eröffnet werden. Nach der Ausführung der **SORT**-Anweisung sind sie bereits abgeschlossen.

   Nach der Ausführung einer **SORT**-Anweisung können sowohl **EINGABE-DATEI** als auch **AUSGABE-DATEI** wie gewöhnliche Dateien betrachtet und nach Bedarf eröffnet und auch wieder abgeschlossen werden.

ÜBUNGSAUFGABEN

1. Man betrachte das in den Abb. 7.7 bis 7.9 dargestellte Programm für die Lohnabrechnung. Nunmehr ist ein Programm zu schreiben, das die Sätze aus der Datei **LOHN-DATEI** liest und sie nach aufsteigenden Werten von **E-PERSONALNUMMER** sortiert. Die sortierten Lohnsätze sind in die Datei **LOHN-DATEI-SORTIERT** zu schreiben.

2. Auch bei dieser Aufgabe ist von dem Programm auszugehen, das in den Abb. 7.7 bis 7.9 gezeigt ist. Die sortierten Sätze der Datei **LOHN-DATEI** sind jetzt freilich nicht mehr einfach in die Datei **LOHN-DATEI-SORTIERT** zu stellen, wie es bei der 1. Übungsaufgabe geschehen sollte.

   Stattdessen sind die sortierten Lohnsätze in einer Ausgabeprozedur, die bei der **SORT**-Anweisung aufzuführen ist, so zu verarbeiten, wie es beim in den Abb. 7.7 bis 7.9 dargestellten Programm erfolgt.

3. Unter Zugrundelegung der Version des „Gartenkatalog-Programmes", die in den Abb. 11.3 bis 11.6 dargestellt ist, ist ein neues Programm zu erarbeiten. Dabei soll angenommen werden, daß sich die Sätze in der Datei **BESTELL-DATEI** nur in einer zufälligen Reihenfolge befinden. Die Sätze sind also zu sortieren, aber zuvor müssen in einer Eingabeprozedur die Datenprüfungen vorgenommen werden, die in dem Programm enthalten sind, das in den Abb. 11.3 bis 11.6 dargestellt ist. Die fehlerhaften Bestellsätze sind wie bisher in die Datei **SONDER-DATEI** zu schreiben. Die fehlerfreien Sätze sind hingegen nach aufsteigenden Bestellnummern (Datenelement **BESTELL-NUMMER**) zu sortieren, bevor sie in die Datei **NORMAL-DATEI** geschrieben werden.

4. *(Diese Übungsaufgabe eignet sich zur Aufsetzung und Durchführung eines Projekts.)* Es ist ein Programm zu schreiben, das die bei der 8. Übungsaufgabe des Kap. 12 beschriebene Verdienstliste produziert. Die Bewegungssätze liegen unsortiert vor und müssen deshalb zuvor sortiert werden. Dabei ist die Personalnummer als Hauptsortierbegriff herzunehmen und die Satzart als untergeordneter Sortierbegriff. Es ist anzunehmen, daß die Bewegungssätze nicht fehlerfrei sind und daß deshalb alle Bewegungssätze den Datenprüfungen zu unterziehen sind, die im letzten Abschnitt der Aufgabenstellung aufgezählt sind. Zur Durchführung dieser Überprüfungen ist eine Eingabeprozedur vorzusehen; diese soll alle fehlerhaften Sätze von der Verarbeitung zurückweisen. Mit anderen Worten, es sollen nur die fehlerfreien Bewegungssätze sortiert werden. Nach der Durchführung des Sortierprozesses soll ei-

ne Ausgabeprozedur benutzt werden, um die beiden Listen zu erzeugen, die in der Aufgabenstellung der 8. Übungsaufgabe von Kap. 12 gefordert sind, also die wöchentliche Verdienstliste sowie die Liste mit den Personalveränderungen.

18. Unterprogramme

18.1 Einführung

Durch das ganze Buch hindurch haben wir uns mit Nachdruck zum Konzept der funktionalen Modularität bekannt, d.h. zur Unterteilung der von einem Programm zu lösenden Aufgabe in kleinere, leichter zu handhabende Teilaufgaben. Jede dieser Teilaufgaben wird als *Baustein* oder *Modul* bearbeitet. Um ein Programm zusammenzustellen, haben wir einfach nur einen Code zu schreiben, der für die Ausführung dieser Moduln in einer bestimmten Reihenfolge sorgt. Der Vorteil dieser Vorgehensweise besteht vor allem darin, daß es uns die Modularität ermöglicht, ein Problem, das zu umfangreich ist, um es auf einfache Weise im Ganzen lösen zu können, in mehrere Teilprobleme zu zerlegen. Jedes Teilproblem kann dabei ohne Beeinflussung durch andere bzw. ohne Rücksichtnahme auf andere gelöst werden.

Bis jetzt haben wir in den Programmen Paragraphen benutzt, um die zu einem Programm gehörenden Moduln zu verwirklichen. Bei den relativ kleinen Programmen, mit denen wir es bisher zu tun hatten, bereitete uns das fast keine Schwierigkeiten. Wenn die Programme jedoch größer und größer werden, wird es immer problematischer, sich mit ihnen auseinanderzusetzen, selbst bei einem ausgewogenen modularen Entwurf. Eine Schwierigkeit entsteht allein dadurch, daß das bloße Volumen des Maschinencodes in einem Programm mit 10000 oder 100000 oder mehr Zeilen Quellencode die Kapazität so mancher Systemsoftware überfordert. Manche Editoren für den Quellencode tun sich schwer, wenn sie sich mit so umfangreichen Programmen beschäftigen müssen. Der von einem Kompilierer beanspruchte Arbeitsspeicherplatz könnte zu groß werden, wenn ein zu großes Programm kompiliert werden muß. Außerdem ist auch die Wirtschaftlichkeit zu sehen. Die Kosten für die Kompilierung eines, sagen wir, 100000 Zeilen umfassendes Programm wären einfach maßlos, wenn man nur ein oder zwei oder ein paar mehr Zeichen ändern müßte, um einen festgestellten Programmfehler zu beseitigen, der oft nur auf einen Tippfehler beim Eingeben des Quellenprogrammes zurückzuführen ist.

Die Verwendung von *Unterprogrammen* (engl.: *Subprograms*) zur Verwirklichung von Moduln löst die soeben geschilderte Problematik. Unter einem Unterprogramm versteht man ein **COBOL**-Programm, das separat vom Hauptprogramm oder anderen Unterprogrammen kompiliert wird und das unter der Steuerung und Kontrolle des Hauptprogrammes oder anderer Unterprogramme ausgeführt wird. Das komplette Programm setzt sich also aus dem Hauptprogramm und allen Unterprogrammen zusammen. Das zur Ausführung gebrachte Unterprogramm wird auch *aufgerufenes Programm* genannt, das seine Ausführung steuernde und kontrollierende Programm (Hauptprogramm bzw. ein anderes Unterprogramm) *aufrufendes Programm*. Das Hauptprogramm und die Unterprogramme sind die sogenannten *Programmeinheiten* (engl.: *Program units*) des Gesamtprogrammes.

Die Verwendung von Unterprogrammen weist mehrere Vorteile gegenüber der ausschließlichen Verwendung von Paragraphen auf. Einen Vorteil hatten wir bereits erwähnt. Es ist häufig viel wirksamer, ein Programm als eine Menge von Programmeinheiten, von denen jedes nur wenige 100 oder 1000 Zeilen umfaßt, zu realisieren als ein einheitliches Ganzes mit Tausenden oder Zehntausenden von Zeilen. Wenn in die für ein Programm erforderlichen Änderungen nur wenige Zeilen verwickelt sind, braucht nur das davon betroffene Unterprogramm neu kompiliert und die Programmeinheiten mit dem Objektcode wieder neu verbunden zu werden, um das komplette Programm zu erzeugen. Die Tätigkeit, die Objektprogramme der Programmeinheiten (Hauptprogramm und zugehörige Unterprogramme) zu einem ausführungsfähigen Gesamtprogramm zusammenzufügen, wird „*Binden*" (engl.: *link*) genannt. Das Binden wird von einem Programm vorgenommen, das „*Binder*" (engl.: *Linker* oder *Linkage Editor*) genannt wird. Einzelheiten darüber, wie das Binden erfolgt, variieren von Computer zu Computer und übersteigen den diesem Lehrbuch gesetzten Rahmen. Bei einem Praktikum für Anfänger sollte deshalb der Praktikumsbetreuer oder der Instruktor um Auskunft ersucht werden, wenn es um fachliche Fragen geht, die das Binden berühren.

Ein weiterer Vorteil ergibt sich daraus, daß Unterprogramme in speziellen Dateien, den sogenannten *Bibliotheken* (engl.: *Libraries*), gespeichert und in anderen Programmen wiederverwendet werden können. Durch diese Möglichkeit kann der Aufwand beträchtlich reduziert werden, der beim Schreiben neuer Programme sonst erforderlich wäre. Nicht zuletzt ist noch zu erwähnen, daß Unterprogramme eine viel bessere Kontrolle über die Art und Weise bieten, mit der die Daten zwischen den Modulen ausgetauscht werden können, als es Paragraphen vermögen. Dies ist sehr wichtig beim Programmentwurf und daher sicherlich auch ein wesentlicher Teil von Büchern, die sich mit Programmentwurfstechniken befassen.

18.2 Verwendung von Unterprogrammen

Ein **COBOL**-Unterprogramm weist alle Charakteristiken eines **COBOL**-Programmes auf, die wir bisher kennengelernt haben, einschließlich seiner vier Teile und aller Kapitel des Maschinen- und des Datenteils, die wir bis zu diesem Zeitpunkt vorgestellt und erörtert haben. Um der Idee der Verwendung von Unterprogrammen überhaupt einen Sinn geben zu können, muß es einen Weg geben, auf dem sich die aufrufende Programmeinheit mit dem aufgerufenen Unterprogramm in Verbindung setzen kann. Die aufrufende Programmeinheit muß in der Lage sein, dem Unterprogramm mitzuteilen, mit welchen Daten es zu arbeiten hat. Außerdem muß es die Variablen nennen, die vom Unterprogramm zurückgegebenen Informationen aufnehmen sollen. Wie dieser *Datenaustausch* zwischen der aufrufenden und der aufgerufenen Programmeinheit bewerkstelligt wird, soll jetzt besprochen werden.

Um einem Unterprogramm die von der aufrufenden Programmeinheit kontrollierte Ablaufsteuerung zu übergeben, muß das Unterprogramm mittels des Verbs **CALL** aufgerufen werden. Auf dieses Verb muß der Name des Unterprogrammes folgen, umgeben von Auslassungszeichen. Danach kommt das Wort **USING**, dem sich die Namen der Variablen anschließen, die am Datenaustausch partizipieren. Innerhalb des Unterprogrammes muß der Kopf des Prozedurteiles erweitert werden, und zwar um das Wort **USING**, dem die Namen der Datenelemente bzw. Datengruppen folgen müssen, die in den Datenaustausch mit der aufrufenden Programmeinheit einbezogen sind. Der Datenteil des Unterprogrammes ist um das sogenannte *Verbindungskapitel* (**LINKAGE SECTION**) zu ergänzen. In diesem Kapitel sind die Datenelemente bzw. Datengruppen zu beschreiben, die im Kopf des Prozedurteils nach dem Wort **USING** aufgeführt sind.

Nehmen wir beispielsweise einmal an, daß in der aufrufenden Programmeinheit (Hauptprogramm oder Unterprogramm) die folgende Anweisung niedergeschrieben ist:

CALL 'UNTERPROG-1' USING DATEN-SATZ.

Durch diese Anweisung wird dasjenige Unterprogramm zur Ausführung aufgerufen, in dessen Paragraphen **PROGRAM-ID** der Name **UNTERPROG-1** steht. – Hier ist jedoch eine wichtige erläuternde Bemerkung angebracht. Viele Kompilierer weisen ein Limit bezüglich der Länge des Namens eines Unterprogrammes auf. Die von der IBM geschaffenen Kompilierer gestatten zwar, daß als Unterprogrammname jeder beliebige gültige **COBOL**-Bezeichner verwendet werden darf, aber es werden nur die ersten acht Zeichen dieses Namens benutzt, um ein Unterprogramm zu identifizieren. Sollten andere Kompilierer eingesetzt sein, so muß man unbedingt zuerst herausfinden, was diese bezüglich der Namensgebung von Unterprogrammen vorschreiben. Abgesehen von diesem ersten Mal werden wir uns deshalb zukünftig auf achtstellige Unterprogrammnamen beschränken. – Im Kopf des Prozedurteils dieses Unterprogrammes muß eine **USING**-Angabe stehen, und der Datenteil muß um das Verbindungskapitel ergänzt werden. Im Unterprogramm ist es durchaus erlaubt, den gleichen Namen für die auszutauschenden Informationen zu benutzen wie in der aufrufenden Programmeinheit. Der Kopf des Prozedurteils könnte deshalb wie folgt lauten:

PROCEDURE DIVISION USING DATEN-SATZ.

Im Verbindungskapitel müßte eine Eintragung enthalten sein, mit der **DATEN-SATZ** beschrieben ist.

Es ist jedoch keineswegs erforderlich, daß die beiden **USING**-Angaben (bei der aufrufenden und bei der aufgerufenen Programmeinheit) auf die gleichen Namen verweisen. Die in den Datenaustausch einbezogenen Datenelemente bzw. Datengruppen müssen zwar die gleiche Länge und die gleiche Struktur besitzen, aber sie können durchaus verschiedene Namen aufweisen. Wir erwähnten zuvor, daß einer der Beweggründe, Unterprogramme zu benutzen, darin zu sehen ist, daß ein Unterprogramm von vielen verschiedenen aufrufenden Programmeinheiten angesprochen werden kann. Dies liegt in erster Linie daran, daß die in der **USING**-Angabe des Unterprogrammes aufgeführten Datennamen, auch als *Parameter* bezeichnet, nicht mit den Namen der Parameter in der aufrufenden Programmeinheit übereinzustimmen brauchen. Beispielsweise könnten wir ein Unterprogramm mit dem zuvor aufgeführten Prozedurkopf mit einer der folgenden Anweisungen aufrufen:

CALL 'UNTERPROG-1' USING NEUER-SATZ.
CALL 'UNTERPROG-1' USING STAMM-SATZ.
CALL 'UNTERPROG-1' USING ARBEITS-DATENSATZ.

Hauptsache, die Länge und die Struktur der bei den Unterprogrammaufrufen benutzten Datengruppen stimmen mit der Länge und der Struktur der Datengruppe überein, die im Verbindungskapitel des Unterprogrammes beschrieben ist. In einem solchen Fall wird das Unterprogramm stets korrekt ablaufen, ohne daß bei ihm irgendwelche Änderungen vorgenommen werden müssen.

In dem obigen Beispiel enthält die *Parameterliste* bei den **USING**-Angaben nur einen einzigen Namen. In Wirklichkeit gibt es jedoch keine praktische Begrenzung bezüglich der Anzahl der Parameter in einer Parameterliste, es sei denn, daß eine Liste zu lang ist. Zu lange Listen könnten schwer zu verstehen oder nur mit Mühen fehlerfrei zu gebrauchen sein. In dem Beispiel, das wir im nächsten Abschnitt behandeln werden, besteht die Parameterliste aus drei Parametern. Bei Parametern gilt es, zwei Einschränkungen stets zu berücksichtigen. Erstens dürfen in einer Parameterliste nur Datennamen (also keine Literale) aufgenommen werden; diese können irgendwo im Datenteil mit Ausnahme des Listenkapitels definiert sein. Als Datennamen dürfen aber keinesfalls Dateinamen, Paragraphennamen oder Kapitelnamen als Parameter verwendet werden. Zweitens müssen alle Parameter mit der Stufennummer **01** oder **77** erklärt sein.

18.3 Programm für die sequentielle Aufdatierung mit Unterprogrammen

Um den Gebrauch von Unterprogrammen zu demonstrieren, wollen wir das im Kap. 12 besprochene Programm zur sequentiellen Aufdatierung einer sequentiell organisierten Datei wieder aufgreifen. Insbesondere wollen wir uns mit der Version beschäftigen, die in den Abb. 12.25 bis 12.29 dargestellt ist, von uns mit dem Programmnamen **AUFDAT5** bezeichnet. Sie soll nun dahingehend modifiziert werden, daß ein Unterprogramm zur Verarbeitung der Bewegungen (Transaktionen) herangezogen wird, die sich nicht als Hinzufügungen bzw. Löschungen erwiesen haben. Das überarbeitete Programm haben wir **AUFDAT6** genannt; es ist in den Abb. 18.1 bis 18.5 dargestellt. Vor dem Weitergehen sollte man sich erst noch einmal das in den Abb. 12.25 bis 12.29 gezeigte Programm ansehen.

Die beim Hauptprogramm **AUFDAT6** gegenüber dem Programm **AUFDAT5** vorgenommenen Änderungen sind ziemlich unbedeutend. Zum Datenteil ist eine Struktur hinzugefügt, die drei Fehlerkennzeichen enthält. Im Prozedurteil wurde der Paragraph **D020-AUF-STAMM** entfernt, d.h. der Paragraph, der für die Aufdatierung der Stammsätze sorgte, und mit ihm auch alle ihm untergeordneten Paragraphen. Neu aufgenommen wurde der Paragraph **D020-AUFDAT-FEHLER**. In diesem Paragraphen werden die einzelnen Fehlerkennzeichen abgefragt und bei Vorliegen von Fehlern die entsprechenden Fehlermeldungen ausgegeben. Im Paragraphen **C010-AUF-LOGIK** wurde die sich auf den Paragraphen **D020-AUF-STAMM** beziehende **PERFORM**-Anweisung durch die **CALL**-Anweisung ersetzt; außerdem wurden einige wenige, mit der **CALL**-Anweisung verknüpfte Anweisungen hinzugestellt. Das grundsätzliche Vorgehen, das von uns eingeschlagen wurde, ist schnell geschildert. Aus Gründen, die wir bald diskutieren werden, können wir nämlich keine Fehlermeldungen im Unterprogramm drucken lassen. Deshalb wird stattdessen bei Entdeckung von Fehlern ein entsprechendes Fehlerkennzeichen im Unterprogramm gesetzt. Die Fehlerkennzeichen werden nach der Rückkehr vom Unterprogramm im Hauptpro-

```
00001       IDENTIFICATION DIVISION.
00002       PROGRAM-ID.
00003           AUFDAT6.
00004       DATE-WRITTEN.
00005           MAI 13, 1987 (DEUTSCH: 22. MAERZ 1989).
00006
00007       ENVIRONMENT DIVISION.
00008       INPUT-OUTPUT SECTION.
00009       FILE-CONTROL.
00010           SELECT BEWEGUNGS-DATEI           ASSIGN TO S-BEW.
00011           SELECT ALTE-STAMMDATEI           ASSING TO S-AST.
00012           SELECT NEUE-STAMMDATEI           ASSIGN TO S-NST.
00013           SELECT PROTOKOLL-DATEI           ASSIGN TO S-PRO.
00014           SELECT BESTELL-DATEI             ASSIGN TO S-BES.
00015
00016       DATA DIVISION.
00017
00018       FILE SECTION.
00019
00020       FD  BEWEGUNGS-DATEI
00021           LABEL RECORDS ARE OMITTED.
00022       01  BEWEGUNGS-PUFFER                 PIC X(80).
00023
00024       FD  ALTE-STAMMDATEI
00025           LABEL RECORDS ARE STANDARD.
00026       01  ALTER-STAMM-PUFFER               PIC X(80).
00027
00028       FD  NEUE-STAMMDATEI
00029           LABEL RECORDS ARE STANDARD.
00030       01  NEUER-STAMM-SATZ.
00031           05  NS-SCHLUESSEL                PIC X(5).
00032           05  NS-MENGE-LAGER               PIC 9(5).
00033           05  NS-MENGE-BESTELLT            PIC 9(5).
00034           05  NS-MENGE-MINDEST             PIC 9(5).
00035           05  NS-MENGE-BESTELLUNG          PIC 9(5).
00036           05  NS-BESCHREIBUNG              PIC X(20).
00037           05  NS-UNBENUTZT                 PIC X(35).
00038
00039       FD  PROTOKOLL-DATEI
00040           LABEL RECORDS ARE OMITTED.
00041       01  PROTOKOLL-SATZ.
00042           05  DRUCK-STEUERUNG              PIC X.
00043           05  PR-ZEILE.
00044               10  FILLER                   PIC X(45).
00045               10  PR-MELDUNG               PIC X(87).
00046
00047       FD  BESTELL-DATEI
00048           LABEL RECORDS ARE OMITTED.
00049       01  BESTELL-SATZ.
00050           05  DRUCK-STEUERUNG              PIC X.
00051           05  BE-SCHLUESSEL                PIC X(5).
00052           05  FILLER                       PIC X(3).
00053           05  BE-MENGE                     PIC Z(5)9.
00054           05  FILLER                       PIC X(3).
00055           05  BE-BESCHREIBUNG              PIC X(20).
00056           05  FILLER                       PIC X(95).
00057
00058       WORKING-STORAGE SECTION.
00059
00060       77  FEHLER-ZAEHLER                   PIC S999.
```

Abb. 18.1 Programm zur sequentiellen Aufdatierung mit Aufruf eines Unterprogrammes, 1. Teil

```
00061      77   AS-SCHLUESSEL-VOR              PIC X(5).
00062      77   BW-SCHLUESSEL-VOR              PIC X(5).
00063      77   REIHENFOLGE-FEHLER-KZ          PIC X.
00064
00065      01   FEHLER-MELDUNGEN.
00066           05   UNG-HINZUFUEGUNG-M        PIC X(50) VALUE
00067                '  HINZUFUEGUNG BETRIFFT EXISTIERENDEN STAMMSATZ'.
00068           05   LOESCH-M                  PIC X(50) VALUE
00069                '  STAMMSATZ GELOESCHT'.
00070           05   AS-REIHENFOLGE-FEHLER-M   PIC X(50) VALUE
00071                '  STAMMSATZ NICHT IN REIHENFOLGE'.
00072           05   BW-REIHENFOLGE-FEHLER-M   PIC X(50) VALUE
00073                '  BEWEGUNGSSATZ NICHT IN REIHENFOLGE'.
00074           05   UNG-BEWEGUNG-M            PIC X(50) VALUE
00075                '  KEIN ENTSPRECHENDER STAMMSATZ VORHANDEN'.
00076           05   UNG-BEWEGUNGSCODE-M       PIC X(50) VALUE
00077                '  UNGUELTIGER BEWEGUNGSCODE'.
00078           05   UNZUREICHENDER-VORRAT-M   PIC X(50) VALUE
00079                '  UNZUREICHENDER LAGERVORRAT'.
00080           05   UNG-UEBERNAHME-CODE-M     PIC X(50) VALUE
00081                '  UNGUELTIGER UEBERNAHME-CODE'.
00082           05   BEENDIGUNGS-M             PIC X(50) VALUE
00083                'MEHR ALS 10 FEHLER ---> PROGRAMMBEENDIGUNG'.
00084
00085      01   ALTER-STAMM-SATZ.
00086           05   AS-SCHLUESSEL                  PIC X(5).
00087           05   AS-MENGE-LAGER                 PIC 9(5).
00088           05   AS-MENGE-BESTELLT              PIC 9(5).
00089           05   AS-MENGE-MINDEST               PIC 9(5).
00090           05   AS-MENGE-BESTELLUNG            PIC 9(5).
00091           05   AS-BESCHREIBUNG                PIC X(20).
00092           05   FILLER                         PIC X(35).
00093
00094      01   BEWEGUNGS-SATZ.
00095           05   BW-SCHLUESSEL                  PIC X(5).
00096           05   BW-MENGE                       PIC 9(5).
00097           05   BW-CODE                        PIC X.
00098                88   HINZUFUEGUNG                        VALUE '1'.
00099                88   EINRICHTUNG                         VALUE '2'.
00100                88   ZUGANG                              VALUE '3'.
00101                88   ABGANG                              VALUE '4'.
00102                88   LOESCHUNG                           VALUE '5'.
00103           05   BW-UEBERNAHME-CODE             PIC 9.
00104           05   BW-MENGE-BESTELLT              PIC 9(5).
00105           05   BW-MENGE-MINDEST               PIC 9(5).
00106           05   BW-MENGE-BESTELLUNG            PIC 9(5).
00107           05   BW-BESCHREIBUNG                PIC X(20).
00108           05   FILLER                         PIC X(33).
00109
00110      01   AUFDAT-FEHLER-KZ.
00111           05   FALSCHER-BW-CODE               PIC X.
00112           05   LAGERBESTAND-ZU-KLEIN          PIC X.
00113           05   FALSCHER-UEBERNAHME-CODE       PIC X.
00114
00115
00116      PROCEDURE DIVISION.
00117      A000-AUFDATIERUNG-DATEI.
00118  *        ZUWEISUNG VON ANFANGSWERTEN       *
00119           MOVE ZERO        TO FEHLER-ZAEHLER.
00120           MOVE LOW-VALUES  TO AS-SCHLUESSEL-VOR.
```

Abb. 18.2 Programm zur sequentiellen Aufdatierung mit Aufruf eines Unterprogrammes, 2. Teil

```
00121           MOVE LOW-VALUES TO BW-SCHLUESSEL-VOR.
00122           OPEN INPUT BEWEGUNGS-DATEI
00123                      ALTE-STAMMDATEI
00124                OUTPUT NEUE-STAMMDATEI
00125                       PROTOKOLL-DATEI
00126                       BESTELL-DATEI.
00127 *         HOLEN ERSTE SAETZE (BEWEGUNGSDATEI UND ALTE STAMMDATEI)     *
00128           PERFORM X010-HOLEN-BEWEGUNG-GUELT.
00129           PERFORM X020-HOLEN-ALTSTAMM-GUELT.
00130 *         VERARBEITEN DER (EINGABE-) DATEIEN    *
00131           PERFORM B010-AUF-LOGIK    UNTIL
00132             (AS-SCHLUESSEL = HIGH-VALUES AND BW-SCHLUESSEL =
00133             HIGH-VALUES)   OR  FEHLER-ZAEHLER > 10.
00134           IF  FEHLER-ZAEHLER > 10
00135               MOVE BEENDIGUNGS-M TO PR-ZEILE
00136               WRITE PROTOKOLL-SATZ AFTER ADVANCING 2 LINES.
00137           CLOSE BEWEGUNGS-DATEI
00138                 ALTE-STAMMDATEI
00139                 NEUE-STAMMDATEI
00140                 PROTOKOLL-DATEI
00141                 BESTELL-DATEI.
00142           STOP RUN.
00143
00144     B010-AUF-LOGIK.
00145           IF  AS-SCHLUESSEL IS LESS THAN BW-SCHLUESSEL
00146               PERFORM C040-PRUEFEN-MENGE
00147               WRITE NEUER-STAMM-SATZ FROM ALTER-STAMM-SATZ
00148               PERFORM X020-HOLEN-ALTSTAMM-GUELT
00149           ELSE
00150               IF  AS-SCHLUESSEL = BW-SCHLUESSEL
00151                   PERFORM C010-VERW-BEW
00152                   PERFORM X010-HOLEN-BEWEGUNG-GUELT
00153               ELSE
00154                   IF  HINZUFUEGUNG
00155                       PERFORM C020-HINZUFUEGUNG
00156                       PERFORM X010-HOLEN-BEWEGUNG-GUELT
00157                   ELSE
00158                       PERFORM C030-BEWEGUNG-UNGUELTIG
00159                       PERFORM X010-HOLEN-BEWEGUNG-GUELT.
00160
00161     C010-VERW-BEW.
00162           IF  LOESCHUNG
00163               PERFORM D010-LOESCHUNG-STAMM
00164               PERFORM X020-HOLEN-ALTSTAMM-GUELT
00165           ELSE
00166               IF  HINZUFUEGUNG
00167                   PERFORM D030-HINZUFUEGUNG-UNG
00168               ELSE
00169                   MOVE SPACES TO AUFDAT-FEHLER-KZ
00170                   CALL 'AUFDATST'   USING ALTER-STAMM-SATZ
00171                                           BEWEGUNGS-SATZ
00172                                           AUFDAT-FEHLER-KZ
00173                   IF  AUFDAT-FEHLER-KZ
00174                       PERFORM D020-AUFDAT-FEHLER.
00175
00176     C020-HINZUFUEGUNG.
00177           MOVE BW-SCHLUESSEL        TO NS-SCHLUESSEL.
00178           MOVE BW-MENGE             TO NS-MENGE-LAGER.
00179           MOVE BW-MENGE-BESTELLT    TO NS-MENGE-BESTELLT.
00180           MOVE BW-MENGE-MINDEST     TO NS-MENGE-MINDEST.
```

Abb. 18.3 Programm zur sequentiellen Aufdatierung mit Aufruf eines Unterprogrammes, 3. Teil

```
00181          MOVE BW-MENGE-BESTELLUNG TO NS-MENGE-BESTELLUNG.
00182          MOVE BW-BESCHREIBUNG     TO NS-BESCHREIBUNG.
00183          MOVE SPACES              TO NS-UNBENUTZT.
00184          WRITE NEUER-STAMM-SATZ.
00185
00186      C030-BEWEGUNG-UNGUELTIG.
00187          MOVE BEWEGUNGS-SATZ TO PR-ZEILE.
00188          MOVE UNG-BEWEGUNG-M TO PR-MELDUNG.
00189          WRITE PROTOKOLL-SATZ AFTER ADVANCING 1 LINE.
00190          ADD 1 TO FEHLER-ZAEHLER.
00191
00192      C040-PRUEFEN-MENGE.
00193          IF  AS-MENGE-LAGER + AS-MENGE-BESTELLT < AS-MENGE-MINDEST
00194              MOVE SPACES              TO BESTELL-SATZ
00195              MOVE AS-SCHLUESSEL       TO BE-SCHLUESSEL
00196              MOVE AS-MENGE-BESTELLUNG TO BE-MENGE
00197              MOVE AS-BESCHREIBUNG     TO BE-BESCHREIBUNG
00198              WRITE BESTELL-SATZ AFTER ADVANCING 1 LINE
00199              ADD AS-MENGE-BESTELLUNG TO AS-MENGE-BESTELLT.
00200
00201      D010-LOESCHUNG-STAMM.
00202          MOVE ALTER-STAMM-SATZ TO PR-ZEILE.
00203          MOVE LOESCH-M         TO PR-MELDUNG.
00204          WRITE PROTOKOLL-SATZ AFTER ADVANCING 1 LINE.
00205
00206      ****************************************************************
00207      * PARAGRAPH D020-AUF-STAMM DURCH UNTERPROGR. AUFDATST ERSETZT  *
00208      ****************************************************************
00209
00210      D020-AUFDAT-FEHLER.
00211          IF  FALSCHER-BW-CODE = 'X'
00212              MOVE BEWEGUNGS-SATZ TO PR-ZEILE
00213              MOVE UNG-BEWEGUNGSCODE-M TO PR-MELDUNG
00214              WRITE PROTOKOLL-SATZ AFTER ADVANCING 1 LINE
00215              ADD 1 TO FEHLER-ZAEHLER.
00216          IF  LAGERBESTAND-ZU-KLEIN = 'X'
00217              MOVE BEWEGUNGS-SATZ TO PR-ZEILE
00218              MOVE UNZUREICHENDER-VORRAT-M TO PR-MELDUNG
00219              WRITE PROTOKOLL-SATZ AFTER ADVANCING 1 LINE
00220              ADD 1 TO FEHLER-ZAEHLER.
00221          IF  FALSCHER-UEBERNAHME-CODE = 'X'
00222              MOVE BEWEGUNGS-SATZ TO PR-ZEILE
00223              MOVE UNG-UEBERNAHME-CODE-M TO PR-MELDUNG
00224              WRITE PROTOKOLL-SATZ AFTER ADVANCING 1 LINE
00225              ADD 1 TO FEHLER-ZAEHLER.
00226
00227      D030-HINZUFUEGUNG-UNG.
00228          MOVE BEWEGUNGS-SATZ TO PR-ZEILE.
00229          MOVE UNG-HINZUFUEGUNG-M TO PR-MELDUNG.
00230          WRITE PROTOKOLL-SATZ AFTER ADVANCING 1 LINE.
00231          ADD 1 TO FEHLER-ZAEHLER.
00232
00233      X010-HOLEN-BEWEGUNG-GUELT.
00234          MOVE ' ' TO REIHENFOLGE-FEHLER-KZ.
00235          PERFORM Y010-LESEN-BEWEGUNG
00236              UNTIL    REIHENFOLGE-FEHLER-KZ = 'N'
00237              OR FEHLER-ZAEHLER IS GREATER THAN 10.
00238
00239      X020-HOLEN-ALTSTAMM-GUELT.
00240          MOVE ' ' TO REIHENFOLGE-FEHLER-KZ.
```

Abb. 18.4 Programm zur sequentiellen Aufdatierung mit Aufruf eines Unterprogrammes, 4. Teil

```
00241            PERFORM Y020-LESEN-STAMM
00242                UNTIL    REIHENFOLGE-FEHLER-KZ = 'N'
00243                    OR FEHLER-ZAEHLER IS GREATER THAN 10.
00244
00245        Y010-LESEN-BEWEGUNG.
00246            READ BEWEGUNGS-DATEI INTO BEWEGUNGS-SATZ
00247                AT END  MOVE HIGH-VALUES TO BW-SCHLUESSEL.
00248            IF  BW-SCHLUESSEL IS LESS THAN BW-SCHLUESSEL-VOR
00249                MOVE BEWEGUNGS-SATZ TO PR-ZEILE
00250                MOVE BW-REIHENFOLGE-FEHLER-M TO PR-MELDUNG
00251                WRITE PROTOKOLL-SATZ AFTER ADVANCING 1 LINE
00252                ADD 1 TO FEHLER-ZAEHLER
00253            ELSE
00254                MOVE 'N' TO REIHENFOLGE-FEHLER-KZ
00255                MOVE BW-SCHLUESSEL TO BW-SCHLUESSEL-VOR.
00256
00257        Y020-LESEN-STAMM.
00258            READ ALTE-STAMMDATEI   INTO ALTER-STAMM-SATZ
00259                AT END  MOVE HIGH-VALUES TO AS-SCHLUESSEL.
00260            IF  AS-SCHLUESSEL IS LESS THAN AS-SCHLUESSEL-VOR
00261                MOVE ALTER-STAMM-SATZ TO PR-ZEILE
00262                MOVE AS-REIHENFOLGE-FEHLER-M TO PR-MELDUNG
00263                WRITE PROTOKOLL-SATZ AFTER ADVANCING 1 LINE
00264                ADD 1 TO FEHLER-ZAEHLER
00265            ELSE
00266                MOVE 'N' TO REIHENFOLGE-FEHLER-KZ
00267                MOVE AS-SCHLUESSEL TO AS-SCHLUESSEL-VOR.
00268
00269        ***********   ENDE DES PROGRAMMES AUFDAT6   **********
```

Abb. 18.5 Programm zur sequentiellen Aufdatierung mit Aufruf eines Unterprogrammes, 5. Teil

gramm **AUFDAT6** auf ihren Inhalt hin überprüft und im Bedarfsfall im Hauptprogramm die Fehlermeldungen gedruckt. Die Funktion jedes Fehlerkennzeichens ist selbsterklärend; auch der Code des Paragraphen **D020-AUFDAT-FEHLER** zur Ausgabe der Fehlernachrichten.

Ein Grund, keine Fehlernachrichten im Unterprogramm drucken zu lassen, ist darin zu suchen, daß dadurch das Unterprogramm reichlich kompliziert würde und die Parameterliste müßte erheblich erweitert werden. So würde es nötig sein, die Datei zu kennen, in die die Fehlernachrichten geschrieben werden sollen. Das Unterprogramm könnte weiterhin nicht ohne Informationen auskommen, die ihm Format und Text der Fehlernachrichten, Stand des Fehlerzählers usw. übergeben. Ernsthafter ist jedoch der Grund zu werten, daß eine Datei nur in der Programmeinheit (Hauptprogramm bzw. Unterprogramm) benutzt werden kann, die die **FD**-Eintragung für die Definition der betreffenden Datei enthält. Würden wir aber die gleiche **FD**-Eintragung in zwei oder mehr Programmeinheiten aufführen, so würden die dadurch beschriebenen Dateien als verschiedene Dateien angesehen, die (zufällig) den gleichen Namen aufweisen. Als Resultat würde sich, gelinde gesagt, ein wahres Chaos einstellen. Einen anderen Weg einzuschlagen, ist nicht machbar, denn Dateinamen können nicht als Parameter in den **USING**-Angaben aufgeführt werden, auch darf ein und dieselbe Datei in nicht mehr als einer Programmeinheit definiert werden. – Bei der Sprachversion **COBOL-85** bietet sich jedoch eine andere Lösungsvariante an, Näheres darüber im Abschnitt 18.6 dieses Lehrbuches.

18.4 Unterprogramm zur Durchführung der Aufdatierung

Das Unterprogramm für die Aufdatierung der Stammsätze ist in den Abb. 18.6 und 18.7 gezeigt. Zuerst fällt uns bei diesem Unterprogramm auf, daß es zwar einen Maschinenteil besitzt, aber dieser ist frei von irgendwelchen Statements. Dadurch spiegelt sich die Tatsache wider, daß sich das Unterprogramm nicht mit irgendwelchen Dateien auseinandersetzen muß. Im Datenteil gibt es weder ein Dateienkapitel noch ein Arbeitsspeicherkapitel. Das ist hier nur eine reine Zufallserscheinung, die auf die im Unterprogramm zu verrichtenden speziellen Tätigkeiten zurückzuführen ist. Natürlich können in Unterprogrammen auch diese beiden Kapitel vorhanden sein.

Der Hauptsteuerparagraph dieses Unterprogrammes hat ein ungewöhnliches Aussehen; es fehlen die so vertrauten **OPEN**- und **CLOSE**-Anweisungen. Weiterhin endet das Unterprogramm nicht mit der Anweisung **STOP RUN**, sondern mit **EXIT PROGRAM**. Dieses Statement muß in einem eigenen Paragraphen stehen, der hier **A999-EXIT** genannt ist. Bei der Begegnung mit diesem Statement kehrt die Programmablaufsteuerung zur aufrufenden Programmeinheit zurück, hier also zum Hauptprogramm **AUFDAT6**. Die Rückkehr erfolgt zu der Stelle, die unmittelbar auf die **CALL**-Anweisung folgt.

In einem Hauptprogramm können beliebig viele Anweisungen **STOP RUN** vorhanden sein. Das gleiche gilt für die Anweisungen **EXIT PROGRAM** in Unterprogrammen. Die einer Programmeinheit zugrundeliegende Logik ist aber sicher leichter zu verstehen, wenn aus kluger Rücksichtnahme auf diese Logik eine Programmeinheit nicht mehr als eine Anweisung **STOP RUN** bzw. **EXIT PROGRAM** enthält. Wir haben uns bisher daran gehalten und werden auch weiterhin so verfahren.

Der in diesem Unterprogramm enthaltene **COBOL**-Code gleicht im wesentlichen dem Code der entsprechenden Paragraphen des Programmes **AUFDAT5** (siehe Abb. 12.28 und 12.29). Wir haben allerdings die Präfixe der Paragraphen geändert, damit der Aufbau des Unterprogram-

```
00001   IDENTIFICATION DIVISION.
00002   PROGRAM-ID.
00003       AUFDATST.
00004   DATE-WRITTEN.
00005       MAI 13, 1987 (DEUTSCH: 22. MAERZ 1989).
00006
00007   ENVIRONMENT DIVISION.
00008
00009   DATA DIVISION.
00010
00011   LINKAGE SECTION.
00012
00013   01  STAMMSATZ-ALT.
00014       05  AS-SCHLUESSEL              PIC X(5).
00015       05  AS-MENGE-LAGER             PIC 9(5).
00016       05  AS-MENGE-BESTELLT          PIC 9(5).
00017       05  AS-MENGE-MINDEST           PIC 9(5).
00018       05  AS-MENGE-BESTELLUNG        PIC 9(5).
00019       05  AS-BESCHREIBUNG            PIC X(20).
00020       05  FILLER                     PIC X(35).
00021
00022   01  TRANSAKTIONS-SATZ.
00023       05  BW-SCHLUESSEL              PIC X(5).
00024       05  BW-MENGE                   PIC 9(5).
00025       05  BW-CODE                    PIC X.
00026           88  HINZUFUEGUNG                      VALUE '1'.
00027           88  EINRICHTUNG                       VALUE '2'.
00028           88  ZUGANG                            VALUE '3'.
00029           88  ABGANG                            VALUE '4'.
00030           88  LOESCHUNG                         VALUE '5'.
00031       05  BW-UEBERNAHME-CODE         PIC 9.
00032       05  BW-MENGE-BESTELLT          PIC 9(5).
00033       05  BW-MENGE-MINDEST           PIC 9(5).
00034       05  BW-MENGE-BESTELLUNG        PIC 9(5).
00035       05  BW-BESCHREIBUNG            PIC X(20).
00036       05  FILLER                     PIC X(33).
00037
00038   01  AUFDAT-FEHLER-KZ.
00039       05  FALSCHER-BW-CODE           PIC X.
00040       05  LAGERBESTAND-ZU-KLEIN      PIC X.
00041       05  FALSCHER-UEBERNAHME-CODE   PIC X.
00042
00043
00044   PROCEDURE DIVISION   USING STAMMSATZ-ALT
00045                              TRANSAKTIONS-SATZ
00046                              AUFDAT-FEHLER-KZ.
00047   A000-AUF-STAMM.
00048       IF  ABGANG
00049           PERFORM B010-ABGANG
00050       ELSE
00051           IF  ZUGANG
00052               PERFORM B020-ZUGANG
00053           ELSE
00054               IF  EINRICHTUNG
00055                   PERFORM B030-EINRICHTUNG
00056               ELSE
00057                   MOVE 'X' TO FALSCHER-BW-CODE.
00058
00059   A999-EXIT.
00060       EXIT PROGRAM.
```

Abb. 18.6 *Unterprogramm für die Aufdatierung von Sätzen, 1. Teil*

```
00061
00062    B010-ABGANG.
00063        IF AS-MENGE-LAGER IS NOT LESS THAN BW-MENGE
00064            SUBTRACT BW-MENGE FROM AS-MENGE-LAGER
00065        ELSE
00066            MOVE 'X' TO LAGERBESTAND-ZU-KLEIN.
00067
00068    B020-ZUGANG.
00069        ADD BW-MENGE TO AS-MENGE-LAGER.
00070        SUBTRACT BW-MENGE FROM AS-MENGE-BESTELLT.
00071
00072    B030-EINRICHTUNG.
00073        IF      BW-UEBERNAHME-CODE = 1
00074            MOVE BW-MENGE TO AS-MENGE-LAGER
00075        ELSE IF BW-UEBERNAHME-CODE = 2
00076            MOVE BW-MENGE TO AS-MENGE-BESTELLT
00077        ELSE IF BW-UEBERNAHME-CODE = 3
00078            MOVE BW-MENGE TO AS-MENGE-MINDEST
00079        ELSE IF BW-UEBERNAHME-CODE = 4
00080            MOVE BW-MENGE TO AS-MENGE-BESTELLUNG
00081        ELSE IF BW-UEBERNAHME-CODE = 5
00082            MOVE BW-BESCHREIBUNG TO AS-BESCHREIBUNG
00083        ELSE
00084            MOVE 'X' TO FALSCHER-UEBERNAHME-CODE.
00085
00086    ************   ENDE DES UNTERPROGRAMMES AUFDATST   ************
```

Abb. 18.7 *Unterprogramm für die Aufdatierung von Sätzen, 2. Teil*

mes besser verdeutlicht ist. Außerdem ist das Unterprogramm vom Drucken der Fehlermeldungen befreit worden, stattdessen werden Fehlerkennzeichen (Fehlerschalter) gesetzt. Ferner sind die Bezeichnungen von Stammsatz und Bewegungssatz (Transaktionssatz) geändert worden, um auf die Möglichkeit der freizügigen Namensgebung hinzuweisen. Der Rest des **COBOL**-Codes blieb ungeändert.

Auf einen Punkt müssen wir noch hinweisen; er ist überhaupt nicht aus dem Unterprogrammcode ersichtlich und doch außerordentlich wichtig für die Ausführung von Unterprogrammen. Für die im Verbindungskapitel von Unterprogrammen aufgeführten Definitionen wird kein Speicherplatz bereitgestellt! Trotz der Tatsache, daß das Verbindungskapitel genau so gestaltet ist wie das Arbeitsspeicherkapitel im Hauptprogramm, unterscheiden sich beide grundsätzlich bezüglich des beanspruchten Speicherplatzes. Die Datenerklärungen im Arbeitsspeicherkapitel einer Programmeinheit veranlassen die Kompilierer, Speicherplatz für die definierten Datenelemente bzw. Datengruppen zuzuordnen, damit die Daten gespeichert werden können. Dabei ist es gleichgültig, ob die Programmeinheit ein Hauptprogramm oder ein Unterprogramm darstellt. Die Datendefinitionen im Verbindungskapitel von Unterprogrammen braucht der Kompilierer nur zur Bestimmung der Eigenschaften der Datenelemente bzw. Datengruppen, damit er erkennen kann, wie die dem Unterprogramm übergebenen Parameter aussehen werden. Die Datenparameter, die in die Operationen des Unterprogrammes eingehen, sind und bleiben in der aufrufenden Programmeinheit gespeichert. Beim Aufruf des Unterprogrammes wird eine Verbindung hergestellt zwischen den Datenbeschreibungen im Verbindungskapitel des Unterprogrammes und den Parametern, die in der **CALL**-Anweisung der aufrufenden Programmeinheit genannt sind. Dadurch ist bestimmt, welche Daten vom Unterprogramm zu benutzen sind. Wenn mehrere **CALL**-Anweisungen in der aufrufenden Programmeinheit codiert sind, so können die Parameter in den einzelnen **CALL**-Anweisungen durchaus verschieden sein, d.h. das Unterprogramm wird jeweils mit unterschiedlichen Parametern ausgeführt. Diese Möglichkeit verschafft uns gegenüber der Codierung mit Paragraphen eine ungeheure Flexibilität und einen riesigen Vorteil: In Paragraphen können stets nur die gleichen Datengruppen und Datenelemente angesprochen werden. Da die Parameter, die im Verbindungskapitel eines Unterprogrammes erklärt sind, tatsächlich jedoch in der aufrufenden Programmeinheit gespeichert sind, kann den Erklärungen im Verbindungskapitel niemals eine **VALUE**-Klausel hinzugestellt werden. Eine Ausnahme freilich bilden die Festlegungen von Bedingungsnamen mit der Stufennummer **88**. Von dieser Möglichkeit haben wir im Unterprogramm Gebrauch gemacht (siehe Abb. 18.6, Zeilen 26 bis 30).

Die Verbindung zwischen einer Variablen, die in der **USING**-Angabe einer **CALL**-Anweisung aufgeführt ist, und einer Variablen, die in der **USING**-Angabe des Prozedurkopfes aufgeführt ist, erfolgt auf der Basis gleicher Positionen in diesen Listen, keinesfalls über die Datennamen. Der erste Parameter in der Parameterliste der **CALL**-Anweisung tritt an die Stelle des ersten Parameters in der Parameterliste, die im Prozedurkopf genannt ist. Der zweite Parameter in der Parameterliste der **CALL**-Anweisung entspricht dem zweiten Parameter in der Parameterliste des Prozedurkopfes usw. Die **COBOL**-Programmeinheiten können nur auf diese Weise wissen, welche Parameter einander entsprechen; sie können nicht feststellen, ob in beiden Listen die vorgesehene Reihenfolge der Parameter korrekt eingehalten wurde. Wenn beispielsweise bei unserem Unterprogramm die Parameter in der Parameterliste in der Reihenfolge erscheinen, die in der Abb. 18.6, Zeilen 44 bis 46 gezeigt ist, und die **CALL**-Anweisung so niedergeschrieben wäre, wie es nachfolgend aufgeführt ist, würden zwar sowohl das Hauptprogramm als auch das Unterprogramm vom Kompilierer fehlerfrei in den Objektcode umgewandelt, aber die Ergebnisse der Programmausführung würden nicht mehr stimmen. U.U. könnte es sogar zu einer anormalen Programmbeendigung kommen.

```
CALL 'AUFDATST'   USING BEWEGUNGS-SATZ
                        AUFDAT-FEHLER-KZ
                        ALTER-STAMM-SATZ.
```

Wir sollten die Diskussion mit einem Kommentar zu diesem Unterprogramm abschließen. Der **COBOL**-Kompilierer der IBM, der hier verwendet wurde, ignoriert bei Programmnamen alle Zeichen, die hinter dem achten Zeichen stehen. Wird ein Bindestrich im Programmnamen verwendet, so ersetzt diesen der Kompilierer durch die Null. Angenommen, wir hätten den Programmnamen **AUF-DAT** vergeben, so würde der Kompilierer daraus **AUF0DAT** machen. Bei allen praktischen Belangen bleibt diese Substitution dem Anwendungsprogrammierer jedoch verborgen.

18.5 Ergebnisse der Programmausführung

Das in den beiden vorhergehenden Abschnitten beschriebene, aus zwei Programmeinheiten bestehende Programm ergab bei seinem Ablauf die gleichen Resultate, die auch das Programm **AUFDAT5**, im Kap. 12 besprochen, produzierte. Der besseren Übersicht wegen sind diese Ergebnisse in den Abb. 18.8 bis 18.10 noch einmal gezeigt.

S	LM	AM	MM	BM	Beschreibung
00002	00111	00040	00120	00040	SCHRAUBEN (5 X 60)
00008	00073	00000	00060	00040	SCHRAUBEN (3,5 X 20)
00011	00200	00100	00350	00100	STAHLBILDERNAEGEL 30
00021	00210	00100	00300	00100	STIFTE MESSING 30 MM
00024	00099	01000	02000	00500	UNTERLEGSCHEIBEN 10
00036	01234	00000	01000	01000	DUEBEL 6 MM
00037	12345	00000	01000	01000	DUEBEL 4 MM
00051	54321	00000	01000	01000	SCHRAUBENDREHER ISOL
00059	43210	00000	01000	01000	SCHRAUBENDREHER HOLZ
00061	32109	00000	01000	01000	BOHRERSATZ HSS 6
00070	22222	00000	01000	01000	STEINBOHRERSATZ 4
00068	33333	00000	01000	01000	UNMOEGLICHES GERAET
00080	44444	00000	01000	01000	MUSTER OHNE WERT
00081	00100	00000	00008	00005	GUMMIHAMMER 90 MM
00082	01000	00100	01200	00200	SICHERUNGSSTIFTE
00084	00862	00000	01000	00200	TRENNSCHEIBEN 115

Abb. 18.8 Inhalt der neuen Stammdatei nach Ablauf des Programmes

Satzinhalt	Fehlermeldung
000010001021	BEWEGUNGSSATZ NICHT IN REIHENFOLGE
00011987651 111112222233333FEHLERHAFTER SATZ	HINZUFUEGUNG BETRIFFT EXISTIRENDEN STAMMSATZ
00024012004	UNZUREICHENDER LAGERVORRAT
00036000005	BEWEGUNGSSATZ NICHT IN REIHENFOLGE
000515432100000100000l000SCHRAUBENDREHER ISOL	STAMMSATZ GELOESCHT
00052000005	KEIN ENTSPRECHENDER STAMMSATZ VORHANDEN
00059001230	UNGUELTIGER BEWEGUNGSCODE
000683333000001000001000UNMOEGLICHES GERAET	STAMMSATZ NICHT IN REIHENFOLGE
000810000029	UNGUELTIGER UEBERNAHMECODE

Abb. 18.9 Inhalt der Protokolldatei nach Ablauf des Programmes

Bestellungen		
00008	40	SCHRAUBEN (3,5 X 20)
00011	100	STAHLBILDERNAEGEL 30
00024	500	UNTERLEGSCHEIBEN 10
00080	30	MUSTER OHNE WERT
00082	200	SICHERUNGSSTIFTE
00084	200	TRENNSCHEIBEN 115

Abb. 18.10 Inhalt der Bestelldatei nach Ablauf des Programmes

18.6 Unterprogramme mit den Sprachelementen von COBOL-85

COBOL-85 wurde gegenüber den früheren **COBOL**-Versionen wesentlich erweitert und verbessert. Besonders fallen dabei die bedeutenden Veränderungen hinsichtlich der Unterprogrammtechnik ins Auge, die jetzt nahezu dem gegenwärtigen Stand der Softwareentwicklung entsprechen und damit den Anwendungsprogrammierern neue Chancen eröffnen. Es wird freilich einige Zeit dauern, bis die neuen **COBOL**-Fähigkeiten in die tägliche Praxis eingehen werden, aber sie werden sich, sobald die neuen Kompilierer überall verfügbar sind, auch schnell durchsetzen. Eine der gravierendsten Erweiterungen gestattet Programmierern zukünftig den Gebrauch *interner Unterprogramme*, d.h. von Unterprogrammen, die gänzlich innerhalb der Grenzen anderer Programmeinheiten (Hauptprogramme wie auch Unterprogramme) liegen. Die Besprechung dieser Techniken würde zuviel Zeit und Raum in Anspruch nehmen; es sind Themenkreise für fortgeschrittene **COBOL**-Programmierer.

Zwei Verbesserungen, die für die Programmierung von Unterprogrammen geschaffen wurden, lassen sich dagegen im Rahmen dieses Lehrbuches ohne weiteres besprechen. Die erste zu behandelnde Erweiterung betrifft die Einführung der **EXTERNAL**-Klausel bei den Dateibeschreibungen. Im letzten Abschnitt hatten wir bereits erwähnt, daß eine Datei nur in einer einzigen Programmeinheit definiert werden darf.

18.6 Unterprogramme mit den Sprachelementen von COBOL-85

Namensgleiche Dateidefinitionen in mehreren Programmeinheiten würden nicht eine einzige Datei betreffen, sondern verschiedene, d.h. es würden mehrere Dateien definiert, die zufällig den gleichen Namen besitzen. Für den Anwendungsprogrammierer wäre es aber äußerst vorteilhaft, wenn er eine Datei in einer Programmeinheit eröffnen und abschließen könnte, in anderen Programmeinheiten hingegen sie lesen oder in sie schreiben könnte. Um so etwas durchführen zu können, müßte er in die Lage versetzt sein, in jeder dieser Programmeinheiten dieselbe Datei zu beschreiben. Eine solche Definition würde sich also nicht nur intern auf die Programmeinheit auswirken, sondern auch extern. In **COBOL-85** ist diese Möglichkeit nunmehr eingebaut; man könnte z.B. wie folgt formulieren:

```
FD  ALTE-STAMMDATEI
    IS EXTERNAL
    LABEL RECORDS ARE STANDARD.
```

Die Klausel **EXTERNAL** teilt **COBOL** mit, daß die Definition der Datei **ALTE-STAMMDATEI** auch extern zu der Programmeinheit Gültigkeit hat, in der sie niedergeschrieben ist. Wenn also die gleiche Definition in anderen Programmeinheiten (Hauptprogramme oder Unterprogramme) vorkommt, so ist grundsätzlich ein- und dieselbe Datei gemeint.

Die zweite Fähigkeit von **COBOL-85**, die für den Umgang mit Unterprogrammen von Interesse ist, betrifft die Art und Weise, in der die Programmeinheiten kompiliert werden können. Bei früheren **COBOL**-Versionen mußten Unterprogramme getrennt vom Hauptprogramm kompiliert werden; auch konnten zwei oder mehr Unterprogramme nicht zusammen kompiliert werden. **COBOL-85** enthält nun ein Sprachelement, das das Ende einer Programmeinheit signalisiert. Es ermöglicht die Verkettung des Hauptprogrammes mit den dazugehörigen Unterprogrammen zu einem einzigen Strom von **COBOL**-Code und damit die gemeinsame Übersetzung aller so verketteten Programmeinheiten. Das diese Möglichkeit bietende Statement lautet allgemein wie folgt:

```
END PROGRAM programm-name
```

Normalerweise würden z.B. die beiden Programmeinheiten, die wir in diesem Abschnitt behandelt haben, getrennt übersetzt. In Abb. 18.11 ist gezeigt, wie beide Programmeinheiten verkettet werden können und somit der Kompilierer nur einmal in Anspruch genommen wird.

```
IDENTIFICATION DIVISION.
PROGRAM-ID.
    AUFDAT6.
⋮
END PROGRAM    AUFDAT6.
IDENTIFICATION DIVISION.
PROGRAM-ID.
    AUFDATST.
⋮
END PROGRAM    AUFDATST.
```

Abb. 18.11 Gemeinsame Übersetzung mehrerer Programmeinheiten in einem Kompilierer-Lauf

Die Datei, in der dieser Code enthalten ist, kann dem **COBOL**-Kompilierer überstellt werden; beide Programmeinheiten würden dann gemeinsam kompiliert. Das oben eingeführte Statement hat nur den Zweck, das Ende einer Programmeinheit zu markieren und gleichzeitig den Beginn der nächsten; es wird deshalb auch etwas vulgär „*Endprogrammkopf*" genannt. Der Kompilierer liefert natürlich das gleiche Resultat ab wie bei der getrennten Übersetzung der Programmeinheiten.

18.7 Schlußfolgerung

Unterprogramme offerieren Flexibilität, Leistungsfähigkeit und Entwürfe, die auf hohem Niveau stehen. Mit bloßen Paragraphen kann nicht im entferntesten das erreicht werden, wozu man mit Unterprogrammen in der Lage ist. Was wir in diesem Kapitel besprochen haben, reicht fürs erste aus, mit der Programmierung von Unterprogrammen zu beginnen. Wie bei vielen Themenkreisen von **COBOL** empfehlen wir dringend ein kontinuierliches Weiterstudium fortgeschrittener Unterprogrammkonzepte.

KONTROLLFRAGEN

1. Es sind einige Gründe, die für die Verwendung von Unterprogrammen sprechen, zu nennen!
2. Welche Funktion übt das Verbindungskapitel (**LINKAGE SECTION**) im Datenteil aus?

3. Ist es möglich, die **OPEN**- und die **CLOSE**-Anweisung für eine Datei in die aufrufende Programmeinheit zu stellen, **READ**- und **WRITE**-Anweisungen hingegen in die Unterprogramme?

4. Wieviele Bytes Speicherplatz werden innerhalb des Unterprogrammes **UPRO1**, dargestellt in Abb. 18.12, den Daten zugeordnet, die in diesem Unterprogramm definiert sind?

```
IDENTIFICATION DIVISION.
PROGRAM-ID.    UPRO1.

ENVIRONMENT DIVISION.

DATA DIVISION.
LINKAGE SECTION.
77  FEHLER-KENNZEICHEN    PIC X.
01  DATEN-SATZ.
    05  FELD-1             PIC S9(5).
    05  FELD-2             PIC X(10).
    05  FELD-3             PIC S9(8) COMP SYNC.

PROCEDURE DIVISION    USING FEHLER-KENNZEICHEN, DATEN-SATZ.
    :
    :
```

Abb. 18.12 Unterprogramm UPRO1

5. Es sei angenommen, daß das in der Abb. 18.13 dargestellte Unterprogramm mit Namen **EINFACH** vorliegt.

```
IDENTIFICATION DIVISION.
PROGRAM-ID.    EINFACH.
ENVIRONMENT DIVISION.
DATA DIVISION.
LINKAGE SECTION.
77  UVW                    PIC 9 VALUE 0.
PROCEDURE DIVISION    USING UVW.
    MOVE 9 TO UVW.
EXIT-PARAGRAPH.
    EXIT PROGRAM.
```

Abb. 18.13 Unterprogramm EINFACH

Was würde geschehen, wenn dieses Unterprogramm durch die nachfolgend aufgeführte Anweisung aufgerufen wird?
   CALL 'EINFACH'   USING 7.

ANTWORTEN AUF DIE KONTROLLFRAGEN

1. Wenn eine Verarbeitungsfunktion an mehreren Stellen eines Programmes benötigt wird, kann Speicherplatz eingespart werden, indem diese Funktion nur einmal in einem Unterprogramm spezifiziert wird und danach dieses Unterprogramm immer dann in Aktion tritt, wenn seine Funktion benötigt wird. Ein anderer Grund, der für Unterprogramme spricht, ist, daß ein Projekt auf mehrere Programmierer verteilt werden kann, wenn ein einzelner Programmierer die gestellten Aufgaben nicht in der verfügbaren Zeit bewältigen kann. Ein dritter Grund: Durch Unterprogramme ist die Möglichkeit geschaffen, die einzelnen Verarbeitungsfunktionen eines Programmes von der sie steuernden Logik abzusondern, was oftmals zu einer Klärung der Programmfunktionen und ihrer Beziehungen zueinander beiträgt und überdies die Verständlichkeit fördert. Schließlich ist noch zu erwähnen, daß Unterprogramme einen Weg bereitstellen, um den Gebrauch von Daten in den einzelnen Moduln auseinanderzuhalten, so daß ein Modul nicht zufällig (verursacht durch einen Programmiererirrtum?) irgendwelche Daten ändern kann, die von einem anderen Modul des Programmes benutzt werden.

2. Die Definitionen im Verbindungskapitel versorgen das Unterprogramm mit den Beschreibungen von Daten der aufrufenden Programmeinheit, die das Unterprogramm verarbeiten soll.

3. Ja bei **COBOL-85**, nein bei früheren **COBOL**-Versionen.

4. Es erfolgt keine Speicherplatzzuordnung durch den Kompilierer. Das trifft für alle Datenelemente bzw. Datengruppen zu, die im Verbindungskapitel erklärt sind. Die Definitionen im Verbindungskapitel beschreiben nur das Format, d.h. die Eigenschaften der Parameter; deren Werte sind bekanntlich in der aufrufenden Programmeinheit gespeichert.

5. Es würde überhaupt nichts geschehen, denn der Kompilierer würde die Programmeinheit **EINFACH** nicht kompilieren. Das Unterprogramm **EINFACH** weist nämlich einen Fehler im Verbindungskapitel auf. Ein in der **LINKAGE SECTION** aufgeführtes Datenelement darf keine **VALUE**-Klausel besitzen. Auch die aufrufende Programmeinheit enthält einen Fehler. Die Parameter in der **USING**-Angabe der **CALL**-Anweisung müssen stets mit ihren Datennamen aufgeführt sein, Literale sind nicht zulässig.

ÜBUNGSAUFGABEN

1. Das in den Abb. 11.3 bis 11.6 dargestellte Programm für die Überprüfung von Bestellungen aus einem Gartenkatalog ist zu modifizieren. Die Funktionen des Paragraphen **C010-EDIEREN-ZEILE** und der ihm untergeordneten Paragraphen sollen durch ein Unterprogramm verwirklicht werden und nicht mehr durch Paragraphen im Hauptprogramm.

2. Das in den Abb. 18.1 bis 18.5 dargestellte Hauptprogramm ist abzuändern. Die Funktionen der beiden Paragraphen **X010-HOLEN-BEWEGUNG-GUELT** und **X020-HOLEN-ALTSTAMM-GUELT** sind von separaten Unterprogrammen zu übernehmen, d.h. diese Paragraphen und die ihnen untergeordneten Paragraphen sind aus dem Hauptprogramm zu entfernen. – Es gibt mehrere Punkte, an die bei der Durchführung dieser Änderung erinnert werden sollte. Erstens sollten die Statements **SELECT** und **FD** für jede Datei in das entsprechende Unterprogramm übernommen und daher aus dem Hauptprogramm zurückgezogen werden. Zweitens sollten beide Unterprogramme die Dateien zur passenden Zeit eröffnen und abschließen, aber nicht zu einem anderen Zeitpunkt. Drittens muß jedes Unterprogramm verschiedene Schalterwerte bzw. Zähler an das aufrufende Hauptprogramm zurückgeben; diese müssen also neben den Datensätzen (Bewegungssatz bzw. Satz der alten Stammdatei) in den Parameterlisten erscheinen. Schließlich sollten in den Unterprogrammen keine Fehlernachrichten gedruckt werden, dies sollte nach wie vor im Hauptprogramm geschehen. Statt des Druckens sollten entsprechende Kennzeichen an das aufrufende Hauptprogramm zurückgegeben werden.

   Bei Benutzung der Sprachversion **COBOL-85** bietet sich eine einfachere Lösungsvariante geradezu an, indem man von der neuen Errungenschaft Gebrauch macht, Dateien mit **EXTERNAL** zu erklären.

3. *(Diese Übungsaufgabe eignet sich für die Aufsetzung und Durchführung eines kleineren Projektes.)*

   Es sind einige Änderungen bei dem Programm durchzuführen, das sich als Lösung der Übungsaufgabe 4 des Kap. 17 ergeben hat. Die Schlüssel für die einzelnen Kommunen und die Steuersätze sollen nicht mehr direkt im Programm stehen. Vielmehr sollen im Programm die Sätze einer kommunalen Steuerdatei eingelesen und die Schlüssel der Kommunen sowie die Steuersätze in eine Tabelle geladen werden. Bei der Verarbeitung der Verdienstsätze soll dann die Steuertabelle nach einem Eintrag durchsucht werden, dessen Schlüssel mit dem im Verdienstsatz vermerkten Kommuneschlüssel übereinstimmt.

Die Sätze der kommunalen Steuerdatei sind wie folgt aufgebaut:

Stellen 1 und 2:	Schlüssel der Kommune	(PIC 99)
Stellen 3 bis 6:	Steuersatz in %	(PIC 99V99)

Alle anderen Stellen besitzen bei dieser Aufgabenstellung keine relevante Bedeutung. Die Sätze selbst sind 50 Stellen lang.

Es ist zunächst eine geeignete Tabelle zur Aufnahme dieser Datei zu entwerfen. Bei einem Tabellenüberlauf während des Ladens ist die Gesamtzahl der in der kommunalen Steuerdatei enthaltenen Sätze zu ermitteln und eine zweckdienliche Nachricht zu drucken. Aus dieser muß hervorgehen, welchen Umfang die Tabelle haben muß, um die Daten aller Sätze der kommunalen Steuerdatei in sie hineinstellen zu können. Danach ist der Programmablauf abzustoppen. – Bei der späteren Verarbeitung der Verdienstsätze ist eine geeignete Fehlernachricht auszugeben und danach zum nächsten Verdienstsatz überzugehen, wenn bei einem Verdienstsatz festgestellt wird, daß er einen nicht in der Tabelle enthaltenen Kommuneschlüssel aufweist.

Das Verfahren zum Laden der Tabelle und der Tabellensuchprozeß sollen in zwei getrennten Unterprogrammen durchgeführt werden, die separat zu kompilieren sind. Die Tabelle selbst muß im Hauptprogramm definiert sein; somit kann sie in beiden Unterprogrammen benutzt werden. Die die kommunalen Steuerdaten enthaltende, aufsteigend nach den Kommuneschlüsseln sortierte Datei muß in dem Unterprogramm definiert sein, das zur Durchführung des Ladeprozesses dienen soll. Der Aufruf für das erste Unterprogramm, d.h. des Unterprogrammes für das Tabellenladen sollte etwa wie folgt aussehen:

```
CALL 'LADSTEU'    USING STEUER-TABELLE-BEREICH,
                        SATZ-ZAEHLER,
                        UEBERLAUF-KENNZEICHEN.
```

Im Datenelement **SATZ-ZAEHLER** sollte Buch über die Anzahl der Sätze geführt werden, die in der kommunalen Steuerdatei enthalten sind. Wenn beim Laden der Tabelle kein Überlauf eintritt, muß am Ende des Ladevorganges dieser Zähler einen Wert aufweisen, der gleich der Anzahl der Sätze ist, die in die Tabelle aufgenommen worden sind. Das Datenelement **UEBERLAUF-KENNZEICHEN** soll dem aufrufenden Hauptprogramm anzeigen, ob es während des Tabellenladens zu einem Überlauf gekommen ist oder nicht. Bei einem gut entworfenen System sollte das Unterprogramm weder irgendwelche

Fehlernachrichten ausgeben noch sollten die in ihnen enthaltenen Operationen von Kenntnissen abhängen, die im Hauptprogramm gefragt sind, z.B. wie die Tabelle benutzt wird oder wie ein evtl. Überlauf behandelt wird. Die Funktion dieses Unterprogrammes muß daher unbedingt auf das Laden der kommunalen Steuerdaten beschränkt bleiben. Außerdem hat es dem Hauptprogramm einen Zähler mit der Anzahl der in der kommunalen Steuerdatei enthaltenen Sätze und ein Kennzeichen, aus dem ersichtlich ist, ob ein Überlauf eingetreten ist oder nicht, zurückzugeben. Das aufrufende Programm hat danach festzustellen, ob die zurückgegebenen Werte einen Fehler anzeigen oder nicht, und es hat entsprechend zu reagieren.

Der Aufruf für das zweite Unterprogramm sollte so aussehen, wie es nachstehend gezeigt ist:

```
CALL 'SUCHSTEU'   USING STEUER-TABELLE-BEREICH,
                        KOMMUNE-SCHLUESSEL,
                        STEUER-SATZ,
                        NICHT-GEFUNDEN-KENNZEICHEN.
```

Das Datenelement **KOMMUNE-SCHLUESSEL** soll beim Aufruf den Schlüssel der Kommune enthalten, deren Steuersatz in der Tabelle aufzusuchen ist. Nach der Rückkehr vom Unterprogramm soll im Datenelement **STEUER-SATZ** der in der Tabelle gefundene Steuersatz stehen. Im Datenelement **NICHT-GEFUNDEN-KENNZEICHEN** soll vom Unterprogramm dem aufrufenden Hauptprogramm mitgeteilt werden, ob der gesuchte Schlüssel der Kommune in der Tabelle enthalten war oder nicht. Im Unterprogramm **SUCHSTEU** („Suchen des Steuersatzes") ist zum Aufsuchen der gewünschten Tabelleneintragung die Anweisung **SEARCH ALL** zu benutzen. Im Hauptprogramm darf nicht erkenntlich sein, welche Suchmethode im Unterprogramm Anwendung findet.

19. Zusätzliche COBOL-Themen

19.1 Einführung

In diesem Kapitel wollen wir eine Reihe von **COBOL**-Sprachelementen besprechen, die wir bis jetzt noch nicht behandelt haben. Einige von diesen sind in der Praxis zwar weitverbreitet, doch hatten wir bisher bewußt auf ihre Besprechung verzichtet. Andere wiederum werden nicht gerade häufig oder sogar selten in der heutigen Programmierpraxis benutzt. Doch wir sollten über sie zum Nutzen derjenigen Leser diskutieren, die sich in ihrer späteren Berufspraxis mit der Wartung solcher Programme befassen müssen, in denen diese Sprachelemente verwendet werden.

19.2 Die Anweisung GO TO

Die Anweisung **GO TO** (kurz: **GO**-Anweisung) übergibt bei ihrer Ausführung die Programmablaufsteuerung dem Paragraphen, dessen Name in ihr angegeben ist. Sie unterscheidet sich von der **PERFORM**-Anweisung dahingehend, daß sie einfach zu irgendeiner Programmstelle übergeht, von der an die weitere Ausführung des Programmes erfolgt (unbedingter Sprung!). Die **PERFORM**-Anweisung verzweigt zwar ebenfalls zu einer anderen Programmstelle, kehrt aber stets zur gegenwärtigen Programmstelle wieder zurück. Die heutige Programmierpraxis rät jedoch strikt vom Gebrauch der Anweisung **GO TO** ab. Eine ins Einzelne gehende Diskussion darüber, warum die Anweisungen **GO TO** unnötige Verzwicktheiten in ein Programm hineinbringen, ist hier wohl nicht angebracht. Die meisten der seit 1960 veröffentlichten Studien über die beim Softwareentwurf anzuwendenden Methoden kamen jedoch zu dem Schluß, daß Anweisungen der Form **GO TO** dazu neigen, die Güte von Anwendungsprogrammen zu schmälern.

Die Anweisung **GO TO** besitzt die folgende allgemeine Form:

```
GO TO paragraphen-name
```

Der in der Anweisung **GO TO** genannte Paragraphenname ist der Name des Paragraphen, zu dem die Programmablaufsteuerung unbedingt verzweigen soll. Dieser Paragraph kann früher im Programm erscheinen als die Anweisung **GO TO** selbst, aber auch später. Wir empfehlen jedoch, daß sich im allgemeinen die Anweisung **GO TO** auf Paragraphen beziehen sollte, die später im Programm erscheinen.

Eine der Situationen, in der ein **GO TO** den Programmcode vereinfachen kann, liegt dann vor, wenn die Ausführung einer Aufgabe von einer Anzahl komplexer Bedingungen abhängt, die alle „wahr" sein müssen. Beispielsweise könnte man sich eine Funktion denken, die auf einen Datensatz dann und nur dann anzuwenden ist, wenn dieser sämtliche vorgesehenen Überprüfungen der in ihm enthaltenen Daten anstandslos passiert hat. Wenn die Möglichkeit zur Durchführung einer solchen Datenüberprüfung davon abhängig ist, daß alle vorhergehenden Überprüfungen positiv verliefen, kann der gesamte Prüfcode strukturell etwa so aussehen, wie es in der Abb. 19.1 gezeigt ist.

```
        IF   bedingung-1
             IF   bedingung-2
                  IF   bedingung-3
                       :
                       IF   Bedingung-n
                            verarbeiten-der-daten
                       ELSE
                            verarbeiten-fehler-n
                       :
                  ELSE
                       verarbeiten-fehler-3
             ELSE
                  verarbeiten-fehler-2
        ELSE
             verarbeiten-fehler-1.
```

Abb. 19.1 Code zur Durchführung von voneinander abhängigen Prüfungen

Selbstverständlich würde man nur allzugern diese ineinandergeschachtelten **IF**-Anweisungen vermeiden. Man kann das mit Anweisungen **GO TO** erreichen, wie in der Abb. 19.2 gezeigt.

Die letzten beiden Zeilen in der Abb. 19.2 demonstrieren den Gebrauch eines neuen **COBOL**-Statements. Das Statement **EXIT** darf nur allein in einem Paragraphen stehen. Es markiert eine bestimmte Stelle im Programm, führt jedoch keine Tätigkeiten aus. Der Programmablauf wird mit dem Paragraphen fortgesetzt, der unmittelbar auf den Paragraphen folgt, in dem das **EXIT**-Statement steht. Wir wollen jetzt einmal zusammenfassen, was wir durch diese Codierung bewirkt haben. Wir überprüfen jedes Mal nur eine einzige Bedingung.

```
        IF  NOT bedingung-1
               verarbeiten-fehler-1
               GO TO PROZESS-AUSGANG.
        IF  NOT bedingung-2
               verarbeiten-fehler-2
               GO TO PROZESS-AUSGANG.
        IF  NOT bedingung-3
               verarbeiten-fehler-3
               GO TO PROZESS-AUSGANG.
          .
          .
          .
        IF  NOT bedingung-n
               verarbeiten-fehler-n
               GO TO PROZESS-AUSGANG.
     *  AN DIESER STELLE MUESSEN GUELTIGE DATEN VORLIEGEN
        verarbeiten-der-daten.
     PROZESS-AUSGANG.
        EXIT.
```

Abb. 19.2 *Code zur Durchführung von voneinander abhängigen Prüfungen mit Hilfe von Anweisungen GO TO*

Obgleich wir hier nur einfache Bedingungen aufgeführt haben, könnte jede Bedingung eine umfassende Datenanalyse sowie Berechnungen veranlassen. Erweist sich bei der Auswertung die fragliche Bedingung als falsch, kommt es zur Verarbeitung des betreffenden Fehlers. Danach erfolgt ein Sprung über alle restlichen Verarbeitungsgänge hinweg nach **PROZESS-AUSGANG**. Erweist sich hingegen bei der Auswertung eine Bedingung als richtig, d.h. es wurde kein Fehler entdeckt, so erfolgt der Übergang zur nächstfolgenden **IF**-Anweisung. Auf diese Weise könnte schließlich die Programmstelle erreicht werden, wo es zur Verarbeitung der Daten kommt. Trotz der Tatsache, daß hier **GO**-Anweisungen benutzt wurden, scheint es uns bei dieser einfachen Struktur dennoch einfacher zu sein, ihr zu folgen als dem Code mit den ineinandergeschachtelten **IF**-Anweisungen.

Bei diesem Beispiel ist ferner zu beachten, daß die **COBOL**-Syntax es zuläßt, daß ein Paragraph mit dem in ihm enthaltenen Tätigkeiten vollständig beendet wird und danach die Programmablaufsteuerung zum Anfang des nächsten Paragraphen übergeht. Auf diesem Wege erreicht die Programmablaufsteuerung den Paragraphen **PROZESS-AUSGANG**, wenn alle Prüfungen bewiesen haben, daß es sich um gültige Daten handelt, und auf diesem Wege wird auch der Paragraph betreten, der sich an den Paragraphen **PROZESS-AUSGANG** anschließt. Bei den diesem Buch zugrundeliegenden Richtlinien für die strukturierte Programmierung geschieht das unter keinen anderen Umständen. Alle Paragraphen von **COBOL**-Programmen, die in diesem Buch besprochen wurden und noch werden, werden über **PERFORM**-Anweisungen angesteuert. Nur in äußerst seltenen Fällen wie bei dem in der Abb. 19.2 gezeigten, erfolgt das Betreten eines Paragraphen über die **GO**-Anweisung.

Es gibt eine Variante der **GO**-Anweisung, die zur Verwirklichung der Fallunterscheidung (Case-Struktur) herangezogen werden kann, wiederum als Alternative zu ineinandergeschachtelten **IF**-Anweisungen. Das allgemeine Format dieser Variante sieht wie folgt aus:

GO TO paragraphen-name 1 ... paragraphen-name-n **DEPENDING ON** bezeichner

---

Die bei dieser Variante der Anweisung **GO TO** aufgeführten Paragraphennamen können die Namen irgendwelcher Paragraphen sein, die im Prozedurteil derjenigen Programmeinheit stehen, in der eine solche **GO**-Anweisung erscheint. Um den Gebrauch der Anweisung **GO TO** mit **DEPENDING ON** für den Fall der Verteilungsstruktur (Fallunterscheidung) zu demonstrieren, wollen wir das Programm für die sequentielle Aufdatierung von Dateien wieder aufgreifen. Erinnern wir uns, wie der Bewegungssatz definiert war; in der Abb. 19.3 ist seine Definition wiederholt.

```
01  BEWEGUNGS-SATZ.
    05  BW-SCHLUESSEL               PIC X(5).
    05  BW-MENGE                    PIC 9(5).
    05  BW-CODE                     PIC X.
        88  HINZUFUEGUNG                        VALUE '1'.
        88  EINRICHTUNG                         VALUE '2'.
        88  ZUGANG                              VALUE '3'.
        88  ABGANG                              VALUE '4'.
        88  LOESCHUNG                           VALUE '5'.
    05  BW-UEBERNAHME-CODE          PIC 9.
    05  BW-MENGE-BESTELLT           PIC 9(5).
    05  BW-MENGE-MINDEST            PIC 9(5).
    05  BW-MENGE-BESTELLUNG         PIC 9(5).
    05  BW-BESCHREIBUNG             PIC X(20).
    05  FILLER                      PIC X(33).
```

Abb. 19.3 Definition des Bewegungssatzes (siehe hierzu auch Abb. 18.2)

Wenn es sich um eine Berichtigung von Werten („Einrichtung") handelt, werden die im Bewegungssatz enthaltenen Daten zur Aktualisierung eines von fünf Feldern des Stammsatzes benutzt, abhängig vom

Wert des im Satz enthaltenen Datenelementes **BW-UEBERNAHME-CODE**. In früheren Programmversionen verwendeten wir ineinandergeschachtelte **IF**-Anweisungen, um diesen Verteilungsfall zu realisieren. Unter Benutzung einer Anweisung **GO TO** mit **DEPENDING ON** können wir jedoch so codieren, wie es die Abb. 19.4 zeigt.

```
        :
        IF  EINRICHTUNG
            PERFORM E030-EINRICHTUNGS-PROZESS
                THRU E039-EINRICHTUNGS-PROZESS-EXIT.
        :
        E030-EINRICHTUNGS-PROZESS.
            GO TO   E031-EINRICHTUNG-LAGERBESTAND
                    E032-EINRICHTUNG-BESTELLT
                    E033-EINRICHTUNG-MINDEST
                    E034-EINRICHTUNG-BESTELLUNG
                    E035-EINRICHTUNG-BESCHREIBUNG
                DEPENDING ON BW-UEBERNAHME-CODE.
            MOVE 'X' TO FALSCHER-UEBERNAHME-CODE.
            GO TO E039-EINRICHTUNGS-PROZESS-EXIT.

        E031-EINRICHTUNG-LAGERBESTAND.
            MOVE BW-MENGE TO AS-MENGE-LAGER.
            GO TO E039-EINRICHTUNGS-PROZESS-EXIT.

        E032-EINRICHTUNG-BESTELLT.
            MOVE BW-MENGE TO AS-MENGE-BESTELLT.
            GO TO E039-EINRICHTUNGS-PROZESS-EXIT.

        E033-EINRICHTUNG-MINDEST.
            MOVE BW-MENGE TO AS-MENGE-MINDEST.
            GO TO E039-EINRICHTUNGS-PROZESS-EXIT.

        E034-EINRICHTUNG-BESTELLUNG.
            MOVE BW-MENGE TO AS-MENGE-BESTELLUNG.
            GO TO E039-EINRICHTUNGS-PROZESS-EXIT.

        E035-EINRICHTUNG-BESCHREIBUNG.
            MOVE BW-BESCHREIBUNG TO AS-BESCHREIBUNG
            GO TO E039-EINRICHTUNGS-PROZESS-EXIT.

        E039-EINRICHTUNGS-PROZESS-EXIT.
            EXIT.
        :
```

Abb. 19.4 Codierung einer Verteilung (Fallunterscheidung) unter Benutzung einer GO-Anweisung

Die im Jazweig der **IF**-Anweisung stehende **PERFORM**-Anweisung benutzt die Angabe **THRU**, um einen Bereich von auszuführenden Paragraphen zu spezifizieren. Alle Regeln, die für die **PERFORM**-Anweisung mit der Angabe **THRU** gelten, findet man natürlich in den diversen **COBOL**-Handbüchern. Da wir diesen Wesenszug der **PERFORM**-Anweisung nur hier zur Simulation der Fallunterscheidung benutzt haben, sollten wir uns nicht weiter mit dieser Problematik auseinandersetzen.

Die Anweisung **GO TO** zu Beginn des Codes, der von **PERFORM** angesteuert wird, enthält die Angabe **DEPENDING ON**. Wie das allgemeine Format dieser Anweisung zeigt, haben wir nach **GO TO** eine Reihe von Paragraphennamen niedergeschrieben, fünf bei diesem Beispiel. Die hinter **DEPENDING ON** (abhängig von) genannte Variable muß eine positive oder vorzeichenfreie ganze Zahl als Wert enthalten. Dabei muß sich der Wertebereich von 1 bis zur Anzahl der aufgeführten Paragraphennamen erstrecken, hier also von 1 bis 5 einschließlich. Bei der Ausführung dieser Anweisung kommt es zur Ansteuerung des zuerst genannten Paragraphen, wenn der Wert der nach **DEPENDING ON** genannten Variablen gleich 1 ist, zur Ansteuerung des an zweiter Stelle aufgeführten Paragraphen, wenn die Variable nach **DEPENDING ON** den Wert 2 aufweist, usw. Sollte die Variable, die hinter **DEPENDING ON** genannt ist, einen Wert besitzen, der kleiner als 1 oder größer als die Anzahl der nach **GO TO** aufgeführten Paragraphennamen (hier: 5) ist, erfolgt kein Übergang zu einem der genannten Paragraphen. Stattdessen wird die unmittelbar auf **GO TO** mit **DEPENDING ON** folgende Anweisung ausgeführt. In unserem Beispiel setzen wir deshalb ein Fehlerkennzeichen, wenn das Datenelement **BW-UEBERNAHME-CODE** einen außerhalb des zulässigen Wertebereiches (1 bis 5) liegenden Wert besitzt. Anschließend erfolgt die Verzweigung zu dem Paragraphen, der das **EXIT**-Statement enthält.

Es ist hier rein zufällig, daß die nach **GO TO** aufgeführten Paragraphen in derselben Reihenfolge codiert sind, in der ihre Namen bei **GO TO** auftreten. Tatsächlich ist es sogar nicht einmal notwendig, daß alle hinter **GO TO** aufgeführten Paragraphennamen voneinander verschieden sind. Um zu sehen, wie vorteilhaft das sein könnte, wollen wir uns einmal denken, daß wir den Übernahmecode so zu übernehmen hätten, wie er bei einem früheren Dateientwurf festgelegt wurde, und daß wir zu keinen Änderungen berechtigt wären. Wir müßten deshalb beispielsweise von der Voraussetzung ausgehen, daß die Übernahmecodes 1 oder 3 eine Berichtigung des Lagerbestandes bedeuten, 2 oder 5 eine Berichtigung der bestellten Menge, 4 eine Berichtigung der Beschreibung, 6 eine Berichtigung des Mindestlagerbestandes und 7 eine Berichtigung der Bestellmenge. Jeder andere Übernahmecode wäre ungültig. Die soeben geschilderten Abhängigkeiten schlagen sich in der Anweisung nieder, die in der Abb. 19.5 dargestellt ist.

```
         GO TO    E031-EINRICHTUNG-LAGERBESTAND
                  E032-EINRICHTUNG-BESTELLT
                  E031-EINRICHTUNG-LAGERBESTAND
                  E035-EINRICHTUNG-BESCHREIBUNG
                  E032-EINRICHTUNG-BESTELLT
                  E033-EINRICHTUNG-MINDEST
                  E034-EINRICHTUNG-BESTELLUNG
             DEPENDING ON   BW-UEBERNAHME-CODE.
```

Abb. 19.5 Anweisung GO TO für mehrere gleiche Fälle

Am sonstigen Aufbau der Struktur, die in der Abb. 19.4 gezeigt ist, braucht nichts geändert zu werden.

Obwohl wir uns bei diesem Beispiel nur um fünf Fälle zu kümmern brauchten, kann die Fallunterscheidung auch genauso wirkungsvoll durch ineinandergeschachtelte **IF**-Anweisungen realisiert werden wie durch die in der Abb. 19.5 gezeigte Struktur. Die Verwirklichung der Fallunterscheidung durch eine Anweisung **GO TO** mit **DEPENDING ON** wurde in der Praxis jedoch wirklich benötigt, und zwar dann, wenn eine sehr große Anzahl von zu unterscheidenden Fällen vorliegt. Es ist nicht ungewöhnlich, daß bei manchen Anwendungen ein zweiziffriger Code zu berücksichtigen ist, wobei die meisten oder alle der 100 möglichen Werte Anlaß zur Durchführung separater Routinen sind. Unter solchen Voraussetzungen erweisen sich verschachtelte **IF**-Anweisungen nicht gerade als praktisch (manche Kompilierer akzeptieren nicht einmal eine **IF**-Verschachtelung dieser Tiefe); andererseits ist das Niederschreiben von 100 einzelnen **IF**-Anweisungen, um alle Möglichkeiten zu testen, erschreckend aufwendig.

19.3 Die Anweisung COPY

Es gibt oft Programmsegmente (Programmausschnitte), die in vielen verschiedenen Programmen benötigt werden. Als Beispiel hierfür könnte ein Paragraph des Prozedurteils gelten, der eine zum Drucken bestimmte Einzelzeile in eine Berichtsdatei ausgibt und gegebenenfalls auch noch Seitenüberschriften.

Eine andere nahezu alltägliche Situation entsteht dadurch, daß viele Programme eines Anwendungssystems zu denselben Dateien zugreifen müssen bzw. dieselben Ausgabesätze erzeugen. Alle diese Programme brauchen dann in ihren Datenteilen identische Satzbeschreibungen. Für alle Programmierer, die derartige Programmsegmente benötigen, wäre es eine unnötige Zeitverschwendung, wenn sie solche Programmsegmente ständig niederschreiben müßten; außerdem wäre ein solches Vorgehen schon wegen der Ermüdungsgefahr äußerst fehleranfällig. Bei

Eintragungen im Datenteil müßte man zudem mit zahlreichen verschiedenen Beschreibungen derselben Sätze rechnen, zumindest, was die benutzten Datennamen angeht. Durch den Gebrauch der **COPY**-Anweisung bietet sich in solchen Fällen eine weitaus bessere Lösung an.

Um die **COPY**-Anweisung benutzen zu können, ist es notwendig, die Programmsegmente oder die Eintragungen, die man zu kopieren beabsichtigt, zuvor in eine *Bibliothek* (engl.: *Library*) zu stellen, zu der der **COBOL**-Kompilierer Zugriff hat. Wie die Hineinstellung der Programmbruchstücke vorgenommen werden muß, hängt vom eingesetzten Betriebssystem ab, aber auch von organisatorischen Gegebenheiten, die ausschließlich für eine bestimmte Computerinstallation gelten. Im allgemeinen stößt man dabei auf keine allzu großen Schwierigkeiten. Mit der Verfügbarkeit einer solchen Bibliothek (oder auch mehrerer Bibliotheken) sind wir nun in der Lage, Programme zu schreiben, in denen wir festlegen können, daß Programmausschnitte aus der Bibliothek zurückgeholt und an den angegebenen Programmstellen eingefügt werden sollen. Die Einfügung wird vom Kompilierer vor der eigentlichen Übersetzung vorgenommen. Die anschließende Kompilierung erfolgt also mit einem Programm, das so aussieht, als hätten wir die aus der Bibliothek entnommenen Zeilen selbst niedergeschrieben. Die von den Kompilierern ausgegebenen Programmlisten enthalten generell sowohl die **COPY**-Anweisung als auch alle aus einer Bibliothek kopierten Zeilen. Diese werden im allgemeinen von den Kompilierern in irgendeiner Weise markiert, meist durch den Buchstaben C am Zeilenanfang.

Die nachfolgenden Beispiele basieren auf dem in den Abb. 18.6 und 18.7 dargestellten Unterprogramm für die Aufdatierung von Stammsätzen. Sowohl im Hauptprogramm (siehe Abb. 18.1 bis 18.5) als auch im Unterprogramm werden die Definitionen für den Satz der alten Stammdatei und für den Satz der Bewegungsdatei benötigt. Uns fällt sicherlich die Vorstellung leicht, daß es in einer Datenverarbeitungsorganisation, speziell in einer, bei der die Benutzung von Unterprogrammen gang und gäbe ist, sehr viele Programme gibt, die dieselben Dateien verarbeiten; es werden infolgedessen auch dieselben Satzbeschreibungen benötigt. Nach der Erstellung der in die Bibliothek aufzunehmenden Satzbeschreibungen sorgen wir für die Hineinstellung derselben in die Bibliothek unter den Namen **ASBIB** und **BWBIB**. Nach diesen vorbereitenden Maßnahmen hätten wir nun den ersten Teil des Unterprogrammes **AUFDATST** vereinfacht so niederschreiben können, wie es die Abb. 19.6 zeigt; die in der Abb. 18.6 dargestellte Niederschrift wäre damit also überflüssig gewesen.

```
00010          IDENTIFICATION DIVISION.
00020          PROGRAM-ID.
00030               AUFDATST.
00040          DATE-WRITTEN.
00050               MAI 13, 1987 (DEUTSCH: 22. MAI 1989).
00060
00070          ENVIRONMENT DIVISION.
00080
00090          DATA DIVISION.
00100
00110          LINKAGE SECTION.
00120
00130          01  STAMMSATZ-ALT.
00140              COPY ASBIB.
00150
00160          01  TRANSAKTONS-SATZ.
00170              COPY BWBIB.
00180
00190          01  AUFDAT-FEHLER-KZ.
00200              05  FALSCHER-BW-CODE            PIX X.
00210              05  LAGERBESTAND-ZU-KLEIN       PIC X.
00220              05  FALSCHER-UEBERNAHME-CODE    PIC X.
:
               ********** ENDE DES UNTERPROGRAMMES AUFDATST **********
```

Abb. 19.6 *Codierung des Aufdatierungsunterprogrammes unter Zuhilfenahme von COPY-Anweisungen*

Die vom Kompilierer erzeugte Auflistung des Quellenprogrammes ist in der Abb. 19.7 zu sehen. Abgesehen von den **COPY**-Anweisungen und dem Schreibdatum gleicht diese Auflistung der in der Abb. 18.6 dargestellten.

Es gibt zwei Punkte in den Abb. 19.6 und 19.7, auf die wir kurz eingehen sollten. Erstens, obwohl die in den Datenteil neu aufgenommenen Statements ziemlich fremdartig aussehen, man könnte meinen, daß es sich um Anweisungen zur Ausführung von Tätigkeiten handelt, haben wir es hier in der Tat nicht mit Klauseln zu tun, die zu den Satzbeschreibungen gehören, sondern mit selbständigen Statements. Die Erklärung des Satznamens endet regulär mit einem Punkt und in Übereinstimmung mit unserer Konvention, niemals zwei Statements auf eine Zeile schreiben zu wollen, beginnen wir die Niederschrift des **COPY**-Statements auf der nächsten Zeile. Der zweite Punkt betrifft die Feststellung, daß der eingefügte Code nicht mit einer Eintragung anfängt, die die Stufennummer **01** aufweist. Die aus der Bibliothek kopierten Zeilen treten exakt an die Stelle des **COPY**-Statements, und man wird aus ihnen erst klug, wenn man sie im Zusammenhang betrachtet. Würden die in die Bibliothek aufgenommenen Satzbeschreibungen mit den Eintragungen zur Stufennummer **01** beginnen, und wir hätten das Unterprogramm so niedergeschrieben, wie es in der Abb. 19.6 gezeigt ist, so würden wir nach erfolgtem Ko-

```
00010            IDENTIFICATION DIVISION.
00020            PROGRAM-ID.
00030                AUFDATST.
00040            DATE-WRITTEN.
00050                MAI 13, 1987 (DEUTSCH: 22. MAI 1989).
00060
00070            ENVIRONMENT DIVISION.
00080
00090            DATA DIVISION.
00100
00110            LINKAGE SECTION.
00120
00130            01  STAMMSATZ-ALT.
00140                COPY ASBIB.
00141 C              05  AS-SCHLUESSEL              PIC X(5).
00142 C              05  AS-MENGE-LAGER             PIC 9(5).
00143 C              05  AS-MENGE-BESTELLT          PIC 9(5).
00144 C              05  AS-MENGE-MINDEST           PIC 9(5).
00145 C              05  AS-MENGE-BESTELLUNG        PIC 9(5).
00146 C              05  AS-BESCHREIBUNG            PIC X(20).
00147 C              05  FILLER                     PIC X(35).
00150
00160            01  TRANSAKTIONS-SATZ.
00170                COPY BWBIB.
00171 C              05  BW-SCHLUESSEL              PIC X(5).
00172 C              05  BW-MENGE                   PIC 9(5).
00173 C              05  BW-CODE                    PIC X.
00174 C                  88  HINZUFUEGUNG                  VALUE '1'.
00175 C                  88  EINRICHTUNG                   VALUE '2'.
00176 C                  88  ZUGANG                        VALUE '3'.
00177 C                  88  ABGANG                        VALUE '4'.
00178 C                  88  LOESCHUNG                     VALUE '5'.
00179 C              05  BW-UEBERNAHME-CODE         PIC 9.
00180 C              05  BW-MENGE-BESTELLT          PIC 9(5).
00181 C              05  BW-MENGE-MINDEST           PIC 9(5).
00182 C              05  BW-MENGE-BESTELLUNG        PIC 9(5).
00183 C              05  BW-BESCHREIBUNG            PIC X(20).
00184 C              05  FILLER                     PIC X(33).
00185 *
00190            01  AUFDAT-FEHLER-KZ.
00200                05  FALSCHER-BW-CODE           PIC X.
00210                05  LAGERBESTAND-ZU-KLEIN      PIC X.
00220                05  FALSCHER-UEBERNAHME-CODE   PIC X.
  :
                 *********** ENDE DES UNTERPROGRAMMES AUFDATST **********
```

Anmerkung: Nahezu alle COBOL-Kompilierer markieren in ihren Ausgabelisten die aufgrund von COPY-Anweisungen eingeschobenen Statements auf irgendeine Weise; hier diente dazu der Buchstabe C. Die Numerierung der Zeilen des Quellprogramms wird beibehalten, soweit das möglich ist. Die eingeschobenen Zeilen werden dieser Numerierung angepaßt. Sollten dadurch Zeilen des Quellprogramms neu numeriert werden müssen, so werden diese durch ein anderes Zeichen ebenfalls markiert, hier durch das Sternzeichen.

Abb. 19.7 Vom Kompilierer erzeugte Programmauflistung des in der Abb. 19.6 im Quellencode dargestellten Unterprogrammes

pieren ein Unterprogramm erhalten, das zwei aufeinanderfolgende Zeilen mit Eintragungen auf der Stufennummer **01** aufweist. Die erste Eintragung würde aber weder eine **PICTURE**-Klausel besitzen noch würden ihr Beschreibungen untergeordneter Datenelemente bzw. Datengruppen folgen. Das ist aber natürlich ein Verstoß gegen die Syntax von **COBOL**, also ein Programmierfehler.

Eine nützliche Option beim **COPY**-Statement ist die Angabe **REPLACING**. Wenn beispielsweise gewünscht wird, daß die Schlüsselfelder der beiden Sätze **STAMM-SCHLUESSEL** (statt **AS-SCHLUESSEL**) bzw. **BEWEGUNGS-SCHLUESSEL** (statt **BW-SCHLUESSEL**) heißen, kann man die beiden **COPY**-Anweisungen so niederschreiben, wie es in der Abb. 19.8 gezeigt ist. Die jetzt vom Kompilierer ausgegebene Programmliste ist in der Abb. 19.9 zu sehen.

```
00010        IDENTIFICATION DIVISION.
00020        PROGRAM-ID.
00030            AUFDATST.
00040        DATE-WRITTEN.
00050            MAI 13, 1987 (DEUTSCH: 22. MAI 1989).
00060
00070        ENVIRONMENT DIVISION.
00080
00090        DATA DIVISION.
00100
00110        LINKAGE SECTION.
00120
00130        01  STAMMSATZ-ALT.
00140            COPY ASBIB
00150                REPLACING AS-SCHLUESSEL BY STAMM-SCHLUESSEL.
00160
00170        01  TRANSAKTIONS-SATZ.
00180            COPY BWBIB
00190                REPLACING BW-SCHLUESSEL BY BEWEGUNGS-SCHLUESSEL.
00200
00210        01  AUFDAT-FEHLER-KZ.
00220            05  FALSCHER-BW-CODE             PIC X.
00230            05  LAGERBESTAND-ZU-KLEIN        PIC X.
00240            05  FALSCHER-UEBERNAHME-CODE     PIC X.
  :
            ********** ENDE DES UNTERPROGRAMMES AUFDATST **********
```

Abb. 19.8 COPY-Anweisungen mit der Option REPLACING (Niederschrift des Programmierers)

Die Angabe **REPLACING** der **COPY**-Anweisung kann in verschiedenen Varianten benutzt werden, d.h. sie besitzt selbst verschiedene Wahlmöglichkeiten. Diese können in jedem **COBOL**-Handbuch nachgelesen werden. Obgleich das **COPY**-Statement in vielen DV-Organisationen (DV steht hierbei für „Datenverarbeitung"), die ihre Anwendungsprogramme mit **COBOL** schreiben, benutzt wird, sollte hier doch noch eine Bemerkung gemacht werden. – Bei vielen Computerinstallationen sind mittlerweile Dienstprogramme installiert, die die Bearbeitung der Quellenprogramme auf eine einfache Art und Weise ermöglichen. In diese ist in der Regel eine Kopiereinrichtung eingebaut, die der

```
00010            IDENTIFICATION DIVISION.
00020            PROGRAM-ID.
00030               AUFDATST.
00040            DATE-WRITTEN.
00050               MAI 13, 1987 (DEUTSCH: 22. MAI 1989).
00060
00070            ENVIRONMENT DIVISION.
00080
00090            DATA DIVISION.
00100
00110            LINKAGE SECTION
00120
00130            01  STAMMSATZ-ALT.
00140                COPY ASBIB
00150                    REPLACING AS-SCHLUESSEL BY STAMM-SCHLUESSEL.
00151 C              05 STAMM-SCHLUESSEL           PIC X(5).
00152 C              05 AS-MENGE-LAGER             PIC 9(5).
00153 C              05 AS-MENGE-BESTELLT          PIC 9(5).
00154 C              05 AS-MENGE-MINDEST           PIC 9(5).
00155 C              05 AS-MENGE-BESTELLUNG        PIC 9(5).
00156 C              05 AS-BESCHREIBUNG            PIC X(20).
00157 C              05 FILLER                     PIC X(35).
00160
00170            01  TRANSAKTIONS-SATZ.
00180                COPY BWBIB
00190                    REPLACING BW-SCHLUESSEL BY BEWEGUNGS-SCHLUESSEL.
00191 C              05 BEWEGUNGS-SCHLUESSEL       PIC X(5).
00192 C              05 BW-MENGE                   PIC 9(5).
00193 C              05 BW-CODE                    PIC X.
00194 C                 88    HINZUFUEGUNG                   VALUE '1'.
00195 C                 88    EINRICHTUNG                    VALUE '2'.
00196 C                 88    ZUGANG                         VALUE '3'.
00197 C                 88    ABGANG                         VALUE '4'.
00198 C                 88    LOESCHUNG                      VALUE '5'.
00199 C              05 BW-UEBERNAHME-CODE         PIC 9.
00200 C              05 BW-MENGE-BESTELLT          PIC 9(5).
00201 C              05 BW-MENGE-MINDEST           PIC 9(5).
00202 C              05 BW-MENGE-BESTELLUNG        PIC 9(5).
00203 C              05 BW-BESCHREIBUNG            PIC X(20).
00204 C              05 FILLER                     PIC X(33).
00205 *
00210            01  AUFDAT-FEHLER-KZ.
00220                05 FALSCHER-BW-CODE           PIC X.
00230                05 LAGERBESTAND-ZU-KLEIN      PIC X.
00240                05 FALSCHER-UEBERNAHME-CODE   PIC X.
  :
                     ********** ENDE DES UNTERPROGRAMMES AUFDATST **********
```

Abb. 19.9 *COPY-Anweisungen mit der Option REPLACING (Auflistung des Unterprogrammes seitens des Kompilierers)*

COPY-Anweisung von **COBOL** völlig gleichwertig ist. Bei diesen Installationen braucht man also die **COPY**-Anweisung nicht mehr zu benutzen. Ob man sich in der Praxis nun der **COPY**-Anweisung von **COBOL** oder der Kopiereinrichtung von Dienstprogrammen bedient, ist im Grunde genommen gleichgültig. Die meisten Datenverarbeitungsinstallationen halten jedenfalls in Bibliotheken Kopien der alltäglich gebrauchten Datensätze bereit sowie Kopien von häufig in den Prozedurteilen der Programme gebrauchten Anweisungsfolgen. Auf welche Weise man nun diese Bestandteile in **COBOL**-Programme einfügt, ist, wie bereits erwähnt, gänzlich unwichtig.

19.4 Die Anweisung COMPUTE

Mit der Anweisung **COMPUTE** können Rechenoperationen veranlaßt werden, die sonst nur schwerfällig oder gar unmöglich ausgedrückt, d.h. niedergeschrieben werden können. Ihr allgemeines Format lautet wie folgt:

COMPUTE bezeichner-1 [**ROUNDED**] = $\begin{Bmatrix} \text{bezeichner-2} \\ \text{literal-1} \\ \text{arithmetischer-ausdruck} \end{Bmatrix}$

[**ON SIZE ERROR**] unbedingte-anweisung

Wie bei anderen Verben auch, kann bei Benutzung von **COBOL-85** dieses Verb durch die Endangabe **END-COMPUTE** zusätzlich abgeschlossen werden.

Im allgemeinen Format bedeuten:

literal-1	Numerischer Wert
bezeichner-1	Numerisches Datenelement mit oder ohne Aufbereitung
bezeichner-2	Numerisches Datenelement

Die beiden nachstehenden Formen der **COMPUTE**-Anweisung stellen eine Alternative zur **MOVE**-Anweisung dar. Die rechts vom Ergibtzeichen (Gleichheitszeichen) genannten Daten werden also nach „bezeichner-1" übertragen. Beispiele:

COMPUTE bezeichner-1 = bezeichner-2

bzw.

COMPUTE bezeichner-1 = literal-1

Diese Alternative zur **MOVE**-Anweisung findet man in der Praxis freilich höchst selten.

Die dritte Variante, d.h. die Variante mit dem arithmetischen Ausdruck rechts vom Ergibtzeichen, ermöglicht die Codierung von Formeln, einfache und höchst komplizierte. Dadurch erübrigt sich die Niederschrift von Folgen arithmetischer Anweisungen. Besonders möchten wir dabei noch hervorheben, daß neben den vier Grundrechenarten auch *Potenzierungen* veranlaßt werden können, die in **COBOL** auf andere Weise nicht zu codieren sind.

19.5 Arithmetische Ausdrücke

Arithmetische Ausdrücke bestehen aus einer Kombination von Bezeichnern und Literalen, die durch arithmetische Operatoren und Klammern getrennt sind. Die einfachsten arithmetischen Ausdrücke weisen nur einen Bezeichner oder ein Literal auf, hierfür zwei Beispiele.

COMPUTE SUMME = 0.0.
COMPUTE SUMME = ANFANGSWERT.

Normalerweise werden jedoch arithmetische Ausdrücke verwendet, bei denen Bezeichner und/oder Literale in arithmetische Operationen eingehen. Dabei sind die folgenden arithmetischen Operatoren zulässig:

Operator	Bedeutung
+	Addition
−	Subtraktion
*	Multiplikation
/	Division
**	Potenzierung

Vor und nach jedem arithmetischen Operator muß mindestens ein Leerzeichen stehen. In der Abb. 19.10 sind Beispiele für die vier Grundrechenarten zu sehen. Dabei folgt der Verwendung der **COMPUTE**-An-

```
COMPUTE   C = A + B.
ADD A, B GIVING C.

COMPUTE   D = A + B + C + D.
ADD A B C TO D.

COMPUTE   D = C - A - B.
SUBTRACT A B FROM C GIVING D.

COMPUTE   B = B - A.
SUBTRACT A FROM B.

COMPUTE   C = B / A.
DIVIDE B BY A GIVING C.

COMPUTE   C = A * B.
MULTIPLY A BY B GIVING C.

COMPUTE   B = A * B.
MULTIPLY A BY B.
```

Abb. 19.10 Gegenüberstellung von arithmetischen Operationen (Operatoren in COMPUTE-Anweisungen zu arithmetischen Verben)

weisung stets die Anweisung, bei der die gleiche arithmetische Operation statt durch Operatoren durch das entsprechende **COBOL**-Verb symbolisiert ist.

Einige Beispiele für den Gebrauch arithmetischer Ausdrücke in **COMPUTE**-Anweisungen zur Durchführung vertrauter kommerzieller Rechenoperationen sind nachstehend aufgeführt:

```
COMPUTE   NETTO = BRUTTO - ABZUEGE.
COMPUTE   MONATS-MITTEL = JAHRES-SUMME / 12.
COMPUTE   UEBERSCHUSS = LAGERBESTAND + BESTELLTE-MENGE
                     - RESERVIERTE-MENGE.
COMPUTE   BRUTTO-VERDIENST = ARBEITS-STUNDEN * STUNDEN-VERDIENST.
```

Der Rechenoperator ** kann zur Bildung einer Potenz benutzt werden, auch hierzu ein erstes Beispiel:

COMPUTE   A = B ** 4.

Hier wird die 4. Potenz von **B** errechnet und das Ergebnis nach **A** gestellt; das gleiche Ergebnis erhält man selbstverständlich mittels der Anweisung

COMPUTE   A = B * B * B * B.

Am häufigsten wird freilich das Operationszeichen ** benutzt, um Wurzeln zu bestimmen; diese können in **COBOL** auf keinem anderen Weg ermittelt werden. Zur Berechnung der Quadratwurzel aus **A** muß man schreiben, falls das Ergebnis dem Datenelement **B** zuzuweisen ist:

COMPUTE   B = A ** 0.5.

Wenn in einem arithmetischen Ausdruck mehrere arithmetische Operatoren aufgeführt sind, muß man wissen, in welcher Reihenfolge die arithmetischen Operationen ausgeführt werden. Die Antwort auf diese Frage ist durch die folgende *Vorrangregel* gegeben:

Beim Fehlen von Klammern werden alle Potenzierungen zuerst ausgeführt, darauf folgen alle Multiplikationen und Divisionen (von links nach rechts), schließlich alle Additionen und Subtraktionen (von links nach rechts).

Beim folgenden Beispiel wird also die Division zuerst ausgeführt, danach die Multiplikation. Das Ergebnis der Division wird auf **A** addiert. Schließlich wird das Resultat der Mulitplikation von der Summe subtrahiert.

A + B / C − D * E

Im nächsten Beispiel wird die Quadratwurzel von **B** durch das Quadrat von **C** dividiert und anschließend noch der entstandene Quotient von **A** subtrahiert.

A − B ** 0.5 / C ** 2

Sollte es irgendwelche Zweifel hinsichtlich der Reihenfolge geben, in der die Operationen in einem arithmetischen Ausdruck ausgeführt werden, so kann durch das Setzen von Klammern die Reihenfolge explizit verdeutlicht werden; auch kann durch Klammern die Reihenfolge der Operationen beeinflußt werden. In Klammern eingeschlossene Unterausdrücke werden ohne Rücksicht auf die für die Operatoren geltende Vorrangregel stets zuerst ausgeführt. Einer linken (geöffneten) Klammer muß dabei mindestens ein Leerzeichen vorausgehen, einer rechten (geschlossenen) Klammer mindestens ein Leerzeichen folgen. Linke und rechte Klammern müssen immer paarweise auftreten, natürlich in sinnvoller Weise kombiniert. Wir wollen für die Klammersetzung drei Beispiele betrachten.

- **A * (B + C)**

Die gesetzten Klammern sorgen hier dafür, daß die Addition vor der Mulitplikation stattfindet.

- **(A * B / C) ** 0.5**

Ohne Klammern würde hier das Produkt aus **A** und **B** durch die Quadratwurzel von **C** dividiert, so aber wird die Quadratwurzel für den gesamten, in Klammern stehenden Ausdruck ermittelt.

- **A / (B * C)**

Hier bewirken die Klammern, daß **A** durch das Produkt aus **B** und **C** dividiert wird. Ohne Klammern würde zuerst **A** durch **B** dividiert und anschließend das entstandene Divisionsergebnis mit **C** multipliziert. – Beim nachfolgenden Beispiel haben die beim arithmetischen Ausdruck in der zweiten **COMPUTE**-Anweisung gesetzten Klammern zur Folge, daß zunächst **C** von **B** subtrahiert wird; danach wird die entstandene Differenz von **A** subtrahiert. Damit wird **E** der Wert 2 zugewiesen, während in der ersten **COMPUTE**-Anweisung **D** den Wert 0 erhält.

```
MOVE 3 TO A.
MOVE 2 TO B.
MOVE 1 TO C.
COMPUTE D = A - B - C.
COMPUTE E = A - (B - C).
```

Neben den *binären* arithmetischen Operatoren, d.h. den Operatoren, die Bezeichner und/oder Literale miteinander verknüpfen, gibt es noch die sogenannten *unären* Operatoren, die am Anfang eines arithmetischen Ausdrucks oder Unterausdrucks stehen können. Bei ihnen handelt es sich um die bekannten Vorzeichen + bzw. −. Wir wollen diesen Abschnitt mit einem Beispicl für unäre Operatoren abschließen.

COMPUTE A = − 5 * B.

Bei diesem Beispiel wird der Variablen **A** das negative Produkt aus **5** und **B** zugewiesen. − Unäre Operationen haben Vorrang vor allen binären Operationen.

19.6 Beispiele für den Gebrauch der COMPUTE-Anweisung

In den Programmen für die Lohnabrechnung (siehe Kap. 6 und 7) wurde die Summe der Freibeträge und danach, falls das Bruttoeinkommen höher als die Summe der Freibeträge ist, die Steuern berechnet. Unter Zuhilfenahme der **COMPUTE**-Anweisung können diese Berechnungen ein wenig deutlicher ausgedrückt werden. Nachfolgend ist das zu erkennen.

```
IF   W-BRUTTO-LOHN IS GREATER THAN W-FREIBETRAGS-SUMME
       COMPUTE  W-STEUERN = (W-BRUTTO-LOHN - W-FREIBETRAGS-SUMME)
                * K-STEUER-SATZ.
ELSE
       MOVE ZERO TO W-STEUERN.
```

Unter Benutzung der **COMPUTE**-Anweisung können wir auch die Berechnung des Bruttolohnes, einschließlich der Überstunden, deutlicher zusammenfassen, als das bisher möglich war. Betrachten wir hierzu die folgende **IF**-Anweisung:

```
IF   ARBEITS-STUNDEN NOT > 35
       COMPUTE  W-BRUTTO-LOHN ROUNDED = E-ARBEITS-STUNDEN
                        * E-STUNDEN-LOHN
ELSE
       COMPUTE  W-BRUTTO-LOHN ROUNDED = 35 * E-STUNDEN-LOHN
            + 1.5 * (E-ARBEITS-STUNDEN - 35) * E-STUNDEN-LOHN.
```

Die erforderlichen Berechnungen unterscheiden sich deutlich von den Berechnungen in den Programmen, die in den Kap. 6 und 7 vorgestellt wurden; sie sind komprimierter und daher leichter zu verfolgen. Es wäre eine einfache Sache, alle Berechnungen in eine einzige **IF**-Anweisung aufzunehmen, doch wir haben uns hier entschlossen, zwei Fälle zu unterscheiden, den Fall mit Überstunden und den Fall ohne Überstunden. Wie stets gibt es auch hier eine Reihe von Möglichkeiten, wie die Berechnungen angeordnet werden können. Die Wahl zwischen diesen sollte wie immer auf den Fundamenten „Einfachheit" und „Klarheit" beruhen.

Die beiden, soeben gezeigten Beispiele können auch mit Anweisungen realisiert werden, die die üblichen **COBOL**-Verben für die arithmetischen Operationen enthalten. Für uns ist das nichts Neues, wir haben das bereits in früheren Kapiteln ständig getan. Wir wollen deshalb diese Betrachtungen mit einem Beispiel abschließen, bei dem uns keine andere Möglichkeit bleibt als die Codierung mit der **COMPUTE**-Anweisung. Bei einer Anwendung für die Lagerbestandsführung wollen wir die wirtschaftliche Bestellmenge errechnen. Diese ist definiert als die Anzahl der zu einem Zeitpunkt von einer Firma zu bestellenden Anzahl von Einheiten eines Artikels zwecks Minimierung der Bestellkosten und der Lagerhaltungskosten. In der einfachsten Form wird diese Bestellmenge nach der Formel

$$\sqrt{2RS/CI}$$

errechnet. In dieser Formel bedeuten:

R | Anzahl der jährlich gebrauchten Einheiten (jährlich gebrauchte Stückzahl)
S | Kosten einer Bestellung
C | Preis einer Artikeleinheit (Stückkosten)
I | Lagerhaltungskosten, ausgedrückt als Bruchteil des Wertes des durchschnittlichen Lagerbestandes

Da in diese Formel eine Quadratwurzel eingeht, bleibt nur die **COMPUTE**-Anweisung, um die wirtschaftliche Bestellmenge zu berechnen, nachfolgend ihre Codierung.

```
COMPUTE WIRTSCHAFTLICHE-BESTELLMENGE =
    (2 * JAEHRLICHE-EINHEITEN * KOSTEN-EINER-BESTELLUNG /
    (EINHEITEN-PREIS * LAGER-KOSTEN)) ** 0.5.
```

19.7 Dem Gebrauch der COMPUTE-Anweisung auferlegte Beschränkungen

Wir sagten bereits früher, daß in alle arithmetischen Operationen nur numerische Werte eingehen dürfen, die nicht mehr als 18 Ziffern aufweisen. Das gilt selbstverständlich auch für die **COMPUTE**-Anweisung.

Die Angabe **ON SIZE ERROR** kann natürlich verwendet werden, aber es ist dabei zu berücksichtigen, daß die Überlaufbedingung nur für die Schlußresultate untersucht wird. Damit kommen wir zu einem schwerwiegenden Problem, das mit dem freizügigen Gebrauch der **COMPUTE**-Anweisung verbunden ist. Der Programmierer hat keine Kontrolle oder auch Kenntnisse über die Zwischenresultate, die im Verlauf der Berechnungen gebildet werden. Obgleich in manchen **COBOL**-Handbüchern definiert ist, wie das Format und die Darstellungsform von Zwischenergebnissen bestimmt werden können, andere Handbücher enthalten freilich keine derartige Abschnitte, bedienen sich viele Programmierer nicht dieser Informationen, selbst wenn sie zu ihnen Zugang haben. Die Folge davon ist, daß ein Programm zwar für die meisten Daten korrekte Ergebnisse abliefern mag, aber in seltenen Fällen durchaus auch zu „Ausreißern" führen kann, d.h. zu total falschen Ergebnissen ohne jegliche Warnung.

Angesichts dieser Problematik und der bei vielen **COBOL**-Programmierern vorliegenden relativen Unvertrautheit mit den mathematischen Gesetzen werden in vielen Computerinstallationen **COMPUTE**-Anweisungen nur in bescheidenem Rahmen verwendet. Einige DV-Organisationen untersagen sogar den Gebrauch von **COMPUTE**-Anweisungen mit Ausnahme derjenigen, die die Bildung von Potenzen (und damit auch der Wurzeln) beinhalten. Um dieses Bild wieder gerade zu rücken, sollte auch ergänzend festgehalten werden, daß in anderen DV-Organisationen der freizügige Gebrauch von **COMPUTE**-Anweisungen für alle arithmetischen Operationen wärmstens empfohlen wird.

19.8 Arithmetische Ausdrücke bei Vergleichsbedingungen

Arithmetische Ausdrücke können in Vergleichsbedingungen überall dort verwendet werden, wo ein Bezeichner oder ein Literal auftreten darf. Unter diesen Aspekten ist es also möglich, Anweisungen wie die folgenden zu schreiben:

```
IF  (JANUAR-VERBRAUCH + FEBRUAR-VERBRAUCH + MAERZ-VERBRAUCH) / 3
    > VORHERGEHENDER-DURCHSCHNITTS-V
    ADD 1 TO ZAEHLER-STEIGENDER-QUART-V.

IF  B ** 2 - 4 * A * C  <  ZERO
       PERFORM IMAGINARE-WURZEL-ROUTINE
ELSE
       PERFORM REALE-WURZEL-ROUTINE.
```

Wir haben an einigen Beispielen in früheren Kapiteln bereits gesehen, wie nützlich eine solche Codierung sein kann.

Auf diese Weise verwendete arithmetische Ausdrücke sind Gegenstand derselben Warnungen, die wir im vorigen Abschnitt bezüglich der fehlenden Kontrolle über die Zwischenergebnisse bei der Ausführung von **COMPUTE**-Anweisungen vorgetragen haben. Arithmetische Ausdrücke in Vergleichsbedingungen werden in der Praxis nur höchst selten verwendet.

19.9 Die Klausel RENAMES

Die Klausel **RENAMES**, die mit der Stufennummer **66** erklärt sein muß, muß auf die Satzbeschreibung folgen, für die sie gelten soll. Durch sie wird einer vorhandenen Datengruppierung ein neuer Name gegeben. Obgleich eine solche Aussage irgendwie wie eine Erläuterung der Klausel **REDEFINES** klingt, ist dem nicht so. Es gibt wichtige Differenzen. Als Beispiel wollen wir noch einmal die Beschreibungen von **ALTER-STAMM-SATZ** und von **BEWEGUNGS-SATZ** betrachten, die wir bereits seit dem Kap. 12 kennen (siehe hierzu beispielsweise Abb. 12.26). Wir brauchten sie in unseren Programmen für die sequentielle Aufdatierung einer Stammdatei. Zur Erklärung des Bewegungssatzes sind zwei Eintragungen mit der **RENAMES**-Klausel hinzugekommen. Der entsprechende Auszug aus dem Datenteil ist in der Abb. 19.11 zu sehen.

```
01  ALTER-STAMM-SATZ.
    05  AS-SCHLUESSEL             PIC X(5).
    05  AS-MENGE-LAGER            PIC 9(5).
    05  AS-MENGE-BESTELLT         PIC 9(5).
    05  AS-MENGE-MINDEST          PIC 9(5).
    05  AS-MENGE-BESTELLUNG       PIC 9(5).
    05  AS-BESCHREIBUNG           PIC X(20).
    05  FILLER                    PIC X(35).

01  BEWEGUNGS-SATZ.
    05  BW-SCHLUESSEL             PIC X(5).
    05  BW-MENGE                  PIC 9(5).
    05  BW-CODE                   PIC X.
        88  HINZUFUEGUNG                      VALUE '1'.
        88  EINRICHTUNG                       VALUE '2'.
        88  ZUGANG                            VALUE '3'.
        88  ABGANG                            VALUE '4'.
        88  LOESCHUNG                         VALUE '5'.
    05  BW-UEBERNAHME-CODE        PIC 9.
    05  BW-MENGE-BESTELLT         PIC 9(5).
    05  BW-MENGE-MINDEST          PIC 9(5).
    05  BW-MENGE-BESTELLUNG       PIC 9(5).
    05  BW-BESCHREIBUNG           PIC X(20).
    05  FILLER                    PIC X(33).
66  BW-GRUPPE-1   RENAMES BW-SCHLUESSEL THRU BW-MENGE.
66  BW-GRUPPE-2   RENAMES BW-MENGE-BESTELLT THRU BW-BESCHREIBUNG.
```

Abb. 19.11 Definitionen mit der Klausel RENAMES im Datenteil eines Programmes

Durch die erste **RENAMES**-Klausel wird in unserem Beispiel unter dem Namen **BW-GRUPPE-1** eine Datengruppe festgelegt, die aus den (bereits vorhandenen) Datenelementen **BW-SCHLUESSEL** und **BW-MENGE** besteht. Die zweite Eintragung mit der **RENAMES**-Klausel bestimmt **BW-GRUPPE-2** als neuen Namen für die Datengruppe, die aus den bereits definierten Elementen **BW-MENGE-BESTELLT**,

BW-MENGE-MINDEST, BW-MENGE-BESTELLUNG und **BW-BESCHREIBUNG** besteht. In beiden Erklärungen mit der **RENAMES**-Klausel sind also *Von-Bis-Angaben* gemacht (**THRU!**). Wir wollen nun einmal annehmen, daß wir die altbekannte Definition des Satzes **NEUER-STAMM-SATZ** mit derselben Struktur, wie sie bei der Satzdefinition von **ALTER-STAMM-SATZ** vorliegt, durch eine neue Beschreibung ersetzt haben, die wie folgt lautet:

```
01  NEUER-STAMM-SATZ.
    05  NS-GRUPPE-1           PIC X(10).
    05  NS-GRUPPE-2           PIC X(35).
    05  FILLER                PIC X(35).
```

Unter diesen Voraussetzungen könnten wir jetzt im Prozedurteil wie folgt schreiben (damit wäre bei Hinzufügungen von Sätzen in die neue Stammdatei ein geringerer Codieraufwand im Prozedurteil erforderlich):

```
            MOVE BW-GRUPPE-1 TO NS-GRUPPE-1.
            MOVE BW-GRUPPE-2 TO NS-GRUPPE-2.
```

Durch diese beiden **MOVE**-Anweisungen erreichen wir also, daß die Werte der zwei Datenelemente zu Beginn des Bewegungssatzes und die Werte der vier Datenelemente am Ende des Bewegungssatzes (von **FILLER** abgesehen) in den neuen Stammsatz übertragen werden. Die dazwischen liegenden Datenelemente (**BW-CODE** und **BW-UEBERNAHME-CODE**) bleiben somit von der Übertragung ausgeschlossen (wie es in der Aufgabenstellung auch vorgesehen war!).

Wie unterscheidet sich nun die Neubenennung (**RENAMES**) von der Neudefinition (**REDEFINES**)? Der Schlüssel zur Beantwortung dieser Frage ist beim Wort **THRU** der **RENAMES**-Klausel zu suchen. Bei Benutzung von **RENAMES** kann man einer ganzen Reihe von Feldern einen neuen Namen geben, nicht nur einem Datenelement oder einer Datengruppe wie bei **REDEFINES**. Weiterhin kann man beliebig viele **RENAMES**-Klauseln niederschreiben, und es gibt auch keine Einschränkungen hinsichtlich der neu definierten Gruppierungen; sie können sich sogar überlappen. Die nachstehende dritte Festlegung eines neuen Namens wäre also ohne weiteres zulässig:

66 BW-GRUPPE-3 RENAMES BW-MENGE THRU BW-MENGE-MINDEST.

Die Tatsache, daß **BW-GRUPPE-3** Teile der beiden vorhergehenden, über **RENAMES** eingeführten Gruppierungen überlappt, spielt überhaupt keine Rolle.

Bei unserem obigen einfachen Beispiel hätten wir unser Ziel auch mit geeigneten Datengruppen innerhalb der Satzdefinitionen erreichen können. Mit der Klausel **RENAMES** kann man jedoch auch Situationen in den Griff bekommen, die auf andere Weise nicht behandelt werden können. Dazu wollen wir einmal die in der Abb. 19.12 dargestellte Satzbeschreibung betrachten.

```
01  BEISPIEL-SATZ.
    05  A.
        10  B           PIC X.
        10  C           PIC X.
    05  D.
        10  E           PIC X.
        10  F.
            15  G       PIC X.
            15  H       PIC X.
        10  I.
            15  J       PIC X.
            15  K       PIC X.
```

Abb. 19.12 Beispiel für eine Satzbeschreibung

Die folgende **RENAMES**-Klausel ist zulässig und sinnvoll. Mit der einfachen Definition von Datengruppen könnte man diesen Effekt nicht erzielen, außer man würde den gesamten Satz neu strukturieren.

66 CG-GRUPPE   RENAMES C THRU G.

Unter Zugrundelegung derselben Satzbeschreibung könnten wir sogar das nachfolgende Statement niederschreiben:

66 BH   RENAMES A TRHU F.

Da der Buchstabe **A** eine Datengruppe bezeichnet, beginnt die durch **RENAME** eingeführte neue Datengruppe mit dem Namen **BH** beim ersten Elementarelement von **A**. Durch **F** ist ebenfalls eine Datengruppe benannt. Der Wirkungskreis von **BH** erstreckt sich deshalb bis zum letzten Elementarelement von **F**.

Wir haben nun kurz erörtert, was man mit der **RENAMES**-Klausel alles machen kann. Wir müssen uns jetzt fragen, warum ihr Gebrauch so wenig erwünscht ist. Die Antwort liegt eigentlich auf der Hand. Ein fundamentales Entwurfskonzept für strukturierte Software besagt, daß sowohl den Daten als auch den Verfahren eine bestimmte innere Hierarchie zu eigen ist. Die Klausel **RENAMES** mißachtet diese Hierarchie vollständig und damit auch die logische Struktur der Daten. In fast allen Fällen wird man als einziges Motiv für die Benutzung der **RENAMES**-

Klausel finden, daß man sich durch ihre Anwendung die Niederschrift einiger Zeilen im Prozedurteil ersparen kann. Diese Einsparung geht aber fast immer zu Lasten der Überschaubarkeit von Programmen.

Wir haben die **RENAMES**-Klausel nicht deshalb besprochen, weil wir ihre Benutzung empfehlen, sondern nur deshalb, weil die mit der Wartung von Programmen betrauten Beschäftigten auf diese Klausel in älteren Programmen stoßen können. Wir selbst legen jedem Programmierer nachdrücklichst nahe, auf den Gebrauch der **RENAMES**-Klausel zu verzichten. Tatsächlich ist in vielen Installationen mittlerweile den Programmierern untersagt, mit dieser Klausel zu arbeiten.

19.10 Die Anweisung ALTER und die mit ihr zusammenhängenden Probleme

Durch die Anweisung **ALTER** kann das Sprungziel geändert werden, das von einer Anweisung **GO TO** anzusteuern ist. Das allgemeine Format dieser Anweisung lautet wie folgt:

ALTER	prozedure n	TO [PROCEED TO]	prozedurname-2
	prozedurname-4	TO [PROCEED TO]	prozedurname-4

Das allgemeine Format bedarf einer kurzen Erläuterung: Unter *prozedurname-1, prozedurname-3* usw. sind die Namen von Paragraphen zu verstehen, die nur einen einzigen Programmsatz aufweisen, nämlich eine Anweisung **GO TO** ohne die Option **DEPENDING ON**. Hingegen müssen *prozedurname-2, prozedurname-4* usw. die Namen von Paragraphen oder von Kapiteln sein. Die **ALTER**-Anweisung wirkt sich wie folgt aus: Das ursprüngliche Sprungziel der in dem Paragraphen *prozedurname-1* enthaltenen Anweisung **GO TO** wird geändert. An seine Stelle tritt das durch *prozedurname-2* definierte neue Sprungziel, das Sprungziel also, das hinter **TO [PROCEED TO]** genannt ist. Es können in einer **ALTER**-Anweisung mehrere Sprungziele zugleich geändert werden; für die weiteren Änderungen gilt grundsätzlich das Analoge, d.h. **GO TO** im Paragraphen *prozedurname-3* erhält als neues Sprungziel *prozedurname-4* usw. Im Verlauf einer Programmausführung können Sprungziele beliebig oft geändert werden.

Um zu illustrieren, wie sich eine **ALTER**-Anweisung in einem Programm auswirkt, wollen wir uns das Demonstrationsprogramm in den Abb. 19.13 und 19.14 ansehen. Es verfolgt den Zweck, alle Sätze einer Datei zu lesen, ihre Anzahl zu bestimmen und die Summe der Inhalte der dreistelligen Felder zu Beginn der Eingabesätze zu bilden. Bei diesem Programm wird die Leseschleife auf eine andere Art und Weise als auf die von uns gewohnte in Gang gesetzt. Die Definitionen von **SATZ-ZAEHLER** und **SUMME-FELD-A** sind frei von **VALUE**-Klauseln. Diese Datenelemente müssen also auf einem anderen Weg mit Anfangswerten versorgt werden. Hierzu wurde der Paragraph mit dem Namen **ERSTMALS-PARAGRAPH** geschaffen. In diesem wird zunächst **1** in das Datenelement **SATZ-ZAEHLER** gestellt und der Inhalt der ersten drei Stellen des ersten Eingabesatzes nach **SUMME-FELD-A** übertragen. Anschließend sorgt eine **ALTER**-Anweisung dafür, daß dieser Paragraph überhaupt nicht mehr betreten werden kann. Der Paragraph endet mit einer Anweisung **GO TO**, durch die der Folgeparagraph **NACH-ERSTMALS-PARAGRAPH** übersprungen wird. Wir haben bei den kritischen Paragraphen bewußt auf die Präfixe bei den Paragraphennamen verzichtet, an die wir uns doch gemäß Übereinkunft halten wollten. Aber die Programme mit den Anweisungen **GO TO** und **ALTER** sind meist nicht sauber hierarchisch gegliedert noch besitzen sie eine Paragraphenfolge, hinter deren Anordnung eine sinnvolle Gliederung steckt; Präfixe haben deshalb im allgemeinen keine Bedeutung.

Das Demonstrationsprogramm läuft wie beabsichtigt ab, aber selbst bei einer so elementaren Aufgabenstellung erkennen wir, um wieviel komplizierter ein in diesem Stil geschriebenes Programm ist als ein Programm, das wohlstrukturiert ist. Es ist auch ungemein schwieriger zu analysieren und zu verstehen als die übrigen in dieses Buch aufgenommenen Programme. Die Hauptschwierigkeit, Programme mit den Verzweigungsanweisungen **GO TO** und **ALTER** zu verstehen, liegt darin, daß man erst dann voll begreift, wie die Anweisungen wirken, wenn man den gesamten vorherigen Programmablauf kennt. Wir haben bisher immer danach gestrebt, daß wir zum Verständnis der Wirkungsweise einer Anweisung nur wenige andere, in der Nähe liegende Anweisungen zu untersuchen brauchten. Dieses Ziel zu erreichen, galten stets unsere Bemühungen, mal gelangten wir schneller zu ihm, mal langsamer, aber wir ließen dieses Ziel nie aus den Augen. Die Anweisung **GO TO**, vor allem aber die Anweisung **ALTER** zerstören diese „ortsgebundene Zusammenfassung" zusammengehörender Dinge.

Programme mit einem praxisorientierten realistischen Umfang sind bei ausgedehntem Gebrauch von **GO TO** und **ALTER** meist nur außerordentlich schwierig zu verstehen. Dies gilt vor allem für die Pflege und Wartung solcher Programme, zumal dann, wenn jemand, der ein Programm nie zuvor gesehen hat, möglichst rasch mit ihm vertraut werden muß, manchmal sogar unter erheblichem Zeitdruck, weil das fragliche

19.10 Die Anweisung ALTER und die mit ihr zusammenhängenden Probleme

```
00001      IDENTIFICATION DIVISION.
00002      PROGRAM-ID.
00003           DEMO-ALTER.
00004      DATE-WRITTEN.
00005           MAI 18, 1987 (DEUTSCH: 22. MAI 1989).
00006
00007      ************************************************
00008      *    DEMONSTRATIONSPROGRAMM FUER DIE ANWEISUNG ALTER    *
00009      *    ============================================       *
00010      *         (IN ERSTER LINIE FUER WARTUNGSPROGRAMMIERER)  *
00011      ************************************************
00012
00013      ENVIRONMENT DIVISION.
00014      INPUT-OUTPUT SECTION.
00015      FILE-CONTROL.
00016           SELECT EINGABE-DATEI          ASSIGN TO S-EIN.
00017           SELECT AUSGABE-DATEI          ASSIGN TO S-AUS.
00018
00019      DATA DIVISION.
00020      FILE SECTION.
00021
00022      FD  EINGABE-DATEI
00023           LABEL RECORDS ARE OMITTED.
00024      01  EINGABE-SATZ.
00025           05  FELD-A                    PIC 999.
00026           05  FILLER                    PIC X(77).
00027
00028      FD  AUSGABE-DATEI.
00029           LABEL RECORDS ARE OMITTED.
00030      01  AUSGABE-SATZ.
00031           05  SATZ-ZAEHLER              PIC 9(4).
00032           05  SUMME-FELD-A              PIC 9(6).
00033
00034      WORKING-STORAGE SECTION.
00035
00036      01  WEITERE-DATEN-KENNZEICHEN      PIC X    VALUE 'J'.
00027           88  KEINE-WEITEREN-DATEN               VALUE 'N'.
00038
00039
00040      PROCEDURE DIVISION.
00041      A000-HAUPT-PROZEDUR.
00042           OPEN  INPUT EINGABE-DATEI
00043                 OUTPUT AUSGABE-DATEI.
00044           PERFORM B020-LESEN.
00045           PERFORM B010-VERARBEITEN-EIN-SATZ
00046                THRU B010-VERARBEITEN-EIN-SATZ-EXIT
00047                UNTIL KEINE-WEITEREN-DATEN.
00048           WRITE AUSGABE-SATZ.
00049           CLOSE EINGABE-DATEI
00050                 AUSGABE-DATEI.
00051           DISPLAY 'BEENDIGUNG DES PROGRAMMES   DEMO-ALTER   '.
00052           STOP RUN.
00053
00054      B010-VERARBEITEN-EIN-SATZ.
00055      * DAS SPRUNGZIEL DER NACHFOLGENDEN ANWEISUNG GO TO WIRD IM  *
00056      * PARAGRAPHEN "ERSTMALS-PARAGRAPH" GEAENDERT                *
00057           GO TO ERSTMALS-PARAGRAPH.
00058
```

Abb. 19.13 Demonstrationsprogramm mit ALTER-Anweisung, 1. Teil

```
00059      ERSTMALS-PARAGRAPH.
00060          MOVE 1 TO SATZ-ZAEHLER.
00061          MOVE FELD-A TO SUMME-FELD-A.
00062          ALTER B010-VERARBEITEN-EIN-SATZ   TO PROCEED TO
00063                                            NACH-ERSTMALS-PARAGRAPH.
00064          GO TO B020-LESEN.
00065
00066      NACH-ERSTMALS-PARAGRAPH.
00067          ADD 1 TO SATZ-ZAEHLER.
00068          ADD FELD-A TO SUMME-FELD-A.
00069
00070      B020-LESEN.
00071          READ EINGABE-DATEI
00072              AT END   MOVE 'N' TO WEITERE-DATEN-KENNZEICHEN.
00073
00074      B010-VERARBEITEN-EIN-SATZ-EXIT.
00075          EXIT.
00076
00077      ********** ENDE DES PROGRAMMES "DEMO-ALTER" **********
```

Abb. 19.14 Demonstrationsprogramm mit ALTER-Anweisung, 2. Teil

Programm zusammengebrochen ist. In einer solchen Situation versetzt der Anblick einer Anweisung **GO TO**, die allein in einem Paragraphen steht, zusammen mit einer unbekannten Anzahl von **ALTER**-Anweisungen an unbekannten, über das gesamte Programm verstreuten Stellen, selbst die tüchtigsten Programmierer in Furcht und Schrecken.

Diese Gründe bewegen uns, vom Gebrauch der **ALTER**-Anweisung nachdrücklich abzuraten. Tatsächlich stellt die genormte Version **COBOL-85** in Aussicht, daß das **ALTER**-Statement bei der nächsten Überarbeitung von **COBOL** zurückgezogen wird. Alles, was mit der **ALTER**-Anweisung erreicht werden kann, kann auch auf anderen Wegen, und dazu in einer verständlicheren Weise, getan werden. Dieses leidige Thema wurde hier nur zum Nutzen derjenigen behandelt, die irgendwann einmal mit existierenden Programmen in Berührung kommen werden, in denen **ALTER**-Anweisungen vorkommen. Die Wartung solcher Programme kann sachlich wesentlich erleichtert werden, wenn man sie durch Kommentare an den kritischen Stellen ergänzt, so wie es auch bei unserem Demonstrationsprogramm geschehen ist (siehe Abb. 19.13). Bei jeder Anweisung **GO TO**, deren Sprungziel im Verlauf der Programmausführung geändert wird, sollte vermerkt sein, wo die **ALTER**-Anweisungen stehen, die sich auf sie beziehen. Damit ist keineswegs gesagt, daß unter diesen Umständen die **ALTER**-Anweisung nun Einzug in die Programmierpraxis halten kann; aber verständliche und klare Bemerkungen tragen oft dazu bei, schlimme Situationen zu entschärfen. Besser wäre freilich, bei nicht zu intensivem Gebrauch von **ALTER** und **GO TO** die entsprechenden Programmteile neu zu formulieren; Ziel muß dabei sein, diese Anweisungen gänzlich zu eliminieren.

20. COBOL für die interaktive Betriebsweise

20.1 Einführung

Zu Beginn der Datenverarbeitung mit Computern in den späten 50er und frühen 60er Jahren dieses Jahrhunderts liefen alle Programme im *Stapelbetrieb* (engl.: Batch mode) ab. Die Daten wurden gesammelt, auf Lochkarten abgelocht und stapelweise verarbeitet, häufig in der Nacht. Es dauerte mindestens ein paar Stunden, wenn nicht einen ganzen Tag, ehe die Ergebnisse zur Verfügung standen. Sogar wenn mehrmals am Tage eine Stapelverarbeitung durchgeführt wurde, blieb das charakteristische Merkmal der Stapelverarbeitung erhalten: Es war einfach nicht möglich, in die laufende Verarbeitung einzugreifen, erst nach Beendigung des Programmablaufes konnte der Benutzer wieder aktiv werden. Selbst heutzutage werden viele Arbeiten im Stapelbetrieb erledigt, obwohl die Lochkarten so gut wie vergessen sind und die Dateneingabe in der Regel über ein *Datensichtgerät* (*Bildschirmgerät*) oder ein anderes *Datenendgerät* (*Terminal*) erfolgt. Mit dem wachsenden Einsatz von Computern, die zur interaktiven Betriebsweise befähigt sind, wie Mini- und Mikrocomputer (oder auch Großrechner, die interaktive Softwaresysteme wie das CICS der IBM benutzen) werden mehr und mehr Programme im *interaktiven Betrieb* ausgeführt, d.h. in einer Betriebsweise, die auf der ständigen Wechselwirkung zwischen dem Computer und einem Umfeldfaktor beruht. Ist dieser Umfeldfaktor durch Menschen bestimmt, so spricht man speziell vom *Dialogbetrieb*.

Beide *Betriebsweisen* von EDV-Anlagen (*Stapelbetrieb*, *Dialogbetrieb*) zeichnen sich durch Vorteile und Nachteile aus. Wir beabsichtigen jetzt aber nicht, in eine Diskussion über das Für und Wider beider Betriebsweisen einzutreten. In einer Zeit, in der die interaktive Datenverarbeitung immer weiter um sich greift, halten wir es freilich für angebracht, einige der Charakterzüge zu besprechen, in denen sich die für die Stapelverarbeitung geschriebenen Programme von denen unterscheiden, die für den Dialogbetrieb bestimmt sind.

Wir präsentieren dazu zunächst zwei Variationen des grundlegenden Prüfprogrammes für Bestellungen aufgrund eines Gartenkatalogs, das wir bereits im Kap. 11 vorgestellt hatten. Es soll damit demonstriert werden, wie durch ein Dialogprogramm es ermöglicht werden kann, daß ein Benutzer Fehler während der Dateneingabe korrigiert. Darauf folgt ein weiteres Programm, mit dem gezeigt werden soll, wie sogenannte

Menüs dazu benutzt werden können, um einen Programmbenutzer (Bediener) während der Programmausführung zu lenken und zu leiten.

Alle Programme dieses Kapitels wurden mit der Sprachvariante geschrieben, die für den Kompilierer „Realia COBOL 2.00 Compiler" gilt. Ausgeführt wurden diese Programme auf einem Computer des Typs „AT&T PC 6300"; dieser Computertyp ist kompatibel zu den *Personalcomputern* (engl.: Personal Computer, abgekürzt PC) *der IBM*. Die Prinzipien, über die wir in diesem Kapitel sprechen wollen, gelten für jeden **COBOL**-Kompilierer. Wir betonen das mit Nachdruck. Die Einzelheiten, wie die interaktive Eingabe/Ausgabe arbeitet, variieren hingegen von Computer zu Computer und von Kompilierer zu Kompilierer. Beispielsweise erlauben die für einige Kompilierer bestimmten Sprachvarianten von **COBOL** zusätzliche Angaben bei der **DISPLAY**-Anweisung, durch die man die Zeile und die Spalte der *Positionsanzeige* (engl.: *Cursor*) direkt festlegen kann. Andere Kompilierer stellen hingegen Bibliotheksunterprogramme bereit, durch deren Aufruf dann die Steuerung der Positionsanzeige vorgenommen wird. Ähnliche Methoden dienen der Erzeugung graphischer Effekte, zu denen beispielsweise das Blinken der Positionsanzeige, die Umkehranzeige (dunkle Zeichen auf hellem Hintergrund statt heller Zeichen auf dunklem Hintergrund) und eine spezielle Farbgebung (bei Farbbildschirmen!) zu zählen sind.

20.2 Version des Gartenkatalogprogrammes für den Dialogbetrieb

Der Dialogbetrieb ermöglicht es grundsätzlich, daß Fehler bei den Eingabedaten sich nicht nur in Fehlermeldungen niederschlagen, sondern daß sie darüberhinausgehend in der Regel vom Benutzer während der Programmausführung sofort berichtigt werden können. Wir wollen diese sinnvolle Arbeitsweise anhand des „Gartenkatalogprogrammes" zeigen, das in den Abb. 11.3 bis 11.6 dargestellt ist. Erinnern wir uns: In diesem Programm werden Bestellsätze aus einer Datei gelesen, um sie auf ihre Richtigkeit hin durchzusehen. Fehlerfreie Sätze werden in eine Datei geschrieben, die der normalen Weiterbehandlung der Bestellsätze zugeführt wird (wir nannten diese Datei deshalb **NORMAL-DATEI**). Die mit Fehlern irgendwelcher Art behafteten Sätze wurden in eine andere Datei geschrieben, weil sie einer Sonderbehandlung bedürfen; die entsprechende Datei nannten wir deshalb **SONDER-DATEI**. Eine für den Dialogbetrieb bestimmte überarbeitete Fassung dieses Programmes ist in den Abb. 20.1 bis 20.4 zu sehen. Hinsichtlich dieser vier Abbildungen ist zu sagen, daß wir die Numerierung der Zeilen an die gewohnte Numerierung angepaßt haben.

```
00001  IDENTIFICATION DIVISION.
00002  PROGRAM-ID.
00003      DIALOG1.
00004  DATE-WRITTEN.
00005      MAI 28, 1987  (DEUTSCH:  13. MAI 1988).
00006
00007 *--------------------------------------------------------------*
00008 * VERSION DES PROGRAMMES FUER DIE UEBERPRUEFUNG VON BE-        *
00009 * STELLUNGEN AUS EINEM GARTENKATALOG (FUER DEN DIALOGBETRIEB)  *
00010 *--------------------------------------------------------------*
00011
00012  ENVIRONMENT DIVISION.
00013  INPUT-OUTPUT SECTION.
00014  FILE-CONTROL.
00015      SELECT NORMAL-DATEI              ASSIGN TO S-NORMAL.
00016
00017  DATA DIVISION.
00018  FILE SECTION.
00019  FD  NORMAL-DATEI
00020      LABEL RECORDS ARE OMITTED.
00021  01  NORMAL-SATZ                      PIC X(60).
00022
00023  WORKING-STORAGE SECTION.
00024
00025  01  FORTSETZUNGS-BEFEHL              PIC X.
00026
00027  01  CURSOR-STEUERELEMENTE.
00028      05  LOESCHEN-BILDSCHIRM          PIC XX      VALUE '2J'.
00029      05  DREI-ZEILEN-SPRUNG           PIC XX      VALUE '3B'.
00030
00031  01  ESC-ECKIGE-KLAMMER-LINKS.
00032      05  FILLER                       PIC 9(4) COMP-4
00033                                                   VALUE 7003.
00034  01  FEHLER-KZ.
00035      88  SATZ-IN-ORDN                             VALUE SPACES.
00036      05  KAT-NR-N-NUM                 PIC X.
00037      05  ERSTE-ZIFFER-FALSCH          PIC X.
00038      05  UNG-GROESSEN-CODE            PIC X.
00039      05  KEIN-SOLCHER-CODE            PIC X.
00040      05  MENGE-PREIS-CODES.
00041          88  MENGE-PREIS-IN-ORDN                  VALUE SPACES.
00042          10  MENGE-NICHT-NUMERISCH    PIC X.
00043          10  PREIS-NICHT-NUMERISCH    PIC X.
00044      05  UNG-PREIS-ODER-MENGE         PIC X.
00045      05  ZU-GROSSER-PREIS             PIC X.
00046
00047  01  FEHLER-MELDUNGEN.
00048      05  KAT-NR-N-NUM-M               PIC X(50)   VALUE
00049          'KATALOG-NUMMER MIT UNZULAESSIGEM ZEICHEN'.
00050      05  ERSTE-ZIFFER-FAL-M           PIC X(50)   VALUE
00051          'FALSCHE ERSTE ZIFFER BEI KATALOG-NUMMER'.
00052      05  UNG-GROESSEN-CODE-M          PIC X(50)   VALUE
00053          'KEIN GROESSEN-CODE BEI DIESEM ARTIKEL'.
00054      05  KEIN-SOLCHER-CODE-M          PIC X(50)   VALUE
00055          'KEIN SOLCHER GROESSEN-CODE VORHANDEN'.
00056      05  MENGE-NICHT-NUM-M            PIC X(50)   VALUE
00057          'MENGE MIT UNZULAESSIGEM ZEICHEN'.
00058      05  PREIS-NICHT-NUM-M            PIC X(50)   VALUE
00059          'PREIS MIT UNZULAESSIGEM ZEICHEN'.
00060      05  UNG-PREIS-ODER-ME-M          PIC X(50)   VALUE
```

Abb. 20.1 Gartenkatalogprogramm für den Dialogbetrieb, 1. Teil

```
00061                'FALSCHER PREIS ODER FALSCHE MENGE'.
00062           05   ZU-GROSSER-PREIS-M          PIC X(50)    VALUE
00063                'ZU GROSSER PREIS ---> UEBERPRUEFEN'.
00064
00065      01   FEHLER-MELDUNGEN-KOPF-1.
00066           05   FILLER                      PIC X(15) VALUE SPACES.
00067           05   FILLER                      PIC X(15) VALUE
00068                'FEHLERMELDUNGEN'.
00069
00070      01   FEHLER-MELDUNGEN-KOPF-2.
00071           05   FILLER                      PIC X(15) VALUE SPACES.
00072           05   FILLER                      PIC X(24) VALUE
00073                'BESTELLUNG FEHLERHAFT.   '.
00074           05   FILLER                      PIC X(37) VALUE
00075                'ZUR FORTSETZUNG RETURN-TASTE DRUECKEN'.
00076
00077      01   WEITERE-DATEN-VORHANDEN-KZ       PIC X     VALUE 'J'.
00078           88   KEINE-WEITEREN-DATEN                  VALUE 'N'.
00079
00080      01   ANZAHL-DER-ZEICHEN               PIC 99 COMP-4.
00081
00082      01   BESTELL-SATZ.
00083           05   BESTELL-NUMMER              PIC X(6).
00084           05   SATZ-ART                    PIC X.
00085           05   KATALOG-NUMMER.
00086                10   KAT-ERST-ZIFFER        PIC X.
00087                10   KAT-REST-ZIFFERN       PIC X(4).
00088           05   GROESSEN-CODE               PIC X.
00089           05   MENGE                       PIC 99.
00090           05   ART-BESCHREIBUNG            PIC X(40).
00091           05   X-PREIS                     PIC X(5).
00092           05   9-PREIS REDEFINES X-PREIS   PIC 999V99.
00093
00094      01   PREIS-LIMIT                      PIC   999V99 VALUE 125.00.
00095      01   PRUEF-REST                       PIC S999V99 COMP-3.
00096      01   EINZELPREIS                      PIC S999V99 COMP-3.
00097
00098      PROCEDURE DIVISION.
00099      A000-BESTELL-PRUEFUNG.
00100           OPEN OUTPUT    NORMAL-DATEI.
00101           PERFORM X010-HOLEN-BESTELL-SATZ.
00102           PERFORM B010-PRUEFEN-EINE-BESTELLUNG
00103                UNTIL KEINE-WEITEREN-DATEN.
00104           CLOSE NORMAL-DATEI.
00105           STOP RUN.
00106
00107      B010-PRUEFEN-EINE-BESTELLUNG.
00108           MOVE SPACES TO FEHLER-KZ.
00109           PERFORM C010-PRUEFEN-BESTELLUNG.
00110
00111           IF  MENGE-PREIS-IN-ORDN
00112                IF  SATZ-IN-ORDN
00113                     WRITE NORMAL-SATZ  FROM BESTELL-SATZ
00114                ELSE
00115                     PERFORM C020-SCHREIBEN-NACHRICHTEN
00116           ELSE
00117                PERFORM C020-SCHREIBEN-NACHRICHTEN.
00118
00119           PERFORM X010-HOLEN-BESTELL-SATZ.
00120
```

Abb. 20.2 Gartenkatalogprogramm für den Dialogbetrieb, 2. Teil

```
00121      C010-PRUEFEN-BESTELLUNG.
00122          IF  KATALOG-NUMMER OF BESTELL-SATZ IS NOT NUMERIC
00123              MOVE 'X' TO KAT-NR-N-NUM.
00124
00125          IF  KAT-ERST-ZIFFER OF BESTELL-SATZ = '0' OR '2'
00126              MOVE 'X' TO ERSTE-ZIFFER-FALSCH.
00127
00128          IF  (KAT-ERST-ZIFFER OF BESTELL-SATZ = '1' OR '8' OR '9')
00129              AND GROESSEN-CODE OF BESTELL-SATZ IS NOT EQUAL SPACES
00130              MOVE 'X' TO UNG-GROESSEN-CODE.
00131
00132          IF  GROESSEN-CODE OF BESTELL-SATZ = 'A' OR 'D' OR 'G'
00133              OR 'J' OR 'K' OR 'L' OR 'S' OR 'T' OR 'U' OR ' '
00134              NEXT SENTENCE
00135          ELSE
00136              MOVE 'X' TO KEIN-SOLCHER-CODE.
00137
00138          IF  MENGE OF BESTELL-SATZ IS NOT NUMERIC
00139              MOVE 'X' TO MENGE-NICHT-NUMERISCH.
00140
00141          IF  X-PREIS IS NOT NUMERIC
00142              MOVE 'X' TO PREIS-NICHT-NUMERISCH.
00143
00144          IF  MENGE-PREIS-IN-ORDN
00145              DIVIDE 9-PREIS BY MENGE OF BESTELL-SATZ
00146                  GIVING EINZELPREIS REMAINDER PRUEF-REST
00147              ON SIZE ERROR MOVE 'X' TO UNG-PREIS-ODER-MENGE.
00148          IF  MENGE-PREIS-IN-ORDN AND PRUEF-REST NOT EQUAL TO ZERO
00149              MOVE 'X' TO UNG-PREIS-ODER-MENGE.
00150
00151          IF  X-PREIS IS NUMERIC AND 9-PREIS IS GREATER PREIS-LIMIT
00152              MOVE 'X' TO ZU-GROSSER-PREIS.
00153
00154      C020-SCHREIBEN-NACHRICHTEN.
00155          DISPLAY ESC-ECKIGE-KLAMMER-LINKS DREI-ZEILEN-SPRUNG.
00156          DISPLAY FEHLER-MELDUNGEN-KOPF-1.
00157          DISPLAY SPACES.
00158
00159          IF  KAT-NR-N-NUM = 'X'
00160              DISPLAY KAT-NR-N-NUM-M.
00161          IF  ERSTE-ZIFFER-FALSCH = 'X'
00162              DISPLAY ERSTE-ZIFFER-FAL-M.
00163          IF  UNG-GROESSEN-CODE = 'X'
00164              DISPLAY UNG-GROESSEN-CODE-M.
00165          IF  KEIN-SOLCHER-CODE = 'X'
00166              DISPLAY KEIN-SOLCHER-CODE-M.
00167          IF  MENGE-NICHT-NUMERISCH
00168              DISPLAY MENGE-NICHT-NUM-M.
00169          IF  PREIS-NICHT-NUMERISCH = 'X'
00170              DISPLAY PREIS-NICHT-NUM-M.
00171          IF  UNG-PREIS-ODER-MENGE = 'X'
00172              DISPLAY UNG-PREIS-ODER-ME-M.
00173          IF  ZU-GROSSER-PREIS = 'X'
00174              DISPLAY ZU-GROSSER-PREIS-M.
00175
00176          DISPLAY ESC-ECKIGE-KLAMMER-LINKS DREI-ZEILEN-SPRUNG.
00177          DISPLAY FEHLER-MELDUNGEN-KOPF-2.
00178          ACCEPT FORTSETZUNGS-BEFEHL.
00179
00180      X010-HOLEN-BESTELL-SATZ.
```

Abb. 20.3 Gartenkatalogprogramm für den Dialogbetrieb, 3. Teil

```
00181 *         LOESCHEN DES BILDSCHIRMES         *
00182           DISPLAY ESC-ECKIGE-KLAMMER-LINKS LOESCHEN-BILDSCHIRM
00183               WITH NO ADVANCING.
00184 *         EINGABE EINES WERTES BEI JEDEM MAL         *
00185 *         FUER JEDES FELD: INITIALISIERUNG, RUECKFRAGE (PROMPT),
00186 *                      DATENEINGABE         *
00187 *         BEI LEERER BESTELLNUMMER ---> SETZEN DATEIENDE-KENNZEICHEN
00188           MOVE ZERO TO ANZAHL-DER-ZEICHEN.
00189           MOVE LOW-VALUES TO BESTELL-NUMMER.
00190           DISPLAY 'Eingabe Bestellnummer: ' WITH NO ADVANCING.
00191           ACCEPT BESTELL-NUMMER.
00192           INSPECT BESTELL-NUMMER TALLYING ANZAHL-DER-ZEICHEN
00193               FOR CHARACTERS BEFORE LOW-VALUES.
00194           IF ANZAHL-DER-ZEICHEN IS EQUAL TO ZERO
00195               MOVE 'N' TO WEITERE-DATEN-VORHANDEN-KZ
00196           ELSE
00197               PERFORM Y010-HOLEN-REST-BESTELLUNG.
00198
00199       Y010-HOLEN-REST-BESTELLUNG.
00200           MOVE SPACES TO SATZ-ART.
00201           DISPLAY 'Eingabe Satzart: ' WITH NO ADVANCING.
00202           ACCEPT SATZ-ART.
00203           MOVE SPACES TO KATALOG-NUMMER.
00204           DISPLAY 'Eingabe Katalognummer: ' WITH NO ADVANCING.
00205           ACCEPT KATALOG-NUMMER.
00206           MOVE SPACES TO GROESSEN-CODE.
00207           DISPLAY 'Eingabe Groessencode: ' WITH NO ADVANCING.
00208           ACCEPT GROESSEN-CODE.
00209           MOVE ZERO TO MENGE.
00210           DISPLAY 'Eingabe Menge: ' WITH NO ADVANCING.
00211           ACCEPT MENGE.
00212           MOVE SPACES TO ART-BESCHREIBUNG.
00213           DISPLAY 'Eingabe Artikelbeschreibung: ' WITH NO ADVANCING.
00214           ACCEPT ART-BESCHREIBUNG.
00215           MOVE SPACES TO X-PREIS.
00216           DISPLAY 'Eingabe Artikelpreis: ' WITH NO ADVANCING.
00217           ACCEPT X-PREIS.
00218
00219 ********** ENDE DES PROGRAMMES "DIALOG1" **********
```

Abb. 20.4 *Gartenkatalogprogramm für den Dialogbetrieb, 4. Teil*

Trotz einiger augenscheinlicher Unterschiede in den Einzelheiten ist die fundamentale Struktur dieses Programmes für den Dialogbetrieb gleich der des entsprechenden Programmes für den Stapelbetrieb. Nach dem Eröffnen der Datei (Dialogbetrieb) bzw. der Dateien (Stapelbetrieb) holen wir einen ersten Satz in den Computer (über die Tastatur im Dialogbetrieb bzw. von der Eingabedatei im Stapelbetrieb), veranlassen anschließend die Wiederholung der Verarbeitungsparagraphen solange, bis keine Datensätze mehr vorhanden sind. Wenn dieses Ereignis eintritt, wird die Datei (Dialogbetrieb) bzw. werden die Dateien (Stapelbetrieb) abgeschlossen und der Programmablauf beendet. Der Hauptverarbeitungsparagraph weist in beiden Programmen denselben Aufbau auf:

- Überprüfung des laufenden Satzes

- Schreiben von unterschiedlichen Ausgabesätzen und Nachrichten, abhängig von den Überprüfungsresultaten

20.2 Version des Gartenkatalogprogrammes für den Dialogbetrieb 759

• Holen des nächsten Satzes (über die Tastatur bzw. von der Eingabedatei)

Die Überprüfung der Bestellsätze gleicht sich in beiden Fassungen, und es gibt offensichtlich große Ähnlichkeiten bei den Paragraphen, die zur Ausgabe der Fehlernachrichten bestimmt sind.

Die Unterschiede zwischen den beiden Programmen beginnen beim Maschinenteil. Sie sind auf die verschiedenen Arten und Weisen zurückzuführen, in der bei beiden Programmen die Eingabe bzw. Ausgabe (abgekürzt: EA) verrichtet wird. Bei der Fassung für den Stapelbetrieb wird die Datei mit den Bestellsätzen vom Programm Satz für Satz eingelesen und die Ergebnisse in andere Dateien aufgezeichnet, die dann später von damit beauftragten Mitarbeitern ausgewertet werden; natürlich muß vor der Programmausführung die Eingabedatei mit den Bestellsätzen erst in einem gesonderten Arbeitsgang erstellt werden, z.B. durch Tastatureingabe. Bei der Version für den Dialogbetrieb werden die Bestellsätze sofort bei der Eingabe vom Überprüfungsprogramm übernommen. Jede Bestellung wird vollständig verarbeitet, bevor die nächste eingetastet wird. Die als richtig erkannten Bestellungen werden zum Zweck der Weiterbehandlung in eine Datei gestellt. Die fehlerhaften Sätze führen jedoch zu Fehlernachrichten, die auf dem Bildschirm des Terminals erscheinen. Da die Fehler in den Bestellsätzen unmittelbar anschließend (durch Neueingabe der zuvor als fehlerhaft erkannten Sätze) berichtigt werden können, erübrigt sich die Aufzeichnung fehlerhafter Sätze in irgendeiner anderen Ausgabedatei.

Da beim Programm für den Dialogbetrieb die Eingabe über die Tastatur mittels der **ACCEPT**-Anweisung erfolgt, erübrigt sich die Definition einer Eingabedatei. Ebenso fällt die Festlegung einer Ausgabedatei für die fehlerhaften Bestellsätze weg. Deshalb enthält der Paragraph **FILE-CONTROL** nur ein einziges **SELECT**-Statement für die Datei, die für die normale Weiterbearbeitung der Bestellsätze gedacht ist. Wie aus dem Dateienkapitel (**FILE SECTION**) ersichtlich ist, wurde diese Datei modifiziert. Die als gültig erkannten Bestellsätze können nunmehr auf einen Plattenspeicher geschrieben werden und brauchen nicht mehr gedruckt zu werden. Damit wird die weitere Bearbeitung durch Folgeprogramme ermöglicht.

Im Arbeitsspeicherkapitel erkennen wir einige neue Elemente, über die wir bald sprechen werden. Die Datengruppen **AUSGABE-ZEILE** und **TEXT-ZEILE** (siehe Abb. 11.4) wurden entfernt, sie werden nicht mehr benötigt. Der verbleibende Rest des Arbeitsspeicherkapitels ist bei beiden Programmen im wesentlichen gleich.

Einer der wichtigsten Unterschiede zwischen beiden Programmen beruht darauf, wie sich die Programme die zu überprüfenden Bestellsätze verschafften. Im Programm für den Stapelbetrieb wurde einfach ein Bestellsatz aus der Eingabedatei durch eine **READ**-Anweisung nach **BESTELL-SATZ** gelesen. Beim Programm für den Dialogbetrieb wird ein Feld nach dem anderen von **BESTELL-SATZ** (jetzt im Arbeitsspeicherkapitel und nicht mehr im Dateienkapitel definiert) durch Tastatureingabe gefüllt. Das geschieht in den Paragraphen

X010-HOLEN-BESTELL-SATZ und
Y010-HOLEN-REST-BESTELLUNG.

Wir schweifen für ein Weilchen von der Diskussion des Programmes für den Dialogbetrieb ab, weil wir zunächst einmal die interaktive EA beschreiben müssen, die das von uns benutzte **COBOL**-System dem Programmierer offeriert. Die Ausgabe zum Bildschirm erfolgt mittels der **DISPLAY**-Anweisung, deren allgemeines Format wie folgt lautet:

DISPLAY { bezeichner / literal } ... [WITH NO ADVANCING]

In ihrer einfachsten Form wird die **DISPLAY**-Anweisung genau so verwendet wie in den Programmen für die Stapelverarbeitung. Die Werte der Variablen bzw. die Literale werden in der gleichen Form auf dem Bildschirm angezeigt, die wir von der Druckausgabe im Stapelbetrieb gewohnt sind. Nach erfolgter Anzeige der in der Liste aufgeführten Elemente wird der Cursor auf den Beginn der nächsten Zeile geführt, es sei denn, die Angabe **WITH NO ADVANCING** erscheint am Ende der **DISPLAY**-Anweisung. In diesem Falle bleibt der Cursor auf der Stelle stehen, die unmittelbar auf das letzte ausgegebene Zeichen folgt.

Zwischen dem Bildschirm und dem bedruckten Papier besteht ein grundlegender Unterschied. Es ist möglich, eine Bewegung des Cursors zu jeder gewünschten Stelle auf dem Bildschirm zu veranlassen. Weiterhin kann ein Löschen des gesamten Bildschirmes oder ausgewählter Zeilen veranlaßt werden. Zugutterletzt ist es ferner möglich, sich verschiedener graphischer Effekte bei der Erzeugung der Anzeige zu bedienen. Bei der Entwicklung der in dieses Kapitel aufgenommenen Programme werden diese Effekte von speziellen Zeichenketten hervorgerufen, die in die **DISPLAY**-Anweisung aufzunehmen sind; so jedenfalls verlangt es der benutzte **COBOL**-Kompilierer.

Der Computer muß zwischen den *Ketten von Steuerzeichen* und den *Ketten der anzuzeigenden Datenzeichen* unterscheiden können. Am Anfang aller Steuerzeichenketten muß die Zeichenfolge ESC (Abk. von

„escape", d.h. das Zeichen für die Codeumschaltung) und [(linke eckige Klammer) stehen. Deshalb ist im Arbeitsspeicherkapitel das Datenelement **ESC-ECKIGE-KLAMMER-LINKS** erklärt (bei den ersten beiden Programmen, beim dritten Programm wurde dafür der abgekürzte Name **ELEK** (**E**SC, **l**inke **e**ckige **K**lammer) verwendet). Die bei **VALUE** genannte Zahl 7003 ergibt sich aus

256*27 + 91.

Die Zahl 27 ist das dezimale Äquivalent der computerinternen Verschlüsselung des Zeichens ESC und die Zahl 91 das dezimale Äquivalent von [. Durch die Multiplikation mit 256 erfolgt eine Verschiebung des Zeichens ESC um ein Byte nach links, was wegen der **COMPUTATIONAL**-Darstellung notwendig ist. Die für die beiden Datenelemente

LOESCHEN-BILDSCHIRM und
DREI-ZEILEN-SPRUNG

bei **VALUE** angegebenen Werte entsprechen den Codes, die der von uns eingesetzte Personalcomputer (siehe Abschnitt 20.1) zum Zustandebringen der durch die Namensgebung angedeuteten Bildschirmfunktionen benutzt. Wir müssen hier aber nochmals nachdrücklich darauf hinweisen, daß es sich bei diesen Codes nur um individuelle Werte handelt, die ausschließlich für den von uns benutzten Computer gelten. Bei anderen Computern können zur Ausführung der beabsichtigten Funktionen durchaus andere Werte benötigt werden. Wenn man also Programme schreibt, die mit dem Bildschirm eines Computers hantieren, muß man sich zuvor über die Steuerzeichen informieren, die der betreffende Computer verwendet.

Um den Cursor auf eine andere Stelle des Bildschirmes zu führen oder um Bildschirmfunktionen zu steuern, brauchen wir einfach nur die infrage kommende Kette von Steuerzeichen in der **DISPLAY**-Anweisung niederzuschreiben, entweder in Form eines Bezeichners oder in Form eines Literals. Betrachten wir beispielsweise die Anweisung

DISPLAY ESC-ECKIGE-KLAMMER-LINKS '2J'.

Wir erreichen durch sie, daß der gesamte Bildschirm gelöscht und der Cursor auf die erste Stelle des Bildschirms (Zeile 1, Spalte 1) geführt wird. In früheren, für den Stapelbetrieb geschriebenen Programmen, drückten wir die speziellen Konstanten durch Bezeichner aus und nicht durch Literale im Prozedurteil. Wir wollten damit eine Vereinfachung der Programmwartung erreichen. Bei Änderungen haben wir dann nur im Datenteil die „Konstanten" anzupassen und brauchen nicht mehr mühselig den Prozedurteil nach den entsprechenden Literalen zu durchforsten. Genauso wollen wir es auch mit den Steuerzeichen halten.

Nunmehr können wir zur Erläuterung des Programmes zurückkehren. Wir betrachten zunächst den Paragraphen **X010-HOLEN-BESTELL-SATZ**. Die erste Anweisung in diesem Paragraphen sorgt für die Löschung des Bildschirmes und hinterläßt den Cursor auf der ersten Bildschirmstelle (Zeile 1, Spalte 1). Damit sind wir in die Lage versetzt, einen neuen Bestellsatz einzugeben. Da wir die Sätze nicht von einer Datei einlesen, kann aber kein Dateiende entdeckt und daher auch kein Dateiendekennzeichen gesetzt werden. Infolgedessen mußten wir uns zu einem anderen Entschluß durchringen. Das Kriterium für die Einleitung der Programmbeendigung soll deshalb das folgende sein: Das Anschlagen der Taste, die je nach Tastaturbauart mit „RETURN" oder „Datenfreigabe" oder „←" beschriftet ist, ohne vorherige Eingabe einer Bestellnummer, soll als „Datenende" interpretiert werden. Für den laufenden Bestellsatz dürfen dann keine weiteren Daten angefordert werden, vielmehr muß in diesem Fall das „Datenendekennzeichen" gesetzt werden. Dieses Signal zur Einleitung der Programmbeendigung führten wir ziemlich eigenmächtig ein. Natürlich gibt es zahlreiche andere Möglichkeiten zur Festlegung eines Endesignals.

Um ermitteln zu können, ob irgendwelche Zeichen für die Bestellnummer eingetastet wurden, wird zuerst **BESTELL-NUMMER** mit **LOW-VALUES** initialisiert und ein Zählerfeld (für die Anzahl der eingetasteten Zeichen) auf Null gesetzt. Wir haben als Anfangswert deshalb **LOW-VALUES** gewählt, weil dieser Wert leicht identifiziert und nicht über die Tastatur eingegeben werden kann. Die darauffolgende **DISPLAY**-Anweisung zeigt eine *Rückfragenachricht* (engl.: prompting message) auf dem Bildschirm an und wartet anschließend auf das Eintasten der Bestellnummer und das Anschlagen der Taste „RETURN" seitens des Benutzers (nebenbei gesagt, muß jede Benutzereingabe durch das Anschlagen der Taste „RETURN" beendet werden). Durch die **INSPECT**-Anweisung (siehe Abschnitt 15.2) kann nun ermittelt werden, ob tatsächlich vom Benutzer Daten eingegeben werden oder nicht. Wurden keine Datenzeichen eingetastet, sondern nur die Taste „RETURN" angeschlagen, wird einfach das Endekennzeichen auf 'N' gesetzt. Anderenfalls werden die zum Bestellsatz gehörenden restlichen Daten per Rückfragen angefordert.

Die im Paragraphen **Y010-HOLEN-REST-BESTELLUNG** stehenden Anweisungen folgen stets dem gleichen Muster. Das entsprechende Feld in **BESTELL-SATZ** wird zunächst initialisiert, danach erfolgt die Ausgabe einer Rückfragenachricht auf dem Bildschirm, die zum Eintasten eines Wertes für dieses Feld auffordert und abschließend erfolgt durch **ACCEPT** die Übernahme des eingegebenen Wertes.

Nachdem alle Felder des Bestellsatzes gefüllt sind, wird dieser auf seine Richtigkeit hin überprüft, d.h. ediert. Wenn bei der Überprüfung keine Fehler festgestellt werden, wird der fehlerfreie Bestellsatz in die Datei **NORMAL-DATEI** geschrieben. Andernfalls veranlassen wir das Überspringen zweier Zeilen auf dem Bildschirm und die Anzeige einer Überschrift. Abhängig von den gesetzten Fehlerkennzeichen folgen danach die entsprechenden Fehlermeldungen. Würden wir nun nichts weiter tun, als die Anzeige der Fehlermeldungen zu veranlassen, würde der Computer danach sofort zur Verarbeitung des nächsten Bestellsatzes übergehen; dem Benutzer bliebe nicht einmal soviel Zeit, um die Fehlermeldungen auf dem Bildschirm vor ihrem Verschwinden lesen zu können. Wir beenden deshalb den Paragraphen **C020-SCHREIBEN-NACHRICHTEN** mit zwei **DISPLAY**- und einer **ACCEPT**-Anweisung. Die erste **DISPLAY**-Anweisung überspringt zwei weitere Zeilen, und die zweite gibt eine Nachricht aus. In der anschließenden Wartezeit kann der Benutzer in Ruhe die Fehlermeldungen durchlesen. Der Programmablauf wird erst dann wieder aufgenommen, wenn er die Taste „RETURN" niederdrückt.

20.3 Ergebnisse des Programmablaufes

Das in den Abb. 20.1 bis 20.4 gezeigte Programm wurde mit den gleichen Daten ausgeführt, die in der in der Abb. 11.8 dargestellten Testdatei für das Stapelverarbeitungsprogramm enthalten sind. Ein typisches Bildschirmbild für einen Bestellsatz ist in der Abb. 20.5 zu sehen.

Die bei diesem Beispiel ausgegebenen Fehlermeldungen sind beinahe die gleichen, die für den gleichen Satz vom Stapelverarbeitungsprogramm ausgegeben wurden (siehe dazu Abb. 11.10). In der Abb. 11.10 erkennen wir allerdings noch eine weitere Fehlermeldung, die sich auf das Datenelement **MENGE** bezieht. Diese wurde jedoch dadurch verursacht, daß die Artikelbeschreibung eine Stelle weiter links beginnt, also statt auf der Stelle 16 des Bestellsatzes schon auf der Stelle 15. Beim Programm für den Dialogbetrieb würde sich hingegen der Computer sträuben, die Eingabe eines nichtnumerischen Zeichens in ein numerisches Feld zu akzeptieren, so daß ein solcher Fehler sofort entdeckt und korrigiert werden kann. Der Versuch, die gleichen Daten einzugeben wie bei dem in den Abb. 11.3 bis 11.6 dargestellten Programm würde also vorzeitig enden. Diese charakteristische Eigenschaft der Dialogverarbeitung ist eine der nützlichsten Wesenszüge dieser Betriebsweise: In vielen Fällen wird der Computer nicht einmal fehlerhafte Daten akzeptieren.

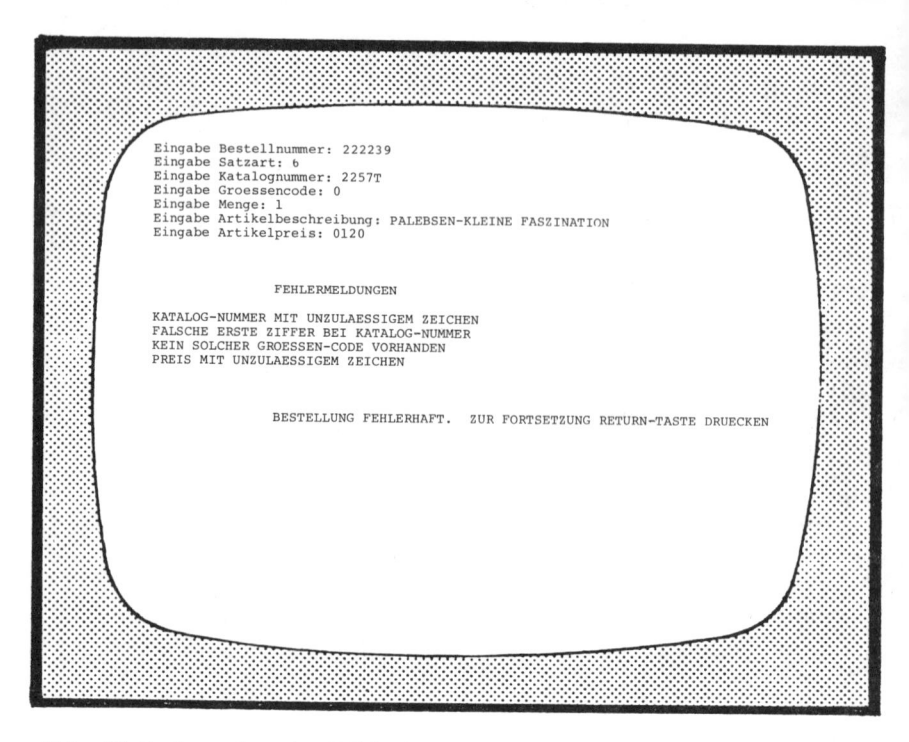

```
Eingabe Bestellnummer: 222239
Eingabe Satzart: b
Eingabe Katalognummer: 2257T
Eingabe Groessencode: 0
Eingabe Menge: 1
Eingabe Artikelbeschreibung: PALEBSEN-KLEINE FASZINATION
Eingabe Artikelpreis: 0120


                    FEHLERMELDUNGEN

       KATALOG-NUMMER MIT UNZULAESSIGEM ZEICHEN
       FALSCHE ERSTE ZIFFER BEI KATALOG-NUMMER
       KEIN SOLCHER GROESSEN-CODE VORHANDEN
       PREIS MIT UNZULAESSIGEM ZEICHEN


            BESTELLUNG FEHLERHAFT.  ZUR FORTSETZUNG RETURN-TASTE DRUECKEN
```

Abb. 20.5 Aussehen des Bildschirmes nach Eintasten der Werte für einen Bestellsatz (Fehlerfall)

Anmerkung: Der Fehler bei der Artikelbeschreibung kann natürlich hier vom Programm nicht erkannt werden.

20.4 Vervollkommnung des Programmes für den Dialogbetrieb

Trotz der augenscheinlichen Vorteile, die das soeben besprochene Programm für den Dialogbetrieb gegenüber seinem Äquivalent für den Stapelbetrieb aufweist, gibt es noch genügend Raum für Erweiterungen und Verbesserungen. Das Bildschirmformat ist ziemlich ungeschliffen, nicht genügend durchdacht. Außerdem müssen erst die Werte für alle Felder eines Bestellsatzes eingetastet werden, bevor Fehlermeldungen ausgegeben werden. Weiterhin muß bei der Feststellung von Fehlern der gesamte Satz neu eingegeben werden, obgleich es sicher vorteilhafter wäre, wenn man ein fehlerhaftes Feld sofort berichtigen kann.

Das in den Abb. 20.6 bis 20.11 dargestellte Programm beseitigt die soeben zusammengestellten Schwachpunkte. Das Bildschirmformat ist anziehender und daher übersichtlicher. Festgestellte Fehler werden so-

20.4 Vervollkommnung des Programmes für den Dialogbetrieb

```
00001      IDENTIFICATION DIVISION.
00002      PROGRAM-ID.
00003           DIALOG2.
00004      DATE-WRITTEN.
00005           MAI 29, 1987   (DEUTSCH: 13. MAI 1988).
00006
00007      *----------------------------------------------------------*
00008      * ERWEITERTE UND VERBESSERTE FASSUNG DES GARTENKATALOG-PRO- *
00009      * GRAMMES FUER DEN DIALOGBETRIEB                            *
00010      *----------------------------------------------------------*
00011
00012      ENVIRONMENT DIVISION.
00013      INPUT-OUTPUT SECTION.
00014      FILE-CONTROL.
00015           SELECT NORMAL-DATEI              ASSIGN TO S-NORMAL.
00016
00017      DATA DIVISION.
00018      FILE SECTION.
00019      FD  NORMAL-DATEI
00020           LABEL RECORDS ARE OMITTED.
00021      01  NORMAL-SATZ                       PIC X(60).
00022
00023      WORKING-STORAGE SECTION.
00024
00025      01  FORTSETZUNGS-BEFEHL               PIC X.
00026
00027      01  CURSOR-STEUERELEMENTE.
00028          05  LOESCHEN-ZEILE                PIC X      VALUE 'K'.
00029          05  LOESCHEN-BILDSCHIRM           PIC XX     VALUE '2J'.
00030          05  NORMAL-ANZEIGE                PIC X      VALUE '0'.
00031          05  UMKEHR-ANZEIGE                PIC X      VALUE '7'.
00032          05  GRAPHIK-ZEICHEN               PIC X      VALUE 'm'.
00033
00034      01  CURSOR-BEWEGUNGEN.
00035          05  NACH-KOPF                     PIC X(5)   VALUE '6;10H'.
00036          05  NACH-BESTELLNUMMER            PIC X(4)   VALUE '9;1H'.
00037          05  NACH-BESTELLNUMMER-DATEN      PIC X(5)   VALUE '9;17H'.
00038          05  NACH-SATZART                  PIC X(5)   VALUE '9;28H'.
00039          05  NACH-KATALOGNUMMER            PIC X(5)   VALUE '9;44H'.
00040          05  NACH-KATALOGNUMMER-DATEN      PIC X(5)   VALUE '9;60H'.
00041          05  NACH-GROESSENCODE             PIC X(5)   VALUE '10;1H'.
00042          05  NACH-GROESSENCODE-DATEN       PIC X(6)   VALUE '10;16H'.
00043          05  NACH-MENGE                    PIC X(6)   VALUE '10;28H'.
00044          05  NACH-MENGE-DATEN              PIC X(6)   VALUE '10;36H'.
00045          05  NACH-PREIS                    PIC X(6)   VALUE '10;44H'.
00046          05  NACH-PREIS-DATEN              PIC X(6)   VALUE '10;52H'.
00047          05  NACH-BESCHREIBUNG             PIC X(5)   VALUE '11;1H'.
00048          05  NACH-FEHLERMELDUNGEN          PIC X(6)   VALUE '14;16H'.
00049
00050      01  ESC-ECKIGE-KLAMMER-LINKS.
00051          05  FILLER                        PIC 9(4)   COMP-4
00052                                                       VALE 7003.
00053      01  FEHLER-MELDUNGEN.
00054          05  KAT-NR-N-NUM-M                PIC X(50)
00055              VALUE 'KATALOG-NUMMER MIT UNZULAESSIGEM ZEICHEN'.
00056          05  ERSTE-ZIFFER-FAL-M            PIC X(50)
00057              VALUE 'FALSCHE ERSTE ZIFFER BEI KATALOG-NUMMER'.
00058          05  UNG-GROESSEN-CODE-M           PIC X(50)
00059              VALUE 'KEIN GROESSEN-CODE BEI DIESEM ARTIKEL'.
00060          05  KEIN-SOLCHER-CODE-M           PIC X(50)
```

Abb. 20.6 *Vervollkommnete Fassung des Prüfprogrammes für den Dialogbetrieb, 1. Teil*

```
00061             VALUE 'KEIN SOLCHER GROESSEN-CODE VORHANDEN'.
00062         05  MENGE-NULL-M                PIC X(50)
00063             VALUE 'MENGE MUSS GROESSER ALS NULL SEIN'.
00064         05  UNG-PREIS-ODER-ME-M         PIC X(50)
00065             VALUE 'FALSCHER PREIS ODER FALSCHE MENGE'.
00066         05  ZU-GROSSER-PREIS-M.
00067             10  FILLER                  PIC X(48) VALUE
00068                 'PREIS ZU GROSS: j akzeptiert, jede andere Taste '.
00069             10  FILLER                  PIC X(12) VALUE
00070                 'Wiederholung'.
00071
00072     01  FELD-GUELTIG-KENNZ              PIC X.
00073         88  FELD-GUELTIG                          VALUE 'J'.
00074
00075     01  WEITERE-DATEN-VORHANDEN-KZ      PIC X     VALUE 'J'.
00076         88  KEINE-WEITEREN-DATEN                  VALUE 'N'.
00077
00078     01  ANZAHL-DER-ZEICHEN              PIC 99 COMP-4.
00079
00080     01  BESTELL-SATZ.
00081         05  BESTELL-NUMMER              PIC X(5).
00082         05  SATZ-ART                    PIC X.
00083         05  KATALOG-NUMMER.
00084             10  KAT-ERST-ZIFFER         PIC X.
00085             10  KAT-REST-ZIFFERN        PIC X(4).
00086         05  GROESSEN-CODE               PIC X.
00087         05  MENGE                       PIC 99.
00088         05  ART-BESCHREIBUNG            PIC X(40).
00089         05  PREIS                       PIC 999V99.
00090
00091     01  ANZEIGE-PREIS                   PIC ZZ9.99.
00092     01  PREIS-LIMIT                     PIC 999V99 VALUE 125.00.
00093
00094     01  TITEL-AUF-SCHIRN                PIC X(46) VALUE
00095         'EINGABE EINER BESTELLUNG AUS DEM GARTENKATALOG'.
00096
00097     01  PRUEF-REST                      PIC S999V99 COMP-3.
00098     01  EINZELPREIS                     PIC S999V99 COMP-3.
00099
00100
00101     PROCEDURE DIVISION.
00102     A000-BESTELL-PRUEFUNG.
00103         OPEN OUTPUT    NORMAL-DATEI.
00104         PERFORM B010-PRUEFEN-EINE-BESTELLUNG   THRU
00105                 B019-PRUEFEN-AUSGANG
00106             UNTIL KEINE-WEITEREN-DATEN.
00107         CLOSE NORMAL-DATEI.
00108         STOP RUN.
00109
00110     B010-PRUEFEN-EINE-BESTELLUNG.
00111     * LOESCHEN DES BILDSCHIRMES *
00112         DISPLAY ESC-ECKIGE-KLAMMER-LINKS WITH NO ADVANCING.
00113     * ANZEIGE DES TITELS AUF DEM BILDSCHIRM *
00114         DISPLAY ESC-ECKIGE-KLAMMER-LINKS NACH-KOPF TITEL-AUF-SCHIRM.
00115
00116     * BEI LEERER BESTELLNUMMER --> SETZEN DATENENDE-KENNZEICHEN *
00117         MOVE LOW-VALUES TO BESTELL-NUMMER.
00118         MOVE ZERO TO ANZAHL-DER-ZEICHEN.
00119         DISPLAY ESC-ECKIGE-KLAMMER-LINKS NACH-BESTELLNUMMER
00120                 'Bestellnummer:  ' WITH NO ADVANCING.
```

Abb. 20.7 Vervollkommnete Fassung des Prüfprogrammes für den Dialogbetrieb, 2. Teil

```
00121        ACCEPT BESTELL-NUMMER.
00122        INSPECT BESTELL-NUMMER TALLYING ANZAHL-DER-ZEICHEN
00123               FOR CHARACTERS BEFORE LOW-VALUES.
00124        IF  ANZAHL-DER-ZEICHEN IS EQUAL TO ZERO
00125              MOVE 'N' TO WEITERE-DATEN-VORHANDEN-KZ
00126              GO TO B019-PRUEFEN-AUSGANG.
00127
00128      * HOLEN DER SATZART *
00129            MOVE SPACES TO SATZ-ART.
00130            DISPLAY ESC-ECKIGE-KLAMMER-LINKS NACH-SATZART
00131                   'Satzart:   ' WITH NO ADVANCING.
00132            ACCEPT SATZ-ART.
00133
00134      * HOLEN DER KATALOG-NUMMER *
00135            MOVE SPACES TO KATALOG-NUMMER.
00136            DISPLAY ESC-ECKIGE-KLAMMER-LINKS NACH-KATALOGNUMMER
00137                   'Katalognummer: ' WITH NO ADVANCING.
00138            MOVE 'N' TO FELD-GUELTIG-KENNZ.
00139            PERFORM C010-HOLEN-KAT-NR-GUELTIG
00140                UNTIL FELD-GUELTIG.
00141
00142      * HOLEN DES GROESSEN-CODES *
00143            MOVE SPACES TO GROESSEN-CODE.
00144            DISPLAY ESC-ECKIGE-KLAMMER-LINKS NACH-GROESSENCODE
00145                    'Groessencode: ' WITH NO ADVANCING.
00146            MOVE 'N' TO FELD-GUELTIG-KENNZ.
00147            PERFORM C020-HOLEN-GROESSEN-C-GUELTIG
00148                UNTIL FELD-GUELTIG.
00149
00150      * HOLEN MENGE *
00151            MOVE ZERO TO MENGE.
00152            DISPLAY ESC-ECKIGE-KLAMMER-LINKS NACH-MENGE
00153                   'Menge: ' WITH NO ADVANCING.
00154            MOVE 'N' TO FELD-GUELTIG-KENNZ.
00155            PERFORM C030-HOLEN-MENGE-GUELTIG
00156                UNTIL FELD-GUELTIG.
00157
00158      * HOLEN PREIS *
00159            MOVE ZERO TO PREIS.
00160            DISPLAY ESC-ECKIGE-KLAMMER-LINKS NACH-PREIS
00161                   'Preis:   ' WITH NO ADVANCING.
00162            MOVE 'N' TO FELD-GUELTIG-KENNZ.
00163            PERFORM C040-HOLEN-PREIS-GUELTIG
00164                UNTIL FELD-GUELTIG.
00165
00166      * HOLEN ARTIKELBESCHREIBUNG *
00167            MOVE SPACES TO ART-BESCHREIBUNG.
00168            DISPLAY ESC-ECKIGE-KLAMMER-LINKS NACH-BESCHREIBUNG
00169                   'Artikelbeschreibung: ' WITH NO ADVANCING.
00170            ACCEPT ART-BESCHREIBUNG.
00171
00172      * JETZT LIEGT EIN GUELTIGER SATZ VOR *
00173            WRITE NORMAL-SATZ FROM BESTELL-SATZ.
00174
00175        B019-PRUEFEN-AUSGANG.
00176            EXIT.
00177
00178        C010-HOLEN-KAT-NR-GUELTIG.
00179            ACCEPT KATALOG-NUMMER.
00180            DISPLAY ESC-ECKIGE-KLAMMER-LINKS NACH-FEHLERMELDUNGEN
00181                    ESC-ECKIGE-KLAMMER-LINKS LOESCHEN-ZEILE.
```

Abb. 20.8 Vervollkommnete Fassung des Prüfprogrammes für den Dialogbetrieb, 3. Teil

```
00182          IF  KATALOG-NUMMER IS NOT NUMERIC
00183              DISPLAY ESC-ECKIGE-KLAMMER-LINKS
00184                      NACH-KATALOGNUMMER-DATEN
00185                      ESC-ECKIGE-KLAMMER-LINKS
00186                      UMKEHR-ANZEIGE GRAPHIK-ZEICHEN
00187                      KATALOG-NUMMER
00188              DISPLAY ESC-ECKIGE-KLAMMER-LINKS NACH-FEHLERMELDUNGEN
00189                      ESC-ECKIGE-KLAMMER-LINKS
00190                      NORMAL-ANZEIGE GRAPHIK-ZEICHEN
00191                      KAT-NR-N-NUM-M
00192                      ESC-ECKIGE-KLAMMER-LINKS
00193                      NACH-KATALOGNUMMER-DATEN WITH NO ADVANCING
00194          ELSE
00195              IF  KAT-ERST-ZIFFER = '0' OR '2'
00196                  DISPLAY ESC-ECKIGE-KLAMMER-LINKS
00197                          NACH-KATALOGNUMMER-DATEN
00198                          ESC-ECKIGE-KLAMMER-LINKS
00199                          UMKEHR-ANZEIGE GRAPHIK-ZEICHEN
00200                          KATALOG-NUMMER
00201                  DISPLAY ESC-ECKIGE-KLAMMER-LINKS
00202                          NACH-FEHLERMELDUNGEN
00203                          ESC-ECKIGE-KLAMMER-LINKS
00204                          NORMAL-ANZEIGE GRAPHIK-ZEICHEN
00205                          ERSTE-ZIFFER-FAL-M
00206                          ESC-ECKIGE-KLAMMER-LINKS
00207                          NACH-KATALOGNUMMER-DATEN
00208                          WITH NO ADVANCING
00209              ELSE
00210                  MOVE 'J' TO FELD-GUELTIG-KENNZ.
00211
00212  C020-HOLEN-GROESSEN-C-GUELTIG.
00213      ACCEPT GROESSEN-CODE.
00214      DISPLAY ESC-ECKIGE-KLAMMER-LINKS NACH-FEHLERMELDUNGEN
00215              ESC-ECKIGE-KLAMMER-LINKS LOESCHEN-ZEILE
00216      IF  (KAT-ERST-ZIFFER = '1' OR '8' OR '9')
00217          AND GROESSEN-CODE IS NOT EQUAL SPACES
00218          DISPLAY ESC-ECKIGE-KLAMMER-LINKS
00219                  NACH-GROESSENCODE-DATEN
00220                  ESC-ECKIGE-KLAMMER-LINKS
00221                  UMKEHR-ANZEIGE GRAPHIK-ZEICHEN
00222                  GROESSEN-CODE
00223          DISPLAY ESC-ECKIGE-KLAMMER-LINKS NACH-FEHLERMELDUNGEN
00224                  ESC-ECKIGE-KLAMMER-LINKS
00225                  NORMAL-ANZEIGE GRAPHIK-ZEICHEN
00226                  UNG-GROESSEN-CODE-M
00227                  ESC-ECKIGE-KLAMMER-LINKS
00228                  NACH-GROESSENCODE-DATEN WITH NO ADVANCING
00229      ELSE
00230          IF  GROESSEN-CODE = 'A' OR 'D' OR 'G' OR 'J' OR 'K'
00231              OR 'L' OR 'S' OR 'T' OR 'U' OR ' '
00232              MOVE 'J' TO FELD-GUELTIG-KENNZ
00233          ELSE
00234              DISPLAY ESC-ECKIGE-KLAMMER-LINKS
00235                      NACH-GROESSENCODE-DATEN
00236                      ESC-ECKIGE-KLAMMER-LINKS
00237                      UMKEHR-ANZEIGE GRAPHIK-ZEICHEN
00238                      GROESSEN-CODE
00239              DISPLAY ESC-ECKIGE-KLAMMER-LINKS
00240                      NACH-FEHLERMELDUNGEN
```

Abb. 20.9 Vervollkommnete Fassung des Prüfprogrammes für den Dialogbetrieb, 4. Teil

```
00241                         ESC-ECKIGE-KLAMMER-LINKS
00242                         NORMAL-ANZEIGE GRAPHIK-ZEICHEN
00243                         KEIN-SOLCHER-CODE-M
00244                         ESC-ECKIGE-KLAMMER-LINKS
00245                         NACH-GROESSENCODE-DATEN
00246                         WITH NO ADVANCING.
00247
00248   C030-HOLEN-MENGE-GUELTIG.
00249       ACCEPT MENGE.
00250       DISPLAY ESC-ECKIGE-KLAMMER-LINKS NACH-FEHLERMELDUNGEN
00251               ESC-ECKIGE-KLAMMER-LINKS LOESCHEN-ZEILE.
00252       IF   MENGE IS EQUAL TO ZERO
00253           DISPLAY ESC-ECKIGE-KLAMMER-LINKS NACH-MENGE-DATEN
00254                   ESC-ECKIGE-KLAMMER-LINKS
00255                       UMKEHR-ANZEIGE GRAPHIK-ZEICHEN
00256                   MENGE
00257           DISPLAY ESC-ECKIGE-KLAMMER-LINKS NACH-FEHLERMELDUNGEN
00258                   ESC-ECKIGE-KLAMMER-LINKS
00259                       NORMAL-ANZEIGE GRAPHIK-ZEICHEN
00260                   MENGE-NULL-M
00261                   ESC-ECKIGE-KLAMMER-LINKS
00262                   NACH-MENGE-DATEN WITH NO ADVANCING
00263       ELSE
00264           MOVE 'J' TO FELD-GUELTIG-KENNZ.
00265
00266   C040-HOLEN-PREIS-GUELTIG.
00267       ACCEPT PREIS.
00268       DISPLAY ESC-ECKIGE-KLAMMER-LINKS NACH-FEHLERMELDUNGEN
00269               ESC-ECKIGE-KLAMMER-LINKS LOESCHEN-ZEILE.
00270       DIVIDE PREIS BY MENGE
00271               GIVING EINZELPREIS   REMAINDER PRUEF-REST.
00272       IF   PRUEF-REST NOT EQUAL TO ZERO
00273           DISPLAY ESC-ECKIGE-KLAMMER-LINKS NACH-MENGE-DATEN
00274                   ESC-ECKIGE-KLAMMER-LINKS
00275                       UMKEHR-ANZEIGE GRAPHIK-ZEICHEN
00276                   MENGE
00277           MOVE PREIS TO ANZEIGE-PREIS
00278           DISPLAY ESC-ECKIGE-KLAMMER-LINKS NACH-PREIS-DATEN
00279                   PREIS
00280           DISPLAY ESC-ECKIGE-KLAMMER-LINKS NACH-FEHLERMELDUNGEN
00281                   ESC-ECKIGE-KLAMMER-LINKS
00282                       NORMAL-ANZEIGE GRAPHIK-ZEICHEN
00283                   UNG-PREIS-ODER-ME-M
00284           DISPLAY ESC-ECKIGE-KLAMMER-LINKS
00285                   NACH-MENGE-DATEN WITH NO ADVANCING
00286           ACCEPT MENGE
00287           DISPLAY ESC-ECKIGE-KLAMMER-LINKS
00288                   NACH-PREIS-DATEN WITH NO ADVANCING
00289       ELSE
00290           IF   PREIS IS GREATER THAN PREIS-LIMIT
00291               DISPLAY ESC-ECKIGE-KLAMMER-LINKS
00292                       NACH-FEHLERMELDUNGEN
00293                       ZU-GROSSER-PREIS-M WITH NO ADVANCING
00294               MOVE SPACES TO FORTSETZUNGS-BEFEHL
00295               ACCEPT FORTSETZUNGS-BEFEHL
00296               IF   FORTSETZUNGS-BEFEHL = 'j' OR 'J'
00297                   DISPLAY ESC-ECKIGE-KLAMMER-LINKS
00298                           NACH-FEHLERMELDUNGEN
00299                           ESC-ECKIGE-KLAMMER-LINKS
00300                           LOESCHEN-ZEILE
```

Abb. 20.10 Vervollkommnete Fassung des Prüfprogrammes für den Dialogbetrieb, 5. Teil

```
00301                    MOVE 'J' TO FELD-GUELTIG-KENNZ
00302            ELSE
00303                    MOVE PREIS TO ANZEIGE-PREIS
00304                    DISPLAY ESC-ECKIGE-KLAMMER-LINKS
00305                            NACH-PREIS-DATEN
00306                            ESC-ECKIGE-KLAMMER-LINKS
00307                            UMKEHR-ANZEIGE GRAPHIK-ZEICHEN
00308                            ANZEIGE-PREIS
00309                            ESC-ECKIGE-KLAMMER-LINKS
00310                            NACH-PREIS-DATEN
00311                            WITH NO ADVANCING
00312                    DISPLAY ESC-ECKIGE-KLAMMER-LINKS
00313                            NORMAL-ANZEIGE GRAPHIK-ZEICHEN
00314                            WITH NO ADVANCING
00315            ELSE
00316               MOVE 'J' TO FELD-GUELTIG-KENNZ.
00317
00318 ********** ENDE DES PROGRAMMES "DIALOG2" **********
```

Abb. 20.11 *Vervollkommnete Fassung des Prüfprogrammes für den Dialogbetrieb, 6. Teil*

fort vom Programm dem Benutzer mitgeteilt. Dadurch ist diesem die Möglichkeit gegeben, die Fehler sogleich zu berichtigen, und zwar durch bloßes Neueintasten eines Wertes für das Feld, dessen Inhalt als fehlerhaft erkannt wurde.

Dieses neue Programm unterscheidet sich natürlich beträchtlich von den früheren Versionen. Die Teilaufgaben der Dateneingabe, der Datenüberprüfung und der Ausgabe von Fehlermeldungen sind formell in einem einzigen Modul namens **B010-PRUEFEN-EINE-BESTELLUNG** vereinigt. Eine Bemerkung hierzu sei uns aber erlaubt: Die Beschaffung der zu den einzelnen Feldern des Bestellsatzes gehörenden Werte ist in diesem einen Paragraphen zusammengefaßt. Die entsprechenden Anweisungsfolgen sind deshalb kommentiert worden. Wenn man will, könnte man natürlich auch die zur Erlangung eines Wertes erforderlichen Anweisungen in einen gesonderten, auf der nächstniedrigeren Ebene angesiedelten Paragraphen hineinstellen, dessen Ausführung dann durch eine **PERFORM**-Anweisung im Paragraphen
B010-PRUEFEN-EINE-BESTELLUNG zu veranlassen wäre. Welches Vorgehen man bevorzugt, ist letzten Endes eine Sache des persönlichen Stils. Diese Neugestaltung des Paragraphen mit dem Präfix **B010** wirkt sich zuallererst einmal auf den Hauptsteuerparagraphen **A000-BESTELL-PRUEFUNG** selbst aus. Anstelle des Hereinholens des ersten Satzes veranlassen wir einfach nur die Ausführung des Verarbeitungsparagraphen **B010-PRUEFEN-EINE-BESTELLUNG** und seiner ihm untergeordneten Paragraphen solange, bis keine einzugebenden Bestellungen mehr vorhanden sind. Wir machen dabei auf die Tatsache aufmerksam, daß die **PERFORM**-Anweisung, die diese Schlei-

fe steuert und kontrolliert, die Angabe **THRU** enthält. Bei unserem ersten Dialogprogramm testeten wir nach abgeschlossener Eingabe das zur Aufnahme der Bestellnummer vorgesehene Feld, ob es leer ist, und veranlaßten die Ausführung des Folgeparagraphen mit dem Präfix **Y010**, wenn tatsächlich eine Eingabe in dieses Feld erfolgte. Im Paragraphen **Y010-HOLEN-REST-BESTELLUNG** wurde dann die Eingabe der restlichen Werte für die Felder des Bestellsatzes veranlaßt. In diesem Programm benutzen wir dagegen die Anweisung **GO TO**, um zum Paragraphen mit dem Statement **EXIT** zu springen, falls das Feld für die Bestellnummer leer ist. Über diese Vorgehensweise ist Näheres im Abschnitt 19.2 gesagt worden. Es gibt keinen signifikanten Unterschied hinsichtlich dieser beiden Programmiertechniken. Wir haben die Anweisung **GO TO** nur deshalb benutzt, um diese beiden Alternativen noch einmal zu demonstrieren.

Eine der beiden Hauptänderungen, die bei diesem Programm vorgenommen wurden, betrifft den Gebrauch der Steueroption für die Cursorführung und die Bildgestaltung bei der **DISPLAY**-Anweisung. Wir sehen zum ersten Mal, wie diese Optionen arbeiten, am Beginn des Paragraphen **B010-PRUEFEN-EINE-BESTELLUNG** (siehe hierzu Abb. 20.7, Zeile 110). Wie beim vorhergehenden Programm steht am Anfang der ersten **DISPLAY**-Anweisung zunächst eine Kette aus Steuerzeichen. Diese bewirkt, daß der Bildschirm gelöscht und der Cursor an die linke obere Ecke des Bildschirmes geführt wird. Anstelle einer Textanzeige veranlassen wir jedoch nunmehr in der nächstfolgenden **DISPLAY**-Anweisung, daß der Cursor zu derjenigen Stelle auf dem Bildschirm weiterbewegt wird, wo die erste Überschrift angezeigt werden soll. Erst danach erfolgt die Ausgabe der Überschrift; beide Funktionen sind in der zweiten **DISPLAY**-Anweisung zusammengefaßt. Man erkennt das Ziel der Cursorbewegung an der Definition von **NACH-KOPF** im Arbeitsspeicherkapitel; der Wert in der **VALUE**-Klausel bedeutet, daß die erste Überschrift auf dem Bildschirm auf der Spalte 10 der 6. Zeile beginnen soll.

Die die Bestellnummer behandelnden Anweisungen gleichen im großen und ganzen den entsprechenden Statements der ersten Programmversion (siehe Abb. 20.4). Eine Ausnahme bildet allerdings die **DISPLAY**-Anweisung, die den Benutzer zum Eintasten der Bestellnummer auffordert. In diesem Programm wird zunächst der Cursor auf die Stelle geführt, auf der der Text beginnen soll und dann erst wird die benutzerverständliche Feldbezeichnung auf dem Bildschirm angezeigt. Nach Beendigung dieser Ausgabe bleibt der Cursor auf der erreichten Position (eine Stelle nach dem letzten ausgegebenen Zeichen) stehen. Nunmehr kann ab dieser Stelle das Eintasten der Bestellnummer erfolgen. Verzichtet der Benutzer aber auf diese Eingabe und schlägt stattdessen gleich die Taste „RETURN" an, verzweigt das Programm zum Ausgangsparagraphen, wodurch die Schleife beendet wird.

Mit Ausnahme der in die entsprechenden **DISPLAY**-Anweisungen aufgenommenen Ketten von Steuerzeichen gleicht die Anweisungsfolge für die Erlangung der Satzart (und später die zur Erlangung der Artikelbeschreibung!) derjenigen, die schon von der vorhergehenden Programmversion her bekannt ist. Die für diese Felder eingetasteten Werte bedürfen bekanntlich keiner Überprüfung. Bei den verbleibenden Feldern werden jedoch nicht ohne weiteres die vom Benutzer eingegebenen Daten akzeptiert. Betrachten wir z.B. den Paragraphen zum Holen einer gültigen Katalognummer, hier **C010-HOLEN-KAT-NR-GUELTIG** genannt. Die **ACCEPT**-Anweisung auf Zeile 179 in der Abb. 20.8 holt die über die Tastatur eingegebene Katalognummer. Falls der für das vorhergehende Feld eingegebene Wert zur Ausgabe einer Fehlermeldung Anlaß gab, sorgt das nachfolgende **DISPLAY**-Statement sicherheitshalber für das Löschen der Zeile mit der Fehlermeldung. Die Löschung erfolgt immer; es spielt also keine Rolle, ob dort wirklich eine Fehlermeldung steht oder nicht.

Ab dieser Stelle ist nun das Programm in der Lage, die eingetastete Katalognummer auf ihre Richtigkeit hin zu überprüfen. Die zwei durchzuführenden Tests sind die gleichen, die wir von den früheren Programmversionen her bereits kennen. Sie beginnen auf der Zeile 182 (siehe Abb. 20.9) des Programmes. Wenn der eingegebene Wert jedoch dieser Überprüfung nicht standhält, erfolgt statt des Setzens eines Fehlerkennzeichens die Anzeige einer Fehlernachricht auf dem Bildschirm. Um den Fehler deutlich hervorheben zu können, schreiben wir außerdem den Inhalt des fehlerhaften Datenfeldes in Umkehranzeige auf den Bildschirm zurück. Unter einer *Umkehranzeige* versteht man eine dunkle Schrift auf hellem Hintergrund; eine helle Schrift auf dunklem Hintergrund wollen wir als *Normalanzeige* bezeichnen. Aus den Programmanweisungen ist ohne weiteres ersichtlich, daß die Anzeige der Fehlermeldung in Normalanzeige erfolgt. Nach dem Schreiben der Fehlermeldung wird der Cursor auf den Beginn des Eingabefeldes zurückgeführt. Da das Kennzeichen für einen richtigen Feldinhalt bei einem als falsch erkannten Wert nicht gesetzt worden ist, sorgt die **PERFORM**-Anweisung auf den Zeilen 139 und 140 (siehe Abb. 20.8) dafür, daß der Paragraph **C010-HOLEN-KAT-NR-GUELTIG** erneut ausgeführt wird. Nunmehr gestattet die **ACCEPT**-Anweisung dem Benutzer wieder, Daten in das fehlerhafte Feld einzutasten. Bei Eingabe eines korrekten Wertes wird das Kennzeichen für einen korrekten Feldinhalt (Datenelement: **FELD-GUELTIG-KENNZ**) auf 'J' gesetzt (siehe Zeile 210, Abb. 20.9), wodurch keine weitere Wiederholung der Schleife erfolgt.

Die Anweisungsfolgen in den verbleibenden Paragraphen gleichen vom Prinzip her der des Paragraphen **C010-HOLEN-KAT-NR-GUELTIG**. Unterschiedlich sind natürlich die Tests, die feststellen sollen, ob ein korrekter Feldinhalt vorliegt oder nicht. Der Paragraph **C040-HOLEN-PREIS-GUELTIG** weist allerdings zwei unbedeutende Differenzen gegenüber den anderen Paragraphen auf der **C**-Ebene des Programmentwurfs auf:

1. Wenn der Preis kein Vielfaches der Menge ist, muß sowohl die Menge als auch der Preis neu eingetastet werden, da jeder der beiden Werte den Fehler verursacht haben könnte.
2. Falls der Preis größer als das Preislimit ist, besteht für den Benutzer die Möglichkeit, entweder den Preis als gültig zu erklären oder sich für eine Neueingabe zu entscheiden.

Dieses Programm wurde mit den gleichen Daten ausgeführt wie die früheren Programmversionen. Beispielhafte Bildschirmanzeigen sind in den Abb. 20.12 und 20.13 zu sehen. Ein richtiger bzw. ein korrigierter Datensatz wie der in der Abb. 20.13 gezeigte führt selbstverständlich zur Übernahme desselben in die für die normale Weiterbehandlung der Bestellsätze vorgesehene Datei mit der Bezeichnung **NORMAL-DATEI** (siehe Zeile 173, Abb. 20.8).

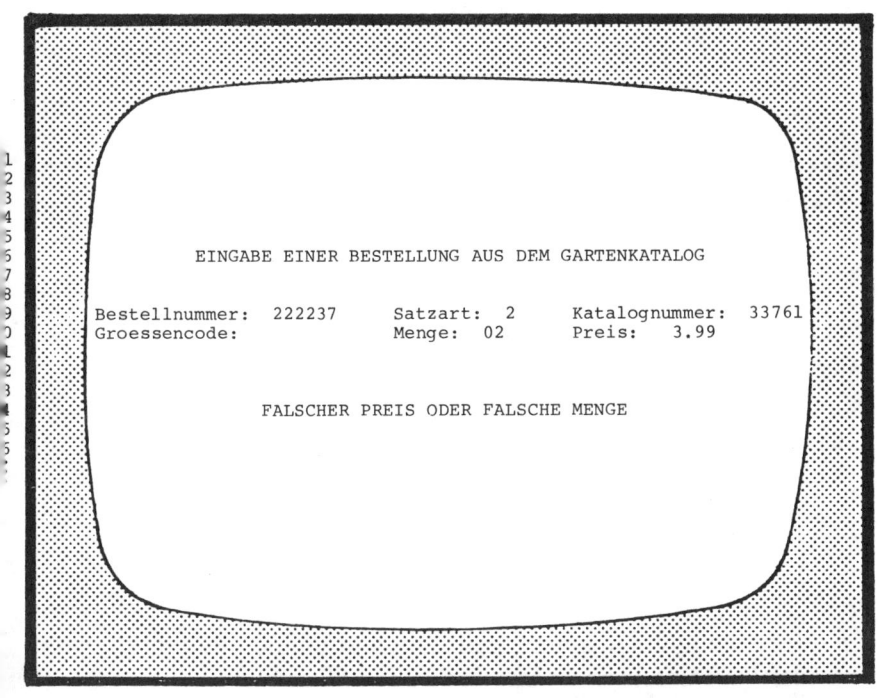

```
        EINGABE EINER BESTELLUNG AUS DEM GARTENKATALOG

   Bestellnummer:   222237     Satzart:  2     Katalognummer:   33761
   Groessencode:               Menge:   02     Preis:           3.99


              FALSCHER PREIS ODER FALSCHE MENGE
```

Abb. 20.12 Bildschirmanzeige bei fehlerhafter Eingabe (falscher Preis)

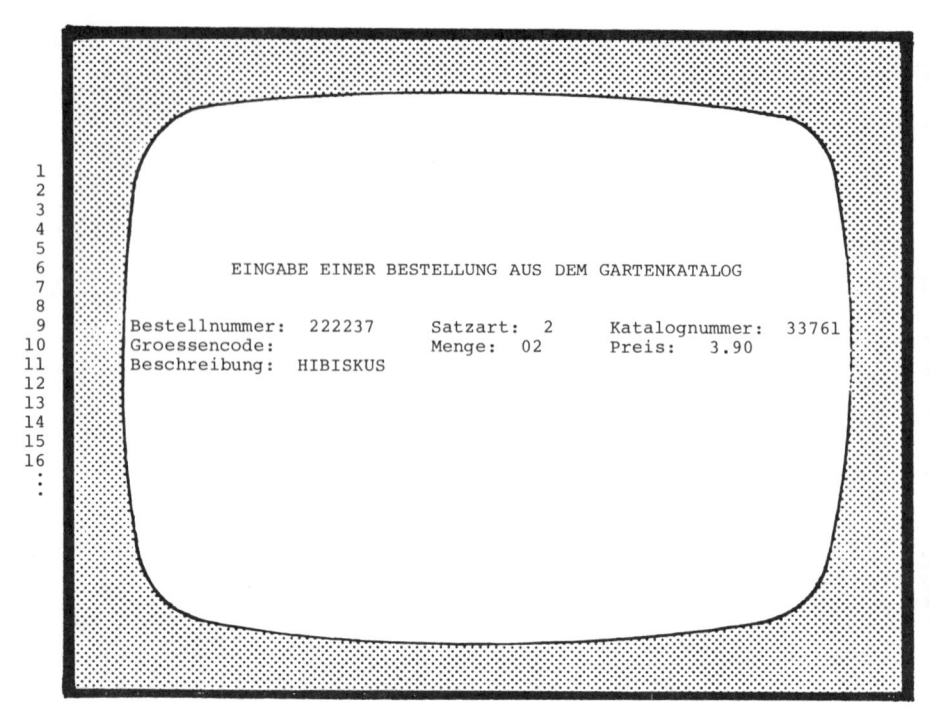

```
 1
 2
 3
 4
 5
 6        EINGABE EINER BESTELLUNG AUS DEM GARTENKATALOG
 7
 8
 9    Bestellnummer:  222237    Satzart:  2    Katalognummer:  33761
10    Groessencode:             Menge:   02    Preis:          3.90
11    Beschreibung:   HIBISKUS
12
13
14
15
16
 :
```

Abb. 20.13 Bildschirmanzeige nach erfolgter Korrektur des Preises

Obgleich die visuelle Ausgabe dieses Programmes schon ein wesentlich professionelleres Aussehen aufweist als die unseres ersten Dialogprogrammes und auch so empfunden wird, gibt es noch viel Raum für weitere Verbesserungen. So sollte es z.b. auch möglich sein, einen ganzen Satz zurückzuweisen, also nicht nur zu verlangen, daß alle Fehler sofort zu berichtigen sind. Zusätzlich könnte man es für sinnvoll erachten, ausgeklügeltere Bildschirmanzeigen zur Darstellung eines Satzes zu präsentieren. Wir stellen diese Vorschläge und andere mögliche Verbesserungen zur Diskussion; sie sollten ihren Niederschlag in eigenständigen Übungen der Leser bzw. der Teilnehmer von Lehrgängen finden. Man denke dabei aber an bereits Gesagtes: Die Bilddarstellungen können von System zu System variieren, und die in den beiden besprochenen Beispielen gezeigten Steuerbefehle für den Bildschirm (hier waren es die Ketten von Steuerzeichen!) brauchen durchaus nicht für denjenigen Computer zu gelten, mit dem man selbst arbeitet. Man informiere sich deshalb vor dem Schreiben eines Programmes, welche Änderungen gegenüber unseren Beispielprogrammen durchgeführt werden müssen. Natürlich tut es auch das Durchlesen eines entsprechenden Handbuches; diese können meist käuflich erworben werden.

20.5 Programme mit Menüs

Die in den vorhergehenden Abschnitten dieses Kapitels vorgestellten zwei Programme führen eine einfache Aufgabe aus, die allgemein leicht zu beschreiben ist. Es werden die sieben Felder eines Satzes auf ihre Richtigkeit hin überprüft und ein als gültig erkannter Satz in eine Ausgabedatei gestellt. Es dürfte wohl klar sein, daß kaufmännischen Angestellten, die eines dieser beiden Programme benutzen, nicht viel erklärt werden muß, um einwandfrei mit ihm umgehen zu können. Einer der Vorteile der Dialogverarbeitung besteht jedoch darin, daß man Anleitungen für Benutzer vorsehen kann, falls die durchzuführenden Arbeiten umfangreicher sind oder wenn mehrere verschiedene Aufgaben anfallen.

Betrachten wir z.B. die komplettere Fassung des Gartenkatalogprogrammes, die wir im Abschnitt 14.10 (Abb. 14.12 bis 14.15) vorgestellt hatten. Zusätzlich zur Eingabedatei mit den Bestellsätzen benutzt dieses Programm eine Datei mit den Stammdaten der von der Gartenbaufirma geführten Produkte (Artikel), die sogenannte Produktdatei. Mit ihrer Hilfe kann man sich überzeugen, ob die in den Bestellsätzen aufgeführte Katalognummer auch wirklich auf einen Artikel des aktuellen Warensortiments zutrifft. Der Aufgabenkreis dieses Programmes könnte aber erweitert werden. Da die Eingabedatei, d.h. die Datei mit den Kundenbestellungen drei verschiedene Satzarten (Kopfsätze, Rumpfsätze, Nachsätze) enthält, könnten wir uns vorstellen, daß Name und Anschrift der Kunden vom Kopfsatz genommen werden und in eine Briefwechseldatei gestellt werden. Diese könnte dann u.a. dazu dienen, dem Kunden Warenangebote zu unterbreiten oder ihn um seine Meinung bezüglich des Warensortiments zu bitten usw. Überdies könnte man auch beabsichtigen, die Produktdatei laufend auf den neuesten Stand zu bringen. Oder man könnte sich noch vorstellen, daß man die in die zur speziellen Weiterbehandlung vorgesehene Datei gestellten Bestellungen berichtigen will, um die erteilten Kundenaufträge erfüllen zu können. Endlich würde man wahrscheinlich noch die in die Normalbehandlungsdatei aufgenommenen Bestellungen bearbeiten wollen, um Anhaltspunkte für die Auffüllung der Lagerbestände zu gewinnen und um der Buchhaltung Unterlagen für Rechnungen und andere finanziellen Belange zur Verfügung zu stellen. Mit anderen Worten gesagt: Wenn wir beabsichtigen, das Gartenkatalogprogramm zu Überprüfungen von Kundenbestellungen zu erweitern, um die realistischen Bedürfnisse der Praxis abdecken zu können, erhalten wir ein System für die Bearbeitung von Auftragseingängen, d.h. für die Bearbeitung der Kundenbestellungen. Dieses müßte dann u.a. die folgenden Aufgaben übernehmen:

- Hinzufügen, Ändern und Löschen von Sätzen in der Produktdatei

- Aufnahme von Namen und Anschriften neuer Kunden in die Briefwechseldatei
- Ändern bestehender Datensätze in der Briefwechseldatei
- Korrigieren der in die Datei für die spezielle Weiterbehandlung (**SONDER-DATEI**) aufgenommenen fehlerhaften Bestellungen mit anschließendem Überstellen derselben in die Normalbehandlungsdatei (**NORMAL-DATEI**)
- Erstellung von Versand- und Rechnungsdateien unter Zugrundelegung der Normalbehandlungsdatei
- Erzeugung von Berichten über die Verkaufszahlen und von sonstigen Berichten für die Geschäftsleitung
- Überprüfen (Bestätigen) der Daten in den Bestellsätzen

Bei Systemen, die für den Stapelbetrieb gedacht sind, wird jede dieser Aufgaben wahrscheinlich von einem gesonderten Programm bewältigt und in der Tat könnte auch so im Dialogbetrieb verfahren werden. Es ist jedoch machbar und in manchen Fällen sogar wünschenswert, alle Aufgaben von einem einzigen Programm lösen zu lassen. Wenn wir uns zu einem solchen Vorgehen entschließen sollten, müssen wir für den Benutzer (die Benutzerin) ein sogenanntes *Menü* (oder auch mehrere, in hierarchischer Beziehung zueinander stehende) bereitstellen, das ihn bzw. sie anleitet, d.h. durch die Schritte führt, die zur Ausführung einer Aufgabe getan werden müssen.

In der Abb. 20.14 ist ein Auszug aus der hierarchischen Darstellung des Aufbaus eines Auftragsbearbeitungsprogrammes gezeigt, das zur Erfüllung der o.a. Aufgaben dienen könnte.

Das in der Abb. 20.14 auszugsweise angedeutete Auftragsbearbeitungssystem basiert auf den nachfolgend geschilderten Gedanken. Zu Beginn der Programmausführung wird dem Benutzer (der Benutzerin) auf dem Bildschirm ein sogenanntes *Hauptmenü* offeriert. Er bzw. sie wird dann durch eine sogenannte *Rückfragenachricht* (engl.: prompting message) aufgefordert, eine der sechs im Menü angebotenen Optionen auszuwählen. Jede der angezeigten Menükennungen (bis auf die letzte) entspricht einer der sechs Hauptaufgaben, für die das Programm zuständig ist. Aus Platzgründen sind in der hierarchischen Darstellung nicht alle aufgeführt. Nach Eingabe der Kennziffer für die ausgewählte Option startet dann das Programm mit der Ausführung des Programmteiles, der die Tätigkeiten beinhaltet, die zur Bewältigung der angeforderten Aufgabe durchgeführt werden müssen. Wenn also der Benutzer (die Benutzerin) die Aufgabe mit der Kennziffer 6 auswählt, wird das Programm zu einem Programmteil übergehen, der große Ähnlichkeit mit dem Prozedurteil des in den Abb. 20.6 bis 20.11 dargestellten Programmes aufweist. Der einzig erwähnenswerte Hauptunterschied besteht darin, daß

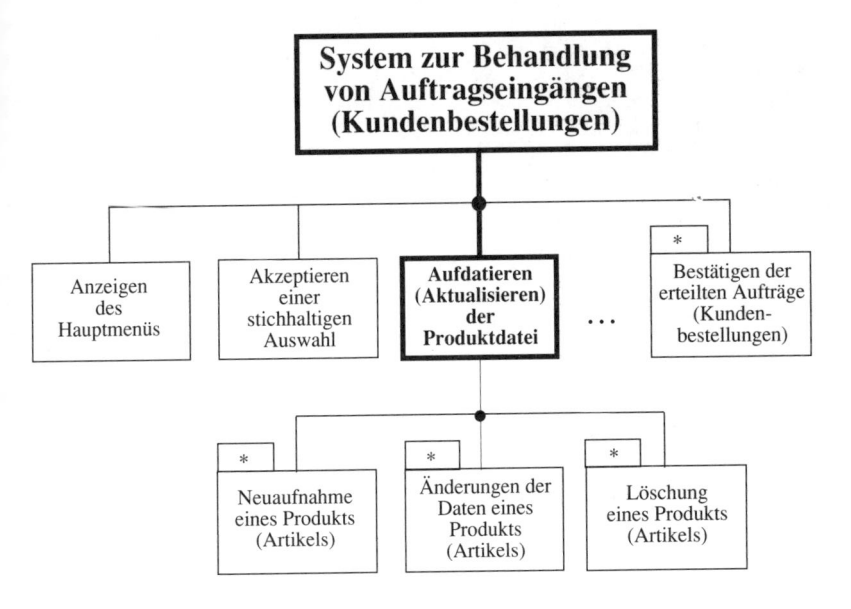

```
                    ┌─────────────────────────┐
                    │  System zur Behandlung  │
                    │  von Auftragseingängen  │
                    │   (Kundenbestellungen)  │
                    └─────────────────────────┘
```

```
┌──────────┐  ┌──────────────┐  ┌──────────────┐        ┌──────────────┐
│          │  │  Akzeptieren │  │  Aufdatieren │   *    │ Bestätigen der│
│ Anzeigen │  │    einer     │  │(Aktualisieren)│       │erteilten Aufträge│
│   des    │  │ stichhaltigen│  │     der      │  ...   │  (Kunden-    │
│Hauptmenüs│  │   Auswahl    │  │ Produktdatei │        │ bestellungen)│
└──────────┘  └──────────────┘  └──────────────┘        └──────────────┘
```

```
        *                    *                    *
  ┌──────────┐        ┌──────────────┐        ┌──────────┐
  │Neuaufnahme│       │ Änderungen der│       │ Löschung │
  │eines Produkts│    │  Daten eines │        │eines Produkts│
  │ (Artikels)│       │   Produkts   │        │ (Artikels)│
  │          │        │  (Artikels)  │        │          │
  └──────────┘        └──────────────┘        └──────────┘
```

Anmerkung: Die mit einem Sternzeichen versehenen Moduln sind beim Beispielprogramm nur durch Stummel angedeutet.

Abb. 20.14 Auszug aus der hierarchischen Darstellung des Aufbaus eines Programmes zur Auftragsbearbeitung

jetzt die Programmablaufsteuerung zum Hauptmenü zurückkehrt, wenn der Benutzer (die Benutzerin) sich zur Beendigung der ausgewählten Aufgabe entschließt. Dadurch ist es möglich, im Anschluß daran andere Aufgaben zu bearbeiten.

Abhängig vom Schwierigkeitsgrad der ausgewählten Aufgabe kann es erforderlich sein, ein weiteres Menü auf das Hauptmenü folgen zu lassen, das dann zur zweiten hierarchischen Ebene gehören würde. Wenn beispielsweise ein Benutzer (eine Benutzerin) die Produktdatei auf den neuesten Stand bringen will, wird eine nachfolgende Menüanzeige dazu benutzt, um ihm (ihr) die Wahl zwischen der Aufnahme neuer Sätze und der Änderung oder Löschung bestehender Sätze zu erleichtern. In den Abb. 20.15 bis 20.19 ist der Grundrahmen eines Programmes zu sehen, das zur Bewältigung der genannten Aufgaben dienen könnte. Da wir nur an der Klärung der Frage interessiert sind, wie Menüs zu benutzen sind, werden die Moduln auf den niedrigsten Hierarchieebenen nur als Stummel präsentiert.

```
00001   IDENTIFICATION DIVISION.
00002   PROGRAM-ID.
00003       AUFTRAG.
00004
00005   ENVIRONMENT DIVISION.
00006  * DER DATEIZUGRIFF IST VORERST NUR DURCH STUMMEL *
00007  * MIT DISPLAY-ANWEISUNGEN REALISIERT *
00008
00009   DATA DIVISION.
00010
00011   WORKING-STORAGE SECTION.
00012
00013   01  LS                           PIC XX   VALUE '2J'.
00014   01  WEITER-KZ                    PIC X.
00015   01  ELEK.
00016       05  FILLER                   PIC 9(4) COMP-4 VALUE 7003.
00017   01  ENDE-PRODUKT-KZ              PIC X.
00018   01  S-1                          PIC 99.
00019   01  AUSWAHL                      PIC X.
00020   01  ENDE-KZ                      PIC X.
00021   01  AUSWAHL-GUELTIG-KZ           PIC X.
00022       88  AUSWAHL-GUELTIG                  VALUE 'J'.
00023
00024  * STELLEN DER ANZEIGETAFEL MIT DEM HAUPTMENUE
00025   01  NACH-WERTE-FUER-HAUPTMENUE.
00026       05  FILLER                   PIC X(6) VALUE '02;36H'.
00027       05  FILLER                   PIC X(6) VALUE '04;23H'.
00028       05  FILLER                   PIC X(6) VALUE '08;23H'.
00029       05  FILLER                   PIC X(6) VALUE '09;23H'.
00030       05  FILLER                   PIC X(6) VALUE '10;23H'.
00031       05  FILLER                   PIC X(6) VALUE '11;23H'.
00032       05  FILLER                   PIC X(6) VALUE '12;23H'.
00033       05  FILLER                   PIC X(6) VALUE '13;23H'.
00034       05  FILLER                   PIC X(6) VALUE '14;23H'.
00035       05  FILLER                   PIC X(6) VALUE '15;23H'.
00036       05  FILLER                   PIC X(6) VALUE '16;23H'.
00037       05  FILLER                   PIC X(6) VALUE '17;23H'.
00038       05  FILLER                   PIC X(6) VALUE '18;23H'.
00039       05  FILLER                   PIC X(6) VALUE '21;25H'.
00040   01  TABELLE-HAUPTMENUE  REDEFINES NACH-WERTE-FUER-HAUPTMENUE.
00041       05  NACH-HAUPTMENUE          PIC X(6) OCCURS 14 TIMES.
00042  * TEXTE DER ANZEIGETAFEL MIT DEM HAUPTMENUE
00043   01  TEXTE-FUER-HAUPTMENUE.
00044       05  FILLER                   PIC X(36)
00045           VALUE 'FIRMA XYZA'.
00046       05  FILLER                   PIC X(36)
00047           VALUE 'System fuer die Auftragsbearbeitung'.
00048       05  FILLER                   PIC X(36)
00049           VALUE '+--------------------------------+'.
00050       05  FILLER                   PIC X(36)
00051           VALUE '| HAUPTMENUE: Auftragsbearbeitung |'.
00052       05  FILLER                   PIC X(36)
00053           VALUE '+--------------------------------+'.
00054       05  FILLER                   PIC X(36)
00055           VALUE '| 1 Aufdatieren der Produktdatei  |'.
00056       05  FILLER                   PIC X(36)
00057           VALUE '| 2 Aufdatieren des Briefwechsels |'.
00058       05  FILLER                   PIC X(36)
00059           VALUE '| 3 Sonderbehandlung              |'.
00060       05  FILLER                   PIC X(36)
00061           VALUE '| 4 Versandauftraege              |'.
```

Abb. 20.15 *Auf der Basis von Menüs arbeitendes Dialogprogramm, 1. Teil*

```
00062           05    FILLER                            PIC X(36)
00063                 VALUE 'I 5  Erstellung von Berichten           I'.
00064           05    FILLER                            PIC X(36)
00065                 VALUE 'I 6  Bestaetigen der Auftraege          I'.
00066           05    FILLER                            PIC X(36)
00067                 VALUE 'I E  Ende der Auftragsbearbeitung       I'.
00068           05    FILLER                            PIC X(36)
00069                 VALUE '+--------------------------------+'.
00070           05    FILLER                            PIC X(36)
00071                 VALUE 'Auswahl einer Option:         '.
00072     01    TAB-HAUPTMENUE-TEXTE REDEFINES TEXTE-FUER-HAUPTMENUE.
00073           05    TEXT-HAUPTMENUE               PIC X(36) OCCURS 14 TIMES.
00074
00075     01    NACH-HAUPT-FEHLERZEILE            PIC X(6) VALUE '23;25H'.
00076     01    NACH-HAUPT-OPT-EINGABE            PIC X(6) VALUE '21;48H'.
00077     01    HAUPT-OPT-FEHLERMELDUNG           PIC X(32)
00078                 VALUE 'Auswahl muss 1 bis 6 oder E sein'.
00079
00080   * STELLEN DER ANZEIGETAFEL MIT DEM AUFDATIERUNGSMENUE
00081     01    NACH-WERTE-FUER-AUFDATM.
00082           05    FILLER                      PIC X(6) VALUE '02;36H'.
00083           05    FILLER                      PIC X(6) VALUE '04;23H'.
00084           05    FILLER                      PIC X(6) VALUE '08;21H'.
00085           05    FILLER                      PIC X(6) VALUE '09;21H'.
00086           05    FILLER                      PIC X(6) VALUE '10;21H'.
00087           05    FILLER                      PIC X(6) VALUE '11;21H'.
00088           05    FILLER                      PIC X(6) VALUE '12;21H'.
00089           05    FILLER                      PIC X(6) VALUE '13;21H'.
00090           05    FILLER                      PIC X(6) VALUE '14;21H'.
00091           05    FILLER                      PIC X(6) VALUE '15;21H'.
00092           05    FILLER                      PIC X(6) VALUE '18;25H'.
00093     01    TABELLE-AUFD-MENUE  REDEFINES NACH-WERTE-FUER-AUFDATM.
00094           05    NACH-AUFDATMENUE              PIC X(6) OCCURS 11 TIMES.
00095   * TEXTE DER ANZEIGETAFEL MIT DEM AUFDATIERUNGSMENUE
00096     01    TEXTE-FUER-AUFDATM.
00097           05    FILLER                            PIC X(40)
00098                 VALUE 'FIRMA XYZA'.
00099           05    FILLER                            PIC X(40)
00100                 VALUE 'System fuer die Auftragsbearbeitung'.
00101           05    FILLER                            PIC X(40)
00102                 VALUE '+--------------------------------+'.
00103           05    FILLER                            PIC X(40)
00104                 VALUE 'I MENUE:  Aufdatieren der Produktdatei I'.
00105           05    FILLER                            PIC X(40)
00106                 VALUE '+--------------------------------+'.
00107           05    FILLER                            PIC X(40)
00108                 VALUE 'I 1  Hinzufuegen eines neuen Produktes I'.
00109           05    FILLER                            PIC X(40)
00110                 VALUE 'I 2  Aendern von Produktdaten           I'.
00111           05    FILLER                            PIC X(40)
00112                 VALUE 'I 3  Loeschen von Produkten             I'.
00113           05    FILLER                            PIC X(40)
00114                 VALUE 'I R  Rueckkehr zum Hauptmenue           I'.
00115           05    FILLER                            PIC X(40)
00116                 VALUE '+--------------------------------+'.
00117           05    FILLER                            PIC X(40)
00118                 VALUE 'Auswahl einer Option:         '.
```

Abb. 20.16 Auf der Basis von Menüs arbeitendes Dialogprogramm, 2. Teil

```
00119   01  TAB-AUFDMENUE-TEXTE REDEFINES TEXTE-FUER-AUFDATM.
00120       05  TEXT-AUFDATMENUE              PIC X(40) OCCURS 11 TIMES.
00121
00122   01  NACH-AUFDAT-FEHLERZEILE           PIC X(6) VALUE '20;25H'.
00123   01  NACH-AUFDAT-OPT-EINGABE           PIC X(6) VALUE '18;48H'.
00124   01  AUFDAT-OPT-FEHLERMELDUNG          PIC X(32)
00125       VALUE 'Auswahl muss 1 bis 3 oder R sein'.
00126
00127
00128   PROCEDURE DIVISION.
00129   A000-AUFTRAGSEINGANG-STEUERUNG.
00130       MOVE 'N' TO ENDE-KZ.
00131       PERFORM B010-HAUPTMENUE-DRIVER
00132           UNTIL ENDE-KZ = 'J'.
00133       DISPLAY ELEK LS WITH NO ADVANCING.
00134       STOP RUN.
00135
00136   B010-HAUPTMENUE-DRIVER.
00137   * TAFELANZEIGE MIT DEM HAUPTMENUE *
00138       DISPLAY ELEK LS WITH NO ADVANCING.
00139       PERFORM VARYING   S-1 FROM 1 BY 1    UNTIL S-1 > 14
00140           DISPLAY ELEK NACH-HAUPTMENUE (S-1) TEXT-HAUPTMENUE (S-1)
00141               WITH NO ADVANCING
00142       END-PERFORM.
00143       DISPLAY ELEK NACH-HAUPT-OPT-EINGABE WITH NO ADVANCING.
00144   * HOLEN DES AUSWAHLCODES *
00145       MOVE 'N' TO AUSWAHL-GUELTIG-KZ.
00146       PERFORM UNTIL AUSWAHL-GUELTIG
00147           ACCEPT AUSWAHL
00148           IF  AUSWAHL = '1' OR '2' OR '3' OR '4' OR '5' OR '6'
00149                OR 'E' THEN
00150               MOVE 'J' TO AUSWAHL-GUELTIG-KZ
00151           ELSE
00152               DISPLAY ELEK NACH-HAUPT-FEHLERZEILE
00153                   HAUPT-OPT-FEHLERMELDUNG WITH NO ADVANCING
00154               DISPLAY ELEK NACH-HAUPT-OPT-EINGABE
00155                   WITH NO ADVANCING
00156           END-IF
00157       END-PERFORM.
00158   * AUSFUEHRUNG DER AUSGEWAEHLTEN AUFGABE
00159       IF    AUSWAHL = '1'
00160           MOVE 'N' TO ENDE-PRODUKT-KZ
00162           PERFORM C010-AUFDAT-PRODUKT-DATEI
00163               UNTIL ENDE-PRODUKT-KZ = 'J'
00164       ELSE IF AUSWAHL = '2'
00165           PERFORM C020-AUFDAT-BRIEF-DATEI
00166       ELSE IF AUSWAHL = '3'
00167           PERFORM C030-SONDERBEHANDLUNG
00168       ELSE IF AUSWAHL = '4'
00169           PERFORM C040-VERSANDAUFTRAEGE
00170       ELSE IF AUSWAHL = '5'
00171           PERFORM C050-ERSTELLEN-BERICHTE
00172       ELSE IF AUSWAHL = '6'
00173           PERFORM C060-AUFTRAGS-BESTAETIGUNG
00174       ELSE IF AUSWAHL = 'E'
00175           MOVE 'J' TO ENDE-KZ.
00176
00177   C010-AUFDAT-PRODUKT-DATEI.
00178       DISPLAY ELEK LS WITH NO ADVANCING.
00179       PERFORM VARYING   S-1 FROM 1 BY 1    UNTIL S-1 > 11
00180           DISPLAY ELEK NACH-AUFDATMENUE (S-1)
00181               TEXT-AUFDATMENUE (S-1) WITH NO ADVANCING
```

Abb. 20.17 *Auf der Basis von Menüs arbeitendes Dialogprogramm, 3. Teil*

```
00182            END-PERFORM.
00183            DISPLAY ELEK NACH-AUFDAT-OPT-EINGABE WITH NO ADVANCING.
00184            MOVE 'N' TO AUSWAHL-GUELTIG-KZ.
00185            PERFORM   UNTIL AUSWAHL-GUELTIG
00186               ACCEPT AUSWAHL
00187                  IF   AUSWAHL = '1' OR '2' OR '3' OR 'R' THEN
00188                       MOVE 'J' TO AUSWAHL-GUELTIG-KZ
00189                  ELSE
00190                       DISPLAY ELEK NACH-AUFDAT-FEHLERZEILE
00191                               AUFDAT-OPT-FEHLERMELDUNG WITH NO ADVANCING
00192                       DISPLAY ELEK NACH-AUFDAT-OPT-EINGABE
00193                               WITH NO ADVANCING
00194                  END-IF
00195            END-PERFORM.
00196            IF      AUSWAHL = '1' THEN
00197                  PERFORM D010-HINZUFUEGEN-PRODUKT-SATZ
00198            ELSE IF AUSWAHL = '2' THEN
00199                  PERFORM D020-AENDERN-PRODUKT-SATZ
00200            ELSE IF AUSWAHL = '3' THEN
00201                  PERFORM D030-LOESCHEN-PRODUKT-SATZ
00202            ELSE IF AUSWAHL = 'R' THEN
00203                  MOVE 'J' TO END-PRODUKT-KZ.
00204
00205       C020-AUFDAT-BRIEF-DATEI.
00206            DISPLAY ELEK LS 'MODUL BRIEFDATEI-AUFDATIERUNG ERREICHT'.
00207            DISPLAY 'ZUR FORTSETZUNG TASTE -RETURN- ANSCHLAGEN'
00208                    WITH NO ADVANCING.
00209            ACCEPT WEITER-KZ.
00210
00211       C030-SONDERBEHANDLUNG.
00212            DISPLAY ELEK LS 'MODUL SONDERBEHANDLUNG ERREICHT'.
00213            DISPLAY 'ZUR FORTSETZUNG TASTE -RETURN- ANSCHLAGEN'
00214                    WITH NO ADVANCING.
00215            ACCEPT WEITER-KZ.
00216
00217       C040-VERSANDAUFTRAEGE.
00218            DISPLAY ELEK LS 'MODUL VERSANDAUFTRAEGE ERREICHT'.
00219            DISPLAY 'ZUR FORTSETZUNG TASTE -RETURN- ANSCHLAGEN'
00220                    WITH NO ADVANCING.
00221            ACCEPT WEITER-KZ.
00222
00223       C050-ERSTELLEN-BERICHTE.
00224            DISPLAY ELEK LS 'MODUL ERSTELLEN-BERICHTE ERREICHT'.
00225            DISPLAY 'ZUR FORTSETZUNG TASTE -RETURN- ANSCHLAGEN'
00226                    WITH NO ADVANCING.
00227            ACCEPT WEITER-KZ.
00228
00229       C060-AUFTRAGS-BESTAETIGUNG.
00230            DISPLAY ELEK LS 'MODUL AUFTRAGS-BESTAETIGUNG ERREICHT'.
00231            DISPLAY 'ZUR FORTSETZUNG TASTE -RETURN- ANSCHLAGEN'
00232                    WITH NO ADVANCING.
00233            ACCEPT WEITER-KZ.
00234
00235       D010-HINZUFUEGEN-PRODUKT-SATZ.
00236            DISPLAY ELEK LS 'MODUL HINZUFUEGEN-PRODUKT-SATZ ERREICHT'.
00237            DISPLAY 'ZUR FORTSETZUNG TASTE -RETURN- ANSCHLAGEN'
00238                    WITH NO ADVANCING.
00239            ACCEPT WEITER-KZ.
00240
```

Abb. 20.18 Auf der Basis von Menüs arbeitendes Dialogprogramm, 4. Teil

```
00241   D020-AENDERN-PRODUKT-SATZ.
00242       DISPLAY ELEK LS 'MODUL AENDERN-PRODUKT-SATZ ERREICHT'.
00243       DISPLAY 'ZUR FORTSETZUNG TASTE -RETURN- ANSCHLAGEN'
00244           WITH NO ADVANCING.
00245       ACCEPT WEITER-KZ.
00246
00247   D030-LOESCHEN-PRODUKT-SATZ.
00248       DISPLAY ELEK LS 'MODUL LOESCHEN-PRODUKT-SATZ ERREICHT'.
00249       DISPLAY 'ZUR FORTSETZUNG TASTE -RETURN- ANSCHLAGEN'
00250           WITH NO ADVANCING.
00251       ACCEPT WEITER-KZ.
00252
00253   ********** ENDE DES UNVOLLSTAENDIGEN PROGRAMMES "AUFTRAG"
```

Anmerkung: Für die Cursor-Steuerelemente wurden folgende Abkürzungen eingeführt:
ELEK - Zeichenkombination „ESCAPE" (Zeichen für die Codeumschaltung) und „Linke eckige Klammer" (eckige Klammer auf)
LS   - Löschen Bildschirm

Abb. 20.19 Auf der Basis von Menüs arbeitendes Dialogprogramm, 5. Teil

Natürlich würde ein vollständig ausgearbeitetes Programm einige Dateien benutzen müssen, aber da in diesem Programmrahmen nur **ACCEPT**- bzw. **DISPLAY**-Anweisungen für die Eingabe und Ausgabe enthalten sind, bleibt der Maschinenteil
(die **ENVIRONMENT DIVISION**) leer und das Dateienkapitel entfällt ganz.

Im Arbeitsspeicherkapitel sind zunächst die Datenelemente definiert, die wir bereits aus den beiden vorhergehenden Dialogprogrammen kennen, d.h. die Variable zum Löschen des Bildschirmes und die Variable, die vor den Ketten mit Steuerzeichen erscheinen muß. Durch die **VALUE**-Klausel ist diesen beiden der für sie während des gesamten Programmablaufs geltende konstante Wert zugewiesen. Im Gegensatz zu den beiden anderen Programmen werden sie hier mit Kurznamen bezeichnet. Die meisten der Steuerzeichenketten für den Bildschirm und die anzuzeigenden Menütexte sind jedoch in Tabellen hineingestellt worden. Zur Initialisierung der Tabellenelemente wurde dabei die Methode benutzt, die im Abschnitt 13.4 beschrieben und erläutert wurde. Wie man den Zeilen 139 bzw. 179 (siehe Abb. 20.17) im Prozedurteil entnehmen kann, ermöglichen geeignete **PERFORM**-Anweisungen die Erzeugung der Menüzeilen auf dem Bildschirm (unter Zuhilfenahme dieser mit Daten gefüllten Tabellen), eine Menge geradlinig aneinandergereihter **DISPLAY**-Anweisungen damit überflüssig machend. Beispielsweise enthalten die Elemente **NACH-HAUPTMENUE** die Koordinaten der Stellen auf dem Bildschirm, auf denen die entsprechenden Texte des Hauptmenüs beginnen sollen. Die Texte selbst stehen in den Elementen **TEXT-HAUPTMENUE**. Man kann aus den **VALUE**-Klauseln der Elemente von **TEXTE-FUER-HAUPTMENUE** (siehe ab Zeile 43, Abb.

20.15 und 20.16) schon ungefähr wahrnehmen, wie das Hauptmenü auf dem Bildschirm aussehen wird. Allerdings ist hierzu zu bemerken, daß die Überschriften oberhalb des Menüs auf ihren Bildschirmzeilen natürlich zentriert zu den Texten auf den Menüzeilen angeordnet sein sollten. In gleicher Weise sind die Steuerzeichenketten und die Texte zu definieren, die für die untergeordneten Menüs gebraucht werden. In unserem Programmrahmen ist das deutlich in den beiden Tabellen zu sehen, die für die Ausgabe des Aufdatierungsmenüs heranzuziehen sind. Die Definitionen sind auf den Zeilen 93 und 94 der Abb. 20.16 (Tabelle mit den Steuerzeichenketten) und auf den Zeilen 119 und 120 der Abb. 20.17 (Tabelle mit den anzuzeigenden Texten) zu sehen; auch hier entsprechen die Elemente mit gleichen Indizes einander.

Der erste Paragraph im Prozedurteil weist einen einfachen Aufbau auf. Der Paragraph **B010-HAUPTMENUE-DRIVER** wird solange wiederholt durchlaufen, bis die Optionskennung „E" bei der Anzeige des Hauptmenüs eingegeben wird. Der dazugehörige Schalter wird bei beabsichtigtem Arbeitsende auf '**J**' gesetzt (siehe Abb. 20.17, Zeile 175). Nach Verlassen der Schleife aufgrund dieser Endbedingung wird noch der Bildschirm gelöscht und anschließend der Programmablauf zum Stoppen gebracht.

Im Paragraphen **B010-HAUPTMENUE-DRIVER** besorgt die **PERFORM**-Anweisung auf den Zeilen 139 bis 142 die Anzeige des Hauptmenüs auf dem Bildschirm. Zu dieser **PERFORM**-Anweisung ist folgendes zu erwähnen:

1) Wie auch mehrere andere Anweisungen dieses Programmes liegt sie in einem Format vor, das nur für die Sprachversion **COBOL-85** gültig ist.
2) Es sollte aber keinen Verdruß geben, wenn man diese Anweisungen in das Format bringen will, das für frühere **COBOL**-Versionen Gültigkeit besitzt.

Da alle Elemente der Tabelle mit den Texten für das Hauptmenü eine Länge von 36 Stellen besitzen und da der Text für die Auswahl der Option (angezeigt nach zwei Leerzeilen auf Zeile 21 des Bildschirmes) nur 21 Stellen lang ist, folgt der **PERFORM**-Anweisung eine **DISPLAY**-Anweisung, durch die der Cursor auf die Stelle zurückgeführt wird, auf der die Eingabe der Optionskennung erfolgen soll, die mittels der **ACCEPT**-Anweisung ins Programm übernommen wird (siehe Abb. 20.17, Zeile 147). Der für die Variable **AUSWAHL** hereingeholte Wert wird anschließend auf seine Gültigkeit hin überprüft. Im Falle der Gültigkeit erfolgt dann durch **PERFORM**-Anweisungen der Übergang zu den in Frage kommenden Verarbeitungsparagraphen, die auf der **C**-Ebene der hierarchischen Darstellung des Programmaufbaus angesiedelt sind.

Die meisten dieser Verarbeitungsparagraphen auf der **C**-Ebene sind hier durch Stummel verwirklicht. Diese sorgen nur für die Anzeige einer entsprechenden Meldung auf dem Bildschirm und kehren danach sofort zum aufrufenden Paragraphen zurück. Der für die Aufdatierung der Produktdatei vorgesehene Paragraph **C010-AUFDAT-PRODUKT-DATEI** jedoch bereits umfassender programmiert. Er beginnt mit der Ausgabe eines Folgemenüs, nachgeordnet also dem Hauptmenü, d.h. auf der zweiten Stufe stehend. Für die Anzeige dieses Menüs wurden die gleichen Methoden herangezogen, die schon die Ausgabe des Hauptmenüs besorgten. Obwohl bei diesem Beispiel sämtliche Arbeitsmoduln in Paragraphen umgesetzt wurden, würde es bei einem für die Praxis bestimmten Programm sicher sinnvoller und zweckmäßiger sein, jede Arbeitsfunktion durch geeignete Unterprogramme zu erfassen. Selbstverständlich müßten dann an die Stelle der **PERFORM**-Anweisungen **CALL**-Anweisungen treten.

Die vom Programm angezeigten beiden Menüs sind in den Abb. 20.20 und 20.21 zu sehen.

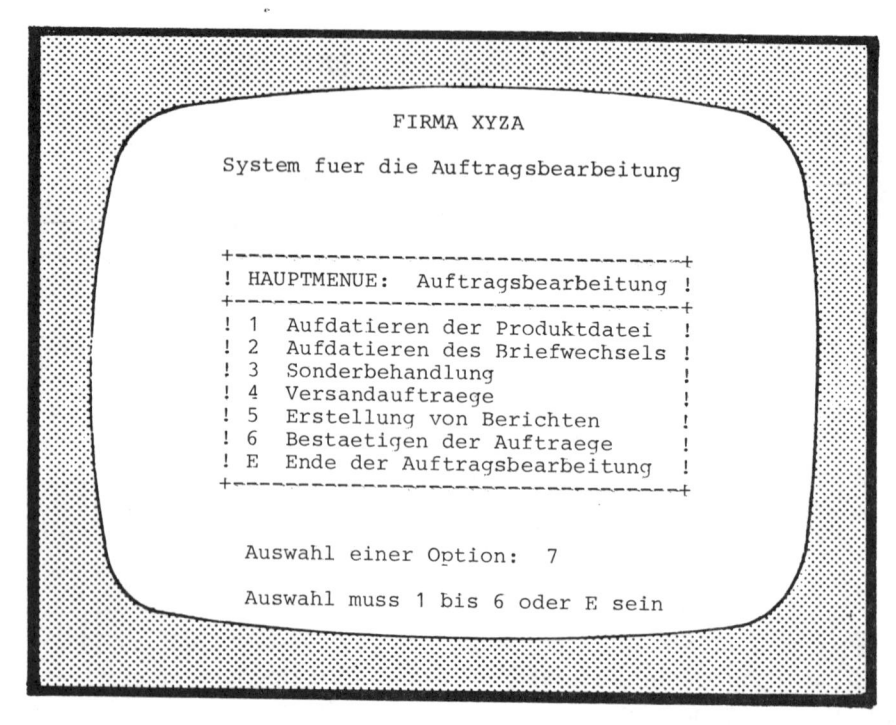

```
                    FIRMA XYZA

         System fuer die Auftragsbearbeitung




         +------------------------------------+
         ! HAUPTMENUE:  Auftragsbearbeitung   !
         +------------------------------------+
         ! 1    Aufdatieren der Produktdatei  !
         ! 2    Aufdatieren des Briefwechsels !
         ! 3    Sonderbehandlung              !
         ! 4    Versandauftraege              !
         ! 5    Erstellung von Berichten      !
         ! 6    Bestaetigen der Auftraege     !
         ! E    Ende der Auftragsbearbeitung  !
         +------------------------------------+


         Auswahl einer Option:   7

         Auswahl muss 1 bis 6 oder E sein
```

Abb. 20.20 Hauptmenü

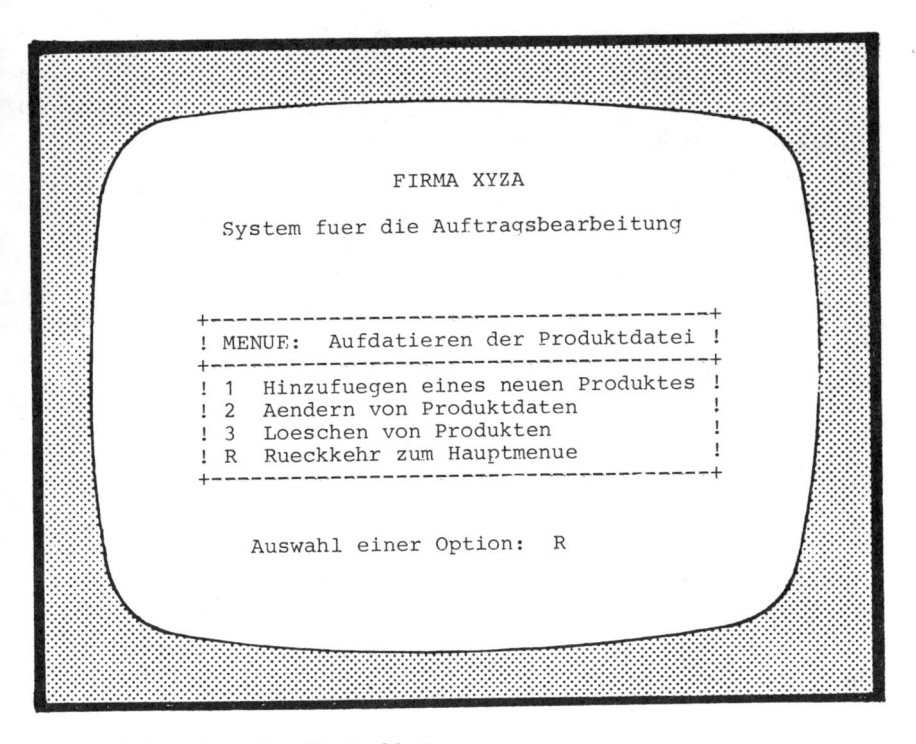

```
              FIRMA XYZA

      System fuer die Auftragsbearbeitung


      +------------------------------------+
      ! MENUE:  Aufdatieren der Produktdatei !
      +------------------------------------+
      ! 1  Hinzufuegen eines neuen Produktes !
      ! 2  Aendern von Produktdaten          !
      ! 3  Loeschen von Produkten            !
      ! R  Rueckkehr zum Hauptmenue          !
      +------------------------------------+


            Auswahl einer Option:  R
```

Abb. 20.21 *Menü für die Aufdatierung*

20.6 Zusammenfassung

Obgleich die in diesem Kapitel gezeigten Beispiele einige der Programmiermethoden demonstrieren, die zur Schaffung von Dialogprogrammen herangezogen werden können, ist damit keineswegs eine umfassende Studie interaktiver Systeme erfolgt. Dieses Thema ist letzten Endes besser im Rahmen eines Themenkreises über die einzelnen Aspekte von Programmentwürfen abzuhandeln als im Rahmen eines Lehrbuches über die **COBOL**-Programmierung. Für den Dialogbetrieb geschaffene Programme weisen gegenüber den Programmen für den Stapelbetrieb einen entscheidenden Vorteil auf: Sie ermöglichen dem Benutzer bzw. der Benutzerin, Datenfehler sofort zu berichtigen; das stundenlange oder gar tagelange Warten auf Ergebnisse entfällt. Dies gilt nicht nur für die Dateneingabe, sondern auch für alle weiteren Phasen des Verarbeitungsprozesses. Der Benutzer (die Benutzerin) könnte ständig über die Probleme informiert werden, die während des Programmablaufes eintreten, und ihm (ihr) können Alternativen angeboten werden, zwischen denen er (sie) auswählen kann. Z.B. könnte er bzw. sie bestimmen, welche Berichte aufgrund der Ergebnisse vorangehender Berechnungen erstellt werden sollen.

Um den vollen Vorteil der Flexibilität der Dialogfähigkeit solcher Programme genießen zu können, sollten dem Benutzer bzw. der Benutzerin Menüs dargeboten werden, die ihn (sie) durch das Programm führen und leiten. Zusätzlich zu den hier besprochenen „Leitmenüs" können auch noch sogenannte Hilfestellungsmenüs oder Lehranleitungen (Help menues oder tutorials) geschaffen werden, in denen erklärt wird, zu welchen Aufgaben das betreffende Programm herangezogen werden kann bzw. wie es zu benutzen ist.

Die bei **COBOL** infrage kommende Grundtechnik für das Niederschreiben von Dialogprogrammen bedient sich der **ACCEPT**-Anweisung für die Dateneingabe und der **DISPLAY**-Anweisung für die Datenausgabe, sofern der Bildschirm des Computers anzusprechen ist. Statt dieser beiden Grundanweisungen kommen bei manchen **COBOL**-Systemen auch Aufrufe von Unterprogrammen infrage, die in die zum **COBOL**-System gehörende Bibliothek aufgenommen sind. Obgleich sich die Einzelheiten von System zu System unterscheiden, stellen alle Kompilierer für interaktive **COBOL**-Versionen Mechanismen zur Handhabung der Positionsanzeige (des Cursors) sowie zur Ausnutzung der graphischen Fähigkeiten eines Computers bereit. Ein Programmierer (eine Programmiererin), der (die) sich viel mit interaktiven Anwendungssystemen beschäftigen muß, sollte sich deshalb möglichst schnell in die entsprechenden Techniken einarbeiten und danach streben, mit ihnen vertraut zu werden.

Über allem sollte freilich stehen, daß Programme für den Anwender zu schreiben sind, und nicht zur eigenen Befriedigung des Programmierers (der Programmiererin). Programme sollten stets so verwirklicht werden, daß sie die Tätigkeiten der Anwender so weit wie möglich vereinfachen, selbst wenn das auf Kosten größerer Anstrengungen beim Schreiben der Programme geht und erheblich mehr Zeitaufwand erfordert.

ANHANG A

Reservierte Wörter der Programmiersprache COBOL

Die nachfolgende Liste basiert auf *COBOL 1985 American National Standard*. Daher ist sie vermutlich nicht identisch mit einer entsprechenden Liste irgendeines Kompilierers – aber keine Liste wie diese kann jemals exakt mit der irgendeines Kompilierers übereinstimmen, da alle Implementierungen geringfügig voneinander differieren. Daraus resultiert kein praktisches Problem. Für die sehr seltenen Fälle, in denen ein bestimmtes Wort als reserviert für das System des Benutzers gilt, aber nicht in dieser Zusammenstellung aufgeführt ist, wird der betreffende Kompilierer stets das Problem diagnostizieren.

Reservierte Wörter, die nur für *COBOL-85* gelten, sind in der nachfolgenden Zusammenstellung in Schrägschrift aufgeführt.

ACCEPT	BEFORE	COMMUNICATION
ACCESS	*BINARY*	COMP
ADD	BLANK	COMPUTATIONAL
ADVANCING	BLOCK	COMPUTE
AFTER	BOTTOM	CONFIGURATION
ALL	BY	CONTAINS
ALPHABET		*CONTENT*
ALPHABETIC	CALL	*CONTINUE*
ALPHABETIC-LOWER	CANCEL	CONTROL
ALPHABETIC-UPPER	CD	CONTROLS
ALPHANUMERIC	CF	*CONVERTING*
ALPHANUMERIC-EDITED	CH	COPY
ALSO	CHARACTER	CORR
ALTER	CHARACTERS	CORRESPONDING
ALTERNATE	*CLASS*	COUNT
AND	CLOCK-UNITS	CURRENCY
ANY	CLOSE	
ARE	COBOL	DATA
AREA	CODE	DATE
AREAS	CODE-SET	DATE-COMPILED
ASCENDING	COLLATING	DATE-WRITTEN
ASSIGN	COLUMN	DAY
AT	COMMA	*DAY-OF-WEEK*
AUTHOR	*COMMON*	DE

DEBUG-CONTENTS	EQUAL	KEY
DEBUG-ITEM	ERROR	
DEBUG-LINE	ESI	LABEL
DEBUG-NAME	*EVALUATE*	LAST
DEBUG-SUB-1	EVERY	LEADING
DEBUG-SUB-2	EXCEPTION	LEFT
DEBUG-SUB-3	EXIT	LENGTH
DEBUGGING	EXTEND	LESS
DECIMAL-POINT	*EXTERNAL*	LIMIT
DECLARATIVES		LIMITS
DELETE	*FALSE*	LINAGE
DELIMITED	FD	LINAGE-COUNTER
DELIMITER	FILE	LINE
DEPENDING	FILE-CONTROL	LINE-COUNTER
DESCENDING	FILLER	LINES
DESTINATION	FINAL	LINKAGE
DETAIL	FIRST	LOCK
DISABLE	FOOTING	LOW-VALUE
DISPLAY	FOR	LOW-VALUES
DIVIDE	FROM	
DIVISION		MEMORY
DOWN	GENERATE	MERGE
DUPLICATES	GIVING	MESSAGE
DYNAMIC	*GLOBAL*	MODE
	GO	MODULES
EGI	GREATER	MOVE
ELSE	GROUP	MULTIPLE
EMI		MULTIPLY
ENABLE	HEADING	
END	HIGH-VALUE	NATIVE
END-ADD	HIGH-VALUES	NEGATIVE
END-CALL		NEXT
END-COMPUTE	I-O	NO
END-DELETE	I-O-CONTROL	NOT
END-DIVIDE	IDENTIFICATION	NUMBER
END-EVALUATE	IF	NUMERIC
END-IF	IN	*NUMRRIC-EDITED*
END-MULTIPLY	INDEX	
END-OF-PAGE	INDEXED	OBJECT-COMPUTER
END-PERFORM	INDICATE	OCCURS
END-READ	INITIAL	OF
END-RECEIVE	*INITIALIZE*	OFF
END-RETURN	INITIATE	OMITTED
END-REWRITE	INPUT	ON
END-SEARCH	INPUT-OUTPUT	OPEN
END-START	INSPECT	OPTIONAL
END-STRING	INSTALLATION	OR
END-SUBTRACT	INTO	*ORDER*
END-UNSTRING	INVALID	ORGANIZATION
END-WRITE	IS	*OTHER*
ENTER		OUTPUT
ENVIRONMENT	JUST	OVERFLOW
EOP	JUSTIFIED	

PACKED-DECIMAL	RF	TEXT
PADDING	RH	THAN
PAGE	RIGHT	*THEN*
PAGE-COUNTER	ROUNDED	THROUGH
PERFORM	RUN	THRU
PF		TIME
PH	SAME	TIMES
PIC	SD	TO
PICTURE	SEARCH	TOP
PLUS	SECTION	TRAILING
POINTER	SECURITY	*TRUE*
POSITION	SEGMENT	TYPE
POSITIVE	SEGMENT-LIMIT	
PRINTING	SELECT	UNIT
PROCEDURE	SEND	UNSTRING
PROCEDURES	SENTENCE	UNTIL
PROCEED	SEPARATE	UP
PROGRAM	SEQUENCE	UPON
PROGRAM-ID	SEQUENTIAL	USAGE
PURGE	SET	USE
	SIGN	USING
QUEUE	SIZE	
QUOTE	SORT	VALUE
QUOTES	SORT-MERGE	VALUES
	SOURCE	VARYING
RANDOM	SOURCE-COMPUTER	
RD	SPACE	WHEN
READ	SPACES	WITH
RECEIVE	SPECIAL-NAMES	WORDS
RECORD	STANDARD	WORKING-STORAGE
RECORDS	STANDARD-1	WRITE
REDEFINES	*STANDARD-2*	
REEL	START	ZERO
REFERENCE	STATUS	ZEROES
REFERENCES	STOP	ZEROS
RELATIVE	STRING	
RELEASE	SUB-QUEUE-1	+
REMAINDER	SUB-QUEUE-2	-
REMOVAL	SUB-QUEUE-3	*
RENAMES	SUBTRACT	/
REPLACE	SUM	**
REPLACING	SUPPRESS	>
REPRORT	SYMBOLIC	<
REPORTING	SYNC	=
REPORTS	SYNCHRONIZED	
RERUN		
RESERVE	TABLE	
RESET	TALLYING	
RETURN	TAPE	
REVERSED	TERMINAL	
REWIND	TERMINATE	
REWRITE	*TEST*	

Anmerkung: COBOL-85 enthält ferner folgende Doppelzeichen als reservierte Wörter: >= und <=

ANHANG B

Übersicht über den Sprachrahmen von COBOL

1. Vorbemerkungen

In diesem Anhang sind alle Sprachelemente von **COBOL** aufgeführt. Generell wurde hierbei die Form benutzt, die im Abschnitt 3.14 für die allgemeinen Formate eingeführt wurde.

Wegen der bequemeren Benutzung in verschiedenen Fällen sind sowohl die Formate von **COBOL-74** als auch die von **COBOL-85** in getrennten Abschnitten zusammengefaßt. Man beachte hierzu die Gliederung dieses Anhanges (siehe auch Inhaltsverzeichnis).

Die hauptsächlichen typographischen Übereinkünfte können im Abschnitt 3.14 nachgelesen werden. Zwei weitere Vereinbarungen sind für **COBOL-85** getroffen worden; sie lauten:

- Die Kombination von geschweiften Klammern und Vertikalstrichen bedeutet, daß von den Optionen, die von diesen Zeichen umgeben sind, eine oder mehrere ausgewählt werden können.

- Das Auftreten der in Kursivschrift gesetzten Buchstaben *S*, *R*, *I* oder *L* links vom allgemeinen Format der Verben **OPEN**, **CLOSE**, **READ** und **WRITE** zeigt an, daß der Modul für die *s*equentielle Eingabe/Ausgabe (Sequential I-O Module), der Modul für die *r*elative Eingabe/Ausgabe (Relative I-O Module), der Modul für die *i*ndizierte Eingabe/Ausgabe (Indexed I-O Module) oder der Modul für die Eingabe/Ausgabe von *L*isten (Report Writer I-O Module) bei dem betreffenden Format benutzt wird. Der Deutlichkeit wegen sind von uns die Kennbuchstaben zusätzlich umrandet worden.

Kommas und Semikolons, deren Gebrauch stets freigestellt ist, sind bei den allgemeinen Formaten nicht aufgeführt worden. Die für sie geltenden Regeln sind einfach: Kommas dienen zur Trennung der einzelnen Glieder von Folgen, Semikolons können nach jeder Klausel gebraucht werden. Jedem Komma bzw. jedem Semikolon muß mindestens ein Leerzeichen folgen.

Der Standard von **COBOL-74** (der nicht länger mehr von der ANSI beschafft werden kann) gebraucht die aufeinanderfolgenden drei Punkte weniger umfassend als das bei **COBOL-85** der Fall ist. Wir haben uns entschlossen, die meisten Formate von **COBOL-74** auch in dieser dichteren Form zu zeigen. Als Regel gilt: Um zu bestimmen, auf welches Element die aufeinanderfolgenden Punkte anzuwenden sind, muß man die geschweifte oder eckige Klammer aufsuchen, die mit der geschweiften oder eckigen Klammer, die den aufeinanderfolgenden Punkten unmittelbar vorausgeht, ein Paar bildet. Die von diesem Klammernpaar eingeschlossenen Sprachelemente können wiederholt gebraucht werden, im allgemeinen so viele Male, wie es verlangt ist. In manchen Fällen sind freilich gewisse Grenzwerte zu beachten.

Lokalen Variationen kann man immer begegnen. Für die ernsthafte, d.h. berufsmäßig betriebene Programmierung muß man unbedingt zu einem **COBOL**-Handbuch zugreifen können, und zwar zu einem, das den eingesetzten Kompilierer (Compiler) beschreibt.

2.1 Allgemeines Format des Erkennungsteils (IDENTIFICATION DIVISION)

IDENTIFICATION DIVISION.

PROGRAM-ID. programmname

[AUTHOR. [kommentar-eintragung] ...]

[INSTALLATION. [kommentar-eintragung] ...]

[DATE-WRITTEN. [kommentar-eintragung] ...]

[DATE-COMPILED. [kommentar-eintragung] ...]

[SECURITY. [kommentar-eintragung] ...]

2.2 Allgemeines Format des Maschinenteils (ENVIRONMENT DIVISION)

ENVIRONMENT DIVISION.

CONFIGURATION SECTION.

SOURCE-COMPUTER. computername [WITH DEBUGGING MODE].

OBJECT-COMPUTER. computername

$$\left[\text{MEMORY SIZE ganze-zahl-1} \left\{ \begin{array}{l} \text{WORDS} \\ \text{CHARACTERS} \\ \text{MODULES} \end{array} \right\} \right]$$

[PROGRAM COLLATING SEQUENCE IS alphabet-name]

[SEGMENT-LIMIT IS segmentnummer].

2.2 Allgemeines Format des Maschinenteils (ENVIRONMENT DIVISION)   793

[SPECIAL-NAMES. [herstellerwort

$$\left\{\begin{array}{l} \underline{\text{IS}} \text{ merkname-1 } [\underline{\text{ON}} \text{ STATUS } \underline{\text{IS}} \text{ bedingungsname-1} \\ \qquad\qquad [\underline{\text{OFF}} \text{ STATUS } \underline{\text{IS}} \text{ bedingungsname-2}]] \\ \underline{\text{IS}} \text{ merkname-2 } [\underline{\text{OFF}} \text{ STATUS } \underline{\text{IS}} \text{ bedingungsname-2} \\ \qquad\qquad [\underline{\text{ON}} \text{ STATUS } \underline{\text{IS}} \text{ bedingungsname-1}]] \\ \underline{\text{ON}} \text{ STATUS } \underline{\text{IS}} \text{ bedingungsname-1 } [\underline{\text{OFF}} \text{ STATUS } \underline{\text{IS}} \text{ bedingungsname-2}] \\ \underline{\text{OFF}} \text{ STATUS } \underline{\text{IS}} \text{ bedingungsname-2 } [\underline{\text{ON}} \text{ STATUS } \underline{\text{IS}} \text{ bedingungsname-1}] \end{array}\right\} \quad \ldots$$

[ALPHABET alphabet-name IS

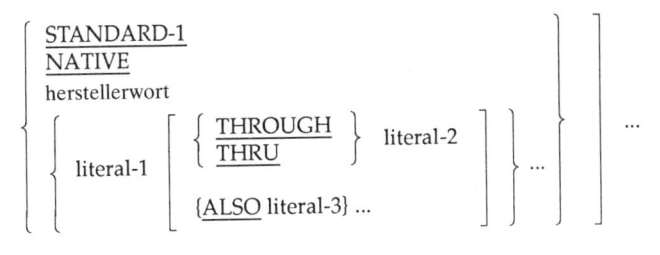

$$\left\{ \begin{array}{l} \underline{\text{STANDARD-1}} \\ \underline{\text{NATIVE}} \\ \text{herstellerwort} \\ \left\{ \text{literal-1} \left[\left\{ \underline{\text{THROUGH}} \atop \underline{\text{THRU}} \right\} \text{literal-2} \right] \right\} \quad \ldots \\ \qquad\qquad \{\underline{\text{ALSO}} \text{ literal-3}\} \ldots \end{array} \right\} \quad \ldots]$$

[CURRENCY SIGN IS literal-4]
[DECIMAL-POINT IS COMMA].]

[INPUT-OUTPUT SECTION.

FILE-CONTROL.
    {dateisteuerung-eintragung} ...

[I-O-CONTROL.

$$\left[\underline{\text{RERUN}} \left[\underline{\text{ON}} \left\{ \text{dateiname-1} \atop \text{herstellerwort} \right\} \right] \right.$$

$$\left. \underline{\text{EVERY}} \left\{ \begin{array}{l} \left\{ [\underline{\text{END}} \text{ OF}] \left\{ \underline{\text{REEL}} \atop \underline{\text{UNIT}} \right\} \right\} \text{dateiname-2} \\ \text{ganze-zahl-1 } \underline{\text{RECORDS}} \\ \text{ganze-zahl-2 } \underline{\text{CLOCK-UNITS}} \\ \text{bedingungsname} \end{array} \right\} \right] \quad \ldots$$

$$\left[\underline{\text{SAME}} \left[\begin{array}{l} \underline{\text{RECORD}} \\ \underline{\text{SORT}} \\ \underline{\text{SORT-MERGE}} \end{array} \right] \text{AREA FOR dateiname-3 \{dateiname-4\} } \ldots \right] \quad \ldots$$

[MULTIPLE FILE TAPE CONTAINS dateiname-5 [POSITION ganze-zahl-3] ...] ... .]

2.2.1 Allgemeines Format der Dateisteuerungs-Eintragung (FILE-CONTROL)

FORMAT 1

SELECT [OPTIONAL] dateiname

    ASSIGN TO herstellerwort-1 [herstellerwort-2] ...

    $\left[\underline{\text{RESERVE}} \text{ ganze-zahl} \left[\begin{array}{c} \text{AREA} \\ \text{AREAS} \end{array} \right] \right]$

    [ORGANIZATION IS SEQUENTIAL]

    [ACCESS MODE IS SEQUENTIAL]

    [FILE STATUS IS datenname-1].

FORMAT 2

SELECT dateiname

    ASSIGN TO herstellerwort-1 [herstellerwort-2] ...

    $\left[\underline{\text{RESERVE}} \text{ ganze-zahl} \left[\begin{array}{c} \text{AREA} \\ \text{AREAS} \end{array} \right] \right]$

    [ORGANIZATION IS] RELATIVE

$$\left[\underline{\text{ACCESS}} \text{ MODE IS} \left\{ \begin{array}{l} \text{SEQUENTIAL } [\underline{\text{RELATIVE}} \text{ KEY IS datenname-1}] \\ \left\{ \begin{array}{l} \underline{\text{RANDOM}} \\ \underline{\text{DYNAMIC}} \end{array} \right\} \underline{\text{RELATIVE}} \text{ KEY IS datenname-1} \end{array} \right\} \right]$$

    [FILE STATUS IS datenname-2].

2.2 Allgemeines Format des Maschinenteils (ENVIRONMENT DIVISION)

FORMAT 3

SELECT dateiname

　　ASSIGN TO herstellerwort-1 [herstellerwort-2] ...

　　[RESERVE ganze-zahl [AREA / AREAS]]

　　[ORGANIZATION IS] INDEXED

　　[ACCESS MODE IS { SEQUENTIAL / RANDOM / DYNAMIC }]

　　RECORD KEY IS datenname-1

　　[ALTERNATE RECORD KEY IS datenname-2 [WITH DUPLICATES]] ...

　　[FILE STATUS IS datenname-3].

FORMAT 4

SELECT dateiname-1　ASSIGN TO herstellername-1 [herstellername-2] ...

2.3 Allgemeines Format des Datenteils (DATA DIVISION)

Anmerkung: Anstelle von „satzerklärung" ist auch „satzbeschreibungs-eintragung" gebräuchlich.

DATA DIVISION.

[FILE SECTION.

[FD dateiname

$$\left[\text{BLOCK CONTAINS [ganze-zahl-1 \underline{TO}] ganze-zahl-2} \left\{ \begin{array}{l} \underline{\text{RECORDS}} \\ \underline{\text{CHARACTERS}} \end{array} \right\} \right]$$

[RECORD CONTAINS [ganze-zahl-3 TO] ganze-zahl-4 CHARACTERS]

$$\underline{\text{LABEL}} \left\{ \begin{array}{l} \underline{\text{RECORD}} \text{ IS} \\ \underline{\text{RECORDS}} \text{ ARE} \end{array} \right\} \left\{ \begin{array}{l} \underline{\text{STANDARD}} \\ \underline{\text{OMITTED}} \end{array} \right\}$$

$$\left[\underline{\text{VALUE OF}} \left\{ \text{herstellerwort-1 IS} \left\{ \begin{array}{l} \text{datenname-1} \\ \text{literal-1} \end{array} \right\} \right\} \ldots \right]$$

$$\left[\underline{\text{DATA}} \left\{ \begin{array}{l} \underline{\text{RECORD}} \text{ IS} \\ \underline{\text{RECORDS}} \text{ ARE} \end{array} \right\} \{\text{datenname-2}\} \ldots \right]$$

$$\left[\underline{\text{LINAGE}} \text{ IS} \left\{ \begin{array}{l} \text{datenname-3} \\ \text{ganze-zahl-5} \end{array} \right\} \text{LINES} \right.$$

$$\left[\text{WITH } \underline{\text{FOOTING}} \text{ AT} \left\{ \begin{array}{l} \text{datenname-4} \\ \text{ganze-zahl-6} \end{array} \right\} \right]$$

$$\left[\text{LINES AT } \underline{\text{TOP}} \left\{ \begin{array}{l} \text{datenname-5} \\ \text{ganze-zahl-7} \end{array} \right\} \right]$$

$$\left. \left[\text{LINES AT } \underline{\text{BOTTOM}} \left\{ \begin{array}{l} \text{datenname-6} \\ \text{ganze-zahl-8} \end{array} \right\} \right] \right]$$

[<u>CODE-SET</u> IS alphabet-name-1].

$$\left[\left\{ \begin{array}{l} \underline{\text{REPORT}} \text{ IS} \\ \underline{\text{REPORTS}} \text{ ARE} \end{array} \right\} \text{ listenname} \quad \ldots \quad \right].$$

[satzerklärung] ...] ...

2.3 Allgemeines Format des Datenteils (DATA DIVISION)

[SD dateiname

    [RECORD CONTAINS [ganze-zahl-1 TO] ganze-zahl-2 CHARACTERS]

$$\left[\text{DATA} \left\{ \begin{array}{l} \underline{\text{RECORD IS}} \\ \underline{\text{RECORDS}} \text{ ARE} \end{array} \right\} \{\text{datenname-2}\} \ldots \right]$$

    [satzerklärung] ...] ...

[WORKING-STORAGE SECTION.

$$\left[\begin{array}{l} \text{erklärung-für-stufe-77} \\ \text{satzerklärung} \end{array} \right] \ldots$$

[LINKAGE SECTION.

$$\left[\begin{array}{l} \text{erklärung-für-stufe-77} \\ \text{satzerklärung} \end{array} \right] \ldots$$

[COMMUNICATION SECTION.

[kommunikationserklärung

[satzerklärung] ...] ...]

[REPORT SECTION.

[RD listenname

    [CODE ganze-zahl-1]

$$\left[\left\{ \begin{array}{l} \underline{\text{CONTROL}} \text{ IS} \\ \underline{\text{CONTROLS}} \text{ ARE} \end{array} \right\} \left\{ \begin{array}{l} \{\text{datenname-1}\} \ldots \\ \underline{\text{FINAL}} \, [\text{datenname-1}] \ldots \end{array} \right\} \right]$$

$$\left[\underline{\text{PAGE}} \left[\begin{array}{l} \text{LIMIT IS} \\ \text{LIMITS ARE} \end{array} \right] \text{ganze-zahl-1} \left[\begin{array}{l} \text{LINE} \\ \text{LINES} \end{array} \right] [\underline{\text{HEADING}} \text{ ganze-zahl-2}] \right.$$

      [FIRST DETAIL ganze-zahl-3] [LAST DETAIL ganze-zahl-4]

$$\left. [\underline{\text{FOOTING}} \text{ ganze-zahl-5}] \ldots \right] \, .$$

    {leistenerklärung} ...] ...]

2.3.1 Allgemeines Format für Datenerklärungen (Datenbeschreibungen)

FORMAT 1

stufennummer $\begin{bmatrix} \text{datenname-1} \\ \text{FILLER} \end{bmatrix}$

    [REDEFINES datenname-2]

    $\left[\left\{ \dfrac{\text{PICTURE}}{\text{PIC}} \right\} \text{IS zeichenfolge} \right]$

    $\left[[\underline{\text{USAGE}} \text{ IS}] \left\{ \begin{array}{l} \underline{\text{COMPUTATIONAL}} \\ \underline{\text{COMP}} \\ \underline{\text{DISPLAY}} \\ \underline{\text{INDEX}} \end{array} \right\} \right]$

    $\left[[\underline{\text{SIGN}} \text{ IS}] \left\{ \dfrac{\text{LEADING}}{\text{TRAILING}} \right\} [\underline{\text{SEPARATE}} \text{ CHARACTER}] \right]$

    $\left[\begin{array}{l} \underline{\text{OCCURS}} \text{ ganze-zahl-2 TIMES} \\ \quad \left[\left\{ \dfrac{\text{ASCENDING}}{\text{DESCENDING}} \right\} \text{KEY IS } \{\text{datenname-3}\} \ldots \right] \ldots \\ \quad [\underline{\text{INDEXED}} \text{ BY } \{\text{indexname-1}\} \ldots] \\ \underline{\text{OCCURS}} \text{ ganze-zahl-1 } \underline{\text{TO}} \text{ ganze-zahl-2 TIMES } \underline{\text{DEPENDING}} \text{ ON datenname-4} \\ \quad \left[\left\{ \dfrac{\text{ASCENDING}}{\text{DESCENDING}} \right\} \text{KEY IS } \{\text{datenname-3}\} \ldots \right] \ldots \\ \quad [\underline{\text{INDEXED}} \text{ BY } \{\text{indexname-1}\} \ldots] \end{array} \right]$

    $\left[\left\{ \dfrac{\text{SYNCHRONIZED}}{\text{SYNC}} \right\} \left[\dfrac{\text{LEFT}}{\text{RIGHT}} \right] \right]$

    $\left[\left\{ \dfrac{\text{JUSTIFIED}}{\text{JUST}} \right\} \text{RIGHT} \right]$

    [<u>BLANK</u> WHEN <u>ZERO</u>]

    [<u>VALUE</u> IS literal-1].

FORMAT 2

66 datenname-1 __RENAMES__ datenname-2 $\left[\left\{ \begin{array}{c} \underline{\text{THROUGH}} \\ \underline{\text{THRU}} \end{array} \right\} \text{datenname-3} \right]$.

FORMAT 3

88 bedingungsname $\left\{ \begin{array}{c} \underline{\text{VALUE}} \text{ IS} \\ \underline{\text{VALUES}} \text{ ARE} \end{array} \right\}$ $\left\{ \text{literal-1} \left[\left\{ \begin{array}{c} \underline{\text{THROUGH}} \\ \underline{\text{THRU}} \end{array} \right\} \text{literal-2} \right] \right\} \ldots$.

2.3.2 Allgemeines Format der Kommunikationserklärung (Kommunikationsbeschreibung)

FORMAT 1

__CD__ ke-name

FOR [__INITIAL__] __INPUT__

$\left[\begin{array}{l} \text{[[SYMBOLIC \underline{QUEUE} IS datenname-1]} \\ \text{[SYMBOLIC \underline{SUB-QUEUE-1} IS datenname-2]} \\ \text{[SYMBOLIC \underline{SUB-QUEUE-2} IS datenname-3]} \\ \text{[SYMBOLIC \underline{SUB-QUEUE-3} IS datenname-4]} \\ \text{[\underline{MESSAGE} \underline{DATE} IS datenname-5]} \\ \text{[\underline{MESSAGE} \underline{TIME} IS datenname-6]} \\ \text{[SYMBOLIC \underline{SOURCE} IS datenname-7]} \\ \text{[\underline{TEXT} \underline{LENGTH} IS datenname-8]} \\ \text{[\underline{END} \underline{KEY} IS datenname-9]} \\ \text{[\underline{STATUS} \underline{KEY} IS datenname-10]} \\ \text{[\underline{MESSAGE} \underline{COUNT} IS datenname-11]]} \\ \text{[datenname-1, datenname-2, datenname-3,} \\ \quad \text{datenname-4, datenname-5, datenname-6,} \\ \quad \text{datenname-7, datenname-8, datenname-9,} \\ \quad \text{datenname-10, datenname-11]} \end{array}\right]$

FORMAT 2

CD ke-name FOR OUTPUT

  [DESTINATION COUNT IS datenname-1]

  [TEXT LENGTH IS datenname-2]

  [STATUS KEY IS datenname-3]

  [DESTINATION TABLE OCCURS ganze-zahl-1 TIMES

    [INDEXED BY {indexname-1} ...]]

  [ERROR KEY IS datenname-4]

  [SYMBOLIC DESTINATION IS datenname-5].

Anmerkung: Unter ke ist die Abkürzung von „Kommunikationserklärung" zu verstehen.

2.3.3 Allgemeines Format der Leistenerklärung (Listengruppenbeschreibung)

FORMAT 1

01 [datenname-1]

$$\left[\text{LINE NUMBER IS} \left\{ \begin{array}{l} \text{ganze-zahl-1 [ON NEXT PAGE]} \\ \text{PLUS ganze-zahl-2} \end{array} \right\} \right]$$

$$\left[\text{NEXT GROUP IS} \left\{ \begin{array}{l} \text{ganze-zahl-3} \\ \text{PLUS ganze-zahl-4} \\ \text{NEXT PAGE} \end{array} \right\} \right]$$

$$\text{TYPE IS} \left[\begin{array}{l} \left\{ \begin{array}{l} \text{REPORT HEADING} \\ \text{RH} \end{array} \right\} \\ \left\{ \begin{array}{l} \text{PAGE HEADING} \\ \text{PH} \end{array} \right\} \\ \left\{ \begin{array}{l} \text{CONTROL HEADING} \\ \text{CH} \end{array} \right\} \left\{ \begin{array}{l} \text{datenname-2} \\ \text{FINAL} \end{array} \right\} \\ \left\{ \begin{array}{l} \text{DETAIL} \\ \text{DE} \end{array} \right\} \\ \left\{ \begin{array}{l} \text{CONTROL FOOTING} \\ \text{CF} \end{array} \right\} \left\{ \begin{array}{l} \text{datenname-3} \\ \text{FINAL} \end{array} \right\} \\ \left\{ \begin{array}{l} \text{PAGE FOOTING} \\ \text{PF} \end{array} \right\} \\ \left\{ \begin{array}{l} \text{REPORT FOOTING} \\ \text{RF} \end{array} \right\} \end{array} \right]$$

[[USAGE IS] DISPLAY].

2.3 Allgemeines Format des Datenteils (DATA DIVISION)

FORMAT 2

stufennummer [datenname-1]

$$\left[\text{ \underline{LINE} NUMBER IS } \left\{ \begin{array}{l} \text{ganze-zahl-1 [ON \underline{NEXT} \underline{PAGE}]} \\ \underline{\text{PLUS}} \text{ ganze-zahl-2} \end{array} \right\} \right]$$

[[<u>USAGE</u> IS] <u>DISPLAY</u>].

FORMAT 3

stufennummer [datenname-1]

$$\left\{ \begin{array}{l} \underline{\text{PICTURE}} \\ \underline{\text{PIC}} \end{array} \right\} \text{ IS zeichenfolge}$$

[[<u>USAGE</u> IS] <u>DISPLAY</u>]

$$\left[\left\{ \begin{array}{l} \underline{\text{JUSTIFIED}} \\ \underline{\text{JUST}} \end{array} \right\} \text{ RIGHT} \right]$$

[<u>BLANK</u> WHEN <u>ZERO</u>]

$$\left[\text{ \underline{LINE} NUMBER IS } \left\{ \begin{array}{l} \text{ganze-zahl-1 [ON \underline{NEXT} \underline{PAGE}]} \\ \underline{\text{PLUS}} \text{ ganze-zahl-2} \end{array} \right\} \right]$$

[<u>COLUMN</u> NUMBER IS ganze-zahl-3]

$$\left\{ \begin{array}{l} \underline{\text{SOURCE}} \text{ IS bezeichner-1} \\ \underline{\text{VALUE}} \text{ IS literal-1} \\ \{\underline{\text{SUM}} \text{ \{bezeichner-2\}} \ldots \text{ [\underline{UPON} \{datenname-2\}} \ldots \text{]} \} \ldots \\ \quad \left[\underline{\text{RESET}} \text{ ON } \left\{ \begin{array}{l} \text{datenname-3} \\ \underline{\text{FINAL}} \end{array} \right\} \right] \end{array} \right\}$$

[<u>GROUP</u> INDICATE].

2.4 Allgemeines Format des Prozedurteils (PROCEDURE DIVISION)

FORMAT 1

[PROCEDURE DIVISION [USING {datenname-1} ...].

[DECLARATIVES.

{kapitelname SECTION [segmentnummer].   prozedurvereinbarungs-satz

[paragraphenname .

    [satz] ...] ...} ...

END DECLARATIVES.]

{kapitelname SECTION [segmentnummer .

[paragraphenname .

    [satz] ... } ...]

FORMAT 2

PROCEDURE DIVISION [USING {datenname-1} ...].

{paragraphenname .

    [satz] ... } ...

Anmerkung: Unter „satz" ist hier ein „Programmsatz" zu verstehen.

2.4.1 Allgemeines Format der COBOL-Verben

<u>ACCEPT</u> bezeichner [<u>FROM</u> merkname]

<u>ACCEPT</u> bezeichner <u>FROM</u> $\left\{ \begin{array}{l} \underline{DATE} \\ \underline{DAY} \\ \underline{TIME} \end{array} \right\}$

<u>ACCEPT</u> ke-name MESSAGE <u>COUNT</u>

<u>ADD</u> $\left\{ \begin{array}{l} \text{bezeichner-1} \\ \text{literal-1} \end{array} \right\}$ ... <u>TO</u> {bezeichner-2 [<u>ROUNDED</u>]} ...

    [ON <u>SIZE</u> <u>ERROR</u> unbedingte-anweisung]

<u>ADD</u> $\left\{ \begin{array}{l} \text{bezeichner-1} \\ \text{literal-1} \end{array} \right\}$ ...

    <u>GIVING</u> {bezeichner-2 [<u>ROUNDED</u>]} ...

    [ON <u>SIZE</u> <u>ERROR</u> unbedingte-anweisung]

<u>ADD</u> $\left\{ \begin{array}{l} \underline{CORRESPONDING} \\ \underline{CORR} \end{array} \right\}$ bezeichner-1 <u>TO</u> bezeichner-2 [<u>ROUNDED</u>]

    [ON <u>SIZE</u> <u>ERROR</u> unbedingte-anweisung]

<u>ALTER</u> {prozedurname-1 <u>TO</u> [<u>PROCEED</u> <u>TO</u>] prozedurname-2} ...

<u>CALL</u> $\left\{ \begin{array}{l} \text{bezeichner-1} \\ \text{literal-1} \end{array} \right\}$ [<u>USING</u> datenname-1 [datenname-2] ...]

    [ON <u>OVERFLOW</u> unbedingte-anweisung]

<u>CANCEL</u> $\left\{ \begin{array}{l} \text{bezeichner-1} \\ \text{literal-1} \end{array} \right\}$ ...

<u>CLOSE</u> $\left\{ \text{dateiname} \left[\left\{ \begin{array}{l} \underline{REEL} \\ \underline{UNIT} \end{array} \right\} \left\{ \begin{array}{l} \text{WITH NO } \underline{REWIND} \\ \text{FOR } \underline{REMOVAL} \end{array} \right\} \\ \text{WITH} \left\{ \begin{array}{l} \underline{NO\ REWIND} \\ \underline{LOCK} \end{array} \right\} \right] \right\}$ ...

<u>CLOSE</u> dateiname [WITH <u>LOCK</u>]} ...

COMPUTE {bezeichner [ROUNDED]} ... = arithmetischer-ausdruck

    [ON SIZE ERROR unbedingte-anweisung]

DELETE dateiname RECORD

    [INVALID KEY unbedingte-anweisung]

DISABLE $\begin{Bmatrix} \text{INPUT [TERMINAL]} \\ \text{OUTPUT} \end{Bmatrix}$ ke-name WITH KEY $\begin{Bmatrix} \text{bezeichner-1} \\ \text{literal-1} \end{Bmatrix}$

DISPLAY $\begin{Bmatrix} \text{bezeichner-1} \\ \text{literal-1} \end{Bmatrix}$ ... [UPON merkname]

DIVIDE $\begin{Bmatrix} \text{bezeichner-1} \\ \text{literal-1} \end{Bmatrix}$ INTO {bezeichner-2 [ROUNDED]} ...

    [ON SIZE ERROR unbedingte-anweisung]

DIVIDE $\begin{Bmatrix} \text{bezeichner-1} \\ \text{literal-1} \end{Bmatrix}$ INTO $\begin{Bmatrix} \text{bezeichner-2} \\ \text{literal-2} \end{Bmatrix}$

    GIVING {bezeichner-3 [ROUNDED]} ...

    [ON SIZE ERROR unbedingte-anweisung]

DIVIDE $\begin{Bmatrix} \text{bezeichner-1} \\ \text{literal-1} \end{Bmatrix}$ BY $\begin{Bmatrix} \text{bezeichner-2} \\ \text{literal-2} \end{Bmatrix}$

    GIVING {bezeichner-3 [ROUNDED]} ...

    [ON SIZE ERROR unbedingte-anweisung]

DIVIDE $\begin{Bmatrix} \text{bezeichner-1} \\ \text{literal-1} \end{Bmatrix}$ INTO $\begin{Bmatrix} \text{bezeichner-2} \\ \text{literal-2} \end{Bmatrix}$ GIVING bezeichner-3 [ROUNDED]

    REMAINDER bezeichner-4

    [ON SIZE ERROR unbedingte-anweisung]

DIVIDE $\begin{Bmatrix} \text{bezeichner-1} \\ \text{literal-1} \end{Bmatrix}$ BY $\begin{Bmatrix} \text{bezeichner-2} \\ \text{literal-2} \end{Bmatrix}$ GIVING bezeichner-3 [ROUNDED]

    REMAINDER bezeichner-4

    [ON SIZE ERROR unbedingte-anweisung]

2.4 Allgemeines Format des Prozedurteils (PROCEDURE DIVISION)

ENABLE $\left\{\begin{array}{l}\underline{\text{INPUT}}\ [\underline{\text{TERMINAL}}]\\ \underline{\text{OUTPUT}}\end{array}\right\}$ ke-name $\left[\ \text{WITH}\ \underline{\text{KEY}}\ \left\{\begin{array}{l}\text{bezeichner-1}\\ \text{literal-1}\end{array}\right\}\ \right]$

ENTER sprachenname [routinenname].

EXIT [PROGRAM]

GENERATE $\left\{\begin{array}{l}\text{datenname}\\ \text{listenname}\end{array}\right\}$

GO TO [prozedurname-1]

GO TO {prozedurname-1} ... prozedurname-2 DEPENDING ON bezeichner

IF bedingung $\left\{\begin{array}{l}\text{anweisung-1}\\ \underline{\text{NEXT SENTENCE}}\end{array}\right\}$ $\left\{\begin{array}{l}\underline{\text{ELSE}}\ \text{anweisung-2}\\ \underline{\text{ELSE NEXT SENTENCE}}\end{array}\right\}$

INITIATE {listenname-1} ...

INSPECT bezeichner-1 TALLYING

$\left\{\text{bezeichner-2}\ \underline{\text{FOR}}\ \left\{\left[\left\{\begin{array}{l}\underline{\text{ALL}}\\ \underline{\text{LEADING}}\end{array}\right\}\left\{\begin{array}{l}\text{bezeichner-3}\\ \text{literal-1}\end{array}\right\}\right]\left[\left\{\begin{array}{l}\underline{\text{BEFORE}}\\ \underline{\text{AFTER}}\end{array}\right\}\ \text{INITIAL}\left\{\begin{array}{l}\text{bezeichner-4}\\ \text{literal-2}\end{array}\right\}\right]\right\}\ldots\right\}$
$\underline{\text{CHARACTERS}}$

INSPECT bezeichner-1 REPLACING

$\left\{\begin{array}{l}\underline{\text{CHARACTERS}}\ \underline{\text{BY}}\ \left\{\begin{array}{l}\text{bezeichner-5}\\ \text{literal-3}\end{array}\right\}\ \left[\left\{\begin{array}{l}\underline{\text{BEFORE}}\\ \underline{\text{AFTER}}\end{array}\right\}\ \text{INITIAL}\ \left\{\begin{array}{l}\text{bezeichner-4}\\ \text{literal-2}\end{array}\right\}\right]\ \ldots\\ \left\{\begin{array}{l}\underline{\text{ALL}}\\ \underline{\text{LEADING}}\\ \underline{\text{FIRST}}\end{array}\right\}\left\{\left\{\begin{array}{l}\text{bezeichner-3}\\ \text{literal-1}\end{array}\right\}\ \underline{\text{BY}}\left\{\begin{array}{l}\text{bezeichner-5}\\ \text{literal-3}\end{array}\right\}\left[\left\{\begin{array}{l}\underline{\text{BEFORE}}\\ \underline{\text{AFTER}}\end{array}\right\}\text{INITIAL}\left\{\begin{array}{l}\text{bezeichner-4}\\ \text{literal-2}\end{array}\right\}\right]\right\}\ldots\end{array}\right\}\ldots$

INSPECT bezeichner-1 TALLYING

$$\left\{ \text{bezeichner-2 } \underline{\text{FOR}} \left\{ \left[\left\{ \begin{matrix} \underline{\text{ALL}} \\ \underline{\text{LEADING}} \\ \text{CHARACTERS} \end{matrix} \right\} \left\{ \begin{matrix} \text{bezeichner-3} \\ \text{literal-1} \end{matrix} \right\} \right] \left[\left\{ \begin{matrix} \underline{\text{BEFORE}} \\ \underline{\text{AFTER}} \end{matrix} \right\} \text{INITIAL} \left\{ \begin{matrix} \text{bezeichner-4} \\ \text{literal-2} \end{matrix} \right\} \right] \right] \right\}$$

REPLACING

$$\left\{ \left[\underline{\text{CHARACTERS}} \; \underline{\text{BY}} \left\{ \begin{matrix} \text{bezeichner-5} \\ \text{literal-3} \end{matrix} \right\} \left[\left\{ \begin{matrix} \underline{\text{BEFORE}} \\ \underline{\text{AFTER}} \end{matrix} \right\} \text{INITIAL} \left\{ \begin{matrix} \text{bezeichner-4} \\ \text{literal-2} \end{matrix} \right\} \right] \right] \left[\left\{ \begin{matrix} \underline{\text{ALL}} \\ \underline{\text{LEADING}} \\ \underline{\text{FIRST}} \end{matrix} \right\} \left\{ \left\{ \begin{matrix} \text{bezeichner-3} \\ \text{literal-1} \end{matrix} \right\} \underline{\text{BY}} \left\{ \begin{matrix} \text{bezeichner-5} \\ \text{literal-3} \end{matrix} \right\} \left[\left\{ \begin{matrix} \underline{\text{BEFORE}} \\ \underline{\text{AFTER}} \end{matrix} \right\} \text{INITIAL} \left\{ \begin{matrix} \text{bezeichner-4} \\ \text{literal-2} \end{matrix} \right\} \right] \right\} \dots \right] \right\} \dots$$

$$\underline{\text{MERGE}} \text{ dateiname-1} \left\{ \text{ON} \left\{ \begin{matrix} \underline{\text{ASCENDING}} \\ \underline{\text{DESCENDING}} \end{matrix} \right\} \text{KEY \{datenname-1\}} \dots \right\} \dots$$

[COLLATING <u>SEQUENCE</u> IS alphabet-name-1]

<u>USING</u> dateiname-2 {dateiname-3} ...

$$\left\{ \begin{matrix} \text{OUTPUT } \underline{\text{PROCEDURE}} \text{ IS prozedurname-1} \left[\left\{ \begin{matrix} \underline{\text{THROUGH}} \\ \underline{\text{THRU}} \end{matrix} \right\} \text{prozedurname-2} \right] \\ \underline{\text{GIVING}} \text{ dateiname-4} \end{matrix} \right\}$$

$$\underline{\text{MOVE}} \left\{ \begin{matrix} \text{bezeichner-1} \\ \text{literal-1} \end{matrix} \right\} \underline{\text{TO}} \text{ \{bezeichner-2\}} \dots$$

$$\underline{\text{MOVE}} \left\{ \begin{matrix} \underline{\text{CORRESPONDING}} \\ \underline{\text{CORR}} \end{matrix} \right\} \text{bezeichner-1} \underline{\text{TO}} \text{ bezeichner-2}$$

$$\underline{\text{MULTIPLY}} \left\{ \begin{matrix} \text{bezeichner-1} \\ \text{literal-1} \end{matrix} \right\} \underline{\text{BY}} \text{ \{bezeichner-2 [\underline{\text{ROUNDED}}]\}} \dots$$

[ON <u>SIZE ERROR</u> unbedingte-anweisung]

2.4 Allgemeines Format des Prozedurteils (PROCEDURE DIVISION)

MULTIPLY $\begin{Bmatrix} \text{bezeichner-1} \\ \text{literal-1} \end{Bmatrix}$ BY $\begin{Bmatrix} \text{bezeichner-2} \\ \text{literal-2} \end{Bmatrix}$

GIVING {bezeichner-3 [ROUNDED]} ...

[ON SIZE ERROR unbedingte-anweisung]]

OPEN $\begin{Bmatrix} \text{INPUT} \{ \text{dateiname-1} \begin{bmatrix} \text{REVERSED} \\ \text{WITH NO REWIND} \end{bmatrix} \} ... \\ \text{OUTPUT} \{ \text{dateiname-2 [WITH NO REWIND]} \} ... \\ \text{I-O} \{ \text{dateiname-3} \} ... \\ \text{EXTEND} \{ \text{dateiname-4} \} ... \end{Bmatrix}$ ...

OPEN $\begin{Bmatrix} \text{INPUT} \{ \text{dateiname-1} \} ... \\ \text{OUTPUT} \{ \text{dateiname-2} \} ... \\ \text{I-O} \{ \text{dateiname-3} \} ... \end{Bmatrix}$ ...

PERFORM $\begin{bmatrix} \text{prozedurname-1} \begin{bmatrix} \begin{Bmatrix} \text{THROUGH} \\ \text{THRU} \end{Bmatrix} \text{prozedurname-2} \end{bmatrix} \end{bmatrix}$

PERFORM $\begin{bmatrix} \text{prozedurname-1} \begin{bmatrix} \begin{Bmatrix} \text{THROUGH} \\ \text{THRU} \end{Bmatrix} \text{prozedurname-2} \end{bmatrix} \end{bmatrix}$
$\begin{Bmatrix} \text{bezeichner-1} \\ \text{ganze-zahl-1} \end{Bmatrix}$ TIMES

PERFORM $\begin{bmatrix} \text{prozedurname-1} \begin{bmatrix} \begin{Bmatrix} \text{THROUGH} \\ \text{THRU} \end{Bmatrix} \text{prozedurname-2} \end{bmatrix} \end{bmatrix}$
   UNTIL bedingung-1

PERFORM [prozedurname-1 [{THROUGH / THRU} prozedurname-2]]

VARYING {bezeichner-2 / indexname-1} FROM {bezeichner-3 / indexname-2 / literal-1}

BY {bezeichner-4 / literal-2} UNTIL bedingung-1

[AFTER {bezeichner-5 / literal-3} FROM {bezeichner-6 / indexname-3 / literal-4}

BY {bezeichner-7 / literal-5} UNTIL bedingung-2]

[AFTER {bezeichner-8 / literal-6} FROM {bezeichner-9 / indexname-4 / literal-7}

BY {bezeichner-10 / literal-8} UNTIL bedingung-3]

READ dateiname RECORD [INTO bezeichner]

[AT END unbedingte-anweisung]

READ dateiname [NEXT] RECORD [INTO bezeichner]

[AT END unbedingte-anweisung]

READ dateiname RECORD [INTO bezeichner]

[INVALID KEY unbedingte-anweisung]

READ dateiname RECORD [INTO bezeichner-1]

[KEY IS datenname]

[INVALID KEY unbedingte-anweisung]

RECEIVE ke-name {MESSAGE / SEGMENT} INTO bezeichner

[NO DATA unbedingte-anweisung]

RELEASE satzname [FROM bezeichner]

2.4 Allgemeines Format des Prozedurteils (PROCEDURE DIVISION) 809

RETURN dateiname RECORD [INTO bezeichner] AT END unbedingte-anweisung

REWRITE satzname [FROM bezeichner]

REWRITE satzname [FROM bezeichner] [INVALID KEY unbedingte-anweisung]

SEARCH bezeichner-1 [VARYING { bezeichner-2 / indexname-1 }]

    [AT END unbedingte-anweisung-1]

    { WHEN bedingung-1 { unbedingte-anweisung-2 / NEXT SENTENCE } } ...

SEARCH ALL bezeichner-1 [AT END unbedingte-anweisung-1]

$$\text{WHEN} \begin{Bmatrix} \text{datenname-1} \begin{Bmatrix} \text{IS \underline{EQUAL} TO} \\ \text{IS =} \end{Bmatrix} \begin{Bmatrix} \text{bezeichner-3} \\ \text{literal-1} \\ \text{arithmetischer-ausdruck-1} \end{Bmatrix} \\ \text{bedingungsname-1} \end{Bmatrix}$$

$$\left[\text{AND} \begin{Bmatrix} \text{datenname-2} \begin{Bmatrix} \text{IS \underline{EQUAL} TO} \\ \text{IS =} \end{Bmatrix} \begin{Bmatrix} \text{bezeichner-4} \\ \text{literal-2} \\ \text{arithmetischer-ausdruck-2} \end{Bmatrix} \\ \text{bedingungsname-2} \end{Bmatrix} \right] \ldots$$

    { unbedingte-anweisung-2 / NEXT SENTENCE }

SEND ke-name FROM bezeichner-1

SEND ke-name [FROM bezeichner-1] { WITH bezeichner-2 / WITH ESI / WITH EMI / WITH EGI }

$$\left[\begin{Bmatrix} \underline{\text{BEFORE}} \\ \underline{\text{AFTER}} \end{Bmatrix} \text{ADVANCING} \begin{Bmatrix} \begin{Bmatrix} \text{bezeichner-3} \\ \text{ganze-zahl-1} \end{Bmatrix} \begin{bmatrix} \text{LINE} \\ \text{LINES} \end{bmatrix} \\ \begin{Bmatrix} \text{merkname} \\ \underline{\text{PAGE}} \end{Bmatrix} \end{Bmatrix} \right]$$

SET $\left\{\begin{array}{l}\text{indexname-1}\\ \text{bezeichner-1}\end{array}\right\}$ ... TO $\left\{\begin{array}{l}\text{indexname-2}\\ \text{bezeichner-2}\\ \text{ganze-zahl-1}\end{array}\right\}$

SET {indexname-1} ... $\left\{\begin{array}{l}\underline{\text{UP}}\text{ BY}\\ \underline{\text{DOWN}}\text{ BY}\end{array}\right\}$ $\left\{\begin{array}{l}\text{bezeichner-1}\\ \text{ganze-zahl-1}\end{array}\right\}$

SORT dateiname-1 $\left\{\text{ON }\left\{\begin{array}{l}\underline{\text{ASCENDING}}\\ \underline{\text{DESCENDING}}\end{array}\right\}\text{KEY {datenname-1} ...}\right\}$ ...

[COLLATING SEQUENCE IS alphabet-name-1]

$\left\{\begin{array}{l}\underline{\text{INPUT PROCEDURE}}\text{ IS kapitelname-1}\\ \underline{\text{USING}}\text{ {dateiname-2} ...}\end{array}\right.$ $\left[\left\{\begin{array}{l}\underline{\text{THROUGH}}\\ \underline{\text{THRU}}\end{array}\right\}\text{kapitelname-2}\right]$

$\left\{\begin{array}{l}\underline{\text{OUTPUT PROCEDURE}}\text{ IS kapitelname-3}\\ \underline{\text{GIVING}}\text{ {dateiname-3} ...}\end{array}\right.$ $\left[\left\{\begin{array}{l}\underline{\text{THROUGH}}\\ \underline{\text{THRU}}\end{array}\right\}\text{kapitelname-4}\right]$

START dateiname $\left[\text{KEY}\left\{\begin{array}{l}\text{IS }\underline{\text{EQUAL}}\text{ TO}\\ \text{IS }=\\ \text{IS }\underline{\text{GREATER}}\text{ THAN}\\ \text{IS }>\\ \text{IS }\underline{\text{NOT}}\text{ }\underline{\text{LESS}}\text{ THAN}\\ \text{IS }\underline{\text{NOT}}\text{ }<\end{array}\right\}\text{datenname}\right]$

[INVALID KEY unbedingte-anweisung]

STOP $\left\{\begin{array}{l}\underline{\text{RUN}}\\ \text{literal}\end{array}\right\}$

STRING $\left\{\left\{\begin{array}{l}\text{bezeichner-1}\\ \text{literal-1}\end{array}\right\}\text{ ... }\underline{\text{DELIMITED}}\text{ BY }\left\{\begin{array}{l}\text{bezeichner-2}\\ \text{literal-2}\\ \underline{\text{SIZE}}\end{array}\right\}\right\}$ ...

INTO bezeichner-3

[WITH POINTER bezeichner-4]

[ON OVERFLOW unbedingte-anweisung]

2.4 Allgemeines Format des Prozedurteils (PROCEDURE DIVISION)

SUBTRACT $\left\{\begin{array}{l}\text{bezeichner-1}\\ \text{literal-1}\end{array}\right\}$ ... FROM {bezeichner-3 [ROUNDED]} ...

  [ON SIZE ERROR unbedingte-anweisung]

SUBTRACT $\left\{\begin{array}{l}\text{bezeichner-1}\\ \text{literal-1}\end{array}\right\}$ .... FROM $\left\{\begin{array}{l}\text{bezeichner-2}\\ \text{literal-2}\end{array}\right\}$

  GIVING {bezeichner-3 [ROUNDED]} ...

  [ON SIZE ERROR unbedingte-anweisung]

SUBTRACT $\left\{\begin{array}{l}\text{CORRESPONDING}\\ \text{CORR}\end{array}\right\}$ bezeichner-1 FROM bezeichner-2 [ROUNDED]

  [ON SIZE ERROR unbedingte-anweisung]

SUPPRESS PRINTING

TERMINATE {listenname-1} ...

UNSTRING bezeichner-1

  $\left[\text{DELIMITED BY [ALL]}\left\{\begin{array}{l}\text{bezeichner-2}\\ \text{literal-1}\end{array}\right\}\left[\text{OR [ALL]}\left\{\begin{array}{l}\text{bezeichner-3}\\ \text{literal-2}\end{array}\right\}\right]...\right]$

  INTO {bezeichner-4 [DELIMITER IN bezeichner-5] [COUNT IN bezeichner-6]} ...

  [WITH POINTER bezeichner-7]

  [TALLYING IN bezeichner-8]

  [ON OVERFLOW unbedingte-anweisung]

USE AFTER STANDARD $\left\{\begin{array}{l}\text{EXCEPTION}\\ \text{ERROR}\end{array}\right\}$ PROCEDURE ON $\left\{\begin{array}{l}\{\text{dateiname-1}\}\ ...\\ \text{INPUT}\\ \text{OUTPUT}\\ \text{I-O}\\ \text{EXTEND}\end{array}\right\}$

USE AFTER STANDARD $\left\{\begin{array}{l}\text{EXCEPTION}\\ \text{ERROR}\end{array}\right\}$ PROCEDURE ON $\left\{\begin{array}{l}\{\text{dateiname-2}\}\ ...\\ \text{INPUT}\\ \text{OUTPUT}\\ \text{I-O}\end{array}\right\}$

USE BEFORE REPORTING bezeichner-1

USE FOR DEBUGGING ON $\left\{ \begin{array}{l} \text{ke-name-1} \\ \text{[ALL REFERENCES OF] bezeichner-1} \\ \text{dateiname-1} \\ \text{prozedurname-1} \\ \underline{\text{ALL}} \text{ PROCEDURES} \end{array} \right\}$ ...

WRITE satzname   [FROM bezeichner-1]

$$\left[\left\{ \frac{\text{BEFORE}}{\text{AFTER}} \right\} \text{ADVANCING} \left\{ \begin{array}{l} \left\{ \begin{array}{l} \text{bezeichner-2} \\ \text{ganze-zahl-1} \end{array} \right\} \left\{ \begin{array}{l} \text{LINE} \\ \text{LINES} \end{array} \right\} \\ \left\{ \begin{array}{l} \text{merkname} \\ \underline{\text{PAGE}} \end{array} \right\} \end{array} \right\} \right]$$

$$\left[\text{AT} \left\{ \frac{\text{END-OF-PAGE}}{\text{EOP}} \right\} \text{unbedingte-anweisung} \right]$$

WRITE satzname   [FROM bezeichner]

    [INVALID KEY unbedingte-anweisung]

2.4.2 Allgemeines Format für Bedingungen (Conditions)

Vergleichsbedingung

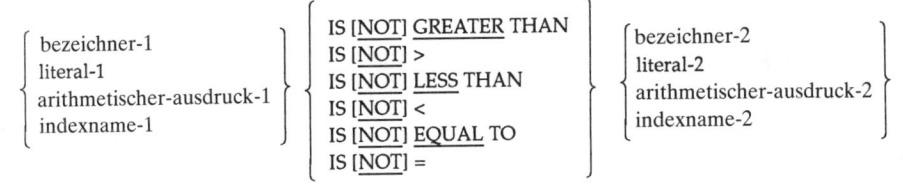

$$\left\{\begin{array}{l}\text{bezeichner-1}\\ \text{literal-1}\\ \text{arithmetischer-ausdruck-1}\\ \text{indexname-1}\end{array}\right\} \left\{\begin{array}{l}\text{IS [\underline{NOT}] \underline{GREATER} THAN}\\ \text{IS [\underline{NOT}] \underline{>}}\\ \text{IS [\underline{NOT}] \underline{LESS} THAN}\\ \text{IS [\underline{NOT}] \underline{<}}\\ \text{IS [\underline{NOT}] \underline{EQUAL} TO}\\ \text{IS [\underline{NOT}] \underline{=}}\end{array}\right\} \left\{\begin{array}{l}\text{bezeichner-2}\\ \text{literal-2}\\ \text{arithmetischer-ausdruck-2}\\ \text{indexname-2}\end{array}\right\}$$

Klassenbedingung

$$\text{bezeichner IS [\underline{NOT}]} \left\{\begin{array}{l}\underline{\text{NUMERIC}}\\ \underline{\text{ALPHABETIC}}\end{array}\right\}$$

Bedingungsnamenbedingung

bedingungsname

Schalterzustandsbedingung

bedingungsname

Vorzeichenbedingung

$$\text{arithmetischer-ausdruck IS [\underline{NOT}]} \left\{\begin{array}{l}\underline{\text{POSITIVE}}\\ \underline{\text{NEGATIVE}}\\ \underline{\text{ZERO}}\end{array}\right\}$$

Verneinte Bedingung

<u>NOT</u> bedingung

Zusammengesetzte Bedingung

$$\text{bedingung-1} \left\{\left\{\begin{array}{l}\underline{\text{AND}}\\ \underline{\text{OR}}\end{array}\right\} \text{bedingung-2}\right\} \dots$$

Abgekürzte zusammengesetzte Vergleichsbedingung

$$\text{vergleichsbedingung} \left\{\left\{\begin{array}{l}\underline{\text{AND}}\\ \underline{\text{OR}}\end{array}\right\} [\underline{\text{NOT}}] \text{ [vergleichsoperator] objekt}\right\} \dots$$

2.4.3 Verschiedene weitere allgemeine Formate

Kennzeichnung

$$\left\{ \begin{array}{l} \text{datenname-1} \\ \text{bedingungsname-1} \end{array} \right\} \left[\left\{ \begin{array}{l} \underline{\text{IN}} \\ \underline{\text{OF}} \end{array} \right\} \text{datenname-2} \right] \ldots$$

$$\text{paragraphenname} \left[\left\{ \begin{array}{l} \underline{\text{IN}} \\ \underline{\text{OF}} \end{array} \right\} \text{kapitelname} \right]$$

$$\text{textname} \left[\left\{ \begin{array}{l} \underline{\text{IN}} \\ \underline{\text{OF}} \end{array} \right\} \text{bibliotheksname} \right]$$

Normalindex oder Subskript

$$\left\{ \begin{array}{l} \text{datenname} \\ \text{bedingungsname} \end{array} \right\} \quad (\text{subskript-1} \ [\text{subskript-2} \ [\text{subskript-3}]] \ )$$

Spezialindex oder Index

$$\left\{ \begin{array}{l} \text{datenname} \\ \text{bedingungsname} \end{array} \right\} \ (\left\{ \begin{array}{l} \text{indexname-1} \ [\{ \pm \} \text{literal-1}] \\ \text{literal-2} \end{array} \right\} \ \ldots \ )$$

Bezeichner, Format 1

$$\text{datenname-1} \left[\left\{ \begin{array}{l} \underline{\text{IN}} \\ \underline{\text{OF}} \end{array} \right\} \text{datenname-2} \right] \ldots \ (\text{subskript-1} \ [, \text{subskript-2} \ [, \text{subskript-3}]] \ )$$

Bezeichner, Format 2

$$\text{datenname-1} \left[\left\{ \begin{array}{l} \underline{\text{IN}} \\ \underline{\text{OF}} \end{array} \right\} \text{datenname-2} \right] \ldots \left[(\left\{ \begin{array}{l} \text{indexname-1} \ [\{ \pm \} \text{literal-1}] \\ \text{literal-2} \end{array} \right\} \right.$$

$$\left[\left\{ \begin{array}{l} \text{indexname-2} \ [\{ \pm \} \text{literal-3}] \\ \text{literal-4} \end{array} \right\} \left[\left\{ \begin{array}{l} \text{indexname-3} \ [\{ \pm \} \text{literal-5}] \\ \text{literal-6} \end{array} \right\} \right] \right]) \right]$$

2.4.4 Allgemeines Format der COPY-Anweisung

$$\underline{\text{COPY}} \ \text{textname} \left[\left\{ \begin{array}{l} \underline{\text{OF}} \\ \underline{\text{IN}} \end{array} \right\} \text{bibliotheksname} \right]$$

$$\left[\underline{\text{REPLACING}} \left\{ \begin{array}{l} == \text{pseudotext-1} == \\ \text{bezeichner-1} \\ \text{literal-1} \\ \text{wort-1} \end{array} \right\} \underline{\text{BY}} \left\{ \begin{array}{l} == \text{pseudotext-2} == \\ \text{bezeichner-2} \\ \text{literal-2} \\ \text{wort-2} \end{array} \right\} \right] \ldots \right]$$

3. COBOL-85

3.1 Allgemeines Format des Erkennungsteils (IDENTIFICATION DIVISION)

IDENTIFICATION DIVISION.

PROGRAM-ID. programmname $\left[\text{IS} \left\{ \left| \begin{array}{c} \underline{\text{COMMON}} \\ \underline{\text{INITIAL}} \end{array} \right| \right\} \text{PROGRAM} \right]$

[AUTHOR. [kommentareintragung] ...]

[INSTALLATION. [kommentareintragung] ...]

[DATE-WRITTEN. [kommentareintragung] ...]

[DATE-COMPILED. [kommentareintragung] ...]

[SECURITY. [kommentareintragung] ...]

3.2 Allgemeines Format des Maschinenteils (ENVIRONMENT DIVISION)

[ENVIRONMENT DIVISION.

[CONFIGURATION SECTION.

[SOURCE-COMPUTER. [computername [WITH DEBUGGING MODE].]]

[OBJECT-COMPUTER. [computername

$\left[\underline{\text{MEMORY}} \text{ SIZE ganze-zahl-1} \left\{ \begin{array}{c} \underline{\text{WORDS}} \\ \underline{\text{CHARACTERS}} \\ \underline{\text{MODULES}} \end{array} \right\} \right]$

[PROGRAM COLLATING SEQUENCE IS alphabet-name-1]

[SEGMENT-LIMIT IS segmentnummer].]]

[SPECIAL-NAMES. [[herstellerwort-1

$$\left\{ \begin{array}{l} \text{IS merkname-1} \quad \text{[ON STATUS IS bedingungsname-1} \\ \qquad\qquad\qquad\quad \text{[OFF STATUS IS bedingungsname-2]]} \\ \text{IS merkname-2} \quad \text{[OFF STATUS IS bedingungsname-2} \\ \qquad\qquad\qquad\quad \text{[ON STATUS IS bedingungsname-1]]} \\ \text{ON STATUS IS bedingungsname-1 [OFF STATUS IS bedingungsname-2]} \\ \text{OFF STATUS IS bedingungsname-2 [ON STATUS IS bedingungsname-1]} \end{array} \right\} \dots$$

[ALPHABET alphabet-name-1 IS

$$\left[\begin{array}{l} \text{STANDARD-1} \\ \text{STANDARD-2} \\ \text{NATIVE} \\ \text{herstellerwort-2} \\ \left\{ \text{literal-1} \left[\left\{ \dfrac{\text{THROUGH}}{\text{THRU}} \right\} \text{literal-2} \right] \right\} \dots \\ \qquad\qquad\quad \{\text{ALSO literal-3}\} \dots \end{array} \right] \dots$$

$\left[\text{SYMBOLIC CHARACTERS} \left\{ \left\{ \{\text{symbolisches-zeichen-1}\} \dots \left\{ \dfrac{\text{IS}}{\text{ARE}} \right\} \{\text{ganze-zahl-1}\} \right. \right. \right.$

$\left. \left. \left. [\text{IN alphabet-name-2}] \dots \right\} \right] \dots$

$\left[\text{CLASS class-name-1 IS} \left\{ \text{literal-4} \left[\left\{ \dfrac{\text{THROUGH}}{\text{THRU}} \right\} \text{literal-5} \right] \right\} \dots \right] \dots$

[CURRENCY SIGN IS literal-6]
[DECIMAL-POINT IS COMMA].]]

3.2 Allgemeines Format des Maschinenteils (ENVIRONMENT DIVISION)   817

[INPUT-OUTPUT SECTION.

FILE-CONTROL.

    {dateisteuerung-eintragung} ...

[I-O-CONTROL.

$$\left[\left[\text{RERUN}\left[\text{ON}\left\{\begin{array}{l}\text{dateiname-1}\\\text{herstellerwort}\end{array}\right\}\right]\right.\right.$$

$$\left.\text{EVERY}\left\{\begin{array}{l}\left[\text{[END OF]}\left\{\begin{array}{l}\underline{\text{REEL}}\\\underline{\text{UNIT}}\end{array}\right\}\right\}\text{ dateiname-2}\\\text{ganze-zahl-1 }\underline{\text{RECORDS}}\\\text{ganze-zahl-2 }\underline{\text{CLOCK-UNITS}}\\\text{bedingungsname-1}\end{array}\right\}\right]\ldots$$

$$\left[\underline{\text{SAME}}\left[\begin{array}{l}\underline{\text{RECORD}}\\\underline{\text{SORT}}\\\underline{\text{SORT-MERGE}}\end{array}\right]\text{AREA FOR dateiname-3 {dateiname-4} ...}\right]\ldots$$

[MULTIPLE FILE TAPE CONTAINS {dateiname-5 [POSITION ganze-zahl-3]} ...] ... .]]]]

3.2.1 Allgemeines Format der Dateisteuerungs-Eintragung (FILE-CONTROL)

Sequentielle Datei

SELECT [OPTIONAL] dateiname

$\quad$ ASSIGN TO $\left\{ \begin{array}{l} \text{herstellerwort-1} \\ \text{literal-1} \end{array} \right\}$ ...

$\quad$ $\left[\text{RESERVE ganze-zahl-1} \left[\begin{array}{l} \text{AREA} \\ \text{AREAS} \end{array} \right] \right]$

$\quad$ [[ORGANIZATION IS] SEQUENTIAL]

$\quad$ $\left[\text{PADDING CHARACTER IS} \left\{ \begin{array}{l} \text{datenname-1} \\ \text{literal-2} \end{array} \right\} \right]$

$\quad$ $\left[\text{RECORD DELIMITER IS} \left\{ \begin{array}{l} \text{STANDARD-1} \\ \text{herstellerwort-2} \end{array} \right\} \right]$

$\quad$ [ACCESS MODE IS SEQUENTIAL]

$\quad$ [FILE STATUS IS datenname-2]

Relative Datei

SELECT [OPTIONAL] dateiname

$\quad$ ASSIGN TO $\left\{ \begin{array}{l} \text{herstellerwort-1} \\ \text{literal-1} \end{array} \right\}$ ...

$\quad$ $\left[\text{RESERVE ganze-zahl} \left[\begin{array}{l} \text{AREA} \\ \text{AREAS} \end{array} \right] \right]$

$\quad$ [ORGANIZATION IS] RELATIVE

$\quad$ $\left[\text{ACCESS MODE IS} \left\{ \begin{array}{l} \text{SEQUENTIAL [RELATIVE KEY IS datenname-1]} \\ \left\{ \begin{array}{l} \text{RANDOM} \\ \text{DYNAMIC} \end{array} \right\} \text{RELATIVE KEY IS datenname-1} \end{array} \right\} \right]$

$\quad$ [FILE STATUS IS datenname-2].

3.2 Allgemeines Format des Maschinenteils (ENVIRONMENT DIVISION)

Indizierte Datei

SELECT [OPTIONAL] dateiname

  ASSIGN TO $\left\{ \begin{array}{l} \text{herstellerwort-1} \\ \text{literal-1} \end{array} \right\}$ ...

  $\left[\text{RESERVE ganze-zahl} \left[\begin{array}{l} \text{AREA} \\ \text{AREAS} \end{array} \right] \right]$

  [ORGANIZATION IS] INDEXED

  $\left[\text{ACCESS MODE IS} \left\{ \begin{array}{l} \underline{\text{SEQUENTIAL}} \\ \underline{\text{RANDOM}} \\ \underline{\text{DYNAMIC}} \end{array} \right\} \right]$

  RECORD KEY IS datenname-1

  [ALTERNATE RECORD KEY IS datenname-2 [WITH DUPLICATES]] ...

  [FILE STATUS IS datenname-3].

Sortierdatei oder Mischdatei

SELECT dateiname-1 ASSIGN TO $\left\{ \begin{array}{l} \text{herstellerwort-1} \\ \text{literal-1} \end{array} \right\}$ ...

Listendatei

SELECT [OPTIONAL] dateiname-1

  ASSIGN TO $\left\{ \begin{array}{l} \text{herstellerwort-1} \\ \text{literal-1} \end{array} \right\}$ ...

  $\left[\text{RESERVE ganze-zahl} \left\{ \begin{array}{l} \text{AREA} \\ \text{AREAS} \end{array} \right\} \right]$

  [[ORGANIZATION IS] SEQUENTIAL]]

  $\left[\text{PADDING CHARACTER IS} \left\{ \begin{array}{l} \text{datenname-1} \\ \text{literal-2} \end{array} \right\} \right]$

  $\left[\text{RECORD DELIMITER IS} \left\{ \begin{array}{l} \underline{\text{STANDARD-1}} \\ \text{herstellerwort-2} \end{array} \right\} \right]$

  [ACCESS MODE IS SEQUENTIAL]

  [FILE STATUS IS datenname-2].

3.3 Allgemeines Format des Datenteils (DATA DIVISION)

[DATA DIVISION.

[FILE SECTION.

$$\left[\begin{array}{l} \text{dateierklärung \{satzerklärung\} } \ldots \\ \text{sortier-misch-dateierklärung\{satzerklärung\} } \ldots \\ \text{listendateierklärung} \end{array}\right] \ldots$$

[WORKING-STORAGE SECTION.

$$\left[\begin{array}{l} \text{erklärung-für-stufe-77} \\ \text{satzerklärung} \end{array}\right] \ldots$$

[LINKAGE SECTION.

$$\left[\begin{array}{l} \text{erklärung-für-stufe-77} \\ \text{satzerklärung} \end{array}\right] \ldots$$

[COMMUNICATION SECTION.

[kommunikationserklärung [satzerklärung] ...] ...]

[REPORT SECTION.

[listenerklärung {leistenerklärung} ...] ...]]

3.3.1 Allgemeines Format für Dateierklärungen (Dateibeschreibungen)

Sequentielle Datei

3.3.1 Allgemeines Format für Dateierklärungen (Dateibeschreibungen)

Sequentielle Datei

FD dateiname

    [IS EXTERNAL]

    [IS GLOBAL]

$$\left[\text{BLOCK CONTAINS } [\text{ganze-zahl-1 } \underline{\text{TO}}] \text{ ganze-zahl-2} \left\{ \begin{array}{l} \underline{\text{RECORDS}} \\ \text{CHARACTERS} \end{array} \right\} \right]$$

$$\left[\underline{\text{RECORD}} \left\{ \begin{array}{l} \text{CONTAINS ganze-zahl-3 CHARACTERS} \\ \text{IS } \underline{\text{VARYING}} \text{ IN SIZE } [[\text{FROM ganze-zahl-4}] \; [\underline{\text{TO}} \text{ ganze-zahl-5}] \\ \quad \text{CHARACTERS}] \; [\underline{\text{DEPENDING}} \text{ ON datenname-1}] \\ \text{CONTAINS ganze-zahl-6 } \underline{\text{TO}} \text{ ganze-zahl-7 CHARACTERS} \end{array} \right\} \right]$$

$$\left[\underline{\text{LABEL}} \left\{ \begin{array}{l} \text{RECORD IS} \\ \underline{\text{RECORDS}} \text{ ARE} \end{array} \right\} \left\{ \begin{array}{l} \text{STANDARD} \\ \underline{\text{OMITTED}} \end{array} \right\} \right]$$

$$\left[\underline{\text{VALUE OF}} \left\{ \text{herstellerwort-1 IS} \left\{ \begin{array}{l} \text{datenname-2} \\ \text{literal-1} \end{array} \right\} \right\} \ldots \right]$$

$$\left[\underline{\text{DATA}} \left\{ \begin{array}{l} \text{RECORD IS} \\ \underline{\text{RECORDS}} \text{ ARE} \end{array} \right\} \{\text{datenname-3}\} \ldots \right]$$

$$\left[\underline{\text{LINAGE}} \text{ IS} \left\{ \begin{array}{l} \text{datenname-4} \\ \text{ganze-zahl-8} \end{array} \right\} \text{ LINES} \right.$$

$$\left[\text{WITH } \underline{\text{FOOTING}} \text{ AT} \left\{ \begin{array}{l} \text{datenname-5} \\ \text{ganze-zahl-9} \end{array} \right\} \right]$$

$$\left[\text{LINES AT } \underline{\text{TOP}} \left\{ \begin{array}{l} \text{datenname-6} \\ \text{ganze-zahl-10} \end{array} \right\} \right]$$

$$\left. \left[\text{LINES AT } \underline{\text{BOTTOM}} \left\{ \begin{array}{l} \text{datenname-7} \\ \text{ganze-zahl-11} \end{array} \right\} \right] \right]$$

[$\underline{\text{CODE-SET}}$ IS alphabet-name].

Relative Datei

FD dateiname

[IS EXTERNAL]

[IS GLOBAL]

$$\left[\text{BLOCK CONTAINS [ganze-zahl-1 TO] ganze-zahl-2} \left\{ \begin{array}{l} \underline{\text{RECORDS}} \\ \underline{\text{CHARACTERS}} \end{array} \right\} \right]$$

$$\left[\underline{\text{RECORD}} \left\{ \begin{array}{l} \text{CONTAINS ganze-zahl-3 CHARACTERS} \\ \text{IS } \underline{\text{VARYING}} \text{ IN SIZE [[FROM ganze-zahl-4] [}\underline{\text{TO}} \text{ ganze-zahl-5]} \\ \text{CHARACTERS] [}\underline{\text{DEPENDING}} \text{ ON datenname-1]} \\ \text{CONTAINS ganze-zahl-6 } \underline{\text{TO}} \text{ ganze-zahl-7 CHARACTERS} \end{array} \right\} \right]$$

$$\left[\text{LABEL} \left\{ \begin{array}{l} \underline{\text{RECORD}} \text{ IS} \\ \underline{\text{RECORDS}} \text{ ARE} \end{array} \right\} \left\{ \begin{array}{l} \underline{\text{STANDARD}} \\ \underline{\text{OMITTED}} \end{array} \right\} \right]$$

$$\left[\underline{\text{VALUE}} \text{ }\underline{\text{OF}} \left\{ \text{herstellerwort-1 IS} \left\{ \begin{array}{l} \text{datenname-2} \\ \text{literal-1} \end{array} \right\} \right\} \ldots \right]$$

$$\left[\underline{\text{DATA}} \left\{ \begin{array}{l} \underline{\text{RECORD}} \text{ IS} \\ \underline{\text{RECORDS}} \text{ ARE} \end{array} \right\} \{\text{datenname-3}\} \ldots \right] .$$

Indizierte Datei

FD dateiname

[IS EXTERNAL]

[IS GLOBAL]

$$\left[\text{BLOCK CONTAINS [ganze-zahl-1 TO] ganze-zahl-2} \left\{ \begin{array}{l} \underline{\text{RECORDS}} \\ \underline{\text{CHARACTERS}} \end{array} \right\} \right]$$

$$\left[\underline{\text{RECORD}} \left\{ \begin{array}{l} \text{CONTAINS ganze-zahl-3 CHARACTERS} \\ \text{IS } \underline{\text{VARYING}} \text{ IN SIZE [[FROM ganze-zahl-4] [}\underline{\text{TO}} \text{ ganze-zahl-5]} \\ \text{CHARACTERS] [}\underline{\text{DEPENDING}} \text{ ON datenname-1]} \\ \text{CONTAINS ganze-zahl-6 } \underline{\text{TO}} \text{ ganze-zahl-7 CHARACTERS} \end{array} \right\} \right]$$

$$\left[\text{LABEL} \left\{ \begin{array}{l} \underline{\text{RECORD}} \text{ IS} \\ \underline{\text{RECORDS}} \text{ ARE} \end{array} \right\} \left\{ \begin{array}{l} \underline{\text{STANDARD}} \\ \underline{\text{OMITTED}} \end{array} \right\} \right]$$

$$\left[\underline{\text{VALUE}} \text{ }\underline{\text{OF}} \left\{ \text{herstellerwort-1 IS} \left\{ \begin{array}{l} \text{datenname-2} \\ \text{literal-1} \end{array} \right\} \right\} \ldots \right]$$

$$\left[\underline{\text{DATA}} \left\{ \begin{array}{l} \underline{\text{RECORD}} \text{ IS} \\ \underline{\text{RECORDS}} \text{ ARE} \end{array} \right\} \{\text{datenname-3}\} \ldots \right] .$$

Sortier-Misch-Datei

SD dateiname

$$\left[\text{RECORD} \left\{ \begin{array}{l} \text{CONTAINS ganze-zahl-1 CHARACTERS} \\ \text{IS } \underline{\text{VARYING}} \text{ IN SIZE [[FROM ganze-zahl-2] [\underline{TO} ganze-zahl-3]} \\ \quad \text{CHARACTERS] [\underline{DEPENDING} ON datenname-1]} \\ \text{CONTAINS ganze-zahl-4 } \underline{\text{TO}} \text{ ganze-zahl-5 CHARACTERS} \end{array} \right\} \right]$$

$$\left[\underline{\text{DATA}} \left\{ \begin{array}{l} \underline{\text{RECORD}} \text{ IS} \\ \underline{\text{RECORDS}} \text{ ARE} \end{array} \right\} \{\text{datenname-2}\} \ldots \right] .$$

Listendatei

FD dateiname

[IS EXTERNAL]

[IS GLOBAL]

$$\left[\underline{\text{BLOCK}} \text{ CONTAINS [ganze-zahl-1 } \underline{\text{TO}}\text{] ganze-zahl-2} \left\{ \begin{array}{l} \underline{\text{RECORDS}} \\ \underline{\text{CHARACTERS}} \end{array} \right\} \right]$$

$$\left[\underline{\text{RECORD}} \left\{ \begin{array}{l} \text{CONTAINS ganze-zahl-3 CHARACTERS} \\ \text{CONTAINS ganze-zahl-4 } \underline{\text{TO}} \text{ ganze-zahl-5 CHARACTERS} \end{array} \right\} \right]$$

$$\left[\underline{\text{LABEL}} \left\{ \begin{array}{l} \underline{\text{RECORD}} \text{ IS} \\ \underline{\text{RECORDS}} \text{ ARE} \end{array} \right\} \left\{ \begin{array}{l} \underline{\text{STANDARD}} \\ \underline{\text{OMITTED}} \end{array} \right\} \right]$$

$$\left[\underline{\text{VALUE OF}} \left\{ \text{herstellerwort-1 IS} \left\{ \begin{array}{l} \text{datenname-1} \\ \text{literal-1} \end{array} \right\} \right\} \ldots \right]$$

[CODE-SET IS alphabet-name-1]

$$\left\{ \begin{array}{l} \underline{\text{REPORT}} \text{ IS} \\ \underline{\text{REPORTS}} \text{ ARE} \end{array} \right\} \{\text{listenname-1}\} \ldots \quad .$$

3.3.2 Allgemeines Format für Datenerklärungen (Datenbeschreibungen)

FORMAT 1

stufennummer $\left[\begin{array}{l}\text{datenname-1}\\ \text{FILLER}\end{array}\right]$

[REDEFINES datenname-2]

[IS EXTERNAL]

[IS GLOBAL]

$\left[\left\{\begin{array}{l}\text{PICTURE}\\ \text{PIC}\end{array}\right\} \text{IS zeichenfolge}\right]$

$\left[\text{[USAGE IS]} \left\{\begin{array}{l}\text{BINARY}\\ \text{COMPUTATIONAL}\\ \text{COMP}\\ \text{DISPLAY}\\ \text{INDEX}\\ \text{PACKED-DECIMAL}\end{array}\right\}\right]$

$\left[\text{[SIGN IS]} \left\{\begin{array}{l}\text{LEADING}\\ \text{TRAILING}\end{array}\right\} \text{[SEPARATE CHARACTER]}\right]$

$\left[\begin{array}{l}\text{OCCURS ganze-zahl-2 TIMES}\\ \qquad \left[\left\{\begin{array}{l}\text{ASCENDING}\\ \text{DESCENDING}\end{array}\right\} \text{KEY IS \{datenname-3\} } \ldots\right] \ldots \\ \qquad \text{[INDEXED BY \{indexname-1\} } \ldots\text{]}\\ \text{OCCURS ganze-zahl-1 TO ganze-zahl-2 TIMES DEPENDING ON datenname-4}\\ \qquad \left[\left\{\begin{array}{l}\text{ASCENDING}\\ \text{DESCENDING}\end{array}\right\} \text{KEY IS \{datenname-3\} } \ldots\right] \ldots \\ \qquad \text{[INDEXED BY \{indexname-1\} } \ldots\text{]}\end{array}\right]$

$\left[\left\{\begin{array}{l}\text{SYNCHRONIZED}\\ \text{SYNC}\end{array}\right\} \left[\begin{array}{l}\text{LEFT}\\ \text{RIGHT}\end{array}\right]\right]$

$\left[\left\{\begin{array}{l}\text{JUSTIFIED}\\ \text{JUST}\end{array}\right\} \text{RIGHT}\right]$

[BLANK WHEN ZERO]

[VALUE IS literal-1].

3.3 Allgemeines Format des Datenteils (DATA DIVISION)

FORMAT 2

66 datenname-1 <u>RENAMES</u> datenname-2 $\left[\left\{ \begin{array}{c} \underline{\text{THROUGH}} \\ \underline{\text{THRU}} \end{array} \right\} \text{datenname-3} \right]$.

FORMAT 3

88 bedingungsname-1 $\left\{ \begin{array}{c} \underline{\text{VALUE}} \text{ IS} \\ \underline{\text{VALUES}} \text{ ARE} \end{array} \right\} \left\{ \text{literal-1} \left[\left\{ \begin{array}{c} \underline{\text{THROUGH}} \\ \underline{\text{THRU}} \end{array} \right\} \text{literal-2} \right] \right\} \ldots$.

3.3.3 Allgemeines Format der Kommunikationserklärung (Kommunikationsbeschreibung)

FORMAT 1

<u>CD</u> ke-name

FOR [<u>INITIAL</u>] <u>INPUT</u>

```
[[SYMBOLIC QUEUE IS datenname-1]
 [SYMBOLIC SUB-QUEUE-1 IS datenname-2]
 [SYMBOLIC SUB-QUEUE-2 IS datenname-3]
 [SYMBOLIC SUB-QUEUE-3 IS datenname-4]
 [MESSAGE DATE IS datenname-5]
 [MESSAGE TIME IS datenname-6]
 [SYMBOLIC SOURCE IS datenname-7]
 [TEXT LENGTH IS datenname-8]
 [END KEY IS datenname-9]
 [STATUS KEY IS datenname-10]
 [MESSAGE COUNT IS datenname-11]]
 [datenname-1, datenname-2, datenname-3,
     datenname-4, datenname-5, datenname-6,
     datenname-7, datenname-8, datenname-9,
     datenname-10, datenname-11]
```

FORMAT 2

CD ke-name FOR OUTPUT

    [DESTINATION COUNT IS datenname-1]

    [TEXT LENGTH IS datenname-2]

    [STATUS KEY IS datenname-3]

    [DESTINATION TABLE OCCURS ganze-zahl-1 TIMES

        [INDEXED BY {indexname-1} ...]]

    [ERROR KEY IS datenname-4]

    [SYMBOLIC DESTINATION IS datenname-5].

FORMAT 3

CD ke-name

FOR [INITIAL] I-O

    [[MESSAGE DATE IS datenname-1]

    [MESSAGE TIME IS datenname-2]

    [SYMBOLIC TERMINAL IS datenname-3]

    [TEXT LENGTH IS datenname-4]

    [END KEY IS datenname-5]

    [STATUS KEY IS datenname-6]]

    [datenname-1, datenname-2, datenname-3, datenname-4, datenname-5, datenname-6]

Anmerkung: Unter ke ist die Abkürzung von „Kommunikationserklärung" zu verstehen.

3.3.4 Allgemeines Format der Listenerklärung (Listenbeschreibung)

RD listenname

    [IS GLOBAL]

    [CODE literal-1]

$$\left[\ \left\{ \begin{array}{l} \underline{\text{CONTROL}}\text{ IS} \\ \underline{\text{CONTROLS}}\text{ ARE} \end{array} \right\} \ \left\{ \begin{array}{l} \{\text{datenname-1}\}\ldots \\ \underline{\text{FINAL}}\ [\text{datenname-1}]\ldots \end{array} \right\} \ \right]$$

$$\left[\ \underline{\text{PAGE}} \left\{ \begin{array}{l} \text{LIMIT IS} \\ \text{LIMITS ARE} \end{array} \right\} \text{ganze-zahl-1} \left[\begin{array}{l} \text{LINE} \\ \text{LINES} \end{array} \right]\ [\underline{\text{HEADING}}\text{ ganze-zahl-2}] \right.$$

      [FIRST DETAIL ganze-zahl-3] [LAST DETAIL ganze-zahl-4]

$$\left. [\underline{\text{FOOTING}}\text{ ganze-zahl-5}]\ \right]\ .$$

3.3.5 Allgemeines Format der Leistenerklärung (Listengruppenbeschreibung)

FORMAT 1

01 [datenname-1]

$$\left[\ \underline{\text{LINE}}\text{ NUMBER IS}\left\{ \begin{array}{l} \text{ganze-zahl-1 [ON }\underline{\text{NEXT PAGE}}] \\ \underline{\text{PLUS}}\text{ ganze-zahl-2} \end{array} \right\} \right]$$

$$\left[\ \underline{\text{NEXT}}\text{ GROUP IS}\left\{ \begin{array}{l} \text{ganze-zahl-3} \\ \underline{\text{PLUS}}\text{ ganze-zahl-4} \\ \underline{\text{NEXT PAGE}} \end{array} \right\} \right]$$

$$\underline{\text{TYPE}}\text{ IS}\left[\begin{array}{l} \left\{ \begin{array}{l} \underline{\text{REPORT}}\text{ HEADING} \\ \underline{\text{RH}} \end{array} \right\} \\ \left\{ \begin{array}{l} \underline{\text{PAGE}}\text{ HEADING} \\ \underline{\text{PH}} \end{array} \right\} \\ \left\{ \begin{array}{l} \underline{\text{CONTROL HEADING}} \\ \underline{\text{CH}} \end{array} \right\}\ \left\{ \begin{array}{l} \text{datenname-2} \\ \underline{\text{FINAL}} \end{array} \right\} \\ \left\{ \begin{array}{l} \underline{\text{DETAIL}} \\ \underline{\text{DE}} \end{array} \right\} \\ \left\{ \begin{array}{l} \underline{\text{CONTROL FOOTING}} \\ \underline{\text{CF}} \end{array} \right\}\ \left\{ \begin{array}{l} \text{datenname-3} \\ \underline{\text{FINAL}} \end{array} \right\} \\ \left\{ \begin{array}{l} \underline{\text{PAGE}}\text{ FOOTING} \\ \underline{\text{PF}} \end{array} \right\} \\ \left\{ \begin{array}{l} \underline{\text{REPORT}}\text{ FOOTING} \\ \underline{\text{RF}} \end{array} \right\} \end{array} \right]$$

[[USAGE IS] DISPLAY].

FORMAT 2

stufennummer [datenname-1]

$$\left[\underline{\text{LINE}} \text{ NUMBER IS } \left\{ \begin{array}{l} \text{ganze-zahl-1 [ON } \underline{\text{NEXT PAGE}}\text{]} \\ \underline{\text{PLUS}} \text{ ganze-zahl-2} \end{array} \right\} \right]$$

[[<u>USAGE</u> IS] <u>DISPLAY</u>].

FORMAT 3

stufennummer [datenname-1]

$$\left\{ \begin{array}{l} \underline{\text{PICTURE}} \\ \underline{\text{PIC}} \end{array} \right\} \text{ IS zeichenfolge}$$

[[<u>USAGE</u> IS] <u>DISPLAY</u>]

$$\left[[\underline{\text{SIGN}} \text{ IS}] \left\{ \begin{array}{l} \underline{\text{LEADING}} \\ \underline{\text{TRAILING}} \end{array} \right\} \underline{\text{SEPARATE}} \text{ CHARACTER} \right]$$

$$\left[\left\{ \begin{array}{l} \underline{\text{JUSTIFIED}} \\ \underline{\text{JUST}} \end{array} \right\} \text{ RIGHT} \right]$$

[<u>BLANK</u> WHEN <u>ZERO</u>]

$$\left[\underline{\text{LINE}} \text{ NUMBER IS } \left\{ \begin{array}{l} \text{ganze-zahl-1 [ON } \underline{\text{NEXT PAGE}}\text{]} \\ \underline{\text{PLUS}} \text{ ganze-zahl-2} \end{array} \right\} \right]$$

[<u>COLUMN</u> NUMBER IS ganze-zahl-3]

$$\left\{ \begin{array}{l} \underline{\text{SOURCE}} \text{ IS bezeichner-1} \\ \underline{\text{VALUE}} \text{ IS literal-1} \\ \{\underline{\text{SUM}} \text{ \{bezeichner-2\} } \ldots \text{ [}\underline{\text{UPON}} \text{ datenname-2 \} } \ldots \text{]\} } \ldots \\ \quad \left[\underline{\text{RESET}} \text{ ON } \left\{ \begin{array}{l} \text{datenname-3} \\ \underline{\text{FINAL}} \end{array} \right\} \right] \end{array} \right\}$$

[<u>GROUP</u> INDICATE].

3.4 Allgemeines Format des Prozedurteils (PROCEDURE DIVISION)

FORMAT 1

[PROCEDURE DIVISION [USING {datenname-1} ...].

[DECLARATIVES.

{kapitelname SECTION [segmentnummer].

    USE vereinbarung

[paragraphenname .

    [programmsatz] ...] ... } ...

END DECLARATIVES.]

{kapitelname SECTION [segmentnummer].

[paragraphenname .

    [programmsatz] ...] ... } ...]

FORMAT 2

[PROCEDURE DIVISION [USING {datenname-1} ...].

{paragraphenname .

    [programmsatz] ... } ...]

3.4.1 Allgemeines Format der COBOL-Verben

<u>ACCEPT</u> bezeichner [<u>FROM</u> merkname]

<u>ACCEPT</u> bezeichner <u>FROM</u> $\left\{ \begin{array}{l} \underline{DATE} \\ \underline{DAY} \\ \underline{DAY\text{-}OF\text{-}WEEK} \\ \underline{TIME} \end{array} \right\}$

<u>ACCEPT</u> ke-name MESSAGE <u>COUNT</u>

<u>ADD</u> $\left\{ \begin{array}{l} \text{bezeichner-1} \\ \text{literal-1} \end{array} \right\}$ ... <u>TO</u> {bezeichner-2 [<u>ROUNDED</u>]} ...

[ON <u>SIZE ERROR</u> unbedingte-anweisung-1]

[<u>NOT</u> ON <u>SIZE ERROR</u> unbedingte-anweisung-2]

[<u>END-ADD</u>]

<u>ADD</u> $\left\{ \begin{array}{l} \text{bezeichner-1} \\ \text{literal-1} \end{array} \right\}$ ... TO $\left\{ \begin{array}{l} \text{bezeichner-2} \\ \text{literal-2} \end{array} \right\}$

<u>GIVING</u> {bezeichner-3 [<u>ROUNDED</u>]} ...

[ON <u>SIZE ERROR</u> unbedingte-anweisung-1]

[<u>NOT</u> ON <u>SIZE ERROR</u> unbedingte-anweisung-2]

[<u>END-ADD</u>]

<u>ADD</u> $\left\{ \begin{array}{l} \underline{CORRESPONDING} \\ \underline{CORR} \end{array} \right\}$ bezeichner-1 <u>TO</u> bezeichner-2 [<u>ROUNDED</u>]

[ON <u>SIZE ERROR</u> unbedingte-anweisung-1]

[<u>NOT</u> ON <u>SIZE ERROR</u> unbedingte-anweisung-2]

[<u>END-ADD</u>]

3.4 Allgemeines Format des PROZEDURTEILS (PROCEDURE DIVISION)   831

ALTER {prozedurname-1 TO [PROCEED TO] prozedurname-2} ...

CALL $\left\{\begin{array}{l}\text{bezeichner-1}\\ \text{literal-1}\end{array}\right\}$ $\left[\text{USING}\ \left\{\begin{array}{l}\text{[BY REFERENCE] \{bezeichner-2\} ...}\\ \text{BY CONTENT \{bezeichner-2\} ...}\end{array}\right\}\ ...\ \right]$

    [ON OVERFLOW unbedingte-anweisung]

    [END-CALL]

CALL $\left\{\begin{array}{l}\text{bezeichner-1}\\ \text{literal-1}\end{array}\right\}$ $\left[\text{USING}\ \left\{\begin{array}{l}\text{[BY REFERENCE] \{bezeichner-2\} ...}\\ \text{BY CONTENT \{bezeichner-2\} ...}\end{array}\right\}\ ...\ \right]$

    [[ON EXCEPTION unbedingte-anweisung-1]

    [NOT ON EXCEPTION unbedingte-anweisung-2]

    [END-CALL]

CANCEL $\left\{\begin{array}{l}\text{bezeichner-1}\\ \text{literal-1}\end{array}\right\}$

] CLOSE $\left\{\text{dateiname-1}\ \left[\ \left\{\begin{array}{l}\text{REEL}\\ \text{UNIT}\end{array}\right\}\ \text{[FOR REMOVAL]}\ \right.\right.$
$\left.\left.\text{WITH}\ \left\{\begin{array}{l}\text{NO REWIND}\\ \text{LOCK}\end{array}\right\}\ \right]\right\}$ ...

] CLOSE   dateiname-1 [WITH LOCK]} ...

COMPUTE {bezeichner-1 [ROUNDED]} ... = arithmetischer-ausdruck

    [ON SIZE ERROR unbedingte-anweisung-1]

    [NOT ON SIZE ERROR unbedingte-anweisung-2]

    [END-COMPUTE]

CONTINUE

DELETE dateiname RECORD

    [INVALID KEY unbedingte-anweisung-1]

    [NOT INVALID KEY unbedingte-anweisung-2]

    [END-DELETE]

DISABLE $\left\{\begin{array}{l}\text{INPUT [TERMINAL]}\\ \text{I-O TERMINAL}\\ \text{OUTPUT}\end{array}\right\}$ ke-name $\left[\text{WITH KEY} \left\{\begin{array}{l}\text{bezeichner-1}\\ \text{literal-1}\end{array}\right\}\right]$

DISPLAY $\left\{\begin{array}{l}\text{bezeichner-1}\\ \text{literal-1}\end{array}\right\}$ ... [UPON merkname] [WITH NO ADVANCING]

DIVIDE $\left\{\begin{array}{l}\text{bezeichner-1}\\ \text{literal-1}\end{array}\right\}$ INTO {bezeichner-2 [ROUNDED]} ...

    [ON SIZE ERROR unbedingte-anweisung-1]

    [NOT ON SIZE ERROR unbedingte-anweisung-2]

    [END-DIVIDE]

DIVIDE $\left\{\begin{array}{l}\text{bezeichner-1}\\ \text{literal-1}\end{array}\right\}$ INTO $\left\{\begin{array}{l}\text{bezeichner-2}\\ \text{literal-2}\end{array}\right\}$

    GIVING {bezeichner-3 [ROUNDED]} ...

    [ON SIZE ERROR unbedingte-anweisung-1]

    [NOT ON SIZE ERROR unbedingte-anweisung-2]

    [END-DIVIDE]

3.4 Allgemeines Format des PROZEDURTEILS (PROCEDURE DIVISION)

DIVIDE $\left\{\begin{array}{l}\text{bezeichner-1}\\ \text{literal-1}\end{array}\right\}$ BY $\left\{\begin{array}{l}\text{bezeichner-2}\\ \text{literal-2}\end{array}\right\}$

    GIVING {bezeichner-3 [ROUNDED]} ...

    [ON SIZE ERROR unbedingte-anweisung-1]

    [NOT ON SIZE ERROR unbedingte-anweisung-2]

    [END-DIVIDE]

DIVIDE $\left\{\begin{array}{l}\text{bezeichner-1}\\ \text{literal-1}\end{array}\right\}$ INTO $\left\{\begin{array}{l}\text{bezeichner-2}\\ \text{literal-2}\end{array}\right\}$ GIVING bezeichner-3 [ROUNDED]

    REMAINDER bezeichner-4

    [ON SIZE ERROR unbedingte-anweisung-1]

    [NOT ON SIZE ERROR unbedingte-anweisung-2]

    [END-DIVIDE]

DIVIDE $\left\{\begin{array}{l}\text{bezeichner-1}\\ \text{literal-1}\end{array}\right\}$ BY $\left\{\begin{array}{l}\text{bezeichner-2}\\ \text{literal-2}\end{array}\right\}$ GIVING bezeichner-3 [ROUNDED]

    REMAINDER bezeichner-4

    [ON SIZE ERROR unbedingte-anweisung-1]

    [NOT ON SIZE ERROR unbedingte-anweisung-2]

    [END-DIVIDE]

ENABLE $\left\{\begin{array}{l}\text{INPUT [TERMINAL]}\\ \text{I-O TERMINAL}\\ \text{OUTPUT}\end{array}\right\}$ ke-name $\left[\text{WITH KEY} \left\{\begin{array}{l}\text{bezeichner-1}\\ \text{literal-1}\end{array}\right\}\right]$

ENTER sprachenname [routinenname].

EVALUATE $\left\{\begin{array}{l}\text{bezeichner-1}\\ \text{literal-1}\\ \text{ausdruck-1}\\ \underline{\text{TRUE}}\\ \underline{\text{FALSE}}\end{array}\right\}$ $\left[\underline{\text{ALSO}}\ \left\{\begin{array}{l}\text{bezeichner-2}\\ \text{literal-2}\\ \text{ausdruck-2}\\ \underline{\text{TRUE}}\\ \underline{\text{FALSE}}\end{array}\right\}\right]$ ...

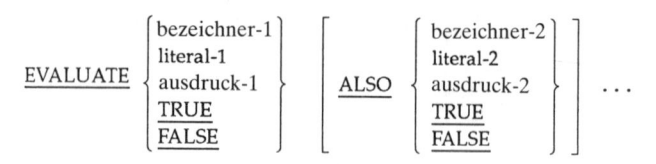

{{<u>WHEN</u>

$\left[\left\{\begin{array}{l}\underline{\text{ANY}}\\ \text{bedingung-1}\\ \underline{\text{TRUE}}\\ \underline{\text{FALSE}}\\ [\underline{\text{NOT}}]\ \left\{\begin{array}{l}\text{bezeichner-3}\\ \text{literal-3}\\ \text{arithmetischer-ausdruck-1}\end{array}\right\}\ \left[\left\{\begin{array}{l}\underline{\text{THROUGH}}\\ \underline{\text{THRU}}\end{array}\right\}\ \left\{\begin{array}{l}\text{bezeichner-4}\\ \text{literal-4}\\ \text{arithmetischer-ausdruck-2}\end{array}\right\}\right]\end{array}\right\}\right]$

[<u>ALSO</u>

$\left[\left\{\begin{array}{l}\underline{\text{ANY}}\\ \text{bedingung-2}\\ \underline{\text{TRUE}}\\ \underline{\text{FALSE}}\\ [\underline{\text{NOT}}]\ \left\{\begin{array}{l}\text{bezeichner-5}\\ \text{literal-5}\\ \text{arithmetischer-ausdruck-3}\end{array}\right\}\ \left[\left\{\begin{array}{l}\underline{\text{THROUGH}}\\ \underline{\text{THRU}}\end{array}\right\}\ \left\{\begin{array}{l}\text{bezeichner-6}\\ \text{literal-6}\\ \text{arithmetischer-ausdruck-4}\end{array}\right\}\right]\end{array}\right\}\right]$ ...

unbedingte-anweisung-1

[<u>WHEN</u> <u>OTHER</u> unbedingte-anweisung-2]

[<u>END-EVALUATE</u>]

<u>EXIT</u>

<u>EXIT</u> <u>PROGRAM</u>

<u>GENERATE</u> $\left\{\begin{array}{l}\text{datenname}\\ \text{listenname}\end{array}\right\}$

<u>GO</u> TO [prozedurname]

<u>GO</u> TO {prozedurname-1} ... <u>DEPENDING</u> ON bezeichner

3.4 Allgemeines Format des PROZEDURTEILS (PROCEDURE DIVISION) 835

$$\underline{\text{IF}} \text{ bedingung THEN } \left\{ \begin{array}{l} \{\text{anweisung-1}\} \dots \\ \underline{\text{NEXT SENTENCE}} \end{array} \right\} \left\{ \begin{array}{l} \underline{\text{ELSE}} \{\text{anweisung-2}\} \dots [\underline{\text{END-IF}}] \\ \underline{\text{ELSE}} \underline{\text{NEXT SENTENCE}} \\ \underline{\text{END-IF}} \end{array} \right\}$$

$$\underline{\text{INITIALIZE}} \{\text{bezeichner-1}\} \dots$$

$$\left[\underline{\text{REPLACING}} \left\{ \left\{ \begin{array}{l} \underline{\text{ALPHABETIC}} \\ \underline{\text{ALPHANUMERIC}} \\ \underline{\text{NUMERIC}} \\ \underline{\text{ALPHANUMERIC-EDITED}} \\ \underline{\text{NUMERIC-EDITED}} \end{array} \right\} \text{DATA} \underline{\text{BY}} \left\{ \begin{array}{l} \text{bezeichner-2} \\ \text{literal-1} \end{array} \right\} \right\} \dots \right]$$

$$\underline{\text{INITIATE}} \{\text{listenname-1}\} \dots$$

$$\underline{\text{INSPECT}} \text{ bezeichner-1 } \underline{\text{TALLYING}}$$

$$\left\{ \text{bezeichner-2} \underline{\text{FOR}} \left\{ \begin{array}{l} \underline{\text{CHARACTERS}} \left[\left\{ \underline{\text{BEFORE}} \\ \underline{\text{AFTER}} \right\} \text{INITIAL} \left\{ \begin{array}{l} \text{bezeichner-4} \\ \text{literal-2} \end{array} \right\} \right] \dots \\ \left\{ \underline{\text{ALL}} \\ \underline{\text{LEADING}} \right\} \left\{ \left\{ \begin{array}{l} \text{bezeichner-3} \\ \text{literal-1} \end{array} \right\} \left[\left\{ \underline{\text{BEFORE}} \\ \underline{\text{AFTER}} \right\} \text{INITIAL} \left\{ \begin{array}{l} \text{bezeichner-4} \\ \text{literal-2} \end{array} \right\} \right] \dots \right\} \dots \end{array} \right\} \right\} \dots$$

$$\underline{\text{INSPECT}} \text{ bezeichner-1 } \underline{\text{REPLACING}}$$

$$\left\{ \begin{array}{l} \underline{\text{CHARACTERS}} \underline{\text{BY}} \left\{ \begin{array}{l} \text{bezeichner-5} \\ \text{literal-3} \end{array} \right\} \left[\left\{ \underline{\text{BEFORE}} \\ \underline{\text{AFTER}} \right\} \text{INITIAL} \left\{ \begin{array}{l} \text{bezeichner-4} \\ \text{literal-2} \end{array} \right\} \right] \dots \\ \left\{ \underline{\text{ALL}} \\ \underline{\text{LEADING}} \\ \underline{\text{FIRST}} \right\} \left\{ \left\{ \begin{array}{l} \text{bezeichner-3} \\ \text{literal-1} \end{array} \right\} \underline{\text{BY}} \left\{ \begin{array}{l} \text{bezeichner-5} \\ \text{literal-3} \end{array} \right\} \left[\left\{ \underline{\text{BEFORE}} \\ \underline{\text{AFTER}} \right\} \text{INITIAL} \left\{ \begin{array}{l} \text{bezeichner-4} \\ \text{literal-2} \end{array} \right\} \right] \dots \right\} \dots \end{array} \right\} \dots$$

$$\underline{\text{INSPECT}} \text{ bezeichner-1 } \underline{\text{TALLYING}}$$

$$\left\{ \text{bezeichner-2 } \underline{\text{FOR}} \left\{ \begin{matrix} \underline{\text{CHARACTERS}} \left[\left\{ \underline{\underline{\text{BEFORE}}} \atop \underline{\text{AFTER}} \right\} \text{INITIAL} \left\{ \begin{matrix} \text{bezeichner-4} \\ \text{literal-2} \end{matrix} \right\} \right] \ldots \\ \left\{ \underline{\underline{\text{ALL}}} \atop \underline{\text{LEADING}} \right\} \left\{ \left\{ \begin{matrix} \text{bezeichner-3} \\ \text{literal-1} \end{matrix} \right\} \left[\left\{ \underline{\underline{\text{BEFORE}}} \atop \underline{\text{AFTER}} \right\} \text{INITIAL} \left\{ \begin{matrix} \text{bezeichner-4} \\ \text{literal-2} \end{matrix} \right\} \right] \ldots \right\} \end{matrix} \right\} \right\} \ldots$$

$$\underline{\text{REPLACING}}$$

$$\left\{ \begin{matrix} \underline{\text{CHARACTERS BY}} \left\{ \begin{matrix} \text{bezeichner-5} \\ \text{literal-3} \end{matrix} \right\} \left[\left\{ \underline{\underline{\text{BEFORE}}} \atop \underline{\text{AFTER}} \right\} \text{INITIAL} \left\{ \begin{matrix} \text{bezeichner-4} \\ \text{literal-2} \end{matrix} \right\} \right] \ldots \\ \left\{ \begin{matrix} \underline{\underline{\text{ALL}}} \\ \underline{\text{LEADING}} \\ \underline{\text{FIRST}} \end{matrix} \right\} \left\{ \left\{ \begin{matrix} \text{bezeichner-3} \\ \text{literal-1} \end{matrix} \right\} \underline{\text{BY}} \left\{ \begin{matrix} \text{bezeichner-5} \\ \text{literal-3} \end{matrix} \right\} \left[\left\{ \underline{\underline{\text{BEFORE}}} \atop \underline{\text{AFTER}} \right\} \text{INITIAL} \left\{ \begin{matrix} \text{bezeichner-4} \\ \text{literal-2} \end{matrix} \right\} \right] \ldots \right\} \end{matrix} \right\} \ldots$$

$$\underline{\text{INSPECT}} \text{ bezeichner-1 } \underline{\text{CONVERTING}} \left\{ \begin{matrix} \text{bezeichner-6} \\ \text{literal-4} \end{matrix} \right\} \underline{\text{TO}} \left\{ \begin{matrix} \text{bezeichner-7} \\ \text{literal-5} \end{matrix} \right\}$$

$$\left[\left\{ \underline{\underline{\text{BEFORE}}} \atop \underline{\text{AFTER}} \right\} \text{INITIAL} \left\{ \begin{matrix} \text{bezeichner-4} \\ \text{literal-2} \end{matrix} \right\} \right] \ldots$$

$$\underline{\text{MERGE}} \text{ dateiname-1 } \left\{ \text{ON} \left\{ \underline{\underline{\text{ASCENDING}}} \atop \underline{\text{DESCENDING}} \right\} \text{KEY \{datenname-1\} } \ldots \right\} \ldots$$

$$[\text{COLLATING } \underline{\text{SEQUENCE}} \text{ IS alphabet-name-1}]$$

$$\underline{\text{USING}} \text{ dateiname-2 \{dateiname-3\} } \ldots$$

$$\left\{ \begin{matrix} \underline{\text{OUTPUT PROCEDURE}} \text{ IS prozedurname-1 } \left[\left\{ \underline{\underline{\text{THROUGH}}} \atop \underline{\text{THRU}} \right\} \text{prozedurname-2} \right] \\ \underline{\text{GIVING}} \text{ \{dateiname-4\} } \ldots \end{matrix} \right\}$$

$$\underline{\text{MOVE}} \left\{ \begin{matrix} \text{bezeichner-1} \\ \text{literal-1} \end{matrix} \right\} \underline{\text{TO}} \text{ \{bezeichner-2\} } \ldots$$

$$\underline{\text{MOVE}} \left\{ \underline{\underline{\text{CORRESPONDING}}} \atop \underline{\text{CORR}} \right\} \text{bezeichner-1 } \underline{\text{TO}} \text{ bezeichner-2}$$

3.4 Allgemeines Format des PROZEDURTEILS (PROCEDURE DIVISION) 837

MULTIPLY $\begin{Bmatrix} \text{bezeichner-1} \\ \text{literal-1} \end{Bmatrix}$ BY {bezeichner-2 [ROUNDED]} ...

[ON SIZE ERROR unbedingte-anweisung-1]

[NOT ON SIZE ERROR unbedingte-anweisung-2]

[END-MULTIPLY]

MULTIPLY $\begin{Bmatrix} \text{bezeichner-1} \\ \text{literal-1} \end{Bmatrix}$ BY $\begin{Bmatrix} \text{bezeichner-2} \\ \text{literal-2} \end{Bmatrix}$

GIVING {bezeichner-3 [ROUNDED]} ...

[ON SIZE ERROR unbedingte-anweisung-1]

[NOT ON SIZE ERROR unbedingte-anweisung-2]

[END-MULTIPLY]

| S | OPEN | $\begin{Bmatrix} \text{INPUT } \{\text{dateiname-1 } [\begin{matrix}\text{REVERSED}\\\text{WITH NO REWIND}\end{matrix}]\} \ldots \\ \text{OUTPUT } \{\text{dateiname-2 [WITH NO REWIND]}\} \ldots \\ \text{I-O } \{\text{dateiname-3}\} \ldots \\ \text{EXTEND } \{\text{dateiname-4}\} \ldots \end{Bmatrix}$ ... |

| RI | OPEN | $\begin{Bmatrix} \text{INPUT } \{\text{dateiname-1}\} \ldots \\ \text{OUTPUT } \{\text{dateiname-2}\} \ldots \\ \text{I-O } \{\text{dateiname-3}\} \ldots \\ \text{EXTEND } \{\text{dateiname-4}\} \ldots \end{Bmatrix}$ ... |

| L | OPEN | $\begin{Bmatrix} \text{OUTPUT } \{\text{dateiname-1 [WITH NO REWIND]}\} \ldots \\ \text{EXTEND } \{\text{dateiname-2}\} \ldots \end{Bmatrix}$ ... |

PERFORM $\left[\text{prozedurname-1} \left[\left\{\begin{array}{c}\underline{\text{THROUGH}}\\ \underline{\text{THRU}}\end{array}\right\} \text{prozedurname-2}\right]\right]$

[unbedingte-anweisung END-PERFORM]

PERFORM $\left[\text{prozedurname-1} \left[\left\{\begin{array}{c}\underline{\text{THROUGH}}\\ \underline{\text{THRU}}\end{array}\right\} \text{prozedurname-2}\right]\right]$

$\left\{\begin{array}{c}\text{bezeichner-1}\\ \text{ganze-zahl-1}\end{array}\right\}$ TIMES [unbedingte-anweisung END-PERFORM]

PERFORM $\left[\text{prozedurname-1} \left[\left\{\begin{array}{c}\underline{\text{THROUGH}}\\ \underline{\text{THRU}}\end{array}\right\} \text{prozedurname-2}\right]\right]$

$\left[\text{WITH } \underline{\text{TEST}} \left\{\begin{array}{c}\underline{\text{BEFORE}}\\ \underline{\text{AFTER}}\end{array}\right\}\right]$ $\underline{\text{UNTIL}}$ bedingung-1

[unbedingte-anweisung END-PERFORM]

PERFORM $\left[\text{prozedurname-1} \left[\left\{\begin{array}{c}\underline{\text{THROUGH}}\\ \underline{\text{THRU}}\end{array}\right\} \text{prozedurname-2}\right]\right]$

$\left[\text{WITH } \underline{\text{TEST}} \left\{\begin{array}{c}\underline{\text{BEFORE}}\\ \underline{\text{AFTER}}\end{array}\right\}\right]$

$\underline{\text{VARYING}} \left\{\begin{array}{c}\text{bezeichner-2}\\ \text{indexname-1}\end{array}\right\} \underline{\text{FROM}} \left\{\begin{array}{c}\text{bezeichner-3}\\ \text{indexname-2}\\ \text{literal-1}\end{array}\right\}$

$\underline{\text{BY}} \left\{\begin{array}{c}\text{bezeichner-4}\\ \text{literal-2}\end{array}\right\} \underline{\text{UNTIL}}$ bedingung-1

$\left[\underline{\text{AFTER}} \left\{\begin{array}{c}\text{bezeichner-5}\\ \text{literal-3}\end{array}\right\} \underline{\text{FROM}} \left\{\begin{array}{c}\text{bezeichner-6}\\ \text{indexname-3}\\ \text{literal-3}\end{array}\right\}\right.$

$\underline{\text{BY}} \left\{\begin{array}{c}\text{bezeichner-7}\\ \text{literal-4}\end{array}\right\} \underline{\text{UNTIL}}$ bedingung-2 $\left.\right]$ ...

[unbedingte-anweisung END-PERFORM]

PURGE ke-name

3.4 Allgemeines Format des PROZEDURTEILS (PROCEDURE DIVISION)   **839**

|SR|| READ   dateiname [NEXT] RECORD [INTO bezeichner]

    [AT END unbedingte-anweisung-1]

    [NOT AT END unbedingte-anweisung-2]

    [END-READ]

| R | READ   dateiname RECORD [INTO bezeichner]

    [INVALID KEY unbedingte-anweisung-3]

    [NOT INVALID KEY unbedingte-anweisung-4]

    [END-READ]

| I | READ   dateiname RECORD [INTO bezeichner]

    [KEY IS datenname]

    [INVALID KEY unbedingte-anweisung-3]

    [NOT INVALID KEY unbedingte-anweisung-4]

    [END-READ]

RECEIVE ke-name $\left\{ \begin{array}{l} \text{MESSAGE} \\ \text{SEGMENT} \end{array} \right\}$ INTO bezeichner

    [NO DATA unbedingte-anweisung-1]

    [WITH DATA unbedingte-anweisung-2]

    [END-RECEIVE]

RELEASE satzname [FROM bezeichner]

RETURN dateiname RECORD [INTO bezeichner]

    AT END unbedingte-anweisung-1

    [NOT AT END unbedingte-anweisung-2]

    [END-RETURN]

|S| REWRITE satzname [FROM bezeichner]

|RI| REWRITE satzname [FROM bezeichner]

    [INVALID KEY unbedingte-anweisung-1]

    [NOT INVALID KEY unbedingte-anweisung-2]

    [END-REWRITE]

SEARCH bezeichner-1 $\left[\text{VARYING} \left\{ \begin{array}{l} \text{bezeichner-2} \\ \text{indexname-1} \end{array} \right\} \right]$

    [AT END unbedingte-anweisung-1]

$\left\{ \text{WHEN bedingung-1} \left\{ \begin{array}{l} \text{unbedingte-anweisung-2} \\ \text{NEXT SENTENCE} \end{array} \right\} \right\}$ ...

    [END-SEARCH]

SEARCH ALL bezeichner-1 [AT END unbedingte-anweisung-1]

$\text{WHEN} \left\{ \begin{array}{l} \text{datenname-1} \left\{ \begin{array}{l} \text{IS EQUAL TO} \\ \text{IS =} \end{array} \right\} \left\{ \begin{array}{l} \text{bezeichner-3} \\ \text{literal-1} \\ \text{arithmetischer-ausdruck-1} \end{array} \right\} \\ \text{bedingungsname-1} \end{array} \right\}$

$\left[\text{AND} \left\{ \begin{array}{l} \text{datenname-2} \left\{ \begin{array}{l} \text{IS EQUAL TO} \\ \text{IS =} \end{array} \right\} \left\{ \begin{array}{l} \text{bezeichner-4} \\ \text{literal-2} \\ \text{arithmetischer-ausdruck-2} \end{array} \right\} \\ \text{bedingungsname-2} \end{array} \right\} \right]$

$\left\{ \begin{array}{l} \text{unbedingte-anweisung-2} \\ \text{NEXT SENTENCE} \end{array} \right\}$

    [END-SEARCH]

SEND ke-name FROM identifier-1

3.4 Allgemeines Format des PROZEDURTEILS (PROCEDURE DIVISION)

$$\underline{\text{SEND}} \text{ ke-name } [\underline{\text{FROM}} \text{ bezeichner-1}] \left\{ \begin{array}{l} \text{WITH bezeichner-2} \\ \text{WITH }\underline{\text{ESI}} \\ \text{WITH }\underline{\text{EMI}} \\ \text{WITH }\underline{\text{EGI}} \end{array} \right\}$$

$$\left[\left\{ \begin{array}{l} \underline{\text{BEFORE}} \\ \underline{\text{AFTER}} \end{array} \right\} \text{ADVANCING} \left\{ \begin{array}{l} \left\{ \begin{array}{l} \text{bezeichner-3} \\ \text{ganze-zahl-1} \end{array} \right\} \left[\begin{array}{l} \text{LINE} \\ \text{LINES} \end{array} \right] \\ \left\{ \begin{array}{l} \text{merkname} \\ \underline{\text{PAGE}} \end{array} \right\} \end{array} \right\} \right]$$

[REPLACING LINE]

$$\underline{\text{SET}} \left\{ \begin{array}{l} \text{indexname-1} \\ \text{bezeichner-1} \end{array} \right\} \dots \underline{\text{TO}} \left\{ \begin{array}{l} \text{indexname-2} \\ \text{bezeichner-2} \\ \text{ganze-zahl-2} \end{array} \right\}$$

$$\underline{\text{SET}} \{\text{indexname-3}\} \dots \left\{ \begin{array}{l} \underline{\text{UP BY}} \\ \underline{\text{DOWN}} \text{ BY} \end{array} \right\} \left\{ \begin{array}{l} \text{bezeichner-3} \\ \text{ganze-zahl-2} \end{array} \right\}$$

$$\underline{\text{SET}} \left\{ \text{merkname-1} \right\} \dots \underline{\text{TO}} \left\{ \begin{array}{l} \underline{\text{ON}} \\ \underline{\text{OFF}} \end{array} \right\} \dots$$

$$\underline{\text{SET}} \{\text{bedingungsname-1}\} \dots \underline{\text{TO}} \underline{\text{TRUE}}$$

$$\underline{\text{SORT}} \text{ dateiname-1} \left\{ \underline{\text{ON}} \left\{ \begin{array}{l} \underline{\text{ASCENDING}} \\ \underline{\text{DESCENDING}} \end{array} \right\} \text{KEY } \{\text{datenname-1}\} \dots \right\} \dots$$

  [WITH $\underline{\text{DUPLICATES}}$ IN ORDER]

  [COLLATING $\underline{\text{SEQUENCE}}$ IS alphabet-name-1]

$$\left\{ \begin{array}{l} \underline{\text{INPUT PROCEDURE}} \text{ IS prozedurname-1} \left[\left\{ \begin{array}{l} \underline{\text{THROUGH}} \\ \underline{\text{THRU}} \end{array} \right\} \text{prozedurname-2} \right] \\ \underline{\text{USING}} \quad \{\text{dateiname-2}\} \dots \end{array} \right\}$$

$$\left\{ \begin{array}{l} \underline{\text{OUTPUT PROCEDURE}} \text{ IS prozedurname-3} \left[\left\{ \begin{array}{l} \underline{\text{THROUGH}} \\ \underline{\text{THRU}} \end{array} \right\} \text{prozedurname-4} \right] \\ \underline{\text{GIVING}} \quad \{\text{dateiname-3}\} \dots \end{array} \right\}$$

$\underline{\text{START}}$ dateiname $\left[\underline{\text{KEY}} \left\{ \begin{array}{l} \text{IS } \underline{\text{EQUAL}} \text{ TO} \\ \text{IS } = \\ \text{IS } \underline{\text{GREATER}} \text{ THAN} \\ \text{IS } > \\ \text{IS } \underline{\text{NOT}} \underline{\text{ LESS}} \text{ THAN} \\ \text{IS } \underline{\text{NOT}} \ < \\ \text{IS } \underline{\text{GREATER}} \text{ THAN } \underline{\text{OR}} \underline{\text{ EQUAL}} \text{ TO} \\ \text{IS } >= \end{array} \right\} \text{datenname} \right]$

[$\underline{\text{INVALID}}$ KEY unbedingte-anweisung-1]

[$\underline{\text{NOT}}$ INVALID KEY unbedingte-anweisung-2]

[$\underline{\text{END-START}}$]

$\underline{\text{STOP}} \left\{ \begin{array}{l} \underline{\text{RUN}} \\ \text{literal-1} \end{array} \right\}$

$\underline{\text{STRING}} \left\{ \left\{ \begin{array}{l} \text{bezeichner-1} \\ \text{literal-1} \end{array} \right\} \ ... \ \underline{\text{DELIMITED}} \text{ BY} \left\{ \begin{array}{l} \text{bezeichner-2} \\ \text{literal-2} \\ \underline{\text{SIZE}} \end{array} \right\} \right\} \ ...$

$\underline{\text{INTO}}$ bezeichner-3

[WITH $\underline{\text{POINTER}}$ bezeichner-4]

[ON $\underline{\text{OVERFLOW}}$ unbedingte-anweisung-1]

[$\underline{\text{NOT}}$ ON $\underline{\text{OVERFLOW}}$ unbedingte-anweisung-2]

[$\underline{\text{END-STRING}}$]

$\underline{\text{SUBTRACT}} \left\{ \begin{array}{l} \text{bezeichner-1} \\ \text{literal-1} \end{array} \right\} \ ... \ \underline{\text{FROM}} \ \{\text{bezeichner-3 } [\underline{\text{ROUNDED}}]\} \ ...$

[ON $\underline{\text{SIZE}}$ $\underline{\text{ERROR}}$ unbedingt-anweisung-1]

[$\underline{\text{NOT}}$ ON $\underline{\text{SIZE}}$ $\underline{\text{ERROR}}$ unbedingte-anweisung-2]

[$\underline{\text{END-SUBTRACT}}$]

3.4 Allgemeines Format des PROZEDURTEILS (PROCEDURE DIVISION)

SUBTRACT $\left\{\begin{array}{l}\text{bezeichner-1} \\ \text{literal-1}\end{array}\right\}$ .... FROM $\left\{\begin{array}{l}\text{bezeichner-2} \\ \text{literal-2}\end{array}\right\}$

    GIVING {bezeichner-3 [ROUNDED]} ...

    [ON SIZE ERROR unbedingte-anweisung-1]

    [NOT ON SIZE ERROR unbedingte-anweisung-2]

    [END-SUBTRACT]

SUBTRACT $\left\{\begin{array}{l}\underline{\text{CORRESPONDING}} \\ \underline{\text{CORR}}\end{array}\right\}$ bezeichner-1 FROM bezeichner-2 [ROUNDED]

    [ON SIZE ERROR unbedingte-anweisung-1]

    [NOT ON SIZE ERROR unbedingte-anweisung-2]

    [END-SUBTRACT]

SUPPRESS PRINTING

TERMINATE {listenname-1} ...

UNSTRING bezeichner-1

    $\left[\text{DELIMITED BY [ALL]} \left\{\begin{array}{l}\text{bezeichner-2} \\ \text{literal-1}\end{array}\right\}\right.$ $\left[\text{OR [ALL]} \left\{\begin{array}{l}\text{bezeichner-3} \\ \text{literal-2}\end{array}\right\}\right]$ ...

    INTO {bezeichner-4 [DELIMITER IN bezeichner-5] [COUNT IN bezeichner-6]} ...

    [WITH POINTER bezeichner-7]

    [TALLYING IN bezeichner-8]

    [ON OVERFLOW unbedingte-anweisung-1]

    [NOT ON OVERFLOW unbedingte-anweisung-2]

    [END-UNSTRING]

|SRI| USE [GLOBAL] AFTER STANDARD

$$\left\{ \begin{array}{l} \underline{\text{EXCEPTION}} \\ \underline{\text{ERROR}} \end{array} \right\} \underline{\text{PROCEDURE ON}} \left\{ \begin{array}{l} \{\text{dateiname-1}\} \ldots \\ \underline{\text{INPUT}} \\ \underline{\text{OUTPUT}} \\ \underline{\text{I-O}} \\ \underline{\text{EXTEND}} \end{array} \right\}$$

|W| USE AFTER STANDARD $\left\{ \begin{array}{l} \underline{\text{EXCEPTION}} \\ \underline{\text{ERROR}} \end{array} \right\}$ PROCEDURE ON $\left\{ \begin{array}{l} \{\text{dateiname-1}\} \ldots \\ \underline{\text{OUTPUT}} \\ \underline{\text{EXTEND}} \end{array} \right\}$

USE [GLOBAL] BEFORE REPORTING bezeichner

USE FOR DEBUGGING ON $\left\{ \begin{array}{l} \text{ke-name-1} \\ [\underline{\text{ALL}} \text{ REFERENCES OF}] \text{ bezeichner-1} \\ \text{dateiname-1} \\ \text{prozedurname-1} \\ \underline{\text{ALL}} \underline{\text{PROCEDURES}} \end{array} \right\} \ldots$

|S| WRITE satzname [FROM bezeichner-1]

$$\left[\left\{ \begin{array}{l} \underline{\text{BEFORE}} \\ \underline{\text{AFTER}} \end{array} \right\} \text{ADVANCING} \left\{ \begin{array}{l} \left\{ \begin{array}{l} \text{bezeichner-2} \\ \text{ganze-zahl-1} \end{array} \right\} \left\{ \begin{array}{l} \underline{\text{LINE}} \\ \underline{\text{LINES}} \end{array} \right\} \\ \left\{ \begin{array}{l} \text{merkname} \\ \underline{\text{PAGE}} \end{array} \right\} \end{array} \right\} \right]$$

$$\left[\text{AT} \left\{ \begin{array}{l} \underline{\text{END-OF-PAGE}} \\ \underline{\text{EOP}} \end{array} \right\} \text{unbedingte-anweisung-1} \right]$$

$$\left[\underline{\text{NOT}} \text{ AT} \left\{ \begin{array}{l} \underline{\text{END-OF-PAGE}} \\ \underline{\text{EOP}} \end{array} \right\} \text{unbedingte-anweisung-2} \right]$$

[END-WRITE]

|RI| WRITE satzname [FROM bezeichner-1]

[INVALID KEY unbedingte-anweisung-1]

[NOT INVALID KEY unbedingte-anweisung-2]

[END-WRITE]

3.4.2 Allgemeines Format der Anweisung COPY und REPLACE

$$\underline{\text{COPY}} \text{ textname} \left[\left\{ \begin{array}{c} \underline{\text{OF}} \\ \underline{\text{IN}} \end{array} \right\} \text{bibliotheksname} \right]$$

$$\left[\underline{\text{REPLACING}} \left\{ \left\{ \begin{array}{l} ==\text{pseudotext-1}== \\ \text{bezeichner-1} \\ \text{literal-1} \\ \text{wort-1} \end{array} \right\} \underline{\text{BY}} \left\{ \begin{array}{l} ==\text{pseudotext-2}== \\ \text{bezeichner-2} \\ \text{literal-2} \\ \text{wort-2} \end{array} \right\} \right\} \ldots \right]$$

$\underline{\text{REPLACE}} \ \{==\text{pseudotext-1} == \ \underline{\text{BY}} \ == \text{pseudotext-2} ==\} \ \ldots$

$\underline{\text{REPLACE}} \ \underline{\text{OFF}}$

3.4.3 Allgemeines Format für Bedingungen (Conditions)

Vergleichsbedingung

$$\left\{ \begin{array}{l} \text{bezeichner-1} \\ \text{literal-1} \\ \text{arithmetischer-ausdruck-1} \\ \text{indexname-1} \end{array} \right\} \left\{ \begin{array}{l} \text{IS [NOT] GREATER THAN} \\ \text{IS [NOT] >} \\ \text{IS [NOT] LESS THAN} \\ \text{IS [NOT] <} \\ \text{IS [NOT] EQUAL TO} \\ \text{IS [NOT] =} \\ \text{IS GREATER THAN OR EQUAL TO} \\ \text{IS >=} \\ \text{IS LESS THAN OR EQUAL TO} \\ \text{IS <=} \end{array} \right\} \left\{ \begin{array}{l} \text{bezeichner-2} \\ \text{literal-2} \\ \text{arithmetischer-ausdruck-2} \\ \text{indexname-2} \end{array} \right\}$$

Klassenbedingung

$$\text{bezeichner IS [NOT]} \left\{ \begin{array}{l} \underline{\text{NUMERIC}} \\ \underline{\text{ALPHABETIC}} \\ \underline{\text{ALPHABETIC-LOWER}} \\ \underline{\text{ALPHABETIC-UPPER}} \\ \text{klassenname} \end{array} \right\}$$

Bedingungsnamenbedingungen

bedingungsname

Schalterzustandsbedingung

bedingungsname

Vorzeichenbedingung

arithmetischer-ausdruck IS [NOT] $\left\{ \begin{array}{l} \text{POSITIVE} \\ \text{NEGATIVE} \\ \text{ZERO} \end{array} \right\}$

Verneinte Bedingung

NOT bedingung

Zusammengesetzte Bedingung

bedingung-1 $\left\{ \left\{ \begin{array}{l} \underline{\text{AND}} \\ \underline{\text{OR}} \end{array} \right\} \text{bedingung-2} \right\}$ ...

Abgekürzte zusammengesetzte Vergleichsbedingung

vergleichsbedingung $\left\{ \left\{ \begin{array}{l} \underline{\text{AND}} \\ \underline{\text{OR}} \end{array} \right\} \text{[NOT] [vergleichsoperator] objekt} \right\}$ ...

3.4.4 Allgemeines Format für Kennzeichnungen (Qualifications)

FORMAT 1

$$\left\{ \begin{array}{l} \text{datenname-1} \\ \text{bedingungsname-1} \end{array} \right\} \left\{ \begin{array}{l} \left[\left\{ \left\{ \begin{array}{l} \underline{\text{IN}} \\ \underline{\text{OF}} \end{array} \right\} \text{datenname-2} \right\} \dots \left[\left\{ \begin{array}{l} \underline{\text{IN}} \\ \underline{\text{OF}} \end{array} \right\} \left\{ \begin{array}{l} \text{dateiname-1} \\ \text{ke-name-1} \end{array} \right\} \right] \right] \\ \left[\left\{ \begin{array}{l} \underline{\text{IN}} \\ \underline{\text{OF}} \end{array} \right\} \left\{ \begin{array}{l} \underline{\text{dateiname-1}} \\ \text{ke-name-1} \end{array} \right\} \right] \end{array} \right\}$$

FORMAT 2

$$\text{paragraphenname-1} \left\{ \begin{array}{l} \underline{\text{IN}} \\ \underline{\text{OF}} \end{array} \right\} \text{kapitelname-1}$$

FORMAT 3

$$\text{textname-1} \left\{ \begin{array}{l} \underline{\text{IN}} \\ \underline{\text{OF}} \end{array} \right\} \text{bibliotheksname-1}$$

FORMAT 4

$$\underline{\text{LINAGE-COUNTER}} \left\{ \begin{array}{l} \underline{\text{IN}} \\ \underline{\text{OF}} \end{array} \right\} \text{dateiname-2}$$

FORMAT 5

$$\left\{ \begin{array}{l} \underline{\text{PAGE-COUNTER}} \\ \underline{\text{LINE-COUNTER}} \end{array} \right\} \left\{ \begin{array}{l} \underline{\text{IN}} \\ \underline{\text{OF}} \end{array} \right\} \text{listenname-1}$$

FORMAT 6

$$\text{datenname-3} \left\{ \begin{array}{l} \left\{ \begin{array}{l} \underline{\text{IN}} \\ \underline{\text{OF}} \end{array} \right\} \text{datenname-4} \left[\left\{ \begin{array}{l} \underline{\text{IN}} \\ \underline{\text{OF}} \end{array} \right\} \text{listenname-2} \right] \\ \left\{ \begin{array}{l} \underline{\text{IN}} \\ \underline{\text{OF}} \end{array} \right\} \text{listenname-2} \end{array} \right\}$$

3.4.5 Verschiedene weitere allgemeine Formate

Indizierung

$$\left\{ \begin{array}{l} \text{bedingungsname-1} \\ \text{datenname-1} \end{array} \right\} \quad (\left\{ \begin{array}{l} \text{ganze-zahl-1} \\ \text{datenname-2 } [\{\pm\}\text{ganze-zahl-2}] \\ \text{indexname-1 } [\{\pm\}\text{ganze-zahl-3}] \end{array} \right\} \ ... \ )$$

Änderung der Bezugnahme

datenname (zeichenposition-am-weitesten-links [länge])

Bezeichner

$$\text{datenname-1} \left[\left\{ \begin{array}{l} \underline{\text{IN}} \\ \underline{\text{OF}} \end{array} \right\} \text{datenname-2} \right] \ ... \ \left[\left\{ \begin{array}{l} \underline{\text{IN}} \\ \underline{\text{OF}} \end{array} \right\} \left\{ \begin{array}{l} \text{ke-name} \\ \text{dateiname} \\ \text{listenname} \end{array} \right\} \right]$$

[({subskript} ...)] [(zeichenposition-am-weitesten-links [länge])]

3.5 Allgemeines Format für geschachtelte Quellenprogramme

IDENTIFICATION DIVISION

PROGRAM-ID. programmname-1 [IS INITIAL PROGRAM].

[ENVIRONMENT DIVISION. maschinenteil-inhalt]

[DATA DIVISION. datenteil-inhalt]

[PROCEDURE DIVISION. prozedurteil-inhalt]

[[quellenprogramm-innenliegend] ...

END PROGRAM programmname-1]

3.6 Allgemeines Format für ein inneres (innenliegendes) Quellenprogramm

IDENTIFICATION DIVISION

PROGRAM-ID. programmname-2 $\left[\text{IS} \left\{ \left| \begin{array}{c} \underline{\text{COMMON}} \\ \underline{\text{INITIAL}} \end{array} \right| \right\} \text{PROGRAM} \right]$.

[ENVIRONMENT DIVISION. maschinenteil-inhalt]

[DATA DIVISION. datenteil-inhalt]

[PROCEDURE DIVISION. prozedurteil-inhalt]

[quellenprogramm-innenliegend] ...

END PROGRAM programmname-2

3.7 Allgemeines Format für eine Folge von Quellenprogrammen

{IDENTIFICATION DIVISION

PROGRAM-ID. programmname-3 [IS INITIAL PROGRAM].

[ENVIRONMENT DIVISION. maschinenteil-inhalt]

[DATA DIVISION. datenteil-inhalt]

[PROCEDURE DIVISION. prozedurteil-inhalt]

[quellenprogramm-innenliegend] ...

END PROGRAM programmname-3.} ...

IDENTIFICATION DIVISION

PROGRAM-ID. programmname-4 [IS INITIAL PROGRAM].

[ENVIRONMENT DIVISION. maschinenteil-inhalt]

[DATA DIVISION. datenteil-inhalt]

[PROCEDURE DIVISION. prozedurteil-inhalt]

[[quellenprogramm-innenliegend] ...

END PROGRAM programmname-4]

ANHANG C

Standards bei der Programmierung

Anmerkung: Die hier aufgeführten Standards werden in der Praxis weitgehend befolgt und auch für dieses Buch herangezogen. Es handelt sich hierbei nicht um Normen, d.h. anstelle dieser Standards können andere Vereinbarungen treten. Es kann natürlich auch gänzlich auf alle oder auf einen Teil der Standards verzichtet werden.

1. IDENTIFICATION DIVISION

1. Der Paragraph **AUTHOR** sollte verpflichtend gebraucht werden.
2. Die Paragraphen **DATE-WRITTEN** und **DATE-COMPILED** sind nicht erforderlich, doch wird ihre Verwendung dringend empfohlen.
3. Kommentare bzw. der Paragraph **REMARKS** bei älteren COBOL-Versionen sind aufzunehmen. Die Kommentare sollten in knapper Form die Funktion des Programmes beschreiben und sollten außerdem jeden Begriff bzw. Code erläutern, der nicht selbsterklärend ist.

2. ENVIRONMENT DIVISION

1. Die **SELECT**-Statements sollten in alphabetischer Reihenfolge der Dateinamen aufgeführt werden.
2. Falls ein **SELECT**-Statement nicht auf einer Zeile untergebracht werden kann, sollten die Fortsetzungszeilen um mindestens acht Stellen eingerückt werden.

3. DATA DIVISION

1. Die Eintragungen für die Dateibeschreibung sollten in der gleichen Reihenfolge vorgenommen werden wie die entsprechenden **SELECT**-Statements in der **ENVIRONMENT DIVISION**.
2. Alle Datennamen einschließlich der Namen von Dateien sollten funktionsbeschreibend vergeben werden.
3. Wenn es möglich ist, sollte einem Datenelement, das in mehr als einem Datensatz erscheint, der gleiche Name gegeben werden. Um zwischen den einzelnen Vorkommen unterscheiden zu können, sollten Kennzeichnungen (Qualifikationen) benutzt werden.
4. Falls es unpraktisch sein sollte, die gleichen Namen bei jedem Vorkommen zu verwenden, sollten ähnliche Namen benutzt werden. Man betrachte hierzu das nachfolgende Beispiel:

ARTIKEL-WS	– Name in der **WORKING-STORAGE SECTION**
ARTIKEL-IN	– Name im Satz einer Eingabedatei (Input)
ARTIKEL-OUT	– Name im Satz einer Ausgabedatei (Output)
ARTIKEL-PRINT	– Name in einem zu druckenden Satz

5. Die Stufennummern beginnen mit **01** und sollten danach entweder mit einer Schrittweite von 4 bzw. 5 (**01, 05, 10, 15** usw.) oder lückenlos aufeinanderfolgend (**01, 02, 03, 04** usw.) weiternumeriert werden. Welches Numerierungsverfahren benutzt wird, ist gleichgültig, aber es sollte folgerichtig beibehalten werden.
6. Unmittelbar aufeinanderfolgende Stufennummern sollten um vier Stellen eingerückt werden. Wenn also z.B. die Stufennummer **05** auf Stelle 12 beginnt, so sollte die Stufennummer **10** auf der Stelle 16, die Stufennummer **15** auf der Stelle 20 usw. beginnen.
7. Eine bestimmte Stufennummer sollte immer auf derselben Stelle anfangen.
8. Zwischen den Stufennummern und den Datennamen sollten zwei Leerstellen gelassen werden.
9. Alle **PICTURE**-Klauseln sollten auf der gleichen Stelle, beispielsweise auf der Stelle 40, beginnen. **PICTURE** sollte stets mit **PIC** abgekürzt werden.

4. PROCEDURE DIVISION

1. Die Paragraphennamen sollten so vergeben werden, daß man die Funktion des Paragraphen erkennen kann.
2. Jeder Paragraphenname sollte durch einen vierstelligen Präfix eingeleitet werden. Dieser Präfixcode soll einerseits den Zweck verfolgen, die Beziehungen zwischen dem Programmcode und der hierarchischen Struktur des Programmes klar herauszustellen, und andererseits helfen, die Paragraphen leicht zu finden, auf die Bezug genommen werden muß. Der Reihenfolgecode des Präfix sollte das Format A999 aufweisen. Der treibende Paragraph, d.h. der Paragraph, der die Hauptsteuerung eines Programmes besorgt, der also auf der obersten Stufe der hierarchischen Darstellung angesiedelt ist, sollte einen mit A beginnenden Präfix besitzen. Diejenigen Paragraphen, die der zweiten Stufe der Hierarchie entsprechen, sollten Präfixe aufweisen, die mit dem Buchstaben B anfangen. Die Präfixe der Namen von Paragraphen, die der dritten Hierarchiestufe der hierarchischen Darstellung entsprechen, sollten mit C beginnen usw. Keine zwei Präfixcodes sollten übereinstimmen, und die Paragraphen eines Programmes sollten reihenfolgemäßig so angeordnet sein, daß die numerischen Anteile, d.h. die drei letzten Stellen der Präfixcodes

aufsteigend sind. Für für alle oder mehrere Stufen geltende Dienstleistungsparagraphen sollten Präfixe benutzt werden, die mit den letzten Buchstaben des Alphabets beginnen, also mit **X**, **Y** und **Z**.
3. Ein Paragraphenname sollte allein auf einer Zeile stehen.
4. Soweit wie möglich ist der Gebrauch der Anweisung **GO TO** zu vermeiden.
5. Der Gebrauch des Verbs **ALTER** ist unter allen Umständen zu unterlassen.
6. Paragraphen sollten durch mindestens eine Leerzeile voneinander getrennt werden.
7. Jede Anweisung sollte auf der Stelle 12 beginnen, sofern nicht eine der nachfolgenden Regeln etwas anderes aussagt.
8. Jede Anweisung sollte grundsätzlich auf der Stelle beginnen wie die unmittelbar vorangehende Anweisung, sofern nicht eine der nachfolgenden Regeln etwas anderes aussagt.
9. Eine Anweisung, die mehr als eine Zeile belegt, sollte auf den Fortsetzungszeilen um mindestens acht Stellen eingerückt werden.
10. Die Klauseln **AT END** oder **INVALID KEY** sollten um mindestens vier Stellen eingerückt werden. Man betrachte dazu das folgende Beispiel:

```
READ EINGABE-DATEI INTO EINGABE-WS
    AT END MOVE 'N' TO WEITERE-DATEN.
```

11. Die Klausel **ON SIZE ERROR** sollte um mindestens vier Stellen eingerückt werden. Man betrachte hierzu das nachfolgende Beispiel:

```
MULTIPLY MENGE BY EINZELPREIS GIVING GESAMTPREIS
    ON SIZE ERROR MOVE 'J' TO FEHLER-KENNZEICHEN.
```

12. **PERFORM**-Anweisungen sollten zweckmäßig wie folgt geschrieben werden; man betrachte hierzu zwei Beispiele:

```
PERFORM B010-AUFDATIERUNG-DATEI
    UNTIL WEITERE-DATEN = 'N'.

PERFORM C015-LADEN-TABELLE
    VARYING X-TBL FROM 1 TO 1
    UNTIL X-TBL > TABELLEN-GRENZWERT.
```

13. Bei einer **IF**-Anweisung sollten die innerhalb der **IF**- und **ELSE**-Notierungen liegenden Anweisungen um mindestens vier Stellen eingerückt werden. Das Wort **ELSE** sollte unterhalb des I von **IF** beginnen. Man betrachte hierzu das folgende Beispiel:

```
IF   KOSTEN > KREDIT
     MOVE 'N' TO KREDIT-KENNZEICHEN
ELSE
     MOVE 'J' TO KREDIT-KENNZEICHEN.
```

14. Bei Verwendung von **COBOL-85** sollten die **END**-Angaben direkt unterhalb der entsprechenden Verben beginnen. Man betrachte hierzu das folgende Beispiel:

```
READ EINGABE-DATEI INTO EINGABE-WS
    AT END  MOVE 'N' TO WEITERE-DATEN
END-READ.

MULTIPLY MENGE BY EINZELPREIS GIVING GESAMTPREIS
    ON SIZE ERROR  MOVE 'J' TO FEHLER-KENNZEICHEN
END-MULTIPLY.

PERFORM
    UNTIL WEITERE-DATEN = 'N'
    WRITE AUSGABE-SATZ FROM EINGABE-SATZ
    READ EINGABE-DATEI
        AT END  MOVE 'N' TO WEITERE-DATEN
    END-READ
END-PERFORM.

IF   KOSTEN > KREDIT
     MOVE 'N' TO KREDIT-KENNZEICHEN
ELSE
     MOVE 'J' TO KREDIT-KENNZEICHEN
END-IF.
```

15. Alle Anweisungen sollten mit einem Punkt abgeschlossen werden, sofern sie nicht Bestandteil einer zusammengesetzten Anweisung (Verbundanweisung) sind.

5. Allgemeine Hinweise

1. Man beginne den Prozedurteil (die **PROCEDURE DIVISION**) stets auf einer neuen Seite. Die meisten Kompilierer enthalten in sich selbst ein Verfahren, durch das sie bei Programmauflistungen von sich

aus zum Anfang einer neuen Seite springen können. Zum Beispiel kann man üblicherweise einen Schrägstrich (/) auf der Stelle 7 notieren, und die IBM-Kompilierer für **COBOL** unterstützen dann die **EJECT**-Anweisung (Übergang zur neuen Seite). Einzelheiten zu diesem Thema sind dem **COBOL**-Handbuch zu entnehmen, das für den jeweils installierten Computer und dessen Betriebssystem gilt.

2. Ein Programm ist vor dem Beginn der **COBOL**-Codierung erst zu entwerfen.

3. Bei der Verwirklichung eines Programmes sollte man sich an den Entwurf halten.

4. Vereinfachung ist anzustreben.

5. Klarheit ist anzustreben, evtl. durch Erläuterungen.

6. Der niedergeschriebene **COBOL**-Code sollte selbsterklärend sein.

7. Sollte es nicht möglich sein, einen Teil des **COBOL**-Codes selbsterklärend zu gestalten, sind Kommentare zu benutzen, um den betreffenden Teil zu erläutern.

8. *Ein Programm ist so zu schreiben, daß es von anderen gelesen werden kann.*

6. Musterbeispiele von Formaten

Anmerkungen: 1) In COBOL versteht man unter einem „Statement" eine syntaktisch gültige Kombination von Wörtern und Symbolen, die in der PROCEDURE DIVISION niedergeschrieben ist, also eine Anweisung. Ein Statement verbindet reservierte Wörter von COBOL mit im Programm definierten Operanden.

2) Statements, die in COBOL-85, jedoch nicht in früheren Versionen von COBOL vorhanden sind, sind an den beiden Seitenrändern durch Vertikalstriche kenntlich gemacht.

```
*************************************************************
         IDENTIFICATION DIVISION.
         PROGRAM-ID.
             FORMAT-MUSTER.
         AUTHOR.
             D. GOLDEN.
         DATE-WRITTEN.
             JUNI 3, 1987.
         DATE-COMPILED.

*************************************************************
*
*        Dieses Programm stellt Musterbeispiele von COBOL-Formaten
*        fuer die Codierung vor --- Es ist nicht beabsichtigt, aus
*        diesen Musterbeispielen fuer Formate ein arbeitsfaehiges
*        Programm zu machen.            Uebersetzer: R. Gritsch
*
*************************************************************
         ENVIRONMENT DIVISION.
         CONFIGURATION SECTION.
         SPECIAL-NAMES.
             C01   IS    SEITENANFANG.
         INPUT-OUTPUT SECTION.
         FILE-CONTROL.
             SELECT EINGABE-DATEI          ASSIGN TO S-EINGABE.
             SELECT REPORT-DATEI           ASSIGN TO S-REPORT.

         DATA DIVISION.
         FILE SECTION.
         FD   REPORT-DATEI
              LABEL RECORDS ARE STANDARD.
         01   REPORT-SATZ.
              05   PERSONAL-NUMMER         PIC X(5).
              05   FILLER                  PIC XXX.
              05   ARBEITS-STD             PIC Z9.9.
              05   FILLER                  PIC XXX.
              05   BRUTTO-GEHALT           PIC $$,$$9.99.

         WORKING-STORAGE SECTION.
         01   GESAMT-EINKOMMEN             PIC S9(7)V99   VALUE ZERO.
         01   WEITERE-DATEN-KENNZ          PIC X          VALUE 'J'.
              88   WEITERE-DATEN                          VALUE 'J'.
              88   KEINE-WEITEREN-DATEN                   VALUE 'N'.

*************************************************************
```

Abb. C.1 Auflistung von Musterbeispielen für die Formate (IDENTIFICATION-, ENVIRONMENT- und DATA-DIVISION)

```
***************************************************************
PROCEDURE DIVISION.
A000-STATEMENT-BEISPIELE SECTION.
A010-PARAGRAPH-NAME.
    ACCEPT KATALOG-NUMMER.
    ACCEPT TAGESDATUM FROM DATE.
    ADD 1 TO ZEILEN-NUMMER.
    ADD NORMAL-LOHN UEBERSTD-LOHN  GIVING   BRUTTO-GEHALT.
    ADD BETRAG   TO   VERK-GES RECHN-GES SCHLUSS-GES.
    CALL 'UNTERPRO'  USING ARTIKEL-SATZ ERGEBNIS-KENNZ.
    CLOSE EINGABE-DATEI
          REPORT-DATEI.
    COMPUTE  WOCHENVERDIENST ROUNDED = STD-LOHN * ARBEITS-STD.
    DELETE INDIZIERTE-ARTIKEL-DATEI
         INVALIDE KEY  MOVE 'J' TO FEHLER-KENNZEICHEN.
    DISPLAY 'DATENELEMENT = '  DATENELEMENT.
    DIVIDE STUNDEN INTO KM-WEG GIVING KM-PRO-STD
        ON SIZE ERROR  MOVE 'J' TO UEBERLAUF-FEHLER.
    DIVIDE GESAMT-EINKOMMEN BY MITARBEITER-ZAHL GIVING DURCH
        ON SIZE ERROR   MOVE 'J' TO UEBERLAUF-FEHLER
    END-DIVIDE.
    EVALUATE EINGABE-CODE
        WHEN '1' PERFORM C100-FUNKTION-1
        WHEN '2' PERFORM C200-FUNKTION-2
        WHEN OTHER  MOVE 'J' TO FEHLER-KENNZEICHEN
    END-EVALUATE.
    EXHIBIT NAMED PERSONAL-NUMMER ARBEITS-STD STD-LOHN
            BRUTTO-GEHALT.
    EXIT.
    GENERATE EINZEL-ZEILE.
    GO TO Z999-EXIT.
    IF  BRUTTO-GEHALT-WS IS GREATER THAN FREIBETRAG
        SUBTRACT FREIBETRAG-WS FROM BRUTTO-GEHALT-WS
             GIVING STEUER-EINK-WS
        MULTIPLY STEUER-EINK-WS BY STEUER-S GIVING STEUER
                                                  ROUNDED
    ELSE
        MOVE ZERO TO STEUER.
    IF  BRUTTO-GEHALT-WS IS GREATER THAN FREIBETRAG
        SUBTRACT FREIBETRAG-WS FROM BRUTTO-GEHALT-WS
             GIVING STEUER-EINK-WS
        MULTIPLY STEUER-EINK-WS BY STEUER-S GIVING STEUER
                                                  ROUNDED
            ON SIZE ERROR  MOVE 'J' TO FEHLER-KENNZEICHEN
        END-MULTIPLY
    ELSE
        MOVE ZERO TO STEUER
    END-IF.
    INITIATE UEBERSTD-BERICHT.
    INSPECT BETRAG-FELD
        TALLYING LEERSTELLEN-ZAHL FOR LEADING SPACES
        REPLACING LEADING SPACES BY '*'.
    MOVE SPACES TO REPORT-SATZ.
    MOVE MENGE OF TRANSAKTION TO MENGE OF AUSGABE-SATZ.
    MOVE EINSCHREIBUNG TO ANZAHL-NOTE-JAHR (7, JAHR-SUBSKRIPT).
    OPEN INPUT BESTELL-DATEI
         OUTPUT NORMALBEHANDLUNGS-DATEI
                SPEZIALBEHANDLUNGS-DATEI.
```

Abb. C.2 Auflistung von Musterbeispielen für die Formate (PROCEDURE-DIVISION) in alphabetischer Reihenfolge der Verben, 1. Teil

```
PERFORM   C110-VERARBEITUNG-EINZELSATZ
    UNTIL WEITERE-DATEN-KENNZ = 'N'.
PERFORM   B030-LADEN-TABELLE
    VARYING X-TBL FROM 1 BY 1
    UNTIL X-TBL > TAB-GRENZWERT.
PERFORM
    VARYING X-TBL FROM 1 BY 1
    UNTIL X-TBL > TAB-GRENZWERT OR KEINE-WEITEREN-DATEN
    READ EINGABE-DATEI
        AT END  MOVE 'N' TO WEITERE-DATEN-KENNZ
    END-READ
    IF  WEITERE-DATEN
        MOVE EINGABE-SATZ TO TABELLEN-SATZ (X-TBL)
    END-IF
END-PERFORM.
READ EINGABE-DATEI
    AT END  MOVE 'N' TO WEITERE-DATEN-KENNZ.
READ INDIZIERTE-ARTIKEL-DATEI
    INVALID KEY  MOVE 'J' TO FEHLER-KENNZEICHEN.
REWRITE MITARBEITER-SATZ FROM MITARBEITER-WS
    INVALID KEY  MOVE 'J' TO FEHLER-KENNZEICHEN.
SEARCH LOS-TABELLE VARYING SP-INDEX
    WHEN LOS < LOS-TABELLE (LOS-INDEX) NEXT SENTENCE.
SEARCH ALL ARTIKEL-TABELLE
    AT END  MOVE 'N' TO ART-GEFUNDEN-KENNZEICHEN
    WHEN LFD-ARTIKEL = ARTIKEL (ARTIKEL-INDEX)
        MOVE 'J' TO ART-GEFUNDEN-KENNZEICHEN.
SET SP-INDEX UP BY 1.
SET SP-INDEX TO 1.
SET GRUEN TO TRUE.
SORT SORTIER-DATEI
    ON ASCENDING KEY KUNDEN-NAME
        DESCENDING KEY EINKAUFS-DATUM
    USING EINKAUFS-DATEI
    GIVING SORTIERTE-EINKAEUFE.
SORT SORTIER-DATEI
    ON ASCENDING KEY KUNDEN-NAME
        DESCENDING KEYEINKAUFS-DATUM
    INPUT PROCEDURE  B040-XEDIT-EINGABE
    OUTPUT PROCEDURE B050-ERSTELLUNG-BERICHT.
STOP RUN.
STRING   KUNDEN-NAME DELIMITED BY SIZE
         SPACE
         KREDIT-VERFUEGBAR DELIMITED BY '.'
             INTO KREDIT-SATZ
             WITH POINTER ANFANGS-POSITION.
SUBTRACT 37.5 FROM ARBEITS-STD-I GIVING UEBER-STD-W.
TERMINATE UEBER-STD-BERICHT.
UNSTRING ADRESSE-EIN-SATZ DELIMITED BY '='
    INTO ADRESSEN-ZEILE-1
         ADRESSEN-ZEILE-2
         ADRESSEN-ZEILE-3
    TALLYING IN FELDER-GEFUELLT
    ON OVERFLOW  MOVE 'J' TO UEBERLAUF-FEHLER.
WRITE NEU-STAMM-SATZ.
WRITE REPORT-SATZ AFTER ADVANCING 1 LINE.
```

****

Abb. C.3 Auflistung von Musterbeispielen für die Formate (PROCEDURE-DIVISION) in alphabetischer Reihenfolge der Verben, 2. Teil

ANHANG D

Lösungen ausgewählter Übungsaufgaben

Zu vielen Übungsaufgaben gibt es mehrere akzeptierbare Lösungen. Die hier gezeigten Lösungen sind mitunter besser als andere, aber nur dann und wann ist ein solches Gütesiegel unverkennbar festzustellen. Ganz selten ist es beispielsweise von Bedeutung, ob jemand
ADD A B GIVING C
oder
ADD B A GIVING C
schreibt. Kurz gesagt, die hier aufgeführten Lösungen sind korrekt, aber sie sind nicht immer die einzig möglich korrekten Lösungen.

1. Kapitel 3: Die grundlegende Programmstruktur

1.
```
01  RECHNUNGEN.
    05  RECHNUNGS-BETRAG        PIC 9(5)V99.
    05  GEZAHLTER-BETRAG        PIC 9(5)V99.
    05  REST-SCHULD             PIC 9(5)V99.
```

3.
```
01  ALPHA-EINGABE.
    05  A.
        10  B                   PIC X(4).
        10  C                   PIC X(5).
    05  D                       PIC X(6).
    05  E                       PIC X(7).
```

5.
```
01  NORMAL-ZEILE-AUSGABE.
    05  KENNZEICHNUNG           PIC XXX.
    05  FILLER                  PIC XXX.
    05  KOSTEN.
        10  AUSGABEN            PIC 9(4).99.
        10  FILLER              PIC XX.
        10  EINNAHMEN           PIC 9(4).99.
        10  FILLER              PIC XX.
    05  WEGSTRECKE              PIC 9(5).
```

7.
```
01  BESTAND.
    05  TEIL.
        10  PRAEFIX             PIC XX.
        10  NUMMER              PIC 9999.
    05  AUFGELAUFENER-VERBRAUCH.
        10  MENGE               PIC 9(6).
        10  DM-BETRAG           PIC 9(5)V99.
    05  BESCHREIBUNG            PIC X(15).
    05  CODES.
        10  HERSTELLUNGSORT     PIC A.
        10  EINKAUF             PIC 9.
        10  VERBRAUCH-ART       PIC 9.
    05  BESTI                   PIC 9(5).
```

9. Der Satz beginnt mit dem **POLICEN-NR** genannten Elementarelement, dem ein mit **FILLER** erklärtes dreistelliges Feld folgt. Die anschließende Datengruppe **BETRAEGE** weist vier numerische Felder, nämlich **PRAEMIE, RUECKVERGUETUNG, ZINSEN** und **BETRAG-FAELLIG** auf. Jedes dieser Felder weist vier Stellen vor und zwei Stellen nach dem Dezimalpunkt auf und wird außerdem von **FILLER**-Feldern mit je zwei alphamerischen Stellen gefolgt. Die gesamte Satzlänge beträgt 42 Stellen.

11. a) Die Werte der Datenelemente **R** und **S** werden zum Wert von **T** addiert; die Summe ersetzt den Wert von **T**.
    b) Die Werte der Datenelemente **R** uns **S** werden addiert; die Summe ersetzt den Wert von **T**. Der frühere Wert von **T** geht in die Summenbildung nicht ein und wird durch das Ergebnis zerstört.
    c) Die Werte von **A, B** und **C** werden addiert, anschließend wird die Summe vom Wert von **D** subtrahiert. Die entstandene Differenz tritt an die Stelle des bisherigen Wertes von **D**.
    d) Die Werte von **A, B** und **C** werden addiert und die entstandene Summe vom Wert von **D** subtrahiert. Der Wert von **E** wird durch die Differenz ersetzt. Der Wert von **D** bleibt durch diese Operation erhalten, der bisherige Wert von **E** wird hingegen zerstört.
    e) Der Wert von **FAKTOR-9** wird mit dem Literal 12.3 multipliziert; das Produkt ersetzt den bisherigen Wert von **FAKTOR-9**.
    f) Der Wert von **N** wird durch den Wert von **M** dividiert; der Quotient tritt an die Stelle des alten Wertes von **N**.
    g) Der Wert von **N** wird durch den Wert von **M** dividiert. Der gerundete Wert des Quotienten wird nach **Q** gebracht.

13. Folgende Anweisungen erfüllen die gestellten Zielsetzungen:

```
a)   ADD JAN FEB MAERZ GIVING QUARTAL-1.
b)   ADD JAHR-1 TO JAHR-2.
c)   ADD 13.45 ABC TO DEF.
d)   ADD 13.45 ABC DEF GIVING DHI.
e)   SUBTRACT 12 FROM Q-1.
f)   SUBTRACT J-88 J-89 FROM JAHRE.
g)   MULTIPLY KORR-FAKTOR BY ENDSUMME ROUNDED.
h)   MULTIPLY MONATS-VERBRAUCH BY 12 GIVING JAHRESSUMME.
i)   MULTIPLY KM-PRO-STD BY STUNDENZAHL GIVING ENTFERNUNG.
j)   DIVIDE SUMME-JAHR BY 12 GIVING MONATS-DURCHSCHNITT.
k)   DIVIDE KORR-FAKTOR INTO MASCHINEN-BELEGUNG ROUNDED.
l)   DIVIDE GESAMTZEIT BY 60 GIVING STUNDEN REMAINDER MINUTEN.
```

15. Folgende **PICTURE**-Klauseln erfüllen die geforderten Bedingungen:

> RESULTAT PICTURE 9999V99.
> RESULTAT PICTURE 9999V9.
> RESULTAT PICTURE 9(5)V9(6).

17. Das folgende Programm löst die gegebene Aufgabenstellung:

```
IDENTIFICATION DIVISION.
PROGRAM-ID.
    K03A17.

ENVIRONMENT DIVISION.
INPUT-OUTPUT SECTION.
FILE-CONTROL.
    SELECT MITARBEITER-DATEI   ASSIGN TO S-ARBDAT.
    SELECT LOHNLISTE-DATEI     ASSIGN TO S-BERICHT.

DATA DIVISION.
FILE SECTION.
FD  MITARBEITER-DATEI
    LABEL RECORDS ARE OMITTED.
01  MITARBEITER-SATZ.
    05   E-PERSONALNUMMER      PIC X(5).
    05   E-ARBEITSZEIT         PIC 99V9.
    05   E-STUNDENLOHN         PIC 99V99.

FD  LOHNLISTE-DATEI
    LABEL RECORDS ARE OMITTED.
01  LOHNLISTE-SATZ.
    05   A-PERSONALNUMMER      PIC X(5).
    05   FILLER                PIC X(3).
    05   A-ARBEITSZEIT         PIC 99.9.
    05   FILLER                PIC X(3).
    05   A-STUNDENLOHN         PIC 99.99.
    05   FILLER                PIC X(3).
    05   A-LOHN                PIC 999.99.

WORKING-STORAGE SECTION.
01  W-DATEIENDE-KENNZEICHEN    PIC X.


PROCEDURE DIVISION.
A000-HAUPTSTEUERUNG.
    OPEN    INPUT MITARBEITER-DATEI
            OUTPUT LOHNLISTE-DATEI.
    MOVE 'N' TO W-DATEIENDE-KENNZEICHEN.
    READ MITARBEITER-DATEI
         AT END  MOVE 'J' TO W-DATEIENDE-KENNZEICHEN.
    PERFORM B010-AUS-LOHNLISTE
         UNTIL W-DATEIENDE-KENNZEICHEN = 'J'.
    CLOSE MITARBEITER-DATEI LOHNLISTE-DATEI.
    STOP RUN.
```

```
B010-AUS-LOHNLISTE.
    MOVE SPACES TO LOHNLISTE-SATZ.
    MULTIPLY E-ARBEITSZEIT BY E-STUNDENLOHN
        GIVING A-LOHN ROUNDED.
    MOVE E-PERSONALNUMMER    TO A-PERSONALNUMMER.
    MOVE E-ARBEITSZEIT TO A-ARBEITSZEIT.
    MOVE E-STUNDENLOHN TO A-STUNDENLOHN.
    WRITE LOHNLISTE-SATZ.
    READ MITARBEITER-DATEI
        AT END  MOVE 'J' TO W-DATEIENDE-KENNZEICHEN.
```

Ausgabebeispiel

```
12345   40.0    05.25   210.00
23456   43.3    21.20   917.96
23457   43.3    21.45   928.79
55555   01.0    01.00   001.00
```

2. Kapitel 4: Entwurf von Programmen

1. Es ergeben sich folgende Anweisungen im Pseudocode:

```
a)   IF  alter ist größer als oder gleich 18   THEN
            addieren von 1 auf erwachsener
     ENDIF

b)   IF  teil-1-a enthält den buchstaben 'S'   THEN
            drucken von lagerartikel
     ENDIF

c)   IF  umfang größer als 800   THEN
            addieren von 1 auf gross
     ELSE
            addieren von 1 auf klein
     ENDIF

d)   IF  name-a größer als name-b   THEN
            übertragen von name-a nach zeitweilig
     ELSE
            übertragen von name-b nach zeitweilig
     ENDIF

e)   IF  arbeitsstunden ungleich 37.5   THEN
            ausgeben von "KEINE NORMALE ARBEITSSTUNDENZAHL"
     ENDIF
```

4. Die hierarchische Darstellung ist in der Abb. D.1 gezeigt.

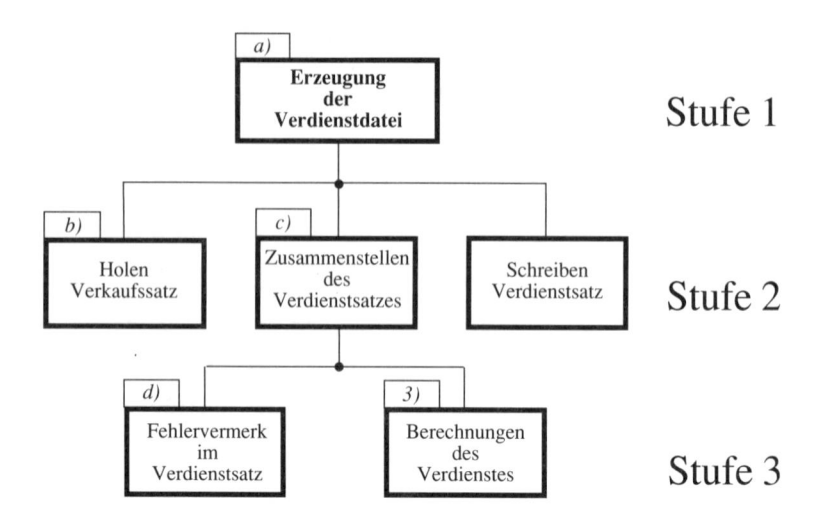

```
                        ┌─a)──────────┐
                        │  Erzeugung  │
                        │     der     │                    Stufe 1
                        │Verdienstdatei│
                        └──────┬──────┘
         ┌──────────────┬──────┴──────────────┐
    ┌─b)─┴────┐    ┌─c)─┴──────────┐   ┌──────┴──────┐
    │  Holen  │    │Zusammenstellen│   │  Schreiben  │
    │Verkaufssatz│  │      des     │   │Verdienstsatz│   Stufe 2
    │         │    │Verdienstsatzes│   │             │
    └─────────┘    └───────┬───────┘   └─────────────┘
                   ┌───────┴───────┐
            ┌─d)─┬─┘        ┌─3)─┬─┘
            │Fehlervermerk │   │Berechnungen│
            │     im       │   │    des     │
            │Verdienstsatz │   │Verdienstes │         Stufe 3
            └──────────────┘   └────────────┘
```

Abb. D.1 Hierarchische Darstellung eines Programmes zur Erstellung einer Verdienstdatei

Aufgrund der erarbeiteten hierarchischen Darstellung sind die folgenden Pseudocodes entworfen worden (von oben nach unten, von links nach rechts):

a) *Stufe 1* (Erzeugung der Verdienstdatei)

```
holen verkaufssatz
PERFORM-UNTIL  weitere-sätze = 'N'
    zusammenstellen verdienstsatz
    schreiben verdienstsatz
    holen verkaufssatz
ENDPERFORM
stopp
```

b) *Stufe 2* (Holen Verkaufssatz)

```
lesen verkaufssatz;  bei datenende
                     übertragen von 'N' nach weitere-sätze
```

c) *Stufe 2* (Zusammenstellen des Verdienstsatzes)

```
übertragen von reisender nach verdienstsatz
übertragen von verkaufspreis nach verdienstsatz
übertragen von grundpreis nach verdienstsatz
übertragen von artikelcode nach verdienstsatz
IF   artikelcode kleiner als 1 oder größer als 5   THEN
     fehlervermerk im verdienstsatz
ELSE
     berechnung des verdienstes
ENDIF
```

d) *Stufe 3* (Fehlervermerk im Verdienstsatz)

```
setzen von verdienst auf null
übertragen von "FALSCHER ARTIKELCODE" nach verdienstsatz
```

e) *Stufe 3* (Berechnung des Verdienstes)

```
EVALUATE artikelcode
    WHEN 1
        verdienst = 0.15 * verkaufspreis
    WHEN 2
        verdienst = 0.40 * (verkaufspreis - grundpreis)
    WHEN 3
        verdienst = 0.1 * grundpreis + 0.5 * (verkaufspreis - grundpreis)
    WHEN 4
        verdienst = 25 + 0.05 * grundpreis
    WHEN 5
        verdienst = 75
END EVALUATE
```

Wir haben vorsätzlich für den auf der Stufe 2 stehenden Modul mit der Beschriftung „Schreiben Verdienstsatz" keine Pseudocode-Spezifikation niedergeschrieben, da die Beschriftung dieses Moduls selbst schon die Spezifikation darstellt. Man kann selbstverständlich nach eigenem Ermessen die Spezifikation eines einfachen Moduls im Pseudocode weglassen oder vornehmen. Verzichtet man auf die Pseudocode-Spezifikation, so sollte das stets bewußt geschehen und nicht aus Versehen.

6. Entwurf des Programmes zum Drucken der Abgabenliste (Spezifikation im Pseudocode):

```
lesen bruttoverdienstsatz;   bei datenende
                             übertragen von 'N' nach weitere-sätze
PERFORM-UNTIL  weitere-sätze = 'N'
   übertragen von kennung nach abgabensatz
   übertragen von bruttoverdienst nach abgabensatz
   IF    bruttoverdienst größer als 2000  THEN
         abgabe = 0.04 * (bruttoverdienst - 2000)
   ELSE
         abgabe = 0
   ENDIF
   schreiben abgabensatz
   lesen bruttoverdienstsatz;   bei datenende
                                übertragen von 'N' nach weitere-sätze
ENDPERFORM
stopp
```

8. Entwurf des Programmes zur Erzeugung des Berichtes (Spezifikation im Pseudocode):

```
übertragen von null nach gesamtsumme
lesen eingabesatz;   bei datenende
                     übertragen von 'N' nach weitere-sätze
PERFORM-UNTIL  weitere-sätze = 'N'
   übertragen von kennung nach ausgabesatz
   übertragen von betrag nach ausgabesatz
   übertragen von sonstige-informationen nach ausgabesatz
   drucken ausgabesatz
   addieren von betrag auf gesamtsumme
   lesen eingabesatz;   bei datenende
                        übertragen von 'N' nach weitere-sätze
ENDPERFORM
drucken gesamtsumme
stopp
```

Anmerkung: Beim Pseudocode werden Multiplikationen entweder durch das Zeichen x oder durch das Zeichen * ausgedrückt.

3. Kapitel 5: Anweisungen für die Ablaufstruktur von COBOL-Programmen

1. Es ergeben sich die folgenden COBOL-Anweisungen:

a)	IF ALTER IS NOT LESS THAN 18 ADD 1 TO ERWACHSENE.
b)	IF TEIL-1-A = 'S' PERFORM D050-VERARB-VORRAT.

c)	IF UMFANG IS GREATER THAN 800
	     ADD 1 TO GROSS
	ELSE
	     ADD 1 TO KLEIN.

d)	IF NAME-A IS GREATER THAN NAME-B
	     MOVE NAME-A TO ZEITWEILIG
	ELSE
	     MOVE NAME-B TO ZEITWEILIG.

e)	IF ARBEITSSTUNDEN IS NOT EQUAL TO 37.5 PERFORM C035-NICHT-STANDARD.
f)	IF CODE-X IS NOT NUMERIC PERFORM X020-FALSCH-CODE.

3. Kapitel 5: Anweisungen für die Ablaufstruktur von COBOL-Programmen 865

3. Es ergeben sich die folgenden beiden COBOL-Anweisungen:

```
ADD AUF-LAGER BESTELLT GIVING ZWISCHENWERT.
IF  ZWISCHENWERT IS LESS THAN BESTELL-AUSLOESUNG
     MOVE BESTELLMENGE TO BESTELLAUFTRAG
ELSE
     MOVE ZERO TO BESTELLAUFTRAG.
```

5. Es ergeben sich die folgenden beiden Lösungen:
   a) *Frühere COBOL-Versionen (Lösung mit der IF-Anweisung)*

```
IF  ARTIKEL-CODE IS EQUAL TO '1'
     MULTIPLY 0.15 BY VERKAUFSPREIS GIVING VERDIENST
ELSE IF ARTIKEL-CODE IS EQUAL TO '2'
     SUBTRACT GRUNDPREIS FROM VERKAUFSPREIS GIVING ZWISCHENWERT
     MULTIPLY 0.40 BY ZWISCHENWERT GIVING VERDIENST
ELSE IF ARTIKEL-CODE IS EQUAL TO '3'
     MULTIPLY 0.10 BY GRUNDPREIS GIVING ZWISCHEN-1
     SUBTRACT GRUNDPREIS FROM VERKAUFSPREIS GIVING ZWISCHENWERT
     MULTIPLY 0.50 BY ZWISCHENWERT
     ADD ZWISCHENWERT ZWISCHEN-1 GIVING VERDIENST
ELSE IF ARTIKEL-CODE IS EQUAL TO '4'
     MULTIPLY 0.05 BY GRUNDPREIS GIVING ZWISCHENWERT
     ADD 25.00 ZWISCHENWERT GIVING VERDIENST
ELSE IF ARTIKEL-CODE IS EQUAL TO '5'
     MOVE 75.00 TO VERDIENST
ELSE
     MOVE ZERO TO VERDIENST
     MOVE 'X' TO FALSCHER-ARTIKEL-CODE-KZ.
```

b) *COBOL-85 (Lösung mit der EVALUATE-Anweisung)*

```
EVALUATE   ARTIKEL-CODE
    WHEN '1'   MULTIPLY 0.15 BY VERKAUFSPREIS GIVING VERDIENST
    WHEN '2'   SUBTRACT GRUNDPREIS FROM VERKAUFSPREIS
                        GIVING ZWISCHENWERT
               MULTIPLY 0.40 BY ZWISCHENWERT GIVING VERDIENST
    WHEN '3'   MULTIPLY 0.10 BY GRUNDPREIS GIVING ZWISCHEN-1
               SUBTRACT GRUNDPREIS FROM VERKAUFSPREIS
                        GIVING ZWISCHENWERT
               MULTIPLY 0.50 BY ZWISCHENWERT
               ADD ZWISCHENWERT ZWISCHEN-1 GIVING VERDIENST
    WHEN '4'   MULTIPLY 0.05 BY GRUNDPREIS GIVING ZWISCHENWERT
               ADD 25.00 ZWISCHENWERT GIVING VERDIENST
    WHEN '5'   MOVE 75.00 TO VERDIENST
    WHEN OTHER
               MOVE ZERO TO VERDIENST
               MOVE 'X' TO FALSCHER-ARTIKEL-CODE-KZ
END-EVALUATE.
```

7. Das Programm kann wie folgt aussehen:

```
IDENTIFICATION DIVISION.
PROGRAM-ID.
    K05A07.

ENVIRONMENT DIVISION.
INPUT-OUTPUT-SECTION.
FILE-CONTROL.
    SELECT DATEN-DATEI            ASSIGN TO S-DATENDA.
    SELECT DRUCK-DATEI            ASSIGN TO S-DRUCKDA.

DATA DIVISION.
FILE SECTION.
FD  DATEN-DATEI
    LABEL RECORDS ARE OMITTED.
01  DATEN-SATZ.
    05  NAME                      PIC X(20).
    05  FILLER                    PIC X(5).
    05  BESCHAEFTIGUNGSDAUER      PIC 99.

FD  DRUCK-DATEI
    LABEL RECORDS ARE OMITTED.
01  DRUCK-SATZ.
    05  NAME-DR                   PIC X(20).
    05  FILLER                    PIC X(5).
    05  BESCHAEFTIGUNGSDAUER-DR   PIC 99.
    05  FILLER                    PIC XXX.
    05  VETERAN-KOMMENTAR         PIC X(17).

WORKING-STORAGE SECTION.
    01  KEINE-DATEN-MEHR-KZ       PIC X.

PROCEDURE DIVISION.
A000-HAUPT-ROUTINE.
    MOVE 'N' TO KEINE-DATEN-MEHR-KZ.
    OPEN INPUT DATEN-DATEI
         OUTPUT DRUCK-DATEI.
    READ DATEN-DATEI
        AT END MOVE 'J' TO KEINE-DATEN-MEHR-KZ.
    PERFORM B010-VERARB-DATEN-SATZ
        UNTIL KEINE-DATEN-MEHR-KZ = 'J'.
    CLOSE DATEN-DATEI
          DRUCK-DATEI.
    STOP RUN.

B010-VERARB-DATEN-SATZ.
    MOVE SPACES TO DRUCK-SATZ.
    MOVE NAME TO NAME-DR.
    MOVE BESCHAEFTIGUNGSDAUER TO BESCHAEFTIGUNGSDAUER-DR.
    IF  BESCHAEFTIGUNGSDAUER IS GREATER THAN 40
        MOVE 'VETERAN DER FIRMA' TO VETERAN-KOMMENTAR.
    WRITE DRUCK-SATZ.
    READ DATEN-DATEI
        AT END  MOVE 'J' TO KEINE-DATEN-MEHR-KZ.
```

9. Das Programm kann wie folgt aussehen:

```
IDENTIFICATION DIVISION.
PROGRAM-ID.
    K05A09.

ENVIRONMENT DIVISION.
INPUT-OUTPUT-SECTION.
FILE-CONTROL.
    SELECT MITARBEITER-DATEI        SELECT S-MITARB.
    SELECT DRUCK-DATEI              SELECT S-DRUCKDA.

DATA DIVISION.
FILE SECTION.
FD  MITARBEITER-DATEI
    LABEL RECORDS ARE OMITTED.
01  MITARBEITER-SATZ.
    05  FILLER                      PIC X(44).
    05  KENNUNG                     PIC X(6).
    05  FILLER                      PIC X(19).
    05  BRUTTOVERDIENST             PIC 9(5)V99.

FD  DRUCK-DATEI
    LABEL RECORDS ARE OMITTED.
01  DRUCK-SATZ.
    05  KENNUNG-DR                  PIC X(6).
    05  FILLER                      PIC XXX.
    05  BRUTTOVERDIENST-DR          PIC 9(5).99.
    05  FILLER                      PIC XXX.
    05  ABGABE                      PIC 9(5).99.

WORKING-STORAGE SECTION.
01  KEINE-DATEN-MEHR-KZ             PIC X.
01  ZWISCHENWERT                    PIC 9(5)V99.

PROCEDURE DIVISION.
A000-HAUPT-ROUTINE.
    MOVE 'N' TO KEINE-DATEN-MEHR-KZ.
    OPEN INPUT MITARBEITER-DATEI
         OUTPUT DRUCK-DATEI.
    READ MITARBEITER-DATEI
        AT END  MOVE 'J' TO KEINE-DATEN-MEHR-KZ.
    PERFORM B010-BERECHNUNG-ABGABE
        UNTIL KEINE-DATEN-MEHR-KZ = 'J'.
    CLOSE MITARBEITER-DATEI
          DRUCK-DATEI.
    STOP RUN.

B010-BERECHNUNG-ABGABE.
    MOVE SPACES TO DRUCK-SATZ.
    IF  BRUTTOVERDIENST > 3600.00
            SUBTRACT 3600.00 FROM BRUTTOVERDIENST
                    GIVING ZWISCHENWERT
            MULTIPLY ZWISCHENWERT BY 0.04 GIVING ABGABE
        ELSE
            MOVE ZERO TO ABGABE.
    MOVE KENNUNG TO KENNUNG-DR.
    MOVE BRUTTOVERDIENST TO BRUTTOVERDIENST-DR.
    WRITE DRUCK-SATZ.
    READ MITARBEITER-SATZ
        AT END  MOVE 'J' TO KEINE-DATEN-MEHR-KZ.
```

11. Das Programm kann wie folgt aussehen:

```
IDENTIFICATION DIVISION.
PROGRAM-ID.
    K05All.

ENVIRONMENT DIVISION.
INPUT-OUTPUT SECTION.
FILE-CONTROL.
    SELECT  E-DATEI                 ASSIGN TO S-EINGABE.
    SELECT  L-DATEI                 ASSIGN TO S-LISTE.

DATA DIVISION.
FILE SECTION.
FD  E-DATEI
    LABEL RECORDS ARE OMITTED.
01  E-SATZ.
    05  KENNUNG                     PIC X(8).
    05  BETRAG                      PIC 9(5)V99.
    05  SONSTIGE-INFORMATIONEN      PIC X(75).

FD  L-DATEI
    LABEL RECORDS ARE OMITTED.
01  L-SATZ.
    05  KENNUNG-L                   PIC X(8).
    05  FILLER                      PIC X(3).
    05  BETRAG-L                    PIC 9(7).99.
    05  FILLER                      PIC X(3).
    05  SONSTIGE-INFORMATIONEN-L    PIC X(75).

WORKING-STORAGE SECTION.
01  KEINE-DATEN-MEHR-KZ             PIC X.
01  GESAMTSUMME                     PIC 9(7)V99.

PROCEDURE DIVISION.
A000-HAUPT-ROUTINE.
    MOVE ZERO TO GESAMTSUMME.
    MOVE 'N' TO KEINE-DATEN-MEHR-KZ.
    OPEN INPUT E-DATEI
        OUTPUT L-DATEI.
    READ E-DATEI    AT END MOVE 'J' TO KEINE-DATEN-MEHR-KZ.
    PERFORM B010-LISTE-EINGABE
        UNTIL KEINE-DATEN-MEHR-KZ = 'J'.
    MOVE SPACES TO L-SATZ.
    MOVE 'GESAMT =' TO KENNUNG-L.
    MOVE GESAMTSUMME TO BETRAG-L.
    WRITE L-SATZ.
    CLOSE E-DATEI
        L-DATEI.
    STOP RUN.

B010-LISTE-EINGABE.
    MOVE SPACES TO L-SATZ.
    MOVE KENNUNG TO KENNUNG-L.
    MOVE BETRAG TO BETRAG-L.
    MOVE SONSTIGE-INFORMATIONEN TO SONSTIGE-INFORMATIONEN-L.
    WRITE L-SATZ.
    ADD BETRAG TO GESAMTSUMME.
    READ E-DATEI    AT END MOVE 'J' TO KEINE-DATEN-MEHR-KZ.
```

4. Kapitel 6: Ein einfaches Programm für die Lohnabrechnung:

2. Das Programm könnte nach der Umgestaltung so aussehen, wie die nachstehende Programmliste zeigt. Gegenüber der ersten Programmversion (siehe Abb. 6.3 und 6.4) wurden einige zusätzliche, über die Aufgabenstellung hinausgehende Änderungen vorgenommen, denn man soll die aus den Besprechungen gewonnenen Schlußfolgerungen beherzigen.

```
IDENTIFICATION DIVISION.
PROGRAM-ID.    K06A02.
DATE-WRITTEN.    24. AUGUST 1988.

ENVIRONMENT DIVISION.
INPUT-OUTPUT SECTION.
FILE-CONTROL.
     SELECT LOHN-DATEI            ASSIGN TO S-LOHND.
     SELECT DRUCK-DATEI           ASSIGN TO S-DRUCKD.

DATA DIVISION.
FILE SECTION.
FD   LOHN-DATEI
     LABEL RECORDS ARE OMITTED
01   LOHN-SATZ.
     05   E-PERSONALNUMMER        PIC X(5).
     05   E-NAME                  PIC X(20).
     05   E-ARBEITSSTUNDEN        PIC 99V9.
     05   FILLER                  PIC XXX.
     05   E-STUNDENLOHN           PIC 99V999.
     05   E-ANGEHOERIGEN-ZAHL     PIC 99.
FD   DRUCK-DATEI
     LABEL RECORDS ARE OMITTED.
01   DRUCK-SATZ.
     05   D-PERSONALNUMMER        PIC X(5).
     05   FILLER                  PIC XX.
     05   D-NAME                  PIC X(20).
     05   FILLER                  PIC XX.
     05   D-ARBEITSSTUNDEN        PIC 99.9.
     05   FILLER                  PIC XX.
     05   D-STUNDENLOHN           PIC 99.999.
     05   FILLER                  PIC XX.
     05   D-ANGEHOERIGEN-ZAHL     PIC 99.
     05   FILLER                  PIC XX.
     05   D-BRUTTOLOHN            PIC 999.99.
     05   FILLER                  PIC XX.
     05   D-STEUER                PIC 999.99.
     05   FILLER                  PIC XX.
     05   D-NETTOLOHN             PIC 999.99

WORKING-STORAGE SECTION.
01   K-FREIBETRAG                 PIC 99V99      VALUE 50.00.
01   K-STEUERSATZ                 PIC V999       VALUE .210.
01   K-WOCHENARBEITSZEIT          PIC 99V99      VALUE 40.00.
01   W-FREIBETRAG-SUMME           PIC 999V99.
01   W-BRUTTOLOHN                 PIC 999V99.
01   W-NETTOLOHN                  PIC 999V99.
01   W-UEBERSTUNDEN               PIC 99V99.
01   W-UEBERSTUNDEN-LOHN          PIC 999V99.
01   W-STEUER                     PIC 999V99.
01   W-STEUERPFLICHTIG            PIC 999V99.
01   W-KEINE-DATEN-MEHR-KZ        PIC X          VALUE 'N'.
```

```
PROCEDURE DIVISION.
A000-LOHN-ABRECHNUNG.
    OPEN INPUT LOHN-DATEI
         OUTPUT DRUCK-DATEI.
    READ LOHN-SATZ  AT END MOVE 'J' TO W-KEINE-DATEN-MEHR-KZ.
    PERFORM B010-BERECHNUNG-LOHN
        UNTIL W-KEINE-DATEN-MEHR-KZ = 'J'.
    CLOSE LOHN-DATEI DRUCK-DATEI.
    STOP RUN.
B010-BERECHNUNG-LOHN.
    MULTIPLY E-ARBEITSSTUNDEN BY E-STUNDENLOHN
        GIVING W-BRUTTOLOHN ROUNDED.
    IF  E-ARBEITSSTUNDEN IS GREATER THAN K-WOCHENARBEITSZEIT
        SUBTRACT K-WOCHENARBEITSZEIT FROM E-ARBEITSSTUNDEN
            GIVING W-UEBERSTUNDEN
        MULTIPLY 0.5 BY W-UEBERSTUNDEN
        MULTIPLY W-UEBERSTUNDEN BY E-STUNDENLOHN
            GIVING W-UEBERSTUNDEN-LOHN ROUNDED
        ADD W-UEBERSTUNDEN-LOHN TO W-BRUTTOLOHN.
    MULTIPLY K-FREIBETRAG BY E-ANGEHOERIGEN-ZAHL
        GIVING W-FREIBETRAG-SUMME.
    IF  W-BRUTTOLOHN IS GREATER THAN W-FREIBETRAG-SUMME
        SUBTRACT W-FREIBETRAG-SUMME FROM W-BRUTTOLOHN
            GIVING W-STEUERPFLICHTIG
        MULTIPLY K-STEUERSATZ BY W-STEUERPFLICHTIG
            GIVING W-STEUER ROUNDED
    ELSE
        MOVE ZERO TO W-STEUER.
    SUBTRACT W-STEUER FROM W-BRUTTOLOHN GIVING W-NETTOLOHN.
    MOVE SPACES              TO DRUCK-SATZ.
    MOVE E-PERSONALNUMMER    TO D-PERSONALNUMMER.
    MOVE E-NAME              TO D-NAME.
    MOVE E-ARBEITSSTUNDEN    TO D-ARBEITSSTUNDEN.
    MOVE E-STUNDENLOHN       TO D-STUNDENLOHN.
    MOVE E-ANGEHOERIGEN-ZAHL TO D-ANGEHOERIGEN-ZAHL.
    MOVE W-BRUTTOLOHN        TO D-BRUTTOLOHN.
    MOVE W-STEUER            TO D-STEUER.
    MOVE W-NETTOLOHN         TO D-NETTOLOHN.
    WRITE DRUCK-SATZ.
    READ LOHN-SATZ  AT END MOVE 'J' TO W-KEINE-DATEN-MEHR-KZ.
```

Anmerkungen: • In einigen Fällen haben wir uns aus Platzgründen nicht an die von uns empfohlene standardisierte Schreibweise gehalten.

• Drei Variablen in der WORKING-STORAGE SECTION werden von uns als Konstanten angesehen und sind deshalb durch den Präfix K gekennzeichnet. Die in den Vergleich mit den Arbeitsstunden einbezogene Konstante 40.0 kann sich nämlich im Verlauf der Zeit ebenfalls ändern. Deshalb haben wir an ihrer Stelle das Datenelement K-WOCHENARBEITSZEIT eingeführt und ihm mittels der VALUE-Klausel einen Anfangswert zugewiesen.

• Aufgrund der gewonnenen Erkenntnisse ist beim Datenelement W-UEBERSTUNDEN die Zeichenfolge in der PICTURE-Klausel in 99V99 abgeändert worden.

4. Das Programm könnte wie folgt aussehen:

```
IDENTIFICATION DIVISION.
PROGRAM-ID.     K06A04.
DATE-WRITTEN.   24. AUGUST 1988, 10.03 UHR.

ENVIRONMENT DIVISION.
INPUT-OUTPUT SECTION.
FILE-CONTROL.
    SELECT LOHN-DATEI              ASSIGN TO S-LOHND.
    SELECT DRUCK-DATEI             ASSIGN TO S-DRUCKD.

DATA DIVISION.
FILE SECTION.
FD  LOHN-DATEI
    LABEL RECORDS ARE OMITTED.
01  LOHN-SATZ.
    05  E-PERSONALNUMMER           PIC X(5).
    05  E-NAME                     PIC X(20).
    05  E-ARBEISSTUNDEN            PIC 99V9.
    05  FILLER                     PIC XXX.
    05  E-STUNDENLOHN              PIC 99V999.
    05  E-ANGEHOERIGEN-ZAHL        PIC 99.
FD  DRUCK-DATEI
    LABEL RECORDS ARE OMITTED.
01  DRUCK-SATZ.
    05  D-PERSONALNUMMER           PIC X(5).
    05  FILLER                     PIC XX.
    05  D-NAME                     PIC X(20).
    05  FILLER                     PIC XX.
    05  D-ARBEITSSTUNDEN           PIC 99.9.
    05  FILLER                     PIC XX.
    05  D-STUNDENLOHN              PIC 99.999.
    05  FILLER                     PIC XX.
    05  D-ANGEHOERIGEN-ZAHL        PIC 99.
    05  FILLER                     PIC XX.
    05  D-BRUTTOLOHN               PIC 999.99.
    05  FILLER                     PIC XX.
    05  D-STEUER                   PIC 999.99.
    05  FILLER                     PIC XX.
    05  D-NETTOLOHN                PIC 999.99.

WORKING-STORAGE SECTION.
01  K-FREIBETRAG                   PIC 99V99    VALUE 50.00.
01  K-STEUERSATZ                   PIC V999     VALUE  .210.
01  K-WOCHENARBEITSZEIT            PIC 99V99    VALUE 40.00.
01  W-FREIBETRAG-SUMME             PIC 999V99.
01  W-BRUTTOLOHN                   PIC 999V99.
01  W-NETTOLOHN                    PIC 999V99.
01  W-UEBERSTUNDEN                 PIC 99V99.
01  W-UEBERSTUNDEN-LOHN            PIC 999V99.
01  W-STEUER                       PIC 999V99.
01  W-STEUERPFLICHTIG              PIC 999V99.
01  W-KEINE-DATEN-MEHR-KZ          PIC X        VALUE 'N'.
01  W-SATZ-ZAEHLER                 PIC 9(5)     VALUE ZERO.
PROCEDURE DIVISION.
A000-LOHN-ABRECHNUNG.
    OPEN  INPUT  LOHN-DATEI.
          OUTPUT DRUCK-DATEI.
    PERFORM C010-HOLEN-LOHNSATZ.
```

```cobol
       PERFORM B010-BERECHNUNG-LOHN
           UNTIL W-KEINE-DATEN-MEHR-KZ = 'J'.
       MOVE SPACES TO DRUCK-SATZ.
       MOVE W-SATZ-ZAEHLER TO D-PERSONALNUMMER.
       MOVE 'VERARBEITETE SAETZE' TO D-NAME.
       WRITE DRUCK-SATZ.
       CLOSE LOHN-DATEI
             DRUCK-DATEI.
       STOP RUN.

   B010-BERECHNUNG-LOHN.
       ADD 1 TO W-SATZ-ZAEHLER.
       PERFORM C020-BERECHNUNG-BRUTTOLOHN.
       PERFORM C030-BERECHNUNG-FREIBETRAG-S.
       PERFORM C040-BERECHNUNG-STEUER.
       PERFORM C050-BERECHNUNG-NETTOLOHN.
       PERFORM C060-DRUCKEN-ZEILE.
       PERFORM C010-HOLEN-LOHNSATZ.

   C010-HOLEN-LOHNSATZ.
       READ LOHN-DATEI
           AT END  MOVE 'J' TO W-KEINE-DATEN-MEHR-KZ.

   C020-BERECHNUNG-BRUTTOLOHN.
       MULTIPLY E-ARBEITSSTUNDEN BY E-STUNDENLOHN
               GIVING E-BRUTTOLOHN ROUNDED.
       IF   E-ARBEITSSTUNDEN IS GREATER THAN K-WOCHENARBEITSZEIT
           SUBTRACT K-WOCHENARBEITSZEIT FROM E-ARBEITSSTUNDEN
                   GIVING W-UEBERSTUNDEN
           MULTIPLY 0.5 BY W-UEBERSTUNDEN
           MULTIPLY W-UEBERSTUNDEN BY E-STUNDENLOHN
                   GIVING W-UEBERSTUNDEN-LOHN ROUNDED
           ADD W-UEBERSTUNDEN-LOHN TO W-BRUTTOLOHN.

   C030-BERECHNUNG-FREIBETRAG-S.
       MULTIPLY K-FREIBETRAG BY E-ANGEHOERIGEN-ZAHL
               GIVING W-FREIBETRAG-SUMME.

   C040-BERECHNUNG-STEUER.
       IF  W-BRUTTOLOHN IS GREATER THAN W-FREIBETRAG-SUMME
           SUBTRACT W-FREIBETRAG-SUMME FROM W-BRUTTOLOHN
                   GIVING W-STEUERPFLICHTIG
               MULTIPLY K-STEUERSATZ BY W-STEUERPFLICHTIG
                   GIVING W-STEUER ROUNDED
       ELSE
           MOVE ZERO TO W-STEUER.

   C050-BERECHNUNG-NETTOLOHN.
       SUBTRACT W-STEUER FROM W-BRUTTOLOHN GIVING W-NETTOLOHN.

   C060-DRUCKEN-ZEILE.
       MOVE SPACES              TO DRUCK-SATZ.
       MOVE E-PERSONALNUMMER    TO D-PERSONALNUMMER.
       MOVE E-NAME              TO D-NAME.
       MOVE E-ARBEITSSTUNDEN    TO D-ARBEITSSTUNDEN.
       MOVE E-STUNDENLOHN       TO D-STUNDENLOHN.
       MOVE E-ANGEHOERIGEN-ZAHL TO D-ANGEHOERIGEN-ZAHL.
       MOVE W-BRUTTOLOHN        TO D-BRUTTOLOHN.
       MOVE W-STEUER            TO D-STEUER.
       MOVE W-NETTOLOHN         TO D-NETTOLOHN.
       WRITE LOHN-SATZ.
```

Es gelten die gleichen Anmerkungen wie bei der Lösung der Aufgabe 2.

5. Kapitel 7: Die PICTURE-Klausel und verwandte Themenkreise

1. Die **PICTURE**-Klauseln für die Empfangselemente lauten wie folgt:
   a) **ZZ99**
   b) **$(6)**
   c) **$ZZ9.99**
   d) **+(5)**
   e) **Z9BB999**

3. Die Vereinbarungen für den Eingabesatz (**E-SATZ**) bzw. für die Druckzeile (**D-ZEILE**) lauten wie folgt:

```
01  E-SATZ.
    05   E-KUNDEN-NUMMER            PIC 9(5).
    05   E-KUNDEN-NAME              PIC X(20).
    05   E-VERKAUFSBETRAG           PIC S9(4)V99.
    05   E-ARTIKEL-SCHLUESSEL       PIC X(6).
    05   FILLER                     PIC X(42).
    05   E-SATZART                  PIC X.

01  D-ZEILE.
    05   D-KUNDEN-NUMMER            PIC 99B999.
    05   FILLER                     PIC X(5).
    05   D-KUNDEN-NAME              PIC XBX(19).
    05   FILLER                     PIC X(5).
    05   D-VERKAUFSBETRAG           PIC $$,$$$.99-.
    05   FILLER                     PIC X(5).
    05   D-ARTIKEL-SCHLUESSEL       PIC X(6).
    05   FILLER                     PIC X(5).
    05   D-SATZART                  PIC X.
```

5. Die **PICTURE**-Klausel für **AUSGABE-ZEILE** lautet wie folgt:

```
01  AUSGABE-ZEILE.
    05   KENN-NR                    PIC X(6).
    05   FORDER                     PIC X(6).
    05   FONDS                      PIC X(4).
    05   FACHBER                    PIC X(4).
    05   F                          PIC XX.
    05   FACHNR                     PIC X(6).
    05   TITEL                      PIC X(18).
    05   FILLER                     PIC X.
    05   BRUTTO                     PIC ZZ,ZZZV99.
    05   FILLER                     PIC X.
    05   ABZUEGE                    PIC ZZZV99.
    05   FILLER                     PIC XX.
    05   BETRAG                     PIC ZZ,ZZZV99.
```

7. Es wurde die nachstehende hierarchische Darstellung erarbeitet:

```
                    ┌─────────────────┐
                    │   Erzeugung     │
                    │   Liste der     │
                    │ offenen Rechnungen│
                    └────────┬────────┘
           ┌─────────────────┼─────────────────┐
    ┌──────┴──────┐   ┌──────┴──────┐   ┌──────┴──────┐
    │   Drucken   │   │ Verarbeitung│   │   Drucken   │
    │ Überschriften│  │    eines    │   │ Gesamtsumme │
    │             │   │    Satzes   │   │             │
    └─────────────┘   └──────┬──────┘   └─────────────┘
           ┌─────────────────┼─────────────────┐
    ┌──────┴──────┐   ┌──────┴──────┐   ┌──────┴──────┐
    │    Holen    │   │ Fortschreiben│  │   Drucken   │
    │ Eingabesatz │   │     der     │   │   Satz mit  │
    │             │   │ Gesamtsumme │   │offener Rechnung│
    └─────────────┘   └─────────────┘   └─────────────┘
```

Für die einzelnen Bausteine der hierarchischen Darstellung wurden die folgenden Pseudocodes entwickelt:

```
ERSTELLUNG EINER LISTE ÜBER DIE OFFENEN RECHNUNGEN
==================================================
drucken überschriftszeilen
PERFORM-UNTIL    keine weiteren rechnungssätze
    verarbeiten eines rechnungssatzes
ENDPERFORM
drucken gesamtsummenzeile
```

```
DRUCKEN ÜBERSCHRIFTSZEILEN
==========================
drucken titelzeile mit text 'OFFENE RECHNUNGEN'
drucken leerzeile
drucken erste zeile mit spaltenüberschriften
drucken zweite zeile mit spaltenüberschriften
drucken leerzeile
```

```
┌─────────────────────────────────────────────────────────────┐
│ VERARBEITEN EINES RECHNUNGSSATZES                           │
│ =================================                           │
│ holen nächster rechnungssatz                                │
│ IF  satz zur verarbeitung vorhanden   THEN                  │
│       fortschreibung der gesamtsumme                        │
│       drucken ausgabesatz                                   │
│ ENDIF                                                       │
├─────────────────────────────────────────────────────────────┤
│ DRUCKEN GESAMTSUMMENZEILE                                   │
│ =========================                                   │
│ drucken leerzeile                                           │
│ übertragen von 'GESAMTSUMME' nach ausgabezeile              │
│ übertragen gesamtsumme nach ausgabezeile                    │
│ drucken ausgabezeile                                        │
├─────────────────────────────────────────────────────────────┤
│ HOLEN NÄCHSTER RECHNUNGSSATZ                                │
│ ============================                                │
│ holen rechnungssatz;  bei dateiende                         │
│                         setzen dateiende-kennzeichen        │
│                         auf 'J'                             │
├─────────────────────────────────────────────────────────────┤
│ FORTSCHREIBUNG DER GESAMTSUMME                              │
│ ==============================                              │
│ addieren rechnungsbetrag auf gesamtsumme                    │
├─────────────────────────────────────────────────────────────┤
│ DRUCKEN AUSGABESATZ                                         │
│ ====================                                        │
│ übertragen der eingabe-datenelemente                        │
│         nach ausgabe-satz                                   │
│ drucken ausgabe-satz                                        │
├─────────────────────────────────────────────────────────────┤
│ Anmerkung: Es ist anzuraten, daß beim Schreiben des COBOL-  │
│            Programmes mehrere kleinere Moduln zu einem Pa-  │
│            ragraphen zusammengefaßt werden.                 │
└─────────────────────────────────────────────────────────────┘
```

Aus den erarbeiteten Entwicklungsunterlagen ergab sich das nachstehende **COBOL**-Programm:

```
IDENTIFICATION DIVISION.
PROGRAM-ID.
    K07A07.

ENVIRONMENT DIVISION.
INPUT-OUTPUT SECTION
    SELECT RECHNUNGSDATEI        ASSIGN TO S-REDATEI.
    SELECT LISTENDATEI           ASSIGN TO S-LIDATEI.

DATA DIVISION.
FILE SECTION.
FD  RECHNUNGSDATEI
    LABEL RECORDS ARE OMITTED.
01  RECHNUNGSSATZ.
    05  KUNDENNUMMER             PIC X(5).
    05  KUNDENNAME               PIC X(20).
    05  RECHNUNGSNUMMER          PIC X(5).
    05  RECHNUNGSDATUM           PIC X(6).
    05  RECHNUNGSBETRAG          PIC 9(4)V99.
FD  LISTENDATEI
    LABEL RECORDS ARE OMITTED.
01  AUSGABE-SATZ                 PIC X(55).

WORKING-STORAGE SECTION.
01  UEBERSCHRIFT-1               PIC X(55)
        VALUE '              OFFENE RECHNUNGEN'.
01  UEBERSCHRIFT-2.
    05  FILLER                   PIC X(31)
            VALUE 'KUNDEN-   KUNDENNAME'.
    05  FILLER                   PIC X(24)
            VALUE 'RECHN.  RECHN.  RECHN.-'.
01  UEBERSCHRIFT-3.
    05  FILLER                   PIC X(31)
            VALUE 'NUMMER'.
    05  FILLER                   PIC X(24)
            VALUE 'NUMMER   DATUM    BETRAG'.
01  OFF-RECH-SATZ.
    05  KUNDENNUMMER-AUS         PIC X(5).
    05  FILLER                   PIC X(4).
    05  KUNDENNAME-AUS           PIC X(20).
    05  FILLER                   PIC XX.
    05  RECHNUNGSNUMMER-AUS      PIC X(5).
    05  FILLER                   PIC XXX.
    05  RECHNUNGSDATUM-AUS       PIC X(6).
    05  FILLER                   PIC XXX.
    05  RECHNUNGSBETRAG-AUS      PIC ZZZ9.99.
01  GESAMTSUMME-AUS.
    05  FILLER                   PIC X(32) VALUE SPACES.
    05  FILLER                   PIC X(11)
                                 VALUE 'GESAMTSUMME'.
    05  FILLER                   PIC X     VALUE SPACES.
    05  GES-SUMME-AUS            PIC $$$$,$$9.99.
01  GESAMTSUMME                  PIC S9(6)V99.
                                 VALUE ZERO.
01  DATEIENDE-KENNZEICHEN        PIC X     VALUE 'J'.
    88  KEINE-WEITEREN-DATEN               VALUE 'N'.
    88  WEITERE-DATEN                      VALUE 'J'.
```

```
PROCEDURE DIVISION.
A000-ERSTELLEN-LISTE.
    OPEN  INPUT RECHNUNGSDATEI
         OUTPUT LISTENDATEI.
    WRITE AUSGABE-SATZ FROM UEBERSCHRIFT-1.
    MOVE SPACES TO AUSGABE-SATZ.
    WRITE AUSGABE-SATZ.
    WRITE AUSGABE-SATZ FROM UEBERSCHRIFT-2.
    WRITE AUSGABE-SATZ FROM UEBERSCHRIFT-3.
    MOVE SPACES TO AUSGABE-SATZ.
    WRITE AUSGABE-SATZ.
    PERFORM B010-VERARBEITEN-SATZ
         UNTIL KEINE-WEITEREN-DATEN.
    MOVE SPACES TO AUSGABE-SATZ.
    WRITE AUSGABE-SATZ.
    MOVE GESAMTSUMME TO GES-SUMME-AUS.
    WRITE AUSGABE-SATZ FROM GESAMTSUMME-AUS.
    CLOSE RECHNUNGSDATEI
          LISTENDATEI.
    STOP RUN.

B010-VERARBEITEN-SATZ.
    READ RECHNUNGSDATEI
         AT END  MOVE 'N' TO DATEIENDE-KENNZEICHEN.
    IF  WEITERE-DATEN
        ADD RECHNUNGSBETRAG TO GESAMTSUMME
        PERFORM C010-DRUCKEN-SATZ.

C010-DRUCKEN-SATZ.
    MOVE SPACES TO OFF-RECH-SATZ.
    MOVE KUNDENNUMMER TO KUNDENNUMMER-AUS.
    MOVE KUNDENNAME TO KUNDENNAME-AUS.
    MOVE RECHNUNGSNUMMER TO RECHNUNGSNUMMER-AUS.
    MOVE RECHNUNGSDATUM TO RECHNUNGSDATUM-AUS.
    MOVE RECHNUNGSBETRAG TO RECHNUNGSBETRAG-AUS.
    WRITE AUSGABE-SATZ FROM OFF-RECH-SATZ.
```

9. Zum bestehenden Programm ist das Kennzeichen **BRUTTO-FALSCH** hinzuzufügen (Definition in der **WORKING-STORAGE SECTION**). In der **PROCEDURE DIVISION** sind die folgenden Paragraphen zu ändern:
   - **B020-BERECHNUNG-LOHN**
   - **C020-BERECHNUNG-BRUTTOLOHN**
   - **E020-PRUEFEN-LOHNSATZ**

Nach der Änderung sehen diese Paragraphen wie folgt aus:

```
B020-BERECHNUNG-LOHN.
    PERFORM C020-BERECHNUNG-BRUTTOLOHN.
    IF   BRUTTO-FALSCH = 'N'
         PERFORM C030-BERECHNUNG-FREIBETRAG-S
         PERFORM C040-BERECHNUNG-STEUER
         PERFORM C050-BERECHNUNG-NETTOLOHN
         PERFORM C060-DRUCKEN-ZEILE
    ELSE
         MOVE LOHN-SATZ TO FALSCHE-DATEN
         MOVE 'BRUTTO WAHRSCH. ZU GROSS'
              TO FEHLER-NACHRICHT
         WRITE DRUCK-SATZ FROM FEHLER-ZEILE.
    PERFORM C010-HOLEN-GUELTIGEN-LOHNSATZ.

C020-BERECHNUNG-BRUTTOLOHN.
    MOVE 'N' TO BRUTTO-FALSCH.
    MULTIPLY E-ARBEITSSTUNDEN BY E-STUNDENLOHN
             GIVING W-BRUTTOLOHN ROUNDED.
    IF   E-ARBEITSSTUNDEN IS GREATER THAN K-WOCHENARBEITSZEIT
         SUBTRACT K-WOCHENARBEITSZEIT FROM E-ARBEITSSTUNDEN
                  GIVING W-UEBERSTUNDEN
         MULTIPLY 0.5 BY W-UEBERSTUNDEN
         MULTIPLY W-UEBERSTUNDEN BY E-STUNDENLOHN
                  GIVING W-UEBERSTUNDEN-LOHN ROUNDED
         ADD W-UEBERSTUNDEN-LOHN TO W-BRUTTOLOHN.
    IF   W-BRUTTOLOHN IS GREATER THAN 600.00
         MOVE 'J' TO BRUTTO-FALSCH.

E020-PRUEFEN-LOHNSATZ.
    IF        E-PERSONALNUMMER     IS NOT NUMERIC
         OR   E-ARBEITSSTUNDEN     IS NOT NUMERIC
         OR   E-STUNDENLOHN        IS NOT NUMERIC
         OR   E-ANGEHOERIGEN-ZAHL  IS NOT NUMERIC
         MOVE LOHN-SATZ TO FALSCHE-DATEN
         MOVE 'UNGUELTIGE DATEN IM SATZ'
              TO FEHLER-NACHRICHT
         WRITE DRUCK-SATZ FROM FEHLER-ZEILE
    ELSE
         MOVE 'J'  TO W-GUELTIGER-SATZ-KZ.

Anmerkung: In die WORKING-STORAGE SECTION ist zusätzlich die Definition
           01  BRUTTO-FALSCH          PIC X.
           aufzunehmen.
```

11. Im Arbeitsspeicherkapitel (in der **WORKING-STORAGE SECTION**) müssen zwei Datenelemente für die Zähler (Anzahl der Eingabesätze, Anzahl der Sätze mit ungültigen Daten) und drei Datenelemente für Gesamtsummen (Bruttoverdienste, Steuern, Nettoverdienste) definiert werden; sie sollten sämtlich durch die Klausel **VALUE ZERO** mit Anfangswerten versorgt werden. Die **IF**-Anweisung im Paragraphen **D010-GUELTIGER-SATZ-SCHLEIFE** sollte abgeändert werden, so daß sie das folgende Aussehen besitzt:

```
IF NOT KEIN-SATZ-MEHR
   ADD 1 TO ZAEHLER-EINGABESAETZE
   PERFORM E020-PRUEFEN-LOHNSATZ.
```
Das Zählen der Sätze mit ungültigen Daten kann im Paragraphen **E020-PRUEFEN-LOHNSATZ** erfolgen. Hierzu ist eine **ADD**-Anweisung unmittelbar hinter die **WRITE**-Anweisung, also vor die Angabe **ELSE**, zu stellen. Die Anweisungen zur Fortschreibung der Gesamtsummen (für Bruttoverdienste, Steuern, Nettoverdienste) können ans Ende des Paragraphen **B020-BERECHNUNG-LOHN** gestellt werden, und zwar unmittelbar vor die Anweisung
```
   PERFORM C010-HOLEN-GUELTIGEN-LOHNSATZ
```
Um die genannten Zähler und Gesamtsummen ausdrucken zu können, sind geeignete Ausgabezeilen im Arbeitsspeicherkapitel (in der **WORKING-STORAGE SECTION**) zu definieren. Durch **WRITE**-Anweisungen im Paragraphen **A000-LOHN-ABRECHNUNG**, die unmittelbar vor die **CLOSE**-Anweisung zu stellen sind, sind dann diese Zeilen auszugeben.

12. Die Lösung läßt sich durch die folgenden Definitionen im Arbeitsspeicherkapitel erreichen:

```
    05    STAAT-SCHLUESSEL           PIC XX.
       88    ALABAMA                         VALUE '01'.
       88    ALASKA                          VALUE '02'.
       88    ARIZONA                         VALUE '03'.
       :
       :
```

14. Alle im Abschnitt 7.7 vorgestellten Beispiele können durch das nachfolgende **COBOL**-Programm erzeugt werden:

```
IDENTIFICATION DIVISION.
PROGRAM-ID.
   K07A14.

ENVIRONMENT DIVISION.
INPUT-OUTPUT SECTION.
FILE-CONTROL.
     SELECT AUSGABE-DATEI        ASSIGN TO S-AUS.

DATA DIVISION.
FILE SECTION.
FD   AUSGABE-DATEI
     LABEL RECORDS ARE OMITTED.
01   AUSGABE-SATZ                PIC X(60).

WORKING-STORAGE SECTION.
01   SENDE-1                     PIC 9(4) VALUE 1234.
01   SENDE-2                     PIC 9(4) VALUE 23.
```

```
       01  SENDE-3                    PIC 9(4) VALUE 23.
       01  SENDE-4                    PIC 9(4) VALUE 4.
       01  SENDE-5                    PIC 9(4) VALUE 50.
       01  SENDE-6                    PIC 9(4) VALUE ZERO.
       01  SENDE-7                    PIC 9(4) VALUE 123.
       01  SENDE-8                    PIC 9(4) VALUE 2.
       01  SENDE-9                    PIC 9(4) VALUE 1234.
       01  SENDE-10                   PIC 9(4) VALUE ZERO.
       01  SENDE-11                   PIC 9(4) VALUE ZERO.
       01  SENDE-12                   PIC 9(4) VALUE 102.
       01  UEBERSCHRIFT-1.
           05  FILLER                 PIC X(20)
               VALUE '      SENDEFELD      '.
           05  FILLER                 PIC X(20) VALUE SPACES.
           05  FILLER                 PIC X(20)
               VALUE 'EMPFANGSFELD'.
       01  UEBERSCHRIFT-2.
           05  FILLER                 PIC X(30)
               VALUE '  PICTURE-   BEISPIELDATEN   '.
           05  FILLER                 PIC X(30)
               VALUE '   PICTURE-   AUFBEREITETES'.
       01  UEBERSCHRIFT-3.
           05  FILLER                 PIC X(30)
               VALUE 'ZEICHENFOLGE'.
           05  FILLER                 PIC X(30)
               VALUE '  ZEICHENFOLGE    ERGEBNIS   '.
       01  LEERZEILE                  PIC X(60) VALUE SPACES.
       01  ZEILE-1.
           05  FILLER                 PIC X(22)
               VALUE '    9(4)     1234'.
           05  FILLER                 PIC X(14) VALUE SPACES.
           05  FILLER                 PIC X(15)
               VALUE '$9(4)'.
           05  EMPF-1                 PIC $9(4).
           05  FILLER                 PIC X(4) VALUE SPACES.
       01  ZEILE-2.
           05  FILLER                 PIC X(22)
               VALUE '    9(4)     0023'.
           05  FILLER                 PIC X(14) VALUE SPACES.
           05  FILLER                 PIC X(15)
               VALUE '$9(4)'.
           05  EMPF-2                 PIC $9(4).
           05  FILLER                 PIC X(4) VALUE SPACES.
       01  ZEILE-3.
           05  FILLER                 PIC X(22)
               VALUE '    9(4)     0023'.
           05  FILLER                 PIC X(14) VALUE SPACES.
           05  FILLER                 PIC X(15)
               VALUE '$ZZ99'.
           05  EMPF-3                 PIC $ZZ99.
           05  FILLER                 PIC X(4) VALUE SPACES.
       01  ZEILE-4.
           05  FILLER                 PIC X(22)
               VALUE '    9(4)     0004'.
           05  FILLER                 PIC X(14) VALUE SPACES.
```

```
       05  FILLER                       PIC X(15)
             VALUE '$ZZ99'.
       05  EMPF-4                       PIC $ZZ99.
       05  FILLER                       PIC X(4) VALUE SPACES.
   01  ZEILE-5.
       05  FILLER                       PIC X(22)
             VALUE '     9(4)            0050'.
       05  FILLER                       PIC X(14) VALUE SPACES.
       05  FILLER                       PIC X(15)
             VALUE '$Z(4)'.
       05  EMPF-5                       PIC $Z(4).
       05  FILLER                       PIC X(4) VALUE SPACES.
   01  ZEILE-6.
       05  FILLER                       PIC X(22)
             VALUE '     9(4)            0000'.
       05  FILLER                       PIC X(14) VALUE SPACES.
       05  FILLER                       PIC X(15)
             VALUE '$Z(4)'.
       05  EMPF-6                       PIC $Z(4).
       05  FILLER                       PIC X(4) VALUE SPACES.
   01  ZEILE-7.
       05  FILLER                       PIC X(22)
             VALUE '     9(4)            0123'.
       05  FILLER                       PIC X(14) VALUE SPACES.
       05  FILLER                       PIC X(15)
             VALUE '$$999'.
       05  EMPF-7                       PIC $$999.
       05  FILLER                       PIC X(4) VALUE SPACES.
   01  ZEILE-8.
       05  FILLER                       PIC X(22)
             VALUE '     9(4)            0002'.
       05  FILLER                       PIC X(14) VALUE SPACES.
       05  FILLER                       PIC X(15)
             VALUE '$$999'.
       05  EMPF-8                       PIC $$999.
       05  FILLER                       PIC X(4) VALUE SPACES.
   01  ZEILE-9.
       05  FILLER                       PIC X(22)
             VALUE '     9(4)            1234'.
       05  FILLER                       PIC X(14) VALUE SPACES.
       05  FILLER                       PIC X(15)
             VALUE '$(5)'.
       05  EMPF-9                       PIC $(5).
       05  FILLER                       PIC X(4) VALUE SPACES.
   01  ZEILE-10.
       05  FILLER                       PIC X(22)
             VALUE '     9(4)            0000'.
       05  FILLER                       PIC X(14) VALUE SPACES.
       05  FILLER                       PIC X(15)
             VALUE '$$$99'.
       05  EMPF-10                      PIC $$$99.
       05  FILLER                       PIC X(4) VALUE SPACES.
```

```
01   ZEILE-11.
     05    FILLER                         PIC X(22)
                 VALUE '    9(4)             0000'.
     05    FILLER                         PIC X(14) VALUE SPACES.
     05    FILLER                         PIC X(15)
                 VALUE '$(5)'.
     05    EMPF-11                        PIC $(5).
     05    FILLER                         PIC X(4) VALUE SPACES.
01   ZEILE-12.
     05    FILLER                         PIC X(22)
                 VALUE '    9(4)             0102'.
     05    FILLER                         PIC X(14) VALUE SPACES.
     05    FILLER                         PIC X(15)
                 VALUE '$$$99'.
     05    EMPF-12                        PIC $$$99.
     05    FILLER                         PIC X(4) VALUE SPACES.

PROCEDURE DIVISION.
A000-HAUPT-ROUTINE.
     OPEN OUTPUT AUSGABE-DATEI.
     WRITE AUSGABE-SATZ FROM UEBERSCHRIFT-1.
     WRITE AUSGABE-SATZ FROM LEERZEILE.
     WRITE AUSGABE-SATZ FROM UEBERSCHRIFT-2.
     WRITE AUSGABE-SATZ FROM UEBERSCHRIFT-3.
     WRITE AUSGABE-SATZ FROM LEERZEILE.
     MOVE SENDE-1 TO EMPF-1.
     WRITE AUSGABE-SATZ FROM ZEILE-1.
     MOVE SENDE-2 TO EMPF-2.
     WRITE AUSGABE-SATZ FROM ZEILE-2.
     MOVE SENDE-3 TO EMPF-3.
     WRITE AUSGABE-SATZ FROM ZEILE-3.
     MOVE SENDE-4 TO EMPF-4.
     WRITE AUSGABE-SATZ FROM ZEILE-4.
     MOVE SENDE-5 TO EMPF-5.
     WRITE AUSGABE-SATZ FROM ZEILE-5
     MOVE SENDE-6 TO EMPF-6.
     WRITE AUSGABE-SATZ FROM ZEILE-6.
     WRITE AUSGABE-SATZ FROM LEERZEILE.
     WRITE AUSGABE-SATZ FROM LEERZEILE.
     WRITE AUSGABE-SATZ FROM LEERZEILE.
     WRITE AUSGABE-SATZ FROM LEERZEILE.
     WRITE AUSGABE-SATZ FROM LEERZEILE.
     WRITE AUSGABE-SATZ FROM LEERZEILE.
     WRITE AUSGABE-SATZ FROM UEBERSCHRIFT-1.
     WRITE AUSGABE-SATZ FROM LEERZEILE.
     WRITE AUSGABE-SATZ FROM UEBERSCHRIFT-2.
     WRITE AUSGABE-SATZ FROM UEBERSCHRIFT-3.
     WRITE AUSGABE-SATZ FROM LEERZEILE.
     MOVE SENDE-7 TO EMPF-7.
     WRITE AUSGABE-SATZ FROM ZEILE-7.
     MOVE SENDE-8 TO EMPF-8.
     WRITE AUSGABE-SATZ FROM ZEILE-8.
     MOVE SENDE-9 TO EMPF-9.
     WRITE AUSGABE-SATZ FROM ZEILE-9.
     MOVE SENDE-10 TO EMPF-10.
     WRITE AUSGABE-SATZ FROM ZEILE-10.
```

```
    MOVE SENDE-11 TO EMPF-11.
    WRITE AUSGABE-SATZ FROM ZEILE-11.
    MOVE SENDE-12 TO EMPF-12.
    WRITE AUSGABE-SATZ FROM ZEILE-12.
    CLOSE AUSGABE-DATEI.
    STOP RUN.
```

Anmerkung: Das Programm ist übersichtlich gestaltet worden. Es läßt
             sich auf jeden Fall mit den jetzigen Sprachkenntnissen
             vereinfachen.

6. Kapitel 8: Fehlersuche in COBOL-Programmen

1. Die **ADD**-Anweisung im Paragraphen **E010-HOLEN-LOHNSATZ** wird sogar dann ausgeführt, wenn das Dateiende festgestellt wird. Die Variable **ZAEHLER-GUELTIGE-SAETZE** weist deshalb einen um 1 größeren Wert auf als Sätze vorhanden sind. Zur Beseitigung dieses Fehlers ist die **ADD**-Anweisung einer **IF**-Anweisung unterzuordnen, etwa wie folgt:

    IF W-KEINE-DATEN-MEHR-KZ = 'N'
        ADD 1 TO ZAEHLER-GUELTIGE-SAETZE.

3. Die **IF**-Anweisung lautet wie folgt:

```
IF  VERHEIRATET
        PERFORM D020-VERHEIRATET-ROUT
ELSE
        IF  LEDIG
                PERFORM D010-LEDIG-ROUT
        ELSE
                IF  GESCHIEDEN
                        PERFORM D030-GESCHIEDEN-ROUT
                ELSE
                        IF  VERWITWET
                                PERFORM D040-VERWITWET-ROUT
                        ELSE
                                PERFORM D050-CODEFEHLER-ROUT.
```

5. Die **IF**-Anweisung lautet wie folgt:

```
IF   EINK-CODE = 'W'
        IF  BRUTTOEINKOMMEN IS GREATER THAN 1000
               PERFORM E050-SPITZEN-BEZAHLUNG-MOEGL
        ELSE
               NEXT SENTENCE
ELSE
        IF EINK-CODE = 'S'
               IF  BRUTTOEINKOMMEN IS GREATER THAN 2800
                      PERFORM E050-SPITZEN-BEZAHLUNG-MOEGL
               ELSE
                      NEXT SENTENCE
        ELSE
               IF  EINK-CODE = 'M'
                      IF  BRUTTOEINKOMMEN IS GREATER THAN 9000
                             PERFORM E050-SPITZEN-BEZAHLUNG-MOEGL
                      ELSE
                             NEXT SENTENCE
               ELSE
                      PERFORM X030-FEHLER-ROUTINE.
```

7. Es ergibt sich das folgende modifizierte **COBOL**-Programm (Originalprogramm siehe Kap. 7, Übungsaufgabe 7 sowie Anhang D, 5.7):

```
IDENTIFICATION DIVISION.
PROGRAM-ID.
      K08A07.
ENVIRONMENT DIVISION.
INPUT-OUTPUT SECTION.
FILE CONTROL.
      SELECT RECHNUNGSDATE            ASSIGN TO S-REDATEI.
      SELECT LISTENDATEI              ASSIGN TO S-LIDATEI.
DATA DIVISION.
FILE SECTION.
FD    RECHNUNGSDATEI
      LABEL RECORDS ARE OMITTED.
01    RECHNUNGSSATZ.
      05   KUNDENNUMMER                PIC X(5).
      05   KUNDENNAME                  PIC X(20).
      05   RECHNUNGSNUMMER             PIC X(5).
      05   RECHNUNGSDATUM              PIC X(6).
      05   RECHNUNGSBETRAG             PIC 9(4)V99.
FD    LISTENDATEI
      LABEL RECORDS ARE OMITTED.
01    AUSGABE-SATZ                     PIC X(55).
WORKING-STORAGE SECTION.
01    UEBERSCHRIFT-1                   PIC X(55)
         VALUE '          OFFENE RECHNUNGEN'.
01    UEBERSCHRIFT-2.
      05   FILLER                      PIC X(31)
             VALUE 'KUNDEN-   KUNDENNAME'.
```

6. Kapitel 8: Fehlersuche in COBOL-Programmen

```
           05  FILLER                    PIC X(24)
                VALUE 'RECHN.   RECHN.   RECHN.-'.
       01  UEBERSCHRIFT-3.
           05  FILLER                    PIC X(31)
                VALUE 'NUMMER'.
           05  FILLER                    PIC X(24)
                VALUE 'NUMMER   DATUM     BETRAG'.

       01  OFF-RECH-SATZ.
           05  KUNDENNUMMER-AUS          PIC X(5).
           05  FILLER                    PIC X(4).
           05  KUNDENNAME-AUS            PIC X(20).
           05  FILLER                    PIC XX.
           05  RECHNUNGSNUMMER-AUS       PIC X(5).
           05  FILLER                    PIC XXX.
           05  RECHNUNGSDATUM-AUS        PIC X(6).
           05  FILLER                    PIC XXX.
           05  RECHNUNGSBETRAG-AUS       PIC ZZZ9.99.

       01  GESAMTSUMME-AUS.
           05  FILLER                    PIC X(32) VALUE SPACES.
           05  FILLER                    PIC X(12)
                VALUE 'GESAMTSUMME '.
           05  GES-SUMME-AUS             PIC $$$$,$$9.99.

       01  GESAMTSUMME                   PIC 9(6)V99
                                              VALUE ZERO.

       01  DATEIENDE-KENNZEICHEN         PIC X    VALUE 'J'.
           88  KEINE-WEITEREN-DATEN               VALUE 'N'.
           88  WEITERE-DATEN                      VALUE 'J'.
       01  GESAMT-UEBERLAUF-KENNZ        PIC X    VALUE 'N'.
       01  GESAMT-UEBERLAUF-NACHR.
           05  FILLER                    PIC X(37)
                VALUE '   *** UEBERLAUF ---> KEINE GUELTIGE '.
           05  FILLER                    PIC X(18)
                VALUE 'GESAMTSUMME ***    '.
       PROCEDURE DIVISION.
       A000-ERSTELLEN-LISTE.
           OPEN  INPUT RECHNUNGSDATEI
                OUTPUT LISTENDATEI.
           WRITE AUSGABE-SATZ FROM UEBERSCHRIFT-1.
           MOVE SPACES TO AUSGABE-SATZ.
           WRITE AUSGABE-SATZ.
           WRITE AUSGABE-SATZ FROM UEBERSCHRIFT-2.
           WRITE AUSGABE-SATZ FROM UEBERSCHRIFT-3.
           MOVE SPACES TO AUSGABE-SATZ.
           WRITE AUSGABE-SATZ.
           PERFORM B010-VERARBEITEN-SATZ
                UNTIL KEINE-WEITEREN-DATEN.
           MOVE SPACES TO AUSGABE-SATZ.
           WRITE AUSGABE-SATZ.
           IF  GESAMT-UEBERLAUF-KENNZ = 'J'
                WRITE AUSGABE-SATZ FROM GESAMT-UEBERLAUF-NACHR
           ELSE
                MOVE GESAMTSUMME TO GES-SUMME-AUS
                WRITE AUSGABE-SATZ FROM GESAMTSUMME-AUS.
           CLOSE RECHNUNGSDATEI
                 LISTENDATEI.
           STOP RUN.

       B010-VERARBEITEN-SATZ.
           READ RECHNUNGSDATEI
```

```
            AT END  MOVE 'N' TO DATEIENDE-KENNZEICHEN.
        IF WEITERE-DATEN
            PERFORM C020-VERARBEITEN-RECHNUNG.
    C010-DRUCKEN-SATZ.
        MOVE SPACES TO OFF-RECH-SATZ.
        MOVE KUNDENNUMMER TO KUNDENNUMMER-AUS.
        MOVE KUNDENNAME TO KUNDENNAME-AUS.
        MOVE RECHNUNGSNUMMER TO RECHNUNGSNUMMER-AUS.
        MOVE RECHNUNGSDATUM TO RECHNUNGSDATUM-AUS.
        MOVE RECHNUNGSBETRAG TO RECHNUNGSBETRAG-AUS.
        WRITE AUSGABE-SATZ FROM OFF-RECH-SATZ.
    C020-VERARBEITEN-RECHNUNG.
        ADD RECHNUNGSBETRAG TO GESAMTSUMME
            ON SIZE ERROR  MOVE 'J' TO GESAMT-UEBERLAUF-KENNZ.
        PERFORM C010-DRUCKEN-SATZ.
```

7. Kapitel 9: Gruppenwechsel

1. Im Paragraphen **A000-ERSTELLEN-LISTE** sind alle Zeilen zwischen der **OPEN**-Anweisung und der auf den Paragraphen **B010-VERARBEITEN-SATZ** bezogenen **PERFORM**-Anweisung zu entfernen. Im Datenteil ist ein Zeilenzähler zu definieren und mit irgendeinem Wert zu initialisieren, der größer als 45 ist. Wir wollen diesen Zeilenzähler **ZEILEN-ZAEHLER** nennen. Schließlich ist der Paragraph **C010-DRUCKEN-SATZ** etwa wie folgt zu ändern:

```
    C010-DRUCKEN-SATZ.
        IF  ZEILEN-ZAEHLER IS NOT LESS THAN 45
            PERFORM D010-DRUCKEN-UEBERSCHRIFT.
        MOVE SPACES TO OFF-RECH-SATZ.
        MOVE KUNDENNUMMER TO KUNDENNUMMER-AUS.
        MOVE KUNDENNAME TO KUNDENNAME-AUS.
        MOVE RECHNUNGSNUMMER TO RECHNUNGSNUMMER-AUS.
        MOVE RECHNUNGSDATUM TO RECHNUNGSDATUM-AUS.
        MOVE RECHNUNGSBETRAG TO RECHNUNGSBETRAG-AUS.
        WRITE AUSGABE-SATZ FROM OFF-RECH-SATZ
            AFTER ADVANCING NEUE-SEITE.
        ADD 1 TO ZEILEN-ZAEHLER.
```

Der neu eingeführte Paragraph **D010-DRUCKEN-UEBERSCHRIFT** müßte dann wie folgt codiert werden:

```
    D010-DRUCKEN-UEBERSCHRIFT.
        WRITE AUSGABE-SATZ FROM UEBERSCHRIFT-1
            AFTER ADVANCING NEUE-SEITE.
        WRITE AUSGABE-SATZ FROM UEBERSCHRIFT-2
            AFTER ADVANCING 2 LINES.
        WRITE AUSGABE-SATZ FROM UEBERSCHRIFT-3
            AFTER ADVANCING 1 LINE.
        MOVE SPACES TO AUSGABE-SATZ.
        WRITE AUSGABE-SATZ
            AFTER ADVANCING 1 LINE.
        MOVE 0 TO ZEILEN-ZAEHLER.
```

Um den Gebrauch von **ADVANCING** zu ermöglichen, muß im Paragraphen **SPECIAL-NAMES** des Maschinenteils **NEUE-SEITE** als Merkname für das Herstellerwort **C01** definiert werden. Die Ausgabesätze **AUSGABE-SATZ** (in der **FILE SECTION**) und die fünf Ausgabesätze in der **WORKING-STORAGE SECTION** sind ferner am Anfang um je eine Stelle zu erweitern; in ihnen muß nämlich als erste Zeichenstelle eine Zeichenstelle zur Aufnahme des Vorschubsteuerzeichens bereitgestellt werden.

2. Es sind zwei zusätzliche **MOVE**-Anweisungen an das Ende des Paragraphen **D010-VER-RECHNUNGSGRUPPE** und eine zusätzliche **MOVE**-Anweisung an das Ende des Paragraphen **C010-VER-VERKAEUFERGRUPPE** zu stellen, in beiden Paragraphen jeweils unmittelbar vor die Anweisung
   PERFORM X010-ZEILE-AUS.
   In der Praxis sind derart gestaltete Ausgabezeilen für die allgemeine Verwendung sicher vorzuziehen. Wenn nämlich eine große Anzahl untergeordneter Gesamtsummen bei Zwischengruppen auftreten kann, erweist es sich oft als mühsam nachzuschauen, wie die übergeordneten Gruppenbegriffe momentan lauten.

4. Für die Reihenfolgefehler ist zunächst im Arbeitsspeicherkapitel des Datenteils eine entsprechende, mit einem Leerzeichen beginnende Fehlernachricht zu definieren. Wir nehmen einmal an, sie sei **FOLGEFEHLER-NACHRICHT** genannt worden. Im gleichen Kapitel des Datenteils ist außerdem ein Fehlerkennzeichen **FEHLER-KENNZ** festzulegen und mit 'N' zu initialisieren, was mittels der **VALUE**-Klausel geschehen kann. Im Prozedurteil ist zunächst ein Teil des Paragraphen **A000-ERST-VERK-BERICHT** wie folgt abzuändern:

```
    :
    PERFORM B010-VERARBEITEN-GRUPPE
        UNTIL KEINE-WEITEREN-DATEN
        OR FEHLER-KENNZ = 'J'.
    IF  FEHLER-KENNZ = 'J'
        MOVE FOLGEFEHLER-NACHRICHT TO EINZEL-ZEILE
    ELSE
        MOVE SPACES TO EINZEL-ZEILE
        MOVE END-SUMME TO END-SUMME-AUS.
    :
```

Anschließend muß der Paragraph **B010-VERARBEITEN-GRUPPE** so modifiziert werden, daß er wie folgt aussieht:

```
B010-VERARBEITEN-GRUPPE.
    MOVE ZERO TO RECHNUNGS-SUMME.
    MOVE RECHNUNGS-NUMMER TO RECHNUNGS-NUMMER-VORHER
    PERFORM C010-VERARB-RECHN-SATZ
        UNTIL RECHNUNGS-NUMMER IS NOT EQUAL TO
              RECHNUNGS-NUMMER-VORHER
           OR KEINE-WEITEREN-DATEN
           OR FEHLER-KENNZ = 'J'.
    IF  FEHLER-KENNZ = 'N'
        MOVE SPACES TO EINZEL-ZEILE
        MOVE RECHNUNGS-NUMMER-VORHER TO RECHNUNGS-NUMMER-AUS
        MOVE RECHNUNGS-SUMME TO RECHNUNGS-SUMME-AUS
        PERFORM X010-ZEILE-AUS
        ADD RECHNUNGS-SUMME TO END-SUMME.
```

Zum Schluß ist der Paragraph **C010-VERARB-RECHN-SATZ** wie folgt zu beenden:

```
IF  MEHR-DATEN-KENNZ = 'J'
    IF  RECHNUNGS-NUMMER IS LESS THAN
        RECHNUNGS-NUMMER-VORHER
        MOVE 'J' TO FEHLER-KENNZ.
```

8. Kapitel 10: Die Datendarstellung und verwandte Themenkreise

1. Es ergibt sich die folgende Übersicht:

dezimal	binär	hexadezimal
7	111	7
8	1000	8
19	10011	13
23	10111	17
34	100010	22

3. Es ergibt sich die folgende Übersicht:

hexadezimal	binär	dezimal
4	100	4
B	1011	11
10	10000	16
14	10100	20

5. Es ergeben sich die folgenden Darstellungen:
   a) +*123*
      - gepackt | 0001 0010 0011 1100
      - gezont | 1111 0001 1111 0010 1100 0011
   b) +*1234*
      - gepackt | 0000 0001 0010 0011 0100 1100
      - gezont | 1111 0001 1111 0010 1111 0011 1100 0100
   c) −*90345*
      - gepackt | 1001 0000 0011 0100 0101 1101
      - gezont | 1111 1001 1111 0000 1111 0011 1111 0100 1101 0101
   d) −*6*
      - gepackt | 0110 1101
      - gezont | 1101 0110

7. Es ergibt sich die folgende Übersicht:

Graphisches Symbol	EBCDIC	ASCII
2	1111 0010	0101 0000
B	1100 0010	0110 0110
M	1101 0100	0111 0111
W	1110 0110	1000 0111
+	0100 1110	0100 0011
(	0100 1101	0100 0000

9. Es ergibt sich die folgende Speicherbelegung:

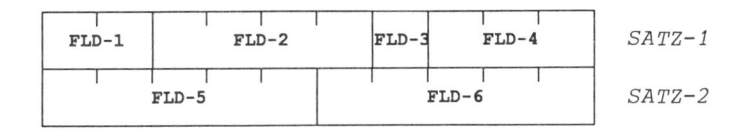

```
| FLD-1  |   FLD-2   | FLD-3 |  FLD-4  |     SATZ-1
|  FLD-5       |          FLD-6        |     SATZ-2
```

9. Kapitel 11: Verbundbedingungen und das Programm für den Gartenkatalog

1. Es gibt zwei Lösungen:

```
IF  SPALTE-23-SCHL NOT = '1' AND NOT = '2' AND NOT = '3'
    MOVE 'X' TO UNGUELTIGER-CODE-KZ.
```

```
IF  SPALTE-23-SCHL = '1' OR '2' OR '3'
    NEXT SENTENCE
ELSE
    MOVE 'X' TO UNGUELTIGER-CODE-KZ.
```

3. Die Lösung lautet:

```
IF   (UMFANG-A > 13 AND UMFANG-A < 37) AND UMFANG-B < 50
     ADD 1 TO REGULAERER-ZAEHLER
ELSE
     ADD 1 TO SPEZIELLER-ZAEHLER.
```

5. Im Arbeitsspeicherkapitel sind die Datengruppen
   FEHLER-KZ bzw. **FEHLER-MELDUNGEN**
   um je eine Eintragung zu ergänzen. Im Paragraphen
   C010-EDIEREN-ZEILE
   ist zusätzlich eine **IF**-Anweisung zur Gültigkeitsprüfung der Bestellnummer aufzunehmen. Falls sich die Bestellnummer als nichtnumerisch erweist, ist das in **FEHLER-KZ** neu aufgenommene Datenelement (Kennzeichen für nichtnumerische Bestellnummer) auf '**X**' zu setzen. Zu Beginn des Paragraphen:
   C020-DRUCKEN-MELDUNGEN
   ist die neu in der Datengruppe **FEHLER-MELDUNGEN** definierte Fehlermeldung auszugeben, falls das Kennzeichen für eine nichtnumerische Bestellnummer gesetzt ist.

10. Kapitel 12: Aufdatierung sequentiell organisierter Dateien

1. Es wurde der folgende Pseudocode entwickelt:

```
MISCHPROGRAMM
=============
eröffnen dateien
setzen schlüssel-1, schlüssel-2,
       schlüssel-1-vorher, schlüssel-2-vorher auf LOW-VALUES
setzen reihenfolgefehler-kennzeichen und
       doppelschlüssel-kennzeichen auf falsch
holen datei-1-satz
holen datei-2-satz
PERFORM-UNTIL (schlüssel-1 = HIGH-VALUES und
               schlüssel-2 = HIGH-VALUES)
              oder reihenfolgefehler vorhanden
              oder doppelschlüssel vorhanden
     IF   schlüssel-1 = schlüssel-2  THEN
          setzen doppelschlüssel-kennzeichen auf wahr
     ELSE
          IF  schlüssel-2 ist kleiner als schlüssel-2  THEN
              schreiben datei-1-satz
              holen datei-1-satz
          ELSE
              schreiben datei-2-satz
              holen datei-2-satz
          ENDIF
     ENDIF
ENDPERFORM
```

```
IF  reihenfolgefehler vorhanden  THEN
    schreiben reihenfolge-fehlernachricht
ENDIF
IF  doppelschlüssel vorhanden  THEN
    schreiben doppelschlüssel-nachricht
ENDIF
abschließen dateien
stoppen
```

```
HOLEN VON SÄTZEN AUS DATEI-x   (x = 1 oder x = 2)
-------------------------------------------------
lesen satz aus datei-x; bei dateiende
                      setzen schlüssel-x auf HIGH-VALUES
IF  schlüssel-x ist kleiner als schlüssel-x-vorher  THEN
    setzen reihenfolgefehler-kennzeichen auf wahr
ELSE
    übertragen schlüssel-x nach schlüssel-x-vorher
ENDIF
```

3. Die Hauptarbeit (Entscheidungslogik) wird im Paragraphen **B010-MISCHEN-SAETZE** getan. Die dem Mischen zugrundeliegende Logik kann auch auf andere Weise verwirklicht werden, aber es ist unbedingt sicherzustellen, daß der gefundene Lösungsprozeß die Sätze aus den drei Eingabedateien richtig in die Ausgabedatei dupliziert. Das von uns entwickelte Lösungsprogramm **K12A03** sieht wie folgt aus:

```
IDENTIFICATION DIVISION.
PROGRAM-ID.
    K12A03
*--------------- MISCHEN VON 3 DATEIEN MIT REIHENFOLGEPRUEFUNG

ENVIRONMENT DIVISION.
INPUT-OUTPUT SECTION.
FILE-CONTROL.
    SELECT EIN-1            ASSIGN TO S-EINDAT1.
    SELECT EIN-2            ASSIGN TO S-EINDAT2.
    SELECT EIN-3            ASSIGN TO S-EINDAT3.
    SELECT AUS              ASSIGN TO S-AUSDAT.

DATA DIVISION.
FILE SECTION.

FD  EIN-1
    LABEL RECORDS ARE OMITTED.
01  SATZ-EIN-1-PUFFER           PIC X(80).

FD  EIN-2
    LABEL RECORDS ARE OMITTED.
01  SATZ-EIN-2-PUFFER           PIC X(80).

FD  EIN-3
    LABEL RECORDS ARE OMITTED.
01  SATZ-EIN-3-PUFFER           PIC X(80).

FD  AUS
    LABEL RECORDS ARE OMITTED.
```

```
01  SATZ-AUS.
    05  SCHLUESSEL-AUS          PIC X(5).
    05  SATZ-REST               PIC X(75).

WORKING-STORAGE SECTION.

01  SATZ-EIN-1.
    05  SCHLUESSEL-1            PIC X(5).
    05  SATZ-1-REST             PIC X(75).

01  SATZ-EIN-2.
    05  SCHLUESSEL-2            PIC X(5).
    05  SATZ-2-REST             PIC X(75).

01  SATZ-EIN-3.
    05  SCHLUESSEL-3            PIC X(5).
    05  SATZ-3-REST             PIC X(75).

01  SCHLUESSEL-1-VORHERGEH      PIC X(5)    VALUE LOW-VALUES.
01  SCHLUESSEL-2-VORHERGEH      PIC X(5)    VALUE LOW-VALUES.
01  SCHLUESSEL-3-VORHERGEH      PIC X(5)    VALUE LOW-VALUES.

01  REIHENFOLGE-FEHLER-KZ       PIC X       VALUE 'N'.
    88  REIHENFOLGE-FEHLER                  VALUE 'J'.


PROCEDURE DIVISION.
A000-MISCHEN-DREI-DATEIEN.
    OPEN  INPUT  EIN-1
                 EIN-2
                 EIN-3
          OUTPUT AUS.
    PERFORM X010-LESEN-1.
    PERFORM X020-LESEN-2.
    PERFORM X030-LESEN-3.
    PERFORM B010-MISCHEN-SAETZE  UNTIL
            (SCHLUESSEL-1 = HIGH-VALUES
        AND  SCHLUESSEL-2 = HIGH-VALUES
        AND  SCHLUESSEL-3 = HIGH-VALUES
        OR   REIHENFOLGE-FEHLER.
    IF  REIHENFOLGE-FEHLER
        DISPLAY 'REIHENFOLGEFEHLER ---> PROGRAMMABBRUCH'.
    CLOSE EIN-1
          EIN-2
          EIN-3
          AUS.
    STOP RUN.

B010-MISCHEN-SAETZE.
    IF  (SCHLUESSEL-1 < SCHLUESSEL-2 AND
         SCHLUESSEL-1 < SCHLUESSEL-3)
            WRITE SATZ-AUS FROM SATZ-EIN-1
            PERFORM X010-LESEN-1
    ELSE
        IF  (SCHLUESSEL-2 NOT > SCHLUESSEL-1 AND
             SCHLUESSEL-2 < SCHLUESSEL-3)
                WRITE SATZ-AUS FROM SATZ-EIN-2
                PERFORM X020-LESEN-2
        ELSE
                WRITE SATZ-AUS FROM SATZ-EIN-3
                PERFORM X030-LESEN-3.
```

```
X010-LESEN-1.
    READ EIN-1 INTO SATZ-EIN-1
        AT END  MOVE HIGH-VALUES TO SCHLUESSEL-1.
    IF  SCHLUESSEL-1 IS LESS THAN SCHLUESSEL-1-VORHERGEH
        MOVE 'J' TO REIHENFOLGE-FEHLER-KZ
    ELSE
        MOVE SCHLUESSEL-1 TO SCHLUESSEL-1-VORHERGEH.

X020-LESEN-2.
    READ EIN-2 INTO SATZ-EIN-2
        AT END  MOVE HIGH-VALUES TO SCHLUESSEL-2.
    IF  SCHLUESSEL-2 IS LESS THAN SCHLUESSEL-2-VORHERGEH
        MOVE 'J' TO REIHENFOLGE-FEHLER-KZ
    ELSE
        MOVE SCHLUESSEL-2 TO SCHLUESSEL-2-VORHERGEH.

X030-LESEN-3.
    READ EIN-3 INTO SATZ-EIN-3
        AT END  MOVE HIGH-VALUES TO SCHLUESSEL-3.
    IF  SCHLUESSEL-3 IS LESS THAN SCHLUESSEL-3-VORHERGEH
        MOVE 'J' TO REIHENFOLGE-FEHLER-KZ
    ELSE
        MOVE SCHLUESSEL-3 TO SCHLUESSEL-3-VORHERGEH.

***************** ENDE DES PROGRAMMES ****************
```

Zum Testen wurden die folgenden drei Dateien herangezogen:

| \multicolumn{3}{c}{Schlüssel der Sätze aus} |||
EIN-1	EIN-2	EIN-3
1	1	2
1	3	2
4	3	3
4	5	5
6	5	6
8	8	7
8	9	10
10	10	10
11	11	11

5. Es wurde das Lösungsprogramm **K12A05** geschrieben.

```
IDENTIFICATION DIVISION.
PROGRAM-ID.
    K12A05.
*---------------------- MODIFIKATION VON AUFDAT2 -----------

ENVIRONMENT DIVISION.
INPUT-OUTPUT SECTION.
FILE-CONTROL.
    SELECT BEWEGUNGS-DATEI              ASSIGN TO S-BEW.
    SELECT ALTE-STAMMDATEI              ASSIGN TO S-AST.
    SELECT NEUE-STAMMDATEI              ASSIGN TO S-NST.
    SELECT LOESCH-DATEI                 ASSIGN TO S-LOE.

DATA DIVISION.

FILE SECTION.

FD  BEWEGUNGS-DATEI
    LABEL RECORDS ARE OMITTED.
01  BEWEGUNGS-PUFFER                    PIC X(80).

FD  ALTE-STAMMDATEI
    LABEL RECORDS ARE OMITTED.
01  ALTER-STAMM-PUFFER                  PIC X(80).

FD  NEUE-STAMMDATEI
    LABEL RECORDS ARE OMITTED.
01  NEUER-STAMM-SATZ.
    05  NS-SCHLUESSEL                   PIC X(5).
    05  NS-MENGE                        PIC 9(5).
    05  FILLER                          PIC X(70).

FD  LOESCH-DATEI
    LABEL RECORDS ARE OMITTED.
01  BERICHTS-ZEILE.
    05  DRUCK-STEUERUNG                 PIC X.
    05  LOESCH-SATZ                     PIC X(132).

WORKING-STORAGE SECTION.

01  ALTER-STAMM-SATZ.
    05  AS-SCHLUESSEL                   PIC X(5).
    05  AS-MENGE                        PIC 9(5).
    05  FILLER                          PIC X(70).

01  BEWEGUNGS-SATZ.
    05  BW-SCHLUESSEL                   PIC X(5).
    05  BW-MENGE                        PIC 9(5).
    05  BW-CODE                         PIC X.
        88  HINZUFUEGUNG                        VALUE '1'.
        88  EINRICHTUNG                         VALUE '2'.
        88  ZUGANG                              VALUE '3'.
        88  ABGANG                              VALUE '4'.
        88  LOESCHUNG                           VALUE '5'.
    05  FILLER                          PIC X(69).

01  AS-AUSLAGERUNGS-GEBIET              PIC X(80).
01  AS-AUSLAGERUNGS-KENNZEICHEN         PIC X VALUE 'J'.
    88  STAMM-BENOETIGT                         VALUE 'J'.
```

```
PROCEDURE DIVISION.
A000-AUFDATIERUNG-DATEI.
    OPEN  INPUT  BEWEGUNGS-DATEI
                 ALTE-STAMMDATEI
          OUTPUT NEUE-STAMMDATEI
                 LOESCH-DATEI.
    PERFORM C010-LESEN-BEWEGUNG.
    PERFORM C020-LESEN-ALTE-STAMMDATEI.
    PERFORM B010-AUFDAT-LOGIK  UNTIL AS-SCHLUESSEL = HIGH-VALUES
                           AND BW-SCHLUESSEL = HIGH-VALUES.
    CLOSE BEWEGUNGS-DATEI
          ALTE-STAMMDATEI
          NEUE-STAMMDATEI
          LOESCH-DATEI.
    STOP RUN.

B010-AUFDAT-LOGIK.
    IF  AS-SCHLUESSEL IS LESS THAN BW-SCHLUESSEL
          WRITE NEUER-STAMM-SATZ FROM ALTER-STAMM-SATZ
          PERFORM C020-LESEN-ALTE-STAMMDATEI
    ELSE
          IF  AS-SCHLUESSEL = BW-SCHLUESSEL
              IF  LOESCHUNG
                   MOVE ALTER-STAMM-SATZ TO BERICHTS-ZEILE
                   WRITE BERICHTS-ZEILE AFTER ADVANCING 1 LINE
                   PERFORM C010-LESEN-BEWEGUNG
                   PERFORM C020-LESEN-ALTE-STAMMDATEI
              ELSE
                   PERFORM C030-AUFDAT-STAMM
                   PERFORM C010-LESEN-BEWEGUNG
          ELSE
              PERFORM D010-HINZUFUEGUNG-STAMM
              PERFORM C010-LESEN-BEWEGUNG.

C010-LESEN-BEWEGUNG.
    READ BEWEGUNGS-DATEI INTO BEWEGUNGS-SATZ
        AT END  MOVE HIGH-VALUES TO BW-SCHLUESSEL.

C020-LESEN-ALTE-STAMMDATEI.
    IF  STAMM-BENOETIGT
          READ ALTE-STAMMDATEI INTO ALTER-STAMM-SATZ
              AT END  MOVE HIGH-VALUES TO AS-SCHLUESSEL
    ELSE
          MOVE AUSLAGERUNGS-GEBIET TO ALTER-STAMM-SATZ
          MOVE 'J' TO AS-AUSLAGERUNGS-KENNZEICHEN.

C030-AUFDAT-STAMM.
    DISPLAY ' AS ', AS-SCHLUESSEL,
            ' BW ', BW-SCHLUESSEL.

D010-HINZUFUEGUNG-STAMM.
    MOVE ALTER-STAMM-SATZ TO AUSLAGERUNGS-GEBIET.
    MOVE 'N' TO AS-AUSLAGERUNGS-KENNZEICHEN
    MOVE BW-SCHLUESSEL TO AS-SCHLUESSEL.
    MOVE BW-MENGE      TO AS-MENGE.
    DISPLAY ' AS ', AS-SCHLUESSEL,
            ' BW ', BW-SCHLUESSEL.
**************** ENDE DES PROGRAMMES *****************
```

Man beachte, was die in der Aufgabenstellung geforderten Änderungen nach sich ziehen. – Im Arbeitsspeicherkapitel sind neu zu definieren:
a) Ein Gebiet, in dem der alte Stammsatz zeitweilig aufbewahrt werden kann (Gebiet für die Stammsatzauslagerung).
b) Ein Datenelement, das als Kennzeichen dafür dient, ob sich in dem unter a) genannten Speichergebiet ein Stammsatz befindet oder nicht (Auslagerungskennzeichen).

Im Prozedurteil führen wir anstelle des automatischen Schreibens des neuen Stammsatzes den Paragraphen **D010-HINZUFUEGUNG-STAMM** aus, wenn eine Bewegung, die eine Hinzufügung darstellt, verarbeitet werden muß. In diesem Paragraphen wird zunächst der alte Stammsatz ausgelagert und anschließend das Auslagerungskennzeichen gesetzt; damit wissen wir, daß sich ein Stammsatz im Auslagerungsgebiet befindet. Am Schluß dieses Paragraphen wird der neue Stammsatz im nunmehr freien Gebiet des alten Stammsatzes zusammengestellt. Wenn die nächste Bewegung den gleichen Schlüssel wie der soeben kreierte neue Stammsatz besitzt, kann sie nun auf diesen bezogen werden. Wenn keine weiteren Bewegungen für den hinzugekommenen Stammsatz vorliegen, wird er in die neue Stammdatei ausgegeben. Danach ist die Bereitstellung des nächsten alten Stammsatzes erforderlich. Doch dieser wird jetzt nicht mehr aus der alten Stammdatei gelesen, sondern aus dem Auslagerungsgebiet geholt; das Auslagerungskennzeichen muß natürlich anschließend zurückgesetzt werden. Ein solcher Code kann beliebig viele Bewegungen für einen hinzugefügten Stammsatz verarbeiten.

6. Im Arbeitsspeicherkapitel geben wir zunächst dem Datenelement **REIHENFOLGE-FEHLER-KZ** einen neuen Namen; wir benennen es um in **AS-REIHENFOLGE-FEHLER-KZ** und initialisieren es mittels der Klausel **VALUE 'N'**. Die Fehlerbehandlung für die Bewegungsdatei erfordert zunächst einmal die Definition von zwei neuen Datenelementen:
a) **BW-REIHENFOLGE-FEHLER-KZ**
   Durch dieses Datenelement wird das Auftreten eines Reihenfolgefehlers in der Bewegungsdatei festgehalten.
b) **BW-REIHENFOLGE-FEHLERZAEHLER**
   Dieses Datenelement dient zum Zählen der bei der Bewegungsdatei auflaufenden Reihenfolgefehler. Ihm ist der Anfangswert **ZERO** zuzuweisen.

Bei anormaler Beendigung des Programmablaufes brauchen wir jetzt drei verschiedene Beendigungsmeldungen; die bisherige mit Namen **BEENDIGUNGS-M** kann vergessen werden.

a) **AS-REIHENFOLGE-FEHLER-ENDM**
   Der unter diesem Namen definierte Text sollte auf den Beendigungsgrund verweisen (Auftreten eines Reihenfolgefehlers in der alten Stammdatei).
b) **BW-REIHENFOLGE-FEHLER-ENDM**
   Der unter diesem Namen definierte Text sollte auf den Beendigungsgrund verweisen (Auftreten von mehr als 10 Reihenfolgefehlern in der Bewegungsdatei).
c) **BW-DATENFEHLER-ENDM**
   Der unter diesem Namen definierte Text sollte auf den Beendigungsgrund verweisen (Auftreten von mehr als 100 Datenfehlern in der Bewegungsdatei).

Die Definitionen dieser drei neuen Datenelemente sollten in der gleichen Art und Weise erfolgen wie bei den bereits vorliegenden Fehlermeldungen; auch sie sollten zur Datengruppe **FEHLER-MELDUNGEN** gehören.

Im Prozedurteil sind folgende Änderungen vorzunehmen:

a) Im Hauptsteuerungsparagraphen
   A000-AUFDATIERUNG-DATEI sind die sich auf den Paragraphen **B010-AUF-LOGIK** beziehende **PERFORM**-Anweisung und die nachfolgende **IF**-Anweisung entsprechend der erweiterten Aufgabenstellung und der neuen Definitionen wie folgt zu ändern:

```
PERFORM B010-AUF-LOGIK UNTIL (AS-SCHLUESSEL = HIGH-VALUES
                         AND BW-SCHLUESSEL = HIGH-VALUES)
                         OR FEHLER-ZAEHLER IS GREATER THAN 100
                         OR AS-REIHENFOLGE-FEHLER-KZ = 'J'
                         OR BW-REIHENFOLGE-FEHLERZAEHLER IS GREATER THAN 10.
IF   FEHLER-ZAEHLER IS GREATER THAN 100
     MOVE BW-DATENFEHLER-ENDM TO PR-ZEILE
     WRITE PROTOKOLL-SATZ AFTER ADVANCING 2 LINES
ELSE
     IF  AS-REIHENFOLGE-FEHLER-KZ = 'J'
         MOVE AS-REIHENFOLGE-FEHLER-ENDM TO PR-ZEILE
         WRITE PROTOKOLL-SATZ AFTER ADVANCING 2 LINES
     ELSE
         IF  BW-REIHENFOLGE-FEHLERZAEHLER IS GREATER THAN 10
             MOVE BW-REIHENFOLGE-FEHLER-ENDM TO PR-ZEILE
             WRITE PROTOKOLL-SATZ AFTER ADVANCING 2 LINES.
```

b) Im Paragraphen **X010-HOLEN-BEWEGUNG-GUELT** ist **REIHENFOLGE-FEHLER-KZ** durch **BW-REIHENFOLGE-FEHLER-KZ** zu ersetzen. Weiter ist anstelle von **FEHLER-ZAEHLER** jetzt **BW-REIHENFOLGE-FEHLERZAEHLER** zu schreiben.

c) Der Paragraph **X020-HOLEN-ALTSTAMM-GUELT** ist wie folgt umzuschreiben:

```
X020-HOLEN-ALTSTAMM-GUELT.
    READ ALTE-STAMMDATEI INTO ALTER-STAMM-SATZ
        AT END   MOVE HIGH-VALUES TO AS-SCHLUESSEL.
    IF  AS-SCHLUESSEL IS LESS THAN AS-SCHLUESSEL-VOR
        MOVE 'J' TO AS-REIHENFOLGE-FEHLER-KZ
    ELSE
        MOVE AS-SCHLUESSEL TO AS-SCHLUESSEL-VOR.
```

d) Im Paragraphen **Y010-LESEN-BEWEGUNG** müssen folgende Bezugnahmen geändert werden:
– – – Anstelle von **FEHLER-ZAEHLER** ist **BW-REIHENFOLGE-FEHLERZAEHLER** zu schreiben.
– – – Anstelle von **REIHENFOLGE-FEHLER-KZ** ist **BW-REIHENFOLGE-FEHLER-KZ** zu schreiben.

e) Der Paragraph **Y020-LESEN-STAMM** entfällt.

11. Kapitel 13: Handhabung von Tabellen

1. Die entsprechende Anweisung kann wie folgt lauten:

   ADD AUFSETZEN (13) EINHEITSZEI (13) GIVING JOBZEIT.

3. Die entsprechende Anweisung kann wie folgt lauten:

   ADD BETRAG TO VERKAEUFE (VERKAEUFERNUMMER).

5. Folgendes Programmsegment erfüllt die gestellte Aufgabe:

```
        MOVE ZERO TO GESAMTSUMME.
        PERFORM D030-SUMMENBILDUNG
            VARYING X-TAGE FROM 1 BY 1
                UNTIL X-TAGE > 5
        DIVIDE GESAMTSUMME BY 5 GIVING DURCH-ARB.
         :
        D030-SUMMENBILDUNG.
            ADD ARBEITS-ZEIT (X-TAGE) TO GESAMTSUMME.
```

7. Das folgende Programmsegment löst die gestellte Aufgabe:

```
        MOVE 1 TO BESTER-VERKAEUFER.
        MOVE VERKAEUFE (1) TO HOECHSTER-VERKAUFSBETRAG.
        PERFORM C020-AUFSUCHEN-BESTER
            VARYING VERKAEUFER-NUMMER FROM 2 BY 1
                UNTIL VERKAEUFER-NUMMER > 50.
        DISPLAY BESTER-VERKAEUFER, ' ', HOECHSTER-VERKAUFSBETRAG.
         :
        C020-AUFSUCHEN-BESTER.
            IF  VERKAEUFE (VERKAEUFER-NUMMER) > HOECHSTER-VERKAUFSBETRAG
                MOVE VERKAEUFER-NUMMER TO BESTER-VERKAEUFER
                MOVE VERKAEUFE (VERKAEUFER-NUMMER) TO
                    HOECHSTER-VERKAUFSBETRAG.
```

9. Im Arbeitsspeicherkapitel sind die folgenden Definitionen aufzuführen:

```
    :
WORKING-STORAGE SECTION.
    :
01  TEILNEHMER-NAMEN-WERTE.
    05  FILLER              PIC X(25)   VALUE 'WIESNER, SEBASTIAN'.
    05  FILLER              PIC X(25)   VALUE 'SCHNELL, DR. UTE'.
    05  FILLER              PIC X(25)   VALUE 'SPRINGER, SABINE'.
    05  FILLER              PIC X(25)   VALUE 'ERMISCH, MATHIAS'.
    :
01  TEILNEHMER-NAMEN-TABELLE  REDEFINES TEILNEHMER-NAMEN-WERTE.
    05  TEILNEHMER-NAMEN    PIC X(25)       OCCURS 40 TIMES.
    :
```

11. Die zur Lösung der Aufgabenstellung erforderlichen Programmteile könnten wie folgt lauten:

```
        PERFORM C050-AUSGABE-EINER-ZEILE
            VARYING X-JAHRGANG FROM 1 BY 1
                UNTIL X-JAHRGANG > 12.
            :
    C050-AUSGABE-EINER-ZEILE.
        MOVE X-JAHRGANG TO JAHRGANG-AUS.
        MOVE ZAHL-PRO-JAHRGANG-UND-JAHR (X-JAHRGANG, 3) TO
            ZAHL-AUS.
        WRITE AUSGABE-ZEILE.
```

Dabei ist vorausgesetzt, daß die Einschreibungstabelle genau so definiert ist wie in Abb. 13.6.

13. Unter Benutzung der in Abb. 13.6 dargestellten Einschreibungstabelle erfüllen die folgenden Programmteile die gestellte Aufgabe:

```
        PERFORM C050-AUSGABE-EINER-ZEILE
            VARYING X-JAHRGANG FROM 1 BY 1
                UNTIL X-JAHRGANG > 12.
            :
    C050-AUSGABE-EINER-ZEILE.
        MOVE X-JAHRGANG TO JAHRGANG-AUS.
        ADD  ZAHL-PRO-JAHRGANG-UND-JAHR (X-JAHRGANG, 1)
             ZAHL-PRO-JAHRGANG-UND-JAHR (X-JAHRGANG, 2)
             ZAHL-PRO-JAHRGANG-UND-JAHR (X-JAHRGANG, 3)
             ZAHL-PRO-JAHRGANG-UND-JAHR (X-JAHRGANG, 4)
            GIVING GESAMTZAHL.
        DIVIDE GESAMTZAHL BY 4
            GIVING GESAMTZAHL-AUS ROUNDED.
        WRITE AUSGABE-ZEILE.
```

15. Unter Benutzung der in Abb. 13.6 dargestellten Einschreibungstabelle erfüllen die folgenden Programmteile die gestellte Aufgabe:

```
    :
    READ JAHR-EIN-DATEI
         AT END  MOVE 'N' TO WEITERE-DATEN-KZ.
    SUBTRACT 1984 FROM JAHR GIVING X-JAHR.
    MOVE 1 TO GROESSTER-JAHRGANG.
    MOVE ZAHL-PRO-JAHRGANG-UND-ZAHL (1, X-JAHR) TO GROESSTE-ZAHL.
    PERFORM C030-AUFSUCHEN-GROESSTE-ZAHL
         VARYING X-JAHRGANG FROM 2 BY 1
            UNTIL X-JAHRGANG > 12.
    MOVE JAHR TO JAHR-AUS.
    MOVE GROESSTER-JAHRGANG TO GROESSTER-JAHRGANG-AUS.
    MOVE GROESSTE-ZAHL TO GROESSTE-ZAHL-AUS.
    WRITE AUSGABE-ZEILE.
    :
C030-AUFSUCHEN-GROESSTE-ZAHL.
    IF  ZAHL-PRO-JAHRGANG-UND-JAHR (X-JAHRGANG, X-JAHR)
        > GROESSTE-ZAHL
        MOVE X-JAHRGANG TO GROESSTER-JAHRGANG
        MOVE ZAHL-PRO-JAHRGANG-UND-JAHR (X-JAHRGANG, X-JAHR) TO
             GROESSTE-ZAHL.
```

17. In das Arbeitsspeicherkapitel sind die folgenden Definitionen zusätzlich aufzunehmen:

```
01  TAB-UEBERLAUF-KENNZ              PIC X       VALUE 'N'.
    88  KEIN-TAB-UEBERLAUF                       VALUE 'N'.

01  TAB-UEBERLAUF-NACHRICHT-1.
    05  FILLER                       PIC X(42) VALUE
        'TABELLENUEBERLAUF ---> PROGRAMMABBRUCH.-   '.
    05  FILLER                       PIC X(25) VALUE
        'ANZAHL DER EINGABESAETZE:'.
    05  ANZAHL-EINGABESAETZE         PIC BZZ,ZZ9.
01  TAB-UEBERLAUF-NACHRICHT-2.
    05  FILLER                       PIC X(39) VALUE SPACES.
    05  FILLER                       PIC X(28) VALUE
        'ANZAHL DER TABELLENELEMENTE:'.
    05  ANZAHL-TABELLENELEMENTE      PIC BZZ,ZZ9.
```

Der Prozedurteil ist wie folgt zu ändern:

```
    :
A000-BESTELL-PRUEFUNG.
    PERFORM B020-LADEN-GUELTIGE-NUMMERN.
    IF  KEIN-TAB-UEBERLAUF
        PERFORM A010-FORTFAHREN-GUELTIGKEIT-E.
    STOP RUN.

A010-FORTFAHREN-GUELTIGKEIT-E.
    OPEN  INPUT  BESTELL-DATEI
          OUTPUT NORMAL-DATEI
                 SONDER-DATEI.
    MOVE 'J' TO WEITERE-DATEN-VORHANDEN.
    READ BESTELL-DATEI
         AT END  MOVE 'N' TO WEITERE-DATEN-VORHANDEN.
```

```
        PERFORM B010-ZEILEN-PRUEFUNG
            UNTIL  KEINE-WEITEREN-DATEN.
        CLOSE BESTELL-DATEI
              NORMAL-DATEI
              SONDER-DATEI.
        :
    B020-LADEN-GUELTIGE-NUMMERN.
        OPEN INPUT KATALOG-DATEI.
        MOVE 'J' TO WEITERE-DATEN-VORHANDEN.
        MOVE ZERO TO X-KATALOG.
        READ KATALOG-DATEI
            AT END  MOVE 'N' TO WEITERE-DATEN-VORHANDEN.
        PERFORM C030-LADEN-KATALOGNUMMER
            UNTIL  KEINE-WEITEREN-DATEN.
        CLOSE KATALOG-DATEI.
        IF  X-KATALOG > GUELTIGE-NUMMERN-MAX
            MOVE X-KATALOG TO ANZAHL-EINGABESAETZE
            DISPLAY TAB-UEBERLAUF-NACHRICHT-1
            MOVE GUELTIGE-NUMMERN-MAX TO ANZAHL-TABELLENELEMENTE
            DISPLAY TAB-UEBERLAUF-NACHRICHT-2
            MOVE 'J' TO TAB-UEBERLAUF-KENNZ
        ELSE
            MOVE X-KATALOG TO GUELTIGE-NUMMERN-MAX.
        :
    C030-LADEN-KATALOGNUMMER.
        ADD 1 TO X-KATALOG.
        IF  X-KATALOG > GUELTIGE-NUMMERN-MAX
            MOVE STAMM-KATALOGNUMMER TO
                 GUELTIGE-NUMMERN (X-KATALOG).
        READ KATALOG-DATEI
            AT END  MOVE 'N' TO WEITERE-DATEN-VORHANDEN.
        :
```

12. Kapitel 15: Handhabung von Zeichen

1. Vor Ausführung der **INSPECT**-Anweisungen bei den Teilaufgaben c) und d) ist es erforderlich, daß **STRING-ZAEHLER** bzw. **ZAEHLER** auf Null gesetzt werden.

   a)   **INSPECT ELEMENT-A REPLACING ALL ' ' BY '0'.**
   b)   **INSPECT ELEMENT-B REPLACING FIRST 'A' BY '2'.**
   c)   **INSPECT ELEMENT-C TALLYING STRING-ZAEHLER FOR LEADING '*'.**
   d)   **INSPECT ELEMENT-D TALLYING ZAEHLER FOR LEADING '*'**
         REPLACING LEADING '*' BY '0'.
   e)   **INSPECT ELEMENT-E**
         REPLACING CHARACTERS BY '9' BEFORE INITIAL 'X'.

3. Das Programm könnte wie folgt codiert sein:

```
        IDENTIFICATION DIVISION.
        PROGRAM-ID.
            K15A03.

        ENVIRONMENT DIVISION.
        INPUT-OUTPUT SECTION.
        FILE-CONTROL
            SELECT KUNDEN-DATEI                 ASSIGN TO S-KDD.
            SELECT BRIEF-DATEI                  ASSIGN TO S-BR.

        DATA DIVISION.
        FILE SECTION.
        FD  KUNDEN-DATEI
            LABEL RECORS ARE STANDARD.
        01  KUNDEN-SATZ.
            05  KUNDEN-NAME.
                10  NACHNAME                PIC X(15).
                10  VORNAME                 PIC X(15).
                10  TITEL                   PIC X(10).
            05  KUNDEN-ANSCHRIFT.
                10  HAUSNUMMER              PIC X(5).
                10  STRASSE                 PIC X(15).
                10  ORTSNAME                PIC X(15).
                10  STAAT                   PIC X(15).
                10  POSTLEITZAHL            PIC X(8).
            05  REST-DES-SATZES             PIC X(102).

        FD  BRIEF-DATEI
            LABEL RECORDS ARE OMITTED.
        01  BRIEF-SATZ                      PIC X(81).

        WORKING-STORAGE SECTION.
        01  WEITERE-DATEN-KENNZ             PIC X       VALUE 'J'.
            88  KEINE-WEITEREN-DATEN                    VALUE 'N'.

        01  ANFANGS-POSITION                PIC X.


        PROCEDURE DIVISION.
        A000-DRUCKEN-BRIEFE.
            OPEN  INPUT  KUNDEN-DATEI
                  OUTPUT BRIEF-DATEI.
            READ KUNDEN-DATEI
                AT END   MOVE 'N' TO WEITERE-DATEN-KENNZ.
            PERFORM B010-DRUCKEN-KOPF
                UNTIL KEINE-WEITEREN-DATEN.
            CLOSE KUNDEN-DATEI
                  BRIEF-DATEI.
            STOP RUN.

        B010-DRUCKEN-KOPF.
            MOVE SPACES   TO  BRIEF-SATZ.
            MOVE 2        TO  ANFANGS-POSITION.
            STRING
                    TITEL       DELIMITED BY SPACE
                    SPACE       DELIMITED BY SIZE
                    VORNAME     DELIMITED BY SPACE
                    SPACE       DELIMITED BY SIZE
                    NACHNAME    DELIMITED BY SPACE
                INTO
                    BRIEF-SATZ
                WITH POINTER
                    ANFANGS-POSITION.
```

```
           WRITE BRIEF-SATZ AFTER ADVANCING 5 LINES.
           MOVE SPACES TO BRIEF-SATZ.
           MOVE 2       TO ANFANGS-POSITION.
           STRING
                STRASSE      DELIMITED BY SPACE
                SPACE        DELIMITED BY SIZE
                HAUSNUMMER   DELIMITED BY SPACE
             INTO
                BRIEF-SATZ
             WITH POINTER
                ANFANGS-POSITION.
           WRITE BRIEF-SATZ AFTER ADVANCING 1 LINE.

           MOVE SPACES TO BRIEF-SATZ.
           MOVE 2       TO ANFANGS-POSITION.
           STRING
                POSTLEITZAHL      DELIMITED BY SIZE
                SPACE             DELIMITED BY SIZE
                ORTSNAME          DELIMITED BY SPACE
                ' ('              DELIMITED BY SIZE
                STAAT             DELIMITED BY SPACE
                ')'               DELIMITED BY SIZE
             INTO
                BRIEF-SATZ
             WITH POINTER
                ANFANGS-POSITION.
           WRITE BRIEF-SATZ AFTER ADVANCING 1 LINE.

           MOVE SPACES TO BRIEF-SATZ.
           MOVE 2       TO ANFANGS-POSITION.
           STRING
                'Liebe(r) '       DELIMITED BY SIZE
                TITEL             DELIMITED BY SPACE
                SPACE             DELIMITED BY SIZE
                NACHNAME          DELIMITED BY SPACE
                ','               DELIMITED BY SIZE
             INTO
                BRIEF-SATZ
             WITH POINTER
                ANFANGS-POSITION.
           WRITE BRIEF-SATZ AFTER ADVANCING 4 LINES.
           READ KUNDEN-DATEI
                AT END  MOVE 'N' TO WEITERE-DATEN-KENNZ.
      ******************* Programmende *********************
```

13. Kapitel 16: Der Listenschreiber (Report Writer)

2. Bei der nachfolgenden Auflistung des Programmes für den einstufigen Gruppenwechsel ist zu beachten, daß das Drucken der zu den einzelnen Rechnungen gehörenden Zeilen mit den Verkaufsbeträgen unterdrückt ist.

```
00001  IDENTIFICATION DIVISION.
00002  PROGRAM-ID.
00003       K16A02.
00004  DATE-WRITTEN.
00005       15.06.1989.
00006
00007  ENVIRONMENT DIVISION.
00008  INPUT-OUTPUT SECTION.
00009  FILE-CONTROL.
00010       SELECT RECHNUNGS-DATEI        ASSIGN TO S-RECHNUNG
00011       SELECT BERICHTS-DATEI         ASSIGN TO S-BERICHT.
00012
00013  DATA DIVISION.
00014
00015  FILE SECTION.
00016
00017  FD  RECHNUNGS-DATEI
00018      LABEL RECORDS ARE OMITTED.
00019  01  RECHNUNGS-SATZ.
00020      05  RECHNUNGS-NUMMER     PIC X(5).
00021      05  BETRAG               PIC 9(5)V99.
00022      05  FILLER               PIC X(78).
00023
00024  FD  BERICHTS-DATEI
00025      LABEL RECORDS ARE OMITTED
00026      REPORT IS VERKAUFS-LISTE.
00027
00028  WORKING-STORAGE SECTION.
00029
00030  01  MEHR-DATEN-KENNZ         PIC X       VALUE 'J'.
00031      88  KEINE-WEITEREN-DATEN             VALUE 'N'.
00032
00033  REPORT SECTION.
00034
00035  RD  VERKAUFS-LISTE
00036      CONTROLS ARE FINAL
00037              RECHNUNGS-NUMMER
00038      PAGE    LIMIT IS 60 LINES
00039              HEADING 1
00040              FIRST DETAIL 4
00041              LAST DETAIL 55
00042              FOOTING 60.
00043  01  TYPE IS PAGE HEADING     LINE IS 1.
00044      05  COLUMN 1             PIC X(30)
00045          VALUE 'RECHNUNG   GESAMT        ENDSUMME'.
00046      05  COLUMN 47            PIC X(6)   VALUE 'SEITE '.
00047      05  COLUMN 53            PIC Z(4)9
00048          SOURCE IS PAGE-COUNTER.
00049
00050  01  RECHNUNGS-ZEILE TYPE IS DETAIL
00051                               PIC 9(6)V99
00052          SOURCE IS BETRAG.
00053
00054  01  TYPE IS CONTROL FOOTING RECHNUNGS-NUMMER     LINE PLUS 1
00055      05  COLUMN 3             PIC X(5)
00056          SOURCE IS RECHNUNGS-NUMMER.
00057      05  COLUMN 8             PIC $$$$,$$9.99
00058          SUM BETRAG.
00059
```

```
00060    01  TYPE IS CONTROL FOOTING FINAL    LINE PLUS 3.
00061        05  COLUMN 23              PIC $$$$,$$9.99
00062                SUM BETRAG.
00063
00064
00065    PROCEDURE DIVISION.
00066    A000-ERST-VERKAUFS-LISTE.
00067        OPEN   INPUT RECHNUNGS-DATEI
00068               OUTPUT BERICHTS-DATEI.
00069        INITIATE VERKAUFS-LISTE.
00070        READ RECHNUNGS-DATEI
00071            AT END    MOVE 'N' TO MEHR-DATEN-KENNZ.
00072        PERFORM B010-VERARBEITEN-RECHN-GRUPPE
00073            UNTIL KEINE-WEITEREN-DATEN.
00074        TERMINATE VERKAUFS-LISTE.
00075        CLOSE RECHNUNGS-DATEI
00076              BERICHTS-DATEI
00077        STOP RUN.
00078
00079    B010-VERARBEITEN-RECHN-GRUPPE.
00080        GENERATE RECHNUNGS-ZEILE.
00081        READ RECHNUNGS-DATEI
00082            AT END  MOVE 'N' TO MEHR-DATEN-KENNZ.
00083
00084    **********   ENDE DES PROGRAMMES K16A02   **********
```

Anmerkung: Einzelzeilen mit Verkaufsbeträgen werden unterdrückt (Fehlen von COLUMN und LINE bei TYPE IS DETAIL).

ANHANG E

Hinweise auf deutsche Literatur

Die Hinweise beschränken sich bewußt auf einige wenige Unterlagen, die zur Einführung und zur praktischen Arbeit herangezogen werden können.

1. Clarence B. Germain
   „Das Programmier-Handbuch der IBM-DV-Systeme"
   Carl Hanser Verlag München Wien
   8. Auflage 1983
   ISBN 3-446-13804-8

2. Gary R. Rogers
   „COBOL-Handbuch"
   R. Oldenbourg Verlag München Wien
   2. Auflage 1990
   ISBN 3-486-21685-6

3. IBM Deutschland
   „Wörterbuch und Glossar"
   IBM Deutschland
   IBM Form 12-1044

4. R. Gritsch
   „Einführung in Zahlensysteme"
   IBM Deutschland
   IBM Form 71395

Anmerkung: Außerdem wird auf die verschiedenen COBOL-Handbücher der einzelnen Hersteller hingewiesen, insbesondere auf
   IBM VS COBOL für OS/VS
   Handbuch
   IBM Form GC12-1327

Stichwortverzeichnis

A

A-Bereich 41, 43, 54, 232, 284
Abbruch 278, 286, 434
Abfrage 188, 416
Abgang 426, 436, 440, 442, 454, 458, 460, 461, 468, 473
Abkürzung 67, 76, 81, 122, 360, 405, 472, 643, 652, 761, 782
Ablauf (eines Programmes) 40, 94, 145, 208, 259, 290, 407, 418, 419, 426, 431, 453, 557, 558, 594, 660, 695, 717, 718
Ablaufsteuerung 58, 705
Ablaufstruktur 139–166
Abschließen (von Dateien) 40, 52, 128, 181, 227, 325, 326, 414, 496, 561–563, 651, 682, 689, 719, 758
Abschneiden (von Ziffern) 84, 93, 94, 211, 212, 223, 296, 375
Abschneidung 295, 296, 303
Abschnitt 35
absolute Zeilennummer 656, 661
absteigende Reihenfolge 521, 522, 557, 679
Abtasten 620, 621
ACCEPT 236, 237, 757–759, 762, 763, 767–769, 772, 780–783, 786
ACCESS 568, 569, 575, 578, 585, 592, 593
Achtbitcode 366
ADD 76, 77, 79–87, 122, 144, 154–161, 275, 276, 326, 364, 400, 509, 533, 740, 745
Addition 82–84, 96, 120, 370, 458, 469, 490, 502, 510, 532, 533, 560, 601, 622, 656, 658, 668, 740–742
Adresse 364, 373, 487, 553
ADVANCING 332–335, 443, 444, 642, 643, 657, 695, 760, 780–782
Ändern (von Sätzen) 775–777, 779, 785
AFTER 332–335, 505, 507, 621–623, 643, 657
Aktivität 496
Aktivitätsverhältnis 558
Aktualisieren 425, 435, 777
Aktualisierung 458, 459, 585–591, 730
aktueller Dezimalpunkt 72, 73
Algorithmus 601, 604, 608
ALL 521–525, 620, 622, 623, 631
allgemeines Format 80–82, 87–92, 141, 143, 144, 146, 151, 152, 161, 163, 165, 236, 332, 376, 386, 502, 503, 505, 507, 510, 518, 522, 621, 626, 631, 643, 656, 730, 732, 739, 749, 760
allgemeingültige Konstante 165
Alphabet 148, 149
ALPHABETIC 152
ALPHABETIC-LOWER 152
ALPHABETIC-UPPER 152
alphabetisch 151, 152, 411, 449
alphamerisch 365, 366
alphamerisches Datenelement 37
alphanumerisch 70, 71, 194, 223, 286–288, 381, 411, 461, 604
alphanumerisches Datenelement 37, 71, 151, 375, 411
alphanumerisches Literal 146
alphanumerisches Zeichen 71, 208, 365
ALTER 749–752
AND 153, 154, 157, 277, 399–406, 415
Anfangsposition 624
Anfangswert 128, 183, 186, 187, 198, 233, 235, 432, 450, 489, 492, 494, 496, 502, 513, 522, 525, 527, 594, 608, 651, 750, 762
Anführungszeichen 38, 150
Angabe 67, 78, 83–85, 92, 94, 95, 98, 126, 143, 145, 154, 155, 159–164, 186, 190, 233, 239, 240, 268, 271, 272, 275, 289, 291, 294–296, 334, 335, 386, 416, 443, 444, 502, 504, 507, 510, 519, 523, 525, 532, 557, 571, 581, 582, 588, 589, 601, 626, 629, 631, 641–643, 645, 653, 654, 668, 669, 682, 689, 695, 706, 713, 716, 731, 732, 737, 744, 754, 771
Angabe, bedingte 160, 274
angenommener Dezimalpunkt 72, 73, 94, 205, 212, 213, 222, 398
Anordnung 345
anormale Beendigung 192, 278, 524
anormale Programmbeendigung 278, 290, 301, 402, 416, 525, 696, 716
Anweisung 37–39, 43, 51–59, 76–93, 121, 122, 124–127, 139–166, 187, 194, 196, 197, 208, 209, 216, 221, 232, 233, 235–237, 261, 264–277, 291, 293, 295, 301–308, 326, 332–334, 345, 348, 368, 380, 381, 383, 385–387, 399, 400, 402, 403, 411, 412, 416, 434, 439, 444, 450–452, 463, 469, 487–489, 494, 496, 499, 501–507, 509, 510–517, 522, 524–526, 532–534, 551–553, 578, 580–583, 585, 588–590, 594, 595, 601, 608, 619–631, 638, 641, 643, 646, 651, 652, 655, 658, 682, 684, 688, 689, 693–697, 705, 707–713, 716, 727–745, 747, 749–752, 754, 760–763,

770–772, 778, 782–784, 786
Anweisung, arithmetische 85, 94, 95, 161, 208, 209, 300, 739
Anweisung, unbedingte 83–87, 157, 164, 269, 295, 507, 518, 522, 626, 631, 642, 643, 739
Anweisungsfolge 197, 275, 738, 770, 772
Anwender 786
Anwendungsprogramm 737
Anwendungsprogrammierer 508, 553, 554, 680, 717–719
Anwendungssystem 733, 786
Anzeige 303, 304, 368, 371, 434, 760, 763, 771, 772, 777, 782–784
Anzeigetafel 778, 779
Anzeiger für Kommentare 42
Anzeigezeichen 213, 217, 238
Äquivalent, dezimales 368, 371, 761
Äquivalent, sedezimales 362
Arbeitsanweisung 125, 652
Arbeitsbereich 531, 679, 680
Arbeitsdatei 680, 682, 689
Arbeitsende 783
Arbeitsfunktion 784
Arbeitsmodul 181, 784
Arbeitsspeicher 232, 485, 703
Arbeitsspeicherkapitel 49, 51–53, 67, 183, 186–188, 194, 197, 198, 206, 207, 232, 234, 235, 288, 302, 303, 379, 411, 413, 431, 432, 449, 450, 468, 488, 494, 513, 522, 527, 531, 562, 579, 599, 624, 650, 713, 715, 759, 760, 771, 782
ARE 555–557, 648, 654, 664, 719
Area A 41, 43
Area B 41, 43
arithmetische Anweisung 85, 94, 95, 161, 208, 209, 300, 739
arithmetische Operation 71, 73, 74, 76, 80, 93, 94–96, 141, 151, 152, 188, 205, 209, 213, 214, 220, 295, 369–371, 373, 413, 488, 509, 510, 619, 740, 741, 744, 745
arithmetischer Ausdruck 146, 164, 402, 469, 739–743, 745
arithmetischer Operator 469, 740, 741, 743
arithmetisches Verb 65–98, 160, 161, 295, 296, 740
Arm 559
ASCENDING 522–524, 681, 682, 686, 691, 694, 697
ASCII 149, 150, 366, 367
ASSIGN 555, 568, 569
AT 52–57, 145, 158–160, 163, 638, 643
AT END 52–57, 145, 158–160, 163, 186, 275, 289, 291, 295, 430, 518, 522, 523–525,

532, 571, 607, 686, 689, 692, 693, 697
Attribut 360, 380
Aufbereiten 71, 208–225, 375, 619
Aufbereitung 77, 205, 206, 208, 209, 212, 213, 216, 220, 222–225, 237, 371, 413, 414, 463, 533, 739
Aufbereitungszeichen 210
Aufdatieren 324, 325, 337, 339, 425, 426, 435, 440, 589–591, 777–779, 784, 785
Aufdatierung 425–473, 585–591, 598, 604–609, 707–717, 730, 734, 746, 777, 778, 785
Aufdatierungslogik 435, 436
Aufdatierungsmenü 783
Aufdatierungsprogramm 435, 439, 444, 454–459, 461–473, 586–588, 595–598, 604–607, 735
Aufdatierungssatz 598, 608
Auffüllung 93, 375
Aufgabe (von Programmen) 115, 118–121, 127, 131, 320, 598, 627, 703, 728, 775–777, 780, 786
aufgerufene Programmeinheit 705, 706
aufgerufenes Programm 704
aufgerufenes Unterprogramm 705
Aufruf 588, 705, 706, 708–712, 716, 754, 784, 786
aufrufende Programmeinheit 705, 706, 713, 716
aufrufendes Programm 704
aufsteigende Reihenfolge 321, 425, 428, 432, 459, 521, 522, 525, 557, 679
aufsteigender Ordnungsbegriff 322
Aufzeichnung 398, 412, 550, 551, 560, 759
Aufzeichnungsdichte 550, 551
Ausdruck 123, 126, 166, 402, 404, 406, 415, 742
Ausdruck, arithmetischer 146, 164, 402, 469, 739–743, 745
Ausführung 40, 55, 57–59, 79, 82, 122–124, 130, 140–142, 155, 159, 191, 199, 200, 209, 259, 267, 274–276, 286, 325, 335, 343, 346–352, 414, 434, 439, 453, 501, 503, 504, 513, 525, 533, 552, 553, 589, 620, 622, 626, 651, 652, 655, 658, 688, 694–696, 703–705, 715, 727, 728, 731, 735, 761, 770–773, 776
Ausführung, bedingte 54, 56, 57
Ausführungszeit 290, 403, 553
Ausführungszeit-Fehler 259, 260, 290
Ausgabe 33, 40, 59, 60, 71, 74, 79, 80, 84, 130, 189–191, 193, 194, 197, 199–201, 205, 206, 208, 213, 216, 221, 226, 237, 260, 280, 301–308, 319, 321, 343,

345–348, 352, 413, 431, 439, 444, 449, 453, 454, 463, 499–501, 519, 520, 533, 561, 562, 570, 573, 580, 582–585, 588, 589, 624, 629, 630, 637, 642, 644, 645, 647, 649, 651, 652, 656, 658–661, 668, 669, 689, 712, 759, 760, 762, 770–772, 774, 782–784, 786
Ausgabedatei 35, 36, 38, 49, 51, 55, 61, 305, 323, 411, 428, 430, 431, 434, 435, 444, 453, 459, 460, 519, 561–563, 679, 680, 682, 688, 696, 759, 775
Ausgabedaten 35, 411
Ausgabeelement 35, 304
Ausgabefeld 208, 304
Ausgabegebiet 55
Ausgabegerät 305
Ausgabeliste 189, 199, 225, 226, 235, 237, 238, 663, 736
Ausgabeprozedur 684–694, 696
Ausgabesatz 67, 75–77, 80, 121, 128, 129, 189, 197, 302–304, 335, 412, 568, 679, 733, 758
Ausgabezeile 49, 59, 180, 194, 227, 228, 304, 305, 336, 414, 417, 488, 490, 501, 582, 595, 624, 625, 651
Ausgang 657
Auslassungszeichen 38, 39, 42, 150, 183, 367, 705
Ausnahmebedingung 74
Ausrichten 94, 96, 535–537
Ausrichtung 96, 212, 374, 535, 537
Ausrichtungsstandard 374
Aussage 121, 128, 143, 223, 232, 278, 308, 332, 400, 570, 653, 746
Austauschcode 149
Auswahl 123, 124, 139, 265, 485, 487, 599, 776, 777, 779, 783–785
Auswahlstruktur 123, 124
Auswertung 139, 141, 291, 401–403, 729, 759
Auswertungsumfang 402
AUTHOR 330

B

B-Bereich 41, 43
Band 550, 551, 558, 562
Bandlänge 551
Bandlaufwerk 560, 562
Bandrolle 556, 558
Batch mode 753
Baustein 119, 121, 122, 127, 128, 181, 226, 703
Bediener 754

Bedienungspersonal 558
bedingte Angabe 160, 274
bedingte Ausführung 54, 56, 57
bedingter Fehler 286, 289
Bedingung 54, 55, 58, 124, 139–143, 146, 147, 151, 153–155, 157, 161, 192, 232, 233, 263–265, 270, 273, 276, 277, 290, 295, 345, 402, 403, 406, 415, 416, 432, 503–507, 518, 519, 521–523, 525, 532, 533, 571, 579, 580, 588, 589, 595, 608, 642, 728, 729
Bedingung, einfache 153, 154, 200, 403, 405, 504, 729
Bedingung, zusammengesetzte 153, 157, 200
Bedingungsname 232–234, 265, 379, 440, 511, 512, 608, 716
Beendigung 275, 504, 608, 753
Beendigung, anormale 192, 278, 524
BEFORE 332, 333, 621–623, 643, 767
Begrenzer 627, 629, 631
Begrenzungszeichen 38, 39
Benutzer 754, 762, 763, 770–773, 776, 777, 785, 786
Bereich 41, 43
Bericht 74, 320, 344, 491, 533, 637, 645, 647–649, 657, 775, 779, 781, 784, 786
Berichtigung 443, 454, 461, 468, 469, 472, 473, 730, 732, 785
Berichtsdatei 651, 657, 733
Berichtskopf 637
Beschreibung 376, 378, 379, 411, 508, 552, 582, 657, 734, 736, 746, 747
Beschreibungselement 71
Betrieb 753
Betriebssystem 329, 330, 407, 553, 556, 680
Betriebsweise 753, 763
Betriebsweise, interaktive 753–786
beweglicher Kopf 559, 560
Bewegungsart 439, 440, 444, 451, 468
Bewegungscode 440, 444, 445, 451, 454, 459, 460, 472
Bewegungsdatei 398, 426, 427, 439, 440, 444, 445, 449, 454, 460, 461, 471, 734
Bewegungssatz 435, 436, 439, 440, 442, 443, 450–453, 458–463, 468, 470–473, 557, 558, 585, 715, 730, 746
Bezeichner 36, 44, 80–83, 146, 164, 236, 332, 386, 503–507, 510, 518, 522, 621, 626, 631, 643, 657, 705, 730, 739, 740, 745, 760, 761
Bibliothek 556, 558, 704, 734, 735, 738, 786

Bibliotheksunterprogramm 754
Bilddarstellung 774
Bildschirm 284, 305, 570, 759–763, 771, 772, 774, 782-784, 786
Bildschirmanzeige 773, 774
Bildschirmformat 764
Bildschirmgerät 753
Bildschirmzeile 783
Bildung (von Namen) 44, 45
binär 368, 374, 487, 488, 499, 501, 521, 536, 570, 594, 743
Binärcode 367
Binärdarstellung 365, 366
binärer Operator 743
binäres Suchen 521
binäres Tabellensuchen 521
Binärformat 371
Binärsystem 363
BINARY 373, 376, 487, 570
Binärzahl 362, 373
Binärziffernstelle 361
Binden 704
Binder 704
Bindestrich 42–44, 51, 54, 71, 81, 219, 286–289, 717
Bit 361, 363, 371, 550
Bitgruppe 363
Bitkombination 366, 368
Bitstelle 366, 368, 369, 371
Bitstelle, numerische 366, 368
Blackbox-Testen 291, 292
Blank 148, 219
Blinken 754
BLOCK 554, 557, 570, 594, 681
Block 551–554, 556, 557, 563, 570
Blocklänge 554, 557, 565
Blockung 551, 554–557, 563
Blockungsfaktor 551, 554, 557
Blockzwischenraum 551
BOTTOM 638
Bottom-Up-Entwicklung 438
Buchstabe 36, 37, 44, 54, 71, 72, 81, 148, 152, 199, 206, 209, 264, 336, 368, 431, 452, 734, 736
Buchstabenfolge 52, 56
BY 89–92, 140, 141, 144, 376, 377, 502, 503, 505, 507–510, 620, 625, 626, 629, 631, 737, 738, 740
Byte 363–366, 368, 369, 372, 373, 379, 513, 535, 536, 550, 560, 563, 570, 626

C

CALL 705–707, 710, 713, 716, 717, 784

Carriage Control 334, 335
Case 123, 124, 157, 163, 730
Case-Struktur 156, 157, 161, 163, 165, 264, 469
CHARACTER 239
CHARACTERS 621–623, 648, 650, 767
Charakteristik 368, 370, 372, 549
CICS 753
CLOSE 37, 40, 52, 56, 58, 59, 604, 682, 688, 713
COBOL 31–44, 49, 50, 52–54, 61, 67, 68, 70, 73–75, 80, 86, 95, 97, 115, 116, 122–126, 144, 147, 153, 158–163, 166, 181, 198, 207, 209, 222, 232, 236, 238, 259, 264, 271, 278, 287, 293–296, 302, 308, 322, 332, 361, 365, 371, 372, 374, 382, 401–403, 406, 416, 417, 430, 469, 485, 487, 488, 496, 497, 504, 507–509, 511, 512, 537, 551–557, 566, 591, 619, 623, 626, 631, 637, 642, 652, 656–658, 679, 680, 684, 688, 694, 696, 705, 713, 716, 718–720, 727–786
COBOL-Anweisung 37, 80, 83, 121, 122, 125, 129, 139–141, 156, 164, 179, 272
COBOL-Code 119, 129, 130, 142, 154, 156, 183, 194, 198, 226, 235, 260, 268–271, 273, 279, 301, 494, 502, 532, 581, 713, 715, 719
COBOL-Fehler 277, 279
COBOL-Handbuch 83, 85, 143, 511, 534, 537, 591, 604, 623, 669, 680, 732, 737, 745
COBOL-Hilfsmittel 294
COBOL-Kompilierer 36, 40, 42, 72, 73, 76, 78, 94, 96, 141, 144, 149, 150, 189, 205, 259, 260, 279, 280, 287, 290, 305, 402, 487, 643, 649, 688, 696, 717, 720, 734, 736, 754, 760
COBOL-Paragraph 37
COBOL-Programm 31, 32, 34, 35, 65, 72, 73, 122, 127, 129, 132, 139–166, 189, 228, 259–308, 326–331, 341, 363, 369, 371, 399, 486, 526, 554, 619, 638, 679–697, 703, 705, 738
COBOL-REGEL 36, 145, 260, 272
COBOL-Satz 37, 518
COBOL-Sprachelement 115, 319
COBOL-Wort 36, 75, 657
Code 131, 142, 149, 155, 163, 181, 220, 261, 267, 274, 277, 278, 280, 292, 296, 303, 336, 366, 367, 414, 416, 459, 469, 472, 490, 512, 551, 562, 579, 582, 585, 598, 604, 608, 703, 712, 713, 715, 720, 728, 729, 733, 735, 761

Stichwortverzeichnis 911

Codeumschaltung 761, 782
Codierblatt 41
Codieren 32. 187, 197, 333, 334, 370, 376, 383, 386, 487, 492, 509, 512, 578, 598, 645, 647, 658, 684, 696, 716, 731, 732, 739, 747
Codierformat 41–43
Codierstil 261
Codierung 162, 165, 188, 261–263, 269, 274–279, 335, 370, 377, 378, 403, 518, 527, 554, 595, 652, 669, 716, 728, 735, 739, 744
COLUMN 531, 648, 649, 656, 657, 660, 664, 665
COMMA 73
COMP 371, 487, 509, 524, 535, 536
COMP-1 372
COMP-2 372
COMP-3 370
COMPUTATIONAL 365, 370–374, 376, 487, 488, 499, 535, 570, 761
COMPUTATIONAL-1 365, 371–373
COMPUTATIONAL-2 365, 372, 373
COMPUTATIONAL-3 365, 369–373, 487, 570
COMPUTE 295, 739–745
Computer 31, 32, 35-41, 52, 53, 55, 71, 73, 76, 96, 148, 149, 151, 155, 183, 187, 191, 205, 206, 213, 221, 232, 238, 259, 260-262, 280, 290, 302, 304, 305, 322, 329, 334, 335, 343, 361, 363–366, 369, 370, 372, 373, 407, 413, 427, 429, 511, 524, 537, 549–554, 556, 558, 560, 562, 563, 570, 579, 620, 645, 652, 695, 704, 734, 737, 745, 753, 754, 758, 760, 761, 763, 774, 786
Computer-Hardware 236
Computerausgabe 293
Computerprogramm 31, 35, 115, 117, 122, 435
Computerspeicher 239, 303, 361, 363, 591
Computerterminal 238
CONFIGURATION SECTION 334
CONTAINS 554, 557, 570, 594, 647, 648, 650, 657, 681
Continuation 41
CONTROL 649, 654, 655, 661, 664
CONTROLS 648, 654, 664
COPY 38, 733–739
CORR 386
CORRESPONDING 85, 385–387
COUNT 631
Cursor 754, 755, 760–762, 765, 771, 772, 782, 783, 786

D

Dachzeichen 212
Darstellung 118–121, 226, 277, 366–369, 521, 594, 641, 761
Darstellung, graphische 338
Darstellung, hierarchische 118–122, 127, 128, 131, 132, 180, 181, 192, 193, 198, 226, 236, 261, 262, 277, 324, 326, 337, 693, 776, 777, 783
Darstellung, interne 71, 206, 208
DATA 35, 555
DATA DIVISION 34, 35, 37, 49, 51, 55, 65–98
Data set 680
DATE 236, 237
DATE-COMPILED 330
DATE-WRITTEN 735, 736
Datei 35–38, 40, 43, 44, 49–54, 56–59, 61, 65, 68, 79, 116, 160, 179, 181, 277, 287, 289, 305, 306, 319, 321–323, 332, 333, 385, 398, 407, 412, 414, 418, 419, 425, 426, 428–432, 435, 436, 440, 443, 444–449, 453, 463, 488, 493–496, 519, 520, 549–609, 620, 627, 642, 645, 647, 649, 650, 652, 679, 680, 682–684, 689, 693–696, 704, 712, 713, 719, 730, 732, 733, 750, 754, 759, 762, 763, 773, 775–777
Datei, indiziert organisierte 567–573, 578
Datei, indizierte 566–573, 579, 581, 582, 584–592, 594, 595, 598
Datei, relative 601
Datei, sequentiell organisierte 425–473, 567, 570, 707
Datei, sequentielle 558, 567, 568
Datei, temporäre 562–565, 580
Dateianfang 601
Dateibeschreibung 35, 36, 287, 554, 680, 718
Dateidefinition 719
Dateiende 51, 52, 56, 57, 60, 145, 159, 162, 187, 193, 194, 227, 233, 275–277, 322, 323, 326, 430, 431, 496, 518, 571, 579–581, 689, 762
Dateienkapitel 51, 67, 183, 194, 197, 206, 232, 234, 288, 289, 377, 379, 430, 490, 527, 552, 554, 579, 594, 652, 680, 713, 759, 760, 782
Dateifortschreibung 425
Dateikapazität 600
Dateikennsatz 557
Dateiname 61, 287, 449, 568, 645, 680, 681, 694, 696, 707, 712
Dateiorganisation 426, 566, 592

Stichwortverzeichnis

Dateiorganisationsform 566
Dateistatus 604
Dateiumfang 600, 601
Dateizugriff 598, 599, 778
Dateizustand 604
Daten 33, 35, 49, 59, 60, 65, 68, 71, 74, 77, 79, 98, 149, 189, 191–194, 205, 206, 208, 209, 212, 217, 221, 236, 238–240, 278, 291, 293, 294, 301–304, 348, 369–373, 379, 399, 417, 444, 459, 462, 469, 485, 488, 491, 494, 498, 521, 524, 526, 527, 532, 533, 535–537, 550, 551, 557, 560, 561, 566–568, 570, 573, 574, 619, 620, 623, 625, 646, 650–653, 655, 657, 682, 689, 695, 704, 705, 715, 716, 728–730, 739, 745, 748, 753, 762, 763, 772, 773, 775–777, 782, 786
Daten, fehlerhafte 191, 192, 200, 278, 279, 417, 695, 763
Daten numerische 194, 205, 209, 235, 238, 279, 366, 368, 525, 619
Datenanordnung 344
Datenausnahme-Bedingung 573
Datenaustausch 704–706
Datenbeschreibung 369, 370, 376, 377, 411, 716
Datenbestand 680
Datenblock 551–553
Datendarstellung 361–390, 487, 510
Datendatei 60
Datendefinition 376, 715
Dateneingabe 41, 238, 753, 770, 785, 786
Datenelement 36, 37, 44, 51–54, 56, 67–76, 78, 81, 84, 93, 95, 144, 146, 148, 151, 153, 159, 179, 183, 186–188, 194, 205, 207–215, 220–223, 232, 235, 239, 345, 348, 361, 364, 369, 371–376, 378–380, 385, 386, 397, 411, 413, 415, 416, 432, 440, 449, 450, 462, 463, 469, 470, 487, 488, 491, 492, 511, 527, 532, 579, 594, 598, 599, 608, 619, 625–627, 629, 650, 651, 657–659, 666, 682, 684, 705, 706, 715, 716, 731, 732, 736, 741, 746, 747, 750, 761, 763, 772, 782
Datenelement, alphamerisches 37
Datenelement, alphanumerisches 37, 71, 151, 375, 411
Datenelement, nichtnumerisches 148, 183
Datenelement, numerisches 37, 71, 73, 148, 152, 183, 207, 209, 221, 235, 369, 373, 739
Datenende 127–129, 650, 651, 762
Datenendeschalter 56
Datenendgerät 40, 213, 370, 372, 753

Datenerfassung 411, 413, 416, 417, 440
Datenerfassungskraft 434
Datenerklärung 715
Datenfehler 193, 199, 200, 785
Datenfeld 68, 192, 205, 220, 302, 331, 599, 629, 772
Datenfreigabe 762
Datenfluß 427
Datengruppe 68–70, 74, 186, 222, 223, 232, 234, 235, 324, 326, 370, 385, 411, 412, 449, 486, 489, 492, 496, 498, 519, 535, 536, 705, 715, 716, 736, 737, 746–748, 759
Datengruppierung 68, 746
Datenkennzeichnung 289
Datenmenge 680
Datenname 38, 44, 67, 70, 75, 76, 183, 267, 284, 289, 376–379, 382–385, 414, 415, 462, 463, 492, 494, 498, 527, 533, 568, 579, 655, 657, 659, 694, 706, 707, 734
Datennamenkennzeichnung 44
Datenorganisation 320, 551
Datenparameter 716
Datenprüfung 279
Datenqualifikation 289
Datenquelle 236
Datensatz 37, 54, 189, 199, 200, 290, 300, 303, 306, 325, 417, 425, 532, 551, 554–557, 566, 571, 588, 592, 619, 620, 651, 665, 680, 682, 694, 728, 738, 773, 776
Datensichtgerät 556, 563, 570, 759
Datenspeicherung 371, 550, 565
Datenstruktur 375, 381, 536
Datenteil 34–36, 43, 49, 51, 53, 65–98, 183, 184, 188, 191, 195, 197, 198, 205, 232–235, 288, 319, 331, 369, 370, 372, 383, 459, 463, 486–488, 491, 498, 508, 509, 512, 522, 527, 554, 579, 594, 598, 604, 649, 650, 684, 693, 705–707, 733–735, 746, 761
Datenteil (einer indizierten Datei) 566
Datenträger 284
Datentransport 552, 560
Datenüberprüfung 279, 728, 770
Datenverarbeitung 52, 149, 201, 279, 284, 344, 425, 550, 734, 737, 738, 753
Datenzeichen 561, 760, 762
Datum 220, 237, 330
Datum, laufendes 205, 236
DAY 236
DAY-OF-WEEK 237
DECIMAL-POINT 73
DELETE 588, 589

DELIMITED 625, 629, 631
DELIMITER 631
DEPENDING ON 730–733, 749
DESCENDING 682, 694
DETAIL 649, 653, 655, 657, 664
Detailgruppe 655, 657–660, 665, 666
Dezimalbruch 97
Dezimaldarstellung, gepackte 365, 369, 370, 524, 525, 570
Dezimaldarstellung, gezonte 365, 369, 370
dezimales Äquivalent 368, 371, 761
Dezimalpunkt 72–74, 77, 78, 80, 84, 93, 94, 96–98, 191, 206, 208, 212, 213, 218, 221, 239, 303, 376, 398, 624, 625
Dezimalpunkt bei EA-Operationen 73, 74
Dezimalpunkt, aktueller 72, 73
Dezimalpunkt, angenommener 72, 73, 94, 205, 212, 213, 222, 398
Dezimalpunkt, echter 72, 73
Dezmialpunkt, gedachter 72, 239
Dezimalpunkt, impliziter 72
Dezimalpunkt, tatsächlicher 72–74, 84, 95, 212, 222
Dezimalstelle 84, 93–98, 377, 381
Dezimalsystem 363
Dezimalzahl 94–96, 361, 362, 368, 369, 373, 525
Dezimalziffer 44, 71, 149, 368, 369, 376
Diagnostik 145, 280, 287, 418
Diagnostik-Meldung 272
Diagnostikinformation 695
Diagnostiknachricht 287, 329, 696
Dialogbetrieb 753–763, 776, 785
Dialogfähigkeit 786
Dialogprogramm 753, 774, 778–782, 785, 786
Dialogverarbeitung 775
Dienstleistung 527
Dienstleistungsfunktion 336
Dienstleistungsparagraph 336, 452
Dienstprogramm 684, 737, 738
Differenz 490, 742
direkter Zugriff 561, 566, 574, 578, 608
Direktverarbeitung 566
DISPLAY 301–305, 308, 365, 368–373, 413, 434, 435, 439, 444, 453, 454, 487, 499, 501, 570, 578, 580–583, 588–590, 595, 601, 695–697, 754, 757, 758, 760–763, 766–772, 778, 780–783, 786
DIVIDE 90–92, 160, 416, 417, 740
Dividend 97, 98
DIVISION 34–40
Division 43, 92, 97, 98, 290, 402, 416, 600, 601, 740–742

Divisionsrestverfahren 600–603
Divisor 92, 97, 98
Dokumentation 331, 407, 428, 512, 568, 594
Dollarzeichen 208, 210, 211, 223, 238
Dollarzeichen, festes 210
Dollarzeichen, gleitendes 210–212, 214, 223, 226, 235
Doppelwort 364, 373
Doppelwortgrenze 374, 488
DOWN 510
dreistufige Gruppenkontrolle 338–343, 348, 352, 646–652, 679, 680, 684
dreistufiger Gruppenwechsel 320, 336–344, 349–351, 684
Driver 438
Druckausgabe 35, 60, 73, 74, 76, 79, 206, 300, 331, 368, 371, 427, 533, 534, 595, 637, 760
Druckdatei 51, 407, 443, 445, 637–645
Drucken 43, 50, 59, 65, 73, 74, 180, 187, 189, 192–194, 198, 208, 226–228, 235, 263, 284, 300, 302, 331–333, 336, 338, 368, 371, 372, 381, 397, 407, 417, 434, 443, 526–533, 561, 570, 572, 573, 595, 637, 638, 641, 642, 645, 651, 653–655, 657, 658, 660, 661, 663, 665, 666, 668, 669, 695, 707, 712, 715, 733, 759
Drucker 55, 284, 331, 333–335, 407, 443, 556, 643, 650, 656
Druckertyp 284, 333
Druckmechanismus 669
Druckpapier 332, 637, 638, 643
Druckseite 653, 654, 669
Drucksteuerungszeichen 335, 443, 657
Druckzeile 35, 39, 323, 653, 656
Dualdarstellung 365
Dualsystem 363
Dualzahl 361–363, 371, 373, 374
Dualziffer 361, 362, 368
Durchführen 49, 336, 344, 370, 505, 733
Durchgehen (eines Programmes) 292
Durchlauf (von Schleifen) 155, 453, 503, 505, 507
Durchsuchen 493, 494, 521, 523, 608
DV 737
DV-Organisation 737, 745

E

EA 553, 604, 759, 760
EA-Datei 128
EA-Gerät 553
EBCDIC 149, 150, 366–368

Ebene 61, 338, 383–385, 440, 450–452, 459, 469, 527, 629, 639, 665, 668, 770, 773, 777, 783, 784
echter Dezimalpunkt 72, 73
eckige Klammer 82, 83, 84, 143, 761, 765–770, 782
Edieren 71, 208, 209, 217, 220, 222, 414, 762
Editor 43, 280, 284, 703
EDV 330, 407, 425, 753
eindimensionale Tabelle 499, 591
Einfachbedingung 399, 400, 403
einfache Bedingung 153, 154, 200, 403, 405, 504, 729
Einflußbereich 125
Einflußfaktor 533
Einfügen 74, 208, 211, 212, 214, 219, 223, 453, 463, 537, 567, 590, 598, 738
Einfügung 75, 80, 211, 212, 214, 215, 218, 219, 223, 235, 375, 522, 536, 601, 662, 734
Einfügungszeichen 218–220, 223, 235
Eingabe 40, 179, 205, 206, 239, 261, 262, 284, 381, 413, 431, 454, 563, 570, 585, 619, 627, 679, 694, 760, 762–764, 771–773, 782
Eingabe/Ausgabe 334, 427, 570, 604, 754, 759
Eingabe/Ausgabe-Datei 128
Eingabe/Ausgabe-Gerät 553
Eingabedatei 33, 35, 38, 49, 51, 52, 55, 56–61, 79, 127, 128, 233, 275, 277, 291, 300, 304, 319–326, 337, 346, 382, 397, 407, 417, 418, 428, 430, 431, 434, 435, 445, 452, 453, 459, 460, 490, 493, 494, 499, 524, 526, 553, 561–563, 571, 620, 629, 679, 680, 682, 684, 689, 693, 694, 758, 759, 775
Eingabedaten 53, 58, 60, 65, 84, 151, 180, 187, 189, 200, 279, 291, 295, 445, 459, 488, 493, 582, 641, 689, 754
Eingabegebiet 55
Eingabeprozedur 689–696
Eingabesatz 35, 65, 67, 72, 74, 77–79, 180, 183, 194, 197–200, 206, 293, 307, 324, 376, 386, 397, 411–415, 430, 432–434, 499, 533, 627, 651, 653, 654, 682–684, 694, 750
Eingabetastatur 200
Einheit 82, 83, 363
einleitendes Lesen 57–59
Einrichtung 443, 444, 454, 458, 461, 462, 537, 661, 662, 730
Einrückung 43, 267, 270–272

Einschaltungszeichen 72, 212, 213
einstufige Gruppenkontrolle 338
einstufiger Gruppenwechsel 320, 321, 323–329, 340
Eintasten 74, 200, 206, 399, 417, 434, 621, 770–773
Eintastfehler 434, 582
Eintragung 51, 53, 61, 186, 205, 232–235, 265, 287, 289, 329, 330, 369, 370, 377–379, 412, 440, 463, 485–488, 492, 498, 521, 524, 525, 535–537, 554–556, 579, 594, 598, 607, 624, 638, 641, 643, 646, 647, 652, 653, 654, 657, 663, 680, 681, 684, 689, 706, 712, 734–736, 746
Einzelaktivität 118, 119
Einzeldaten 68
Einzelfeld 656, 663
Einzelsatz 647
Einzelverarbeitung 461
Einzelzeile 335, 336, 533, 534, 652–655, 657, 659, 660, 665, 733
Element 65–98, 144, 149, 151, 186, 205, 206, 223, 264, 289, 370, 374, 381, 404, 411, 413, 414, 485–488, 490, 492–494, 496, 499, 501, 519, 522, 523, 525, 527, 532–534, 591, 592, 624, 625, 631, 657, 659, 684, 746, 760, 782, 783
Elementarelement 68, 69, 72, 76, 77, 85, 93, 186, 205, 222, 232, 234, 235, 370, 375, 386, 412, 748
ELSE 124, 125, 139–144, 154, 156, 157, 161, 166, 227, 228, 268–271, 453, 580, 581, 641, 697, 728, 743, 780, 781
Empfangselement 76, 209, 375
Empfangsfeld 39, 76, 93, 94, 209–221, 223–225, 295, 300, 510
Empfangsgebiet 208
End of File 52
END PROGRAM 719, 720
END-ADD 161, 296
End-Angabe 159–161, 295, 296
END-Anweisung 158, 159
END-COMPUTE 296, 739
END-DIVIDE 161, 296, 416, 417
END-EVALUATE 164–166
END-IF 161, 162, 166, 264, 269, 781
END-MULTIPLY 161, 296
END-OF-PAGE 641–643, 645
END-PERFORM 162, 163, 507, 780
END-READ 159, 160, 163
END-STRING 626
END-SUBTRACT 161, 296
END-UNSTRING 631
Endangabe 507, 739

Endbedingung 502, 504, 507, 783
Endesignal 762
ENDEVALUATE 126, 127, 156
ENDIF 124, 125, 140, 141, 144, 158, 227, 228, 268–271
ENDPERFORM 125, 127–129, 158, 162, 227, 325, 339, 504, 506
Endprogrammkopf 720
Endsumme 320, 321, 323–325, 337, 338, 344, 345, 651, 653, 661, 668
Endung 81, 286, 287
Entscheidungslogik 452, 469
Entscheidungsmodul 181
Entwerfen (von Programmen) 115, 132, 162
Entwurf 115–132, 156, 179, 194, 198, 226, 260, 261, 278, 284, 321, 323–329, 336–344, 406, 407, 703, 727, 732
Entwurfsfehler 262
Entwurfssprache 122
Entwurfsstufe 131
ENVIRONMENT DIVISION 34, 35, 51, 73, 333, 334, 407, 527, 782
EOF 52
EOP 643
EQUAL 147
Erfassungsfehler 434
Ergibtzeichen 150, 739
Erkennungsteil 34, 43, 50, 183, 184, 195, 319, 329–331
ernsthafter Fehler 287
Eröffnen (von Dateien) 38, 52, 57, 116, 128, 181, 227, 325, 414, 496, 552, 561–563, 580, 642, 651, 682, 689, 719, 758
Ersetzen 128, 211, 215, 330, 619–623
Erstellung 319, 527–531, 566, 567–573, 592–595, 598, 600–604, 608, 637, 646, 647–651, 659, 660, 662, 694, 776, 779, 781, 784
ESC 755, 760, 761, 765–770
ESCAPE 782
Escape 761
EVALUATE 126, 127, 156, 163–166, 469
EVALUATE-Struktur 126, 127
EXHIBIT 305–308, 368, 372, 695, 696
EXIT 728, 729, 732, 767, 771
EXIT PROGRAM 713, 714
EXTERNAL 718, 719
externer Speicher 407, 553

F

Fähigkeit, graphische 786
Faktor 78, 96, 97, 188

Fallunterscheidung 123, 124, 126, 139, 156, 157, 264, 469, 730–733
Farbbildschirm 754
Farbgebung 754
Falsch-Zweig 142
FALSE 164–166
FD 35, 36, 43, 51, 53, 61, 289, 463, 554–556, 562, 570, 579, 594, 598, 607, 638, 641, 643, 646–649, 652, 657, 680, 712, 719
Fehler 74, 79, 81, 86, 94, 95, 116, 145, 161, 191, 192, 194, 200, 207, 259–261, 263, 264, 271, 274, 276–280, 284–287, 289–295, 300–302, 308, 336, 346–348, 398, 399, 403, 406, 412–414, 416, 432, 435, 436, 440, 443, 445–453, 473, 486, 487, 556, 561–563, 571, 580, 582, 585, 594, 619, 620, 627, 629, 688, 707, 712, 729, 736, 753, 754, 759, 763, 764, 770, 773
Fehler, bedingter 286, 289
Fehler, ernsthafter 287
Fehler, schwerwiegender 287, 434, 589
Fehlerart 194, 259, 279, 301, 348, 397, 418, 445, 579
Fehlerbedingung 290, 412, 571, 573
Fehlerbehandlung 200, 259, 381, 445–453, 595
Fehlercode 286–289
Fehlerentstehung 294
Fehlerfall 198, 470, 764
Fehlergrad 286
fehlerhafte Daten 191, 192, 200, 278, 279, 417, 695, 763
Fehlerkennzeichen 412, 414, 453, 562, 563, 579–581, 707, 715, 732, 763, 772
Fehlerliste 284–287
Fehlermeldung 280, 412, 414, 449, 454, 459–461, 463, 472, 520, 589, 689, 694, 707, 712, 715, 754, 763, 764, 770, 772
Fehlernachricht 84, 192–194, 198, 199, 227, 280, 284–289, 300, 434, 452, 487, 588, 595, 601, 627, 641, 651, 693, 712, 759, 772
Fehlerprüfung 200, 445–449, 454, 459, 579, 581
Fehlerprüfungsbit 550
Fehlerquelle 77, 186, 274, 398
Fehlerschalter 300, 580, 715
Fehlersuche 259–308
Fehlertyp 200, 259, 278, 290
Fehleruntersuchung 302, 580
Fehlerursache 294, 301, 398, 434
Fehlerverarbeitung 451
Fehlerverzeichnis 287, 288

Fehlerzähler 445, 449, 452, 712
Fehlerzeile 194
Feld 69, 72, 76, 93, 95, 179, 183, 189, 191, 194, 199, 200, 205, 206, 208–210, 213, 222, 223, 238, 239, 278, 279, 294, 303, 319, 364, 368, 370, 371, 373, 375, 376, 381, 382, 440, 463, 469, 494, 502, 519, 527, 534, 535, 568, 570, 579, 584, 595, 600, 604, 619–621, 624–627, 631, 638, 656–658, 660, 665, 680, 689, 730, 747, 750, 762–764, 770–773, 775
fester Kopf 559
festes Dollarzeichen 210
Festkopflaufwerk 559
figurative Konstante 76, 141, 304, 428, 429, 525
FILE 35, 36, 605
File 35
File Description 35, 680
FILE SECTION 35, 51, 187, 194, 232, 377, 759
FILE STATUS 605
FILE CONTROL 680, 759
FILLER 74–76, 183, 235, 462, 463, 492, 599, 681, 682, 685, 690, 730, 746, 747, 755, 778, 779
FINAL 648, 649, 653, 659, 662, 664, 668
FIRST DETAIL 648, 653, 664
Folge 41, 123, 181, 533, 557, 590, 619, 750, 771
Folgefehler 445
Folgefeld 42
Folgemenü 784
Folgenummer 42
Folgeprogramm 759
Folgesatz 689
Folgeseite 663
Folgezeile 42, 665
FOOTING 638, 642, 648, 649, 654, 655, 658, 661, 663, 664, 668
FOR 621–623, 767
Format 41, 61, 81–92, 95, 125, 126, 139, 141, 156, 161, 236, 237, 239, 280, 291, 302, 332, 369, 371–373, 379, 382, 385, 463, 570, 579, 631, 646, 652, 653, 659, 669, 679, 696, 712, 745, 783
Format (von COBOL-Anweisungen) 81–92, 236, 264, 332
Format, allgemeines 80–82, 87–92, 141, 143, 144, 146, 151, 152, 161, 163–165, 236, 332, 376, 386, 502, 503, 505, 507, 510, 518, 522, 621, 626, 643, 656, 730, 732, 739, 749, 760
Formel 739, 744

Formular 74, 119, 417
Fortschreiben 325, 425, 435
Fortschreibung 454–461
Fortschreibungslogik 435, 436
Fortsetzung 41–43
Freigabe 695
freigewählter Zugriff 566, 568, 574
FROM 87, 88, 141, 144, 194, 196, 197, 236, 332, 411, 502–505, 507, 643, 692, 697
führende Null 74, 80, 97, 209, 210, 218, 222, 223, 226, 235, 398, 411, 619
führende Ziffer 94, 217, 223, 293–296
führendes Leerzeichen 74, 620, 622
Führprogramm 438
Füllbyte 374, 375, 535–537
Füllen (einer Tabelle) 491–493, 527
Funktion 115, 116, 121, 122, 179, 181, 193, 262, 263, 267, 274, 294, 445, 510, 526, 653, 680, 712, 728, 761
Fuß 637
Fußgruppe 655, 658, 659, 661–663, 665, 667, 668
Fußnotiz 645, 646, 655

G

Gap 551
ganze Zahl 72, 332, 486, 595, 643, 656, 732
gedachter Dezimalpunkt 72, 239
GENERATE 649, 652, 655, 657, 658, 660
gepackte Dezimaldarstellung 365, 369, 370, 524, 525, 570
Gesamtprogramm 116, 463, 704
Gesamtstruktur (eines Programmes) 115
Gesamtsumme 293, 294, 320–323, 325, 338, 340, 346, 502, 503, 574, 645, 647, 651, 661
geschweifte Klammer 82, 83, 143
gezonte Dezimaldarstellung 365, 369, 370
GIVING 78–80, 82–87, 89–91, 95, 141, 144, 209, 376, 377, 681, 682, 694, 740
Gleichheit 428, 435, 519, 532
Gleichheitszeichen 146, 150, 305, 739
gleitendes Dollarzeichen 210–212, 214, 223, 226, 235
gleitendes Minuszeichen 214
gleitendes Pluszeichen 216
Gleitkomma-Arithmetik 372
Gleitkommadarstellung 365, 372, 373
Gleitkomma-Operation 372
Gleitkommaform 372
Gleitkommazahl 372, 373

Gleitpunktdarstellung 365, 372
GO TO 55, 727–733, 749–752, 767, 771
GO-Anweisung 727, 729–731
graphische Darstellung 338
graphische Fähigkeit 786
GREATER 140–142, 144, 147, 148, 153, 154, 645
Grenzwert 41, 558
Großbuchstabe 33, 72, 80, 150, 152, 363
Großcomputer 31, 240, 280, 305, 333, 361, 363–365, 369, 373, 407, 513, 568, 696
Großrechner 49, 335, 643, 753
GROUP 664, 665
GROUP INDICATE 664, 665
Grundaufgabe 121, 122
Grundfunktion 118, 506, 621
Grundrechenart 739, 740
Grundstruktur 49, 60, 61, 123, 139, 323
Grundtyp 122
Gruppe 54, 70, 74, 82, 140, 289, 319, 322–324, 326, 337, 338, 340, 364, 370, 485, 654, 657, 658, 663, 665, 668
Gruppendefinition 655, 657
Gruppenende 324
Gruppenkontrolle 319, 348, 637
Gruppenkontrolle, dreistufige 338–343, 348, 352, 646–652, 679, 680, 684
Gruppenkontrolle, einstufige 338
Gruppenleiste 645
Gruppensumme 645
Gruppenübertragung 76, 197, 385
Gruppenverarbeitung 324
Gruppenwechsel 319–352, 563, 645, 652, 654, 655, 658, 663, 665, 667
Gruppenwechsel, dreistufiger 320, 336–344, 349–351, 684
Gruppenwechsel, einstufiger 320, 321, 323–329, 340
Gruppierung 68, 747
Gültigkeit 84, 194, 279, 397, 459, 518, 574, 580, 729, 783
Gültigkeitsprüfung 398, 399, 407–412, 414, 415, 417, 493, 561

Hash-Code 599–609
Hash-Codierung 599, 600
Hash-Prozeß 600
Hauptaufgabe 118, 776
Hauptgruppe 338
Hauptmenü 776–779, 782–785
Hauptmodul 187, 226
Hauptprogramm 703–705, 707, 712, 713, 715, 716, 718, 719, 734
Hauptrechner 558
Hauptschlüssel 688
Hauptspeicher 52, 53, 560
Hauptsteuerparagraph 307, 413, 432, 450, 496, 499, 651, 688, 713, 770
Hauptsteuerungsroutine 57, 61, 76, 179, 345
Hauptstruktur 336
Hauptstufe 323, 336
HEADING 648, 653, 654, 664
Help menue 786
Herstellerwort 643
Hexadecimalsystem 362
Hexadezimalkomma 372
Hexadezimalsystem 363
Hexadezimalzahl 362
Hierarchie 127, 131, 181, 383, 452, 469, 526, 527, 532, 748, 776, 777
hierarchische Darstellung 118–122, 127, 128, 131, 132, 180, 181, 192, 193, 198, 226, 236, 261, 262, 277, 324, 326, 337, 526, 527, 693, 776, 777, 783
hierarchische Struktur (von Programmen) 116–119, 320
HIGH-VALUES 428, 525
Hilfestellungsmenü 786
Hilfsprogramm 684
Hilfsspeicher 364
Hinzufügung 86, 121, 190, 217, 235, 435, 436, 439–445, 451, 455–458, 460, 462, 463, 494, 588, 590, 661, 695, 707, 747, 775, 779, 785
Holen (eines Satzes) 181, 182, 193, 194, 226, 227, 262, 324, 336, 338, 452, 453, 490, 562, 589, 689, 759, 770, 772

H

Hack-Code 599
Halbierungsprozeß 521
Halbwort 364, 371, 373, 374
Halbwortgrenze 374
Hardware 290, 372, 374, 589, 620
Hardwarefunktion 333

I

I-O 585, 587, 597, 606
Identification 41, 43
IDENTIFICATION DIVISION 34, 35, 43, 319, 329–331, 527, 720
Identifier 44
IF 124, 125, 139–146, 153, 154, 156–162,

166, 179, 188, 216, 227, 228, 263–274, 289, 345, 399–406, 412, 414–416, 511, 580, 581, 697, 728, 729, 733, 743, 745, 780, 781
IF-Anweisungen, ineinandergeschachtelte 156, 157, 264–274, 403, 445, 459, 469, 728–731, 733
IF-Struktur 125, 139–141, 144
IFTHENELSE 124, 125, 127
Imperativstatement 295
Implementation 591
impliziter Dezimalpunkt 72
impliziter Vergleichsoperator 405, 406, 415
implizites Subjekt 404–406, 415
IN 383, 629, 631
in-line 181, 326
INDEX 386
Indes 485, 487, 492, 497–499, 501, 505, 507, 532–534, 567, 585, 783
INDEXED 511, 568, 569, 575, 578
indexed 566
INDEXED BY 508, 509, 518, 523, 524, 528, 529
Indexgrenze 487
Indexname 503, 505, 507, 510, 518
Indexoperation 522
Indexteil 566
Indexvariable 502, 504, 508, 509, 511, 513, 518, 519, 522, 532, 534
Indexwert 502, 591, 592
INDICATE 664, 665
indiziert 497–501, 533, 566
indiziert organisierte Datei 567–573, 578
indizierte Datei 566–573, 579, 581, 582, 584–592, 594, 595, 598
indizierte Organisationsform 568, 591
Indizierung 485, 499, 502, 526, 531, 537
ineinandergeschachtelte IF-Anweisungen 156, 157, 264–274, 403, 445, 459, 469, 728–731, 733
Information 35, 38, 39, 43, 49, 51, 55, 71, 81, 151, 179, 197, 205, 235, 304, 308, 319, 360, 365, 366, 425, 434, 435, 461, 462, 490, 549, 550, 552, 556, 557, 570, 629, 705, 706, 712, 745, 785
Informationsaustausch 149
Informationseinheit 360
Inhalt 364, 366, 368, 379, 411, 416, 439, 440, 470–472, 494, 496, 524, 527, 566, 572, 573, 579, 582–584, 589, 590, 595, 598–600, 608, 619, 620, 624, 625, 627, 629, 642, 666, 680, 682, 694, 712, 717, 718, 750, 770, 772, 773
Inhaltsverzeichnis 566

Initialisieren 198, 221, 324–326, 337, 339, 340, 345, 348, 494, 496, 497, 499, 501, 502, 524, 525, 527, 608, 637, 762
Initialisierung 340, 348, 450, 488, 490, 491, 496, 497, 502, 506, 524–526, 532, 782
INITIATE 648, 651, 658
Inline-Schleife 162
INPUT 564, 569, 572, 577, 587, 593, 597, 603, 606, 697
INPUT PROCEDURE 691, 694, 697
Input procedure 689
INPUT-OUTPUT 334
INSPECT 619–623, 762, 767
Instruktion 364, 376, 377
interaktiv 753, 754, 760, 785, 786
interaktive Betriebsweise 753–786
interne Darstellung 71, 206, 208
interner Speicher 70, 183, 187, 363, 374, 552, 553, 560
internes Unterprogramm 718
Internspeicher 363, 364, 551, 579, 695
INTO 90–92, 430, 431, 625, 626, 629, 631, 689
IS 140–142, 144, 147, 148, 152–154, 239, 370, 386, 523, 524, 568, 569, 575, 582, 585, 592, 593, 605, 638, 645, 648–650, 653, 656, 658, 662, 664, 686, 691, 697, 719
Iteration 123, 125
INVALID 571
INVALID KEY 570, 571, 581, 588, 589, 594, 601, 607

J

Jazweig 153, 518, 580, 731
JCL 557
Job 32, 560
Job Control Language 557, 562, 695
Jobsteuersprache 557, 562
JUST 375
JUSTIFIED 375, 376

K

Kanal 550
Kapitel 35, 43, 334, 646, 649, 650, 688, 689, 693–695, 705, 749
Kapitelanfang 688
Kapitelname 688, 694, 707, 749
Kapitelüberschrift 286, 688
Kartennummer 284

Kennbuchstabe 37
Kennsatz 36, 556
Kennung 41, 43, 305, 452, 783
Kennungsbereich 43
Kennzeichen 56, 127–129, 187, 193, 198, 233, 234, 382, 412, 432, 449, 496, 562, 579, 601, 608, 629, 762
Kennzeichen (für Dateieinde) 51, 53, 56–59, 128, 227, 496, 650, 651, 762, 772
Kennzeichner 382–385
Kennzeichnung von Datennamen 383–386, 414, 415, 645
Kennziffer 776
Kette 619, 621–627, 631, 760, 761, 771, 772, 774, 782, 783
KEY 522–524, 582, 681, 686, 691, 694, 697
Key 679
Kilobyte 363, 553
Klammer 51, 82, 400, 402–404, 406, 415, 486, 487, 501, 604, 740–742
Klammer, eckige 82, 83, 84, 143, 761, 765–770, 782
Klammer, geschweifte 82, 83, 143
Klasse 151, 152
Klassenbedingung 151, 152, 154
Klassentest 151, 152
Klausel 126, 183, 186–188, 198, 234, 235, 239, 287, 348, 369, 370, 373–382, 386, 411, 413, 450, 486, 488, 490–492, 496–498, 508, 509, 523, 535, 554–557, 568, 570, 578, 579, 592, 594, 604, 605, 637, 638–643, 645–647, 650, 653–663, 665–668, 681, 684, 716, 718, 735, 746–750, 771, 782
Kleinbuchstabe 33, 81, 82, 150, 152
Kluft 551, 563
Kollision 600, 601, 603
Kollisionsbedingung 601
Kombination 153, 218, 225, 302, 365, 366, 399, 401, 415, 438, 468, 505, 523, 526, 667, 742
Komma 77, 81, 208, 211, 212, 304, 367, 372, 501
Kommentar 42, 306, 329–331, 717, 751, 752
Kommentarzeile 42, 43
Kommunikation 45
Kompatibilität 374
Kompilieren 40, 59, 81, 189, 259, 279–289, 363, 486, 487, 557, 703, 704, 719, 720
Kompilierer 31, 33, 36, 42, 43, 70, 78, 81, 94, 145, 152, 191, 205, 208, 223, 238-240, 267, 273, 278, 280, 284–289, 296, 305, 306, 329–331, 371–377, 381, 402, 406, 411, 428, 486–488, 492, 493, 498, 499, 508, 536, 537, 554, 556, 557, 568, 592, 643, 650, 655, 681, 688, 695, 696, 703, 705, 715–720, 733–735, 737, 738, 754, 786
Kompilierung 286, 290, 330, 364, 493, 557, 703, 734
Kompilierzeit-Fehler 259, 260, 279–289
Konfigurationskapitel 334
Konsole 40, 41
Konstante 186, 207, 232, 235, 450, 489, 761
Konstante, allgemeingültige 165
Konstante, figurative 76, 141, 304, 428, 429, 525
Kontrolle 333, 651, 665, 668, 682, 689, 695, 703–705, 744, 771
Kontrollfeld 338
Kontrollgruppe 646, 663
Kontrollhierarchie 658
Kontrollstufe 653, 680
Kontrollüberschrift 654
Kontrollunterschrift 659
Kontrollvariable 340, 646, 647, 653–655, 658, 659, 661–663, 665, 667, 668
Konvertierung 368, 370–372, 487, 499
Koordinate 782
Kopf 559, 650, 705, 706
Kopf, beweglicher 559, 560
Kopf, fester 559
Kopfgruppe 654, 663, 665, 667, 668
Kopfsatz 574, 579–582, 585, 775
Kopie 439, 738
Kopieren 38, 51, 121, 415, 734– 736
Kopiereinrichtung 737, 738
Korrektur 260, 279, 582, 585, 589, 753, 774, 776

L

Label 36
Label Record 36
LABEL RECORDS 184, 287, 556, 648, 681, 719
Laden 187, 553
Laden (von Programmen) 187
Laden (von Tabellen) 493–496, 500, 501, 512, 513, 523, 524
Länge 412, 492, 625–627, 783
Länge, zulässige 207, 208
LAST DETAIL 648, 662, 664
laufender Satz 324, 326, 562
laufendes Datum 205, 236
Laufvariable 506, 518

Laufwerk 556, 558
LEADING 239, 620–623
Leerstelle 74, 284, 303, 304, 656, 660
Leerzeichen 39, 43, 67, 71, 74–76, 80, 148, 149, 151, 152, 189, 199, 209–211, 213, 216, 217, 219, 223, 237, 304, 306, 335, 366, 375, 412, 453, 469, 487, 497, 573, 619, 620, 623–627, 631, 652, 657, 683, 740, 742
Leerzeichen, führendes 74, 620, 622
Leerzeile 34, 60, 237, 331, 332, 335, 638, 642, 645, 653, 660, 661, 783
Lehranleitung 786
Leiste 654
Leistenerklärung 654–660, 663, 667, 668
Leitmenü 786
Lesbarkeit 43, 77, 81, 161, 162, 382
Lesen 49, 50, 53, 127–129, 158, 187, 238–240, 262, 263, 275–277, 407, 428, 430, 435, 436, 440, 443, 493–496, 499, 527, 549–553, 556, 561–563, 570, 571, 579–581, 585, 588, 651, 679, 689, 719, 750, 754, 759, 760, 762
Lesen, einleitendes 57–59
Leseoperation 56, 57, 323
Leseschleife 750
LESS 147, 154
Level Number 36
Library 704, 734
LIMIT 648, 653, 663, 668
Limit 705
LINAGE 637–643, 645
LINAGE-COUNTER 642, 643, 645
lineares Tabellensuchen 521, 522
LINE 36, 332, 333, 335, 642, 643, 648, 649, 655–658, 660–665, 667–669
LINE NUMBER 656, 662
LINES 332, 335, 638, 643, 648, 664
LINES AT BOTTOM 638
LINES AT TOP 638
Link 704
Linkage Editor 704
LINKAGE SECTION 705, 714, 736, 737
Linker 704
linksbündig 39, 93, 296, 364, 366, 369, 412
Liste 237, 238, 262, 285, 286, 319, 330, 346, 485, 486, 492, 582, 598, 603, 604, 637, 638, 642, 645–647, 649–655, 659–661, 663, 668, 669, 706, 716, 760
Listenart 645
Listenausgabe 646, 647, 662, 666, 667
Listenbeschreibung 653, 655
Listendatei 646
Listenerstellung 638

Listenformat 646
Listenfuß 655, 668, 669
Listengruppe 654, 657-661, 663, 666, 668, 669
Listengruppenerklärung 660, 665, 668
List enkapitel 646, 650, 651–659, 662, 664, 666, 667, 707
Listenkopf 637, 654
Listenkopfgruppe 663
Listenprogramm 637
Listensatz 121, 129
Listenschreiber 637–669
Listenseite 638, 642, 646, 653, 654, 668
Listenüberschrift 663
Listenzeile 650
Literal 38, 42, 80–83, 89–91, 146, 147, 164, 183, 302–306, 412, 502–505, 507, 626, 707, 739, 740, 745, 760, 761
Literal, alphanumerisches 146
Literal, nichtnumerisches 38, 39, 626
Literal, numerisches 39, 222, 487
Lochkarte 41, 42, 238, 284, 752
Lochkartenleser 556
Lochkombination 41
Logbuchdatei 689
logischer Operator 153, 154, 399, 400, 402, 405, 406, 415
Lokalisierung 279, 411, 549, 563, 608, 653
Lokalisierung (von Fehlern) 292
Löschdatei 440, 444
Löschen 414, 426, 427, 584, 588, 660, 779, 782, 783, 785
Löschen (des Bildschirmes) 755, 760, 762, 771, 772, 782, 783
Löschen (von Sätzen) 435, 439, 449, 451, 461, 585, 589, 775
Löschung 435, 439–445, 451, 453, 455–458, 461, 590, 707, 772, 777
LOW-VALUES 429, 432, 762, 766, 767
Lücke 551, 658

M

Magnetband 35, 427, 443, 550–558, 560, 562, 563
Magnetbandgerät 364, 550, 570
Magnetbandlaufwerk 558
Magnetbandrolle 556
Magnetbandspeicher 550–554
Magnetplatte 443
Magnetplattengerät 364
Magnetplattenspeicher 407, 558–561
Maschinenbediener 556, 558

Maschinencode 259, 487, 499, 703
Maschinenprogramm 259, 272
Maschinensprache 31, 40, 73, 373
Maschinenteil 34, 50, 51, 73, 183, 184, 195, 333, 334, 407, 463, 693, 705, 713, 782
Matrix 485
Megabyte 363
Meldung 74, 434, 450, 459, 472, 589, 784
Menü 775–786
Menüanzeige 777
Menükennung 776
Menütext 782
Menüzeile 782, 783
Merkname 332–334, 643
Mikrocomputer 31, 78, 280, 305, 363, 372, 753
Minicomputer 753
Minuszeichen 150, 213–215, 222, 367
Minuszeichen, gleitendes 214
Mischen 428, 435
Mischprogramm 189, 428–436
Mischprozeß 428, 431
Modul 119, 127, 128, 162, 181, 182, 187, 193, 194, 196, 197, 235, 277, 326, 338, 340, 526, 527, 532, 693, 703, 704, 770, 777
Modularität 181, 703
MOVE 37–39, 52, 53, 58, 59, 67, 76, 77, 82, 93, 94, 122, 141, 154, 158, 160, 197, 208, 209, 221, 222, 296, 300, 335, 371, 383, 385–387, 412, 488, 492, 496, 499, 508–512, 523–526, 532–534, 581, 624, 625, 657, 686, 692, 693, 696, 697, 739, 742, 743, 747
MOVE CORRESPONDING 385–387, 638
Multiplikation 78, 79, 90, 96, 97, 127, 187, 188, 190, 361, 398, 416, 740–742, 761
MULTIPLY 67, 76, 78, 79, 89, 90, 141, 144, 160, 376, 740
Muttersprache 122, 287

N

Nachlauf 57
Nachprüfung 532, 585
Nachricht 260, 286–289, 696, 758, 763
Nachrichtentext 300
Nachsatz 574, 579–582, 585, 775
Name 44, 45, 71, 74, 76, 81, 83, 131, 188, 200, 232, 304, 305, 307, 329, 334, 360, 378, 384–386, 463, 485–488, 492, 493, 498, 499, 518, 520, 555, 592, 601, 642, 643, 651, 653, 655, 658, 660, 665, 682, 693, 705, 706, 712, 732, 734, 746–750, 761

Namensgebung 40, 385, 580, 706, 715, 761
NAMED 306
Neuaufnahme 777
Neubenennung 747
Neudefinition 377–382, 579, 747
neue Seite 43, 319, 331–334, 336, 642, 657, 661, 667, 669
Neuzugang 426, 439–445
NEXT GROUP 661, 662, 664, 667, 668
NEXT PAGE 656, 661
NEXT SENTENCE 143, 161, 272, 403, 518, 519, 522, 523
nichtnumerisch 73, 74, 148, 149, 151, 183, 191, 209, 222, 278, 368, 411, 412, 416, 417, 689, 694, 763
nichtnumerisches Datenelement 148, 183
nichtnumerisches Literal 38, 39, 626
NO 760, 780–782
Normalanzeige 772
Normalindex 485–487, 490, 494, 496–502, 505, 506, 508, 509, 512, 513
Normalindizierung 371, 485–490, 493, 508, 537
NOT 147, 148, 152, 164, 399, 403–406, 415, 697, 729
Null 93, 98, 141, 152, 199, 209, 211, 212, 214, 215, 218, 219, 222, 223, 290, 325, 333, 340, 348, 402, 416, 497, 532, 573, 620, 622, 629, 658, 717, 762
Null, führende 74, 80, 97, 209, 210, 218, 222, 223, 226, 235, 398, 411, 619
Nullenunterdrückung 210–212, 214, 215, 218, 223
NUMBER 656, 658, 662
NUMERIC 152, 154, 697
numerisch 70, 71, 95, 151, 183, 191, 194, 199, 205, 206, 209, 220, 223, 238, 278, 294, 368, 375, 381, 398, 411, 414, 416, 417, 518, 598, 599, 600, 694
numerische Bitstelle 366, 368
numerische Daten 194, 205, 209, 235, 238, 279, 366, 368, 525, 619
numerische Taste 200
numerischer Wert 73, 90, 93, 94, 207, 296, 525, 689, 739, 744
numerisches Datenelement 37, 71, 73, 148, 152, 183, 207, 209, 221, 235, 369, 373, 739
numerisches Literal 39, 222, 487

O

Oberfläche 550, 559

Objekt 36, 146, 147, 404, 406
Objektcode 259, 402, 652, 704, 716
Objektprogramm 208, 209, 280, 287, 335, 364, 369, 370, 374, 376, 377, 487, 508, 551, 553, 696, 704
OCCURS 386, 486, 488, 490–492, 497–499, 508, 509, 523, 528, 529, 535, 536, 778–780
oder 147, 153, 157, 277
OF 383–385, 523, 645
OMITTED 556, 648
ON 626, 629, 631, 656, 681, 686, 691, 694, 697, 739
ON OVERFLOW 626, 629, 631
ON SIZE ERROR 80, 83–87, 89–91, 94, 98, 160, 163, 294–300, 416, 739, 744
OPEN 37, 38, 40, 51, 52, 58, 59, 551–553, 585, 604, 682, 697, 713
Operand 83, 96, 222
Operating System 680
Operation 38–40, 57, 67, 76, 77, 82, 93, 94, 96, 123, 141, 157, 187, 223–225, 302, 364, 399, 400, 403, 411, 459, 499, 502, 509, 511, 567, 604, 624, 741–743
Operation, arithmetische 71, 73, 74, 76, 80, 93, 94–96, 141, 151, 152, 188, 205, 209, 213, 214, 220, 295, 369–371, 373, 413, 488, 509, 510, 619, 740, 741, 744, 745
Operationszeichen 213, 214
Operator 148, 154, 399, 400, 404, 740–742
Operator, arithmetischer 469, 740, 741, 743
Operator, binärer 743
Operator, logischer 153, 154, 399, 400, 402, 405, 406, 415
Operator, unärer 743
Option 78, 84, 85, 194, 196, 197, 305, 306, 332, 333, 335, 430, 502–507, 518, 521, 523, 556, 622, 631, 637, 643, 656, 657, 661, 668, 679, 737, 738, 749, 771, 776, 779, 783–785
optionales Wort 81
OR 147, 153, 157, 277, 399–406, 415, 631, 697
Ordnungsbegriff 322, 337, 523, 549, 679, 682
Ordnungsbegriff, aufsteigender 322
Organisationsform, indizierte 568, 591
Organisationsform, sequentielle 680
ORGANIZATION 568, 569, 575, 578, 592, 593
OTHERWISE 126, 127, 156, 157
OUTPUT 564, 565, 569, 572, 577, 593, 603
OUTPUT PROCEDURE 686, 691, 694, 697
Output procedure 688
OVERFLOW 626, 629, 631

P

PACKED-DECIMAL 373, 487, 570
PAGE 643, 648, 653, 656, 663, 668
PAGE FOOTING 655
PAGE HEADING 648, 654
PAGE LIMIT 648, 653, 654, 664, 668
PAGE-COUNTER 648, 657, 664
Papiertransport 333
Papiervorschub 333–335
Paragraph 37, 43, 54, 56–59, 61, 67, 68, 121, 123, 127, 131, 142, 146, 154, 155, 157, 159, 160, 162, 163, 179, 181, 187–189, 198, 235–237, 262, 263, 267, 270, 274–278, 284, 300, 302, 303, 305–307, 326, 329, 330, 334, 336, 345, 348, 414, 432, 435, 436, 439, 440, 442, 443, 445, 450–453, 459, 463, 468, 494, 499, 503, 504, 506, 513, 518, 532–534, 562, 580–582, 601, 607, 608, 629, 638, 639, 641, 643, 651, 652, 680, 688, 693–695, 703–705, 707, 712, 713, 716, 727–733, 749–752, 759, 760, 762, 770–773, 783, 784
Paragraphenfolge 750
Paragraphenname 37, 54, 55, 68, 131, 307, 330, 450, 452, 688, 707, 727, 730, 732, 749, 750
Parameter 706, 707, 713, 716
Parameterliste 706, 707, 712, 716
Paritätsbit 550
PASCAL 278
PC 754
PERFORM 49, 54, 56–59, 61, 67, 79, 122, 125, 142, 144, 146, 153–155, 157–160, 162, 163, 187, 198, 233, 235, 270, 275–278, 399, 400, 428, 450–452, 494, 502–507, 513, 532–534, 581, 588, 608, 638, 641, 645, 651, 707, 727, 730–732, 745, 770, 772, 780, 782, 783
PERFORM UNTIL 125, 127–129, 154, 158, 162, 227, 324–326, 339, 504, 506
Personalcomputer 280, 305, 363, 754
PIC 67, 205, 370, 487, 509, 523, 524, 535, 536, 648, 649, 657, 664, 696, 730
PICTURE 36, 37, 51, 67, 93, 94, 190, 205, 206, 412, 660, 684
PICTURE-Klausel 37, 39, 51, 67, 70–73, 76, 78, 84, 151, 179, 183, 198, 205–240, 303, 376, 411, 498, 653, 657, 660, 736
PICTURE-Symbol . 212, 213
PICTURE-Symbol + 215, 216
PICTURE-Symbol $ 210, 211, 223
PICTURE-Symbol * 217, 218

PICTURE-Symbol – 213, 214
PICTURE-Symbol / 220, 653
PICTURE-Symbol , 211
PICTURE-Symbol A 36, 205
PICTURE-Symbol B 219, 653
PICTURE-Symbol P 220–222
PICTURE-Symbol S 206, 207, 209, 213, 215, 221, 238, 239, 370
PICTURE-Symbol V 72, 205, 209, 221, 370, 376
PICTURE-Symbol X 36, 51, 71, 73, 205, 223, 411
PICTURE-Symbol Z 209, 210, 730
PICTURE-Symbol 0 218, 219
PICTURE-Symbol 9 37, 71, 73, 93, 94, 206, 209, 223, 238, 370, 376, 411, 487, 730
PICTURE-Symbolfolge CR 216, 217
PICTURE-Symbolfolge DB 216, 217
PICTURE-Zeichenfolge 206–223, 225, 235, 238, 239, 366, 374, 412, 493
Planungsphase 115
Platte 559–563, 565, 568, 580, 591
Plattenausnutzung 565, 566
Plattengebrauch 566
Plattenlaufwerk 559
Plattenspeicher 501–566, 591, 601, 759
Plattenspeichereinheit 558, 559
Plattenspeichergerät 560, 570
Plattenstapel 559, 560
PLUS 649, 655, 661, 664, 667–669
Pluszeichen 150, 214–216, 222
Pluszeichen, gleitendes 216
POINTER 625, 626, 631
Positionsanzeige 754, 786
Potenz 741, 745
Potenzierung 739–741
Präfix 37, 54, 55, 131, 183, 186, 235, 236, 336, 494, 568, 592, 693, 713, 750, 770, 771
Präfixnummer 131
Primzahl 600
Problem 696, 703, 747–752, 785
PROCEDURE DIVISION 34, 37, 51, 52, 65–98, 186, 197, 706, 714
PROCEED TO 749, 752
Produkt 78, 89, 92, 96, 97, 180, 190, 742, 743
Program unit 704
PROGRAM-ID 329, 330, 705, 720
Programm 32, 35, 37–44, 49–57, 59, 60, 65–67, 71, 73, 75–77, 79, 81, 82, 96, 115–132, 139–160, 179–201, 205, 207, 225–235, 259–265, 274, 275, 277–286, 290–302, 304, 308, 320–331, 333, 335, 336–344, 346–352, 364, 376, 382, 387,

397–419, 425, 426, 428, 431, 432, 434, 437–439, 443–450, 452, 453, 462, 463, 470, 473, 488–490, 492–495, 499–502, 511, 513, 519, 521, 523, 526–534, 549, 552, 553, 556, 557, 560–598, 600, 602–604, 620, 624, 627–631, 637–653, 655, 657, 659, 660, 662–669, 679–697, 703, 704, 707–713, 717, 718, 727, 728, 733, 734, 738, 743, 745, 746, 749–761
Programm, aufgerufenes 704
Programm, aufrufendes 704
Programmabbruch 302, 402, 619
Programmablauf 39, 53, 56, 58–60, 74, 84, 139, 151, 200, 267, 278, 290, 291, 308, 326, 346, 348, 402, 413, 417–419, 431, 432, 434, 435, 438, 443–445, 449, 450, 452, 459, 471, 487, 493, 512, 519, 524, 527, 549, 558, 589, 595, 604, 642, 663, 688, 689, 728, 750, 753, 758, 763, 764, 782, 785
Programmablauflogik 436, 473
Programmablaufsteuerung 519, 713, 727, 729, 777
Programmablaufverfolgung 307, 308
Programmänderung 261, 343–346, 387
Programmaufbau 60, 198, 261, 292, 294, 301, 326, 348, 407, 526, 604, 777, 783
Programmausführung 39, 40, 56, 94, 122, 275, 290, 304, 307, 308, 450, 470, 499, 557, 561, 716–718, 749, 752, 754, 759, 776
Programmausgabe 235–238, 438, 582, 650, 652, 659, 668
Programmausschnitt 275, 503, 505, 733, 734
Programmbaustein 438
Programmbeendigung 304, 716, 762
Programmbeendigung, anormale 278, 290, 301, 402, 416, 525, 696, 716
Programmbeginn 308, 637
Programmbenutzer 449, 754
Programmcharakteristik 262
Programmcode 43, 49, 122, 198, 331, 445, 490, 728
Programmebene 452
Programmeinheit 704, 712, 713, 715–720, 730
Programmeinheit, aufgerufene 705, 706
Programmeinheit, aufrufende 705, 706, 713, 716
Programmende 55, 688
Programmentwicklung 115, 436–438
Programmentwurf 32, 54, 84, 126, 180–182, 226, 260, 261, 323, 407, 428, 562, 704, 773, 785

Programmentwurfssprache 31
Programmfehler 51, 260, 294, 703
Programmformat 40
Programmgerippe 49, 65
Programmhierarchie 179, 336, 440
Programmidentifikation 330
Programmierer 32, 41–44, 70, 77, 80, 81, 85, 126, 130, 148, 162, 163, 186, 187, 192, 207, 232, 234, 259, 260, 272, 278, 280, 287, 289, 291, 293, 294, 296, 329, 363, 370, 371, 374, 382, 387, 399, 406, 449, 485, 486, 512, 537, 551, 552, 554, 566, 591, 604, 623, 645, 651, 652, 669, 681, 696, 718, 733, 744, 745, 749, 752, 760, 786
Programmierirrtum 274, 276, 403
Programmiermethode 566, 785
Programmiersprache 31, 32, 35, 53, 115, 122, 123, 259, 278, 294, 306, 619, 631
Programmierstil 261–263, 493, 598
Programmiersystem 695
Programmierung 31–44, 49, 117, 129–131, 183, 235, 264, 278, 308, 341, 361, 549–609, 718, 720, 727, 729, 736, 752, 771, 785
Programmliste 41, 43, 54, 77, 131, 262, 267, 280, 284, 331, 734, 737
Programmlogik 348, 428, 513, 562
Programmname 43, 330, 707, 717
Programmorganisation 61
Programmpflege 750
Programmrahmen 513, 777, 782, 783
Programmsatz 37, 53, 54, 326, 749
Programmsegment 733
Programmspezifikation 128, 192–194
Programmstelle 382, 463, 727, 734
Programmstruktur 43, 49–61, 65, 198, 236, 262, 406, 445
Programmstummel 436–438
Programmteil 54, 302, 308, 331, 438, 502, 504, 512, 526, 527, 638, 752, 776
Programmtext 31
Programmwartung 344, 413, 750–752, 761
Prompting message 762, 776
Protokolldatei 449, 454, 459, 460, 472, 473, 689, 718
Prozedur 31, 235, 509
Prozedurkopf 706, 716
Prozedurname 503, 505–507, 749
Prozedurteil 34, 35, 37, 39, 43, 51, 52, 57, 65–98, 183, 185–189, 196–198, 216, 232–235, 289, 300, 319, 331, 375–377, 380, 381, 411, 413, 440, 450, 459, 463, 486, 488, 493, 496, 508, 509, 511, 512, 531, 532, 562, 580–585, 598, 601, 607, 638, 645, 646, 652, 657, 660, 669, 682, 684, 688, 693, 705–707, 730, 733, 738, 747, 749, 761, 776, 782, 783
Prüfbit 363, 550
Prüfen 58, 59, 226, 227, 276, 300, 397, 416, 452, 494, 521, 532, 556, 580, 582, 589, 694, 728, 753, 765–770
Prüfung 57, 194, 297–300, 397, 399, 407–417, 432, 453, 463, 468, 556, 694, 728, 729
Pseudocode 115, 122, 123–129, 139–141, 144, 154, 156–158, 161, 162, 164, 165, 182, 188, 193, 198, 227, 228, 261, 266, 268–272, 323–326, 339–340, 407, 428, 504–506
Puffer 552, 553
Pufferung 553, 554
Punkt 35, 37, 39, 53, 71, 77, 81, 82, 140–146, 159, 266, 267, 274, 275, 287, 289, 326, 329, 367, 625, 735

Q

Quadrat 742
Quadratwurzel 741, 742, 744
Qualification 44
Quellencode 43, 259, 280, 291, 703, 736
Quellenprogramm 284, 287, 703, 736, 737
Quotient 92, 97, 98, 742

R

RAM 363
Rand 43
RANDOM 575, 578, 585
RD 648, 652–654, 663, 664
READ 49, 52–59, 61, 79, 122, 145, 146, 154, 158–160, 163, 186, 275, 276, 291, 295, 430, 431, 552, 553, 581, 582, 588, 604, 652, 689, 695, 697, 760
READY 306–308
Rechendezimalpunkt 72, 94, 205, 212
Rechenfehler 301, 398
Rechenoperation 71–74, 91, 180, 205, 220, 222, 370, 413, 739, 741
Rechenvorzeichen 206, 207, 213
Rechenzentrum 556, 558
rechtsbündig 152, 216, 296, 366, 368, 375
RECORD 36, 555, 648, 650
Record 35, 37
RECORD KEY 568, 569, 575, 579, 581, 592

record, relative 566
RECORDS 554
REDEFINES 376–382, 386, 411, 413, 491–493, 528, 529, 747, 778–780
Reihenfolge 122, 139, 148, 235–237, 319, 321, 322, 326, 330, 336, 337, 366, 411, 425, 432, 440, 449, 453, 459, 461, 498, 549, 554, 556, 557, 561, 562, 566, 567, 598, 604, 638, 653, 693, 703, 716, 732, 742
Reihenfolge (von Operationen) 67, 123, 139, 741
Reihenfolge, absteigende 521, 522, 557, 679
Reihenfolge, zufällige 560
Reihenfolge, aufsteigende 321, 425, 428, 432, 521, 522, 525, 557, 679
Reihenfolgefehler 432, 434, 435, 452, 453, 461
Reihenfolgeprüfung 432–435
Rekursion 278
rekursiv 278
Relativdatei 591–609
RELATIVE 592, 593
relative Datei 601
RELATIVE KEY 592–594
relative record 566
relative Satznummer 566, 591–595, 599–601, 604
relative Zeilennummer 656, 661, 669
relativer Schlüssel 595, 598
Relativschlüssel 592, 595, 601
RELEASE 692, 695, 697
REMAINDER 91, 92
RENAMES 386, 746–749
REPLACING 620–623, 737, 738
REPORT 646, 647–650, 652–659, 664
REPORT FOOTING 655
REPORT HEADING 654
Report Writer 637–669
reserviertes Wort 36, 44, 67, 75, 76, 80–82, 165, 236, 531, 657
RESET 306–308
Rest 92, 398, 416, 600
RETURN 686, 689, 692, 693, 695, 762, 763, 772
REWRITE 589
ROUNDED 80, 83–87, 89–92, 190, 739
Rückfrage 762
Rückfragenachricht 762, 776
Rückkehr 608 707, 713, 777, 779, 785
Rückmeldung 383
Rumpfsatz 574, 579–582, 585, 775
RUN 682, 688, 691, 697

Runden 92, 296
Rundung 84, 93

S

Satz 33, 35–37, 39, 44, 52, 53, 55, 58, 59, 68–70, 72, 74, 76, 84, 116, 127, 143, 145, 159, 161, 179, 180, 187, 189, 191, 193, 194, 197, 199, 200, 206, 239, 262, 263, 275–277, 279, 291, 293, 297, 303, 319, 321–323, 326, 329, 334, 336–338, 346, 379, 381, 382, 385, 386, 397–399, 407, 411–414, 417, 418, 425–432, 439, 440, 443, 444, 449, 451–454, 458, 459, 461–463, 472, 488, 490, 491, 494, 519, 520, 523, 526, 527, 549, 551–558, 560–563, 566–568, 570, 571, 573, 574, 578–581, 584, 585, 588–592, 594, 595, 598–601, 603, 604, 608, 620, 626, 627, 629, 642, 649, 650, 657, 679, 680, 682–684, 688, 689, 693–696, 714, 715, 731, 734, 737, 747, 748, 750, 754, 758, 759, 762, 764, 770, 774–777
Satz, laufender 324, 326, 562, 758
Satz, vorausgehender 324, 432, 459
Satzart 194, 197, 397, 574, 579, 580, 772, 775
Satzaufbau 36, 462
Satzaufnahme 601
Satzbeschreibung 61, 67, 69, 383, 385, 463, 552, 555, 647, 733–735, 746, 748
Satzformat 61, 387
Satzgebiet 55, 430, 431, 552, 579, 592, 600, 601, 603, 604
Satzgruppe 322, 323, 561, 562
Satzlänge 51, 74, 379
Satzname 53, 61, 643, 735
Satznummer 592, 594, 601–603
Satznummer, relative 566, 591–595, 599–601, 604
Satzschlüssel 430, 579, 581, 588, 595
Satzzähler 494, 695
Satzzeichen 81
Schalter 56, 300, 348, 562, 579, 651, 783
Scheckschutzzeichen 218
Scheinsatz 592, 608
Schleife 154, 155, 162, 163, 194, 324–326, 428, 504–506, 532, 533, 608, 770–772, 783
Schleifendurchlauf 155, 276, 277, 432, 502, 504, 532
Schleifenende 506, 518
Schleifenvariable 506
Schlüssel 376, 397, 398, 425, 426, 428, 430–432, 435, 436, 439, 440, 442–444,

449–451, 453, 454, 459–461, 468, 472, 473, 523, 557, 567, 571, 578, 582, 588–592, 669, 679, 682, 688, 694
Schlüssel, relativer 595, 598
Schlüssel, ungültiger 588
Schlüsselfeld 430, 525, 566, 589, 591, 598, 737
Schlüsselgleichheit 454–461
Schlüsselwort 81, 83, 85, 86, 89, 91, 92, 658
Schrägstrich 42, 150, 220, 223, 237, 330, 631
Schreib/Lese-Kopf 550, 559, 563
Schreiben 43, 61, 65, 115, 121, 128, 129, 189, 407, 414, 436, 440, 443, 449, 452, 460, 463, 468, 550–553, 562, 563, 567, 571, 580, 581, 588, 642, 695, 712, 719, 759, 763, 772
Schreibweise 35, 50, 51, 80, 81, 83, 124, 130, 143, 147, 148, 153, 267, 329, 377, 406, 643
schwerwiegender Fehler 287, 434, 589
SD 680, 681, 685, 689, 690
SEARCH 508, 512–527, 530, 532, 533
SEARCH ALL 521–523
SECTION 35, 334, 646, 648, 650, 652–659, 664
Section 35, 43, 688
SECURITY 331
sedezimales Äquivalent 362
Sedezimalsystem 362
Sedezimalzahl 362, 363
Sedezimalziffer 363, 366
Seite 302, 304, 331, 344, 345, 463, 637, 638, 643, 645, 653–656, 661–663, 667–669
Seite, neue 43, 319, 331–334, 336, 642, 657, 667, 669
Seitenanfang 638, 642, 645, 653, 654, 668
Seitenaufbauklausel 637
Seitenbegrenzung 662
Seitenende 336, 638, 653–655, 668
Seitenendebedingung 642
Seitenformat 645
Seitenfuß 654, 655, 668, 669
Seitenkopf 638, 653–655, 663, 669
Seitenkopfgruppe 655–657, 663
Seitennumerierung 668
Seitennummer 449, 657
Seitenrumpf 638, 645
Seitenüberschrift 654, 655, 663, 733
Seitenumfang 653
Seitenunterschrift 654, 655, 668
Seitenvorschub 656, 661, 663
Seitenzähler 651
SELECT 50, 51, 287, 334, 407, 463, 555,

562, 568, 569, 575, 578, 581, 585, 592, 593, 604, 605, 638, 680, 759
Selektion 123
Selektionsobjekt 164
Selektionssubjekt 164
Semantik 271, 273, 274
Sendeelement 209, 488
Sendefeld 39, 93, 191, 210–225, 375, 510
Sentence 37
SEPARATE 239, 240
separates Zeichen 239
Sequence 41
SEQUENTIAL 568, 569, 592, 593
sequentiell 437, 438, 549, 557, 561, 562, 566, 585, 680, 689, 695, 707–713, 730, 746
sequentiell organisierte Datei 425–473, 567, 570, 707
sequentielle Datei 558, 567, 568
sequentielle Organisationsform 680
sequentielle Verarbeitung 321–323, 561–566
sequentielle Zugriffsmethode 549, 568
sequentieller Zugriff 323, 549, 566, 568, 573, 585
Sequenz 123, 139, 181
Sequenzstruktur 124, 139
SET 509–513, 522, 524, 530, 531, 532, 534
SGDZ 566
Sicherungsgebiet 562
SIGN 239
SIZE 625, 739
Software 130, 372, 573, 589, 598, 620, 727, 748, 753
Softwareentwicklung 718
Sonderzeichen 36, 37, 71, 81, 199
Sondieren 603
Sondierung 601
SORT 322, 679, 682, 684, 686, 688, 689, 691, 693–697
SORT-MESSAGE 695–697
Sortierbegriff 679, 680, 682, 684
Sortierbeschreibung 680
Sortierdatei 689, 695
Sortieren 322, 337, 338, 346, 432, 453, 549, 557, 558, 561, 566, 571, 591, 646, 679–697
Sortierfeld 337
Sortierfolge 148–150, 366, 426, 428, 429
Sortiermerkmal 346
Sortierprozeß 440, 679, 682, 684, 689, 694, 696
SORTWK01 680
SOURCE 648, 649, 657–660, 664
SPACE 623, 625

Stichwortverzeichnis   927

SPACES 67, 76, 189, 238, 304, 497, 620, 623, 625
Spalte 41–43, 54, 155, 189, 235, 238, 331, 344, 403, 531–533, 656, 754
Spaltenüberschrift 80, 225, 226, 238, 284, 331, 652
SPECIAL-NAMES 334, 643
Speicher 39, 53, 221, 222, 363, 380, 535, 549, 550, 558, 565, 566, 715
Speicher, externer 407, 553
Speicher, interner 70, 183, 187, 363, 374, 552, 553, 560
Speicher, temporärer 407
Speichergebiet 378–380, 413, 552
Speichergerät 363, 364, 549–609
Speichergerät mit direkter Zugriffsmöglichkeit 566
Speichergrenze 373, 374, 536, 537
Speichermedium 35, 443, 549, 550, 561, 562
Speicherplatz 53, 74, 85, 98, 207, 208, 222, 232, 295, 322, 361, 364, 369, 374, 376, 411, 487, 513, 533, 534, 553, 554, 565, 585, 600, 715
Speicherplatzzuweisung 375, 379
Speicherstelle 221, 363, 554
Speichertechnik, virtuelle 363
Speicherungsform 361
Spezialindex 485, 494, 506, 508, 509, 511, 512, 514–517, 521, 526–534
Spezialindexvariable 508, 509–511, 513
Spezialindizierung 371, 485, 493, 508–511, 537
Spezialregister 643, 695–697
Spezifikation 123, 127, 128, 158, 161–163, 182, 188, 194, 198, 207, 228, 260, 291, 340, 341, 656
Sprache 70, 115, 145, 496, 537, 658, 695, 713, 754, 783
Sprachelement 67, 82, 153, 183, 194, 508, 567, 718–720, 727
Sprung 729, 755
Sprung, unbedingter 727
Sprungziel 749, 751, 752
Spur 550, 559, 560, 563, 565
Stammdatei 398, 425–427, 436–440, 444, 445, 449, 450, 454, 459–462, 470, 471, 493, 519, 527, 532, 717, 734, 746, 747, 775
Stammsatz 385, 435, 436, 439–445, 450–463, 468, 469, 473, 519, 558, 560, 581, 582, 707, 713, 730, 734, 747
STANDARD 556, 719
Standard 129–132, 261, 330, 643

Standarddatei 307
Standardkennsatz 567
Stapel 560, 753
Stapelbetrieb 753, 758–761, 764, 776, 785
Stapelverarbeitung 753, 760, 763
Statement 141, 142, 158, 236, 287, 289, 407, 463, 469, 562, 568, 578, 581, 585, 592, 604, 638, 645, 680, 693, 695, 696, 719, 720, 728, 732, 735–737, 752, 759, 771, 772
Statementnummer 280
STATUS 605
Stelle 42, 68–70, 72–75, 80, 93, 96, 97, 140, 183, 206, 208, 210–216, 218, 219, 221, 223, 239, 294, 296, 331, 335, 346, 361, 366, 375, 380, 398, 413, 444, 445, 462, 492, 499, 579, 600, 625, 627, 631, 645, 654, 656, 657, 668, 682, 683, 716, 728, 735, 750, 752, 760–763, 771, 778, 779, 782, 783
Stellenzahl 97, 213, 223, 295
Sternzeichen 42, 71, 150, 217, 218, 331, 344–346, 348, 777
Steuerbefehl 774
Steuern 125, 450, 682, 730, 749, 771, 782
Steuerstatement 680
Steuerung 58, 59, 122–124, 139, 145, 181, 333, 450, 451, 645, 703, 754
Steuerungsanweisung 122, 123
Steuerungslogik 425, 435, 438, 454, 469
Steuerungsmodul 181
Steuerungsstruktur 123–128, 139, 154, 156, 157, 163, 179, 450, 451, 469
Steuerungszeichen 335, 650
Steuerzeichen 760, 761, 771, 772, 774, 782, 783
Steuerzeichenkette 760, 782, 783
STOP 37, 682, 688, 691, 697
STOP RUN 40, 56, 57–59, 649, 682, 688, 691, 697, 713
STRING 619, 624–627, 631
String 619
Struktur 123–127, 139, 187, 235, 239, 262, 264, 323, 338, 345, 377, 382–384, 411, 413, 493, 497, 591, 592, 682, 684, 706, 707, 729, 730, 733, 747, 748, 758
Struktur, hierarchische (von Programmen) 116–119
Strukturanweisung 158, 264
Strukturplan 118
Stufe 68, 119, 121, 127, 131, 179, 181, 182, 194, 196–198, 277, 336–338, 340, 348, 370, 435, 436, 438, 452, 486, 498, 499, 527, 659, 665, 668, 688, 784 ∠ ⊃ ∠

Stufenaufbau 68-70
Stufennummer 36,43,67-70,205,232-235,
265, 287, 289, 370, 374, 376-379, 412,
440, 449, 486, 488, 490, 492, 498, 511,
531, 579, 654-656, 659, 663, 707, 716,
735, 736, 746
Stummel 436, 574, 580-582, 777, 778, 784
Subjekt 146, 147, 404-406
Subjekt, implizites 404-406, 415
Subprogram 703
Subscript 485
Subskript 485, 487
Substitution 717
SUBSTRACT 85, 87, 88, 141, 144, 160, 263, 509, 740
Subtraktion 88, 92, 96, 370, 458, 470, 473, 490, 496, 510, 740-742
Suchen 508, 519, 521, 522, 524, 533, 567, 601, 608
Suchen, binäres 521
Suchvorgehen 533
Suchwert 521
Suffix 286, 371-373
SUM 649, 657-660, 663, 664
Summe 77, 79, 85, 88, 96, 188, 320, 322, 364,460,473,492,574,582,601,652-654, 658, 659, 741, 743, 750
Summenbildung 657, 659, 663
Symbol 81, 206-207, 209, 210, 213-222, 363, 366, 367
Symbolfolge 216, 217
SYNC 374, 487, 488, 509, 524, 535, 536
SYNCHRONIZID 373-376, 488, 535-537
Syntax 239, 259, 329, 729, 737
Syntaxfehler 271, 279, 280, 290
Syntaxverstoß 273
SYSOUT 305, 695, 696
System 279, 397, 753, 760, 774-779, 784-786
Systemdatei 695
Systemsoftware 703

T

Tabelle 485-536, 591, 592, 782, 783
Tabelle, eindimensionale 499, 591
Tabelle, zweidimensionale 497, 500, 501, 526-534
Tabelleneintrag 496, 535
Tabelleneintragung 519,521,524,535,536, 592
Tabellenelement 486-494, 496-499, 508, 509, 513, 518, 519, 521, 522, 524, 526,

527, 532, 782, 783
Tabellenerklärung 486
Tabellenhandhabung 485-536
Tabellenladen 496, 513
Tabellenname 486
Tabellenrumpf 531
Tabellensuchen 523, 533
Tabellensuchen, binäres 521
Tabellensuchen, lineares 521, 522
Tabellenumfang 494
Tabellenwert 491, 493-496, 499
Tafelanzeige 780
Tagesdatum 227, 236-238, 638
Tageszeit 236
TALLYING 621-623, 629, 631
Taschenrechner 96, 293
Tastatur 236, 758-760, 762
Taste 762, 763, 772
Taste, numerische 200
tatsächlicher Dezimalpunkt 72-74, 84, 95, 212, 222
Teil 34-40, 43, 67, 705
Teilaufgabe 120, 121, 131, 132, 324, 703, 770
temporäre Datei 562-565, 580
temporärer Speicher 407
Terminal 40, 41, 206, 213, 236, 370, 372, 434, 753, 759
TERMINATE 649, 651
Test 151, 152, 200, 292, 417, 533, 571, 582, 590, 604, 620, 772, 773
Testanweisung 305
Testausgabe 292
Testdaten 200, 238, 417, 598, 608, 689
Testen 157, 201, 273, 290-293, 334, 402, 444, 459, 511, 521, 582, 583, 600, 620, 695, 763, 771
Testfall 301
Testhilfe 293, 294
Testlauf 200, 291, 293
Testsatz 200, 304, 305
Testtyp 291
Testvorgehen 292
Textdatei 49, 51, 52
Textzeile 35, 49, 332, 642, 653
THAN 140-142, 144, 147, 148, 153, 645
THEN 124, 125, 158, 161, 162, 227, 228, 780
THROUGH 164, 165, 507, 694
THRU 164, 165, 503, 507, 694, 731, 747, 748, 771
Tilde 150
TIME 236
TIMES 486, 488, 492, 508, 509, 524, 528,

529, 535, 536, 778–780
Tippfehler 262, 284, 411, 703
TO 37–39, 52, 53, 58, 59, 67, 76, 77, 82, 83, 85, 86, 93, 94, 122, 141, 147, 148, 154, 156–158, 160, 197–221, 222, 364, 383, 386, 492, 510–513, 524, 525, 555, 625, 686, 692, 693, 697, 740, 742, 743, 745, 747, 749, 752
TOP 638
Top-Down-Entwicklung 436, 438, 454
Top-Down-Methode 436–438
Top-Down-Vorgehensweise 425, 436, 438
TRACE 306–308
TRAILING 239, 240
Transaktion 239, 321–323, 345, 346, 348, 450, 461, 473, 558, 560, 561, 585, 588, 707
Transaktionsdatei 426
Transaktionssatz 322, 382, 715
Treiberparagraph 275, 307, 651, 688, 693, 694
Trennzeichen 80
TRUE 164–166, 512
Tutorial 786
TYPE 648, 649, 655, 657, 661, 664

U

Überdrucken 333
Übergruppe 337
Überlappen 382, 747
Überlauf 84, 94, 161
Überlaufbedingung 296, 744
Überlauffehler 296, 300
Überlaufsatz 566
Überlaufteil 566
Übernahme 462, 773
Überprüfen 41, 84, 157, 193, 200, 234, 235, 261, 262, 279, 292, 295, 413, 432, 459, 504, 518, 521, 574, 580, 582, 601, 637, 652, 689, 694, 712, 728, 759, 762, 772, 775, 776, 783
Überprüfung 151, 152, 155, 193, 194, 198, 200, 261, 279, 506, 518, 561, 574–585, 728, 758, 759, 762, 763, 772, 775
Überschrift 286, 335, 336, 345, 417, 449, 450, 463, 472, 533, 581, 637, 638, 645, 646, 656, 763, 771, 783
Überschriftszeile 225–227, 235, 238, 335, 344, 527, 531, 533, 638, 642, 650, 653, 656
Übersetzen (von Programmiersprachen) 719
Übersetzer (von Programmiersprachen) 40

Übersetzung 719, 720, 734
Überspringen 319, 637, 750, 763
Übertragen 38, 39, 55, 76, 95, 125, 127–129, 238, 370, 371, 375, 411, 412, 489, 512, 534, 553, 581, 601, 624, 625, 629, 638, 657, 747
Übertragung 39, 70, 73, 77, 82, 93–95, 189, 206, 209, 222, 237, 296, 345, 375, 386, 411, 414, 490, 512, 518, 533, 553, 625, 626, 631, 747
Übertragungsrate 560
Übertragungszeit 563
Umdrehungsgeschwindigkeit 563
Umdrehungswartezeit 563
Umfeldfaktor 753
Umkehranzeige 754, 772
Umwandlung 259, 369, 370, 499, 510, 573, 599
unärer Operator 743
unbedingte Anweisung 83–87, 157, 164, 269, 295, 507, 518, 522, 626, 631, 642, 643, 739
unbedingter Sprung 727
und 153, 154, 157, 277
ungeblockt 554, 570, 594
ungültiger Schlüssel 588
UNSTRING 619, 623, 627–631
Unterausdruck 742, 743
Unterdrückung (führender Nullen) 209, 235
Untergruppe 338, 652, 654
Unterprogramm 703–720, 734, 736, 738, 784, 786
Unterprogramm, aufgerufenes 705
Unterprogramm, internes 718
Unterprogrammname 705, 706
Unterprogrammtechnik 718
Unterstreichung 81, 83, 333
Unterstufe 338
Untersumme 653, 654
Unterteilungsstufe 121
UNTIL 56, 125, 142, 146, 154, 155, 158, 162, 163, 187, 233, 275, 276, 428, 432, 502–505, 507, 513, 518, 532, 608
UP 510
USAGE 370, 386, 511
USING 681, 682, 686, 694, 705, 706, 710, 713, 714, 716, 717

V

VALUE 183, 186–188, 198, 234, 235, 287, 302, 348, 379, 450, 488, 491, 496, 497, 526–529, 648, 649, 664, 696, 716, 730, 750, 755, 761, 771, 778, 779, 782

Variable 123, 126, 157, 302, 304, 305, 324, 333, 400, 401, 450, 487, 494, 496–502, 506–509, 512, 524, 621, 625, 626, 642, 652, 657, 658, 696, 705, 716, 732, 743, 760, 782, 783
Variablenwert 302–305
VARYING 502–507, 513, 518, 532
Verarbeitung 59, 65, 77, 79, 84, 125, 127–129, 181, 193, 194, 263, 276, 279, 293, 300, 302, 319, 322–326, 337, 340, 374, 379, 381, 412, 432, 434, 435, 438–445, 449, 451, 452, 454, 459, 485, 490, 506, 507, 512, 519, 526–534, 549, 552, 553, 557, 558, 560, 567, 592, 619, 620, 669, 679, 684, 689, 707, 728, 729, 753, 763
Verarbeitung, sequentielle 321–323, 561–566
Verarbeitung, wahlfreie 323, 570
Verarbeitungslogik 425, 426
Verarbeitungsmodul 128
Verarbeitungsparagraph 76, 179, 490, 758, 770, 783, 784
Verarbeitungsprozeß 79, 688, 785
Verarbeitungszeit 521, 551
Verb 37, 52–54, 56–58, 61, 76, 82–84, 90, 144, 164, 295, 296, 322, 504, 508, 511–523, 526, 527, 588, 589, 621, 625, 679, 684, 696, 705, 741, 744
Verb, arithmetisches 65–98, 160, 161, 295, 740
Verbindungskapitel 705, 706, 715, 716
Verbundbedingung 153, 154, 200, 265, 277, 397–419, 523, 608
Vereinbarung 261
Verfahren 31, 33, 279, 324, 440, 452, 748
Vergleich 146–149, 166, 220, 412, 430, 521, 522, 525, 533
Vergleichsausdruck 402
Vergleichsbedingung 140, 146–148, 151, 367, 399, 400, 404, 469, 511, 519, 745
Vergleichsoperator 146–148, 404–406
Vergleichsoperator, impliziter 405, 406, 415
Verkettung 719
Verschachtelung 264, 266, 267, 272, 273, 733
Verschlüsselung 366, 574, 761
Verteilung 123, 124, 731
Verteilungsfall 731
Verteilungsstruktur 123, 124, 730
Verzweigen 727, 772
Verzweigung 732
Verzweigungsanweisung 750
virtuelle Speichertechnik 363

Vollwort 371, 372, 594
Vollwortgrenze 374
Von-oben-nach-unten-Vorgehensweise 425
Von-unten-nach-oben-Entwicklung 438
vorausgehender Satz 324, 432, 459
Voreinstellung 240, 306, 369, 568
Vorlauf 57
Vorrang 403, 743
Vorrangregel 400, 741, 742
Vorschub 331, 333, 637
Vorschubsteuerung 334
Vorzeichen 93, 96, 205–208, 213, 214, 222, 238–240, 366, 368, 369, 371, 413, 743
Vorzeichenangabe 222

W

wahlfreie Verarbeitung 323, 570
wahlfreier Zugriff 323, 363, 549, 574, 578, 585, 590
Wahlwort 81
Währungszeichen 150, 210
Wahrzweig 142, 153, 269, 272
Warnung 42, 93, 94, 191, 212, 286, 295, 296, 487, 745
Warnungsmeldung 78, 94
Wartezeit 763, 785
Wartung (von Programmen) 344, 382, 387, 585, 727, 749, 750–752
Wert 73, 74, 78, 79, 82, 83, 86, 88–91, 93, 95, 96, 123, 127, 144, 148, 151, 155, 157, 159, 165, 186–188, 205–213, 216, 217, 220–223, 232, 234, 235, 237, 238, 279, 293, 302–305, 319, 324, 333, 345, 361, 371, 373, 386, 398, 400, 402, 413, 414, 416, 428–430, 443, 450, 453, 462, 463, 469, 470, 473, 487, 490–493, 496, 498, 499, 502–505, 507, 511–513, 518, 519, 521, 522, 524–527, 532–534, 589, 594, 595, 598, 624–626, 629, 631, 642, 645, 654–660, 664, 667, 668, 682, 694, 696, 730, 732, 742, 747, 761, 762, 770–773, 782, 783
Wert, numerischer 73, 90, 93, 94, 207, 296, 525, 689, 739, 744
Wertebereich 78, 94, 164, 235, 237, 279, 490, 525, 599, 600, 732
Wertevorrat 594
WHEN 126, 127, 156, 164–166, 518, 519, 521–525
WHEN OTHER 164, 165
Whitebox-Testen 291, 292
Wiederauffinden 567

Wiederholung 54, 123, 125, 139, 301, 504, 772
Wiederholungsstruktur 125
Wirkungsbereich 270
WITH 625, 626, 631, 638, 760, 780–782
Wochentag 237
Work Area 679
WORKING-STORAGE SECTION 49, 51, 183, 186, 187, 194, 232, 287, 289
Wort 42, 43, 67, 74–76, 81–83, 86, 90, 124, 126, 143, 161, 165, 364, 531, 535, 536, 625, 658, 705
Wort, optionales 81
Wort, reserviertes 36, 44, 67, 75, 76, 80–82, 165, 236, 531, 657
Wortgrenze 535
WRITE 37, 39, 55, 58, 59, 61, 121, 122, 154, 194, 196–198, 303, 332–334, 411, 463, 499, 533, 534, 552, 553, 570, 571, 589, 594, 604, 625, 638, 641–643, 657, 695, 696
Wurzel 741, 745

Z

Zahl 73, 77, 80, 81, 93, 94, 96, 97, 148, 186, 188, 207, 209, 213, 217, 221, 222, 226, 238–240, 304, 362, 365, 366, 368, 371, 372, 381, 412, 483, 494, 512, 527, 534, 558, 625, 761
Zahl, ganze 72, 332, 486, 488, 595, 600, 643, 656, 732
Zählen 262, 263, 345, 417, 463, 507, 527, 532, 621–623
Zahlensystem 362
Zähler 186, 262, 263, 277, 345, 490, 629, 637, 651, 667, 668
Zählfeld 622, 762
Zählfunktion 621, 622, 629
ZE 553
Zeichen 36, 39, 41, 44, 51, 69–71, 73, 76, 81, 127, 148, 149, 151, 152, 191, 194, 206–209, 211, 213, 215, 218–222, 238, 239, 279, 329, 330, 334, 335, 366–368, 375, 376, 381, 399, 411, 412, 417, 492, 533, 535, 554, 557, 559, 619–631, 650, 703, 705, 741, 754, 761–763, 771, 782
Zeichen, alphanumerisches 71, 208, 365
Zeichen, separates 239
Zeichendarstellung 365, 366
Zeichenfeld 237, 619
Zeichenfolge 39, 57, 199, 205–207, 213–216, 221, 222, 376, 621–623, 760

Zeichenkette 207, 619, 626, 760
Zeichenkombination 216, 782
Zeichenposition 70, 74, 208
Zeichenstelle 41, 51, 74–76, 208, 209, 213, 238, 334, 335, 378, 412, 568
Zeichenvorrat 44
Zeiger 625, 631
Zeigervariable 626
Zeigerwert 625, 626
Zeile 33, 35–37, 41–43, 49, 51, 57, 59, 60, 65, 70, 74, 119, 141, 153, 180, 181, 187, 189, 238, 280, 286–289, 303, 319, 324, 325, 330–333, 336, 344, 345, 397, 407, 445, 463, 492, 501, 518, 522, 527, 531–534, 561, 574, 582, 604, 624, 626, 627, 637, 638, 642, 646, 650, 652–654, 656–660, 662, 663, 665–669, 682, 703, 704, 734–736, 749, 754, 760, 762, 763, 771, 772, 782, 783
Zeilenanfang 734
Zeilendrucker 333, 335
Zeilennummer 280, 284, 286, 663, 664
Zeilennummer, absolute 656, 661
Zeilennummer, relative 656, 661, 669
Zeilentransport 331–333, 335, 661, 663, 667, 668
Zeilenzahl 336, 656
Zeilenzähler 336, 637, 651, 656, 667–669
Zentraleinheit 553
Zerlegung 121, 122, 181, 235, 362, 703
ZERO 141, 154, 158, 186, 513, 620, 623, 743, 745
Ziffer 36, 37, 54, 71, 73, 81, 148, 151, 152, 190, 191, 194, 209, 212, 221, 223, 238, 365, 366, 368, 369, 381, 398, 411, 415, 497, 599, 744
Ziffer, führende 94, 217, 223, 293–296
Ziffernfolge 72
Ziffernstelle 71, 84, 93, 96, 190, 208, 221–223, 238, 239, 303, 371, 486
Zonenbit 366, 368
Zonenbitstelle 366
Zufall 200
zufällige Reihenfolge 560
zufälliger Zugriff 323, 566
Zufallsdaten 200
Zugang 426, 436, 440, 443, 454, 458, 460, 461, 468, 470, 473
Zugriff 549, 557, 560, 566, 567, 589, 592, 689, 733, 734
Zugriff, direkter 561, 566, 574, 578, 608
Zugriff, freigewählter 566, 568, 574
Zugriff, sequentieller 323, 566, 568, 573, 585

Zugriff, wahlfreier 323, 363, 574, 578, 585, 590
Zugriff, zufälliger 323, 566
Zugriffsmechanismus 559, 560
Zugriffsmethode 323, 567, 568, 585
Zugriffsmethode, sequentielle 549, 568
Zugriffsmethode, wahlfreie 549, 578
Zugriffstechnik 591
Zugriffszeit 364
zulässige Länge 207, 208
zurückschreiben 589
Zurückspulen 562
zusammengesetzte Bedingung 153, 157, 200
Zusatz 52, 54–56, 403, 488, 525, 554
Zusatzeintragung 329
Zusatzklausel 555
Zustandsanzeiger 604, 607
Zuweisung 222, 232, 360, 375, 380, 432, 450, 463, 487, 492–494, 496, 504, 511, 513, 518, 519, 525, 527, 532, 562, 594, 608, 642, 696, 741–743, 782
zweidimensionale Tabelle 497, 500, 501, 526–534
Zweierkomplement 371
Zweig 142, 143, 153, 157, 267, 268, 270, 272, 453, 518, 580, 581, 641
Zwischendatei 580, 581
Zwischendaten 302
Zwischenergebnis 35, 191, 745
Zwischengruppe 338
Zwischenraum 74, 75, 235, 304
Zwischenraumzeichen 39, 67, 76, 148
Zwischenresultat 302, 303, 744
Zwischenschlüssel 688
Zwischenspeicher 562
Zwischenspeicherung 511, 561, 562
Zwischenspeicherungsdatei 562
Zwischenstufe 336

Gary R. Rogers

COBOL-Handbuch

Das Handbuch für den zweckmäßigen Entwurf von strukturierten modularen COBOL-85-Programmen

2. Auflage 1990.
362 Seiten, 163 Abbildungen,
davon zahlreiche Programmbeispiele,
ISBN 3-486-21685-6

Dieses Werk richtet sich besonders an COBOL-Programmierer, die kommerzielle Probleme zu bearbeiten haben. Es beschreibt Methoden, die zum Aufbau einfacher, wartbarer, verläßlicher Programme für die meisten gewöhnlichen Muster kommerzieller Anwendungen beitragen. Bis ins einzelne gehende Beispiele bieten dem Leser praktisch umsetzbares Material.

Oldenbourg

Michael Teuffel

TSO

Time Sharing Option
im Betriebssystem MVS.

Das Lehr- und Handbuch
für den erfolgreichen TSO-Benutzer

3. wesentlich verbesserte und erweiterte Auflage 1989. 562 Seiten ISBN 3-486-21455-1

TSO – das Fenster zur Datenverarbeitung in der MVS-Welt. So vielfältig, wie die Möglichkeiten sind, Daten zu verarbeiten, zu verwalten und zu schützen, so ausführlich erklärt dieses Lehrbuch alle Funktionen, die dem TSO-Benutzer zur Verfügung stehen. Neu in TSO: REXX – die strategische Sprache der Zukunft.

Oldenbourg

CAD

Grundlagen von
Computer Aided Design

Herausgegeben von Joe Rooney und
Philip Steadman

1990. 453 Seiten,
zahlreiche Abbildungen
ISBN 3-486-20706-7

Im Mittelpunkt dieser Darstellung von CAD stehen die CAD-Prinzipien: Formalisierung der verschiedenen Entwurfsprozeduren; Repräsentation der geometrischen und anderer Eigenschaften der Objekte; Computereinsatz für Theorie und Praxis von CAD.
Behandelt sind mathematische Grundlagen, geometrische Modellierung, Analyse und Synthese sowie moderne Konzepte.

Oldenbourg

Handbuch der Informatik

H.-J. Siegert
Betriebssysteme: Eine Einführung
2. verb. Auflage 1989. 240 Seiten,
Band 4.1   ISBN 3-486-21258-3

P. Schnupp
Standard-Betriebssysteme
1988. 214 Seiten,
Band 4.2   ISBN 3-486-20668-0

H.J. Ollmert
**Datenstrukturen
und Datenorganisationen**
1988. 304 Seiten,
Band 4.3   ISBN 3-486-20667-2

Oldenbourg